Walter Doberenz, Thomas Gewinnus

Datenbank-Programmierung mit Visual Basic 2005

Walter Doberenz, Thomas Gewinnus

Datenbank-Programmierung mit Visual Basic 2005

Walter Doberenz, Thomas Gewinnus: Datenbank-Programmierung mit Visual Basic 2005
Microsoft Press Deutschland, Konrad-Zuse-Str. 1, 85716 Unterschleißheim

15 14 13 12 11 10 9 8 7 6 5 4 3 2 1
08 07 06

ISBN 3-86063-589-1

Satz: Ingenieurbüro Thomas Gewinnus
Layout: Gerhard Alfes, mediaService, Siegen (www.media-service.tv)
Umschlaggestaltung: Hommer Design GmbH, Haar (www.HommerDesign.com)
Gesamtherstellung: Kösel, Krugzell (www.KoeselBuch.de)

Kurzübersicht

Inhaltsverzeichnis

Vorwort

Das vorliegende Buch ist eine komplett für das .NET Framework 2.0 überarbeitete und durch völlig neue Kapitel ergänzte Neuauflage seines erfolgreichen Vorgängertitels »Datenbankprogrammierung mit Visual Basic .NET«.

Zur Geschichte von .NET und Visual Basic

Mit Einführung der .NET-Technologie hat Microsoft eine neue Ära der Windows-Anwendungsentwicklung eingeläutet. Umfang und Tiefe dieser Technologie sind atemberaubend. Damit sind aber nicht nur die umfassenden Möglichkeiten der Datenbank- und Internetprogrammierung gemeint. Auch die Barrieren zwischen den Entwicklern, die bislang in unterschiedlichen Sprachen ihr Brot verdienten, wurden eingerissen, da die Common Language Runtime (CLR) eine gemeinsame Ebene für alle Sprachen definiert.

Jetzt buhlt eine ständig wachsende Gruppe von .NET-Programmiersprachen um die Gunst des Entwicklers, eine dieser Sprachen ist Visual Basic.

Wenn Sie sich gerade für diese Sprache entschieden haben, dann haben Sie eine gute Wahl getroffen, denn Visual Basic zählt immer noch zu den am weitesten verbreiteten und erfolgreichsten Windows-Programmiersprachen.

Seinen großen und durchschlagenden Erfolg verdankte Visual Basic in seiner 1990 erschienen ersten Version dem Präfix »Visual«, denn erstmalig in der damals noch kurzen Windows-Geschichte wurde der Anwendungsentwickler von der Mühsal der Oberflächenprogrammierung entlastet, indem er die Benutzerschnittstelle in Windeseile wie mit einem Zeichenprogramm »zusammenschieben« konnte, ohne dafür eine einzige Codezeile schreiben zu müssen.

Von Version zu Version hat sich Visual Basic weiterentwickelt und ist nicht erst seit Erscheinen der .NET-Version von einer Anfängersprache zu einer vollwertigen Profi-Programmiersprache geworden.

Ein Buch für Einsteiger und Fortgeschrittene

Wie sein Vorgänger wagt auch dieses Buch den Spagat zwischen einem Leitfaden für Einsteiger und einem Nachschlagewerk für Fortgeschrittene. Da es auf den Einsatz von Visual Basic 2005 zur Datenbank- und Internetprogrammierung zielt, kann es keine umfassende Einführung in die Grundlagen dieser Sprache nach Art eines Lehrbuchs geben.

HINWEIS Dem absoluten Neuling sei wärmstens empfohlen, sich vorher mit einem der auch bei Microsoft Press erschienenen Visual Basic 2005-Einsteigerbücher auseinanderzusetzen.

Die Möglichkeiten der Datenbank- und Internetprogrammierung mit den Mitteln des .NET 2.0-Frameworks sind inzwischen so komplex und vielgestaltig, dass dieses Buch den Anspruch auf Vollständigkeit aufgeben muss und stattdessen nach dem Prinzip »soviel wie nötig« eine Themenauswahl bietet, die einerseits den Einsteiger nicht überfordert oder gar verwirrt und andererseits den Profi nicht langweilt.

HINWEIS Da das Buch auf Vollständigkeit zugunsten von Problemlösungen verzichtet, kann es die integrierte Online-Hilfe keinesfalls ersetzen!

Mit Ausnahme des letzten Kapitels, welches eine komplexe ASP.NET-Applikation »Webshop« vorstellt, lassen sich die anderen Kapitel in einen Grundlagenteil und einen Praxisteil untergliedern:

- Der Grundlagenteil vermittelt einen Einstieg in die Datenbank- bzw. Internetprogrammierung mit den Klassen des .NET-Frameworks 2.0. Es wird versucht, den in Sachen .NET und Datenbanken noch unerfahrenen Leser schrittweise in die doch ziemlich komplexe Problematik einzuführen. Aber auch der Profi wird hier auf seine Kosten kommen, bietet sich ihm doch eine Nachschlagemöglichkeit für die wichtigsten Datenzugriffstechnologien, wobei auch die Neuerungen von ADO.NET 2.0 und ASP.NET 2.0 nicht zu kurz kommen.
- Programmieren lernt man nicht durch das Studium von Lehrbüchern, sondern nur durch das unermüdliche Ausprobieren von Beispielen! Gemäß diesem Motto finden Sie im Praxisteil der Kapitel eine Vielzahl von Beispielen, die Sie zum Auslösen von »Aha-Effekten« motivieren bzw. zur Lösung eigener Problemstellungen befähigen sollen.
- Als .NET-Programmierer haben Sie die Auswahl zwischen den unterschiedlichsten Datenbanksystemen (Access, SQL Server, Oracle etc.). Obwohl wir in den Beispielen dieses Buchs hauptsächlich auf Access- und SQL Server-Datenbanken Bezug nehmen, ist diese Beschränkung ohne gravierende praktische Auswirkungen, da es die .NET-Datenprovider gestatten, mit einheitlichem Muster auf beliebige Datenquellen zuzugreifen.
- Ausführlich gehen wir auch auf in anderen Datenbankbüchern meist stiefmütterlich behandelte Themen wie Reporting, SQL und SQL Server ein, wobei gleichzeitig jede Menge Praxistipps mitgeliefert werden.

Eine Brücke zu C#

Das Pendant zum vorliegenden Buch ist unser ebenfalls bei Microsoft Press erschienener Titel Datenbankprogrammierung mit Visual C# 2005. Da beide Bücher exakt das gleiche Inhaltsverzeichnis haben (inkl. Beispielcode auf CD), lassen sich ideale Vergleiche zwischen beiden Sprachen anstellen.

Eine solche »Übersetzungshilfe« kann sehr hilfreich sein, weil man in einem .NET-Entwicklerteam durchaus in mehreren .NET-Sprachen zusammenarbeitet.

Inhalt der Buch-CD-ROM

Die zu diesem Buch mitgelieferte CD-ROM enthält den vollständigen Quellcode aller Kapitel. Die meisten Beispiele beziehen sich auf die Access-Datenbank *Nordwind.mdb* oder auf die SQL Server-Datenbank *Northwind.*

Um flexibel zu bleiben und das einseitige Fixieren auf eine bestimmte Tabellenstruktur zu vermeiden, kommen gelegentlich auch andere Datenbanken zum Einsatz. Alle Datenbanken sind mehrfach auf der Buch-CD enthalten.

Für den Einsteiger einige Hinweise, die wir aufgrund von Erfahrungen mit unserem Vorgängertitel diesmal nicht vergessen wollen:

- Sie sollten natürlich Visual Studio 2005 auf Ihrem PC installiert haben (diese Software befindet sich nicht auf der Buch-CD-ROM!). Ausführliche Hinweise zu dieser und weiteren erforderlichen Installationen finden Sie gleich zu Beginn des Kapitels 1.
- Wollen Sie direkt auf die Ordner zugreifen, dann klicken Sie das CD-Laufwerk mit der rechten Maustaste an und wählen im Kontextmenü den Eintrag Öffnen. Kopieren Sie dann die gewünschten Dateien auf die Festplatte (falls Sie mit einem älteren Betriebssystem als Windows XP arbeiten, müssen Sie anschließend den Schreibschutz manuell entfernen).
- In der Regel sind alle von der Festplatte gestarteten Beispiele sofort lauffähig, da die Datenbanken meistens direkt in das Projektverzeichnis kopiert wurden, wodurch Probleme mit absoluten Pfadangaben entfallen.
- Bei verteilten Anwendungen, insbesondere bei den Beispielen zu ASP.NET und XML-Webdiensten, ist besondere Aufmerksamkeit geboten (Reihenfolge der Installation der Client- und Server-Komponenten beachten, siehe auch beigefügte Liesmich-Dateien).

Zu den Autoren

Hinweise zum Buch und Leseranfragen können Sie über

www.doko-buch.de

direkt an die Autoren richten.

Dort finden Sie auch eventuelle Fehlerberichtigungen und ergänzende Beispiele.

Danksagungen

Danken möchten wir Herrn Thomas Pohlmann von Microsoft Press für die tatkräftige Unterstützung beim Zustandekommen der Neuauflage des Werkes und vor allem aber für seine unendliche Geduld mit den Autoren, die immer wieder versucht haben, mit den gängigen »faulen Ausreden« den Fertigstellungstermin hinauszuzögern.

Einen besonders großen Blumenstrauß haben sich diesmal unsere Frauen und Kinder verdient, ohne deren Hilfe und Ermunterung die Autoren im Chaos versunken wären.

Letztlich gebührt auch Ihnen, liebe Leserin und lieber Leser, Dank für das durch den Kauf des Buches erwiesene Vertrauen in die Autoren. Wir hoffen, dass wir Ihnen damit einen nützlichen Begleiter für die Entwicklung anspruchsvoller .NET-Datenbankapplikationen in die Hände gegeben haben, der seinen Platz in Ihrem Bücherregal möglichst lange behaupten kann.

Falls Sie dennoch dieses und jenes vermissen, so bitten wir Sie um Nachsicht, denn es ist einerseits die unglaubliche Vielfalt an Möglichkeiten, die Ihnen das .NET 2.0-Framework bietet, und andererseits das Bedürfnis des Praktikers nach unmittelbar anwendbaren Problemlösungen, die uns zu einem inhaltlichen Kompromiss gezwungen haben.

Viel Spaß und Erfolg beim Programmieren mit Visual Basic 2005!

Walter Doberenz und Thomas Gewinnus

Kapitel 1

Einführung

In diesem Kapitel:

Dieses Kapitel soll Ihnen nicht mehr und nicht weniger als einen ersten Überblick über die Datenbankprogrammierung unter Visual Basic 2005 vermitteln. Wir gehen dabei davon aus, dass Sie bereits über Grundkenntnisse der .NET-Programmierung verfügen, mit Klassen und Objekten einigermaßen umgehen können und wissen, wie die Entwicklungsumgebung *Visual Studio 2005* vom Prinzip her zu bedienen ist. Gewisse Erfahrungen im Umgang mit relationalen Datenbanken (Access, Microsoft SQL Server) wären zwar ebenfalls wünschenswert, sind aber nicht Bedingung.

Für den so »vorbelasteten« Leser haben wir dieses Einführungskapitel in folgende Abschnitte aufgeteilt:

- **Unsere Werkstatt**
  Hier noch einmal in Kürze das Wichtigste zu den auf Ihrem Entwicklungsrechner erforderlichen Software-Installationen.
- **Datenbankprogrammierung auf neuen Fundamenten**
  Das neue Konzept der Web- und Datenbankentwicklung unter .NET und die wichtigsten Neuerungen bei ADO.NET 2.0.
- **Etwas Datenbanktheorie**
  Das Allernotwendigste zum Entwurf von Relationalen Datenbanken sowie eine Klärung der wichtigsten Begriffe.
- **Einführungsbeispiele**
  Fünf einfache Beispiele für den schnellen Einstieg in die Datenbank- und Internetprogrammierung.

Dann also mal los!

Unsere Werkstatt

Bevor es so richtig losgehen kann, sollten wir unsere Werkstatt in einen aufgeräumten und funktionsbereiten Zustand versetzen.

Betriebssystem

Nach unseren Erfahrungen verlief die Installation von Visual Studio 2005 nur dann reibungslos, wenn vorher das Windows-Betriebssystem nochmals komplett neu installiert wurde. Allerdings kann sich diese Situation durch Anwenden der aktuellen Service Packs mittlerweile deutlich entschärft haben.

Internet Information Server

Obwohl Web-Anwendungen auch mit dem unter .NET 2.0 eingeführten Development Server entwickelt werden können, sind die mit dem Betriebssystem gelieferten *Internet Information Services*, die wir kurzerhand als *Internet Information Server* (IIS) bezeichnen werden, nach wie vor unabkömmlich.

HINWEIS Der IIS ist nicht Bestandteil der Windows XP Home Edition!

Handelt es sich bei Windows 2000 und XP noch um den IIS 5, so wird ab Windows Server 2003 die Version 6 ausgeliefert. Die Funktionsfähigkeit des IIS können Sie überprüfen, indem Sie im Internet Explorer (IE) die folgende URL eingeben:

```
http://localhost
```

Es müsste nun die Standard-Webseite des IIS im IE angezeigt werden. Sollte dies nicht der Fall sein, so überprüfen Sie, ob der IIS überhaupt installiert ist. Wählen Sie dazu das Menü *Start/Systemsteuerung/Software* und dort die Option *Windows-Komponenten hinzufügen/entfernen*. Setzen Sie dann einfach das Häkchen bei *Internet-Informationsdienste (IIS)*:

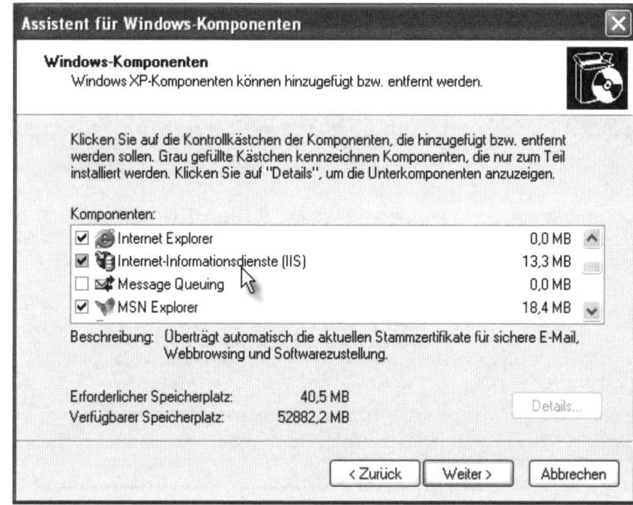

Abbildung 1.1 Hinzufügen der IIS in der Systemsteuerung von Windows XP

Falls nach der Installation immer noch nichts angezeigt wird, so erstellen Sie mit *FrontPage* oder auch mit *Word* eine Seite *Default.htm* und kopieren Sie diese in das folgende Verzeichnis:

```
C:\inetpub\wwwroot
```

HINWEIS Die Installation des IIS sollte unbedingt **vor** der von Visual Studio 2005 abgeschlossen sein! Anderenfalls könnten einige wichtige .NET-Komponenten einfach »vergessen« werden und auch die automatische Registrierung von ASP.NET entfällt.

Visual Studio 2005

Auf Details zur Installation von Visual Studio 2005 wollen wir hier nicht weiter eingehen, sondern lediglich darauf hinweisen, dass zumindest die Standard-Edition, besser noch die Professional-Edition, vorhanden sein sollte.

Vergewissern Sie sich (Menü *Hilfe/Info über Microsoft Visual Studio*), dass die folgenden Produkte installiert sind:

- Microsoft Visual Basic 2005
- Microsoft Visual Web Developer 2005
- Crystal Report

SQL Server 2005 oder Express Edition

Wer den Microsoft SQL Server 2005 nicht bereits sein Eigen nennt, für den ist die abgerüstete Version, nämlich die im .NET Framework SDK enthaltene *SQL Server Express Edition* (SQLEXPRESS), eine gute Alternative. Auf der gleichen Codebasis wie der SQL Server 2005 erstellt, bietet die Express Edition größtenteils die gleichen Features. Es ist deshalb problemlos möglich, eine mit der Express Edition erstellte Anwendung später nach SQL Server 2005 zu portieren.

HINWEIS Auf Einschränkungen der Express Edition gehen wir in Kapitel 11 im Detail ein.

SQLEXPRESS erhält den Namen *\\Servername\SQLEXPRESS* und kann über den *SQL Server Configuration Manager* gestartet/gestoppt werden:

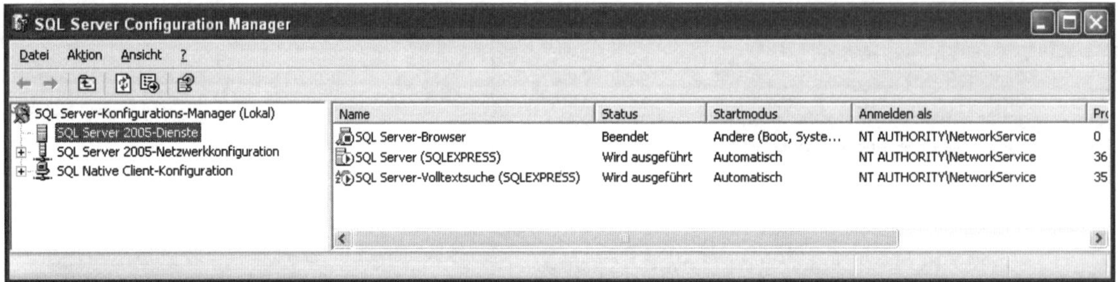

Abbildung 1.2 Der Ersatz für den alten SQL Server-Dienst-Manager

Weitere Informationen zur Installation erhalten Sie, wenn Sie über das Windows-Startmenü den Eintrag *Microsoft .NET Framework SDK v2.0/Schnellstart-Lernprogramme* wählen. Es erscheint eine Seite, von welcher aus die Installation von SQL Server 2005 bzw. SQLEXPRESS nebst Beispieldatenbanken und Lernprogrammen ausführlich erklärt wird.

HINWEIS Wichtig für dieses Buch ist die *Northwind*-Beispieldatenbank!

Ergänzende Programme

Zur Unterstützung unserer Arbeit empfiehlt sich auch die Installation von *Microsoft Office*, wobei vor allem *Access* und *FrontPage* sehr hilfreich sein können.

Microsoft Access

Nach wie vor erfreuen sich Access-Datenbanken großer Beliebtheit, da sie sich schnell erstellen und einfach administrieren lassen. Deshalb werden wir in diesem Buch den Zugriff auf Access-Datenbanken als gleichrangige Alternative zum Microsoft SQL-Server behandeln.

Allerdings müssen Sie sich darüber im Klaren sein, dass Access-Datenbanken schlecht skalierbar sind, also nicht für viele gleichzeitige Zugriffe entwickelt wurden, was ihren Einsatz insbesondere in ASP.NET- oder Webdienst-Anwendungen problematisch machen kann.

HINWEIS Bei der zu Access mitgelieferten Beispieldatenbank *Nordwind.mdb* handelt es sich um eine eingedeutschte und etwas abgerüstete Version der *Northwind*-Datenbank des SQL-Servers. Eine vergleichende Gegenüberstellung finden Sie im Anhang dieses Buchs.

Microsoft FrontPage

Dieses nur in den Office Developer Editionen enthaltene bzw. separat erhältliche Programm eignet sich hervorragend für alles, was mit dem Schreiben von HTML-Seiten zusammenhängt. Sie können sich über FrontPage auch direkt bei Ihrem Webserver einloggen, um dort Ihre Dateien an Ort und Stelle zu editieren.

Weitermachen mit learning by doing!

In den vielen unterschiedlichen Projekttypen von Visual Studio 2005 spiegelt sich die beeindruckende Vielfalt von Datenzugriffsmöglichkeiten wider, wie aber soll man diese effektiv vermitteln?

Wir sind der festen Überzeugung (und das hat sich in unserer langjährigen Schulungspraxis spätestens unter .NET immer wieder bestätigt), dass das lineare Durcharbeiten eines »Lehrbuchs« mehr Frust erzeugt als dass es motivierend wirkt.

Gemäß der Devise »Ein Beispiel sagt mehr als tausend Worte« empfehlen wir deshalb dem Einsteiger, den theoretischen Teil der Kapitel nur zum gelegentlichen Nachschlagen zu benutzen und stattdessen immer wieder anhand von Beispielen zu üben.

HINWEIS Unterbrechen Sie hier die Lektüre und wenden Sie sich den Einführungsbeispielen am Ende des Kapitels zu!

Dieser Sprung ins kalte Wasser vermittelt erste Aha-Effekte zum Was und Wieso der verschiedenen lokalen und webbasierten Anwendungen und motiviert Sie für manche Durststrecke der späteren Kapitel.

Visual Basic und die Datenbankprogrammierung

Wir richten uns jetzt vor allem an jene Leser, die sich nicht mehr zum Kreis der absoluten Newcomer in Sachen Datenbankprogrammierung zählen und die sich deshalb kaum wundern werden, dass sich die Schwerpunkte dieses Buches weniger um Visual Basic 2005 als um die folgenden Themen gruppieren:

- Dateien
- ADO.NET
- SQL
- XML
- Reporting
- ASP.NET
- Webdienste

Alle diese Themen stehen untereinander im engen Zusammenhang, das gemeinsame Dach heißt .NET! Die konkrete Wahl der Programmiersprache (Visual Basic, C# ...) ist dabei eher sekundär und lediglich Mittel zum Zweck.

Zur Geschichte des universellen Datenzugriffs

»Nichts ist mehr so, wie es einmal war!« – Dieser Satz charakterisiert wohl am ehesten die neuen Anforderungen, die das Web-Zeitalter an die Programmierung von Datenbankapplikationen stellt. Wir wollen diese Anforderungen zunächst grob charakterisieren, um uns dann einen ersten Überblick über die Architektur von ADO.NET – dem wohl wichtigsten Thema dieses Buchs – zu verschaffen.

Jedes Datenbanksystem stellt Schnittstellen (APIs) zur Verfügung, die es dem Programmierer erlauben, auf Datenbanken zuzugreifen bzw. welche zu erzeugen. Allerdings sind diese APIs herstellerspezifisch, und es war in der Vergangenheit für einen Anwendungsprogrammierer immer ziemlich schwierig und fehleranfällig, all diese Vielfalt zu beherrschen. Noch komplizierter wurde es, wenn ein neues Datenbanksystem herauskam und bereits vorhandene ältere Applikationen darauf umgestellt werden mussten. Der Ruf nach einer einheitlichen, universell einsetzbaren Datenbankschnittstelle wurde demzufolge immer lauter.

Microsoft hat schon seit vielen Jahren versucht, dieses Problem zu lösen. Die bisherigen Schritte in dieser Richtung sind:

- ODBC (Open Database Connectivity)
- OLE DB
- ADO (ActiveX Data Objects)
- ADO.NET

Eine rundum zufrieden stellende Lösung konnte und kann auch das alte ADO – der Vorgänger von ADO.NET – nicht bieten, da es die speziellen Belange des Internets, auf die wir noch zu sprechen kommen, nur ungenügend berücksichtigt hat.

Zusammen mit der .NET-Plattform hat Microsoft nun endlich Nägel mit Köpfen gemacht und einen grundlegend neuen Mechanismus für den universellen Datenzugriff ins Leben gerufen: ADO.NET. Obwohl ADO für *ActiveX Data Objects* steht, hat ADO.NET mit der ActiveX-Technologie so gut wie nichts mehr am Hut – es heißt einfach nur ADO.NET!

ADO.NET bietet ein umfangreiches System von Klassen, mit denen auf unterschiedlichste Datenbanken zugegriffen werden kann. Von der einfachen Desktop-Anwendung bis hin zur komplexen transaktionsbasierten Web-Applikation ist alles machbar. Im Unterschied zum klassischen ADO liefert ADO.NET ausschließlich so genannten *Managed Code* (verwalteten Code) und ist somit für die optimale Integration in das .NET Framework ausgelegt.

Die neuen Merkmale webbasierter Anwendungen

Anders als bei klassischen Desktop-Anwendungen gibt es in verteilten Umgebungen keine feste Beziehung zwischen Datenquelle und Frontend mehr. Der kurzzeitige Kontakt eines Programms zur Datenquelle lässt sich auf drei Etappen reduzieren:

- Aufbau der Verbindung zur Datenquelle
- Übertragung der Daten
- Abbau der Verbindung

Die Anzahl gleichzeitiger Benutzer ist nie eindeutig vorhersehbar, d.h., die Web-Anwendung muss einen hohen Grad von Skalierbarkeit erreichen, um z.B. auch hundert gleichzeitige Zugriffe zu verkraften.

Allgemeine Architektur

ADO.NET wurde geschaffen, um den besonderen Anforderungen verteilter Anwendungen Rechnung zu tragen, die immer aus mehreren Teilprogrammen bzw. Ebenen bestehen:

- Datenebene (auch Data-Tier oder Backend)
- Geschäftsebene (auch Middle-Tier oder Business-Schicht)
- Präsentationsebene (auch Anwenderschnittstelle, Usertier oder Frontend)
- Das Internet/Intranet als Verbindungsschicht zwischen Präsentations- und Geschäftsebene

Die folgende Abbildung soll Ihnen diese typische Struktur erläutern. Sie erkennen u.a. deutlich die Rolle von XML, welches als universelles Übertragungsprotokoll den Datenaustausch zwischen Präsentations- und Geschäftsebene übernimmt:

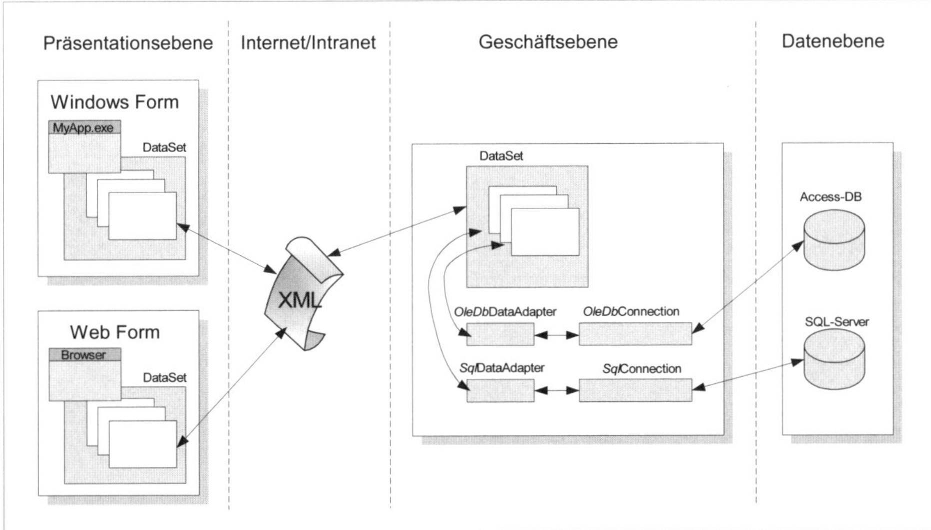

Abbildung 1.3 Allgemeine Architektur webbasierter Anwendungen

In obiger Abbildung erkennen Sie auch die zentrale Rolle der Hauptobjekte von ADO.NET: *DataSet*, *DataAdapter* und *Connection*.

Weiterhin sind die beiden Projekttypen zur Gestaltung der Benutzerschnittstelle klar ersichtlich:

- Windows-Form-Anwendung
- Web-Form-Anwendung (Internet-Browser)

Wie Ihnen bereits die Einführungsbeispiele dieses Kapitels verdeutlichen, gibt es keine grundsätzlichen programmtechnischen Unterschiede zwischen beiden Anwendungstypen.

Grundprinzip ist die Trennung von Datenbank und Datenhaltung

Das eherne Grundprinzip von ADO.NET ist die strikte Trennung von Datenbank und Datenhaltung. Die benötigten Datensätze werden einmal bei der Datenbank abgeholt und dann im Arbeitsspeicher bis auf Abruf vorgehalten. Alle vorgenommenen Änderungen schlagen sich zunächst hier nieder. Erst wenn diese

Änderungen irgendwann in die Datenbank zurückgeschrieben werden sollen, erfolgt kurzzeitig ein erneuter Verbindungsaufbau zur Datenbank, die Aktualisierung wird also in einem Schwung erledigt. Dieser sehr flexible Update-Mechanismus erlaubt eine äußerst wirkungsvolle Reduktion der Anzahl gleichzeitiger Datenbankzugriffe und ermöglicht somit eine hohe Skalierbarkeit der Anwendung.

Kein Platz mehr für das Recordset-Objekt

»Der Mohr hat seine Schuldigkeit getan!«. Im Modell des asynchronen Datenzugriffs gibt es keine Verwendung mehr für das altbekannte (cursorbasierte) *Recordset*-Objekt, welches als Kernobjekt aller Vorgängertechnologien (DAO, ADO alt) gilt. Ein solches *Recordset* benötigt in der Regel eine ständige Datenbankverbindung und ermöglicht lediglich eine zeilenweise Bearbeitung der Datensätze. Das führt zu einer Verlagerung großer Teile der Anwendungslogik auf den Datenbankserver, um dort eine möglichst intelligente Verarbeitung (Stored Procedures) und damit eine Einschränkung der Ergebnismenge zu erreichen. Der asynchrone Datenzugriff eröffnet hingegen eine neue Sicht auf die Logik, die auf dem Datenbankserver zu implementieren ist.

Das DataSet als Mini-Datenbank

Das Kernobjekt von ADO.NET ist das *DataSet*. Es hat völlig andere und erheblich komplexere Eigenschaften und Fähigkeiten als das altbekannte *Recordset*. So kann es beispielsweise nicht nur eine, sondern mehrere Tabellen enthalten. Neben den eigentlichen Daten sind im Speicher auch die Strukturinformationen (Schema- bzw. Metadaten) hinterlegt. Es liegen also auch Informationen über die verwendeten Datentypen und die Beziehungen (Relationen) zwischen den Tabellen vor.

All diese Forderungen werden durch das *DataSet*-Objekt erfüllt. Es repräsentiert – ähnlich wie eine Datenbank – sowohl die Daten als auch die Metadaten und kann auch die Relationen speichern.

Das *DataSet* steht in enger Beziehung zur *Extensible Markup Language* (XML), es lässt sich komplett im XML-Format beschreiben und serialisieren bzw. abspeichern.

Ohne XML geht gar nichts mehr

Mittlerweile ist XML zu einem grundlegenden Standard geworden. Auch unter ADO.NET basieren neben dem *DataSet* viele weiteren Elemente auf XML, wobei primärer Einsatz der Datenaustausch zwischen den verschiedenen Schichten einer Web-Applikation ist. Man verwendet diese Beschreibungssprache aber auch z.B. zum Ablegen der Daten im Arbeitsspeicher bzw. auf der Festplatte. Umgekehrt können Sie eine XML-Datei wie jede andere Datenquelle verwenden, um z.B. ein *DataSet* daraus zu erstellen.

Hier die wichtigsten Vorteile:

- **XML ist textbasiert**
  Da die XML-Darstellung keine binären Informationen verwendet, kann sie über jedes textbasierte Protokoll (z.B. HTTP) verschickt werden. Eine Blockade durch Firewalls ist unwahrscheinlich, da sich diese in der Regel nur gegen binäre Dateien richtet.
- **XML ist standardisiert**
  Aufgrund des einheitlichen Formats können die Datenkomponenten Ihrer Anwendung Daten mit jeder anderen Komponente in jeder anderen Anwendung austauschen, so lange diese Komponente XML versteht. Dadurch wird ein hohes Maß an Austauschbarkeit zwischen völlig verschiedenen Anwendungen erreicht.

HINWEIS Entwarnung für all diejenigen, die befürchten, schon wieder eine neue Sprache erlernen zu müssen: ADO.NET konvertiert Daten nach Bedarf automatisch in das und aus dem XML-Format. Der Zugriff auf die XML-Daten erfolgt meist über gewöhnliche Programmiermethoden.

SQL-Kenntnisse sind ein Muss!

Wer bis jetzt noch ohne SQL-Kenntnisse über die Runden gekommen ist, für den ist bei ADO.NET endgültig und erbarmungslos das Ende der Fahnenstange erreicht. Sie sollten sich zumindest Grundkenntnisse angeeignet haben, bevor Sie mit ADO.NET zu größeren Sprüngen abheben wollen.

Für all diejenigen, die bezüglich SQL noch Nachholbedarf haben, bietet das Kapitel 7 reichlich Übungsstoff.

ASP.NET ist keine Hürde!

ASP.NET ist keine neue Programmiersprache, sondern wohl eher eine Technologie, die mit Hilfe einer bestimmten Programmiersprache (VB, C#...) umgesetzt wird. ASP (*Active Server Pages*) liefert dynamische Webseiten, die auf dem Server »intelligent« erzeugt werden, wobei der Client nach wie vor reines HTML »sieht«. Im Unterschied zum alten ASP hat sich dank der Code Behind-Technologie von ASP.NET die Programmierung erheblich vereinfacht (siehe Einführungsbeispiel PB1.3 »ASP.NET-Webanwendung«.

HINWEIS Eine Einführung in ASP.NET liefert Ihnen das Kapitel 12.

Last but not least – OOP!

Wer beim Querlesen dieses Buchs glaubt, sofort mit der Datenbankprogrammierung beginnen zu können, ohne sich vorher mit den gnadenlos objektorientierten Konzepten von Visual Basic 2005 beschäftigt zu haben, der wird wahrscheinlich größere Schwierigkeiten beim Nachvollziehen der Beispiele bekommen.

Man sollte schon etwas mit Begriffen wie Klassenbibliothek, Instanz, Konstruktor, Collection, überladene Methoden etc. anfangen können, denn diese Kenntnisse werden zum Verständnis des folgenden Stoffes im Sinn von Handwerkszeug einfach vorausgesetzt und nicht noch einmal grundlegend erläutert.

HINWEIS Nochmals empfehlen wir deshalb dem Newcomer in Sachen .NET-Datenbankprogrammierung das vorhergehende ultimative Studium eines entsprechenden Visual Basic-Einsteigerbuchs.

Ein Wort zum .NET-Sicherheitskonzept

Computer im Internet waren schon immer ein potenzielles Angriffsziel für Hacker und Virenattacken. Da der Grundgedanke von .NET auf der Verwendung verteilter Komponenten im Internet basiert, ist ein völlig neues Sicherheitskonzept erforderlich, welches sich deutlich von dem des klassischen (unsicheren) Codes im Internet abgrenzt. Das .NET-Framework stellt dazu ein ausgeklügeltes Sicherheitsmodell zur Verfügung, in welchem Sie durch entsprechende Konfiguration des Sicherheitssystems die Programmausführung und den Codezugriff von zugeordneten Berechtigungen abhängig machen können.

Wie es früher war

Bislang konnten lokale Netzwerke bzw. Computer nur als isolierte Bereiche gesehen werden, die den Zugriff auf ihre Ressourcen zwei Hauptgruppen von Benutzern etwa wie folgt ermöglichten:

- Lokale Benutzer mit differenzierten Rechten
- Anonyme externe Benutzer mit pauschalen Rechten

Eine wichtige Rolle in diesem klassischen Sicherheitskonzept spielt der Firewall, der viele Zugriffe von außen gänzlich abblocken muss, da das System nicht in der Lage ist, zwischen »guten« und »bösen« Absichten externer Benutzer zu unterscheiden.

Es dürfte klar sein, dass dieses defensive Konzept für die der .NET-Philosophie zugrunde liegenden Interaktion verteilter Komponenten im Internet völlig unbrauchbar ist, weil die Zugriffe im Allgemeinen nicht von Benutzern, sondern von anderen Komponenten ausgehen. Wie sollen sich da Zugriffskennungen sinnvoll verwalten lassen, wie die pauschalen Rechte risikolos verteilt werden?

In .NET wird diese Frage zunächst dadurch beantwortet, dass man Kommunikation und Objekttransfer grundsätzlich über das HTTP- bzw. XML-Protokoll abwickelt und damit die bestehenden Firewall-Lösungen umgeht. Aber dies allein reicht nicht aus.

Neue Sicherheitsmechanismen

Nicht nur die Ausführung sicheren Codes aus dem Internet ist das Ziel von .NET-Anwendungen, sondern auch seine lokale Einbindung. Die Anwendungen sollen in der Lage sein, fremde Assemblies herunterzuladen, um sie anschließend auf dem lokalen Rechner risikofrei auszuführen.

Bereits auf Code-Ebene werden deshalb von der CLR (*Common Language Runtime*) alle Zugriffe auf eine Assembly kontrolliert. In Abhängigkeit von Herkunft und Identifikation des auszuführenden Codes (Wurde er lokal erzeugt? Hat er eine vertrauenswürdige Signatur? Stammt er aus einem Netzwerkpfad oder einem Download?) werden ihm unterschiedlich eingeschränkte Ausführungsrechte auf dem System erteilt.

Das bedeutet, dass nur Assemblies mit einem *strong name* erweiterte Ausführungsmöglichkeiten erhalten. Unter *strong name* versteht man eine Benennung, die mittels eines *PublicKeyToken* aus einer digitalen Signatur generiert wurde.

Bei der Vergabe von Rechten sind immer zwei Schritte zu unterscheiden:

- Authentifizierung
  … dient lediglich der Identifikation, vergleichbar mit einem Reisepass.
- Autorisierung
  … erlaubt bzw. sperrt den Zugriff auf einzelne Module nach den Regeln der Assembly, vergleichbar mit einem Visum.

Der Sicherheitsmechanismus der CLR blockt aber nicht nur ab, sondern informiert die zugreifende Anwendung auch über die ihr zustehenden Rechte, um ihr die Chance zum Abbruch unzulässiger Aktionen zugeben. So können die von der CLR für den Zugriff auf eine Assembly getroffenen Sicherheitsentscheidungen mittels SOAP (*Simple Object Access Protocol*) in einem Sicherheitsticket an andere Anwendungen bzw. Komponenten weitergereicht werden.

Was ist neu in .NET 2.0?

In diesem abschließenden Abschnitt wollen wir kurz auf die wichtigsten Neuerungen hinweisen, die mit der um die Jahreswende 2005/2006 erschienenen Version 2.0 des .NET Frameworks auf den Datenbankentwickler zugekommen sind. Für Einsteiger in die .NET-Programmierung dürften diese Ausführungen allerdings weniger aussagekräftig sein.

Windows Forms Entwicklungsumgebung

Neue Assistenten, Tools und Komponenten erleichtern dem Datenbankentwickler die Arbeit:

- Eingeführt wurde das universelle Konzept der *Datenquellen*. Damit hat auch der DataForm-Assistent ausgedient, er wurde durch den Datenquellen-Assistenten ersetzt.
- Weiter gestärkt wurde die Rolle *typisierter DataSet*s im Zusammenhang mit den neu eingeführten *DataTableAdaptern*, die sich im Xml-basierten DataSet-Designer entwickeln lassen und einen komfortablen Zugriff auf Datenbankinhalte ermöglichen.
- Die neuen Anwendungskonfigurationsdateien erlauben eine Unterscheidung zwischen anwendungs- und benutzerspezifischen Einstellungen und enthalten u.a. auch eine neue Sektion für Verbindungszeichenfolgen.
- Neue Komponenten wie *BindingSource* und *BindingNavigator* erleichtern die Datenbindung von Steuerelementen.
- Das neue *DataGridView*-Tabellensteuerelement bietet gegenüber dem »alten« *DataGrid* gewichtige Vorteile bei der Präsentation von Daten.
- Mit dem Einzug von SQL Server 2005 hat SQLEXPRESS die Nachfolge der MSDE angetreten.
- Mit dem *ClickOnce Deployment* steht eine effektive Technologie zur Verteilung und Aktualisieren von Anwendungen über das Internet zur Verfügung.

ADO.NET 2.0

Auch hier hat sich eine ganze Menge getan:

- *ConnectionStringBuilder* für Zusammensetzen von Verbindungszeichenfolgen
- Performancegewinn für *DataSet*
- Umwandlung zwischen *DataSet* und *DataReader*
- Binäre (schnellere) Serialisierung für *DataSets* als Option
- Serialisierung einzelner *DataTable*-Objekte
- Asynchrone Befehlsausführung (Async Processing)
- Massenkopieren (Bulkcopy/Bulkimport)
- Pro Verbindung sind mehrere aktive *DataReader* möglich (MARS)
- Benachrichtigungen über Datenänderungen (Query Notifications)
- Variable Batch-Größe für Datenadapter (Anzahl der gleichzeitig zu übermittelnden Änderungen)
- Providerunabhängige Programmierung durch Providerfabriken
- Ermittlung der auf einem System installierten Datenprovider

- Verbesserter Zugriff auf Datenbankschemas
- Statistische Auswertung über Nutzung einer Datenbankverbindung
- Verbesserungen beim Verbindungspooling

HINWEIS Ausführliche Informationen zu ADO .NET 2.0 finden Sie im Kapitel 4!

SQL Server 2005

Stellvertretend für die vielen neuen Features seien nur genannt:

- Ändern von Benutzerkennwörtern und benutzerdefinierte SQL Server
- Benachrichtigung über Datenänderungen (Query Notifications)
- Datenbankspiegelung (Client Failover)
- neue Sicherheitsfunktionen (interne Verschlüsselung)

Reporting Services

Mit den *Microsoft SQL Server Reporting Services* wurde eine neue Report-Technologie eingeführt. Diese kennen einen Local Mode und einen Server Mode und arbeiten strikt XML-basiert.

HINWEIS Eine Einführung in die neuen Reporting Services ist im Kapitel 8 enthalten!

ASP.NET 2.0

ASP.NET 2.0 ist zwar vollständig abwärtskompatibel zu ASP.NET 1.1, enthält jedoch eine Vielzahl von internen Änderungen. Dazu zählen unter anderem Verbesserungen am Codemodell, an der Kompilierung und am Lebenszyklus der Seite. Weiterhin bringt ASP.NET 2.0 viele neue Controls sowie neue Funktionen für die Personalisierung und Lokalisierung von Webseiten.

Auch die Regeln rund um die Kompilierung unter ASP.NET 2.0 haben sich dramatisch geändert, hier werden ganz neue Ansätze verfolgt. Eine neue .NET 2.0 Webapplikation läuft auch ohne spezielle Konfiguration. Projekte werden unter ASP.NET 2.0 nicht mehr explizit kompiliert, beim ersten Start wird die notwendige Kompilierung automatisch vorgenommen. Neu ist auch, dass die Webanwendung im *ASP.NET Development Server* statt im IIS laufen kann. Auch das Konfigurationsmanagement hat sich deutlich geändert.

- Neue datengebundene Steuerelemente (*GridView*, *FormView*, *TreeView*, *DetailsView*, ...)
- Neue Steuerelemente für Standardaufgaben (*Login*, *LoginView*, *Menu*, ...)
- Datenquellensteuerelemente als neue Grundlage für die Datenbindung
- Automatisches Lokalisieren von Steuerelementeinhalten und HTML-Elementen basierend auf XML-Ressource-Dateien (**.resx*)
- Formularbasierte Authentifizierung ohne Cookies
- Zum Schutz von Urheberrechten kann eine ASP.NET-Webanwendung komplett – also einschließlich HTML-Code – kompiliert werden.

- Als Webserver sind neben dem IIS auch Cassini, Apache und andere möglich.
- Eine kostengünstige Light-Version von Visual Studio 2005 für Webentwicklungen steht als *Visual Web Developer* zur Verfügung.

HINWEIS Ausführliche Informationen zu den Neuerungen und Beispiele zur Entwicklung von Webanwendungen unter ASP.NET 2.0 finden Sie in den Kapiteln 12 bis 14!

XML 2.0

Hier halten sich die Neuerungen in Grenzen:

- Anwendung der Klasse *XPathNavigator* auf *XmlDocument*
- Ablösung der Klassen *XslTransform, XmlTextReader, XmlValidationReader* und *XmlTextWriter* durch die leistungsfähigeren Klassen *XslCompiledTransform, XmlReader* und *XmlWriter*
- *XmlWriter*, *XmlReader* und *XPathNavigator* bieten jetzt Konvertierungsunterstützung zwischen CLR- und XML-Datentypen
- Neue Klasse *XmlSchemaInference* erzeugt XSD-Schema aus XML-Dokument

HINWEIS Mehr zum Thema »Xml« finden Sie im Kapitel 3.

Ein wenig Datenbanktheorie

Obwohl dieses Kapitel bis jetzt direkt auf die Praxis zielte, sollte damit keinesfalls der Eindruck erweckt werden, dass ein Datenbankprogrammierer ganz ohne trockene Theorie auskommt. Auch in unserem Buch können wir nicht ganz darauf verzichten. In diesem Abschnitt sollen deshalb die übergreifenden (allgemeinen) Begriffe und Konzepte Relationaler Datenbanken in gebotener Kürze erörtert werden:

- Normalisieren von Tabellen
- Tabellenoperationen
- Begriffsbestimmungen

Normalisieren von Tabellen

Zieht man die Tatsache in Betracht, dass die Lebensdauer der Stammdaten eines Unternehmens im Allgemeinen weit über die von Hard- und Software hinausgeht, können die aus einem dilettantischen Datenbankentwurf resultierenden Verluste gewaltig sein.

Die optimale Aufteilung einer relationalen Datenbank in mehrere Tabellen ist ein schrittweiser Prozess, der auch als *Normalisierung* bezeichnet wird. In den Einführungsbeispielen am Schluss dieses Kapitels werden wir eine »normalisierte« Datenbank verwenden, ohne uns über die zweckmäßige Aufteilung der Tabellen einen Kopf gemacht zu haben. Das hatte seinen guten Grund, denn ein effektiver Datenbankentwurf ist eine ziemlich komplexe Angelegenheit und für den Einsteiger ziemlich abstrakt und abschreckend. Manche betrachten das Ganze sogar mehr als Kunst denn als Wissenschaft. Das bedeutet, dass auch die Intuition eine größere Rolle dabei spielt.

Es gibt eine ziemlich abstrakte »Theorie des Datenbankentwurfs«, die allerdings Sache der Fachliteratur ist. In diesem Zusammenhang sei auf einen gewissen *E. F. Codd* verwiesen, der 1970 das Modell der relationalen Datenbank definierte und dafür zwölf Regeln aufstellte. Ziel dieses Abschnitts soll es lediglich sein, dem Einsteiger einen allgemeinen Überblick zu vermitteln, ohne ihn mit allzu vielen Details zu belästigen. Wir wollen das am praktischen Beispiel einer Firmen-Datenbank nachvollziehen, deren Ziel das Abspeichern von Rechnungsdaten ist.

Ausgangstabelle

Wir notieren zunächst einmal aus dem Stegreif eine erste Version einer Tabelle mit dem Namen *RECHNUNGEN*, in welche wir alle benötigten Informationen hineinpacken (Rechnungsdatum, Rechnungsbetrag, Kundennummer, Kundenname, Kundenort, Artikelnummer, Artikelname):

ReNr	ReDatum	ReBetrag	KuNr	KuName	KuOrt	ArtNr	ArtName
1	12.09.01	1.500	2	Müller	Berlin	2, 4, 11	Tisch, Stuhl, Lampe
2	15.10.01	950	5	Schultze	München	3	Sofa
3	17.01.02	1.025	1	Mayer	Hamburg	2, 4	Tisch, Stuhl

Tabelle 1.1 *Rechnungen*: Erster Entwurf

Aus Gründen der Übersichtlichkeit bleiben in unserem Beispiel diese Informationen auf das absolute Minimum reduziert (Artikelpreis und -anzahl fehlen zum Beispiel, könnten aber problemlos ergänzt werden).

Nach näherem Hinsehen sticht uns bereits ein gravierender Mangel ins Auge:

In den Feldern *ArtNr* und *ArtName* sind *mehrfache Merkmalswerte* eingetragen. Wenn ein Kunde viele Artikel kauft, passen diese möglicherweise nicht mehr alle in das dafür vorgesehene Feld. Wir müssen deshalb die Tabelle umstrukturieren, um die *Erste Normalform* zu erreichen.

Erste Normalform

Eine Tabelle hat dann die erste Normalform (1NF), wenn sie nur einfache Merkmalswerte enthält.

Durch einfaches Umgruppieren der Daten erreichen wir die 1NF:

ReNr	ReDatum	ReBetrag	KuNr	KuName	KuOrt	ArtNr	ArtName
1	12.09.01	1.500	2	Müller	Berlin	2	Tisch
1	12.09.01	1.500	2	Müller	Berlin	4	Stuhl
1	12.09.01	1.500	2	Müller	Berlin	11	Lampe
2	15.10.01	950	5	Schultze	München	3	Sofa
3	17.01.02	1.025	1	Mayer	Hamburg	2	Tisch
3	17.01.02	1.025	1	Mayer	Hamburg	4	Stuhl

Tabelle 1.2 *Rechnungen*: Erste Normalform

Mit diesem Anblick sollten wir uns aber keinesfalls zufrieden geben, da die gleichen Daten (Adresse des Kunden, Artikelname) mehrfach abgespeichert sind, es liegen also viele überflüssige Informationen vor, man spricht von *Redundanz*. Abgesehen von der Speicherplatzverschwendung stellen Sie sich bitte vor, ein Kunde wechselt seinen Wohnort. Sie müssten dann möglicherweise sehr viele Datensätze ändern, und wehe, Sie haben dabei einen vergessen! Lasst uns also etwas gegen diese lästige Redundanz unternehmen.

Zweite Normalform

Eine Tabelle weist dann die zweite Normalform (2NF) auf, wenn sie sich in der 1NF befindet und wenn jedes Merkmal (außer dem Schlüssel) unmittelbar vom Schlüssel abhängt.

Wie wir sehen, sind z.B. die Merkmale *KuNr*, *KuName*, *KuOrt*, *ArtNr* und *ArtName* vom Wert des Schlüssels (*ReNr*) **unabhängig**, sie widersprechen also der 2NF. Sie glauben es nicht? Dann überzeugen Sie sich bitte selbst davon, dass es zu jeder Rechnungsnummer nur **ein** bestimmtes Rechnungsdatum und **einen** bestimmten Rechnungsbetrag gibt. Der Inhalt der übrigen (unabhängigen) Felder wiederholt sich aber teilweise, da er mit der Rechnungsnummer nicht 1 : 1 gekoppelt ist.

Offenbar genügt eine einzige Tabelle nicht mehr, um die Forderungen der 2NF zu erfüllen. Wie wir im Folgenden sehen, erzwingt die 2NF die Aufteilung unserer Ausgangstabelle in mehrere Einzeltabellen (Entitäten), die bestimmten »Sachgebieten« entsprechen müssen:

KuNr	KuName	KuOrt
1	Mayer	Hamburg
2	Müller	Berlin
5	Schultze	München

Tabelle 1.3 Tabelle *Kunden*

ReNr	KuNr	ReDatum	ReBetrag
1	2	12.09.01	1.500
2	5	15.10.01	950
3	1	17.01.02	1.025

Tabelle 1.4 Tabelle *Rechnungen*

ReNr	ArtNr	ArtName
1	2	Tisch
1	4	Stuhl
1	11	Lampe
2	3	Sofa
3	2	Tisch
3	4	Stuhl

Tabelle 1.5 Tabelle *Artikel*

So richtig können wir uns aber auch an diesen drei Tabellen nicht erfreuen, zumindest die *Artikel*-Tabelle erregt unseren Unmut. Nach längerem Hinsehen entdecken wir nämlich wieder untrügliche Spuren der vermaledeiten Redundanz: Der gleiche Artikelname taucht mehrfach auf! Der Entschluss »Ach, lassen wir das doch so stehen ...« kann schnell zum Albtraum werden: Haben Sie vielleicht Lust, jede Menge Einträge nachträglich zu korrigieren, nur wenn sich z.B. später die Bezeichnung »Tisch« in »Schreibtisch« ändern sollte? Also knöpfen wir uns wohl oder übel noch einmal die *Artikel*-Tabelle vor (die *Kunden*- und die *Rechnungen*-Tabelle bleiben unverändert).

Dritte Normalform

Die dritte Normalform (3NF) einer Tabelle liegt dann vor, wenn sie sich in der 2NF befindet und wenn ihre Merkmale (außer Schlüssel) untereinander unabhängig sind, d.h., es dürfen keine transitiven Abhängigkeiten bestehen.

Dem Sinn dieser Definition kommt man erst nach längerem Grübeln auf die Spur. Was versteht man unter »transitiven Abhängigkeiten«? Aber halt, zäumen wir doch besser das Pferd von hinten auf und betrachten wir erst einmal ein Gegenbeispiel anhand der Tabelle *Kunden*, die offenbar über den Verdacht transitiver Abhängigkeiten völlig erhaben ist. In der Tat, der Kundenort ist **nicht** abhängig vom Kundennamen, denn der Kunde kann den Ort wechseln, oder es können mehrere Kunden im gleichen Ort wohnen. Etwas anders sieht es bei der *Artikel*-Tabelle aus. Der Name des Artikels ist fest an die Artikelnummer gekoppelt, mehrere Artikel dürfen **nicht** die gleiche Nummer haben, es besteht also eine transitive Abhängigkeit der Merkmale *ArtNr* und *ArtName*, die es zu beseitigen gilt. Dazu splitten wir die ursprüngliche *Artikel*-Tabelle in zwei Tabellen (*Rechnungsdaten* und *Artikel*) auf:

ReNr	ArtNr
1	2
1	4
1	11
2	3
3	2
3	4

Tabelle 1.6 Tabelle *Rechnungsdaten*

Eine Tabelle, wie die obige, bezeichnet man auch als *Interselektionstabelle*.

ArtNr	ArtName
2	Tisch
4	Stuhl
3	Sofa
11	Lampe

Tabelle 1.7 Tabelle *Artikel*

Nunmehr besteht unsere Datenbank aus vier Tabellen (*Kunden*, *Rechnungen*, *Artikel*, *Rechnungsdaten*), die alle die dritte Normalform (3NF) aufweisen, die Datenbasis ist quasi normalisiert.

Zwar kennt die Theorie noch weitere Normalformen, aber dies ist eine Angelegenheit der Spezialliteratur. Für die überwiegende Mehrheit praktischer Einsatzfälle dürfte das Erreichen der 3NF ausreichend sein.

HINWEIS Hüten Sie sich vor einem »Normalisierungswahn«, der zu einer unüberschaubaren Vielzahl kleiner Tabellen (und der dafür erforderlichen künstlichen Schlüssel!) führen kann.

Einen kleinen Vorgeschmack auf derlei Auswüchse vermittelt die *Rechnungsdaten*-Tabelle, die quasi nur noch aus Schlüsselverweisen (Fremdschlüssel) besteht und ansonsten keine echten Felder mehr enthält. Auch die Performance des Datenbanksystems (Antwortverhalten) leidet unter einer Übernormalisierung, die Fehleranfälligkeit wächst als Folge der Komplexität.

Angestrebtes Ziel des Normalisierungsprozesses sollte stets ein optimaler Kompromiss zwischen Systemleistung und Redundanzfreiheit sein. Leider liefern auch die zu vielen Datenbanksystemen mitgelieferten »Experten« in der Regel eine übernormalisierte Tabellenaufteilung. Verzichten Sie deshalb besser auf derlei »Bärendienste« und verlassen Sie sich lieber auf Ihren gesunden Menschenverstand!

Normalisierung nach dem Prinzip »Faule Sekretärin«

Wem das schrittweise Normalisieren der Tabellen einer Datenbank gar zu lästig ist, für den mag auch folgende rein pragmatische Vorgehensweise zu brauchbaren Resultaten führen: Versetzen Sie sich in die Rolle einer faulen, aber pfiffigen Sekretärin, die das Rechnungswesen der Firma mit einem System von Karteikästen verwalten soll. Sehr schnell wird die Sekretärin auf den Dreh kommen, dass es wenig Sinn und viel Arbeit macht, wenn sie nur einen einzigen Karteikasten (für jede Rechnung eine Karte) verwendet. Das Ändern der Anschrift eines einzigen Kunden oder die Preisänderung eines Artikels würde sie mit wachsendem Datenbestand zu immer mehr ungewollten Überstunden zwingen. Nach und nach würde sie zwangsläufig zunächst die Kunden und dann die Artikel in eigene Karteikästen auslagern und würde so – bar jedes Verständnisses der theoretischen Hintergründe – bis zur zweiten oder gar dritten Normalform vorstoßen!

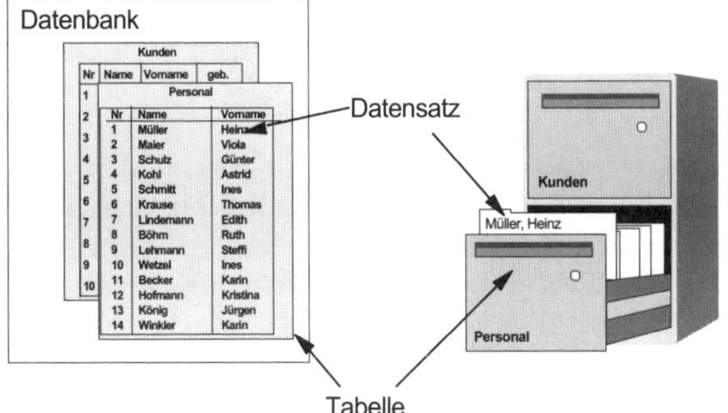

Abbildung 1.4 Analogie für relationale Datenbank

Verknüpfen von Tabellen

Durch die Normalisierung unserer Datenbank ist deren Struktur verloren gegangen, und die ursprünglichen Beziehungen zwischen den Daten existieren nicht mehr. Indem wir die Tabellen miteinander verknüpfen, wollen wir die alten Beziehungen restaurieren.

Im Folgenden wollen wir die wichtigsten Beziehungen unter die Lupe nehmen.

1:1-Beziehung

In einer 1:1-Beziehung existiert für jeden Datensatz in Tabelle 1 genau ein Datensatz in Tabelle 2. Theoretisch könnte diese Beziehung aufgelöst werden, denn die Daten aus Tabelle 2 lassen sich auch in Tabelle 1 speichern. Es gibt allerdings Fälle, in denen 1:1-Beziehungen sinnvoll sind:

- Sicherheitsaspekte (die vertraulichen Daten werden in einer separaten Tabelle gespeichert, auf die nicht jeder Zugriff hat)
- Performance (selten gebrauchte Daten werden in eine zweite Tabelle ausgelagert, die relevanten Daten befinden sich alle in nahe liegenden Sektoren)
- Einschränkungen (das Datenbanksystem stellt nicht genügend Tabellenspalten zur Verfügung, um alle Attribute in einer Tabelle zu speichern).

Damit nicht jeder Mitarbeiter, der auf Tabelle 1 zugreifen kann, erfährt, wie viel sein Kollege verdient bzw. wie oft er krank war, werden diese Informationen in einer zweiten Tabelle gespeichert, auf die nur einige auserwählte Mitarbeiter zugreifen können.

Tabelle 1

Nr.	Name	Vorname
234	Naumann	Karin
235	Wetzel	Kurt
236	Hans	May
237	Otto	Werner
238	Specht	Dieter
239	Lehmann	Isolde
240	Mayer	Hans

Tabelle 2

Nr.	Gehalt	Krankentage
234	5367,30	5
235	4341,10	7
236	2500,20	47
237	7000,00	3
238	1212,50	1
239	3465,10	0
240	4132,32	10

1:1

Abbildung 1.5 1:1-Beziehung

1:n-Beziehung

1:n-Beziehungen sind dadurch gekennzeichnet, dass zu einem Datensatz in Tabelle 1 beliebig viele Datensätze (0 ... n) in Tabelle 2 existieren können.

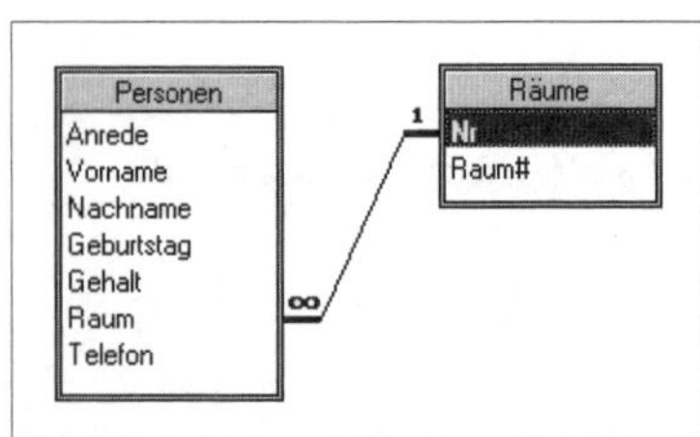

Abbildung 1.6 1:n-Beziehung

Umgekehrt gilt: Zu jedem Datensatz in Tabelle 2 gibt es genau einen Datensatz in Tabelle 1.

Wie Sie der folgenden Abbildung entnehmen können, arbeiten im Raum *A20* drei Personen, in Raum *A64* zwei Personen usw. Da diese Beziehung auch in SQL-Abfragen genutzt werden kann, ist es z.B. kein Problem, einen Raumbelegungsplan zu erstellen.

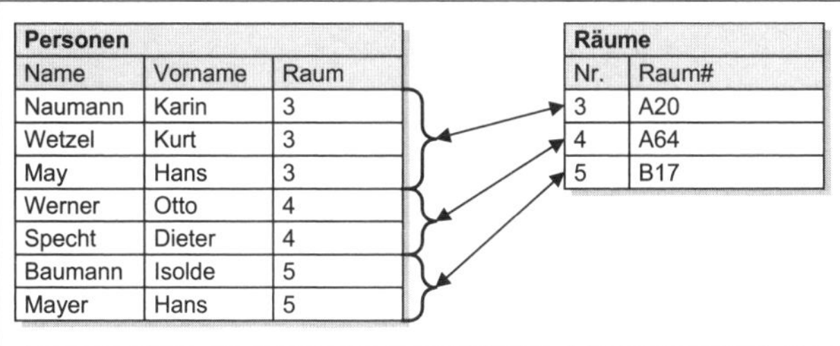

Personen

Name	Vorname	Raum
Naumann	Karin	3
Wetzel	Kurt	3
May	Hans	3
Werner	Otto	4
Specht	Dieter	4
Baumann	Isolde	5
Mayer	Hans	5

Räume

Nr.	Raum#
3	A20
4	A64
5	B17

Abbildung 1.7 Beispiel aus der Firma-Datenbank

n:m-Beziehung

Als Beispiel für eine n:m-Beziehung soll die Mitgliedschaft von Personen in Vereinen herhalten. *N* Personen können Mitglied in *m* Vereinen sein. Allerdings genügen für die Darstellung dieser Beziehung nicht zwei Tabellen (Personen, Vereine), sondern es wird eine weitere Zwischentabelle benötigt, welche die n:m-Beziehung in zwei 1:n-Beziehungen überführt.

Wie Sie der folgenden Abbildung entnehmen können, ist es problemlos möglich, dass ein und dieselbe Person Mitglied in beliebig vielen Vereinen sein kann.

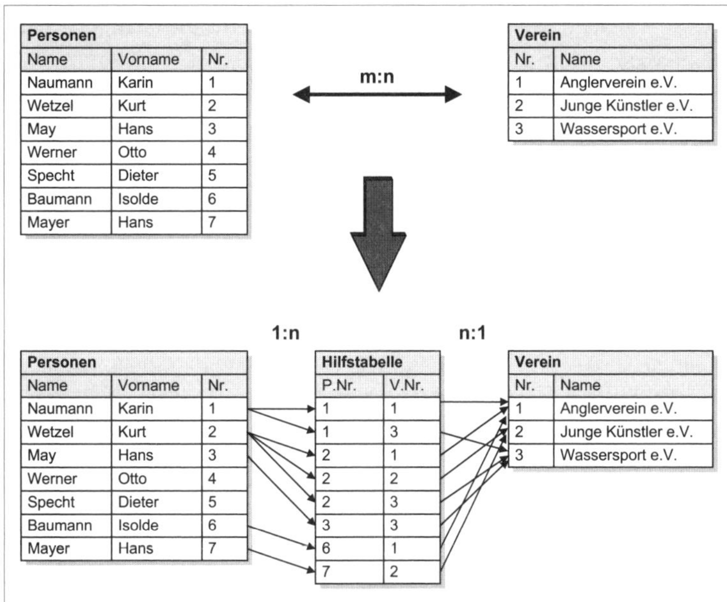

Personen

Name	Vorname	Nr.
Naumann	Karin	1
Wetzel	Kurt	2
May	Hans	3
Werner	Otto	4
Specht	Dieter	5
Baumann	Isolde	6
Mayer	Hans	7

Verein

Nr.	Name
1	Anglerverein e.V.
2	Junge Künstler e.V.
3	Wassersport e.V.

Personen

Name	Vorname	Nr.
Naumann	Karin	1
Wetzel	Kurt	2
May	Hans	3
Werner	Otto	4
Specht	Dieter	5
Baumann	Isolde	6
Mayer	Hans	7

Hilfstabelle

P.Nr.	V.Nr.
1	1
1	3
2	1
2	2
2	3
3	3
6	1
7	2

Verein

Nr.	Name
1	Anglerverein e.V.
2	Junge Künstler e.V.
3	Wassersport e.V.

Abbildung 1.8 n:m-Beziehung

Für jeden Verein eine eigene Tabelle mit der Mitgliederliste zu erstellen, dürfte keine gute Idee sein, ist doch eine zusammenhängende redundanzfreie Darstellung auf diese Weise illusorisch.

Beziehungsdiagramm der FIRMA-Datenbank

Wir wollen uns an Hand der folgenden Abbildung einen Überblick über die grundlegenden Beziehungen zwischen allen Tabellen der FIRMA-Datenbank verschaffen.

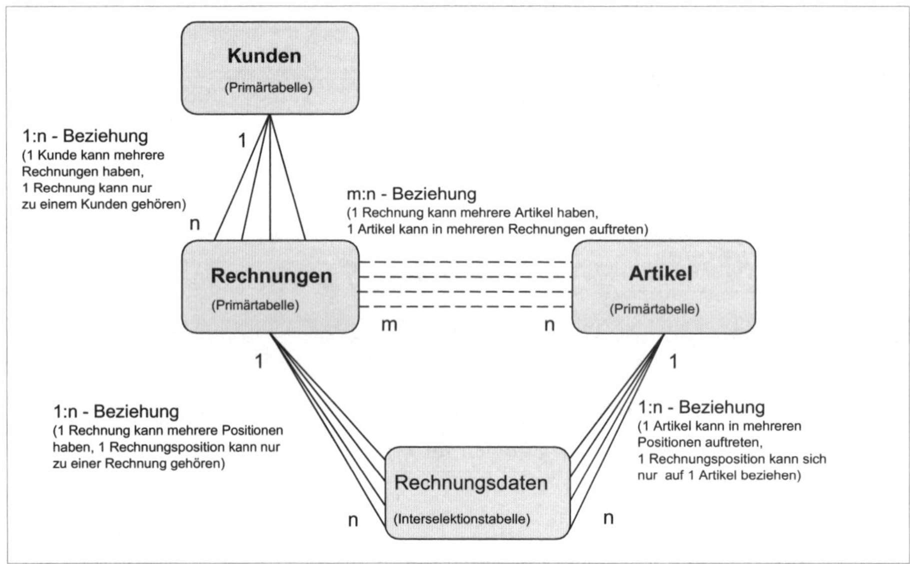

Abbildung 1.9 Beziehungsdiagramm

Aus dem Beziehungsdiagramm gewinnen wir folgende allgemein gültigen Erkenntnisse, die auch als Resultat der einzelnen Normalformen zu interpretieren sind:

- Eine m:n-Beziehung, wie sie zwischen den Tabellen *Rechnungen* und *Artikel* besteht, kann so nicht nachgebildet werden. Sie muss mit Hilfe einer *Interselektionstabelle* (*Rechnungsdaten*) in zwei 1:n-Beziehungen aufgelöst werden. Dies ist unter anderem Ergebnis der 1NF und 3NF.
- Nur Primärtabellen, wie *Kunden*, *Artikel* und *Rechnungen* müssen einen (künstlichen) Schlüssel haben. Die Entstehung dieser Tabellen kann man als Ergebnis der 2NF betrachten.
- Fremdschlüssel verweisen auf den Primärschlüssel einer anderen Tabelle. In unserem Beispiel haben die Tabellen *Rechnungen* und *Rechnungsdaten* einen bzw. zwei Fremdschlüssel.
- Als Verknüpfungsziele dienen die Schlüsselfelder der Tabellen, in unserem Fall sind dies die künstlichen Schlüssel *ReNr*, *KuNr* und *ArtNr*. Alle Felder mit Fremdschlüsseln (*ReNr* und *ArtNr* in *Rechnungsdaten* und *KuNr* in *Rechnungen*) sollten hingegen einen Sekundärindex zwecks Beschleunigung des Zugriffs erhalten.

Referenzielle Integrität

Dieser zentrale Begriff taucht immer wieder im Zusammenhang mit verknüpften Tabellen auf. Was passiert, wenn Sie in der FIRMA-Beispieldatenbank einen Kunden aus der *Kunden*-Tabelle löschen? Dann existieren möglicherweise noch »verwaiste« Datensätze in der Tabelle *Rechnungen*, die mit ihrem Fremdschlüssel (*KuNr*) auf einen nun nicht mehr vorhandenen Kunden zeigen. Auch die Tabelle *Rechnungsdaten* enthält nun viele sinnlose Einträge. Stellen Sie sich die verheerenden Auswirkungen in umfangreichen

Datenbanken großer Unternehmen vor! Im Insider-Jargon heißt das: »Die Referenzielle Integrität wurde verletzt.« Das Problem *Referenzielle Integrität* wird umso akuter, je mehr Tabellen in Ihrer Datenbank miteinander verknüpft sind. Damit lernen wir eine weitere Schattenseite des angesprochenen »Normalisierungswahns« kennen, der ja bekanntlich eine Vielzahl von Einzeltabellen zur Folge hat.

Datenbank-Prototyp verwenden

Unsere FIRMA-Datenbank ist kein Sonderfall, sondern kann durchaus als Vorbild (Prototyp) für viele andere Datenbankmodelle dienen. Haben Sie eine solche Analogie erkannt, können Sie sich die Normalisierung sparen und (nach formalen Umbenennungen) die Struktur des Prototyps (bzw. Teile davon) direkt übernehmen.

Als Beispiel kann eine *Bibliotheks*-Datenbank dienen, die Analogien zwischen den Tabellen sind im Folgenden dargestellt:

FIRMA	BIBLIOTHEK
KUNDEN Nr Name Straße Ort PLZ Telefon	VERLAGE Nr Name Straße Ort PLZ Ansprechpartner Telefon
RECHNUNGEN Nr Datum KundenNr Betrag	TITEL Nr Erscheinungsjahr VerlagsNr ISBN Anzahl
RECHNUNGSDATEN RechnungsNr ArtikelNr ArtikelAnzahl	TITEL_AUTOR TitelNr AutorenNr
ARTIKEL Nr Name Einkaufspreis Verkaufspreis Bestand	AUTOREN Nr Name Vorname Telefon KontoNr

Tabelle 1.7 Analogie zwischen zwei Datenbanken *(Fortsetzung)*

Analog zur Tabelle RECHNUNGEN steht hier die Tabelle TITEL, in der die einzelnen Bücher erfasst sind, im Mittelpunkt. Die Notwendigkeit einer Interselektionstabelle ergibt sich allein aus der Tatsache, dass einem bestimmten Buchtitel auch mehrere Autoren zugeordnet werden können (genauso wie zu einer Rechnung in der Regel mehrere Artikel gehören). Demgegenüber hat ein Buchtitel immer genau einen Verlag (genauso wie jede Rechnung genau einen Kunden hat).

HINWEIS Vielleicht haben Sie jetzt endlich auch eine fundierte Idee, wie Sie Ihre CD-Sammlung in einer Datenbank erfassen können!

Weitere wichtige Begriffe

Begriffe wie »NULL«-Werte oder »Sekundärindex« gehören zum Standardvokabular eines jeden Datenbankprogrammierers. In diesem Abschnitt werden wir diese Features näher betrachten.

Sekundärindex

Normalerweise sind die Datensätze einer Tabelle ungeordnet, d.h., sie sind in der Reihenfolge so abgelegt, wie sie durch den Anwender eingegeben wurden. Das Suchen nach einer bestimmten Information erfordert deshalb das Durchlaufen des gesamten Datenbestandes. Werden nun einige Spalten der Tabelle indiziert, kann der Suchvorgang drastisch beschleunigt werden.

BEISPIEL

Da sehr häufig nach dem Namen eines Kunden gesucht wird, ist das entsprechende Feld (*KuName*) der Tabelle indiziert. Das Datenbanksystem legt dazu eine neue Indextabelle mit einer Liste der Namen an. Diese Tabelle ist alphabetisch geordnet und besitzt einen Querverweis auf den eigentlichen Datensatz in der Kundentabelle. Werden Daten über einen bestimmten Kunden benötigt, genügt die Suche in der geordneten Indextabelle, um über den Querverweis an die Information zu gelangen.

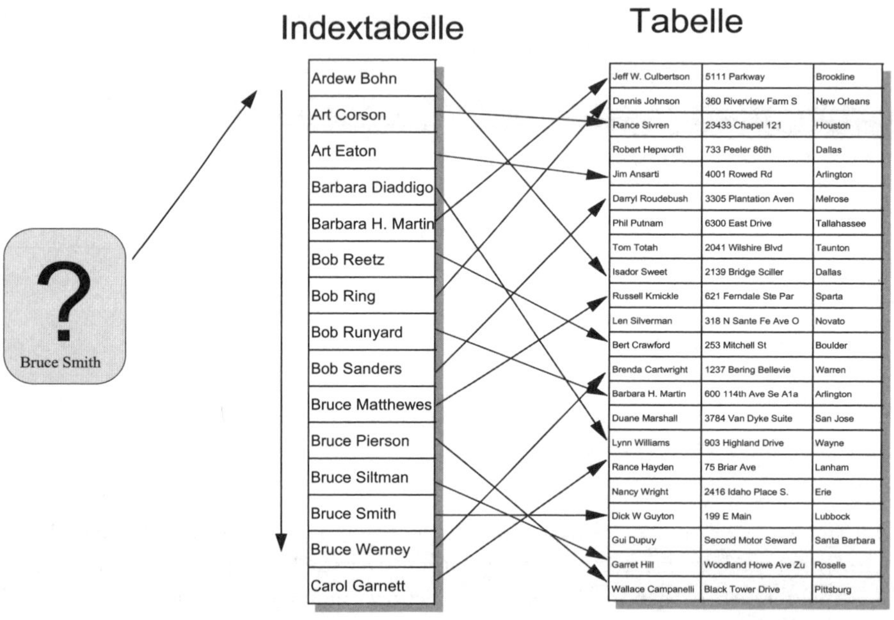

Abbildung 1.10 Sekundärindex

HINWEIS Ein Index lässt sich auch für das Sortieren von Tabellen verwenden. Alle Tabellenfelder, nach denen häufig sortiert werden muss, sollten deshalb indiziert sein.

Den Vorteilen einer Indizierung stehen auch mehrere Nachteile gegenüber:

- Das Einfügen von Datensätzen erfordert nicht nur ein Ändern der Tabelle, sondern auch die Änderung aller enthaltenen Indizes. Dies kann unter Umständen die Bearbeitung verlangsamen.
- Jeder Index stellt eine redundante (überflüssige) Information dar, d.h., es wird zusätzlicher Plattenspeicher benötigt.

NULL-Werte

Bereits in den obigen Beispielen zu Tabellenoperationen war mehrmals von NULL-Werten die Rede. Diese bezeichnen allerdings weder eine numerische Null noch eine leere Zeichenfolge! Mit NULL werden Felder gekennzeichnet, deren Inhalt nicht definiert ist.

BEISPIEL

Sie möchten die Adresse von Herrn Müller in die *Kunden*-Tabelle der FIRMA-Datenbank eintragen. Leider ist die Visitenkarte schon sehr abgegriffen und Sie können die Telefonnummer nicht mehr erkennen. In das Feld für die Telefonnummer werden Sie also vermutlich nichts eintragen. Die Datenbank-Engine füllt dieses Feld deshalb mit einem NULL-Wert.

Beim Entwurf von Datenbanktabellen können Sie gewöhnlich festlegen, ob für bestimmte Felder NULL-Werte zulässig sind, ob ein Standardwert automatisch zugewiesen wird oder ob die Eingabe eines Wertes erzwungen werden soll.

Einführungsbeispiele

Folgende typischen Einsteigerbeispiele wollen wir demonstrieren:

- Zugriff auf eine lokale Access-Datenbank
- Zugriff auf den Microsoft SQL-Server
- ASP.NET-Anwendung
- ASP.NET Web Service
- Web Service Client

Diese fünf Beispiele sind inhaltlich aufeinander abgestimmt, ihr Schwierigkeitsgrad ist relativ gering, sodass sie sich auch ohne Vorkenntnisse in ADO.NET und ASP.NET mühelos bewältigen lassen dürften.

Allerdings müssen Sie die vielen neuen Objekte und die Details ihrer Programmierung ohne langes Nachfragen zunächst einmal blind zur Kenntnis nehmen und auf spätere Erleuchtung hoffen, wozu aber die restlichen Kapitel dieses Buchs noch reichlich Gelegenheit bieten dürften.

PB1.1 Zugriff auf lokale Access-Datenbank

Datenquelle erzeugen; *DataGridView*-Komponente; *TableAdapter*: *Fill*-, *Update*-Methode;

Auch ohne tiefer greifende Kenntnisse von Visual Basic und der ADO.NET-Klassen können Sie mit Visual Studio 2005 bereits datengebundene Formulare programmieren und dadurch einiges an Entwicklungszeit gegenüber dem manuellen Erstellen einsparen.

Aufgabe dieses Einsteigerbeispiels soll es sein, in einem Datengitter alle Kunden der lokalen Beispieldatenbank *Nordwind.mdb* anzuzeigen.

Ausgangspunkt ist eine so genannte »Datenquelle«, in deren Hintergrund ein Assistent agiert, der uns die Programmierarbeiten weitestgehend abnimmt.

Datenquelle einrichten

Wir erstellen ein neues Visual Basic-Projekt vom Typ *Windows-Anwendung*. Das Startformular *Form1* bleibt zunächst unbeachtet liegen, stattdessen wählen wir den Menüpunkt *Daten/Datenquellen anzeigen.*

Im »Datenquellen«-Fenster klicken wir auf die kleine gelbe Tonne oben links (oder auf den Link *Neue Datenquelle hinzufügen*).

Es erscheint der »Assistent zum Konfigurieren von Datenbankverbindungen«, mit welchem wir zunächst die Option »Datenbank« auswählen um anschließend eine neue Verbindung einzurichten.

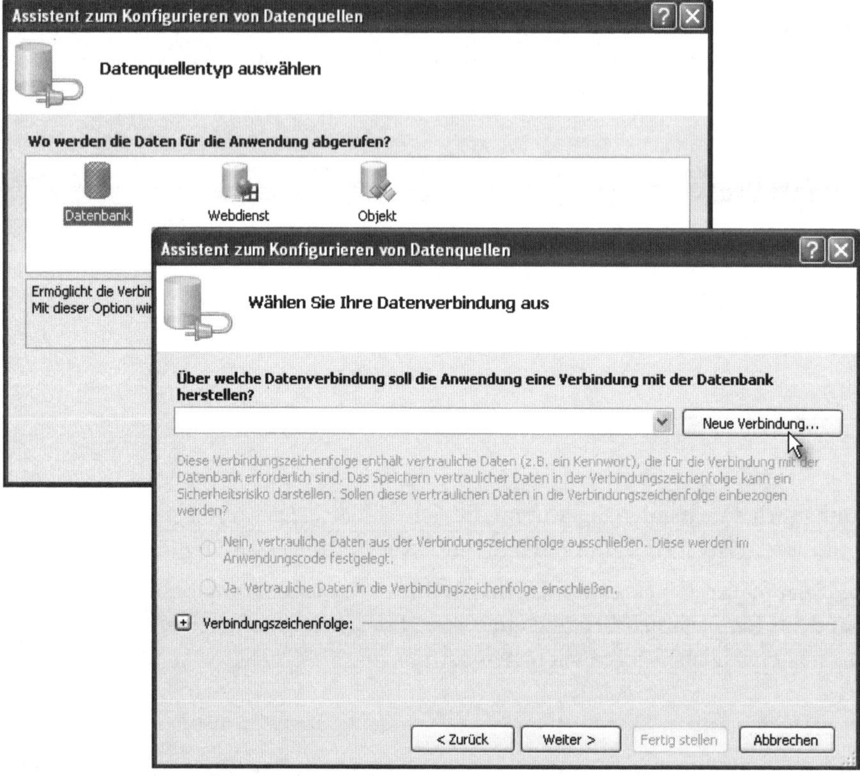

Abbildung 1.11 Erstellen einer neuen Datenbankverbindung

Im Dialog »Verbindung hinzufügen« müsste standardmäßig als Datenquelle *Microsoft Access-Datenbankdatei (OLE DB)* angezeigt werden. Wenn dies nicht der Fall ist, klicken wir auf die »Ändern...«-Schaltfläche und treffen die Auswahl im Dialog »Datenquelle wechseln«:

Abbildung 1.12 Einstellung von Datenquelle und Namen der Datenbankdatei

Durch Klick auf die Schaltfläche »Testverbindung« überzeugen wir uns, ob die Verbindung tatsächlich funktioniert. Nach dem Verlassen des Verbindungsdialogs befinden wir uns wieder unter Obhut des Assistenten und klicken die »Weiter«-Schaltfläche.

In einem Meldungsfenster wird gefragt, ob die ausgewählte Datenbank in das Projekt übernommen werden soll. Diese Frage können wir beruhigt mit »Ja« beantworten, da nun bei jedem Ausführen der Anwendung die Datenbank in das Ausgabeverzeichnis des Projekts kopiert wird, was z.B. die spätere Weitergabe des Programms vereinfacht.

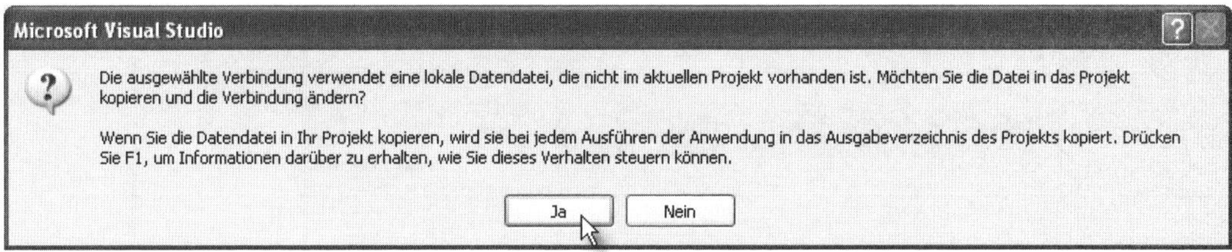

Abbildung 1.13 Abfrage, ob Datenbank in das Ausgabeverzeichnis des Projekts kopiert werden soll

Der Assistent will nun wissen, ob die Verbindungszeichenfolge auch in der Anwendungskonfigurationsdatei (*app.config*) gespeichert werden soll. Auch diese Frage können wir guten Gewissens bejahen, hat dadurch doch der spätere Programmbenutzer die Möglichkeit, die Verbindungszeichenfolge zu ändern ohne in den Quellcode eingreifen zu müssen.

Schließlich zeigt uns der Assistent die Datenbankstruktur und wir sind aufgefordert, die uns interessierenden Tabellen und Felder zu markieren, in unserem Fall betrifft dies nur die *Kunden*-Tabelle.

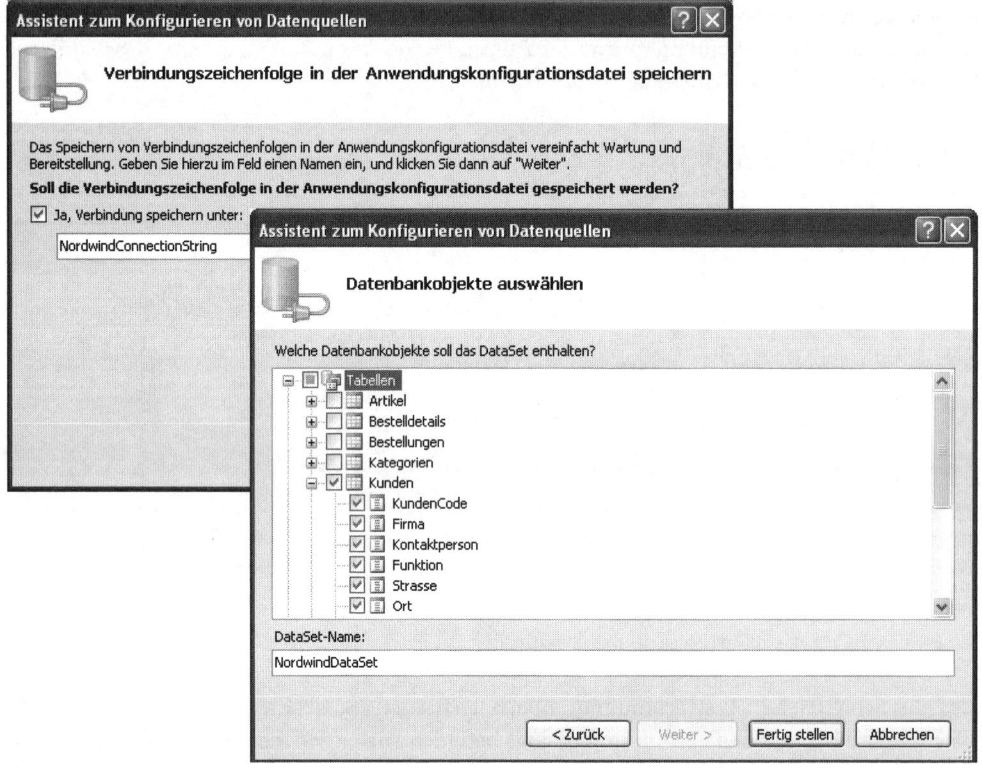

Abbildung 1.14 Die abschließenden Dialoge des Assistenten

Die fertige Datenquelle

Nach dem Klick auf »Fertigstellen« vergeht eine kleine Weile, bis die Entwicklungsumgebung zusammen mit der fertigen Datenquelle den folgenden Anblick präsentiert:

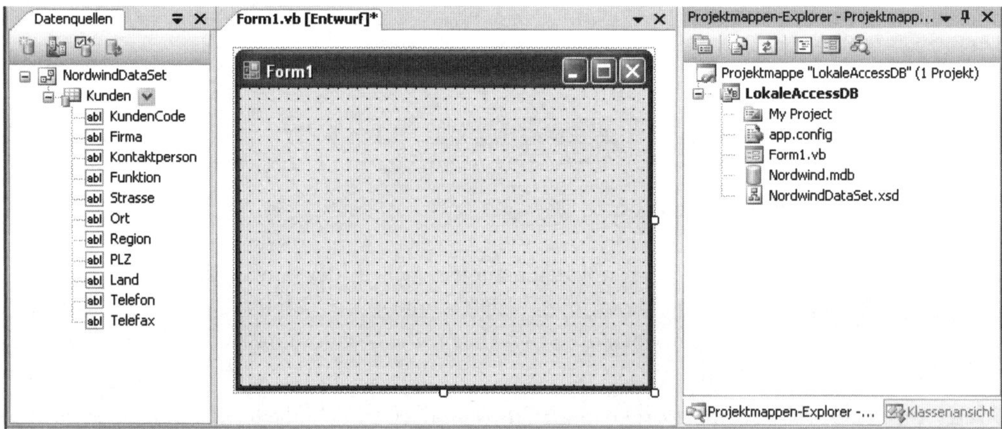

Abbildung 1.15 Die IDE nach dem Hinzufügen der Datenquelle *NordwindDataSet*

Links im Datenquellen-Fenster sehen wir ein so genanntes *typisiertes DataSet* mit dem Namen *Nordwind-DataSet*, welches die von uns ausgewählte Tabelle *Kunden* bereitstellt. Rechts im Projektmappen-Explorer fällt uns die Datei *NordwindDataSet.xsd* auf. Hier handelt es sich um eine Xml-Schemadatei, welche die Strukturinformationen unseres typisierten DataSets enthält. Außerdem entdecken wir unsere zum Projekt hinzugefügte Datenbank *Nordwind.mdb*.

Benutzerschnittstelle

Das Erstellen einer zur Datenquelle passenden Benutzerschnittstelle ist ein Kinderspiel:

Wir ziehen die Tabelle *Kunden* einfach per Drag und Drop aus dem Datenquellen-Fenster auf das Formular *Form1* und werden Zeuge wundersamer Aktivitäten des im Hintergrund agierenden Assistenten: Quasi aus dem Nichts erscheint auf dem Formular ein Datengitter (*DataGridView*-Steuerelement) mit den bereits fertigen Spaltenbezeichnern. Am oberen Rand hat ein *BindingNavigator* angedockt:

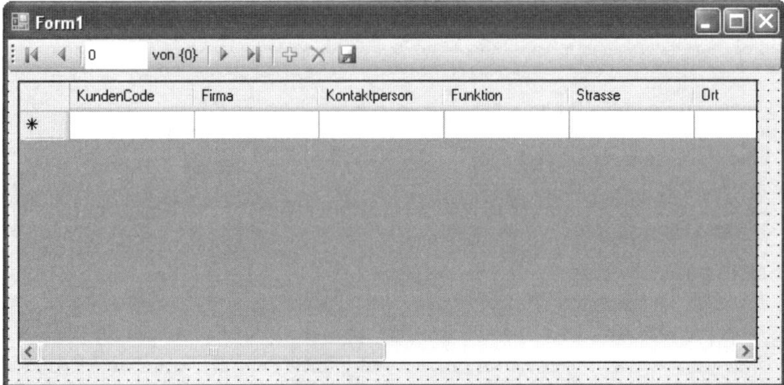

Abbildung 1.16 Vom Assistenten erzeugte Benutzerschnittstelle (Entwurfsansicht)

HINWEIS Ohne dass wir eine einzige Zeile Quellcode schreiben mussten, ist unser Programm bereits funktionsfähig!

Programm testen

Nach Programmstart zeigt uns das *DataGridView* den Inhalt der *Kunden*-Tabelle für die von uns ausgewählten Felder an:

Abbildung 1.17 Laufzeitansicht des Beispiels unmittelbar nach Programmstart

Wir können die Datensätze (außer den *KundenCode*, denn das ist der Primärschlüssel) beliebig editieren. Der Datensatznavigator erlaubt das Hinzufügen und Löschen von Datensätzen und das Zurückschreiben der Änderungen in die Datenbank.

Quellcode

Wenn wir in den vom Assistenten generierten Quellcode von *Form1* schauen, erblicken wir zunächst nur zwei Eventhandler, die das *Update-* und das *Fill-*Ereignis des *KundenTableAdapter* behandeln. Diesen Code, der die Aktionen beim Abspeichern in und beim Laden von der Datenbank spezifiziert, können wir auch an eine andere Stelle verschieben, z.B. in das *Click-*Event eines zusätzlichen *Buttons*.

```
Public Class Form1
    Private Sub KundenBindingNavigatorSaveItem_Click(ByVal sender As System.Object, _
                        ByVal e As System.EventArgs) Handles KundenBindingNavigatorSaveItem.Click
        Me.Validate()
        Me.KundenBindingSource.EndEdit()
        Me.KundenTableAdapter.Update(Me.NordwindDataSet.Kunden)
    End Sub

    Private Sub Form1_Load(ByVal sender As System.Object, ByVal e As System.EventArgs) _
                                                                    Handles MyBase.Load
        Me.KundenTableAdapter.Fill(Me.NordwindDataSet.Kunden)
    End Sub
End Class
```

Bemerkungen

Was wir im obigen Code sehen, ist nur die Spitze des Eisbergs, handelt es sich doch nur um eine partielle Klasse. Den restlichen Code von *Form1* finden wir in der Datei *Form1.Designer.vb,* die wir über den Projektmappen-Explorer öffnen können (evtl. vorher *Projekt/Alle Dateien anzeigen*). Hinter den Kulissen hat der Assistent fleißig gewerkelt und eine Unmenge Quelltext für die Anwendung geschrieben, wie ein Blick in die Datei *NordwindDataSet.Designer.vb* bestätigt.

Die gesamte Programmierarbeit, die wir normalerweise selbst erledigen müssten, besteht aus folgenden Schritten:

- Erstellen einer Verbindung (Connection) zur Datenquelle
- Generieren eines typisierten DataSets (*NordwindDataSet*).
- Erstellen eines *TableAdapter* zwecks Verbindung zwischen Datenbank und *Kunden-*Tabelle
- Erzeugen datengebundener Steuerelemente (*DataGridView*) und deren Verbindung zum typisierten DataSet mittels *BindingSource-* und *BindingNavigator.*

Im Komponentenfach sehen wir die vom Assistenten angelegten Controls:

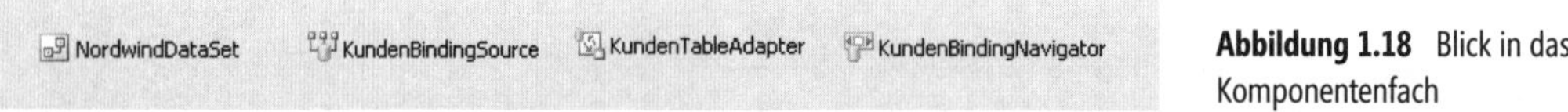

Abbildung 1.18 Blick in das Komponentenfach

So bequem die Assistenten auch sind, dem Einsteiger sei dringend empfohlen, ADO.NET zunächst »von der Pike auf« zu lernen und die benötigten Objekte selbst zu programmieren. Wer sich blindlings den Assistenten anvertraut, steht Fehlern oftmals hilflos gegenüber. Außerdem kann bei komplizierteren Anforderungen der Assistent oft nicht helfen, da er wenig eigene Gestaltungsspielräume lässt.

PB1.2 Anwendung für Microsoft SQL Server

Datenquelle erzeugen (SQL Server); Datenbankdatei(*.mdf*);

Das unter Visual Studio 2005 neu eingeführte Konzept der Datenquellen ist universell. Was im Vorgängerbeispiel mit einer Access-Datenbank geklappt hat, sollte also auch beim SQL Server funktionieren.

Diesmal wollen wir alle Kunden aus der *Customers*-Tabelle der *Northwind*-Beispieldatenbank des SQL Servers anzeigen.

HINWEIS Voraussetzung für die Durchführung dieses Beispiels ist die ordnungsgemäße Installation des *Microsoft SQL Servers* bzw. der *SQLExpress*-Edition. Wer die *Northwind*-Beispieldatenbank nicht auf seinem SQL Server hat kann dieses Beispiel trotzdem durchführen, da wir mit der SQL Server Datenbankdatei *Northwind.mdf* arbeiten werden, die sich auf der Buch-CD befindet.

Sie werden feststellen, dass sich die Vorgehensweise nur geringfügig von dem im Vorgängerbeispiel praktizierten Zugriff auf eine Access-Datenbank unterscheidet, weshalb wir die Erläuterungen knapp halten können.

Datenquelle einrichten

Der Umgang mit der Datenbankdatei *Northwind.mdf* entspricht dem mit der im Vorgängerbeispiel verwendeten *Nordwind.mdb*. Wir zeigen hier aber eine verkürzte Variante der Einbindung in das Projekt:

Ziehen Sie die Datei *Northwind.mdf* einfach per Drag und Drop in den Projektmappen-Explorer (vorher SQL Server starten)!

Der »Assistent zum Konfigurieren von Datenquellen« tritt danach zwar ebenfalls automatisch in Aktion, hat aber seine ersten Schritte bereits übersprungen und verlangt von Ihnen lediglich noch das Markieren der gewünschten Tabelle *Customers* :

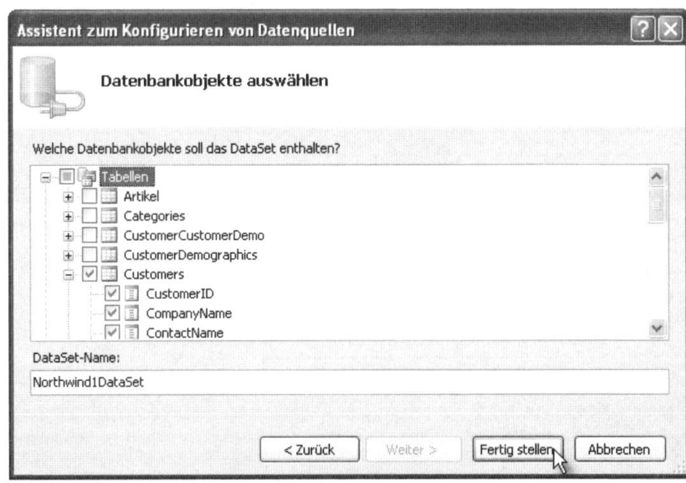

Abbildung 1.19 Auswahl der Tabelle *Customers*

Um eine Wiederholung des Vorgängerbeispiels zu vermeiden, werden wir diesmal anstatt der *DataGridView*-Anzeige die *Details*-Option wählen:

Abbildung 1.20 Detailansicht für die *Customers*-Tabelle auswählen

Nachdem Sie die *Customers*-Tabelle per Drag und Drop auf *Form1* gezogen haben, generiert der Assistent eine komplette Eingabemaske:

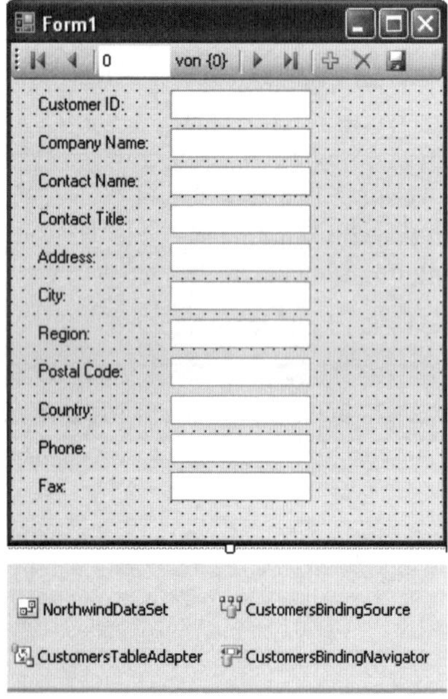

Abbildung 1.21 Entwurfsansicht der automatisch generierten Benutzerschnittstelle

Programm testen

Im Unterschied zum Datengitter (*DataGridView*) ermöglicht die hier aus einzelnen *TextBox*en bestehende Detail-Benutzerschnittstelle eine bequemere Eingabe, allerdings ist es nicht möglich, mehrere Datensätze gleichzeitig zu betrachten.

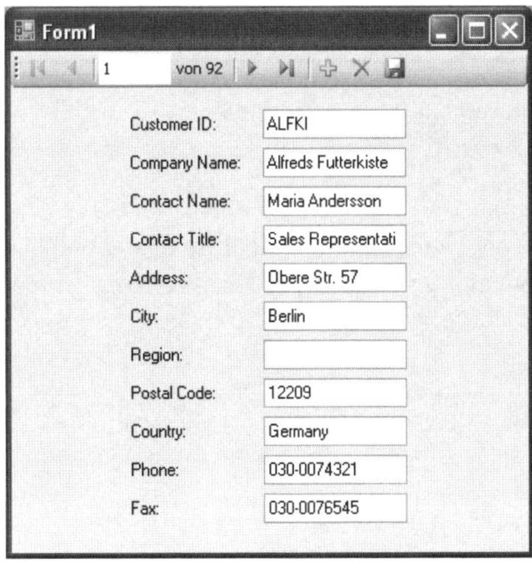

Abbildung 1.22 Das Programm in Aktion

PB1.3 ASP.NET-Webanwendung

GridView-Komponente; Internet Explorer;

Unter ASP.NET 2.0 wurde die Programmierung gegenüber der Vorgängerversion 1.x drastisch vereinfacht. Wie Sie sehen werden, ist mit *Visual Web Developer* (Bestandteil von *Visual Studio 2005*) der Aufwand für eine Web-Anwendung nicht höher als für eine lokale Datenbankapplikation. Da nach wie vor das Web-Hosting mittels Access-Datenbank (trotz schlechter Skalierbarkeit) in vielen Fällen eine interessante (weil preisgünstige) Alternative zum SQL Server ist, wollen wir den Zugriff auf die Datenbank *Nordwind.mdb* als Web-Anwendung realisieren!

Öffnen der ASP.NET-Website

Öffnen Sie über *Erstellen/Website...* (oder *Datei/Neu/Website...*) eine neue *ASP.NET-Website* (*Speicherort* = Dateisystem).

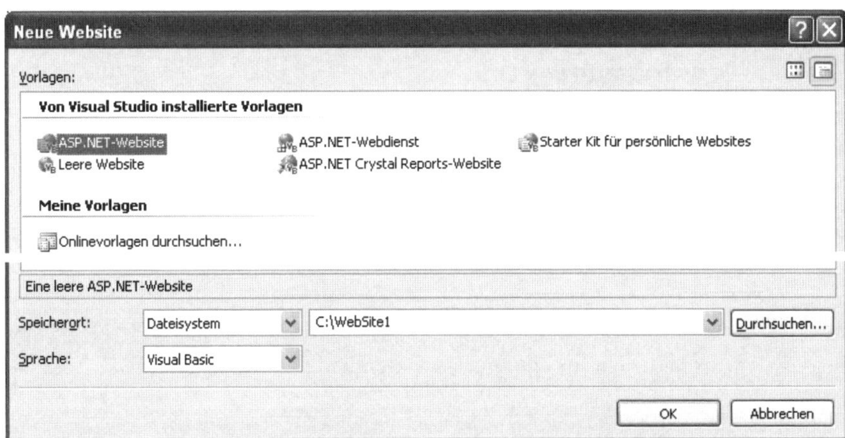

Abbildung 1.23 Erstellen einer neuen ASP.NET-Website

HINWEIS Unter ASP.NET 2.0 kann eine Webanwendung auch ohne den IIS (Internet Information Server) getestet werden.

Nach dem Klick auf »OK« erscheint die Web-Entwicklungsumgebung von Visual Studio.

Datenbank hinzufügen

Jede Webanwendung verfügt über das spezielle Verzeichnis *App_Data*, in dem Sie Ihre Datenbanken (Access, SQL-Server) unterbringen können. Kopieren Sie *Nordwind.mdb* einfach per Drag & Drop in das genannte Verzeichnis des Projektmappen-Explorers.

Abbildung 1.24 Die Datenbank *Nordwind.mdb* im *App_Data* Verzeichnis

GridView hinzufügen

Ziehen Sie ein *GridView* von der Toolbox (Kategorie *Daten*) auf die Oberfläche des (momentan noch völlig leeren) Designers.

Da das *GridView* standardmäßig in einem recht spartanischen Outfit erscheint, empfehlen sich einige kosmetische Korrekturen, wie zum Beispiel das Ändern der Eigenschaften *BorderStyle, Font.Size, AlternatingRowStyle.BackColor*, *HeaderStyle.BackColor*, *Caption* ...

Wir nutzen die vom *GridView* angebotene Möglichkeit, eine Datenquelle per Aufgaben-Menü hinzuzufügen/zu erstellen:

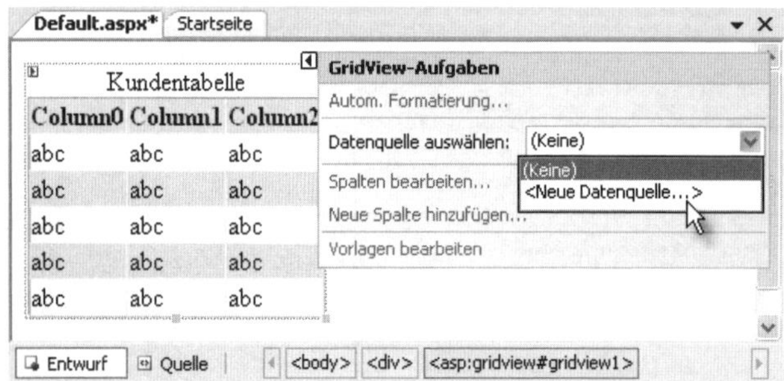

Abbildung 1.25 Hinzufügen einer neuen Datenquelle per Aufgaben-Menü

GridView an Datenquelle anbinden

Im folgenden Dialog entscheiden wir uns natürlich für eine Access-Datenbank:

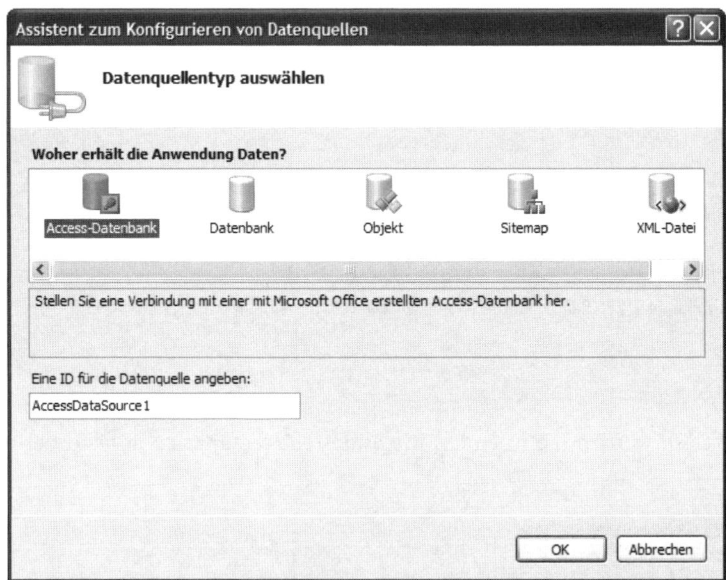

Abbildung 1.26 Auswahl der Datenbank

Wir wählen in den folgenden Schritten unsere bereits vorhandene Datenbank *Nordwind.mdb* im Verzeichnis *App_Data* aus. Was noch zu tun bleibt ist die Auswahl der Tabelle und der Spalten:

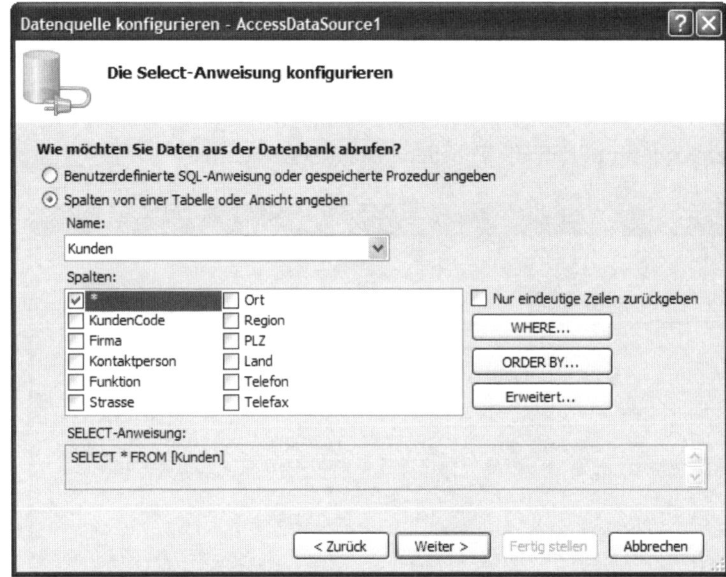

Abbildung 1.27 Auswahl der Tabelle und aller anzuzeigenden Spalten

Nach dem Schließen des Assistenten sollten im *GridView* bereits die Tabellenspalten angezeigt werden. Öffnen Sie noch kurz den *GridView*-Aufgabenbereich und aktivieren Sie die Optionen *Paging*, *Sortieren* und *Auswahl*:

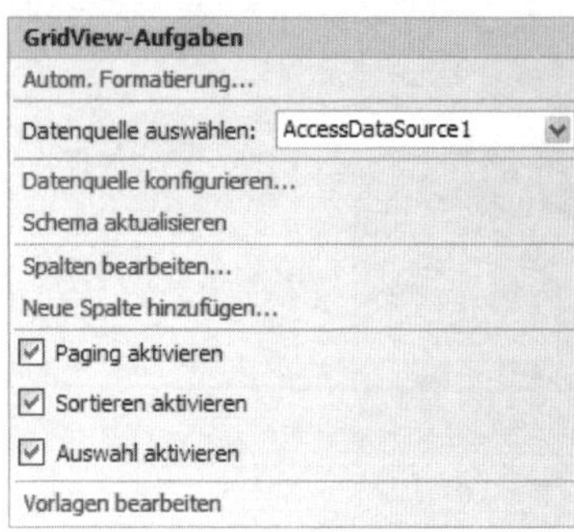

Abbildung 1.28 Paging, Sortieren und Auswahl für das *GridView* aktivieren

Test

Wenn Sie wie gewohnt starten wollen (F5), werden Sie in einem Meldungsfenster zunächst aufgefordert, das Debuggen zu aktivieren:

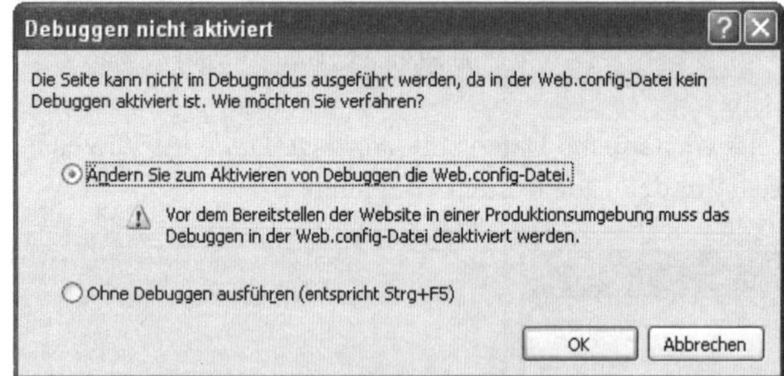

Abbildung 1.29 Im Meldungsfenster wird das Debuggen aktiviert

Nach dem »OK« können Sie im Internet-Explorer bereits die Tabellenansicht bewundern:

Unbenannte Seite - Microsoft Internet Explorer

Datei Bearbeiten Ansicht Favoriten Extras ?

Adresse http://localhost:3817/03_ASPNETWebSite/Default.aspx

Kundentabelle

	KundenCode	Firma	Kontaktperson	Funktion	Strasse	Ort	Region	PLZ	Land	Telefon	Telefax
Auswählen	ALFKI	Alfreds Futterkiste	Maria Anders	Vertriebsmitarbeiterin	Obere Str. 57	Berlin		12209	Deutschland	030-0074321	030-0076545
Auswählen	ANATR	Ana Trujillo Emparedados y helados	Ana Trujillo	Inhaberin	Avda. de la Constitución 2222	México D.F.		05021	Mexiko	(5) 555-4729	(5) 555-3745
Auswählen	ANTON	Antonio Moreno Taquería	Antonio Moreno	Inhaber	Mataderos 2312	México D.F.		05023	Mexiko	(5) 555-3932	
Auswählen	AROUT	Around the Horn	Thomas Hardy	Vertriebsmitarbeiter	120 Hanover Sq.	London		WA1 1DP	Großbritannien	(71) 555-7788	(71) 555-6750

1 2 3 4 5 6 7 8 9 10 ...

Fertig — Lokales Intranet

Abbildung 1.30 Die Website im Internet Explorer

Auch die Navigation zwischen den einzelnen Seiten ist bereits voll funktionstüchtig, klicken Sie ruhig mal auf eine der Ziffern im unteren Bereich des *GridView*-Steuerelements. Gleiches trifft auf die Möglichkeit zu, die Daten nach bestimmten Spalten zu sortieren, ein Klick auf den gewünschten Tabellenkopf-Eintrag genügt.

HINWEIS Ohne eine einzige Zeile Code geschrieben zu haben, liegt bereits eine voll funktionsfähige Anwendung vor!

Bemerkung

Da wir beim Erstellen als Speicherort »Dateisystem« eingegeben haben, ist beim Öffnen der Anwendung (*Datei/Öffnen/Website...*) ebenfalls diese Option anzugeben:

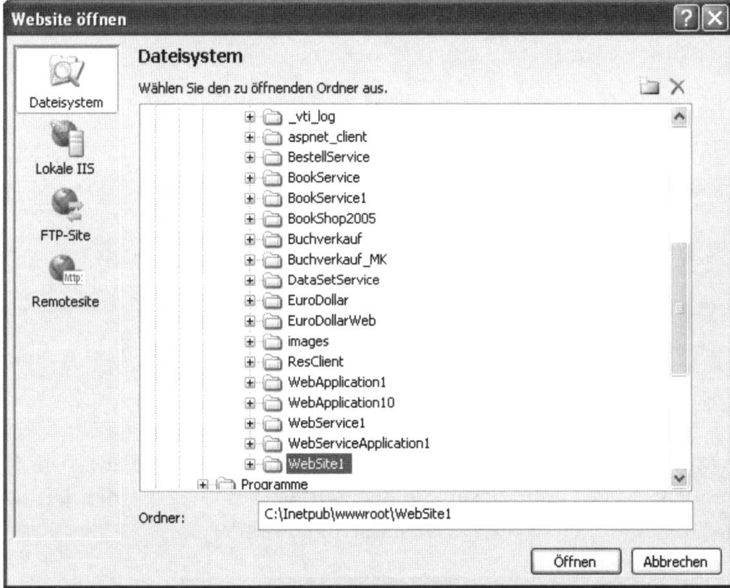

Abbildung 1.31 Öffnen des ASP.NET-Projekts unter »Dateisystem«

HINWEIS Ausführliche Informationen zu ASP.NET-Webanwendungen finden Sie in den Kapiteln 12 und 14.

PB1.4 ASP.NET-Webdienst

<*WebMethod*>-Attribut; IIS;

Zu den herausragenden Features der .NET-Technologie gehören zweifelsfrei die Webdienste (Web Services). Wir wollen das gleiche Problem wie in den Vorgängerbeispielen – die Anzeige aller Kunden der Datenbank *Nordwind.mdb* – diesmal mit einem Webdienst lösen. Die ersten Schritte ähneln denen beim Erzeugen einer neuen ASP.NET-Webanwendung (siehe Vorgängerbeispiel), wobei wir unseren Webdienst allerdings nicht im Dateisystem, sondern unter Regie des IIS laufen lassen wollen.

HINWEIS Voraussetzung für die Durchführung dieses Beispiels ist die am Beginn dieses Kapitels beschriebene Installation der *Internet Information Services* (IIS).

Über das Menü *Datei/Neu/Website...* erstellen wir einen neuen *ASP.NET-Webdienst,* belassen es allerdings hier nicht bei der Standardvorgabe für den Speicherort, sondern klicken auf die *Durchsuchen*-Schaltfläche.

Im Dialog »Speicherort auswählen« klicken wir zunächst links auf »Lokale IIS« und anschließend rechts oben auf die kleine (und damit leicht zu übersehende) Schaltfläche »Neue Webanwendung erstellen«.

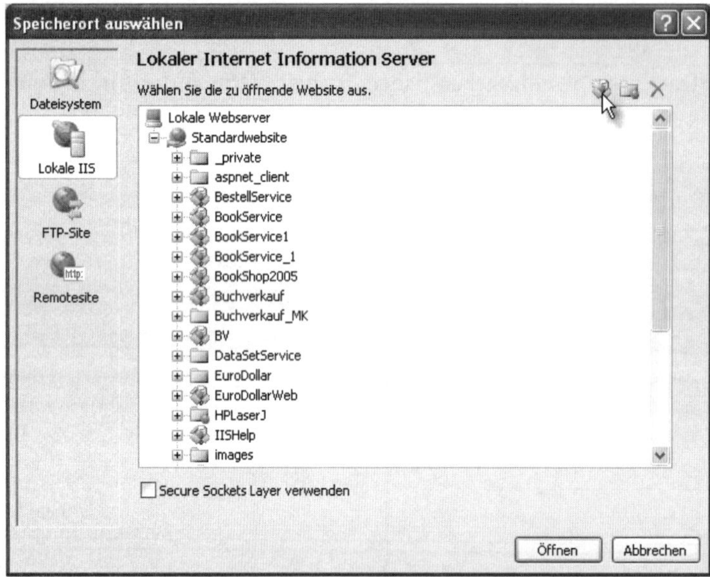

Abbildung 1.32 Erstellen einer neuen Website im IIS

Im Baum des IIS erscheint ein neues virtuelles Verzeichnis, welches standardmäßig mit »Website« beschriftet ist. Ändern Sie den Namen in »KundenService« und klicken Sie den »Öffnen«-Button um den Dialog wieder zu verlassen.

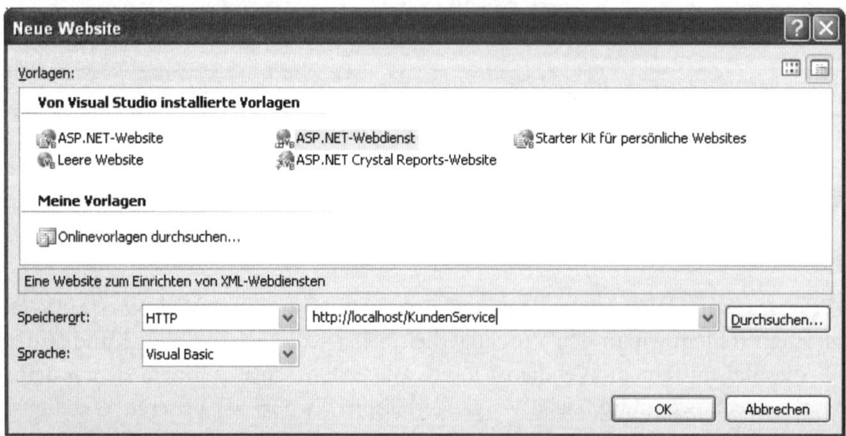

Abbildung 1.33 Der ASP.NET-Webdienst *KundenService* wird vom IIS verwaltet

Da ein Webdienst über keine eigene Oberfläche verfügt, werden wir nach dem »OK« gleich mit dem Codefenster konfrontiert.

Webmethode implementieren

In der Codeansicht steht für uns eine bereits vorgefertigte Klasse *Service* bereit, die durch das vorangestellte Attribut *<WebService...>* als Webdienst gekennzeichnet ist. Die standardmäßige Namensgebung *Service* ist nicht sonderlich originell und wir sollten das in ernsthaften Anwendungen ändern, für unser einfaches Schnupperbeispiel wollen wir es aber dabei belassen.

Das simple »Hello World«-Beispiel für eine Webmethode können Sie löschen oder auskommentieren.

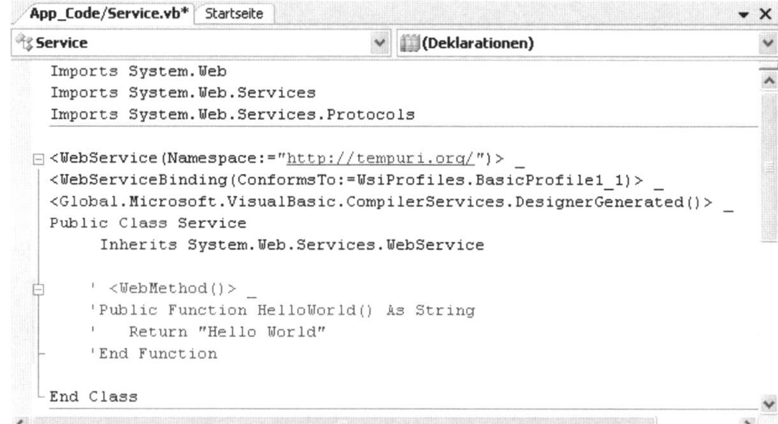

Abbildung 1.34 Vorgefertigtes Codeskelett des Webdienstes

Datenbank hinzufügen

Wir ziehen die Datenbank *Nordwind.mdb* per Drag und Drop in das *App_Data*-Verzeichnis des Projektmappen-Explorers.

Webmethode implementieren

Im Unterschied zum Vorgängerbeispiel kommen wir diesmal nicht umhin, einige Zeilen Code zu schreiben. Wir implementieren eine Methode *getKunden*, deren Rückgabewert eine komplette *DataTable* mit allen Datensätzen der *Kunden*-Tabelle sein soll.

HINWEIS Um eine Webdienst-Methode zu kennzeichnen, muss das Attribut *<WebMethod>* vorangestellt werden.

Wir fügen dem Codeskelett die fett gedruckten Anweisungen hinzu:

```
Imports System.Data
Imports System.Data.OleDb

<WebService(Namespace:="http://tempuri.org/")> _
<WebServiceBinding(ConformsTo:=WsiProfiles.BasicProfile1_1)> _
<Global.Microsoft.VisualBasic.CompilerServices.DesignerGenerated()> _
Public Class Service
    Inherits System.Web.Services.WebService
```

```
    <WebMethod()> _
    Public Function getKunden() As DataSet
        Dim connStr As String = _
                "Provider=Microsoft.Jet.OLEDB.4.0;Data Source=|DataDirectory|\Nordwind.mdb;" & _
                                                    "Persist Security Info=True"
        Dim conn As New OleDbConnection(connStr)
        Dim da As New OleDbDataAdapter("SELECT * FROM Kunden", conn)
        Dim ds As New DataSet()

        da.Fill(ds, "Kunden")

        Return ds
    End Function

End Class
```

Programm testen

Wir wollen diesmal das Programm ohne Debuggen ausführen, starten also mit *Strg+F5*. Als Antwort stellt Visual Studio 2005 eigene Testseiten zur Verfügung, die im Internet Explorer erscheinen.

Auf der ersten Testseite finden wir eine Zusammenstellung aller vom Webdienst exportierten Methoden (in unserem Fall ist das nur *getKunden*).

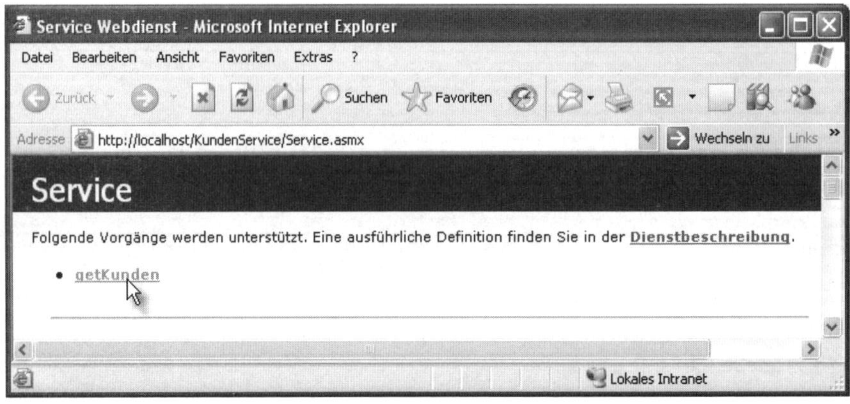

Abbildung 1.35 Testseite der vom Service bereitgestellten Webmethode

Klicken Sie auf *getKunden* und rufen Sie die Methode auf, so erscheint eine weitere Testseite, auf welcher z.B. auch Parameter übergeben werden könnten (in unserem Fall nicht notwendig).

Das nach einem Klick auf die Schaltfläche »Aufrufen« gelieferte Ergebnis wird Sie zunächst enttäuschen, denn Sie sehen lediglich die XML-Darstellung der Daten im Internet Explorer:

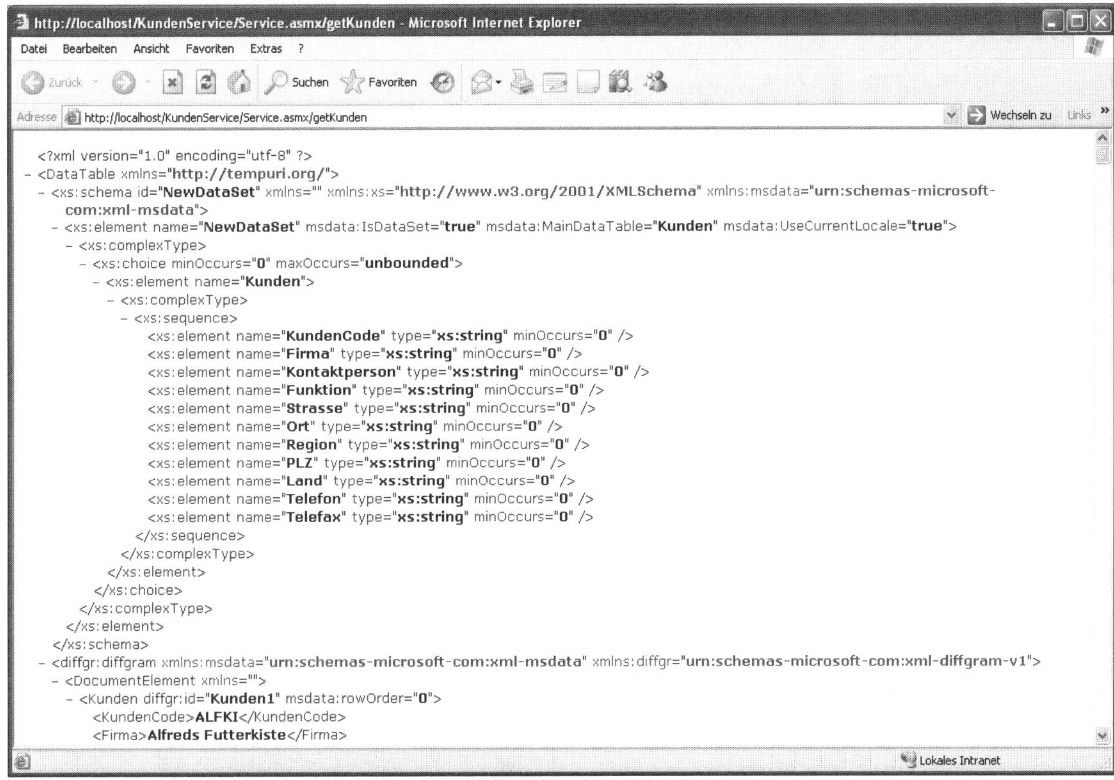

Abbildung 1.36 Die vom Webdienst gelieferten Xml-Daten (Auszug

Die gelieferten Daten können von jedem XML-fähigen Client interpretiert und verarbeitet werden (siehe nachfolgendes Beispiel).

Bemerkungen

- Webdienste sind Klassen, deren Methoden Sie über das Internet aufrufen können, so als wären diese Klassen auf Ihrem Rechner installiert.
- Ein Webdienst hat keine eigene Oberfläche.
- Dank SOAP (*Simple Object Access Protocol*) sind Webdienste in der Lage, nicht nur einfache Datentypen zu übermitteln, sondern auch komplette Objekte, wie z.B. *DataTables*.
- Im Unterschied zu einer ASP.NET-Anwendung werden keine HTML-Seiten zurückgegeben, sondern in einem XML-Dokument verpackte Daten und Objekte. Damit kann jede XML-fähige Anwendung – unabhängig von Betriebssystem oder Programmiersprache – den WebService benutzen.

HINWEIS Ausführlichere Informationen zu Webdiensten finden Sie im Kapitel 13.

PB1.5 Webdienst-Client

DataGridView-Control; *localhost*-Knoten;

In diesem letzten Einführungsbeispiel wollen wir auf den im Vorgängerbeispiel erstellten Web-Service mit einem Windows-Client zugreifen, der die Ergebnismenge in einem *DataGridView* anzeigen soll.

Bedienoberfläche entwerfen

Erzeugen Sie ein neues Visual Basic-Projekt vom Typ *Windows-Anwendung*. Auf dem Startformular (*Form1*) gestalten Sie eine einfache Benutzerschnittstelle mit einem *DataGridView*.

Im Projektmappen-Explorer klicken Sie mit der rechten Maustaste auf den Projektnamen und wählen im Kontextmenü den Eintrag *Webverweis hinzufügen*:

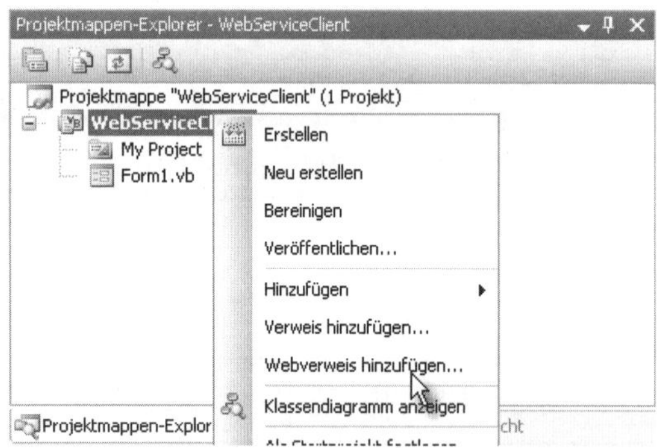

Abbildung 1.37 Webverweis zum Projekt hinzufügen

Es erscheint das Dialogfeld *Webverweis hinzufügen*. Auf der Seite »Nach Webdiensten durchsuchen« klicken Sie auf den mittleren Link *Webdienste auf dem lokalen Computer* und suchen nach dem Namen »Service« mit der Adresse *http://localhost/KundenService/Service.asmx*.

Abbildung 1.38 Webdienst suchen

Nachdem der Webdienst gefunden ist, erscheint eine Testseite, wie wir sie bereits im Vorgängerbeispiel kennen gelernt haben und die eine Xml-Ansicht der Daten liefert.

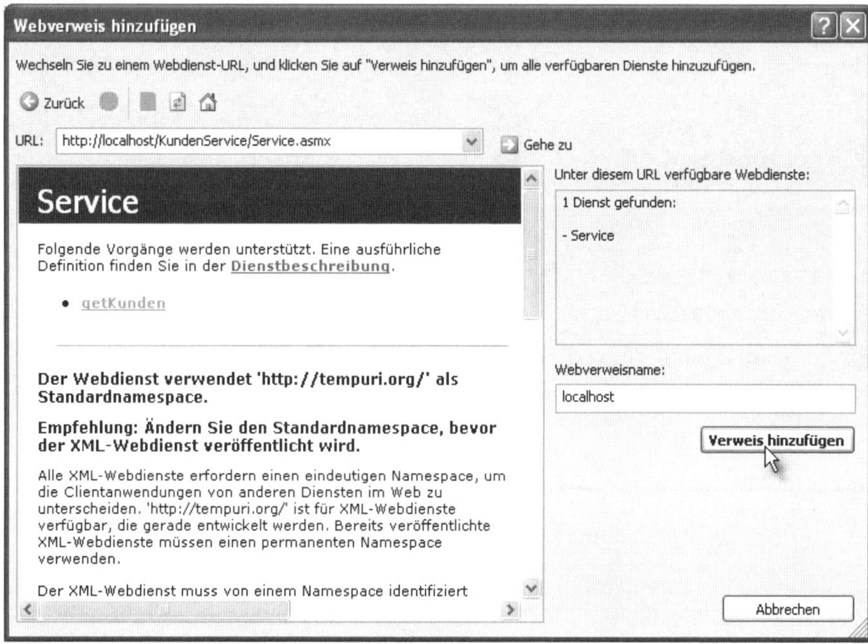

Abbildung 1.39 Hinzufügen des Verweises auf den Webdienst

Klicken Sie auf die Schaltfläche »Verweis hinzufügen«. Im Projektmappen-Explorer sehen Sie den hinzugefügten Webverweis unter dem Knoten *localhost*:

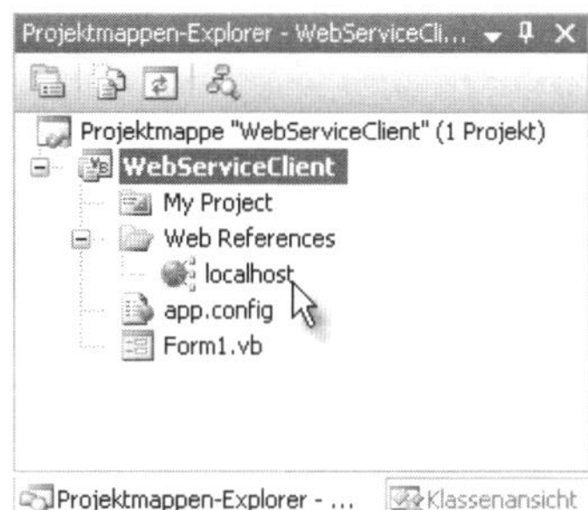

Abbildung 1.40 Der Verweis auf den Webdienst ist eingerichtet!

Webmethode aufrufen

Was an Programmierarbeit übrig bleibt, ist lächerlich wenig und mit drei Codezeilen erledigt (vorher fügen Sie den Rahmencode für einen *Form.Load*-Eventhandler hinzu):

```
Public Class Form1
    Private Sub Form1_Load(ByVal sender As Object, ByVal e As System.EventArgs) Handles Me.Load
        Dim ws As New localhost.Service()                    ' Webdienst-Proxy erzeugen
        DataGridView1.DataSource = ws.getKunden()            ' Webmethode aufrufen
        DataGridView1.DataMember = "Kunden"                  ' Datengitter anbinden
    End Sub
End Class
```

Programm testen

Beim Ausprobieren merken Sie – abgesehen von einer kleinen Verzögerung – nicht, dass Sie mit einem Webdienst arbeiten:

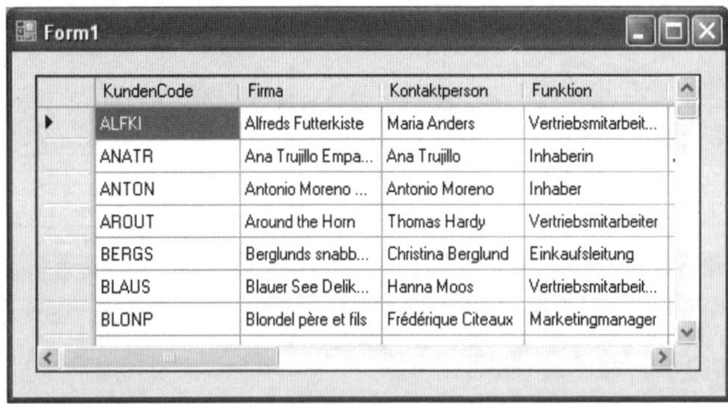

KundenCode	Firma	Kontaktperson	Funktion
ALFKI	Alfreds Futterkiste	Maria Anders	Vertriebsmitarbeit...
ANATR	Ana Trujillo Empa...	Ana Trujillo	Inhaberin
ANTON	Antonio Moreno ...	Antonio Moreno	Inhaber
AROUT	Around the Horn	Thomas Hardy	Vertriebsmitarbeiter
BERGS	Berglunds snabb...	Christina Berglund	Einkaufsleitung
BLAUS	Blauer See Delik...	Hanna Moos	Vertriebsmitarbeit...
BLONP	Blondel père et fils	Frédérique Citeaux	Marketingmanager

Abbildung 1.41 Der Webdienst-Client in Aktion

Bemerkungen

- Zwischen einem Webdienst-Client und einer normalen Windows-Anwendung gibt es rein äußerlich keinerlei Unterschiede.
- Damit der Client die vom Webdienst bereitgestellten Methoden benutzen kann, muss ein Webverweis eingerichtet werden.
- Im Unterschied zu einer ASP.NET-Anwendung empfängt der Webdienst-Client kein reines HTML, stattdessen wird die Kommunikation mit dem Server über SOAP abgewickelt.

HINWEIS Ein weiteres Beispiel finden Sie unter PB6.15 »Ein einfacher Webdienst-Client«.

Kapitel 2

Dateien/Verzeichnisse

In diesem Kapitel:

Gewissermaßen als »Vorläufer« der Datenbanken dienen Dateien dazu, Daten auf Festplatte (oder Diskette, CD, ...) dauerhaft abzuspeichern. Das .NET-Framework stellt dafür eine Anzahl leistungsfähiger Klassen zur Verfügung, die diese Aufgabe vereinfachen sollen.

Operationen mit Verzeichnissen und Dateien

Inhalt dieses ersten Abschnitts ist die Arbeit auf Verzeichnisebene, womit das Erstellen, Löschen, Kopieren, Verschieben, Umbenennen, Durchsuchen und Überwachen von Verzeichnissen und Dateien gemeint ist. Zum Lesen und Schreiben von Dateiinhalten kommen wir erst später.

Das Datei-System von Windows

Wenn Sie an Dateien denken, so fallen Ihnen dazu meist Begriffe wie Dateinamen, Dateigröße, Dateiattribute und Dateiverzeichnis ein. Als Programmierer sollten Sie aber auch den tieferen Sinn des Datei-Systems von Windows verstanden haben:

- Eine **Datei** unter Windows ist eine geordnete und benannte Sammlung von Byte-Folgen, die persistent (meist auf der Festplatte) abgespeichert sind.
- Ein **Verzeichnis** (bzw. Ordner) in Windows ist einfach ein anderer Dateityp, der wiederum andere Dateien und Unterverzeichnisse enthalten kann.

In früheren Versionen von ASP oder auch Visual Basic waren Sie meist auf das *FileSystemObject* oder den Direktzugriff auf die Win32 API angewiesen, um Ihre Datei-Operationen zu implementieren.

HINWEIS Unter .NET stellt der *System.IO*-Namensraum eine ausreichende Anzahl robuster Objekte zur Verfügung, mit der die Interaktion mit dem Windows-Dateisystem erleichtert und vereinfacht werden kann.

Klassen für Verzeichnis- und Dateioperationen

Die wichtigsten Klassen für Manipulationen mit Verzeichnissen und Dateien sind die Pärchen *Directory/DirectoryInfo* und *File/FileInfo*, die sich vor allem hinsichtlich ihrer Instanziierbarkeit unterscheiden. Weitere interessante Klassen des *System.IO*-Namespace entnehmen Sie der folgenden Tabelle.

Übersicht

Klasse	Beschreibung
Directory	Die statischen Methoden erlauben das Erstellen, Verschieben und Benennen von Verzeichnissen und Unterverzeichnissen.
DirectoryInfo	Ähnelt der *Directory*-Klasse, enthält aber nur Instanz-Methoden.
Path	Die statischen Methoden erlauben die plattformübergreifende Arbeit mit Verzeichnissen.
File	Die statischen Methoden erlauben das Erzeugen, Kopieren, Löschen, Verschieben und Öffnen von Dateien.

Tabelle 2.1 Klassen für Datei- und Verzeichnisoperationen im *System.IO*-Namespace

Klasse	Beschreibung
FileInfo	Ähnelt der *File*-Klasse, enthält aber nur Instanz-Methoden.
FileSystemWatcher	Löst Ereignisse zum Überwachen des Dateisystems aus.
DriveInfo	Liefert Laufwerksinformationen (neu in .NET 2.0)

Tabelle 2.1 Klassen für Datei- und Verzeichnisoperationen im *System.IO*-Namespace *(Fortsetzung)*

Die Methoden der Klassen *File* und *FileInfo* liefern auch die Voraussetzungen für den Schreib- und Lesezugriff auf Dateien.

HINWEIS Neu in .NET 2.0 sind auch die Unter-Namensräume *System.IO.Compression* (Komprimieren von Daten) und *System.IO.Ports* (Zugriff auf die serielle Schnittstelle des PC).

Statische versus Instanzen-Klasse

Bei **statischen Klassen** müssen Sie jeder Methode den Dateinamen oder den Verzeichnispfad übergeben. Das kann dann ziemlich lästig werden, wenn Sie diese Methoden öfters hintereinander aufrufen müssen. Die entsprechenden Eigenschaften der **Instanzen-Klassen** *FileInfo* und *DirectoryInfo* hingegen erlauben es Ihnen, den Datei- oder Verzeichnisnamen bereits im Konstruktor einmalig zu spezifizieren.

BEISPIEL

Zwei alternative Möglichkeiten zum Anzeigen von Erstellungsdatum und Zeitpunkt des letzten Zugriffs auf die Datei *c:\test\info.txt*

```
Imports System.IO
```

Mit statischer Klasse:

```
Label1.Text = File.GetCreationTime("c:\test\info.txt").ToString
Label2.Text = File.GetLastAccessTime("c:\test\info.txt").ToString
```

oder mit Instanzen-Klasse:

```
Dim myFile As New FileInfo("c:\test\info.txt")
Label1.Text = myFile.CreationTime.ToString
Label2.Text = myFile.LastAccessTime.ToString
```

Ein weiterer wichtiger Unterschied zwischen beiden Klassen soll keinesfalls verschwiegen werden:

HINWEIS Wenn Sie mit den Methoden der statischen Klassen *File*, *Directory* und *Path* arbeiten, werden Sicherheitsüberprüfungen bei **jedem** Methodenaufruf vorgenommen, bei den Instanzen-Methoden der Klassen *FileInfo* und *DirectoryInfo* geschieht dies nur ein einziges Mal.

Verzeichnisse erzeugen und löschen

Wie es für die meisten Dateioperationen typisch ist, haben Sie auch hier die Qual der Wahl zwischen zwei Klassen.

Mit Directory-Klasse

Die einfachsten Möglichkeiten zum Erzeugen und Löschen von Verzeichnissen bieten die statischen Methoden *CreateDirectory* und *Delete* der *Directory*-Klasse.

BEISPIEL

Ein Verzeichnis erzeugen und anschließend wieder löschen

```
Imports System.IO
...
Dim pfad As String = "C:\Temp"
Directory.CreateDirectory(pfad)     ' falls Verzeichnis bereits vorhanden, passiert nichts!
Directory.Delete(pfad, True)        ' löscht auch vorhandene Unterverzeichnisse und Dateien
```

Mit DirectoryInfo-Klasse

Das gleiche Ziel, allerdings etwas umständlicher, erreicht man mit der *Create*-Methode der instanziierbaren *DirectoryInfo*-Klasse, wobei mittels *CreateSubdirectory* auch das Hinzufügen von Unterverzeichnissen möglich ist.

BEISPIEL

Ein Verzeichnis und ein Unterverzeichnis anlegen und wieder löschen

```
Imports System.IO
...
Dim di As New DirectoryInfo("c:\temp")
di.Create()
di.CreateSubdirectory("temp1")
di.Delete(True)                      ' löscht inklusive vorhandener Unterverzeichnisse und Dateien
```

HINWEIS Der Aufruf von *Delete* ohne Parameterangabe funktioniert nur, wenn das Verzeichnis leer ist!

Verzeichnisse verschieben und umbenennen

Für diese Aufgaben verwenden Sie am besten die *Move*-Methode der statischen *Directory*-Klasse.

BEISPIEL

Verzeichnis *c:\tempX* wird nach *c:\beispiele* verschoben und umbenannt in *tempY*

```
Imports System.IO
...
Directory.Move("c:\tempX", "c:\beispiele\tempY")
```

HINWEIS Leider gibt es auch unter .NET 2.0 sowohl in der *Directory*- als auch in der *DirectoryInfo*-Klasse keine Methode, die das Kopieren eines kompletten Verzeichnisses ermöglicht.

Aktuelles Verzeichnis ermitteln bzw. festlegen

Verwenden Sie dazu die *GetCurrentDirectory*- bzw. *SetCurrentDirectory*-Methode der (statischen) *Directory*-Klasse.

BEISPIEL

Festlegen und Anzeigen des aktuellen Arbeitsverzeichnisses

```
Imports System.IO
...
Directory.SetCurrentDirectory("c:\test")
Label1.Text = Directory.GetCurrentDirectory()      ' zeigt "c:\test"
```

HINWEIS Wenn der Dateiname **ohne** Pfad angegeben wird, bezieht sich die Datei automatisch auf das Projekt- bzw. Arbeitsverzeichnis.

BEISPIEL

Im Projektverzeichnis ein Verzeichnis *\temp* anlegen

```
Imports System.IO
...
Directory.CreateDirectory("temp")
```

Unterverzeichnisse feststellen

Um **alle** Unterverzeichnisse zu ermitteln, verwenden Sie die *GetDirectories*-Methode der *DirectoryInfo*-Klasse.

BEISPIEL

Alle Unterverzeichnisse von *c:* in einer *ListBox* anzeigen

```
Imports System.IO
...
Dim myDir As New DirectoryInfo("c:\")         ' neues DirectoryInfo-Objekt
Dim myDirs() As DirectoryInfo                 ' Array zum Speichern der Unterverzeichnisse
mydirs = myDir.GetDirectories()               ' Unterverzeichnisse ermitteln und im Array ablegen
Dim i As Integer
For i = 0 To myDirs.Length-1                     ' alle Unterverzeichnisse durchlaufen ...
        ListBox1.Items.Add(myDirs(i).Name)     ' ... und Verzeichnisnamen zur ListBox hinzufügen
Next i
```

Eine alternative Lösung bietet sich mit der gleichnamigen Methode der (statischen) *Directory*-Klasse:

BEISPIEL

Lösung des gleichen Problems wie im Vorgängerbeispiel

```
Imports System.IO
...
```

```
Dim myDirs() As String = Directory.GetDirectories("c:\")
For i = As Integer 0 To myDirs.Length-1
    ListBox1.Items.Add(myDirs(i))
Next i
```

CD-ROM Die kompletten Beispiele finden Sie auf der Buch-CD.

Im Verzeichnis enthaltene Dateien ermitteln

Gewissermaßen als Ergänzung zu *GetDirectories* können Sie mit der *GetFiles*-Methode der *DirectoryInfo*-Klasse alle in einem Verzeichnis enthaltenen Dateien ermitteln.

BEISPIEL

Alle im Rootverzeichnis *c:* abgelegten Dateien in einer *ListBox* anzeigen

```
Imports System.IO
...
Dim myDir As New DirectoryInfo("c:\")              ' neues DirectoryInfo-Objekt
Dim myFiles() As FileInfo = myDir.GetFiles()       ' Dateien ermitteln und im Array ablegen
For i As Integer = 0 To myFiles.Length-1             ' alle Dateien durchlaufen ...
    ListBox1.Items.Add(myFiles(i).Name)            ' ... und Dateinamen zur ListBox hinzufügen
Next i
```

Noch kürzer ist der Code bei Verwendung der (statischen) *Directory*-Klasse.

BEISPIEL

Das gleiche Problem wie im Vorgängerbeispiel wird gelöst

```
Imports System.IO
...
Dim myFiles() As String = Directory.GetFiles("c:\")   ' String-Array füllen
For i As Integer = 0 To myFiles.Length-1              ' alle Einträge durchlaufen
    ListBox1.Items.Add(myFiles(i))                    ' ... und anzeigen
Next i
```

CD-ROM Die kompletten Beispiele finden Sie auf der Buch-CD!

Alle Laufwerke ermitteln

Die unter .NET 2.0 neu eingeführte Klasse *DriveInfo* ermöglicht den Zugriff auf Laufwerksinformationen.

BEISPIEL

Auflisten aller Laufwerke des Systems mit den dazugehörigen Informationen

```
For Each di As System.IO.DriveInfo In System.IO.DriveInfo.GetDrives()
    ListBox1.Items.Add("Laufwerk: " & di.Name)
    If di.IsReady Then
```

```
        ListBox1.Items.Add("Bezeichnung: " & di.VolumeLabel)
        ListBox1.Items.Add("Typ: " & di.DriveType)
        ListBox1.Items.Add("Bezeichnung: " & di.DriveFormat)
        ListBox1.Items.Add("Größe: " & di.TotalSize)
        ListBox1.Items.Add("Freier Platz: " & di.TotalFreeSpace)
        ListBox1.Items.Add("----------------------------------")
    Else
        ListBox1.Items.Add("Laufwerk ist nicht bereit!")
        ListBox1.Items.Add("----------------------------------")
    End If
Next
```

Abbildung 2.1 Laufwerksinformationen (siehe Beispiel)

CD-ROM Das komplette Beispiel finden Sie auf der Buch-CD!

Dateien kopieren, verschieben und umbenennen

Kopieren und verschieben

Am einfachsten realisieren Sie diese Aufgabe mit den statischen *Copy*- bzw. *Move*-Methoden der *File*-Klasse.

BEISPIEL

Datei kopieren und anschließend verschieben

```
Imports System.IO
...
Dim sourcePath As String = "c:\sample.txt"
Dim destPath As String = "c:\sample1.txt"
Dim movePath As String = "c:\tmp\sample1.txt"
File.Copy(sourcePath, destPath)              ' kopieren
File.Move(sourcePath, movePath)              ' verschieben
```

Falls Sie lieber mit Instanzen arbeiten, können Sie die Methoden *CopyTo* und *MoveTo* der Klasse *FileInfo* verwenden.

BEISPIEL

Obiges Beispiel mit Methoden der *FileInfo*-Klasse realisiert

```
Imports System.IO
...
Dim sourcePath As String = "c:\sample.txt"
Dim destPath As String = "c:\sample1.txt"
Dim movePath As String = "c:\temp\sample1.txt"

Dim myFile As New FileInfo(sourcePath)
myFile.CopyTo(destPath)              ' kopieren
myFile.MoveTo(movePath)              ' verschieben
```

Umbenennen

Das .NET-Framework bietet nach wie vor keinerlei Möglichkeit zum direkten Umbenennen einer Datei, da die *Name*-Eigenschaft der *FileInfo*-Klasse schreibgeschützt ist und eine *Rename*-Methode fehlt. Verwenden Sie zum Umbenennen also die Methoden *Move* der Klasse *File* bzw. *MoveTo* der Klasse *FileInfo*.

BEISPIEL

Umbenennen der Datei *info.txt* in *info_1.txt*.

```
Imports System.IO
...
Dim myFile As New FileInfo("c:\test\info.txt")
myFile.MoveTo("c:\test\info_1.txt")
```

Dateiattribute feststellen

Korrespondierende Eigenschaften und Methoden

Um die Dateiattribute zu ermitteln, kann man entweder auf die Eigenschaften der *FileInfo*-Klasse oder aber auch auf die entsprechenden (statischen) Methoden der *File*-Klasse zugreifen:

Eigenschaft FileInfo-Klasse	Methode File-Klasse	Beschreibung
Attributes	*GetAttributes()* *SetAttributes()*	Wert basiert auf Dateiattribute-Flags (*Archive, Compressed, Directory, Hidden* ...)
CreationTime	*GetCreationTime()* *SetCreationTime()*	Datum/Uhrzeit der Erstellung
LastAccessTime	*GetLastAccessTime()* *SetLastAccessTime()*	Datum/Uhrzeit des letzten Zugriffs
LastWriteTime	*GetLastWriteTime()* *SetLastWriteTime()*	Datum/Uhrzeit des letzten Schreibzugriffs
Exists	*Exists()*	Liefert *True*, falls Datei physikalisch existiert

Tabelle 2.2 Korrespondierende Eigenschaften und Methoden der Klassen *File/FileInfo*

BEISPIEL

Anzeige des Erstellungsdatums einer Datei.

```
Imports System.IO
...
Label1.Text = File.GetCreationTime("Liesmich.txt").ToString()
```

BEISPIEL

Feststellen, ob Datei im Arbeitsverzeichnis existiert.

```
Imports System.IO
...
If File.Exists("Liesmich.txt") Then MessageBox.Show("Datei ist vorhanden!")
```

oder

```
Dim myFile As New FileInfo("Liesmich.txt")
If myFile.Exists Then MessageBox.Show("Datei ist vorhanden!")
```

FileAttribute-Enumeration

Die verschiedenen Attribute für Dateien und Verzeichnisse sind in der *FileAttribute*-Enumeration anzutreffen. Die folgende Tabelle zeigt die wichtigsten:

Mitglied	Beschreibung
Archive	Entspricht dem Archiv-Status der Datei, wie er häufig zum Markieren einer zu löschenden oder einer Backup-Datei verwendet wird
Compressed	Entspricht einer gepackten Datei
Directory	Zeigt an, dass die Datei in Wirklichkeit ein Verzeichnis ist
Encrypted	Die Datei ist verschlüsselt
Hidden	Die Datei ist versteckt und demzufolge in einem gewöhnlichen Verzeichnis unsichtbar
Normal	Es wurden keine Datei-Attribute gesetzt
ReadOnly	Die Datei kann nicht verändert, sondern nur gelesen werden
System	Die Datei gehört zum Betriebssystem oder wird exklusiv von diesem benutzt
Temporary	Die Datei ist temporär, sie wird vom Programm angelegt und wieder gelöscht

Tabelle 2.3 Die wichtigsten Mitglieder der *FileAttribute*-Enumeration

Um das Vorhandensein eines bestimmten Datei-Attributes festzustellen, muss eine bitweise ODER-Verknüpfung durchgeführt werden.

BEISPIEL

In einer *CheckBox* wird angezeigt, ob es sich um eine Archiv-Datei handelt.

```
Imports System.IO
...
```

```
Dim attbs As FileAttributes = File.GetAttributes("c:\beispiele\test.dat")
If attbs = (attbs Or FileAttributes.Archive) Then
    CheckBox1.Checked = True
Else
    CheckBox1.Checked = False
End If
```

CD-ROM Den kompletten Code finden Sie im PB2.1 »Datei-Infos gewinnen«.

Weitere Eigenschaften und Methoden

Werfen wir noch einen kurzen Blick auf weitere wichtige Eigenschaften und Methoden der *FileInfo*-Klasse.

Eigenschaften

Eigenschaft FileInfo-Klasse	Beschreibung
Directory	Liefert Instanz des übergeordneten Verzeichnisses
DirectoryName	Liefert den vollständigen Dateipfad
Extension	Liefert Dateiextension (z.B. txt für Textdateien)
FullName	Liefert den vollständigen Dateipfad plus Dateinamen
Length	Liefert die Dateigröße in Bytes
Name	Liefert den Dateinamen

Tabelle 2.4 Wichtige Eigenschaften der *FileInfo*-Klasse

BEISPIEL

Anzeige des Pfads der Datei *Liesmich.txt* in einem *Label*

```
Imports System.IO
...
Dim myFile As New FileInfo("Liesmich.txt")
Label1.Text = myFile.DirectoryName
```

GetFileSystemInfos-Methode

Im Zusammenhang mit der *Directory*-Eigenschaft der *FileInfo*-Klasse verdient die Methode *GetFileSystemInfos* der *DirectoryInfo*-Klasse besondere Aufmerksamkeit.

BEISPIEL

In einer *TextBox* (*MultiLine = True*) werden neben dem Verzeichnis einer Datei alle weiteren sich im gleichen Verzeichnis befindlichen Dateien und Unterverzeichnisse angezeigt.

```
Imports System.IO
...
Dim myFile As New FileInfo("Test.txt")           ' öffnet existierende Datei oder erzeugt neue
```

```
Dim myDir As DirectoryInfo = myFile.Directory              ' Verweis auf Verzeichnis erzeugen
Dim fsi() As FileSystemInfo = myDir.GetFileSystemInfos()   ' alle Einträge ermitteln
TextBox1.Text = myDir.FullName & Environment.NewLine       ' vollständigen Verzeichnispfad anzeigen
For Each info As FileSystemInfo In fsi        ' ... dann alle weiteren Unterverzeichnisse und Dateien
    TextBox1.Text &= info.Name & Environment.NewLine
Next
```

HINWEIS Wer seine Erkundungen zu Datei- und Verzeichnisoperationen mit einem komplexeren Beispiel beenden möchte, dem sei das PB1.2 »Verzeichnis- und Dateiinformationen ermitteln« nahegelegt, an welchem er viele der in diesem Abschnitt besprochenen Features der *FileInfo*-Klasse noch einmal in ihrem Zusammenspiel erleben kann.

Anwenden der Path-Klasse

Als Alternative zur *Directory*-Klasse kommt auch die *Path*-Klasse infrage. Allerdings ist hier Vorsicht geboten:

HINWEIS Die meisten Member der *Path*-Klasse wirken nicht mit dem Dateisystem zusammen und überprüfen deshalb nicht, ob die durch eine Pfadzeichenfolge angegebene Datei auch tatsächlich vorhanden ist.

Die zahlreichen (statischen) Methoden sollen hier lediglich anhand eines Beispiels demonstriert werden.

BEISPIEL

Ausgabe von Dateiinfos in einer *ListBox*.

```
Imports System.IO
...
Dim verz As String = "c:/test/info.txt"

ListBox1.Items.Add("Verzeichnis : " & Path.GetDirectoryName(verz))
ListBox1.Items.Add("Dateiname : " & Path.GetFileName(verz))
ListBox1.Items.Add("Dateiname ohne Extension : " & Path.GetFileNameWithoutExtension(verz))
ListBox1.Items.Add("Dateiextension : " & Path.GetExtension(verz))
ListBox1.Items.Add("Rootverzeichnis : " & Path.GetPathRoot(verz))
ListBox1.Items.Add("Temporäres Verzeichnis : " & Path.GetTempPath())
ListBox1.Items.Add("Neues Tempfile : " & Path.GetTempFileName())
```

```
Verzeichnis : c:\test
Dateiname : info.txt
Dateiname ohne Extension : info
Dateiextension : .txt
Rootverzeichnis : c:\
Temporäres Verzeichnis : C:\Dokumente und Einstellungen\Doberenz\Lokale Einstellungen\Temp\
Neues Tempfile : C:\Dokumente und Einstellungen\Doberenz\Lokale Einstellungen\Temp\tmp10A.tmp
```

Abbildung 2.2 Ausgabe von DateiInfos (siehe Beispiel)

CD-ROM Das komplette Beispiel finden Sie auf der Buch-CD!

Änderungen im Dateisystem überwachen

Die Klasse *FileSystemWatcher*, die auch als Toolbox-Komponente verfügbar ist, dient dem einfachen Beobachten des Dateisystems. So löst sie beispielsweise Ereignisse aus, wenn Dateien oder Verzeichnisse geändert werden.

Die folgende Tabelle zeigt wichtige Eigenschaften:

Eigenschaft	Beschreibung
NotifyFilter	Typ der zu überwachenden Änderung
Filter	Filterzeichenfolge für die zu überwachenden Dateien
EnableRaisingEvents	Aktivieren der Komponente (*True/False*)

Tabelle 2.5 Wichtige Eigenschaften der *FileSystemWatcher*-Klasse

Die verschiedenen Werte der *NotifyFilter*-Eigenschaft sind in der *NotifyFilters*-Enumeration enthalten.

Mitglied	Typ der zu überwachenden Änderung
Attributes	Attribute der Datei oder des Verzeichnisses
CreationTime	Zeitpunkt der Erstellung der Datei oder des Verzeichnisses
DirectoryName	Name des Verzeichnisses
FileName	Name der Datei
LastAccess	Datum des letzten Öffnens der Datei oder des Verzeichnisses
LastWrite	Datum des letzten Schreibzugriffs auf die Datei oder das Verzeichnis
Security	Sicherheitseinstellungen der Datei oder des Verzeichnisses
Size	Größe der Datei oder des Verzeichnisses

Tabelle 2.6 Die Mitglieder der *NotifyFilters*-Enumeration

Die folgende Tabelle zeigt wichtige Ereignisse:

Ereignis	... tritt ein wenn im übergebenen Pfad ...
Changed	... eine Datei oder ein Verzeichnis geändert wird
Created	... eine Datei oder ein Verzeichnis erzeugt wird
Deleted	... eine Datei oder ein Verzeichnis gelöscht wird
Renamed	... eine Datei oder ein Verzeichnis umbenannt wird

Tabelle 2.7 Wichtige Ereignisse der *FileSystemWatcher*-Klasse

BEISPIEL

Das Überwachen von vier Ereignissen von *.txt*-Dateien im Verzeichnis *c:\Beispiele*

```
With FileSystemWatcher1                    ' Komponente von der Toolbox
```

```
    .Path = "C:\Beispiele"
    .NotifyFilter = NotifyFilters.LastAccess Or NotifyFilters.FileName
    .Filter = "*.txt"
     AddHandler .Changed, AddressOf Me.OnChanged      ' Datei wurde geändert
     AddHandler .Created, AddressOf Me.OnChanged      ' Datei wurde neu hinzugefügt
     AddHandler .Deleted, AddressOf Me.OnChanged      ' Datei wurde gelöscht
     AddHandler .Renamed, AddressOf Me.OnRenamed      ' Datei wurde umbenannt
    .EnableRaisingEvents = True                       ' Start der Überwachung
End With
```

Die beiden folgenden Event-Handler spezifizieren die Reaktion auf die vier Ereignisse, die Anzeige erfolgt in einer *ListBox*:

```
Public Sub OnChanged(ByVal Source As Object, ByVal e As System.IO.FileSystemEventArgs)
    ListBox1.Items.Add("Datei: " & e.FullPath & " " & e.ChangeType.ToString)
End Sub

Public Sub OnRenamed(ByVal Source As Object, ByVal e As System.IO.RenamedEventArgs)
    ListBox1.Items.Add("Datei: " & e.OldFullPath & " umbenannt in " & e.FullPath)
End Sub
```

```
Datei: C:\Beispiele\BTXProtocol.log umbenannt in C:\Beispiele\BTXProtocol.txt
Datei: C:\Beispiele\BTXProtocol.txt Changed
Datei: C:\Beispiele\Test.txt Created
Datei: C:\Beispiele\Test.txt Changed
Datei: C:\Beispiele\BTXProtocol.txt Deleted
```

Abbildung 2.3 Laufzeitansicht des Beispiels

CD-ROM Das vollständige Programm finden Sie auf der Buch-CD!

Zugriffsberechtigungen für Dateien und Verzeichnisse festlegen

Seit .NET 2.0 verfügen die Klassenpärchen *Directory-/DirectoryInfo-* und *File-/FileInfo* über die *GetAccess-Control*-Methode. Diese liefert ein *DirectorySecurity- bzw. FileSecurity*-Objekt, welches die *Access Control List* (ACL) der Datei bzw. des Verzeichnisses kapselt (Namespace *System.Security.AccessControl*).

ACL und ACE

Eine ACL enthält *Access Control Entries* (ACE), welche die Zugriffsregeln von Benutzern oder Benutzergruppen zur Ausführung spezieller Aktionen für eine gegebene Datei oder ein Verzeichnis beschreiben.

Die *AddAccessRule*-Method des *DirectorySecurity*- bzw. *FileSecurity*-Objekts fügt eine neue ACE zur vorhandenen ACL hinzu. Analog dazu entfernt die *RemoveAccessRule*-Methode diese Zugriffsregel wieder.

Eine Zugriffsregel wird in einer Instanz der *FileSystemAccessRule*-Klasse gekapselt, sie spezifiziert den User Account, den Zugriffstyp (read, write usw.) und ob dieses Recht gewährt oder abgelehnt wird.

HINWEIS Im Namespace *System.Security.AccessControl* befinden sich zahlreiche weitere Klassen zum Verwalten von Zugriffsberechtigungen (ACLs).

SetAccessControl-Methode

Um eine neue oder geänderte ACL-Information dauerhaft für ein Verzeichnis oder eine Datei zu speichern benutzen Sie die *SetAccessControl*-Methode.

BEISPIEL

Ein neues Verzeichnis wird angelegt. Jedem Benutzer werden die uneingeschränkten Zugriffsrechte auf dieses Verzeichnisses verwehrt. Es wird also nicht gelingen, das angelegte Verzeichnis zu löschen.

```
Imports System.IO
Imports System.Security.AccessControl
...

Private dir As String = "Testverzeichnis"
Directory.CreateDirectory(dir)
string account = "Jeder"

Dim dsc As DirectorySecurity = Directory.GetAccessControl(dir)

Dim rights As FileSystemRights = FileSystemRights.FullControl
Dim controlType As AccessControlType = AccessControlType.Deny
Dim fsar As New FileSystemAccessRule(account, rights, controlType)
dsc.AddAccessRule(fsar)                        ' Zugriffsrechte hinzufügen
Directory.SetAccessControl(dir, dsc)           ' ... und speichern
```

Zugriffsrechte anzeigen

Die einzelnen Zugriffsrechte (ACEs) sind in der *AuthorizationRuleCollection* des *DirectorySecurity- bzw. FileSecurity*-Objekts enthalten.

BEISPIEL

Die ACL des im Vorgängerbeispiel erzeugten Verzeichnisses wird ausgelesen, die einzelnen ACEs werden in einer *ListBox* angezeigt.

```
Imports System.IO
Imports System.Security.AccessControl
...

Private dir As String = "Testverzeichnis"
Dim fsc As DirectorySecurity = Directory.GetAccessControl(dir)
Dim arcoll As AuthorizationRuleCollection = fsc.GetAccessRules(True, True,
                                     Type.GetType("System.Security.Principal.NTAccount"))
For Each fsar As FileSystemAccessRule In arcoll
    ListBox1.Items.Add(fsar.IdentityReference.ToString())
    ListBox1.Items.Add(fsar.FileSystemRights.ToString())
    ListBox1.Items.Add(fsar.AccessControlType.ToString())
    ListBox1.Items.Add("------------------------")
Next
```

Abbildung 2.4 Ausgabe der Zugriffsrechte in der *ListBox*

CD-ROM Das komplette Beispiel finden Sie auf der Buch-CD!

Lese- und Schreibzugriff auf Dateien

Haben wir uns bislang nur mit Operationen auf Verzeichnisebene herumgeschlagen, so kommen wir jetzt endlich zur eigentlichen Dateiarbeit.

Übersicht

Die wichtigsten Dateitypen sind:

- Textdatei
- Binärdatei (Bilddateien etc.)
- sequenzielle Datei
- Random-Access-Datei

HINWEIS Da .NET keine typisierten bzw. strukturierten Dateien unterstützt, müssen sequenzielle und Random-Access-Dateien durch geeignete Programmiermaßnahmen auf Binärdateien zurück geführt werden.

Dateien und Streams

Während man die in einer Datei dauerhaft gespeicherten Informationen als *persistente Daten* bezeichnet, arbeitet das Programm mit *temporären* bzw. *transienten Daten*. Wie Sie der folgenden Abbildung entnehmen, gewährleisten Streams quasi als »Verbindungskanäle« die Kommunikation zwischen Datei und Programm.

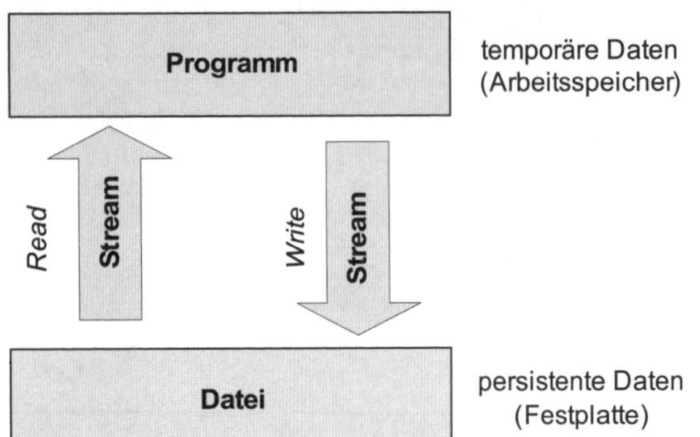

Abbildung 2.5 Streams als Vermittler zwischen temporären und persistenten Daten

Ganz allgemein ist ein Stream eine Aufeinanderfolge von Bytes. Gemeinsame Basisklasse für alle Stream-Klassen ist *System.IO.Stream*. Die wichtigsten der davon abgeleiteten Klassen sind *System.IO.FileStream* (Inhalt einer Text- oder Binärdatei), *System.IO.MemoryStream* (Bytefolge im Hauptspeicher), *System.Security.Cryptography.CryptoStream* (verschlüsselte Bytefolge), *System.IO.Compression.GZipStream* (komprimierte Bytefolge) oder *System.Net.Sockets.NetworkStream* (Bytefolge, die über ein Netzwerk gesendet wird).

Die Basisklasse *System.IO.Stream* stellt einfache Operationen wie *Read*, *Write* und *Close* sowie Eigenschaften wie *CanRead* und *CanWrite* zur Verfügung. Für komplexere Operationen wie *ReadLine*, *WriteLine*, *Peek* gibt es spezielle Reader-/Writer-Klassenpärchen, z.B. *StreamReader/StreamWriter* für ASCII-Streams oder *BinaryReader/BinaryWriter* für beliebige Bytefolgen.

Klassen

Nicht nur zum Kopieren, Löschen und Verschieben von Dateien, sondern auch für das Erzeugen von Stream-Objekten werden in der Regel die Klassen *File* bzw. *FileInfo* benötigt. Die folgende Tabelle zeigt auch die für Stream-Operationen weiteren wichtigen Klassen.

Klasse	Beschreibung
File	Unterstützt das Erstellen von *FileStream*-Objekten (statisch)
FileInfo	Unterstützt das Erstellen von *FileStream*-Objekten (instanziierbar)
FileStream	Erlaubt, basierend auf einer Datei, das Erstellen einer *Stream*-Instanz
StreamReader	Implementiert ein *TextReader*-Objekt, welches Zeichen von einem Byte-Stream in einer bestimmten Kodierung liest
StreamWriter	Implementiert ein *TextWriter*-Objekt, welches Zeichen in einen Stream in einer speziellen Kodierung liest
StringReader	Implementiert ein *TextReader*-Objekt, das Daten von einem String liest
StringWriter	Implementiert ein *TextWriter*-Objekt, das Daten in einen String schreibt, die Daten werden in einer darunter liegenden *StringBuilder*-Klasse gespeichert
BinaryReader	Erlaubt das binäre Lesen von Dateien
BinaryWriter	Erlaubt das binäre Schreiben in Dateien
BinaryFormatter	Kann Objekte in einen Stream serialisieren bzw. von dort deserialisieren

Tabelle 2.8 Die wichtigsten Klassen für Datei- und Stream-Operationen

Erzeugen einer Stream-Instanz

Voraussetzung für jeglichen Dateizugriff ist das Vorhandensein eines *Stream*-Objekts. Letzteres kann entweder über die *Open*-Methode eines *FileInfo*-Objekts oder der (statischen) *File*-Klasse erzeugt werden.

BEISPIEL

Die (im Arbeitsverzeichnis befindliche) Datei *temp.txt* soll für den exklusiven Schreib-/Lesezugriff geöffnet werden. Falls nicht vorhanden, wird sie neu erzeugt.

```
Imports System.IO
...
Dim myFile As New FileInfo("temp.txt")
Dim myStream As FileStream = myFile.Open(FileMode.OpenOrCreate, FileAccess.ReadWrite, FileShare.None)
```

oder

```
Dim myStream As FileStream = File.Open("temp.txt", FileMode.OpenOrCreate, FileAccess.ReadWrite,
                                                                                FileShare.None)
```

Zur Bedeutung der Parameter kommen wir im folgenden Abschnitt.

Dateiparameter

In den Methoden bzw. Konstruktoren der Klassen *File, FileInfo* und *FileStream* werden bestimmte Parameter übergeben, die in Aufzählungstypen (Enumerationen) gekapselt sind.

FileAccess

Diese Enumeration bezeichnet den Zugriffslevel auf eine Datei.

Mitglied	Beschreibung
Read	Erlaubt Lesezugriff
ReadWrite	Erlaubt Lese- und Schreibzugriff
Write	Erlaubt Schreibzugriff

Tabelle 2.9 Mitglieder der *FileAccess*-Enumeration

Die FileMode-Enumeration

Diese Enumeration bestimmt den Öffnungsmodus einer Datei.

Mitglied	Beschreibung
Append	Eine existierende Datei wird geöffnet und der Dateizeiger an das Ende bewegt, oder eine neue Datei wird erstellt (*FileAccess.Write* ist erforderlich, Leseversuche schlagen fehl)
Create	Eine neue Datei wird erzeugt. Falls die Datei bereits existiert, wird sie überschrieben
Open	Eine existierende Datei wird geöffnet

Tabelle 2.10 Mitglieder der *FileMode*-Enumeration

Mitglied	Beschreibung
OpenOrCreate	Falls die Datei existiert, wird sie geöffnet, andernfalls wird sie neu erzeugt
Truncate	Eine existierende Datei wird geöffnet und die Dateigröße auf null Bytes beschnitten

Tabelle 2.10 Mitglieder der *FileMode*-Enumeration (Fortsetzung)

Die FileShare-Enumeration

Diese Enumeration verwenden Sie, um festzulegen, ob auf eine Datei gleichzeitig von mehreren Prozessen aus zugegriffen werden kann.

Mitglied	Beschreibung
None	Die Datei ist für den gleichzeitigen Zugriff gesperrt. Alle weiteren Anforderungen zum Öffnen werden abgelehnt, es sei denn, die Datei ist geschlossen
Read	Auch andere Benutzer bzw. Prozesse dürfen die Datei lesen. Versuche zum Schreiben bzw. Abspeichern schlagen fehl
ReadWrite	Die Datei kann von mehreren Benutzern bzw. Prozessen sowohl zum Lesen als auch zum Schreiben geöffnet werden (problematisch, da der letzte Benutzer auch die Änderungen anderer Benutzer abspeichert)
Write	Die Datei ist für den gleichzeitigen Schreibzugriff geöffnet. In Kombination mit Read kann das den *ReadWrite*-Parameter ersetzen

Tabelle 2.11 Mitglieder der *FileShare*-Enumeration

BEISPIEL

Mit dem folgenden *FileStream*-Konstruktor wird eine vorhandene Datei geöffnet und weiteren Benutzern der schreibgeschützte Zugriff gewährt (*FileShare.Read*).

```
Imports System.IO
...
Dim myStream As New FileStream("c:\test.txt", FileMode.Open, FileAccess.Read, FileShare.Read)
```

Textdateien

Das Lesen und Schreiben von Textdateien gestaltet sich im .NET-Framework mit den Klassen *StreamReader* und *StreamWriter* (beide von *TextReader*/*TextWriter* abgeleitet) ziemlich einfach.

Schreiben bzw. neu anlegen

Um eine neue Textdatei anzulegen, verwenden Sie die Methode *CreateText* der *File*- bzw. *FileInfo*-Klasse.

BEISPIEL

Textdatei im Arbeitsverzeichnis erzeugen und mit dem Inhalt einer *TextBox* füllen

```
Imports System.IO
...
Dim writer As StreamWriter = File.CreateText("Liesmich.txt")
For Each s As String In TextBox1.Lines
   writer.WriteLine(s)
```

```
Next
writer.Close()
```

Die *AppendText*-Methode erstellt einen *StreamWriter* zum Hinzufügen von Text zu einer Textdatei. Falls die Datei nicht vorhanden ist, wird sie neu erzeugt.

BEISPIEL

Zehnmal »Hallo« an das Ende einer vorhandenen Textdatei schreiben.

```
Imports System.IO
...
Dim pfad As String =  "Liesmich.txt"
Dim file As New FileInfo(pfad)
Dim writer As StreamWriter = file.AppendText()
For i = 0 To 9
    writer.Write("Hallo")
    writer.Write(Environment.NewLine)
Next i
writer.Close()
```

Lesen

Sowohl die *File*- als auch die *FileInfo*-Klasse bieten eine Methode *OpenText*, die das Öffnen einer Textdatei und das Auslesen mit Hilfe der zurückgegebenen *StreamReader*-Instanz ermöglicht.

BEISPIEL

Den Inhalt einer Textdatei in einer *TextBox* anzeigen

```
Imports System.IO
...
TextBox1.Text = ""
Dim reader As StreamReader = File.OpenText("Liesmich.txt")
While(reader.Peek() > -1)                                  ' Dateiende prüfen
    TextBox1.Text &= reader.ReadLine() & Environment.NewLine
End While
reader.Close()
```

Die *ReadToEnd*-Methode vereinfacht den Leseprozess.

BEISPIEL

Eine alternative Variante des Vorgängerbeispiels

```
Imports System.IO
...
TextBox1.Text = ""
Dim reader As New StreamReader("Liesmich.txt")
TextBox1.Text &= reader.ReadToEnd()
reader.Close()
```

Noch einfacher geht es allerdings mit der unter .NET 2.0 neu eingeführten *ReadAllText*-Methode der *File*-Klasse, die den *StreamReader* überflüssig macht:

BEISPIEL

Die kürzeste Variante des Vorgängerbeispiels

```
Imports System.IO
...
TextBox1.Text = File.ReadAllText("Liesmich.txt")
```

CD-ROM Den vollständigen Code finden Sie im PB2.3 »Auf eine Textdatei zugreifen«.

Binärdateien

Der Zugriff auf binäre Daten ist dem auf die zuvor beschriebenen Textdateien sehr ähnlich.

Lese-/Schreibzugriff

Auf Basis einer Instanz der *FileStream*-Klasse können die Klassen *BinaryReader* und *BinaryWriter* zum Lese-/Schreibzugriff instanziiert werden.

Zum Auslesen des jeweils nächsten Zeichens stellt Ihnen *BinaryReader* vielfältige Methoden zur Verfügung (*ReadBoolean*, *ReadByte*, *ReadInt32*, *ReadDouble*, *ReadChar*, *ReadString* ...).

HINWEIS Über die Methode *PeekChar* kann das Dateiende abgeprüft werden (liefert dann –1).

Der Schreibzugriff ist über eine der zahlreichen Überladungen der *Write*-Methode des *BinaryWriter* möglich.

BEISPIEL

Byteweises Auslesen eines Bildes und Kopieren in ein anderes[1].

```
Dim file_A As New FileStream("c:\Bild_A.bmp", FileMode.Open)
Dim reader As New BinaryReader(file_A)
Dim file_B As New FileStream("c:\Bild_B.bmp", FileMode.OpenOrCreate)
Dim writer As New BinaryWriter(file_B)
While reader.PeekChar() > -1
      writer.Write(reader.ReadByte())     ' liest und schreibt ein Byte
End While
writer.Close()
reader.Close()
```

ReadAllBytes/WriteAllBytes

Mit Einführung der *ReadAllBytes/WriteAllBytes*-Methodenpärchens hat allerdings .NET 2.0 auch hier den Zugriff vereinfacht:

[1] Eine komplette Datei lässt sich natürlich auch durch Anwenden der (statischen) *Copy*-Methode der *File*-Klasse kopieren.

BEISPIEL

Alternative Realisierung des Vorgängerbeispiels (der Dateiinhalt wird in einem Bytearray zwischengespeichert).

```
Dim bytes() As Byte = File.ReadAllBytes("c:\Bild_A.bmp")
File.WriteAllBytes("c:\Bild_B.bmp", bytes)
```

HINWEIS Den vollständigen Quellcode finden Sie im PB2.4 »Auf eine Binärdatei zugreifen«.

Varianten zum Erzeugen von BinaryReader/BinaryWriter

Der Konstruktor von *BinaryReader*/*BinaryWriter* erwartet als Argument ein *FileStream*-Objekt. Es bleibt Ihnen überlassen, ob Sie dieses direkt erzeugen oder aber indirekt über die *OpenRead*/*OpenWrite*-Methode eines *FileInfo*-Objekts.

BEISPIEL

Zwei Varianten zum Erzeugen eines *BinaryReader*-Objekts.

Variante 1:

```
Dim readStream As New FileStream(pfad, FileMode.OpenOrCreate, FileAccess.Read)
Dim reader As New BinaryReader(readStream)
```

Variante 2:

```
Dim file As New FileInfo(pfad)
Dim reader As New BinaryReader(file.OpenRead())
```

Sequenzielle Dateien

Sequenzielle Dateien sind gewöhnlich auch typisiert, d.h., sie enthalten gleichartig aufgebaute Datensätze. Ein wahlfreier Zugriff (Random Access) ist in der Regel nicht möglich, um z.B. einen bestimmten Datensatz zu erreichen, müssen zunächst die davor stehenden Datensätze hintereinander ausgelesen werden.

Lesen und schreiben von strukturierten Daten

Da .NET typisierte Dateien nicht direkt unterstützt, müssen Sie sich selbst um deren Strukturierung kümmern, Sie müssen also typisierte Dateien quasi wie Binärdateien behandeln.

BEISPIEL

Ein Array *pListe*, welches die Daten eines *Structure*-Datentyps (*Nachname*, *Geburtsdatum*, *Student (Ja/Nein)*) speichert, wird in einer sequenziellen Datei zwischengespeichert.

```
Private Structure Person
    Dim Vorname, Nachname As String
    Dim Geburt As Date
    Dim Student As Boolean
End Structure
```

Diese Methode schreibt den Arrayinhalt in die Datei:

```
Private Sub writeFile()
    Dim wStream As New FileStream(pfad, FileMode.OpenOrCreate, FileAccess.Write)
    Dim binWriter As New BinaryWriter(wStream)
    For i As Integer = 0 To pmax - 1                          ' alle Datensätze durchlaufen
        With pListe(i)
```

Die *Write*-Methode des *BinaryWriter* verfügt über eine Überladung für fast jeden Datentyp:

```
            binWriter.Write(.Vorname)
            binWriter.Write(.Nachname)
            binWriter.Write(.Geburt.ToShortDateString())
            binWriter.Write(.Student)
        End With
    Next i
    binWriter.Flush()   ' Puffer => Disk
    binWriter.Close()
    wStream.Close()
End Sub
```

Die folgende Methode macht es umgekehrt, sie füllt ein Array mit dem Dateinhalt:

```
Private Sub readFile()
    Dim rStream As New FileStream(pfad, FileMode.OpenOrCreate, FileAccess.Read)
    Dim binReader As New BinaryReader(rStream)
    If (rStream.Length > 0) Then ' nicht bei neu erzeugter Datei
        For i As Integer = 0 To pmax - 1 ' alle Datensätze durchlaufen
            With pListe(i)
```

Der *BinaryReader* verfügt für fast jeden Datentyp über eine spezielle Lesemethode:

```
                .Vorname = binReader.ReadString()
                .Nachname = binReader.ReadString()
                .Geburt = Convert.ToDateTime(binReader.ReadString())
                .Student = binReader.ReadBoolean()
            End With
        Next i
    End If
    binReader.Close()
    rStream.Close()
End Sub
```

CD-ROM Das komplette Programm finden Sie im PB2.5 » Auf eine sequenzielle Datei zugreifen«.

Serialisieren von Objekten

Nicht nur einfache und strukturierte Datentypen, auch komplette Objekte können in eine Datei geschrieben bzw. von dort gelesen werden. Voraussetzung ist eine Serialisierung, wie sie durch Voranstellen des *Serializable*-Attributs vor die Klassendeklaration vorbereitet wird. Eine zentrale Rolle spielt dabei das *BinaryFormatter*-Objekt, welches hier quasi *BinaryReader* und *BinaryWriter* ersetzt.

BEISPIEL

Ein *CKunde*-Objekt in eine sequenzielle Datei schreiben und anschließend wieder lesen.

```
Imports System.IO
Imports System.Runtime.Serialization.Formatters.Binary
...
<Serializable> _
Public Class CKunde
    ...         ' irgendeine Klassenimplementierung
End Class
```

Objekt serialisieren und in Datei schreiben:

```
Dim kunde As New CKunde(10, Max, Müller, 100.65)            ' initialisiertes Record-Objekt erzeugen
Dim fileOutput As New FileStream("c:\Kunden.dat", FileMode.OpenOrCreate, FileAccess.Write)
Dim binFttr As New BinaryFormatter()
binFttr.Serialize(fileOutput, kunde)
```

Objekt aus Datei zurück lesen und wieder »zusammenbauen« (deserialisieren):

```
Dim kunde As New CKunde()                                   ' leeres Record-Objekt erzeugen
Dim fileInput As New FileStream("c:\Kunden.dat", FileMode.Open, FileAccess.Read)
kunde = CType(binFttr.Deserialize(fileInput), CPerson)      ' explizite Typumwandlung erforderlich!
```

HINWEIS Eine ähnliche Problemstellung findet sich im PB2.6 »Serialisierte Objekte in einer Datei abspeichern«.

Das Serialisieren/Deserialisieren von Daten   auch als Marshalling/Unmarshalling bekannt – ermöglicht die Datenübertragung über Prozessgrenzen hinweg.

Die drei .NET-Serialisierer (Binär, SOAP, XML) unterstützen nicht nur die Serialisierung einzelner Objekte, sondern auch die kompletter Objektbäume (siehe PB2.7).

Dateien verschlüsseln

Das einfache Verschlüsseln von Dateien wird z.B. dem Windows XP-Nutzer bekannt sein. Der Benutzer, der die Datei verschlüsselt hat, merkt davon allerdings nichts und muss kein Kennwort eingeben um den Inhalt zu sehen. Will aber ein anderer Benutzer die Datei lesen, kommt eine Fehlermeldung und der Zugriff auf die Datei wird verweigert.

HINWEIS Wenn man die Dateiverschlüsselung nutzt, sollte man auf jeden Fall das so genannte »Zertifikat zur Datenverschlüsselung« sichern, da es ohne dieses nicht möglich ist nach einem Systemcrash mit folgender Neuinstallation an die verschlüsselten Daten heranzukommen.

Das Methodenpärchen Encrypt-/Decrypt

Die *File*-Klasse verfügt über die Methoden *Encrypt* und *Decrypt*, mit denen eine Datei auf einfache Weise verschlüsselt und entschlüsselt werden kann.

BEISPIEL

Die Datei *Beispiel.txt* wird ver- und entschlüsselt.

```
Imports System.IO
...
File.Encrypt("Beispiel.txt")
File.Decrypt("Beispiel.txt")
```

HINWEIS Erkennen kann man die Verschlüsselung durch die grüne Farbe des Dateinamens und – wenn die Dateiattribute angezeigt werden – durch das E-Attribut (für *Encrypted*).

Verschlüsseln unter Windows XP

Um unter Windows XP eine Datei oder einen Ordner zu verschlüsseln wählen Sie im Kontextmenü den Eintrag *Eigenschaften* und klicken im Eigenschaftenfenster auf die Schaltfläche »Erweitert...«. Es öffnet sich das Dialogfenster »Erweiterte Attribute«, in welchem Sie das Häkchen bei »Inhalt verschlüsseln, um Daten zu schützen« setzen. Um die Verschlüsselung wieder aufzuheben, gehen Sie den umgekehrten Weg.

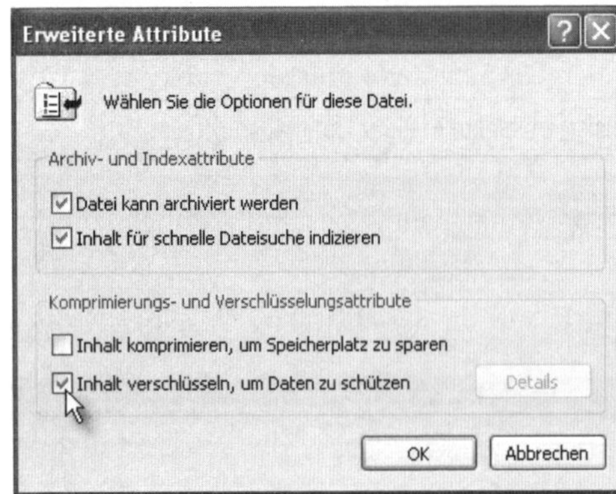

Abbildung 2.6 NTFS-Dateiverschlüsselung

Wie aber können Sie Ihre verschlüsselten Dateien anderen Anwendern zugänglich machen?

Klicken Sie dazu auf die Schaltfläche »Details« im Fenster »Erweiterte Attribute«. Im Fenster »Verschlüsselungsdetails« können Sie sich über die »Hinzufügen«-Schaltfläche die Benutzer anzeigen lassen, für die auf dem Rechner ein Benutzerkonto angelegt ist und die schon mindestens eine Datei verschlüsselt haben. Selektieren Sie den gewünschten User mit der Maus und klicken Sie die »OK«-Schaltfläche.

HINWEIS Kopiert man eine verschlüsselte Datei auf ein anderes Laufwerk, bleibt die Verschlüsselung nur erhalten wenn auch dieses mit NTFS formatiert ist, andernfalls entschlüsselt XP die Datei.

Auf eine andere Art von Verschlüsselung kommen wir im folgenden Abschnitt zu sprechen.

Verschlüsseln mit der CryptoStream-Klasse

Die *CryptoStream*-Klasse im *System.Security.Cryptography*-Namespace ermöglicht das Verschlüsseln und Entschlüsseln des Inhalts eines beliebigen Datenstreams.

Der Konstruktor ist wie folgt definiert:

```
CryptoStream (Stream argument, ICryptoTransform transform, CryptoStreamMode mode)
```

Zu den einzelnen Parametern:

- *argument*
  ... definiert den Stream, auf welchem die kryptografische Transformation ausgeführt wird, das kann ein beliebiger von *System.IO.Stream* abgeleiteter Stream sein, beispielsweise eine Instanz von *System.IO.-FileStream,* um eine Datei zu verschlüsseln.
- *transform*
  ... definiert die kryptografische Transformation, die auf dem Stream ausgeführt wird. Alle symmetrischen Encryption-/Decryption-Algorithmen, die von der *SymmetricAlgorithm* Klasse abgeleitet sind, besitzen *CreateEncryptor-* und *CreateDecryptor*-Methoden, die eine Instanz einer *ICryptoTransform* Implementierung zurückgeben.
- *mode*
  ... definiert, ob Sie auf dem Stream lesend oder schreibend zugreifen wollen, übergeben Sie also entweder die Konstante *CryptoStreamMode.Write* oder *CryptoStreamMode.Read.*

Die *CryptoStream*-Klasse implementiert die standardmäßigen Methoden, um ein Byte-Array vom Stream zu lesen oder ein Byte-Array in den Stream zu schreiben. Der Anwendungscode muss lediglich den Byte-Puffer bereitstellen und die entsprechende Read- oder Write-Methode auf dem Stream aufrufen.

BEISPIEL

Der Inhalt eines Byte-Arrays wird nach dem Data Encryption Standard (DES) verschlüsselt und in der Datei *EncryptedFile.txt* abgelegt.

```
Imports System.IO
Imports System.Security.Cryptography
...
Dim des As New DESCryptoServiceProvider()
Dim desEncrypt As ICryptoTransform = des.CreateEncryptor()
Dim fs As New FileStream("EncryptedFile.txt", FileMode.Create, FileAccess.Write)
Dim cryptoStrm As New CryptoStream(fs, desEncrypt, CryptoStreamMode.Write)
cryptoStrm.Write(byteArr, 0, byteArr.Length)
cryptoStrm.Close()
```

CD-ROM Das komplette Beispiel finden Sie im PB2.8 »Eine Datei verschlüsseln«.

Dateien komprimieren

Ab .NET 2.0 ist es mit den Klassen des *System.IO.Compression*-Namespace möglich, Daten zu komprimieren und zu dekomprimieren.

CD-ROM Im PB2.9 «Eine Datei komprimieren« wird gezeigt, wie unter Benutzung der *GZipStream*-Klasse der Inhalt einer Datei gepackt und entpackt werden kann.

Praxisbeispiele

PB2.1 Datei-Infos gewinnen

File-Klasse: *GetCreationTime-*, *GetLastAccessTime-*, *GetLastWriteTime*-Methode; *FileAttributes*-Enumeration;

In diesem Beispiel geht es vor allem um den Einsatz der (statischen) *File*-Klasse. Diverse Dateiinformationen wie Erzeugungsdatum, letzter Zugriff, letzte Änderung und bestimmte Dateiattribute (Normal, Archiv, System, Komprimiert, Verschlüsselt) werden angezeigt.

Oberfläche

Neben einigen *Labels*, drei *TextBox*en und fünf *CheckBox*en benutzen wir eine *MenuStrip-* eine *StatusStrip-* und eine *OpenFileDialog*-Komponente. Das Erstellen des Menüs mit den beiden Einträgen und dem Trennstrich (–) ist kinderleicht und wird als bekannt vorausgesetzt.

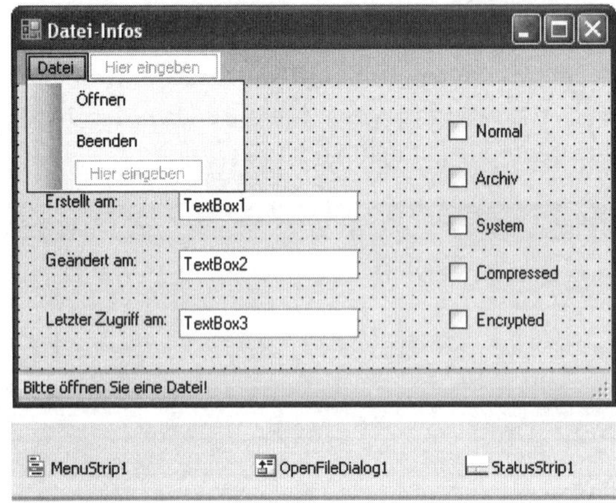

Abbildung 2.7 Entwurfsansicht

Quellcode

```
Imports System.IO

Public Class Form1
```

Datei öffnen:

```
    Private Sub ÖffnenToolStripMenuItem_Click(ByVal sender As System.Object,
                              ByVal e As System.EventArgs) Handles ÖffnenToolStripMenuItem.Click
        Dim datName As String = String.Empty
        If OpenFileDialog1.ShowDialog = System.Windows.Forms.DialogResult.OK Then
            datName = OpenFileDialog1.FileName
            ToolStripStatusLabel1.Text = datName
            TextBox1.Text = File.GetCreationTime(datName).ToString
            TextBox2.Text = File.GetLastAccessTime(datName).ToString
            TextBox3.Text = File.GetLastWriteTime(datName).ToString
```

Um das Vorhandensein eines bestimmten Datei-Attributes festzustellen, muss eine bitweise ODER-Verknüpfung durchgeführt werden:

```
            Dim attbs As FileAttributes = File.GetAttributes(datName)
            If attbs = (attbs Or FileAttributes.Normal) Then
                CheckBox1.Checked = True
            Else
                CheckBox1.Checked = False
            End If
            If attbs = (attbs Or FileAttributes.Archive) Then
                CheckBox2.Checked = True
            Else
                CheckBox2.Checked = False
            End If
            If attbs = (attbs Or FileAttributes.System) Then
                CheckBox3.Checked = True
            Else
                CheckBox3.Checked = False
            End If
            If attbs = (attbs Or FileAttributes.Compressed) Then
                CheckBox4.Checked = True
            Else
                CheckBox4.Checked = False
            End If
            If attbs = (attbs Or FileAttributes.Encrypted) Then
                CheckBox5.Checked = True
            Else
                CheckBox5.Checked = False
            End If
        End If
    End Sub
End Class
```

HINWEIS Beachten Sie die Verwendung weiterer Mitglieder der *FileAttributes*-Enumeration wie *Read Only*, *Hidden* etc.

Test

Öffnen Sie über das *Datei*-Menü eine beliebige Datei:

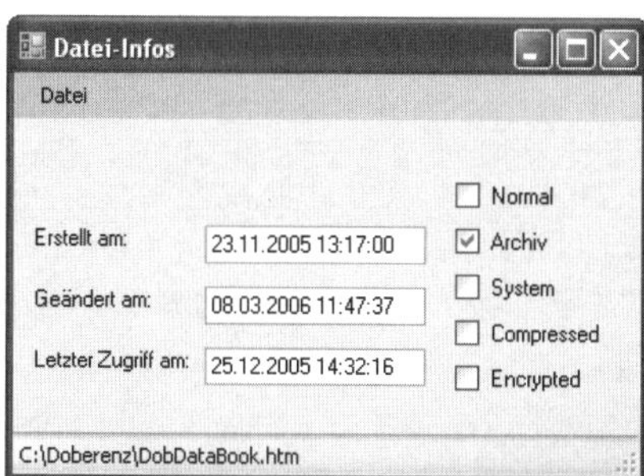

Abbildung 2.8 Laufzeitansicht des Beispiels

HINWEIS Ein etwas anspruchsvolleres Beispiel zum gleichen Thema finden Sie im PB1.2 »Verzeichnis- und Datei-Informationen ermitteln«.

PB2.2 Verzeichnis- und Datei-Informationen ermitteln

DirectoryInfo-Klasse: *GetDirectories-*, *GetFiles*-Methode; *FullName-*, *CreationTime-*, *Attributes*-Eigenschaft; *FileInfo*-Klasse: *Name-*, *DirectoryName-*, *CreationTime-*, *Length-*, *LastAccessTime-*, *Attributes*-Eigenschaft; *ListBox*-Control: *SelectedIndexChanged*-Event;

Dieses Beispiel zeigt Ihnen nicht nur den Einsatz der *DirectoryInfo-* und *FileInfo*-Klasse, sondern auch weiteres nützliches Handwerkszeug wie z.B. die sinnvolle Verknüpfung zweier *ListBox*-Komponenten oder das Auswerten der *Eingabetaste* bei einer *TextBox*.

Oberfläche

Auf *Form1* platzieren Sie eine *TextBox-*, zwei *ListBox-* und zwei große *Label*-Komponenten im 3D-Outfit.

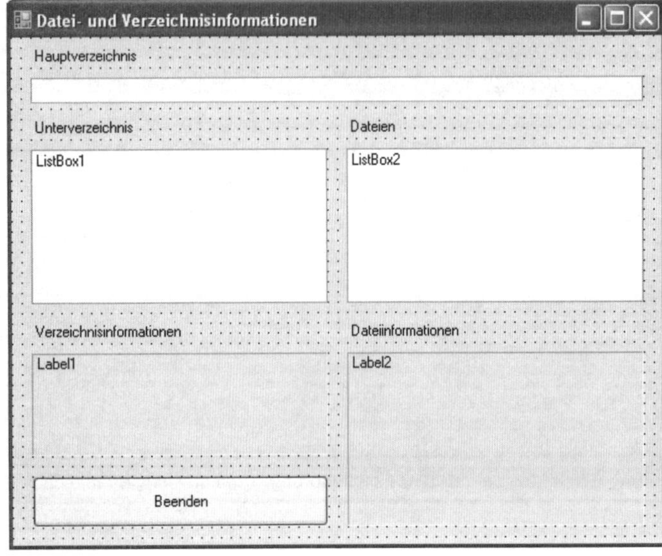

Abbildung 2.9 Entwurfsansicht

Quellcode

```
Imports System.IO

Public Class Form1
```

Globale Deklarationen auf Form-Ebene:

```
    Dim root As String = "C:\"                    ' übergeordnetes Verzeichnis
    Dim dirName As String
    Dim CrLf As Char = Convert.ToChar(10)         ' ersetzt vbCrLf für die Label-Anzeige
```

Die Startaktivitäten können im *Load*-Event des Formulars untergebracht werden:

```
    Private Sub Form1_Load(ByVal sender As Object, ByVal e As System.EventArgs) Handles Me.Load
        TextBox1.Text = root
        showDirectories()
    End Sub
```

Die folgende Methode zeigt alle zu *myRoot* untergeordneten Verzeichnisse in *ListBox1* an:

```
Private Sub showDirectories()
```

Erzeugen eines neuen *DirectoryInfo*-Objekts, welches auf das Rootverzeichnis zeigt:

```
    Dim di As New DirectoryInfo(Path:=root)
```

Alle Unterverzeichnisse ermitteln und abspeichern (vorher Anzeige löschen):

```
    ListBox1.Items.Clear()
    Dim directories() As DirectoryInfo = di.GetDirectories()
```

Alle Verzeichnisse durchlaufen ...

```
    For i As Integer = 0 To directories.Length - 1
```

... und Verzeichnisnamen zur *ListBox* hinzufügen:

```
        ListBox1.Items.Add(directories(i).Name)
    Next
```

Der erste Eintrag in der Verzeichnis-*ListBox* wird selektiert, dadurch wird das *SelectedIndexChanged*-Event ausgelöst:

```
    ListBox1.SelectedIndex = 0
End Sub
```

Synchronisieren aller Files in der Datei-*ListBox* mit dem selektierten Verzeichnis und Anzeige der Verzeichnis-Informationen:

```
Private Sub ListBox1_SelectedIndexChanged(ByVal sender As System.Object, _
                                ByVal e As System.EventArgs) Handles ListBox1.SelectedIndexChanged
    Dim infStr As String
    ListBox2.Items.Clear()                ' aktuellen Inhalt löschen
```

DirectoryInfo-Objekt aufgrund des selektierten *ListBox*-Eintrags erzeugen:

```
    dirName = ListBox1.SelectedItem.ToString & "\"
    Dim di As New DirectoryInfo(Path:=(root & dirName))
```

Verzeichnis-Infos zusammensetzen:

```
    infStr &= "Pfad: " & di.FullName & CrLf & "Erstellungsdatum: " & di.CreationTime & CrLf
    infStr &= "Attribute: " & di.Attributes.ToString & CrLf
    Label1.Text = infStr

    Dim files() As FileInfo = di.GetFiles()        ' Array für alle Dateiinformationen
```

File-Array durchlaufen und die Dateien zur *ListBox* hinzufügen:

```
    If files.Length > 0 Then
        For i As Integer = 0 To files.Length - 1
            ListBox2.Items.Add(files(i).Name)
        Next
```

Der erste Eintrag in der Datei-*ListBox* wird selektiert, dadurch wird deren *SelectedIndexChanged*-Event ausgelöst:

```
            ListBox2.SelectedIndex = 0
        End If
    End Sub
```

Zweck des folgenden Event-Handlers ist es, den Inhalt des Labels *Dateieigenschaften* zu aktualisieren:

```
    Private Sub ListBox2_SelectedIndexChanged(ByVal sender As System.Object, _
                          ByVal e As System.EventArgs) Handles ListBox2.SelectedIndexChanged

        Dim infStr As String
```

Die Dateinamen zuweisen:

```
        Dim fileName As String = ListBox2.SelectedItem.ToString
```

Neues *FileInfo*-Objekt erzeugen:

```
        Dim fi As New FileInfo(fileName:=root & dirName & fileName)
```

Datei-Infos zusammensetzen und anzeigen:

```
        infStr &= "Verzeichnis: " & fi.DirectoryName & CrLf
        infStr &= "Erstellungsdatum: " & fi.CreationTime & CrLf
        infStr &= "Größe: " & fi.Length & " Byte" & CrLf
        infStr &= "Letzter Zugriff: " & fi.LastAccessTime & CrLf
        infStr &= "Attribute: " & fi.Attributes.ToString & CrLf
        Label2.Text = infStr
    End Sub
```

Nachdem Sie das übergeordnete Verzeichnis editiert haben, kann die *Eingabetaste* ausgewertet werden, um die Eingabe abzuschließen:

```
    Private Sub TextBox1_KeyUp(ByVal sender As System.Object, _
                          ByVal e As System.Windows.Forms.KeyEventArgs) Handles TextBox1.KeyUp

        If e.KeyCode = Keys.Enter Then
            root = TextBox1.Text
            If Not root.EndsWith("\") Then root &= "\"
            showDirectories()
        End If
    End Sub
End Class
```

Test

Bei Programmstart erscheinen zunächst in der linken *ListBox* alle Unterverzeichnisse zur Root *C:*. Klicken Sie nun auf ein Unterverzeichnis, um sich in der rechten *ListBox* die darin enthaltenen Dateien anzeigen zu lassen.

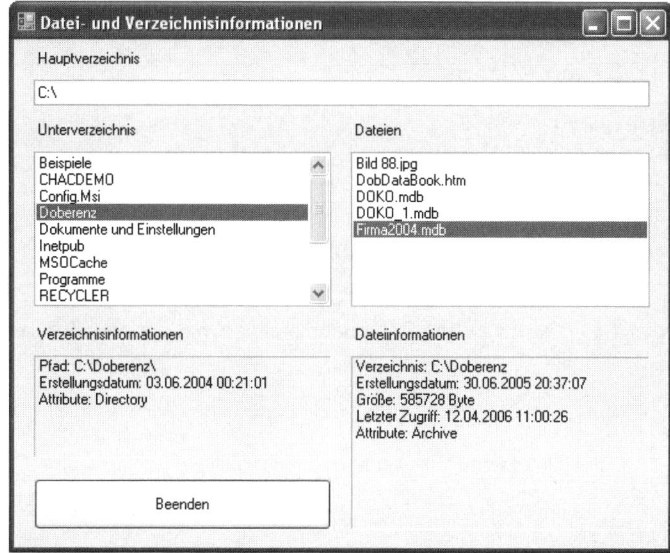

Abbildung 2.10 Laufzeitansicht des Beispiels

HINWEIS Wenn Sie sich in der Verzeichnishierarchie von oben nach unten weiterbewegen wollen, müssen Sie das Hauptverzeichnis in der *TextBox* per Hand ergänzen und die Eingabe mit der *Eingabetaste* abschließen.

Bemerkungen

- Um den Code überschaubar zu halten, wurde auf eine Fehlerbehandlung (z.B. bei Eingabe ungültiger Verzeichnisse) verzichtet.
- Ein für Einsteiger leichter verdauliches Beispiel unter Verwendung der (statischen) *File*-Klasse zeigt PB2.1 »Datei-Infos gewinnen«.

PB2.3 Auf eine Textdatei zugreifen

File-Klasse: *ReadAllText*-, *WriteAllText*-Methode;

Wir erzeugen eine einfache Textdatei und demonstrieren den Lese- und Schreibzugriff.

Oberfläche

Eine *TextBox* (*MultiLine* = *True*) und drei *Buttons* sollten genügen (siehe Laufzeitansicht).

Quellcode

```
Imports System.IO

Public Class Form1
    Private datName As String = "Beispiel.txt"     ' Pfad bei Bedarf ändern!
```

Die Datei wird (falls vorhanden) bei Programmstart geladen:

```
    Protected Overrides Sub OnLoad(ByVal e As System.EventArgs)
        Try
            TextBox1.Text = File.ReadAllText(datName)
            TextBox1.Select(0, 0)            ' Selektion ausschalten
        Catch ex As Exception
            MessageBox.Show(ex.Message)
        End Try
        MyBase.OnLoad(e)                     ' Basisklassenmethode aufrufen
    End Sub
```

Beim Schließen des Formulars wird die Datei abgespeichert. Falls die Datei noch nicht vorhanden ist, wird sie neu angelegt:

```
    Protected Overrides Sub OnClosing(ByVal e As System.ComponentModel.CancelEventArgs)
        File.WriteAllText(datName, TextBox1.Text)
        MyBase.OnClosing(e)                   ' Basisklassenmethode aufrufen
    End Sub

    ...
End Class
```

Test

Tippen Sie irgendwas in die *TextBox* ein. Nach Beenden des Programms geht der Inhalt der *TextBox* nicht verloren, sondern steht nach einem erneuten Programmstart wieder zur Verfügung.

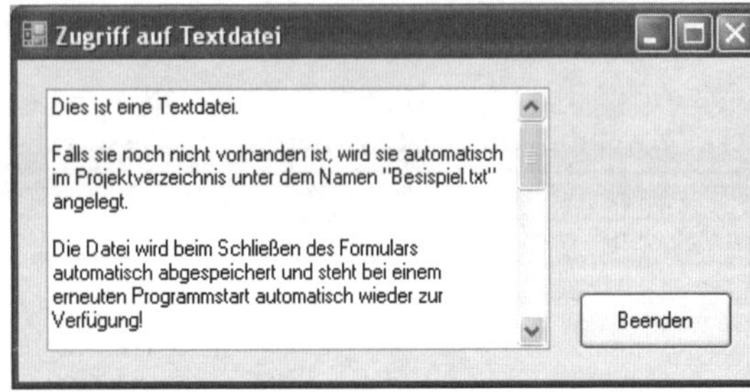

Abbildung 2.11 Laufzeitansicht

Bemerkungen

- Die Datei *Beispiel.txt* entdecken Sie im *\bin\Debug*-Unterverzeichnis des Projekts.
- Anstatt der (statischen) *File*-Klasse zum Erzeugen eines *StreamReader/StreamWriter*-Objekts könnten Sie natürlich auch die *FileInfo*-Klasse verwenden, was allerdings ein klein wenig aufwändiger ist, da Sie erst eine Instanz dieser Klasse erzeugen müssten und die Methoden *ReadAllText/WriteAllText* nicht zur Verfügung stehen..

PB2.4 Auf eine Binärdatei zugreifen

*File-Klasse: ReadAllBytes-, WriteAllBytes-*Methode; *OpenFileDialog-, SaveFileDialog-*Komponente;

In diesem Beispiel demonstrieren wir den Zugriff auf eine Binärdatei. Unter Benutzung von Datei-Dialogkomponenten unter des Methodenpärchens *ReadAllBytes-/WriteAllBytes* der *File*-Klassewerden wir eine beliebige Datei byteweise auslesen und in eine andere Datei kopieren.

Oberfläche

Zum Startformular *Form1* fügen wir eine *MenuStrip-*, eine *OpenFileDialog-* und eine *SaveFileDialog-*Komponente hinzu. Ein einfaches *Datei-*Menü ist schnell erstellt, um es optisch etwas aufzuwerten, weisen wir der *Image*-Eigenschaft der ersten beiden Menüeinträge entsprechende Bitmaps zu (Dialog »Ressource auswählen«, »Lokale Ressource«, »Importieren...«).

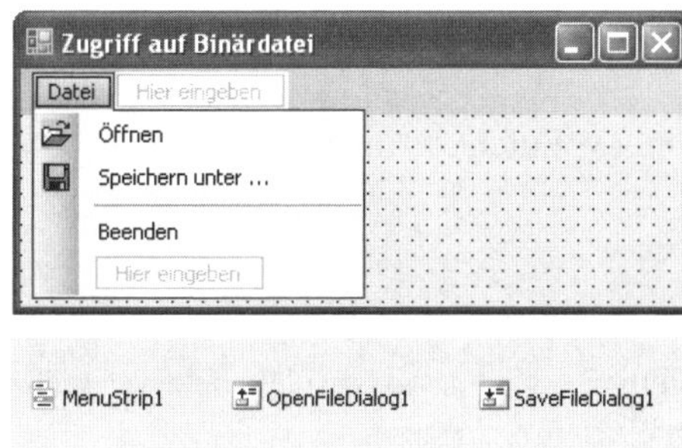

Abbildung 2.12 Entwurfsansicht des Beispiels

Quellcode

```
Imports System.IO

Public Class Form1
```

Die Pfade für Quell- und Zieldatei:

```
    Private pfad_A As String        ' Quelldatei
    Private pfad_B As String        ' Zielldatei
```

Der Menüeintrag *Datei/Öffnen* liest lediglich den Pfadnamen der zu öffnenden Datei:

```
    Private Sub OeffnenToolStripMenuItem_Click(ByVal sender As System.Object, _
                          ByVal e As System.EventArgs) Handles OeffnenToolStripMenuItem.Click
        If OpenFileDialog1.ShowDialog() = System.Windows.Forms.DialogResult.OK Then
            pfad_A = OpenFileDialog1.FileName
        End If
    End Sub
```

Der Menüeintrag *Datei/Speichern unter...* verrichtet die eigentliche Arbeit:

```
Private Sub SpeichernUnterToolStripMenuItem_Click(ByVal sender As System.Object, _
                          ByVal e As System.EventArgs) Handles SpeichernUnterToolStripMenuItem.Click
```

Namen der Zieldatei lesen:

```
        If SaveFileDialog1.ShowDialog() = System.Windows.Forms.DialogResult.OK Then
            pfad_B = SaveFileDialog1.FileName
        End If
```

Quelldatei in ein Byte-Array kopieren:

```
        Dim bytes() As Byte = File.ReadAllBytes(pfad_A)
```

Byte-Array in die Zieldatei schreiben:

```
        File.WriteAllBytes(pfad_B, bytes)

    End Sub
    ...
End Class
```

Test

Öffnen Sie z.B. eine *.bmp*-Bilddatei und speichern Sie diese unter einem anderen Namen ab.

Bemerkungen

- Bei sehr großen Dateien kann es zu einem Überlauf des Konvertierungspuffers kommen.
- Zwar ließe sich dieses Beispiel unter Verwendung der *Copy*-Methode der *File*-Klasse viel effektiver realisieren, wir aber wollten ja hier das Prinzip des byteweisen Zugriffs demonstrieren.

PB2.5 Auf eine sequenzielle Datei zugreifen

struct-Datentyp; *FileStream*-Objekt; *BinaryReader*-Objekt: *ReadString*-, *ReadBoolean*-Methode; *BinaryWriter*-Objekt: *Write*-, *Flush*-Methode;

In diesem Beispiel wollen wir mit strukturierten Datentypen (den Vorläufern der Objekte) arbeiten und diese zunächst temporär in einem eindimensionalen Array abspeichern. Damit die Datensätze (Personaldatei) das Beenden des Programms überleben, werden wir sie in einer Datei abspeichern und damit quasi eine kleine Datenbank realisieren.

Oberfläche

Einen Vorschlag zur Gestaltung der Eingabemaske können Sie der Abbildung entnehmen.

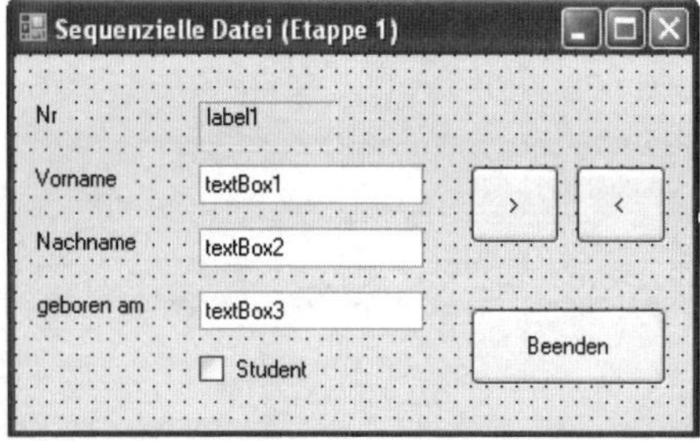

Abbildung 2.13 Entwurfsansicht

Temporäres Speichern

Um die Programmentwicklung übersichtlich zu gestalten, werden wir uns in der ersten Etappe nur mit dem Teil des Codes beschäftigen, der für die Definition der Datensätze und das Ablegen im Arbeitsspeicher zuständig ist:

```
Public Class Form1

    Private Structure Person
        Dim Vorname, Nachname As String
        Dim Geburt As Date
        Dim Student As Boolean
    End Structure

    Private Const pmax As Integer = 10
```

Der unterste Index eines Arrays ist stets 0. Dieses Feld lassen wir aus Gründen der Übersichtlichkeit leer und beginnen mit dem Feldindex 1 (Anfangsstellung des Positionszählers):

```
    Private pListe(pmax) As Person                          ' Personenliste
    Private pos As Integer = 1                              ' Positionszähler
```

Die Methode zum Anzeigen eines Datensatzes:

```
    Private Sub anzeigen()
        Label1.Text = pos.ToString
        With pListe(pos)
            TextBox1.Text = .Vorname
            TextBox2.Text = .Nachname
            TextBox3.Text = CStr(.Geburt)
            CheckBox1.Checked = .Student
        End With
    End Sub
```

Die Methode zum Speichern eines Datensatzes:

```
    Private Sub speichern()
        With pListe(pos)
            .Vorname = TextBox1.Text
            .Nachname = TextBox2.Text
            .Geburt = CDate(TextBox3.Text)
            .Student = CheckBox1.Checked
        End With
    End Sub
```

Beim Laden des Formulars wird die Benutzerschnittstelle initialisiert. Wir überschreiben dazu die *OnLoad*-Methode der Basisklasse:

```
    Protected Overrides Sub OnLoad(ByVal e As System.EventArgs)
        For i As Integer = 0 To pListe.Length - 1
            With pListe(i)
                .Vorname = ""
                .Nachname = ""
                .Geburt = Convert.ToDateTime("1.1.1900")
                .Student = False
            End With
        Next i
```

```
        anzeigen()
        MyBase.OnLoad(e)                    ' Basisklassenmethode aufrufen
    End Sub
```

Vorwärts blättern mit der »>«-Schaltfläche:

```
    Private Sub Button1_Click(ByVal sender As System.Object, ByVal e As System.EventArgs) _
                                                                            Handles Button1.Click
        If pos < pmax Then
            speichern()
            pos += 1
            anzeigen()
        End If
    End Sub
```

Rückwärts blättern mit der »<«-Schaltfläche:

```
  Private Sub Button2_Click(ByVal sender As System.Object, ByVal e As System.EventArgs) _
                                                                            Handles Button2.Click
     If pos > 1 Then
            speichern()
            pos -= 1
            anzeigen()
     End If
    End Sub
    ...
End Class
```

Zwischentest

Nach dem Programmstart (F5-Taste) können Sie das leere Array mit Daten füllen.

HINWEIS Die Übernahme in den Arbeitsspeicher erfolgt erst nach dem Weiterblättern!

Leider sind alle mühselig eingegebenen Datensätze nach einem Neustart des Programms futsch, was Sie dazu motivieren sollte, die folgende Quellcode-Ergänzung hinzuzufügen.

Persistentes Speichern

Wenn es um Dateien geht, führt am *System.IO*-Namespace kein Weg vorbei:

```
Imports System.IO
...
```

Unsere Personaldatei wird direkt im Projektverzeichnis abgelegt, damit ersparen wir uns einen Dateidialog, und Ärger mit absoluten Pfadangaben gibt es nicht:

```
    Private pfad As String = "Personen.dat"
```

Die *readFile*-Prozedur liest die Datei sequenziell und füllt deren Inhalt in das Array (falls die Datei nicht vorhanden ist, wird sie neu angelegt):

```
    Private Sub readFile()
        Dim rStream As New FileStream(pfad, FileMode.OpenOrCreate, FileAccess.Read)
        Dim binReader As New BinaryReader(rStream)
```

```
        If (rStream.Length > 0) Then                    ' nicht bei neu erzeugter Datei
            For i As Integer = 0 To pmax - 1            ' alle Datensätze durchlaufen
                With pListe(i)
```

Von den vielen Methoden des *BinaryReader* benutzen wir nur *ReadString* und *ReadBoolean*:

```
                    .Vorname = binReader.ReadString()
                    .Nachname = binReader.ReadString()
                    .Geburt = Convert.ToDateTime(binReader.ReadString())
                    .Student = binReader.ReadBoolean()
                End With
            Next i
        End If
        binReader.Close()
        rStream.Close()
    End Sub
```

Rufen Sie die *readFile*-Methode beim Laden des Formulars auf!

Nun auf umgekehrtem Weg den Arrayinhalt (sequenziell) in die Datei schreiben:

```
    Private Sub writeFile()
        Dim wStream As New FileStream(pfad, FileMode.OpenOrCreate, FileAccess.Write)
        Dim binWriter As New BinaryWriter(wStream)
        For i As Integer = 0 To pmax - 1                    ' alle Datensätze durchlaufen
```

Von den zahlreichen Überladungen der *Write*-Methode brauchen wir nur die für *string* und *bool*:

```
            With pListe(i)
                binWriter.Write(.Vorname)
                binWriter.Write(.Nachname)
                binWriter.Write(.Geburt.ToShortDateString())
                binWriter.Write(.Student)
            End With
        Next i
        binWriter.Flush()    ' Puffer => Disk
        binWriter.Close()
        wStream.Close()
    End Sub
```

Beim Schließen des Formulars wird die *OnClosing*-Methode der Basisklasse aufgerufen. Wir überschreiben Sie um den Arrayinhalt automatisch abzuspeichern:

```
    Protected Overrides Sub OnClosing(ByVal e As System.ComponentModel.CancelEventArgs)
        speichern()                     ' Änderungen am aktuellen Datensatz im Array sichern
        writeFile()                     ' kompletten Arrayinhalt in Datei abspeichern
        MyBase.OnClosing(e)             ' Basisklassenmethode aufrufen
    End Sub
...
```

Abschlusstest

Sie brauchen sich um das Lesen bzw. Schreiben der Datei überhaupt nicht zu kümmern. Falls noch keine Datei vorhanden ist, wird eine neue automatisch bei Programmstart angelegt:

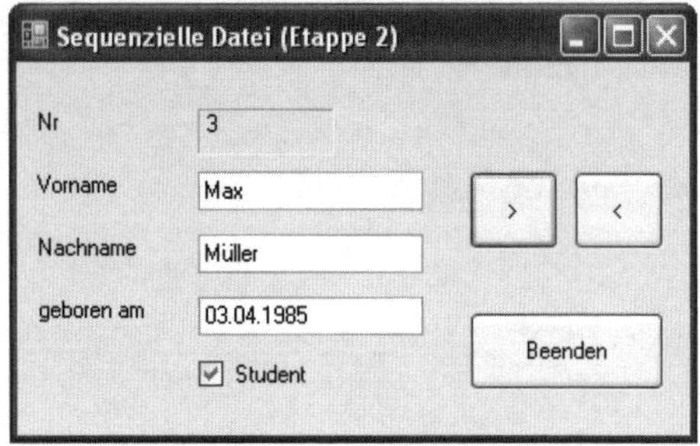

Abbildung 2.14 Laufzeitansicht des Beispiels

Bemerkungen

- Neugierige finden die Datei *Personen.dat* im *\bin\Debug*-Unterverzeichnis des Projektordners.
- Den in diesem Programm verwendeten strukturierten Datentypen (*Structure Person*) kann man als Vorläufer der »richtigen« Objekte bezeichnen. Der fortschrittliche Programmierer wird allerdings lieber mit einer Klasse anstatt mit einer Struktur arbeiten (siehe PB2.6 »Serialisierte Objekte in einer Datei abspeichern«).

PB2.6 Serialisierte Objekte in einer Datei abspeichern

BinaryFormatter-Klasse: *Serialize-*, *Deserialize*-Methode; Klassendefinition; *Serializable*-Attribut;

Dieses Beispiel zeigt, wie man komplette Objekte serialisieren und als Datei abspeichern kann. Ausgangsbasis ist das PB1.5 »Auf eine sequenzielle Datei zugreifen«.

Während wir uns im Referenzbeispiel mittels *BinaryReader/BinaryWriter* umständlich um jeden einzelnen Datentyp kümmern mussten, ist dies bei Verwendung serialisierter Objekte nicht mehr erforderlich.

Oberfläche

Die Bedienoberfläche entspricht 100%ig dem Referenzbeispiel!

Klasse CPerson

Über das Menü *Projekt/Klasse hinzufügen ...* ergänzen Sie das Projekt um eine Klasse *CPerson*.

HINWEIS Das der Klasse vorangestellte *Serializable*-Attribut ist notwendige Voraussetzung für die spätere Serialisierung!

```
<Serializable()> Public Class CPerson    ' Klasse ist serialisierbar!
   Private _vorName, _nachName As String
   Private _geburt As Date
   Private _student As Boolean
```

Ein eigener Konstruktor initialisiert die privaten Felder:

```
   Public Sub New(ByVal vor As String, ByVal nach As String, ByVal geb As Date, ByVal st As Boolean)
       _vorName = vor
       _nachName = nach
```

```
        _geburt = geb
        _student = st
    End Sub
```

Die Implementierung der Eigenschaften:

```
    Public Property vorName() As String
        Get
            Return _vorName
        End Get
        Set(ByVal Value As String)
            _vorName = Value
        End Set
    End Property
    ...
End Class
```

HINWEIS Die Implementierung der übrigen drei Eigenschaften (*nachName*, *geburt*, *student*) ist völlig äquivalent und wird deshalb hier nicht abgedruckt (siehe Buch-CD).

Form1

```
Imports System.IO
Imports System.Runtime.Serialization.Formatters.Binary

Public Class Form1
```

Die globalen Variablen/Konstanten:

```
    Private Const pmax As Integer = 10     ' maximale Größe des Arrays
    Private pListe(pmax) As CPerson        ' Array zur Aufnahme von Objekten der Klasse CPerson
    Private pos As Integer = 1             ' Positionszähler
```

Beim Start wird das Array erzeugt und zunächst mit Dummy-Objekten aufgefüllt. Anschließend wird die Datei gelesen oder (falls nicht vorhanden) neu generiert:

```
    Protected Overrides Sub OnLoad(ByVal e As System.EventArgs)
```

Alle Datensätze im Array initialisieren:

```
        For i As Integer = 0 To pListe.Length - 1
            pListe(i) = New CPerson("", "", Convert.ToDateTime("1.1.1900"), False)
        Next i
```

Datei lesen bzw. neu erzeugen:

```
        readFile()
        anzeigen()
        MyBase.OnLoad(e)
    End Sub
```

Ein- und Ausgabe weisen keine Besonderheiten auf:

```
    Private Sub anzeigen()                        ' Arrayinhalt => Benutzerschnittstelle
        Label1.Text = pos.ToString
```

```
        With pListe(pos - 1)
            TextBox1.Text = .vorName
            TextBox2.Text = .nachName
            TextBox3.Text = CStr(.geburt)
            CheckBox1.Checked = .student
        End With
    End Sub

    Private Sub speichern()                                 ' Benutzereingaben => Array
        With pListe(pos - 1)
            .vorName = TextBox1.Text
            .nachName = TextBox2.Text
            .geburt = CDate(TextBox3.Text)
            .student = CheckBox1.Checked
        End With
    End Sub
```

Die beiden Navigationsmethoden:

```
    Private Sub Button1_Click(ByVal sender As System.Object, ByVal e As System.EventArgs) _
                                                         Handles Button1.Click     ' vorwärts
        If pos < pmax Then
            Call speichern()
            pos += 1
            Call anzeigen()
        End If
    End Sub

    Private Sub Button2_Click(ByVal sender As System.Object, ByVal e As System.EventArgs) _
                                                          Handles Button2.Click     ' rückwärts
        If pos > 1 Then
            Call speichern()
            pos -= 1
            Call anzeigen()
        End If
    End Sub
```

Nun kommen wir zum Wesentlichen, den Dateioperationen, die diesmal deutlich einfacher ausfallen als beim Referenzbeispiel:

```
    Private pfad As String = "Personen.dat"    ' Datei im Projektverzeichnis!
```

Die Lesemethode:

```
    Private Sub readFile()
        Dim rStream As New FileStream(pfad, FileMode.OpenOrCreate, FileAccess.Read)
        Dim binReader As New BinaryFormatter()
        If (rStream.Length > 0) Then                   ' nicht bei neu erzeugter Datei
            For i As Integer = 0 To pmax - 1           ' alle Datensätze durchlaufen
```

Jedes Objekt wird aus der Datei gelesen, deserialisiert und im Array abgespeichert:

```
                pListe(i) = CType(binReader.Deserialize(rStream), CPerson)
            Next i
        End If
        rStream.Close()
    End Sub
```

Die Schreibmethode macht es genau umgekehrt:

```
    Private Sub writeFile()
        Dim wStream As New FileStream(pfad, FileMode.OpenOrCreate, FileAccess.Write)
        Dim binWriter As New BinaryFormatter()
        For i As Integer = 0 To pmax - 1                   ' alle Datensätze durchlaufen
```

Das Objekt wird serialisiert und in die Datei geschrieben:

```
            binWriter.Serialize(wStream, pListe(i))
        Next i
        wStream.Close()
    End Sub
```

Beim Schließen des Formulars wird automatisch der komplette Arrayinhalt in der Datei abgespeichert:

```
    Protected Overrides Sub OnClosing(ByVal e As System.ComponentModel.CancelEventArgs)
        speichern()                 ' Änderungen am aktuellen Datensatz im Array sichern
        writeFile()                 ' kompletten Arrayinhalt in Datei abspeichern

        MyBase.OnClosing(e)
    End Sub
    ...
End Class
```

Test

Es sind rein äußerlich keinerlei Änderungen gegenüber dem Referenzbeispiel feststellbar!

Bemerkungen

Obwohl das Programm absolut das Gleiche leistet wie sein Vorgänger, wandeln Sie diesmal auf den Höhen der OOP, denn

- der *Structure*-Datentyp wurde durch eine »richtige« Klasse abgelöst und
- durch die Objektserialisierung hat sich der dateispezifische Code vereinfacht.

HINWEIS Nutzen Sie die Möglichkeiten zum Vergleichen der Quellcodes beider Varianten!

PB2.7 Einen Objektbaum abspeichern

BinaryFormatter-Objekt: *Serialize-*, *Deserialize*-Methode; *FileStream*-Objekt; *BindingSource*-Objekt: *DataSource-*, *Current*-Eigenschaft, *CurrentChanged*-Ereignis; *BindingNavigator*-Komponente*: BindingSource*-Eigenschaft*; TextBox*-Komponente: *DataBindings*-Auflistung; Abstrakte Klasse, *Serializable*-Attribut*; IList*-Interface; Auflistungszuordnung; Generische Liste; Klassendesigner

In diesem Beispiel soll gezeigt werden, wie man auch ohne Datenbank und ADO.NET komplexere Datenstrukturen auf der Festplatte abspeichern kann und wie einfach die Benutzerschnittstelle die Datenbindung mittels *BindingSource-* und *BindingNavigator*-Komponenten realisiert.

Klassendiagramm

Ausgangspunkt ist das mit dem Klassendesigner von Visual Studio 2005 erstellte Klassendiagramm, welches neben dem Startformular *Form1* die Klassen *CFirma, CKunde, CPerson, CBestellung* und *CPersistent* enthält.

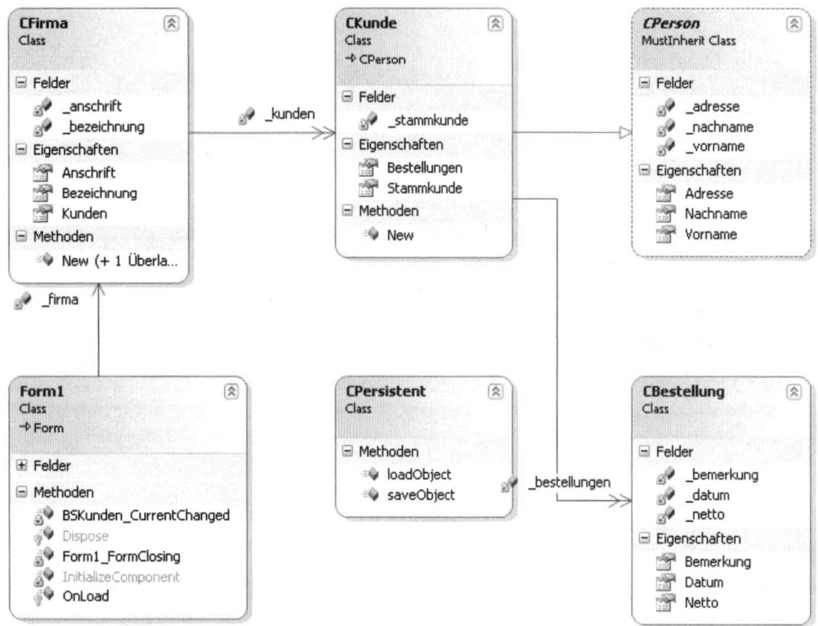

Abbildung 2.15 Mit dem Klassen Designer erzeugtes Klassendiagramm des fertigen Projekts

Wie Sie sehen, verwaltet die Benutzerschnittstelle *Form1* eine Instanz der Klasse *CFirma,* die über eine multiple Assoziation (Auflistungszuordnung[1]) mit der Klasse *CKunde* verbunden ist (eine Firma kann keinen, einen oder mehrere Kunden haben).

Eine gleichartige Beziehung besteht auch zwischen den Klassen *CKunde* und *CBestellung* (ein Kunde kann keine, eine oder mehrere Bestellungen haben). Man erkennt aus diesen Zusammenhängen, dass sich – ausgehend von einer Instanz von *CFirma* – die Objekte über Auflistungen von *CKunde* zu *CBestellung* baumartig verzweigen.

Die Klasse *CKunde* erbt von der abstrakten Klasse *CPerson.* Weiterhin gibt es eine statische Klasse *CPersistent,* welche Methoden zum Speichern und Laden des Objektbaums – dieser wird von der in *Form1* erzeugten Instanzenvariablen *_firma* gekapselt – bereitstellt.

HINWEIS Wie wir zu obigem Klassendiagramm kommen, wird erst am Schluss dieses Beispiels erklärt!

Wer bereits über Erfahrungen mit dem in Visual Studio 2005 integrierten Klassen Designer verfügt (er ist kinderleicht zu bedienen!) kann ihn schon zu Beginn in die Codeentwicklung einbinden und sich dadurch mancherlei Arbeit ersparen, denn der Designer generiert z.B. den Rahmencode für Klassen und Methoden

[1] Eine Auflistungszuordnung ist im Unterschied zur einfachen Zuordnung – im Klassen Designer an den doppelten Pfeilspitzen erkennbar.

und kapselt Felder zu Eigenschaften. Der Quellcode wird automatisch mit dem Klassendiagramm synchronisiert.

Klasse CBestellung

Jede am Objektbaum beteiligte Klasse muss mit dem <*Serializable*>-Attribut markiert sein.

```
<Serializable()> Public Class CBestellung

    Private _datum As DateTime
    Private _netto As Decimal
    Private _bemerkung As String

    Public Property Datum() As DateTime
        Get
            Return _datum
        End Get
        Set(ByVal value As DateTime)
            _datum = value
        End Set
    End Property

    Public Property Netto() As Decimal
        Get
            Return _netto
        End Get
        Set(ByVal value As Decimal)
            _netto = value
        End Set
    End Property

    Public Property Bemerkung() As String
        Get
            Return _bemerkung
        End Get
        Set(ByVal value As String)
            _bemerkung = value
        End Set
    End Property
End Class
```

Klasse CPerson

Diese abstrakte Klasse stellt ihren Nachkommen vier allgemeine Eigenschaften als »Erbmaterial« zur Verfügung:

```
<Serializable()> Public MustInherit Class CPerson
    Private _vorname As String
    Private _nachname As String
    Private _adresse As String

    Public Property Vorname() As String
        Get
            Return _vorname
        End Get
        Set(ByVal value As String)
```

```
            _vorname = value
        End Set
    End Property

    Public Property Nachname() As String
        Get
            Return _nachname
        End Get
        Set(ByVal value As String)
            _nachname = value
        End Set
    End Property

    Public Property Adresse() As String
        Get
            Return _adresse
        End Get
        Set(ByVal value As String)
            _adresse = value
        End Set
    End Property
End Class
```

Klasse CKunde

Die Klasse *CKunde* erbt von *CPerson*. Die Bestellungen des Kunden werden in einer generischen Liste vom Typ *CBestellung* gekapselt.

```
<Serializable()> Public Class CKunde
    Inherits CPerson

    Private _stammkunde As Boolean
    Private _bestellungen As IList(Of CBestellung)

    Sub New()
        _bestellungen = New List(Of CBestellung)                ' generische Liste

    End Sub

    Public Property Stammkunde() As Boolean
        Get
            Return _stammkunde
        End Get
        Set(ByVal value As Boolean)
            _stammkunde = value
        End Set
    End Property

    Public Property Bestellungen() As IList(Of CBestellung)
        Get
            Return _bestellungen
        End Get
        Set(ByVal value As IList(Of CBestellung))
            _bestellungen = value
        End Set
    End Property
End Class
```

Klasse CFirma

Diese Klasse ist die Wurzelklasse des Objektbaums und kapselt lediglich die Kundenliste (generische Liste vom Typ *CKunde*).

```
<Serializable()> Public Class CFirma

    Private _anschrift As String
    Private _bezeichnung As String
    Private _kunden As IList(Of CKunde)

    Sub New()
        _kunden = New List(Of CKunde)                           ' generische Liste
    End Sub

    Sub New(ByVal ans As String, ByVal bez As String)
        _anschrift = ans
        _bezeichnung = bez
        _kunden = New List(Of CKunde)
    End Sub

    Public Property Anschrift() As String
        Get
            Return _anschrift
        End Get
        Set(ByVal value As String)
            _anschrift = value
        End Set
    End Property

    Public Property Bezeichnung() As String
        Get
            Return _bezeichnung
        End Get
        Set(ByVal value As String)
            _bezeichnung = value
        End Set
    End Property

    Public Property Kunden() As IList(Of CKunde)
        Get
            Return _kunden
        End Get
        Set(ByVal value As IList(Of CKunde))
            _kunden = value
        End Set
    End Property
End Class
```

Klasse CPersistent

Diese statische Klasse exportiert die Methoden *saveObject* und *loadObject*, mit denen die Serialisierung/-Deserialisierung beliebiger Objekte möglich ist.

Die Methode *saveObject* übernimmt als Parameter das Objekt und den Dateipfad, serialisiert das Objekt und speichert es auf der Festplatte ab.

Die Methode *loadObject* erwartet als Parameter den Dateipfad, holt sich das Objekt von der Festplatte und liefert es deserialisiert zurück.

```
Imports System.IO
Imports System.Runtime.Serialization.Formatters.Binary

Public Class CPersistent
    Public Shared Sub saveObject(ByVal o As Object, ByVal pfad As String)
        Dim fs As New FileStream(pfad, FileMode.Create, FileAccess.Write, FileShare.None)
        Dim bf As New BinaryFormatter()
        bf.Serialize(fs, o)
        fs.Close()
    End Sub

    Public Shared Function loadObject(ByVal pfad As String) As Object
        Dim fs As New FileStream(pfad, FileMode.Open, FileAccess.Read, FileShare.Read)
        Dim bf As New BinaryFormatter()
        Dim o As Object = bf.Deserialize(fs)
        fs.Close()
        Return o
    End Function

End Class
```

Form1

Die folgende Abbildung zeigt lediglich einen Vorschlag zur Gestaltung der Benutzerschnittstelle. Die Bedienelemente zu *Kunden* und *Bestellungen* sind in jeweils einer *GroupBox* angeordnet, an deren Fuß eine *BindingNavigator*-Komponente angedockt hat. Weiterhin werden zwei *BindingSource*-Komponenten benötigt.

Verknüpfen Sie im Eigenschaftenfenster die *BindingSource*-Property von *BNunden* mit *BSKunden* und von *BNBestellungen* mit *BSBestellungen*.

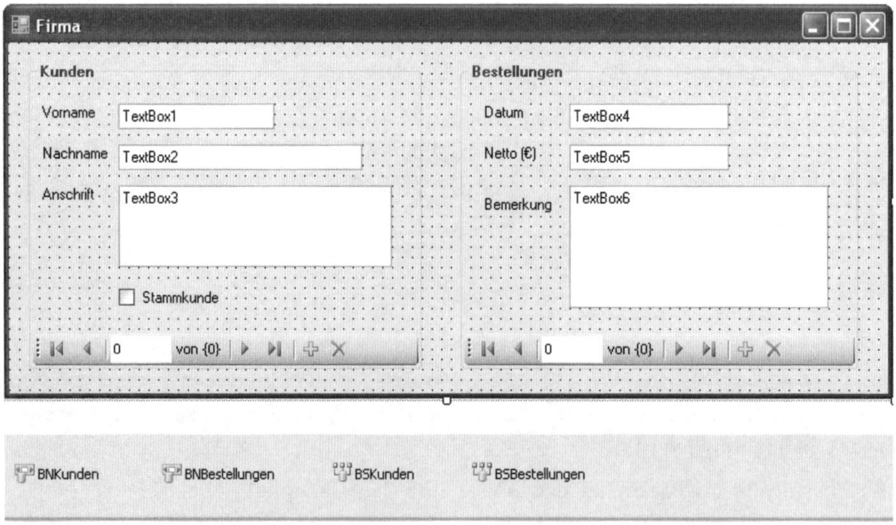

Abbildung 2.16 Entwurfsansicht der Benutzerschnittstelle

```
Public Class Form1
```

Man sieht es dieser Variablen nicht an, dass sie den kompletten Objektbaum kapselt:

```
    Private _firma As New CFirma()
```

Der Dateipfad verweist in unserem Fall auf das Ausgabeverzeichnis des Projekts:

```
    Private Const PFAD As String = "Bestellungen.dat"
```

Beim Laden des Formulars wird versucht, die Datei zu laden (falls die Datei nicht vorhanden ist, wird eine neue leere Datei angelegt):

```
    Protected Overrides Sub OnLoad(ByVal e As System.EventArgs)
        Try
            _firma = CType(CPersistent.loadObject(PFAD), CFirma)
        Catch ex As Exception
            MessageBox.Show(ex.Message)
        End Try
        BSKunden.DataSource = _firma.Kunden

        TextBox1.DataBindings.Add(New Binding("Text", BSKunden, "Vorname", True))
        TextBox2.DataBindings.Add(New Binding("Text", BSKunden, "Nachname", True))
        TextBox3.DataBindings.Add(New Binding("Text", BSKunden, "Adresse", True))
        CheckBox1.DataBindings.Add(New Binding("Checked", BSKunden, "Stammkunde", True))

        MyBase.OnLoad(e)
    End Sub
```

Wenn zu einem anderen Kunden gewechselt wird, müssen auch die zu diesem Kunden gehörenden Bestellungen ermittelt und der *BindingSource* zugewiesen werden. Anschließend werden die *TextBox*en erneut angebunden:

```
    Private Sub BSKunden_CurrentChanged(ByVal sender As Object, ByVal e As System.EventArgs) _
                                                                Handles BSKunden.CurrentChanged
        Dim kunde As CKunde = CType(BSKunden.Current, CKunde)
        BSBestellungen.DataSource = kunde.Bestellungen
        TextBox4.DataBindings.Clear()
        TextBox4.DataBindings.Add("Text", BSBestellungen, "Datum", True)
        TextBox5.DataBindings.Clear()
        TextBox5.DataBindings.Add("Text", BSBestellungen, "Netto", True)
        TextBox6.DataBindings.Clear()
        TextBox6.DataBindings.Add("Text", BSBestellungen, "Bemerkung", True)
    End Sub
```

Beim Schließen des Formulars wird der komplette Objektbaum gespeichert:

```
    Private Sub Form1_FormClosing(ByVal sender As Object, _
                    ByVal e As System.Windows.Forms.FormClosingEventArgs) Handles Me.FormClosing
        Try
            CPersistent.saveObject(_firma, PFAD)
        Catch ex As Exception
            MessageBox.Show(ex.Message)
        End Try
        MyBase.OnClosing(e)
    End Sub
End Class
```

Test

HINWEIS Um einen Kunden hinzuzufügen, muss zunächst die »+«-Schaltfläche des *BindingNavigators* geklickt werden. Analog ist beim Hinzufügen einer Bestellung zu verfahren.

Wundern Sie sich nicht, dass in der folgenden Laufzeitabbildung auch eine *DataGridView*-Komponente enthalten ist (siehe Bemerkung).

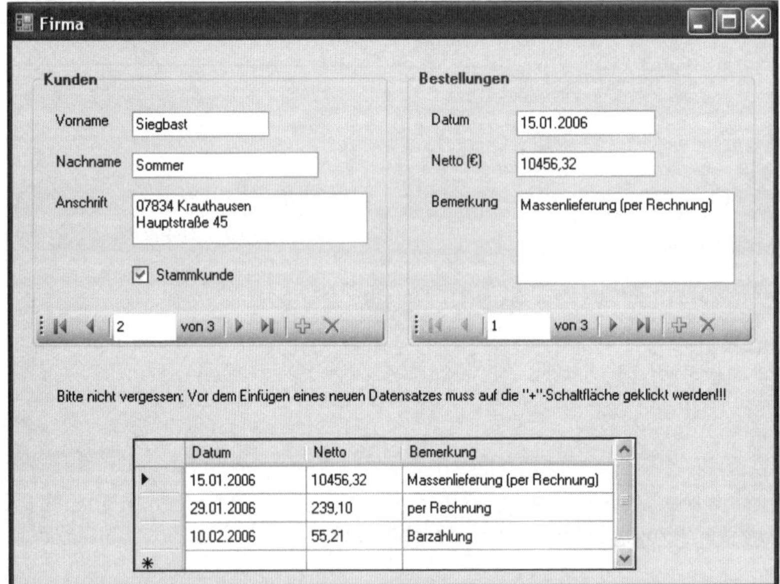

Abbildung 2.17 Laufzeitansicht mit zusätzlichem Datengitter

Die eingegebenen Datensätze gehen nicht verloren, da sie beim Schließen des Formulars automatisch gespeichert werden, um nach einem erneuten Programmstart wieder zur Verfügung zu stehen.

Bemerkungen

- Eine einzige Codezeile genügt, um alle Bestellungen eines Kunden in einer zusätzlich hinzugefügten *DataGridView*-Komponente anzuzeigen:

```
DataGridView1.DataSource = BSBestellungen
```

- Da das *DataGridView* auch editierbar ist, könnte auf die Detailanzeige in den *TextBox*en und auf den zweiten *BindingNavigator* auch verzichtet werden. Gleiches gilt natürlich auch für die Anzeige der Kundenliste.
- Um das Klassendiagramm zu erstellen wählen Sie das Menü *Projekt/Neues Element hinzufügen...* und anschließend *Klassendiagramm*. Per Drag & Drop ziehen Sie dann die einzelnen Klassen aus dem Projektmappen-Explorer auf die Oberfläche des Klassendesigners. Die Beziehungen (Assoziationen) zwischen den Klassen entstehen, wenn Sie auf ein Feld oder eine Collection in der Klasse mit der rechten Maustaste klicken und im Kontextmenü entweder *Als Zuordnung anzeigen* oder *Als Auflistungszuordnung anzeigen* wählen.

PB2.8 Eine Datei verschlüsseln

System.Security.Cryptography-Namespace; *CryptoStream*-Klasse: *Write*-Methode; *DESCryptoServiceProvider*-Klasse: *CreateEncryptor*-, *CreateDecryptor*-Methode; *ICryptoTransform*-Klasse; *FileStream*-Klasse; *StreamReader*-Klasse: *ReadToEnd*-Methode; *Data Encryption Standard* (DES); Byte-Array

Das folgende Beispiel demonstriert das Erzeugen eines *CryptoStreams* zum symmetrischen Verschlüsseln bzw. Entschlüsseln einer Datei nach dem *Data Encryption Standard* (DES)[1].

Oberfläche

Auf dem Startformular *Form1* platzieren wir zwei *Button*s und zwei *TextBox*en (siehe Laufzeitansicht).

Quellcode

```
Imports System.IO
Imports System.Security.Cryptography

Public Class Form1
```

Auf globaler Ebene wird zunächst die Instanz einer DES Implementierung erzeugt. Da wir dem Konstruktor keine Argumente übergeben, wird ein Zufallsschlüssel generiert und die Standardeigenschaften entsprechen den üblichen Verschlüsselungs-Szenarien:

```
    Private des As New DESCryptoServiceProvider()
```

Der Name der Datei, die angelegt und verschlüsselt werden soll:

```
    Private fileName As String= "EncryptedFile.txt"
```

Eine Hilfsroutine, welche einen String in ein Byte-Array transformiert:

```
    Public Function ConvertStringToByteArray(ByVal s As String) As Byte()
        Dim uc As New System.Text.UnicodeEncoding()
        Return uc.GetBytes(s)
    End Function
```

Die Schaltfläche »Verschlüsseln«:

```
    Private Sub Button1_Click(ByVal sender As System.Object, ByVal e As System.EventArgs) _
                                                                        Handles Button1.Click
```

Den zu verschlüsselnden Text in den Byte-Array-Puffer kopieren:

```
        Dim byteArr() As Byte = ConvertStringToByteArray(TextBox1.Text)
```

Ein DES Encryptor Objekt wird auf einer DES Instanz erzeugt:

```
        Dim desEncrypt As ICryptoTransform = des.CreateEncryptor()
```

[1] Gemeint ist also nicht die einfache Verschlüsselung von Verzeichnissen und Dateien, wie sie z.B. mittels *Encrypt-/Decrypt*-Methoden der *File*-Klasse möglich ist.

Der *FileStream*, welcher die verschlüsselte Datei schreiben soll, wird erzeugt:

```
        Dim fs As New FileStream(fileName, FileMode.Create, FileAccess.Write)
```

Der *CryptoStream,* der den *FileStream* verschlüsseln soll, wird erzeugt, wobei der Konstruktor eine *FileStream*-Instanz und den DES Encryptor erhält. Der Stream wird in den Write-Modus versetzt:

```
        Dim cryptoStrm As New CryptoStream(fs, desEncrypt, CryptoStreamMode.Write)
```

Schließlich schreiben wir das mit unserem Text gefüllte Byte-Array in den Stream und schließen diesen. Als Resultat entsteht die verschlüsselte Datei *EncryptedFile.txt.*

```
        cryptoStrm.Write(byteArr, 0, byteArr.Length)
        cryptoStrm.Close()
    End Sub
```

Die Schaltfläche »Entschlüsseln«:

```
    Private Sub Button3_Click(ByVal sender As System.Object, ByVal e As System.EventArgs) _
                                                                           Handles Button3.Click
```

Den Decryptor der vorhandenen DES-Instanz erzeugen:

```
        Dim desDecrypt As ICryptoTransform = des.CreateDecryptor()
```

Den Filestream erzeugen, um die verschlüsselte Datei einzulesen:

```
        Dim fs As New FileStream(fileName, FileMode.Open, FileAccess.Read)
```

Den Kryptostream erzeugen, um die verschlüsselten Bytes zu entschlüsseln:

```
        Dim cryptoStrm As New CryptoStream(fs, desDecrypt, CryptoStreamMode.Read)
```

Den Inhalt auslesen und entschlüsseln:

```
        Dim strmRead As New StreamReader(cryptoStrm, New System.Text.UnicodeEncoding())
```

Inhalt anzeigen:

```
        TextBox3.Text = strmRead.ReadToEnd()
        cryptoStrm.Close()
    End Sub
```

Praktisch ziemlich nutzlos aber trotzdem interessant ist ein Blick auf den Inhalt der verschlüsselten Datei:

```
    Private Sub Button2_Click(ByVal sender As System.Object, ByVal e As System.EventArgs) _
                                                                           Handles Button2.Click
        TextBox2.Text = File.ReadAllText(fileName)
    End Sub
End Class
```

Test

Geben Sie einen beliebigen Text in das obere Textfeld ein und klicken Sie die »Verschlüsseln«-Schaltfläche. Den Inhalt der verschlüsselten Datei *EncryptedFile.txt* können Sie sich nach Klick auf die mittlere Schaltfläche betrachten. Über die »Entschlüsseln«-Schaltfläche erhalten Sie wieder den ursprünglichen Test.

HINWEIS Es ist praktisch unmöglich, ohne Kenntnis des Schlüssels aus dem verschlüsselten Text wieder das Original zu rekonstruieren.

Da nach einem erneuten Programmstart auch ein neuer Schlüssel angelegt wird, führt der sofortige Klick auf die »Entschlüsseln«-Schaltfläche zu einer Fehlermeldung.

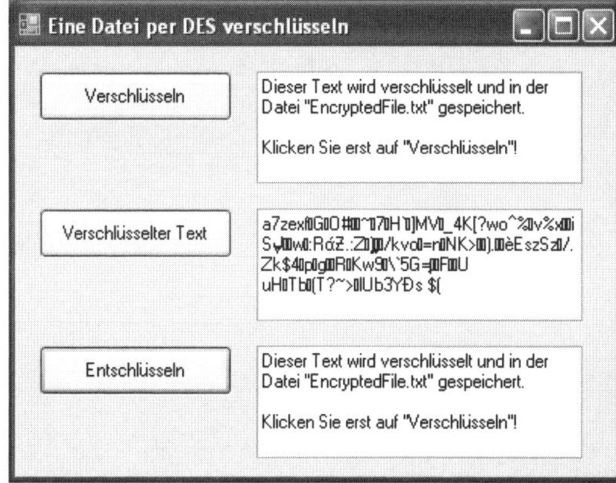

Abbildung 2.18 Laufzeitansicht des Beispiels

Bemerkung

Falls die verschlüsselte Datei weitergegeben wird, benötigt der Empfänger natürlich exakt den Schlüssel, mit dem die Datei verschlüsselt wurde. Dieser entspricht der *Key*-Eigenschaft (ein Byte-Array) des *DESCrypto-ServiceProvider*-Objekts:

```
File.WriteAllBytes("Key.dat", des.Key)      ' Absender schreibt Schlüsseldatei
des.Key = File.ReadAllBytes("Key.dat")      ' Empfänger liest Schlüsseldatei
```

PB2.9 Eine Datei komprimieren

System.IO.Compression-Namespace; *GZipStream*-Klasse: *Write*-Methode; *CompressionMode*-Enumeration; *StreamReader*-Klasse: *ReadToEnd*-Methode;

In diesem Beispiel wollen wir zeigen, wie unter Benutzung der *GZipStream*-Klasse der Inhalt einer Datei gepackt und entpackt werden kann.

HINWEIS Die *GZipStream* Klasse aus dem *System.IO.Compression*-Namespace eignet sich nur zum Komprimieren von Dateien kleiner 4 GB.

Oberfläche

Die Ansicht der Bedienoberfläche informiert gleichzeitig auch über die drei grundlegenden Operationen, die wir mit unserem Testprogramm durchführen wollen.

Abbildung 2.19 Entwurfsansicht des Beispiels

Quellcode

```
Imports System.IO
Imports System.IO.Compression

Public Class Form1
```

Die Namen der drei Dateien, die sich alle im Anwendungsverzeichnis befinden:

```
    Private QuellDatei As String = "Beispiel1.txt"
    Private KompDatei As String = "Beispiel.zip"
    Private ZielDatei As String = "Beispiel2.txt"
```

Ein Byte-Puffer:

```
    Private fileBytes() As Byte
```

Die Quelldatei in den Puffer einlesen:

```
    Private Sub Button1_Click(ByVal sender As System.Object, ByVal e As System.EventArgs) _
                                                                        Handles Button1.Click
        Dim strm1 As New FileStream(QuellDatei, FileMode.Open)
        Dim len As Integer = CType(strm1.Length, Integer)
        ReDim fileBytes(len)                          ' Größe des Byte-Arrays einstellen
        strm1.Read(fileBytes, 0, fileBytes.Length)
        strm1.Close()
    End Sub
```

Die komprimierte Datei erstellen:

```
    Private Sub Button2_Click(ByVal sender As System.Object, ByVal e As System.EventArgs) _
                                                                          Handles Button2.Click
        Dim strm2 As New FileStream(KompDatei, FileMode.Create)
        Dim compStrm As New GZipStream(strm2, CompressionMode.Compress)
        compStrm.Write(fileBytes, 0, fileBytes.Length)
        compStrm.Flush()          ' internen Puffer leeren
        compStrm.Close()
        strm2.Close()
    End Sub
```

Die Datei dekomprimieren:

```
    Private Sub Button3_Click(ByVal sender As System.Object, ByVal e As System.EventArgs) Handles _
                                                                                        Button3.Click
        Dim strm3 As New FileStream(KompDatei, FileMode.Open)
        Dim decompStrm As New GZipStream(strm3, CompressionMode.Decompress)
        Dim reader As New StreamReader(decompStrm)
        File.WriteAllText(ZielDatei, reader.ReadToEnd())
        reader.Close()
        strm3.Close()
    End Sub
End Class
```

Test

Speichern Sie eine beliebige Textdatei unter dem Namen *Beispiel1.txt* im *\bin\Debug*-Unterverzeichnis des Projektordners ab.

Nach Programmstart betätigen Sie nacheinander (von oben nach unten) die drei Schaltflächen. Im Ergebnis finden sich neben der Datei *Beispiel1.txt* die beiden Dateien *Beispiel.zip* und *Beispiel2.txt*. Vergleichen Sie die Inhalte von *Beispiel1.txt* und *Beispiel2.txt*, so müssen diese identisch sein.

Abbildung 2.20 Originaldatei (links), komprimierte Datei (Mitte) und entpackte Datei (rechts)

Kapitel 3

XML in Theorie und Praxis

In diesem Kapitel:

XML – etwas Theorie

Mit XML (*eXtensible Markup Language*) hat sich in den letzten Jahren eine mächtige Metasprache für das Speichern und Austauschen von Daten, insbesondere im Internet, etabliert. Es gibt inzwischen kaum noch eine Anwendung, die nicht mit XML-Unterstützung beworben wird.

XML ist vor allem auch unter .NET allgegenwärtig, vieles bleibt dabei aber für den Programmierer unsichtbar, da es in Objekten gekapselt ist bzw. von den Tools der Entwicklungsumgebung VS .NET für Sie automatisch im Hintergrund erledigt wird.

Ob Sie sich näher mit XML beschäftigen sollten oder müssten, soll dieser Abschnitt klären, ohne dabei den Anspruch auf absolute Vollständigkeit erheben zu können.

HINWEIS Weitere Informationen zum Thema finden Sie in den Praxisbeispielen des vorliegenden Kapitels bzw. im Kapitel 11 über den Microsoft SQL Server.

Übersicht

Eine der wesentlichsten Ideen, die hinter dem Konzept von XML stehen, ist der Ansatz, Informationen nicht nur darzustellen (wie zum Beispiel in HTML mit seiner festgelegten Syntax), sondern auch deren Inhalt bzw. deren Struktur zu beschreiben. Gleichzeitig soll ein möglichst flexibler und einfacher Datenaustausch zwischen verschiedenen Anwendungen und System-Plattformen möglich sein.

Wie auch bei HTML werden in XML Informationen im Textformat gespeichert. Die einzelnen Elemente des Dokumentes werden durch so genannte Tags gekennzeichnet, diese können ineinander verschachtelt sein.

Im Unterschied zu HTML handelt es sich bei XML jedoch um eine Metasprache, mit deren Hilfe sich neue Sprachen zum Beschreiben von Dokumenten definieren lassen. Die Metasprache XML liefert quasi die grammatikalischen Regeln für den Aufbau von Dokumenten.

HTML, eine klassische Beschreibungssprache, umfasst im Gegensatz dazu lediglich einen festen Satz von vordefinierten Befehlen, der nicht einfach erweiterbar ist. HTML dient im Wesentlichen nur der Darstellung von Informationen. Das einfache Beispiel einer Adressliste soll den Unterschied verdeutlichen.

In einer HTML-Datei würden auch Sie die Informationen sicherlich in Form einer Tabelle darstellen.

BEISPIEL

Adressliste als HTML-Datei

```
<html><head><title>Adressen</title></head><body>
<table>
  <tr>
    <td>Name</td>
    <td>Vorname</td>
    <td>Strasse</td>
    <td>PLZ</td>
    <td>Ort</td>
  </tr>
  <tr>
    <td>Müller</td>
```

```
    <td>Norbert</td>
    <td>Wiesenweg 3</td>
    <td>12345</td>
    <td>Waldhausen</td>
  </tr>
  <tr>
  ...
  </tr>
</table></body></html>
```

Die obigen Anweisungen sagen lediglich etwas über die Gestaltung der HTML-Seite aus. Einen Zusammenhang zwischen der Tabellenzelle »Name« und dem Inhalt »Müller« kann ein Programm nur schwer herstellen. Eine automatische Analyse und Weiterverarbeitung der Datei wird damit fast unmöglich.

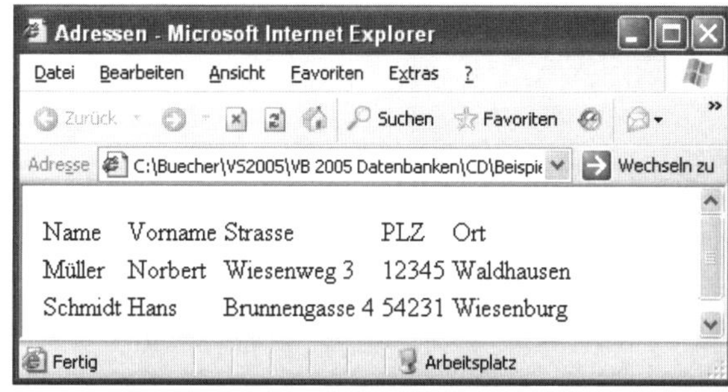

Abbildung 3.1 Ansicht im Internet Explorer

BEISPIEL

Ein einfaches XML-Dokument (Adressverwaltung)

```
<Adressen>
   <Adresse>
      <Name>Müller</Name>
      <Vorname>Norbert</Vorname>
      <Strasse>Wiesenweg 3</Strasse>
      <PLZ>12345</PLZ>
      <Ort>Waldhausen</Ort>
   </Adresse>
   <Adresse>
      <Name>Schmidt</Name>
      <Vorname>Hans</Vorname>
      <Strasse>Brunnengasse 27</Strasse>
      <PLZ>23451</PLZ>
      <Ort>Wiesenburg</Ort>
   </Adresse>
</Adressen>
```

Wie Sie sehen, steht bei XML die Datenstruktur im Vordergrund. Eine Datenbank-Anwendung, wie zum Beispiel Access, kann relativ leicht feststellen, welche Elemente sich als relationale Tabelle(n) abbilden und importieren lassen.

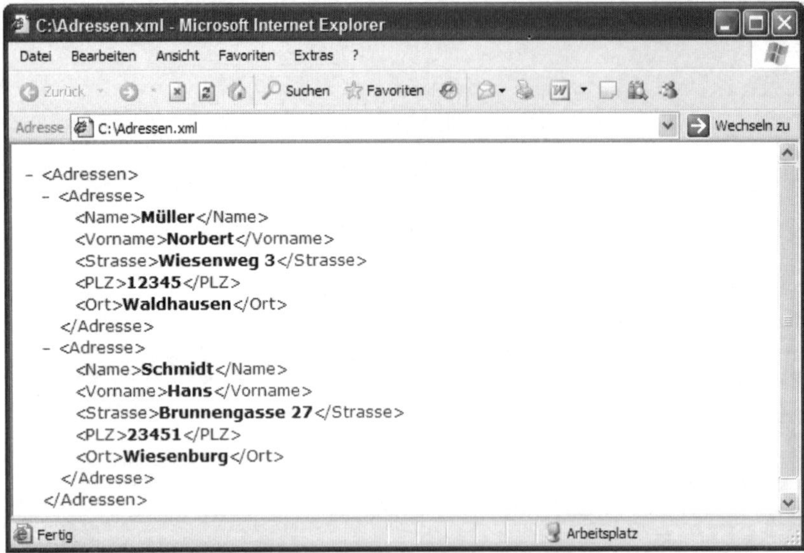

Abbildung 3.2 Ansicht im Internet Explorer

Im Unterschied zu einer relationalen Datenbank stellt es für ein XML-Dokument kein Problem dar, zum Beispiel einen zweiten Vornamen oder eine zweite Wohnadresse zu speichern.

BEISPIEL

Ein zusätzlicher Vorname in den Adressdaten

```
<Adressen>
   <Adresse>
      <Name>Müller</Name>
      <Vorname>Norbert</Vorname>
      <Vorname>Paul</Vorname>
      <Strasse>Wiesenweg 3</Strasse>
      <PLZ>12345</PLZ>
      <Ort>Waldhausen</Ort>
   </Adresse>
...
   </Adresse>
```

Wie in den obigen Beispielen erkennbar ist, besteht zunächst keine Einschränkung in Bezug auf Anzahl, Länge und Datentyp einzelner Parameter. Es handelt sich lediglich um Textdaten, die von den Tags begrenzt und damit gekennzeichnet werden.

Der XML-Grundaufbau

Wie schon erwähnt, handelt es sich bei XML-Dokumenten um reine Textdateien, die durch Tags strukturiert werden. Innerhalb der XML-Daten lassen sich drei Abschnitte unterscheiden, von denen die beiden ersten optional sind:

- der Prolog mit Steueranweisungen (*Processing Instructions*)
- die DTD (*Document Type Definition*)
- der eigentliche Datenteil

BEISPIEL

Prolog

```
<?xml version="1.0" standalone="yes" ?>
```

BEISPIEL

DTD (Definieren von Datentypen)

```
<!DOCTYPE DATEN [
<!ELEMENT NAME  (#PCDATA)>
<!ELEMENT VORNAME  (#PCDATA)>
<!ELEMENT ORT  (NAME)>
<!ELEMENT PERSON  (NAME, VORNAME)>
<!ATTLIST ORT marke ID #REQUIRED>
<!ATTLIST PERSON ort IDREF #REQUIRED> ]>
```

BEISPIEL

Strukturierter Datenteil

```
<Adressen>
   <Adresse>
      <Name>Müller</Name>
      <Vorname>Norbert</Vorname>
      <Strasse>Wiesenweg 3</Strasse>
      <PLZ>12345</PLZ>
      <Ort>Waldhausen</Ort>
   </Adresse>
</Adressen>
```

Innerhalb der drei Abschnitte werden

- Elemente,
- Attribute,
- Kommentare

unterschieden.

BEISPIEL

Ein Element (*Vorname* ist der Elementname, *Norbert* ist der Elementinhalt)

```
<Vorname>Norbert</Vorname>
```

BEISPIEL

Ein Attribut (fett hervorgehoben, Hauptwohnsitz ist der Attributname, danach folgt der Wert in Anführungszeichen)

```
<Adresse Hauptwohnsitz="JA">
   <Name>Müller</Name>
   <Vorname>Norbert</Vorname>
</Adresse>
```

BEISPIEL

Ein Kommentar (fett hervorgehoben)

```
<Adressen>
<!-- ab hier folgen die eigentlichen Daten -->
   <Adresse>
      <Name>Müller</Name>
      <Vorname>Norbert</Vorname>
...
```

In den folgenden Abschnitten wird im Detail auf die einzelnen Abschnitte bzw. Elemente eingegangen. Doch bevor es so weit ist, wollen wir uns zunächst mit den Grundregeln der Sprache XML auseinander setzen.

Wohlgeformte Dokumente

Gerade bei einer so flexiblen Sprache wie XML kommt es darauf an, dass zumindest einige Grundregeln von allen Anwendern eingehalten werden. Nur so ist ein effizientes und schnelles Analysieren der Dokumente möglich. Hält ein Dokument all diese Regeln ein, wird es als *wohlgeformtes* Dokument bezeichnet. Prüft ein XML-Parser zusätzlich die DTD-Beschreibung oder das XSD-Schema, um die Korrektheit des XML-Dokumentes zu testen, und ist diese Prüfung erfolgreich, bezeichnet man das Dokument als *gültig*. Eine Gültigkeitsprüfung ist jedoch nicht zwingend vorgeschrieben.

Doch zurück zu den Grundregeln für ein wohlgeformtes XML-Dokument. Folgende Regeln müssen Sie in jedem Fall einhalten:

- Jedes Dokument verfügt nur über **ein** Stammelement.
- Start- und Ende-Tags passen zusammen (Groß-/Kleinschreibung beachten!), d.h., für jeden Start-Tag ist ein entsprechender Ende-Tag vorhanden. Leere Elemente können mit einem einzelnen Tag dargestellt werden, das mit einem Schrägstrich »/« endet.
- Elemente müssen korrekt geschachtelt sein und dürfen sich nicht überschneiden.
- Die Sonderzeichen <, >, &, ", und ' müssen im Datenteil eines Elements durch *<*, *>*, *&*, *"*, *&apos* ersetzt werden.
- Jedes Attribut darf nur einen Wert haben.
- Attributwerte müssen in doppelte oder einfache Anführungszeichen gesetzt werden.
- Die Zeichenfolgen <[[und]]> sind nicht zulässig.

BEISPIEL

Ein wohlgeformtes XML-Dokument

```
<DATEN>
   <ERDE>
      <KONTINENT>
         <NAME>Europa</NAME>
         <FLÄCHE>10500000</FLÄCHE>
         <EINWOHNER>718500000</EINWOHNER>
         <LAND>
            <NAME>Frankreich</NAME>
            <FLÄCHE>543965</FLÄCHE>
            <EINWOHNER>57800000</EINWOHNER>
         </LAND>
         <LAND>
            <NAME>Deutschland</NAME>
            <FLÄCHE>356854</FLÄCHE>
            <EINWOHNER>80767600</EINWOHNER>
            <ORT marke="01">
               <NAME>Altenburg</NAME>
            </ORT>
            <ORT marke="02" >
               <NAME>Frankfurt Oder</NAME>
            </ORT>
         </LAND>
      </KONTINENT>
   </ERDE>
</DATEN>
```

BEISPIEL

Ein **nicht** wohlgeformtes Dokument

```
<DATEN>
   <ERDE>
      <KONTINENT>
         <NAME>Europa</NAME>
         <FLÄCHE>10500000</FLÄCHE>
         <EINWOHNER>718500000</EINWOHNER>
         <LAND>
            <NAME>Frankreich</NAME>
            <FLÄCHE>543965</FLÄCHE>
            <EINWOHNER>57800000</EINWOHNER>
         </LAND>
         <LAND>
            <NAME>Deutschland</LAND></NAME>
            <FLÄCHE>356854</FLÄCHE>
            <EINWOHNER>80767600</EINWOHNER>
            <ORT marke=01>
               <NAME>Altenburg</NAME>
            </ORT>
            <ORT marke=02>
               <NAME>Frankfurt Oder</NAME>
            </ORT>
      </KONTINENT>
   </ERDE>
</daten>
```

```
<Personen>
      <PERSON>
         <NAME>Müller</NAME>
      </PERSON>
      <PERSON>
         <NAME>Lehmann</NAME>
         <VORNAME>Heinz</VORNAME>
      </PERSON>
</Personen>
```

Die Fehler:

- Start- und Ende-Tag von <DATEN> stimmen nicht überein,
- es sind zwei Stammelemente (*DATEN*, *Personen*) vorhanden,
- die Attribute (*marke*) sind nicht in Anführungszeichen gesetzt,
- die Tags <LAND> und <NAME> bei Deutschland überschneiden sich.

Processing Instructions (PI)

Für die Verarbeitung von XML-Dokumenten sind so genannte *Processing Instructions* (kurz PI) vorgesehen. PIs werden mit einem Fragezeichen eingeleitet und geschlossen (»<? ... ?>«).

Beginnt die PI mit dem Schlüsselwort XML, handelt es sich um eine reservierte XML-Standarddefinition, die dem verarbeitenden Programm (Parser) Informationen über zusätzliche Steuerdateien (DTD), den Zeichensatz und Versionsinformationen liefert.

BEISPIEL

Einfache Angabe der Versionsnummer

```
<?xml version="1.0"?>
```

BEISPIEL

Definition eines spezifischen Zeichensatzes über das Schlüsselwort *encoding*

```
<?xml version="1.0" encoding="UTF-16"?>
```

Jeder XML-Parser muss zumindest die Formate *UTF-8* und *UTF-16* (internationaler Zeichensatz) verarbeiten können.

Möchten Sie dem Parser mitteilen, dass eine externe DTD vorhanden ist, können Sie dies mit der *standalone*-Option realisieren. Gültige Werte sind

- *yes* (keine externe DTD vorhanden) und
- *no* (eine externe DTD ist vorhanden, der Dateiname steht in der *DOCTYPE*-Definition).

BEISPIEL

Keine externe DTD vorhanden

```
<?xml version="1.0" standalone="yes" ?>
```

BEISPIEL

Eine externe DTD (*welt.dtd*) ist vorhanden

```
<?xml version="1.0" standalone="no" ?>
<!DOCTYPE WELT SYSTEM "welt.dtd">
```

HINWEIS Mittlerweile haben sich die XSD-Schemas gegenüber der DTD durchgesetzt, wir gehen deshalb im Rahmen dieses Kapitels nicht weiter auf die DTD ein.

Elemente und Attribute

Wie schon erwähnt, bestehen Elemente aus einem Start- und einem Ende-Tag. Beide Tags schließen den Inhalt (dies kann Text sein, aber auch ein bzw. mehrere Elemente) ein. Die folgende Abbildung zeigt den Elementeaufbau:

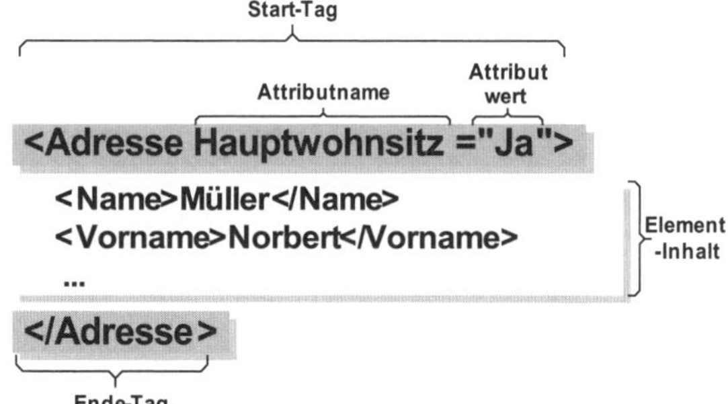

Abbildung 3.3 Aufbau eines Elements

Jedes Element muss den folgenden Regeln genügen:

- Der Elementname beginnt mit einem Buchstaben oder einem Unterstrich.
- Nach dem ersten Zeichen können beliebige Zeichen folgen.
- Elementnamen berücksichtigen die Groß-/Kleinschreibung.
- Elementnamen dürfen keine Leerzeichen enthalten.
- Start- und Ende-Tag müssen in der Schreibweise übereinstimmen.
- Leere Elemente, auch als »Singleton« bezeichnet, können mit einem Tag (z.B. <Adresse/> statt <Adresse></Adresse>) gekennzeichnet werden.

Attribute sind zusätzliche Eigenschaften, die dem Start-Tag hinzugefügt werden können, um den Inhalt näher zu spezifizieren. Wie auch bei den Elementnamen wird zwischen Groß-/Kleinschreibung unterschieden, Attributwerte müssen in doppelten Anführungszeichen eingeschlossen werden. Ein Attribut darf nur einen Wert haben.

BEISPIEL

Falsche Deklaration

```
<Anschrift Name="Müller" Vorname="Norbert" Vorname="Hans">
```

In diesem und in den meisten anderen Fällen ist es günstiger, Attribute als untergeordnete Elemente darzustellen.

BEISPIEL

Richtige Deklaration

```
<Anschrift>
  <Name>Müller</Name>
  <Vorname>Norbert</Vorname>
  <Vorname>Hans</Vorname>
  <Vorname>Werner</Vorname>
</Anschrift>
```

HINWEIS Beachten Sie die Vorschrift, dass jedes XML-Dokument über genau ein Wurzel-Element (Root) verfügen muss.

XSD-Schemas

Bei der Arbeit mit .NET ist Ihnen sicher schon mehrfach der Begriff *XSD-Schemas* untergekommen. Worum handelt es sich eigentlich? Zunächst einmal wird mit XSD die *XML Schema Definition Language* bezeichnet.

Ein XSD-Schema ist ein eigenständiges Dokument (oder auch ein zusätzlicher Teil des XML-Dokuments), das die Struktur der XML-Daten beschreibt. Grundsätzlich können Sie also ein XSD-Schema mit den Strukturinformationen z.B. einer Access- oder SQL-Server-Datenbank vergleichen.

Ein Schema kann folgende Informationen und Vorgaben enthalten:

- Die Definition der einzelnen Datentypen für die XML-Elemente und -Attribute
- Diverse Einschränkungen (z.B. Eindeutigkeit (Unique) von Werten)
- Zusammenhänge zwischen einzelnen XML-Elementen (Relationen)

Nur beim Vorliegen von XML-Daten **und** Schema-Informationen können also logische Zusammenhänge hergestellt werden, ohne die ein sinnvolles Auslesen der XML-Daten nicht möglich ist.

XSD-Schemas und ADO.NET

ADO.NET nutzt die Schemas, um einen Zusammenhang zwischen der rein hierarchischen Struktur der XML-Dokumente und der relationalen Struktur innerhalb der DataSets herzustellen. Erzeugen Sie ein neues *DataSet*, sind zunächst keinerlei Tabellen definiert. Diese Informationen können Sie entweder aus einer XSD-Datei laden oder Sie erzeugen diese Informationen über Methodenaufrufe.

BEISPIEL

Ein einfaches Schema für zwei Tabellen, in denen Telefondaten für Mitarbeiter gespeichert werden können

```
<?xml version="1.0" standalone="yes" ?>
<xs:schema id="Telefon" targetNamespace="http://www.tempuri.org/Telefon.xsd"
xmlns:mstns="http://www.tempuri.org/Telefon.xsd" xmlns="http://www.tempuri.org/Telefon.xsd"
```

```
xmlns:xs="http://www.w3.org/2001/XMLSchema" xmlns:msdata="urn:schemas-microsoft-com:xml-msdata"
attributeFormDefault="qualified" elementFormDefault="qualified">
  <xs:element name="Telefon" msdata:IsDataSet="true" msdata:Locale="de-DE">
    <xs:complexType>
      <xs:choice maxOccurs="unbounded">
```

Hier wird die erste Tabelle definiert:

```
        <xs:element name="Mitarbeiter">
          <xs:complexType>
```

Die Definition der Tabellenspalten (Attribute):

```
            <xs:attribute name="ID" form="unqualified" msdata:AutoIncrement="true" type="xs:int" />
            <xs:attribute name="Vorname" form="unqualified" type="xs:string" />
            <xs:attribute name="Nachname" form="unqualified" type="xs:string" />
          </xs:complexType>
        </xs:element>
```

Die zweite Tabelle:

```
        <xs:element name="Telefone">
          <xs:complexType>
            <xs:attribute name="MitarbeiterId" form="unqualified" type="xs:int" />
            <xs:attribute name="Nummer" form="unqualified" type="xs:string" />
          </xs:complexType>
        </xs:element>
      </xs:choice>
    </xs:complexType>
```

Definition eines Primärschlüssels:

```
    <xs:key name="TelefonKey1" msdata:PrimaryKey="true">
      <xs:selector xpath=".//mstns:Mitarbeiter" />
      <xs:field xpath="@ID" />
    </xs:key>
```

Festlegen des Zusammenhangs zwischen beiden Tabellen (Relation):

```
    <xs:keyref name="MitarbeiterTelefone" refer="mstns:TelefonKey1">
      <xs:selector xpath=".//mstns:Telefone" />
      <xs:field xpath="@MitarbeiterId" />
    </xs:keyref>
  </xs:element>
</xs:schema>
```

Die folgende Abbildung zeigt das relationale Abbild des obigen Schemas:

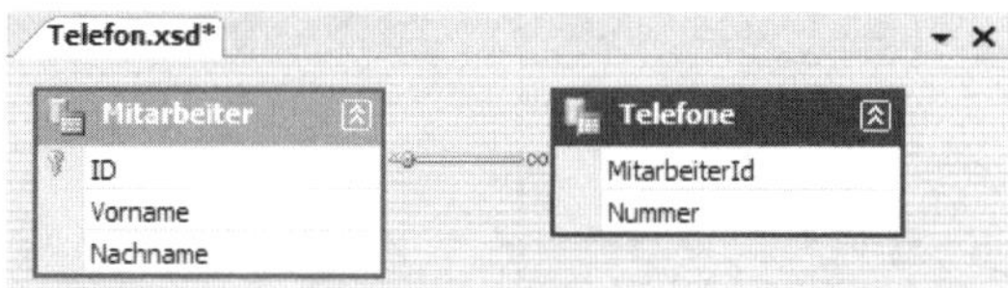

Abbildung 3.4 Die grafische Darstellung eines Schemas

HINWEIS Im folgenden Abschnitt werden wir uns um das Erstellen dieses Schemas mit Visual Studio kümmern.

BEISPIEL

Ein auf dem vorhergehenden Schema aufbauendes XML-Dokument

```
<?xml version="1.0" encoding="utf-8" ?>
<Telefon xmlns="http://www.tempuri.org/Telefon.xsd">
  <Mitarbeiter ID="0" Vorname="Thomas" Nachname="Gewinnus"></Mitarbeiter>
  <Mitarbeiter ID="1" Vorname="Walter" Nachname="Doberenz"></Mitarbeiter>
  <Telefone MitarbeiterId="0" Nummer="0335-1234567"></Telefone>
  <Telefone MitarbeiterId="0" Nummer="0172-888777666"></Telefone>
  <Telefone MitarbeiterId="1" Nummer="0345-12345678"></Telefone>
  <Telefone MitarbeiterId="1" Nummer="0171-111222333"></Telefone>
</Telefon>
```

Wie Sie sehen, werden zum Speichern der Informationen (*Nachname*, *Vorname*) Attribute statt Elemente verwendet. Auf diese Weise ist das Dokument etwas kompakter.

Den Elementen *Mitarbeiter* sind je zwei (beliebig viele) Elemente *Telefone* zugeordnet, die klassische 1:n-Beziehung aus der relationalen Welt.

XSD-Schema in Visual Studio .NET erstellen

Im vorhergehenden Abschnitt sind wir von einer vorliegenden Schema-Datei ausgegangen. Wie aber kommen Sie zu einer solchen Datei?

Die Antwort ist mit Visual Studio .NET schnell gegeben, bringt dieses doch einen komfortablen grafischen Editor für diese Aufgabe mit.

Fügen Sie zunächst über den Menüpunkt *Projekt/Neues Element hinzufügen* ein leeres XML-Schema in Ihr Projekt ein:

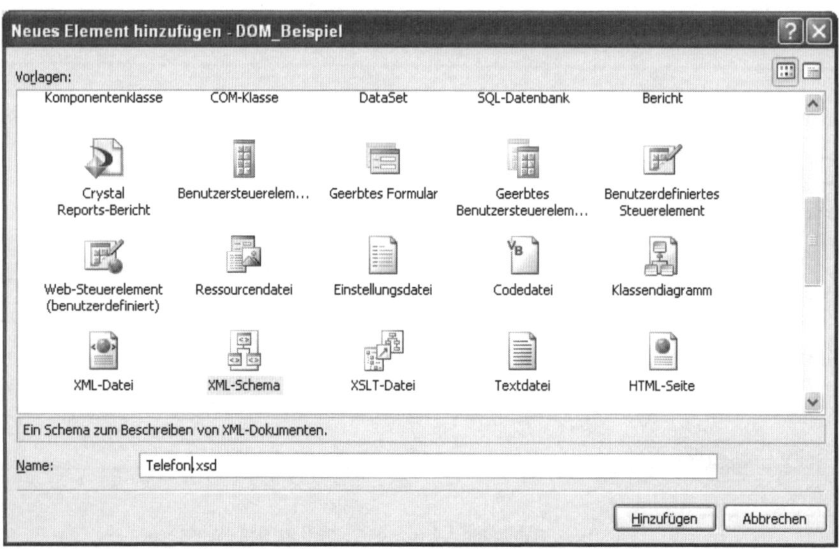

Abbildung 3.5 Neues XML-Schema erzeugen

Nachfolgend öffnet sich der Editor, in dem Sie zwischen der XML- und der DataSet-Ansicht hin und her schalten können. Auch die Toolbox wird um neue Elemente bereichert:

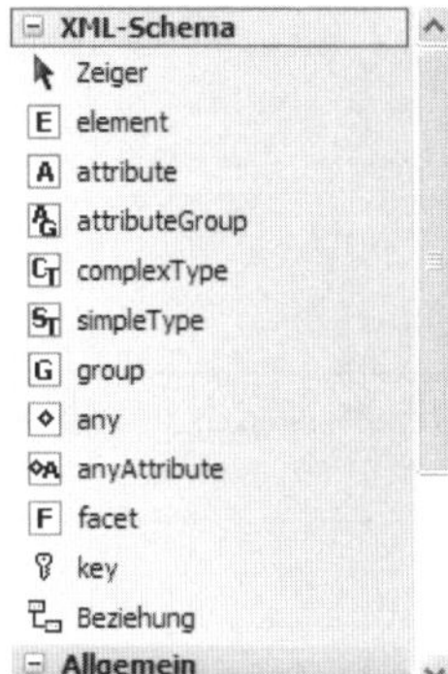

Abbildung 3.6 Unsere Werkzeugleiste

Einige dieser Elemente dürften Ihnen sicher von den vorhergehenden Ausführungen zu XML bekannt vorkommen. Dies ist natürlich kein Zufall.

Mit dem Hintergrundwissen zu XML dürfte Ihnen noch eine Regel bekannt sein, die für jedes XML-Dokument, und darum handelt es sich auch bei unserem Schema, ein Stamm-Element (Root) vorschreibt. Dieses wird automatisch erzeugt, der Name entspricht dem Namen des Schemas.

Enthaltene *Elemente* in diesem Schema werden als Tabellen interpretiert. Fügen Sie also zunächst ein *Element* in den Designer ein und benennen Sie es in *Mitarbeiter* um. Die einzelnen Spalten der zukünftigen Tabelle realisieren wir als Attribute:

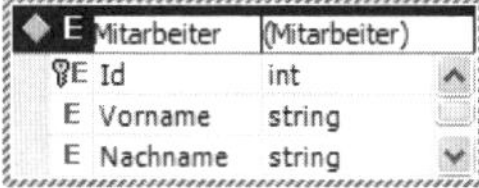

Abbildung 3.7 Element *Mitarbeiter*

In der obigen Abbildung sehen Sie bereits einen Schlüssel. Diesen definieren Sie, indem Sie aus der Toolbox ein *Schlüssel*-Element auf die Tabelle ziehen. Im folgenden Dialogfeld legen Sie die Eigenschaften fest:

Abbildung 3.8 Primärschlüssel erzeugen

Erzeugen Sie nachfolgend noch ein weiteres Element und benennen Sie es in *Telefone* um. Fügen Sie zwei Attribute *MitarbeiterId* und *Nummer* hinzu.

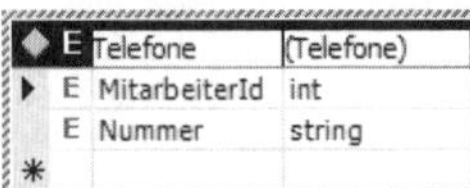

Abbildung 3.9 Element *Telefone*

Das Attribut *MitarbeiterId* wird unser Fremdschlüssel.

HINWEIS Achten Sie darauf, dass der Datentyp des Fremdschlüssels mit dem Datentyp des Primärschlüssels der übergeordneten Tabelle übereinstimmt.

Ziehen Sie nachfolgend eine *Beziehung* auf die Tabelle *Mitarbeiter*. Wie Sie die Beziehung parametrieren, zeigt die folgende Abbildung:

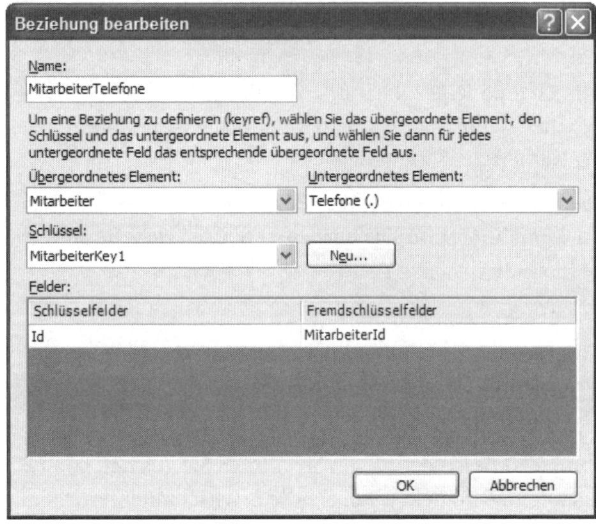

Abbildung 3.10 Beziehung zwischen den beiden Tabellen

Speichern Sie nachfolgend das Schema ab.

XML-Datei mit XSD-Schema erzeugen

Erstellen Sie eine neue XML-Datei (Menüpunkt *Projekt/Neues Element hinzufügen*). Nach dem Öffnen dieser Datei können Sie die Eigenschaften des Dokuments bearbeiten. Für uns ist die Eigenschaft *Schemata* interessant. Weisen Sie hier das bereits erstellte XSD-Schema zu.

HINWEIS Alternativ können Sie auch eines des vordefinierten Schemata im eingeblendeten Assistenten auswählen.

Im Anschluss können Sie sich entscheiden, ob Sie das XML-Dokument im Quellcode oder in der Datenansicht editieren. In beiden Fällen werden Sie vom Editor weitgehend unterstützt:

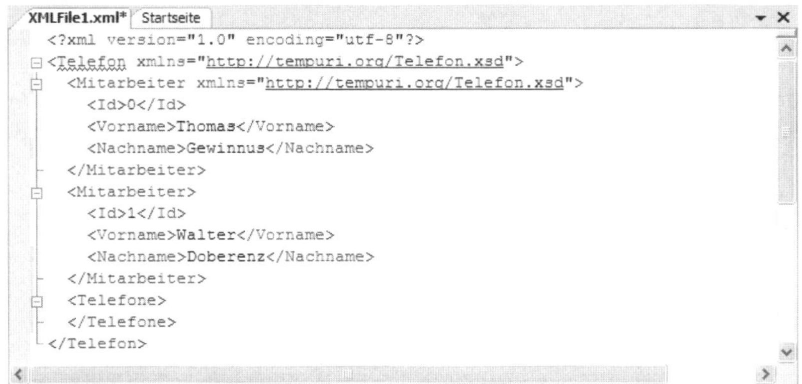

```
<?xml version="1.0" encoding="utf-8"?>
<Telefon xmlns="http://tempuri.org/Telefon.xsd">
  <Mitarbeiter xmlns="http://tempuri.org/Telefon.xsd">
    <Id>0</Id>
    <Vorname>Thomas</Vorname>
    <Nachname>Gewinnus</Nachname>
  </Mitarbeiter>
  <Mitarbeiter>
    <Id>1</Id>
    <Vorname>Walter</Vorname>
    <Nachname>Doberenz</Nachname>
  </Mitarbeiter>
  <Telefone>
  </Telefone>
</Telefon>
```

Abbildung 3.11 XML-Quellcodeansicht

Noch etwas einfacher geht es in der Datenansicht. Hier können Sie automatisch Detaildatensätze zu einem Mitarbeiter eingeben:

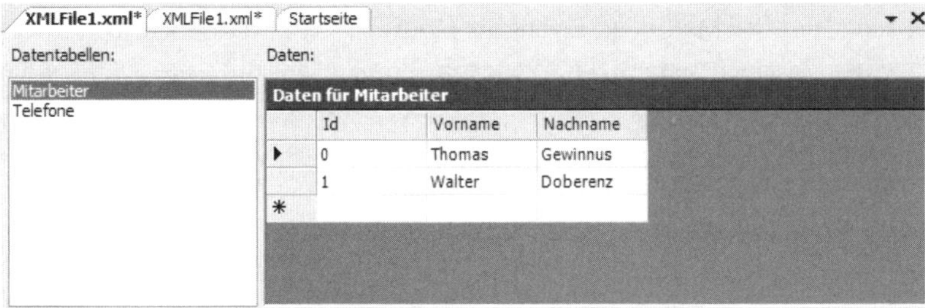

Abbildung 3.12 Datenansicht

HINWEIS Was Sie mit den erstellten XSD-Schemas bzw. den XML-Daten anfangen können, zeigt Ihnen das Kapitel 5.

XSD-Schema aus einer XML-Datei erzeugen

Nicht in jedem Fall liegt einer XML-Datei auch gleich ein entsprechende Schema bei, doch in vielen Anwendungsfällen wird dieses benötigt. Bevor Sie jetzt anfangen, mühsam die Struktur der XML-Daten zu entziffern, werfen Sie ruhig einmal einen Blick auf den Menüpunkt *XML*[1], der eine entsprechende Funktionalität bereitstellt. Alternativ können Sie auch das Tool *xsd.exe* aus dem .NET SDK verwenden oder Sie nutzen die Möglichkeit, das Schema zur Laufzeit mittels Methodenaufrufen zu generieren. Wir kommen im weiteren Verlauf des Kapitels darauf zurück.

[1] Dieser erscheint, wenn Sie eine XML-Datei öffnen.

Verwendung des DOM unter .NET

Obwohl es unter .NET auch einfachere Wege zum Erzeugen/Verarbeiten von XML-Dateien gibt, wollen wir Sie zunächst mit der »Low-Level«-Programmierung vertraut machen. Zum einen bietet sich hier die Möglichkeit, das in den vorhergehenden Abschnitten Gelernte »hautnah« nachzuvollziehen, zum anderen bekommen Sie so ein besseres Verständnis für die diversen Optionen bei der XML-Ausgabe.

Übersicht

Schon wieder eines der vielen Kürzel, mit denen Sie als Programmierer traktiert werden! DOM steht für *Document Object Model* und definiert ein Objektmodell, mit dem sich XML-Dokumente plattformübergreifend bearbeiten lassen. Plattformübergreifend können Sie in diesem Fall auch wirklich gelten lassen, denn DOM ist ein allgemein gültiger Standard des W3C-Konsortiums und keine Exklusiv-Erfindung von Microsoft.

DOM erspart Ihnen den steinigen Weg, eine XML-Datei als Textdatei zu verarbeiten, d.h. mühsam zu parsen und zu filtern. Alle XML-Elemente werden durch das DOM als Eigenschaften bzw. Collections von Objekten abgebildet. Elemente lassen sich über Methoden erzeugen, modifizieren und löschen. Die XML-Daten werden als Baum mit einzelnen Zweigen dargestellt. Weiterhin können Sie über das DOM auch allgemeine Informationen über das Dokument abfragen.

Die wichtigsten Knotentypen, die mit DOM angesprochen werden können:

- *Document Type*
- *Processing Instruction*
- *Element*
- *Attribute*
- *Text*

Die folgende Tabelle gibt Ihnen eine kurze Übersicht über die wichtigsten Objekte:

Objekt	Beschreibung
XmlDocument	Dieses Objekt repräsentiert das gesamte XML-Dokument bzw. dessen Hauptknoten
XmlNode	Dieses Objekt repräsentiert einen einzelnen Knoten innerhalb des XML-Baums
XmlNodeList	Collection von *XmlNode*-Objekten
XmlNamedNodeMap	Ebenfalls eine Collection von *XmlNode*-Objekten, mit denen der Zugriff auf die Attribute möglich ist
XmlParseError	Objekt zur gezielten Fehleranalyse, das neben der Fehlerbeschreibung auch die Position und die Fehlernummer bereitstellt
XmlAttribute	Objekt zum Zugriff auf Element-Attribute
XmlCDATASection	Objekt für den Zugriff auf CDATA-Abschnitte (diese werden nicht vom Parser verarbeitet)
XmlCharacterData	Objekt für Textmanipulationen
XmlComment	Objekt für Zugriff auf Kommentare

Tabelle 3.1 Wichtige DOM-Objekte

Objekt	Beschreibung
XmlDocumentType	Objekt für den Zugriff auf DTD
XmlElement	Dieses Objekt repräsentiert ein Element
XmlEntity	Dieses Objekt repräsentiert eine Entität
XmlImplementation	Über die Methode *HasFeature* können Informationen über die DOM-Implementation angefragt werden
XmlProcessingInstruction	Dieses Objekt repräsentiert eine Processing Instruction (PI)
XmlText	Der textuelle Inhalt eines Elements oder eines Attributes

Tabelle 3.1 Wichtige DOM-Objekte *(Fortsetzung)*

DOM-Integration in Visual Basic

Selbstverständlich ist auch in Visual Basic eine Zugriffsmöglichkeit auf das DOM integriert. Über den Namespace *System.XML* importieren Sie alle relevanten Objekte und Klassen für die Arbeit mit XML-Dateien.

Ausgangspunkt aller weiteren Experimente ist das *XmlDocument*-Objekt, mit dem Sie den Zugriff auf ein XML-Dokument realisieren können. Eine Instanz bilden Sie einfach durch einen parameterlosen Konstruktor.

HINWEIS An dieser Stelle möchten wir lediglich mit einigen Beispielen die Verwendung der DOM-Objekte demonstrieren, für eine vollständige Auflistung aller Eigenschaften und Methoden fehlt einerseits der Platz, andererseits sollte dies besser einem Buch über XML vorbehalten bleiben.

Laden von Dokumenten

Haben Sie erfolgreich eine Instanz erzeugt, können Sie auch schon ein neues XML-Dokument generieren oder eine vorhandene Datei von der Festplatte oder aus dem Internet laden. Die *LoadXml*-Methode unterstützt sowohl »normale« Pfadangaben (*\\server\e\files\test.xml* bzw. *c:\test.xml*) als auch URL-Angaben mit Webadressen (*http://www.xyz-abc.com/test.xml*).

BEISPIEL

Laden aus einer Datei.

```
Imports System.Xml
...
    Dim xmldoc As New XmlDocument()
    Try
      xmldoc.LoadXml("C:\test.xml")
      MessageBox.Show("OK")
    Catch
      MessageBox.Show("Fehler")
    End Try
```

Alternativ können Sie die Dokumente auch aus einer *String*-Variablen laden. Verwenden Sie dazu die *LoadXML*-Methode.

BEISPIEL

Laden von XML-Daten aus einem String.

```
Dim xmldoc As New XmlDocument()
Dim mystr As String

mystr = "<WELT>"
mystr = mystr & "  <KONTINENTE>"
mystr = mystr & "  </KONTINENTE>"
mystr = mystr & "</WELT>"
Try
  xmldoc.LoadXml(mystr)
  MessageBox.Show("OK")
Catch
  MessageBox.Show("Fehler")
End Try
```

HINWEIS Im Gegensatz zum DOM-Zugriff über COM-Objekte werden durch die Methoden keine *True/False*-Werte zurückgegeben. Sie müssen also mit *Try ..Catch* arbeiten. Das *ParseError*-Objekt ist in diesem Zuge auch »entsorgt« worden.

Erzeugen von XML-Dokumenten

Bevor wir uns mit der Verarbeitung vorhandener XML-Dokumente beschäftigen, wollen wir zunächst selbst »Hand anlegen« und neue XML-Dokumente erzeugen.

BEISPIEL

Ein erstes XML-Dokument (Versuch 1)

```
Dim xmldoc As New XmlDocument()
Dim root As XmlNode
```

Wir erzeugen ein Wurzel-Element ...

```
root = xmldoc.CreateElement("WELT")
```

... und fügen dieses dem DOM-Dokument hinzu:

```
xmldoc.AppendChild(root)
MessageBox.Show(xmldoc.InnerXml)
```

Abbildung 3.13 Klein, aber fein präsentiert sich unser erstes XML-Dokument in der Messagebox

BEISPIEL

Basierend auf den Erkenntnissen des vorhergehenden Beispiels erweitern wir das Programm so, dass das Element *WELT* weitere untergeordnete Elemente erhält. Das erzeugte XML-Dokument soll in diesem Fall als Datei gesichert werden.

```
Dim xmldoc As New XmlDocument()
Dim root, node As XmlNode
```

Wir erzeugen ein Wurzel-Element ...

```
root = xmldoc.CreateElement("WELT")
```

... und fügen dieses dem DOM-Dokument hinzu:

```
xmldoc.AppendChild(root)
```

Ähnlich wie bei einem *TreeView*-Control werden nun dem bereits erzeugten Root-Knoten weitere Untereinträge hinzugefügt:

```
node = xmldoc.CreateElement("AFRIKA")
root.AppendChild(node)
node = xmldoc.CreateElement("ANTARKTIS")
root.AppendChild(node)
node = xmldoc.CreateElement("ASIEN")
root.AppendChild(node)
node = xmldoc.CreateElement("AUSTRALIEN")
root.AppendChild(node)
node = xmldoc.CreateElement("EUROPA")
root.AppendChild(node)
node = xmldoc.CreateElement("NORDAMERIKA")
root.AppendChild(node)
node = xmldoc.CreateElement("SÜDAMERIKA")
root.AppendChild(node)
```

Wir sichern die XML-Daten in einer Datei:

```
xmldoc.Save("c:\Test2.xml")
MessageBox.Show(xmldoc.InnerXml)
```

Abbildung 3.14 Die Ausgabe in der Messagebox

Die Anzeige im Internet Explorer ist dagegen wesentlich aufschlussreicher (geöffnete und geschlossene Ansicht), stellt doch der Explorer automatisch die hierarchische Struktur der XML-Daten dar.

```
- <WELT>
    <EUROPA />
    <NORDAMERIKA />
    <SÜDAMERIKA />
    <ASIEN />
    <AUSTRALIEN />
    <AFRIKA />
    <ANTARKTIS />
  </WELT>
```

```
+ <WELT>
```

Abbildung 3.15 Ansicht im Internet Explorer

Auslesen von XML-Dateien

Nachdem wir bereits eine erste einfache XML-Datei erzeugt haben, können wir diese auch laden und anzeigen lassen. Dazu benötigen Sie in jedem Fall neben dem bekannten *XmlDocument*-Objekt auch ein *XmlNode*-Objekt, um zumindest auf das Wurzel-Element der XML-Daten zugreifen zu können.

BEISPIEL

Bestimmen des Wurzel(Root)-Elementes, Einlesen der eben erzeugten Datei und Anzeige des **ersten** Elements.

```
Dim xmldoc As New XmlDocument()
Dim root, node As XmlNode
xmldoc.Load("c:\test2.xml")
```

Einen »Zeiger« auf das Wurzelelement (»WELT«) bestimmen:

```
root = xmldoc.DocumentElement
```

Nachfolgend können wir den ersten Untereintrag ermitteln und anzeigen:

```
node = root.FirstChild()
MessageBox.Show(node.Name)
```

Die Ausgabe lautet »AFRIKA«, entsprechend der Reihenfolge, in der die Elemente im vorhergehenden Beispiel gesichert wurden:

Abbildung 3.16 Beispielausgabe

Für den Zugriff auf die weiteren Elemente gibt es mehrere Varianten:

- Entweder Sie lesen die Elemente über die *ChildNodes*-Collection des Wurzel-Elementes aus
- oder Sie »hangeln« sich mit der Methode *NextSibling* durch die Objektliste
- oder Sie sind ein ganz konventioneller Programmierer, d.h., Sie verwenden die gute alte *For...Next*-Schleife.

Das Ergebnis ist in allen Fällen das Gleiche.

BEISPIEL

Anzeige der einzelnen Elemente mit Hilfe der DOM-Eigenschaften und Methoden in einer *ListBox*.

```
Dim xmldoc As New XmlDocument()
Dim root, node As XmlNode
xmldoc.Load("c:\test2.xml")
ListBox1.Items.Clear()
root = xmldoc.DocumentElement
```

Auslesen mit Hilfe der Collection *ChildNodes*:

```
For Each node In root.ChildNodes
  ListBox1.Items.Add(node.Name)
Next
```

AFRIKA
ANTARKTIS
ASIEN
AUSTRALIEN
EUROPA
NORDAMERIKA
SÜDAMERIKA

Abbildung 3.17 Die Ausgabe in der *ListBox*

Direktzugriff auf einzelne Elemente

Sicher dürfte es recht mühsam sein, bei der Suche nach einem bestimmten Baumelement immer gleich die ganze Liste zu durchsuchen, um zum Beispiel das Element *EUROPA* zu finden. In diesem Fall hilft Ihnen die *SelectSingleNode*-Methode weiter.

BEISPIEL

Verwendung von *SelectSingleNode*

```
Dim xmldoc As New XmlDocument()
Dim root, node As XmlNode

xmldoc.Load("c:\test2.xml")
root = xmldoc.DocumentElement
node = root.SelectSingleNode("EUROPA")
MessageBox.Show(node.Name)
```

Erwartungsgemäß wird Ihnen der zugehörige Knotenname angezeigt:

Abbildung 3.18 Beispielausgabe

Über das zurückgegebene Objekt vom Typ *XmlNode* können Sie aber wiederum auf die jeweiligen Untereinträge des Knotens zugreifen usw. Doch bevor wir dies demonstrieren, möchten wir unsere Datenbasis etwas vergrößern und zusätzliche Informationen im XML-Baum abspeichern.

Einfügen von Informationen

Nachdem Sie die XML-Daten geladen und einen bestimmten Knoten ausgewählt haben, können Sie diesem zusätzliche Informationen in Form von Attributen oder Elementen hinzufügen.

BEISPIEL

Den einzelnen Kontinenten, die bereits in der Datei enthalten sind, ordnen wir noch die Fläche, die Anzahl der Einwohner und einige Länder zu. Dabei werden wir uns jedoch auf einige Auszüge beschränken, für eine komplette Auflistung dürfte an dieser Stelle weder der Platz noch der Bedarf vorhanden sein.

```
Dim xmldoc As New XmlDocument()
Dim root, node As XmlNode

xmldoc.Load("c:\test2.xml")
```

Auswahl eines bestimmten Knotens:

```
root = xmldoc.DocumentElement
node = root.SelectSingleNode("EUROPA")
```

Einfügen von Zusatzinformationen:

```
With node.AppendChild(xmldoc.CreateElement("Fläche"))
  .InnerText = "10500000"
End With
With node.AppendChild(xmldoc.CreateElement("Einwohner"))
  .InnerText = "718500000"
End With
```

Wie Sie sehen, verwenden wir eine recht kurze Schreibweise für den Zugriff auf den zurückgegebenen *Child-Node*. Sie könnten auch umständlich den Rückgabewert einer Variablen von Typ *XmlNode* zuweisen und nachfolgend auf die Eigenschaften zugreifen.

Einfügen weiterer Elemente:

```
node.AppendChild(xmldoc.CreateElement("Frankreich"))
node.AppendChild(xmldoc.CreateElement("Deutschland"))
node.AppendChild(xmldoc.CreateElement("Italien"))
node.AppendChild(xmldoc.CreateElement("Österreich"))
node.AppendChild(xmldoc.CreateElement("Schweden"))
node.AppendChild(xmldoc.CreateElement("Norwegen"))
node.AppendChild(xmldoc.CreateElement("Polen"))
```

Auch hier nutzen wir die Möglichkeit, den zurückgegebenen Wert (es handelt sich um ein Objekt vom Typ *XmlNode*) gleich an die nächste Methode weiterzugeben. So ersparen wir uns unnötige Variablen und natürlich auch einige Zeilen Quellcode.

```
  xmlDoc.Save("Test6.xml")
...
```

Das Aussehen der Datei nach diesen Erweiterungen zeigt die folgende Abbildung:

```
- <WELT>
    <AFRIKA />
    <ANTARKTIS />
    <ASIEN />
    <AUSTRALIEN />
  - <EUROPA>
      <Fläche>10500000</Fläche>
      <Einwohner>718500000</Einwohner>
      <Frankreich />
      <Deutschland />
      <Italien />
      <Österreich />
      <Schweden />
      <Norwegen />
      <Polen />
    </EUROPA>
    <NORDAMERIKA />
    <SÜDAMERIKA />
  </WELT>
```

Abbildung 3.19 Ansicht im Internet Explorer

Möchten Sie sich nicht umständlich durch die Objektstruktur hangeln, können Sie auch direkt den Pfad zum gesuchten Element angeben.

BEISPIEL

Erweitern der Einträge von *Deutschland* und *Frankreich* um die Einträge *Fläche* und *Einwohner*

```
    Dim xmldoc As New XmlDocument()
    Dim root, node As XmlNode
...
        xmldoc.Load("c:\test6.xml")
        root = xmldoc.DocumentElement
```

Wir bestimmen direkt aus der Root heraus den gesuchten Knoten ...

```
        node = root.SelectSingleNode("EUROPA/Deutschland")
```

... und fügen auf bewährte Weise zwei neue Einträge hinzu:

```
        node.AppendChild(xmldoc.CreateElement("Fläche")).InnerText = "356854"
        node.AppendChild(xmldoc.CreateElement("Einwohner")).InnerText = "80767600"
```

Das Gleiche für Frankreich:

```
        node = root.SelectSingleNode("EUROPA/Frankreich")
        node.AppendChild(xmldoc.CreateElement("Fläche")).InnerText = "343965"
        node.AppendChild(xmldoc.CreateElement("Einwohner")).InnerText = "57800000"
        xmldoc.Save("c:\Test7.xml")
...
```

Das resultierende Dokument können Sie sich im Internet Explorer ansehen:

```
- <WELT>
    <AFRIKA />
    <ANTARKTIS />
    <ASIEN />
    <AUSTRALIEN />
  - <EUROPA>
      <Fläche>10500000</Fläche>
      <Einwohner>718500000</Einwohner>
    - <Frankreich>
        <Fläche>343965</Fläche>
        <Einwohner>57800000</Einwohner>
      </Frankreich>
    - <Deutschland>
        <Fläche>356854</Fläche>
        <Einwohner>80767600</Einwohner>
      </Deutschland>
      <Italien />
      <Österreich />
      <Schweden />
      <Norwegen />
```

Abbildung 3.20 Ansicht im Internet Explorer

Suchen in den Baumzweigen

»Wer sucht, der findet zumindest irgendwas!«, diese Weisheit gilt natürlich auch für den XML-Programmierer, da gerade die hierarchischen Baumstrukturen zwar optisch recht anschaulich, aber programmiertechnisch recht unübersichtlich sind.

Die wohl trivialste, aber auch umständlichste Variante zum Suchen hatten wir Ihnen bereits vorgestellt. Sie können sich, wie bereits demonstriert, einfach durch die Liste der Knoten hangeln, was jedoch recht zeitaufwändig und auch wenig effizient ist. Wesentlich schneller geht es mit den folgenden Methoden:

Methode	Beschreibung
GetElementsByTagName(Suchstring)	Liefert eine Collection von *XmlNode*-Objekten basierend auf dem übergebenen Suchstring bzw. Tag-Namen. Mit »*« können Sie alle Elemente abrufen. Geben Sie lediglich einen Tag-Namen an, werden Ihnen alle Vorkommen dieses Tags aufgelistet, unabhängig von der gerade aktiven Baumebene.
SelectNodes(Suchstring)	Liefert eine Liste von *XmlNode*-Objekten, die dem übergebenen Suchstring entsprechen. Der Suchstring bezieht sich im Normalfall auf die gerade aktive Baumebene.
SelectSingleNode(Suchstring)	Verhält sich wie *SelectNodes*, mit dem Unterschied, dass lediglich das erste gefundene Element zurückgegeben wird.

Tabelle 3.2 Methoden zum Suchen

BEISPIEL

Aus der Datei *test7.xml* sollen alle Elemente, unabhängig von ihrer Baumebene, ermittelt werden, die den Namen *Fläche* tragen. Die Element-Namen, der jeweilige Parent sowie der Inhalt der *Text*-Eigenschaft sollen in einer *ListBox* angezeigt werden.

```
Dim xmldoc As New XmlDocument()
Dim root, node As XmlNode
```

```
Dim list As XmlNodeList
xmldoc.Load("c:\test7.xml")
root = xmldoc.DocumentElement
ListBox1.Items.Clear()
list = xmldoc.GetElementsByTagName("Fläche")
For i As Integer = 0 To (list.Count – 1)
  ListBox1.Items.Add(list.Item(i).ParentNode.Name & "    Fläche: " & list.Item(i).InnerText)
Next
```

```
EUROPA  Fläche: 10500000
Frankreich  Fläche: 343965
Deutschland  Fläche: 356854
```

Abbildung 3.21 Ausgabe in der *ListBox*

Statt Sie auf den folgenden Seiten mit endlosen undurchsichtigen Auflistungen von Optionen und Parametern zu quälen, haben wir uns entschieden, Ihnen anhand einiger aussagekräftiger Beispiele die Möglichkeiten der drei genannten Methoden zu demonstrieren.

BEISPIEL

Verwenden von *SelectNodes*

```
Dim xmldoc As New XmlDocument()
Dim root, node As XmlNode
Dim list As XmlNodeList
xmldoc.Load("c:\test7.xml")
root = xmldoc.DocumentElement
ListBox1.Items.Clear()
```

Eingabe des gewünschten Suchstrings und Auswahl:

```
list = xmldoc.SelectNodes(TextBox1.Text)
```

Anzeige der Daten im Listenfeld:

```
For i As Integer = 0 To (list.Count – 1)
  If list(i).InnerText.Trim <> "" Then
    ListBox1.Items.Add(list(i).Name & "  (Text: " & list(i).InnerText & ")")
  Else
    ListBox1.Items.Add(list(i).Name)
  End If
Next
```

Die verschiedenen Suchstrings und das zugehörige Ergebnis:

Suchstring	Beschreibung/Ausgabe
/*	Rückgabewert ist das Root-Element: WELT (Text: 10500000718500000543965578000003568548076 7600)

Tabelle 3.3 Verschiedene XPath-Ausdrücke

Suchstring	Beschreibung/Ausgabe
/WELT	Auswahl des Root-Elements über den Namen: WELT (Text: 105000007185000005439655780000035685480767600)
//*	Rückgabewert ist eine Collection aller Knoten: WELT (Text: 105000007185000005439655780000035685480767600) AFRIKA ANTARKTIS ASIEN AUSTRALIEN EUROPA (Text: 105000007185000005439655780000035685480767600) Fläche (Text: 10500000) Einwohner (Text: 718500000) Frankreich (Text: 54396557800000) Fläche (Text: 543965) Einwohner (Text: 57800000) Deutschland (Text: 35685480767600) Fläche (Text: 356854) Einwohner (Text: 80767600) Italien Österreich Norwegen Polen NORDAMERIKA SÜDAMERIKA
/WELT/*	Anzeige aller Untereinträge von »WELT«: AFRIKA ANTARKTIS ASIEN AUSTRALIEN EUROPA (Text: 105000007185000005439655780000035685480767600) NORDAMERIKA SÜDAMERIKA
/WELT/*[Frankreich]	Sucht alle Knoten unterhalb von »WELT«, die einen Unterknoten mit dem Namen »Frankreich« haben: EUROPA (Text: 105000007185000005439655780000035685480767600)
/WELT/*[not(Frankreich)]	Sucht alle Knoten unterhalb von »WELT«, die keinen Unterknoten mit dem Namen »Frankreich« haben: AFRIKA ANTARKTIS ASIEN AUSTRALIEN NORDAMERIKA SÜDAMERIKA
WELT/EUROPA/*[Fläche or Einwohner]	Sucht alle Knoten unterhalb von »WELT/EUROPA«, die entweder einen Unterknoten mit dem Namen »Fläche« oder »Einwohner« haben: Frankreich (Text: 54396557800000) Deutschland (Text: 35685480767600)

Tabelle 3.3 Verschiedene Xpath-Ausdrücke *(Fortsetzung)*

Suchstring	Beschreibung/Ausgabe
WELT/EUROPA/*[Fläche > 400000]	Sucht alle Knoten unterhalb von »WELT/EUROPA«, die eine Fläche > 400000 haben: Frankreich (Text: 54396557800000) Sie können und sollten den Eintrag »Fläche« vor der Vergleichsoperation mit der Funktion number in einen numerischen Wert umwandeln. WELT/EUROPA/*[number(Fläche) > 400000]
/WELT/*[last()]	Sucht den letzten Knoten unterhalb von »WELT«: SÜDAMERIKA
WELT/*[3]	Der vierte Untereintrag unter »WELT«: ASIEN

Tabelle 3.3 Verschiedene XPath-Ausdrücke *(Fortsetzung)*

Diese Übersicht dürfte Ihnen einen ersten Einblick in die Möglichkeiten der Suche gewährt haben.

HINWEIS Mehr Informationen zum Suchen finden Sie in der Online-Hilfe unter dem Stichwort »XPath queries«.

Weitere Möglichkeiten der XML-Verarbeitung

Die relationale Sicht auf XML-Daten mit XmlDataDocument

Betrachtet man die Ausführungen im vorhergehenden Abschnitt, wird man feststellen, dass sich mit dem DOM zwar hierarchische XML-Dateien gut verarbeiten lassen, der Zusammenhang zur relationalen Welt der Datenbanken fehlt jedoch. Gerade das .NET Framework bzw. das enthaltene ADO.NET macht von XML reichlich Gebrauch. Was liegt also näher, beide Welten miteinander zu verschmelzen?

Die Rede ist vom *XmlDataDocument*-Objekt, das sowohl relationale als auch XML-Daten laden, verarbeiten und speichern kann. *XmlDataDocument* ist von der Klasse *XmlDocument* abgeleitet, verfügt also über alle nötigen Eigenschaften um mit dem DOM zu arbeiten. Gleichzeitig findet sich jedoch auch eine neue Eigenschaft *DataSet*. Genau diese stellt für uns die Verbindung zu den relationalen Daten her.

HINWEIS An dieser Stelle müssen wir den nachfolgenden Kapiteln 4 und 5 (ADO.NET und DataSet) etwas vorgreifen.

Laden von XML-Daten

Laden können Sie reine XML-Daten entweder über das *DataSet* oder auch über das *XmlDataDocument*-Objekt.

BEISPIEL

Laden der Daten über das *DataSet.*

```
Dim ds As New DataSet()
ds.ReadXml("c:\test7.xml")
```

Hier wird das *XmlDataDocument* mit dem *DataSet* synchronisiert:

```
Dim xmlddoc As New XmlDataDocument(ds)
```

Alternativ können Sie jedoch auch erst einmal ein XSD-Schema erzeugen:

```
Dim ds As New DataSet()
ds.ReadXml("c:\test7.xml")
ds.WriteXmlSchema("c:\test7.xsd")
```

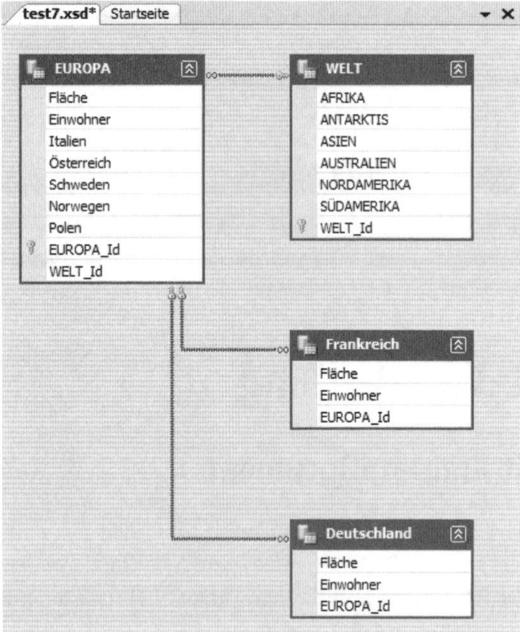

Abbildung 3.22 Das erzeugte Schema für unser XML-File

Warum dieser zusätzliche Aufwand? Die Antwort ist schnell gegeben, wenn Sie versuchen über das *Xml-DataDocument*-Objekt ein XML-File zu laden, ohne entsprechende Schema-Informationen bereitzustellen. Der Versuch wird zwar erfolgreich sein, im *DataSet* werden Sie jedoch keine Tabelle vorfinden.

BEISPIEL

Laden des Schemas und nachfolgendes Laden der XML-Daten.

```
Dim xmlddoc As New XmlDataDocument()
xmlddoc.DataSet.ReadXmlSchema("c:\test7.xsd")
xmlddoc.Load("c:\test7.xml")
```

Verwendung des DataSets

Einer Anzeige, zum Beispiel in einem *DataGrid*, steht jetzt nichts mehr im Wege:

```
Dim xmlddoc As New XmlDataDocument()
xmlddoc.DataSet.ReadXmlSchema("c:\test7.xsd")
xmlddoc.Load("c:\test7.xml")
DataGrid1.DataSource = xmlddoc.DataSet
```

HINWEIS Wir verwenden in diesem Fall das gute alte *DataGrid*, da dieses zur Laufzeit eine Auswahl der enthaltenen *DataTables* anbietet.

Abbildung 3.23 Ansicht des *DataSets* im *DataGrid*

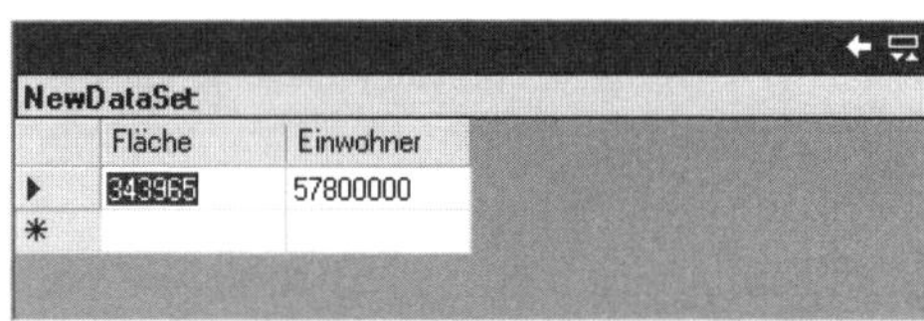

Abbildung 3.24 Detailansicht (Frankreich) im *DataGrid*

Importieren Sie die Schema-Datei in Ihr Visual Studio-Projekt, wird automatische eine entsprechende Designer-Datei erzeugt, die das zugehörige *DataSet* als Klassendefinition beschreibt.

BEISPIEL

Ausschnitt aus *Test7.Designer.vb*

```
...
Option Strict Off
Option Explicit On

Imports System

<System.CodeDom.Compiler.GeneratedCodeAttribute("System.Data.Design.TypedDataSetGenerator", _
 "2.0.0.0"), _
 Serializable(), _
 System.ComponentModel.DesignerCategoryAttribute("code"), _
 System.ComponentModel.ToolboxItem(true), _
 System.Xml.Serialization.XmlSchemaProviderAttribute("GetTypedDataSetSchema"), _
 System.Xml.Serialization.XmlRootAttribute("NewDataSet"), _
 System.ComponentModel.Design.HelpKeywordAttribute("vs.data.DataSet")> _
Partial Public Class NewDataSet
    Inherits System.Data.DataSet

    Private tableWELT As WELTDataTable
    Private tableEUROPA As EUROPADataTable
    Private tableFrankreich As FrankreichDataTable
    Private tableDeutschland As DeutschlandDataTable
    Private relationWELT_EUROPA As System.Data.DataRelation
    Private relationEUROPA_Frankreich As System.Data.DataRelation
    Private relationEUROPA_Deutschland As System.Data.DataRelation
...

End Class
```

XML-Daten aus Objektstrukturen erzeugen

Nicht in jedem Fall befinden sich Ihre Ausgangsdaten für einen XML-Export schon in einem geeigneten Format, wie einer *DataTable* etc. Doch ganz so weit brauchen Sie eigentlich gar nicht zu gehen. Wer den Pfad der reinen objektorientierten Programmierung nicht allzu weit verlassen hat, der kommt auf ganz unspektakuläre Weise zu seinen XML-Daten. Das Stichwort lautet in diesem Fall »Serialisierung« bzw. »Serialisierung im XML-Format«. Visual Basic unterstützt Sie bei dieser Aufgabe mit dem *XmlSerializer.*

Einige Einschränkungen sind allerdings zu beachten:

- Die Objekte bzw. die zugrunde liegende Klasse muss einen Standard-Konstruktor aufweisen (ohne Parameter)
- Nur öffentliche Eigenschaften und Felder lassen sich exportieren.
- Die Eigenschaften müssen einen Schreib-/Lesezugriff ermöglichen
- Soll eine Collection von Objekten exportiert werden, muss die Klasse von *System.Collections.CollectionBase* abgeleitet werden. Alternativ können Sie auch ein streng typisiertes Array verwenden.

BEISPIEL

Exportieren eines einfachen Objektarrays im XML-Format

Definieren des Objekts (Eigenschaften *Bezeichnung, Anzahl, Preis*):

```
Public Class Artikel

    Private _Bezeichnung As String

    Public Property Bezeichnung() As String
        Get
            Return _Bezeichnung
        End Get
        Set(ByVal value As String)
            _Bezeichnung = value
        End Set
    End Property

    Private _Anzahl As Integer

    Public Property Anzahl() As Integer
        Get
            Return _Anzahl
        End Get
        Set(ByVal value As Integer)
            _Anzahl = value
        End Set
    End Property

    Public Preis As Single

End Class
```

Erzeugen eines Objektarrays:

```
Imports System.IO
Imports System.Xml
```

```
Imports System.Xml.Serialization

Public Class Form1

    Private meineArtikel As New ArtikelListe()
...
        meineArtikel.art = New Artikel(3) {}
        For i As Integer = 0 To 3
            meineArtikel.art(i) = New Artikel()
        Next
        With meine Artikel
            .art(0).Anzahl = 10
            .art(0).Bezeichnung = "Mülleimer"
            .art(0).Preis = 123.45
            .art(1).Anzahl = 245
            .art(1).Bezeichnung = "Osterhasen"
            .art(1).Preis = 0.99
            .art(2).Anzahl = 44
            .art(2).Bezeichnung = "Schuhe"
            .art(2).Preis = 68.33
            .art(3).Anzahl = 2
            .art(3).Bezeichnung = "Hosen"
            .art(3).Preis = 13.45
        End With
```

Speichern im XML-Format:

```
        Dim seria As New XmlSerializer(GetType(ArtikelListe))
        Dim fs As New FileStream("c:\meineArtikel.xml", FileMode.Create)
        seria.Serialize(fs, meineArtikel)
        fs.Close()
```

Die erzeugte Datei *meineArtikel.xml* können Sie sich im Internet Explorer ansehen:

```
  <?xml version="1.0" ?>
- <ArrayOfArtikel xmlns:xsi="http://www.w3.org/2001/XMLSchema-
    instance" xmlns:xsd="http://www.w3.org/2001/XMLSchema">
  - <Artikel>
      <Preis>123.45</Preis>
      <Bezeichnung>Mülleimer</Bezeichnung>
      <Anzahl>10</Anzahl>
    </Artikel>
  - <Artikel>
      <Preis>0.99</Preis>
      <Bezeichnung>Osterhasen</Bezeichnung>
      <Anzahl>245</Anzahl>
    </Artikel>
  - <Artikel>
      <Preis>68.33</Preis>
      <Bezeichnung>Schuhe</Bezeichnung>
      <Anzahl>44</Anzahl>
    </Artikel>
  - <Artikel>
      <Preis>13.45</Preis>
      <Bezeichnung>Hosen</Bezeichnung>
      <Anzahl>2</Anzahl>
    </Artikel>
  </ArrayOfArtikel>
```

Abbildung 3.25 Ansicht der XML-Daten

Das sieht schon ganz gut aus, allerdings haben wir bisher noch keinen Einfluss auf die Gestaltung der XML-Daten genommen. So werden die Eigenschaften pauschal als Elemente gespeichert, die Root wird automatisch benannt und auch die Elementnamen entsprechen zunächst den jeweiligen Eigenschaftsnamen.

Wem die obige Ausgabe nicht genügt, dem bietet sich die Möglichkeit, mit Hilfe von Attributen in der Objektdefinition das spätere XML-Format zu beeinflussen.

Attribut	Beschreibung
XmlRoot	... wird der Klasse zugeordnet, es bestimmt den Namen des Root-Elements
XmlElement	... weist der Eigenschaft/dem Member einen alternativen Elementnamen zu.
XmlAttribute	... bestimmt, dass Eigenschaften als XML-Attribute statt als Elemente gespeichert werden.
XmlEnum	... bestimmt einen alternativen Bezeichner für Aufzählungen.
XmlIgnore	... die markierte Eigenschaft wird nicht in die XML-Daten aufgenommen.

Tabelle 3.4 Attribute für die XML-Serialisierung

HINWEIS Die Attribute werden vom Namenspace *System.Xml.Serialization* bereitgestellt, Sie müssen diesen also auch bei der Klassendefinition einbinden.

BEISPIEL

Eine paar Änderungen an unserer Klassendefinition zeigen die Auswirkung obiger Attribute:

```
Imports System
Imports System.Xml.Serialization

Public Class Artikel
    Private _bezeichnung As String
```

Eine neue Bezeichnung festlegen und speichern als Attribut:

```
    <XmlAttribute("Name")> _
    Public Property Bezeichnung() As String
        Get
            Return _bezeichnung
        End Get
        Set(ByVal value As String)
            _bezeichnung = value
        End Set
    End Property
```

Eine neue Bezeichnung festlegen und speichern als Attribut:

```
    Private _Anzahl As Integer
    <XmlAttribute("Menge")> _
    Public Property Anzahl() As Integer
        Get
            Return _anzahl
        End Get
        Set(ByVal value As Integer)
            _anzahl = value
```

```
        End Set
    End Property
```

Nicht in die XML-Daten mit aufnehmen:

```
    <XmlIgnore()> _
    Public Preis As Single
End Class
```

Eine übergeordnete Klasse definieren, so haben wir auch Einfluss auf den Namen der Root:

```
<XmlRoot("Warenbestand")> _
Public Class ArtikelListe
    <XmlElement("Artikel")> _
    Public art As Artikel()
End Class
```

Speichern Sie ein Objekt vom Typ *ArtikelListe* ab, erhalten Sie die folgende XML-Ausgabe:

```
<?xml version="1.0" ?>
- <Warenbestand xmlns:xsi="http://www.w3.org/2001/XMLSchema-
  instance" xmlns:xsd="http://www.w3.org/2001/XMLSchema">
    <Artikel Name="Mülleimer" Menge="10" />
    <Artikel Name="Osterhasen" Menge="245" />
    <Artikel Name="Schuhe" Menge="44" />
    <Artikel Name="Hosen" Menge="2" />
  </Warenbestand>
```

Abbildung 3.26 Die erzeugte XML-Datei

Schnelles Suchen in XML-Daten mit XPathNavigator

Auch wenn wir im Abschnitt über das DOM bereits mit der Suche beschäftigt waren, wollen wir noch einmal auf dieses Thema eingehen. Der Grund ist schnell gefunden, wenn Sie versuchen mit Hilfe des XML-DOM größere Datenmengen zu verarbeiten.

Als schnelle Alternative bietet sich der *XPathNavigator* an, den Sie mit der Methode *CreateNavigator* entweder aus einem *XPathDocument* oder einem *XmlDocument*-Objekt erzeugen können.

HINWEIS Verwenden Sie ein *XPathDocument* zum Erzeugen, ist die Datenbasis schreibgeschützt.

Neben den bereits bekannte Navigationsmethoden (*MoveToNext, MoveToPrevious, MoveToParent* ...) dürfte vor allem die *Select*-Methode von Interesse sein. Dieser übergeben Sie eine XPath-Ausdruck, der Rückgabewert ist ein *XPathNodeIterator*, mit dem Sie die ausgewählten Knoten durchlaufen können.

Ein Beispiel dürfte für mehr Klarheit sorgen:

BEISPIEL

Auswahl aller Orte in einer XML-Datei und Ausgabe in einer *ListBox*

Die erforderlichen Namespaces einbinden:

```
Imports System.Xml
Imports System.Xml.XPath
```

```
...
Public Class Form1
```

Dokument laden:

```
    Private xdoc As XPathDocument = New System.Xml.XPath.XPathDocument("Telefon.xml")
    Private xnav As XPathNavigator

    Private Sub Form1_Load(ByVal sender As System.Object, ByVal e As System.EventArgs) _
                                                                    Handles MyBase.Load
```

Der *XPathNavigator* wird über ein *XPathDocument* erzeugt:

```
        xnav = xdoc.CreateNavigator()
    End Sub

    Private Sub Button1_Click(ByVal sender As System.Object, ByVal e As System.EventArgs) _
                                                                    Handles Button1.Click
        ListBox1.Items.Clear()
        Dim von As Double = System.Environment.TickCount
        Try
```

Daten selektieren:

```
            Dim xit As XPathNodeIterator = xnav.[Select](TextBox1.Text)
            Label1.Text = "Fundstellen: " & xit.Count.ToString()
```

Auslesen der einzelnen Elemente und Anzeige in der *ListBox*:

```
            While xit.MoveNext()
                ListBox1.Items.Add(xit.Current.Value.ToString())
            End While
```

Falls ein fehlerhafter XPath-Ausdruck eingegeben wurde:

```
        Catch ex As Exception
            MessageBox.Show(ex.Message)
        End Try
    End Sub
```

Die Struktur der zu ladenden XML-Datei:

```
  <?xml version="1.0" encoding="UTF-8" ?>
- <dataroot xmlns:od="urn:schemas-microsoft-com:officedata"
    generated="2006-03-08T10:59:06">
  - <Telefon>
      <Ort>Aarbergen</Ort>
      <Vorwahl>06120</Vorwahl>
    </Telefon>
  - <Telefon>
      <Ort>Aasbüttel</Ort>
      <Vorwahl>04892</Vorwahl>
    </Telefon>
  - <Telefon>
      <Ort>Abenberg (Mittelfr)</Ort>
      <Vorwahl>09178</Vorwahl>
    </Telefon>
  - <Telefon>
      <Ort>Abenberg-Wassermungenau</Ort>
```

Abbildung 3.27 *Telefon.xml*

Das Beispielprogramm von der Buch-CD in Aktion:

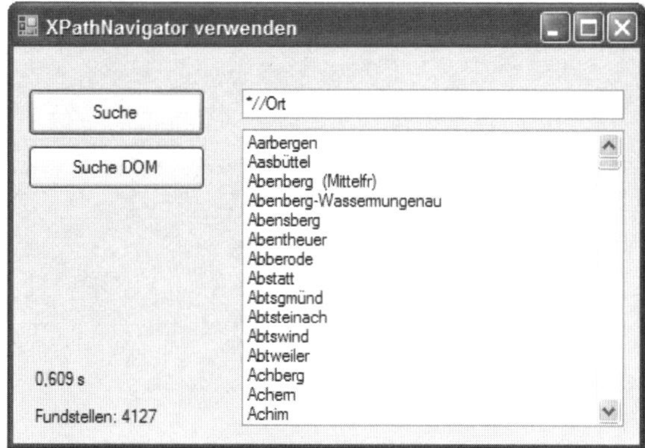

Abbildung 3.28 Laufzeitansicht Testprogramm

HINWEIS Möchten Sie die Telefonnummern auslesen, können Sie folgenden XPath-Ausdruck verwenden: »*//Vorwahl«.

Schnelles Auslesen von XML-Daten mit dem XmlReader

Für den schnellen Lesezugriff auf XML-Dokumente bietet sich ein *XmlReader* an. Dieser unterliegt jedoch gewissen Einschränkungen, die es zu beachten gilt, bevor man sich für die Verwendung entscheidet:

- Nur Lesezugriff
- Nur Vorwärtsbewegung möglich
- kein Caching

Wer damit leben kann, der wird mit einer schnellen und wenig speicherbelastenden Alternative belohnt.

BEISPIEL

Einlesen einer XML-Datei mit Telefondaten (Struktur siehe Abbildung 3.27) in eine *ListBox*. Es sollen nur die Elemente der drtten Ebene (der Name des Ortes und die Vorwahl angezeigt werden.

```
...
Imports System.Xml
Imports System.Xml.XPath

Public Class Form1

    Private Sub Button1_Click(ByVal sender As System.Object, ByVal e As System.EventArgs) _
                                                                        Handles Button1.Click
        ListBox1.Items.Clear()
```

Einstellungen für den *XmlReader* definieren:

```
        Dim myset As New XmlReaderSettings()
```

Leerzeichen ignorieren (fast immer angebracht):

```
        myset.IgnoreWhitespace = True
```

XmlReader erzeugen (die Daten werden **nicht** in den Speicher geladen):

```
        Dim xr As XmlReader = XmlReader.Create("Telefon.xml", myset)
```

Daten durchlaufen (nur Ebene 3 anzeigen):

```
        While xr.Read()
            If xr.Depth = 3 Then
                ListBox1.Items.Add(xr.Value)
            End If
        End While

    End Sub
```

Das Endergebnis zeigt die folgende Abbildung:

Aarbergen
06120
Aasbüttel
04892
Abenberg (Mittelfr)
09178
Abenberg-Wassermungenau
09873
Abensberg
09443
Abentheuer
06782
Abberode
034779
Abstatt
07062
Abtsgmünd
07366
Abtsteinach

Abbildung 3.29 Die eingelesenen XML-Daten

Was und wie wird eigentlich beim *Read* gelesen? Die Antwort ist schnell gefunden, wenn Sie obiges Beispiel etwas abändern:

```
            While xr.Read()
                Debug.Print(xr.NodeType & " " & xr.Name & " " & xr.Value)
            ...
```

Verzichten Sie auf das Filtern und lassen Sie sich zusätzlich *NodeType* und *Name* anzeigen, erhalten Sie folgende Ausgaben (zur besseren Übersicht haben wir diese etwas eingerückt):

```
XmlDeclaration xml version="1.0" encoding="UTF-8"
Element dataroot
    Element Telefon
        Element Ort
            Text  Aarbergen
        EndElement Ort
        Element Vorwahl
            Text  06120
        EndElement Vorwahl
    EndElement Telefon
    Element Telefon
        Element Ort
            Text  Aasbüttel
        EndElement Ort
        Element Vorwahl
```

```
            Text  04892
        EndElement Vorwahl
    EndElement Telefon
...
```

Mit dem Grundwissen aus dem ersten Abschnitt dürften Sie schnell erkennen, dass hier die XML-Struktur auf recht einfache und übersichtliche Weise abgebildet wird. Die Eigenschaft *Depth* ist nur als Hilfe vorhanden, damit Sie vor lauter Elementen nicht den Überblick verlieren.

HINWEIS Mit .NET 2.0 wurden auch diverse Methoden (z.B. *ReadContentAsFloat, ReadContentAsDataTime*) zum direkten Einlesen von Datentypen integriert. Damit bleibt Ihnen das nervtötende nachträgliche Konvertieren erspart.

Erzeugen von XML-Daten mit XmlWriter

Neben den schon vorgestellten Möglichkeiten, eine XML-Datei zu erzeugen bzw. zu exportieren, bietet sich ebenfalls die Verwendung eines *XmlWriters* an. Hierbei handelt es sich um eine recht schnelle und übersichtliche Alternative, die dem Programmierer allerdings eine gewisse Disziplin abverlangt, sind Sie doch selbst dafür verantwortlich, dass es sich um ein wohlgeformtes XML-Dokument handelt. D.h., Sie arbeiten auf der Ebene von XML-Elementen, die Sie in der richtigen Reihenfolge und Notation in das neue Dokument einfügen müssen.

BEISPIEL

Die im vorhergehenden Beispiel in die *ListBox* eingelesenen Werte sollen wieder im XML-Format exportiert werden. Statt Elementen verwenden wir jetzt jedoch Attribute, um eine kompaktere XML-Datei zu erhalten.

Namesspaces einbinden:

```
...
Imports System.Xml
Imports System.Xml.XPath
...
```

Objekt erzeugen:

```
        Dim xw As XmlWriter.Create("Export.xml", xws)
```

Prolog erzeugen:

```
        xw.WriteStartDocument()
```

Root-Element schreiben:

```
        xw.WriteStartElement("Telefonnummern")
```

Einzel-Elemente auflisten:

```
        For i As Integer = 0 To ListBox1.Items.Count - 1 Step 2
            xw.WriteStartElement("Ort")
```

Werte als Attribute speichern:

```
            xw.WriteAttributeString("Name", ListBox1.Items(i).ToString())
            xw.WriteAttributeString("Nummer", ListBox1.Items(i + 1).ToString())
```

... und nie die schließenden Elemente vergessen!

```
            xw.WriteEndElement()
        Next
        xw.WriteEndElement()          ' für Telefonnummern
        xw.WriteEndDocument()
        xw.Close()
```

HINWEIS Vergessen Sie nicht die *Close*-Methode, andernfalls kann es zu Problemen mit der exportierten Datei kommen (Lesefehler).

Die neue Datei mit geänderter Struktur:

```
  <?xml version="1.0" encoding="utf-8" ?>
- <Telefonnummern>
    <Ort Name="Aarbergen" Nummer="06120" />
    <Ort Name="Aasbüttel" Nummer="04892" />
    <Ort Name="Abenberg (Mittelfr)" Nummer="09178" />
    <Ort Name="Abenberg-Wassermungenau" Nummer="09873" />
    <Ort Name="Abensberg" Nummer="09443" />
    <Ort Name="Abentheuer" Nummer="06782" />
    <Ort Name="Abberode" Nummer="034779" />
    <Ort Name="Abstatt" Nummer="07062" />
    <Ort Name="Abtsgmünd" Nummer="07366" />
    <Ort Name="Abtsteinach" Nummer="06207" />
    <Ort Name="Abtswind" Nummer="09383" />
    <Ort Name="Abtweiler" Nummer="06753" />
```

Abbildung 3.30 *Export.xml*

Wer einen Blick mit *Notepad* in die XML-Datei wagt, wird über das Chaos sicher entsetzt sein. Keine Zeilenumbrüche, keine Einrückungen etc. Das alles ist in einer XML-Datei auch nicht unbedingt nötig, für eine bessere Lesbarkeit bietet es sich in einigen Fällen dennoch an.

Einfluss auf das Exportformat haben Sie mit Hilfe eines *XmlWriterSettings*-Objekts, das Sie der *Create*-Methode übergeben können.

```
...
        Dim xws As New XmlWriterSettings()
        xws.Indent = True          ' Einrücken
        xws.IndentChars = "  "
        Dim xw As XmlWriter = XmlWriter.Create("Export.xml", xws)
        xw.WriteStartDocument()
...
```

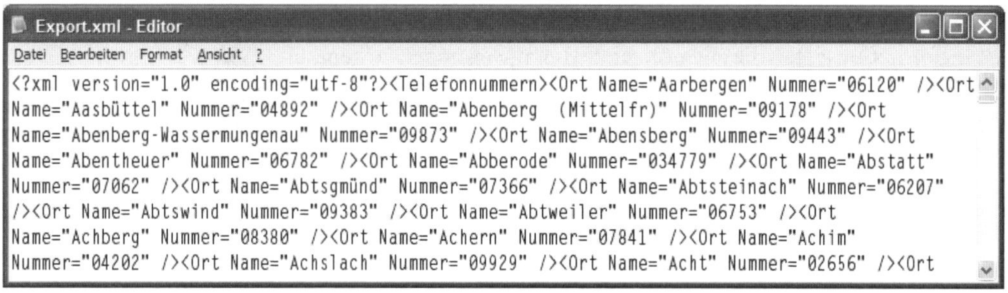

Export.xml - Editor

Datei Bearbeiten Format Ansicht ?


```
<?xml version="1.0" encoding="utf-8"?><Telefonnummern><Ort Name="Aarbergen" Nummer="06120" /><Ort
Name="Aasbüttel" Nummer="04892" /><Ort Name="Abenberg  (Mittelfr)" Nummer="09178" /><Ort
Name="Abenberg-Wassermungenau" Nummer="09873" /><Ort Name="Abensberg" Nummer="09443" /><Ort
Name="Abentheuer" Nummer="06782" /><Ort Name="Abberode" Nummer="034779" /><Ort Name="Abstatt"
Nummer="07062" /><Ort Name="Abtsgmünd" Nummer="07366" /><Ort Name="Abtsteinach" Nummer="06207"
/><Ort Name="Abtswind" Nummer="09383" /><Ort Name="Abtweiler" Nummer="06753" /><Ort
Name="Achberg" Nummer="08380" /><Ort Name="Achern" Nummer="07841" /><Ort Name="Achim"
Nummer="04202" /><Ort Name="Achslach" Nummer="09929" /><Ort Name="Acht" Nummer="02656" /><Ort
```


Abbildung 3.31 XML-Ausgabe ohne *XmlWriterSettings*

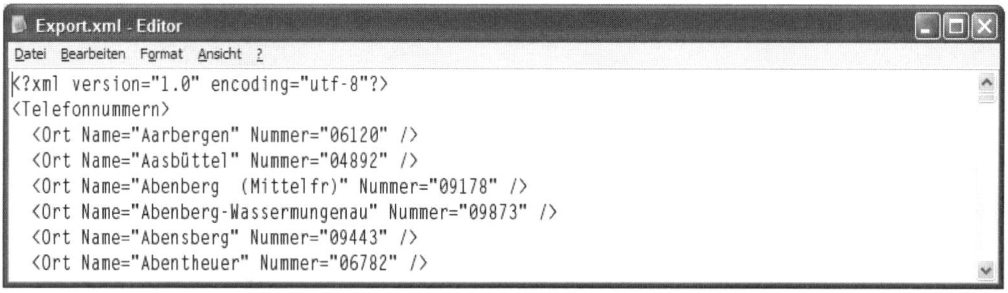

Export.xml - Editor

Datei Bearbeiten Format Ansicht ?


```
<?xml version="1.0" encoding="utf-8"?>
<Telefonnummern>
  <Ort Name="Aarbergen" Nummer="06120" />
  <Ort Name="Aasbüttel" Nummer="04892" />
  <Ort Name="Abenberg  (Mittelfr)" Nummer="09178" />
  <Ort Name="Abenberg-Wassermungenau" Nummer="09873" />
  <Ort Name="Abensberg" Nummer="09443" />
  <Ort Name="Abentheuer" Nummer="06782" />
```


Abbildung 3.32 XML-Ausgabe mit *XmlWriterSettings*

XML transformieren mit XSLT

Nachdem wir Sie mit diversen Möglichkeiten des Schreibens und Lesens von XML-Dokumenten traktiert haben, wollen wir noch kurz auf ein recht interessantes Thema eingehen. Mit Hilfe eines XSLT-Prozessors (*Extensible Style Language Transformation*) und eines entsprechenden XSL-Dokuments können Sie ein XML-Dokument in ein anderes Format transformieren. Dies kann neben einer gefilterten/geändertem XML-Datei auch eine HTML- oder PFD-Datei sein.

BEISPIEL

Auslesen der Datei Telefon.xml und konvertieren in das XML-Format

```
...
Imports System.Xml
Imports System.Xml.Xsl

Public Class Form1

    Private Sub Button1_Click(ByVal sender As System.Object, ByVal e As System.EventArgs) _
                                                                         Handles Button1.Click
        Dim xslt As New XslCompiledTransform()
        xslt.Load("Telefon.xsl")
        xslt.Transform("Telefon.xml", "Telefon.html")
    End Sub
End Class
```

Wer dachte, jetzt jede Menge Code zu produzieren, ist sicher enttäuscht worden. Die Hauptarbeit übernimmt die Transformationsdatei, die alle nötigen Steueranweisungen etc. enthält.

BEISPIEL

Die Transformationsdatei *Telefon.xsl*:

```
<?xml version="1.0"?>
<xsl:stylesheet version="1.0"
    xmlns:xsl="http://www.w3.org/1999/XSL/Transform">
  <xsl:template match="/">
```

Die wichtigsten HTML-Tags erzeugen:

```
    <HTML>
      <TITLE>Telefonvorwahlen</TITLE>
```

Tabellenkopf erzeugen:

```
      <Table border="1" padding="0" cellspacing="1">
      <THEAD>
        <TH>Ort</TH>
        <TH>Vorwahl</TH>
      </THEAD>
```

Daten selektieren und in einer Schleife ausgaben:

```
      <xsl:for-each select="dataroot/Telefon">
        <tr>
          <td><xsl:value-of select="Ort"/> </td>
          <td><xsl:value-of select="Vorwahl"/></td>
        </tr>
      </xsl:for-each>
```

Nötige HTML-Tags schreiben:

```
      </Table>
    </HTML>
  </xsl:template>
</xsl:stylesheet>
```

Ort	Vorwahl
Aarbergen	06120
Aasbüttel	04892
Abenberg (Mittelfr)	09178
Abenberg-Wassermungenau	09873
Abensberg	09443
Abentheuer	06782
Abberode	034779
Abstatt	07062
Abtsgmünd	07366
Abtsteinach	06207
Abtswind	09383

Abbildung 3.33 Die erzeugte HTML-Datei im Internet Explorer

Praxisbeispiele

PB3.1 Mit dem DOM in XML-Dokumenten navigieren

XmlDocument-Objekt: *Load*-Methode; *XmlElement*-Objekt: *ParentNode-*, *PreviousSibling-*, *FirstChild-*, *LastChild-*, *NextSibling*-Methode;

Welche Möglichkeiten, d.h. Methoden bzw. Eigenschaften, zur Navigation zwischen den einzelnen Knoten sich bei Verwendung des *XmlDocuments*-Objekts anbieten, zeigt die folgende Skizze (Ausgangspunkt ist der hervorgehobene Knoten):

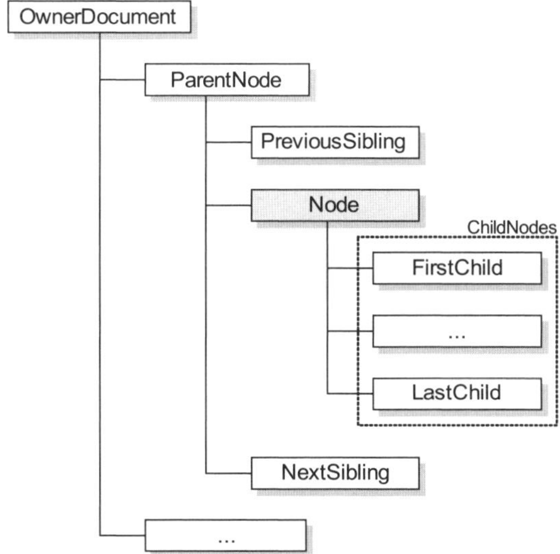

Abbildung 3.34 Navigieren in XML-Dokumenten

Wie Sie sehen, können Sie von jedem beliebigen Knoten aus auf den gesamten Baum zugreifen. Entweder Sie bewegen sich mit *PreviousSibling* bzw. *NextSibling* innerhalb einer Ebene oder Sie wechseln mit *ParentNode* in die übergeordnete Ebene, um dort ebenfalls mit *PreviousSibling* bzw. *NextSibling* auf die einzelnen Knoten zuzugreifen. Möchten Sie die untergeordneten Elemente eines Knotens verarbeiten, können Sie zunächst mit *FirstChild* auf das erste untergeordnete Element zugreifen, um dann wiederum mit *PreviousSibling* bzw. *NextSibling* mit den weiteren Elementen der dann aktiven Ebene fortzufahren.

Unser kleines Test- und Probierprogramm hat die recht einfache Aufgabe, die Datei *Test7.xml* von der Festplatte zu laden. Nachfolgend soll, ausgehend vom Root-Element, die Navigation zwischen den einzelnen Baumknoten demonstriert werden. Dazu stellen entsprechende Tasten die jeweiligen Methoden zur Verfügung. Ist der Knoten gewechselt, wird die Bezeichnung angezeigt.

Oberfläche

Entwerfen Sie eine einfache Oberfläche nach dem Vorbild in Abbildung 3.35.

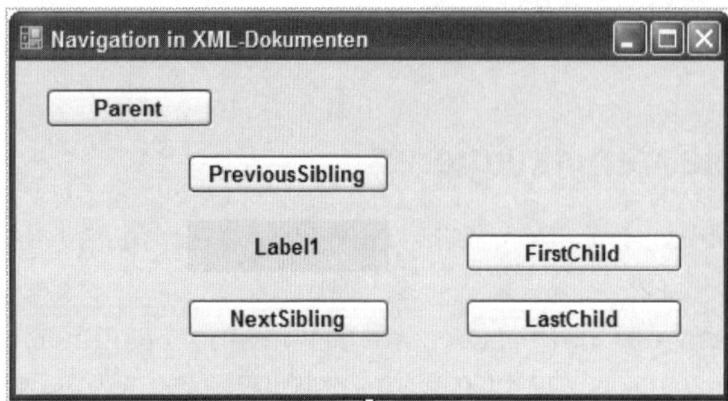

Abbildung 3.35 Entwurfsansicht

Quellcode

Zunächst binden wir den folgenden Namespace ein und definieren einige globale Variablen:

```
Imports System.Xml
...
  Private xmlDoc As New XmlDocument()
  Private root As XmlElement
  Private node As XmlNode
```

Mit dem Öffnen des Fensters öffnen wir auch die Datei und weisen der Variablen *Node* den Root-Knoten zu:

```
  Private Sub Form1_Load(ByVal sender As System.Object, ByVal e As System.EventArgs) _
                                                                        Handles MyBase.Load
    Try
      xmlDoc.Load("test7.xml")
    Catch
      MessageBox.Show("Datei nicht gefunden!")
      Exit Sub
    End Try
    root = xmlDoc.DocumentElement
    node = root
    Label1.Text = node.Name
  End Sub
```

Wir wechseln zum Parent:

```
  Private Sub Button1_Click(ByVal sender As System.Object, ByVal e As System.EventArgs) _
                                                                        Handles Button1.Click
    If Not (node.ParentNode Is Nothing) Then
      node = node.ParentNode
      Label1.Text = node.Name
    Else
      MessageBox.Show("Kein Parent vorhanden!")
    End If
  End Sub
```

Wir wechseln zum Vorgänger in der gleichen Baumebene:

```
  Private Sub Button2_Click(ByVal sender As System.Object, ByVal e As System.EventArgs) _
                                                                        Handles Button2.Click
    If Not (node.PreviousSibling Is Nothing) Then
      node = node.PreviousSibling
      Label1.Text = node.Name
```

```
    Else
      MessageBox.Show("Kein Vorgänger vorhanden!")
    End If
  End Sub
```

Wir wechseln zum Nachfolger in der gleichen Baumebene:

```
  Private Sub Button3_Click(ByVal sender As System.Object, ByVal e As System.EventArgs) _
                                                                   Handles Button3.Click
    If Not (node.NextSibling Is Nothing) Then
      node = node.NextSibling
      Label1.Text = node.Name
    Else
      MessageBox.Show("Kein Nachfolger vorhanden!")
    End If
  End Sub
```

Wir wechseln zum ersten Child-Knoten:

```
  Private Sub Button4_Click(ByVal sender As System.Object, ByVal e As System.EventArgs) _
                                                                   Handles Button4.Click
    If node.ChildNodes.Count > 0 Then
      node = node.FirstChild
      Label1.Text = node.Name
    Else
      MessageBox.Show("Keine Untereinträge vorhanden!")
    End If
  End Sub
```

Wir wechseln zum letzten Child-Knoten:

```
  Private Sub Button5_Click(ByVal sender As System.Object, ByVal e As System.EventArgs) _
                                                                   Handles Button5.Click
    If node.ChildNodes.Count > 0 Then
      node = node.LastChild
      Label1.Text = node.Name
    Else
      MessageBox.Show("Keine Untereinträge vorhanden!")
    End If
  End Sub
```

Test

Starten Sie das Programm und versuchen Sie, durch den XML-Baum zu navigieren.

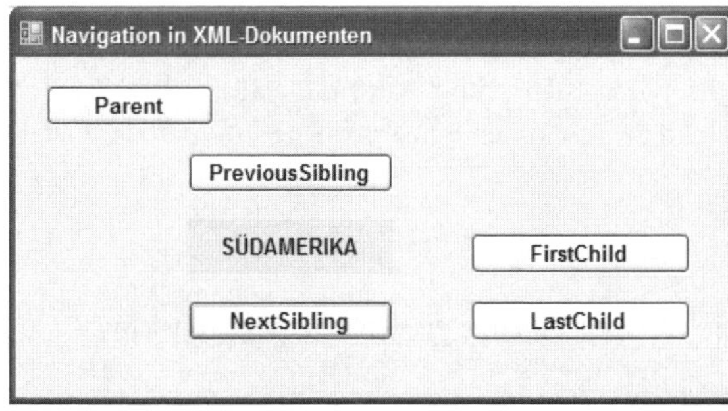

Abbildung 3.36 Laufzeitansicht

Die folgende Abbildung soll Ihnen dabei als Hilfestellung dienen:

```
- <WELT>
   <AFRIKA />
   <ANTARKTIS />
   <ASIEN />
   <AUSTRALIEN />
 - <EUROPA>
     <Fläche>10500000</Fläche>
     <Einwohner>718500000</Einwohner>
   - <Frankreich>
       <Fläche>343965</Fläche>
       <Einwohner>57800000</Einwohner>
     </Frankreich>
   - <Deutschland>
       <Fläche>356854</Fläche>
       <Einwohner>80767600</Einwohner>
     </Deutschland>
     <Italien />
     <Österreich />
     <Schweden />
     <Norwegen />
     <Polen />
   </EUROPA>
   <NORDAMERIKA />
   <SÜDAMERIKA />
</WELT>
```

Abbildung 3.37 Inhalt der XML-Datei

HINWEIS Beachten Sie, dass sich auch über »WELT« noch ein Objekt befindet!

Bemerkungen

- Sicher werden Ihre Versuche mit dem Programm durch reichlich Fehlermeldungen unterbrochen, wenn kein aktives Element bzw. kein gültiges Objekt mehr vorhanden ist. Wir haben absichtlich darauf verzichtet, alle eventuellen Fehlerfälle abzufangen, da Sie auf diese Weise viel schneller ein Gefühl für die Navigation innerhalb des XML-Baumes bekommen.
- Mit *Is Nothing* oder mit *Try-Catch* können Sie zusätzliche Fehlerprüfungen einführen.

PB3.2 XML-Daten in eine TreeView einlesen

XmlDocument-Objekt: *Load*-Methode; *TreeView*-Objekt: *Nodes*-Auflistung;

Mit einem kleinen Beispielprogramm möchten wir Ihnen zeigen, wie Sie XML-Daten strukturiert in einer *TreeView*-Komponente anzeigen können. Das Programm lässt sich schnell und einfach an Ihre eigenen Erfordernisse anpassen, beispielsweise um den Unterschied zwischen den einzelnen Knotentypen darzustellen.

Oberfläche

Fügen Sie in ein Formular einen *Button* sowie eine *TreeView*-Komponente ein (siehe Laufzeitansicht).

Quellcode

Binden Sie zunächst den Namespace *System.Xml* ein.

Mit dem Klick auf die Schaltfläche wird zunächst eine Instanz des *XmlDocument*-Objektes erzeugt und die Datei *daten.xml* geladen:

```
Private Sub Button1_Click(ByVal sender As System.Object, ByVal e As System.EventArgs) _
                                                                Handles Button1.Click
    Dim xmlDoc As XmlDocument = New XmlDocument()
    Try
        xmlDoc.Load("Daten.xml")
    Catch
        MessageBox.Show("Datei nicht gefunden!")
        Return
    End Try
```

Gleichzeitig löschen wir die bisherigen Inhalte der *TreeView*-Komponente:

```
    TreeView1.Nodes.Clear()

    ShowNode(Nothing, xmlDoc)
    TreeView1.Nodes(0).ExpandAll()
End Sub
```

HINWEIS Übergeben Sie statt *xmlDOC* das Objekt *xmlDOC.DocumentElement*, beginnt die Baumansicht direkt mit dem ersten Knoten der XML-Daten, d.h. »WELT«, andernfalls mit der Datei selbst.

Die Prozedur zur Anzeige in der *TreeView*:

```
Private Sub ShowNode(ByVal parent As TreeNode, ByVal node As XmlNode)
    Dim Caption As String = String.Empty
    Dim tn As TreeNode
```

Wird kein gültiges DOM-Objekt übergeben, wird die Routine beendet:

```
    If node Is Nothing Then Return
```

Die Beschriftung des Baumknotens festlegen:

```
    If node.NodeType = XmlNodeType.Document Then Caption = "XML-Datei"
    If node.NodeType = XmlNodeType.Element Then Caption = node.Name
    If (node.NodeType = XmlNodeType.CDATA) OrElse (node.NodeType = XmlNodeType.Text) Then
        Caption = node.Value
    End If
    If Caption = "" Then Return
```

Je nach Knotentyp müssen wir andere Eigenschaften zur Bestimmung der Beschriftung auslesen.

Erzeugen eines neuen Baumknotens mit der gewählten Beschriftung:

```
   If parent Is Nothing Then
        tn = TreeView1.Nodes.Add(Caption)
    Else
        tn = parent.Nodes.Add(Caption)
    End If
```

Sollten Unterelemente vorhanden sein, rufen wir für jedes dieser Elemente die aktuelle Prozedur rekursiv auf:

```
        If node.ChildNodes IsNot Nothing Then
            For i As Integer = 0 To node.ChildNodes.Count - 1
                ShowNode(tn, node.ChildNodes.Item(i))
            Next
        End If
    End Sub
```

Test

Starten Sie das Programm und klicken Sie auf die Schaltfläche, um die Daten aus der Datei zu lesen.

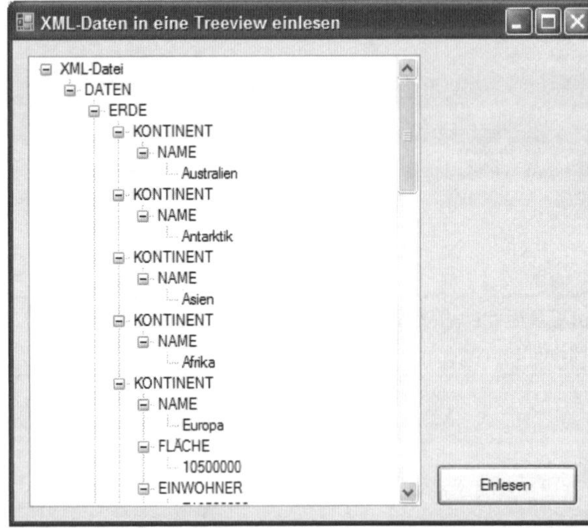

Abbildung 3.38 Laufzeitansicht

Ergänzung

Wer lieber mit dem *XmlReader* arbeiten möchte, der muss sich zwar von der rekursiven Programmierung verabschieden, der grundsätzliche Ablauf beim Füllen der *TreeView* bleibt jedoch gleich:

Starten der Routine:

```
    Private Sub Button2_Click(ByVal sender As System.Object, ByVal e As System.EventArgs) _
                                                                        Handles Button2.Click
        TreeView1.Nodes.Clear()
        ShowNode2(Nothing)
        TreeView1.Nodes(0).ExpandAll()
    End Sub
```

Die eigentliche Routine zum Einlesen:

```
    Private Sub ShowNode2(ByVal parent As TreeNode)
        Dim tn As TreeNode = parent
        Dim myset As New XmlReaderSettings()
        myset.IgnoreWhitespace = True
```

Da unsere XML-Datei eine DTD besitzt, müssen wir deren Verabeitung vorher zustimmen:

```
        myset.ProhibitDtd = False
```

Den *XmlReader* initalisieren:

```
        Dim xr As XmlReader = XmlReader.Create("Daten.xml", myset)
```

Alle XML-Elemente durchlaufen:

```
        While xr.Read()
```

Handelt es sich um ein *EndElement* müssen wir im Baum eine Ebene nach »oben« wechseln:

```
            If xr.NodeType = XmlNodeType.EndElement Then
                tn = tn.Parent
            Else
```

Elemente besitzen einen *Name*:

```
                If xr.NodeType = XmlNodeType.Element Then
                    If tn Is Nothing Then
                        tn = treeView1.Nodes.Add(xr.Name)
                    Else
                        tn = tn.Nodes.Add(xr.Name)
                    End If
                End If
```

Texte besitzen einen *Value*:

```
                If xr.NodeType = XmlNodeType.Text Then tn.Text = tn.Text & ": " & xr.Value
            End If
        End While
    End Sub
```

Das Endergebnis:

```
DATEN
  ERDE
    KONTINENT
      NAME: Australien
    KONTINENT
      NAME: Antarktik
    KONTINENT
      NAME: Asien
    KONTINENT
      NAME: Afrika
    KONTINENT
      NAME: Europa
      FLÄCHE: 10500000
      EINWOHNER: 718500000
      LAND
        NAME: Frankreich
        FLÄCHE: 543965
        EINWOHNER: 57800000
      LAND
        NAME: Deutschland
        FLÄCHE: 356854
```

Abbildung 3.39 Die mit dem *XmlReader* eingelesenen Werte

Wie Sie sehen, zeigen wir die Texte nur hinter den einzelnen Elementen an. Sie können jedoch auch dafür eigene *TreeView*-Knoten erzeugen und dort den Wert anzeigen.

PB3.3 DataSets in XML-Dateien sichern

DataSet-Objekt: *WriteXml-*, *ReadXml-*, *Clear*-Methode; *DataColumn*-Objekt: *AutoIncrement-*, *AllowDB-Null-*, *DefaultValue*-Eigenschaft; *System.Type*-Klasse: *GetType*-Methode;

Im Praxisbeispiel PB5.1 (»Eine DataTable erzeugen und in einer Binärdatei speichern«) wird ein elementarer Weg gezeigt, um die Datenpersistenz einer *DataTable* zu ermöglichen. Deutlich komfortabler lässt sich dieses Ziel durch Verwendung von XML-Methoden eines *DataSets* erreichen.

Oberfläche

Die Oberfläche (ein *DataGridView* und drei *Buttons*) ist identisch mit dem genannten o.g. PB5.1 (siehe Laufzeitansicht).

Quellcode

Das DataSet:

```
Private ds As DataSet = New DataSet()
```

Im Konstruktorcode erstellen wir das *DataSet*:

```
Public Sub New()
    InitializeComponent()
    Dim dt As New DataTable("Bestellungen")
    ds.Tables.Add(dt)
```

Tabellenstruktur festlegen:

```
    Dim col0 As DataColumn = dt.Columns.Add("Nr", GetType(System.Int32))

    col0.AutoIncrement = True
    col0.AutoIncrementStep = 1
    Dim col1 As DataColumn = dt.Columns.Add("EingangsDatum", GetType(System.DateTime))
    col1.AllowDBNull = False
    col1.DefaultValue = DateTime.Now
    Dim col2 As DataColumn = dt.Columns.Add("KuNr", GetType(System.Int32))
    col2.AllowDBNull = False
    Dim col3 As DataColumn = dt.Columns.Add("GesamtNetto", GetType(System.Decimal))
    col3.DefaultValue = 0
    Dim col4 As DataColumn = dt.Columns.Add("Bemerkung", GetType(System.String))
    col4.DefaultValue = ""
    col4.MaxLength = 50
```

Datenbindung für das *DataGridView* herstellen:

```
    DataGridView1.DataSource = ds
    DataGridView1.DataMember = ds.Tables(0).TableName
End Sub
```

Von XML-Datei laden:

```
Private Sub Button1_Click(ByVal sender As System.Object, ByVal e As System.EventArgs) _
                                                                  Handles Button1.Click
    ds.ReadXml("Test.xml")
End Sub
```

In XML-Datei abspeichern:

```
Private Sub Button2_Click(ByVal sender As System.Object, ByVal e As System.EventArgs) _
                                                                Handles Button2.Click
    ds.WriteXml("Test.xml")
    ds.Tables(0).WriteXml("Test2.xml")
End Sub
```

Anzeige löschen:

```
Private Sub Button3_Click(ByVal sender As System.Object, ByVal e As System.EventArgs) _
                                                               Handles Button3.Click
    ds.Clear()
End Sub
```

Test

Nach dem Programmstart sollten Sie zunächst einige Datensätze in das Datengitter eintragen.

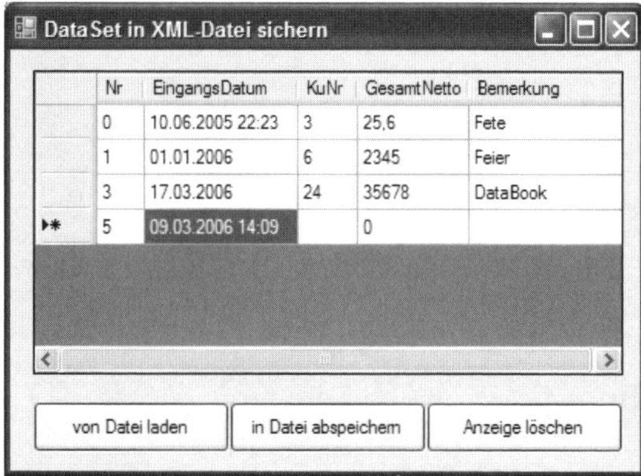

Abbildung 3.40 Eingabe einiger Datensätze

Sie können dann Datensätze editieren, mittels *Entf*-Taste löschen oder Änderungen mit *Esc* oder *Strg+Z* rückgängig machen.

Auf fehlerhafte Benutzereingaben werden Sie mehr oder weniger höflich hingewiesen, z.B.:

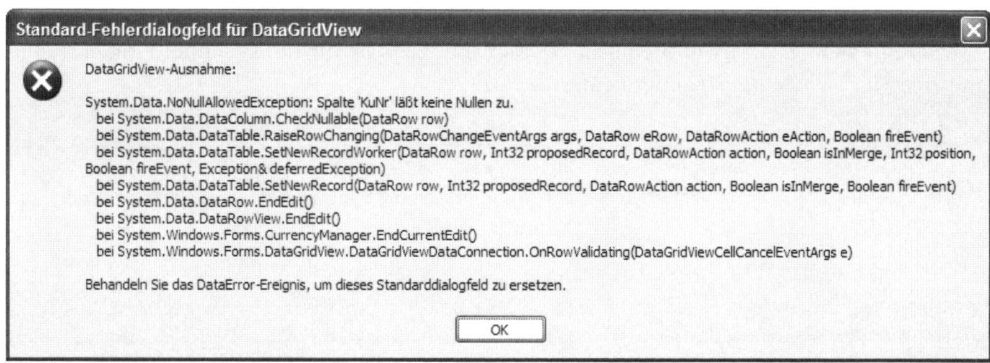

Abbildung 3.41 Fehlermeldung

Die erzeugte XML-Datei

Die neue Datei *Test.xml* finden Sie im *\bin\Debug*-Unterverzeichnis des Projekts. Durch Doppelklick können Sie den Inhalt im Internet Explorer sichtbar machen:

```
  <?xml version="1.0" standalone="yes" ?>
- <NewDataSet>
  - <Bestellungen>
      <Nr>1</Nr>
      <EingangsDatum>2003-04-03T00:00:00.0000000+02:00</EingangsDatum>
      <KuNr>12</KuNr>
      <GesamtNetto>234.45</GesamtNetto>
      <Bemerkung>Scheck</Bemerkung>
    </Bestellungen>
  - <Bestellungen>
      <Nr>2</Nr>
      <EingangsDatum>2003-04-09T12:54:00.7310000+02:00</EingangsDatum>
      <KuNr>26</KuNr>
      <GesamtNetto>12.05</GesamtNetto>
      <Bemerkung>Barzahlung</Bemerkung>
    </Bestellungen>
...
  </NewDataSet>
```

HINWEIS Neu in .NET 2.0 ist die Möglichkeit, auch einzelne *DataTable*-Objekte zu serialisieren. Verwenden Sie dazu ebenfalls die *WriteXml*-Methode.

PB3.4 XML Serialisierung von Objekten

XmlSerializer; *BindingSource*; *BindingNavigator*; *StreamReader*; *StreamWriter*

Ein Beispiel für das Serialisieren von Objekten haben Sie im vorliegenden Kapitel bereits kennen gelernt: Anhand einer etwas umfangreicheren Objektstruktur und mit einer sinnvollen Oberfläche wollen wir Ihnen dieses Funktionalität noch einmal im Zusammenhang darstellen.

Oberfläche

Neben drei *TextBox*en einer *CheckBox* und einigen *Label*s benötigen wir für die Datenbindung eine *BindingSource*- und eine *BindingNavigator*-Komponente.

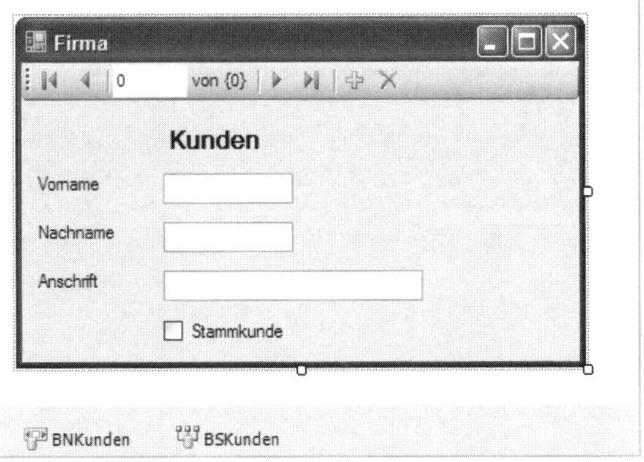

Abbildung 3.42 Entwurfsansicht

Das Verbinden der *BindingNavigator*-Komponente (unten links) mit ihrer Datenquelle (unten rechts) erledigen wir gleich im Eigenschaftenfenster, indem wir ihre *BindingSource*-Eigenschaft auf *BSKunden* setzen.

Quellcode (Klassendefinitionen)

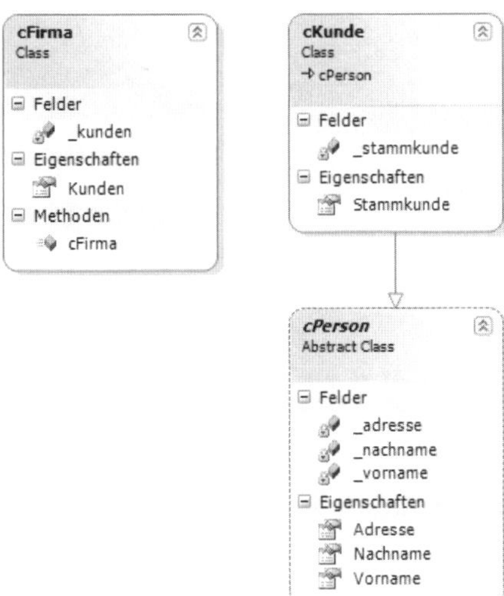

Abbildung 3.43 Klassendiagramm

Ausgehend von einer Basisklasse *CPerson* sollen Kunden (*CKunde*) in einer Firma (*CFirma*) verwaltet werden.

HINWEIS Die obigen Klassen stellen gleichzeitig auch schon die zukünftige Struktur der XML-Daten dar.

Die Klassen im Einzelnen:

Basisklasse *CPerson*:

```
Public MustInherit Class CPerson

    Private _vorname As String
    Private _nachname As String
```

```
    Private _adresse As String
    Public Property Vorname() As String
        Get
            Return _vorname
        End Get
        Set(ByVal value As String)
            _vorname = value
        End Set
    End Property

    Public Property Nachname() As String
        Get
            Return _nachname
        End Get
        Set(ByVal value As String)
            _nachname = value
        End Set
    End Property

    Public Property Adresse() As String
        Get
            Return _adresse
        End Get
        Set(ByVal value As String)
            _adresse = value
        End Set
    End Property

End Class
```

Ableiten der *CKunden*-Klassen:

```
Public Class CKunde
    Inherits CPerson

    Private _stammkunde As Boolean

    Public Property Stammkunde() As Boolean
        Get
            Return _stammkunde
        End Get
        Set(ByVal value As Boolean)
            _stammkunde = value
        End Set
    End Property
End Class
```

In der Klasse *CFirma* werden die Kunden in einer *List* verwaltet:

```
Imports System
Imports System.Collections.Generic
Imports System.Text

Public Class CFirma
    Private _kunden As List(Of CKunde)

    Public Sub New()
        _kunden = New List(Of CKunde)()
    End Sub
```

```
    Public Property Kunden() As List(Of CKunde)
        Get
            Return _kunden
        End Get
        Set(ByVal value As List(Of CKunde))
            _kunden = value
        End Set
    End Property
End Class
```

Quellcode (Programm)

Die eigentliche Funktionalität wird durch unser Formular bereitgestellt.

Einbinden der Namespaces:

```
Imports System.Xml.Serialization
Imports System.IO
```

Eine Instanz für die Klasse *CFirma*:

```
Public Class Form1
    Private _firma As CFirma
```

Der Pfad zur Kundendatenbank:

```
    Private PFAD As String = "KundenDat.xml"

    Private Sub Form1_Load(ByVal sender As System.Object, ByVal e As System.EventArgs) _
                                                                Handles MyBase.Load
```

Instanz erzeugen:

```
        _firma = New CFirma()
```

Versuchen, eine bestehende XML-Datei zu laden:

```
        Try
            Dim serializer As New XmlSerializer(GetType(CFirma))
            Dim tr As New StreamReader(PFAD)
            _firma = DirectCast(serializer.Deserialize(tr), CFirma)
            tr.Close()
```

Falls es zu Fehlern kommt (Datei nicht vorhanden, Struktur nicht typisierbar), geben wir eine Fehlermeldung aus:

```
        Catch ex As Exception
            MessageBox.Show(ex.Message)
        End Try
```

Die Kundenliste wird als Datenquelle zugewiesen:

```
        BSKunden.DataSource = _firma.Kunden
```

Datenbindung herstellen:

```
        TextBox1.DataBindings.Add(New Binding("Text", BSKunden, "Vorname", True))
```

```
        TextBox2.DataBindings.Add(New Binding("Text", BSKunden, "Nachname", True))
        TextBox3.DataBindings.Add(New Binding("Text", BSKunden, "Adresse", True))
        CheckBox1.DataBindings.Add(New Binding("Checked", BSKunden, "Stammkunde", True))
    End Sub
```

Beim Schließen des Formulars müssen wir uns um die Persistenz kümmern:

```
    Private Sub Form1_FormClosing(ByVal sender As System.Object, _
                ByVal e As System.Windows.Forms.FormClosingEventArgs) Handles MyBase.FormClosing
        Try
```

Objekt *_firma* im XML-Foirmat serialisieren:

```
            Dim serializer As New XmlSerializer(GetType(CFirma))
            Dim tw As TextWriter = New StreamWriter(PFAD)
            serializer.Serialize(tw, _firma)
            tw.Close()
        Catch ex As Exception
            MessageBox.Show(ex.Message)
        End Try
    End Sub

End Class
```

Test

Nach dem Kompilieren und Starten der Anwendung erzeugen Sie zunächst einen oder auch mehrere Kunden.

HINWEIS Klicken Sie zuerst auf die »+« bzw. »Neu hinzufügen«-Schaltfläche des *BindingNavigators*, ehe Sie die Eingabemaske füllen!

Abbildung 3.44 Das Programm in Aktion

Nach dem Beenden der Anwendung können Sie einen Blick ins Anwendungsverzeichnis werfen und sich den Inhalt der XML-Datei zum Beispiel im Internet Explorer ansehen:

```
<?xml version="1.0" encoding="utf-8" ?>
- <cFirma xmlns:xsi="http://www.w3.org/2001/XMLSchema-instance"
    xmlns:xsd="http://www.w3.org/2001/XMLSchema">
  - <Kunden>
    - <cKunde>
        <Vorname>Paul</Vorname>
        <Nachname>Sieger</Nachname>
        <Adresse>Hüttenweg 45</Adresse>
        <Stammkunde>false</Stammkunde>
      </cKunde>
    - <cKunde>
        <Vorname>Marta</Vorname>
        <Nachname>Hansen</Nachname>
        <Adresse>Kleiner Weg 777</Adresse>
        <Stammkunde>false</Stammkunde>
      </cKunde>
    - <cKunde>
        <Stammkunde>false</Stammkunde>
      </cKunde>
    </Kunden>
  </cFirma>
```

Abbildung 3.45 Die erzeugte XML-Datei

Bemerkung

Wer mehr Einfluss auf die Struktur und die Benennung der XML-Elemente nehmen möchte, der kann mit Hilfe von Attributen den XML-Export beeinflussen. Wie es genau geht, wurde bereits im Abschnitt über die Serialisierung im XML-Format beschrieben.

PB3.5 Das XML-Control in ASP.NET verwenden

ASP.NET; *XML*-Control; *TransformSource*; *DocumentSource*

Wer jetzt vermutet, dass eine sinnvolle XML-Unterstützung nur bei den Windows Forms möglich ist, der wird eines Besseren belehrt, wenn er sich die ASP.NET-Komponenten einmal näher ansieht. Ganz unscheinbar fristet auch ein *XML*-Control in der Toolbox sein Dasein.

Das XML-Control fungiert als Platzhalter für ein neu zu erstellendes HTML-Dokument. Dieses wird zur Laufzeit aus einem XML-File (die eigentlichen Daten) und einem XSL-File (Transformationsanweisungen in XSLT) generiert.

Erstellen des Web-Projekts

Erzeugen Sie über den Menüpunkt *Datei/Neu/Website* ein neues Webprojekt. Belassen Sie es zunächst beim Speicherort *Dateisystem.*

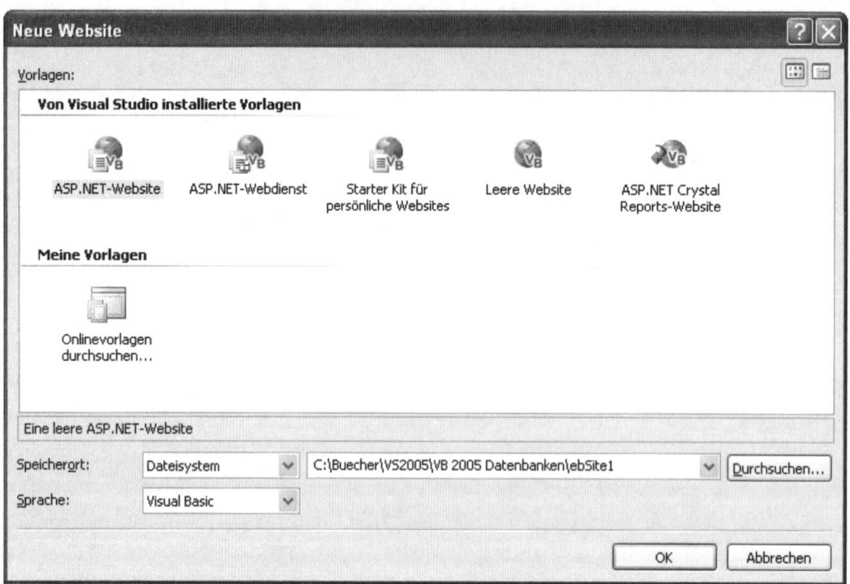

Abbildung 3.46 Neue Website erstellen

Öffnen Sie nachfolgend die Datei *Default.aspx* in der Entwurfsansicht und erstellen Sie eine Oberfläche entsprechend folgender Abbildung:

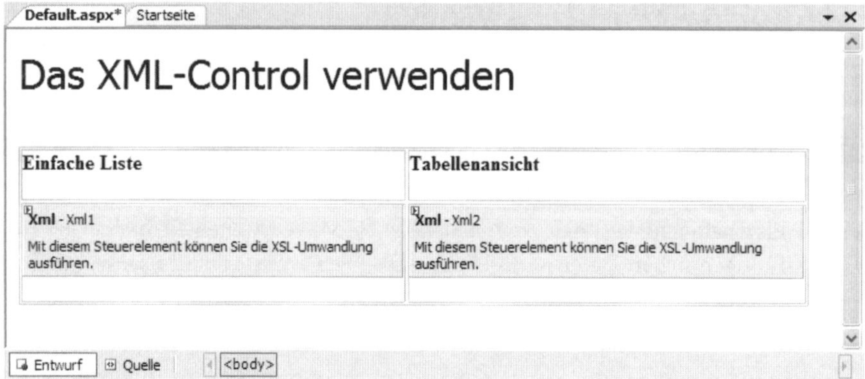

Abbildung 3.47 Entwurfsansicht *Default.aspx*

Setzen Sie die beiden *XML*-Controls in eine HTML-Table, so lassen sich die Ausgaben der Controls zur Laufzeit sinnvoll platzieren. Die Eigenschaften *DocumentSource* und *TransformSource* legen wir erst fest, wenn wir die entsprechenden Dateien erzeugt haben.

Die XML-Daten erzeugen

Zunächst benötigen wir natürlich auch ein XML-Ausgangsdokument, das uns die Daten liefert. Dieses erzeugen wir über den Menüpunkt *Website/Neues Element hinzufügen/XML-Datei.*

```
<?xml version="1.0" encoding="ISO-8859-1"?>
<Adressbuch>
  <Adresse>
    <Name>Erich Mielke</Name>
    <Telefon>01900-123546</Telefon>
  </Adresse>
  <Adresse>
    <Name>Anton Berger</Name>
    <Telefon>01900-312313</Telefon>
  </Adresse>
  <Adresse>
    <Name>Paul Schmidt</Name>
    <Telefon>0800-64734343</Telefon>
  </Adresse>
  <Adresse>
    <Name>Gerhard Rosengarten</Name>
    <Telefon>03232-23432434</Telefon>
  </Adresse>
</Adressbuch>
```

Die Transformationsdateien

Für unser Praxisbeispiel verwenden wir zwei verschiedene Transformationsdateien, die wir ebenfalls über den Menüpunkt *Website/Neues Element hinzufügen* erzeugen können.

BEISPIEL

Variante 1 unserer XSL-Transformation (*EinfacheListe.xsl*):

```
<?xml version="1.0" encoding="ISO-8859-1"?><xsl:stylesheet version="1.0"
xmlns:xsl="http://www.w3.org/1999/XSL/Transform"><xsl:template match="/">
  <html>
  <body>
    <table border="0">
    <xsl:for-each select="Adressbuch/Adresse">
    <tr>
      <td><xsl:value-of select="Name"/></td>
      <td><xsl:value-of select="Telefon"/></td>
    </tr>
    </xsl:for-each>
    </table>
  </body>
  </html>
</xsl:template></xsl:stylesheet>
```

BEISPIEL

Variante 2 (*Tabellenansicht.xsl*):

```
<?xml version="1.0" encoding="ISO-8859-1"?><xsl:stylesheet version="1.0"
xmlns:xsl="http://www.w3.org/1999/XSL/Transform"><xsl:template match="/">
  <html>
  <body>
    <h1>Telefonbuch</h1>
    <table border="1">
    <tr bgcolor="#EEEEEE">
```

```
      <th align="left">Name</th>
      <th align="left">Telefonnummer</th>
    </tr>
    <xsl:for-each select="Adressbuch/Adresse">
    <tr>
      <td><xsl:value-of select="Name"/></td>
      <td><xsl:value-of select="Telefon"/></td>
    </tr>
    </xsl:for-each>
    </table>
  </body>
  </html>
</xsl:template></xsl:stylesheet>
```

Speichern Sie die obigen Dokumente im Webverzeichnis. Setzen Sie die Eigenschaft *DocumentSource* beider XML-Controls auf den Wert »*~/daten.xml*«. *TransformSource* weisen Sie jeweils die Namen der Transformationsdateien zu.

Test

Zur Laufzeit dürfte sich Ihnen der folgende Anblick bieten:

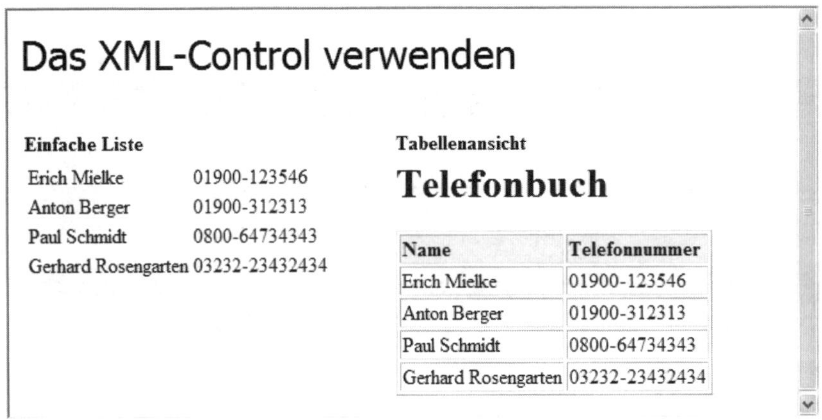

Abbildung 3.48 Laufzeitansicht

Wie Sie sehen, kann durch einfachen Austausch der Transformationsdateien ein gänzlich unterschiedliches Ergebnis erreicht werden (natürlich könnten Sie auch andere Filterbedingungen setzen und zum Beispiel nur die Namen ausgeben etc.).

Kapitel 4

Datenzugriff unter ADO.NET

In diesem Kapitel:

ADO.NET ist die zentrale Datenzugriffstechnologie für das .NET-Framework und soll Entwickler dazu befähigen, effiziente mehrschichtige Datenbankanwendungen für Intranet und Internet zu erstellen.

Der Inhalt des vorliegenden Kapitels konzentriert sich auf eine Einführung in das ADO.NET 2.0-Objektmodell und eine Beschreibung der .NET-Datenprovider nach dem Prinzip »soviel wie nötig«[1].

HINWEIS Bevor Sie mit dem Durcharbeiten dieses Kapitels beginnen, sollten Sie sich das Einführungsbeispiel im Kapitel 1 anschauen!

Die wichtigsten Klassen in ADO.NET

Die umfangreichen Klassenbibliotheken von ADO.NET verlangen vom Einsteiger eine erheblich steilere »Lernkurve« als dies z.B. bei den alten COM-basierten *ActiveX Data Objects* (ADO) der Fall war.

Klassenhierarchie

ADO.NET setzt sich aus einer ziemlich komplexen Hierarchie vieler Klassen zusammen. Die daraus erzeugten Objekte lassen sich zunächst in zwei Gruppen aufteilen:

- Datenprovider
- Datenkonsument

Während der *Datenprovider* die Daten zur Verfügung stellt, ist der *Datenkonsument* der Teil der Applikation, welche die Dienste eines Datenproviders nutzt, um auf beliebige Daten zuzugreifen, sie zu lesen, zu speichern und zu ändern.

Die Objekte *Connection*, *Command*, *DataReader* und *DataAdapter* sind die Hauptelemente des .NET-Datenprovider-Modells.

Man bezeichnet die Datenprovider auch als *Verbundene Objekte*, da sie immer in Beziehung zu einer bestimmten Datenquelle stehen. Die Datenkonsumenten hingegen sind *Unverbundene Objekte*, weil sie – ganz im Sinne der ADO.NET-Philosophie – unabhängig von einer Datenquelle ihr völlig autarkes Dasein führen.

Der allen übergeordnete Datenkonsument ist das *DataSet*, es ist gewissermaßen das Kernobjekt von ADO.NET und ist vergleichbar mit den vom alten ADO her bekannten *Recordset*-Objekten, allerdings ist es weitaus komplizierter, da es z.B. mehrere *DataTable*-Objekte und die Beziehungen (Relationen) zwischen ihnen kapseln kann. Ein *DataSet* kann (unter Benutzung eines *DataAdapters*) direkt von der Datenquelle geladen werden, es lässt sich aber auch – ähnlich einem Array – völlig unabhängig von einer Datenbank mit Werten füllen.

HINWEIS Um ein erstes praktisches Feeling für die ADO.Net-Klassen zu entwickeln, sollte der Einsteiger bereits jetzt ein einfaches Beispiel ausprobieren, z.B. das PB4.2 »Wichtige ADO.NET-Objekte schnell kennen lernen«.

[1] Das ADO.NET-DataSet sowie die Datenbindung von Windows Forms Komponenten werden ausführlich erst in den nachfolgenden Kapiteln behandelt!

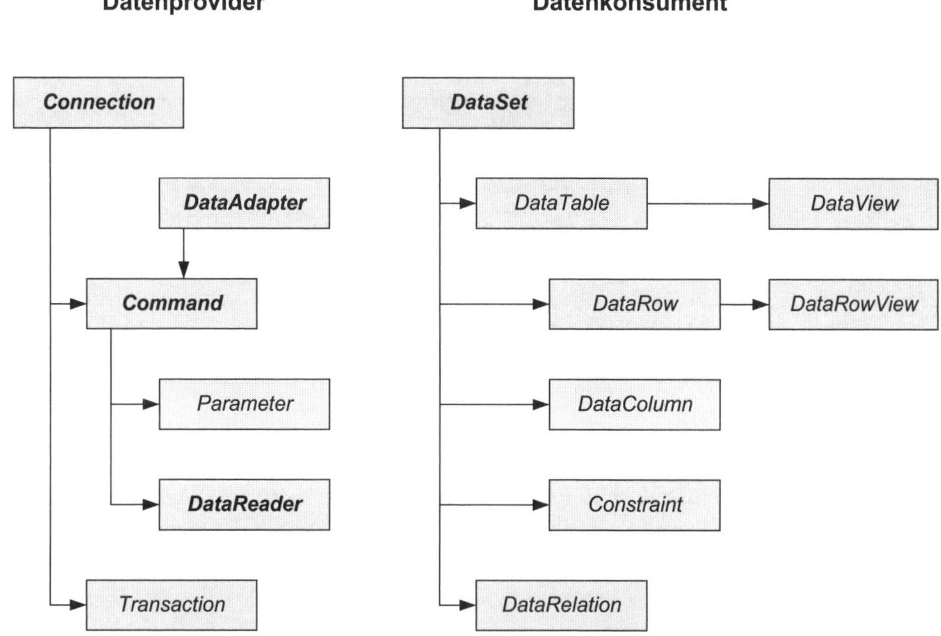

Abbildung 4.1 Die wichtigsten ADO.NET-Objekte

Die Klassen der Datenprovider

Im Einklang mit dem ADO.NET-Objektmodell sind Datenprovider stets in mehrfacher Ausfertigung vorhanden. Die Präfixe charakterisieren die Zugehörigkeit zu einem bestimmten *.NET-Datenprovider,* z.B.:

- *OleDb...*
  Diese Klassen (z.B. *OleDbConnection)* dienen dem OLE Db-Zugriff auf unterschiedlichste Datenbanktypen, für die ein Treiber installiert ist.
- *Sql...*
  Diese Klassen (z.B. *SqlConnection*) dienen dem schnelleren Direktzugriff auf den »hauseigenen« Microsoft SQL Server.

Der *Datenprovider* im .NET Framework kapselt die Datenbank und ermöglicht den Zugriff über eine einheitliche Schnittstelle, er fungiert quasi als Brücke zwischen einer Anwendung und einer Datenbank und wird zum Abrufen von Daten aus einer Datenbank und zum Abgleichen von Änderungen an diesen Daten mit der Datenbank verwendet.

Die Datenquelle selbst kann eine beliebige Sruktur haben und sich an einem beliebigen Ort befinden, z.B. eine lokale Access-Datenbank, ein SQL Server oder aber auch verschiedene Adressen des Internets, auf die über Webdienste zugegriffen wird.

.NET-Datenprovider

In der Tabelle sind die wichtigsten Klassen der *OleDb-* und *SqlServer*-Provider paarweise aufgelistet:

Namespace System.Data.OleDb	Namespace System.Data.SqlClient	Bedeutung
OleDbConnection	*SqlConnection*	Stellt die Verbindung zur Datenquelle her
OleDbCommand	*SqlCommand*	Führt eine SQL-Abfrage aus
OleDbDataReader	*SqlDataReader*	Ermöglicht einen sequenziellen Nur-Lese-Zugriff auf die Datenquelle
OleDbDataAdapter	*SqlDataAdapter*	Ermöglicht das Füllen eines *DataSet*s mit den Ergebnissen einer SQL-Abfrage
OleDbCommandBuilder	*SqlCommandBuilder*	Erstellt automatisch *Command*-Objekte für die Übernahme der in einem *DataSet* vorgenommenen Änderungen in die Datenbank
OleDbTransaction	*SqlTransaction*	Organisiert die Anwendung von Transaktionen

Tabelle 4.1 Wichtige .NET-Datenprovider

Weitere Datenprovider

Die Liste der .NET-Datenprovider ist keinesfalls nur auf die beiden nach einer Standardinstallation vorhandenen Provider beschränkt. Neben *OleDb* und *SqlClient* sind in ADO.NET 2.0 auch die folgenden Provider enthalten:

- *System.Data.Odbc*
- *System.Data.SqlServerCe*
- *System.Data.OracleClient*

Im Unterschied zu den Vorgängerversionen von Visual Studio werden Sie nach einer Standardinstallation von Visual Studio 2005 jedoch noch keine der Datenprovider-Komponenten in der Toolbox vorfinden, was bei der Vielfalt auch nicht sinnvoll wäre. Falls Sie die Komponenten nicht – wie bei den meisten unserer Beispiele – per Code (*New*-Operator), sondern durch Abziehen von der Toolbox erzeugen wollen, wählen Sie das Toolbox-Kontextmenü *Elemente auswählen...* und fügen Sie die gewünschten Komponenten hinzu.

Abbildung 4.2 Die Komponenten des OleDb-Providers wurden zum »Daten«-Abschnitt der Toolbox hinzugefügt

Anzeige der installierten Datenprovider

Einen Überblick über alle auf Ihrem System installierten ADO.NET-Datenprovider können Sie mit der Methode *GetFactoryClasses* der *DbProviderFactories*-Auflistung aus dem *System.Data.Common*-Namespace gewinnen.

BEISPIEL

Alle verfügbaren Datenprovider in einer *ListBox* anzeigen.

```
Dim providers Aas DataTable = System.Data.Common.DbProviderFactories.GetFactoryClasses()
For Each provider As DataRow In providers.Rows
   For Each col As DataColumn In providers.Columns
       ListBox1.Items.Add(col.ColumnName & " : " & provider(col).ToString)
   Next
   ListBox1.Items.Add("----------------------------------------")
Next
```

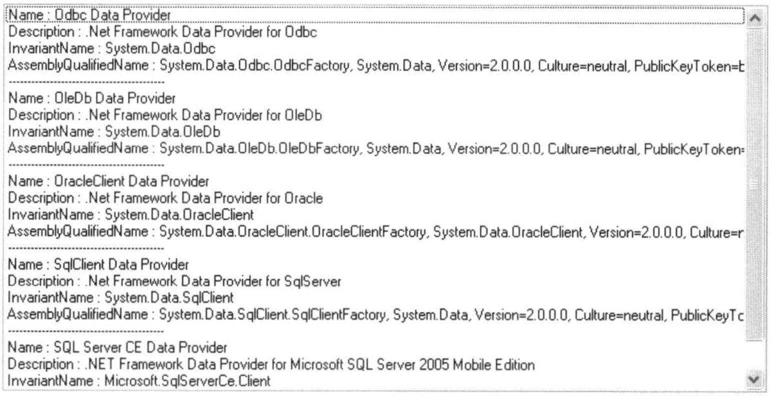

```
Name : Odbc Data Provider
Description : .Net Framework Data Provider for Odbc
InvariantName : System.Data.Odbc
AssemblyQualifiedName : System.Data.Odbc.OdbcFactory, System.Data, Version=2.0.0.0, Culture=neutral, PublicKeyToken=b
-----------------------------------
Name : OleDb Data Provider
Description : .Net Framework Data Provider for OleDb
InvariantName : System.Data.OleDb
AssemblyQualifiedName : System.Data.OleDb.OleDbFactory, System.Data, Version=2.0.0.0, Culture=neutral, PublicKeyToken=
-----------------------------------
Name : OracleClient Data Provider
Description : .Net Framework Data Provider for Oracle
InvariantName : System.Data.OracleClient
AssemblyQualifiedName : System.Data.OracleClient.OracleClientFactory, System.Data.OracleClient, Version=2.0.0.0, Culture=r
-----------------------------------
Name : SqlClient Data Provider
Description : .Net Framework Data Provider for SqlServer
InvariantName : System.Data.SqlClient
AssemblyQualifiedName : System.Data.SqlClient.SqlClientFactory, System.Data, Version=2.0.0.0, Culture=neutral, PublicKeyTc
-----------------------------------
Name : SQL Server CE Data Provider
Description : .NET Framework Data Provider for Microsoft SQL Server 2005 Mobile Edition
InvariantName : Microsoft.SqlServerCe.Client
```

Abbildung 4.3 *ListBox*-Ausgabe des Beispiels

CD-ROM Das komplette Beispiel finden Sie auf der Buch-CD!

HINWEIS Unter ADO.NET 2.0 ist unter anderem auch der providerunabhängige Datenzugriff möglich geworden, wie er sich in den providerneutralen Klassen des *System.Data.Common*-Namespace (z.B. *DbConnection*) widerspiegelt (siehe Seite 225).

Herstellerspezifische Datenprovider

Jeder Hersteller, der seine Datenbank für ADO.NET verfügbar machen möchte, hat zumindest zwei Alternativen:

- Er kann entweder einen weiteren .NET-Datenprovider zu den bereits existierenden hinzufügen oder
- dem vorhandenen OLE DB-.NET-Datenprovider eine weitere Schnittstelle anbieten.

Für den *Microsoft SQL Server* existieren beide Möglichkeiten: Der schnelle Direktzugriff über die API des SQL Servers und der (etwas langsamere) Zugriff über die allgemeine OLE DB-Schnittstelle.

Zu den bekannten Datenprovidern zählen auch die für *MySQL*, *DB2*, *Sybase*, *Firebird* und *Informix*.

HINWEIS Jeder .NET-Datenprovider implementiert die gleichen elementaren Schnittstellen, es ist deshalb nicht notwendig, diese Schnittstellen für jeden Provider einzeln zu erläutern. So sind z.B. alle folgenden Codebeispiele für *OleDb*-oder *Sql*-Provider durch Austauschen der beteiligten Klassen und Anpassung der Verbindungszeichenfolge auch auf die meisten anderen Provider übertragbar.

Klassen im DataSet

Wie bereits erwähnt, dient das *DataSet* zur lokalen Speicherung von Daten beliebiger Herkunft. In der nachfolgenden Tabelle sind die wichtigsten Klassen aufgelistet:

Klasse	Bedeutung	Enthalten in Auflistung
DataSet	Kernobjekt von ADO.NET, kann als Container für alle anderen untergeordneten Objekte dienen	
DataTable	Datentabelle, bestehend aus Zeilen und Spalten	*Tables*
DataRow	Eine bestimmte Zeile einer *DataTable*	*Rows*
DataColumn	Eine bestimmte Spalte einer *DataTable*	*Columns*
Constraint	Definiert Einschränkungen innerhalb einer *DataTable*	*Constraints*
DataRelation	Definiert Beziehungen zwischen den *DataTables*	*Relations*
DataView	Sicht auf eine *DataTable*, z.B. für Sortieren und Suchen	

Tabelle 4.2 Die wichtigsten Klassen im *DataSet*

Die meisten Objekte werden in Auflistungen (Collections) verwaltet, die einen einfachen Zugriff gestatten.

HINWEIS Ausführlich gehen wir auf das *DataSet* erst im Kapitel 5 ein.

Das Zusammenspiel der ADO.NET-Klassen

In der Abbildung wird versucht, den grundlegenden Zusammenhang zwischen den ADO.NET-Klassen in vereinfachter Form zu verdeutlichen:

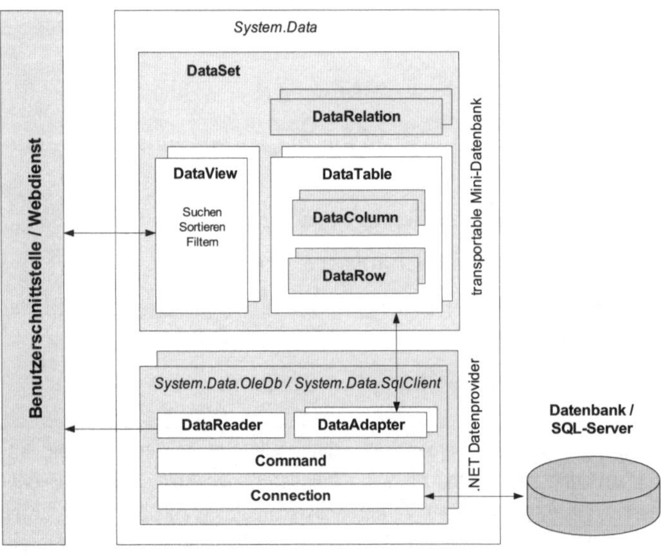

Abbildung 4.4 Zusammenspiel der ADO.NET-Klassen

Die in obiger Abbildung angegebenen Namespaces (Namensräume) für die ADO.NET- Klassen sind:

- *System.Data*
- *System.Data.OleDb*
- *System.Data.SqlClient*

Das *DataSet* ist vollständig von der Datenbank entkoppelt, denn dazwischen hat sich ein *.NET-Datenprovider* geschoben, der im Bedarfsfall den Datentransport (über die OLE DB- bzw. die direkte SQL Server-Schnittstelle) übernimmt.

HINWEIS Eine einfache und schnellere Möglichkeit für den Zugriff auf die Datenquelle ist der *DataReader*, da mit ihm auf direktem Wege – also ohne *DataAdapter* und *DataSet* – Daten in die Benutzeroberfläche eingelesen werden können.

Das Connection-Objekt

Um überhaupt auf eine Datenbank zugreifen zu können, muss als Erstes eine Verbindung zu ihr hergestellt werden. Dazu führt in der Regel kein Weg am *Connection*-Objekt vorbei.

Allgemeiner Aufbau

Der am häufigsten zum Erzeugen und Initialisieren eines *Connection*-Objekts benutzte Konstruktor nimmt einen *ConnectionString* als Parameter entgegen:

```
Dim conn As New Connection (ConnectionString As String)
```

Der *ConnectionString* – die gleichzeitig auch wichtigste Eigenschaft des *Connection*-Objekts – kapselt alle erforderlichen Verbindungsparameter.

Durch Aufruf der (parameterlosen) *Open*-Methode erhält das *Connection*-Objekt eine offene Verbindung aus dem Verbindungspool, falls diese verfügbar ist. Andernfalls wird eine neue Verbindung mit der Datenquelle erstellt.

Nach einer Standardinstallation von Visual Studio 2005 stehen – je nach Auswahl des .NET-Providers – verschiedene *Connection*-Objekte zur Verfügung, z.B.:

- *OleDbConnection*-Objekt
  ... gewährleistet den Zugriff auf eine Vielzahl von Datenquellen, angefangen von einfachen Textdateien über Tabellen bis hin zu kompletten Datenbanken.
- *SqlConnection*-Objekt
  ... ist speziell für die Verwendung mit SQL Server 7.0 oder höher optimiert, indem die OLE DB-Schicht umgangen wird.

OleDbConnection

Parameter für OleDb-Zugriff

Die Parameter des *ConnectionString* (bzw. Eigenschaften des *Connection*-Objekts) hängen vom gewählten Datenprovider ab. Die Tabelle zeigt die wichtigsten Angaben für den OLE DB-Zugriff:

Parameter	Bedeutung
Provider	Name des OLE DB-Providers, so wie in Registry abgelegt (z.B. Microsoft.Jet.OLEDB.4.0 für Microsoft Access, SQLOLEDB.1 für den SQL Server)
Data Source	Name der Datenquelle (bei Access-Datenbanken ein Dateiname, z.B. *Nordwind.mdb*)
DSN	Falls auf dem lokalen PC eine Benutzer- oder System-DSN (*Data Source Name*) vorhanden, kann auch über diesen Alias auf die Datenbank zugegriffen werden (Angabe von *Data Source* in diesem Fall nicht notwendig)
User	Wenn der Zugriff auf die Datenbank geschützt ist, kann hier der Benutzername angegeben werden
Password	Falls ein User notiert wurde, kann hier das zugehörige Passwort übergeben werden

Tabelle 4.3 Parameter für den OleDb-Zugriff

HINWEIS Wer mit dem Zusammenstückeln des *ConnectionStrings* Schwierigkeiten hat, kann dazu auch die Hilfe eines Assistenten in Anspruch nehmen (Menü *Ansicht/Server-Explorer, Verbindung hinzufügen...*). Gleichzeitig lernt er dadurch die zahlreichen anderen Parameter bzw. Eigenschaften in der Praxis kennen.

OleDb-Provider für Access Datenbank

BEISPIEL

Öffnen einer OLE DB-Verbindung zur Access-Datenbank *Nordwind.mdb*, die sich im aktuellen Anwendungsverzeichnis befindet.

```
Imports System.Data.OleDb
...
Dim conn As New OleDbConnection("Provider=Microsoft.Jet.OLEDB.4.0; Data Source=Nordwind.mdb;")
conn.Open()
```

Im obigen Beispiel wurde der *ConnectionString* dem *New*-Konstruktor übergeben. Man kann ihn aber auch separat zuweisen, wie das folgende Beispiel zeigt.

BEISPIEL

Eine zum Vorgängerbeispiel äquivalente Variante.

```
Imports System.Data.OleDb
...
Dim conn As New OleDbConnection()
conn.ConnectionString = "Provider=Microsoft.Jet.OLEDB.4.0; Data Source=Nordwind.mdb;"
conn.Open()
```

Wie Sie erkennen, besteht ein *ConnectionString* aus einer Zeichenfolge mit Attribut/Wert-Paaren für Informationen, die zum Anmelden an eine Datenbank und Zeigen auf eine bestimmte Datenbank erforderlich sind.

HINWEIS Die Reihenfolge der Parameter im *ConnectionString* ist ohne Bedeutung!

Im obigen Beispiel sind als Minimum nur der (OleDb-)*Provider* und die *DataSource* (Datenquelle) angegeben. Beide Parameter sind wiederum Eigenschaften des *Connection*-Objekts, die man allerdings nur lesen kann (*ReadOnly*).

HINWEIS Ein *ConnectionString* ist eine Art »Behälter« für die zahlreichen Eigenschaften eines *Connection*-Objekts.

OleDb-Provider für SQL Server

BEISPIEL

Öffnen einer OleDb-Verbindung zur *Northwind*-Beispieldatenbank mit Windows-Authentifizierung auf dem lokalen PC (das Server-Verzeichnis entspricht einer Visual Studio 2005-Standardinstallation). Es werden der Name des Servers und die Version in einem Meldungsfenster angezeigt, bevor die Verbindung wieder geschlossen wird.

```
Imports System.Data.OleDb
...
Dim CrLf As String = Environment.NewLine
Dim conn As New OleDbConnection()
conn.ConnectionString =
  "Provider=SQLOLEDB.1; Data Source=.\SQLEXPRESS; Initial Catalog=Northwind;Integrated Security=SSPI"
conn.Open()
MessageBox.Show("Provider: " & conn.Provider & CrLf & "Data Source: " & conn.DataSource & CrLf & _
                                                      "Server Version: " & conn.ServerVersion)
conn.Close()
```

Abbildung 4.5 Meldungsfenster des Beispiels

Wie Sie dem Beispiel entnehmen, tragen die Verbindungsparameter für den SQL Server-Zugriff teilweise andere Bezeichner als für den Zugriff auf eine Access-Datenbank.

SQLConnection

Die Verwendung einer *SqlConnection* ist im Vergleich zur *OleDbConnection* der direkte (und schnellere) Weg zum SQL Server. Das Öffnen eines *SqlConnection*-Objekts weist gegenüber einer *OleDbConnection* keine gravierenden Unterschiede auf, außer dass einige Eigenschaften hinzugekommen sind bzw. fehlen (z.B. *Provider*-Eigenschaft).

BEISPIEL

Das Vorgängerbeispiel wird leicht modifiziert und mit einer *SqlConnection* wiederholt.

```
Imports System.Data.SqlClient
...
Dim CrLf As String = Environment.NewLine
Dim conn As New SqlConnection("Server=.\SQLEXPRESS;Initial Catalog=Northwind;Integrated Security=True")
conn.Open()
MessageBox.Show("Data Source: " & conn.DataSource & CrLf & "Server Version: " & conn.ServerVersion)
conn.Close()
```

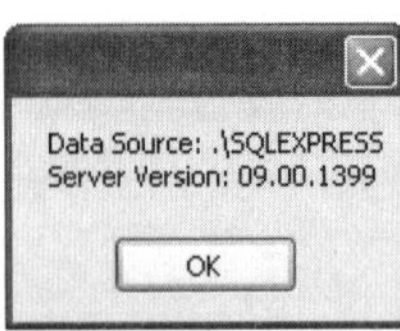

Abbildung 4.6 Meldungsfenster des Beispiels

HINWEIS Als Praxiseinlage zum Thema empfiehlt sich das PB4.1 »Ein SqlConnection-Objekt programmieren«.

Parameter für SQL Server-Zugriff

Die folgende Tabelle zeigt einige wichtige Parameter zum Zugriff auf den SQL Server, wobei Parameter mit gleichwertiger Bedeutung untereinander aufgelistet sind.

Parameter	Standard-wert	Bedeutung
Connect Timeout *Connection Timeout*	15	Liefert Zeitdauer (Sekunden), die auf eine Verbindung zum Server gewartet werden soll, bevor der Versuch abgebrochen und ein Fehler generiert wird
Connection Lifetime	0	Ist die Zeitspanne (in Sekunden) einer an den Pool zurückgegebenen Verbindung größer ist als dieser Wert, wird die Verbindung beendet
Connection Reset	*True*	Bestimmt, ob die Datenbankverbindung zurückgesetzt wird, wenn sie aus dem Pool entfernt wird
Current Language		Der Datensatzname der SQL Server-Sprache
Data Source, *Server, Addr,* *Network Address*		Der Name des SQL Servers oder dessen Adresse im lokalen Netzwerk. Falls SQL Server auf dem lokalen Rechner installiert ist, kann (local) angegeben werden
Initial Catalog, *Database*		Der Name der gewünschten Datenbank auf dem SQL Server
Integrated Security, *Trusted_Connection*	*False*	Gibt an, ob es sich um eine sichere Verbindung handelt. Der Wert *sspi* entspricht *True*
User ID		Falls Datenbankzugriff geschützt ist, kann hier der Benutzername angegeben werden

Tabelle 4.4 Parameter für den SQL Server-Zugriff

Parameter	Standardwert	Bedeutung
Packet Size	8192	Größe der Netzwerkpakete (Byte), die zum Kommunizieren mit einer Instanz von SQL Server verwendet werden
Password, Pwd		Wenn User ID gesetzt, kann hier das zugehörige Passwort übergeben werden
Pooling	*True*	Wenn *True*, dann wird das *SqlConnection*-Objekt aus dem Connection-Pool übernommen bzw. erstellt und dem Pool hinzugefügt

Tabelle 4.4 Parameter für den SQL Server-Zugriff *(Fortsetzung)*

Verbindung mit einer SQL Server Datenbankdatei

Eine Datenbankdatei (*.mdf*) kann – wie eine Access Datenbank (*.mdb*) – frei kopiert werden und muss auch nicht beim SQL Server angemeldet werden. Dies erfolgt erst durch den Aufbau der Connection.

BEISPIEL

ConnectionString für den Zugriff auf die *Northwind*-Datenbank, die sich in der Datei *Northwind.mdf* im Anwendungspfad befindet.

```
Dim connStr As String = "Data Source=.\SQLEXPRESS;AttachDbFilename=|DataDirectory|\Northwind.mdf;" & _
                        "Integrated Security=True;User Instance=True"
```

Die Connection ist wie gewohnt nutzbar. Allerdings wird die *.mdf*-Datei erst beim Zugriff vom SQL Server geladen. Nach dem Schließen der Connection wird die Datenbank wieder freigegeben. Sie können diese also problemlos kopieren.

Bemerkungen zur Authentifizierung

Bevor irgendein Prozess auf die Daten eines SQL Servers zugreifen kann, muss er sich zunächst beim SQL Server einloggen. Hierbei kommuniziert das *SqlConnection*-Objekt mit dem SQL Server und führt das Login aufgrund der im *ConnectionString* enthaltenen Parameter aus.

Jedes Login erfordert in der Regel eine Authentifizierung. Hier prüft der SQL Server, ob der den Prozess auslösende Nutzer berechtigt ist, auf die gespeicherten Daten zuzugreifen.

Der SQL Server benutzt zwei Verfahren zur Authentifizierung:

- Die *SQL Server Authentifizierung*, die den Prozess auffordert, die Credentials (Benutzernamen und Passwort) zu unterbreiten, welche vom Administrator des SQL Servers eingerichtet wurden.
- Die *Integrierte Windows Authentifizierung*, bei welcher Sie weder Benutzername noch Kennwort angeben müssen, weil das Betriebssystem (Windows NT, Windows 2000, Windows XP) das Login des Benutzers an den SQL Server weiterreicht.

BEISPIEL

SQL-Server-Authentifizierung bei Zugriff auf die *Northwind*-Beispieldatenbank mit *sa*-Account und einem leeren Passwort.

```
Dim connStr As String = "Data Source=.\SQLEXPRESS; Initial Catalog=Northwind; User ID=sa; Password="
```

BEISPIEL

Zugriff auf die *Northwind*-Beispieldatenbank unter Verwendung der *Integrierten Windows-Authentifizierung*.

```
Dim connStr As String = "Data Source=.\SQLEXPRESS;Initial Catalog=Northwind;Integrated Security=True"
```

HINWEIS *User ID* und *Password* sollten Sie aus Sicherheitsgründen grundsätzlich **nicht** im *ConnectionString* speichern!

Fehlerbehandlung beim Öffnen einer Verbindung

Es braucht nur eine Kleinigkeit im *ConnectionString* nicht zu stimmen, und schon gibt es lange Gesichter. Wertvolle Antworten kann in einem solchen Fall eine *Try-Catch-Finally*-Fehlerbehandlung liefern.

BEISPIEL

Fehlerbehandlung beim Öffnen einer Verbindung zur Access Datenbank *Nordwind.mdb* (befindet sich im Anwendungspfad).

```
Imports System.Data.OleDb
...

Dim CrLf As String = Environment.NewLine
Dim conn As New OleDbConnection("Provider=Microsoft.Jet.OLEDB.4.0; Data Source=Nordwind.mdb;")

Try
    conn.Open()
    MessageBox.Show("Die Verbindung wurde erfolgreich hergestellt !" & CrLf & _
          "Der Provider: " & conn.Provider  & CrLf & "Die Datenquelle: " & conn.DataSource)
Catch ex As Exception
   MessageBox.Show(ex.Message, "Fehler")
Finally
   conn.Close()
End Try
```

Ist der *ConnectionString* fehlerfrei, so erscheint das folgende Meldungsfenster:

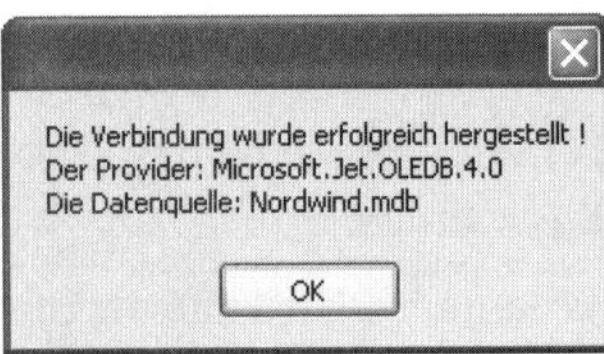

Abbildung 4.7 Meldungsfenster des Beispiels

Haben Sie versehentlich einen falschen Provider angegeben (die veraltete Version 3.51)

```
Dim oConn As New OleDbConnection("Provider=Microsoft.Jet.OLEDB.3.51; Data Source=Nordwind.mdb;")
```

so erscheint (nach einer gewissen Verzögerungszeit) die folgende Fehlermeldung:

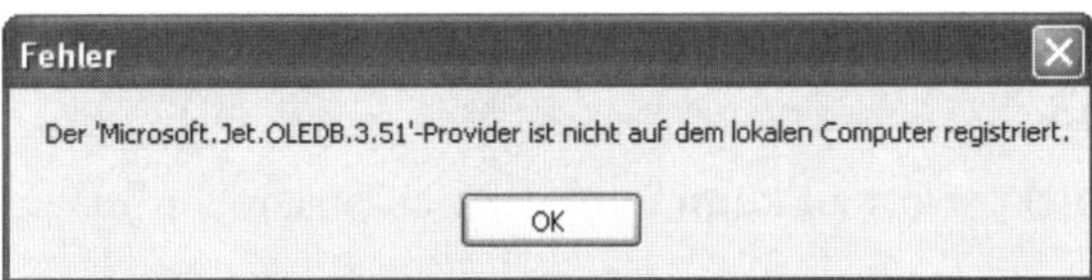

Abbildung 4.8 Fehlermeldung des Beispiels

Hätten Sie auf die Fehlerbehandlung verzichtet, wäre scheinbar nichts passiert, denn Sie hätten gar nicht gemerkt, dass der Verbindungsaufbau fehlgeschlagen ist.

HINWEIS In den meisten Beispielen dieses Buchs werden wir aus Übersichtlichkeitsgründen keine Fehlerbehandlungen einbauen, Sie allerdings sollten in Ihren Projekten nicht darauf verzichten.

Schließen einer Verbindung

Nachdem die Daten übertragen worden sind, sollte die Verbindung mit Hilfe der *Close*-Methode wieder geschlossen werden. Ansonsten bleibt die Connection weiter geöffnet, auch nachdem die Connection-Instanz selbst terminiert wurde!

Um die Netzbelastung gering zu halten, sollte man – ganz im Sinne der ADO.NET-Philosophie – das Öffnen und Schließen einer Verbindung möglichst innerhalb einer einzigen Befehlskette durchführen.

BEISPIEL

Es wird kurzzeitig eine Verbindung zur Access-Datenbank *Firma.mdb* geöffnet, um die Kundentabelle in ein *DataSet* zu übertragen. Danach wird die Verbindung sofort wieder geschlossen.

```
Imports System.Data.OleDb
...

Dim conn As New OleDbConnection("Provider=Microsoft.Jet.OLEDB.4.0; Data Source=Firma.mdb;")
```

Verbindung öffnen:

```
    conn.Open()
```

Daten übertragen:

```
    Dim ds As New DataSet()
    Dim da As New OleDbDataAdapter("SELECT * FROM Kunden", conn)
    da.Fill(ds, "Kunden")
```

Verbindung schließen:

```
    conn.Close()
```

Verbindungspooling

Da das Öffnen und Schließen von Datenbankverbindungen ziemlich viel Zeit und Ressourcen verbraucht, implementieren alle .NET-Datenprovider so genanntes *Verbindungspooling*. Das bedeutet, dass eine Verbindung nach Aufruf der *Close*-Methode nicht geschlossen wird, sondern an einen Pool übergeben wird. Immer wenn eine neue Verbindung angefordert wird, durchsucht der Datenprovider den Pool nach einer passenden Verbindung. Erst wenn keine vorhanden ist, wird eine neue erzeugt.

Sie brauchen sich um Verbindungspooling eigentlich nicht selbst zu kümmern, denn es ist standardmäßig aktiviert.

HINWEIS Wenn Sie kein Verbindungspooling anwenden wollen, d.h., Sie wollen die Verbindung durch Aufruf von *Close()* sofort schließen, so sollten Sie dieses Verhalten bereits beim Erzeugen der Verbindung implementieren, indem Sie in den *ConnectionString* das Element *OLE DB Services=–4;* einfügen.

Transaktionen

Eine Transaktion besteht aus einer Serie von SQL-Anweisungen (SELECT, INSERT, UPDATE oder DELETE). Verläuft eine Transaktion fehlerfrei, so werden alle Änderungen in die Datenbank geschrieben, andernfalls werden keine der Änderungen übernommen[1].

Die drei Transaktionsbefehle sind: BEGIN, COMMIT und ROLLBACK. Alle Prozeduren, die nach der BEGIN-Anweisung versucht werden, gelten als Teil der Transaktion, die mit der COMMIT-Anweisung bestätigt oder mit der ROLLBACK-Anweisung rückgängig gemacht wird.

BEISPIEL

Innerhalb einer Transaktion wird versucht, zwei Datensätze in die *Region*-Tabelle des SQL Servers einzufügen.

```
Imports System.Data.SqlClient
...
Dim conn As New SqlConnection( _
                    "Data Source=.\SQLEXPRESS;Initial Catalog=Northwind;Integrated Security=SSPI;")
conn.Open()
Dim trans As SqlTransaction
trans = conn.BeginTransaction()                ' lokale Transaktion starten
Dim cmd As New SqlCommand                      ' Befehl innerhalb der aktuellen Transaktion
cmd.Transaction = trans

Try
    cmd.CommandText = "INSERT INTO Region (RegionID, RegionDescription) VALUES (100,'Description')"
    cmd.ExecuteNonQuery()
    cmd.CommandText = "INSERT INTO Region (RegionID, RegionDescription) VALUES (101, 'Description')"
    cmd.ExecuteNonQuery()
    trans.Commit()
    Console.WriteLine("Beide Datensätze wurden in die Datenbank geschrieben!")
Catch ex As Exception
    trans.Rollback()
    Console.WriteLine(ex.ToString())
    Console.WriteLine("In die Datenbank wurden keine Datensätze geschrieben!")
Finally
    conn.Close()
End Try
```

[1] Wie wichtig Transaktionen sind, wird Ihnen spätestens dann deutlich, wenn mitten in einer Geldüberweisung, die Sie per Homebanking vornehmen, Ihre kleine Tochter plötzlich den Netzstecker zieht.

Eigenschaften des Connection-Objekts

Da wir im Verlauf dieses Abschnittes bereits viele Eigenschaften des *Connection*-Objekts en passant besprochen haben, soll diese knappe Zusammenfassung den Überblick erleichtern und gleichzeitig einige zusätzliche Informationen liefern.

ConnectionString-Eigenschaft

Diese zweifelsohne wichtigste Eigenschaft des *Connection*-Objekts kapselt sämtliche Verbindungsinformationen zur Datenbank. Außerdem ist es die einzige Eigenschaft, die nicht schreibgeschützt ist (wenn keine Verbindung zur Datenquelle besteht).

Database- und DataSource-Eigenschaft

Was ist der Unterschied zwischen beiden Eigenschaften? Die *DataSource*-Eigenschaft des *Connection*-Objekts entspricht dem *Data Source*-Attribut innerhalb des *ConnectionStrings* und enthält den Speicherort der Datenquelle.

Für eine serverbasierte Datenquelle (Microsoft SQL Server, Oracle) bedeutet der Speicherort den Namen des Computers, auf dem der Server installiert ist. Bei dateibasierten Datenbanken, wie z.B. Access, verweist diese Eigenschaft auf den Datenbankpfad (z.B. *C:\Beispiele\Nordwind.mdb*).

Die *Database*-Eigenschaft ist hingegen für Datenquellen, wie z.B. den SQL Server, gedacht, die mehrere Datenbanken unterstützen und entspricht dem Attribut *Initial Catalog* im *ConnectionString*. Beim *SQL Server OleDb-Provider* können wir aber alternativ beide Attributebezeichner verwenden.

BEISPIEL

Zwei gleichwertige Möglichkeiten.

```
conn.ConnectionString = "Provider=SQLOLEDB.1; Data Source=.\SQLEXPRESS; " & _
                                   "Initial Catalog=Northwind;Integrated Security=SSPI"
```

oder

```
conn.ConnectionString = "Provider=SQLOLEDB.1; Data Source=.\SQLEXPRESS; " & _
                                   "Database=Northwind;Integrated Security=SSPI";

Label1.Text = conn.DataSource              ' liefert ".\SQLEXPRESS"
Label2.Text = conn.Database                ' liefert "Northwind"
```

Provider-Eigenschaft

Es klingt möglicherweise etwas verwirrend: Während wir unter dem Begriff *.NET-Datenprovider* eine Klassenbibliothek für den Datenzugriff verstehen, ist *Provider* auch eine Eigenschaft des *OleDbConnection*-Objekts.

Die *Provider*-Eigenschaft bezeichnet hier die OLE DB-Schnittstelle, welche die Datenquelle des jeweiligen Herstellers kapselt. Die folgende Tabelle erklärt einige häufig benutzte OLE DB-Schnittstellen:

Datenquelle	Provider-Eigenschaft
Microsoft Access	Microsoft.Jet.OLEDB.4.0
Microsoft SQL Server	SQLOLEDB.1
Microsoft Indexing Service	MSIDXS.1
Oracle	MSDAORA.1

Tabelle 4.5 Wichtige OleDb-Provider

HINWEIS Die *Provider*-Eigenschaft gibt es nicht für die *SqlConnection*, da sie dort überflüssig ist!

ServerVersion-Eigenschaft

Diese Eigenschaft liefert eine Zeichenfolge zurück, die die Version der Datenbank enthält. Durch Abprüfen von *ServerVersion* können Sie z.B. gewährleisten, dass keine Abfragen an den Server geschickt werden, die von diesem nicht unterstützt werden (z.B. Abfrageergebnisse als XML liefern, was erst ab SQL Server 2000 möglich ist).

ConnectionTimeout-Eigenschaft

Obwohl diese Eigenschaft schreibgeschützt ist, haben Sie trotzdem die Möglichkeit, innerhalb des *ConnectionString* anzugeben, wie viel Sekunden der OleDb-Provider versuchen soll, die Verbindung zur Datenbank herzustellen.

BEISPIEL

Die Zeit bis zum Timeout der Verbindungsaufnahme wird auf 10 Sekunden festgelegt.

```
conn.ConnectionString = "Provider=SQLOLEDB.1; Data Source=.\SQLEXPRESS;..; Connect Timeout=10; ... "
```

State-Eigenschaft

Diese Eigenschaft liefert den aktuellen Verbindungsstatus. Die möglichen Werte sind Mitglieder der *ConnectionState*-Enumeration.

Konstante	Verbindungszustand
Open	Geöffnet
Closed	Geschlossen
Connecting	Verbindung wird aufgebaut
Executing	Eine Abfrage wird ausgeführt
Fetching	Daten werden abgerufen
Broken	Unterbrochen

Tabelle 4.6 Die Mitglieder der *ConnectionState*-Enumeration

Methoden des Connection-Objekts

Open- und Close-Methode

Wenn Sie die *Open*-Methode auf einem bereits geöffneten *Connection*-Objekt ausführen, wird ein Fehler ausgelöst. Hingegen verursacht der Aufruf von *Close* über einer bereits geschlossenen Verbindung keinen Fehler.

HINWEIS Da Sie standardmäßig mit Verbindungspooling arbeiten, wird die Verbindung nicht wirklich geschlossen, sondern nur zurück an den Pool gesendet.

Es ist keine Vergesslichkeit der Autoren, wenn in manchen Beispielen das *Connection*-Objekt weder mit *Open* geöffnet noch mit *Close* geschlossen wird. Gewissermaßen im Hintergrund können *Fill*- und *Update*-Methode eines *DataAdapter*-Objekts automatisch die Verbindung öffnen (wenn sie nicht schon geöffnet ist) und sie auch wieder schließen, wenn die Operation beendet ist.

Trotzdem: Bei mehreren aufeinander folgenden Operationen, für die eine geöffnete Verbindung erforderlich ist, können Sie die Performance verbessern, wenn Sie explizit die *Open*-Methode des *Connection*-Objekts aufrufen, die Operationen für die Datenquelle durchführen und anschließend die Verbindung mit *Close* wieder schließen. Generell sollte die Verbindung zur Datenquelle so kurz wie möglich geöffnet bleiben, um die kostbare Ressource »Netzwerkverbindung« schnellstmöglich wieder freizugeben, damit sie von anderen Clientanwendungen genutzt werden kann.

ChangeDatabase-Methode

Viele Server, wie z.B. auch der SQL Server, unterstützen mehrere Datenbanken. Mit der *ChangeDatabase*-Methode können Sie die Datenbank zur Laufzeit wechseln, ohne den USE-Befehl verwenden zu müssen.

BEISPIEL

Zwei äquivalente Varianten zum Wechseln der Datenbank.

```
conn.ChangeDatabase("Northwind")
```

oder

```
Dim cmd As OleDbCommand = conn.CreateCommand()
cmd.CommandText = "USE Northwind"
cmd.ExecuteNonQuery()
```

CreateCommand-Methode

Mit dieser Methode können Sie ein neues *Command*-Objekt erzeugen und damit etwas Schreibarbeit einsparen (siehe obiges Beispiel).

BeginTransaction-Methode

Diese Methode leitet eine Transaktion ein. Rückgabewert ist ein neues *Transaction*-Objekt. Zum Ausführen oder Zurücksetzen der Transaktion werden die Methoden *Commit* oder *Rollback* des erzeugten *Transaction*-Objekts verwendet.

Im Vergleich zum Erzeugen eines *Transaction*-Objekts mittels *New*-Konstruktor spart man zwei Codezeilen.

BEISPIEL

Zwei äquivalente Möglichkeiten zum Start einer Transaktion.

```
Dim ta As OleDbTransaction = conn.BeginTransaction()
```

oder

```
Dim ta As New OleDbTransaction()
ta.Connection = conn
ta.Begin()
```

Ereignisse des Connection-Objekts

Das *Connection*-Objekt besitzt zwei Ereignisse, mit denen Sie Informationsmeldungen aus einer Datenquelle abrufen oder eine Statusänderung feststellen können:

InfoMessage-Ereignis

... tritt auf, wenn eine Informationsmeldung aus einer Datenquelle zurückgegeben wird. Informationsmeldungen sind Meldungen aus einer Datenquelle, die keine Exception auslösen.

BEISPIEL

Hinzufügen einer Ereignisbehandlung für *InfoMessage*.

```
Imports System.Data.SqlClient
...
Dim conn As New SqlConnection( _
                 "Data Source=.\SQLEXPRESS;Integrated Security=sspi;Initial Catalog=Northwind;")

AddHandler conn.InfoMessage, New SqlInfoMessageEventHandler(AddressOf OnInfoMessage)

Private Sub OnInfoMessage(sender As Object, args As SqlInfoMessageEventArgs)
    Dim st As String = "{0} hat eine Meldung {1} erhalten, Zustand {2}, Fehlernummer {3} " & _
                       "in Zeile {4} der Prozedur {5} auf Server {6}:{7}"
    For Each err As SqlError In e.Errors
        Label1.Text = (String.Format(st, err.Source, err.Class, err.State, err.Number, _
                                     err.LineNumber, err.Procedure, err.Server, err.Message))
    Next
End Sub
```

HINWEIS Beim SQL Server werden alle Meldungen mit einem Schweregrad von 10 oder weniger als Informationsmeldungen betrachtet!

StateChange-Ereignis

... tritt auf, wenn sich der Status des *Connection*-Objekts ändert (siehe *State*-Eigenschaft).

BEISPIEL

Mit dem *StateChange*-Ereignis wird eine Meldung ausgegeben, sobald sich der Status des *Connection*-Objekts ändert.

```
Imports System.Data.SqlClient
...
AddHandler conn.StateChange, New StateChangeEventHandler(AddressOf OnStateChange)


Private Sub OnStateChange(sender As Object, e As StateChangeEventArgs)
    MessageBox.Show(String.Format("Der aktuelle Verbindungszustand hat sich geändert " & _
                                  "von {0} nach {1}.", e.OriginalState, e.CurrentState)
End Sub
```

Der ConnectionStringBuilder

Um das Zusammenbauen eines *ConnectionStrings* etwas übersichtlicher zu gestalten, gibt es ab ADO.NET 2.0 die providerspezifische *ConnectionStringBuilder*-Klasse.

BEISPIEL

Vergleich von zwei Möglichkeiten für das Erstellen einer Verbindungszeichenfolge zur *Northwind*-Datenbank des SQL Servers

```
Imports System.Data.SqlClient
```

Ohne *ConnectionStringBuilder*:

```
Dim connStr As String = "Data Source =.\SQLEXPRESS; Initial Catalog=Northwind; " & _
                                                   "Integrated Security=True;"
Dim conn As New SqlConnection(connStr)
```

Mit *ConnectionStringBuilder*:

```
Dim csb As New SqlConnectionStringBuilder()
csb.DataSource = ".\SQLEXPRESS"
csb.IntegratedSecurity = True
csb.InitialCatalog = "Northwind"
```

ConnectionString in den Anwendungseinstellungen speichern

In der Regel werden Sie Verbindungszeichenfolgen nicht fest im Quellcode »verdrahten«, sondern in der Konfigurationsdatei der Anwendung (*app.config* bzw. **.exe.config*) hinterlegen, sodass sie vom späteren Programmnutzer leicht angepasst werden können.

Im umfangreichen »Projekteigenschaften«-Dialog (Menü *Projekt/<Projektname>-Eigenschaften...*) öffnen Sie die Registerseite »Einstellungen«. Als *Typ* stellen Sie »(Verbindungszeichenfolge)« ein und als *Bereich* wählen Sie »Anwendung«. Für den *Wert* tragen Sie die Verbindungszeichenfolge ein, ohne diese aber in doppelten Anführungszeichen einzuschließen.

BEISPIEL

Die Verbindungszeichenfolge

```
"Data Source = .\SQLEXPRESS; Initial Catalog=Northwind; Integrated Security=true"
```

wird unter dem Namen *connStr* eingetragen:

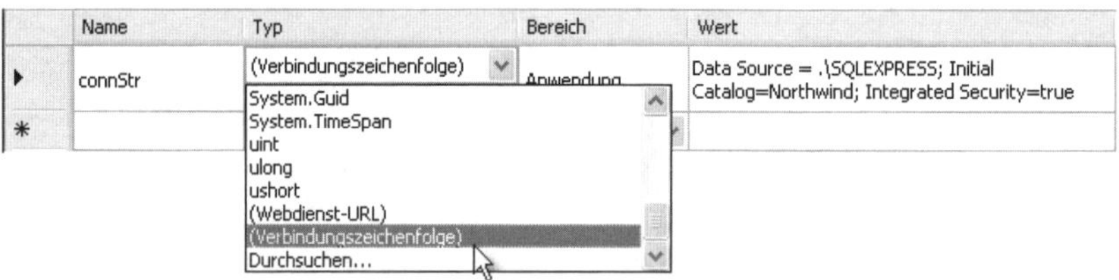

Abbildung 4.9 Eintragen des *ConnectionStrings* in die Anwendungseinstellungen

In der *app.config*-Datei sieht das Ergebnis dann folgendermaßen aus:

```
  <?xml version="1.0" encoding="utf-8" ?>
- <configuration>
   <configSections />
  - <connectionStrings>
     <add name="WindowsApplication1.My.Settings.connStr"
         connectionString="Data Source =
                          .\SQLEXPRESS; Initial Catalog=Northwind; Integrated Security=true" />
    </connectionStrings>
  </configuration>
```

Der Zugriff im Quellcode:

```
Dim connStr As String =  My.Settings.connStr
Dim conn As New SqlConnection(connStr)
```

HINWEIS Den kompletten Code finden Sie im PB4.1 »Ein SqlConnection-Objekt programmieren«.

Das Command-Objekt

An Abfragen aller Art (SQL-Queries, Stored Procedures) führt beim Programmieren von Datenbankanwendungen kein Weg vorbei. Unter ADO.NET werden für alle Datenbankabfragen *Command*-Objekte benutzt, die zentraler Bestandteil der jeweiligen .NET-Datenprovider sind.

Erzeugen und Anwenden eines Command-Objekts

Wie bei fast allen anderen ADO.NET-Objekten, bieten sich auch zum Erzeugen eines *Command*-Objekts verschiedene Konstruktoren an. Eine übliche Vorgehensweise ist es, die gewünschte Abfrage neben dem zuvor angelegten *Connection*-Objekt an den Konstruktor der Klasse zu übergeben:

```
Dim cmd As New Command(sql As String, conn As Connection)
```

Das so erzeugte und initialisierte *Command*-Objekt kann dann z.B. an den Konstruktor der *DataAdapter*-Klasse weitergereicht werden, um letztendlich ein *DataSet* zu füllen.

Aber es geht auch ohne *DataAdapter* und *DataSet*, denn um SQL-Anweisungen direkt gegen die Datenquelle zu fahren, kann eine der *Execute*-Methoden (*ExecuteNonQuery*, *ExecuteReader*, *ExecuteScalar*) aufgerufen werden.

BEISPIEL

Es werden zwei *OleDbCommand*-Objekte erstellt. Mit dem ersten werden die Namen der Firmen aller Pariser Kunden aus *Nordwind.mdb* geändert, mit dem zweiten wird ein *DataAdapter* erstellt, der zum Befüllen eines *DataSet*-Objekts mit den Kunden-Datensätzen dient.

```
Dim conn As New OleDbConnection("Provider=Microsoft.Jet.OLEDB.4.0; Data Source=Nordwind.mdb;")
Dim updCmd As New OleDbCommand("UPDATE Kunden SET Firma = 'Pariser Kunde' WHERE Ort = 'Paris'", conn)
Dim selCmd As New OleDbCommand("SELECT Firma, Ort FROM Kunden WHERE Ort = 'Paris'", conn)
Dim da As New OleDbDataAdapter(selCmd)
Dim ds As New DataSet()
conn.Open()
```

UPDATE-Befehl wird gegen die Datenbank ausgeführt:

```
updCmd.ExecuteNonQuery()
```

Das *DataSet* erhält neue Tabelle (»PariserKunden«) mit Datensätzen gemäß SELECT-Befehl:

```
da.Fill(ds, "PariserKunden")
conn.Close()
```

HINWEIS Den vollständigen Code finden Sie im PB4.3 »Eine Aktionsabfrage ausführen«.

Erzeugen mittels CreateCommand-Methode

Auch mit Hilfe der *CreateCommand*-Methode eines *Connection*-Objekts können Sie ein *Command*-Objekt erzeugen. Damit ersparen Sie sich etwas Schreibarbeit.

BEISPIEL

Zwei äquivalente Varianten, wenn ein gültiges *Connection*-Objekt *conn* vorliegt.

Variante A:

```
Dim cmd As New OleDbCommand()
cmd.Connection = conn
```

Variante B:

```
Dim cmd As OleDbCommand = conn.CreateCommand()
```

BEISPIEL

Wenn Sie ein *Command*-Objekt nur einmalig erzeugen und verwenden möchten.

```
With conn.CreateCommand()
    .CommandText = "UPDATE Kunden SET Firma = ..."
    .ExecuteNonQuery()
    .Dispose()
End With
```

Eigenschaften des Command-Objekts

Wir können uns hier nur auf eine knappe Darstellung der wichtigsten Eigenschaften beschränken.

Connection- und CommandText-Eigenschaft

Beide Eigenschaften werden üblicherweise bereits im Konstruktor übergeben (siehe oben), man kann Sie aber auch separat zuweisen.

BEISPIEL

Zwei Varianten zum Erzeugen und Initialisieren eines *OleDbCommand*-Objekts.

```
Dim cmd As New OleDbCommand("UPDATE Kunden SET Firma = 'Pariser Firma' WHERE Ort = 'Paris'", conn)
```

ist äquivalent zu

```
Dim cmd As New OleDbCommand()
cmd.Connection = conn
cmd.CommandText = "UPDATE Kunden SET Firma = 'Pariser Firma' WHERE Ort = 'Paris'"
```

CommandTimeout-Eigenschaft

Um festzulegen, wie lange die Ausführung einer Abfrage maximal dauern darf, können Sie der *Command-Timeout*-Eigenschaft einen Wert in Sekunden zuweisen (Standardwert = 30 Sekunden).

BEISPIEL

Ein *DataSet* wird mit der Kundenliste der SQL-Datenbank *Northwind* gefüllt, wofür maximal 10 Sekunden zur Verfügung stehen.

```
Dim conn As New SqlConnection("Data Source=(local);Integrated Security=sspi;Initial Catalog=Northwind")
Dim cmd As New SqlCommand("SELECT CustomerID, CompanyName FROM Customers", conn)
```

Die Ausführung der Abfrage darf maximal 30 sek dauern:

```
cmd.CommandTimeout = 30
Dim da As New SqlDataAdapter()
da.SelectCommand = cmd
Dim ds As New DataSet()
conn.Open()
da.Fill(ds, "Kunden")
conn.Close()
```

HINWEIS Sollte eine Abfrage dennoch zu lange dauern, so können Sie diese innerhalb einer asynchronen Umgebung mit Hilfe der *Cancel*-Methode abbrechen.

Zum Ausführen einfacher Datenbankabfragen (wie im obigen Beispiel), können Sie auf das explizite Erzeugen eines *Command*-Objekts verzichten, denn man kann den SQL-String auch direkt dem *DataAdapter* als Parameter übergeben.

BEISPIEL

Eine gleichwertige Realisierung des Vorgängerbeispiels.

```
Dim da As New SqlDataAdapter("SELECT CustomerID, CompanyName FROM Customers", conn)
da.SelectCommand.CommandTimeout = 30
```

CommandType-Eigenschaft

Mit der *CommandType*-Eigenschaft definieren Sie die auszuführende Operation. Mittels der gleichnamigen Enumeration stehen drei Möglichkeiten zur Verfügung:

- *Text* (Standardwert)
  Hier können Sie eine frei definierbare SQL-Abfrage übergeben.
- *StoredProcedure*
  Hier soll eine in der Datenbank gespeicherte Prozedur bzw. Auswahlabfrage aufgerufen werden.
- *TableDirect*
  Hier wird direkt der Name einer Tabelle angegeben (entspricht *SELECT * FROM <Tabellenname>*).

BEISPIEL

Aufruf der Stored Procedure »Sales by Years« in der Datenbank *Northwind.*

```
Dim cmd As New SqlCommand("Sales by Year", conn)
cmd.CommandType = CommandType.StoredProcedure
Dim parm1 As New SqlParameter("@Beginning_Date", SqlDbType.DateTime)
```

Definition als Input-Parameter:

```
parm1.Direction = ParameterDirection.Input
```

Das *Beginn*-Datum wird der ersten *TextBox* entnommen:

```
parm1.Value = Convert.ToDateTime(TextBox1.Text)
```

Parameter hinzufügen:

```
cmd.Parameters.Add(parm1)
```

HINWEIS Den kompletten Code finden Sie unter PB4.5 »Eine gespeicherte Prozedur aufrufen«. Der nach dem gleichen Prinzip funktionierende Aufruf einer in der Datenbank *Nordwind.mdb* gespeicherten Auswahlabfrage ist im PB4.6 »Eine Access-Auswahlabfrage aufrufen« erklärt.

UpdatedRowSource-Eigenschaft

Diese Eigenschaft dürfte für den Einsteiger zunächst nur von untergeordnetem Interesse sein. Der Profi weiß aber, dass man mit UPDATE- und INSERT-Abfragen nicht nur Datensätze in der Datenquelle ändert, sondern dass auch Ausgabeparameter oder sogar Datensätze zurückgegeben werden können.

Typisch ist dies bei so genannten Stapel- bzw. Batch-Abfragen, denn hier lassen sich z.B. Ausgabeparameter bzw. Datensätze aus der Datenbank abrufen, sofort nachdem der *DataAdapter* eine Aktualisierung entsprechend seiner *UpdateCommand-* oder *InsertCommand*-Eigenschaft durchgeführt hat.

Mittels der *UpdatedRowSource*-Eigenschaft legen Sie fest, ob und wie das *Command*-Objekt die von der Datenquelle zurückgelieferten Parameter bzw. Zeilen in das *DataSet*-Objekt einfügen soll.

Die *UpdateRowSource*-Enumeration stellt dazu entsprechende Konstanten bereit:

UpdateRowSource-Mitglied	Beschreibung
Both	Sowohl die erste zurückgegebene Zeile als auch die Ausgabeparameter werden der geänderten Zeile im DataSet zugeordnet (Standard)
FirstReturnedRecord	Nur die Daten in der ersten zurückgegebenen Zeile werden der geänderten Zeile im *DataSet* zugeordnet
OutputParameters	Nur die Ausgabeparameter werden der geänderten Zeile im *DataSet* zugeordnet
None	Alle zurückgegebenen Parameter oder Zeilen werden ignoriert

Tabelle 4.7 Die Mitglieder der *UpdateRowSource*-Enumeration

BEISPIEL

Eine Batch-Abfrage kapselt zwei SELECT-Anweisungen in einem String. Alle zurückgegebenen Parameter und Datensätze werden ignoriert.

```
Dim sqlBatch As String = "SELECT CustomerID, CompanyName, ContactName, ContactTitle " & _
                         "FROM Customers WHERE CustomerID = 'ALFKI'; " & _
                         "SELECT OrderID, OrderDate, RequiredDate, ShippedDate, Freight " & _
                         "FROM Orders WHERE CustomerID = 'ALFKI'"
Dim cmd As New OleDbCommand(sqlBatch, conn)
cmd.UpdatedRowSource = UpdateRowSource.None
Dim da As New OleDbDataAdapter(cmd)
...
```

HINWEIS Den vollständigen Code finden Sie im PB4.9 »Mit Stapel-Abfragen arbeiten«.

Methoden des Command-Objekts

ExecuteNonQuery-Methode

Diese Methode setzen Sie vor allem ein, um Aktionsbefehle auf Basis von UPDATE, INSERT oder DELETE direkt gegen die Datenbank auszuführen (also ohne Verwendung von *DataAdapter* und *DataSet*). Rückgabewert ist hier die Anzahl der betroffenen Datensätze (sonst –1).

BEISPIEL

Ein *OleDbCommand*-Objekt wird erzeugt und eine UPDATE-Anweisung gegen die Datenbank gefahren. Die Anzahl betroffener Datensätze wird angezeigt (ein gültiges *OleDbConnection*-Objekt *conn* wird vorausgesetzt).

```
Dim updStr As String = "UPDATE Kunden SET Firma = 'Pariser Firma' WHERE Ort = 'Paris'"
Dim updCmd As New OleDbCommand(updStr, conn)
conn.Open()
```

SQL-Anweisung ausführen und Anzahl betroffener Datensätze anzeigen:

```
Label1.Text = cmd.ExecuteNonQuery.ToString()
```

HINWEIS Das ausführliche Beispiel findet sich im PB4.3 »Eine Aktionsabfrage ausführen«.

Weitere Möglichkeiten für Aktionsbefehle sind die Abfrage der Struktur einer Datenbank oder das Erstellen von Datenbankobjekten wie z.B. Tabellen (CREATE TABLE ...).

ExecuteReader-Methode

Auf Basis eines SELECT-Befehls erzeugt diese Methode ein *DataReader*-Objekt. Ein Instanziieren des *DataReaders* mittels *New*-Konstruktor entfällt deshalb.

BEISPIEL

Auf Basis eines gültigen *OleDbConnection*-Objekts und eines SELECT-Befehls wird ein *OleDbCommand*-Objekt erstellt und zum Erzeugen eines *DataReader*-Objekts verwendet.

```
Dim selStr As String = "SELECT Firma, Kontaktperson, Ort FROM Kunden WHERE Ort = 'Paris'"
Dim selCmd As New OleDbCommand(selStr, conn)
conn.Open()
Dim dr As OleDbDataReader = selCmd.ExecuteReader(CommandBehavior.CloseConnection)
```

HINWEIS Mehr erfahren Sie im DataReader-Abschnitt dieses Kapitels bzw. im PB6.9 »Mit DataReader und ListView arbeiten«.

ExecuteScalar-Methode

Rückgabewert dieser Methode ist das Objekt der ersten Spalte der ersten Zeile aus der Menge der zurückgegebenen Datensätze.

Generell eignet sich die *ExecuteScalar*-Methode des *Command*-Objekts für alle Abfragen, bei denen man nur an der Rückgabe eines einzigen Wertes interessiert ist.

BEISPIEL

Abfrage des Namens der Firma eines bestimmten Kunden.

```
Dim cmd As New SqlCommand("SELECT Firma FROM Kunden WHERE KundenCode = 'ALFKI'", conn)
conn.Open()
Label1.Text = Convert.ToString(cmd.ExecuteScalar)
```

Besonders vorteilhaft kann man *ExecuteScalar* zur Ausführung von Aggregatfunktionen verwenden, was weniger Aufwand erfordert als die Anwendung der *ExecuteReader*-Methode.

BEISPIEL

Aus der Datenbank *Northwind* wird die Anzahl der in Paris wohnhaften Kunden abgefragt und angezeigt.

```
Dim cmd AS New SqlCommand()
cmd.Connection = conn
cmd.CommandText = "SELECT COUNT(*) AS Anzahl FROM Customers WHERE City = 'Paris'"
cmd.Connection.Open()                              ' oder auch: conn.Open()
Label1.Text = cmd.ExecuteScalar().ToString()
cmd.Connection.Close()
```

Parameter-Objekte

In vielen Fällen enthält ein *Command*-Objekt Parameter bzw. Parameter-Auflistungen, mit denen parametrisierte Abfragen durchführbar sind.

Erzeugen und Anwenden eines Parameter-Objekts

Einer der möglichen Konstruktoren:

```
Dim prm As New Parameter(pName As String, pType As DbType)
```

Nach dem Zuweisen weiterer Eigenschaften erfolgt das Hinzufügen zur *Parameters*-Auflistung des *Command*-Objekts:

```
cmd.Parameters.Add(prm As Parameter)
```

BEISPIEL

Ein *SqlParameter*-Objekt *p1* wird zur *Parameters*-Collection eines vorhandenen *SqlCommand*-Objekts hinzugefügt.

Im Konstruktor Namen und Datentyp übergeben:

```
Dim p1 As New SqlParameter("@Geburtstag", SqlDbType.DateTime)
```

Datumswert aus einer *TextBox* zuweisen ...

```
p1.Value = Convert.ToDateTime(TextBox1.Text)
```

... und zum *SqlCommand*-Objekt hinzufügen:

```
cmd.Parameters.Add(p1)
```

Die erzeugten Parameter werden zur Laufzeit in die *CommandText*-Eigenschaft des *Command*-Objekts »eingebaut«.

BEISPIEL

Der im Vorgängerbeispiel definierte Parameter *@Geburtstag* wird in eine SQL-Abfrage eingefügt.

```
cmd.CommandText = "SELECT * FROM Employees WHERE (BirthDate > @Geburtstag)"
```

Umfangreichere Anwendungen von parametrisierten Abfragen finden Sie im Zusammenhang mit gespeicherten Prozeduren oder dem Einsatz von Datenadaptern, siehe z.B.

- PB4.5 »Eine gespeicherte Prozedur aufrufen«
- PB4.8 »Die Datenbank aktualisieren«
- PB4.13 »Die MARS-Technologie kennen lernen«

Eigenschaften des Parameter-Objekts

ParameterName- und Value-Eigenschaft

Beide Eigenschaften dürften selbsterklärend sein.

BEISPIEL

Eine alternative Zuweisung für das obige erste Beispiel wäre:

```
p1.ParameterName = "@Geburtstag"
p1.Value = CDate(TextBox1.Text)
```

DbType, OleDbType und SqlDbType-Eigenschaft

Durch das Spezifizieren des Datentyps wird der Wert des Parameters dem Datentyp des .NET-Datenproviders angepasst, bevor er an die Datenquelle weitergereicht wird. Fehlt die Typangabe, so leitet ihn ADO.NET von der *Value*-Eigenschaft des *Parameter*-Objekts ab.

Alternativ zu *OleDbType*- bzw. *SqlDbType*-Eigenschaft kann der Datentyp eines Parameters auch allgemein (generisch) aus *System.Data.DbType* abgeleitet werden.

HINWEIS Die exakten Zuordnungen zwischen den Datentypen entnehmen Sie am besten der Online-Hilfe bzw. den Übersichten am Ende dieses Kapitels.

BEISPIEL

Ein *Byte*-Parameter wird erzeugt, initialisiert und zur *Parameters*-Collection eines *SqlCommand*-Objekts hinzugefügt.

```
Dim prm As SqlParameter = cmd.Parameters.Add("@p2", SqlDbType.TinyInt)
```

BEISPIEL

Zwei Möglichkeiten zum Zuweisen des Datentyps eines *OleDbParameter*-Objekts.

```
Dim prm1 As New OleDbParameter()
```

Verwenden der *DbType*-Enumeration:

```
prm1.DbType = DbType.DateTime
```

Oder Verwenden der *OleDbType*-Enumeration:

```
prm1.OleDbType = OleDbType.DBDate
```

Direction-Eigenschaft

Die Eigenschaft bestimmt die Richtung des Parameters relativ zum *DataSet*. Die *ParameterDirection*-Enumeration enthält die in der Tabelle aufgeführten Werte:

ParameterDirection-Mitglied	Beschreibung
Input	Es handelt sich um einen Eingabeparameter (Standard)
InputOutput	Der Parameter unterstützt sowohl Ein- als auch Ausgabe
Output	Es handelt sich um einen Ausgabeparameter
ReturnValue	Der Parameter ist ein Rückgabewert aus einer Operation

Tabelle 4.8 Die Mitglieder der *ParameterDirection*-Enumeration

BEISPIEL

Ein *OleDbParameter* wird erstellt und seine *Direction*-Eigenschaft festgelegt.

```
Public Sub CreateOleDbParameter()
    Dim p1 As New OleDbParameter("Description", OleDbType.VarChar, 50)
    p1.IsNullable = True
    p1.Direction = ParameterDirection.Output
End Sub
```

Weitere Eigenschaften

- *SourceColumn*- und *SourceVersion*-Eigenschaft werden im Zusammenhang mit der *Update*-Methode des *DataAdapter*-Objekts ausführlicher erläutert (siehe Seite 218).
- Weitere wichtige Eigenschaften von *Parameter*-Objekten sind am Ende des Kapitels aufgelistet.

Das CommandBuilder-Objekt

Das manuelle Zuweisen der *Insert-, Update- und DeleteCommand*-Eigenschaften des *DataAdapters* ist mitunter eine ziemlich aufwändige Angelegenheit. Aber auch in all jenen Fällen, in denen die *SelectCommand*-Eigenschaft erst zur Laufzeit festgelegt werden kann, wie z.B. bei Verwendung dynamischer SQL-Abfragen, sind Sie nicht in der Lage, bereits zur Entwurfszeit entsprechende *Command*-Objekte zu spezifizieren. Dann können Sie – falls Ihr *DataAdapter* auf einer einzigen Datenbanktabelle aufsetzt – vorteilhaft den *CommandBuilder* zum automatischen Generieren der *Command*-Objekte verwenden.

Erzeugen

Voraussetzung für den Einsatz eines *CommandBuilder*-Objekts ist, dass der *DataAdapter* über eine *SelectCommand*-Eigenschaft verfügt. Das Tabellenschema, welches durch *SelectCommand* geliefert wird, bestimmt die Syntax der automatisch generierten INSERT-, UPDATE- und DELETE-Statements. Eine einzige Anweisung reicht dann aus, um einen *CommandBuilder* mit einem *DataAdapter* zu verkoppeln:

```
Dim cmdBuilder As New CommandBuilder(da As DataAdapter)
```

Der *CommandBuilder* verfolgt nun argwöhnisch alle am *DataSet* vorgenommenen Änderungen und generiert die erforderlichen Queries bzw. *Command*-Objekte selbstständig im Hintergrund.

Anwenden

Die *Update*-Methode des *DataAdapters* würde im folgenden Beispiel ohne *OleDbCommandBuilder* fehlschlagen.

BEISPIEL

Aktualisieren der Kunden-Tabelle aus *Nordwind.mdb.*

Beim Instanziieren erhält der *DataAdapter* automatisch auch seine *SelectCommand*-Eigenschaft, sodass diese nicht explizit zugewiesen werden muss:

```
Dim da As New OleDbDataAdapter("SELECT * FROM Kunden", conn)
```

Ein *OleDbCommandBuilder* wird mit dem *OleDbDataAdapter* verbunden:

```
Dim cmdB As New OleDbCommandBuilder(da)
```

Ein *DataSet* wird mit den Daten gefüllt:

```
Dim ds As New DataSet()
conn.Open()
da.Fill(ds, "Kunden")
...
```

Nachdem die Daten geändert wurden werden die Änderungen in die Datenbank zurückgeschrieben:

```
da.Update(ds, "Kunden")
```

Beim Aufruf von *Dispose* wird die Zuordnung von *CommandBuilder* zu *DataAdapter* aufgehoben, und die generierten Befehle werden nicht mehr verwendet.

HINWEIS Ein Beispiel für den Einsatz des *CommandBuilders* finden Sie im PB4.8 »Die Datenbank aktualisieren«.

Einsatzbeschränkungen

Dass der *CommandBuilder* nicht immer problemlos *UpdateCommand-*, *InsertCommand-* und *DeleteCommand*-Objekte generieren kann, zeigen die folgenden Einschränkungen:

- Das *SelectCommand* muss mindestens einen Primärschlüssel bzw. eine eindeutige Spalte liefern. Falls diese Bedingung nicht erfüllt ist, wird eine *InvalidOperation*-Exception ausgelöst.
- Falls eine von den *InsertCommand-*, *UpdateCommand-* und *DeleteCommand*-Eigenschaften des *DataAdapters* bereits existiert, wird die existierende Eigenschaft genommen.
- Für Datenbankabfragen mit zwei oder mehr verknüpften Tabellen kann der *CommandBuilder* keine *Command*-Objekte erstellen.
- Einem *DataAdapter*-Objekt kann immer nur ein *CommandBuilder*-Objekt gleichzeitig zugeordnet werden und umgekehrt.
- Das automatische Generieren der *Command*-Objekte versagt, wenn in den Tabellen- oder Spaltenbezeichnern spezielle Zeichen wie Leerzeichen, Fragezeichen oder andere nicht alphanumerische Zeichen enthalten sind.
- Wenn Sie *SelectCommand* nach dem Abrufen der Metadaten ändern (z. B. nach der ersten Aktualisierung), müssen Sie die *RefreshSchema*-Methode aufrufen, um die Metadaten zu aktualisieren.
- Um die Strukturinformationen (Metadaten) zu gewinnen, muss der *CommandBuilder* das *SelectCommand* ausführen, was einen Extra-Trip zur Datenquelle erforderlich macht und die Performance nachteilig beeinflussen kann. Sie sollten deshalb in kritischen Fällen lieber auf den *CommandBuilder* verzichten und stattdessen die *Command*-Objekte manuell deklarieren.

Einige Regeln

Die folgende Tabelle fasst die Regeln zusammen, nach denen die verschiedenen *Command*-Objekte durch den *CommandBuilder* generiert werden. Grundlage ist das *Optimistische Konkurrenzmodell für Aktualisierungs- und Löschvorgänge*, welches im Anschluss erläutert wird.

Command-Objekt	Regel
InsertCommand	Fügt Datensätze in die Datenquelle ein für alle Zeilen im *DataSet* mit *RowState* = *DataRowState.Added* und fügt Werte für alle aktualisierbaren Spalten ein.
UpdateCommand	Aktualisiert alle Datensätze in der Datenquelle für alle Zeilen im *DataSet* mit *RowState* = *DataRowState.-Modified.* Aktualisiert die Werte aller Spalten mit Ausnahme der Spalten, die nicht aktualisierbar sind (z.B. Ausdrücke).
DeleteCommand	Löscht die Datensätze in der Datenquelle für alle Zeilen im *DataSet* mit *RowState* = *DataRowState.Deleted.*

Tabelle 4.9 Regeln für das automatische Generieren von *Command*-Objekten

Optimistisches Konkurrenzmodell

Die Logik für das automatische Generieren von UPDATE- und DELETE-Anweisungen durch den *CommandBuilder* beruht auf der so genannten *Optimistischen Konkurrenz.* Das bedeutet, dass die Datensätze beim Editieren **nicht** für andere Benutzer oder Prozesse gesperrt werden.

Weil ein Datensatz zwischenzeitlich durch Dritte geändert werden kann, **nachdem** er mit SELECT ermittelt wurde, aber **bevor** UPDATE oder DELETE ausgeführt werden, ist im automatisch generierten UPDATE- oder DELETE-Statement eine WHERE-Klausel angefügt, die bewirkt, dass ein Datensatz nur dann aktualisiert werden kann, wenn er in der Datenquelle nicht zwischenzeitlich geändert wurde, d.h., er hat dort noch seine ursprünglichen Werte bzw. wurde nicht gelöscht.

Durch diese Maßnahme wird vermieden, dass neue Daten einfach überschrieben werden. In Fällen, wo ein automatisch generiertes Update versucht, eine bereits gelöschte Zeile zu aktualisieren oder eine, deren Inhalt von den Originalwerten abweicht, wird eine *DBConcurrencyException* ausgelöst.

HINWEIS Wenn Sie wünschen, dass UPDATE oder DELETE ohne Rücksicht auf die Originalwerte ausgeführt werden sollen, müssen Sie selbst explizit die *UpdateCommand*-Eigenschaft des *DataAdapters* setzen und auf den Einsatz eines *CommandBuilder* verzichten.

Das DataReader-Objekt

Häufig genügt ein Lesezugriff auf die Datensätze. Dabei müssen im Frontend meist nur einige für die Listendarstellung benötigte Komponenten gefüllt bzw. aktualisiert werden (*ListBox*, *ComboBox*, *ListView*, *TreeView*, *DataGrid* usw.). Aber auch für komplexere Logik innerhalb der Business-Objekte der mittleren Schicht (Middle-Tier) ist häufig nur ein ReadOnly-Zugriff auf Datensätze erforderlich.

Im .NET Framework gibt es für diesen Zweck den *DataReader.* Diese Klasse ist für einen einmaligen ReadOnly-Hochgeschwindigkeitszugriff auf eine Datensatzgruppe optimiert und ähnelt anderen *Reader*-Objekten wie *TextReader*, *StreamReader* und *XmlReader*.

In Abhängigkeit vom verwendeten .NET-Datenprovider gibt es auch hier unterschiedliche Typen (*SqlDataReader*, *OleDbDataReader*).

DataReader erzeugen

Einen *DataReader* erzeugt man in der Regel nicht mit dem *New*-Konstruktor, sondern mit der *ExecuteReader*-Methode des zugrunde liegenden *Command*-Objekts:

```
Dim dr As DataReader = cmd.ExecuteReader()
```

Mitunter wird auch dem *Execute*-Konstruktor als Argument der Wert *CloseConnection* (aus der *CommandBehavior*-Enumeration) übergeben. Damit ist gewährleistet, dass die Verbindung automatisch nach dem Durchlauf des *DataReader*s geschlossen wird.

BEISPIEL

Ein *DataReader*, der das Schließen des *Connection*-Objekts erledigt, wird instanziiert.

```
Dim dr As DataReader = cmd.ExecuteReader(CommandBehavior.CloseConnection)
```

Daten lesen

Das Auslesen der Informationen innerhalb einer Schleife ist typisch für die Arbeit mit dem *DataReader*.

BEISPIEL

Die Kundentabelle aus *Nordwind.mdb* wird zeilenweise in eine *ListBox* ausgelesen.

```
Const SQL As String = "SELECT * FROM Kunden ORDER BY KundenCode"
Dim conn As New OleDbConnection("Provider=Microsoft.Jet.OLEDB.4.0; Data Source=Nordwind.mdb;")
Dim cmd As New OleDbCommand(SQL, conn)
conn.Open()
Dim dr As OleDbDataReader = cmd.ExecuteReader()
Dim str As String = String.Empty
Dim tab As String = "  "
While dr.Read()
  str = dr("KundenCode").ToString & tab
  str &= dr("Firma").ToString & tab
  str &= dr("Kontaktperson").ToString & tab
  str &= dr("Strasse").ToString & tab
  str &= dr("PLZ").ToString & tab
  str &= dr("Ort").ToString
  ListBox1.Items.Add(str)
End While
dr.Close(): conn.Close()
```

HINWEIS Es ist wichtig, dass Sie den *DataReader* so schnell wie möglich nach dem Auslesen der Daten wieder schließen, da sonst das *Connection*-Objekt blockiert ist!

Hier das Ergebnis:

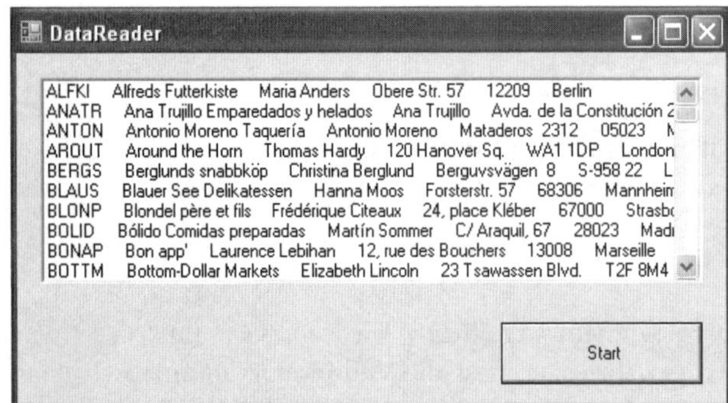

Abbildung 4.10 Laufzeitansicht

CD-ROM Der Quellcode ist auf der Buch-CD enthalten!

HINWEIS Weitere Beispiele zum Thema finden Sie im PB6.9 »Mit DataReader und ListView arbeiten« und im PB4.13 »Die MARS-Technologie kennen lernen«.

Eigenschaften des DataReaders

Item-Eigenschaft

Diese Eigenschaft ermöglicht den Zugriff auf die aktuelle Spalte, der Rückgabewert ist vom *Object*-Datentyp (ähnlich der *Item*-Eigenschaft des *DataRow*-Objekts). Falls der Datentyp vorher bekannt ist, sollte man eine der *Get*-Methoden (siehe unten) für den Zugriff verwenden.

FieldCount-Eigenschaft

Diese Eigenschaft liefert die Gesamtanzahl der Datensätze.

IsClosed-Eigenschaft

Der Wert ist *True*, falls der *DataReader* geschlossen ist.

Methoden des DataReaders

Read-Methode

Damit wird das automatische Weiterbewegen zum nächsten Datensatz innerhalb der *While*-Schleife ermöglicht (Rückgabewert *True/False*).

GetValue- und GetValues-Methode

Während *GetValue* – ähnlich der *Item*-Eigenschaft – den Wert einer Spalte (basierend auf dem Spaltenindex) zurückgibt, nimmt *GetValues* ein Array entgegen, in welchem der *DataReader* den Inhalt der aktuellen Zeile ablegt. Mit *GetValues* wird beste Performance erreicht.

GetOrdinal- und ähnliche Methoden

Eine Vielzahl von *Get...*-Methoden ermöglichen ein Konvertieren der gelesenen Werte in fast jeden Datentyp.

BEISPIEL

Ein Datumswert aus der *Employee*-Tabelle der *Northwind*-Datenbank wird ausgelesen.

```
Dim aDate As DateTime
aDate = dr.GetDateTime(dr.GetOrdinal("BirthDate"))
```

Das DataAdapter-Objekt

Datenadapter werden in einer Art »Brückenfunktion« dazu genutzt, Daten mittels SQL-Anweisungen aus Datenquellen in *DataSets* zu transportieren bzw. um Datenquellen mit den geänderten Inhalten von *DataSets* zu aktualisieren. Das *DataAdapter*-Objekt verwendet das *Connection*-Objekt des jeweiligen .NET-Datenproviders, um eine Verbindung zu einer Datenquelle herzustellen, und ist außerdem auf verschiedene *Command*-Objekte angewiesen.

Hin- und Rücktransport der Daten zwischen Datenquelle und *DataSet* werden mit der *Fill*- und *Update*-Methode des *DataAdapters* realisiert. Beide lösen die entsprechenden SQL-Anweisungen aufgrund der dem *DataAdapter* übergebenen *Command*-Objekte aus.

DataAdapter erzeugen

Mehrere überladene Konstruktoren stellen den Newcomer vor die Qual der Wahl.

Konstruktor mit SELECT-String und Connection-Objekt

Im einfachsten Fall kommt man sogar ohne *Command*-Objekt aus, es genügt, dem Konstruktor eine SELECT-Anweisung und das *Connection*-Objekt als Parameter zu übergeben:

```
Dim da As New DataAdapter(selectStr As String, conn As Connection)
```

BEISPIEL

Ein *DataAdapter* füllt ein *DataSet* mit Datensätzen aus *Nordwind.mdb*.

```
Imports System.Data.OleDb
...
Dim conn As New OleDbConnection("Provider=Microsoft.Jet.OLEDB.4.0; Data Source=Nordwind.mdb;")
Dim da As New OleDbDataAdapter("SELECT * FROM Kunden WHERE Ort = 'Paris'", conn)
Dim ds As New DataSet()
conn.Open()
da.Fill(ds, "PariserKunden")
conn.Close()
```

Konstruktor mit SelectCommand-Objekt

Eine weitere Möglichkeit ist die Verwendung eines Konstruktors, dem ein *Command*-Objekt (SELECT-Befehl) zu übergeben ist:

```
Dim da As New DataAdapter(selectCommand As Command)
```

BEISPIEL

Das Vorgängerbeispiel wird mit einem *Command*-Objekt realisiert.

```
Imports System.Data.OleDb
...
Dim conn As New OleDbConnection("Provider=Microsoft.Jet.OLEDB.4.0; Data Source=Nordwind.mdb;")
```

```
Dim cmd As New OleDbCommand("SELECT Firma FROM Kunden WHERE Ort = 'Paris'")
cmd.Connection = conn
Dim da As New OleDbDataAdapter(cmd)
Dim ds As New DataSet()
conn.Open()
da.Fill(ds, "PariserKunden")
conn.Close()
```

Command-Eigenschaften

Ein *DataAdapter* benötigt für die komplette Zusammenarbeit mit der Datenquelle vier verschiedene *Command*-Objekte, die als Eigenschaften zugewiesen werden:

- *SelectCommand* zur Abfrage
- *UpdateCommand* zur Aktualisierung
- *InsertCommand* zum Einfügen
- *DeleteCommand* zum Löschen

BEISPIEL

Realisierung der Vorgängerbeispiele mittels *SelectCommand*-Eigenschaft.

```
Imports System.Data.OleDb
...
Dim conn As New OleDbConnection("Provider=Microsoft.Jet.OLEDB.4.0;Data Source=Nordwind.mdb;")
Dim cmd As New OleDbCommand("SELECT Firma FROM Kunden WHERE Ort = 'Paris'")
cmd.Connection = conn
Dim da As New OleDbDataAdapter()
da.SelectCommand = cmd
Dim ds As New DataSet()
conn.Open()
da.Fill(ds, "PariserKunden")
conn.Close()
```

Die *SelectCommand*-Eigenschaft muss gesetzt werden, **bevor** die *Fill*-Methode des *DataAdapters* aufgerufen wird.

HINWEIS Auf das explizite Setzen der *SelectCommand*-Eigenschaft kann verzichtet werden, wenn der *DataAdapter* mit dem SELECT-String instanziiert wird (vgl. obige und folgende Beispiele).

Fill-Methode

Die relativ unkomplizierte *Fill*-Methode des *DataAdapter* hatten Sie bereits in zahlreichen Beispielen kennen gelernt. Hier noch einmal die am häufigsten benutzte Aufrufvariante:

```
da.Fill(ds As DataSet, tblName As String)
```

BEISPIEL

Ein *DataSet* wird mit der Kundentabelle aus *Nordwind.mdb* gefüllt. Im *DataSet* sollen die Namen aller Firmen aus Paris geändert werden in »Pariser Firma«

```
Dim conn As New OleDbConnection("Provider=Microsoft.Jet.OLEDB.4.0; Data Source=Nordwind.mdb;")
Dim da As New OleDbDataAdapter("SELECT * FROM Kunden", conn)
Dim ds As New DataSet()
da.Fill(ds, "Kunden")
```

Das Arbeiten mit den Daten im *DataSet*:

```
Dim dt As DataTable = ds.Tables("Kunden")
For Each cRow As DataRow In dt.Rows                  ' alle Zeilen der DataTable durchlaufen
    If cRow!Ort = "Paris" Then cRow!Firma = "Pariser Firma"
...
```

HINWEIS Das Beispiel wird im folgenden Abschnitt fortgesetzt!

Begrenzung der Datenmenge

Geht es nur um die Übertragung kleinerer Datenmengen, so ist die bislang praktizierte Vorgehensweise problemlos, nicht aber wenn es sich um Hunderte von Datensätzen handelt.

Abhilfe schafft eine (überladene) Version der *Fill*-Methode, die die Anzahl der zu transportierenden Datensätze begrenzt:

```
Dim z As Integer = da.Fill(ds As DataSet, start As Integer, anzahl As Integer, tblName As String)
```

da = *DataAdapter*-Instanz

start = Nummer der Startzeile

anzahl = Anzahl der abzurufenden Datensätze

z = Anzahl der tatsächlich zurückgegebenen Datensätze

BEISPIEL

Ab Zeile 100 werden 50 Zeilen aus der Datenbank abgerufen und in die »Kunden«-Tabelle gefüllt.

```
Dim z As Integer = da.Fill(ds, 100, 50, "Kunden")
```

Update-Methode

Irgendwann einmal müssen die im *DataSet* vorgenommenen Änderungen in die Datenquelle zurückgeschrieben werden. Zu diesem Zweck wird (kurzzeitig) eine Verbindung zur Web-Datenbank aufgebaut. Genauso wie beim Füllen spielt auch hier ein *DataAdapter*-Objekt die Vermittlerrolle, wobei dessen *Update*-Methode gewissermaßen das Pendant zur *Fill*-Methode ist und zum Zurückschreiben der im *DataSet* vorgenommenen Änderungen in die Datenquelle dient.

Genauso wie die *Fill*-Methode benötigt die *Update*-Methode als Parameter die Instanz eines *DataSet* und (optional) den Namen der *DataTable*.

```
da.Update( ds As DataSet, tblName As String)
```

Bei der *Update*-Methode läuft es nicht ganz so einfach ab, wie bei der *Fill*-Methode, denn es muss konsequent Abschied von bisher üblichen Vorstellungen zur Datenbankaktualisierung genommen werden. Die Tatsache, dass ein *DataSet* völlig autark existiert und nur gelegentlich mit der Datenbank verbunden wird, zwingt zu völlig neuen Überlegungen, da z.B. zwischenzeitlich das *DataSet* nicht nur seine Inhalte, sondern auch seine Struktur geändert haben kann.

BEISPIEL

Das obige Beispiel soll fortgesetzt werden. Ziel ist das Zurückschreiben der in der Spalte »Firma« (und nur dort!) vorgenommenen Änderungen in die Datenquelle. Grundlage ist eine UPDATE-Anweisung mit zwei Parametern (die ? sind die Platzhalter):

```
...
Dim cmd As New OleDbCommand("UPDATE Kunden SET Firma = ? WHERE KundenCode = ?", conn)
```

Der *Add*-Methode werden Parametername, Datentyp, Spaltenbreite und Spaltenname übergeben:

```
cmd.Parameters.Add("@p1", OleDbType.VarChar, 30, "Firma")
```

Für die Schlüsselspalte eine Extrawurst:

```
Dim prm As OleDbParameter = cmd.Parameters.Add("@p2", OleDbType.VarChar)
prm.SourceColumn = "KundenCode"
```

Der ursprüngliche Wert (beim Füllen des *DataSets*) ist maßgebend:

```
prm.SourceVersion = DataRowVersion.Original

da.UpdateCommand = cmd
da.Update(ds, "Kunden")
```

HINWEIS Der Kern der Aktualisierungslogik liegt in der WHERE-Bedingung der UPDATE-Anweisung. Der Datensatz wird nur dann aktualisiert, wenn der Wert der Schlüsselspalte, mit dem er geladen wurde, noch vorhanden ist.

Bemerkungen

- Durch Einsatz eines *CommandBuilder*-Objekts kann das manuelle Erstellen der *UpdateCommand*-, *InsertCommand*- und *DeleteCommand*-Eigenschaften automatisiert werden.
- Ein komplettes Beispiel finden Sie im PB4.8 »Die Datenbank aktualisieren«.

UpdateCommand und Parameter-Objekte

Zum Aktualisieren eines Datensatzes in der Datenquelle wird die im *UpdateCommand*-Objekt des Datenadapters eingebaute UPDATE-Anweisung aufgerufen, welche ein Schlüsselfeld (normalerweise ist das der Primärschlüssel) benutzt, um den Datensatz innerhalb der Tabelle zu identifizieren.

Um einen fehlerfreien Abgleich von Datenquelle und *DataSet* zu ermöglichen, kommt den *Parameter*-Objekten des *UpdateCommand*-Objekts des *DataAdapters* eine Schlüsselfunktion zu.

BEISPIEL

Das *CompanyName*-Feld in der SQL Server-Datenbank *Northwind* wird mit dem Wert des *@p1*-Parameters für den Datensatz aktualisiert, wo *CustomerID* dem Wert des Parameters *@p2* entspricht.

```
Imports System.Data.SqlClient
...
Dim da As New SqlDataAdapter()
...
Dim updCmd As New SqlCommand("UPDATE Customers SET CompanyName = @p1 WHERE CustomerID = @p2", conn)
da.UpdateCommand = updCmd
```

Der erste Parameter kann wie folgt erzeugt werden:

```
da.Parameters.Add("@p1", SqlDbType.NChar, 30, "CompanyName")
```

Der zweite Parameter lässt sich nicht ganz so elegant erzeugen, da zusätzlich die *DataRowVersion*-Eigenschaft zugewiesen werden muss und es dafür keinen geeigneten überladenen Konstruktor gibt:

```
Dim prm As SqlParameter = da.UpdateCommand.Parameters.Add("@p2", SqlDbType.NChar, 5, "CustomerID")
prm.SourceVersion = DataRowVersion.Original
```

Wie ersichtlich, werden der *Add*-Methode der *Parameters*-Collection folgende Werte übergeben, die sich auch als Eigenschaften des *Parameter*-Objekts zuweisen lassen (siehe auch die Übersicht am Ende des Kapitels):

- der Name des Parameters (*ParameterName*-Eigenschaft)
- der spezifische Datentyp (*SqlDbType* bzw. *OleDbType*-Eigenschaft)
- die Größe in Byte (*Size*-Eigenschaft)
- der Name der zugeordneten Spalte des *DataTable*-Objekts (*SourceColumn*-Eigenschaft)
- Aktualisierungsversion (*SourceVersion*-Eigenschaft)

Der Kenner parametrisierter UPDATE-Befehle wird im obigen Beispiel vielleicht das Zuweisen der *Value*-Eigenschaft (das ist der konkrete Wert eines Parameters) vermissen. Diese Funktionalität wird von der *Update*-Methode des DataAdapters automatisch übernommen, die im Hintergrund alle *DataRow*-Objekte der *DataTable* aufgrund deren *RowState*-Eigenschaft auf vorgenommene Änderungen überprüft. Falls Änderungen vorhanden sind, wird die *Value*-Eigenschaft des entsprechenden Parameters gesetzt und der UPDATE-Befehl (siehe *UpdateCommand*-Eigenschaft) gegen die Datenbank ausgeführt.

SourceVersion- und SourceColumn-Eigenschaft

Im obigen Beispiel wurde die *SourceVersion*-Eigenschaft des zweiten Parameter-Objekts (*prm*) auf *Original* gesetzt. Diese Eigenschaft ist Bestandteil der *DataRowVersion*-Enumeration und dient hier beim Updaten zur Identifikation des Datensatzes in der Datenquelle.

Die *SourceColumn*-Eigenschaft hatte für den ersten Parameter den Wert *CompanyName* für den zweiten *CustomerID*.

Was aber passiert, wenn im *DataSet* jemand auch einige Werte der *CustomerID*-Spalte verändert hat, z.B. das Schlüsselfeld AROUT in ANTON? Welcher Datensatz soll nun in der Datenquelle aktualisiert werden? Die Entscheidung darüber treffen Sie durch Festlegen der *SourceVersion*-Eigenschaft, wobei zwei Einstellungen interessant sind:

- *Current* (Standardwert)
  Es wird der Datensatz in der Datenquelle gesucht, dessen Schlüsselspalte exakt dem Wert entspricht, wie ihn der momentane Wert im *DataSet* hat.
- *Original*
  Bei dieser Einstellung spielen die eventuellen Änderungen, die Sie im *DataSet* an Werten der *SourceColumn*-Spalte vorgenommen haben, keine Rolle. In der Datenquelle wird nach dem Datensatz gesucht, dessen Inhalt dem ursprünglichen übergebenen Wert entspricht. Es klingt logisch, dass zumindest eine Spalte (im Allgemeinen die mit der WHERE-Bedingung verknüpfte Primärschlüsselspalte) einen zugeordneten *Original*-Parameter haben muss, da sonst ein Wiederauffinden des Datensatzes in der Datenquelle unmöglich wäre.

HINWEIS Weitere Informationen zur *DataRowVersion*-Enumeration finden Sie im DataSet-Kapitel 5.

InsertCommand und DeleteCommand

Nachdem wir ausführlich auf die Rolle der Parameter im *UpdateCommand*-Objekt des *DataAdapters* eingegangen sind, wollen wir dies jetzt auch für das *InsertCommand*- und das *DeleteCommand*-Objekt nachholen. Auf diese greift die *Update*-Methode des *DataAdapters* dann zurück, wenn die Datenquelle mit neu hinzugefügten bzw. gelöschten Datensätzen aktualisiert werden soll.

Vorgehensweise

Die prinzipielle Vorgehensweise entspricht der beim *UpdateCommand*-Objekt: Im ersten Schritt werden die parametrisierten SQL-Abfragen erstellt und im zweiten Schritt die dafür erforderlichen Parameter erzeugt und zur *Parameters*-Auflistung der *Command*-Objekte hinzugefügt.

- Die *InsertCommand*-, *UpdateCommand*- oder *DeleteCommand*-Eigenschaften müssen **vor** Aufruf der *Update*-Methode des Datenadapters gesetzt werden, abhängig davon, welche Änderungen im *DataSet* vorgenommen wurden (z.B. wenn Zeilen hinzugefügt wurden, muss *InsertCommand* vor dem Aufruf von *Update* gesetzt werden).
- Wenn *Update* eine eingefügte, geänderte oder gelöschte Zeile aktualisiert, benutzt der Datenadapter automatisch die entsprechende *Command*-Eigenschaft zum Ausführen der Aktion. Die aktuelle Information über die modifizierte Zeile erhält das *Command*-Objekt über die *Parameters*-Collection.

BEISPIEL

Die folgenden SQL-Statements werden als *CommandText* für die *SelectCommand*-, *InsertCommand*-, *UpdateCommand*-, und *DeleteCommand*-Eigenschaften des *DataAdapters* benutzt. Es werden Varianten für beide .NET-Datenprovider gezeigt.

Variante 1:

```
Imports System.Data.SqlClient
...
Dim selectSQL As String = _
         "SELECT CustomerID, CompanyName FROM Customers WHERE Country = @Country AND City = @City"
Dim insertSQL As String = _
         "INSERT INTO Customers (CustomerID, CompanyName) VALUES (@CustomerID, @CompanyName)"
```

```
Dim updateSQL As String = _
        "UPDATE Customers SET CustomerID = @CustomerID, CompanyName = @CompanyName " & _
        "WHERE CustomerID = @OldCustomerID"
Dim deleteSQL As String = "DELETE FROM Customers WHERE CustomerID = @CustomerID"
```

Variante 2:

```
Imports System.Data.OleDb
...
Dim selectSQL As String = "SELECT KundenCode, Firma FROM Kunden WHERE Land = ? AND Ort = ?"
Dim insertSQL As String = "INSERT INTO Kunden (KundenCode, Firma) VALUES (?, ?)"
Dim updateSQL As String = "UPDATE Kunden SET KundenCode = ?, Firma = ? WHERE KundenCode = ?"
Dim deleteSQL As String = "DELETE FROM Kunden WHERE KundenCode = ?"
```

Parameter definieren

Die parametrisierten SQL-Abfragen zeigen, welche Parameter von Ihnen definiert werden müssen. Um einen Parameter zu erzeugen, können Sie entweder die *Parameters.Add*-Methode oder den *Parameter*-Konstruktor verwenden, um den Spaltenbezeichner, den Datentyp und die Größe festzulegen. Für einfache Datentypen wie *Integer* brauchen Sie die Größe allerdings nicht anzugeben.

- Bezüglich der Syntax sind – abhängig vom verwendeten .NET-Datenprovider – gewisse Unterschiede zu beachten. So werden für das *OleDbDataAdapter*-Objekt als Platzhalter in der Regel Fragezeichen (?) zur Identifikation der Parameter verwendet werden. Das *SqlDataAdapter*-Objekt hingegen benutzt benannte Parameter.
- Falls Sie für einen Parameter keinen Namen angeben, erhält dieser automatisch einen inkrementell erzeugten Standardnamen wie *Parameter1, Parameter2*, ... Es wird deshalb dringend empfohlen, dass Sie selbst Ihre Parameter nicht nach der gleichen Namenskonvention benennen, weil dies zu Konflikten mit einem bereits existierenden Namen in der *ParameterCollection* führen könnte.

Datensätze hinzufügen

Statt vieler Worte soll ein kleines Beispiel Licht in die Dunkelheit bringen.

BEISPIEL

Hinzufügen von Datensätzen in die *Artikel*-Tabelle der *Nordwind*-Datenbank mit einem *InsertCommand*-Objekt. Ein gültiges *OleDbConnection*-Objekt (*conn*), ein *OleDbDataAdapter* (*da*) und ein *DataSet* (*ds*) werden vorausgesetzt.

Der INSERT-SQL-Anweisung werden drei Parameter übergeben:

```
Dim insSQL As String =
        "INSERT INTO Artikel (Artikelname, Einzelpreis, Mindestbestand) VALUES (?, ?, ?)"
Dim cmd As New OleDbCommand(insSQL, conn)
```

Erzeugen der Parameter:

```
cmd.Parameters.Add("@p1", OleDbType.VarChar, 40, "Artikelname")
cmd.Parameters.Add("@p2", OleDbType.Currency, 8, "Einzelpreis")
cmd.Parameters.Add("@p3", OleDbType.SmallInt, 4, "Mindestbestand")
da.InsertCommand = cmd
```

Erzeugen der neuen Zeile:

```
Dim dt As DataTable = ds.Tables("ArtikelListe")
Dim rw As DataRow   = dt.NewRow()                   ' leere Zeile mit Schema
rw("Artikelname") = "Marmelade"
rw("Einzelpreis") =  3.45
rw("Mindestbestand") = 120
dt.Rows.Add(rw)                                     ' Hinzufügen zur DataTable
```

Die Verbindung zur Datenbank wird geöffnet, um die neue Zeile zu übertragen:

```
conn.Open()
da.Update(dt)
conn.Close()
```

Datensätze löschen

Auch hier kann ein kleines Beispiel für Erleuchtung sorgen.

BEISPIEL

Löschen von Datensätzen in der *Artikel*-Tabelle der *Nordwind*-Datenbank mit einem *DeleteCommand*-Objekt. Ein gültiges *OleDbConnection*-Objekt (*conn*), ein *OleDbDataAdapter* (*da*) und ein *DataSet* (*ds*) sind bereits vorhanden.

Der DELETE-SQL-Anweisung wird als Parameter der Primärschlüssel übergeben:

```
Dim delSQL As String = "DELETE FROM Artikel WHERE ArtikelNr = @p1"
Dim cmd As New OleDbCommand(delSQL, conn)
Dim p1 As OleDbParameter = cmd.Parameters.Add("@p1", OleDbType.BigInt, 4, "ArtikelNr")
```

Löschen nur, wenn originaler Datensatz noch vorhanden ist :

```
p1.SourceVersion = DataRowVersion.Original
```

Zuweisen der *DeleteCommand*-Eigenschaft:

```
da.DeleteCommand = cmd
```

Es werden im *DataSet* alle Artikel mit dem Namen »Marmelade« gelöscht:

```
Dim dt As DataTable = ds.Tables("ArtikelListe")
For Each dr As DataRow In dt.Rows
   If dr("Artikelname") =  "Marmelade" Then dr.Delete()
Next
```

Die Löschweitergabe an die Datenbank:

```
conn.Open()
da.Update(dt)
conn.Close()
```

HINWEIS Ein komplettes Beispiel finden Sie unter PB4.8 » Die Datenbank aktualisieren«.

MissingSchemaAction-Eigenschaft

Diese Eigenschaft bestimmt die auszuführende Aktion, wenn das aktuelle *DataSet*-Schema nicht mit den neuen Daten zusammenpasst, z.B. wenn zusätzliche Spalten vorhanden sind.

Die folgende Tabelle zeigt eine Zusammenstellung der möglichen Werte.

MissingSchemaAction-Mitglied	Beschreibung
Add	Die erforderlichen Spalten werden hinzugefügt um das Schema zu komplettieren.
AddWithKey	Die erforderlichen Spalten und Primärschlüsselinfos werden hinzugefügt.
Error	Eine *InvalidOperationException* wird ausgelöst falls die Spalten nicht übereinstimmen.
Ignore	Die zusätzlichen Spalten werden ignoriert..

Tabelle 4.10 Mitglieder der *MissingSchemaAction*-Enumeration

Die *MissingSchemaAction* Eigenschaft des *DataAdapter*s hat besonders im Zusammenhang mit dem Hinzufügen von Datensätzen Bedeutung, wenn der Primärschlüssel automatisch von der Datenbank vergeben wird.

BEISPIEL

Der *DataAdapter* sorgt für das automatische Hinzufügen von Primärschlüsselinfos, falls diese fehlen sollten.

```
Dim da As New OleDbDataAdapter(selStr, conn)
da.MissingSchemaAction = MissingSchemaAction.AddWithKey
```

RowUpdating- und RowUpdated-Ereignis

Wenn Sie die *Update*-Methode eines *DataAdapter*s aufrufen, treten pro aktualisierter Datenzeile zwei Ereignisse ein: *OnRowUpdating* und *OnRowUpdated.*

Beide sind in den folgenden Ablauf eingebettet:

- Die Werte in der *DataRow* werden in die zugeordneten Parameterwerte gefüllt.
- Das *OnRowUpdating*-Ereignis wird ausgelöst.
- Der Befehl wird ausgeführt.
- Ist die *UpdatedRowSource*-Eigenschaft des *Command*-Objekts auf *FirstReturnedRecord* festgelegt, wird das erste zurückgegebene Ergebnis in der *DataRow* platziert.
- Sind Ausgabeparameter vorhanden, so werden diese in der *DataRow* platziert.
- Das *OnRowUpdated*-Ereignis wird ausgelöst.
- Die *AcceptChanges*-Methode der *DataRow* wird aufgerufen.

HINWEIS Wollen Sie anstehende Änderungen in den Zeilen überprüfen, **bevor** diese übermittelt werden, so sollten Sie das *RowUpdating*-Ereignis benutzen. Soll bestimmter Code sofort **nach** Übermitteln der Änderungen ausgeführt werden, so verwenden Sie das *RowUpdated*-Ereignis.

Der Parameter RowUpdatingEventArgs

Der Delegat des *RowUpdating*- und *RowUpdated*-Ereignisses enthält den providerspezifischen Typ *RowUpdatingEventArgs* als Parameter. Die in diesem Parameter übergebenen Eigenschaften wie *Row*, *StatementType* oder *Status* ermöglichen es Ihnen, den ausgeführten Befehl sofort zu untersuchen und gegebenenfalls Ergebnisse zu manipulieren.

BEISPIEL

Der Lagerbestand des ersten Datensatzes der *Artikel*-Tabelle der *Nordwind*-Datenbank wird geändert. Dabei wird das *RowUpdating*-Event ausgewertet, und der Lagerbestand vor und nach der Aktualisierung angezeigt.

```
Dim da As New OleDbDataAdapter("SELECT TOP 1 ArtikelNr, Artikelname, Lagerbestand FROM Artikel", conn)
Dim cb As New OleDbCommandBuilder(da)

AddHandler da.RowUpdating, AddressOf OnRowUpdating
...
Private Sub OnRowUpdating(ByVal sender As Object, ByVal e As OleDbRowUpdatingEventArgs)
    Dim CrLf As String = Environment.NewLine
    Dim s As String = "Ereignis: " & e.StatementType.ToString & CrLf
    s &= "ArtikelNr: " & e.Row("ArtikelNr").ToString & CrLf
    s &= "Lagerbestand davor:  " & e.Row("Lagerbestand", DataRowVersion.Original).ToString & CrLf
    s &= "Lagerbestand danach: " & e.Row("Lagerbestand").ToString & CrLf
    Label1.Text = s
End Sub
```

Routine zum Verändern des Lagerbestandes um die Anzahl *z*:

```
Private Sub changeStock(dt As DataTable, z As Integer)
    Dim dr As DataRow = dt.Rows(0)                    ' die erste (und einzige) Zeile der DataTable!
    Dim i As Integer = Convert.ToInt32(dr("Lagerbestand"))
    dt.Rows(0)("Lagerbestand") =  i + z
    da.Update(dt)
End Sub
```

Lagerbestand erhöhen:

```
Private Sub Button1_Click(ByVal sender As Object, ByVal e As System.EventArgs)
    changeStock(1)
End Sub
```

Ereignis: Update
Artikel-Nr: 1
Lagerbestand davor: 28
Lagerbestand danach: 27

Abbildung 4.11 Ausgabe nach Verringern des Lagerbestands

HINWEIS Das komplette Beispiel finden Sie im PB4.10 »RowUpdating- und RowUpdated-Ereignis verstehen«.

Die Status-Eigenschaft

Mit dieser Eigenschaft legen Sie fest, wie das Update im Fehlerfall zu behandeln ist. Die Tabelle zeigt die möglichen Werte als Mitglieder der *UpdateStatus*-Enumeration.

UpdateStatus-Mitglied	Beschreibung
Continue	Der DataAdapter setzt das Update fort
ErrorsOccured	Das Update wird unterbrochen und erzeugt eine Ausnahme
SkipAllRemainingRows	Es werden keine weiteren Zeilen verarbeitet
SkipCurrentRow	Die aktuelle Zeile wird ignoriert, Fortsetzung mit der nächsten

Tabelle 4.11 Die Mitglieder der *UpdateStatus*-Enumeration

BEISPIEL

Die *Status*-Eigenschaft wird im *RowUpdated*-Event eines *DataAdapter*s ausgewertet.

```
Private Sub OnRowUpdated(ByVal sender As Object, ByVal e As OleDbRowUpdatedEventArgs)
    If e.Status = UpdateStatus.ErrorsOccurred Then
        e.Row.RowError = e.Errors.Message
        e.Status = UpdateStatus.SkipCurrentRow            ' weitermachen!
    End If
End Sub
```

Weitere Highlights des Datenzugriffs unter ADO.NET 2.0

Bei der Vielfalt von Features, die Ihnen ADO.NET bietet, konnten wir in diesem Kapitel leider nicht alle denkbaren Szenarien des Datenzugriffs berücksichtigen. Bei der folgenden Nachlese liegt der Schwerpunkt auf den neuen Möglichkeiten der Version 2.0.

Alle verfügbaren SQL Server ermitteln

Im *System.Data.Sql*-Namespace gibt es eine neue Klasse *SqlDataSourceEnumerator* mit einer Methode *GetDataSources* die es ermöglicht, alle innerhalb der Windows-Domäne verfügbaren MS SQL Server in eine *DataTable* mit den Feldern *ServerName*, *InstanceName*, *IsClustered* und *Version* zu laden.

BEISPIEL

Die Namen aller SQL Server-Installationen werden in einer *ListBox* angezeigt.

```
Dim servers As DataTable = System.Data.Sql.SqlDataSourceEnumerator.Instance.GetDataSources()
For Each rw As DataRow In servers.Rows
    ListBox1.Items.Add(rw("ServerName").ToString)
Next
```

Auslesen von Datenbankschemas

Zwar war es auch unter dem alten ADO.NET 1.x möglich, mit providerabhängigen Methoden, wie z.B. *GetOleDbSchemaTable* des *Connection*-Objekts, Schemainfos von der Datenbank abzurufen. Das neue Schema-API von ADO.NET 2.0 besteht jedoch nur noch aus einer einzigen Methode *GetSchema*, welcher als zweiter Parameter ein Filter (Stringarray) zu übergeben ist. Auch diese Methode liefert – genauso wie ihre Vorgänger – die Schema-Informationen als *DataTable*-Objekt zurück.

BEISPIEL

Ermittlung des Schemas der *Kunden*-Tabelle der Datenbank *Nordwind.mdb*.

```
Dim conn As New OleDbConnection("Provider=Microsoft.Jet.OLEDB.4.0; Data Source=Nordwind.mdb;")
Dim filter() As String =  { Nothing, Nothing, "Kunden", Nothing }
Dim dt As DataTable = conn.GetSchema("Columns", filter)
```

HINWEIS Den vollständigen Quellcode finden Sie im PB4.11 »Schemainformationen von der Datenbank abrufen«.

Providerfabriken

Im Namespace *System.Data.Common* finden Sie die Klassen *DbProviderFactory*, *DbConnection*, *DbCommand*, *DbDataReader*, ... Damit können Sie auf einfache Weise Code schreiben, der unabhängig von einer konkreten Datenbank ist. Auf providerspezifische Klassen wie *SqlConnection*, *OleDbConnection*, *SqlCommand*, *OleDbCommand*, *SqlDataAdapter*, *OleDbDataAdapter*... sind Sie also nicht mehr angewiesen.

Alles beginnt mit einem *DbProviderFactory*-Objekt, welches Sie nicht mit *New*, sondern unter Benutzung der *GetFactory*-Methode mit dem gewünschten Providerstring instanziieren. Anschließend können Sie mit den Methoden *CreateConnection*, *CreateCommand*, *CreateDataAdapter*, ... Objekte der quasi »providerneutralen« Klassen *DbConnection*, *DbDataReader*, *DbCommand*, *DbDataAdapter* erzeugen und auf gewohnte Weise damit arbeiten.

BEISPIEL

Eine *DbProviderFactory* ermöglicht den Zugriff auf die *Artikel*-Tabelle der *Nordwind.mdb*-Datenbank. Die Anzeige erfolgt in einem *DataGridView*.

```
Imports System.Data
...
Const PROVIDERNAME As String = "System.Data.OleDb"
Const CONNSTR As String = "Provider=Microsoft.Jet.OLEDB.4.0; Data Source=Nordwind.mdb"
Const SQL As String = "SELECT ArtikelNr, Artikelname, Liefereinheit, Einzelpreis, " & _
                                                         "Mindestbestand FROM Artikel"
...
Dim provider As DbProviderFactory = DbProviderFactories.GetFactory(PROVIDERNAME)
Dim conn As DbConnection = provider.CreateConnection()
conn.ConnectionString = CONNSTR
Dim cmd As DbCommand = provider.CreateCommand()
cmd.Connection = conn
cmd.CommandText = SQL
Dim da As DbDataAdapter = provider.CreateDataAdapter()
da.SelectCommand = cmd
Dim ds As New DataSet()
da.Fill(ds, "ArtikelListe")
DataGridView1.DataSource = ds
DataGridView1.DataMember = "ArtikelListe"
```

CD-ROM Ein ausführliches Codebeispiel finden Sie auf der Buch-CD!

Massenkopieren

Sollen größere Datenmengen hin- und herbewegt werden, so ist eine zeilenweise Übertragung ziemlich zeitraubend. Ab ADO.NET 2.0 steht durch die neue Klasse *SqlBulkCopy* auch eine Funktion zum Massenkopieren (Bulkcopy/Bulkimport) zur Verfügung.

BEISPIEL

Das Ergebnis einer SQL-Abfrage der *Artikel*-Tabelle der Access-Datenbank *Nordwind.mdb* wird in die (bereits vorhandene) Tabelle *ProductsBackup* der *Northwind*-Datenbank des SQL Servers kopiert.

```
Imports System.Data.OleDb
Imports System.Data.SqlClient
...
```

Verbindungszeichenfolgen zur Quell- und zur Zieldatenbank:

```
Const CONNSTR_SRC As String = "Provider=Microsoft.Jet.OLEDB.4.0; Data Source=Nordwind.mdb"
Const CONNSTR_DEST As String = _
                    "Data Source=.\SQLEXPRESS; Initial Catalog=Northwind; Integrated Security=True"
```

SQL-Abfrage der Quelldatenbank und Namen der Zieltabelle festlegen:

```
Const SQL_SRC As String =
            "SELECT ArtikelNr, Artikelname, Liefereinheit, Einzelpreis, Mindestbestand FROM Artikel"
Const TBL_DEST As String = "ProductsBackup"
```

Mit der Quelldatenbank verbinden:

```
Dim connSrc As New OleDbConnection(CONNSTR_SRC)
connSrc.Open()
```

Mit der Zieldatenbank verbinden:

```
Dim connDest As New SqlConnection(CONNSTR_DEST)
connDest.Open()
```

Quelldaten bereitstellen:

```
Dim cmdSrc As New OleDbCommand(SQL_SRC, connSrc)
Dim reader As OleDbDataReader = cmdSrc.ExecuteReader()
```

Daten zum SQL Server kopieren:

```
Dim blkCop As New SqlBulkCopy(connDest)
blkCop.DestinationTableName = TBL_DEST
blkCop.WriteToServer(reader)
```

Alles beenden:

```
reader.Close()
connSrc.Close()
connDest.Close()
```

CD-ROM Das komplette Beispiel finden Sie auf der Buch-CD!

Asynchrone Befehlsausführung

Weil die Ausführung mancher Datenbankbefehle ziemlich viel Zeit beanspruchen kann, bietet der *SqlClient*-Namespace ab ADO.NET 2.0 zusätzliche *SqlCommand*-Methoden für die asynchrone Ausführung.

Neben den bereits vorhandenen synchronen Methoden wird jeweils auch eine *Begin*- und eine *End*-Methode für den asynchronen Zugriff bereitgestellt:

Synchrone Methode	Asynchrones Methodenpärchen
ExecuteNonQuery	*BeginExecuteNonQuery /EndExecuteNonQuery*
ExecuteReader	*BeginExecuteReader/EndExecuteReader*
ExecuteXmlReader	*BeginExecuteXmlReader/EndExecuteXmlReader*

Tabelle 4.12 Zuordnung asynchroner zu synchronen Methoden

ADO.NET realisiert alle asynchronen Aufrufe über die *IAsyncResult*-Schnittstelle. Vorbereitungen für die Durchführung sind bereits innerhalb des Connectionstrings zu treffen, hier muss der Eintrag *Asynchronous Processing=True* (oder auch *Async=True*) vorgenommen werden.

BEISPIEL

Während des Auslesens der *Customers*-Tabelle der *Northwind* Datenbank erfolgt zyklisches Abfragen (Polling) der *IAsyncResult*-Schnittstelle auf das *IsCompleted*-Attribut.

```
Imports System.Data.SqlClient
...
Const CONNSTR As String =
        "Data Source=.\SQLEXPRESS; Initial Catalog=Northwind; Integrated Security=sspi; Async=true"
Const SQL As String = "SELECT * FROM Customers ORDER BY CompanyName"

Private Sub Button1_Click(ByVal sender As System.Object, ByVal e As System.EventArgs) _
                                                                    Handles Button1.Click
    Dim conn As New SqlConnection(CONNSTR)
    conn.Open()

    Dim cmd As SqlCommand = New SqlCommand(SQL, conn)

    Dim res As IAsyncResult = cmd.BeginExecuteReader(CommandBehavior.CloseConnection)

    ProgressBar1.Value = 0
    While (Not res.IsCompleted)
```

Bis der Reader fertig ist können andere Aufgaben erledigt werden, in unserem Fall rückt die *ProgressBar* kontinuierlich vorwärts:

```
        If (ProgressBar1.Value < ProgressBar1.Maximum) Then
            ProgressBar1.Value += 1                            ' ..., z.B. Fortschrittsanzeige
        End If
    End While
```

Ergebnis auswerten:

```
    Dim dr As SqlDataReader = cmd.EndExecuteReader(res)     ' Ergebnis auswerten
    showReader(dr)
End Sub
```

Inhalt des *DataReaders* anzeigen:

```
Private Sub showReader(ByVal dr As IDataReader)
    Dim str As String = String.Empty
    Dim spc As String = "   "
    ListBox1.Items.Clear()
    While dr.Read()
        str = dr("CustomerID") & spc
        str &= dr("CompanyName") & spc
        str &= dr("ContactName") & spc
        str &= dr("ContactTitle") & spc
        str &= dr("Address") & spc
        str &= dr("City") & spc
        ListBox1.Items.Add(str)
    End While
    dr.Close()
    MessageBox.Show("Asynchrone Operation beendet!")
End Sub
```

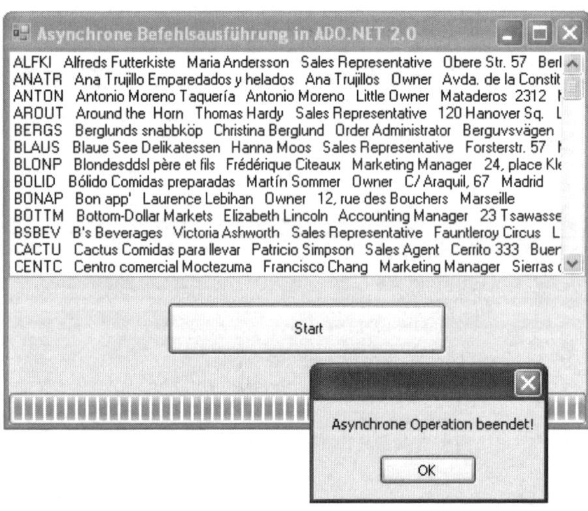

Abbildung 4.12 Während des Einlesens der Tabelle hat sich der Fortschrittsbalken weiter bewegt

CD-ROM Das komplette Beispiel finden Sie auf der Buch-CD!

Außer dem im Beispiel gezeigten Polling können asynchrone Aufrufe auch mittels Callback-Routine (das übergebene Objekt muss die *IAsyncResult*-Schnittstelle implementieren) oder mittels *WaitHandle*-Objekt realisiert werden.

Asynchrone Aufrufe sind nicht nur bei Anweisungen mit mehreren Aktionen und bei gespeicherten Prozeduren von Vorteil. Auch bei Verwendung mehrerer aktiver Resultsets (MARS) im SQL Server 2005 können Sie asynchrone SELECT-Anweisungen mittels einer einzelnen Datenbankverbindung bündeln.

Probleme können allerdings auftreten, wenn mit threadbezogenen .NET-Bibliotheken gearbeitet wird, denn bei der asynchronen Ausführung muss der Thread, mit dem der Vorgang startet, nicht zwangsläufig auch der Thread sein, mit dem er beendet wird.

HINWEIS Verwenden Sie die asynchrone Ausführung nur dann, wenn die Befehlsausführung lange dauern kann und wenn sich in der Zwischenzeit sinnvolle andere Aktionen ausführen lassen.

Benachrichtigungen über Datenänderungen

Von den vielen Innovationen, die der SQL Server 2005 mit sich bringt, sind die Query Notifications besonders hervorzuheben, sie erlauben es, auf das ständige Abfragen (Polling) der Datenbank zu verzichten. Unter ADO.NET 2.0 wird dieses leistungsfähige Feature in den Klassen *SqlNotificationRequest* und *SqlDependency* bereitgestellt.

Und so funktioniert es: Der Client bekundet gegenüber der Datenbank sein Interesse an der Beobachtung einer bestimmten Datenmenge. Tritt eine Änderung ein – z.B. ein Datensatz wurde gelöscht – so wird der Client durch Aufruf des *OnChange*-Ereignisses benachrichtigt. Dabei wird ein Objekt vom Typ *SqlNotificationEventArgs* übergeben, welches Infos über die Art der Datenänderung (Ändern, Hinzufügen, Löschen) liefert, nicht aber die geänderten Zeilen.

BEISPIEL

Eine Instanz der *SqlDependency*-Klasse wird an ein *Command*-Objekt gebunden, um die Änderungen an der zurückgegebenen Datenmenge zu überwachen.

```
Dim cmd As New SqlCommand("SELECT * FROM Customers", conn)
Dim dep As New SqlDependency(cmd)
AddHandler dep.OnChanged, AddressOf Me.OnDepChanged
cmd.ExecuteReader()
```

HINWEIS Eine ausführliche Demonstration der Query Notifications finden Sie im PB4.12.

Multiple Active Resultsets (MARS)

MARS ist eine der ADO.NET 2.0-Neuerungen und erlaubt es, dass sowohl Abfragen als auch SQL-Befehle wie INSERT, UPDATE und DELETE auf einer gemeinsam benutzten Verbindung ausgeführt werden können.

HINWEIS MARS ist gegenwärtig nur für den SQL Server 2005 verfügbar!

Unter dem alten ADO.NET war es z.B. nicht möglich, zwei *DataReader* auf einer Verbindung zu betreiben (Fehlermeldung: »Diesem Befehl ist bereits ein geöffneter DataReader zugeordnet, der zuerst geschlossen werden muss.«). Der Connectionstring-Eintrag »*MultipleActiveResultSets=True*« kennzeichnet eine Verbindung als MARS-fähig.

BEISPIEL

Verbindungszeichenfolge zum SQL-Server mit MARS-Erlaubnis

```
Dim connStr As String = _
                "Data Source=.\SQLEXPRESS;Initial Catalog=Northwind;Integrated Security=True;" & _
                "MultipleActiveResultSets=True"
```

Obwohl MARS multiple aktive Resultsets auf ein und derselben Verbindung ermöglicht, werden die Operationen nach wie vor sequenziell ausgeführt. Für die parallele Verarbeitung von Daten eignet sich diese Technologie nicht, dazu werden immer noch mehrfache Verbindungen benötigt.

Weiterhin ist zu beachten, dass eine MARS-Connection etwas mehr mehr Ressourcen verbraucht als eine einfache Verbindung. Natürlich überwiegen trotzdem die Vorteile, weil Sie mehrere Abfragen hintereinander ausführen können. Falls Sie aber nur ein einziges Resultset benötigen, sollten Sie im Interesse der Performance besser auf MARS verzichten.

HINWEIS Im PB4.13 »Die MARS-Technologie kennen lernen« wird die Programmierung »Mit MARS« und »Ohne MARS« gegenübergestellt, sodass Sie sich selbst ein Bild über die Details der Implementierung und über die Vorteile dieser neuen Technologie machen können!

Praxisbeispiele

PB4.1 Ein SqlConnection-Objekt programmieren

SqlConnection-Objekt: *DataSource-*, *ServerVersion-*, *ConnectionTimeOut-*, *Database*-Eigenschaft;

Das vorliegende Beispiel zeigt drei verschiedene Möglichkeiten, wie Sie ein *SqlConnection*-Objekt zur SQL Server-Datenbank *Northwind* ohne Assistentenhilfe erstellen und testen.

Oberfläche

Ein Windows-Formular mit einem *DataGridView* und drei *Button*s genügt.

Variante 1: Connectionstring hart codieren

Bei dieser einfachsten Variante wird die Verbindungszeichenfolge direkt in den Quellcode eingetragen, was allerdings den Nachteil hat, dass der spätere Programmnutzer keine Möglichkeiten mehr hat, daran etwas zu ändern (z.B. Provider- oder Servernamen wechseln).

```
Imports System.Data.SqlClient
Public Class Form1

    Private Sub Button1_Click(ByVal sender As System.Object, ByVal e As System.EventArgs) _
                                                                        Handles Button1.Click
        Dim connStr As String = _
                    "Data Source=.\SQLEXPRESS;Initial Catalog=Northwind;Integrated Security=True"
        Dim conn As New SqlConnection(connStr)
        connect(conn)
    End Sub
```

Variante 2: Connectionstring in Anwendungskonfigurationsdatei hinterlegen

Bei dieser Variante wird die Verbindungszeichenfolge in der Konfigurationsdatei (*app.config* bzw. *<Anwendungsname>.exe.config)* gespeichert. Der spätere Programmnutzer kann die Datei mit einem Text- oder Xml-Editor bearbeiten, um die Verbindungszeichenfolge seinen Bedürfnissen anzupassen.

Wählen Sie das Menü *Projekt/<Projektname>-Eigenschaften...* und öffnen Sie die Registerseite »Einstellungen«.

Tragen Sie in die erste Zeile der Liste die folgende Einstellung ein:

- Name: *NorthwindConn*
- Typ: *(Verbindungszeichenfolge)*
- Bereich: *Anwendung*
- Wert: *Data Source=.\SQLEXPRESS;Initial Catalog=Northwind;Integrated Security=True*

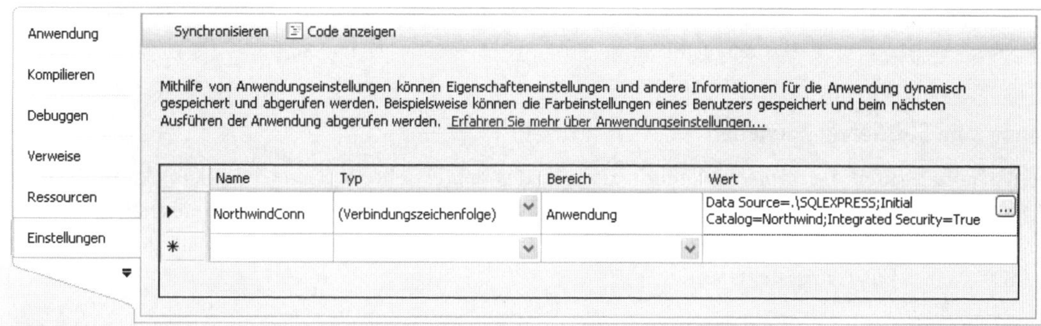

Abbildung 4.13 Eintrag der Verbindungszeichenfolge in die Anwendungseinstellungen

Der Blick in die Datei *app.config* zeigt uns, dass die Verbindungszeichenfolge unter dem Namen *<Anwendungsname>.My.Settings.NorthwindConn* in der *ConnectionStrings*-Sektion gelandet ist:

```
app.config* | SqlConnection | Form1.vb | Form1.vb [Entwurf] | Datenquellen | Startseite | Objektbrowser
<?xml version="1.0" encoding="utf-8" ?>
<configuration>
    <configSections>
    </configSections>
    <connectionStrings>
        <add name="SqlConnection.My.MySettings.NorthwindConn"
             connectionString="Data Source=.\SQLEXPRESS;Initial Catalog=Northwind;Integrated Security=True" />
    </connectionStrings>
```

Abbildung 4.14 Inhalt der Datei *app.config*

```
Private Sub Button2_Click(ByVal sender As System.Object, ByVal e As System.EventArgs) _
                                                              Handles Button2.Click
    Dim connStr As String = My.Settings.NorthwindConn
    Dim conn As New SqlConnection(connStr)
    connect(conn)
End Sub
```

Variante 3: Eine Datenbankdatei (.mdf) verwenden

Falls die Datenbank nicht im SQL Server vorhanden ist, sondern in einer separaten Datei (*Northwind.mdf*) vorliegt, bietet sich diese Variante an. Das hat auch den Vorteil, dass die Datenbankdatei einfach zusammen mit der Anwendung weitergegeben werden kann, ohne auf dem SQL Server des Benutzers installiert werden zu müssen.

HINWEIS Damit die folgende Verbindungszeichenfolge funktioniert, muss die Datenbankdatei *Northwind.mdf* in das Anwendungsverzeichnis kopiert werden (die Datei befindet sich auf der Buch-CD).

```
Private Sub Button3_Click(ByVal sender As System.Object, ByVal e As System.EventArgs) _
                                                                    Handles Button3.Click
    Dim connStr As String =
            "Data Source=.\SQLEXPRESS;AttachDbFilename=|DataDirectory|\\Northwind.mdf;" & _
                                                    "Integrated Security=True;User Instance=True"
    Dim conn As New SqlConnection(connStr)
    connect(conn)
End Sub
```

Verbindung zum SQL Server herstellen

Alle drei Varianten rufen die *connect*-Methode auf, um das neu erstellte *SqlConnection*-Objekt auf Brauchbarkeit zu testen. Nach erfolgreicher Verbindungsaufnahme wollen wir bestimmte Eigenschaften des *SqlConnection*-Objekts in einem Meldungsfenster anzeigen lassen. Danach soll der Inhalt der *Employees*-Tabelle im *DataGridView* dargestellt werden.

```
Private Sub connect(ByVal conn As SqlConnection)
    Dim CrLf As String = Environment.NewLine      ' für Zeilenumbruch
    DataGridView1.DataSource = Nothing
    Try
        conn.Open()
        MessageBox.Show("DataSource: " & conn.DataSource & CrLf & _
                        "Server Version: " & conn.ServerVersion & CrLf & _
                        "TimeOut(sek): " & conn.ConnectionTimeout.ToString() & CrLf & _
                        "Database: " & conn.Database, _
                        "Die Verbindung wurde erfolgreich hergestellt !")
    Catch ex As Exception
        MessageBox.Show(ex.Message)
    Finally
        conn.Close()
    End Try
```

Kontrollanzeige:

```
    Dim da As New System.Data.SqlClient.SqlDataAdapter("SELECT * FROM Employees", conn)
    Dim dt As New DataTable()
    da.Fill(dt)
    DataGridView1.DataSource = dt
End Sub

End Class
```

Test

Bevor Sie den Code ausprobieren können, muss natürlich der SQL Server bereit sein. Falls dies nicht der Fall ist, rufen Sie über das Windows-Startmenü (*Start/Programme/Microsoft SQL Server 2005/Configuration Tools*) den *SQL Server Configuration Manager* auf und ändern den Status.

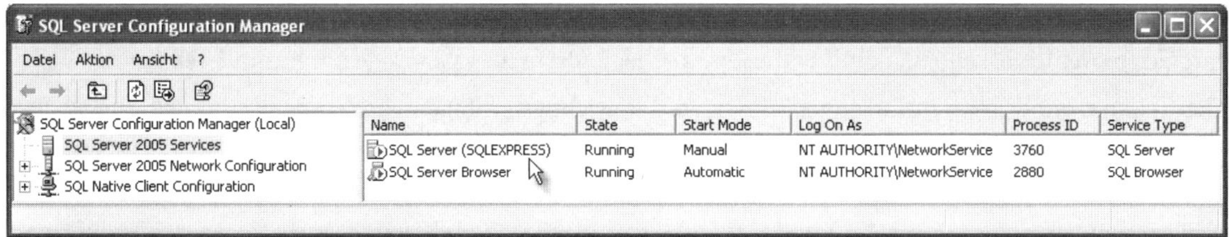

Abbildung 4.15 SQL Server Configuration Manager

Nun dürfte einer Verbindungsaufnahme nichts mehr im Wege stehen:

Abbildung 4.16 Anzeige von Eigenschaften der *SqlConnection*

Alle drei Varianten führen zum gleichen Ziel:

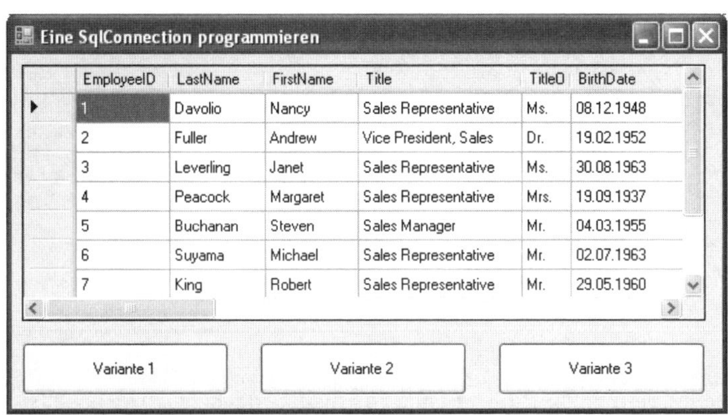

EmployeeID	LastName	FirstName	Title	TitleO	BirthDate
1	Davolio	Nancy	Sales Representative	Ms.	08.12.1948
2	Fuller	Andrew	Vice President, Sales	Dr.	19.02.1952
3	Leverling	Janet	Sales Representative	Ms.	30.08.1963
4	Peacock	Margaret	Sales Representative	Mrs.	19.09.1937
5	Buchanan	Steven	Sales Manager	Mr.	04.03.1955
6	Suyama	Michael	Sales Representative	Mr.	02.07.1963
7	King	Robert	Sales Representative	Mr.	29.05.1960

Abbildung 4.17 Anzeige der *Employees*-Tabelle

Bemerkungen

- Wer es gern übersichtlicher hätte, kann für den Zusammenbau der Verbindungszeichenfolge auch einen *SqlConnectionStringBuilder* verwenden, muss dafür aber einige zusätzliche Zeilen Code schreiben.
- Ein *OleDbConnection*-Objekt wird auf prinzipiell die gleiche Weise erstellt, lediglich tragen einige Parameter andere Bezeichnungen.

PB4.2 Wichtige ADO.NET-Objekte schnell kennen lernen

Connection-Objekt: Open-, Close-Methode; *Command*-Objekt: *CommandText-*, *Connection*-Eigenschaft; *DataAdapter*-Objekt: *Fill*-Methode; *DataSet*-Objekt: *DataTables*-Auflistung; *DataTable*-Objekt: *Columns-*, *Rows*-Auflistungen: *DataRow*-Objekt; *ListBox*-Komponente: *Items*-Auflistung; *For Each*-Schleife;

Wer sich nicht nur auf die Hilfe von Assistenten verlassen möchte, sollte sich in der ADO.NET-Objekthierarchie ein wenig auskennen, damit er die Objekte bei Bedarf selbst per Code programmieren kann.

Die *Columns-* und *Rows*-Auflistungen zählen zu den wichtigsten Eigenschaften der *DataTable*-Klasse, weil sie den Zugriff auf sämtliche Spalten und Zeilen der Tabelle ermöglichen. Das vorliegende Beispiel soll das Zugriffsprinzip verdeutlichen, indem es uns den Inhalt der *Artikel*-Tabelle der *Nordwind*-Datenbank anzeigt.

Oberfläche

Sie brauchen lediglich eine *ListBox* und einen *Button* zum Beenden (siehe Laufzeitansicht).

Quellcode (OleDb)

```
Imports System.Data.OleDb

Public Class Form1
```

Alles beginnt mit der Festlegung der Verbindungszeichenfolge (*ConnectionString*) zur Access-Datenbank, die wir aus Bequemlichkeitsgründen gleich mit in das Anwendungsverzeichnis kopiert haben, um nicht den kompletten Datenbankpfad eintragen zu müssen[1]:

```
    Protected Overrides Sub OnLoad(ByVal e As System.EventArgs)
        Dim conn As New OleDbConnection("Provider=Microsoft.Jet.OLEDB.4.0; Data Source=Nordwind.mdb")
        Dim cmdStr As String = _
                 "SELECT ArtikelNr,Artikelname,Liefereinheit,Einzelpreis,Mindestbestand FROM Artikel"
        Dim cmd As New OleDbCommand(cmdStr, conn)
```

Nun geht es um das Füllen des *DataSets* mit Hilfe des *DataAdapters*:

```
        Dim da As New OleDbDataAdapter(cmd)
        Dim ds As New DataSet()
        conn.Open()
        da.Fill(ds, "ArtikelListe")
        conn.Close()
```

Die Datenbankverbindung ist ab jetzt wieder getrennt und der Benutzer arbeitet mit dem abgekoppelten *DataSet* quasi wie mit einer Minidatenbank:

```
        Dim dt As DataTable = ds.Tables("ArtikelListe")
```

Nachdem je eine Zeilen- und Spaltenvariable definiert sind, sorgen zwei ineinander verschachtelte *For Each*-Schleifen für den Durchlauf der Auflistungen:

```
        For Each cRow As DataRow In dt.Rows
```

[1] Letztlich dürfte das auch in Ihrem Interesse sein, denn die Beispiele auf der Buch-CD laufen sofort, ohne dass Sie den Datenbankpfad neu einrichten müssten.

```
            For Each cCol As DataColumn In dt.Columns
                ListBox1.Items.Add(cCol.ColumnName & " = " & cRow(cCol.Ordinal).ToString())
            Next
            ListBox1.Items.Add("------------------------------------------------------")
        Next
        MyBase.OnLoad(e)
    End Sub
End Class
```

HINWEIS Vielleicht wundert es Sie, dass im obigen Code sowohl das *DataTable*- als auch das *DataRow*-Objekt lediglich deklariert, nicht aber mit dem *New*-Konstruktor instanziiert wurden. Der Grund: Beide Objekte sind bereits im *DataSet* vorhanden und brauchen deshalb nicht nochmals erzeugt zu werden! Benötigt werden lediglich Zeiger auf die Objektvariablen.

Test

Sofort nach Programmstart erscheint der Inhalt der *Artikel*-Tabelle in der *ListBox*.

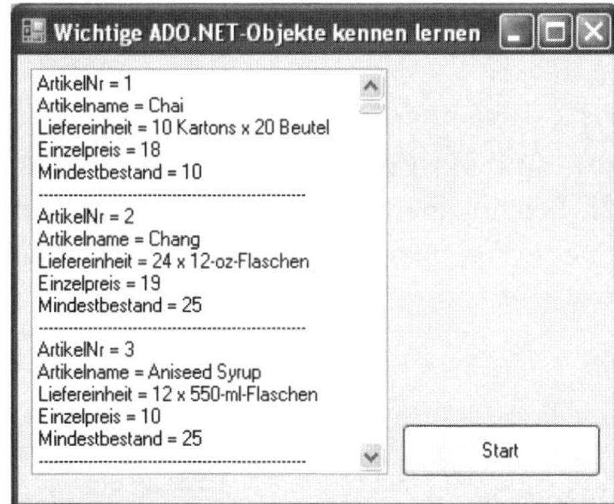

Abbildung 4.18 Laufzeitansicht

Bemerkungen

- Am Quellcode können Sie den typischen Ablauf einer Web-Applikation studieren: Verbindung öffnen, Daten übertragen, Verbindung schließen.
- Beim Durchlaufen der Datensätze werden Sie die vom altvertrauten ADO-*Recordset*-Objekt her bekannten Methoden wie *MoveFirst*, *MoveNext* etc. vergeblich suchen. Dafür besteht unter ADO.NET keinerlei Notwendigkeit mehr, da alle Datensätze im *DataSet* quasi wie in einem Array gespeichert sind und ein sofortiger (indizierter) Zugriff möglich ist, ohne dass man sich erst mühsam »hinbewegen« muss.
- Da es sich hier um einen reinen Lese-Zugriff handelt, wäre natürlich auch die Verwendung eines *DataReader*-Objekts möglich, siehe PB6.9 »Mit DataReader und ListView arbeiten«.
- Auf eine Fehlerbehandlung wurde verzichtet, siehe dazu PB4.1 »Ein SqlConnection-Objekt programmieren«.

PB4.3 Eine Aktionsabfrage ausführen

Command-Objekt: *Connection-*, *CommandText*-Eigenschaft, *ExecuteNonQuery*-Methode; SQL-Befehle: UPDATE; *DataSet*-Objekt: *Clear*-Methode; *DataGridView*-Komponente: *DataSource-*, *DataMember*-Eigenschaft;

Wir wollen an die *Nordwind.mdb*-Beispieldatenbank folgendes SQL-Statement absetzen:

```
UPDATE Kunden SET Firma = 'Londoner Firma' WHERE Ort = 'London'
```

Das vorliegende Beispiel zeigt, wie Sie dazu die *ExecuteNonQuery*-Methode des *Command*-Objekts verwenden können.

Oberfläche

Sie brauchen ein *DataGridView*, zwei *TextBox*en, zwei *Buttons* und einige *Labels* (siehe Laufzeitansicht).

Beide *TextBox*en sollen dazu dienen, dass Sie die Einträge für den Firmennamen und den Ort zur Laufzeit verändern können.

Quellcode

Für das Ausführen des Beispiels wären eigentlich ein *Connection-* und ein *Command*-Objekt völlig ausreichend. Da wir uns aber auch von der Wirkung des UPDATE-Befehls überzeugen wollen, müssen wir einigen zusätzlichen Aufwand für die Anzeige betreiben: Das *DataGridView* benötigt ein *DataSet* als Datenquelle, welches wiederum von einem *DataAdapter* gefüllt wird.

```
Imports System.Data.OleDb

Public Class Form1
    Dim conn As New OleDbConnection("Provider=Microsoft.Jet.OLEDB.4.0; Data Source=Nordwind.mdb;")
    Dim ds As New DataSet()
    Dim cmd As New OleDbCommand()
```

Aktionsabfrage starten:

```
    Private Sub Button1_Click(ByVal sender As System.Object, ByVal e As System.EventArgs) _
                                                                    Handles Button1.Click
        Dim da As New OleDbDataAdapter( _
                             "SELECT Firma, Kontaktperson, Ort FROM Kunden ORDER BY Firma", conn)
        ds.Clear()
        cmd.Connection = conn
```

Das Zusammenbasteln des UPDATE-Strings verlangt etwas Fingerspitzengefühl, darf man doch auch die Apostrophe ('), die die Feldbezeichner einschließen, nicht vergessen:

```
        cmd.CommandText = "UPDATE Kunden SET Firma = '" & TextBox1.Text & "' WHERE Ort = '" & _
                                                     TextBox2.Text & "'"
```

Sicherheitshalber haben wir diesmal den kritischen Programmteil in eine Fehlerbehandlungsroutine eingebaut:

```
        Try
            conn.Open()
```

Die folgende Anweisung führt den UPDATE-Befehl aus und zeigt gleichzeitig die Anzahl der in der Datenbank geänderten Datensätze an:

```
            Label1.Text = cmd.ExecuteNonQuery().ToString()
        Catch ex As Exception
            MessageBox.Show(ex.Message)
        End Try
        da.Fill(ds, "Kunden")
        conn.Close()
```

Das *DataGridView* an das *DataSet* anklemmen:

```
        DataGridView1.DataSource = ds
        DataGridView1.DataMember = "Kunden"
    End Sub
End Class
```

Test

Stimmt die Verbindungszeichenfolge des *Connection*-Objekts, dürfte es keine Probleme beim Ausprobieren unterschiedlicher Updates geben.

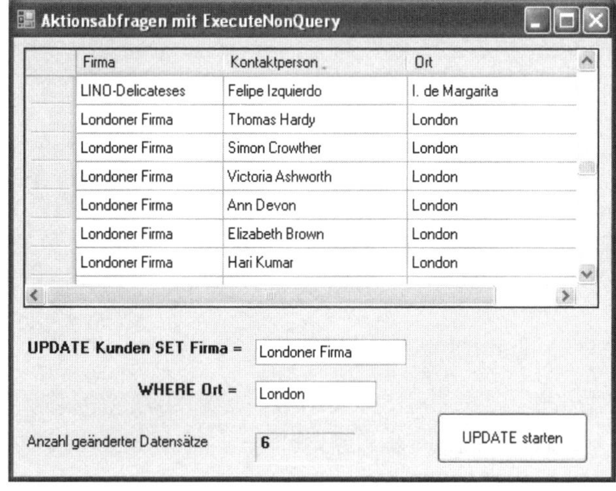

Abbildung 4.19 Laufzeitansicht

Bemerkungen

- Bei SQL-Aktionsabfragen werden keine Datensätze gelesen bzw. zurückgeliefert, sondern es geht lediglich um direkte Änderungen in der Datenquelle per SQL-Befehl (UPDATE, INSERT, DELETE). Ein *DataSet* ist dabei nicht beteiligt!
- Wie Sie die Änderungen zuerst in einer *DataTable* vornehmen und erst danach in die Datenbank zurückschreiben, erfahren Sie im PB4.8 »Die Datenbank aktualisieren«
- Durch Ändern der Verbindungszeichenfolge und Anpassung der Spaltenbezeichner ist dieses Beispiel auch auf die *Customers*-Tabelle der *Northwind*-Datenbank des SQL Servers übertragbar.

PB4.4 Daten direkt zur Datenbank hinzufügen oder löschen

Command-Objekt: *ExecuteNonQuery*-Methode; SQL-Befehle: INSERT, DELETE

Dieses Beispiel zeigen Ihnen, wie Sie mittels *ExecuteNonQuery*-Methode des *Command*-Objekts Datensätze direkt in die Datenbank einfügen können und wie Sie dort Löschungen vornehmen.

HINWEIS Es geht hier also **nicht** um das Hinzufügen bzw. Löschen von Datensätzen in einem *DataSet*-Objekt, sondern nur um das unmittelbare Ausführen dieser Befehle in der Datenbank!

Das Beispiel benutzt die SQL-Anweisungen INSERT und DELETE und ergänzt somit das PB4.3 »Eine Aktionsabfrage ausführen« , wo es um den UPDATE-SQL-Befehl ging.

Oberfläche

Neben einem *DataGridView* werden noch einige *TextBox*en und *Button*s gebraucht. Ein breites *Label* soll den SQL-String zu Kontrollzwecken anzeigen (siehe Laufzeitabbildung).

Quellcode

```
Imports System.Data.OleDb

Public Class Form1
    Private conn As OleDbConnection
```

Beim Laden des Programms wird das *Connection*-Objekt instanziiert:

```
    Protected Overrides Sub OnLoad(ByVal e As System.EventArgs)
        conn = New OleDbConnection("Provider=Microsoft.Jet.OLEDB.4.0;Data Source=Nordwind.mdb;")
        MyBase.OnLoad(e)
    End Sub
```

Die folgende Methode *execNQuery* erledigt auf Basis der übergebenen SQL-Anweisung die Hauptarbeit:

```
     Private Sub execNQuery(ByVal cmdText As String)
        Dim cmd As New OleDbCommand(cmdText, conn)
        Label5.Text = cmdText                       ' Kontrollanzeige des SQL-Strings
```

Die Kapselung des kritischen Programmteils in einen *Try-Catch*-Fehlerblock hilft bei der späteren Fehlersuche:

```
        Try
            conn.Open()
```

SQL-Befehl wird gegen die Datenbank gefahren:

```
            cmd.ExecuteNonQuery()
        Catch ex As Exception ex
            MessageBox.Show(ex.Message)
        End Try
        conn.Close()
    End Sub
```

Ausführen von INSERT:

```
Private Sub Button1_Click(ByVal sender As System.Object, ByVal e As System.EventArgs) _
                                                               Handles Button1.Click

    Dim sql As String = "INSERT INTO Kunden(KundenCode, " & _
                    "Firma, Kontaktperson, Ort) VALUES ('" & TextBox1.Text & " ', '" & _
                     TextBox2.Text & "', '" & TextBox3.Text & " ', '" & _
                     TextBox4.Text & "')"
    execNQuery(sql)
End Sub
```

Wie Sie sehen, entartet das »Zusammenbasteln« des SQL-Strings aus den Inhalten der Textboxen zu einer Sisyphus-Arbeit, besonders penibles Augenmerk ist auf die Hochkommas (') zu richten, in welche bekanntlich jeder »String im String« einzuschließen ist.

Nicht ganz so schlimm wird es beim Zusammenstückeln der DELETE-Anweisung:

```
Private Sub Button2_Click(ByVal sender As System.Object, ByVal e As System.EventArgs) _
                                                               Handles Button2.Click
    Dim sql As String = "DELETE FROM Kunden WHERE KundenCode = '" & TextBox1.Text & "'"
    execNQuery(sql)
End Sub
```

Das abschließende Betrachten des Ergebnisses im *DataGridView* dient lediglich Kontrollzwecken:

```
Private Sub Button3_Click(ByVal sender As System.Object, ByVal e As System.EventArgs) _
                                                               Handles Button3.Click

   Dim sql As String =
               "SELECT KundenCode, Firma, Kontaktperson, Ort FROM Kunden ORDER BY KundenCode"
    Dim da As New OleDbDataAdapter(Sql, conn)
    Dim ds As New DataSet()
    da.Fill(ds, "Kunden")
    DataGridView1.DataSource = ds
    DataGridView1.DataMember = "Kunden"
End Sub

End Class
```

Test

Beginnen Sie mit dem Einfügen des Datensatzes. Die Kontrollausgabe des SQL-Strings leistet nicht nur bei der Fehlersuche gute Dienste, sondern trägt auch ganz wesentlich zum Verständnis bei.

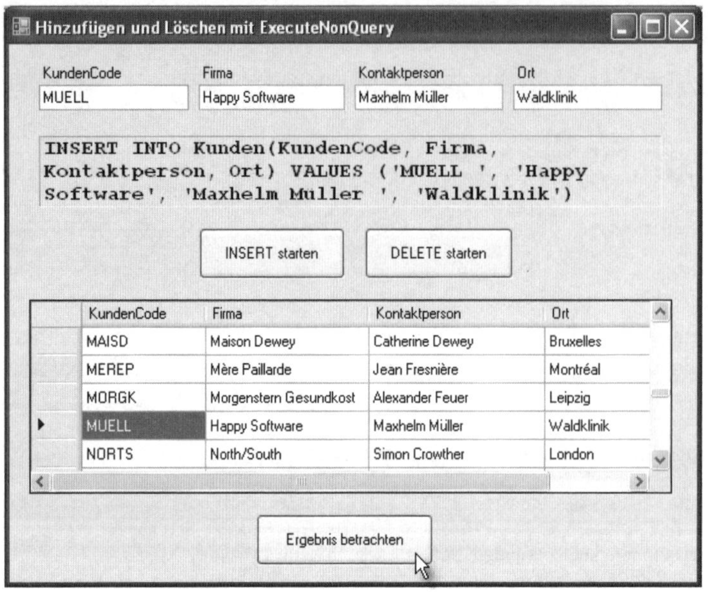

Abbildung 4.20 Laufzeitansicht nach dem Hinzufügen eines neuen Datensatzes

Zum Löschen mit DELETE eignen sich in unserem Fall nur neu hinzugefügte Datensätze. Es genügt, wenn nur der *KundenCode* in das erste Textfeld eingetragen wird.

```
DELETE FROM Kunden WHERE KundenCode = 'MUELL'
```

Abbildung 4.21 Anzeige des SQL-Strings beim Löschen eines Datensatzes

Jeder Versuch, einen »hauseigenen« *Nordwind*-Kunden zu liquidieren, wird mit einer Fehlermeldung quittiert, da in der Regel noch Datensätze in anderen Tabellen vorhanden sind, die auf diesen Kunden verweisen.

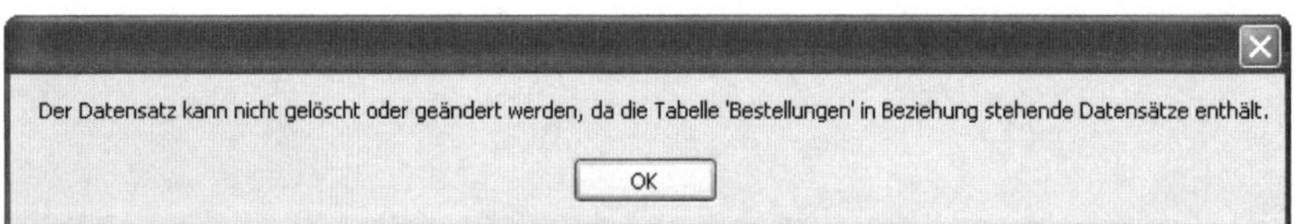

Abbildung 4.22 Fehlermeldung beim Löschen eines Kunden wegen Verletzung der Referenziellen Integrität

Auch wenn Sie versuchen, zweimal hintereinander auf INSERT zu klicken, werden Sie durch eine entsprechende Fehlermeldung zurückgepfiffen, da die Eindeutigkeit des Primärschlüssels (*KundenCode*) verletzt wird.

Bemerkungen

- Falls es sich beim Primärschlüssel um ein Zählerfeld (Autowert) handelt, übernimmt die SQL-Engine die korrekte Zuordnung. Lassen Sie dann das Schlüsselfeld in der Feldliste einfach weg!
- Durch Ändern der Verbindungszeichenfolge und Anpassung der Spaltenbezeichner ist dieses Beispiel auch für die *Customers*-Tabelle der *Northwind*-Datenbank des SQL Servers verwendbar.

PB4.5 Eine gespeicherte Prozedur aufrufen

Command-Objekt: *CommandType*-Eigenschaft, *Parameters*-Auflistung: *Add*-Methode; *Parameter*-Objekt: *Direction*-, *Value*-Eigenschaft;

Gespeicherte Prozeduren *(Stored Procedures)* werden auf dem Server verwaltet und sind eine besonders effektive Methode, um häufig benötigte Abfragen schnell auszuführen. Über den Menübefehl *Ansicht/Server-Explorer* können Sie sich einen Überblick über die im SQL Server vorhandenen Beispieldatenbanken und die zugehörigen *Gespeicherten Prozeduren* verschaffen.

Unser Beispiel greift auf die in der *Northwind*-Datenbank enthaltene gespeicherte Prozedur *Sales by Year* zu. Wie Sie dem Server-Explorer entnehmen können, müssen dazu der Prozedur die Parameter *@Beginning_Date* und *@Ending_Date* übergeben werden.

Falls der SQL Server und die *Northwind*-Datenbank nicht im Server-Explorer zu sehen sind, richten Sie zunächst über das Kontextmenü *Verbindung hinzufügen...* des Knotens *Datenverbindungen* eine neue Verbindung ein.

HINWEIS Da wir in unserem Beispiel die Verbindung komplett per Code programmieren werden, ist das Einrichten einer Verbindung im Server-Explorer eigentlich überflüssig. Es dient in unserem Fall lediglich dem Erkunden der verfügbaren Stored Procedures und der zu übergebenden Parameter.

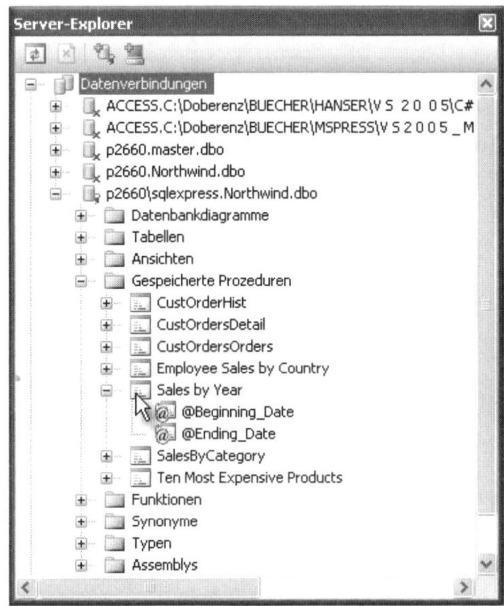

Abbildung 4.23 Der Server-Explorer zeigt die verfügbaren Stored Procedures der *Northwind*-Datenbank und deren Parameter

Oberfläche

Ein *DataGridView*, zwei *TextBox*en und ein *Button* bilden die Testoberfläche (siehe Laufzeitabbildung). Die *TextBox*en dienen zur Eingabe der unteren und oberen Datumsgrenze, die *Button*s dem Start der Abfrage und dem Formatieren der Währungsspalte des *DataGridView*.

Quellcode

```
Imports System.Data.SqlClient

Public Class Form1
```

Mit SQL Server verbinden:

```
    Private Sub Button1_Click(ByVal sender As System.Object, ByVal e As System.EventArgs) _
                                                                         Handles Button1.Click
        Dim connStr As String = _
                "Data Source=.\SQLEXPRESS; Initial Catalog=Northwind; Integrated Security=True"
        Dim conn As New SqlConnection(connStr)
        Dim cmd As New SqlCommand("Sales by Year", conn)
        cmd.CommandType = CommandType.StoredProcedure
```

Es folgt nun die Definition der beiden Parameter und das Hinzufügen zur *Parameters*-Auflistung des *Command*-Objekts:

```
        Dim parm1 As New SqlParameter("@Beginning_Date", SqlDbType.DateTime)
        parm1.Direction = ParameterDirection.Input
        parm1.Value = Convert.ToDateTime(TextBox1.Text)
        cmd.Parameters.Add(parm1)

        Dim parm2 As New SqlParameter("@Ending_Date", SqlDbType.DateTime)
        parm2.Direction = ParameterDirection.Input
        parm2.Value = Convert.ToDateTime(TextBox2.Text)
        cmd.Parameters.Add(parm2)
```

Das nun fertige *Command*-Objekt wird dem Konstruktor des *DataAdapters* übergeben. Nach dem Öffnen der *Connection* wird die Stored Procedure ausgeführt. Die zurückgegebenen Datensätze werden in einer im *DataSet* neu angelegten Tabelle mit einem von uns frei bestimmten Namen »SalesByDate« gespeichert:

```
        Dim da As New SqlDataAdapter(cmd)
        Dim ds As New DataSet()
        conn.Open()
        da.Fill(ds, "SalesByDate")
        conn.Close()
```

Nach dem Schließen des *Connection*-Objekts erfolgt die Anzeige des Tabelleninhalts im *DataGridView*:

```
        DataGridView1.DataSource = ds
        DataGridView1.DataMember = "SalesByDate"
    End Sub
```

Zumindest die »Subtotal«-Spalte sollte eine ordentliche Euro-Formatierung erhalten, was allerdings einigen Aufwand erfordert:

```
    Private Sub Button2_Click(ByVal sender As System.Object, ByVal e As System.EventArgs) _
                                                                         Handles Button2.Click
        DataGridView1.Columns.Remove("Subtotal")
        Dim tbc As New DataGridViewTextBoxColumn()
        tbc.DataPropertyName = "Subtotal"
        tbc.HeaderText = "Subtotal"
        tbc.Width = 80
        tbc.DefaultCellStyle.Format = "c"
        tbc.DefaultCellStyle.Alignment = DataGridViewContentAlignment.MiddleRight
```

```
        tbc.DisplayIndex = 2
        DataGridView1.Columns.Add(tbc)
    End Sub
End Class
```

Test

Ist die Verbindungszeichenfolge zum SQL Server korrekt, so dürfte sich Ihnen nach kurzer Wartezeit der folgende Anblick bieten.

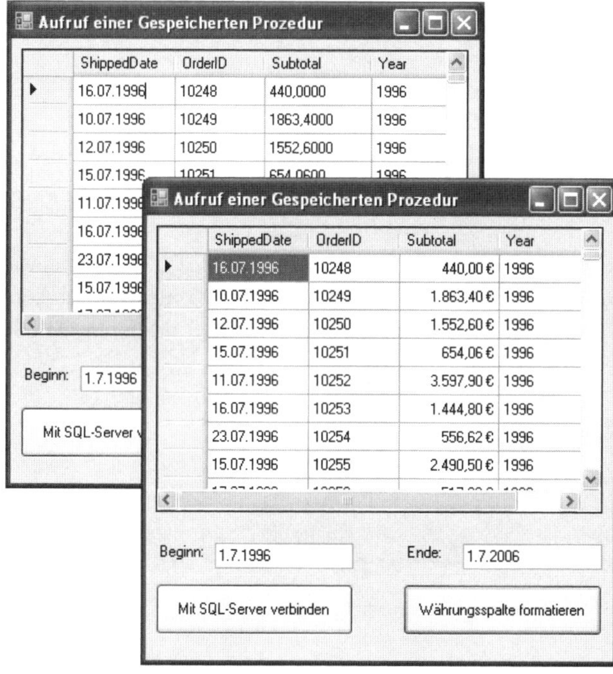

Abbildung 4.24 Laufzeitansicht vor und nach der Formatierung der *Subtotal*-Spalte

Bemerkungen

- Weitere Infos zum Formatieren des *DataGridView* finden Sie im PB6.8 »Spalten im DataGridView formatieren«.
- Im SQL-Explorer bietet sich Ihnen auch die Möglichkeit zum Testen der *Gespeicherten Prozeduren*!
- Eine Zusammenstellung der möglichen Datentypen für *Parameter*-Objekte finden Sie im Anhang dieses Kapitels.

PB4.6 Eine Access-Auswahlabfrage aufrufen

Command-Objekt: *CommandType*-Eigenschaft; *Parameter*-Objekt: *Direction*-, *Value*-Eigenschaft

Die unter Microsoft Access gespeicherten Auswahlabfragen kann man quasi als Pendant zu den Stored Procedures des Microsoft SQL Servers betrachten. Öffnen Sie das Datenbankfenster von *Nordwind.mdb* und

Sie sehen das zahlreiche Angebot an vorbereiteten Abfragen, die Sie natürlich auch selbst um weitere ergänzen können:

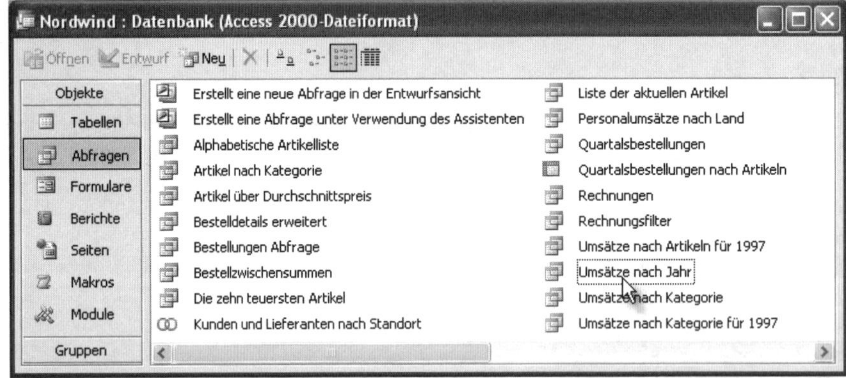

Abbildung 4.25 Die Auswahlabfragen von *Nordwind.mdb*

Hinter jeder Auswahlabfrage verbirgt sich in der Regel eine parametrisierte SQL-SELECT-Anweisung, die Sie sich im Access-Datenbankprogramm durch Öffnen der Entwurfsansicht über den Kontextmenübefehl *SQL-Ansicht* anschauen können. Dabei finden Sie auch die zu übergebenden Parameter und deren Datentypen leicht heraus:

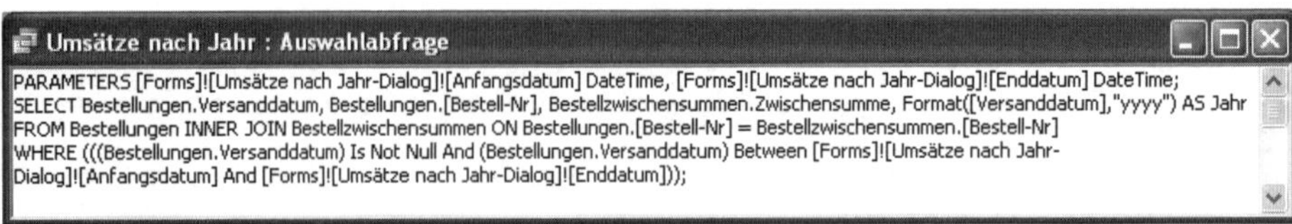

Abbildung 4.26 Die SQL-Ansicht der Auswahlabfrage *Umsätze nach Jahr*

Oberfläche

Ein *DataGridView*, zwei *TextBox*en und ein *Button* sollen für unseren Test genügen (siehe Laufzeitansicht).

Quellcode

```
Imports System.Data.OleDb
Public Class Form1

    Private Sub Button1_Click(ByVal sender As System.Object, ByVal e As System.EventArgs) _
                                                                        Handles Button1.Click
        Dim connStr As String = "Provider=Microsoft.Jet.OLEDB.4.0; Data Source=Nordwind.mdb;"
        Dim conn As New OleDbConnection(connStr)

        Dim cmd As New OleDbCommand("[Umsätze nach Jahr]", conn)
        cmd.CommandType = CommandType.StoredProcedure
```

Die Definition der beiden Parameter und das Hinzufügen zur *Parameters*-Auflistung des *Command*-Objekts:

```
        Dim parm1 As New OleDbParameter("@Anfangsdatum", OleDbType.DBDate)
        parm1.Direction = ParameterDirection.Input
        parm1.Value = Convert.ToDateTime(TextBox1.Text)
        cmd.Parameters.Add(parm1)

        Dim parm2 As New OleDbParameter("@EndDatum", OleDbType.DBDate)
        parm2.Direction = ParameterDirection.Input
        parm2.Value = Convert.ToDateTime(TextBox2.Text)
        cmd.Parameters.Add(parm2)
```

Das *Command*-Objekt wird dem Konstruktor des *DataAdapter*s übergeben. Nach dem Öffnen der *Connection* wird die Abfrage ausgeführt. Die zurückgegebenen Datensätze werden in einer im *DataSet* neu angelegten Tabelle mit einem von uns frei bestimmten Namen *Jahresumsätze* gespeichert:

```
        Dim da As New OleDbDataAdapter(cmd)
        Dim ds As New DataSet()
        Try
            conn.Open()
            da.Fill(ds, "Jahresumsätze")
            conn.Close()
        Catch ex As Exception

            MessageBox.Show(ex.ToString())
        End Try
```

Die Anzeige:

```
        DataGridView1.DataSource = ds
        DataGridView1.DataMember = "Jahresumsätze"
        ...
    End Sub
End Class
```

Test

Nach Eingabe sinnvoller Datumswerte dürfte sich Ihnen der folgende Anblick bieten:

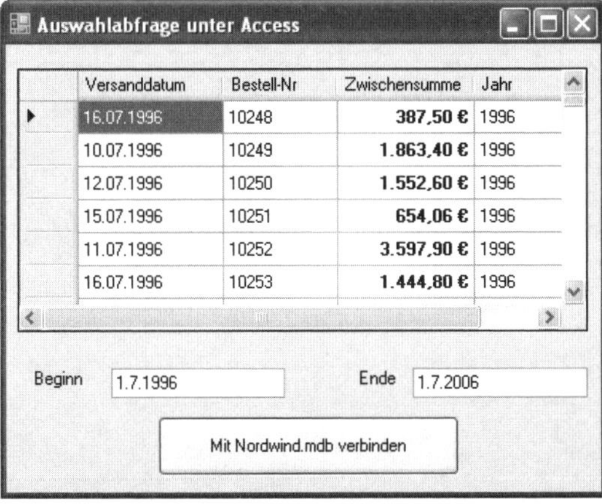

Abbildung 4.27 Laufzeitansicht mit formatierter Währungsspalte

Bemerkungen

- Vergessen Sie nicht, den Namen der Auswahlabfrage »*[Umsätze nach Jahr]*« in eckige Klammern einzuschließen!
- Ein entsprechendes Programm für den Microsoft SQL Server finden Sie unter PB4.5 »Eine gespeicherte Prozedur aufrufen«. Dort finden Sie auch analogen Code für die Euro-Formatierung des *DataGridView*, der hier aus Platzgründen weggelassen wurde.

PB4.7 Parametrisierte Abfragen ausführen

DataAdapter-Objekt: *SelectCommand*-Eigenschaft: *Parameters*-Auflistung; SQL-Befehl: BETWEEN

Parametrisierte Abfragen sind normale SQL-Anweisungen, die Sie selbst definieren und mit Parametern ausstatten. Wir wollen dies sowohl anhand der Tabelle *Bestellungen* der *Nordwind.mdb*-Datenbank als auch der Tabelle *Orders* einer *Northwind.mdf*-Datenbankdatei demonstrieren, indem wir uns die in einem bestimmten Zeitabschnitt registrierten Bestellungen anzeigen lassen.

Um besser vergleichen zu können werden beide Varianten in separaten Anwendungen erstellt, wobei sich die Dateien *Nordwind.mdb* bzw. *Northwind.mdf* im jeweiligen Anwendungsverzeichnis befinden.

Oberfläche

Pro Testformular verwenden wir ein *DataGridView*, zwei *TextBox*en und einen *Button*.

Quellcode 1 (Nordwind.mdb)

```
Imports System.Data.OleDb
Public Class Form1

    Private Sub Button1_Click(ByVal sender As System.Object, ByVal e As System.EventArgs) _
                                                                                Handles Button1.Click
        Dim connStr As String = "Provider=Microsoft.Jet.OLEDB.4.0; Data Source=Nordwind.mdb;"
        Dim conn As New OleDbConnection(connStr)

        Dim da As New OleDbDataAdapter("SELECT * FROM Bestellungen " & _
                                "WHERE Bestelldatum BETWEEN @Anfangsdatum AND @Enddatum", conn)
        da.SelectCommand.Parameters.Add("@Anfangsdatum", OleDbType.DBDate).Value = _
                                                        Convert.ToDateTime(TextBox1.Text)
        da.SelectCommand.Parameters.Add("@Enddatum", OleDbType.DBDate).Value = _
                                                        Convert.ToDateTime(TextBox2.Text)
        Dim ds As New DataSet()
        Try
            conn.Open()
            da.Fill(ds, "AbfrageBestellungen")
            conn.Close()
        Catch ex As Exception
            MessageBox.Show(ex.ToString())
        End Try
        DataGridView1.DataSource = ds
        DataGridView1.DataMember = "AbfrageBestellungen"
    End Sub

End Class
```

Erster Test

Nach Eingabe sinnvoller Datumswerte dürfte sich Ihnen ein Anblick entsprechend folgender Abbildung bieten:

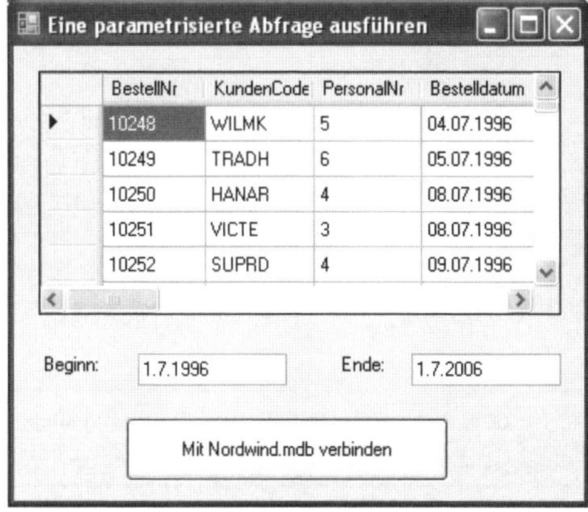

Abbildung 4.28 Laufzeitansicht der Variante mit *Nordwind.mdb*

Quellcode 2 (Northwind.mdf)

```
Imports System.Data.SqlClient
Public Class Form1

    Private Sub Button1_Click(ByVal sender As System.Object, ByVal e As System.EventArgs) _
                                                                Handles Button1.Click
       Dim connStr As String = _
                 "Data Source=.\SQLEXPRESS;AttachDbFilename=|DataDirectory|\\Northwind.mdf;" & _
                                                  "Integrated Security=True;User Instance=True"
       Dim conn As New SqlConnection(connStr)
       Dim da As New SqlDataAdapter("SELECT * FROM Orders WHERE " & _
                                    "OrderDate BETWEEN @Beginning_Date AND @Ending_Date", conn)
       da.SelectCommand.Parameters.Add("@Beginning_Date", SqlDbType.DateTime).Value = _
                                                        Convert.ToDateTime(TextBox1.Text)
       da.SelectCommand.Parameters.Add("@Ending_Date", SqlDbType.DateTime).Value = _
                                                        Convert.ToDateTime(TextBox2.Text)
       Dim ds As New DataSet()
       Try
          conn.Open()
          da.Fill(ds, "AbfrageBestellungen")
          conn.Close()
       Catch ex As Exception
          MessageBox.Show(ex.ToString())
       End Try
       DataGridView1.DataSource = ds
       DataGridView1.DataMember = "AbfrageBestellungen"
    End Sub
End Class
```

Zweiter Test

Das Ergebnis ist vergleichbar mit Variante 1.

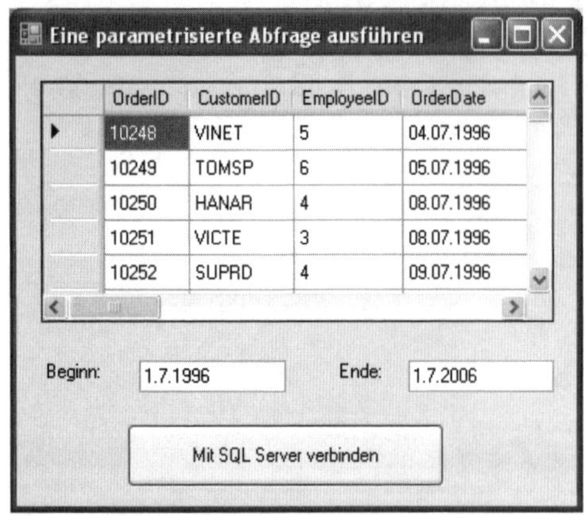

Abbildung 4.29 Laufzeitansicht der Variante mit *Northwind.mdf*

HINWEIS Eine Zusammenstellung der möglichen Datentypen für die *Parameter*-Objekte finden Sie im Anhang dieses Kapitels.

PB4.8 Datenbank mit DataSet aktualisieren

DataAdapter-Objekt: *MissingSchemaAction*-Eigenschaft; *SelectCommand*-, *UpdateCommand*-, *InsertCommand*-, *DeleteCommand*-Eigenschaft, *Fill*-, *Update*-Methode; *Parameter*-Objekt: *SourceColumn*-, *SourceVersion*-Eigenschaft; *Command*-Objekt: *Parameters*-Auflistung; *CommandBuilder*-Objekt; *OleDbType*-Enumerationen; *DataSet*-Objekt: *HasChanges*-Eigenschaft; *Clear*-, *Merge*-, *AcceptChanges*-, *RejectChanges*-Methode; SQL-Befehl: SELECT, UPDATE, INSERT, DELETE;

In diesem Beispiel sind so ziemlich alle wichtigen ADO.NET-Objekte versammelt. Aktualisieren (UPDATE), Hinzufügen (INSERT) und Löschen (DELETE) von Datensätzen zählen zu den kritischen Datenbankoperationen, die auch unter ADO.NET weitaus mehr Aufmerksamkeit erfordern, als eine einfache SELECT-Abfrage.

Wir wollen zwei Varianten gegenüberstellen:

- Die manuelle Programmierung, wobei wir uns selbst um das Erstellen der parametrisierten *UpdateCommand*-, *InsertCommand*- und *DeleteCommand*-Objekte kümmern und
- das automatische Erstellen der *Command*-Objekte durch einen *CommandBuilder*.

Ganz im Einklang mit der ADO.NET-Philosophie müssen wir dabei in drei Etappen vorgehen:

- Das *DataSet* mit der Datenbank verbinden, um bestimmte Datensätze von dort abzuholen (hierzu wird das *SelectCommand*-Objekt des *DataAdapter*s eingesetzt).
- Bei abgekoppelter Datenbank die Änderungen direkt im *DataSet* vornehmen (hierzu ist eine SQL-Anweisung leider untauglich, da das *DataSet* kein SQL kennt).
- Das *DataSet* irgendwann mal wieder mit der Datenbank verbinden, um die Inhalte zu aktualisieren (hierzu werden *UpdateCommand*-, *InsertCommand*- und *DeleteCommand*-Objekt des *DataAdapter*s gebraucht).

Wir wollen beide Varianten am Beispiel der *Artikel*-Tabelle aus *Nordwind.mdb* demonstrieren.

Oberfläche

Neben zwei *Buttons* zum Anzeigen und Aktualisieren brauchen wir noch eine *DataGridView*-Komponente (siehe Laufzeitabbildung).

Quellcode (Command-Objekte selbst programmiert)

```
Imports System.Data.OleDb

Public Class Form1
```

Die wichtigsten Objekte sollten global verfügbar sein:

```
    Private conn As New OleDbConnection("Provider=Microsoft.Jet.OLEDB.4.0;Data Source=Nordwind.mdb;")
    Private da As OleDbDataAdapter
    Private ds As DataSet
```

Die folgende Methode *getArtikel* liefert ein gefülltes *DataSet* zurück:

```
    Public Function getArtikel() As DataSet
```

SelectCommand-Objekt für *DataAdapter* erstellen (geschieht automatisch beim Instanziieren):

```
        Dim selStr As String = _
        "SELECT ArtikelNr, Artikelname, Einzelpreis, Mindestbestand FROM Artikel ORDER BY Artikelname"
        da = New OleDbDataAdapter(selStr, conn)
```

Die folgende Anweisung sorgt dafür, dass neu hinzugefügte Datensätze sofort einen Primärschlüssel erhalten.

```
        da.MissingSchemaAction = MissingSchemaAction.AddWithKey
        conn.Open()
        Dim ds As New DataSet()
        da.Fill(ds, "Artikel")
        conn.Close()
        Return ds
    End Function
```

Der Methode *setArtikel* wird ein gefülltes *DataSet* per Referenz übergeben. Auf Basis von parametrisierten SQL-Befehlen werden für den *DataAdapter* die *UpdateCommand*, *InsertCommand*- und *DeleteCommand*-Objekte erstellt, die für das Zurückschreiben der im *DataSet* vorgenommenen Änderungen in die Datenbank verantwortlich zeichnen.

```
    Public Sub setArtikel(ByRef ds As DataSet)
```

UpdateCommand-Objekt: --

```
        Dim updStr As String = "UPDATE Artikel SET Artikelname = @p1, Einzelpreis = @p2, " & _
                               "Mindestbestand = @p3 WHERE ArtikelNr = @p4"
        Dim updCmd As New OleDbCommand(updStr, conn)
```

Jede Parameterdefinition mittels *Add*-Methode benötigt Parametername, Datentyp, Spaltenbreite, Spaltenname (Reihenfolge beachten!):

```
        updCmd.Parameters.Add("@p1", OleDbType.VarChar, 40, "Artikelname")
        updCmd.Parameters.Add("@p2", OleDbType.Currency, 8, "Einzelpreis")
        updCmd.Parameters.Add("@p3", OleDbType.SmallInt, 4, "Mindestbestand")
        Dim p4 As OleDbParameter = updCmd.Parameters.Add("@p4", OleDbType.BigInt)
```

Für die Schlüsselspalte ist der ursprüngliche Schlüsselwert maßgebend:

```
        p4.SourceColumn = "ArtikelNr"
        p4.SourceVersion = DataRowVersion.Original
        da.UpdateCommand = updCmd
```

InsertCommand-Objekt: --

Dem INSERT-Befehl werden drei Parameter übergeben:

```
        Dim insSQL As String =
              "INSERT INTO Artikel (Artikelname, Einzelpreis, Mindestbestand) VALUES (@p1, @p2, @p3)"
        Dim insCmd As New OleDbCommand(insSQL, conn)
        insCmd.Parameters.Add("@p1", OleDbType.VarChar, 40, "Artikelname")
        insCmd.Parameters.Add("@p2", OleDbType.Currency, 8, "Einzelpreis")
        insCmd.Parameters.Add("@p3", OleDbType.SmallInt, 4, "Mindestbestand")
        da.InsertCommand = insCmd
```

DeleteCommand-Objekt: --

Die zugrundeliegende DELETE-Anweisung benötigt nur einen Parameter (den Primärschlüssel). Beim Erzeugen des Parameters ist auch noch die *SourceVersion*-Eigenschaft zuzuweisen. Der Wert *Original* bedeutet, dass der Datensatz mit seinem Original-Schlüsselwert (also der *ArtikelNr*, die er bei seinem Eintreffen in der *DataTable* hatte) in der Datenbank gesucht und gelöscht wird:

```
        Dim delStr As String = "DELETE FROM Artikel WHERE ArtikelNr = @p5"
        Dim delCmd As New OleDbCommand(delStr, conn)
        Dim p5 As OleDbParameter = delCmd.Parameters.Add("@p5", OleDbType.BigInt, 4, "ArtikelNr")
```

Datensatz muss unverändert in der Datenquelle vorhanden sein:

```
        p5.SourceVersion = DataRowVersion.Original
        da.DeleteCommand = delCmd

        conn.Open()
        da.Update(ds, "Artikel")
        conn.Close()
    End Sub
```

Anzeigen:

```
    Private Sub Button1_Click(ByVal sender As System.Object, ByVal e As System.EventArgs) _
                                                                          Handles Button1.Click
        DataGridView1.DataSource = Nothing
        ds = getArtikel()
        DataGridView1.DataSource = ds              ' DataGridView mit DataSet verbinden
        DataGridView1.DataMember = "Artikel"
        formatDataGridView(DataGridView1)
    End Sub
```

Aktualisieren:

```
    Private Sub Button2_Click(ByVal sender As System.Object, ByVal e As System.EventArgs) _
                                                                          Handles Button2.Click
```

Nur die Änderungen zurück in die Datenbank schreiben:

```
        Dim ds1 As DataSet = ds.GetChanges()
```

```
        If ds1 IsNot Nothing Then
            Try
                setArtikel(ds1)
```

Die per Referenz zurückgegebenen Datensätze werden mit dem Original-*DataSet* zusammengeführt:

```
                ds.Merge(ds1)
                ds.AcceptChanges()
                MessageBox.Show("Datenbank wurde aktualisiert!", "Erfolg")
            Catch ex As Exception
                ds.RejectChanges()
                MessageBox.Show(ex.Message, "Fehler")
            End Try
        End If
    End Sub
    ...
End Class
```

Test

Klicken Sie auf die »Artikel anzeigen«-Schaltfläche, um das *DataSet* anzuzeigen. Nehmen Sie dann einige Änderungen direkt im *DataGridView* vor, fügen Sie Datensätze hinzu (dazu an das Ende des *DataGridView* scrollen) oder löschen Sie Datensätze (mit *Entf*-Taste, vorher komplette Zeile markieren). Klicken Sie auf »Artikel aktualisieren« um die Änderungen in die Datenbank zu übertragen.

Lassen Sie dann erneut die Artikel anzeigen um sich davon zu überzeugen, ob alle Änderungen tatsächlich in der Datenbank gelandet sind.

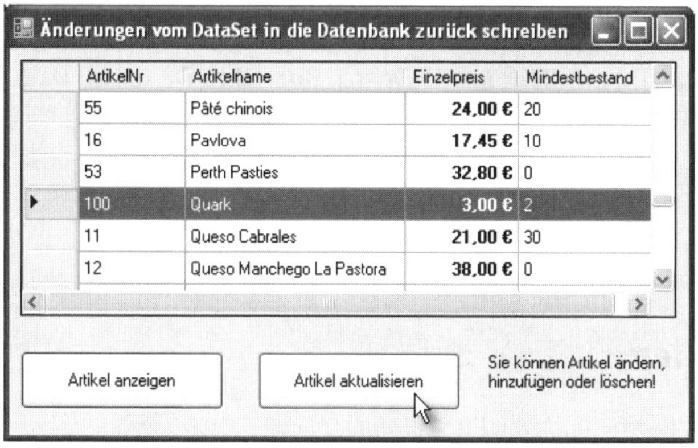

Abbildung 4.30 Laufzeitansicht des Beispiels

Quellcode (mit CommandBuilder)

Durch den Einsatz eines *CommandBuilder*-Objekts entfällt der Quellcode zum Erstellen der *UpdateCommand-*, *InsertCommand-* und *DeleteCommand*-Objekte für den *DataAdapter* unter der Bedingung, dass der *DataAdapter* bereits über ein gültiges *SelectCommand*-Objekt verfügt.

Der *CommandBuilder* generiert im Hintergrund aus dem vorhandenen *SelectCommand*-Objekt automatisch die restlichen Objekte. Wir brauchen uns also um den Zusammenbau der UPDATE-, INSERT- und DELETE-SQL-Anweisungen und die lästigen Parameterdefinitionen nicht mehr zu kümmern.

Gegenüber der Variante 1 ist lediglich die *setArtikel*-Methode wie folgt zu kürzen:

```
...
Private Sub setArtikel(ByRef ds As DataSet)
    Dim cb As New OleDbCommandBuilder(da)
    conn.Open()
    da.Update(ds, "Artikel")
    conn.Close()
End Sub
...
```

Test

Der Test der zweiten Variante führt erwartungsgemäß zu gleichen Ergebnissen wie bei Variante 1.

Bemerkungen

- Der Code zur Formatierung der *Einzelpreis*-Spalte des *DataGridView* wurde hier nicht mit abgedruckt (siehe Buch-CD).
- Es ist auch möglich, mehrere Datensätze hintereinander zu ändern, hinzuzufügen bzw. zu löschen bevor der Abgleich mit der Datenbank erfolgt.
- In der Regel werden Sie nur die von Ihnen selbst hinzugefügten Datensätze löschen können, da die originalenDatensätze in Relationen zu anderen Tabellen eingebunden sind.
- Für jede zu einem *DataSet* neu hinzugefügte Zeile gilt die Eigenschaft *RowState = Added*. Beim Aufruf der *Update*-Methode des *DataAdapter* werden alle diese Zeilen gesucht und entsprechend dem im *InsertCommand*-Objekt gekapselten INSERT-Befehl zur Datenbank hinzugefügt. Analoges gilt für die Eigenschaften *RowState = Modified* und UPDATE bzw. *RowState = Deleted* und DELETE (siehe *DataSet*-Kapitel 5).
- Zwar kann man sich durch Einsatz eines *CommandBuilder*-Objekts viel Programmierarbeit ersparen, allerdings steht der Anfänger bei der Fehlersuche hilflos da, wenn er das grundlegende Handwerkszeug nicht beherrscht.

PB4.9 Mit Stapel-Abfragen arbeiten

DataAdapter-Objekt: *TableMappings*-Auflistung; *Command*-Objekt: *CommandText-*, *UpdatedRowSource*-Eigenschaft; OleDb-Provider für SQL Server;

Mit einer Stapel- bzw. Batch-Abfrage werden mehrere SQL-Befehle hintereinander ausgeführt, sodass Sie sich mehrere Datensatzgruppen quasi »in einem Schwung« von der Datenbank abholen können. In diesem Beispiel wollen wir uns mittels Batch-Abfrage Datensätze der Tabellen *Customers* und *Orders* der *Northwind*-Datenbank des SQL Servers anzeigen lassen.

Oberfläche

Ein *DataGridView* und zwei *Buttons* genügen für einen Test (siehe Laufzeitabbildung).

Quellcode

Um Alternativen zu zeigen, werden wir diesmal den OleDb-Provider für den Zugriff auf den SQL Server benutzen.

```
Imports System.Data.OleDb

Public Class Form1
    Private ds As DataSet
```

Alles Wesentliche passiert bereits beim Laden des Formulars:

```
    Protected Overrides Sub OnLoad(ByVal e As System.EventArgs)
        Dim conn As New OleDbConnection()
        conn.ConnectionString = _
           "Provider=SQLOLEDB.1;Data Source=.\SQLEXPRESS;Database=Northwind;Integrated Security=SSPI"
```

Die Batch-Abfrage kapselt zwei SELECT-Anweisungen in einem String:

```
        Dim sqlBatch As String = "SELECT CustomerID, CompanyName, ContactName, ContactTitle " & _
                                 "FROM Customers WHERE CustomerID = 'ALFKI'; " & _
                                 "SELECT OrderID, OrderDate, RequiredDate, ShippedDate, Freight " & _
                                 "FROM Orders WHERE CustomerID = 'ALFKI'"
        Dim cmd As New OleDbCommand(sqlBatch, conn)
        cmd.UpdatedRowSource = UpdateRowSource.None
        Dim da As New OleDbDataAdapter(cmd)
```

Wenn Sie die folgenden beiden Anweisungen weglassen, generiert der *DataAdapter* zwei Tabellen mit den Namen *Table* und *Table1*, was wenig aussagekräftig wäre:

```
        da.TableMappings.Add("Table", "Customers")
        da.TableMappings.Add("Table1", "Orders")
        ds = New DataSet()
        Try
            da.Fill(ds)

        Catch ex As Exception
            MessageBox.Show(ex.Message)
        End Try
        DataGridView1.DataSource = ds

        MyBase.OnLoad(e)
    End Sub
```

Die *Customers*-Tabelle anzeigen:

```
    Private Sub Button1_Click(ByVal sender As System.Object, ByVal e As System.EventArgs) _
                                                                      Handles Button1.Click
        DataGridView1.DataMember = "Customers"
    End Sub
```

Die *Orders*-Tabelle anzeigen:

```
    Private Sub Button2_Click(ByVal sender As System.Object, ByVal e As System.EventArgs) _
                                                                      Handles Button2.Click
        DataGridView1.DataMember = "Orders"
    End Sub
End Class
```

Test

Sofort nach Programmstart sehen Sie nur das leere Datengitter. Anschließend können Sie sich die Ergebnisse beider Abfragen anzeigen lassen:

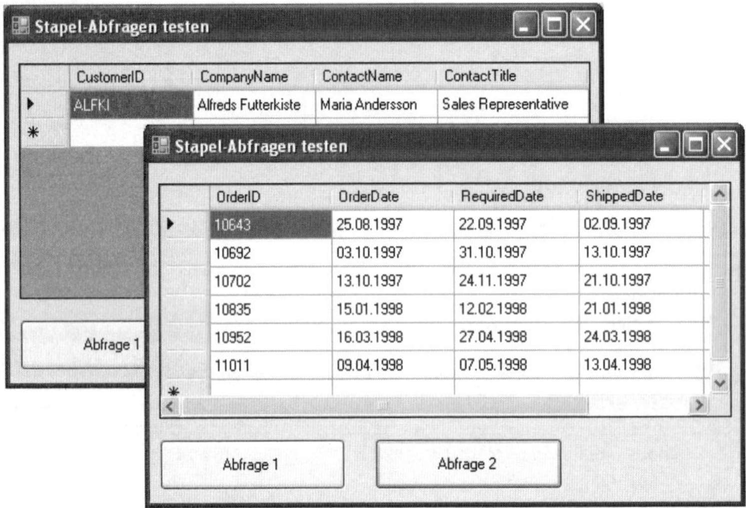

Abbildung 4.31 Laufzeitansichten

Bemerkungen

- Wenn Sie die *UpdatedRowSource*-Eigenschaft des *Command*-Objekts auf ihrem Standardwert (*Both*) belassen, hat dies eine kleine Zeiteinbuße zur Folge, da das *Command*-Objekt eine Überprüfung auf eventuelle Rückgabewerte vornimmt wie sie z.B. dann möglich sind, wenn in der Stapel-Abfrage auf einen UPDATE-Befehl ein SELECT-Befehl folgt.
- Leider unterstützt Microsoft Access keine Batch-Abfragen, sodass ein äquivalenter Code für den Zugriff auf *Nordwind.mdb* nicht funktionieren würde.

PB4.10 RowUpdating- und RowUpdated-Ereignis verstehen

DataAdapter-Objekt: *RowUpdating-*, *RowUpdated*-Ereignis; *RowUpdatingEventArgs*-Objekt: *Row-*, *Status*, *StatementType*-Eigenschaft; *DataRowVersion*-Enumeration; *Command*-Objekt: *Parameters*-Auflistung; SQL-Befehl: SELECT TOP, UPDATE;

RowUpdating- und *RowUpdated*-Ereignis werden durch das *DataAdapter*-Objekt immer dann ausgelöst, wenn dessen *Update*-Methode aufgerufen wird.

Das vorliegende Beispiel soll den Einsatz beider Ereignisse demonstrieren. Wir verwenden dazu den ersten Datensatz der *Artikel*-Tabelle von *Nordwind.mdb* und greifen dabei auf das Integer-Feld »Lagerbestand« zu, welches wir erhöhen bzw. verringern.

Oberfläche

Auf das Formular platzieren Sie ein großes *Label* und zwei *Buttons*. Evtl. sollten Sie dem *Label* eine größere Schrift gönnen.

Quellcode

```
Imports System.Data.OleDb

Public Class Form1
    Private CrLf As String = Environment.NewLine
    Private s As String = String.Empty

    Private dt As DataTable
    Private da As OleDbDataAdapter
```

Beim Start wird der erste Datensatz aus der *Artikel*-Tabelle geladen:

```
    Protected Overrides Sub OnLoad(ByVal e As System.EventArgs)
        Dim conn As New OleDbConnection("Provider=Microsoft.Jet.OLEDB.4.0;Data Source=Nordwind.mdb;")
        da = New OleDbDataAdapter(
                               "SELECT TOP 1 ArtikelNr, Artikelname, Lagerbestand FROM Artikel", conn)
```

Die beiden Ereignisbehandlungen hinzufügen (die Implementierung der beiden Eventhandler erfolgt später):

```
        AddHandler da.RowUpdating, AddressOf OnRowUpdating
        AddHandler da.RowUpdated, AddressOf OnRowUpdated
        dt = New DataTable("Artikel")
        da.Fill(dt)
```

Sie haben jetzt die Wahl, mit einem *OleDbCommandBuilder* automatisch das *UpdateCommand*-Objekt zu erstellen ...

```
        Dim cb As New OleDbCommandBuilder(da)
```

... oder aber auch eine »handgestrickte« Version zu verwenden, wobei Sie gleichzeitig etwas für die eigene Weiterbildung in Sachen *Parameter*-Objekte tun:

```
        Dim cmd As New OleDbCommand("UPDATE Artikel SET Lagerbestand = ? WHERE ArtikelNr = ?", conn)
        cmd.Parameters.Add("@p1", OleDbType.Integer, 4, "Lagerbestand")
        cmd.Parameters.Add("@p2", OleDbType.Integer, 4, "ArtikelNr")
        da.UpdateCommand = cmd

        MyBase.OnLoad(e)
    End Sub
```

Der Eventhandler für *RowUpdating*:

```
    Private Sub OnRowUpdating(ByVal sender As Object, ByVal e As OleDbRowUpdatingEventArgs)
        s &= "Ereignis: " & e.StatementType.ToString() & CrLf
        s &= "Artikel-Nr: " & e.Row("ArtikelNr").ToString() & CrLf
        s &= "Lagerbestand davor: " & e.Row("Lagerbestand", DataRowVersion.Original).ToString() & CrLf
        s &= "Lagerbestand danach: " & e.Row("Lagerbestand").ToString() & CrLf
    End Sub
```

Der Eventhandler für *RowUpdated*:

```
Private Sub OnRowUpdated(ByVal sender As Object, ByVal e As OleDbRowUpdatedEventArgs)
    s &= "Ereignis: " & e.StatementType.ToString() & CrLf
    s &= "Artikel-Nr: " & e.Row("ArtikelNr").ToString() & CrLf
    If e.Status = UpdateStatus.ErrorsOccurred Then
        s &= "Fehler!" & CrLf
    Else
        s &= "Update erfolgreich!" & CrLf & CrLf
    End If
    Label1.Text = s
    s = String.Empty
End Sub
```

Die Routine zum Verändern des Lagerbestands:

```
Private Sub changeStock(ByVal z As Integer)
    Try
```

Die erste (und einzige!) Zeile der *DataTable*:

```
        Dim dr As DataRow = dt.Rows(0)   ' erste (und einzige!) Zeile der DataTable
        Dim i As Integer = Convert.ToInt32(dr("Lagerbestand"))
        dt.Rows(0)("Lagerbestand") = i + z
        da.Update(dt)
    Catch ex As Exception
        MessageBox.Show(ex.Message)
    End Try
End Sub
```

Lagerbestand erhöhen:

```
Private Sub Button1_Click(ByVal sender As System.Object, ByVal e As System.EventArgs) _
                                                                  Handles Button1.Click
    changeStock(1)
End Sub
```

Lagerbestand erniedrigen:

```
Private Sub Button2_Click(ByVal sender As System.Object, ByVal e As System.EventArgs) _
                                                                  Handles Button2.Click
    changeStock(-1)
End Sub

End Class
```

Test

Wenn Sie den Lagerbestand erhöhen oder reduzieren werden die Änderungen angezeigt und sofort in die Datenbank geschrieben.

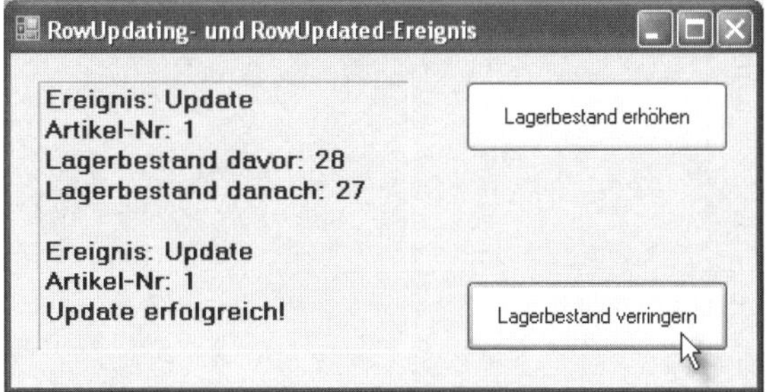

Abbildung 4.32 Laufzeitansicht des Beispiels

Bemerkungen

- Sie erkennen unter anderem, dass das *RowUpdating*-Event immer **vor** dem *RowUpdated*-Event ausgelöst wird.
- Das Beispiel dient eher der Erkenntnisgewinnung als dem praktischen Gebrauch, denn man wird nicht nach jeder kleinen Änderung sofort die *Update*-Methode des *DataAdapter*s aufrufen.

PB4.11 Schemainformationen von der Datenbank abrufen

Connection-Objekt: *GetSchema*-Methode; *BindingSource*-, *BindingNavigator*-Komponente

Beim Strukturentwurf einer Datenbank wird für Textfelder meist die maximale Länge vorgegeben. Lädt man aber ein *DataSet* mittels *Fill*-Methode eines *DataAdapter*s, so gehen in der Regel diese Informationen verloren, d.h., dem Xml-Schema des *DataSet*s sind zwar die einzelnen Datentypen zu entnehmen, nicht aber die konkrete Länge der String-Felder. Verbindet man nun das *DataSet* mit einer Eingabemaske, so »weiß« diese nichts von der maximal zulässigen Länge und man kann beliebig viele Zeichen eingeben. Erst beim Versuch, das *DataSet* in die Datenbank zurückzuschreiben, erfolgt eine Fehlermeldung, die auf die Längenüberschreitung hinweist.

Viel nutzerfreundlicher wäre es, wenn die *MaxLength*-Eigenschaft der Textboxen automatisch mit der Datenbank abgeglichen würde, so dass bei Eingaben die maximal zulässige Zeichenanzahl nicht überschritten werden kann.

Am Beispiel der *Kunden*-Tabelle aus *Nordwind.mdb* zeigen wir eine Lösung, bei der das neue Schema-API von ADO.NET 2.0 zum Einsatz kommt.

Oberfläche

Auf dem Startformular *Form1* entwerfen Sie eine einfache Eingabemaske für ein paar beliebige Textfelder aus *Nordwind.mdb*. Die *Label*s auf der rechten Seite dienen lediglich Informationszwecken, denn sie zeigen die in der Datenbank gesetzte Maximallänge an.

Von der »Data«-Seite der Toolbox ziehen Sie eine *BindingSource* und einen *BindingNavigator* in das Komponentenfach. Im Eigenschaftenfenster verbinden Sie die *DataSource*-Property von *BindingNavigator1* mit *BindingSource1*.

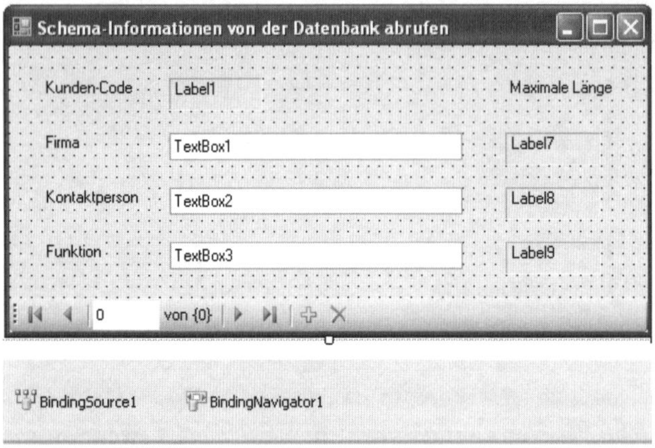

Abbildung 4.33 Entwurfsansicht des Beispiels

Quellcode

```
Imports System.Data
Imports System.Data.OleDb

Public Class Form1
    Private conn As New OleDbConnection("Provider=Microsoft.Jet.OLEDB.4.0;Data Source=Nordwind.mdb;")
```

Beim Laden des Formulars erfolgt der Aufruf der Hauptroutinen *showKundenTable* und *setMaxLength*:

```
    Protected Overrides Sub OnLoad(ByVal e As System.EventArgs)
        Try
            conn.Open()
            showKundenTable()
            setMaxLength()
        Catch ex As Exception
            MessageBox.Show(ex.Message.ToString())
        Finally
            conn.Close()
        End Try
        MyBase.OnLoad(e)
    End Sub
```

Die Methode *showKundenTable* zeigt die Kundentabelle an:

```
    Private Sub showKundenTable()
        Dim da As New OleDbDataAdapter( _
                  "SELECT KundenCode, Firma, Kontaktperson, Funktion FROM Kunden", conn)
        Dim dt As New DataTable()
```

Die *BindingSource* mit der *DataTable* synchronisieren:

```
        BindingSource1.DataSource = dt
        da.Fill(dt)
```

Die »Text«-Eigenschaft der Steuerelemente anbinden:

```
        Label1.DataBindings.Add("Text", BindingSource1, "KundenCode")
        TextBox1.DataBindings.Add("Text", BindingSource1, "Firma")
        TextBox2.DataBindings.Add("Text", BindingSource1, "Kontaktperson")
```

```
        TextBox3.DataBindings.Add("Text", BindingSource1, "Funktion")
    End Sub
```

Die Methode *setMaxLength* zum Herauslesen der maximalen Textlängen aus der Kundentabelle, Anpassen der *TextBox*en und Kontrollanzeige der Textlängen:

```
    Private Sub setMaxLength()
```

Ein *String*-Array kapselt die Filterbedingungen:

```
        Dim filter() As String = {Nothing, Nothing, "Kunden", Nothing}
```

Die Abfrage des Schemas, das Ergebnis wird in eine *DataTable* geladen:

```
        Dim dt As DataTable = conn.GetSchema("Columns", filter)
```

Alle Zeilen der Schematabelle durchlaufen, in jeder Zeile sind die Infos zu einer bestimmten Spalte enthalten:

```
        For i As Integer = 0 To dt.Rows.Count - 1
            Dim fName As String = dt.Rows(i)("COLUMN_NAME").ToString()
```

Die maximal zulässige Anzahl von Zeichen:

```
            Dim fLen As Integer = Convert.ToInt32(dt.Rows(i)("CHARACTER_MAXIMUM_LENGTH"))
            Select Case fName

                Case "Firma" : TextBox1.MaxLength = fLen
                    Label7.Text = fLen.ToString()
                Case "Kontaktperson" : TextBox2.MaxLength = fLen
                    Label8.Text = fLen.ToString()
                Case "Funktion" : TextBox3.MaxLength = fLen
                    Label9.Text = fLen.ToString()
            End Select
        Next
    End Sub
End Class
```

Test

Sofort nach Programmstart werden Sie über die maximal zulässige Zeichenanzahl je Anzeigefeld informiert und können durch die Tabelle blättern. Wenn Sie versuchen, mehr Zeichen einzugeben als es die maximale Länge erlaubt, bleibt die Einfügemarke stehen und ein Warnton ertönt.

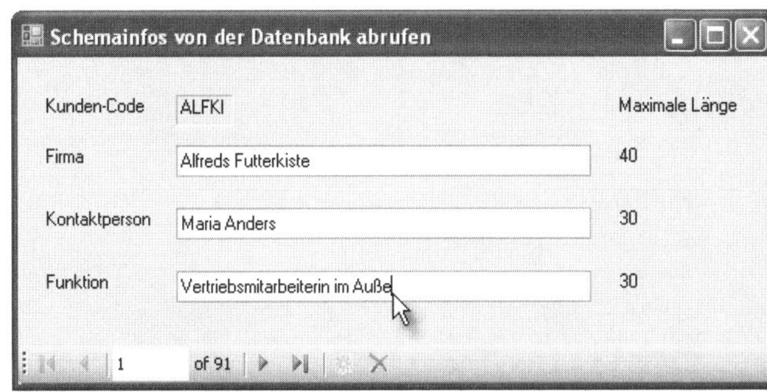

Abbildung 4.34 Laufzeitansicht. Die Eingabe »Vertriebsmitarbeiterin im Außendienst« gelingt nicht, da das Datenbankschema nur max. 30 Zeichen zulässt.

Bemerkungen

- Die gezeigte Lösung hat den Vorteil, dass sich nachträglich vorgenommene Änderungen der Datenbankstruktur (Textfeldlänge) sofort auf die Benutzerschnittstelle auswirken, ohne dass der Quellcode geändert werden müsste.
- Ein Abspeichern der vorgenommenen Änderungen in der Datenbank ist in diesem Demo-Programm nicht vorgesehen.

PB4.12 Query Notifications einrichten und auswerten

SqlDependency-Klasse: *Start-*, *Stop*-Methode; *OnChange*-Ereignis; *System.Security.Permissions*-Namespace; UI-Thread;

Der SQL Server 2005 bietet auch die Möglichkeit, Benachrichtigungen über Datenänderungen (Query Notifications) sofort an den Client zu übertragen. Dieses Beispiel zeigt, wie unter Benutzung der Klasse *SqlDependency* Ihr Client sofort benachrichtigt wird, wenn in der *Customers*-Tabelle der *Northwind*-Beispieldatenbank Daten geändert wurden.

Prinzip

Zu Beginn muss der Client beim SQL Server sein Interesse an der Beobachtung einer bestimmten Datenmenge anmelden. Treten Veränderungen in dieser Datenmenge auf (Ändern, Hinzufügen und Löschen von Datensätzen), löst das *SqlDependency*-Objekt das *OnChange*-Ereignis aus, sodass der Client »weiß«, dass er die Daten erneut abrufen sollte um wieder auf dem aktuellen Stand zu sein.

HINWEIS Query Notifications machen das zyklische Abfragen (Polling) der Datenbank überflüssig und führen damit zu einer geringen Netzwerkbelastung, da es nur im Fall von Datenänderungen zu Benachrichtigungen kommt.

Oberfläche

Auf dem Startformular *Form1* platzieren Sie ein *DataGridView*, eine *ListBox*, einen *Button* und ein *StatusStrip*-Komponente mit einem *StatusLabel* (siehe Laufzeitabbildung).

Quellcode

```
Imports System.Data.SqlClient
Imports System.ComponentModel
Imports System.Security.Permissions

Public Class Form1
```

Bei Instanziierung der *SqlDependency*-Klasse ist ein *SqlCommand*-Objekt zu übergeben, dessen SELECT-Befehl die zu überwachende Datenmenge repräsentiert. Dem Tabellennamen ist ein »dbo.« voranzustellen.

```
    Private Const SQLSTR As String = "SELECT CustomerID, CompanyName, ContactName, ContactTitle " & _
                                     "FROM dbo.Customers ORDER BY CompanyName"
    Private csb As SqlConnectionStringBuilder
    Private conn As SqlConnection
    Private cmd As SqlCommand
```

```
    Private ds As DataSet
    Private count As Integer
    Private Const msg As String = "{0} Änderungen sind aufgetreten."
```

Um die Klasse *SqlDependency* nutzen zu können, muss unsere Anwendung über eine *SqlClientPermission* verfügen:

```
    Private Function canRequestNotifications() As Boolean
        Try
            Dim perm As New SqlClientPermission(PermissionState.Unrestricted)
            perm.Demand()
            Return True
        Catch
            Return False
        End Try
    End Function
```

Beim Laden des Formulars sind auch einige Startaktivitäten zu erledigen:

```
    Protected Overrides Sub OnLoad(ByVal e As System.EventArgs)
```

Clientberechtigung prüfen:

```
        Button1.Enabled = canRequestNotifications()
```

Verbindungszeichenfolge zusammenbauen:

```
        csb = New SqlConnectionStringBuilder()
        csb.DataSource = ".\SQLEXPRESS"
        csb.IntegratedSecurity = True
        csb.InitialCatalog = "Northwind"

        MyBase.OnLoad(e)
    End Sub        }
```

Die folgende Methode sorgt für die Anmeldung der Benachrichtigungen beim Server sowie für das Laden und die Anzeige der Daten:

```
    Private Sub getData()
        ds.Clear()
```

Sicherstellen, dass das *Command*-Objekt nicht bereits mit einer Notification verknüpft ist:

```
        cmd.Notification = Nothing
```

Ein *SqlDependency*-Objekt erzeugen und mit dem *Command*-Objekt verbinden:

```
        Dim dep As New SqlDependency(cmd)
```

Eventhandler anmelden:

```
        AddHandler dep.OnChange, AddressOf Me.dep_OnChange
```

Daten laden und anzeigen:

```
        Dim da As SqlDataAdapter = New SqlDataAdapter(cmd)
        da.Fill(ds, "Customers")
        DataGridView1.DataSource = ds
```

```
        DataGridView1.DataMember = "Customers"
    End Sub
```

Die Schaltfläche »Mit SQL Server verbinden«:

```
    Private Sub Button1_Click(ByVal sender As System.Object, ByVal e As System.EventArgs) _
                                                                      Handles Button1.Click
        count = 0
        ToolStripStatusLabel1.Text = String.Format(msg, count)
```

Eine existierende *Dependency*-Connection anhalten und neu starten:

```
        SqlDependency.Stop(csb.ConnectionString)
        SqlDependency.Start(csb.ConnectionString)
        If IsNothing(conn) Then conn = New SqlConnection(csb.ConnectionString)
        If IsNothing(cmd) Then cmd = New SqlCommand(SQLSTR, conn)
        If IsNothing(ds) Then ds = New DataSet()
        getData()
    End Sub
```

Der Knackpunkt unserer Anwendung ist der *OnChange*-Eventhandler:

```
    Private Sub dep_OnChange(ByVal sender As Object, ByVal e As SqlNotificationEventArgs)
```

Da das *OnChange*-Event nicht im Thread der Benutzerschnittstelle (UI Thread), sondern in einem anderen Thread (Benachrichtigungsthread aus dem Threadpool) auftritt, ist ein Aktualisieren der Benutzerschnittstelle zunächst nicht möglich. Der folgende Code führt die notwendigen Aktionen aus, um zum UI Thread umzuschalten und die Ereignisbehandlung erneut zu registrieren:

```
        Dim isi As ISynchronizeInvoke = CType(Me, ISynchronizeInvoke)
```

Falls gilt *InvokeRequired* = *True*, wird der Code im Benachrichtigungsthread ausgeführt:

```
        If isi.InvokeRequired Then
```

Delegate für Thread-Schalter erzeugen:

```
            Dim tmpDeleg As New OnChangeEventHandler(AddressOf Me.dep_OnChange)
            Dim args() As Object = {sender, e}
```

Daten-Marshalling vom Arbeitsthread zum UI Thread:

```
            isi.BeginInvoke(tmpDeleg, args)
            Return
        End If
```

»Der Mohr hat seine Schuldigkeit getan!« – unser Notification-Handler wird nicht mehr benötigt:

```
        Dim dep As SqlDependency = CType(sender, SqlDependency)
        RemoveHandler dep.OnChange, AddressOf Me.dep_OnChange
```

Der Code wird nun im UI Thread ausgeführt:

```
        count += 1
        ToolStripStatusLabel1.Text = String.Format(msg, count)
        ListBox1.Items.Clear()
        ListBox1.Items.Add("Type: " & e.Type.ToString())
        ListBox1.Items.Add("Source: " & e.Source.ToString())
```

```
        ListBox1.Items.Add("Info: " & e.Info.ToString())
```

Geänderte Daten laden und anzeigen:

```
        getData()
    End Sub
```

Abschließende Aktivitäten:

```
    Protected Overrides Sub OnClosed(ByVal e As System.EventArgs)
        SqlDependency.Stop(csb.ConnectionString)
        If Not IsNothing(conn) Then conn.Close()
        MyBase.OnClosed(e)
    End Sub
End Class
```

Test

Starten Sie die Anwendung und stellen Sie die Verbindung zum SQL Server 2005 her. Haben Sie die *Northwind*-Beispieldatenbank vorschriftsmäßig installiert, ist der SQL Server gestartet und stimmt der Connectionstring, so dürfte es keine Probleme bei der Anzeige der *Customers*-Tabelle geben.

HINWEIS Um Veränderungen der Daten »life« beobachten zu können, müssen Sie mittels einer zweiten Client-Anwendung Datensätze der *Customers*-Tabelle manipulieren (ändern, hinzufügen, löschen).

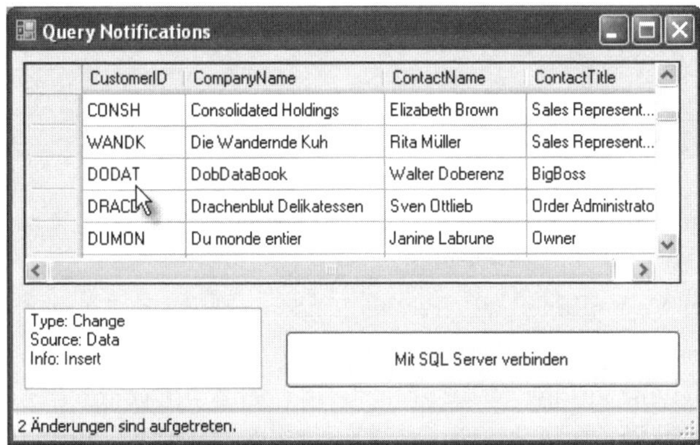

Abbildung 4.35 Laufzeitansicht

Sie werden feststellen, dass die an der Datenbank vorgenommenen Änderungen sofort angezeigt werden. Außerdem erhalten Sie weitere Informationen, die in der *ListBox* und in der Statusleiste erscheinen.

Hilfsclient zum Datenbank-Update

Wer auf Anhieb kein geeignetes Clientprogramm zur Datenbankmanipulation zur Hand hat, kann sich als Behelfslösung ein neues Windows Forms-Projekt erstellen, dessen Startformular lediglich mit einem *DataGridView* und einem »Update«-Button bestückt ist:

```
Imports System.Data.SqlClient
Public Class Form1
    Dim da As SqlDataAdapter
```

```
    Dim ds As DataSet

    Protected Overrides Sub OnLoad(ByVal e As System.EventArgs)
        Dim conn As SqlConnection = New SqlConnection( _
                 "Data Source=.\SQLEXPRESS; Initial Catalog=Northwind; Integrated Security=sspi;")
        Dim cmd As SqlCommand = New SqlCommand("SELECT * FROM Customers", conn)
        da = New SqlDataAdapter(cmd)
        Dim cb As New SqlCommandBuilder(da)
        ds = New DataSet()
        da.Fill(ds, "Customers")
        DataGridView1.DataSource = ds
        DataGridView1.DataMember = "Customers"
        MyBase.OnLoad(e)
    End Sub
```

Die »Update«-Schaltfläche:

```
    Private Sub Button1_Click(ByVal sender As System.Object, ByVal e As System.EventArgs) _
                                                                   Handles Button1.Click
        da.Update(ds, "Customers")
    End Sub
End Class
```

Nach Start dieses Programms können Sie direkt im *DataGridView* Datensätze hinzufügen, löschen oder ändern und diese mittels »Update«-Button in die Datenbank befördern.

HINWEIS Um den Originalinhalt der *Northwind*-Datenbank nicht zu zerstören, sollten Sie nur solche Datensätze manipulieren, die Sie vorher selbst hinzugefügt haben!

PB4.13 Die MARS-Technologie kennen lernen

Connection-Objekt: *MultipleActiveResultSets*-Eigenschaft; *Command*-Objekt: *ExecuteReader*-Methode, *Parameters*-Auflistung; *DataReader*-Objekt: *Read*-Methode; Using-Anweisung;

Durch MARS wird es z.B. möglich, dass auf einer Verbindung mehrere *DataReader* gemeinsam betrieben werden können (siehe Seite 229).

Das Beispiel demonstriert, wie eine einzelne Bestellung aus der *Orders*-Tabelle von der *Northwind*-Datenbank gelesen und benutzt wird, um den *UnitsOnOrder*-Bestand des Artikels (*Products*-Tabelle) entsprechend der verkauften Anzahl (*Quantity*) zu erhöhen.

- Die typische Lösung (ohne MARS) erfordert zwei aufeinanderfolgende Verbindungen zur Datenbank, eine zum Lesen der Anzahl des verkauften Artikels und eine zum Aktualisieren der bestellten Einheiten. Außerdem müssen die gelesenen Daten zwischengespeichert werden.
- Die Lösung mit MARS braucht nur eine einzige Verbindung und kommt ohne Datencache aus.

HINWEIS Um den Originalinhalt der *Northwind*-Datenbank des SQL Servers nicht zu zerstören, benutzen wir für unsere Experimente die Datenbankdatei *Northwind.mdf*, die vorher in das Anwendungsverzeichnis zu kopieren ist (siehe Buch-CD).

Oberfläche

Auf *Form1* setzen Sie zwei *Button*s (zum Starten der Varianten »Ohne MARS« und »Mit MARS«) und ein *DataGridView* (zur Kontrollanzeige).

Quellcode (ohne MARS)

```
Imports System.Data.SqlClient

Public Class Form1
```

Es beginnt mit einigen globalen Konstanten, die für beide Varianten (ohne und mit MARS) Gültigkeit haben. Die Datenbankdatei *Northwind.mdf befindet* sich im Anwendungsverzeichnis:

```
     Private Const CONNSTR As String = "Data Source=.\SQLEXPRESS;AttachDbFilename=|DataDirectory|" & _
                                       "\\Northwind.mdf;Integrated Security=True;User Instance=True"
```

Die *OrderID* einer gültigen Bestellung (standardmäßig zwischen 10248 ... 1069):

```
    Private Const OID As String = "10250"
```

Dieser SQL-Befehl selektiert alle Bestelldetails für die festgelegte *OrderID*:

```
    Private Const SQL1 As String = "SElECT * FROM [Order Details] WHERE OrderID = " & OID
```

Dieser SQL-Befehl aktualisiert die *Product*-Tabelle, wobei als Parameter die Anzahl (*Quantity*) und die *ProductID* übergeben werden:

```
    Private Const SQL2 As String = "UPDATE Products SET UnitsOnOrder=UnitsOnOrder & @anz " & _
                                   "WHERE (ProductID=@pid)"
```

Es kann losgehen:

```
    Private Sub Button1_Click(ByVal sender As System.Object, ByVal e As System.EventArgs) _
                                                                      Handles Button1.Click
```

Ein *DataReader* liest *ProductID* und *Quantity* aus der *Order Details*-Tabelle in den Datencache. Als Zwischenspeicher wird jeweils eine *ArrayList* verwendet:

```
        Dim aIDs As New ArrayList()
        Dim aQts As New ArrayList()
        Dim conn1 As New SqlConnection(CONNSTR)
        conn1.Open()
        Dim cmd1 As New SqlCommand(SQL1, conn1)

        Using reader As SqlDataReader = cmd1.ExecuteReader()
            While reader.Read()
                aIDs.Add(reader("ProductID"))
                aQts.Add(reader("Quantity"))
            End While
        End Using
        conn1.Close()
```

In einem zweiten Durchlauf wird die *Products*-Tabelle mit den Werten des Datencache aktualisiert:

```
        Dim conn2 As New SqlConnection(CONNSTR)
        conn2.Open()
```

```
        Dim cmd2 As New SqlCommand(SQL2, conn2)
        cmd2.Parameters.Add("@anz", SqlDbType.SmallInt)
        cmd2.Parameters.Add("@pid", SqlDbType.Int)
        For i As Integer = 0 To aIDs.Count - 1
            cmd2.Parameters("@anz").Value = aQts(i)
            cmd2.Parameters("@pid").Value = aIDs(i)
            cmd2.ExecuteNonQuery()
        Next i
        conn2.Close()
        showResults()
        conn1.Close()
    End Sub
```

Quellcode (mit MARS)

```
    Private Sub Button2_Click(ByVal sender As System.Object, ByVal e As System.EventArgs) _
                                                                Handles Button2.Click
```

Durch das Änhängen eines Eintrags wird der Connectionstring »MARS-fähig« gemacht:

```
        Dim conn As New SqlConnection(CONNSTR & ";MultipleActiveResultSets=True")
        conn.Open()
        Dim cmd1 As New SqlCommand(SQL1, conn)
        Dim cmd2 As New SqlCommand(SQL2, conn)

        cmd2.Parameters.Add("@anz", SqlDbType.SmallInt)
        cmd2.Parameters.Add("@pid", SqlDbType.Int)
```

Ein Durchlauf des *DataReaders* genügt, um die *Order Details*-Tabelle auszulesen und gleichzeitig die *Products*-Tabelle zu aktualisieren, ein Datencache wird nicht benötigt:

```
        Using reader As SqlDataReader = cmd1.ExecuteReader()
            While reader.Read()
                cmd2.Parameters("@anz").Value = reader("Quantity")
                cmd2.Parameters("@pid").Value = reader("ProductID")
                cmd2.ExecuteNonQuery()
            End While
        End Using
        conn.Close()
        showResults()
    End Sub
```

Quellcode (für Kontrollanzeige)

Der folgende Code hat mit MARS nichts zu tun, wir wollen uns lediglich vergewissern, ob die *Products*-Tabelle tatsächlich aktualisiert worden ist. Die folgende Methode zeigt die Spalten *Quantity* (Tabelle *Order Details)* und die Spalten *ProductName* und *UnitsOnOrder* (Tabelle *Products*) im *DataGridView* an:

```
    Private Sub showResults()
        Const SQL As String = "SELECT ProductName, Quantity, UnitsOnOrder " & _
                              "FROM Products, [Order Details] " & _
                              "WHERE ([Order Details].OrderID = " & OID & ") " & _
                              "AND (Products.ProductID = [Order Details].ProductID)"
        Dim da As New SqlDataAdapter(SQL, New SqlConnection(CONNSTR))
        Dim dt As New DataTable()
```

```
        da.Fill(dt)
        DataGridView1.DataSource = dt
    End Sub
```

Test

Natürlich sollte der SQL Server gestartet sein. Auf welche der beiden Schaltflächen Sie nach dem Programmstart klicken ist egal – das Ergebnis ist dasselbe. Sie werden feststellen, dass sich bei jedem Klick die Werte der *UnitsOnOrder*-Spalte um den Betrag der Werte der *Quantity*-Spalte erhöhen.

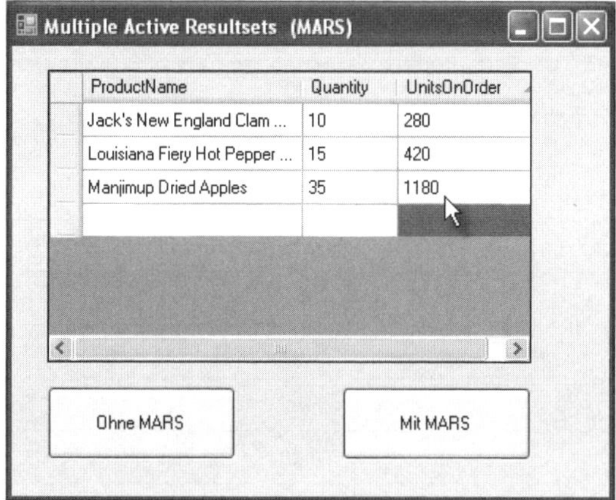

Abbildung 4.36 Laufzeitansicht des Beispiels

Bemerkungen

- Das Beispiel hat gezeigt, dass ohne MARS die Ergebnisse der ersten Abfrage in einem Zwischenspeicher abgelegt werden müssen, um sie dann in der zweiten Abfrage verwenden zu können. Das kann bei einer hoch frequentierten Website einen erheblichen Mehraufwand an Arbeitsspeicher bedeuten.
- Das Problem ließe sich auch mit zwei gleichzeitig geöffneten Verbindungen lösen, aber auch das bedeutet eine Verschwendung von Ressourcen.
- MARS bietet die beste Lösung des Problems, denn Sie benötigen nur eine geöffnete Verbindung und brauchen auch keinen Arbeitsspeicher für die Zwischenablage von Abfrageergebnissen zu vergeuden. Außerdem ist der MARS-Code deutlich kürzer und übersichtlicher, was der Wartbarkeit des Programms zugute kommt.
- Wer das Programm noch komfortabler gestalten möchte, kann die Werte der *OrderID* mittels einer *NumericUpDown*-Komponente variabel einstellen. Bei einer standardmäßigen *Northwind*-Datenbank käme dafür der Bereich zwischen 10248 und 11069 infrage.
- Wer nicht mit der Datenbankdatei *Northwind.mdf* (befindet sich auf der Buch-CD) arbeiten möchte, kann auch (falls vorhanden) auf die im SQL Server enthaltene *Northwind*-Datenbank mit dem üblichen Connectionstring zugreifen (siehe Seite 230).

Übersichten

Datentypen

.NET Framework-Typ	System.Data.DbType	SqlDbType	OleDbType
	AnsiString	*VarChar*	*VarChar*
bool	*Boolean*	*Bit*	*Boolean*
byte	*Byte*	*TinyInt*	*UnsignedTinyInt*
char			*Char*
	Currency	*Money*	*Currency*
DateTime	*DateTime*	*DateTime*	*DBTimeStamp*
	Date	*DateTime*	*DBDate*
double	*Double*	*Float*	*Double*
float	*Single*	*Real*	*Single*
int		*Int*	*Integer*
long		*BigInt*	*BigInt*
object	*Object*	*Variant*	*Variant*
short		*SmallInt*	*SmallInt*
string	*String*	*NVarChar*	*VarWChar*
	Time	*DateTime*	*DBTime*

Tabelle 4.13 Datentypen

Connection-Objekt

Eigenschaft	Beschreibung
ConnectionString	Verbindungszeichenfolge zur Datenbank (Lese-/Schreibzugriff)
ConnectionTimeout	Zeit (in Sekunden) für Verbindungsversuch (Lesezugriff)
Database	Name der aktuellen Datenbank (Lesezugriff)
DataSource	Name der Datenbankdatei bzw. SQL Server-Instanz
PacketSize	Größe der Netzwerkpakete (in Byte, Lesezugriff)
Provider	Name des OleDb-Providers
ServerVersion	Version des Servers, mit dem Client verbunden ist (Lesezugriff)
State	Aktueller Zustand der Verbindung (Lesezugriff)
WorkstationId	Zeichenfolge, die den Datenbank-Client bezeichnet (Lesezugriff)

Tabelle 4.14 Eigenschaften

Methode	Beschreibung
BeginTransaction()	Startet eine Datenbanktransaktion
ChangeDatabase()	Wechselt die aktuelle Datenbank einer offenen Connection
Close()	Schließt die Verbindung zur Datenquelle
CreateCommand()	Erstellt ein der Connection zugeordnetes *Command*-Objekt
Open()	Öffnet Datenbankverbindung entsprechend ConnectionString

Tabelle 4.15 Methoden

Ereignis	... wird ausgelöst wenn ...
InfoMessage	... Warnungen/Infos durch den Provider bzw. SQL Server gesendet werden
StateChange	... sich der Zustand der Verbindung ändert

Tabelle 4.16 Ereignisse

Command-Objekt

Eigenschaft	Beschreibung
CommandText	(Transact-)SQL-Anweisung oder gespeicherte Prozedur, die gegen die Datenquelle ausgeführt wird (Lese-/Schreibzugriff).
Command-Timeout	Zeit, die gewartet wird, bis Versuch einer Befehlsausführung beendet und Fehler generiert wird (Lese-/Schreibzugriff)
CommandType	Interpretation der *CommandText*-Eigenschaft (Lese-/Schreibzugriff)
Connection	Von diesem *Command*-Objekt verwendete *Connection* (Lese-/Schreibzugriff)
Parameters	*ParameterCollection* des *Command*-Objekts
Transaction	Transaktion, in der das *Command*-Objekt ausgeführt wird (Lese-/Schreibzugriff)
UpdatedRowSource	Anwendung der Ergebnisse von Befehlen auf ein *DataRow*-Objekt (*Both*, *FirstReturnedRecord*, *None*, *OutputParameters*)

Tabelle 4.17 Eigenschaften

Methode	Beschreibung
Cancel()	Versucht, die Ausführung eines Commands abzubrechen
CreateParameter()	Erstellt neue Instanz eines *Parameter*-Objekts
ExecuteNonQuery()	Führt SQL-Befehl für *Connection* aus und liefert Anzahl Zeilen
ExecuteReader()	Sendet *CommandText* an *Connection* und erstellt einen *DataReader*
ExecuteScalar()	Führt Abfrage aus und gibt erste Spalte der ersten Zeile zurück

Tabelle 4.18 Methoden

Methode	Beschreibung
ExecuteXmlReader()	Sendet *CommandText* an *Connection* und erstellt *XmlReader*
Prepare()	Erstellt vorbereitete (oder compilierte) Version des Befehls
ResetCommandTimeout()	Setzt *CommandTimeout*-Eigenschaft zurück auf Standardwert

Tabelle 4.18 Methoden *(Fortsetzung)*

Parameter-Objekt

Eigenschaft	Beschreibung
IsNullable	Parameter darf NULL-Werte annehmen (*True/False*; Lese-/Schreibzugriff)
DbType	Generischer *DbType* des Parameters (Lese-/Schreibzugriff)
Direction	Anwendungsrichtung des Parameters (*Input*, *InputOutput*, *Output*, *ReturnValue*)
Offset	Offset für *Value*-Eigenschaft (Lese-/Schreibzugriff)
OleDbType	Providerspezifischer *OleDbType* des Parameters (Lese-/Schreibzugriff)
ParameterName	Name des Parameters (Lese-/Schreibzugriff)
Precision	Maximale Anzahl von Ziffern für *Value*-Eigenschaft (Lese-/Schreibzugriff)
Scale	Anzahl von Dezimalstellen in *Value*-Eigenschaft (Lese-/Schreibzugriff)
Size	Maximale Größe der Daten in *Byte* (Lese-/Schreibzugriff)
SourceColumn	Name der Quellspalte des DataSet, die zum Laden oder Zurückgeben der *Value*-Eigenschaft verwendet wird (Lese-/Schreibzugriff)
SourceVersion	*DataRowVersion* beim Laden der *Value*-Eigenschaft (*Current*, *Original*, *Proposed*, *Default*; Lese-/Schreibzugriff)
SqlDbType	Providerspezifischer *SqlDbType* des Parameters (Lese-/Schreibzugriff)
Value	Wert des Parameters (Lese-/Schreibzugriff)

Tabelle 4.19 Eigenschaften

DataReader-Objekt

Eigenschaft	Beschreibung
Depth	Ruft einen Wert ab, der die Tiefe der Schachtelung für die aktuelle Zeile angibt
FieldCount	Ruft die Anzahl der Spalten in der aktuellen Zeile ab
IsClosed	Gibt an, ob der Datenreader geschlossen ist

Tabelle 4.20 Eigenschaften

Eigenschaft	Beschreibung
Item	Ruft den Wert einer Spalte im systemeigenen Format ab
RecordsAffected	Ruft die Anzahl der durch die Ausführung der SQL-Anweisung geänderten, eingefügten oder gelöschten Zeilen ab

Tabelle 4.20 Eigenschaften *(Fortsetzung)*

Methode	Beschreibung
Close()	Schließt den *DataReader*
GetBoolean(), GetDateTime(), GetString(), GetFloat(), ...	Ruft Spalteninhalt als Wert eines bestimmten Datentyps ab (siehe Online-Hilfe)
GetSchemaTable()	Liefert ein *DataTable*-Objekt mit den Spaltenmetadaten
GetValue()	Ruft Spalteninhalt im systemeigenen Datenformat ab
IsDBNull()	Gibt an, ob Spalte fehlende Werte enthält
NextResult()	Setzt den *DataReader* beim Lesen der Ergebnisse von SQL-Batch-Anweisungen auf das nächste Ergebnis
Read()	Setzt den *DataReader* auf den nächsten Datensatz

Tabelle 4.21 Methoden

DataAdapter

Eigenschaft	Beschreibung
AcceptChangesDuringFill	Bestimmt, ob *AcceptChanges* für eine *DataRow* nach dem Hinzufügen zu einer *DataTable* aufgerufen werden soll (Lese-/Schreibzugriff)
ContinueUpdateOnError	Bestimmt, ob beim Auftreten eines Fehlers während der Aktualisierung von Zeilen eine Ausnahme ausgelöst oder die Zeile übersprungen werden soll (Lese-/Schreibzugriff)
DeleteCommand	SQL-Anweisung oder gespeicherte Prozedur zum Löschen von Datensätzen in der Datenquelle (Lese-/Schreibzugriff)
InsertCommand	SQL-Anweisung oder gespeicherte Prozedur zum Hinzufügen neuer Datensätze zur Datenquelle (Lese-/ Schreibzugriff)
MissingMappingAction	Bestimmt die auszuführende Aktion, wenn für eingehende Daten keine entsprechende Tabelle oder Spalte vorhanden ist
MissingSchemaAction	Bestimmt, was geschehen soll, wenn kein Schema für eine Tabelle vorhanden ist oder keine Schlüsselspalte übertragen wurde
SelectCommand	SQL-Anweisung oder gespeicherte Prozedur, um Datensätze in der Datenquelle auszuwählen (Lese-/Schreibzugriff)
TableMappings	Auflistung für die Masterzuordnung zwischen einer Quelltabelle und einer *DataTable*
UpdateCommand	SQL-Anweisung oder gespeicherte Prozedur zum Aktualisieren von Datensätzen in der Datenquelle (Lese-/Schreibzugriff)

Tabelle 4.22 Eigenschaften

Methode	Beschreibung
Fill()	Transportiert Zeilen aus der Datenquelle zum *DataSet*
FillSchema()	Fügt einem *DataSet* eine *DataTable* hinzu und passt deren Schema dem Schema in der Datenquelle an
GetFillParameters()	Liefert die Parameter, die vom Benutzer beim Ausführen einer SELECT-Anweisung festgelegt wurden
Update()	Ruft für jede eingefügte, aktualisierte oder gelöschte Zeile im DataSet die INSERT-, UPDATE- bzw. DELETE-Anweisung auf

Tabelle 4.23 Methoden

Ereignis	... wird ausgelöst, wenn ...
FillError	... während eines Füllvorgangs ein Fehler auftritt
RowUpdated	... während der Ausführung von Update ein Aktualisierungsbefehl für die Datenquelle ausgeführt wurde
RowUpdating	... während der Ausführung von Update ein Befehl für die Datenquelle ausgeführt werden soll

Tabelle 4.24 Ereignisse

CommandBuilder

Eigenschaft	Beschreibung
DataAdapter	*DataAdapter*-Objekt, für welches der *CommandBuilder* arbeitet
QuotePrefix	Anfangszeichen, die bei Namen für z. B. Tabellen oder Spalten anstatt Zeichen wie Leerzeichen verwendet werden sollen (Lese-/Schreibzugriff)
QuoteSuffix	Wie QuotePrefix, aber für Endzeichen

Tabelle 4.25 Eigenschaften

Methode	Beschreibung
DeriveParameters()	Füllt die Parameters-Auflistung des *Command*-Objekts mit den Parameterinformationen auf
GetDeleteCommand()	Liefert das automatisch generierte *DeleteCommand*-Objekt, wenn eine Anwendung die Update-Methode für den *DataAdapter* aufruft
GetInsertCommand()	Liefert das automatisch generierte *InsertCommand*-Objekt, wenn eine Anwendung die Update-Methode für den *DataAdapter* aufruft
GetUpdateCommand()	Liefert das automatisch generierte *UpdateCommand*-Objekt, wenn eine Anwendung die Update-Methode für den *DataAdapter* aufruft
RefreshSchema()	Aktualisiert die Schemainformationen der Datenbank, die zum Generieren von INSERT-, UPDATE- und DELETE-Anweisungen verwendet werden

Tabelle 4.26 Methoden

Kapitel 5

Das DataSet-Objekt im Detail

In diesem Kapitel:

In diesem Kapitel, welches sich methodisch an seinen Vorgänger anfügt, wird das ADO.NET-Objektmodell um seine zweite Hälfte – die unverbundenen Objekte bzw. Datenkonsumenten – ergänzt. Da das *DataSet* zweifelsfrei das Kernobjekt von ADO.NET ist, dürfte das vorliegende Kapitel deshalb mit zu den wichtigsten dieses Buchs zählen.

Einführung

Beim *DataSet* handelt sich um eine ziemlich komplexe »Minidatenbank«, die komplett im Arbeitsspeicher gehalten wird und deren Interaktion mit vorhandenen Datenbanken in der Regel vom *DataAdapter*-Objekt gesteuert wird. Allerdings hinkt der Vergleich mit einer Minidatenbank etwas, denn das *DataSet* kennt keinerlei Datenbankmanager (wie z.B. die Jet-Engine bei Access), es kennt keinen aktuellen Datensatz, keinen Cursor[1] und kein SQL. Genaugenommen ist das *DataSet* ein clientseitiger Datencache (Pufferspeicher), der die Änderungen mitprotokolliert[2].

Dem vom alten ADO kommenden Umsteiger wird deshalb vieles in Erstaunen versetzen. So wurden die vertrauten *MoveFirst-*, *MoveNext*-Methoden ersatzlos gestrichen, denn aufgrund der objektbasierten Array-Struktur kann der Programmierer jetzt sofort auf jeden Datensatz zugreifen, ohne sich erst mühselig »hinbewegen« zu müssen.

Es spielt auch keine Rolle, von welchem der .NET-Datenprovider das *DataSet* mit Daten gefüllt wurde oder ob es seine Daten auf andere Weise (z.B. aus einer XML-Datei oder direkt aus dem Programm) erhalten hat. Sie werden beim *DataSet*-Objekt auch keine Eigenschaften oder Methoden finden, die Aufschluss über die Datenherkunft geben.

HINWEIS Dem *DataSet* ist es völlig egal, woher die Daten kommen!

Da wir im Zusammenhang mit der *Fill*- und *Update*-Methode des *DataAdapter*-Objekts (siehe Kapitel 4) bereits ausführlich auf den Datentransport zwischen Datenquelle und *DataSet* eingegangen sind, können wir uns im Folgenden ganz auf den inneren Aufbau und die spezifischen Funktionalitäten des *DataSet*s konzentrieren.

Das Objektmodell

Im Gegensatz zum klassischen Recordset ist das ADO.NET-*DataSet* konsequent objektorientiert aufgebaut.

Objekthierarchie

Eine detaillierte Darstellung der Objekthierarchie zeigt die nachfolgende Abbildung.

[1] Die exakte Bedeutung für **Cursor** ist nicht etwa »Datensatzzeiger«, wie irrtümlicherweise oft angenommen wird, sondern es handelt sich um die Abkürzung für **Cur**rent **S**et **o**f **R**ecords!

[2] Das Prinzip eines serverseitigen Cursors wird unter ADO.NET durch die *DataReader*-Klasse umgesetzt.

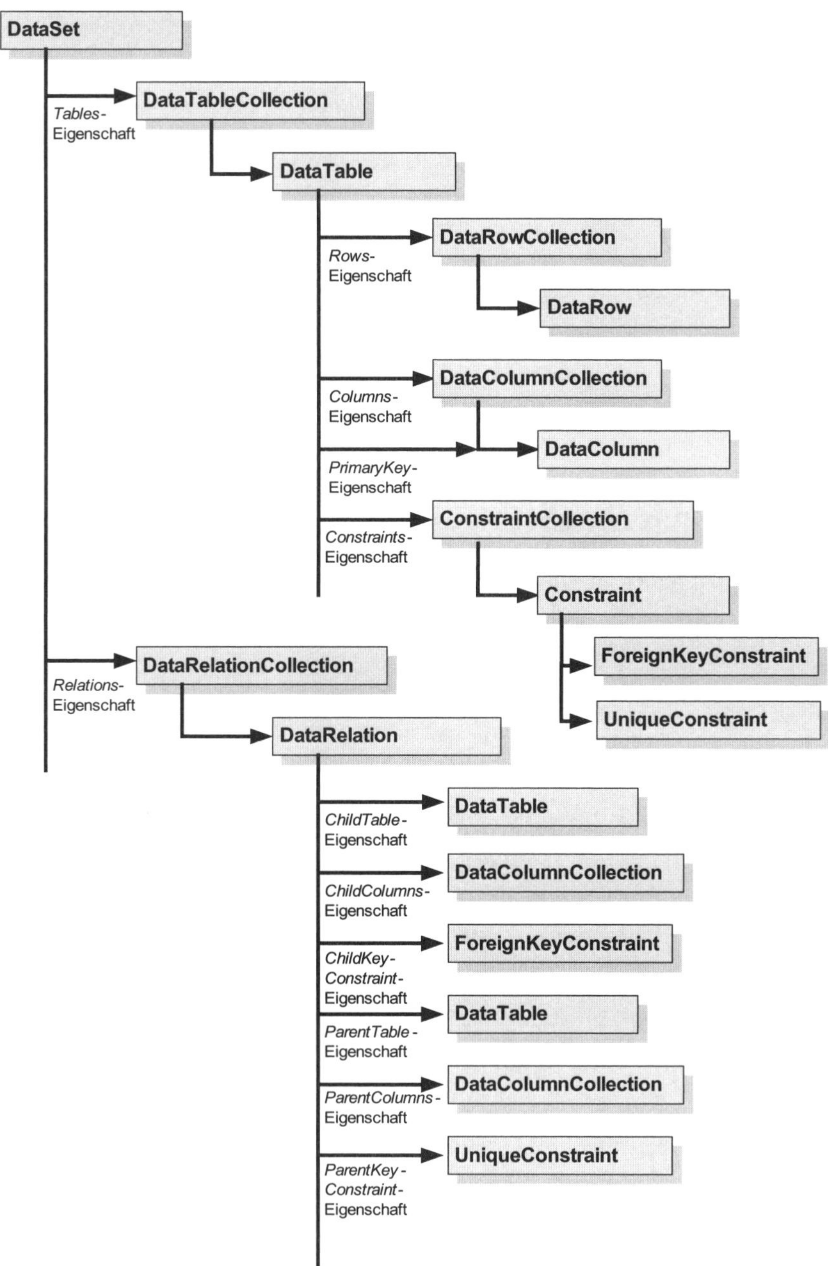

Abbildung 5.1 Objekthierarchie des *DataSets*

Die wichtigsten Klassen

Die folgende Tabelle verhilft Ihnen zunächst zu einem groben Überblick über die wichtigsten Klassen.

Klasse (System.Data)	Bedeutung
DataSet	Repräsentiert eine »Mini-Datenbank«, die (ohne Verbindung zur Datenquelle) autark im Arbeitsspeicher existiert und sowohl Daten (das können mehrere Tabellen sein) als auch Strukturinformationen (Metadaten) und Beziehungen (Relationen) zwischen den Tabellen enthält
DataTable	Entspricht einer einzelnen Tabelle im *DataSet*-Objekt
DataView	Visualisiert eine *DataTable* bzw. einen Ausschnitt davon und erlaubt den Zugriff auf einzelne Zeilen und Spalten
DataRow	Entspricht einer einzelnen Zeile (quasi Datensatz) innerhalb eines *DataTable*-Objekts
DataColumn	Entspricht einer einzelnen Spalte (quasi Felddefinition) innerhalb eines *DataTable*-Objekts
DataRelation	Stellt die Verknüpfung zwischen einzelnen Tabellen im *DataSet* her und überwacht die referenzielle Integrität

Tabelle 5.1 Das *DataSet* und seine wichtigsten Klassen

Methoden zum Erzeugen eines DataSets

In den bisherigen Beispielen des Kapitels haben wir die *DataSet*-Instanzen meist durch Aufrufen eines argumentfreien *DataSet*-Konstruktors erstellt. Dabei wurde die *Name*-Eigenschaft des *DataSet*s automatisch auf *NewDataSet* festgelegt.

Mit einem anderen Konstruktor lässt sich auch ein Namensargument übergeben:

```
Dim ds As New DataSet(Name As String)
```

BEISPIEL

Das Erstellen einer *DataSet*-Instanz

```
Dim kuDS As New DataSet("KundenListe")
```

Sie können ein neues *DataSet* aber auch auf Basis eines bereits vorhandenen *DataSet*s erstellen. Beim Kopieren stehen Ihnen folgende Möglichkeiten zur Verfügung:

- Eine exakte Kopie, einschließlich Schema, Daten, Informationen zum Zeilenstatus und Zeilenversionen (siehe *Copy*-Methode).
- Eine Teilmenge des *DataSet*s, die nur die geänderten Zeilen enthält (siehe *GetChanges*-Methode).
- Ein leeres *DataSet*, welches nur das Schema und die relationale Struktur enthält (siehe *Clone*-Methode).

HINWEIS Diese Möglichkeiten gelten auch für *DataTable*-Objekte!

Copy-Methode

Diese Methode verwenden Sie zum Erstellen einer exakten Kopie des *DataSet*s, die sowohl das Schema (Struktur) als auch die Daten enthält.

BEISPIEL

Erstellen einer exakten Kopie von *kuDS*

```
Dim copyDS As DataSet = kuDS.Copy()
```

Clone-Methode

Die mit der *Clone*-Methode erzeugte Kopie eines *DataSets* enthält hingegen nur die Struktur- bzw. Schemainformationen.

BEISPIEL

Ein Klon des *DataSets DS* wird erstellt

```
Dim klonDS As DataSet = DS.Clone()
```

GetChanges-/HasChanges-Methode

Mit der *GetChanges*-Methode erstellen Sie eine Kopie, die das Schema und nur die Daten enthält, die

- *Added*-Zeilen,
- *Modified*-Zeilen oder
- *Deleted*-Zeilen

darstellen.

Mit *GetChanges* können außerdem nur Zeilen mit einem bestimmten Zeilenstatus geliefert werden, indem beim Aufruf ein *DataRowState*-Wert übergeben wird.

BEISPIEL

Übergabe eines *DataRowState* beim Aufrufen von *GetChanges*

```
Dim changeDS As DataSet = custDS.GetChanges()                    ' alle Änderungen kopieren
Dim addedDS As DataSet = custDS.GetChanges(DataRowState.Added)   ' nur neue Zeilen kopieren
```

HINWEIS Durch den Einsatz von *GetChanges* können Sie den Datenverkehr zwischen Geschäftslogik und Datenbank optimieren, weil nicht das gesamte *DataSet* übergeben werden muss, um Änderungen abzugleichen.

Die *HasChanges*-Methode hat eine ähnliche Syntax wie *GetChanges*, nur dass der Rückgabewert *True/False* ist, je nachdem ob Zeilen im *DataSet* geändert wurden oder nicht.

BEISPIEL

Die folgende Bedingung ist dann erfüllt, wenn zum DataSet *ds* neue Zeilen hinzugefügt wurden. Die neu hinzugefügten Zeilen werden dann in ein weiteres DataSet *ds1* kopiert.

```
If ds.HasChanges(DataRowState.Added) Then
   Dim ds1 As DataSet = ds.GetChanges(DataRowState.Added)
End If
```

Weitere wichtige Methoden des DataSets

HINWEIS Wie die meisten bisher erörterten Methoden gelten die folgenden mit analoger Bedeutung auch für *DataTable* und *DataRow*.

RejectChanges-/AcceptChanges-Methode

RejectChanges führt zu einer Rücknahme aller am *DataSet* vorgenommenen Änderungen seit seiner Erzeugung oder seit dem letztmaligen Aufruf der *AcceptChanges*-Methode.

AcceptChanges bestätigt alle am *DataSet* vorgenommenen Änderungen seitdem es geladen wurde oder seit dem letztmalig *AcceptChanges* aufgerufen wurde. Der Aufruf von *AcceptChanges* bewirkt, dass ein nachfolgendes *GetChanges* den Wert *Nothing* liefert, es handelt sich also quasi um einen »Reset« des Änderungsstatus.

HINWEIS Ein Anwendungsbeispiel für das Zusammenwirken dieser Methoden siehe *Merge*-Methode!

Merge-Methode

Mit *Merge* können Sie den Inhalt von zwei *DataSet*-Objekten zu einem einzigen *DataSet* kombinieren.

BEISPIEL

```
Dim ds1 As New DataSet()
...
Dim ds2 As New DataSet()
...
ds1.Merge(ds2)
```

Anwendungen von *Merge* (wie im obigen Beispiel) sind nicht sonderlich beeindruckend. Eine größere Bedeutung hat diese Methode aber z.B. in Zusammenarbeit mit der *GetChanges*-Methode bei der Aktualisierung einer Datenbank.

BEISPIEL

In die *Artikel*-Tabelle der Datenbank *Nordwind.mdb* werden die geänderten Datensätze zurückgeschrieben.

```
Dim ds1 As DataSet = ds.GetChanges()
If ds1 IsNot Nothing Then
    Try
        setArtikel(ds1)
```

Die per Referenz zurückgegebenen Datensätze werden mit dem Original-DataSet zusammengeführt:

```
        ds.Merge(ds1)
        ds.AcceptChanges()
        MessageBox.Show("Datenbank wurde aktualisiert!", "Erfolg")
    Catch ex As Exception
        ds.RejectChanges()
        MessageBox.Show(ex.Message, "Fehler")
    End Try
End If
```

Die *Merge*-Methode funktioniert nur dann richtig, wenn die passenden Primärschlüsselinformationen vorliegen (*PrimaryKey*-Eigenschaft der entsprechenden *DataTable*), ansonsten kommt es nicht zu einem »Vermischen«, sondern nur zu einem »Aneinanderhängen« der Datensätze. Insbesondere beim Neuhinzufügen von Datensätzen gewinnt dabei die *MissingSchemaAction*-Eigenschaft des *DataAdapter* an Bedeutung (siehe Kapitel 4).

HINWEIS Den kompletten Code finden Sie im PB4.8 »Die Datenbank aktualisieren«.

Die XML-Fähigkeiten des DataSet

Das *DataSet* ist strikt Xml-orientiert aufgebaut. Die Tabelle zeigt die wichtigsten XML-Methoden, wie sie gleichermaßen auch für die *DataTable* gelten.

Methode	Bedeutung
GetXml	Liefert einen String mit den Daten des *DataSet*-Objekts
GetXmlSchema	Liefert einen String mit dem XSD-Schema des durch *GetXml* gewonnenen XML
WriteXml	Schreibt die XML-Darstellung (mit/ohne XSD-Schema) des *DataSet*-Objekts in ein *Stream*-, ein *TextWriter*-, ein *XmlWriter*-Objekt oder in eine Datei
WriteXmlSchema	Schreibt das XSD-Schema eines *DataSet*-Objekts in ein *Stream*-, ein *TextWriter*- oder ein *XmlWriter*-Objekt oder in eine Datei
ReadXml	Liest den XML-Code ein, welcher mit *WriteXml* geschrieben wurde
ReadXmlSchema	Liest das XSD-Schema ein, welches durch *WriteXmlSchema* geschrieben wurde

Tabelle 5.2 XML-Methoden des *DataSets*

XML-Datei erzeugen

Ein konkretes Beispiel, welches mit einem *DataRelation*-Objekt arbeitet, soll die Problematik verdeutlichen.

BEISPIEL

Es wird ein gültiges *OleDbConnection*-Objekt *conn* zur *Nordwind*-Datenbank vorausgesetzt. Im *DataSet* werden die Tabellen *Kunden* und *Bestellungen* verwendet.

```
Dim selStr As String = "SELECT TOP 5 KundenCode, Firma, Ort FROM Kunden WHERE KundenCode = 'ALFKI'"
Dim da As New OleDbDataAdapter(selStr, conn)
Dim ds As New DataSet("Sender")
conn.Open()
```

Mastertabelle füllen:

```
da.Fill(ds, "KundeAlf")
selStr = "SELECT Bestellungen.* FROM Kunden, Bestellungen " & _
        "WHERE (Kunden.KundenCode = Bestellungen.KundenCode) AND (Kunden.KundenCode = 'ALFKI')"
da = New OleDbDataAdapter(selStr, conn)
```

Detailtabelle füllen:

```
da.Fill(ds, "Bestellungen")
conn.Close()
```

Tabellen verknüpfen:

```
ds.Relations.Add("KundenBestellungen", ds.Tables("Kunden").Columns("KundenCode"), _
                                       ds.Tables("Bestellungen").Columns("KundenCode"))
```

Xml-Datei erzeugen:

```
ds.WriteXml("Temp.xml", XmlWriteMode.WriteSchema)
```

Inhalt der XML-Datei

Im Projektverzeichnis findet sich jetzt die Datei *Temp.xml*. Per Doppelklick kann ihr Inhalt im Internet Explorer angezeigt werden. Hier ein Ausschnitt:

```
<?xml version="1.0" standalone="yes" ?>
- <Sender>
```

Am Anfang stehen die Schemadaten, sie beinhalten die Strukturinformationen einschließlich der Beziehungen (Relationen) zwischen den Tabellen:

```
- <xs:schema id="Sender" xmlns="" xmlns:xs="http://www.w3.org/2001/XMLSchema"
xmlns:msdata="urn:schemas-microsoft-com:xml-msdata">
- <xs:element name="Sender" msdata:IsDataSet="true" msdata:Locale="de-DE">
- <xs:complexType>
- <xs:choice maxOccurs="unbounded">
- <xs:element name="KundeAlf">
- <xs:complexType>
- <xs:sequence>
   <xs:element name="Kunden-Code" type="xs:string" minOccurs="0" />
    <xs:element name="Firma" type="xs:string" minOccurs="0" />
   <xs:element name="Ort" type="xs:string" minOccurs="0" />
  </xs:sequence>
  </xs:complexType>
  </xs:element>
- <xs:element name="Bestellungen">
- <xs:complexType>
- <xs:sequence>
   <xs:element name="Bestell-Nr" type="xs:int" minOccurs="0" />
   <xs:element name="Kunden-Code" type="xs:string" minOccurs="0" />
   <xs:element name="Personal-Nr" type="xs:int" minOccurs="0" />
   <xs:element name="Bestelldatum" type="xs:dateTime" minOccurs="0" />
...
  </xs:sequence>
</xs:complexType>
  </xs:element>
  </xs:choice>
  </xs:complexType>

- <xs:unique name="Constraint1">
  <xs:selector xpath=".//KundeAlf" />
  <xs:field xpath="Kunden-Code" />
  </xs:unique>
```

```
- <xs:keyref name="Bestellungen_Alf" refer="Constraint1">
  <xs:selector xpath=".//BestellungenAlf" />
  <xs:field xpath="Kunden-Code" />
  </xs:keyref>

  </xs:element>
  </xs:schema>
```

Erst jetzt folgt der eigentliche Inhalt:

```
- <KundeAlf>
   <Kunden-Code>ALFKI</Kunden-Code>
   <Firma>Alfreds Futterkiste</Firma>
   <Kontaktperson>Maria Anders</Kontaktperson>
   <Telefon>030-0074321</Telefon>
  </KundeAlf>
- <BestellungenAlf>
   <Bestell-Nr>10643</Bestell-Nr>
   <Kunden-Code>ALFKI</Kunden-Code>
   <Personal-Nr>6</Personal-Nr>
   <Bestelldatum>1997-08-25T00:00:00.0000000+02:00</Bestelldatum>
   <Lieferdatum>1997-09-22T00:00:00.0000000+02:00</Lieferdatum>
   <Versanddatum>1997-09-02T00:00:00.0000000+02:00</Versanddatum>
   <VersandÜber>1</VersandÜber>
   <Frachtkosten>29.46</Frachtkosten>
   <Empfänger>Alfred's Futterkiste</Empfänger>
   <Straße>Obere Str. 57</Straße>
   <Ort>Berlin</Ort>
   <PLZ>12209</PLZ>
   <Bestimmungsland>Deutschland</Bestimmungsland>
  </BestellungenAlf>
- <BestellungenAlf>
    <Bestell-Nr>10692</Bestell-Nr>
   Kunden-Code>ALFKI</Kunden-Code>
...
  </BestellungenAlf>
  </Sender>
```

Weitere konkrete Informationen entnehmen Sie den folgenden Praxisbeispielen:

- PB5.2 »Eine DataTable in einer Xml-Datei abspeichern«
- PB5.10 »Ein DataSet in einen Xml-String konvertieren«

Das DataTable-Objekt

Die eigentliche Datenspeicherung erfolgt in den *DataTable*-Objekten des *DataSets*. Es ist deshalb logisch, dass die *DataTable* als wichtigstes und komplexestes Mitglied der *DataSet*-Hierarchie unsere besondere Aufmerksamkeit verdient.

DataTable erzeugen

Bereits im Vorgängerkapitel hatten wir im Zusammenhang mit der *Fill*-Methode des *DataAdapters* häufig *DataTable*-Objekte erzeugt.

BEISPIEL

In ein vorhandenes *DataSet*-Objekt *ds* wird mittels eines *DataAdapter*-Objekts *da* ein neues *DataTable*-Objekt *dt* mit der *TableName*-Eigenschaft *Artikel_Liste* eingefügt.

```
da.Fill(ds, "Artikel_Liste")
```

Sie können eine neue *DataTable* auch direkt an die *Tables*-Collection des *DataSets* anfügen.

BEISPIEL

Eine *DataTable* wird erzeugt.

```
Dim dt As DataTable = ds.Tables.Add("Ku_Liste")
```

Unabhängige DataTable

Eine *DataTable* muss man nicht immer nur im Zusammenhang mit Datenbanken oder *DataSets* betrachten, sie kann auch ähnlich wie ein zweidimensionales strukturiertes Array benutzt werden.

Um zu einer unabhängigen neuen *DataTable* zu kommen, verwenden Sie den üblichen Konstruktor, dem Sie optional die *TableName*-Eigenschaft übergeben können:

```
Dim dt As New DataTable(Name As String)
```

BEISPIEL

Ein unabhängiges *DataTable*-Objekt erzeugen

```
Dim dt As New DataTable("Artikel_Liste")
```

HINWEIS Wer sofort mit der *DataTable* und ihren Objekten arbeiten möchte, kann gleich mit dem PB5.1 »Eine DataTable erzeugen und in einer Binärdatei speichern« beginnen.

Kopieren

Oft ist es einfacher, ein neues *DataTable*-Objekt durch Kopieren aus einer bereits vorhandenen *DataTable* zu erzeugen, anstatt es von Grund auf neu zu erstellen. Genauso wie beim *DataSet* stehen Ihnen auch hier die drei Möglichkeiten mittels *Copy*-, *GetChanges*- und *Clone*-Methode zur Verfügung.

Spalten hinzufügen

Das Schema bzw. die Struktur der *DataTable* wird – zusammen mit etwaigen Einschränkungen (Constraints) – durch eine Auflistung von *DataColumn*-Objekten bestimmt (*Columns*-Eigenschaft).

Zum Erstellen von *DataColumn*-Objekten gibt es die beiden .NET-typischen Möglichkeiten

- *DataColumn*-Konstruktor verwenden oder
- *Add*-Methode der *Columns*-Eigenschaft der *DataTable* aufrufen.

Die *Add*-Methode akzeptiert optionale *ColumnName-*, *DataType-* und *Expression*-Argumente oder auch ein vorhandenes *DataColumn*-Objekt. Weil *DataTable*-Objekte nicht spezifisch für einen bestimmten .NET-Datenprovider ausgelegt sind, werden für den Datentyp die .NET Framework-Typen verwendet.

BEISPIEL

Eine *DataTable* wird erzeugt und vier Spalten werden hinzugefügt. Die Eigenschaften für die *KundenCode*-Spalte verbieten *DBNull*-Werte und verlangen, dass die Werte eindeutig sein müssen.

```
Dim dt As New DataTable("Kunden")
Dim col As DataColumn = dt.Columns.Add("KundenCode", GetType(System.Int32))
col.AllowDBNull = False
col.Unique = True
With dt.Columns
    .Add("Firma", GetType(System.String))
    .Add("Kontaktperson", GetType(System.String))
    .Add("Gehalt", GetType(System.Double))
End With
```

HINWEIS Geben Sie für eine Spalte keinen Namen an, so erhält sie den inkrementellen Standardnamen »ColumnN...«, beginnend mit »Column1«, wenn sie zur *DataColumnCollection* hinzugefügt wird.

Berechnete Spalten

Mit der *Expression*-Eigenschaft einer *DataColumn* wird der Wert einer Spalte berechnet bzw. eine Aggregatspalte erstellt. Der Rückgabetyp des Ausdrucks wird durch den *DataType* der Spalte bestimmt.

BEISPIEL

Berechnen der Mehrwertsteuer

```
ds.Tables("Artikel").Columns("MWST").Expression = "Einzelpreis * 0.16"
```

Sie können auch selbst neue berechnete Spalten zu einer *DataTable* hinzufügen:

BEISPIEL

Es wird eine neue Spalte *Name* hinzugefügt, welche die bereits vorhandenen Spalten *Vorname* und *Nachname* zusammenfasst.

```
Dim col As New DataColumn("Name", GetType(System.String))
col.Expression = "Vorname &  '  ' & Nachname"
dt.Columns.Add(col)
```

Wie bei einem berechneten Wert wird bei einem Aggregat eine Operation auf Grundlage des gesamten Zeilensets in der *DataTable* durchgeführt.

BEISPIEL

Die Anzahl der aufgenommenen Bestellungen eines Verkäufers wird gezählt.

```
ds.Tables("Bestellungen").Columns("AnzahlBestellungen").Expression = "Count(BestellNr)"
```

HINWEIS Siehe hierzu auch PB7.2 »Aggregatfunktionen auswerten«.

Primärschlüssel ergänzen

Zu (fast) jeder Datenbanktabelle gehört eine Spalte (oder auch mehrere), die jede Zeile eindeutig identifiziert und die als *Primärschlüssel* bezeichnet wird. Die *PrimaryKey*-Eigenschaft einer *DataTable* erhält als Wert ein Array aus einem oder auch mehreren *DataColumn*-Objekten.

BEISPIEL

Definition einer einzelnen Spalte als Primärschlüssel

```
Dim colArr(1) As DataColumn                    ' Array mit einem einzigen Feld, das den Index 0 hat!
colArr(0) = dt.Columns("KundenCode")           ' Feld wird gefüllt
dt.PrimaryKey = colArr                         ' PrimaryKey-Eigenschaft wird zugewiesen
```

Man kann die Definition eines Primärschlüssels auch in nur einer einzigen Zeile zusammenfassen, wodurch der Code allerdings etwas unübersichtlicher wirkt.

BEISPIEL

Das gleiche Ergebnis wie im Vorgängerbeispiel

```
dt.PrimaryKey = New DataColumn() {dt.Columns("KundenCode")}
```

Ab und zu (z.B. bei Interselektionstabellen) braucht man auch zusammengesetzte Primärschlüssel, die aus zwei und (selten) noch mehr Spalten bestehen. Auch hier gibt es die Möglichkeiten der ausführlichen und der verkürzten Definition.

BEISPIEL

Zwei Spalten werden als Primärschlüssel zusammengefasst

Ausführliche Variante:

```
Dim primKey(2) As DataColumn
primKey(0) = dt.Columns("Firma")
primKey(1) = dt.Columns("Kontaktperson")
dt.PrimaryKey = primKey
```

Verkürzte Variante:

```
dt.PrimaryKey = New DataColumn() {dt.Columns("Firma"), dt.Columns("Kontaktperson")}
```

Bemerkungen

- Haben Sie eine *DataTable* mittels *Fill*-Methode des *DataAdapters* gefüllt, so enthält die *DataTable* nur dann Primärschlüsselinformationen, wenn die *MissingSchemaAction* des *DataAdapters* auf *AddWithKey* gesetzt wurde.

- Legen Sie eine *DataColumn* als *PrimaryKey* fest, so setzt die *DataTable* automatisch die *AllowDBNull*-Eigenschaft der Spalte auf *False* und die *Unique*-Eigenschaft auf *True*. Bei zusammengesetzten Primärschlüsseln wird nur die *AllowDBNull*-Eigenschaft automatisch *False* gesetzt.
- Soll die Primärschlüsselspalte automatisch inkrementiert werden, so setzen Sie die Eigenschaften *AutoIncrement = True* und *AutoIncrementSeed = 1*.

HINWEIS Sie können in Verbindung mit der *Find*-Methode der *DataRowCollection* einen Primärschlüssel auch vorteilhaft für den Zugriff auf den Inhalt einer *DataTable* verwenden (siehe PB5.5 »Nach Datensätzen suchen«).

Einbinden von Constraints

Unter einem Constraint bzw. einer Einschränkung versteht man eine Regel für eine Spalte, welche die weiteren Aktionen festlegt, wenn der Wert der Spalte sich verändert.

HINWEIS Constraints werden nur dann durchgesetzt, wenn die *EnforceConstraints*-Eigenschaft des *DataSets* den Wert *True* hat.

In ADO.NET gibt es zwei Arten von Constraints:

- die Fremdschlüsseleinschränkung (*ForeignKeyConstraint*) und
- die eindeutige Einschränkung (*UniqueConstraint*).

Beide Constraints werden standardmäßig erstellt, wenn Sie zum *DataSet* eine *DataRelation* hinzufügen, es sei denn, Sie haben beim Erstellen der *DataRelation* die Eigenschaft *CreateConstraints = False* festgelegt.

ForeignKeyConstraint

Die durch ein *ForeignKeyConstraint*-Objekt definierten Regeln legen fest, wie Aktualisierungen und Löschvorgänge an verknüpfte Tabellen weiterzugeben sind. Wenn Sie beispielsweise einen Wert in einer Tabellenzeile aktualisieren oder löschen und dieser Wert auch in einer oder mehreren verknüpften Tabellen verwendet wird, bestimmt eine *ForeignKeyConstraint*, was in den verknüpften Tabellen passieren soll.

Die Eigenschaften *DeleteRule* und *UpdateRule* der *ForeignKeyConstraint* definieren die Aktionen, die ausgeführt werden, wenn der Benutzer versucht, eine Zeile in einer verknüpften Tabelle zu löschen oder zu aktualisieren.

Die folgende Tabelle zeigt die Mitglieder der *Rule*-Enumeration für die Eigenschaften *DeleteRule* und *UpdateRule* der *ForeignKeyConstraint*:

Einstellung	Beschreibung
Cascade	Alle verknüpften Zeilen werden gelöscht oder aktualisiert (Standard)
SetNull	Die Werte in den verknüpften Zeilen werden auf *DBNull* gesetzt
SetDefault	Die Werte in verknüpften Zeilen werden auf ihren Standardwert gesetzt
None	In den verknüpften Zeilen wird keine Aktion ausgeführt

Tabelle 5.3 Mitglieder der *Rule*-Enumeration

Sie können beim Erzeugen einer *ForeignKeyConstraint* den *DeleteRule-* und den *UpdateRule*-Wert entweder an den Konstruktor übergeben oder als Eigenschaften festlegen.

BEISPIEL

Die Tabellen *Kunden* und *Bestellungen* sind miteinander verknüpft.

```
Dim kuBestFK As New ForeignKeyConstraint("kuBestFK", _
      kuDS.Tables("Kunden").Columns("KundenCode"), kuDS.Tables("Bestellungen").Columns("KundenCode"))
```

Ein Kunde mit Bestellungen kann nicht gelöscht werden (für *UpdateRule* wurde der Standardwert *Cascade* festgelegt):

```
KuBestFK.DeleteRule = Rule.None
```

```
custDS.Tables("BestTable").Constraints.Add(custOrderFK)
```

AcceptRejectRule-Eigenschaft

Die *AcceptRejectRule*-Eigenschaft der *ForeignKeyConstraint* bestimmt, welche Aktion in den untergeordneten Zeilen auszuführen ist, wenn in der übergeordneten Zeile *AcceptChanges* oder *RejectChanges* aufgerufen wird.

Mit der *AcceptChanges*-Methode von *DataSet*, *DataTable* oder *DataRow* können Änderungen an Zeilen übernommen werden. Der Abbruch erfolgt mit der *RejectChanges*-Methode.

Aktion	Beschreibung
Cascade	Änderungen in untergeordneten Zeilen werden akzeptiert oder zurückgewiesen (Standard)
None	In den untergeordneten Zeilen wird keinerlei Aktion ausgeführt

Tabelle 5.4 Die Werte für *AcceptRejectRule*

UniqueConstraint

Das *UniqueConstraint*-Objekt kann entweder einer einzelnen Spalte oder einem Array aus Spalten in einer *DataTable* zugewiesen werden und stellt sicher, dass alle Daten in den angegebenen Spalten eindeutig sind.

Sie können eine *UniqueConstraint* einrichten, indem Sie die *Unique*-Eigenschaft der Spalte auf *True* setzen. Andererseits werden alle möglicherweise vorhandenen *UniqueConstraints* entfernt, wenn die *Unique*-Eigenschaft einer einzelnen Spalte *False* ist.

Durch das Definieren eines Primärschlüssels für eine Tabelle wird automatisch ein *UniqueConstraint* für die angegebene(n) Spalte(n) erstellt. Entfernen Sie die *PrimaryKey*-Eigenschaft einer Spalte, wird auch die *UniqueConstraint* entfernt.

BEISPIEL

Eine *UniqueConstraint* für zwei Spalten einer *DataTable* wird erstellt.

```
Dim dt As DataTable = ds.Tables("Kunden")
Dim uc As New UniqueConstraint(New DataColumn() {dt.Columns("KundenCode"), dt.Columns("Firma")})
ds.Tables("Kunden").Constraints.Add(uc)
```

Hinzufügen von Relationen

Eine *DataRelation* wird zum Definieren von Beziehungen zwischen über- und untergeordneten *DataColumn*-Objekten desselben Datentyps verwendet. Meist handelt es sich hier um eine Beziehung zwischen einer Primärschlüssel- und einer Fremdschlüssel-Spalte (Master-Detail-Relation). Derartige Beziehungen legen Regeln und Einschränkungen (Constraints) fest, die zur Laufzeit zu überwachen sind.

BEISPIEL

Die Datenspalte *KundenCode* aus der Tabelle *Bestellungen* ist ein Fremdschlüssel, der auf den Primärschlüssel *KundenCode* aus der Tabelle *Kunden* verweist. Damit sind jedem Kunden keine, eine oder mehrere Bestellungen zugeordnet (1:m-Beziehung).

Weil ein *DataSet* in der Regel über mehrere *DataAdapter* aus verschiedenen Datenbanktabellen gefüllt werden kann, müssen die *DataRelation*-Objekte die erforderlichen Verknüpfungen zwischen den *DataTables* herstellen.

Erstellen einer DataRelation

DataRelation-Objekte sind in einer *DataRelationCollection* enthalten, auf die Sie über die *Relations*-Eigenschaft des *DataSets* zugreifen.

HINWEIS Damit Sie eine Relation zwischen zwei Tabellen erstellen können, muss der *DataType*-Wert für beide Spalten identisch sein.

BEISPIEL

Die Tabellen *Kunden* und *Bestellungen* der Datenbank *Nordwind.mdb* werden in ein *DataSet* geladen und durch eine *DataRelation* miteinander verknüpft. Die verknüpften Tabellen werden in einem *DataGrid* angezeigt.

```
Imports System.Data.OleDb
...
Dim conn As New OleDbConnection("Provider=Microsoft.Jet.OLEDB.4.0; Data Source=Nordwind.mdb;")
Dim selStr As String = "SELECT KundenCode, Firma, Kontaktperson, Telefon FROM Kunden"
Dim da As New OleDbDataAdapter(selStr, conn)
Dim ds As New DataSet()
conn.Open()
da.Fill(ds, "Kunden")
selStr = "SELECT Bestellungen.BestellNr, Bestellungen.KundenCode, Bestellungen.Bestelldatum, " & _
        "Bestellungen.Versanddatum FROM Kunden, Bestellungen " & _
        "WHERE (Kunden.KundenCode = Bestellungen.KundenCode)"
Dim da As New OleDbDataAdapter(selStr, conn)
da.Fill(ds, "Bestellungen")
conn.Close()
ds.Relations.Add("KundenBestellungen", ds.Tables("Kunden").Columns("KundenCode"), _
                                       ds.Tables("Bestellungen").Columns("KundenCode"))
DataGrid1.SetDataBinding(ds, "Kunden")
```

HINWEIS Das komplette Beispiel finden Sie unter PB5.3 »Master-Detailbeziehungen im DataGrid anzeigen«.

Aus dem obigen Beispiel ist ersichtlich, dass das Erstellen und Hinzufügen einer *DataRelation* innerhalb einer einzigen Befehlszeile abgewickelt werden kann. Wer es gerne ausführlicher hätte, der sollte sich das folgende Beispiel anschauen.

BEISPIEL

Die im Vorgängerbeispiel fett gedruckte Befehlszeile kann durch folgenden Code ersetzt werden:

```
Dim parentCol As DataColumn = ds.Tables("Kunden").Columns("KundenCode")
Dim childCol As DataColumn = ds.Tables("Bestellungen").Columns("KundenCode")
Dim relKuBest As DataRelation = New DataRelation("KundenBestellungen", parentCol, childCol)
ds.Relations.Add(relKuBest)
```

GetChildRows-Methode

Mit der *GetChildRows*-Methode einer *DataRow* können Sie alle untergeordneten *DataRow*-Objekte abrufen.

BEISPIEL

Es wird eine *DataRelation* zwischen der *Kunden*-Tabelle und der *Bestellungen*-Tabelle erzeugt. Alle Bestellungen pro Kunde werden in einer *ListBox* ausgegeben.

```
Dim relKuBest As DataRelation = ds.Relations.Add("KundenBestellungen", _
                                ds.Tables("Kunden").Columns("KundenCode"), _
                                ds.Tables("Bestellungen").Columns("KundenCode"))
For Each kuRow As DataRow In ds.Tables("Kunden").Rows
    ListBox1.Items.Add(kuRow("KundenCode"))
    For Each bestRow As DataRow In kuRow.GetChildRows(relKuBest)
        ListBox1.Items.Add(bestRow("BestellNr"))
    Next
Next
```

Beim Erstellen der *DataRelation* für die Tabellen *Kunden* und *Bestellungen* wurde davon ausgegangen, dass **alle** Zeilen in der *Bestellungen*-Tabelle einen *KundenCode* haben, der auch in der übergeordneten *Kunden*-Tabelle existiert. Besitzt die Tabelle *Bestellungen* einen *KundenCode*, der nicht in der *Kunden*-Tabelle vorhanden ist, wird durch eine *ForeignKeyConstraint* eine Fehlermeldung ausgelöst.

HINWEIS Auf gleiche Weise können Sie mit der *GetParentRow*-Methode auf den übergeordneten Datensatz zugreifen. Dann ist das Ergebnis kein Array, sondern nur ein einzelner Datensatz.

CreateConstraints-Flag

Müssen Sie damit rechnen, dass die untergeordnete Spalte möglicherweise Werte enthält, die in der übergeordneten Spalte nicht enthalten sind, so legen Sie *False* für das *CreateConstraints*-Flag beim Hinzufügen der *DataRelation* fest. Im folgenden Beispiel wird dies zwischen den beiden Tabellen *Bestellungen* und *Bestelldetails* der *Nordwind.mdb*-Datenbank praktiziert.

BEISPIEL

Die Tabellen *Kunden, Bestellungen, Bestelldetails* und *Artikel* werden durch drei *DataRelation*-Objekte miteinander verknüpft. Es werden nacheinander alle Kunden mit ihren Bestellungen aufgelistet. Wenn die *Bestell-*

details-Tabelle auf nicht existierende Datensätze aus der Tabelle *Bestellungen* verweist, führt das zu keiner Fehlermeldung.

```
Dim relKuBest As DataRelation = ds.Relations.Add("KundenBestellungen", _
        ds.Tables("Kunden").Columns("KundenCode"),ds.Tables("Bestellungen").Columns("KundenCode"))

Dim relBestDet As DataRelation = ds.Relations.Add("BestellDetail", _
                                 ds.Tables("Bestellungen").Columns("BestellNr"), _
                                 ds.Tables("Bestelldetails").Columns("BestellNr"), False)
                                                                ' CreateConstraints-Flag ist False!
Dim relBestArt As DataRelation = ds.Relations.Add("BestellungArtikel", _
                                 ds.Tables("Artikel").Columns("ArtikelNr"), _
                                 ds.Tables("Bestelldetails").Columns("ArtikelNr"))
For Each kuRow As DataRow In ds.Tables("Kunden").Rows
    ListBox1.Items.Add("Kunden Code:" & kuRow("KundenCode").ToString)
    ListBox1.Items.Add(" -----------------------------")
    For Each bestRow As DataRow In kuRow.GetChildRows(relKuBest)
        ListBox1.Items.Add("  ")
        ListBox1.Items.Add("Bestell Nr: " & bestRow("BestellNr").ToString)
        ListBox1.Items.Add("Bestelldatum: " & bestRow("Bestelldatum").ToString)
        For Each detRow As DataRow In bestRow.GetChildRows(relBestDet)
            ListBox1.Items.Add("Artikel: " & detRow.GetParentRow(relBestArt)("Artikelname").ToString)
            ListBox1.Items.Add("Anzahl: " & detRow("Anzahl").ToString)
        Next
    Next
Next
```

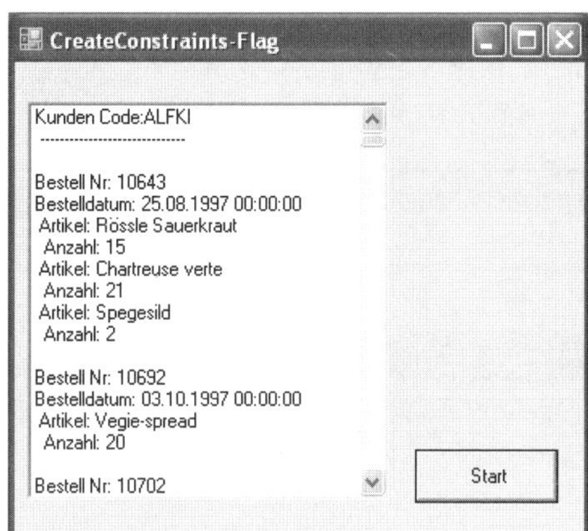

Abbildung 5.2 Laufzeitansicht des Beispiels

CD-ROM Den vollständigen Quellcode finden Sie auf der Buch-CD!

Zeilen zur DataTable hinzufügen

Haben Sie ein oder mehrere *DataTable*-Objekte erstellt und deren Struktur mit Hilfe von *DataColumn*-, *Constraint*- und *DataRelation*-Objekten definiert, können Sie den Tabellen beliebig viele neue Datenzeilen hinzufügen.

NewRow-Methode

Verwenden Sie die *NewRow*-Methode der *DataTable*, so hat die erzeugte Zeile sofort die zur Tabelle passende Struktur.

```
Dim rw As DataRow = dt.NewRow()
```

Anschließend lässt sich die neu hinzugefügte Zeile mit Hilfe von Spaltennamen oder Index bearbeiten.

BEISPIEL

Eine neue Zeile wird erzeugt, mit Werten gefüllt und zur *DataTable* hinzugefügt.

```
Dim dt As DataTable = ds.Tables("KundenListe")
Dim rw As DataRow = dt.NewRow()
rw("Firma") = "Catering Service"                    ' Zugriff über Spaltennamen
rw(2) = "Willy Schneider"                           '    ...   über Index
dt.Rows.Add(rw)                                     ' Hinzufügen zur DataTable
```

BEISPIEL

Sieht trickreich aus, aber es funktioniert: Eine neue leere Zeile wird zu einer *DataTable* hinzugefügt.

```
dt.Rows.Add(dt.NewRow())
```

ImportRow-Methode

Um vorhandene Zeilen zu einem *DataTable*-Objekt hinzuzufügen, können Sie die *ImportRow*-Methode der *DataTable* verwenden. Diese übergibt die Daten, den Zeilenstatus sowie Versionsinformationen.

HINWEIS Spaltenwerte werden nur berücksichtigt, wenn der Spaltenname übereinstimmt und wenn der Datentyp kompatibel ist!

BEISPIEL

Nachdem ein Klon des *DataSets* erstellt ist, werden all die Zeilen aus dem ursprünglichen *DataSet* zur *Kunden*-Tabelle im *DataSet*-Klon für Kunden hinzugefügt, deren *Land*-Spalte den Wert »Österreich« hat.

```
Dim kuGermDS As DataSet = kuDS.Clone()
Dim cRows() As DataRow = kuDS.Tables("Kunden").Select("Land = 'Österreich'")
Dim kuTable As DataTable = kuGermDS.Tables("Kunden")
For Each cRow As DataRow In cRows
    kuTable.ImportRow(cRow)
Next
```

Auf den Inhalt einer DataTable zugreifen

Eine *DataTable* ist (stark vereinfacht) durchaus mit einem zweidimensionalen Array vergleichbar, wie es die meisten Programmiersprachen kennen. Trotzdem gestaltet sich der Zugriff auf die Array-Elemente etwas komplizierter, denn die gnadenlose Objektorientierung von .NET verlangt, dass anstatt der einfachen Übergabe von Zeilen- und Spaltenindex komplette Objekte (*DataRow*, *DataColumn*) zu überreichen sind.

Columns- und Rows-Eigenschaften

Die beiden wichtigsten Eigenschaften der *DataTable*-Klasse sind die *Columns*- und *Rows*-Auflistungen, weil sie den Zugriff auf Zeilen und Spalten der *DataTable* ermöglichen.

BEISPIEL

Alle Zeilen und Spalten einer *DataTable* werden innerhalb von zwei geschachtelten *For Each*-Schleifen in eine *ListBox* ausgegeben.

```
Dim dt As DataTable = ds.Tables("ArtikelListe")
For Each cRow As DataRow In dt.Rows
    For Each cCol As DataColumn In dt.Columns
        ListBox1.Items.Add(cCol.ColumnName & " = " & cRow(cCol.Ordinal))
    Next
    ListBox1.Items.Add("-----------------------------------------------------")
Next
```

HINWEIS Den vollständigen Quellcode finden Sie im PB4.2 »Wichtige ADO.NET-Objekte schnell kennen lernen«.

TableName- und ColumnName-Eigenschaften

Der Name einer Tabelle bzw. Spalte ist über die Eigenschaften *TableName* bzw. *ColumnName* erreichbar. Der Zugriff auf die einzelnen Daten erfolgt über den Indexer, dem entweder der Namen der Spalte, deren fortlaufende Ordinalnummer (beginnend mit 0) oder aber auch eine Instanz der zugehörigen *DataColumn* übergeben werden können.

Normalerweise sind also zwei Schritte auszuführen:

- Das entsprechende *DataRow*-Objekt auswählen und
- über dessen Indexer auf die gewünschte Spalte zugreifen.

BEISPIEL

Die *Firma* des dritten Kunden eines *DataSets* soll in einer *TextBox* ausgegeben werden.

```
Dim dt As DataTable = ds.Tables("Kunden")
Dim rw As DataRow = dt.Rows(2)                  ' Auswahl der dritten Zeile

TextBox1.Text = rw(1).ToString                  ' Zugriff auf Firma über Index. Die Firma-Spalte
                                                ' steht innerhalb der Kunden-Tabelle an zweiter Stelle.
```

oder

```
TextBox1.Text = rw("Firma").ToString            ' Zugriff auf Firma über Spaltennamen
```

Man kann auf eine einzelne Zelle aber auch mit einer einzigen Anweisung zugreifen.

BEISPIEL

Der äquivalente Code zum Vorgängerbeispiel.

```
TextBox1.Text = ds.Tables("Kunden").Rows(2)("Firma").ToString
```

Find-Methode

Für das Auffinden einer bestimmten Zeile kann man auch die *Find*-Methode der *Rows*-Auflistung der *DataTable* verwenden. Der Zugriff funktioniert allerdings nur dann, wenn der *DataTable* vorher eine *PrimaryKey*-Eigenschaft zugewiesen wurde.

HINWEIS Beachten Sie, dass eine durch die *Fill*-Methode des *DataAdapter*s erzeugte *DataTable* **nicht** standardmäßig über eine *PrimaryKey*-Eigenschaft verfügt, obwohl die Datenbanktabelle einen Primärschlüssel besitzt! Die Primärschlüsselinformationen werden nur dann übernommen, wenn die *MissingSchemaAction*-Eigenschaft des *DataAdapter*s auf *AddWithKeys* gesetzt wurde.

BEISPIEL

Der alternative Code zu den Vorgängerbeispielen, wobei aber die Zeilenauswahl über den Primärschlüssel erfolgt (die dritte Zeile hat den *KundenCode* ANTON).

```
Dim dt As DataTable = ds.Tables("Kunden")
Dim colArr(1) As DataColumn                     ' Array mit einem Feld deklarieren
colArr(0) = dt.Columns("KundenCode")            ' Array füllen mit Primärschlüsselspalte
dt.PrimaryKey = colArr                          ' Primärschlüssel zuweisen
Dim rw As DataRow = dt.Rows.Find("ANTON")       ' Zeilenauswahl über Primärschlüssel
TextBox1.Text = rw("Firma").ToString            ' Spaltenauswahl und Zugriff
```

Übergabe eines DataColumn-Objekts

Eine weitere Alternative für den Zugriff ist die Auswahl der Datenspalte durch Übergabe eines *DataColumn*-Objekts.

BEISPIEL

Dieser Code liefert das gleiche Ergebnis wie die Vorgängerbeispiele.

```
Dim dt As DataTable = ds.Tables("Kunden")
Dim rw As DataRow = dt.Rows(2)                   '  DataRow-Objekt auswählen
Dim col As DataColumn = dt.Columns("Firma")      '  DataColumn-Objekt auswählen

TextBox1.Text = rw(col).ToString                 '  Zugriff auf Spalte
```

Select-Methode

Die *Select*-Methode einer *DataTable* dient dazu, Datensätze nach bestimmten Kriterien wie Suche, Sortierreihenfolge oder Zeilenstatus zurückzugeben.

```
Function Select(filter As String, sort As String, recordStates As DataViewRowState) As DataRow()
```

Die Parameter:

- *filter*
  Die beim Filtern der Zeilen zu verwendenden Kriterien.
- *sort*
  Eine Zeichenfolge, welche die Spalte und die Sortierrichtung angibt.

- *recordStates*
  Einer der *DataViewRowState*-Werte.
- Rückgabewert
  Ein Array von *DataRow*-Objekten.

HINWEIS Das *filter*-Argument ist analog der *Expression*-Eigenschaft der *DataColumn*-Klasse zu verwenden. Ähnliches gilt auch für das *sort*-Argument.

Anhand ihres *DataViewRowState* bestimmt die *Select*-Methode, welche Version der Zeilen angezeigt oder bearbeitet werden soll. Die folgende Tabelle zeigt die möglichen *DataViewRowState*-Enumerationswerte:

Konstante	Beschreibung
CurrentRows	Die aktuellen Zeilen, einschließlich nicht geänderter, hinzugefügter und geänderter Zeilen
Deleted	Eine gelöschte Zeile
ModifiedCurrent	Eine aktuelle Version, die eine modifizierte Version der ursprünglichen Daten ist (siehe *Modified-Original*)
ModifiedOriginal	Die ursprüngliche Version aller geänderten Zeilen (die aktuelle Version kann über *ModifiedCurrent* abgerufen werden)
Added	Eine neue Zeile
None	Keine Zeile
OriginalRows	Ursprüngliche Zeilen, einschließlich nicht geänderter und gelöschter Zeilen
Unchanged	Eine nicht geänderte Zeile

Tabelle 5.5 Mitglieder der *DataViewRowState*-Enumeration

BEISPIEL

Es werden nur die Zeilen mit *DataViewRowState* = *CurrentRows* aus einer *DataTable* gefiltert und in einer *ListBox* ausgegeben.

```
Dim dt As DataTable = ds.Tables("Kunden")
Dim rws() As DataRow = dt.Select(Nothing, Nothing, DataViewRowState.CurrentRows)
If rws.Length < 1  Then
    ListBox1.Items.Add("Keine aktuellen Zeilen gefunden!")
Else
    ListBox1.Items.Add("  Nr   Name    RowState")
    ListBox1.Items.Add(" ---------------------- ")
    For Each rw As DataRow In rws
        Dim rState As String = System.Enum.GetName(rw.RowState.GetType(), rw.RowState)
        ListBox1.Items.Add(rw("Nr").ToString & "   " & rw("Name").ToString & "    " & rState)
    Next
End If
```

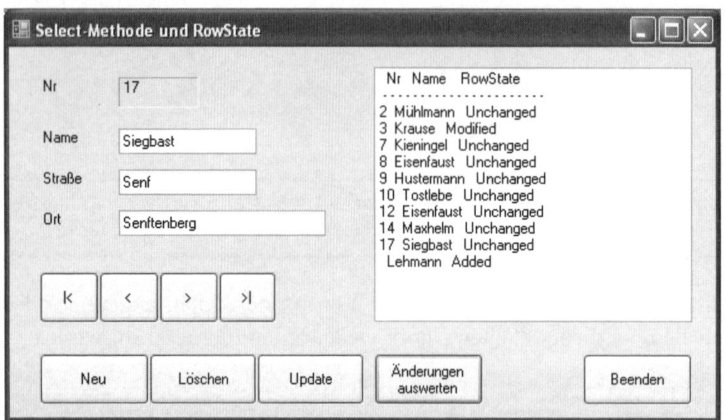

Abbildung 5.3 Laufzeitansicht des Beispiels

HINWEIS Der komplette Quellcode befindet sich auf der Buch-CD!

BEISPIEL

Es wird ein *DataRow*-Array zurückgegeben, das auf alle gelöschten Zeilen verweist.

```
Dim delRows() As DataRow = dt.Select(Nothing, Nothing, DataViewRowState.Deleted)
```

BEISPIEL

Ein *DataRow*-Array, das – nach *NachName* sortiert – auf alle Zeilen verweist, in denen die *KundenNr*-Spalte einen Wert größer als 10 hat.

```
Dim kuRows() As DataRow = dt.Select("KundenNr > 10", "NachName ASC")
```

HINWEIS Wollen Sie hintereinander eine Reihe von Aufrufen der *Select*-Methode ausführen, sollten Sie zuerst eine *DataView* für die *DataTable* erstellen, denn dadurch werden die Zeilen der Tabelle indiziert. Die *Select*-Methode nutzt dann diesen Index, wodurch die Zeit für das Generieren des Abfrageergebnisses deutlich verkürzt wird.

Weitere Hinweise zum Bearbeiten von Zeilen

- Wenn Sie Spaltenwerte direkt in einer *DataRow* bearbeiten, verwaltet die *DataRow* die Spaltenwerte mit Hilfe der Zeilenversionen *Current*, *Default* und *Original*. Die *BeginEdit*-, *EndEdit*- und *CancelEdit*-Methode verwenden darüber hinaus eine vierte Zeilenversion: *Proposed* (siehe Abschnitt »Zeilenstatus und Zeilenversion« ab Seite 296).
- Während der Bearbeitung können Sie einzelne Spalten überprüfen, indem Sie den *ProposedValue* im *ColumnChanged*-Ereignis der *DataTable* auswerten. Das *ColumnChanged*-Ereignis speichert *DataColumnChangeEventArgs*, die einen Verweis auf die sich ändernde Spalte und den *ProposedValue* enthalten.
- Ändern Sie Spaltenwerte in einer *DataRow*, wird der *RowState* auf *Modified* gesetzt, und die Änderungen werden mit der *AcceptChanges*-Methode oder der *RejectChanges*-Methode der *DataRow* über-

nommen oder zurückgewiesen. Die *DataRow* stellt außerdem drei Methoden bereit, mit denen Sie den Status der Zeile während ihrer Bearbeitung beeinflussen können: *BeginEdit*, *EndEdit* und *CancelEdit*.

Das folgende Beispiel zeigt die Verwendung von *BeginEdit*, *EndEdit* und *CancelEdit*. Außerdem wird der *ProposedValue* im *ColumnChanged*-Ereignis überprüft.

BEISPIEL

Eine *DataTable* mit nur einer einzigen Spalte (*Firma*) und einer einzigen Zeile wird erzeugt:

```
Dim dt As New DataTable()
dt.Columns.Add("Firma", GetType("System.String"))
AddHandler dt.ColumnChanged, New DataColumnChangeEventHandler(AddressOf OnColumnChanged)
Dim rw As DataRow = dt.NewRow()
rw(0) = "Müllers Schnapsladen"
dt.Rows.Add(rw)
```

Sobald sich ein Wert in der *DataTable* geändert hat, wird der folgende Eventhandler abgearbeitet:

```
Private Sub OnColumnChanged(sender As Object, args As DataColumnChangeEventArgs)
    If args.Column.ColumnName = "Firma" Then
```

Wird ein Leerstring zugewiesen, so erfolgt eine Fehlermeldung und der ursprüngliche Wert wird wiederhergestellt:

```
        If args.ProposedValue.ToString = String.Empty Then
           ListBox1.Items.Add("Name der Firma muss angegeben werden.  Abbruch.")
          args.Row.CancelEdit()
        End If
    End If
End Sub
```

Die *DataRow* wird editiert, dadurch wird das *ColumnChanged*-Event der *DataTable* ausgelöst:

```
rw.BeginEdit()
rw(Firma") = TextBox1.Text
rw.EndEdit()
```

Die *ListBox* zeigt abschließend den aktuellen Inhalt der *DataRow* und deren *RowState* an.

```
ListBox1.Items.Add(rw("Firma").ToString & "  " & rw.RowState.ToString)
```

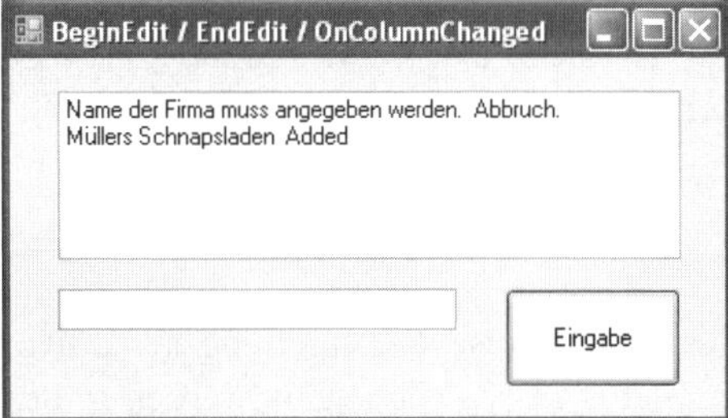

Abbildung 5.4 Laufzeitansicht des Beispiels nach Eingabe eines Leerstrings

CD-ROM Den vollständigen Quellcode finden Sie auf der Buch-CD!

Zeilen löschen

Es gibt zwei grundsätzlich verschiedene Methoden, um ein *DataRow*-Objekt aus seinem *DataTable*-Objekt zu entfernen:

- Die *Remove*-Methode des *Rows*-Collection-Objekts und
- die *Delete*-Methode des *DataRow*-Objekts.

Remove löscht eine *DataRow* aus der *Rows*-Collection, während *Delete* die Zeile nur zum Löschen markiert.

BEISPIEL

Die *Remove*-Methode der *Rows*-Collection erhält eine *DataRow* als Argument und entfernt diese aus der Auflistung.

```
dt.Rows.Remove(rw)
```

BEISPIEL

Die *Delete*-Methode einer *DataRow* wird aufgerufen, um deren *RowState* in *Deleted* zu ändern.

```
rw.Delete
```

Delete oder Remove?

Verwenden Sie die *DataTable* in Verbindung mit einem *DataAdapter* und einer Datenbank, so sollten Sie die *Delete*-Methode der *DataRow* benutzen. Dadurch wird die Zeile zunächst als *Deleted* markiert, jedoch noch nicht entfernt. Das geschieht erst, wenn die *Update*-Methode des *DataAdapter*s aufgerufen wird. Findet dieser eine als *Deleted* markierte Zeile, wird das zugehörige *DeleteCommand* ausgeführt, um die Zeile in der Datenbank zu löschen. Anschließend kann die Zeile mit der *AcceptChanges*-Methode dauerhaft aus der *DataTable* entfernt werden.

- Wenn Sie *Remove* zum Löschen der Zeile verwenden, wird die Zeile zwar vollständig aus der Tabelle entfernt, vom *DataAdapter* jedoch nicht aus der Datenquelle gelöscht!
- Ist eine Zeile zum Löschen markiert und rufen Sie die *AcceptChanges*-Methode des *DataTable*-Objekts auf, so wird die Zeile aus der *DataTable* entfernt.
- Rufen Sie *RejectChanges* auf, kehrt der *RowState* der Zeile zu dem Status zurück, der gültig war, bevor die Zeile als *Deleted* markiert wurde.
- Wenn *RowState = Added* gilt (d.h. die Zeile wurde gerade zur Tabelle hinzugefügt) und die Zeile wird dann als *Deleted* markiert, wird die Zeile aus der Tabelle entfernt.

Zeilenstatus und Zeilenversion

Unter ADO.NET werden Zeilen in den *DataTable*s mit Hilfe ihres Zeilenstatus (*RowState*) und der Zeilenversion (*DataRowVersion*) verwaltet. Während ein *RowState* den Status einer Zeile angibt, werden in den verschiedenen *DataRowVersions* (*Current*, *Original* und *Default*) die Werte während der Bearbeitung aufbewahrt.

RowState

Beispielsweise hat eine Zeile, nachdem Sie eine Spalte geändert haben, den Zeilenstatus *Modified*, und es sind zwei Zeilenversionen vorhanden: *Current*, welche die aktuellen Zeilenwerte enthält, und *Original*, welche die Zeilenwerte vor der Änderung der Spalte enthält.

Mit der *RowState*-Eigenschaft (ReadOnly!) eines *DataRow*-Objekts können Sie den aktuellen Status der Zeile untersuchen. Die Tabelle zeigt eine kurze Beschreibung der *RowState*-Enumerationswerte.

Konstante	Beschreibung
Unchanged	Keine Änderungen seit dem letzten Aufruf von *AcceptChanges* oder seit der Erstellung der Zeile durch die *Fill*-Methode des *DataAdapters*
Added	Zwar wurde die Zeile der Tabelle hinzugefügt, aber *AcceptChanges* wurde nicht aufgerufen
Modified	Ein Element der Zeile wurde geändert, aber *AcceptChanges* wurde nicht aufgerufen
Deleted	Die Zeile wurde aus einer Tabelle gelöscht, aber *AcceptChanges* wurde nicht aufgerufen
Detached	Entweder eine neu erstellte Zeile, die noch nicht mittels *Add*-Methode zur *DataRowCollection* hinzugefügt wurde (danach wird der Wert auf *Added* gesetzt) oder eine mittels *Remove*-Methode aus einer *DataRowCollection* entfernte Zeile (bzw. durch die *Delete*-Methode, gefolgt von *AcceptChanges*)

Tabelle 5.6 Die Mitglieder der *RowState*-Enumeration

BEISPIEL

Eine neue *DataTable* mit einer einzigen Spalte wird erstellt und anschließend eine einzelne *DataRow*. Beim Erstellen, Hinzufügen, Ändern und Löschen der *DataRow* wird ihr *RowState* in einer *ListBox* ausgegeben.

```
Dim dt As DataTable = newTable()              ' nutzerdefinierte newTable-Funktion siehe unten
Dim rw As DataRow = dt.NewRow()

ListBox1.Items.Add("Neue Zeile: " & rw.RowState.ToString)        ' Detached
dt.Rows.Add(rw)

ListBox1.Items.Add("Hinzugefügt: " & rw.RowState.ToString)       ' Added
dt.AcceptChanges()
ListBox1.Items.Add("AcceptChanges: " & rw.RowState.ToString)     ' Unchanged
rw("Kontaktperson") = "Müller"
ListBox1.Items.Add("Modifiziert: " & rw.RowState.ToString)       ' Modified
rw.Delete()
ListBox1.Items.Add("Gelöscht: " & rw.RowState.ToString)          ' Deleted
```

Die folgende Funktion liefert eine einfache Tabelle mit einer einzigen Spalte:

```
Private Function newTable() As DataTable
    Dim dt As New DataTable("aTable")
    Dim dc As DataColumn = New DataColumn("Kontaktperson", GetType(System.String))
    dt.Columns.Add(dc)
    Return dt
End Function
```

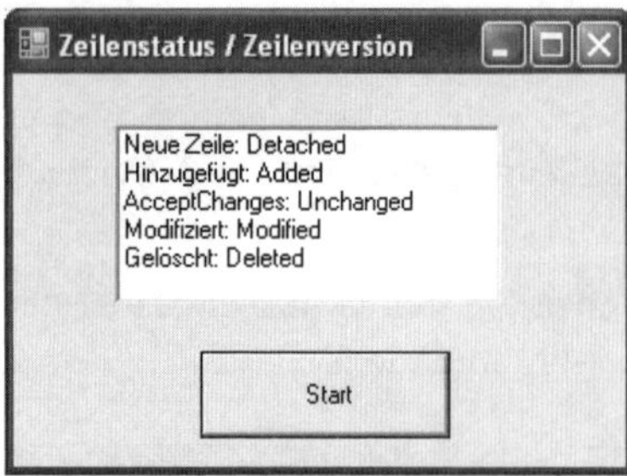

Abbildung 5.5 Laufzeitansicht des Beispiels

CD-ROM Den vollständigen Quellcode finden Sie auf der Buch-CD!

AcceptChanges- und RejectChanges-Methode

Wird *AcceptChanges* für ein *DataSet*, eine *DataTable* oder eine *DataRow* aufgerufen, werden alle Zeilen mit dem Zeilenstatus *Deleted* gelöscht. Alle übrigen Zeilen erhalten den Zeilenstatus *RowState = Unchanged*, und die Werte in der *Original*-Zeilenversion werden mit denen der *Current*-Zeilenversion überschrieben.

HINWEIS Ein unmittelbar folgender Aufruf der *Update*-Methode bleibt damit ohne Wirkung, da dieser bekanntlich von der *RowState*-Eigenschaft jeder Zeile abhängt!

Wird *RejectChanges* aufgerufen, werden alle Zeilen mit dem Zeilenstatus *Added* entfernt. Die übrigen Zeilen erhalten den Zeilenstatus *Unchanged*, und die Werte in der *Current*-Zeilenversion werden mit den Werten der *Original*-Zeilenversion überschrieben.

BEISPIEL

Die *Original*-Version einer Zeile wird ermittelt.

```
Dim rw As DataRow = dt.Rows(0)
Dim kuID As String = rw("KundenNr", DataRowVersion.Original).ToString
```

DataRowVersion-Eigenschaft und HasVersion-Methode

Die folgende Tabelle liefert eine Kurzbeschreibung der einzelnen *DataRowVersion*-Enumerationswerte.

DataRowVersion	Beschreibung
Current	Die aktuellen Werte für die Zeile. Für Zeilen mit *RowState* = *Deleted* nicht vorhanden
Default	Die standardmäßige Einstellung. Für eine Zeile mit dem Wert *Added*, *Modified* oder *Unchanged* gilt *Current*, für eine *Deleted*-Zeile *Original* und für eine *Detached*-Zeile *Proposed*
Original	Die ursprünglichen Werte für die Zeile. Für Zeilen mit *RowState* = *Added* nicht vorhanden
Proposed	Vorgeschlagene Werte für die Zeile. Liegt vor, während eine Zeile bearbeitet wird, bzw. wird für Zeilen verwendet, die nicht Teil einer *DataRowCollection* sind

Tabelle 5.7 Mitglieder der *DataRowVersion*-Enumeration

Mit der *HasVersion*-Methode eines *DataRow*-Objekts können Sie testen, ob eine *DataRow* eine bestimmte *DataRowVersion* aufweist.

BEISPIEL

Für neu hinzugefügte Zeilen liefert folgende Anweisung vor dem Aufruf von *AcceptChanges* den Wert *False*.

```
Dim b As Boolean = row.HasVersion(DataRowVersion.Original)
```

HINWEIS Gelöschte Zeilen haben keine *Current*-Zeilenversion, daher müssen Sie *DataRowVersion=Original* übergeben, wenn Sie auf die Spaltenwerte zugreifen wollen.

BEISPIEL

Die Werte aller gelöschten Zeilen einer Tabelle werden in einer *ListBox* angezeigt.

```
Dim dt As DataTable = ds.Tables("Kunden")
Dim delRows() As DataRow = dt.Select(Nothing, Nothing, DataViewRowState.Deleted)

For Each rw As DataRow In delRows
    For Each col As DataColumn In dt.Columns
        ListBox1.Items.Add (rw(col, DataRowVersion.Original) & "  ")
    Next
Next
```

HINWEIS Siehe auch PB4.10 »RowUpdating- und RowUpdated-Ereignis verstehen«.

Ereignisse des DataTable-Objekts

Übersicht

In der Tabelle werden die wichtigsten *DataTable*-Ereignisse kurz vorgestellt.

Ereignis	Tritt ein, ...
ColumnChanged	... wenn ein Wert erfolgreich in eine Spalte eingefügt wurde
ColumnChanging	... wenn ein Wert für eine Spalte gesendet wurde
RowChanged	... nachdem eine Zeile in der Tabelle erfolgreich bearbeitet wurde
RowChanging	... wenn sich eine Zeile in der Tabelle ändert
RowDeleted	... nachdem eine Zeile in der Tabelle als *Deleted* markiert wurde
RowDeleting	... bevor eine Zeile in der Tabelle als *Deleted* markiert wird

Tabelle 5.8 Ereignisse des *DataTable*-Objekts

Wie Sie sehen, sind diese Ereignisse paarweise angelegt. So tritt beispielsweise *RowChanging* während der Änderung einer Tabellenzeile auf und *RowChanged* danach, wenn die Änderung erfolgreich abgeschlossen wurde.

ColumnChanging- und ColumnChanged-Ereignis

Das folgende Beispiel nutzt die Konsolenausgabe, um den Zugriff auf die Änderungseigenschaften zu demonstrieren.

BEISPIEL

Auswerten der Ereignisse *ColumnChanging* und *ColumnChanged.*

```
AddHandler aTable.ColumnChanging,  New DataColumnChangeEventHandler(AddressOf OnColumnChanging)
AddHandler aTable.ColumnChanged, New DataColumnChangeEventHandler(AddressOf OnColumnChanged)

Private Sub OnColumnChanging(sender As Object, args As DataColumnChangeEventArgs)
    Console.Write("ColumnChanging-Ereignis wurde ausgelöst: ")
    Console.Write(args.Column.ColumnName & " ist '" & args.Row(args.Column).ToString & _
                                  "', ändert sich zu '" & args.ProposedValue.ToString & "'")
End Sub

Private Sub OnColumnChanged(sender As Object, args As DataColumnChangeEventArgs)
    Console.Write("ColumnChanged-Ereignis wurde ausgelöst: ")
    Console.Write(args.Column.ColumnName & " änderte sich zu '" & args.ProposedValue.ToString & "'"
End Sub
```

RowChanging- und RowChanged-Ereignis

Auch hierzu soll ein Beispiel für Erleuchtung sorgen.

BEISPIEL

Auswerten der Ereignisse *RowChanging* und *RowChanged.*

```
AddHandler aTable.RowChanging, New DataRowChangeEventHandler(AddressOf OnRowChanging)
AddHandler aTable.RowChanged, New DataRowChangeEventHandler(AddressOf OnRowChanged)

Private Sub OnRowChanging(sender As Object sender, args As DataRowChangeEventArgs)
    If args.Action <> DataRowAction.Nothing Then
        Dim aStr As String = System.Enum.GetName(args.Action.GetType(), args.Action)
        Console.Write("RowChanging-Ereignis wurde ausgelöst: ")
        Console.WriteLine(" Zeile ändert sich: Aktion = " & aStr & ", KuID = " & _
                                                              args.Row("KuID").ToString)
    End If
End Sub

Private Sub OnRowChanged(sender As Object, args As DataRowChangeEventArgs)
    If args.Action <> DataRowAction.Nothing Then
        Dim aStr As String = System.Enum.GetName(args.Action.GetType(), args.Action)
        Console.Write("RowChanged-Ereignis wurde ausgelöst: ")
        Console.WriteLine("Zeile wurde geändert: Aktion = " & aStr & ", KuID = " & _
                                                      args.Row("KuID").ToString)
    End If
End Sub
```

Eigenschaften der Änderungsereignisse

Wie Sie obigen Beispielen entnehmen können, sind in dem von den Event-Handlern übergebenen Objekten (Datentyp *DataRowChangeEventArgs* bzw. *DataColumnChangeEventArgs*) bestimmte Eigenschaften enthalten, die ausgewertet werden. Die folgende Tabelle gibt dazu eine Übersicht:

Eigenschaft	Beschreibung
Action	Liest die Aktion, die für eine Datenzeile durchgeführt wurde
Column	Liest die Datenspalte, deren Wert geändert wird bzw. sich geändert hat
ProposedValue	Schreibt oder liest den neuen Wert, der in die Datenspalte eingetragen werden soll
Row	Liest die Datenzeile, in der Änderungen vorgenommen werden bzw. wurden

Tabelle 5.9 Eigenschaften von *DataRowChangeEventArgs* und *DataColumnChangeEventArgs*

Datenansichten mit DataView

Das Trennen der Daten von ihrer Darstellung macht es möglich, von einer *DataTable* ganz verschiedene Ansichten zu erstellen, ohne dass die Daten im Speicher dupliziert werden müssen. Die *DataView*-Klasse liefert die Ansicht einer *DataTable* nicht nur zwecks Datenanzeige, sondern erlaubt auch das Filtern, Sortieren und Suchen von Datensätzen. Wenn die *DataView* eine Teilmenge der Daten aus der *DataTable* darstellt, können Sie z.B. mit zwei Data-Controls arbeiten, die an dieselbe *DataTable* gebunden sind, aber verschiedene Versionen der Daten anzeigen.

Erzeugen eines DataView

Dem üblichen Konstruktor wird das zugrunde liegende *DataTable*-Objekt übergeben:

```
Dim dv As New DataView(dt As DataTable)
```

BEISPIEL

Zwei verschiedene Sichten der *Artikel*-Tabelle von *Nordwind.mdb* werden erzeugt.

```
Dim conn As New OleDbConnection("Provider=Microsoft.Jet.OLEDB.4.0; Data Source=Nordwind.mdb;")
Dim cmd As New OleDbCommand("SELECT * FROM Artikel", conn)
Dim da As New OleDbDataAdapter(cmd)
Dim ds As New DataSet()

conn.Open()
da.Fill(ds, "Artikel_Liste")
conn.Close()
Dim dt As DataTable = ds.Tables(0)
Dim dv1 As New DataView(dt)
...
Dim dv2 As New DataView(dt)
...
```

CreateDataView-Methode des DefaultViewManager

Eine weitere Möglichkeit ist das Erzeugen einer standardmäßigen *DataView* unter Benutzung des *Default-ViewManager* des *DataSet*-Objekts.

```
dv = ds.DefaultViewManager.CreateDataView(dt As DataTable)
```

BEISPIEL

Ein *DataView*-Objekt zeigt den Inhalt einer Tabelle *Kundenliste* in einem *DataGridView* in der Standardansicht an.

```
Dim ds As New DataSet()
da.Fill(ds, "KundenListe")
dt = ds.Tables(0)
dv = ds.DefaultViewManager.CreateDataView(dt)
DataGridView1.DataSource = dv
```

Sortieren und Filtern von Datensätzen

Zum Sortieren übergeben Sie der *Sort*-Eigenschaft einfach die kommaseparierten Spalten, nach denen sortiert werden soll. Anschließend steht »ASC« für eine aufsteigende und »DESC« für eine absteigende Sortierfolge.

Das Filtern von Datensätzen ähnelt der WHERE-Klausel in einer SQL-Abfrage. Die gewünschte Filterbedingung wird der *RowFilter*-Eigenschaft zugewiesen. Die anschließende Sicht auf die *DataTable* enthält nur noch die Datensätze, auf welche die Bedingung zutrifft.

BEISPIEL

Aus der Tabelle *Artikel* werden alle Artikel mit einem Preis unter 20 Euro herausgefiltert und nach dem Artikelnamen (mit »Z« beginnend) umsortiert.

```
Dim dt As DataTable = ds.Tables("Artikel")
Dim dv As New DataView(dt)
dv.RowFilter = "Einzelpreis < 20"
dv.Sort = "Artikelname DESC"
```

CD-ROM Den kompletten Quellcode finden Sie im PB5.4 »In einem DataView sortieren und filtern«.

Suchen von Datensätzen

Die beiden Methoden *Find* und *FindRows* erlauben (in Kombination mit einer vorgegebenen Sortierung) das Auffinden von Zeilen, bei denen die Sortierspalten mit den angegebenen Werten übereinstimmen.

Die *Find*-Methode liefert nur den Index der ersten Fundstelle bzw. –1, wenn kein Datensatz gefunden wurde. Hingegen überbringt die *FindRows*-Methode ein *DataRowView*-Array mit allen passenden Zeilen.

BEISPIEL

In der *Kunden*-Tabelle der *Nordwind*-Datenbank wird der **erste** Kunde mit der *Kontaktperson* »Hanna Moos« gesucht und in einem *DataGridView* markiert.

```
Dim dv As DataView =  ds.DefaultViewManager.CreateDataView(dt)
dv.Sort = "Kontaktperson"                      ' in dieser Tabellenspalte wird gesucht
Dim i As Integer = dv.Find("Hanna Moos")       ' Zeile wird gesucht
DataGridView1.CurrentCell = DataGridView1.Rows(i).Cells(0)    ' Zeile wird vorn markiert
If i = -1 Then MessageBox.Show("Keinen Datensatz gefunden!")
```

BEISPIEL

In der *Kunden*-Tabelle der *Nordwind*-Datenbank werden **alle** Kunden mit der *Kontaktperson* »Hanna Moos« gesucht und in einem *DataGridView* angezeigt.

```
dv.Sort = "Kontaktperson"
Dim arr() As DataRowView = dv.FindRows("Hanna Moos")  ' Array wird mit gesuchten Datensätzen gefüllt
```

Array-Inhalt in eine *DataTable* kopieren:

```
Dim dt2 As DataTable = dt.Clone          ' leere DataTable erzeugen,
                                         ' Schema entspricht der bereits vorhandenen Tabelle dt
For i As Integer = 0 To arr.Length-1     ' alle Array-Zeilen durchlaufen
    Dim rw As DataRow = dt2.NewRow()               ' neue Zeile mit Schema der DataTable erzeugen
    For j As Integer = 0 To dt2.Columns.Count-1    ' alle Array-Spalten durchlaufen
        rw(j) = arr(i).Item(j)           ' DataRow mit Wert des Array füllen
    Next j
    dt2.Rows.Add(rw)                   ' DataRow zur DataTable hinzuaddieren
Next i
DataGridView1.DataSource = dt2         ' alle gefundenen Datensätze anzeigen
```

HINWEIS Ein entsprechendes Beispiel finden Sie unter PB5.5 »Nach Datensätzen suchen«.

Zeilenansicht mit DataRowView

Genauso wie ein *DataView* die Sicht auf eine komplette *DataTable* darstellt, liefert ein *DataRowView* die Ansicht einer einzelnen *DataRow*.

Zugriff

Der Zugriff auf einen bestimmten *DataRowView* ist über den Indexer des zugrundeliegenden *DataView* möglich.

BEISPIEL

Das *DataRowView*-Objekt entspricht der aktuellen Zeile im *DataGrid*.

```
DataGrid1.DataSource = dv
...
Dim drv As DataRowView = dv(DataGrid1.CurrentRowIndex)
```

Neu erzeugen

In der Regel erzeugt man ein neues *DataRowView*-Objekt nicht mit dem *New*-Konstruktor, sondern aus einem bereits vorhandenen *DataView*-Objekt.

```
drv As DataRowView = dv.AddNew()
```

Das folgende Beispiel soll die Anwendung erläutern, wobei gleichzeitig auch die wichtigsten Eigenschaften und Methoden eines *DataRowView*-Objekts klar werden dürften.

BEISPIEL

Eine neue (leere) Zeile wird zur *Kunden*-Tabelle eines vorhandenen *DataSets* hinzugefügt und in einem zweiten (modalen) Formular editiert.

```
Public Class Form1
    ...
    Dim dv As New DataView(ds.Tables("Kunden"))
    Dim drv As DataRowView = dv.AddNew()           ' Erzeugen des DataRowView-Objekts als leere Zeile
    Dim f2 As New Form2()
    f2.editKunde(drv)                              ' Übergabe des Objekts an Form2
    f2.Dispose()
    ...
End Class

Public Class Form2
    ...
    Public Sub editKunde(ByBal drv As DataRowView)  ' Übergabeparameter ist ein DataRowView-Objekt!
        If Me.ShowDialog == DialogResult.OK Then    ' OK-Button
            drv.BeginEdit()
            drv("KundenCode") = TextBox1.Text
            drv("Firma") = TextBox2.Text
            drv.EndEdit()
        Else
           drv.CancelEdit()
        End If
    End Sub
    ...
End Class
```

HINWEIS Der komplette Quellcode ist enthalten im PB6.4 »Ein zweites Formular an die Datenquelle binden«.

Neue DataSet Features

Die Änderungen an der *DataSet*-Klasse des .NET-Frameworks 2.0 sowie den damit in Beziehung stehenden Klassen *DataTable* und *DataView* betreffen sowohl funktionale als auch Performance-Verbesserungen.

Aufgrund einer neuen Index Engine ist eine bedeutende Leistungssteigerung zu verzeichnen. Weiterhin gibt es jetzt auch eine binäre Serialisierungsoption, neue Möglichkeiten für »alleinstehende« *DataTables* sowie Mechanismen für den Datentransport zwischen *DataReader* und *DataTable*.

Umwandlungen zwischen DataSet und DataReader

Der Datenaustausch zwischen *DataReader* und *DataSet* bzw. *DataTable* ist jetzt auf direktem Weg und in beiden Richtungen möglich.

DataTableReader

Die neue Klasse *DataTableReader* implementiert die *IDataReader*-Schnittstelle und kann mit der Übergabe einer *DataTable* instanziiert werden.

BEISPIEL

Die Daten einer mit dem Inhalt der *Customers*-Tabelle aus der *Northwind*-Datenbank gefüllten *DataTable* werden in einen *DataTableReader* übertragen und in einer *ListBox* angezeigt:

```
Dim dtr As New DataTableReader(dt)
Dim str As String = String.Empty
Dim spc As String = "   "
ListBox1.Items.Clear()
While dtr.Read()
    str = dr("CustomerID") & spc
    str &= dr("CompanyName") & spc
    ...
    ListBox1.Items.Add(str)
End While
dr.Close()
```

Load-Methode

Für die Umwandlung in umgekehrter Richtung, also für die Übertragung des Inhalts eines *DataReader*s in eine *DataTable*, stellen *DataSet/DataTable* jetzt die neue Methode *Load* zur Verfügung. Weil der zeilenbasierte Zugriff mittels *DataReader* immer deutlich schneller ist als die Übertragung eines *DataSet*s, dürfte dieser Weg insbesondere für das effektive Lesen von Daten und deren Weiterverarbeitung als *DataSet* interessant sein.

Umgekehrt macht es die neue *GetTableReader*-Methode möglich, auf den Inhalt einer *DataTable* mit einem *DataReader*-Interface und dessen Semantik zuzugreifen.

BEISPIEL

Ein *DataReader* wird aus der *Customers*-Tabelle der *Northwind*-Datenbank erzeugt und in eine *DataTable* geladen.

```
Const CONNSTR As String = "Data Source=.\SQLEXPRESS; Initial Catalog=Northwind; " & _
                          "Integrated Security=sspi;"
Const SQL As String = "SELECT * FROM Customers ORDER BY CompanyName"
Dim conn As New SqlConnection(CONNSTR)
conn.Open()
Dim cmd As New SqlCommand(SQL, conn)
Dim dr As SqlDataReader = cmd.ExecuteReader(CommandBehavior.CloseConnection)
Dim dt As New DataTable()
dt.Load(dr, LoadOption.OverwriteChanges)
```

HINWEIS Auch mehrere *DataTables* können gleichzeitig gefüllt werden, falls der *DataReader* mehrere Resultsets enthält.

Die Bedeutung der *OverwriteChanges*-Option für den (optionalen) *LoadOption*-Parameter wird im folgenden Abschnitt erklärt.

LoadOption-Enumeration

Diese Enumeration hat drei Werte, die für das Zusammenführen der aktuellen Zeilen der *DataTable* mit den Werten der vom *DataReader* hereinkommenden Zeilen zuständig sind:

- *OverwriteChanges*
  Aktualisiert die momentane und die originale Version der Zeile mit dem Wert der hereinkommenden Zeile.
- *PreserveChanges* (Standard)
  Aktualisiert die originale Version der Zeile mit dem Wert der hereinkommenden Zeile. Die momentane Zeilenversion bleibt unverändert.
- *Upsert*
  Aktualisiert die momentane Version der Zeile mit dem Wert der hereinkommenden Zeile. Die originale Zeilenversion bleibt unverändert.

HINWEIS Ein komplettes Beispiel finden Sie unter PB5.7 »Umwandlungen zwischen DataTable und DataReader«.

Binäre Serialisierung für DataSet/DataTable

Im »alten« ADO.NET konnten nur komplette *DataSets*, aber keine *DataTables*, serialisiert werden. Diese Einschränkung ist nun aufgehoben, wobei – genauso wie beim *DataSet* – auch für die *DataTable* wahlweise Xml- oder binäre Serialisierung eingerichtet werden kann. Letztere bringt vor allem bei .NET-Remoting und XML-Webservices beträchtlichen Performancegewinn und eine verbesserte Sicherheit.

RemotingFormat-Eigenschaft

Unter ADO.NET 1.x wurde das *DataSet* auch bei Benutzung des *BinaryFormatter* im XML-Format serialisiert. In ADO.NET 2.0 hingegen können wir eine echte binäre Serialisierung anwenden. Dazu hat das *DataSet* eine neue Eigenschaft *RemotingFormat* bekommen, mit der es möglich ist, alternativ zur standardmäßigen Xml-Serialisierung eine binäre Serialisierung einzustellen.

BEISPIEL

Eine *DataTable* wird auf binäre Serialisierung eingestellt.

```
Dim dt As New DataTable()
dt.RemotingFormat = SerializationFormat.Binary
```

Binäre- kontra Xml-Serialisierung

Die binäre Serialisierung ist auch unter Sicherheitsaspekten der Xml-Serialisierung vorzuziehen, da man den Inhalt einer binären Datei nicht mehr so ohne weiteres lesen kann. Weiterhin ist die Dateigröße geringer, was eine deutliche Reduktion des zu übertragenden Datenvolumens und eine Entlastung der vom Prozess benötigten Ressourcen (CPU, Speicherplatz, Bandbreite) bedeutet. Allerdings ist dies nur beim .NET Remoting relevant und nicht bei Webdiensten, da letztere XML orientiert sind.

HINWEIS Ein Testprogramm wird im PB5.9 »Binäre Serialisierung eines DataSets« beschrieben.

Die DataTable hat aufgerüstet

Unter ADO.NET 2.0 ist die *DataTable* endlich »erwachsen« geworden, d.h., mit mehr Funktionalität als unter ADO.NET 1.x ausgestattet. Dies betrifft vor allem ihre Xml-Fähigkeiten.

Genauso wie das *DataSet* unterstützt die *DataTable* jetzt die folgenden Basismethoden für XML:

- *ReadXML*
- *ReadXMLSchema*
- *WriteXML*
- *WriteXMLSchema*

Die *DataTable* ist unabhängig serialisierbar und kann sowohl in Webdiensten als auch in Remoting-Szenarien benutzt werden. Zusätzlich zur *Merge*-Methode unterstützt die *DataTable* auch die bereits erwähnten neuen ADO.NET 2.0 Features des *DataSets* (*RemotingFormat*-Eigenschaft, *Load*- und *GetDataReader*-Methode).

Schnelleres Laden von DataSets

Ein gravierender Nachteil der veralteten ADO.NET 1.x-Technologie, wie er allerdings nur bei größeren Datenmengen auffällt, ist die relativ geringe Geschwindigkeit, mit welcher *DataSets* gefüllt oder serialisiert werden können. Aufgrund einer komplett neu geschriebenen Index-Engine wird unter ADO.NET 2.0 eine wesentlich bessere Performance beim Laden von *DataSets* erreicht.

BEISPIEL

Vergleich der Zeiten für das Laden von einer Million Datensätzen in ein *DataSet* (mit einem Index für die Schlüsselspalte) auf dem PC des Autors:

```
ADO.NET 1.1 (Visual Studio 2003): 30 - 35 Minuten
ADO.NET 2.0 (Visual Studio 2005): 23 - 30 Sekunden
```

Der Performancegewinn wird noch auffälliger, wenn die Anzahl der Indexe steigt (zusätzliche *DataViews*, *UniqueKeys* und *ForeignKeys*). Allerdings ist der Gewinn beim Laden kleinerer Datenmengen weniger dramatisch, bei 100.000 Datensätzen beträgt im obigen Beispiel das Verhältnis zugunsten ADO.NET 2.0 nur noch etwa 1,5 Sekunden/4,5 Sekunden.

HINWEIS Das Testprogramm wird im PB5.8 »Laden großer Datenmengen in ein DataSet« beschrieben!

Typisierte DataSets

Visual Studio verfügt über Assistenten bzw. Designer, mit deren Hilfe man so genannte »Typisierte DataSets« (*Typed DataSets*) erstellen kann. Auf den Einsteiger mögen diese Konstrukte durchaus verwirrend, wenn nicht sogar bedrohlich wirken, hat er doch mit den »normalen« *DataSets* bereits genug zu kämpfen. Bei manchem Newcomer kann es deshalb eine ganze Weile dauern, bis das typisierte DataSet seinen abschreckenden Charakter verliert und als Freund und Helfer akzeptiert wird.

Was ist ein typisiertes DataSet?

Ein »typisiertes DataSet« ist eine von der Klasse *DataSet* abgeleitete Klasse mit Eigenschaften und Methoden, die einen wesentlich bequemeren, weil streng objektorientierten, Zugriff auf den Inhalt ermöglichen, als dies beim konventionellen DataSet der Fall ist.

Zu einem typisierten DataSet gehören auch eine XML-Schema-Beschreibung (*.xsd*-Datei) sowie die Beschreibung der Anordnung der Daten in der grafischen Ansicht (*.xss*- und *.xcs*-Dateien).

HINWEIS Typisierte DataSets gibt es bereits seit der ersten Version von Visual Studio, sie wurden aber in Visual Studio 2005 erheblich modifiziert und erweitert.

Welche Vorteile bietet ein typisiertes DataSet?

Stellen Sie sich vor, Sie hätten sich in der folgenden Codezeile vertippt:

```
Dim dt As DataTable = ds.Tables("Kunten")
```

Wäre »Kunten« der Name einer Variablen, Eigenschaft oder Methode, wäre das kein Problem, denn der Compiler würde natürlich beim Übersetzen sofort losmeckern, im vorliegenden Fall hat er aber keine Ahnung, ob das *DataSet* nicht doch eine Tabelle mit dem Namen »Kunten« enthält. So also bleibt der Fehler unbemerkt, und das böse Erwachen kommt erst zur Laufzeit.

Sie sehen, wie vorteilhaft es wäre, wenn man solch heimtückische Fehler bereits beim Kompilieren erkennen würde und genau dies ist der Fall, wenn Sie ein typisiertes DataSet verwenden.

Weitere Vorteile ergeben sich durch die Möglichkeit, bereits zur Entwurfszeit ein Anbinden der datengebundenen Steuerelemente zu realisieren. Aber das ist nur die Spitze des Eisbergs, weitere wichtige Einsatzmöglichkeiten bieten sich im Zusammenhang mit dem Datenquellen-Konzept, auf welches wir später noch zu sprechen kommen.

Bei soviel Licht gibt es natürlich auch Schatten:

- Der Hauptnachteil typisierter DataSets ist die große Menge des für die Klassendefinition von einem Assistenten zu generierenden Codes[1].
- Wenn Sie Abfragen dynamisch erzeugen wollen, können Sie kein typisiertes DataSet verwenden, sondern müssen das standardmäßige DataSet nehmen.

[1] Für zwei verknüpfte Tabellen können es durchaus 1500 und mehr Zeilen sein.

Wie erzeuge ich ein typisiertes DataSet?

Dank Assistenten-Unterstützung ist diese Arbeit in wenigen Schritten erledigt, die wir hier nur stichpunktartig aufzählen wollen, da später im Zusammenhang mit Datenquellen und in verschiedenen Praxisbeispielen (z.B. im Report-Kapitel 8) immer wieder detailliert darauf eingegangen wird.

Wählen Sie das Menü *Projekt/Neues Element hinzufügen...* und die Vorlage »DataSet«. Es wird eine *.xsd*-Datei (*DataSet1.xsd*) für ein typisiertes DataSet erzeugt.

Anschließend öffnet sich der DataSet-Designer, der z.B. per Drag & Drop aus dem Server-Explorer gefüllt werden kann. Sie können aber auch, wie in der folgenden Abbildung gezeigt, einen *TableAdapter* hinzufügen, um direkt auf eine bestimmte Datenbank zuzugreifen.

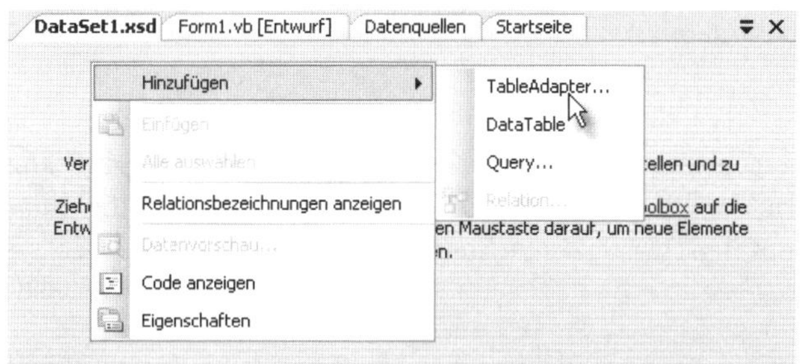

Abbildung 5.6 Entwurfsoberfläche des DataSet-Designers (Hinzufügen eines *TableAdapters*)

Mit dem *TableAdapter-Konfigurations-Assistenten* wählen Sie Ihre Datenverbindung aus (z.B. *Nordwind.mdb*) und geben im später folgenden SQL-Dialog z.B. die Anweisung »SELECT * FROM Kunden« ein.

Wenn der Assistent fertig ist, bieten Ihnen das Datenquellen-Fenster (Menü *Daten/Datenquellen anzeigen*) und der DataSet-Designer den in der folgenden Abbildung gezeigten Anblick.

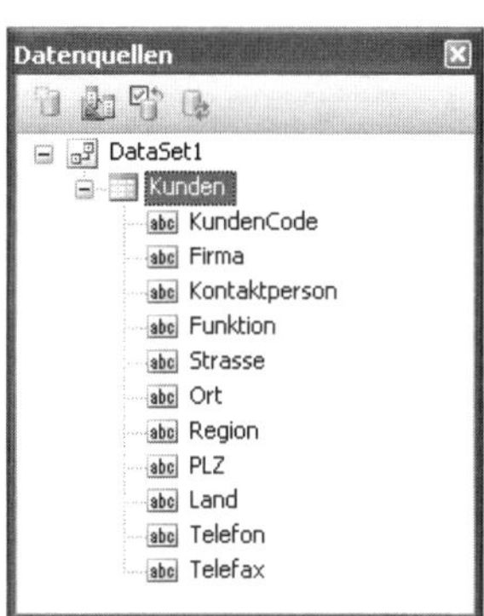

Abbildung 5.7 Datenquellen-Fenster (links) und DataSet-Designer (rechts) nach Fertigstellung des typisierten DataSets

Das typisierte DataSet kann zur Drag & Drop-Datenbindung in Windows Forms-Fenstern oder per Programmcode verwendet werden.

HINWEIS Beachten Sie, dass es sich beim typisierten DataSet um eine Klasse handelt, die vor ihrer Verwendung erst noch zu instanziieren ist!

BEISPIEL

Das typisierte DataSet *DataSet1* (siehe obige Abbildung) wird instanziiert, mit Daten gefüllt und angezeigt.

```
Imports DataSet1TableAdapters                   ' Namespace für TableAdapter

Dim kta As New KundenTableAdapter()             ' TableAdapter instanziieren
Dim ds1 As New DataSet1()                       ' typ. DataSet instanziieren
kta.Fill(ds1.Kunden)                            ' typ. DataSet füllen
DataGridView1.DataSource = ds1.Kunden           ' ... und anzeigen
```

CD-ROM Das vollständige Beispiel finden Sie auf der Buch-CD!

Das Datenquellen-Konzept

Wie Sie bereits erfahren haben, sind typisierte DataSets und Datenquellen eng miteinander verknüpft. Ganz allgemein repräsentiert eine Datenquelle die Daten, die für die Applikation verfügbar sind. Die Daten müssen aber nicht unbedingt von einer Datenbank kommen. Der *Assistent zum Konfigurieren von Datenquellen* erlaubt Daten aus drei verschiedenen Quellen:

- Datenbank
  Das kann entweder eine serverbasierte Datenbank wie der SQL Server oder Oracle sein, oder eine filebasierte Datenbank wie Access. Visual Studio generiert automatisch typisierte DataSets und andere Klassen und fügt diese zu Ihrem Projekt hinzu.
- Objekt
  Irgendein Objekt mit öffentlichen Eigenschaften kann ebenfalls als Datenquelle dienen. Es ist nicht notwendig, dafür ein spezielles Interface zu implementieren.
- Webservice
  Beim Erzeugen einer Datenquelle von einem Webdienst werden Objekte erstellt, die mit dem Datentyp korrespondieren, der vom Webdienst geliefert wird.

Eine Datenquelle dient einem doppelten Zweck:

Zum Ersten ist es ein Weg um das Erstellen streng typisierter Klassen zu spezifizieren, welche die Anwendungsdaten repräsentieren, zum Zweiten stellt die Datenquelle einen flexiblen Mechanismus zur schnellen Entwicklung attraktiver und funktioneller WinForms und WebForms Benutzerschnittstellen bereit.

HINWEIS Eine schrittweise Anleitung zum Einrichten einer Datenquelle bietet Ihnen das PB5.12 »Einrichten und Benutzen einer Datenquelle«.

Typisierte DataSets und TableAdapter

Eine Datenbank-Datenquelle ist die Kombination eines streng typisierten *DataSets* mit einem oder mehreren Pärchen von streng typisierten *DataTables* und *TableAdapters*.

Ein typisiertes DataSet ist, soviel wissen wir bereits, eine automatisch generierte Wrapper-Klasse, die die *DataSet*-Klasse »umhüllt« und ein definiertes Schema zusammen mit Eigenschaften und Methoden besitzt.

Das ist aber noch nicht alles. Zusätzlich werden für jede *DataTable* des *DataSet*s drei abgeleitete Klassen generiert: eine typisierte *DataTable*, eine typisierte *DataRow* und eine typisierte *DataRowChangeEvent* Klasse.

BEISPIEL

Eine Datenquelle, basierend auf der *Customers* Tabelle der *Northwind*-Datenbank, führt zum Generieren folgender typisierter Klassen:

```
NorthwindDataSet
CustomersDataTable
CustomersDataRow
CustomersRowChangeEvent
CustomersTableAdapter
```

Bereits die ersten vier Klassen des Beispiels charakterisieren ein typisiertes *DataSet*. In Visual Studio 2005 wird aber noch eine fünfte Klasse generiert, ein typisierter *TableAdapter* mit dem Namen*CustomersTableAdapter*, auf den wir noch ausführlicher zu sprechen kommen werden.

Warum sollte man ein typisiertes DataSet einsetzen?

Hier die wichtigsten Vorzüge im Detail:

- *DataSet*s, *DataTable*s, *DataRow*s und *RowChangeEvent* sind vom Datenschema abhängig.
- *Tables*, *Columns* und *Relations* stehen als benannte Eigenschaften zur Verfügung und nicht mehr als allgemeine Mitglieder einer Auflistung.
- Der Programmierer hat unter Visual Studio 2005 die volle Unterstützung der IntelliSense (automatische Codevervollständigung), was die Entwicklung des Codes beschleunigt und die Wahrscheinlichkeit von Tippfehlern verringert.
- Fehlerprüfungen erfolgen bereits beim Kompilieren (z.B. führt ein falscher Feldname bereits zu einem Kompilier- und nicht erst zu einem Laufzeitfehler).
- Der Code ist konsistenter und lesbarer (siehe folgendes Beispiel).

BEISPIEL

Vergleich der Schreibweisen beim Zugriff auf die *ContactName*-Spalte in der vierten Zeile der *Customers*-Tabelle der *Northwind*-Datenbank.

Normales DataSet *nwDS*:

```
Dim cName As String = nwDS.Tables("Customers").Rows(3)("ContactName").ToString
```

Typisiertes DataSet *NorthwindDataSet*:

```
Dim cName As String = NorthwindDataSet.Customers(3).ContactName
```

Die zweite Variante ist doch viel transparenter – oder? Die von seinem untypisierten Vorfahren geerbte Funktionalität bleibt natürlich erhalten, Sie können deshalb ein typisiertes DataSet optional auch mit der gleichen Syntax wie ein normales DataSet abfragen.

Der neue TableAdapter

Ein *TableAdapter* ist das streng typisierte Äquivalent zum normalen *DataAdapter*.

Sie benutzen den *TableAdapter* zunächst genauso wie den *DataAdapter*, d.h. zur Verbindungsaufnahme mit einer Datenbank, zum Ausführen von Abfragen (oder gespeicherten Prozeduren) und zum Befüllen einer *DataTable* mit Daten.

BEISPIEL

Die (typisierte) Tabelle *NorthwindDataSet.Customers* wird mit Daten gefüllt.

```
Me.CustomersTableAdapter.Fill(Me.NorthwindDataSet.Customers)
```

Der *TableAdapter* offeriert gegenüber seinem nichttypisierten Kollegen einige gewichtige Vorteile:

- Ein und dieselbe *TableAdapter*-Klasse kann von einer oder mehreren Forms oder Controls benutzt werden, sodass alle Änderungen der Abfragen sich automatisch in allen Instanzen auswirken. Dies ist ein deutlicher Unterschied zur bisherigen Situation, wo jede Datenzugriffskomponente ihren eigenen individuell konfigurierten *DataAdapter* haben musste. Damit sichern Sie ab, dass *DataTable*s und *DataAdapter*s synchron arbeiten.
- Anstatt mehrere *DataAdapter* zu benutzen (oder selbst Umschaltcode zu schreiben um mehrere Abfragen für eine einzelne *DataTable* zu ermöglichen), erlaubt ein *TableAdapter* die Definition mehrerer Abfragen pro *DataTable*.
- Die verschiedenen *Command*-Objekte treten nicht mehr direkt, sondern als benannte *Fill...* bzw. *Update...*-Methoden des *TableAdapter*s in Erscheinung, Sie können diese Methoden per DataSet-Designer beliebig hinzufügen, wobei automatisch Typ- und Werteinformationen für alle Parameter zur Verfügung stehen. Sie brauchen sich also nicht länger über providerspezifische Datentypen, wie z.B. *SqlInt*, zu ärgern!

BEISPIEL

Die folgende einfachen Abfrage mit einem Parametern soll ausgeführt werden:

```
SELECT CompanyName, ContactName FROM Customers WHERE City = @city
```

Auch wenn Sie ein typisiertes DataSet verwenden bleibt der Code unter dem alten Visual Studio 2002/ 2003 doch ziemlich unübersichtlich:

```
SqlDataAdapter1.SelectCommand.Parameters("@city").Value = ListBox1.SelectedItem.ToString
SqlDataAdapter1.Fill(Me.NorthwindDataSet.Customers)
```

Wenn sich die Anzahl der Parameter vergrößert wächst auch die Zahl der Codezeilen. Lästige Fehler entstehen, wenn man den Parameternamen falsch eintippt. Auch wenn Sie den Parameternamen richtig schreiben, müssen Sie sich auch noch an den dazugehörigen Datentyp erinnern. Das Schlimmste aber ist, dass Sie erst zur Laufzeit informiert werden, wenn mit den Parametern etwas nicht stimmt!

Mit dem *TableAdapter* von Visual Studio 2005 muss man nach Definition einer *Fill..*-Abfragemethode lediglich eine einzige Zeile Code schreiben um einen (oder auch mehrere) Parameterwerte zu übergeben:

BEISPIEL

Der Abfragemethode *FillByCity* wird als Parameter der Name einer Stadt aus einer *TextBox* übergeben.

```
Me.CustomersTableAdapter.FillByCity (Me.NorthwindDataSet.Customers, Me.TextBox1.Text)
```

Da die Abfragemethoden streng typisiert sind, erhalten Sie beim Schreiben von Code die volle Unterstützung der Intellisense von Visual Studio 2005.

HINWEIS Eine Anleitung, wie Sie zu einem *TableAdapter* Abfragemethoden hinzufügen, erhalten Sie im PB5.12 »Einrichten und Benutzen einer Datenquelle«.

Praxisbeispiele

PB5.1 Eine DataTable erzeugen und in einer Binärdatei speichern

FileStream-Objekt: *Length*-Eigenschaft; *BinaryReader*-Objekt: *ReadInt32*-, *ReadDecimal*-, *ReadString*-Methode; *BinaryWriter*-Objekt: *Write*-Methode; *DataColumn*-Objekt: *AutoIncrement*-, *AllowDBNull*-, *DefaultValue*-Eigenschaft; *DataRow*-Objekt: *NewRow*-Methode; *DataTable*-Objekt: *Rows*-Auflistung, *Add*-Methode;

Dieses Beispiel soll den Lernenden vor allem mit der *DataTable* und ihrer Struktur, die sich in den verschiedenen in ihr enthaltenen Objekten widerspiegelt, vertraut machen.

Dabei geht es auch um die Feststellung, dass der Inhalt eines *DataSets* bzw. einer *DataTable* nicht immer in einer Datenbank abgelegt werden muss, denn oft genügt auch das Abspeichern in einer Datei.

Mangels Datenbank kann man sich dann aber seine *DataTable* nicht mehr so einfach per *Fill*-Methode vom *DataAdapter* erzeugen lassen, sondern muss sie schrittweise selbst per Code »zusammenbasteln«.

Vorbild für unser Beispiel ist eine Tabelle »Belege« mit folgender Struktur, die für den Lernenden den Vorteil bietet, dass mehrere unterschiedliche Datentypen enthalten sind.

Feld	Datentyp
Nr	Integer
EingangsDatum	DatumZeit
KuNr	Integer
GesamtNetto	Währung
Bemerkung	String

Tabelle 5.10 Tabellenstruktur

Oberfläche

Außer dem Startformular (*Form1*) werden ein *DataGridView* und drei *Buttons* benötigt (siehe Laufzeitansicht am Schluss).

Quellcode

```
Imports System.IO

Public Class Form1
    Private dt As DataTable
```

Da die Tabellenstruktur nicht aus einer Datenbank übernommen werden kann, müssen wir uns um das Erzeugen der *DataTable* selbst kümmern:

```
    Private Function getDataTable() As DataTable
        Dim dt As New DataTable("Belege")
        Dim col0 As DataColumn = dt.Columns.Add("Nr", GetType(System.Int32))
        col0.AutoIncrement = True
        col0.AutoIncrementStep = 1

        Dim col1 As DataColumn = dt.Columns.Add("EingangsDatum", GetType(System.DateTime))
        col1.AllowDBNull = False
        col1.DefaultValue = DateTime.Now

        Dim col2 As DataColumn = dt.Columns.Add("KuNr", GetType(System.Int32))
        col2.AllowDBNull = False

        Dim col3 As DataColumn = dt.Columns.Add("GesamtNetto", GetType(System.Decimal))
        col3.DefaultValue = 0

        Dim col4 As DataColumn = dt.Columns.Add("Bemerkung", GetType(System.String))
        col4.DefaultValue = ""
        col4.MaxLength = 50
        Return dt
    End Function
```

Der Aufruf obiger Methode und das Verbinden mit dem *DataGridView* erfolgen beim Laden des Formulars:

```
    Protected Overrides Sub OnLoad(ByVal e As System.EventArgs)
        dt = getDataTable()
        DataGridView1.DataSource = dt            ' Datengitter an DataTable anbinden
        formatDataGridView(DataGridView1)        ' ... und formatieren

        MyBase.OnLoad(e)
    End Sub
```

Es erleichtert das Verständnis, wenn wir nicht mit dem Lesen, sondern mit dem Abspeichern der *DataTable* beginnen:

```
    Private Sub Button2_Click(ByVal sender As System.Object, ByVal e As System.EventArgs) _
                                                                         Handles Button2.Click
        Dim wStream As New FileStream("Belege.dat", FileMode.OpenOrCreate, FileAccess.Write)
        Dim bWriter As New BinaryWriter(wStream)
```

Wichtig für das spätere Auslesen der Datei ist, dass wir als ersten Wert die Zeilenanzahl der *DataTable* abspeichern:

```
        bWriter.Write(dt.Rows.Count)
```

Jede Zeile der *DataTable* wird nun einzeln abgespeichert, die Typkonvertierung ist wegen des *Object*-Datentyps der *DataRow*-Elemente erforderlich:

```
        For Each rw As DataRow In dt.Rows
            bWriter.Write(CType(rw("Nr"), Integer))
            bWriter.Write(CType(rw("EingangsDatum"), String))
            bWriter.Write(CType(rw("KuNr"), Integer))
            bWriter.Write(CType(rw("GesamtNetto"), Decimal))
            bWriter.Write(CType(rw("Bemerkung"), String))
        Next
        bWriter.Flush()             ' Puffer => Datei
        bWriter.Close()
        wStream.Close()
    End Sub
```

Von der Datei laden:

```
    Private Sub Button1_Click(ByVal sender As System.Object, ByVal e As System.EventArgs) _
                                                                    Handles Button1.Click
        Dim rStream As New FileStream("Belege.dat", FileMode.OpenOrCreate, FileAccess.Read)
        Dim bReader As New BinaryReader(rStream)
```

Zuerst muss die Anzahl der in der Datei abgespeicherten Datensätze eingelesen werden:

```
        Dim max As Integer = bReader.ReadInt32     ' zuerst die Anzahl der Datensätze lesen
        If (rStream.Length > 0) Then               ' kein Lesen bei leerer bzw. neu angelegter Datei
```

Nun den Dateiinhalt zeilenweise einlesen und in die *DataRow* schreiben:

```
            For i As Integer = 1 To max
                Dim rw As DataRow = dt.NewRow
```

Die Spalten der Zeile mit Werten füllen:

```
                rw("Nr") = bReader.ReadInt32
                rw("EingangsDatum") = Convert.ToDateTime(bReader.ReadString)
                rw("KuNr") = bReader.ReadInt32
                rw("GesamtNetto") = bReader.ReadDecimal
                rw("Bemerkung") = bReader.ReadString
```

Schließlich die komplett beschriebene *DataRow* zur *DataTable* hinzufügen:

```
                dt.Rows.Add(rw)
            Next i
        End If
        bReader.Close()
        rStream.Close()
    End Sub
```

Die Anzeige löschen wir, indem wir die komplette *DataTable* löschen:

```
    Private Sub Button3_Click(ByVal sender As System.Object, ByVal e As System.EventArgs) _
                                                                    Handles Button3.Click
        dt.Clear()
    End Sub
```

Das Formatieren des *DataGridView* beschränken wir auf die Spalten »EingangsDatum« und »GesamtNetto«:

```
    Private Sub formatDataGridView(ByVal dgv As DataGridView)    ' Datum formatieren:
        dgv.Columns.Remove("EingangsDatum")
        Dim tbc1 As New DataGridViewTextBoxColumn()
        tbc1.DataPropertyName = "EingangsDatum"
```

```
        tbc1.HeaderText = "EingangsDatum"
        tbc1.Width = 90
        tbc1.DefaultCellStyle.Format = "d"
        tbc1.DefaultCellStyle.Alignment = DataGridViewContentAlignment.MiddleCenter
        tbc1.DisplayIndex = 1
        dgv.Columns.Add(tbc1)

        ' Währung formatieren:
        dgv.Columns.Remove("GesamtNetto")
        Dim tbc2 As New DataGridViewTextBoxColumn()
        tbc2.DataPropertyName = "GesamtNetto"
        tbc2.HeaderText = "GesamtNetto"
        tbc2.Width = 80
        tbc2.DefaultCellStyle.Format = "c"
        tbc2.DefaultCellStyle.Alignment = DataGridViewContentAlignment.MiddleRight
        tbc2.DefaultCellStyle.Font = New Font(DataGridView1.Font, FontStyle.Bold)
        tbc2.DisplayIndex = 3
        dgv.Columns.Add(tbc2)
    End Sub
End Class
```

Test

Tragen Sie gleich zu Beginn einige Datensätze ein. Der Wert in der »Nr«-Spalte wird (dank *AutoIncrement=True*) automatisch ergänzt. Sie können Datensätze editieren oder mit der *Entf*-Taste löschen. Durch die *Esc*-Taste oder *Strg+Z* lassen sich Änderungen rückgängig machen.

Speichern Sie ab , löschen Sie die Anzeige und laden Sie dann erneut!

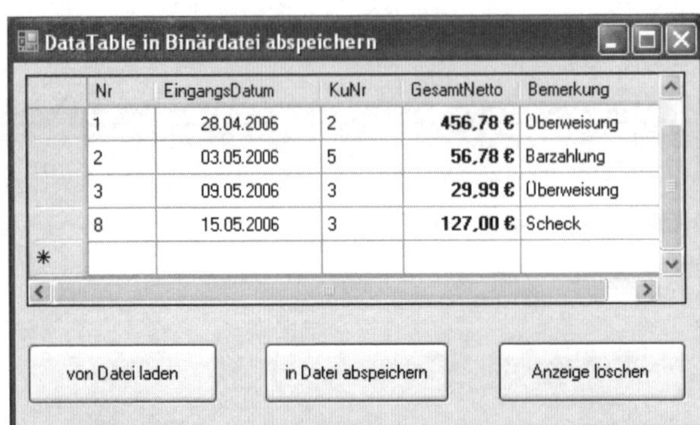

Abbildung 5.8 Laufzeitansicht des Beispiels

CD-ROM Die erzeugte Datei *Belege.dat* finden Sie im *\bin\Debug*-Unterverzeichnis des Projekts.

Bemerkungen

- Damit der Quellcode übersichtlich bleibt, wurde auf eine Fehlerbehandlung, z.B. bei Eingabe eines ungültigen Datums, verzichtet.
- Wie man nicht nur eine einfache *DataTable*, sondern ein komplettes *DataSet* mit zwei über eine Relation verknüpften Tabellen »per Hand« erzeugt, ist Teil des PB5.10 »Ein DataSet in einen Xml-String konvertieren«.

- Die Verwendung der neuen *RemotingFormat*-Eigenschaft von *DataSet/DataTable* zum binären Serialisieren wird im PB5.9 »Binäre Serialisierung eines DataSets« beschrieben.
- Wie das nachfolgende PB5.2 »Eine DataTable in einer Xml-Datei abspeichern« zeigt, kann man eine *DataTable* auch mit deutlich weniger Code auf der Festplate ablegen.

PB5.2 Eine DataTable in einer Xml-Datei abspeichern

DataSet-/DataTable-Objekt: *ReadXml-*, *WriteXml*-Methode; *XmlWriteMode*-Enumeration;

Im vorhergehenden PB5.1 »Eine DataTable erzeugen und in einer Binärdatei speichern« musste relativ aufwändig mit *FileStream*, *BinaryReader*, *BinaryWriter* etc. gearbeitet werden um die Datenpersistenz zu gewährleisten. Wenn Sie aber die *DataTable* statt in einer Binärdatei in einer Xml-Datei abspeichern wollen, können Sie sich einige Codezeilen ersparen, denn genauso wie ein *DataSet* verfügt auch eine *DataTable* über die Methoden *ReadXml* und *WriteXml*, mit denen es von einer Xml-Datei gelesen bzw. in diese geschrieben werden kann.

Oberfläche

Diese entspricht 100%-ig dem Vorgängerbeispiel.

Quellcode

Der Code hinter den Schaltflächen »von Datei laden« und »in Datei abspeichern« vereinfacht sich drastisch (der übrige Code bleibt unverändert):

Von Datei laden:

```
Private Sub Button1_Click(ByVal sender As Object, ByVal e As EventArgs e) Handles Button1.Click
    dt.ReadXml("Belege.xml")
End Sub
```

In Datei abspeichern (Inhalt plus Schema-Informationen):

```
Private Sub Button2_Click(ByVal sender As Object, ByVal e As EventArgs) Handles Button2.Click
    dt.WriteXml("Belege.xml", XmlWriteMode.WriteSchema)
End Sub
```

Test

Im Vergleich zum Vorgängerbeispiel ist kein unterschiedliches Verhalten festzustellen, allerdings befindet sich jetzt im Anwendungsverzeichnis keine Binär- sondern eine Xml-Datei (*Belege.xml*).

PB5.3 Master-Detailbeziehungen im DataGrid anzeigen

DataSet-Objekt: *Tables-*, *Relations-*, -Auflistung: *Add*-Methode; *DataRelation*-Objekt; *DataGrid*-Control;

Das gute alte *DataGrid* kann kann mehrere Tabellen gleichzeitig verwalten, dies ist fast der einzige (wenn auch nicht unbedeutende) Vorteil gegenüber dem strahlenden Nachfolger *DataGridView*. Im vorliegenden Beispiel zeigen wir, wie man ohne viel Mehraufwand eine Darstellung von zwei verknüpften Tabellen

(*Kunden* und *Bestellungen* aus der *Nordwind*-Datenbank) erreichen kann. Dabei lernen wir, wie man eine *DataRelation* erstellt und anwendet.

Oberfläche

Ein *DataGrid* und ein *Button* genügen für unseren kleinen Test. Da Visual Studio 2005 das *DataGrid* aus der Toolbox vertrieben hat, müssen wir es aus der »Mottenkiste« wieder herausholen (Kontextmenü *Elemente auswählen...* und unter ».NET Framework-Komponenten« suchen).

Quellcode

```
Imports System.Data.OleDb

Public Class Form1
```

Einrichten der Verbindung zur Datenbank:

```
    Private Sub Button1_Click(ByVal sender As System.Object, ByVal e As System.EventArgs) _
                                                                       Handles Button1.Click
        Dim connStr As String = "Provider=Microsoft.Jet.OLEDB.4.0; Data Source=Nordwind.mdb;"
        Dim conn As New OleDbConnection(connStr)
```

Die Tabelle *Kunden* wird in das *DataSet* geladen:

```
        Dim selStr As String = "SELECT KundenCode, Firma, Kontaktperson, Telefon FROM Kunden"
        Dim da As New OleDbDataAdapter(selStr, conn)
        Dim ds As New DataSet()
        conn.Open()
        da.Fill(ds, "Kunden")
```

Die Tabelle *Bestellungen* wird geladen:

```
        selStr = "SELECT Bestellungen.BestellNr, Bestellungen.KundenCode," & _
                 " Bestellungen.Bestelldatum, Bestellungen.Versanddatum" & _
                 " FROM Kunden, Bestellungen WHERE (Kunden.KundenCode = Bestellungen.KundenCode)"
        da = New OleDbDataAdapter(selStr, conn)
        da.Fill(ds, "Bestellungen")
        conn.Close()
```

Die *DataRelation* wird zum *DataSet* hinzugefügt:

```
        ds.Relations.Add("KundenBestellungen", ds.Tables("Kunden").Columns("KundenCode"), _
                                               ds.Tables("Bestellungen").Columns("KundenCode"))
```

Anbinden des *DataGrid*:

```
        DataGrid1.SetDataBinding(ds, "Kunden")
    End Sub
End Class
```

Test

Das *DataGrid* zeigt zunächst eine scheinbar normale Darstellung der Kunden. Nach Klick auf das Kreuzchen in der ersten Tabellenspalte können Sie die Darstellung expandieren (siehe Abbildung links).

Nachdem Sie auf den Hotspot »KundenBestellungen« geklickt haben erscheinen im *DataGrid* die gewünschten Detaildatensätze (siehe Abbildung rechts).

HINWEIS Um zur Master-Tabelle zurückzukehren, klicken Sie auf den kleinen weißen Pfeil rechts oben in der Titelleiste der Detailansicht.

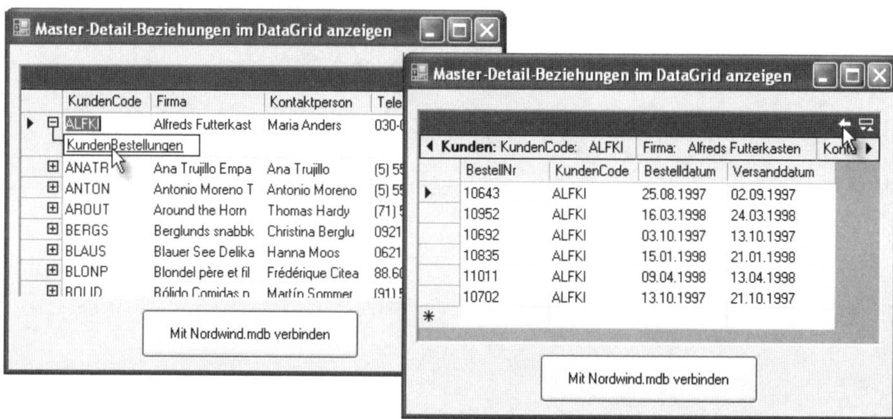

Abbildung 5.9 Master- und Detailansicht im *DataGrid*

PB5.4 In einem DataView sortieren und filtern

DataTable-Objekt: DefaultView-Eigenschaft; *DataView*-Objekt: *Sort-*, *RowFilter*-Eigenschaft;

Ein *DataView*-Objekt visualisiert die Daten eines *DataTable*-Objekts und ermöglicht gleichzeitig ein bequemes Suchen und Filtern. Das vorliegende Beispiel zeigt eine einfache Anwendung zum Sortieren und Filtern auf Basis der *Artikel*-Tabelle aus *Nordwind.mdb*.

Oberfläche

Wir brauchen ein *DataGridView*, einen *Button* und zwei *TextBox*en. Letztere dienen der Eingabe der *Sort-* und der *RowFilter*-Eigenschaft des *DataView*-Objekts. Die Syntax dieser Eigenschaften ist SQL-orientiert. Um beim Experimentieren nicht jedes Mal komplett die *Sort-* und *RowFilter*-Eigenschaften neu eintippen zu müssen, sollten Sie gleich zur Entwurfszeit beiden *TextBox*en gültige Anfangswerte zuweisen, z.B.

- *Sort*: *Artikelname DESC*
- *RowFilter*: *Artikelname LIKE 'M%' AND Einzelpreis < 50*

Quellcode

```
Imports System.Data.OleDb
Public Class Form1
```

Alle benötigten Objekte werden global referenziert:

```
    Private dv As DataView
```

Beim Laden der Anwendung erfolgt das Instanziieren und Initialisieren der Objekte:

```
Protected Overrides Sub OnLoad(ByVal e As System.EventArgs)
    Dim conn As New OleDbConnection("Provider=Microsoft.Jet.OLEDB.4.0; Data Source=Nordwind.mdb;")
    Dim cmd As New OleDbCommand("SELECT ArtikelNr, Artikelname," + _
                             "Liefereinheit,Einzelpreis FROM Artikel", conn)
    Dim da As New OleDbDataAdapter(cmd)
    Dim dt As New DataTable()
    da.Fill(dt)                          ' DataTable füllen
    dv = dt.DefaultView                  ' Erzeugen des DataView in Standardansicht
    DataGridView1.DataSource = dv        ' Datengitter an DataView anbinden

    MyBase.OnLoad(e)
End Sub
```

Zum Filtern und Sortieren werden die Inhalte aus den Textboxen zugewiesen:

```
Private Sub Button1_Click(ByVal sender As System.Object, ByVal e As System.EventArgs) _
                                                                    Handles Button1.Click
    dv.Sort = TextBox1.Text
    dv.RowFilter = TextBox2.Text
End Sub
End Class
```

Test

Nach Programmstart zeigt die *DataView* zunächst alle Artikel in Standardansicht an. Nach dem Anklicken der »Start«-Schaltfläche werden z.B. nur noch alle mit »M« beginnenden Artikel mit einem Einzelpreis von z.B. unterhalb *50 Euro* in umgekehrter alphabetischer Reihenfolge angezeigt.

Weiteren Experimenten steht nun nichts mehr im Wege (bescheidene SQL-Kenntnisse vorausgesetzt).

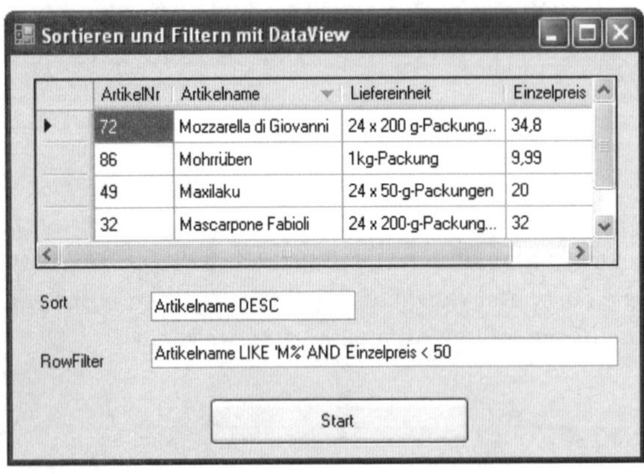

Abbildung 5.10 Laufzeitansicht des Beispiels

Bemerkungen

- Die SQL-Syntax der *RowFilter*-Eigenschaft ist dieselbe wie die der *Expression*-Eigenschaft des *DataColumn*-Objekts.
- Neben dem »%«-Platzhalterzeichen können Sie auch das Zeichen »*« verwenden.

PB5.5 Nach Datensätzen suchen

DataView-Objekt: *Sort*-Eigenschaft, *Find*-, *FindRows*-Methode; *DataRowView*-Array; *DataTable*-Objekt: *Clone*-, *NewRow*-Methode; *ComboBox*-Control;

Nicht nur Sortieren und Filtern, auch das Suchen von Datensätzen ist ein wichtiges Anwendungsfeld des *DataView*-Objekts, wozu die *Find*- und die *FindRows*-Methode eingesetzt werden. Das vorliegende Beispiel zeigt außerdem die Auswahl von Spalten mittels *ComboBox* und die Übertragung eines *DataRowView*-Arrays in eine *DataTable*.

Oberfläche

Für unseren Test benötigen wir ein *DataGridView*, eine *ComboBox*, eine *TextBox* und drei *Buttons* (siehe Laufzeitabbildung).

Quellcode

```
Imports System.Data.OleDb

    Public Class Form1
        Private dv As DataView
        Private dt As DataTable
```

Die üblichen Routineaktivitäten beim Starten:

```
     Protected Overrides Sub OnLoad(ByVal e As System.EventArgs)
        Dim conn As New OleDbConnection("Provider=Microsoft.Jet.OLEDB.4.0; Data Source=Nordwind.mdb;")
        Dim cmd As New OleDbCommand("SELECT * FROM Kunden", conn)
        Dim da As New OleDbDataAdapter(cmd)
        dt = New DataTable("Kundenliste")
        conn.Open()
        da.Fill(dt)
        conn.Close()
        dv = dt.DefaultView
```

Die Übertragung der Spaltenbezeichner in die ComboBox:

```
        For Each c As DataColumn In dt.Columns
            ComboBox1.Items.Add(c.ColumnName)
        Next
        ComboBox1.SelectedIndex = 5         ' Spalte "Ort" anzeigen
        TextBox1.Text = "London"            ' Default-Suchbegriff
```

Die Anzeige:

```
        DataGridView1.DataSource = dv

        MyBase.OnLoad(e)
    End Sub
```

Wir beginnen mit der *FindRows*-Methode, welche ein *DataRowView*-Array mit **allen** gefundenen Datensätzen füllt:

```
    Private Sub Button1_Click(ByVal sender As System.Object, ByVal e As System.EventArgs) _
                                                                        Handles Button1.Click
```

```
        dv.Sort = ComboBox1.Text          ' vor dem Suchen muss sortiert werden!
        Dim arr() As DataRowView = dv.FindRows(TextBox1.Text)
```

Den Array-Inhalt in eine weitere *DataTable* kopieren, um die Datensätze bequem im *DataGridView* anzeigen zu können[1]:

```
        Dim dt2 As DataTable = dt.Clone()             ' neue leere DataTable erzeugen,
                                                      ' Schema entspricht der ersten Tabelle
        For i As Integer = 0 To arr.Length - 1        ' alle Array-Zeilen durchlaufen
            Dim rw As DataRow = dt2.NewRow()             ' neue Zeile mit Schema der DataTable erzeugen
            For j As Integer = 0 To dt2.Columns.Count - 1      ' alle Array-Spalten durchlaufen
                rw(j) = arr(i)(j)                     ' DataRow-Feld mit Wert der Array-Zelle füllen
            Next
            dt2.Rows.Add(rw)                       ' DataRow zur DataTable addieren
        Next
        DataGridView1.DataSource = dt2         ' alle gefundenen Datensätze angezeigen
    End Sub
```

Die *Find*-Methode liefert lediglich den Index des **ersten** gefundenen Datensatzes. Auch hier muss die zu durchsuchende Tabellenspalte vorher mittels *Sort*-Eigenschaft zugewiesen werden:

```
    Private Sub Button2_Click(ByVal sender As System.Object, ByVal e As System.EventArgs) _
                                                                    Handles Button2.Click
        dv.Sort = ComboBox1.Text
        Dim i As Integer = dv.Find(TextBox1.Text)
        If i < 0 Then
            MessageBox.Show("Keinen Datensatz gefunden!")
        Else
```

Markieren der ersten gefundenen Zeile:

```
            DataGridView1.CurrentCell = DataGridView1.Rows(i).Cells(0)
        End If
    End Sub
```

Das Zurücksetzen der Anzeige:

```
    Private Sub Button3_Click(ByVal sender As System.Object, ByVal e As System.EventArgs) _
                                                                  Handles Button3.Click
        DataGridView1.DataSource = dt
    End Sub
End Class
```

Test

Zu Beginn werden alle Datensätze in der Standardansicht angezeigt. Nach Auswahl der Tabellenspalte mittels *ComboBox* und Eingabe des Suchbegriffs wählen Sie die *FindRows*-Schaltfläche und es erscheinen alle gefundenen Datensätze im Datengitter.

HINWEIS Klicken Sie nach jedem Aufruf von »Find« oder »FindRows« den »Reset«-Button, ansonsten kann es zu einem Fehler kommen!

[1] Möglicherweise gibt es eine elegantere Lösung, aber auf jeden Fall lernen Sie hier einiges über den Zugriff auf Arrays und DataTables.

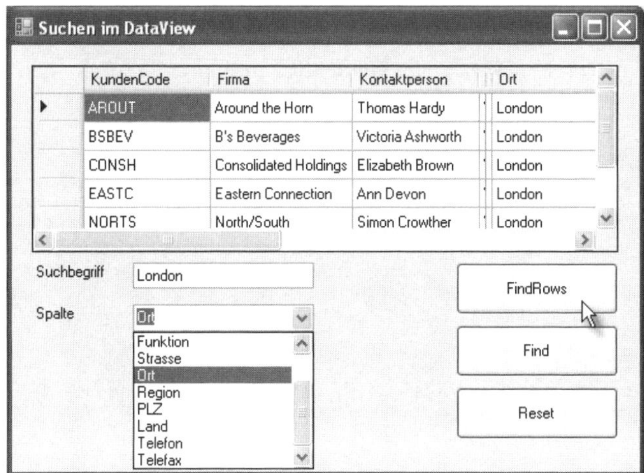

Abbildung 5.11 Laufzeitansicht nach Aufruf der *FindRows*-Methode

Die *Find*-Methode zeigt immer nur den ersten Treffer an und lohnt sich deshalb eigentlich nur bei der Suche in eindeutigen Spalten (z.B. *KundenCode*).

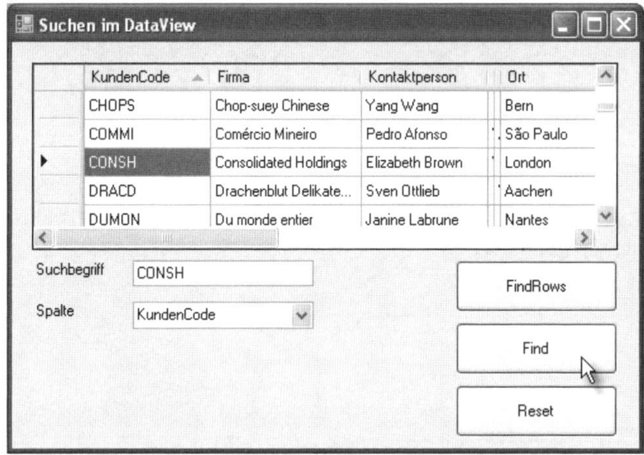

Abbildung 5.12 Laufzeitansicht nach Aufruf der *Find*-Methode

PB5.6 Vereinfachte Suche nach Datensätzen

DataView-Objekt: *RowFilter*-Eigenschaft; SQL: LIKE, %-Platzhalterzeichen

Das Vorgängerbeispiel ist zwar bezüglich des Umgangs mit *DataTable* und *DataView* sowie der Anwendung der Methoden *Find* und *FindRows* sehr aufschlussreich, für die praktische Suche nach Datensätzen aber eher ungeeignet, da stets der exakte Suchbegriff eingegeben werden muss.

Wer mit weniger Aufwand und mehr Komfort nach Datensätzen suchen will, der sollte sich an die im PB5.4 »In einem DataView sortieren und filtern« vorgestellte *RowFilter*-Eigenschaft erinnern. Unter Benutzung der SQL-Syntax (LIKE) und des Einbaus des Platzhalterzeichens »%« kann man erreichen, dass nicht der komplette Suchbegriff eingegeben werden muss, sondern dass die ersten Buchstaben ausreichen, um ähnliche Datensätze herauszufiltern.

Oberfläche

Für das Startformular benötigen Sie lediglich ein *DataGridView*, eine *ComboBox* und eine *TextBox* (siehe Laufzeitansicht).

Quellcode

```
Imports System.Data.OleDb

    Public Class Form1
        Private dv As DataView

        Protected Overrides Sub OnLoad(ByVal e As System.EventArgs)
        Dim conn As New OleDbConnection("Provider=Microsoft.Jet.OLEDB.4.0; Data Source=Nordwind.mdb;")
        Dim cmd As New OleDbCommand("SELECT * FROM Kunden", conn)
        Dim da As New OleDbDataAdapter(cmd)
        Dim dt As New DataTable("Kundenliste")
        conn.Open()
        da.Fill(dt)
        conn.Close()
        dv = New DataView(dt)           ' oder dv = dt.DefaultView
```

Die Übertragung der Spaltenbezeichner in die *ComboBox*:

```
        For Each c As DataColumn In dt.Columns
            ComboBox1.Items.Add(c.ColumnName)
        Next
```

Standardanzeige einstellen:

```
        ComboBox1.SelectedIndex = 1         ' Spalte "Firma"
        TextBox1.Text = "L"                 ' Default-Suchbegriff
        DataGridView1.DataSource = dv
        MyBase.OnLoad(e)
    End Sub
```

Die Suche startet nach Betätigen der Enter-Taste:

```
    Private Sub TextBox1_KeyUp(ByVal sender As System.Object, _
                          ByVal e As System.Windows.Forms.KeyEventArgs) Handles TextBox1.KeyUp
        If e.KeyCode = Keys.Enter Then
            dv.Sort = ComboBox1.Text
            dv.RowFilter = dv.Sort & " LIKE '" & TextBox1.Text & "%'"
        End If
    End Sub
End Class
```

Test

Stellen Sie in der *ComboBox* zuerst die Spalte ein, in der Sie suchen möchten. Geben Sie dann in die *TextBox* ein oder mehrere Zeichen für die Anfangsbuchstaben des zu suchenden Begriffs ein und beenden Sie die Eingabe mit der Enter-Taste.

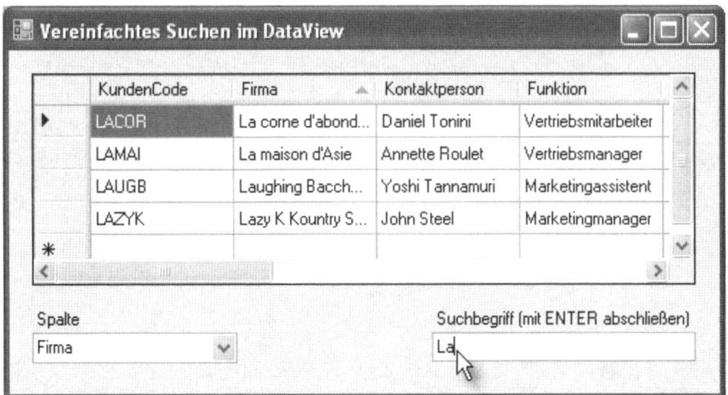

Abbildung 5.13 Suchen in der *Firma*-Spalte

HINWEIS Wenn Sie einen leeren Suchbegriff eingeben wird wieder die komplette Tabelle angezeigt.

PB5.7 Umwandlungen zwischen DataTable und DataReader

DataTable-Objekt: *Load*-Methode; *DataTableReader*-Objekt: *Read*-Methode; *IDataReader*-Interface;

Zu den neuen ADO.NET 2.0 Features gehört auch die Möglichkeit, auf direktem Weg den Inhalt einer *DataTable* bzw. eines *DataSets* in einen *DataReader* zu schaffen und umgekehrt. Unser Testprogramm demonstriert dies am Beispiel der *Customers*-Tabelle der *Northwind*-Datenbank des SQL Servers.

Oberfläche

Auf dem Startformular *Form1* platzieren wir eine *ListBox*, ein *DataGridView* und zwei *Buttons* (siehe Laufzeitabbildung).

Quellcode (Allgemein)

```
Imports System.Data.SqlClient

Public Class Form1
```

Zunächst definieren wir die Verbindungszeichenfolge zum SQL-Server und die SQL-Abfrage:

```
    Private Const CONNSTR As String = _
            "Data Source=.\SQLEXPRESS; Initial Catalog=Northwind; Integrated Security=sspi;"

    Private Const SQL As String = "SELECT * FROM Customers ORDER BY CompanyName"
```

Eine Hilfsmethode, die den Inhalt eines übergebenen *DataReader*-Objekts in der *ListBox* anzeigt:

```
    Private Sub showReader(ByVal dr As IDataReader)
        Dim str As String = String.Empty
        Dim spc As String = "    "
        ListBox1.Items.Clear()
        While dr.Read()
            str = dr("CustomerID") & spc
            str &= dr("CompanyName") & spc
            str &= dr("ContactName") & spc
```

```
            str &= dr("ContactTitle") & spc
            str &= dr("Address") & spc
            str &= dr("City") & spc
            ListBox1.Items.Add(str)
        End While
        dr.Close()
    End Sub
```

Quellcode (DataTable => DataReader)

```
    Private Sub Button1_Click(ByVal sender As System.Object, ByVal e As System.EventArgs) _
                                                                        Handles Button1.Click
        Dim conn As SqlConnection = New SqlConnection(CONNSTR)
        Try
            conn.Open()
            Dim cmd As New SqlCommand(SQL, conn)
            Dim da As New SqlDataAdapter(cmd)
            Dim dt As New DataTable()
            da.Fill(dt)
```

Die Klasse *DataTableReader* implementiert die *IDataReader*-Schnittstelle:

```
            Dim dtr As New DataTableReader(dt)
            showReader(dtr)
```

Wir leisten uns diesmal eine ausführliche Fehlerbehandlung:

```
        Catch ex As SqlException
            MessageBox.Show(ex.Message)
        Catch ex As InvalidOperationException
            MessageBox.Show(ex.Message)
        Catch ex As Exception
            MessageBox.Show(ex.Message)
        Finally
            conn.Close()
        End Try
    End Sub
```

Quellcode (DataReader => DataTable)

```
    Private Sub Button2_Click(ByVal sender As System.Object, ByVal e As System.EventArgs) _
                                                                        Handles Button2.Click
        Dim conn As New SqlConnection(CONNSTR)
        Try
            conn.Open()
            Dim cmd As New SqlCommand(SQL, conn)
            Dim dr As SqlDataReader = cmd.ExecuteReader(CommandBehavior.CloseConnection)
            Dim dt As New DataTable()
```

Die *Load*-Methode ermöglicht die Übernahme eines *DataReader*:

```
            dt.Load(dr, LoadOption.OverwriteChanges)
```

Die nachfolgende Fehlerbehandlung entspricht der obigen und wird deshalb nicht nochmals abgedruckt.

```
        ...
    End Sub
End Class
```

Test

Die Ergebnisse entsprechen den Erwartungen.

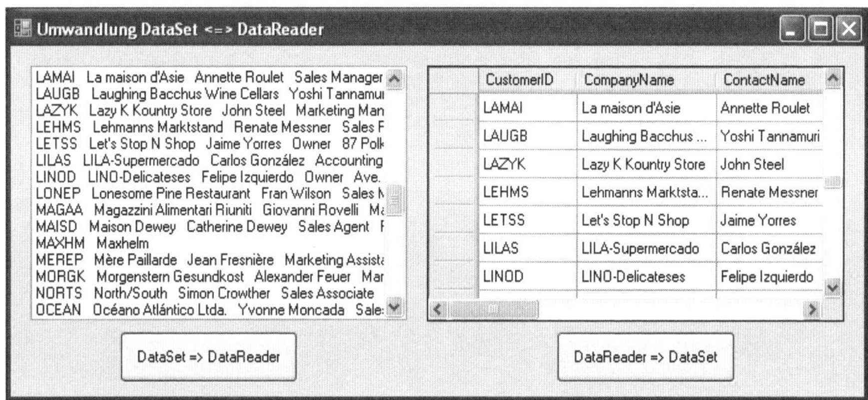

Abbildung 5.14 Laufzeitansicht des Beispiels

PB5.8 Laden großer Datenmengen in ein DataSet

DataSet-Objekt: *Tables*-Auflistung; *DataTable*-Objekt: *Rows*-Auflistung; *DataRow*-Objekt; *TimeSpan*-Klasse;

Mit diesem Testprogramm können Sie sich von den teilweise dramatischen Geschwindigkeitsvorteilen überzeugen, mit denen sich unter ADO.NET 2.0 größere Datenmengen in eine *DataTable* »schaufeln« lassen.

Wir definieren eine *DataTable* mit zwei Spalten und füllen diese in ein *DataSet*. In einer Schleife erzeugt das Programm eine vom Benutzer vorzugebende größere Anzahl von Datensätzen und fügt diese zur *DataTable* hinzu. Um ein reales Szenario möglichst gut nachzubilden, bestimmt ein Zufallszahlengenerator die Einträge. Die Zeit für den Aufbau des gefüllten *DataSets* wird gemessen und angezeigt.

Warum nehmen wir nicht einfach den Wert des Schleifenzählers, sondern eine Zufallszahl ? Weil in einem realen Szenario der Zugriff auf die Elemente einer *DataTable* nur selten sequenziell erfolgt. Für jede Operation (Insert, Update, Delete) muss zunächst die durch die Schlüsselspalte spezifizierte Zeile lokalisiert werden, anschließend erfolgt das Aktualisieren der Tabellenindizes. Würden wir eine Million Datensätze mit sequenziellen Schlüsselwerten in eine leere Tabelle laden, würde das viel zu schnell gehen und die Zeitmessung würde geschönte Ergebnisse liefern.

Oberfläche

Ein Formular, eine *TextBox* für die Eingabe der gewünschten Anzahl von Datensätzen, ein *Button* für den Start und einige *Label*s zur Anzeige genügen (siehe Laufzeitansicht).

Quellcode

```
Public Class Form1
    Private Sub Button1_Click(ByVal sender As System.Object, ByVal e As System.EventArgs) _
                                                                          Handles Button1.Click
        Dim ds As New DataSet()
        Label1.Text = String.Empty
        Label2.Text = String.Empty
        Dim start As New DateTime()
```

Erzeugen des *DataSets*:

```
        ds.Tables.Add("Test")
        ds.Tables(0).Columns.Add("Nr", GetType(System.Int32))
        ds.Tables(0).Columns("Nr").Unique = True               ' eindeutiger Schlüssel
        ds.Tables(0).Columns.Add("Wert", GetType(System.String))

        Dim n As Integer = Int32.Parse(TextBox1.Text)  ' Anzahl Iterationen
        Me.Cursor = Cursors.WaitCursor
        start = DateTime.Now        ' Startzeit
        Dim rnd As New Random()     ' Zufallszahlengenerator erzeugen
```

Hinzufügen von *n* Zeilen:

```
         For i As Integer = 1 To n - 1
            Try
                Dim z As Integer = rnd.Next()        ' neue Zufallszahl
                Dim dr As DataRow = ds.Tables(0).NewRow()
                dr("Nr") = z
                dr("Wert") = z.ToString()
                ds.Tables(0).Rows.Add(dr)
            Catch     ' Fehler bei doppeltem "Nr"-Wert
            End Try
        Next

        Me.Cursor = Me.DefaultCursor                    ' Mauszeiger zurücksetzen
```

Die Zeitdauer in Sekunden ermitteln:

```
        Dim ts As New TimeSpan(DateTime.Now.Ticks - start.Ticks)
```

Ergebnisanzeige:

```
        Label1.Text = ds.Tables("Test").Rows.Count.ToString    ' tatsächliche Anzahl der Zeilen
        Label2.Text = ts.TotalSeconds.ToString                 ' Zeitdauer
    End Sub
End Class
```

Test

Eine Million Datensätze sind kein Pappenstiel und so sind auch ADO.NET 2.0 und ein 2,6 GHz-Pentium-PC ca. 26 Sekunden mit dieser Herkulesarbeit beschäftigt. Wundern Sie sich aber nicht, dass weniger Datensätze als vorgegeben hinzugefügt wurden (in unserem Fall laut Abbildung 999767). Die fehlenden Datensätze haben wir dem Zufallszahlengenerator zu verdanken, welcher ab und zu auch mal doppelte *Nr*-Werte generiert hat, die dann aber aufgrund der *Unique*-Eigenschaft wieder verworfen werden mussten.

Abbildung 5.15 Laufzeitansicht

HINWEIS So richtig aussagekräftig ist das Ergebnis nur dann, wenn Sie das gleiche Programm ein zweites Mal unter Visual Studio 2002/2003 laufen lassen und die erzielten Werte vergleichen. Um eine Million Datensätze hinzuzufügen benötigt der gleiche Rechner eine Zeit, die für eine größere Frühstückspause ausreichen dürfte (ca. 25 Minuten).

PB5.9 Binäre Serialisierung eines DataSets

DataSet-/*DataTable*-Objekt: *RemotingFormat*-Eigenschaft; *ConnectionStringBuilder*-Objekt: *DataSource*-, *IntegratedSecurity*-, *InitialCatalog*-Eigenschaft;

In diesem Beispiel zeigen wir, wie Sie die neue *RemotingFormat*-Eigenschaft des *DataSet*s verwenden. Auch weitere neue ADO.NET 2.0-Features, wie die geänderten Anwendungseinstellungen und der *ConnectionStringBuilder*, kommen zum Einsatz. Voraussetzung ist eine SQL-Server-Installation und das Vorhandensein der *Northwind*-Datenbank.

Oberfläche

Öffnen Sie eine neue Windows-Anwendung mit dem Namen »SerialisierungsDemo« und gestalten Sie die abgebildete Oberfläche:

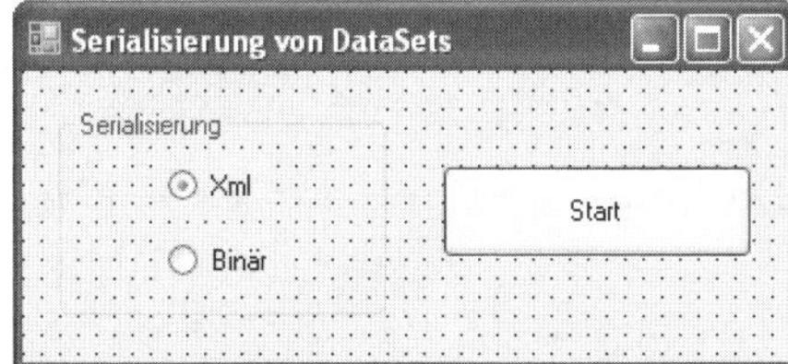

Abbildung 5.16 Bedienoberfläche

Um auch später Namen und Standort des SQL Servers (hier z.B. ».\SQLEXPRESS«) bequem ändern zu können, wird dieser nicht in den Quellcode, sondern in die Anwendungseinstellungen geschrieben. Öffnen

Sie dazu das Menü *Projekt|SerialisierungsDemo-Eigenschaften...* und das Dialogfenster »Einstellungen«. Tragen Sie Namen, Typ, Bereich und Wert entsprechend in die Tabelle ein (*Name = Servername, Typ = String, Bereich = Anwendung, Wert = .\SQLEXPRESS*).

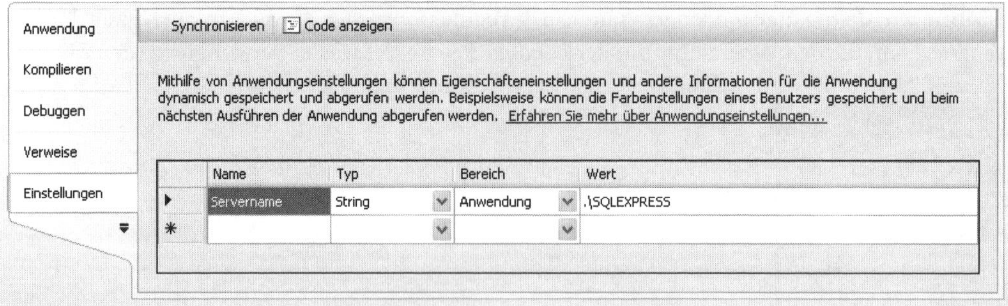

Abbildung 5.17 Der Name des SQL Servers wird in den Projekteinstellungen hinterlegt

Quellcode

```
Imports System.Data.SqlClient

Imports System.Runtime.Serialization.Formatters.Binary
Imports System.IO

Public Class Form1
```

Die Verbindungszeichenfolge zum SQL Server wird über einen *ConnectionStringBuilder* gewonnen. Der Name des SQL Servers wird dabei den Anwendungseinstellungen (siehe oben) entnommen:

```
    Private Function getConnectionString() As String
        Dim csb As New SqlConnectionStringBuilder()
```

Computername den Anwendungseinstellungen entnehmen:

```
        csb.DataSource = My.Settings.Servername
        csb.IntegratedSecurity = True
        csb.InitialCatalog = "Northwind"
        Return csb.ConnectionString
    End Function
```

Die »Start«-Schaltfläche:

```
    Private Sub Button1_Click(ByVal sender As System.Object, ByVal e As System.EventArgs) _
                                                                      Handles Button1.Click
```

Der Standort der erzeugten Dateien soll – gemeinsam mit den übrigen Projektdateien – zwei Verzeichnisebenen oberhalb des Anwendungsverzeichnisses liegen:

```
        Dim pfadXml As String = "..\..\Xml.txt"
        Dim pfadBinary As String = "..\..\Binary.txt"
```

Die folgenden Anweisungen laden alle Kunden aus der *Customers*-Tabelle in ein *DataSet*:

```
        Dim ds As New DataSet()
        Dim da As New SqlDataAdapter("SELECT * FROM Customers", getConnectionString())
        da.Fill(ds)
```

Zum Serialisieren des *DataSets* werden ein *BinaryFormatter* und ein *FileStream*-Objekt benötigt:

```
        Dim bf As New BinaryFormatter()
        Dim fs As FileStream
```

Die Entscheidung zwischen Xml- und Binär-Serialisierung wird durch Festlegen der *RemotingFormat*-Eigenschaft des *DataSets* getroffen. Mit der *Delete*-Methode der (statischen) *File*-Klasse wird eine eventuell vorhandene gleichnamige Datei gelöscht (falls die Datei nicht vorhanden ist wird kein Fehler ausgelöst!):

```
        If RadioButton1.Checked Then
            File.Delete(pfadXml)
            fs = New FileStream(pfadXml, FileMode.CreateNew)
            ds.RemotingFormat = SerializationFormat.Xml
        Else
            File.Delete(pfadBinary)
            fs = New FileStream(pfadBinary, FileMode.CreateNew)
            ds.RemotingFormat = SerializationFormat.Binary     ' neu in ADO.NET 2.0!
        End If
```

Jetzt wird serialisiert und die Ausgabe in die entsprechende Datei vorgenommen:

```
        bf.Serialize(fs, ds)
```

Die letzte Anweisung darf nicht vergessen werden, ansonsten führt ein erneutes Betätigen der *Start*-Schaltfläche zu einem Fehler:

```
        fs.Close()
    End Sub

End Class
```

Test

Unter der Voraussetzung, dass die Verbindung zum SQL Server steht, finden sich nach Betätigen der *Start*-Schaltfläche im Projektverzeichnis die Dateien *Xml.txt* bzw. *Binary.txt*. Das Öffnen mit einem Texteditor offenbart die gravierenden Sicherheitsdefizite des Xml-Formats, während die Binärdatei weitaus weniger »mitteilungsbedürftig« ist.

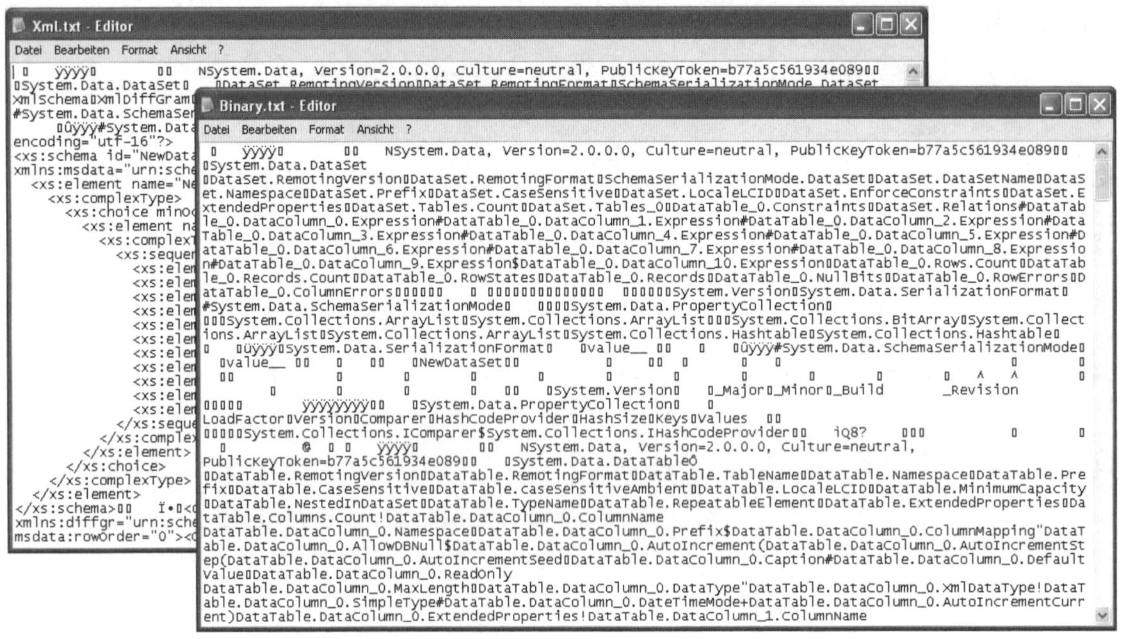

Abbildung 5.18 Textansicht der Xml-Datei (hinten) und der Binärdatei (vorn)

PB5.10 Ein DataSet in einen Xml-String konvertieren

DataSet-Objekt: *ReadXml-*, *WriteXml*-Methode; *MemoryStream*-Objekt; *XmlTextWriter*-Objekt; *StringReader*-Objekt; *Byte*-Array;

Dieses Beispiel zeigt Ihnen nicht nur, wie Sie ein beliebiges *DataSet*-Objekt in einen Xml-String verwandeln, sondern erklärt auch den umgekehrten Weg, nämlich die Rücktransformation eines Xml-Strings in ein *DataSet*.

Ganz nebenbei wird auch noch demonstriert, wie man ein *DataSet* (inklusive Relationen zwischen den Tabellen) in »Handarbeit« – also ganz ohne Datenbank – erstellen und füllen kann.

Konvertierungsmethoden

Grundlage beider Konvertierungen sind Überladungen der *WriteXml*- bzw. *ReadXml*-Methode des *DataSets*, welche diesmal nicht auf die Festplatte, sondern direkt auf den Arbeitsspeicher zugreifen.

```
Imports System.Xml
Imports System.IO
```

Die folgende Methode konvertiert das übergebene *DataSet* in einen Xml-String, wobei der Weg über einen *MemoryStream* und ein *Byte*-Array geht:

```
    Public Function ConvertDataSetToXML(ByVal ds As DataSet) As String

        Dim stream As MemoryStream
        Dim writer As XmlTextWriter
```

```
        Try
            stream = New MemoryStream()
```

XmlTextWriter mit dem *MemoryStream* initialiseren:

```
            writer = New XmlTextWriter(stream, System.Text.Encoding.Unicode)
```

DataSet in den *MemoryStream* schreiben und dabei auch die Strukturinformationen mit übergeben:

```
            ds.WriteXml(writer, XmlWriteMode.WriteSchema)
```

Byte-Array als Puffer erstellen (*MemoryStream* kann grundsätzlich nur in ein Byte-Array einlesen):

```
            Dim arr() As Byte = stream.ToArray()
```

Xml-String aus Byte-Array gewinnen und zurückgeben:

```
            Dim utf As New System.Text.UnicodeEncoding()
            Return utf.GetString(arr).Trim()
        Catch
            Return String.Empty
        Finally
            If writer IsNot Nothing Then writer.Close()
        End Try
    End Function
```

Die zweite Methode arbeitet in umgekehrter Richtung, sie konvertiert einen übergebenen Xml-String in ein *DataSet*, was dank *StringReader*-Objekt auf direktem Weg geht:

```
    Public Function ConvertXMLToDataSet(ByVal xml As String) As DataSet
        Dim reader As StringReader
        Try
            Dim ds As New DataSet()
            reader = New StringReader(xml)
```

Xml-String in *DataSet* einlesen:

```
            ds.ReadXml(reader)
            Return ds
        Catch
            Return Nothing
        Finally
            If reader IsNot Nothing Then reader.Close()
        End Try
    End Function
```

Testoberfläche Form1

Eine *TextBox* (*MultiLine* = *True*), zwei *Button*s und das gute alte *DataGrid* bilden die Testoberfläche. Da man im Unterschied zum modernen *DataGridView* im *DataGrid* auch mehrere Tabellen und ihre Beziehungen gleichzeitig darstellen kann, wurde letzteres extra zu diesem Zweck aus seiner Schmollecke zurückgeholt (Hinzufügen zur Toolbox über Kontextmenü *Elemente auswählen ...*).

```
Imports System.Xml
Imports System.IO
```

```
Public Class Form1
```

DataSet => Xml-String:

```
    Private Sub Button1_Click(ByVal sender As System.Object, ByVal e As System.EventArgs) _
                                                                    Handles Button1.Click
        Dim ds As DataSet = getTestDS()
        TextBox1.Text = ConvertDataSetToXML(ds)
        Button2.Enabled = True
    End Sub
```

Xml-String => DataSet:

```
    Private Sub Button2_Click(ByVal sender As System.Object, ByVal e As System.EventArgs) _
                                                                    Handles Button2.Click
        Dim ds As DataSet = ConvertXMLToDataSet(TextBox1.Text)
        DataGrid1.DataSource = Nothing
        DataGrid1.DataSource = ds
    End Sub
```

Erzeugen eines untypisierten DataSets als Testobjekt

Ein *DataSet* zum Experimentieren hätten wir uns auch einfach aus einer beliebigen Datenbanktabelle holen können (z.B. mittels *Fill*-Methode des *DataAdapters*). Da es hier aber um grundsätzliche Untersuchungen geht, wollen wir diesmal unser *DataSet* lieber eigenhändig per Code erstellen.

Vorbild ist die abgebildete Struktur, in welcher die Tabellen *Kunden* und *Bestellungen* über eine 1:n-Relation miteinander verbunden sind:

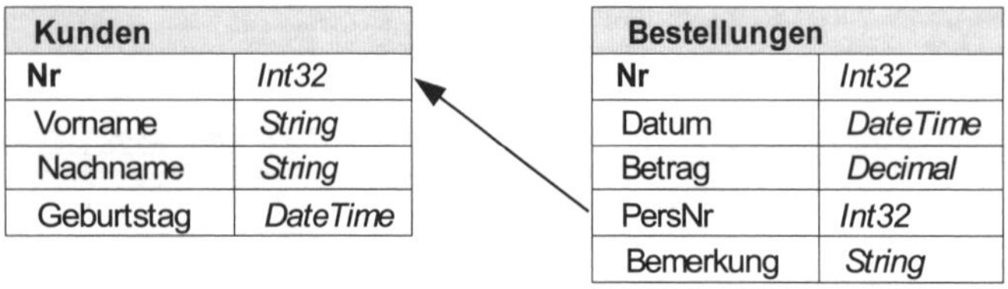

Kunden	
Nr	*Int32*
Vorname	*String*
Nachname	*String*
Geburtstag	*DateTime*

Bestellungen	
Nr	*Int32*
Datum	*DateTime*
Betrag	*Decimal*
PersNr	*Int32*
Bemerkung	*String*

Abbildung 5.19 DataSet-Struktur

Die Methode *getTestDS* erzeugt ein untypisiertes *DataSet* mit zwei *DataTables* und einer *DataRelation* entsprechend obiger Abbildung und fügt jeder Tabelle zwei Datensätze hinzu:

```
    Private Function getTestDS() As DataSet
```

Tabelle »Personen«:

```
        Dim dt1 As New DataTable("Personen")
```

Primärschlüssel:

```
        Dim col1 As DataColumn = dt1.Columns.Add("Nr", GetType(System.Int32))
        col1.AllowDBNull = False
        col1.Unique = True
        col1.AutoIncrement = True
        col1.AutoIncrementStep = 1
```

Die restlichen Spalten hinzufügen:

```
        dt1.Columns.Add("Vorname", .GetType(System.String))
        dt1.Columns.Add("Nachname", GetType(System.String))
        dt1.Columns.Add("Geburtstag", GetType(System.DateTime))
```

Zwei Datensätze hinzufügen:

```
        Dim rw11 As DataRow = dt1.NewRow()
        rw11("Vorname") = "Klaus"
        rw11("Nachname") = "Müller"
        rw11("Geburtstag") = Convert.ToDateTime("3.4.1975")
        Dim rw12 As DataRow = dt1.NewRow()
        rw12("Vorname") = "Tobalt"
        rw12("Nachname") = "Tonne"
        rw12("Geburtstag") = Convert.ToDateTime("5.8.1984")
        dt1.Rows.Add(rw11)
        dt1.Rows.Add(rw12)
```

Tabelle »Bestellungen«:

```
        Dim dt2 As New DataTable("Bestellungen")
        Dim col2 As DataColumn = dt2.Columns.Add("Nr", GetType(System.Int32))
        col2.AllowDBNull = False
        col2.Unique = True
        col2.AutoIncrement = True
        col2.AutoIncrementStep = 1
        dt2.Columns.Add("Datum", GetType(System.DateTime))
        dt2.Columns.Add("Betrag", GetType(System.Decimal))
        dt2.Columns.Add("PersNr", GetType(System.Int32))          ' Fremdschlüssel
        dt2.Columns.Add("Bemerkung", GetType(System.String))
```

Zwei Datensätze hinzufügen:

```
        Dim rw21 As DataRow = dt2.NewRow()
        rw21("Datum") = Convert.ToDateTime("20.2.2006")
        rw21("Betrag") = Convert.ToDecimal("256,50")
        rw21("PersNr") = 0
        rw21("Bemerkung") = "per Nachname"
        dt2.Rows.Add(rw21)
        Dim rw22 As DataRow = dt2.NewRow()
        rw22("Datum") = Convert.ToDateTime("8.3.2006")
        rw22("Betrag") = Convert.ToDecimal("12,95")
        rw22("PersNr") = 0
        rw22("Bemerkung") = "per Scheck"
        dt2.Rows.Add(rw22)
```

DataSet zusammenbauen (mit 1 : n Relation zwischen *Kunden* und *Bestellungen*):

```
        Dim ds As New DataSet()
        ds.Tables.Add(dt1)
        ds.Tables.Add(dt2)
        ds.Relations.Add("Person_Bestellungen", ds.Tables("Personen").Columns("Nr"), _
                                        ds.Tables("Bestellungen").Columns("PersNr"))
        Return ds
    End Function
End Class
```

Test

Zunächst lassen wir uns die Xml-Darstellung des *DataSets* in der *TextBox* anzeigen. Anschließend betätigen wir zwecks Rückkonvertierung die untere Schaltfläche:

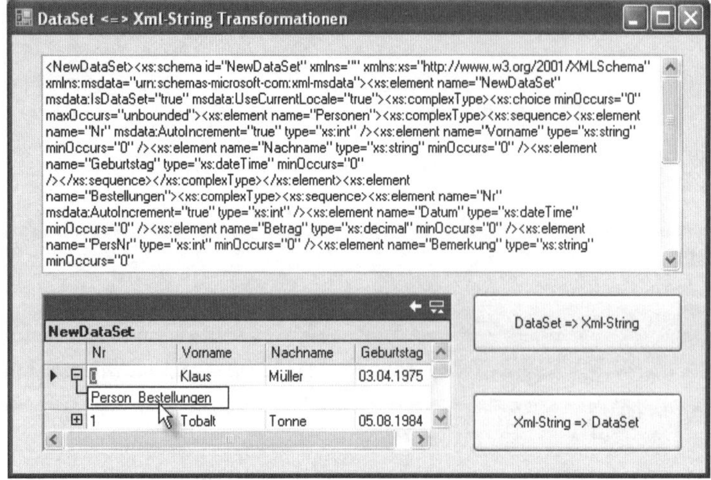

Abbildung 5.20 Laufzeitansicht (Mastertabelle)

Nach Klick auf die Relation *Person_Bestellungen* erscheinen alle von der betreffenden Person aufgegebenen Bestellungen.

Ein Klick auf den weißen Pfeil in der rechten oberen Ecke des *DataGrid* bewirkt die Rückkehr zur Anzeige der *Personen*-Tabelle.

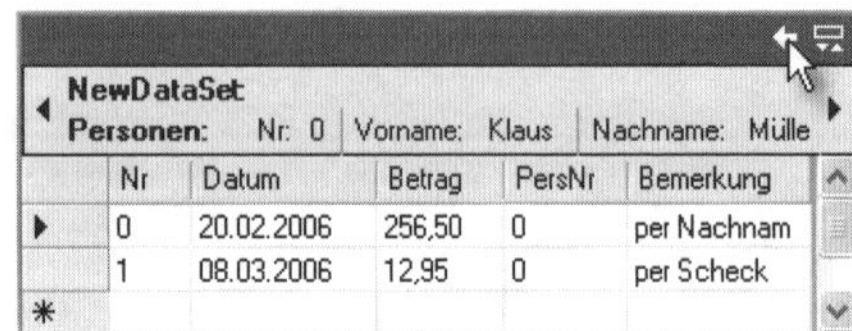

Abbildung 5.21 Laufzeitansicht (Detailtabelle)

HINWEIS Das als Xml-String vorliegende *DataSet* bietet interessante Anwendungsmöglichkeiten: Man kann es z.B. mittels Xml-DOM bearbeiten oder auch als gepacktes Byte-Array über einen Webdienst versenden.

PB5.11 Ein untypisiertes in ein typisiertes DataSet laden

DataSet-Objekt: *ReadXml*-, *WriteXml*-Methode; *MemoryStream*-Objekt: *Seek*-Methode;

Als Ergebnis einer Datenbankabfrage oder eines Webmethodenaufrufs liegt häufig ein »normales« *DataSet* vor, für die weitere Informationsverarbeitung möchte man aber gern ein *typisiertes DataSet* nehmen, welches z.B. als Datenquelle für ein Windows-Frontend oder einen ReportService agieren soll.

Während der umgekehrte Weg (typisiert => untypisiert) ziemlich einfach ist:

```
Dim ds As DataSet = CType(ds1, DataSet)
```

... funktioniert der folgende Code leider nicht:

```
Dim ds1 As DataSet1 = CType(ds, DataSet1)
```

Der »Dünnbrettbohrer« könnte allerdings mit folgendem Code sein Ziel erreichen:

```
ds.WriteXml("Temp.dat", XmlWriteMode.WriteSchema)
Dim ds1 As = New DataSet1()
ds1.ReadXml("Temp.dat")
```

Neben der relativen Langsamkeit hat dieses Verfahren den gravierenden Nachteil, dass als Zwischenspeicher eine temporäre Datei auf der Festplatte herhalten muss. Dies kann z.B. beim Ausführen des Codes auf einem Internetserver mangels Schreibrechten zur Funktionsunfähigkeit führen.

Der folgende Code zeigt eine Lösung, wie man die Informationen aus dem gefüllten untypisierten *DataSet*-Objekt *ds* in das leere typisierte *DataSet1*-Objekt *ds1* schaffen kann, ohne dabei die Festplatte zu beanspruchen oder mühselig durch alle Zeilen und Spalten der *DataTable*s iterieren zu müssen.

Konvertierungscode

Die folgende Funktion konvertiert ein übergebenes untypisiertes *DataSet* in ein DataSet vom Typ *DataSet1*. Im Zentrum stehen dabei die bekannten Methoden *WriteXml* und *ReadXml*, allerdings arbeiten die Methoden diesmal nicht mit einer Datei sondern mit einem *MemoryStream*.

```
Imports System.IO
Public Class Form1
    Public Function ConvertUntypedToTypedDS(ByVal ds As DataSet) As DataSet1
        Dim stream As MemoryStream
        Try
            stream = New MemoryStream()
```

DataSet inkl. Strukturinfo in den *MemoryStream* schreiben:

```
            ds.WriteXml(stream, XmlWriteMode.WriteSchema)
```

Position im *MemoryStream* auf Anfang zurücksetzen:

```
            stream.Seek(0, SeekOrigin.Begin)
```

Typisiertes DataSet instanziieren und Inhalt des *MemoryStreams* einlesen:

```
            Dim ds1 As New DataSet1()
            ds1.ReadXml(stream, XmlReadMode.InferSchema)
            Return ds1
        Catch
            Return Nothing
        Finally
            If stream IsNot Nothing Then stream.Close()
        End Try
    End Function
```

Um die Funktion zu testen, brauchen wir sowohl ein gefülltes untypisiertes als auch ein leeres typisiertes DataSet mit identischen Strukturen. Unser Beispiel soll aber nicht nur den Trivialfall einer einzigen Tabelle abdecken, sondern zumindest aus zwei über eine Relation verknüpften Tabellen bestehen.

Normales DataSet erzeugen

Die beiden *DataTable*-Objekte *Kunden* und *Bestellungen* sind über eine 1:n-Relation miteinander verknüpft (ein Kunde hat keine, eine oder mehrere Bestellungen). Der Fremdschlüssel *PersNr* aus der Tabelle *Bestellungen* zeigt auf den Primärschlüssel *Nr* der Tabelle *Kunden*.

Um dieses *DataSet* per Code zu erzeugen, benutzen wir die Methode *getTestDS* aus dem PB5.10 »Ein DataSet in einen Xml-String konvertieren«, eine andere Möglichkeit wäre das Hinzufügen beider Tabellen inkl. Relation zu einer Testdatenbank (SQL-Server oder Access) mit anschließendem Einlesen in ein *DataSet*-Objekt.

Typisiertes DataSet

Ziel ist der Entwurf eines typisierten DataSets mit der gleichen Struktur wie das untypisierte DataSet.

Über das Menü *Projekt/Neues Element hinzufügen...* fügen Sie ein *DataSet* (*DataSet1.xsd*) hinzu, welches natürlich noch »leer« ist, also über keinerlei Struktur verfügt.

HINWEIS Ein über das Projektmenü hinzugefügtes DataSet ist immer typisiert und automatisch eine Datenquelle!

Mit Hilfe des Menüs *Daten/Datenquellen anzeigen* bringen Sie das »Datenquellen«-Fenster zur Ansicht und entdecken das neu erzeugte typisierte *DataSet1*. Wählen Sie das Kontextmenü *DataSet mit Designer bearbeiten*. Klicken Sie mit der rechten Maustaste auf die leere Oberfläche des Designers und erzeugen Sie über das Kontextmenü *Hinzufügen/DataTable* die Tabellen *Kunden* und *Bestellungen* mit den entsprechenden Spalten. Über das Kontextmenü *Eigenschaften* weisen Sie jeder Spalte den Datentyp zu (vorher die volle Spalte markieren!).

Nachdem auch die Tabelle *Bestellungen* fertig ist, wählen Sie im Kontextmenü *Hinzufügen/Relation...* und verbinden im Dialogfenster »Beziehung« beide Tabellen entsprechend der Abbildung.

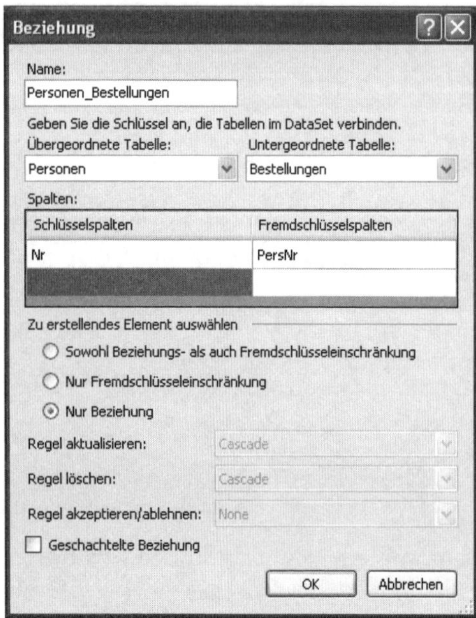

Abbildung 5.22 Hinzufügen einer Beziehung

Das Ergebnis im DataSet-Designer:

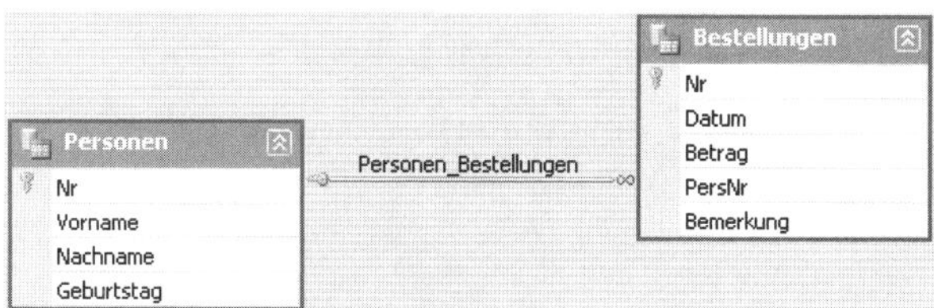

Abbildung 5.23 Typisiertes DataSet im DataSet-Designer

Das Datenquellen-Fenster bietet nun den folgenden Anblick:

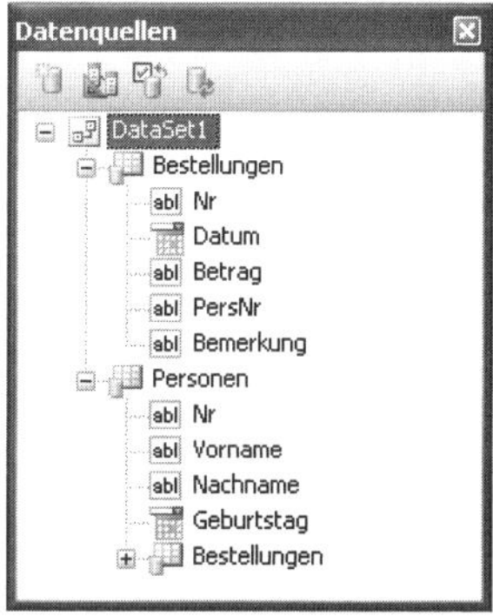

Abbildung 5.24 Typisiertes DataSet im Datenquellen-Fenster

Testoberfläche

Auf dem Startformular *Form1* findet (neben einem *Button*) das gute alte *DataGrid* seinen Platz. Gegenüber seinem strahlenden Nachfolger, dem *DataGridView*, hat dieses zum Schattendasein verdammte Control den Vorteil, dass man mit ihm sehr bequem mehrere Tabellen und deren Verknüpfungen betrachten kann.

Der Code beschränkt sich im Wesentlichen auf den Aufruf der Methoden *getTestDS* und *ConvertUntyped-ToTypedDS*:

```
Imports System.IO

Public Class Form1

    Private Sub Button1_Click(ByVal sender As System.Object, ByVal e As System.EventArgs) _
                                                                    Handles Button1.Click
```

Das gefülltes untypisierte DataSet holen:

```
        Dim ds As DataSet = getTestDS()
```

Kontrollanzeige (umständlich weil nicht typisiert):

```
        MessageBox.Show(ds.Tables("Personen").Rows(0)("Vorname").ToString)
```

Typisiertes DataSet füllen:

```
        Dim ds1 As DataSet1 = ConvertUntypedToTypedDS(ds)
```

Datengitter mit dem typisierten DataSet verbinden:

```
        DataGrid1.DataSource = ds1
```

Kontrollanzeige (transparent weil typisiert):

```
        MessageBox.Show(ds1.Personen(0).Vorname)
    End Sub

    ...

End Class
```

Beide Meldungsfenster zeigen das gleiche Ergebnis (»Klaus«) und dienen dem Zweck, die unterschiedliche Syntax beim Zugriff auf untypisiertes und typisiertes DataSet gegenüberzustellen. Während der untypisierte Zugriff doch ziemlich umständlich ist, bietet der typisierte Zugriff zur Entwurfszeit bessere Transparenz und bequeme Intellisense-Unterstützung.

Test

Der Programmtest beweist, dass die Methode *ConvertUntypedToTypedDS* unsere Erwartungen voll erfüllt, denn das *DataGrid* zeigt die aus dem untypisierten *DataSet* stammenden Inhalte des *typisierten DataSets* an.

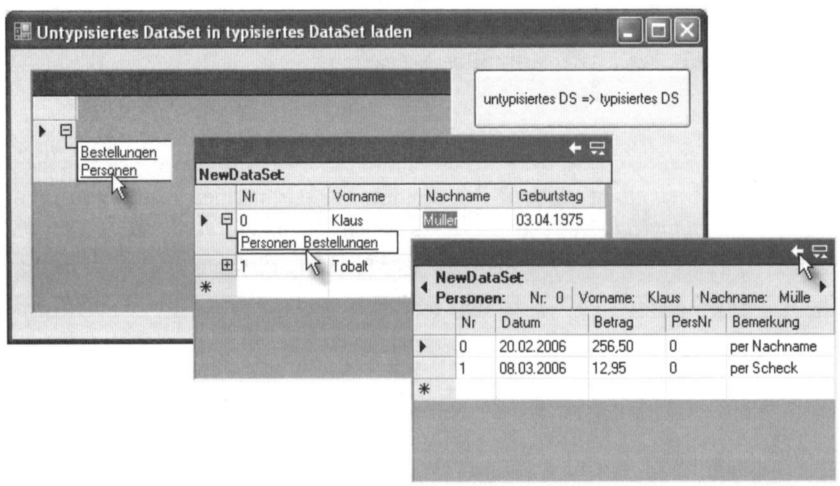

Abbildung 5.25 Laufzeitansicht des Beispiels

PB5.12 Einrichten und Benutzen einer Datenquelle

DataAdapter-Objekt: *Fill*-Methode; *BindingSource*-, *BindingNavigator*-Control; SELECT-Befehl; Datenbankdatei (*.mdf*);

Im Zusammenhang mit den in Visual Studio 2005 eingeführten »Datenquellen« ist auch der neue *TableAdapter* zu bestaunen. Um Sinn und Zweck dieser assistentengestützten Technologie zu erkunden, wollen wir auf Basis einer Datenquelle ein Formular entwickeln, welches Informationen aus der *Customers*-Tabelle der *Northwind*-Datenbank des SQL Servers anzeigt.

HINWEIS Ein ähnliches Problem (Datenbank *Nordwind.mdb*), mit ausführlichen Erläuterungen zur Konfiguration einer Datenquelle, wurde bereits im PB1.1»Zugriff auf lokale Access-Datenbank« des Einführungskapitels demonstriert.

Assistent zum Konfigurieren von Datenquellen

- Nachdem Sie ein neues Projekt vom Typ »Windows-Anwendung« erzeugt haben, bringen Sie über das Menü *Daten/Datenquellen anzeigen* das Datenquellen-Fenster zur Anzeige.
- Oben links im Datenquellen-Fenster klicken Sie die Schaltfläche »Neue Datenquelle hinzufügen«. Es startet der *Assistent zum Konfigurieren von Datenquellen*, welcher viele der Fähigkeiten der DataAdapter-/DataSet-Konfigurationsassistenten von Visual Studio 2002/2003 übernommen hat.
- Klicken Sie auf das »Datenbank«-Symbol und dann auf »Weiter«.
- Im folgenden Dialogfenster wählen Sie die Schaltfläche »Neue Verbindung...« und es erscheint das Dialogfenster »Verbindung hinzufügen«.
- Hier klicken Sie auf den Eintrag »Microsoft SQL Server-Datenbankdatei«. Genausogut hätten Sie aber auch »Microsoft SQL Server« wählen können. Wir aber gehen diesmal davon aus, dass die Datenbank nicht auf dem SQL Server installiert ist, sondern als separate Datei *Northwind.mdf* zur Verfügung steht[1].

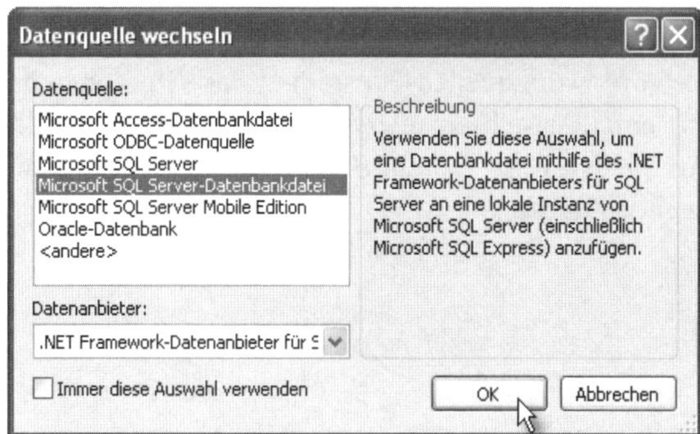

Abbildung 5.26 Auswahl des Datenbank-Typs

- Nach erfolgreichem Verbindungstest steht die Datenverbindung nun unter dem Namen *Northwind.mdf* zur Auswahl bereit.
- Anschließend werden Sie von einem Meldungsfenster befragt, ob Sie diese Datei in das Projekt kopieren wollen. Bestätigen Sie mit »Ja«, denn Sie sparen sich damit eine Menge Ärger beim Pflegen der Anwendung bzw. bei deren späterer Weitergabe.
- Im nun folgenden Dialog können Sie guten Gewissens das Häkchen setzen, damit die Verbindungszeichenfolge als »NorthwindConnectionString« in der Anwendungskonfigurationsdatei gespeichert wird (ein Blick in die Datei *app.config* bestätigt Ihnen, dass der Eintrag in der *connectionStrings*-Sektion gelandet ist). Wenn Sie wollen können Sie später per Code wie folgt darauf zugreifen:

```
Dim connStr As String = My.Settings.NorthwindConnectionString
```

[1] Die ca. 3,7 MB große Datei *Northwind.mdf* können Sie sich von der Buch-CD kopieren.

- Schließlich offeriert Ihnen der Assistent, nachdem er die Datenbankinformationen abgerufen hat, das Dialogfenster »Datenbankobjekte auswählen«. Hier können Sie die Tabellen, Ansichten, Gespeicherten Prozeduren oder Funktionen auswählen, die Sie für Ihre konkrete Anwendung brauchen.
- Die Datenquelle steht Ihnen jetzt im »Datenquellen«-Fenster zur freien Verfügung.

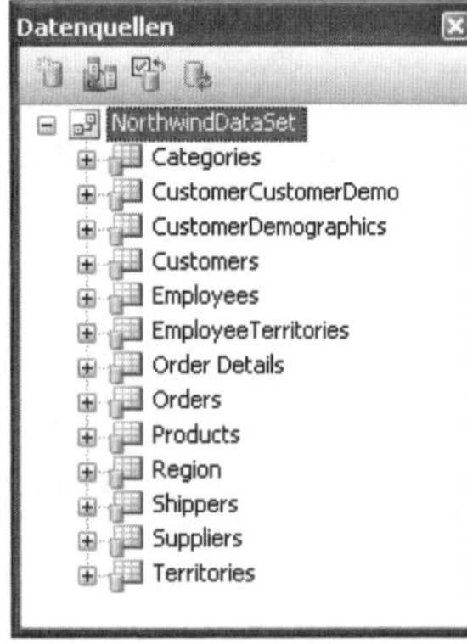

Abbildung 5.27 Die Datenquelle *NorthwindDataSet* im Datenquellen-Fenster

Benutzen der Datenquelle

Nachdem Sie per Drag & Drop die *Customers*-Tabelle vom Datenquellen-Fenster auf *Form1* gezogen haben geschehen wundersame Dinge: Wie von Geisterhand entfaltet sich ein *DataGridView*-Datengitter, dessen Spalten bereits beschriftet sind, auf dem Formular. Am oberen Rand hat ein *BindingNavigator* Platz genommen. Im vollen Komponentenfach tummeln sich folgende Objekte:

- *NorthwindDataSet*
  eine Instanz des typisierten DataSets
- *CustomersTableAdapter*
  ein typisierter *DataAdapter* für die *Customers*-Tabelle
- *CustomersBindingSource*
  die Datenanbindung des Formulars
- *CustomersBindingNavigator*
  navigiert *CustomersBindingSource*

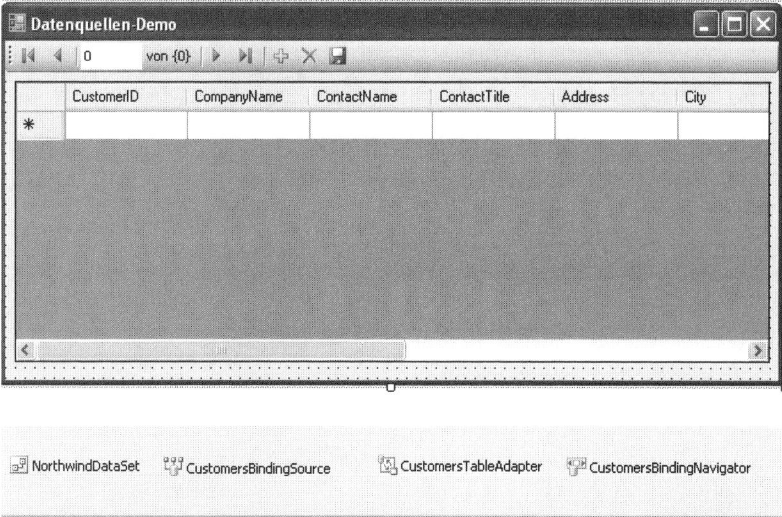

Abbildung 5.28 Entwurfsansicht nachdem per Drag & Drop die *Customers*-Tabelle vom Datenquellen-Fenster auf das Formular gezogen wurde

HINWEIS Die Komponenten *NorthwindDataSet* und *CustomersTableAdapter* lassen sich im komfortablen DataSet-Designer weiter bearbeiten (Aufruf über Kontextmenü).

Test

Ohne dass Sie eine einzige Zeile Code geschrieben haben liegt bereits eine voll funktionsfähige Anwendung vor, in der Sie nicht nur durch die Datensätze blättern können. Auch Editieren, Hinzufügen und (sofern die referenzielle Integrität nicht verletzt wird) Löschen sind möglich.

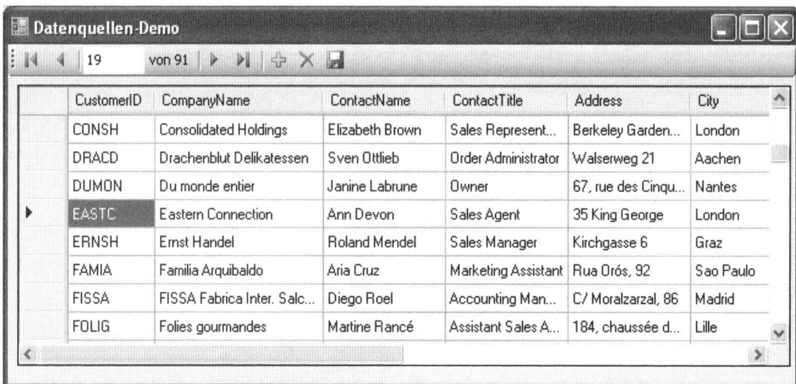

Abbildung 5.29 Standardmäßige Laufzeitansicht

Abfragemethoden hinzufügen

Wir haben bis jetzt nur die Spitze des Eisbergs gesehen. Das Kontextmenü des *CustomersTableAdapter* bietet zum Beispiel auch einen Eintrag *Abfrage hinzufügen...* Im nachfolgenden Dialog vergeben Sie z.B. den Abfragenamen *FillByCity* und als Abfragetext den folgenden parametrisierten SQL-Befehl:

```
SELECT
    CustomerID, CompanyName, ContactName, ContactTitle, Address, City
FROM
    dbo.Customers
WHERE
   City = @city
```

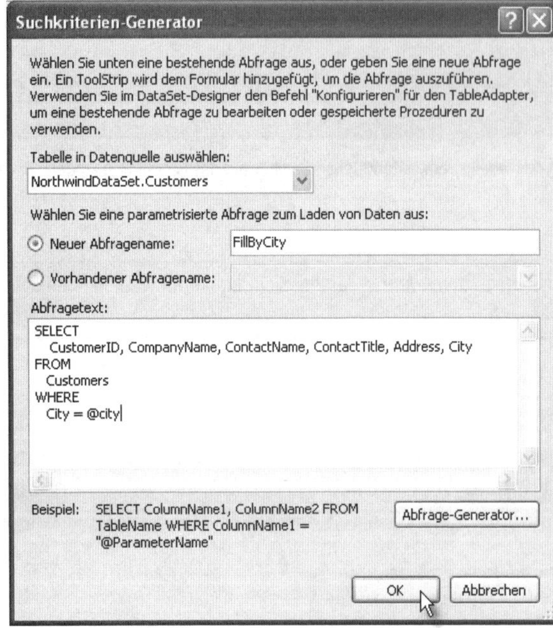

Abbildung 5.30 Eingabe einer SQL-Abfrage

Nach dem OK wird abermals gezaubert: Unterhalb der Navigatorleiste erscheint ein automatisch generierter *ToolStrip* mit einer *TextBox* und einen *Button*. Nach Eingabe der gewünschten Stadt und Klick auf den Button »FillByCity« sehen Sie im *DataGridView* bereits das Abfrageergebnis.

Komfortabler geht es wohl kaum noch!

Datenquellen-Demo

1 von 2

city: Paris FillByCity

	CustomerID	CompanyName	ContactName	ContactTitle	Address	City
▶	PARIS	Paris spécialités	Marie Bertrand	Owner	265, boulevard Cha...	Paris
	SPECD	Spécialités du monde	Dominique Perrier	Marketing Manager	25, rue Lauriston	Paris
*						

Abbildung 5.31 Die Abfragemethode *FillByCity* in Aktion

Übersichten

DataSet

Eigenschaft	Beschreibung
CaseSensitive	Schreibt oder setzt, ob Zeichenkettenvergleiche die Groß-/Kleinschreibung berücksichtigen sollen (*True/False*)
DataSetName	Liefert den Namen des *DataSets*
DefaultViewManager	Liefert eine eigene Sicht auf die Daten unter Verwendung eines *DataViewManager*
EnforceConstraints	Gibt an, ob Datenbankregeln bei Aktualisierungsaktionen gelten sollen (*True/False*)
ExtendedProperties	Ermöglicht Zugriff auf benutzerdefinierte Eigenschaften
HasErrors	Gibt an, ob nach einer Aktion Fehler in Zeilen aufgetreten sind (*True/False*)
Namespace	Schreibt oder liest den Namensraum für die XML-Präsentation der Daten
Relations	Liefert eine Auflistung von übergeordneten Beziehungen für Tabellen (*Nothing*, falls keine)
Tables	Liefert eine Auflistung der im *DataSet* enthaltenen Tabellen

Tabelle 5.11 *DataSet*-Eigenschaften

Methode	Beschreibung
AcceptChanges()	Bestätigt alle Änderungen, die am *DataSet* vorgenommen wurden, und ruft in allen Tabellen *AcceptChanges* auf
Clear()	Löscht den Inhalt des *DataSet*, indem alle Zeilen aus allen Tabellen entfernt werden
Clone()	Kopiert die Struktur des *DataSets* in ein neues, Daten werden nicht kopiert
Copy()	Kopiert die Struktur und Daten eines *DataSets* in ein neues
GetChanges()	Liefert die Kopie des *DataSets* mit allen Änderungen, die seit dem Laden oder dem letzten Aufruf von *AcceptChanges* vorgenommen wurden (Spezifizierung durch Übergabe von *DataRowState* wie *Added*, *Deleted*, *Detached*, *Modified*, *Unchanged*)
GetXml()	Liefert eine Zeichenkette mit der XML-Präsentation der Daten
GetXmlSchema()	Liefert eine Zeichenkette mit der XML-Präsentation des Schemas
HasChanges()	Informiert, ob Änderungen durchgeführt wurden (*True/False*)
InferXmlSchema()	Kopiert ein XML-Schema aus einem *XMLReader*, *TextReader* oder *Stream*
Merge()	Führt zwei *DataSet*-Instanzen zusammen
ReadXml()	Liest die übergebenen XML-Daten inklusive ihrem Schema ein
ReadXmlSchema()	Liest das übergebene XML-Schema ein
RejectChanges()	Verwirft alle Änderungen seit dem Laden oder dem letzten Aufruf von *AcceptChanges*, ruft in allen Tabellen *RejectChanges* auf

Tabelle 5.12 *DataSet*-Methoden

Methode	Beschreibung
Reset()	Regeneriert den ursprünglichen Zustand des *DataSet*
WriteXml()	Schreibt XML-Daten inklusive ihrem Schema in einen *XMLWriter*, *TextWriter* oder *Stream*
WriteXmlSchema()	Schreibt ein XML-Schema in einen *XMLWriter*, *TextWriter* oder *Stream*

Tabelle 5.12 *DataSet*-Methoden *(Fortsetzung)*

DataTable

Eigenschaft	Beschreibung
CaseSensitive	Schreibt oder setzt, ob Zeichenkettenvergleiche die Groß-/Kleinschreibung berücksichtigen sollen (*True/False*)
ChildRelations	Liefert alle Detaildatenbeziehungen der Tabelle als Auflistung vom Typ *DataRelationCollection*
Columns	Liefert alle Spalten als Auflistung vom Typ *DataColumnCollection* (*Nothing*, falls keine)
Constraints	Liefert alle Einschränkungen der Tabelle als Auflistung vom Typ *ConstraintCollection* (*Nothing*, falls keine)
DataSet	Gibt das der *DataTable* übergeordnete *DataSet* zurück
DefaultView	Liefert ein *DataView*-Objekt mit einer benutzerdefinierten, sortierten oder gefilterten Sicht
DisplayExpression	Liest oder setzt Zeichenkette zur Kennzeichnung der *DataTable* in der Benutzeroberfläche
ExtendedProperties	Liest Auflistung der benutzerdefinierten Informationen als *PropertyCollection*. Ein Hinzufügen ist mittels der *Add*-Methode möglich
HasErrors	Liefert *True*, wenn in einer der Datenzeilen Fehler aufgetreten sind
MinimumCapacity	Setzt oder liest die Anfangsgröße der Tabelle
Namespace	Setzt oder liest den Namensraum der XML-Präsentation der *DataTable*
ParentRelations	Liefert eine Auflistung der übergeordneten Beziehungen der *DataTable* (*Nothing*, falls keine)
PrimaryKey	Setzt oder liest ein *DataColumn*-Array mit Primärschlüsselspalten der *DataTable*
Rows	Liefert eine Auflistung der *DataRow*-Objekte der Tabelle (*Nothing*, falls keine)
TableName	Setzt oder liest den Namen der *DataTable*

Tabelle 5.13 *DataTable*-Eigenschaften

Methode	Beschreibung
AcceptChanges()	Bestätigt alle Änderungen seit dem Laden der *DataTable* oder dem letzten Aufruf von *AcceptChanges*
BeginInit()	Steuert die Initialisierung einer *DataTable*, wartet bis zum Aufruf von *EndEdit*, damit die *DataTable* nicht eher verwendet wird
BeginLoadData()	Deaktiviert im Zusammenhang mit *EndLoadData* Benachrichtigungen, Einschränkungen und Index-Aktualisierungen, während Daten geladen werden
Clear()	Löscht alle Daten in der *DataTable*, alle Zeilen werden entfernt

Tabelle 5.14 *DataTable*-Methoden

Methode	Beschreibung
Clone()	Kopiert das Schema der *DataTable* inklusive aller Einschränkungen
Copy()	Kopiert die Struktur und die Daten der *DataTable* in eine neue *DataTable*
EndInit()	Beendet die Initialisierung der *DataTable* und gibt sie zur Verwendung frei
EndLoadData()	Aktiviert im Zusammenhang mit *BeginLoadData* Benachrichtigungen, Einschränkungen und Index-Aktualisierungen, nachdem Daten geladen wurden
GetChanges()	Liefert eine Kopie aller an der *DataTable* vorgenommenen Änderungen seit dem Laden der *DataTable* oder dem letzten Aufruf von *AcceptChanges*
GetErrors()	Liefert ein Array von *DataRow*-Objekten mit allen fehlerhaften Zeilen
ImportRow()	Kopiert eine *DataRow* in eine *DataTable*
LoadDataRow()	Sucht und aktualisiert eine bestimmte Datenzeile, wird diese nicht gefunden, so wird neue Zeile mit den angegebenen Werten erstellt
NewRow()	Erzeugt eine neue *DataRow* auf Grundlage des Tabellenschemas
RejectChanges()	Verwirft alle Änderungen seit dem Laden der *DataTable* bzw. seit dem letzten Aufruf von *AcceptChanges*
Reset()	Stellt den Originalzustand der *DataTable* wieder her
Select()	Liefert ein *DataRow*-Array auf Basis eines übergebenen Ausdrucks

Tabelle 5.14 *DataTable*-Methoden *(Fortsetzung)*

Ereignis	Tritt ein, ...
ColumnChanging	... wenn ein Wert in eine Spalte eingetragen wird
ColumnChanged	... nachdem ein Wert in eine Spalte erfolgreich eingetragen wurde
RowChanging	... wenn eine Zeile in der *DataTable* verändert wird
RowChanged	... nachdem eine Zeile in der *DataTable* erfolgreich verändert wurde
RowDeleting	... bevor eine Zeile in der *DataTable* als gelöscht markiert wird
RowDeleted	... nachdem eine Zeile in der DataTable als gelöscht markiert wurde.

Tabelle 5.15 *DataTable*-Ereignisse

DataColumn

Eigenschaft	Beschreibung
AllowDBNull	Gibt an, ob der Wert *DBNull* für diese Spalte erlaubt ist (*True/False*)
AutoIncrement	Gibt an, ob der numerische Wert der Spalte automatisch inkrementiert wird (*True/False*)
AutoIncrementSeed	Startwert des Zählerfeldes (falls *AutoIncrement* = *True*)
AutoIncrementStep	Schrittweite der Zählers (falls *AutoIncrement* = *True*)

Tabelle 5.16 *DataColumn*-Eigenschaften

Eigenschaft	Beschreibung
Caption	Überschrift der Spalte
ColumnName	Name der Spalte
DataType	Datentyp der Spalte
DefaultValue	Initialer Standardwert der Spalte
Expression	Ausdruck, mit dem der Spalteninhalt berechnet wird
MaxLength	Maximale Länge einer Zeichenketten-Spalte
Ordinal	Fortlaufende Spaltennummer
ReadOnly	Erlaubt nur Lesezugriff auf die Spalte (*True/False*)
Table	Liefert zugehöriges *DataTable*-Objekt
Unique	Gibt an, ob die Spalte einen eindeutigen Wert erhalten muss (*True/False*)

Tabelle 5.16 *DataColumn*-Eigenschaften *(Fortsetzung)*

DataRow

Eigenschaft	Beschreibung
HasErrors	Gibt an, ob die Zeile Fehler enthält
Item	Ruft die Daten aus einer angegebenen Spalte ab oder legt diese fest
ItemArray	Liefert alle Spalten als *Object()*-Array oder legt dieses fest
RowError	Liefert einen eventuell in der Zeile vorhandenen Fehler
RowState	Gibt den Zeilenstatus zurück (*Added*, *Deleted*, *Detached*, *Modified*, *Unchanged*)
Table	Liefert das zugehörige *DataTable*-Objekt

Tabelle 5.17 *DataRow*-Eigenschaften

Methode	Beschreibung
AcceptChanges()	Bestätigt alle Änderungen seit dem Laden oder dem letztmaligen Aufruf der Methode
BeginEdit()	Leitet den Änderungsmodus der Zeile ein
CancelEdit()	Bricht den Änderungsmodus ab
ClearErrors()	Löscht alle Fehler
Delete()	Markiert die Zeile als gelöscht
EndEdit()	Beendet den Änderungsmodus
GetChildRows()	Liefert alle untergeordneten Zeilen in einem *DataRow()*-Array

Tabelle 5.18 *DataRow*-Methoden

Methode	Beschreibung
GetColumnError()	Liefert die Fehlerbeschreibung einer Spalte als Zeichenkette
GetColumnsInError()	Ruft ein *DataColumn()*-Array mit Spalten ab, die Fehler enthalten
GetParentRow()	Liefert unter Verwendung der angegebenen *DataRelation* das übergeordnete *DataRow*-Objekt
GetParentRows()	Liefert ein DataRow()-Array mit den übergeordneten *DataRow*-Objekten
HasVersion()	Gibt an, ob die angegebene DataRowVersion (*Current, Default, Original, Proposed*) vorhanden ist (True/False)
IsNull()	Gibt an, ob die angegebene Spalte einen NULL-Wert enthält (*True/False*)
RejectChanges()	Verwirft alle Änderungen, die seit dem letzten Aufruf von *AcceptChanges* an der Zeile vorgenommen wurden
SetColumnError()	Setzt die Fehlerbeschreibung einer Spalte innerhalb der Zeile
SetParentRow()	Setzt die übergeordnete *DataRow*

Tabelle 5.18 *DataRow*-Methoden *(Fortsetzung)*

DataView

Eigenschaft	Beschreibung
AllowDelete	Löschen von Datensätzen erlaubt (*True/False*, Lese-/Schreibzugriff)
AllowEdit	Editieren von Datensätzen erlaubt (*True/False*, Lese-/Schreibzugriff)
AllowNew	Hinzufügen von Datensätzen erlaubt (*True/False*, Lese-/Schreibzugriff)
ApplyDefaultSort	Sortieren nach Standardvorgabe (*True/False*, Lese-/Schreibzugriff)
Count	Liefert die Anzahl an Datensätzen nach Anwenden von *RowFilter/RowStateFilter* (Lesezugriff)
DataViewManager	Liefert den *DataViewManager*, der mit *DataView* verbunden ist.
Item	Identifiziert eine Zeile in der Datentabelle (über Indexer)
RowFilter	Zeichenkette mit Filtervorschrift (Lese-/Schreibzugriff)
Sort	Spalten, nach denen sortiert werden soll, und Sortierfolge (Lese-/Schreibzugriff)
Table	Liest Namen der zugrunde liegenden *DataTable* (Schreibzugriff nur *Nothing*)

Tabelle 5.19 *DataView*-Eigenschaften

Methode	Beschreibung
AddNew()	Fügt eine neue Datenzeile des Typs *DataRowView* hinzu
BeginInit()	Legt fest, wann DataView initialisiert wird (siehe *EndInit()*)
Delete()	Löscht die Datenzeile an der im Argument angegebener Zeilenposition

Tabelle 5.20 *DataView*-Methoden

Methode	Beschreibung
EndInit()	Leitet das Ende der Initialisierung ein und gibt *DataView* frei (siehe *BeginInit()*)
Find()	Liefert die Zeilenposition einer gesuchten Datenzeile (Schlüsselwerte siehe *Sort*)
FindRows()	Liefert die Zeilenposition mehrerer gesuchter Datenzeilen als Array (siehe *Sort*)

Tabelle 5.20 *DataView*-Methoden *(Fortsetzung)*

Kapitel 6

Windows Forms-Datenbindung

In diesem Kapitel:

Wesentlicher Bestandteil einer Clientanwendung ist die Benutzerschnittstelle, für deren Navigation eine Datenanbindung der Steuerelemente unabdingbar ist.

Wir haben diesem wichtigen Thema bewusst ein eigenes Kapitel gewidmet, denn es ist nicht mehr ganz so einfach zu handhaben wie in den »alten« Zeiten vor .NET. Es liegt in der Natur von ADO.NET (strikte Trennung von Datenbank und Benutzerschnittstelle), dass die direkte Datenbindung von Steuerelementen an die Datenbank keinen rechten Sinn mehr ergibt. Vom ach so bequemen Prinzip der althergebrachten Bound Controls (siehe VB6 oder Access/VBA) musste man sich deshalb rigoros verabschieden.

In den beiden Vorgänger-Kapiteln haben wir die Grundlagen von ADO.NET kennen gelernt und wissen, wie man Datenbanken abfragen und aktualisieren kann. Um Ein- und Ausgaben zu realisieren, hatten wir dort bereits mit einfacher Datenbindung gearbeitet (meist unter Benutzung des *DataGridView*), doch diesmal wollen wir die Materie ausgiebiger beleuchten und folgende Schwerpunkte setzen:

- Diskussion der verschiedenen Möglichkeiten der Datenbindung von Windows Forms Steuerelementen unter ADO.NET 2.0 bzw. Visual Studio 2005
- Beschreibung des mächtigen *DataGridView*-Controls, welches die Nachfolge des alten *DataGrid*-Steuerelements angetreten hat

Da das Thema »Datenbindung« ohne ausreichenden praktischen Bezug nur schwer zu vermitteln ist, runden zahlreiche Praxisbeispiele das Kapitel ab.

HINWEIS Beachten Sie, dass die Datenbindung unter Windows Forms 2.0 anders funktioniert als unter ASP.NET 2.0 (siehe Kapitel 12)!

Datenbindung im Überblick

Datenbindung ist ganz allgemein die Verknüpfung zwischen einer Steuerelementeigenschaft und einer Datenquelle.

Welche Möglichkeiten der Datenbindung gibt es?

In Abhängigkeit von der Beantwortung der Fragen

»Will ich die Datenbindung manuell oder mit Drag & Drop-Assistentenunterstützung programmieren?«

und

»Sollen komplette Listen bzw. Tabelleninhalte oder nur einzelne Felder angebunden werden?«

... kann man das Gebiet der Datenbindung grob in vier Bereiche aufteilen:

- Manuelle Datenbindung an einfache Datenfelder
- Manuelle Datenbindung an Listen/Tabelleninhalte
- Entwurfszeit-Datenbindung an ein typisiertes DataSet
- Drag & Drop-Datenbindung

Es soll nicht verschwiegen werden, dass die grundsätzliche Entscheidung darüber, ob man den Datenbindungscode selbst schreibt oder lieber per Drag & Drop automatisch generieren lässt, unter Experten durchaus kontrovers diskutiert wird. So schön und elegant das automatische Erstellen einer kompletten Eingabemaske durch einfaches Absetzen eines typisierten DataSets auf dem Formular auch sein mag, man darf die Augen nicht vor den ungeheuren Codemengen verschließen, die dabei im Hintergrund von den überaus fleißigen Assistenten generiert werden und die vordergründig in einem vollgestopften Komponentenfach ihren Ausdruck finden.

HINWEIS Der solide Handwerker, der lieber etwas mehr Code schreibt und dafür aber die volle Kontrolle über sein Programm behält, wird nach wie vor auch die manuelle Datenbindung in seine Projekte einbeziehen.

Manuelle Datenbindung an einfache Datenfelder

Viele Windows Forms-Controls verfügen über bestimmte Eigenschaften, die sich an eine Datenquelle binden lassen. Damit ändert der Wert in der Datenquelle den Wert der gebundenen Eigenschaft und umgekehrt. Doch bevor wir ins Detail gehen, zunächst ein einführendes Beispiel:

BEISPIEL

Ein DataSet *ds* enthält die Tabelle »Personal«. Eine *TextBox* soll an das Feld »Nachname« angebunden werden. Fügen Sie von der Toolbox eine *BindingSource*-Komponente zum Formular hinzu.

```
BindingSource1.DataSource = ds
BindingSource1.DataMember = "Personal"
```

Die *Text*-Eigenschaft der *TextBox* wird angebunden:

```
TextBox1.DataBindings.Add("Text", bindingSource1, "Nachname")
```

Um die Datensätze weiterblättern zu können, brauchen Sie nur noch eine *BindingNavigator*-Komponente hinzuzufügen, deren *BindingSource*-Eigenschaft Sie auf *BindingSource1* setzen.

BindingSource erzeugen

Die ab .NET 2.0 eingeführte *BindingSource* löst die inzwischen veralteten (aber natürlich nach wie vor unterstützten) Klassen *BindingManagerBase* bzw. *CurrencyManager* ab.

Eine *BindingSource* kapselt die Datenquelle des Formulars, sie schiebt sich quasi als zusätzliche Schicht zwischen Datenquelle und Anzeigecontrols. Mittels *DataSource*- bzw. *DataMember*-Eigenschaft wird eine *BindingSource* mit der Datenquelle verbunden.

BEISPIEL

Verschiedene Varianten zum Erzeugen einer *BindingSource* und ihrer Verbindung mit der Tabelle »Personal« eines *DataSet*-Objekts *ds*.

```
Dim bs As New BindingSource()
bs.DataSource = ds
bs.DataMember = "Personal"
```

oder

```
Dim bs As New BindingSource(ds, "Personal")
```

oder

```
Dim dt As DataTable = ds.Tables("Personal")
Dim bs As New BindingSource()
bs.DataSource = dt
```

oder

```
Dim dv As DataView = ds.Tables("Personal").DefaultView
Dim bs As New BindingSource()
bs.DataSource = dv
```

Binding-Objekt

Ein *Binding*-Objekt ermöglicht die einfache Bindung zwischen dem Wert einer Objekteigenschaft und dem Wert einer Steuerelementeigenschaft. Bei der Instanziierung sind drei Parameter zu übergeben:

- Die zu bindende Eigenschaft des Controls (z.B. *Text*)
- Die Datenquelle, an die gebunden werden soll (*BindingSource*, *DataSet*, *DataTable*, *DataView*)
- Das Feld innerhalb der Datenquelle, das angebunden werden soll (z.B. *Vorname*)

BEISPIEL

Die Steuerelementeigenschaft *Text* wird an die Eigenschaft *Geburtsdatum* der »Personal«-Tabelle gebunden.

```
Dim bs As New BindingSource(ds, "Personal")
Dim b1 As New Binding("Text", bs, "Geburtsdatum")
```

HINWEIS Neben den ADO.NET-spezifischen Klassen kommt als Datenquelle für die *BindingSource* auch jede indizierte Collection von Objekten infrage (jede Klasse, die *IList* implementiert), siehe dazu PB2.7 »Einen Objektbaum abspeichern«.

DataBindings-Collection

Die Datenanbindung für einfache Steuerelemente, wie z.B. *Label* oder *TextBox*, wird durch Hinzufügen von *Binding*-Objekten zur *DataBindings*-Auflistung des Steuerelements komplettiert. Der *Add*-Methode sind entweder ein komplettes *Binding*-Objekt oder aber dessen drei Argumente zu übergeben.

BEISPIEL

Das im Vorgängerbeispiel erzeugte *Binding*-Objekt wird zur *DataBindings*-Collection einer *TextBox* hinzugefügt:

```
TextBox1.DataBindings.Add(b1)
```

Eine Überladung der *Add*-Methode, die ohne explizit erzeugtes *Binding*-Objekt auskommt:

```
TextBox1.DataBindings.Add("Text", bs, "Geburtsdatum")
```

Bemerkungen

- Mit der *Control*-Eigenschaft können Sie das Steuerelement abrufen, zu dem die *DataBindings*-Collection gehört.
- Nachdem die Steuerelemente angebunden sind, werden lediglich die Werte der ersten Zeile der *DataTable* angezeigt, Möglichkeiten zum Navigieren bzw. Blättern sind noch nicht vorhanden.

Manuelle Datenbindung an Listen und Tabelleninhalte

Bei dieser komplexeren Form der Datenbindung wollen wir Steuerelemente, die mehrere Werte anzeigen können, an eine Liste von Werten binden. Die dafür am häufigsten verwendeten Steuerelemente sind *DataGridView*, *ComboBox* oder *ListBox*[1].

DataGridView

Das *DataGridView* ist ein sehr leistungsfähiges Datengitter-Steuerelement, welches wir bereits sehr häufig für die Anzeige von Tabelleninhalten benutzt haben und welches im Rahmen dieses Kapitels noch ausgiebig beschrieben wird (siehe Seite 360).

BEISPIEL

Anzeige der »Personal«-Tabelle im *DataGridView*

```
DataGridView1.DataSource = ds
DataGridView1.DataMember = "Personal"
```

oder

```
Dim bs As New BindingSource(ds, "Personal")
DataGridView1.DataSource = bs
```

Datenbindung von ComboBox und ListBox

Häufig werden *ComboBox* und *ListBox* zum Implementieren sogenannter »Nachschlagefunktionalität« bei *DataTables* (oder *DataViews*) eingesetzt, zwischen denen eine Master-Detail-Relation besteht.

Um die *ComboBox*/*ListBox* mit der Master-Tabelle zu verknüpfen, muss zunächst die *SelectedValue*-Eigenschaft an den in der Mastertabelle enthaltenen Fremdschlüssel angebunden werden.

Anschließend werden den *DataSource-*, *DisplayMember-* und *ValueMember*-Eigenschaften die entsprechenden Spalten der Detailtabelle zugewiesen.

BEISPIEL

Die Tabellen »Bestellungen« und »Personal« der *Nordwind*-Datenbank sind durch eine Master-Detail-Beziehung verknüpft. In der *ComboBox* soll der zur aktuellen Bestellung gehörige »Nachname« aus der »Personal«-Tabelle angezeigt werden.

Verbinden der *ComboBox* mit der Mastertabelle:

---

[1] Leider unterstützt das *ListView*-Control auch unter Windows Forms 2.0 keine Datenbindung.

```
BindingSourceBest.DataSource = ds.Tables("Bestellungen")
ComboBox1.DataBindings.Add("SelectedValue", bindingSourceBest, "PersonalNr")
```

Anbinden der Detaildaten an die *ComboBox*:

```
BindingSourcePers.DataSource = ds.Tables("Personal")
With ComboBox1
    .DataSource = bindingSourcePers
    .DisplayMember = "Nachname"
    .ValueMember = "PersonalNr"
End With
```

HINWEIS Den kompletten Code finden Sie im PB6.5 »Mit der ComboBox zwei Tabellen verknüpfen«.

Entwurfszeit-Datenbindung an ein typisiertes DataSet

Zwar basiert ADO.NET auf dem Prinzip der strikten Trennung der Benutzerschnittstelle von der Datenbank, doch es gibt sie trotzdem, die Möglichkeit der Entwurfszeitanbindung der Steuerelemente. Allerdings muss dazu eine Datenquelle (typisiertes DataSet) vorhanden sein, welche nur mit Assistentenhilfe sinnvoll zu erstellen ist (siehe Kapitel 5 bzw. PB5.12 »Einrichten und Benutzen einer Datenquelle«).

BEISPIEL

Die folgende Abbildung zeigt, wie Sie über den *(DataBindings)*-Knoten im Eigenschaftenfenster die Datenbindung für ein *Label*-Steuerelement vornehmen. Die Datenfelder stehen dabei als *BindingSource*-Elemente zur Verfügung.

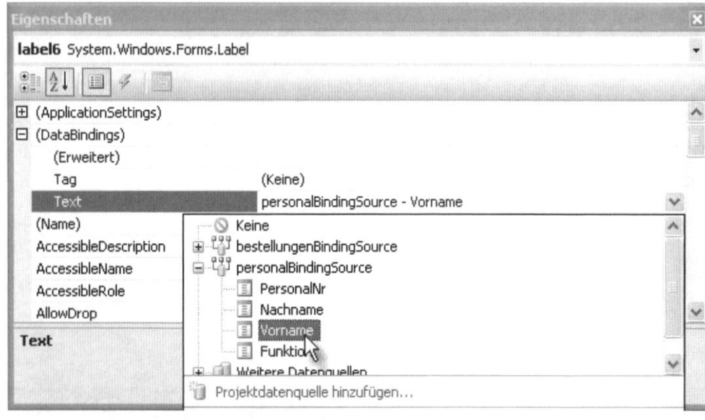

Abbildung 6.1 Anbinden eines *Labels* an ein typisiertes DataSet

Auf analoge Weise realisieren Sie z.B. auch Entwurfszeit-Datenbindungen für *TextBox*, *ComboBox* und *ListBox* sowie mit dem *DataGridView*.

BEISPIEL

Ein *DataGridView* wird über eine *BindingSource* mit der Tabelle »Bestellungen« eines typisierten DataSets verbunden. Bereits zur Entwurfszeit zeigt das *DataGridView* die Datenstruktur.

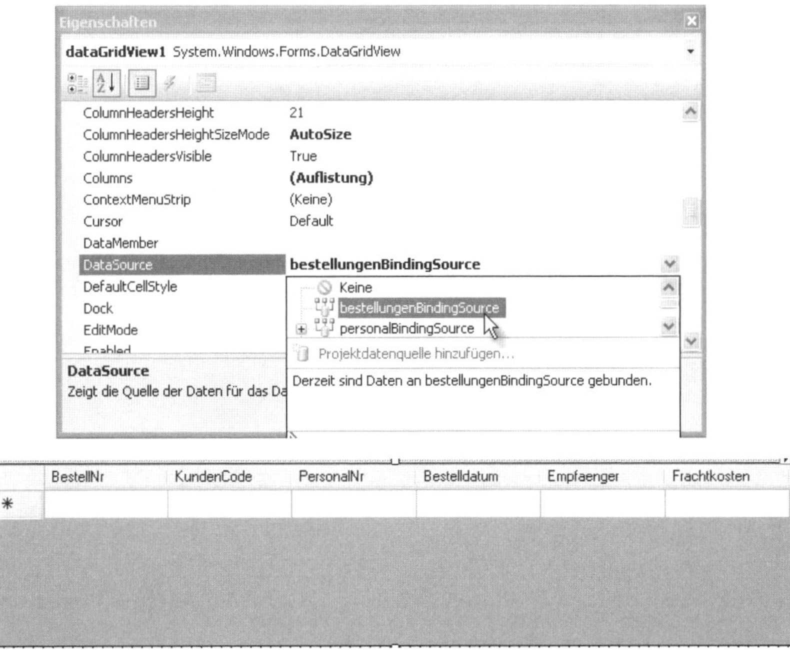

Abbildung 6.2 Datenbindung eines *DataGridView* an ein typisiertes DataSet

HINWEIS Eine komplette Anleitung für die Datenbindung zur Entwurfszeit finden Sie im PB6.6 »Manuelles Binden an ein typisiertes DataSet«.

Drag & Drop-Datenbindung

Diese Technologie verkörpert den Gipfel der Bequemlichkeit, denn in der Regel brauchen Sie keine einzige Zeile Code mehr zu schreiben bzw. keinerlei Bindungen für Steuerelemente im Eigenschaftsfenster vorzunehmen. Unter der Voraussetzung, dass eine Datenquelle vorhanden ist, brauchen Sie nur noch per Drag & Drop komplette Tabellen aus dem Datenquellen-Fenster auf das Formular zu ziehen. Neben einer fertigen Eingabemaske (wahlweise Einzelkomponenten mit *BindingNavigator* oder als *DataGridView*) werden auch eine Unmenge von Datenzugriffskomponenten (*DataSet*, *BindingSource*, *TableAdapter*, ...) generiert und im Komponentenfach abgelegt.

HINWEIS Komplette Anleitungen finden Sie im PB5.12 »Einrichten und Benutzen einer Datenquelle« oder PB6.7 »1:n-Beziehungen per Drag & Drop-Datenbindung anzeigen«.

Navigieren im DataSet

Für das Durchblättern der Datensätze sowie für Editieren, Hinzufügen und Löschen haben Sie hauptsächlich zwei Möglichkeiten:

- Sie können die verschiedenen Methoden der *BindingSource* benutzen oder
- Sie verwenden einen *BindingNavigator*, der die Methodenaufrufe kapselt.

Vor- und Rückwärtsblättern

So wie das gute alte Recordset-Objekt aus den Zeiten vor .NET hat auch die *BindingSource* die Methoden *MoveNext*, *MovePrevious*, *MoveFirst* und *MoveLast*.

BEISPIEL

Bewegen zum ersten Datensatz:

```
Dim bs As New BindingSource(ds, "Personal")

Private Sub Button1_Click(ByVal sender As Object, ByVal e As EventArgs)
    bs.MoveFirst()
End Sub
```

Hinzufügen und Löschen

Dafür bietet die *BindingSource* die Methoden *Add*, *AddNew*, *Remove*, *RemoveAt*, *RemoveCurrent* und *RemoveFilter*.

BEISPIEL

Ein neuer Datensatz wird hinzugefügt:

```
bs.AddNew()
```

Der aktuelle Datensatz wird gelöscht:

```
bs.RemoveCurrent()
```

Aktualisieren und Abbrechen

Mit der *EndEdit*- bzw. *CancelEdit*-Methode der *BindingSource* kann der aktuelle Editiervorgang beendet bzw. abgebrochen werden.

BEISPIEL

Die geänderten Daten werden vom *DataTable*-Objekt *dt* in die Datenbank übertragen.

```
bs.EndEdit()
da.Update(dt)
```

HINWEIS Wenn Sie die *EndEdit*-Methode nicht aufrufen, werden die geänderten Daten erst beim Weiterblättern in die *DataTable* übernommen.

BindingNavigator

Ein *BindingNavigator* eignet sich nur für die Zusammenarbeit mit einer *BindingSource*.

BEISPIEL

Ein *BindingNavigator* wird mit einem *BindingSource*-Objekt *bs* verknüpft.

```
BindingNavigator1.BindingSource = bs
```

Der *BindingNavigator* bietet alle Funktionen zum Weiterblättern, sowie zum Hinzufügen und zum Löschen – mit Ausnahme der »Speichern«- und der »Abbrechen«-Schaltfläche, die Sie selbst hinzufügen und implementieren müssen.

BEISPIEL

Ein *BindingNavigator*, dem Sie zwei Schaltflächen hinzugefügt haben, wird für das Speichern eines *DataTable*-Objekts *dt* und für das Abbrechen der aktuellen Operation »nachgerüstet«.

Speichern:

```
Private Sub ToolStripButton1_Click(ByVal sender As Object, ByVal e As EventArgs)
    bs.EndEdit()
    da.Update(dt)
End Sub
```

Abbrechen:

```
Private Sub ToolStripButton2_Click(ByVal sender As Object, ByVal e As EventArgs)
    bs.CancelEdit()
End Sub
```

Abbildung 6.3 *BindingNavigator* mit zwei zusätzlich hinzugefügten Schaltflächen

HINWEIS Den kompletten Code finden Sie im PB6.3 »Steuerelemente manuell an ein DataSet binden«.

Die Anzeige formatieren

Zum Formatieren der Inhalte manuell gebundener Steuerelemente ist einiger zusätzlicher Aufwand erforderlich. Die *Binding*-Objekte müssen separat erzeugt und mit Event-Handlern für das *Format*- und für das *Parse*-Event nachgerüstet werden.

BEISPIEL

Die Anzeige des Geburtsdatums wird formatiert.

```
Dim b1 As New Binding("Text", bs, "Geburtstag")
AddHandler b1.Format, New ConvertEventHandler(AddressOf DatToDateString)
AddHandler b1.Parse,  New ConvertEventHandler(AddressOf DateStrToDat)
TextBox3.DataBindings.Add(b1)
```

Datenquelle => Anzeige:

```
Private Sub DateToDateString(sender As Object, e As ConvertEventArgs)
  Try
     e.Value = Convert.ToDateTime(e.Value).ToString("d.M.yyyy")
```

```
    Catch
    End Try
End Sub
```

Anzeige => Datenquelle:

```
Private Sub DateStringToDate(sender As Object, e As ConvertEventArgs)
    e.Value = Convert.ToDateTime(e.Value)
End Sub
```

HINWEIS Den kompletten Quellcode finden Sie im PB6.3 »Steuerelemente manuell an ein DataSet binden«.

Bemerkungen zur BindingSource

Die unter ADO.NET 2.0 neu hinzugekommene *BindingSource* spielt bei der Datenbindung eine zentrale Rolle. In diesem kurzen Abriss konnten wir aber bei weitem nicht alle ihre Eigenschaften, Methoden und Ereignisse behandeln. Viele davon werden Sie noch im umfangreichen Praxisteil dieses Kapitels kennen lernen, den Rest erklärt Ihnen die Online-Hilfe.

HINWEIS Eine Anwendung des *CurrentChanged*-Ereignisses der *BindingSource* zeigt Ihnen das PB2.7 »Einen Objektbaum abspeichern«.

Das DataGridView

Das *DataGridView*-Control ist zweifelsfrei eines der Highlights von .NET 2.0. Obwohl sein Haupteinsatzgebiet die Darstellung von Datenbankinhalten ist, kann es auch ohne darunter liegende Datenquelle benutzt werden.

HINWEIS Wer ohne viel Theorie das *DataGridView* gleich in Aktion erleben will, der sei auf das PB6.14 »Das DataGridView als Datenbank-Frontend« verwiesen.

Vom DataGrid zum DataGridView

Das »alte« .NET 1.x *DataGrid* – welches natürlich nach wie vor unterstützt wird – gilt bereits als Wunderwerk an Funktionalität, hat aber einige wichtige Einschränkungen:

- Das alte *DataGrid* ist vom Prinzip her ein datengebundenes Control. Zwar lässt es sich auch ohne Datenbank an Objekte binden, aber man kann es nicht wirklich ungebunden benutzen.
- Eine weitere große Einschränkung des alten *DataGrids* ist seine strikt spaltenorientierte Arbeitsweise. Die für die einzelnen Spalten standardmäßig zur Verfügung stehenden Controls können nur vom Typ *TextBox* oder *CheckBox* sein. In vielen Fällen wünschte man sich aber weitere Controls, wie z.B. eine *ComboBox*, um auch Beziehungen zwischen verknüpften Tabellen darstellen und editieren zu können. Dies ist zwar nicht unmöglich, erfordert aber das relativ aufwändige Ableiten zusätzlicher Klassen, so-

dass die meisten Entwickler diesen Aufwand scheuen und sich lieber den Produkten von Drittanbietern zuwenden.

- Auch das Erzeugen einer Spalte, in der einige Zellen *CheckBox*en haben und andere *TextBox*en, gestaltet sich ziemlich schwierig.

Mit dem *DataGridView* hat Microsoft ein Steuerelement entwickelt, welches den Programmierer von aufwändigen Zusatzarbeiten entlastet:

- Das neue *DataGridView* ist nicht vordergründig ein datengebundenes Control, sondern es kann sowohl mit als auch ohne darunterliegende Datenquelle benutzt werden.
- Es unterstützt allgemeine Aufgaben wie Master-Detail-Listen, Eingabevalidierung und Datenformatierung, wobei der Entwickler nur wenige Zeilen Code zu schreiben hat.
- Es wurde von Grund auf als erweiterungsfähiges Control konzipiert, sodass sich zusätzliche Features ohne größere »Klimmzüge« integrieren lassen.

Obwohl es bezüglich Programmierung und Bedienung viele Parallelen zum »alten« *DataGrid* gibt, handelt es sich beim *DataGridView* um ein grundlegend neues und universeller einsetzbares Steuerelement. So können Sie direkt Zeilen- und Zellen-Objekte erzeugen, ja es unterstützt sogar einen virtuellen Modus, in welchem der Zugriff auf eine beliebige Datenquelle frei programmiert werden kann. Zu den weiteren Verbesserungen zählen neben fein abgestimmter Formatierung, flexibler Größenänderung und Selektion vor allem eine bessere Performance und ein deutlich umfangreicheres Ereignismodell.

Das äußere Erscheinungsbild bestimmen zunächst selbst erklärende Eigenschaften wie *DefaultCellStyle*, *ColumnHeadersDefaultCellStyle*, *CellBorderStyle* und *GridColor*. Das ist aber nur die Spitze des Eisbergs. Das *DataGridView* konfrontiert Sie mit einer wahren Flut weiterer Eigenschaften, Methoden und Ereignisse, die teilweise ziemlich verwirrend sind und eine radikale Umstellung vom gewohnten Umgang mit dem »alten« *DataGrid* bedeuten.

Grundlegende Datenbindung

Genauso wie beim *DataGrid* können Sie ein *DataGridView* mittels *DataSource*- und *DataMember*-Properties direkt an ein *DataSet* oder ein davon abgeleitetes Objekt wie *DataTable* oder *DataGridView* anbinden[1].

BEISPIEL

```
Dim ds As DataSet = getDataSet()
DataGridView1.DataSource = ds.Tables("Buecher")
```

An dieser Stelle soll auch gleich auf eine grundlegende Einschränkung gegenüber dem »alten« *DataGrid* hingewiesen werden, die mancher vielleicht sogar als Nachteil empfinden mag, weil nun nicht mehr der komplette Inhalt eines *DataSet*s (inklusive Relationen) angezeigt werden kann:

HINWEIS Im Unterschied zum *DataGrid* kann das *DataGridView* immer nur eine einzige Tabelle gleichzeitig anzeigen!

Verbinden Sie das *DataGridView* mit einem kompletten *DataSet*, so wird zunächst nichts angezeigt, es sei denn, Sie setzen die *DataMember*-Property auf den Namen der anzuzeigenden Tabelle.

[1] Damit enden aber auch schon fast die Gemeinsamkeiten zwischen *DataGrid* und *DataGridView*.

BEISPIEL

Die Tabelle »Buecher« eines *DataSets* wird in einem *DataGridView* angezeigt.

```
DataGridView1.DataSource = ds
DataGridView1.DataMember = "Buecher"
```

Natürlich kann ein *DataGridView* auch mit einer *BindingSource* verbunden werden, die sich vor die Datenquelle schiebt.

BEISPIEL

Das Vorgängerbeispiel mit einer *BindingSource*.

```
Dim bs As New BindingSource(ds, "Buecher")
DataGridView1.DataSource = bs
```

Standardmäßige Anzeige und Bedienung

Das *DataGridView* kommt im Windows XP-Look daher. Die Spaltenköpfe zeigen sich im modernen Flat-Design und leuchten auf, wenn der User die Maus darüber bewegt.

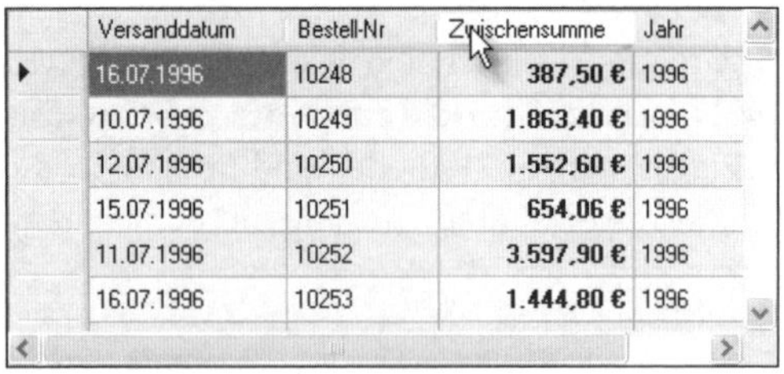

	Versanddatum	Bestell-Nr	Zwischensumme	Jahr
▶	16.07.1996	10248	**387,50 €**	1996
	10.07.1996	10249	**1.863,40 €**	1996
	12.07.1996	10250	**1.552,60 €**	1996
	15.07.1996	10251	**654,06 €**	1996
	11.07.1996	10252	**3.597,90 €**	1996
	16.07.1996	10253	**1.444,80 €**	1996

Abbildung 6.4 Bewegen der Maus über den Spaltenkopf lässt diesen aufleuchten

Die standardmäßige *DataGridView*-Anzeige und -Bedienung unterliegt folgenden Prinzipien, wie sie größtenteils auch für das »alte« *DataGrid* gelten:

- Für jedes Feld in der Datenquelle wird eine Spalte generiert, die Spaltenbezeichner entsprechen den Feldnamen.
- Zwecks automatischer Größenanpassung (Autosizing) muss der User auf den Trennstrich zwischen zwei Spalten doppelklicken. Die linke Spalte passt ihre Breite dann automatisch dem Zelleninhalt an.
- Zum Editieren kann der User in eine Zelle doppelklicken oder F2 drücken, um den aktuellen Wert zu ändern. Einzige Ausnahme sind schreibgeschützte Felder (*DataColumn.ReadOnly = True*).
- Um eine Spalte automatisch in auf- oder absteigender Reihenfolge zu sortieren, genügt ein- oder zweimaliges Klicken auf den Spaltenkopf.
- Erlaubt sind verschiedene Arten von Selektion, so kann der User durch Klick und Ziehen mit der Maus eine oder mehrere Zellen oder auch Zeilen markieren. Bei Klick auf das kleine Rechteck in der linken oberen Ecke wird die gesamte Tabelle selektiert.

Wichtige Spalten-Einstellungen

Eine Vielzahl von Manipulationen mit Spalten sind möglich, so lassen sich Spalten verstecken, verschieben oder »einfrieren«. Diese Features werden durch Properties der *DataGridView*- bzw. der *DataGridViewColumn*-Klasse bereitgestellt:

AllowUserToOrderColumns

... falls *True*, lassen sich alle Spalten zur Laufzeit durch einfaches Anfassen des Spaltenkopfes mit der Maus verschieben.

Frozen

... falls *True*, bleibt die Spalte sichtbar und an der linken Seite der Tabelle fixiert, auch wenn der User nach rechts scrollt um weitere Spalten zu sichten.

BEISPIEL

Die erste Spalte wird »eingefroren«.

```
DataGridView1.Columns(0).Frozen = True
```

HeaderText

... setzt den Text der im Spaltenkopf erscheinen soll.

BEISPIEL

Der Spaltentitel wird geändert.

```
DataGridView1.Columns("OrderID").HeaderText = "Order ID"
```

DisplayIndex

... setzt die Position einer Spalte (z.B. eine mit *DisplayIndex = 0* wird automatisch in der äußersten linken Spalte angezeigt). Falls mehrere Spalten den gleichen *DisplayIndex* haben, wird die erste Spalte der Collection gezeigt.

HINWEIS Falls Sie den *DisplayIndex* benutzen um eine Spalte nach links zu verschieben, müssen Sie ebenfalls den *DisplayIndex* der äußersten linken Spalte nach rechts verschieben.

Resizable und MinimumWidth

Setzen Sie *Resizable* auf *False*, um dem User das Verändern der Spaltenbreite zu verbieten, oder setzen Sie *MinimumWidth* auf die minimale Anzahl von zulässigen Pixeln.

Visible

... wenn *False*, so wird die Spalte versteckt.

Automatische Größenanpassungen

Die Inhalte der Zellen sind in vielen Fällen nicht vorhersehbar und so gibt es Möglichkeiten, die Abmessungen der Spaltenbreite bzw. Zeilenhöhe zur Laufzeit automatisch anzupassen.

AutoSizeColumnsMode-Eigenschaft/AutoResizeColumns-Methode

Um die Spaltenbreite aller Zeilen automatisch anzupassen, nutzen Sie die *AutoSizeColumnsMode*-Eigenschaft oder die *AutoResizeColumns*-Methode mit einem der Werte der *DataGridViewAutoSizeColumnMode*-Enumeration, von denen die Tabelle die wichtigsten zeigt:

DataGridViewAutoSizeColumnsMode-Enumeration	Die Spaltenbreite passt sich ...
AllCells	... dem Inhalt aller Zellen an
ColumnHeader	... dem Spaltenkopf an
DisplayedCells	... dem Inhalt der momentan angezeigten Zellen an
Fill	... so an, dass der Anzeigebereich des Gitters exakt ausgefüllt wird
None	... nicht automatisch an

Tabelle 6.1 Die Mitglieder der *DataGridViewAutosizeColumnsMode*-Enumeration

BEISPIEL

Anpassen der Spaltenbreite aller Spalten basierend auf der größten Textbreite der Zellen der Spalte

```
DataGridView1.AutoSizeColumnsMode = DataGridViewAutoSizeColumnsMode.AllCells
```

oder

```
DataGridView1.AutoResizeColumns(DataGridViewAutoSizeColumnsMode.AllCells)
```

AutoSizeMode-Eigenschaft/AutoResizeColumn-Methode

Will man gezielt nur einzelne Spalten in die automatische Breitenanpassung einbeziehen, so verwendet man die *AutoSizeMode*-Eigenschaft der betreffenden Spalte oder aber deren *AutoResizeColumn*-Methode. Die gewünschte Art des Resizing wird durch einen Wert der *DataGridViewAutoSizeColumnMode*-Enumeration eingestellt (man beachte den winzigen Unterschied in der Namensgebung im Vergleich zur *DataGridViewAutoSizeColumnsMode*-Enumeration, siehe obige Tabelle).

BEISPIEL

Wie Vorgängerbeispiel, aber nur für die zweite Spalte

```
DataGridView1.Columns(1).AutoSizeMode = DataGridViewAutoSizeColumnMode.AllCells
```

oder

```
DataGridView1.AutoResizeColumn(1, DataGridViewAutoSizeColumnMode.AllCells)
```

HINWEIS Die Breite einzelner Spalten können Sie nur dann ändern, wenn das *DataGridView* bereits mit der Datenquelle verbunden ist!

AutoSizeRowsMode-Eigenschaft/AutoResizeRows-Methode

Statt der Spaltenbreite können Sie mittels *AutoSizeRowsMode*-Eigenschaft bzw. mit *AutoSizeRows*-Methode auch die Zeilenhöhe ändern, um den Inhalt komplett anzuzeigen. Da es sich hier wohl meistens um Text handelt, müssen Sie noch den Zeilenumbruch (*WrapMode*) aktivieren, sonst bleibt der Effekt aus. In der Regel können Sie vorher die Spaltenbreite verringern, da sich jetzt die Zeilen nach unten ausdehnen.

BEISPIEL

Die Breite der zweiten Spalte wird auf einen festen Wert (100 Pixel) eingestellt und für die gesamte *DataGridView* der Zeilenumbruch aktiviert. Anschließend wird die Zeilenhöhe dem Inhalt angepasst.

```
DataGridView1.Columns(1).Width = 100
DataGridView1.DefaultCellStyle.WrapMode = DataGridViewTriState.True
DataGridView1.AutoSizeRowsMode = DataGridViewAutoSizeRowsMode.AllCellsExceptHeaders
```

oder

```
DataGridView1.AutoResizeRows(DataGridViewAutoSizeRowsMode.AllCellsExceptHeaders)
```

AutoResizeRow-Methode

Sollen nicht alle, sondern nur einzelne Zeilen ihre Höhe automatisch anpassen, so verwendet man die *AutoResizeRow*-Methode der betreffenden Zeile. Die gewünschte Art des Resizing wird durch einen Wert der *DataGridViewAutoSizeRowMode*-Enumeration eingestellt (auch hier beachte man den winzigen Unterschied in der Namensgebung im Vergleich zur *DataGridViewAutoSizeRowsMode*-Enumeration).

BEISPIEL

Außer der Kopfzeile passen alle Zellen ihre Höhe automatisch an.

```
DataGridView1.AutoResizeRow(0, DataGridViewAutoSizeRowMode.AllCellsExceptHeader)
```

Nr	Buchtitel	ISBN	Autor(en)	Verlag	Jahr	Preis	Z
27	Datenbankprogrammierung mit Visual Basic .NET	3-86063-670-7	Doberenz und Kowalski	Microsoft Press Deutschland	2003	30,00 €	
214	Datenbankprogrammierung mit Visual Basic 2005	3-86063-589-1	Doberenz und Gewinnus	Microsoft Press Deutschland	2006	49,90 €	
213	Datenbankprogrammierung mit Visual C# 2005	3-86063-588-3	Doberenz und Gewinnus	Microsoft Press Deutschland	2006	49,90 €	
39	Datenbankprogrammierung mit Visual C#.NET	3-86063-095-4	Doberenz und Kowalski	Microsoft Press Deutschland	2003	30,00 €	
134	Datenstrukturen und Algorithmen in C++	3-446-22075-5	Reß und Viebeck	Carl Hanser Verlag München Wien	2004	15,00 €	
160	Die Architektur erfolgreicher Projekte	3-446-22313-4	Strohmeier	Carl Hanser Verlag München Wien	2003	10,00 €	

Abbildung 6.5 Die Zeilenhöhe hat sich dem Inhalt angepasst

Selektieren von Zellen

Standardmäßig ist eine freie Selektion möglich. Der User kann einzelne Zellen, Gruppen von Zellen, alle Zellen (durch Klick auf das Quadrat in der linken oberen Ecke) oder eine oder mehrere Zeilen (durch Klick in die linke Randspalte) auswählen. In Abhängigkeit vom Selektionsmodus lassen sich auch eine oder mehrere Spalten durch Selektieren der Spaltenköpfe auswählen. Dieses Verhalten lässt sich mit der Eigenschaft *SelectionMode* steuern, die folgende Werte aus der *DataGridViewSelectionMode*-Enumeration annehmen kann:

DataGridViewSelectionMode-Enumeration	Der User kann ...
CellSelect	... Zellen selektieren, aber keine vollen Zeilen oder Headers. Er kann mehrfache Zellen selektieren wenn *MultiSelect = True.*
FullColumnSelect	... durch Klick auf den Spaltenkopf mehrere Spalten selektieren wenn *MultiSelect = True.* Kein Sortieren des Inhalts bei Klick auf den Spaltenkopf!
FullRowSelect	... volle Zeilen durch Klick auf die linke Randspalte selektieren. Mehrere Zeilen wenn *MultiSelect = True.*
ColumnHeaderSelect	... den *CellSelect*- oder *FullColumnSelect* Modus benutzen. Kein Sortieren des Inhalts bei Klick auf den Spaltenkopf!
RowHeaderSelect	... den *CellSelect*- oder *FullRowSelect*-Modus benutzen (Standard).

Tabelle 6.2 Die Mitglieder der *DataGridViewSelectionMode*-Enumeration

BEISPIEL

Das Selektieren voller Zeilen ist möglich.

```
DataGridView1.SelectionMode = DataGridViewSelectionMode.FullRowSelect
```

SelectedCells-, SelectedRows- und SelectedColumns-Eigenschaften

Die *DataGridView* erleichtert den Zugriff auf selektierte Zellen mit drei Eigenschaften:

Eigenschaft	Beschreibung
SelectedCells	... liefert eine Auflistung von *DataGridViewCell*-Objekten ohne Rücksicht auf den *SelectionMode.*
SelectedRows	... liefert nur dann etwas, wenn eine volle Zeile selektiert wurde (durch Klick auf die linke Randspalte).
SelectedColumns	... liefert nur dann etwas, wenn eine volle Spalte selektiert wurde (durch Klick auf den Spaltenkopf).

Tabelle 6.3 Eigenschaften für den Zugriff auf selektierte Zellen

BEISPIEL

Für jede voll selektierte Zeile, wird der Wert der zweiten Spalte in einem Meldungsfenster angezeigt:

```
For Each selRow As DataGridViewRow In DataGridView1.SelectedRows
```

```
    MessageBox.Show(selRow.Cells(1).Value.ToString)
```

Oder falls der Spaltenname »Titel« ist:

```
    MessageBox.Show(selRow.Cells("Titel").Value.ToString)
Next
```

HINWEIS Es ist zu beachten, dass zwar ein *DataGridViewRow*-Objekt über eine *Cells*-Auflistung verfügt, nicht aber ein *DataGridViewColumn*-Objekt!

BEISPIEL

Für jede selektierte Spalte wird die Beschriftung des Spaltenkopfes in einem Meldungsfenster angezeigt:

```
DataGridView1.SelectionMode = DataGridViewSelectionMode.ColumnHeaderSelect
For Each selCol As DataGridViewColumn In DataGridView1.SelectedColumns
    MessageBox.Show(selCol.HeaderText)
Next
```

CurentCell- und CurrentCellAddress-Eigenschaften

Diese Eigenschaften ermöglichen den Zugriff auf die aktuelle Zelle.

HINWEIS Auch wenn Sie mehrere Zellen selektiert haben, es gibt immer nur genau eine aktuelle Zelle, die durch ein gepunktetes schwarzes Rechteck eingerahmt ist!

BEISPIEL

Der Wert der aktuellen Zelle sowie Zeilen- und Spaltenindex werden in einem Meldungsfenster angezeigt.

```
Dim inhalt As String = DataGridView1.CurrentCell.Value.ToString
Dim zeile As String = DataGridView1.CurrentCellAddress.Y.ToString
Dim spalte As String = DataGridView1.CurrentCellAddress.X.ToString

MessageBox.Show("Inhalt = " & inhalt & " ; Zeile = " & zeile & " ; spalte = " & spalte)
```

Die *CurrentCellAddress* Property ist zwar schreibgeschützt, aber Sie können *CurrentCell* benutzen, um die aktuelle Position zu ändern. Das *DataGridView* wird dann automatisch zur aktuellen Position scrollen, sodass die Zelle im sichtbaren Bereich erscheint.

BEISPIEL

Als aktuelle Position die fünfte Zelle (bzw. Spalte) in der zehnten Zeile wählen.

```
DataGridView1.CurrentCell = DataGridView1.Rows(9).Cells(4)
```

Columns- und Rows-Auflistungen

Bis jetzt wissen Sie nur, wie man auf die aktuell selektierten Zeilen, Zellen und Spalten zugreifen kann. Das *DataGridView* stellt aber auch grundlegende Auflistungen bereit, die das Arbeiten mit der kompletten Datenmenge ermöglichen:

- *Columns*
  Collection von *DataGridViewColumn* Objekten
- *Rows*
  Collection aus *DataGridViewRow*-Objekten, jedes Objekt davon enthält eine Auflistung von *DataGridViewCell*-Objekten

Allgemein benutzt man *DataGridViewColumn*-Objekte zum Formatieren der Anzeige in einer Spalte. Hingegen braucht man *DataGridViewRow*- und *DataGridViewCell*-Objekte, um auf die Daten zuzugreifen.

Hat man das *DataGridView*-Objektmodell einmal verstanden, so kann man leicht Code schreiben, der auf die gesamte Tabelle zugreift Anstatt den Index der Zelle darf man auch direkt den Spaltennamen verwenden.

BEISPIEL

Der Inhalt der zweiten Zelle (»Titel«-Spalte) der dritten Zeile wird zugewiesen.

```
Dim s As String = DataGridView1.Rows(2).Cells(1).Value.ToString
```

oder

```
Dim s As String = DataGridView1.Rows(2).Cells("Titel").Value.ToString
```

Um eine bestimmte Zeile, Spalte oder Zelle zu selektieren, muss man lediglich das entsprechende *DataGridViewRow*-, *DataGridViewColumn*- oder *DataGridViewCell*-Objekt finden und seine *Selected*-Eigenschaft auf *True* setzen.

BEISPIEL

Alle Inhalte der Spalte »Jahr«, die 2006 erschienen sind, werden selektiert:

```
For Each row As DataGridViewRow In DataGridView1.Rows
   If Convert.ToInt32(row.Cells("Jahr").Value) = 2006 Then row.Selected = True
Next
```

DataGridViewCellStyle-Objekte

Um auch größere Datenmengen effektiv formatieren zu können, verwendet das *DataGridView* ein mehrschichtiges Modell unter Benutzung von *DataGridViewCellStyle*-Objekten. Ein solches Objekt kapselt alle Details zur Darstellung der Daten einer Zelle (Color, Font, Alignment, Wrapping und Datenformatierung).

Es dürfte klar sein, dass sich das Formatieren zahlreicher einzelner Zellen negativ auf Speicherplatz und Performance des *DataGridView* auswirkt. Sie können aber auch nur einen einzigen *DataGridViewCellStyle* für die komplette Tabelle erzeugen und zusätzlich das Standardformat einer Spalte, Zeile oder einer individuellen Zelle spezifizieren.

HINWEIS Wenn Sie vorrangig eine spalten- oder eine zeilenbasierte Formatierung wählen und nur gelegentlich eine einzelne Zelle formatieren, so wird Ihr *DataGridView* kaum mehr Speicher beanspruchen als das »alte« *DataGrid*.

Wenn das *DataGridView* formatiert wird, gibt es folgende Prioritäten (von der höchsten zur niedrigsten):

- *DataGridViewCellStyle*
- *DataGridViewRow.DefaultCellStyle*
- *DataGridView.AlternatingRowsDefaultCellStyle*
- *DataGridView.RowsDefaultCellStyle*
- *DataGridViewColumn.DefaultCellStyle*
- *DataGridView.DefaultCellStyle*

HINWEIS Haben Sie einer einzelnen *DataGridViewColumn* einen *DataGridViewCellStyle* zugewiesen, so setzt dieser den *DefaultCellStyle* des *DataGridView* außer Kraft.

Ein *DataGridViewCellStyle* definiert zwei Typen von Formatierungen: Daten und Outfit:

Datenformatierung

Die Datenformatierung bestimmt, wie der datengebundene Wert vor seiner Anzeige zu modifizieren ist. Typischerweise werden hierzu Formatierungsstrings benutzt, die numerische Werte in Text umformen. Dazu setzen Sie einfach den Format-Spezifizierer oder einen eigenen Formatstring unter Benutzung der *Format*-Property.

BEISPIEL

Formatieren aller Zahlen im »Preis«-Feld als Währungsgrößen (mit den lokalen Währungseinstellungen).

```
DataGridView1.Columns("Preis").DefaultCellStyle.Format = "c"
```

Outfit

Die Formatierung des Zellenoutfits umfasst kosmetische Aspekte wie Farbe und Schriftart. Wichtige Eigenschaften sind *Font*, *Alignment*, *ForeColor*, *SelectionForeColor* oder *SelectionBackColor*.

BEISPIEL

Erzeugen einer neuen Spalte mit Bindung an das Feld »Verkaufspreis« und anschließendes Formatieren als rechtsbündige Währungsanzeige mit Fettschrift und gelber Hintergrundfarbe.

```
Dim tbc1 As New DataGridViewTextBoxColumn()
With tbc1
    .DataPropertyName = "Verkaufspreis"
    .HeaderText = "Preis"
    .DefaultCellStyle.Format = "c"
    .DefaultCellStyle.Alignment = DataGridViewContentAlignment.MiddleRight
    .DefaultCellStyle.Font = New Font(DataGridView1.Font, FontStyle.Bold)
    .DefaultCellStyle.BackColor = Color.LightYellow
End With
DataGridView1.Columns.Add(tbc1)
```

Die *WrapMode*-Eigenschaft bestimmt, ob ein Zeilenumbruch stattfinden soll, wobei drei Einstellungen möglich sind (ja, nein, nicht gesetzt). Ein entsprechendes Beispiel im Zusammenhang mit der automatischen Anpassung der Zeilenhöhe (*AutoResizeRows*-Methode) wurde oben bereits gezeigt.

HINWEIS Visual Studio 2005 verfügt auch über einen *DataGridView*-Designer, mit dem Sie das Spaltenoutfit bereits zur Entwurfszeit konfigurieren und aus einer Vielzahl vordefinierter Styles auswählen können.

Benutzerdefinierte Zellenformatierung

Ziemlich häufig kommt es vor, dass zur Laufzeit bestimmte Zellen optisch hervorgehoben werden sollen, z.B. wenn ihr Wert ein bestimmtes Limit überschritten hat oder ein Suchkriterium erfüllt ist. Anstatt mühselig durch die Auflistung der Zellen zu iterieren und nach diesen Werten zu suchen, sollte man das *CellFormatting*-Event des *DataGridView* benutzen. Das Ereignis feuert unmittelbar vor dem Neuzeichnen des Wertes in der Zelle. Das gibt Ihnen die Chance, das Outfit der Zelle in Abhängigkeit vom Inhalt anzupassen.

BEISPIEL

In der »Titel«-Spalte werden alle Buchtitel in denen ».NET« vorkommt gesucht und die betreffenden Zellen mit roter Schrift auf gelbem Hintergrund markiert.

```
AddHandler DataGridView1.CellFormatting, _
          New DataGridViewCellFormattingEventHandler(AddressOf DataGridView1_CellFormatting)
...
Private Sub DataGridView1_CellFormatting(ByVal sender As Object, _
                                         ByVal e As DataGridViewCellFormattingEventArgs)
   If DataGridView1.Columns(e.ColumnIndex).Name = "T" Then
        If e.RowIndex < DataGridView1.Rows.Count Then
            If e.Value.ToString.IndexOf(TextBox1.Text) >= 0 Then    ' Suchbegriff gefunden
                e.CellStyle.ForeColor = Color.Red
                e.CellStyle.BackColor = Color.Yellow
            End If
        End If
    End If
End Sub
```

Nr	Buchtitel	ISBN	Autor(en)	Verlag	Jahr	Preis	Z
27	Datenbankprogrammierung mit Visual Basic .NET	3-86063-670-7	Doberenz und Kowalski	Microsoft Press Deutschland	2003	30,00 €	
214	Datenbankprogrammierung mit Visual Basic 2005	3-86063-589-1	Doberenz und Gewinnus	Microsoft Press Deutschland	2006	49,90 €	
213	Datenbankprogrammierung mit Visual C# 2005	3-86063-588-3	Doberenz und Gewinnus	Microsoft Press Deutschland	2006	49,90 €	
39	Datenbankprogrammierung mit Visual C#.NET	3-86063-095-4	Doberenz und Kowalski	Microsoft Press Deutschland	2003	30,00 €	
134	Datenstrukturen und Algorithmen in C++	3-446-22075-5	Reß und Viebeck	Carl Hanser Verlag München Wien	2004	15,00 €	
160	Die Architektur erfolgreicher Projekte	3-446-22313-4	Strohmeier	Carl Hanser Verlag München Wien	2003	10,00 €	

Abbildung 6.6 Die gesuchten Buchtitel sind gelb markiert

HINWEIS Den kompletten Code finden Sie im PB6.15 »Ein einfacher Webdienst-Client«.

Spaltentypen

Von *DataGridViewColumn* können verschiedene Klassen abgeleitet werden, fünf »vorgefertigte« sind bereits standardmäßig vorhanden:

- *DataGridViewButtonColumn*
- *DataGridViewCheckBoxColumn*
- *DataGridViewComboBoxColumn*
- *DataGridViewImageColumn*
- *DataGridViewTextBoxColumn*

DataGridViewButtonColumn

Dieser Spaltentyp zeigt in jeder Zelle einen *Button*, für den Sie Ereigniscode schreiben können.

BEISPIEL

Eine einfache *Button*-Spalte mit der Spaltenbeschriftung »Details« wird erzeugt und ein Eventhandler deklariert:

```
Dim details As New DataGridViewButtonColumn()
With details
    .Name = "Details"
    .HeaderText = "Details"
    .UseColumnTextForButtonValue = True
End With
```

Der Text einer Zelle entspricht der Beschriftung:

```
details.Text = "..."                                    ' Button-Beschriftung
```

Spalte ganz rechts hinzufügen:

```
DataGridView1.Columns.Insert(DataGridView1.Columns.Count, details)
```

Ereignisbehandlung anmelden:

```
AddHandler DataGridView1.CellClick, New DataGridViewCellEventHandler(AddressOf DataGridView_CellClick)
```

BEISPIEL

Der Klick auf einen *Button* zeigt die Informationen zum Datensatz:

```
Private Sub DataGridView_CellClick(sender As Object, e As DataGridViewCellEventArgs)
    DataGridView dgv = CType(sender, DataGridView)
    If dgv.Columns(e.ColumnIndex).Name = "Details" Then
        Dim s As String = dgv.Rows(e.RowIndex).Cells("Titel").Value.ToString
        s &= Environment.NewLine
        s &= dgv.Rows(e.RowIndex).Cells("ISBN").Value.ToString
        MessageBox.Show(s)
    End If
End Sub
```

DataGridViewComboBoxColumn

Dieser im »alten« *DataGrid* schmerzlich vermisste Spaltentyp ermöglicht die Verknüpfung von zwei Tabellen.

BEISPIEL

Im *DataGridView* werden Buchtitel angezeigt. Die »Autor«-Spalte besteht aus *ComboBoxen*, welche die Tabelle »Buecher« mit der Tabelle »Autoren« verknüpfen.

```
Dim cbc1 As New DataGridViewComboBoxColumn()
With cbc1
    .DataSource = bsAuthors.List          ' Detailtabelle
    .DataPropertyName = "AutorenNr"       ' Fremdschlüssel
    .ValueMember = "Nr"                   ' Primärschlüssel
    .DisplayMember = "Namen"              ' Detailanzeige
    .HeaderText = "Autor(en)"
    .DisplayStyle = DataGridViewComboBoxDisplayStyle.Nothing          ' nur bei aktiver Zelle
End With
DataGridView1.Columns.Add(cbc1)
```

Nr	Buchtitel	ISBN	Autor(en)	Verlag	Jal
35	Microsoft Access - Programmierrezepte	3-86063-090-3	Doberenz und Kowalski	Microsoft Press Deutschland	20(
75	Microsoft Exchange Server 2003 (2.Auflage)	3-446-40058-3	Deiters und Ewert	Carl Hanser Verlag München Wien	20(
74	Microsoft ISA Server 2004 - Leitfaden für Installation, Einrichtung und Wartung	3-446-22974-4	Deiters und Ewert DeMarco Doberenz und Druckenmüller Doberenz und Gewinnus Doberenz und Kowalski Eberhart und Fischer Elsässer Ertel	Carl Hanser Verlag München Wien	20(
215	Microsoft Office Access 2003 Programmierung	3-86063-094-6		Microsoft Press Deutschland	20(
37	Microsoft Office Access 2003 Programmierung	3-86063-094-6		Microsoft Press Deutschland	20(
200	Microsoft Small Business	3-446-40057-5	Rünning	Carl Hanser Verlag	20(

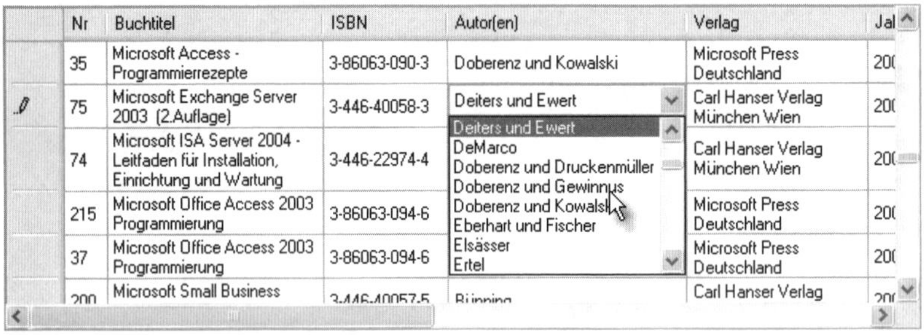

Abbildung 6.7 Eine ComboBox-Spalte in Aktion

Leider funktioniert *cbc1.Sorted = True* nicht, sodass für eine sortierte Auflistung bereits per SQL vorgesorgt werden muss.

HINWEIS Konkrete Anwendungen von *ComboBox*-Spalten für das *DataGridView* finden Sie in PB6.14 »Das DataGridView als Datenbank-Frontend« und PB6.15 »Ein einfacher Webdienst-Client«.

DataGridViewCheckBoxColumn

BEISPIEL

Eine simple Anwendung für eine *CheckBox*-Spalte

```
Dim chbc1 As New DataGridViewCheckBoxColumn()
With chbc1
    .DataPropertyName = "vorgemerkt"
    .HeaderText = "res."
    .Width = 40
End With
DataGridView1.Columns.Add(chbc1)
```

	Nr	Buchtitel	r	Preis	Zustand	Verkäufe	res.	Bemerkungen
	74	Microsoft ISA Server 2004 - Leitfaden für Installation, Einrichtung und Wartung	5	18,00 €	1	1	☑	
✎	215	Microsoft Office Access 2003 Programmierung	4	59,90 €	1	0	☑	
	37	Microsoft Office Access 2003 Programmierung	3	40,00 €	1	1	☐	
	200	Microsoft Small Business Server 2003	5	25,00 €	1	1	☐	Standard und Premium Editior
	163	Mind Mapping am PC für Präsentationen, Vorträge mit MindManager 4.0	1	5,00 €	1	1	☐	

Abbildung 6.8 Eine CheckBox-Spalte in Aktion

DataGridViewImageColumn

Dieser Spaltentyp ermöglicht die Darstellung eines Bildes innerhalb der Abmessungen der Zelle. Mittels der *DataGridViewImageColumn.Layout*-Property lassen sich die Bildeigenschaften festlegen (Bildgröße automatisch strecken oder abschneiden falls zu groß).

Es gibt zwei grundsätzliche Möglichkeiten eine *DataGridViewImageColumn* zu benutzen:

- Zunächst lässt sie sich auf die gleiche Weise wie z.B. eine *DataGridViewButtonColumn* erzeugen und hinzufügen. Dies ist besonders dann nützlich, wenn Sie zusätzliche Bilder anzeigen wollen, deren Daten nicht im *DataSet* gespeichert sind. Beispielsweise möchten Sie eine Bilddatei *ProductPic001.jpg* von einem Netzlaufwerk laden und im Datengitter anzeigen. Dazu müssen Sie auf ein *DataGridView*-Event wie *CellFormatting* reagieren, wo Sie den Bildverweis von der entsprechenden Zeile lesen, die Bilddaten laden und das Bild unter Benutzung der *Value*-Property der Spalte einfügen.
- Keinerlei Arbeit haben Sie hingegen, wenn das darunter liegende *DataSet* bereits die binären Bilddaten enthält (z.B. das Firmenlogo in der »pub_info« Tabelle der *pubs*-Datenbank des SQL Servers). Das *DataGridView* stellt automatisch fest, dass Bilddaten vorliegen und erzeugt selbst die erforderliche *DataGridViewImageColumn*.

BEISPIEL

Anzeige eines Bildes aus der Tabelle »Employees« der *Northwind*-Datenbank (*AutoSizeColumnsMode = DisplayedCellsExceptHeader, AutoSizeRowsMode = DisplayedCells*).

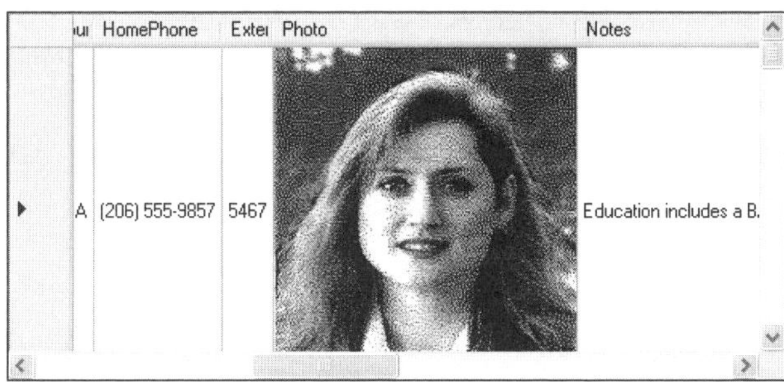

Abbildung 6.9 Bildanzeige im *DataGridView*

Editieren im DataGridView

Das »alte« *DataGrid* gibt dem User relativ wenig Möglichkeiten, über Eingabevalidierung und Fehlerbenachrichtigung selbst zu bestimmen. Das *DataGridView* hingegen lässt Sie dieses Verhalten mittels einer Reihe von Ereignissen steuern, die bei allen Etappen des Editierprozesses ausgelöst werden.

Standardmäßig treten die Zellen des *DataGridView* in den Editiermodus ein, wenn der User auf die Zelle doppelklickt oder die F2 Taste drückt. Sie können aber auch das *DataGridView* so konfigurieren, dass eine Zelle in den Editiermodus umschaltet sobald der User die *EditCellOnEnter* Eigenschaft des *DataGridView* auf *True* setzt.

Das Editieren können Sie auch per Programm mit den Methoden *BeginEdit*, *CancelEdit*, *CommitEdit* und *EndEdit* starten bzw. stoppen. Wenn der User eine Zelle editiert, zeigt die linke Zeilenrandspalte ein bleistiftähnliches Editiersymbol.

Der User kann das Editieren mittels ESC-Taste abbrechen. Falls hier die *EditCellOnEnter* Property auf *True* gesetzt wurde, bleibt die Zelle zwar im Edit-Modus, alle Änderungen werden aber verworfen. Um eine Änderung zu bestätigen, muss der User einfach nur zu einer neuen Zelle gehen oder den Eingabefokus zu einem anderen Control verlegen. Falls Ihr Code die Position der aktuellen Zelle verschiebt, wird dies ebenfalls die Änderungen bestätigen.

Um Zellen vom Editieren auszuschließen, setzen Sie die *ReadOnly* Eigenschaft von *DataGridViewCell*, *DataGridViewColumn*, *DataGridViewRow* oder *DataGridView* in Abhängigkeit davon, ob Sie Änderungen nur in dieser einen Zelle, in allen Zellen der Spalte, der Zeile oder der gesamten Tabelle verhindern wollen.

HINWEIS Das *DataGridView* hat auch ein *CellBeginEdit*-Event, welches Sie zum Abbruch eines Editierversuchs verwenden können.

Ändern Sie die Daten in einer *DataGridViewCell* per Code, so passiert das Gleiche wie beim Editieren durch den User: die entsprechenden *DataGridViewChange*-Events werden ausgelöst und die angebundene *DataTable* wird modifiziert.

Fehlerbehandlung

Standardmäßig erlaubt eine *DataGridViewTextBoxColumn* dem User die Eingabe beliebiger Zeichen, auch solcher, die in der aktuellen Zelle nicht erlaubt sind. Zum Beispiel kann der User ein nichtnumerisches Zeichen in ein numerisches Feld eingeben oder einen Wert spezifizieren, der eine im darunterliegenden *DataSet* definierte Fremdschlüsselbeziehung (*ForeignKeyConstraint* oder *UniqueConstraint*) verletzt. Das *DataGridView* behandelt diese Probleme auf unterschiedliche Weise:

- Wenn der editierte Wert nicht in den geforderten Datentyp konvertiert werden kann (z.B. hat der User Text in eine numerische Spalte eingegeben), wird der User nicht in der Lage sein, die Eingabe zu bestätigen oder zu einer anderen Zeile zu navigieren. Stattdessen muss die Eingabe rückgängig gemacht oder korrigiert werden.
- Wenn der editierte Wert einen im *DataSet* definierten Constraint verletzt, wird die Änderung sofort wirkungslos, sobald der User diese durch Navigieren zu einer anderen Zeile bestätigen will oder die Enter-Taste drückt.

Diese allgemeinen Standardeinstellungen funktionieren bei den meisten Szenarien zufiedenstellend. Falls erforderlich können Sie eine Fehlerbehandlung hinzufügen, indem Sie das *DataGridView.DataError*-Event auswerten. Dieses feuert wenn das *DataGridView* einen Fehler von der Datenquelle abfängt.

BEISPIEL

Im Fall eines Fehlers wird bis zur entsprechenden Zelle gescrollt.

```
Private Sub DataGridView1_DataError(ByVal sender As Object, ByVal e As DataGridViewDataErrorEventArgs)
    DataGridView1.CurrentCell = DataGridView1.Rows(e.RowIndex).Cells(e.ColumnIndex)
    Throw New Exception("Fehler bei der Anzeige im Datengitter ! ")
End Sub
```

Eingabeprüfung

Eingabeprüfung bzw. Validierung ist etwas differenzierter zu handhaben als das Errorhandling. Beim Errorhandling haben Sie es mit Problemen zu tun, die in der Regel durch das darunterliegende *DataSet* zustande kommen. Beim Validieren hingegen fangen Sie Ihre eigenen Fehlerbedingungen ab, z.B. Daten die zwar im *DataSet* erlaubt sind, aber in Ihrer Applikation keinen Sinn machen.

Wenn der User eine vorgenommene Änderung bestätigt, indem er zu einer anderen Zelle navigiert, löst das *DataGridView* das *CellValidating*- und das *CellValidated*-Ereignis aus. Beiden folgen das *RowValidating*- und *RowValidated*-Ereignis. Auf diese Events können Sie reagieren und prüfen, ob der vom User eingegebene Wert korrekt ist um irgendwelche Maßnahmen ergreifen.

Falls der Wert ungültig ist, werden Sie typischerweise die vorgenommenen Änderungen verwerfen (durch Setzen der *Cancel*-Property des *EventArgs*-Objekts auf *True* oder durch Ausgabe einer Fehlermeldung). Der Text der Fehlermeldung kann in einem anderen Control ausgegeben werden oder aber auch im *DataGridView* unter Benutzung der *ErrorText*-Eigenschaft der entsprechenden *DataGridViewRow* und *DataGridViewCell*:

- Wenn der *DataGridViewCell.ErrorText* gesetzt ist erscheint ein Icon mit Ausrufezeichen in der Zelle. Bewegen Sie die Maus auf das Icon so erscheint die Fehlermeldung.
- Wenn der *DataGridViewRow.ErrorText* gesetzt ist erscheint das Icon am linken Zeilenrand.

Normalerweise benutzen Sie beide Eigenschaften und setzen eine Errormessage sowohl in der Zeile als auch in der Zelle.

HINWEIS Mehrere Codebeispiele, in denen ein *DataGridView* zum Einsatz kommt, finden Sie im Praxisteil dieses Kapitels sowie in den Praxisteilen der Kapitel 4 und 5.

Praxisbeispiele

PB6.1 Mit einer Objekt-Datenquelle arbeiten

BindingSource: *DataSource*-Eigenschaft; *BindingNavigator;* Datenquellen; generische Listen

Nicht nur Datenbanken oder Webdienste, sondern auch normale Objekte können als Datenquellen in Erscheinung treten.

In unserem Beispielszenario haben wir es mit Angestellten einer Gebrauchtwagenfirma zu tun, deren Verkaufsabschlüsse (Transaktionen) als Objekte in Erscheinung treten.

Starten Sie eine neue Windows-Anwendung und wählen Sie *Projekt/Klasse hinzufügen....*Geben Sie der Datei den Namen *BusinessObjects.vb*, da sie nicht nur eine, sondern zwei Klassen (*CVerkauf* und *CVerkäufe*) enthalten wird.

Quellcode (Geschäftsobjekte)

Die Klasse *CVerkauf* repräsentiert einen einzelnen Verkaufsvorgang mit den Eigenschaften *Verkäufer*, *Produkt*, *Preis* und *Datum*:

```
Public Class CVerkauf
    Private _verkäufer As String
    Private _produkt As String
    Private _preis As Single
    Private _datum As DateTime

    Public Sub New( _
               ByVal verk As String, ByVal prod As String, ByVal prs As Single, ByVal dat As DateTime)
        _verkäufer = verk
        _produkt = prod
        _preis = prs
        _datum = dat
    End Sub

    Public Property Verkäufer() As String
        Get
            Return _verkäufer
        End Get
        Set(ByVal value As String)
            _verkäufer = value
        End Set
    End Property

    Public Property Produkt() As String
        Get
            Return _produkt
        End Get
        Set(ByVal value As String)
            _produkt = value
        End Set
    End Property

    Public Property Preis() As Single
        Get
```

```
            Return _preis
        End Get
        Set(ByVal value As Single)
            _preis = value
        End Set
    End Property

    Public Property Datum() As DateTime
        Get
            Return _datum
        End Get
        Set(ByVal value As DateTime)
            _datum = value
        End Set
    End Property

End Class
```

Die Klasse *CVerkäufe* kapselt alle Verkäufe in einer generischen Liste:

```
Public Class CVerkäufe
    Private _verkäufe As List(Of CVerkauf)

    Public Sub New()
        _verkäufe = New List(Of CVerkauf)
```

Die Liste wird mit einigen Instanzen von *CVerkauf* gefüllt:

```
        _verkäufe.Add(New CVerkauf("Tobalt", "BMW", 10000.0F, New DateTime(2005, 10, 6)))
        _verkäufe.Add(New CVerkauf("Maxhelm", "Mercedes", 12000.0F, New DateTime(2005, 10, 8)))
        _verkäufe.Add(New CVerkauf("Maxhelm", "Opel", 4000.0F, New DateTime(2005, 10, 10)))
        _verkäufe.Add(New CVerkauf("Siegbast", "Opel", 6000.0F, New DateTime(2005, 10, 18)))
        _verkäufe.Add(New CVerkauf("Tobalt", "Mercedes", 16000.0F, New DateTime(2005, 10, 20)))
        _verkäufe.Add(New CVerkauf("Siegbast", "Opel", 2000.0F, New DateTime(2005, 10, 28)))
        _verkäufe.Add(New CVerkauf("Siegbast", "BMW", 9000.0F, New DateTime(2005, 11, 1)))
        _verkäufe.Add(New CVerkauf("Maxhelm", "BMW", 11000.0F, New DateTime(2005, 11, 2)))
        _verkäufe.Add(New CVerkauf("Tobalt", "BMW", 18000.0F, New DateTime(2005, 11, 9)))
        _verkäufe.Add(New CVerkauf("Tobalt", "Opel", 5000.0F, New DateTime(2005, 11, 12)))
        _verkäufe.Add(New CVerkauf("Siegbast", "Mercedes", 14000.0F, New DateTime(2005, 11, 15)))
        _verkäufe.Add(New CVerkauf("Tobalt", "Mercedes", 20000.0F, New DateTime(2005, 11, 21)))
        _verkäufe.Add(New CVerkauf("Maxhelm", "Mercedes", 26000.0F, New DateTime(2005, 11, 28)))
    End Sub
```

Die folgende Methode liefert den Inhalt der Liste:

```
    Public Function GetVerkäufe() As List(Of CVerkauf)
        Return _verkäufe
    End Function
End Class
```

HINWEIS Bevor der Typ *CVerkauf* als Objekt-Datenquelle hinzugefügt werden kann, muss die Assembly erstellt werden (Menü *Erstellen/Projektmappe erstellen*).

Datenquelle hinzufügen

Öffnen Sie das Fenster »Datenquellen« (Menü *Daten/Datenquellen anzeigen*) und klicken Sie den Link *Neue Datenquelle hinzufügen....*

Im »Assistent zum Konfigurieren von Datenquellen« wählen Sie den Datenquellentyp *Objekt* und im nachfolgenden Dialog unter dem Knoten *ObjectDataSource* das Objekt *CVerkauf* aus.

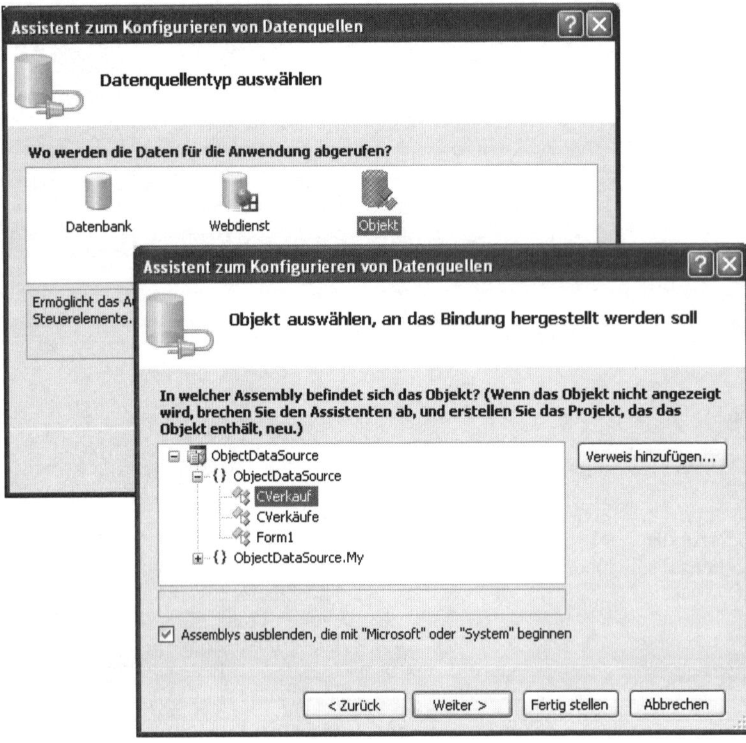

Abbildung 6.10 Auswahl des Objekts

Nach dem Klick auf »Fertigstellen« erscheint die Objekt-Datenquelle *CVerkauf* im Datenquellenfenster.

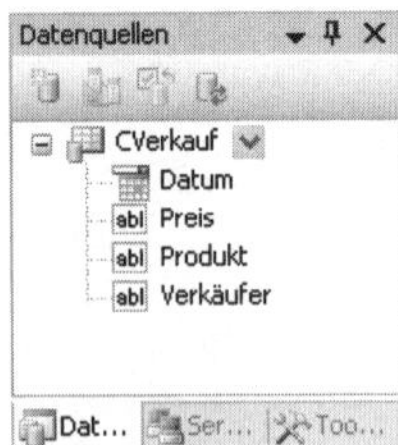

Abbildung 6.11 Die Objekt-Datenquelle steht zur Verwendung bereit

Ziehen Sie die Datenquelle *CVerkauf* per Drag & Drop auf das Startformular *Form1*, so wird von einem im Hintergrund agierenden Assistenten automatisch eine Benutzerschnittstelle generiert, die standardmäßig aus *DataGridView*, *BindingSource* und *BindingNavigator* besteht.

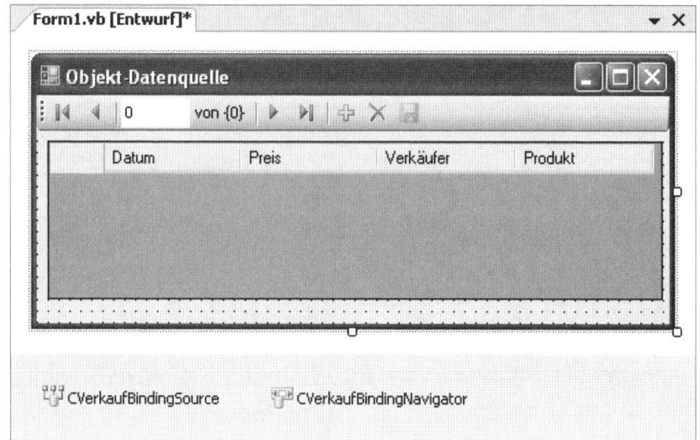

Abbildung 6.12 Die automatisch generierte Benutzerschnittstelle

Quellcode (Form1)

Wenn Sie das Programm jetzt starten, bleibt das Datengitter leer, da der *BindingSource* noch keine Instanz der Verkaufsliste zugewiesen wurde. Ergänzen Sie also den Formularcode wie folgt:

```
Public Class Form1
    Private verkäufe As New CVerkäufe()

    Public Sub New()
        InitializeComponent()
        Me.CVerkaufBindingSource.DataSource = verkäufe.GetVerkäufe()
    End Sub
End Class
```

Test

Starten Sie das Programm und schauen Sie, welche Geschäfte unsere fleißigen Verkäufer Maxhelm, Siegbast und Tobalt getätigt haben.

Arbeiten mit einer Objekt-Datenquelle

1 von 14

Datum	Preis	Verkäufer	Produkt
06.10.2005	10000	Tobalt	BMW
08.10.2005	12000	Maxhelm	Mercedes
10.10.2005	4000	Maxhelm	Opel
18.10.2005	6000	Siegbast	Opel
20.10.2005	16000	Tobalt	Mercedes
28.10.2005	2000	Siegbast	Opel
01.11.2005	9000	Siegbast	BMW
02.11.2005	11000	Maxhelm	BMW
09.11.2005	18000	Tobalt	BMW
12.11.2005	5000	Tobalt	Opel
15.11.2005	14000	Siegbast	Mercedes
21.11.2005	20000	Tobalt	Mercedes
28.11.2005	26000	Maxhelm	Mercedes
30.11.2005	1500	Maxhelm	Opel

Abbildung 6.13 Anzeige des Inhalts der Objekt-Datenquelle

Bemerkungen

- Da es hier nur um die Erklärung des Prinzips von Objekt-Datenquellen geht, wurde dieses Beispiel sehr einfach gehalten und beschränkt sich auf den reinen Lesezugriff.
- Das Beispiel dient im Report-Kapitel 8 als Datenquelle für das Gruppieren von Datensätzen und die Darstellung von Kreuztabellen-Abfragen.

PB6.2 Detailinformationen mit ListBox/ComboBox anzeigen

ListBox-, *ComboBox*-Control: *DataSource-*, *ValueMember-*, *DisplayMember*-Eigenschaft; *ListControl*-Objekt: *SelectedValueChanged*-Ereignis; *DataView*-Objekt: *RowFilter*-Eigenschaft, *Item*-Methode; *DataTable*-Objekt: *DefaultView*-Eigenschaft;

Mittels ihrer *DataSource*-Eigenschaft lassen sich *ListBox* oder *ComboBox* mit verschiedenen Objekten (*DataTable, DataView*) verknüpfen. Das vorliegende Beispiel zeigt anhand der »Artikel«-Tabelle der *Nordwind.mdb*-Datenbank das Verbinden mit einem *DataView*-Objekt und demonstriert gleichzeitig, wie man einzelne Einträge auswählen und Detailinformationen anzeigen kann. Der Code ist neutral gehalten, sodass er ohne Änderung sowohl für eine *ListBox* als auch für eine *ComboBox* verwendet werden kann.

Oberfläche

Eine *ListBox* (oder *ComboBox*) und ein paar *Labels* sollen für unseren Test genügen (siehe Laufzeitansicht).

Quellcode

```
Imports System.Data.OleDb

Public Class Form1

    Private dv As DataView
```

Der Programmstart:

```
    Protected Overrides Sub OnLoad(ByVal e As System.EventArgs)
        fillListControl(ListBox1)
```

Oder falls eine *ComboBox* verwendet werden soll:

```
        'fillListControl(ComboBox1)
        MyBase.OnLoad(e)
    End Sub
```

Die folgende Routine füllt ein *ListControl* (das kann eine *ListBox* oder aber eine *ComboBox* sein) aus der Datenbank:

```
    Private Sub fillListControl(ByVal lc As ListControl)
        Dim conn As New OleDbConnection( _
                                "Provider=Microsoft.Jet.OLEDB.4.0; Data Source=Nordwind.mdb;")
        Dim da As New OleDbDataAdapter("SELECT * FROM Artikel ORDER BY Artikelname", conn)
        Dim dt As New DataTable("ArtikelListe")
        da.Fill(dt)
        dv = dt.DefaultView                         ' DataView erzeugen und Standardsicht zuweisen
```

```
        dv.RowFilter = "Einzelpreis < 25"        ' Filterkriterium festlegen
        lc.DataSource = dv                       ' ListControl anbinden
        lc.ValueMember = "ArtikelNr"             ' Schlüsselspalte
        lc.DisplayMember = "Artikelname"         ' Anzeigespalte
```

Ereignisbehandlung anmelden:

```
        AddHandler lc.SelectedValueChanged, _
                           New System.EventHandler(AddressOf listControl_SelectedIndexChanged)
    End Sub
```

Die Implementierung des Eventhandlers für das *SelectedValueChanged*-Ereignis (auch der Rahmencode muss per Hand eingetippt werden!):

```
    Private Sub listControl_SelectedIndexChanged(ByVal sender As Object, ByVal e As EventArgs)
        Dim lc As ListControl = CType(sender, ListControl)
        Label1.Text = dv(lc.SelectedIndex).Row(0).ToString
        Label2.Text = dv(lc.SelectedIndex).Row("Artikelname").ToString
        Label3.Text = dv(lc.SelectedIndex).Row("Liefereinheit").ToString
        Dim ep As Decimal = Convert.ToDecimal(dv(lc.SelectedIndex).Row("Einzelpreis"))
        Label4.Text = ep.ToString("c")
        Label5.Text = dv(lc.SelectedIndex).Row("Lagerbestand").ToString
    End Sub
End Class
```

Test

Nach Programmstart werden alle Artikelnamen mit einem Einzelpreis unter 25 Euro alphabetisch aufgelistet. Durch Mausklick erfolgt in den vier *Labels* die detaillierte Anzeige .

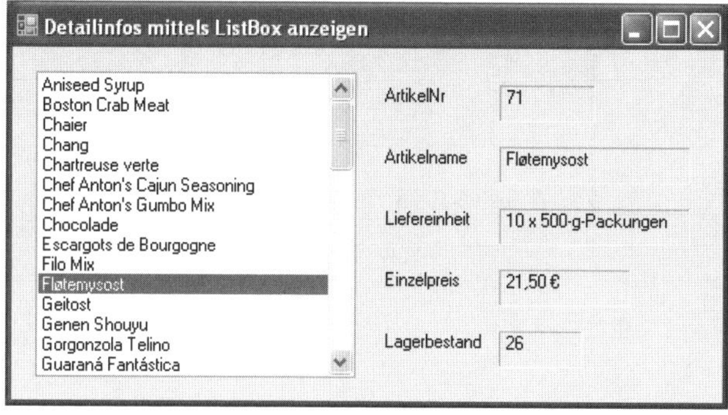

Abbildung 6.14 Laufzeitansicht des Beispiels

Bemerkungen

- *ListBox* und *ComboBox* haben als gemeinsamen Vorfahren das *ListControl.*
- Das Beispiel funktioniert genauso mit einer *ComboBox,* wenn Sie der *fillListControl*-Methode eine *ComboBox* anstatt einer *ListBox* übergeben.

PB6.3 Steuerelemente manuell an ein DataSet binden

OleDbConnection-, *OleDbDataAdapter-*, *OleDbCommandBuilder-*, *DataTable-Objekt; BindingSource-*Objekt: *MoveFirst-*, *MoveNext-*, *MovePrevious-*, *MoveLast-*, *AddNew-*, *RemoveCurrent-*, *EndEdit-*Methode; *Binding-*Objekt: *Format-*, *Parse-*Event; *TextBox-Objekt*: *DataBindings-*Auflistung;

Wer ressourcensparend programmieren will, verzichtet bewusst auf ein typisiertes DataSet und bindet stattdessen die Controls zur Laufzeit manuell an ein normales *DataSet* bzw. eine *DataTable*. Im vorliegenden Beispiel geht es um die Datenbindung einfacher Steuerelemente (*Label*, *TextBox*). Dabei erfahren Sie auch, wie man formatierte Ausgaben (Datum, Währung) erzwingen kann.

Datenbasis ist die »Personal«-Tabelle der *Northwind*-Datenbank, zu welcher wir noch zusätzlich die Spalte »Monatsgehalt« hinzugefügt haben, damit mehrere Datentypen für die formatierte Datenbindung demonstriert werden können.

Benutzerschnittstelle

Über die Gestaltung des Eingabeformulars informiert Sie die Abbildung. Ganz bewusst wurde auf einen *BindingNavigator* verzichtet und stattdessen die Navigatorleiste durch einzelne *Buttons* nachgebildet.

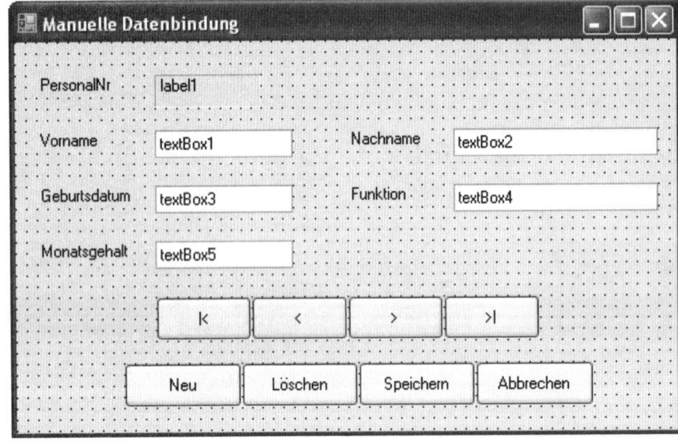

Abbildung 6.15 Entwurfsansicht der Eingabemaske

Quellcode

```
Imports System.Data.OleDb

Public Class Form1
```

Auf Formularebene deklarieren wir zunächst die global erforderlichen Variablen bzw. Objektreferenzen.

```
    Private da As OleDbDataAdapter
    Private dt As DataTable
```

Die *BindingSource* verbindet die Anzeige-Controls mit der *DataTable*.

```
    Private bs As New BindingSource()
```

Beim Laden des Formulars werden die erforderlichen Objekte instanziiert und eine *DataTable* mit den »Personal«-Datensätzen aus *Nordwind.mdb* gefüllt. Anschließend werden die erforderlichen Datenbindungen der Steuerelemente eingerichtet.

```
Protected Overrides Sub OnLoad(ByVal e As System.EventArgs)
    Dim connStr As String = "Provider=Microsoft.Jet.OLEDB.4.0; Data Source=Nordwind.mdb;"
    Dim conn As New OleDbConnection(connStr)
    Dim selStr As String = "SELECT * FROM Personal"
    da = New OleDbDataAdapter(selStr, conn)
```

Wir wollen es uns einfach machen und benutzen einen *OleDbCommandBuilder*, der für uns auf Basis des SELECT-Strings automatisch die für den *DataAdapter* benötigten *Command*-Objekte erzeugt:

```
    Dim cb As New OleDbCommandBuilder(da)
```

Ausführen der SQL-Abfrage (Anlegen und Füllen der Tabelle »Personal«) und zuweisen der *BindingSource*:

```
    dt = New DataTable("Personal")
    conn.Open()
    da.Fill(dt)
    conn.Close()
    bs.DataSource = dt
```

Das Anbinden der Eingabemaske an die *DataTable* ist bei unformatierter Bindung pro Control mit einer Zeile Code erledigt:

```
    Label1.DataBindings.Add("Text", bs, "PersonalNr")
    TextBox1.DataBindings.Add("Text", bs, "Vorname")
    TextBox2.DataBindings.Add("Text", bs, "Nachname")
    TextBox4.DataBindings.Add("Text", bs, "Funktion")
```

Mit den beiden Textboxen für *Geburtsdatum* und *Monatsgehalt* könnten wir zwar ebenso verfahren, hätten dann aber wenig Freude mit der Anzeige (lästige Sekunden, kein Euro-Symbol ...). Da aber hier eine bestimmte Datums- bzw. Währungsformatierung erwünscht ist, sind separate *Binding*-Objekte unumgänglich. Deren *Format*-Event feuert immer dann, wenn das Steuerelement neue Daten anzeigen muss, das *Parse*-Event dann, wenn der Steuerelement die Daten in die Datenquelle zurück schreiben muss. Beginnen wir mit dem Anbinden der *TextBox* zur Anzeige des Geburtsdatums:

```
    Dim b1 As New Binding("Text", bs, "Geburtsdatum")
```

Aufruf der Formatierungsroutinen (s.u.):

```
    Dim b1 As New Binding("Text", bs, "Geburtsdatum")
    AddHandler b1.Format, New ConvertEventHandler(AddressOf Me.DateToDateString)
    AddHandler b1.Parse, New ConvertEventHandler(AddressOf Me.DateStringToDate)
    TextBox3.DataBindings.Add(b1)
```

Analog die Währungsformatierung beim Monatsgehalt:

```
    Dim b2 As New Binding("Text", bs, "Monatsgehalt")
    AddHandler b2.Format, New ConvertEventHandler(AddressOf Me.DecToCurrString)
    AddHandler b2.Parse, New ConvertEventHandler(AddressOf Me.CurrStringToDec)
    TextBox5.DataBindings.Add(b2)

    MyBase.OnLoad(e)
End Sub
```

Offen ist noch die Implementierung der vier Eventhandler, die das »Wie« der Formatierungen bestimmen. Beginnen wir mit dem Geburtsdatum:

```
Private Sub DateToDateString(ByVal sender As Object, ByVal e As ConvertEventArgs)
                                                              ' DataTable => Anzeige
    Try
        e.Value = Convert.ToDateTime(e.Value).ToString("d.M.yyyy")
    Catch
    End Try
End Sub

Private Sub DateStringToDate(ByVal sender As Object, ByVal e As ConvertEventArgs)
                                                              ' Anzeige => DataTable
    e.Value = Convert.ToDateTime(e.Value)
End Sub
```

Die Formatierung des Gehalts als Währung:

```
Private Sub DecToCurrString(ByVal sender As Object, ByVal e As ConvertEventArgs)
                                                              ' DataTable => Anzeige
    Try
        e.Value = Convert.ToDecimal(e.Value).ToString("c")
    Catch
    End Try
End Sub

Private Sub CurrStringToDec(ByVal sender As Object, ByVal e As ConvertEventArgs)
                                                              ' Anzeige => Datenquelle
    e.Value = Convert.ToDecimal(e.Value)
End Sub
```

Die Bewegungsmethoden der *BindingSource* zum Durchblättern der Datensätze wecken nostalgische Erinnerungen an das gute alte Recordset-Objekt:

```
Private Sub Button1_Click(ByVal sender As System.Object, ByVal e As System.EventArgs) _
                                                              Handles Button1.Click
    bs.MoveFirst()
End Sub

Private Sub Button2_Click(ByVal sender As System.Object, ByVal e As System.EventArgs) _
                                                              Handles Button2.Click
    bs.MovePrevious()
End Sub

Private Sub Button3_Click(ByVal sender As System.Object, ByVal e As System.EventArgs) _
                                                              Handles Button3.Click
    bs.MoveNext()
End Sub

Private Sub Button4_Click(ByVal sender As System.Object, ByVal e As System.EventArgs) _
                                                              Handles Button4.Click
    bs.MoveLast()
End Sub
```

Beim Hinzufügen eines neuen Datensatzes verlassen wir uns auf die vom *OleDbCommandBuilder* im Hintergrund erzeugte *InsertCommand*-Eigenschaft für den *OleDbDataAdapter*:

```
    Private Sub Button5_Click(ByVal sender As System.Object, ByVal e As System.EventArgs) _
                                                                         Handles Button5.Click
        bs.AddNew()
    End Sub
```

Analoges gilt für das Löschen eines Datensatzes:

```
    Private Sub Button6_Click(ByVal sender As System.Object, ByVal e As System.EventArgs) _
                                                                         Handles Button6.Click
        bs.RemoveCurrent()
    End Sub
```

Das Abspeichern:

```
    Private Sub Button7_Click(ByVal sender As System.Object, ByVal e As System.EventArgs) _
                                                                         Handles Button7.Click
        bs.EndEdit()
        da.Update(dt)
    End Sub
```

Das Abbrechen:

```
    Private Sub Button8_Click(ByVal sender As System.Object, ByVal e As System.EventArgs) _
                                                                         Handles Button8.Click
        bs.CancelEdit()
    End Sub
End Class
```

Test

Erproben Sie alle Möglichkeiten, die Ihnen die Eingabemaske bietet! Vergessen Sie nach vorgenommenen Änderungen nicht, die »Speichern«-Schaltfläche zu betätigen, anderenfalls werden die Änderungen zwar in die *DataTable*, nicht aber in die Datenbank übertragen!

Abbildung 6.16 Laufzeitansicht des Beispiels

HINWEIS Sie können in der Regel nur solche Datensätze löschen, die Sie selbst hinzugefügt haben, da die anderen Datensätze in Beziehungen zu anderen Tabellen in *Nordwind.mdb* eingebunden sind.

Bemerkungen

- Die Methoden der *BindingSource* sind recht leistungsfähig. So ersetzt (für eine *DataTable dt* und eine *BindingSource bs*) die Anweisung

  ```
  bs.AddNew()
  ```

  die Anweisungsfolge:

  ```
  Dim rw As DataRow = dt.NewRow()
  dt.Rows.Add(rw)
  bs.Position = bs.Count
  ```

  Die Anweisung

  ```
  bs.RemoveCurrent()
  ```

  ersetzt

  ```
  dt.Rows(bs.Position).Delete()
  ```

- Da bei einer Datenbindung die Daten normalerweise in beiden Richtungen fließen – von der Datenquelle zum Steuerelement zwecks Anzeige und umgekehrt vom Steuerelement in die Datenquelle zwecks Eingabe – müssen zwecks Formatierung der Anzeige sowohl Eventhandler für das *Format*- als auch für das *Parse*-Ereignis des entsprechenden *Binding*-Objekts hinzugefügt werden.
- In den *Format*- bzw. *Parse*-Eventhandlern kann nicht nur formatiert bzw. entformatiert werden, es lassen sich hier natürlich auch beliebige Umrechnungen durchführen.

Variante mit BindingNavigator

Durch Einsatz eines *BindingNavigator*s kann man den Quellcode um die Hälfte kürzen, da (mit Ausnahme des Speicherns und Abbrechens) von diesem Steuerelement alle Navigationsaufgaben übernommen werden.

Fügen Sie zum *BindingNavigator* die fehlenden zwei *Button*s für Speichern und Abbrechen hinzu (Icons über *Image*-Eigenschaft direkt als lokale Ressourcen einfügen).

Im *OnLoad*-Ereigniscode des Formulars müssen Sie lediglich eine einzige Zeile ergänzen:

```
BindingNavigator1.BindingSource = bs
```

Der hinter den beiden neu hinzugefügten *Button*s liegende Code:

```
Private Sub ToolStripButton1_Click(ByVal sender As System.Object, ByVal e As System.EventArgs) _
                                                                Handles ToolStripButton1.Click
    bs.EndEdit()
    da.Update(dt)
End Sub

Private Sub ToolStripButton2_Click(ByVal sender As System.Object, ByVal e As System.EventArgs) _
                                                                Handles ToolStripButton2.Click
    bs.CancelEdit()
End Sub
```

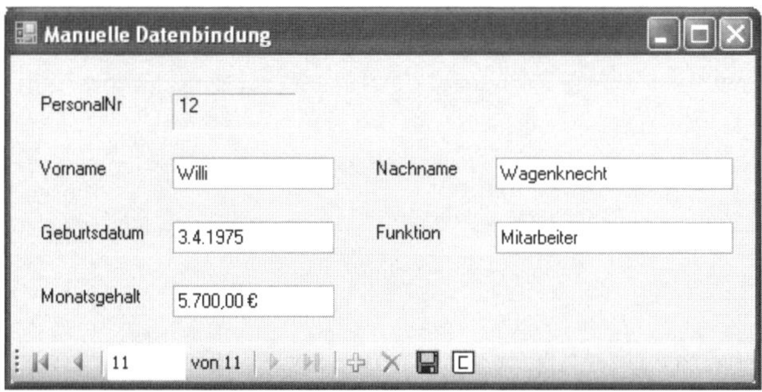

Abbildung 6.17 Laufzeitansicht der Beispiels mit BindingNavigator-Control

CD-ROM Den kompletten Code finden Sie auf der Buch-CD!

PB6.4 Ein zweites Formular an die Datenquelle binden

DataAdapter-Objekt: *Fill*-, *Update*-Methode; *CommandBuilder*-Objekt; *DataView*-Objekt: *AddNew*-, *Delete*-Methode; *DataRowView*-Objekt: *Row*-Eigenschaft: *RowState*-Eigenschaft; *BeginEdit*-, *EndEdit*-, *CancelEdit*-Methode; *DataRowState*-Enumeration: *Detached*-Mitglied; *DataGridView*-Objekt: *CurrentRow.Index*-Eigenschaft; modales Formular; MessageBox-Löschabfrage;

Da eine Anwendung meist aus mehreren Formularen besteht, muss sich der ADO.NET-Programmierer auch mit der Frage auseinandersetzen, wie er den Datenfluss zwischen den Formularen realisiert.

In unserer Anwendung wird anhand der *Kunden*-Tabelle von *Nordwind.mdb* gezeigt, wie man eine *DataTable* zwar mit einem *DataGridView* anzeigt, zum Bearbeiten, Hinzufügen und Löschen aber ein zweites Formular benutzt. Die Übergabe der Daten wird mit einem *DataRowView*-Objekt realisiert.

Oberfläche

Die Abbildung zeigt links das Hauptformular *Form1* und rechts das Detailformular *Form2* .

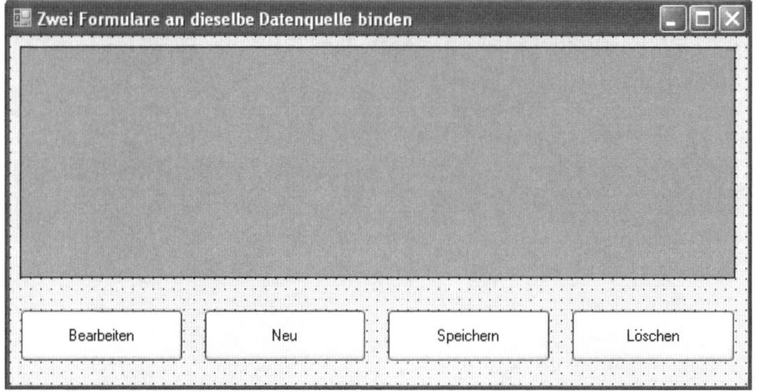

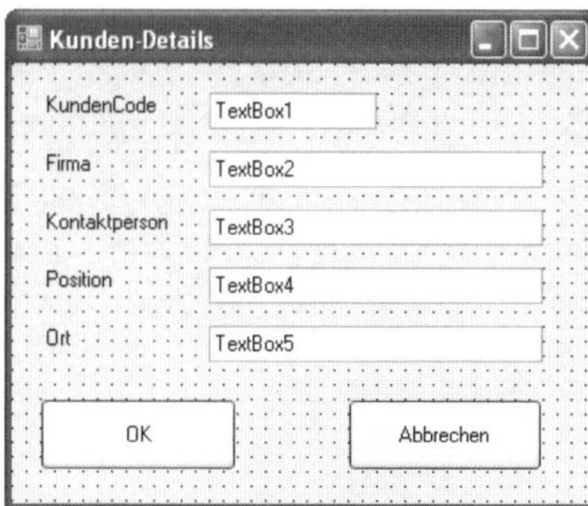

Abbildung 6.18 Entwurfsansichten von Hauptformular und Detailformular

Setzen Sie die *ReadOnly*-Eigenschaft des *DataGridView* auf *True* um den Anwender zu zwingen, nicht direkt an den Inhalten des Datengitters herumzudoktern.

Quellcode Form1

```
Imports System.Data.OleDb

Public Class Form1
      Private conn As New OleDbConnection( _
                                          "Provider=Microsoft.Jet.OLEDB.4.0; Data Source = Nordwind.mdb;")
    Dim da As OleDbDataAdapter
    Private dt As DataTable
    Private dv As DataView
    Private drv As DataRowView
```

Die Startaktivitäten:

```
    Protected Overrides Sub OnLoad(ByVal e As System.EventArgs)
        da = New OleDbDataAdapter("SELECT KundenCode, Firma, Kontaktperson, Funktion, Ort " & _
                                  "FROM Kunden ORDER BY KundenCode", conn)
```

Ein *CommandBuilder* generiert im Hintergrund das *Update-*, *Insert-* und *DeleteCommand*-Objekt für den *DataAdapter* (*SelectCommand* wird beim Instanziieren des *DataAdapters* automatisch mit erzeugt):

```
        Dim cb As New OleDbCommandBuilder(da)
```

Einlesen und Anzeigen der Daten:

```
        dt = New DataTable("Kunden")
        conn.Open()
        da.Fill(dt)
        conn.Close()
        Dim bs As New BindingSource()
        dv = New DataView(dt)
        bs.DataSource = dv
        DataGridView1.DataSource = bs
        MyBase.OnLoad(e)
    End Sub
```

Über die »Bearbeiten«-Schaltfläche wird das *DataRowView*-Objekt der aktuellen Zeile des *DataGridView* an das Detailformular *Form2* zum Editieren weitergereicht:

```
    Private Sub Button1_Click(ByVal sender As System.Object, ByVal e As System.EventArgs) _
                                                                         Handles Button1.Click
        drv = dv(DataGridView1.CurrentRow.Index)
        Dim f2 As New Form2()
        f2.editKunde(drv)
        f2.Dispose()
    End Sub
```

Ähnlich funktioniert der Code hinter der »Neu«-Schaltfläche:

```
    Private Sub Button2_Click(ByVal sender As System.Object, ByVal e As System.EventArgs) _
                                                                           Handles Button2.Click
        drv = dv.AddNew()
        Dim f2 As New Form2()
        f2.editKunde(drv)
```

```
        f2.Dispose()
    End Sub
```

Die »Speichern«-Schaltfläche, über welche die geänderten (und nur diese!) Datensätze der *DataTable* in die *Nordwind*-Datenbank zurück geschrieben werden:

```
    Private Sub Button3_Click(ByVal sender As System.Object, ByVal e As System.EventArgs) _
                                                                  Handles Button3.Click
        Dim dt1 As DataTable = dt.GetChanges()               ' geänderte Datensätze ermitteln
        If dt1 IsNot Nothing Then
            Try
                conn.Open()
                Dim m As Integer = da.Update(dt1)              ' Datenbank-Update ausführen
                Dim s As String = "Anzahl der Änderungen: " & m.ToString
                MessageBox.Show(s, "Speichern war erfolgreich!", MessageBoxButtons.OK, _
                                                       MessageBoxIcon.Information)
                dt.AcceptChanges()
            Catch ex As Exception
                MessageBox.Show(ex.Message, "Speichern fehlgeschlagen!", MessageBoxButtons.OK, _
                                                    MessageBoxIcon.Information)
                dt.RejectChanges()
            End Try
            conn.Close()
        End If
    End Sub
```

Das Löschen des aktuellen Datensatzes wird im Hauptformular erledigt, deshalb braucht die *Löschen*-Schaltfläche das Detailformular nicht aufzurufen. Eine zwischengeschaltete *MessageBox* erschwert das versehentliche Löschen eines Kunden.

```
    Private Sub Button4_Click(ByVal sender As System.Object, ByVal e As System.EventArgs) _
                                                                  Handles Button4.Click
        If dv.Count > 0 Then
            Dim msg As String = "Wollen Sie den Kunden " & _
                     dv(DataGridView1.CurrentRow.Index)("KundenCode").ToString & " wirklich löschen?"
            Dim cpt As String = "Kunde löschen"
            If (MessageBox.Show(msg, cpt, MessageBoxButtons.YesNo, MessageBoxIcon.Question) = _
                                                         Windows.Forms.DialogResult.Yes) Then
                dv(DataGridView1.CurrentRow.Index).Delete()
            Else
                MessageBox.Show("Kein Kunde zum Löschen!", "", MessageBoxButtons.OK, _
                                                                  MessageBoxIcon.Error)
            End If
        End If
    End Sub
End Class
```

Quellcode Form2

Dem Detailformular wird als Parameter ein *DataRowView*-Objekt übergeben:

```
Public Class Form2
```

Die Editiermethode erhält als Parameter die aktuelle Zeile:

```
    Public Sub editKunde(ByVal drv As DataRowView)
```

Die folgende Abfrage entscheidet, ob es sich um einen gerade neu hinzugefügten Datensatz oder aber um einen bereits vorhandenen handelt:

```
        If drv.Row.RowState = DataRowState.Detached Then      ' wenn neuer Datensatz hinzugefügt wird
```

Irgendwelche Standardwerte in die Maske schreiben:

```
            TextBox1.Text = "DODAT"
            TextBox2.Text = "DataBook"
            TextBox3.Text = "Walter"
            TextBox4.Text = "Crazy Boss"
            TextBox5.Text = "Altenburg"
        Else
```

Wenn Datensatz geändert werden soll erfolgt zunächst die Anzeige der im übergebenen *DataRowView*-Objekt enthaltenen aktuellen Werte:

```
            TextBox1.Text = drv("KundenCode").ToString
            TextBox2.Text = drv("Firma").ToString
            TextBox3.Text = drv("Kontaktperson").ToString
            TextBox4.Text = drv("Funktion").ToString
            TextBox5.Text = drv("Ort").ToString
        End If
```

Das Formular soll modal aufgerufen werden:

```
        If Me.ShowDialog() = Windows.Forms.DialogResult.OK Then          ' "OK"
            drv.BeginEdit()
            drv("KundenCode") = TextBox1.Text
            drv("Firma") = TextBox2.Text
            drv("Kontaktperson") = TextBox3.Text
            drv("Funktion") = TextBox4.Text
            drv("Ort") = TextBox5.Text
            drv.EndEdit()
        Else                                                      ' "Abbrechen"
            drv.CancelEdit()
        End If
    End Sub
```

Die »OK«-Schaltfläche:

```
     Private Sub Button1_Click(ByVal sender As System.Object, ByVal e As System.EventArgs) _
                                                                         Handles Button1.Click
        DialogResult = Windows.Forms.DialogResult.OK
    End Sub
```

Die »Abbrechen«-Schaltfläche:

```
    Private Sub Button2_Click(ByVal sender As System.Object, ByVal e As System.EventArgs) _
                                                                         Handles Button2.Click
        DialogResult = Windows.Forms.DialogResult.Cancel
    End Sub
End Class
```

Test

Ihrem Experimentierdrang steht nun nichts mehr im Wege.

HINWEIS Um am Hauptformular *Form1* weiterarbeiten zu können, muss das modale *Form2* erst über eine seiner beiden Schaltflächen geschlossen werden.

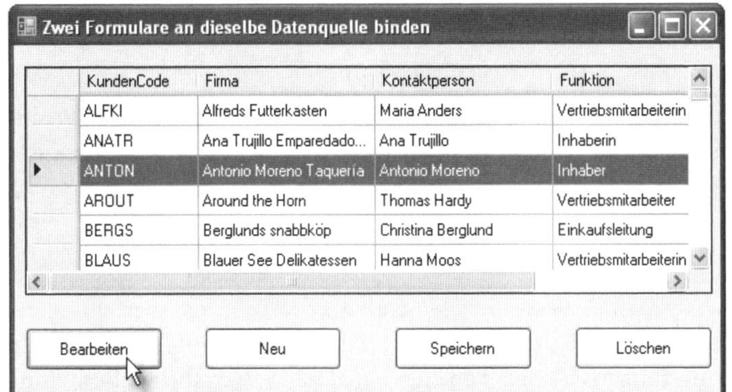

Abbildung 6.19 Editieren eines Datensatzes

Der Moment der Wahrheit schlägt normalerweise erst bei der Übernahme der Änderungen in die Datenbank, d.h. beim Klick auf die »Speichern«-Schaltfläche:

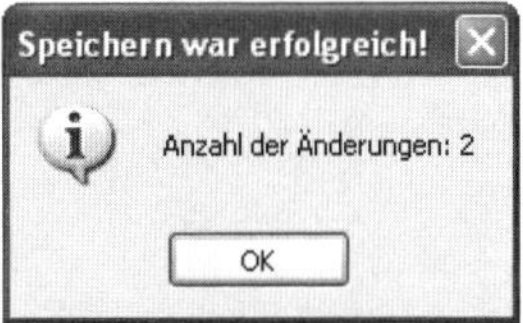

Abbildung 6.20 Meldung bei erfolgreichem Speichern

Falls Sie einen Datensatz hinzufügen wollen, dessen *KundenCode* bereits einmal in der Tabelle vorkommt, so wird er zwar zunächst in das Datengitter übernommen, das Speichern schlägt aber fehl:

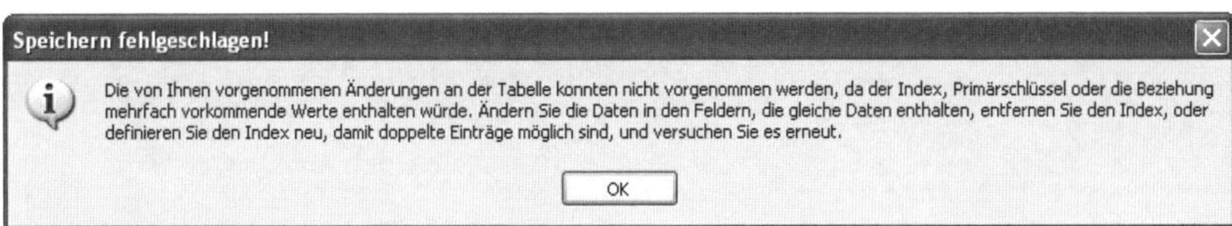

Abbildung 6.21 Meldungsfenster beim fehlgeschlagenen Speichern

Das Löschen von Kunden mit offenen Bestellungen wird ebenfalls verhindert.

Bemerkungen

- Mit den *DataView*- und *DataRowView*-Objekten haben Sie quasi die »Geschwister« von *DataTable* und *DataRow* kennen gelernt.
- Statt eines *DataGridView* können Sie natürlich auch einzelne Steuerelemente wie *TextBox*en oder *ComboBox*en in Zusammenarbeit mit einem *BindingNavigator* verwenden.

PB6.5 Mit der ComboBox zwei Tabellen verknüpfen

ComboBox-Objekt: *DataSource-*, *DisplayMember-*, *ValueMember-*, *SelectedValue*-Eigenschaft; *DataBindings*-Auflistung; *BindingSource-*, *BindingNavigator*-Objekt; *CommandBuilder*-Objekt;

Eine *ComboBox* eignet sich gut zum Implementieren von Master-Detail-Beziehungen, sodass in vielen Fällen auf das Hinzufügen von *DataRelation*-Objekten verzichtet werden kann.

Ziel dieses Beispiels ist das Verknüpfen der Tabellen »Bestellungen« (Mastertabelle) mit der Tabelle »Personal« (Detailtabelle) der Datenbank *Nordwind.mdb* in solider »Handarbeit«, weil wir auf die Dienste des Datenquellen-Fensters sowie auf Drag & Drop-Datenbindung verzichten.

Oberfläche

Die Abbildung zeigt einen Gestaltungsvorschlag, wobei die Bedienelemente für die Tabellen »Bestellungen« und »Personal« in zwei *GroupBox*-Containern angeordnet sind. Zwei *BindingSource*-Komponenten, die Sie von der Toolbox abziehen, stellen die Verbindung zu beiden Tabellen her. Die Mastertabelle »Bestellungen« ist mit einem *BindingNavigator* ausgestattet, zu dem zwei Schaltflächen (zum Abspeichern und zum Abbrechen) hinzugefügt wurden.

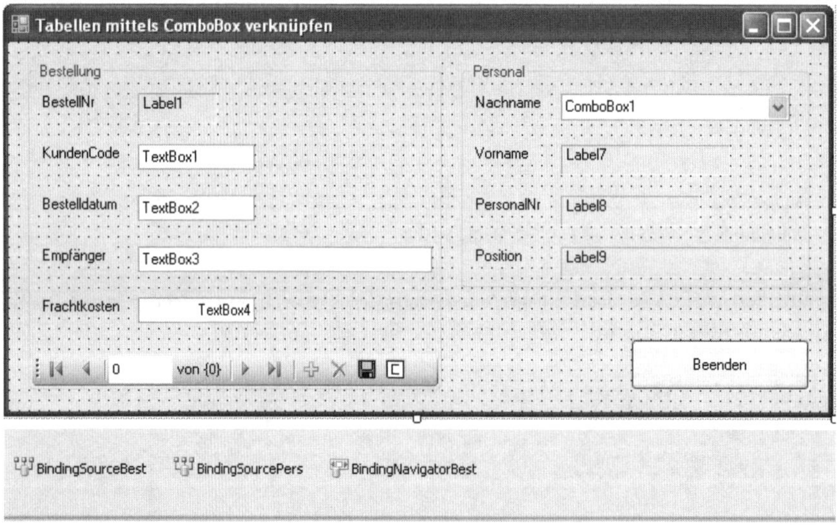

Abbildung 6.22 Bedienoberfläche in der Entwurfsansicht

Quellcode

```
Imports System.Data.OleDb

Public Class Form1
    Private conn As OleDbConnection
    Private daBest As OleDbDataAdapter
    Private daPers As OleDbDataAdapter
    Private ds As DataSet
```

Beim Laden des Formulars werden alle wichtigen Operationen (Füllen und Verknüpfen der Tabellen) durchgeführt:

```
Protected Overrides Sub OnLoad(ByVal e As System.EventArgs)
    Dim connStr As String = "Provider=Microsoft.Jet.OLEDB.4.0; Data Source=Nordwind.mdb;"
    Dim selStrBest As String = "SELECT BestellNr, KundenCode, PersonalNr, Bestelldatum, " & _
                               "Empfaenger, Frachtkosten FROM Bestellungen ORDER BY Bestelldatum"
    Dim selStrPers As String = "SELECT PersonalNr, Nachname, Vorname, Funktion FROM Personal " & _
                               "ORDER BY Nachname"
    conn = New OleDbConnection(connStr)
```

Ein *CommandBuilder* nimmt uns das mühselige Programmieren von *UpdateCommand*, *InsertCommand* und *DeleteCommand* für die Mastertabelle ab:

```
    Dim cb As New OleDbCommandBuilder(daBest)
```

Für die Detailtabelle genügt die *SelectCommand*-Eigenschaft, da hier nur angezeigt wird und andere Befehle nicht auszuführen sind (mit dem Konstruktor wird *SelectCommand* automatisch erstellt):

```
    daBest = New OleDbDataAdapter(selStrBest, conn)
    Dim cb As New OleDbCommandBuilder(daBest)
    daPers = New OleDbDataAdapter(selStrPers, conn)
    ds = New DataSet()
    conn.Open()
```

Ausführen der SELECT-Abfragen (Anlegen und Füllen der Tabellen):

```
    daBest.Fill(ds, "Bestellungen")
    daPers.Fill(ds, "Personal")
    conn.Close()
```

Anbinden der Hauptmaske an die Mastertabelle:

```
    BindingSourceBest.DataSource = ds.Tables("Bestellungen")
    Label1.DataBindings.Add("Text", BindingSourceBest, "BestellNr")
    TextBox1.DataBindings.Add("Text", BindingSourceBest, "KundenCode")
    TextBox2.DataBindings.Add("Text", BindingSourceBest, "Bestelldatum")
    TextBox3.DataBindings.Add("Text", BindingSourceBest, "Empfaenger")
    TextBox4.DataBindings.Add("Text", BindingSourceBest, "Frachtkosten")
```

Anbinden der Detaildaten an die *ComboBox*:

```
    BindingSourcePers.DataSource = ds.Tables("Personal")
    ComboBox1.DataSource = BindingSourcePers
    ComboBox1.DisplayMember = "Nachname"
    ComboBox1.ValueMember = "PersonalNr"
```

Verbinden der *ComboBox* mit der Mastertabelle:

```
    ComboBox1.DataBindings.Add("SelectedValue", BindingSourceBest, "PersonalNr")
```

Weitere Detaildaten anzeigen:

```
    Label7.DataBindings.Add("Text", BindingSourcePers, "Vorname")
    Label8.DataBindings.Add("Text", BindingSourcePers, "PersonalNr")
    Label9.DataBindings.Add("Text", BindingSourcePers, "Funktion")
    MyBase.OnLoad(e)
End Sub
```

Ein entscheidender Moment schlägt dann, wenn das Update gegen die Datenbank zu fahren ist:

```
    Private Sub ToolStripButton1_Click(ByVal sender As System.Object, ByVal e As System.EventArgs) _
                                                                       Handles ToolStripButton1.Click

        BindingSourceBest.EndEdit()
        Try
```

Geänderte Masterdaten werden vom *DataSet* in die Datenbank übertragen:

```
            daBest.Update(ds, "Bestellungen")
         Catch ex As Exception
            MessageBox.Show(ex.Message)
        End Try
    End Sub
```

Abbrechen der aktuellen Operation:

```
    Private Sub ToolStripButton2_Click(ByVal sender As System.Object, ByVal e As System.EventArgs) _
                                                                        Handles ToolStripButton2.Click
        BindingSourceBest.CancelEdit()
    End Sub

End Class
```

Test

Obwohl auf eine ausgiebige Fehlerbehandlung verzichtet wurde, arbeitet die Anwendung stabil. Sie können Datensätze editieren, neu hinzufügen oder löschen.

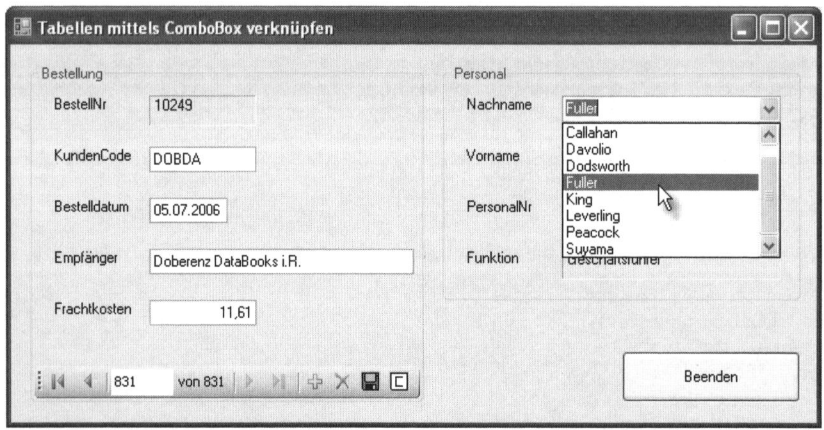

Abbildung 6.23 Laufzeitansicht des Beispiels

Die übrigen Felder der Detailtabelle werden nach jeder neuen Auswahl sofort aktualisiert:

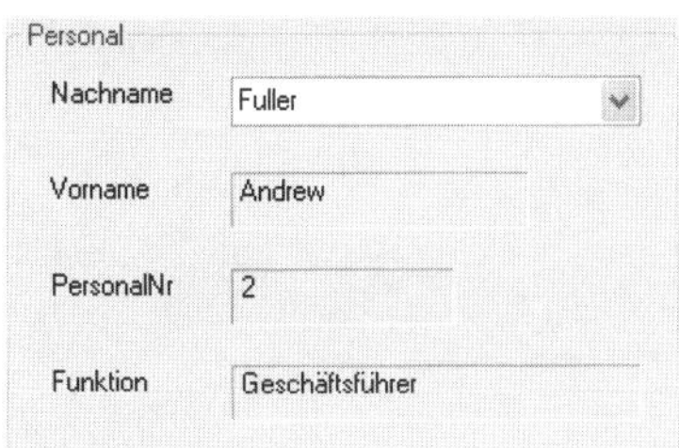

Abbildung 6.24 Anzeige von Detailinformationen

Bemerkungen

- Auf das Formatieren von Datum und Währung bei der Bestelldatum- und Frachtkosten-Anzeige wurde hier verzichtet, um den Quellcode durch die dazu erforderlichen *Format*- und *Parse*-Eventhandler nicht noch weiter aufzublähen (beim Editieren des Bestelldatums sind deshalb die Sekunden zu löschen!). Zum Formatieren siehe PB6.3 »Steuerelemente manuell an ein DataSet binden«.
- Wer hofft, mit weniger Code auszukommen, der kann ja mal sein Glück mit einem typisierten DataSet versuchen (siehe PB6.6 »Manuelles Binden an ein typisiertes DataSet«).

PB6.6 Manuelles Binden an ein typisiertes DataSet

TableAdapter: *Fill-*, *Update*-Methode; *BindingSource*-Objekt; SQL-UPDATE-Befehl;

Um die Vorteile typisierter DataSets richtig würdigen zu können, wollen wir das Vorgängerbeispiel PB6.5 »Mit der ComboBox zwei Tabellen verknüpfen« auf Basis des Datenquellen-Konzepts wiederholen.

Oberfläche

Die Eingabemaske entspricht 100%-ig dem Referenzbeispiel PB6.5 !

Datenquelle erstellen

Das Hinzufügen eines typisierten DataSets als Projekt-Datenquelle wurde bereits im DataSet-Kapitel 5 oder im PB5.12 »Einrichten und Benutzen einer Datenquelle« ausführlich erörtert. Die dazu erforderlichen Schritte sollen deshalb hier nur noch ganz kurz beschrieben zu werden:

- Fügen Sie über das Menü *Projekt/Neues Element hinzufügen...* ein (typisiertes) *DataSet* unter dem Namen *NordwindDataSet.xsd* hinzu.
- Öffnen Sie im DataSet-Designers das Kontextmenü *Hinzufügen/TableAdapter...* und wählen Sie im »TableAdapter-Konfigurations-Assistenten« zunächst eine vorhandene Verbindung zu einer *Nordwind.mdb*-Datenbank aus bzw. erstellen Sie eine neue.
- Im zwischengeschalteten Dialog bejahen Sie die Option, dass die Datenbank in Ihr Projektverzeichnis kopiert wird.
- Setzen Sie auf der folgenden Dialogseite das Häkchen, damit die Verbindungszeichenfolge in der Anwendungskonfigurationsdatei als »NordwindConnectionString« gespeichert wird.
- Als Befehlstyp kommt nur eine SQL-Anweisung infrage.

- Geben Sie im SQL-Fenster die folgende Anweisung ein:

```
SELECT
   BestellNr,
   KundenCode,
   PersonalNr,
   Bestelldatum,
   Empfaenger,
   Frachtkosten
FROM
   Bestellungen
```

- Auf der Dialogseite »Zu generierende Methode auswählen« lassen Sie alle Häkchen stehen.
- Im Ergebnis ist das *NordwindDataSet* mit der Tabelle »Bestellungen« entstanden (siehe auch Datenquellen-Fenster).
- Fügen Sie nun einen weiteren *TableAdapter* hinzu. Die Vorgehensweise ist identisch, wobei Sie diesmal aber die SQL-Anweisung »*SELECT PersonalNr, Nachname, Vorname, Funktion FROM Personal*« nehmen. Als zu generierende Methode reicht *Fill*, weshalb das Häkchen bei »DataTable füllen« genügt.
- Im Ergebnis steht Ihnen im Datenquellen-Fenster ein typisiertes DataSet *NordwindDataSet* mit den *DataTable*-Objekten *Bestellungen* und *Personal* zur Verfügung.

HINWEIS Die zwischen beiden *DataTables* automatisch eingetragene Relation brauchen Sie für das vorliegende Beispiel nicht, Sie können (müssen aber nicht) diese Beziehung löschen.

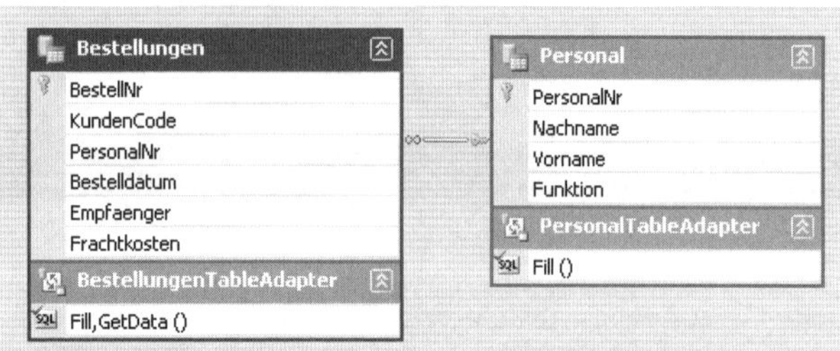

Abbildung 6.25 Das fertige typisierte DataSet im Designer

Steuerelemente manuell anbinden

Widerstehen Sie der Verlockung, per Drag & Drop die Tabellen vom Datenquellen-Fenster auf das Formular zu ziehen, sondern praktizieren Sie das manuelle Anbinden.

Beginnen Sie mit *Label1*, welches die »BestellNr« anzeigen soll. Öffnen Sie das Eigenschaftenfenster und klappen Sie den (*DataBindings*)-Knoten auf. Wählen Sie *Text* als zu bindende Eigenschaft und öffnen Sie in der Klappbox unter »Weitere Datenquellen« den Knoten »Projektdatenquellen«. Expandieren Sie diesen Knoten und binden Sie die Eigenschaft an das Feld *BestellNr* aus *Bestellungen*.

Mit der Auswahl einer Eigenschaft einer Projektdatenquelle wird eine Instanz der Datenquelle auf dem Formular erstellt und über eine neue *BindingSource* eine Bindung an diese Eigenschaft hergestellt. Ein Blick in das Komponentenfach bestätigt dies, hier sind die Instanzen *NordwindDataSet*, *BestellungenBindingSource* und *BestellungenTableAdapter* hinzugekommen.

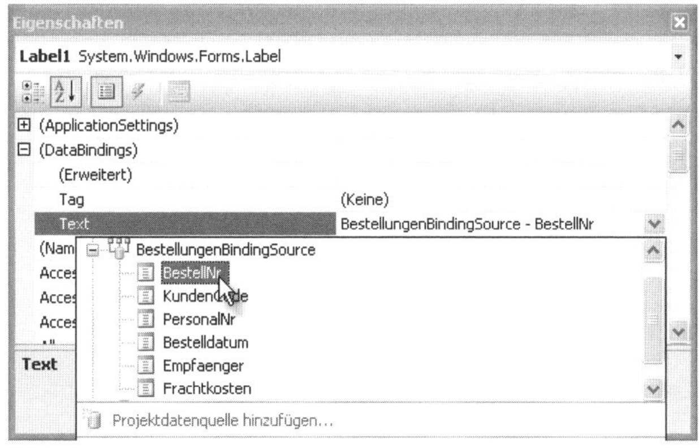

Abbildung 6.26 Binden der *Text*-Eigenschaft des *Labels* an die *BestellNr*

Es dürfte für Sie nun kein Problem sein, nach dem gleichen Prinzip auch die *Text*-Eigenschaft von *TextBox1* bis *TextBox4* an die entsprechenden Felder zu binden.

Auch die für die Personal-Anzeige zuständigen *Label7* bis *Label9* verbinden Sie auf analoge Weise, natürlich müssen Sie jetzt zu *PersonalBindingSource* wechseln.

ComboBox anbinden

Das Anbinden der *ComboBox* verlangt einen klaren Kopf, denn zu leicht kommt es zu Verwechslungen zwischen den vier für die Bindung verantwortlichen Eigenschaften *SelectedValue*, *DataSource*, *ValueMember* und *DisplayMember*.

Zunächst stellen Sie unter dem *(DataBindings)*-Knoten die Datenbindung der *SelectedValue*-Eigenschaft zum Fremdschlüssel *PersonalNr* der Tabelle »Bestellungen« her.

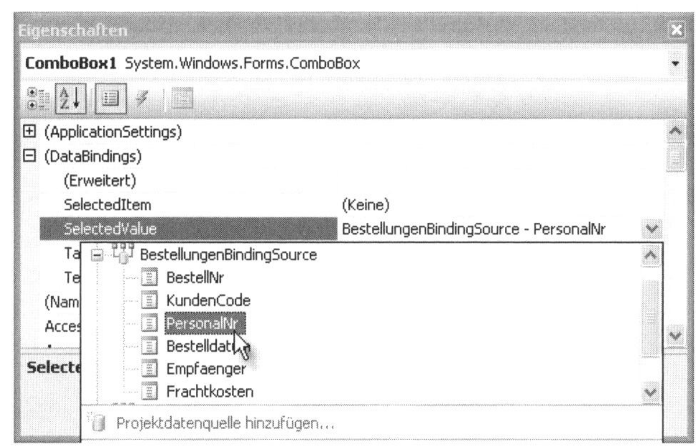

Abbildung 6.27 Verbinden der *ComboBox* mit der Mastertabelle

Die anschließenden Zuweisungen beziehen sich alle auf die *Personal*-Tabelle:

- *DataSource = PersonalBindingSource*
- *ValueMember = PersonalNr*
- *DisplayMember = Nachname*

Setzen Sie abschließend noch die *BindingSource*-Eigenschaft des *BindingNavigators* auf *BestellungenBindingSource*.

Test 1

Bei diesem Test, bei dem Sie noch nichts in die Datenbank zurück schreiben können, geht es lediglich um die prinzipielle Funktionsfähigkeit beim Lesezugriff.

Abbildung 6.28 Laufzeitabbildung des Beispiels

Automatisch generierter Code in Form1

Ein Blick auf den Code von *Form1* zeigt, dass der Aufruf der *Fill*-Methode für beide *TableAdapter* bereits automatisch eingetragen wurde:

```
Private Sub Form1_Load(ByVal sender As System.Object, ByVal e As System.EventArgs) _
                                                                   Handles MyBase.Load
    Me.PersonalTableAdapter.Fill(Me.NordwindDataSet.Personal)
    Me.BestellungenTableAdapter.Fill(Me.NordwindDataSet.Bestellungen)
End Sub
```

Formatierungen

Die Euro-Formatierung der Frachtkosten kommt nicht von allein zu Stande. Diese Einstellung nehmen Sie im Dialog »*Formatierung und erweiterte Bindung*« vor, den Sie über den Knoten *(Erweitert)* der *(DataBindings)*-Eigenschaft von *TextBox4* öffnen.

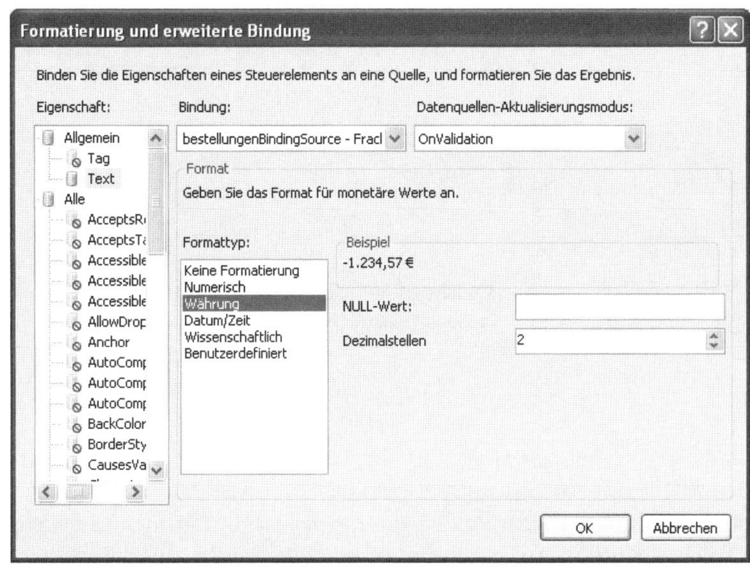

Abbildung 6.29 Einstellung der Währungs-Formatierung

HINWEIS Auf gleiche Weise lässt sich auch das Datumsformat bei der Anzeige des Bestelldatums ändern!

Test 2

Um Änderungen in die Datenbank zurückschreiben zu können, ist die zusätzlich zum *BindingNavigator* hinzuzufügende »Speichern«-Schaltfläche mit folgendem Code zu hinterlegen:

```
Private Sub ToolStripButton1_Click(ByVal sender As System.Object, ByVal e As System.EventArgs) _
                                                    Handles ToolStripButton1.Click
        Try
            Me.Validate()
            Me.BestellungenBindingSource.EndEdit()
            Me.BestellungenTableAdapter.Update(Me.NordwindDataSet.Bestellungen)
            MessageBox.Show("Update erfolgreich")
        Catch ex As System.Exception
            MessageBox.Show("Update fehlgeschlagen", ex.Message)
        End Try
End Sub
```

Ein nachfolgender Test kann möglicherweise für Sie enttäuschend verlaufen, weil zwar die *MessageBox* ein erfolgreiches Update verkündet, ein Neustart des Programms aber wieder die alten Werte anzeigt.

HINWEIS Dieser schwer auffindbaren Fehler lässt sich dadurch beheben, dass man im Projektmappen-Explorer auf *Nordwind.mdb* klickt und dort den Wert der Eigenschaft *In Ausgabeverzeichnis kopieren* von »Immer kopieren« ändert in »Kopieren, wenn neuer«.

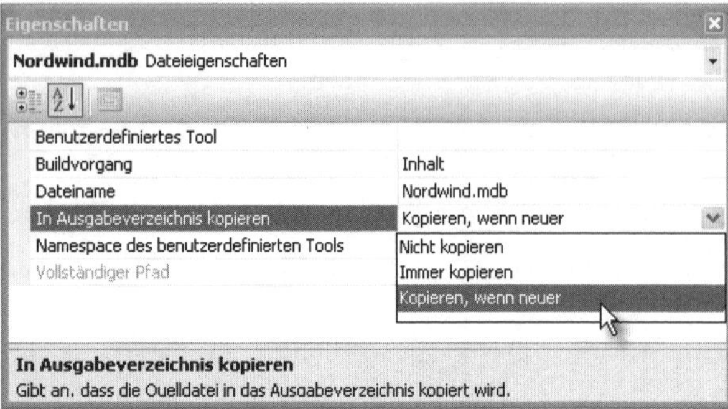

Abbildung 6.30 Ändern der Eigenschaft *»In Ausgabeverzeichnis kopieren«*

Bemerkungen

- Wer sich an der gewaltig aufgeblähten UPDATE-Anweisung stört, die der *TableAdapter-Konfigurations-Assistent* erzeugt hat, der kann den SQL-Code nochmals generieren lassen, sodass er überschaubarer wird: Öffnen Sie dazu den DataSet-Designer und wählen Sie für *Bestellungen* das Kontextmenü *Konfigurieren...* Klicken Sie auf der Dialogseite »SQL-Anweisung eingeben« die Schaltfläche »Erweiterte Optionen...« und entfernen Sie das Häkchen bei »Vollständige Parallelität verwenden«.

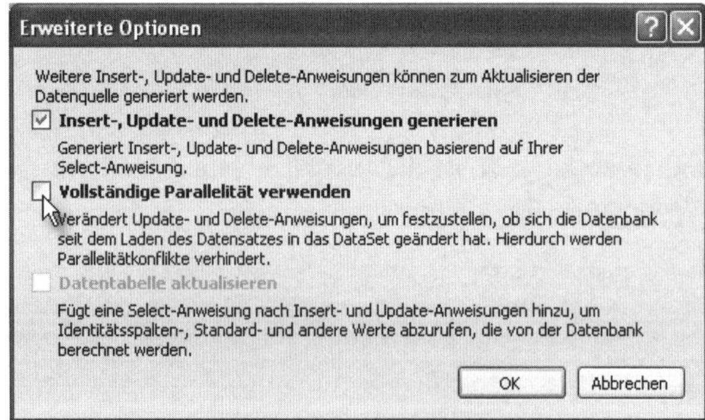

Abbildung 6.31 Dialog für erweiterte Optionen

- Ein abschließender Blick in das prall gefüllte Komponentenfach deutet darauf hin, dass die Verwendung typisierter DataSets die Komplexität unserer Anwendung keinesfalls verringert hat (im Hintergrund wurden gewaltige Mengen an Code produziert).

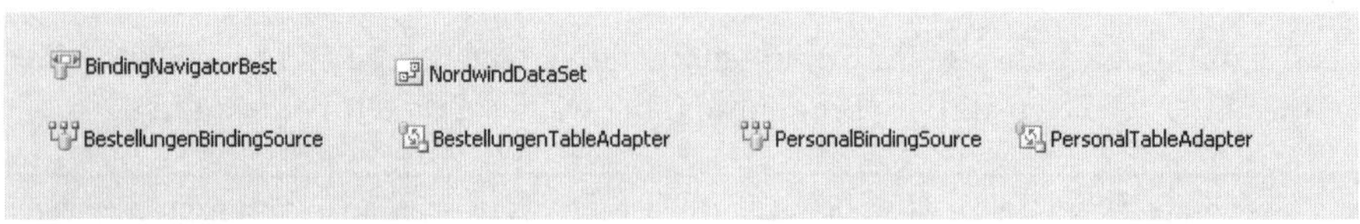

Abbildung Das vollgestopfte Komponentenfach

PB6.7 1:n-Beziehungen per Drag & Drop-Datenbindung anzeigen

DataAdapter: *Fill-*, *Update*-Methode; Master-Detail-Relationen

In diesem Beispiel wollen wir die Vorteile der Drag & Drop-Datenbindung am Beispiel der Tabellen »Bestellungen» und »Personal« aus *Nordwind.mdb* demonstrieren. Voraussetzung ist das Vorhandensein einer entsprechenden Datenquelle *NordwindDataSet*, deren Erstellung im PB6.6 »Manuelles Binden an ein typisiertes DataSet« bereits beschrieben wurde.

Oberfläche

Das nackte Startformular *Form1* genügt!

Datenquelle erstellen

Über das Menü *Projekt/Neues Element hinzufügen...* fügen Sie Ihrem Projekt ein (typisiertes) DataSet *NordwindDataSet.xsd* mit den zwei *TableAdaptern* *BestellungenTableAdapter* und *PersonalTableAdapter* hinzu (weitere Einzelheiten siehe PB6.6).

HINWEIS Achten Sie darauf, dass im DataSet-Designer die Beziehung (Relation) zwischen dem Feld *PersonalNr* aus der Tabelle *Bestellungen* und dem Primärschlüssel *PersonalNr* aus der Tabelle *Personal* eingetragen ist.

Personal-Eingabemaske per Drag & Drop erzeugen

Öffnen Sie das Datenquellen-Fenster (Menü *Daten/Datenquellen anzeigen*) und stellen Sie für die *Personal*-Tabelle die »Details«-Option ein (siehe Abbildung).

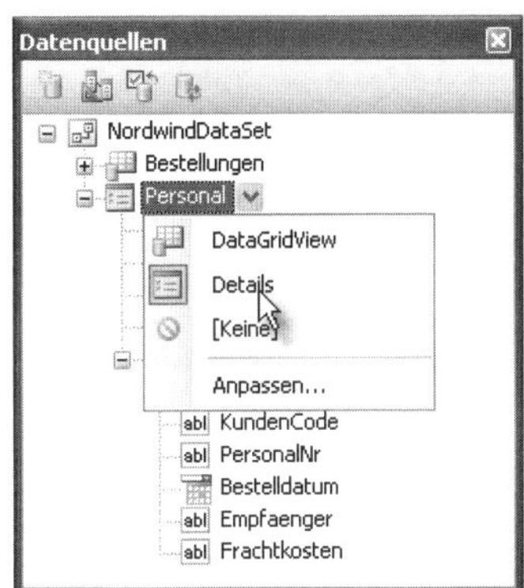

Abbildung 6.32 Einstelllen der Anzeigeoption für die *Personal*-Tabelle

Ziehen Sie die *Personal*-Tabelle auf das Formular. Es entsteht automatisch eine Eingabemaske mit *TextBox*en und einem *BindingNavigator*.

Datengitter für die Detailtabelle per Drag & Drop erzeugen

Wählen Sie jetzt im Datenquellen-Fenster die der Master-Detail-Relation zugeordnete Tabelle *Bestellungen* aus (diejenige, die unterhalb des *Personal*-Knotens liegt!) und ziehen Sie diese auf das Formular.

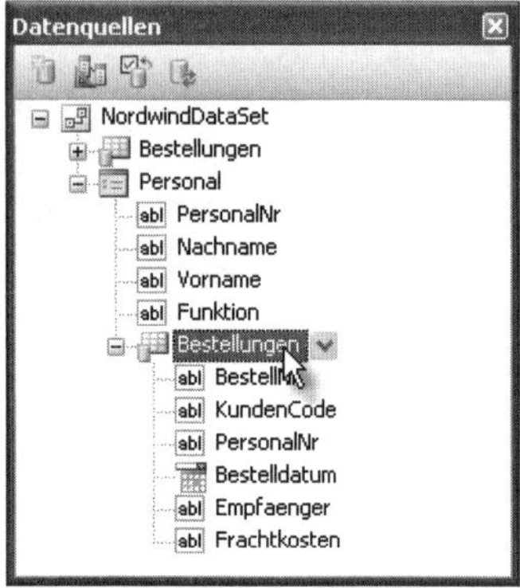

Abbildung 6.33 Richtige Auswahl der Detailtabelle *Bestellungen*

Die komplette Oberfläche:

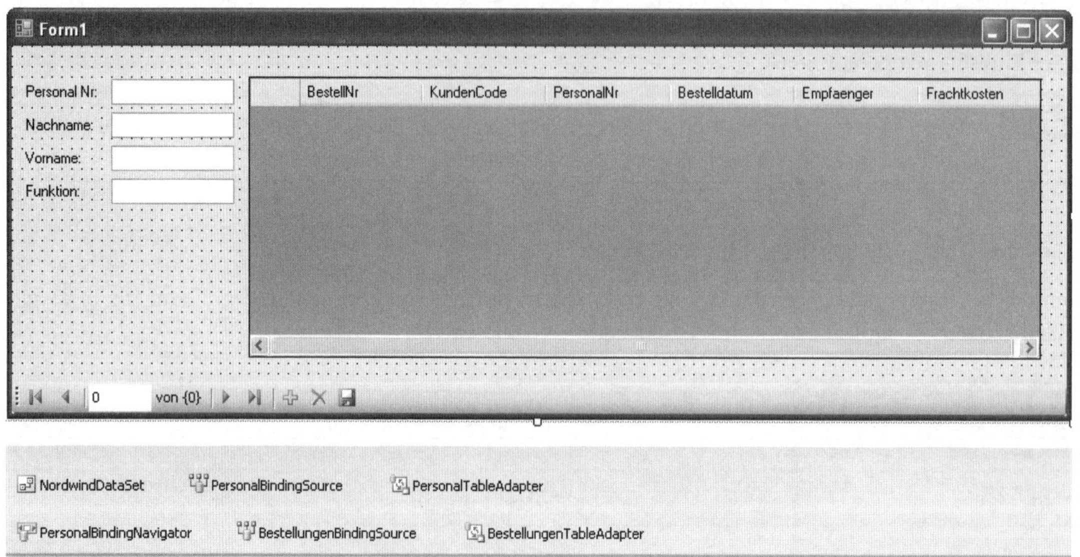

Abbildung 6.34 Entwurfsansicht (vollständig per Drag & Drop erzeugt)

Test

Das Ergebnis ist überzeugend wenn man bedenkt, dass wir keinerlei Bedienoberfläche erstellen und keine einzige Zeile Code schreiben mussten und dass auch die komplette Datenbindung vollautomatisch erfolgte.

HINWEIS Beachten Sie, dass der *BindingNavigator* diesmal automatisch über eine »Speichern«-Schaltfläche verfügt, über welche Änderungen an der *Personal*-Tabelle in die Datenbank zurückgeschrieben werden können!

Abbildung 6.35 Beim Durchblättern der Master-Tabelle (links) werden im Datengitter alle dazugehörigen Detaildatensätze angezeigt

HINWEIS Damit auch das Speichern funktioniert, sollten Sie den im PB 6.6 gegebenen Hinweis zu den Dateieigenschaften von *Nordwind.mdb* beachten!

Quellcode Form1

Der automatisch generierte Code für den Aufruf der *Fill*- und der *Update*-Methode:

```
Public Class Form1
    Private Sub PersonalBindingNavigatorSaveItem_Click(ByVal sender As System.Object, _
                      ByVal e As System.EventArgs) Handles PersonalBindingNavigatorSaveItem.Click
        Me.Validate()
        Me.PersonalBindingSource.EndEdit()
        Me.PersonalTableAdapter.Update(Me.NordwindDataSet.Personal)
    End Sub

    Private Sub Form1_Load(ByVal sender As System.Object, ByVal e As System.EventArgs) _
                                                                    Handles MyBase.Load
        Me.BestellungenTableAdapter.Fill(Me.NordwindDataSet.Bestellungen)
        Me.PersonalTableAdapter.Fill(Me.NordwindDataSet.Personal)
    End Sub
End Class
```

PB6.8 Die Spalten im DataGridView formatieren

DataGridView-Control: *Columns*-Auflistung; *DataGridViewTextBoxColumn*-, *DefaultCellStyle*-Objekt; *Format*-, *DisplayIndex*-Eigenschaft; *RowsDefaultCellStyle*-, *AlternatingRowsDefaultCellStyle*-Objekt: *BackColor*-Eigenschaft ;

Verbinden Sie ein *DataGridView* durch Zuweisen seiner *DataSource*- bzw. *DataMember*-Eigenschaft mit einer Datenquelle, so werden standardmäßig alle Spalten der Datenquelle angezeigt. Wollen Sie bestimmte Spalten unterdrücken, deren Reihenfolge, Überschrift, Breite etc. verändern oder deren formatierte Anzeige erzwingen, so lässt sich das kaum auf die Schnelle erledigen.

Sie müssen zunächst die alte Spalte entfernen und dann eine neue Spalte an das Datenfeld anbinden, die Sie mit den gewünschten Format-Eigenschaften ausstatten. Schließlich muss die fertige Spalte zum *DataGridView* hinzugefügt werden.

Ausgangspunkt für diese Demo ist das PB4.6 »Eine Access-Auswahlabfrage aufrufen«, welches die in *Nordwind.mdb* enthaltene Abfrage »Umsätze nach Jahr« benutzt.

Oberfläche

Gestalten Sie eine Benutzerschnittstelle mit einem *DataGridView*, zwei *TextBox*en und zwei *Button*s (siehe Laufzeitansichten).

Quellcode

Der hinter *Button1* liegende Code hat lediglich die Aufgabe das *DataGridView* mit Datensätzen zu füllen und wird deshalb nicht nocheinmal aufgelistet (siehe obiges Referenz-PB bzw. Buch-CD).

```
Imports System.Data.OleDb
Public Class Form1
```

Der folgenden Methode wird ein *DataGridView* übergeben, welches eine Spalte »Zwischensumme« besitzt. Diese Spalte wird komplett neu erzeugt.

```
    Private Sub formatColumn(ByVal dgv As DataGridView)
        If dgv.Columns("Zwischensumme") IsNot Nothing Then
```

Die standardmäßig vorhandene Spalte entfernen:

```
            dgv.Columns.Remove("Zwischensumme")
```

Eine neue Spalte erzeugen und an die gewünschte Eigenschaft binden:

```
            Dim tbc As New DataGridViewTextBoxColumn()
            tbc.DataPropertyName = "Zwischensumme"
```

Die Spaltenüberschrift:

```
            tbc.HeaderText = "Zwischensumme"
```

Die Spaltenbreite (in Pixeln):

```
            tbc.Width = 80
```

Das Währungsformat (entsprechend den Systemeinstellungen):

```
            tbc.DefaultCellStyle.Format = "c"
```

Rechtsbündige Textausrichtung und Fettschrift

```
            tbc.DefaultCellStyle.Alignment = DataGridViewContentAlignment.MiddleRight
            tbc.DefaultCellStyle.Font = New Font(DataGridView1.Font, FontStyle.Bold)
```

Die Spalte soll an dritter Position erscheinen:

```
            tbc.DisplayIndex = 2
```

Die fertige Spalte wird zum *DataGridView* hinzugefügt:

```
            dgv.Columns.Add(tbc)
        End If
    End Sub
```

Der Aufruf:

```
    Private Sub Button2_Click(ByVal sender As System.Object, ByVal e As System.EventArgs) _
                                                                    Handles Button2.Click
        formatColumn(DataGridView1)
```

Als zusätzliches Schmankerln eine alternierende Zeilenfarbe einstellen:

```
        DataGridView1.RowsDefaultCellStyle.BackColor = Color.Bisque
        DataGridView1.AlternatingRowsDefaultCellStyle.BackColor = Color.Beige
    End Sub
End Class
```

Test

Nach dem Verbinden mit *Nordwind.mdb* erscheint zunächst die unformatierte Darstellung der Daten, doch der dann folgende Anblick entschädigt für den Programmieraufwand.

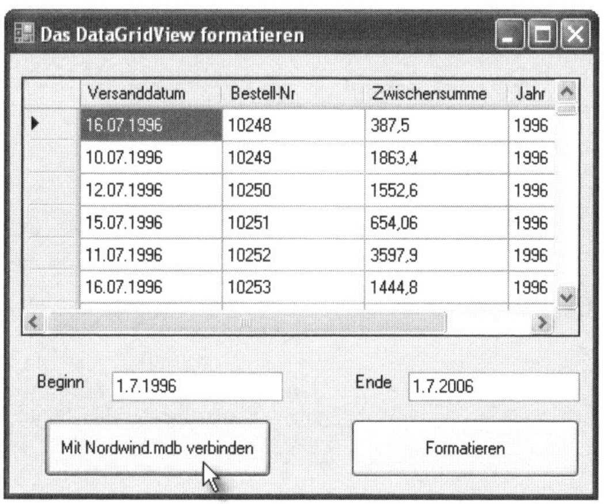

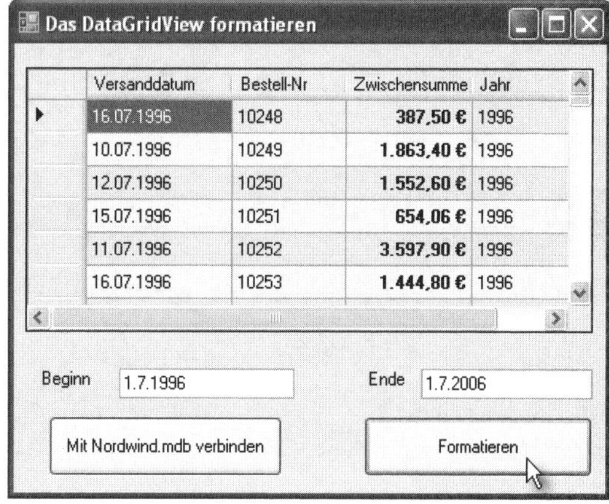

Abbildung 6.36 Das *DataGridView* vor und nach seiner Formatierung

Bemerkungen

- Um nicht vom Wesentlichen abzulenken haben wir in diesem Beispiel nur eine einzige Spalte (Typ *DataGridViewTextBoxColumn*) formatiert. Falls erforderlich, werden die anderen Spalten nach dem gleichen Muster formatiert, wobei auf die unterschiedlichen Spaltentypen und deren Eigenschaften zu achten ist (z.B. *DataGridViewCheckBoxColumn*, *DataGridViewComboBoxColumn*, ...).
- Mehr Informationen siehe Seite 360 oder PB6.14 »Das DataGridView als Datenbank-Frontend« bzw. PB6.15 »Ein einfacher Webdienst-Client«.

PB6.9 Mit DataReader und ListView arbeiten

DataReader-Objekt: *Read-*, *Close*-Methode; *Command*-Objekt: *ExecuteReader*-Methode; *Parameter*-Objekt: *Direction-*, *Value*-Eigenschaft; *ListView*-Komponente: *View*-Eigenschaft, *Items-*, *Columns*-Auflistung; *ListViewItem*-Objekt: *SubItems*-Auflistung: *Add*-Methode;

Das vorliegende Beispiel benutzt einen *DataReader*, um eine *ListView*-Komponente mit den Datensätzen der *Kunden*-Tabelle der *Nordwind.mdb*-Datenbank zu füllen. Nebenbei erfahren Sie auch etwas über den Einsatz eines *Parameter*-Objekts, mit dessen Hilfe weitere Informationen in einem *Label* angezeigt werden.

Oberfläche

Außer dem mit einer *ListView*-Komponente bestückten Startformular *Form1* werden zumindest noch ein attraktiv herausgeputztes *Label* und ein *Button* benötigt (siehe Laufzeitabbildung).

Quellcode

```
Imports System.Data.OleDb

Public Class Form1
```

Die Verbindungszeichenfolge zur Datenbank, die sich auch hier direkt im Anwendungsverzeichnis befindet:

```
    Private Const CONNSTR As String = "Provider=Microsoft.Jet.OLEDB.4.0; Data Source=Nordwind.mdb"
```

Nach einem Klick auf die Schaltfläche soll die Verbindung hergestellt werden:

```
    Private Sub Button1_Click(ByVal sender As System.Object, ByVal e As System.EventArgs) _
                                                                  Handles Button1.Click
        Const SQLSTR As String = "SELECT KundenCode, Firma, Funktion FROM Kunden"
        Dim conn As New OleDbConnection(CONNSTR)
```

Nun kann ein *Command*-Objekt erzeugt werden:

```
        Dim cmd As New OleDbCommand(SQLSTR, conn)
```

Last but not least wird der Verweis auf einen *DataReader* benötigt (das Instanziieren erfolgt später, nach Öffnen der Verbindung!):

```
        Dim dr As OleDbDataReader
```

Die folgenden Anweisungen dienen lediglich zur Vorbereitung der *ListView*-Anzeige und sind für das Verständnis des *DataReaders* von untergeordneter Bedeutung:

```
        With ListView1
            .Items.Clear()
            .View = View.Details
            .AllowColumnReorder = True
            .FullRowSelect = True
            .Columns.Add("KundenCode", 80, HorizontalAlignment.Center)
            .Columns.Add("Firma", 200, HorizontalAlignment.Left)
            .Columns.Add("Funktion", 120, HorizontalAlignment.Left)
        End With
```

Nach dem Öffnen der Verbindung wird der *DataReader* durch Übergabe an die *ExecuteReader*-Methode des *Command*-Objekts instanziert und der »Schnelldurchlauf« durch die Datensätze und deren Anzeige im *ListView* kann beginnen:

```
        Try
            conn.Open()
            dr = cmd.ExecuteReader(CommandBehavior.CloseConnection)
```

Der Parameter *CommandBehavior.CloseConnection* bewirkt, dass beim Ausführen des Befehls das zugeordnete *Connection*-Objekt geschlossen wird, wenn das zugeordnete *DataReader*-Objekt geschlossen wird. Nacheinander werden nun die *ListViewItem*-Objekte gefüllt und zur *Items*-Auflistung der *ListView*-Komponente hinzugefügt:

```
            Do While dr.Read()
                Dim lvItem As New ListViewItem(dr.Item("KundenCode").ToString)
                lvItem.SubItems.Add(dr.Item("Firma").ToString)
                lvItem.SubItems.Add(dr.Item("Funktion").ToString)
```

Items zum *ListView* hinzufügen:

```
                ListView1.Items.Add(lvItem)
            Loop
        Catch ex As Exception
            MsgBox(ex.Message)
        Finally
            dr.Close()
        End Try
    End Sub
```

Bis jetzt haben wir bereits ein voll funktionsfähiges Programm, dem wir aber noch ein zusätzliches Feature hinzufügen wollen: Beim Anklicken eines bestimmten Eintrags soll die komplette Kunden-Adresse im *Label* angezeigt werden. Diese Aufgabe erfüllt die folgende Methode *loadAddressInfo*, der lediglich ein *KundenCode* übergeben wird. Weiterhin ermittelt diese Methode auf Basis einer parametrisierten SQL-Abfrage völlig selbstständig die benötigten Informationen:

```
    Private Sub loadAddressInfo(ByVal kuCode As String)
        Dim SQL As String = "SELECT Kontaktperson, Strasse, PLZ, Ort FROM Kunden WHERE KundenCode = ?"
        Dim conn As New OleDbConnection(CONNSTR)
        Dim cmd As New OleDbCommand(SQL, conn)
        Dim prm As New OleDbParameter("@p", OleDbType.Char)
        Dim dr As OleDbDataReader
        prm.Direction = Data.ParameterDirection.Input
        prm.Value = kuCode
        cmd.Parameters.Add(prm)
        Try
            conn.Open()
            dr = cmd.ExecuteReader(CommandBehavior.CloseConnection)
            If (dr.Read()) Then
                Label1.Text = dr.Item("Kontaktperson").ToString & ControlChars.CrLf & _
                dr.Item("Strasse").ToString & " " & _
                dr.Item("PLZ").ToString & " " & _
                dr.Item("Ort").ToString
            End If
        Finally
            dr.Close()
            conn.Close()
```

```
        End Try
    End Sub
```

Nun zum Aufruf der *loadAdressInfo*-Methode, wobei auch deutlich werden dürfte, wie man auf ein bestimmtes Element einer *ListView* zugreift. In unserem Fall steckt der gesuchte *KundenCode* als *Text*-Eigenschaft im ersten Element der *SubItems*-Auflistung des *ListViewItem*-Objekts:

```
    Private Sub ListView1_Click(ByVal sender As System.Object, ByVal e As System.EventArgs) _
                                                                    Handles ListView1.Click
        Dim lv As ListViewItem = ListView1.SelectedItems(0)
        loadAddressInfo(lv.SubItems(0).Text)
    End Sub
End Class
```

Test

Nach Herstellen der Verbindung zu *Nordwind.mdb* werden alle Kunden aufgelistet. Nach dem Anklicken einer bestimmten Zeile der *ListView* erscheinen die Adressdaten.

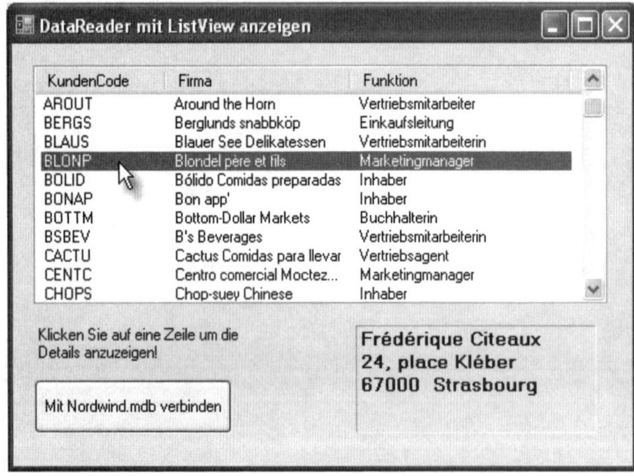

Abbildung 6.37 Laufzeitansicht des Beispiels

Bemerkungen

- Die *Read*-Methode eilt zum nächsten Datensatz weiter, bis *False* zurückgegeben wird. Ein Vorteil dieser Syntax ist, dass das Weiterbewegen quasi automatisch erfolgt und ein Überprüfen der Abbruchbedingung nicht mehr notwendig ist.
- Leider unterstützt die *ListView* nicht, wie viele andere Windows Forms Steuerelemente, eine Datenbindung an ein *DataSet*, denn normalerweise wollen Sie Datensätze nicht nur anzeigen, sondern auch ändern, neu hinzufügen bzw. löschen. Eine entsprechende *DataReader*-Lösung im Zusammenhang mit der *ExecuteNonQuery*-Methode des *Command*-Objekts zeigt das PB4.13 »Die MARS-Technologie kennen lernen«.

HINWEIS Beachten Sie, dass wir auch in diesem Beispiel nicht die originale *Nordwind.mdb*-Datenbank verwenden, sondern eine geringfügig modifizierte Version (einige geänderte Spaltenbezeichner, siehe Anhang).

PB6.10 Bilder aus der Datenbank anzeigen

BindingSource-Objekt: *Current*-Eigenschaft, *PositionChanged*-Ereignis; *BindingNavigator*-Control: *Data-RowView*-Objekt: *Item*-Eigenschaft; *PictureBox*-Control: *Image*-Eigenschaft; *Bitmap*-Objekt; *FileStream*-Objekt: *Close*-Methode;

In der »Personal«-Tabelle der *Nordwind*-Datenbank gibt es auch eine Spalte »Foto« (*Text*-Datentyp), in der die Dateinamen der entsprechenden Bitmaps abgelegt sind (*EmpID1.bmp*, *EmpID2.bmp* ...).

Das vorliegende Beispiel soll demonstrieren, wie Sie diese Bilder in einer *PictureBox* anzeigen können. Außerdem gibt es für den Einsteiger eine kleine Wiederholung in Sachen »Einmaleins der Datenbindung«, siehe PB6.3 »Steuerelemente manuell an ein DataSet binden«.

Oberfläche

Wie der folgenden Abbildung zu entnehmen ist, brauchen wir neben einigen *TextBox*en, *Label*s und *Button*s auch eine *PictureBox* mit *SizeMode = AutoSize*, sowie eine *BindingSource* und einen *BindingNavigator*, dessen *BindingSource*-Eigenschaft wir mit *BindingSource1* verkoppeln.

Da wir weder Datensätze hinzufügen noch löschen wollen, ändern wir die *Visible*-Eigenschaft von *BindingNavigatorAddNewItem* und *BindingNavigatorDeleteItem* auf *False*.

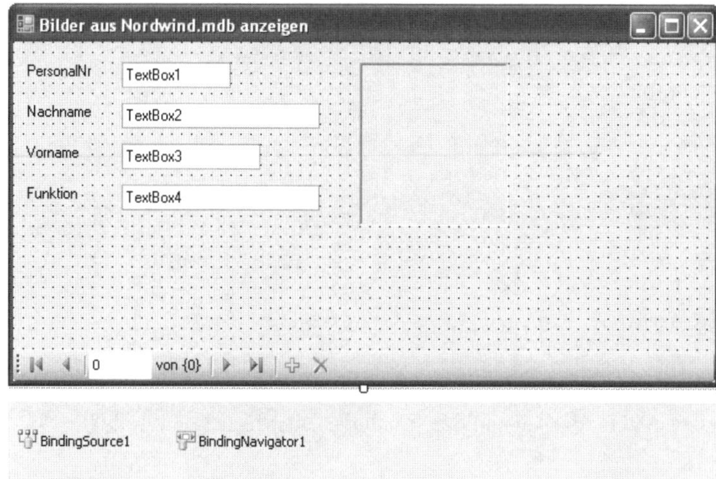

Abbildung 6.38 Entwurfsansicht des Beispiels

Vorbereitungen

Wir kopieren die Datenbank *Nordwind.mdb* und die Bilddateien *EmpID1.jpg* ... *EmpID9.jpg* (sind auf der Buch-CD enthalten) in das *\bin*-Unterverzeichnis des Projekts.

HINWEIS Falls die »Foto«-Spalte auf **.bmp*-Dateien verweist, ändern Sie die Dateiextensions auf **.jpg*!

Quellcode

```
Imports System.Data.OleDb
Imports System.IO

Public Class Form1
```

Beim Laden des Formulars werden die Datenbankabfrage durchgeführt, die *DataTable* gefüllt und die *TextBox*-Steuerelemente an die entsprechenden Spalten angebunden:

```
    Protected Overrides Sub OnLoad(ByVal e As System.EventArgs)
        Dim connStr As String = "Provider=Microsoft.Jet.OLEDB.4.0; Data Source=Nordwind.mdb"
        Dim conn As New OleDbConnection(connStr)
        Dim cmdSel As New OleDbCommand( _
                    "SELECT PersonalNr, Nachname, Vorname, Funktion, Foto FROM Personal", conn)
        Dim da As New OleDbDataAdapter(cmdSel)
        Dim dt As New DataTable("Personal")
        conn.Open()
        da.Fill(dt)
        conn.Close()
        BindingSource1.DataSource = dt
        TextBox1.DataBindings.Add("Text", BindingSource1, "PersonalNr")
        TextBox2.DataBindings.Add("Text", BindingSource1, "Nachname")
        TextBox3.DataBindings.Add("Text", BindingSource1, "Vorname")
        TextBox4.DataBindings.Add("Text", BindingSource1, "Funktion")
        showFoto()
```

Anmelden eines Eventhandlers für das Weiterblättern:

```
        AddHandler BindingSource1.PositionChanged, New EventHandler(AddressOf Me.bs_PositionChanged)

        MyBase.OnLoad(e)
    End Sub
```

Die Implementierung des Eventhandlers:

```
    Private Sub bs_PositionChanged(ByVal sender As Object, ByVal e As System.EventArgs)
        showFoto()
    End Sub
```

Die folgende Methode bindet die *PictureBox* in »Handarbeit« an den Inhalt der entsprechenden Bilddatei:

```
    Private Sub showFoto()
        If PictureBox1.Image IsNot Nothing Then PictureBox1.Image.Dispose()
        Dim drv As DataRowView = CType(BindingSource1.Current, DataRowView)  ' Sicht auf aktuelle Zeile
        Dim pfad As String = drv.Item("Foto").ToString       ' Pfad zur Bilddatei!
        Dim fs As New FileStream(pfad, FileMode.Open)
        Dim bmp As New Bitmap(fs)
        PictureBox1.Image = bmp                               ' Anzeige des Bilds
        fs.Close()                                            ' nicht vergessen!
    End Sub
End Class
```

Test

Der Anblick der reizenden *Margaret Peacock* dürfte Sie für die Mühen der Programmierung reichlich entschädigen:

Abbildung 6.39 Laufzeitansicht des Beispiels

Bemerkungen

- Das Beispiel zeigt Ihnen, wie Sie prinzipiell Bildinformationen zur Anzeige bringen können, ist aber bei größeren Datenmengen für den praktischen Gebrauch etwas umständlich, weil bei jedem Blättern das Bild erneut aus der Datei geladen werden muss.
- Eine elegantere aber leider auch aufwändigere Lösung wäre der Einsatz von zwei über eine Master-Detail-Relation verknüpften *DataTable*-Objekten, wobei die Detailtabelle die Bilddaten nur bei Bedarf abruft und die Mastertabelle die restlichen Spalten verwaltet.

PB6.11 BLOB-Daten verwalten

FileStream-Objekt: *Read*-Methode, *Length*-Eigenschaft; BLOB-Daten; Byte-Array; *Command*-Objekt: *Parameters*-Auflistung, *ExecuteNonQuery*-Methode;

Es ist nicht sehr effektiv, wenn Sie Bilddateien (und andere wie Sound etc.) direkt in der Datenbank als BLOBs (*Binary Large Objects*) abspeichern, denn dies wirkt sich immer negativ auf die Performance aus. Stattdessen sollten Sie in der Datenbank lediglich Verweise auf den Speicherort dieser Dateien ablegen, siehe z.B. PB6.10 »Bilder aus der Datenbank anzeigen«.

Trotz der genannten Nachteile werden Sie beim Sichten der umfangreichen *Northwind*-Datenbank des SQL Servers hin und wieder durch BLOB-Spalten aufgeschreckt, z.B. durch die Spalte »Photo« in der *Employees*-Tabelle. Wir müssen uns also wohl oder übel dem Problem stellen. Skepsis ist angebracht, denn aufgrund des nicht dokumentierten OLE-Headers einer BLOB-Spalte werden wir mit einer zunächst unlösbaren Aufgabe konfrontiert:

HINWEIS Es wird uns unter ADO.NET nicht gelingen, den Inhalt einer BLOB-Spalte anzuzeigen (z.B. in einer *PictureBox*).

Als Ausweg schreiben wir ein kleines Tool, welches die entsprechende BLOB-Spalte nochmals mit den »sauberen« Bilddaten überschreibt, sodass der irritierende OLE-Header nicht mehr enthalten ist. Voraussetzung ist, dass uns die Bilddateien separat vorliegen (vorteilhaft ist wegen des geringen Ressourcenbedarfs das **.jpg*-Format).

Oberfläche

Unser Programm hat keine Oberfläche! Öffnen Sie stattdessen ein neues Projekt vom Typ »Konsolenanwendung«.

Quellcode

```
Imports System.Data.OleDb
Imports System.IO

Module Module1

    Sub Main()
        Dim connStr As String = _
        "Provider=SQLOLEDB;Data Source=.\SQLEXPRESS;Initial Catalog=Northwind;Trusted_Connection=Yes;"
        Dim conn As New OleDbConnection(connStr)
        conn.Open()
        Dim sqlStr As String = "UPDATE Employees SET Photo = ? WHERE EmployeeID = ?"
        Dim cmd As New OleDbCommand(sqlStr, conn)
        cmd.Parameters.Add("@Photo", OleDbType.LongVarBinary, Integer.MaxValue - 1)
        cmd.Parameters.Add("@EmployeeID", OleDbType.Integer)

        Dim fs As FileStream        ' für Zugriff auf Bilddatei
        Dim arr() As Byte           ' Byte-Array zum Zwischenspeichern einer Bilddatei
        Dim pfad As String          ' Pfad der Bilddateien
        For i As Integer = 1 To 9             ' UPDATE nacheinander für 9 Employees ausführen
            pfad = "EmpID" & i & ".jpg"             ' Bilddateien sind im Anwendungsverzeichnis
            fs = New FileStream(pfad, FileMode.Open)              ' Bilddatei öffnen
            arr = Array.CreateInstance(GetType(System.Byte), fs.Length)  ' Byte-Array passender Länge
            fs.Read(arr, 0, fs.Length)          ' Dateiinhalt in Byte-Array laden
            cmd.Parameters("@Photo").Value = arr        ' dem ersten Parameter das Byte-Array zuweisen
            cmd.Parameters("@EmployeeID").Value = i     ' dem zweiten Parameter die ID zuweisen
            cmd.ExecuteNonQuery()                       ' UPDATE ausführen
        Next
        conn.Close()
    End Sub
End Module
```

Test

Überzeugen Sie sich, dass der SQL Server gestartet ist und starten Sie erst dann die Anwendung. Nach einem kurzen Aufblitzen des DOS-Fensters ist auch schon wieder alles vorbei.

Bemerkungen

- Vergessen Sie nicht, die neun Bilddateien *EmpID1.jpg, EmpID2.jpg ... EmpID9.jpg* vor Programmstart in das *\bin\Debug*-Unterverzeichnis des Projekts zu kopieren (Dateien sind auf Buch-CD enthalten).
- Um sich vom Erfolg des Datenbank-Updates zu überzeugen, brauchen Sie ein Programm, mit dem Sie die Bilddateien betrachten können, siehe PB6.12 »BLOB-Daten anzeigen«.

PB6.12 BLOB-Daten anzeigen

MemoryStream-Objekt; *DataRowView*-Objekt; Byte-Array; *PictureBox*-Control; *Bitmap*-Objekt: *Image*-Eigenschaft;

Dieses Beispiel ist die logische Fortsetzung des PB6.11 »BLOB-Daten verwalten«.

Ziel ist die Anzeige der »Photo«-Spalte der *Employees*-Tabelle der *Northwind*-Datenbank des SQL Servers, nachdem ein einmaliges Update der Bilddaten entsprechend PB6.11 erfolgte.

Unser Beispiel ist analog programmiert zum PB6.10 »Bilder aus der Datenbank anzeigen«, weshalb die Erläuterungen knapp gehalten werden können.

Oberfläche

Die Benutzerschnittstelle entspricht 100%ig dem PB6.10 (siehe auch Laufzeitansicht).

Quellcode

```
Imports System.Data.OleDb
Imports System.IO

Public Class Form1
```

Der erste Teil ist reine Routineprogrammierung:

```
    Protected Overrides Sub OnLoad(ByVal e As System.EventArgs)
        Dim connStr As String = _
         "Provider=SQLOLEDB;Data Source=.\SQLEXPRESS;Initial Catalog=Northwind;Trusted_Connection=Yes"
        Dim conn As New OleDbConnection(connStr)
        Dim cmdSel As New OleDbCommand( _
                    "SELECT EmployeeID, LastName, FirstName, Title, Photo FROM Employees", conn)
        Dim da As New OleDbDataAdapter(cmdSel)
        Dim dt As New DataTable("Personal")
        conn.Open()
        da.Fill(dt)
        conn.Close()
        BindingSource1.DataSource = dt
        TextBox1.DataBindings.Add("Text", BindingSource1, "EmployeeID")
        TextBox2.DataBindings.Add("Text", BindingSource1, "LastName")
        TextBox3.DataBindings.Add("Text", BindingSource1, "FirstName")
        TextBox4.DataBindings.Add("Text", BindingSource1, "Title")
        showFoto()
        AddHandler BindingSource1.PositionChanged, New EventHandler(AddressOf Me.bs_PositionChanged)
        MyBase.OnLoad(e)
    End Sub

    Private Sub bs_PositionChanged(ByVal sender As Object, ByVal e As System.EventArgs)
        showFoto()
    End Sub
```

Das wesentliche Know-how steckt in der folgenden Anzeigeroutine für das Foto:

```
    Private Sub showFoto()
        If PictureBox1.Image IsNot Nothing Then PictureBox1.Image.Dispose()
        Dim drv As DataRowView = CType(BindingSource1.Current, DataRowView) ' Sicht auf aktuelle Zeile
```

Die »Photo«-Spalte der aktuellen Zeile wird in ein *Byte*-Array kopiert, dessen Inhalt als *MemoryStream* im Arbeitsspeicher abgelegt wird:

```
        Dim arr() As Byte = CType(drv("Photo"), Byte())
        Dim ms As New MemoryStream(arr)
```

Eine *Bitmap* wird aus dem *MemoryStream* geladen:

```
        Dim bmp As New Bitmap(ms)
        PictureBox1.Image = bmp            ' Anzeige
        ms.Close()                         ' wichtig!
    End Sub
End Class
```

Test

Das anerkennende Grinsen von *Steve Buchanan* zeigt, dass sich unsere Arbeit gelohnt hat:

Abbildung 6.40 Laufzeitansicht des Beispiels

Bemerkungen

- Anstatt des hier verwendeten OleDb-Datenproviders können Sie natürlich auch den nativen Datenprovider des SQL Servers (Namespace *System.Data.SqlClient*) benutzen.
- Unter Performance-Gesichtspunkten ist die gewählte Programmiertechnik sicherlich verbesserungsbedürftig (Zeitverbrauch beim wiederholten Laden der BLOB-Daten!).

PB6.13 Daten als Diagramm darstellen

Chart-Komponente: *DataSource*-, *Value*-Eigenschaft, *OpenData*-, *CloseData*-Methode, *DataType*-Auflistung; SQL-Kreuztabellenabfrage; Fremd-Komponente installieren

Im vorliegenden Beispiel wollen wir Ihnen eine optisch ansprechende Variante für die Darstellung einer Kreuztabellenabfrage (siehe dazu Kapitel 7) vorstellen.

Grundlage ist die mit zirka 100 Datensätzen bestückte »Mitarbeiter«-Tabelle der Datenbank *Firma.mdb*, die Sie in das Anwendungsverzeichnis kopieren (Datenbank befindet sich auf Buch-CD).

Eine geeignete Diagramm-Komponente wird von Microsoft leider auch nicht zu Visual Studio 2005 mitgeliefert. Bevor Sie jetzt tief in Ihre Geldbörse greifen, ein besserer Vorschlag:

HINWEIS Verwenden Sie die kostenlos erhältliche *ChartFXLite*-Komponente!

Download

Unter der Adresse

```
http://www.softwarefx.de/GetChartFXLite/
```

finden Sie die kostenlose Version einer *Chart*-Komponente, die (leicht abgespeckt) den wichtigsten Anforderungen genügt. Geben Sie auf der Webseite Ihre E-Mail-Adresse an, um die Komponente herunterladen zu können. Anschließend erhalten Sie einen Freischaltcode zugesandt, mit dem Sie die Komponente installieren können.

Installation

In Visual Studio .NET wählen Sie den Menüpunkt *Extras/Toolboxelemente auswählen...* um die *Chart*-Komponente in die Toolbar aufzunehmen.

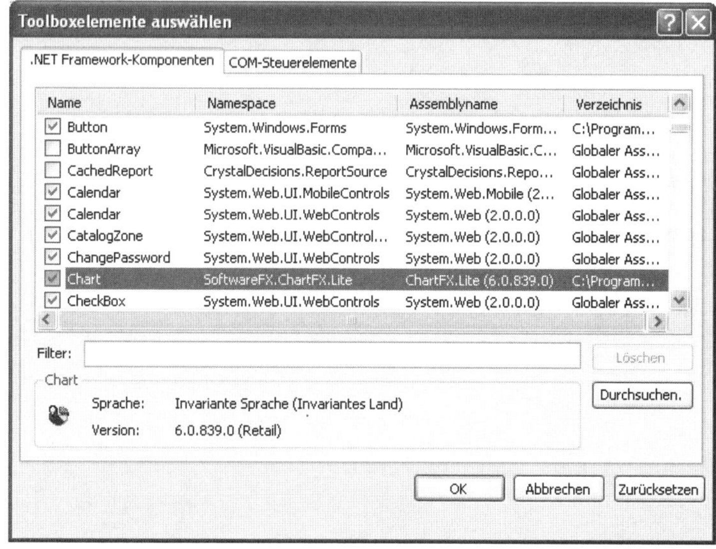

Abbildung 6.41 Dialog für die Installation der *Chart*-Komponente in Visual Studio 2005

HINWEIS Sollte die Komponente nicht angezeigt werden, können Sie diese mit der »Durchsuchen«-Schaltfläche herbeiholen. Die Assembly *ChartFX.Lite.dll* befindet sich standardmäßig im Verzeichnis *C:\Programme\ChartFX lite for .NET\bin.*

Nach dem Klick auf »OK« sollte die Komponente in der Toolbox erscheinen.

Oberfläche

Fügen Sie in ein neues Formular (*Form1*) eine *ChartFXLite*-Komponente, einen *Button* und eine *TextBox* (*MultiLine = True)* ein (siehe Laufzeitabbildung). Um die Datenbindung kümmern wir uns per Quellcode, vorerst genügt es, wenn Sie der *TextBox* die folgende SQL-Anweisung als *Lines*-Eigenschaft zuweisen:

```
TRANSFORM
  Count(*)
SELECT
   DateDiff('yyyy',Geburtstag,Now) AS [Alter]
FROM
   Mitarbeiter
GROUP BY
   DateDiff('yyyy', Geburtstag, Now)
PIVOT
   Anrede
```

Quellcode

```
Imports SoftwareFX.ChartFX.Lite
Imports System.Data.OleDb

Public Class Form1
```

Mit dem Klick auf die Schaltfläche wird zunächst die *Chart*-Komponente konfiguriert:

```
    Private Sub Button1_Click(ByVal sender As System.Object, ByVal e As System.EventArgs) _
                                                                  Handles Button1.Click
        Chart1.DataType(0) = DataType.Label
        Chart1.DataType(1) = DataType.Value
        Chart1.DataType(2) = DataType.Value
```

Nachfolgend rufen wir die gewünschten Daten per SQL ab und weisen diese der *Chart*-Komponente zu:

```
        Try
            Dim conn As New OleDbConnection("Provider=Microsoft.Jet.OLEDB.4.0;Data Source=Firma.mdb")
            Dim da As New OleDbDataAdapter(TextBox1.Text, conn)
            Dim dt As New DataTable()
            da.Fill(dt)
            Chart1.DataSource = dt
        Catch ex As Exception
            MessageBox.Show(ex.Message)
        End Try
    End Sub

End Class
```

Das war es auch schon, einem Test steht nun nichts mehr im Wege.

Test

Starten Sie das Programm und klicken Sie auf die Schaltfläche. Wurde die SQL-Anweisung korrekt eingegeben, sollte Sie folgender Anblick erfreuen:

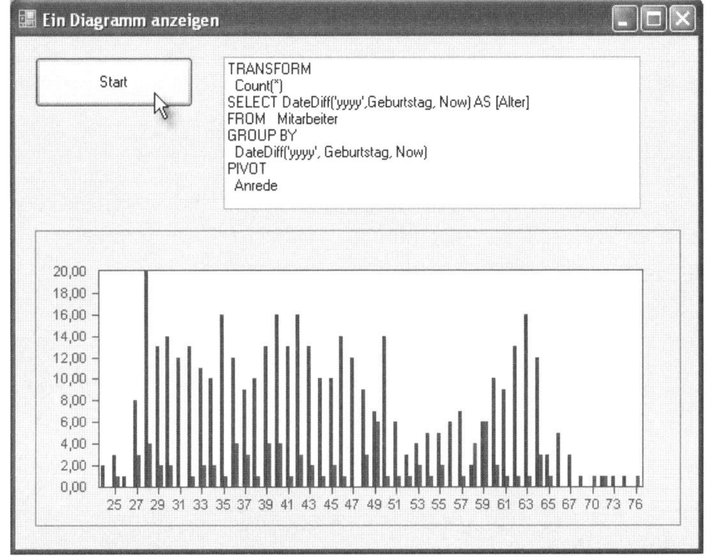

Abbildung 6.42 Um 90Grad gedrehte Alterspyramide der *Mitarbeiter*-Tabelle

In vertikaler Richtung zeigt das Diagramm die Anzahl der Mitarbeiter, in horizontaler Richtung das Alter an. Man erkennt, dass in dieser Firma ein totaler Frauenüberschuss herrscht (blaue/helle Balken), während die Männer (rote/dunkle Balken) deutlich in der Minderheit sind[1]!).

Ergänzungen

Möchten Sie Daten aus anderen oder mehreren Quellen darstellen, können Sie dies natürlich auch »zu Fuß« realisieren, wie es das folgende Beispiel zeigt.

BEISPIEL

Erzeugen einzelner Diagramm-Balken

```
Chart1.OpenData(COD.Values, 2, 4)

For i As Integer = 0 To 1
  For j As Integer = 0 To 3
     Chart1.Value(i, j) = 100        ' hier können Sie die Daten zuweisen
  Next
Next

Chart1.CloseData(COD.Values)
```

HINWEIS Detaillierte Informationen über die Programmierung der *ChartFXLite*-Komponente entnehmen Sie der mitgelieferten Hilfe-Datei.

[1] Das der älteste Mitarbeiter 76 Jahre alt ist liegt daran, dass die Datenbank auch schon einige Jahre auf dem Buckel hat.

PB6.14 Das DataGridView als Datenbank-Frontend

DataAdapter-Objekt: *MissingSchemaAction*-Eigenschaft, *GetChanges*-, *AcceptChanges*-Methode; *DataTable*-Objekt: *Merge*-Methode; *DataGridView*-Komponente: Formatieren;

DbProviderFactory-Klasse; *StatusStrip*-Komponente; SQL-Datum;

In diesem Beispiel wollen wir eine zweischichtige Anwendung entwickeln, die lesend und schreibend auf eine Datenbank zugreift und deren Frontend im Wesentlichen nur mit einem *DataGridView*-Steuerelement bestückt ist. Inhaltliche Schwerpunkte sind:

- Lesen und Schreiben der Datenbank mit den Komponenten einer Providerfabrik (neu unter ADO.NET 2.0).
- Standalone-Einsatz einer *DataTable* (also ohne *DataSet*) unter Verwendung neuer ADO.NET 2.0-Features (*Merge*-Methode).
- Formatieren der Spalten eines *DataGridView*, insbesondere das Vermeiden von Eingabefehlern durch Einsatz von *ComboBox*-Spalten.
- Zusammenbau eines SQL-gerechten Datum-Strings.
- Als weitere .NET-2.0-Neuigkeiten kommen eine statische Klasse, die Connectionstring-Settings der Anwendungskonfiguration sowie ein *StatusStrip*-Steuerelement zum Einsatz.

Vorbereitungen

Für unser Beispiel wählen wir eine einfache Tabelle »Ausgaben« einer Access-Datenbank mit folgender Struktur:

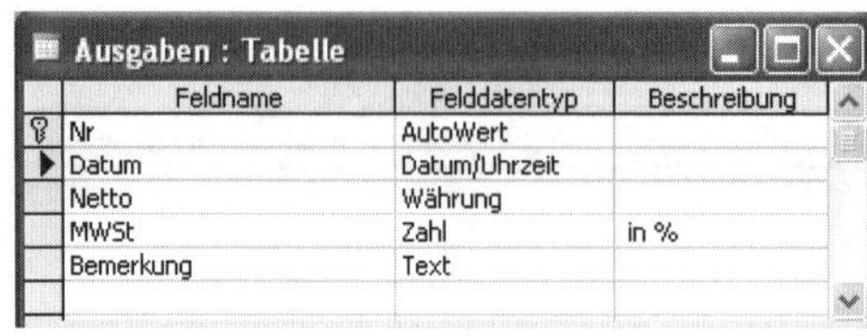
Ausgaben : Tabelle

Feldname	Felddatentyp	Beschreibung
Nr	AutoWert	
Datum	Datum/Uhrzeit	
Netto	Währung	
MWSt	Zahl	in %
Bemerkung	Text	

Abbildung 6.43 Tabellenstruktur

Den *ConnectionString* lagern wir in die Konfigurationsdatei *app.config* unserer Anwendung aus, damit ihn auch der spätere User auf einfache Weise anpassen kann. Öffnen Sie die Registerseite »Einstellungen« (Menü *Projekt/<Projektname>-Eigenschaften...*) und tragen Sie unter dem Namen *TestDB* die folgende Verbindungszeichenfolge ein (in unserem Fall befindet sich die Datenbank *Test.mdb* im Anwendungsverzeichnis):

```
Provider=Microsoft.Jet.OLEDB.4.0; Data Source=Test.mdb
```

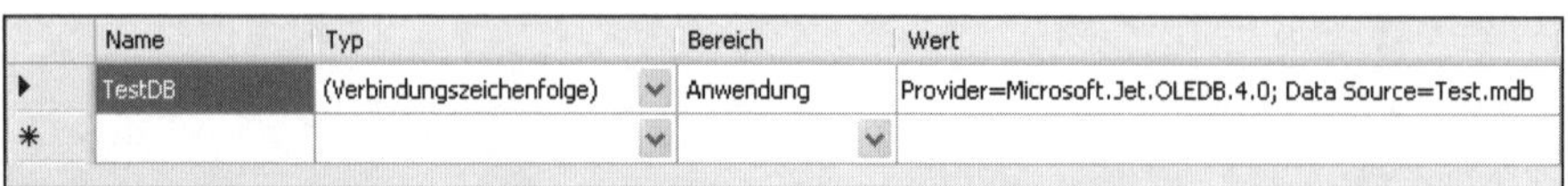

Name	Typ	Bereich	Wert
TestDB	(Verbindungszeichenfolge)	Anwendung	Provider=Microsoft.Jet.OLEDB.4.0; Data Source=Test.mdb

Abbildung 6.44 Speichern des ConnectionStrings

Bedienoberfläche

Auf dem Startformular platzieren Sie ein *DataGridView*, zwei *TextBox*en, zwei *Button*s, einige *Label*s und am unteren Rand ein *StatusStrip*-Control mit dem Element *ToolStripStatusLabel1* (siehe Laufzeitabbildung).

Statische Klasse CData

Fügen Sie zunächst über das Projektmenü eine neue Klasse (*CData*) hinzu.

```
Imports System.Data
Imports System.Data.Common
Imports System.Globalization

Public Class CData
```

Die folgende statische Methode *getAusgaben* füllt eine *DataTable* mit dem Inhalt der Datenbanktabelle »Ausgaben«, wobei Beginn- und Endedatum als Parameter übergeben werden:

```
    Public Shared Function getAusgaben(ByVal d1 As String, ByVal d2 As String) As DataTable
```

SQL-gerechte Datumstrings zusammenbauen:

```
        Dim dat1 As DateTime = Convert.ToDateTime(d1)
        d1 = "#" & dat1.ToString("d", New CultureInfo("en-US")) & "#"
        Dim dat2 As DateTime = Convert.ToDateTime(d2)
        d2 = "#" & dat2.ToString("d", New CultureInfo("en-US")) & "#"
```

Providerunabhängiger Code für den Lesezugriff:

```
        Dim provider As DbProviderFactory = DbProviderFactories.GetFactory("System.Data.OleDb")
        Dim conn As DbConnection = provider.CreateConnection()
```

Verbindungszeichenfolge aus Konfigurationsdatei holen:

```
        conn.ConnectionString = My.Settings.TestDB
```

Die Datenbankabfrage vorbereiten:

```
        Dim cmd As DbCommand = provider.CreateCommand()
        cmd.Connection = conn
        cmd.CommandText = "SELECT * FROM Ausgaben WHERE DATUM BETWEEN " & d1 & _
                          " AND " & d2 & " ORDER BY Datum"
        Dim da As DbDataAdapter = provider.CreateDataAdapter()
        da.SelectCommand = cmd
```

Die folgende Anweisung ist wichtig für das clientseitige Mergen beim Einfügen neuer Datensätze:

```
        da.MissingSchemaAction = MissingSchemaAction.AddWithKey
```

Das Einlesen der Datensätze:

```
        Dim dt As New DataTable()
        conn.Open()
        da.Fill(dt)
        conn.Close()
        Return dt
    End Function
```

Der Methode zum Zurückschreiben der Änderungen in die Datenbank wird eine *DataTable* per Referenz übergeben:

```
    Public Shared Sub setAusgaben(ByRef dt As DataTable)
```

Providerunabhängiger Code für den Schreibzugriff:

```
        Dim provider As DbProviderFactory = DbProviderFactories.GetFactory("System.Data.OleDb")
        Dim conn As DbConnection = provider.CreateConnection()
        conn.ConnectionString = My.Settings.TestDB
        Dim cmd As DbCommand = provider.CreateCommand()
        cmd.Connection = conn
        cmd.CommandText = "SELECT * FROM Ausgaben"
        Dim da As DbDataAdapter = provider.CreateDataAdapter()
        da.SelectCommand = cmd
```

Ein *CommandBuilder* erstellt im Hintergrund automatisch alle weiteren *Command*-Objekte:

```
        Dim cb As DbCommandBuilder = provider.CreateCommandBuilder()
```

Die Datenbank wird aktualisiert:

```
        cb.DataAdapter = da
        conn.Open()
        da.Update(dt)
        conn.Close()
    End Sub

End Class
```

Quellcode Form1

```
Public Class Form1
```

Da wir es nur mit einer einzigen Tabelle zu tun haben, kommen wir sehr gut ohne *DataSet* aus, es genügt eine *DataTable*, die hier die Funktion eines globalen Zwischenspeichers für die Tabelle »Ausgaben« übernimmt:

```
    Private dtA As DataTable
```

Eine zweite *DataTable*, die mit der Datenbank nichts zu tun hat, dient lediglich als »hart codierte« Hilfstabelle für die gültigen Mehrwertsteuersätze:

```
    Private dtMWSt As DataTable
```

Beim Laden des Formulars wird die Methode *createMWStTbl* aufgerufen, welche eine Hilfstabelle erzeugt:

```
    Protected Overrides Sub OnLoad(ByVal e As System.EventArgs)
        dtMWSt = createMWStTbl()

        MyBase.OnLoad(e)
    End Sub
```

Die Methode *createMWStTbl* baut eine *DataTable* zusammen, die lediglich aus den Spalten *Nr* und *Betrag* und drei Zeilen entsprechend der folgenden Struktur besteht:

```
    Nr   Betrag
    0    "keine"
    7    "7%"
    16   "16%"

Private Function createMWStTbl() As DataTable
    Dim dt As New DataTable("MWSt")
    dt.Columns.Add("Nr", GetType(System.Byte))
    dt.Columns.Add("Betrag", GetType(System.String))
    Dim ma() As String = {"keine", "7%", "16%"}
    For i As Integer = 1 To 3                      ' drei Zeilen hinzufügen
        dt.Rows.Add(dt.NewRow())                   ' neue leere Zeile
        dt.Rows(i - 1)(1) = ma(i - 1)              ' "Betrag" eintragen
    Next
    dt.Rows(0)(0) = 0    ' "Nr" eintragen (0, 7, 16)
    dt.Rows(1)(0) = 7
    dt.Rows(2)(0) = 16
    Return dt
End Function
```

Der hinter der Schaltfläche »Anzeigen« liegende Code:

```
Private Sub Button1_Click(ByVal sender As System.Object, ByVal e As System.EventArgs) _
                                                                    Handles Button1.Click
    Dim bs As New BindingSource()
    Try
        dtA = CData.getAusgaben(TextBox1.Text, TextBox2.Text)
        If dtA Is Nothing Then
            DataGridView1.DataSource = Nothing
            ToolStripStatusLabel1.Text = "Zugriff nicht möglich!"

        Else
            bs.DataSource = dtA
            DataGridView1.Columns.Clear()
            DataGridView1.DataSource = bs
```

Formatieren der Spalten des DataGridView

Der folgende Code erklärt alle Fragene Fragen bezüglich Spaltenbeschriftung und -positionierung, Einstellen der Spaltenbreite, Währungsformatierung, Farbgebung, Verknüpfungen mittels *ComboBox* etc.:

```
            DataGridView1.Columns.Remove("Nr")
            Dim tbc0 As New DataGridViewTextBoxColumn()
            tbc0.DataPropertyName = "Nr"
            tbc0.HeaderText = "Nr"
            tbc0.Width = 30
            tbc0.DisplayIndex = 0                   ' erscheint an erster Position
            DataGridView1.Columns.Add(tbc0)
            DataGridView1.Columns.Remove("Netto")
            Dim tbc1 As New DataGridViewTextBoxColumn()
            tbc1.DataPropertyName = "Netto"
            tbc1.HeaderText = "Netto"
            tbc1.Width = 80                            ' Breite einstellen
            tbc1.DefaultCellStyle.Format = "c"
            tbc1.DefaultCellStyle.Alignment = DataGridViewContentAlignment.MiddleRight
            tbc1.DefaultCellStyle.Font = New Font(DataGridView1.Font, FontStyle.Bold)
            tbc1.DefaultCellStyle.BackColor = Color.LightYellow
```

```
            tbc1.DisplayIndex = 2
            DataGridView1.Columns.Add(tbc1)
```

Besonders interessant ist die *MWSt*-Spalte, in welcher man durch Aufklappen einer *ComboBox* bequem die gültigen Mehrwertsteuersätze auswählen kann:

```
            DataGridView1.Columns.Remove("MWSt")
            Dim cbc0 As New DataGridViewComboBoxColumn()
            cbc0.DataSource = dtMWSt          ' Detailtabelle
            cbc0.DataPropertyName = "MWSt"    ' Fremdschlüssel  aus Primärtabelle
            cbc0.ValueMember = "Nr"           ' Primärschlüssel aus Detailtabelle
            cbc0.DisplayMember = "Betrag"     ' Detailanzeige aus Detailtabelle
            cbc0.HeaderText = "MWSt"
            cbc0.DisplayIndex = 3
            cbc0.Width = 60
            cbc0.DisplayStyle = DataGridViewComboBoxDisplayStyle.Nothing
            DataGridView1.Columns.Add(cbc0)
```

Die Spalten »Datum« und »Bemerkung« wurden nicht formatiert, d.h., sie behalten ihre Standardwerte.

Quellcode Form1 (Fortsetzung)

```
            ToolStripStatusLabel1.Text = bs.Count.ToString() & _
                                  " Einnahmen zum Editieren von der Datenbank geladen!"
        End If
    Catch ex As Exception
        MessageBox.Show(ex.Message.ToString(), "Fehler beim Laden der DataTable!")
    End Try
End Sub
```

Die »Speichern«-Schaltfläche:

```
Private Sub Button2_Click(ByVal sender As System.Object, ByVal e As System.EventArgs) _
                                                                    Handles Button2.Click
    If dtA IsNot Nothing Then
        Try
```

Nur die geänderten Datensätze werden zurückgeschrieben:

```
            Dim dt1 As DataTable = dtA.GetChanges()          ' Änderungen ermitteln
            If dt1 IsNot Nothing Then
```

Das Update gegen die Datenbank fahren:

```
                CData.setAusgaben(dt1)
```

Dank ADO.NET 2.0 hat jetzt auch die *DataTable* eine *Merge*-Methode, sodass ein Zusammenführen beider *DataTables* möglich ist:

```
                dtA.Merge(dt1)
                dtA.AcceptChanges()
                ToolStripStatusLabel1.Text = "Alle Änderungen wurden von der Datenbank übernommen!"
            Else
                ToolStripStatusLabel1.Text = "Keine Änderungen zum Speichern!"
            End If
        Catch ex As Exception ex
```

```
                    MessageBox.Show(ex.Message.ToString, "Fehler beim Speichern der DataTable!")
                    dtA.RejectChanges()
                End Try
            Else
                ToolStripStatusLabel1.Text = "Speichern nicht möglich!"
            End If
        End Sub
        ...
    End Class
```

Test

Es bleibt Ihnen viel Raum zum Experimentieren, testen Sie auch das Hinzufügen und Löschen von Datensätzen. Die Fehlermöglichkeiten bei der MWSt-Eingabe sind dank *ComboBox*-Spalte drastisch reduziert.

HINWEIS In unserem Fall erscheint die *ComboBox* nur dann, wenn man auf eine Zelle der »MWSt«-Spalte klickt.

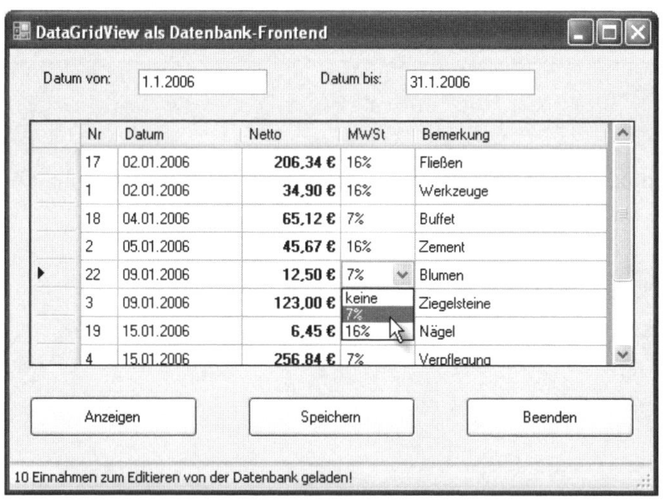

Abbildung 6.45 Laufzeitansicht des Beispiels

Bemerkungen

- In diesem Beispiel wurde bewusst auf die Hilfe von Assistenten (Datenquellen, typisierte DataSets, *TableAdapter*, etc.) verzichtet.
- Die praktizierte zustandslose Anwendungsarchitektur ermöglicht auch eine problemlose Realisierung der Klasse *CData* als Webdienst.

PB6.15 Ein einfacher Webdienst-Client

DataGridView-Control: *AutoGenerateColumns-*, *AutoSizeRowsMode-*, *BorderStyle-*, *DefaultCellStyle-*, *CurrentCell*-Eigenschaft; *CellFormatting-*, *DataError*-Ereignis; *DataGridViewComboBoxColumn*-Objekt: *DataSource-*, *DataPropertyName-*, *ValueMember-*, *DisplayMember-*, *DisplayStyle-*, *DefaultCellStyle.Format-*

Eigenschaft; *DataSet*-Objekt: *AcceptChanges*-, *HasChanges*-, *RejectChanges*-, *Merge*-Methode; *BindingSource*-Control; Suchen, Formatieren, Fehlerbehandlung im *DataGridView*;

Es muss nicht immer ASP.NET sein, wenn man eine Anwendung für das Internet entwickeln will. Stattdessen tut es in vielen Fällen auch ein Webdienst. Man ist dann clientseitig nicht mehr auf den tristen Internet Explorer angewiesen, sondern kann mit einer attraktiven Windows-Oberfläche die Anzeige der Webinhalte nach eigenem Ermessen gestalten.

In diesem Beispiel wollen wir uns nicht mit dem Aufbau eines Webdienstes beschäftigen, denn dafür ist Kapitel 13 zuständig. Stattdessen nehmen wir den von den Autoren unter der URL

```
http://www.doko-buch.de/DOBERENZ/BookService/BookService.asmx
```

veröffentlichten Webdienst, der die Methoden *ReadDataSet* und *WriteDataSet* exportiert, mit denen unter anderem auch das Lesen und Schreiben einer Bücherliste möglich ist. Wie Sie richtig vermuten, geht es also um die Übertragung kompletter *DataSets* via Internet.

HINWEIS Bei jedem Aufruf der Webmethoden *ReadDataSet* und *WriteDataSet* werden die Credentials (Benutzername und Passwort) mit übergeben, um unbefugte Zugriffe zu verhindern.

Bedienoberfläche

Die Verwendung eines *DataGridView* als Frontend vereinfacht die Programmierung erheblich. So kann z.B. auch auf extra Schaltflächen zum Hinzufügen und Löschen von Datensätzen verzichtet werden.

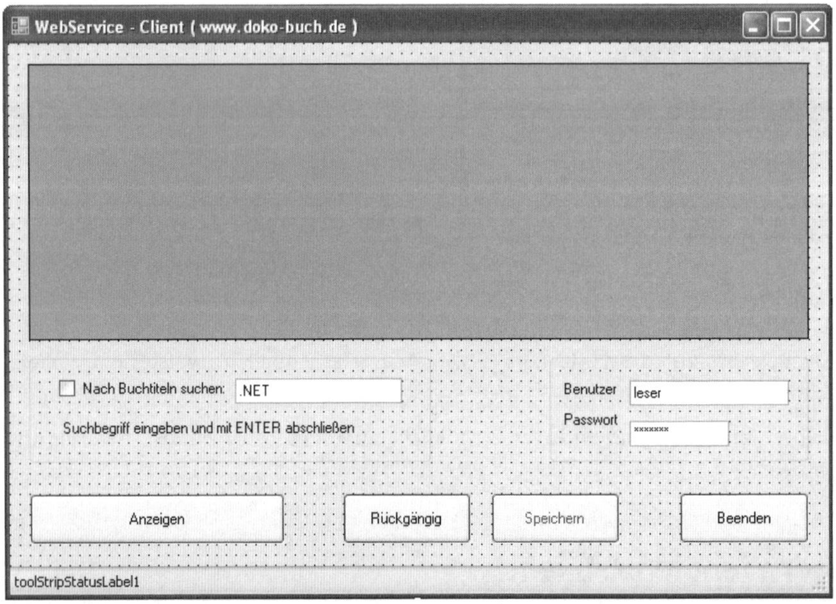

Abbildung 6.46 Entwursansicht des Webdienst-Clients

Im Projektmappen-Explorer richten Sie über das Kontextmenü *Webverweis hinzufügen...* einen Verweis auf die URL des Webdienstes (siehe oben) ein.

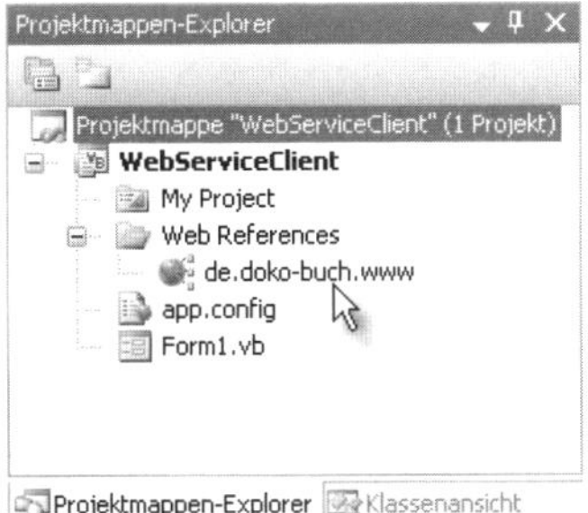

Abbildung 6.47 Verweis auf den Webdienst

Quellcode

```
Public Class Form1
```

Zuerst instanziieren wir den Webdienst-Proxy. Stimmt der Webverweis, müsste die Klasse *CBookService* bereits von der Intellisense angeboten werden:

```
    Private ws As New de.doko_buch.www.CBookService()
```

Nun folgt ein globales »allwissendes« *DataSet* als Behälter für die Webdienstinfos. Weil das *DataSet* nicht nur mit der *ReadDataSet*-Methode des Webdienstes gelesen, sondern oft auch geändert und mit den korrespondierenden *WriteDataSet*-Methode zurückgeschrieben wird, vereinfacht seine globale Positionierung den Zugriff:

```
    Private ds As New DataSet()
```

Den beiden Webdienstmethoden können, je nach gewünschter Information, verschiedene Kennungen als Parameter übergeben werden. Wir aber sind nur an der Bücherliste interessiert:

```
    Private mID As String = "Buecher"
```

Zur Datenbindung (*DataGridView* <=> *DataSet*) und zum Datenmanagement (Hinzufügen, Löschen, ...) sind drei *BindingSource*-Komponenten erforderlich, die wir aber nicht von der Toolbox abziehen, sondern diesmal lieber selbst erzeugen:

```
    Private bsBooks As New BindingSource()
    Private bsAuthors As New BindingSource()
    Private bsPublishers As New BindingSource()
```

Beim Laden des Formulars werden auch die Eigenschaften des *DataGridView* eingestellt und ein Errorhandler angemeldet:

```
    Protected Overrides Sub OnLoad(ByVal e As System.EventArgs)
        ToolStripStatusLabel1.Text = "Bitte geben Sie zuerst Benutzernamen und Passwort ein!"
        DataGridView1.AutoGenerateColumns = False
        DataGridView1.BorderStyle = BorderStyle.Fixed3D
        DataGridView1.DefaultCellStyle.WrapMode = DataGridViewTriState.True
        DataGridView1.AutoSizeRowsMode = DataGridViewAutoSizeRowsMode.AllCellsExceptHeaders
        AddHandler DataGridView1.DataError, _
                         New DataGridViewDataErrorEventHandler(AddressOf DataGridView1_DataError)
        MyBase.OnLoad(e)
    End Sub
```

Im Errorhandler wird im Fall eines Fehlers bis zur entsprechenden Zelle gescrollt:

```
Private Sub DataGridView1_DataError(ByVal sender As Object, _
                                    ByVal e As DataGridViewDataErrorEventArgs)
    DataGridView1.CurrentCell = DataGridView1.Rows(e.RowIndex).Cells(e.ColumnIndex)
    Throw New Exception("Fehler bei der Anzeige im Datengitter ! ")
End Sub
```

Alle Bücher anzeigen:

```
Private Sub Button1_Click(ByVal sender As System.Object, ByVal e As System.EventArgs) _
                                                                Handles Button1.Click
    CheckBox1.Checked = False
```

Der Webdienst-Aufruf:

```
    ds = ws.ReadDataSet(mID, TextBox2.Text, TextBox3.Text)
    If ds Is Nothing Then
        DataGridView1.DataSource = Nothing
            ToolStripStatusLabel1.Text = "Lesezugriff nicht möglich!"
        Else
            DataGridView1.SuspendLayout()
```

Anbinden der Datenquellen:

```
            bsPublishers.DataSource = ds.Tables("Verlage").DefaultView
            bsAuthors.DataSource = ds.Tables("Autoren").DefaultView
            bsBooks.DataSource = ds.Tables("Buecher").DefaultView
            DataGridView1.DataSource = bsBooks.List
```

Weitere (selbsterklärende) Eigenschaften zuweisen:

```
            DataGridView1.ReadOnly = False
            DataGridView1.AllowUserToDeleteRows = True
            DataGridView1.AllowUserToAddRows = True
            DataGridView1.Columns.Clear()
```

Das Formatieren der Spalten des *DataGridView* erfordert einigen Aufwand:

Nr-Spalte:

```
            DataGridView1.Columns.Add("N", "Nr")
            DataGridView1.Columns(0).Width = 30
            DataGridView1.Columns(0).DataPropertyName = "Nr"
```

Buchtitel-Spalte:

```
            DataGridView1.Columns.Add("T", "Buchtitel")
            DataGridView1.Columns(1).Width = 150
            DataGridView1.Columns(1).DataPropertyName = "Titel"
            DataGridView1.Columns(1).Frozen = True              ' feste Spalte
```

ISBN-Spalte:

```
            DataGridView1.Columns.Add("I", "ISBN")
            DataGridView1.Columns(2).Width = 86
            DataGridView1.Columns(2).DataPropertyName = "ISBN"
```

Interessant wird es bei den Spalten für Autoren und Verlage, die vom Typ *DataGridViewComboBoxColumn* sein müssen. Hier zeigen sich besonders deutlich die Vorzüge gegenüber dem »alten« *DataGrid*.

Autoren-Spalte:

```
            Dim cbc1 As New DataGridViewComboBoxColumn()
            cbc1.DataSource = bsAuthors.List            ' Detailtabelle
            cbc1.DataPropertyName = "AutorenNr"         ' Fremdschlüssel
            cbc1.ValueMember = "Nr"                     ' Primärschlüssel
            cbc1.DisplayMember = "Namen"                ' Detailanzeige
            cbc1.HeaderText = "Autor(en)"
            cbc1.DisplayStyle = DataGridViewComboBoxDisplayStyle.Nothing
            DataGridView1.Columns.Add(cbc1)
```

Verlag-Spalte:

```
            Dim cbc2 As New DataGridViewComboBoxColumn()
            cbc2.DataSource = bsPublishers.List
            cbc2.DataPropertyName = "VerlagNr"
            cbc2.ValueMember = "Nr"
            cbc2.DisplayMember = "Name"
            cbc2.HeaderText = "Verlag"
            cbc2.DisplayStyle = DataGridViewComboBoxDisplayStyle.Nothing
            DataGridView1.Columns.Add(cbc2)
```

Jahr-Spalte:

```
            DataGridView1.Columns.Add("J", "Jahr")
            DataGridView1.Columns(5).Width = 40
            DataGridView1.Columns(5).DataPropertyName = "Jahr"
```

Verkaufspreis-Spalte:

```
            Dim tbc4 As New DataGridViewTextBoxColumn()
            tbc4.DataPropertyName = "Verkaufspreis"
            tbc4.HeaderText = "Preis"
            tbc4.AutoSizeMode = DataGridViewAutoSizeColumnMode.DisplayedCells
            tbc4.DefaultCellStyle.Format = "c"
            tbc4.DefaultCellStyle.Alignment = DataGridViewContentAlignment.MiddleRight
            DataGridView1.Columns.Add(tbc4)
```

vorgemerkt-Spalte:

```
            Dim chbc1 As New DataGridViewCheckBoxColumn()
            chbc1.DataPropertyName = "vorgemerkt"
            chbc1.HeaderText = "res."
            chbc1.Width = 40
            DataGridView1.Columns.Add(chbc1)
```

Das Formatieren der Spalten ist beendet.

```
            DataGridView1.ResumeLayout()
            ToolStripStatusLabel1.Text = bsBooks.Count.ToString() & " Bücher sind geladen!"
        End If
    Catch ex As Exception
        MessageBox.Show(ex.Message.ToString, "Fehler")
    End Try
End Sub
```

Beim Speichern der Änderungen ist besonderer Wert darauf zu legen, dass im Interesse minimaler Netzwerklast nicht das komplette *DataSet* zurückgeschickt wird, sondern nur die tatsächlich geänderten Datensätze:

```
Private Sub Button3_Click(ByVal sender As System.Object, ByVal e As System.EventArgs) _
                                                                  Handles Button3.Click
    If (ds IsNot Nothing) And (mID IsNot String.Empty) Then
        Try
            If ds.HasChanges() Then
                Dim ds1 As DataSet = ds.GetChanges()        ' Änderungen ermitteln
                Dim i As Integer = ws.WriteDataSet(mID, ds1, TextBox2.Text, TextBox3.Text)
                If i > 0 Then
                    ds.Merge(ds1)                           ' Zusammenführen beider DataSets
                    ds.AcceptChanges()
                    ToolStripStatusLabel1.Text = "Änderungen wurden übernommen!"
                Else
                    ds.RejectChanges()
                    ToolStripStatusLabel1.Text = "Schreibzugriff nicht möglich!" & _
                    "Wahrscheinlich haben Sie nicht die dazu erforderlichen Rechte."
                End If
            Else
                ToolStripStatusLabel1.Text = _
                               "Keine Änderungen, deshalb gibt es auch nichts zu speichern!"
            End If
        Catch ex As Exception
            MessageBox.Show(ex.Message.ToString)
            ds.RejectChanges()
        End Try
    Else
        ToolStripStatusLabel1.Text = "Speichern nicht möglich!"
    End If
End Sub
```

Ein-/Ausschalten der Suchfunktion:

```
Private Sub CheckBox1_CheckStateChanged(ByVal sender As Object, ByVal e As EventArgs) _
                                                  Handles CheckBox1.CheckStateChanged
    If CheckBox1.Checked Then
        AddHandler DataGridView1.CellFormatting, _
              New DataGridViewCellFormattingEventHandler(AddressOf DataGridView1_CellFormatting)
        TextBox1.Enabled = True
        Label1.Visible = True
    Else
        RemoveHandler DataGridView1.CellFormatting, _
              New DataGridViewCellFormattingEventHandler(AddressOf DataGridView1_CellFormatting)
        TextBox1.Enabled = False
        Label1.Visible = False
    End If
End Sub
```

Beim Formatieren der Zellen werden die dem Suchbegriff entsprechenden Zellen gelb markiert:

```
Private Sub DataGridView1_CellFormatting(ByVal sender As Object, _
                                      ByVal e As DataGridViewCellFormattingEventArgs)
    If DataGridView1.Columns(e.ColumnIndex).Name = "T" Then
        Try
            If e.RowIndex < DataGridView1.Rows.Count Then
                If e.Value.ToString.IndexOf(TextBox1.Text) >= 0 Then
```

```
                    e.CellStyle.ForeColor = Color.Red
                    e.CellStyle.BackColor = Color.Yellow
                End If
            End If
        Catch ex As Exception
            MessageBox.Show(ex.Message.ToString)
        End Try
    End If
End Sub
```

Die Suche startet mit dem Drücken der Enter-Taste:

```
Private Sub TextBox1_KeyUp(ByVal sender As System.Object, _
                        ByVal e As System.Windows.Forms.KeyEventArgs) Handles TextBox1.KeyUp
    If e.KeyCode = Keys.Enter Then
        DataGridView1.Refresh()
    End If
End Sub
```

Änderungen rückgängig machen:

```
Private Sub Button2_Click(ByVal sender As System.Object, ByVal e As System.EventArgs) _
                                                        Handles Button2.Click
    Try
        ds.RejectChanges()
    Catch ex As Exception
        MessageBox.Show(ex.Message)
    End Try
End Sub
End Class
```

Programmtest

Wir gehen sicherlich nicht falsch in der Annahme, dass Sie – anstatt mühselig obiges Listing abzutippen – zunächst einmal den Quellcode von der Buch-CD kompilieren und ausführen werden. Dort sind bereits gültige Credentials für die Leser dieses Buchs eingetragen.

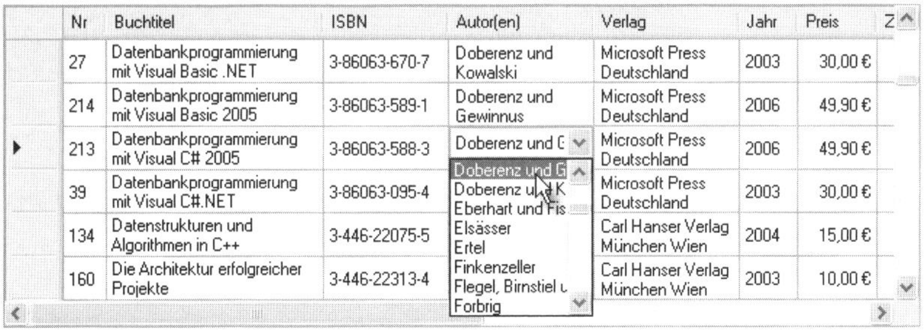

	Nr	Buchtitel	ISBN	Autor(en)	Verlag	Jahr	Preis	Z
	27	Datenbankprogrammierung mit Visual Basic .NET	3-86063-670-7	Doberenz und Kowalski	Microsoft Press Deutschland	2003	30,00 €	
	214	Datenbankprogrammierung mit Visual Basic 2005	3-86063-589-1	Doberenz und Gewinnus	Microsoft Press Deutschland	2006	49,90 €	
▶	213	Datenbankprogrammierung mit Visual C# 2005	3-86063-588-3	Doberenz und G	Microsoft Press Deutschland	2006	49,90 €	
	39	Datenbankprogrammierung mit Visual C#.NET	3-86063-095-4	Doberenz und G Doberenz und K Eberhart und Fis	Microsoft Press Deutschland	2003	30,00 €	
	134	Datenstrukturen und Algorithmen in C++	3-446-22075-5	Elsässer Ertel	Carl Hanser Verlag München Wien	2004	15,00 €	
	160	Die Architektur erfolgreicher Projekte	3-446-22313-4	Finkenzeller Flegel, Birnstiel u Forbrig	Carl Hanser Verlag München Wien	2003	10,00 €	

Abbildung 6.48 Anzeige mit aufgeklappter Autorenliste

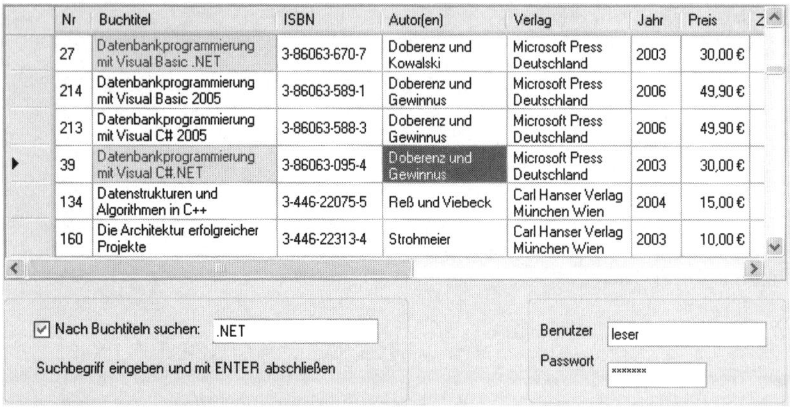

Nr	Buchtitel	ISBN	Autor(en)	Verlag	Jahr	Preis	Z
27	Datenbankprogrammierung mit Visual Basic .NET	3-86063-670-7	Doberenz und Kowalski	Microsoft Press Deutschland	2003	30,00 €	
214	Datenbankprogrammierung mit Visual Basic 2005	3-86063-589-1	Doberenz und Gewinnus	Microsoft Press Deutschland	2006	49,90 €	
213	Datenbankprogrammierung mit Visual C# 2005	3-86063-588-3	Doberenz und Gewinnus	Microsoft Press Deutschland	2006	49,90 €	
39	Datenbankprogrammierung mit Visual C#.NET	3-86063-095-4	Doberenz und Gewinnus	Microsoft Press Deutschland	2003	30,00 €	
134	Datenstrukturen und Algorithmen in C++	3-446-22075-5	Reß und Viebeck	Carl Hanser Verlag München Wien	2004	15,00 €	
160	Die Architektur erfolgreicher Projekte	3-446-22313-4	Strohmeier	Carl Hanser Verlag München Wien	2003	10,00 €	

☑ Nach Buchtiteln suchen: .NET

Suchbegriff eingeben und mit ENTER abschließen

Benutzer leser

Passwort xxxxxxx

Abbildung 6.49 Suche nach dem Wort ».NET« im Buchtitel

Bemerkungen

- Das Übertragen kompletter *DataSets* via Internet ist aus Sicherheits- und Performancegründen nicht die effektivste, wohl aber die einfachste Möglichkeit. Wesentlich schneller und ressourcenschonender geht es z.B. mittels *DataReader* oder binärer Serialisierung mit anschließendem Packen (siehe PB 13.6 »DataSet komprimiert und verschlüsselt übertragen«).
- Mit dem ab .NET 2.0 neu eingeführten *ClickOnce-Deployment* wird es möglich, das Verteilen von Windows-Anwendungen zentral über einen Webserver zu verwalten. Damit wird der Nachteil gegenüber ASP.NET-Anwendungen hinsichtlich deren zentraler Installation weitgehend wettgemacht, und manch ein Webentwickler wird ermuntert, sich aus der allzu innigen Umklammerung von ASP.NET zu befreien und stattdessen Windows-Clients zu verteilen.

Kapitel 7

SQL in Theorie und Praxis

In diesem Kapitel:

Dieses Kapitel beschäftigt sich eingehend mit der Sprache SQL[1], der im Zusammenhang mit der ADO.NET-Programmierung eine zentrale Rolle zukommt. Der Einsteiger, der sich bis hierher durchgekämpft hat, sei aber beruhigt:

- Für die Programmierung mit SQL werden (fast) keinerlei Vorkenntnisse benötigt!
- Alles kann mit dem auf der Buch-CD beigefügten SQL-Trainingsprogramm sofort ausprobiert werden!

Bereits mit wenigen SQL-Anweisungen können Sie eine Vielzahl praktischer Probleme lösen, sodass sich erste Erfolgserlebnisse rasch einstellen werden.

Einführung

Der SQL-Sprachumfang ist überschaubar und vom Aufbau her logisch, mit nur wenigen Befehlen können Sie bereits eine kleine Datenbankabfrage erstellen.

BEISPIEL

Alle Daten der Tabelle *Personal* werden ausgewählt und nach dem Namen geordnet.

```
SELECT
    *
FROM
    Personal
ORDER BY
    Nachname
```

Kann man bereits jetzt verstehen – oder?

SQL wurde in den 70er-Jahren von IBM entwickelt und wird durch fast alle Datenbanksysteme mehr oder weniger gut unterstützt. Einige Anbieter bereicherten die SQL-Syntax um eigene Befehle und Datentypen. Dass dies einer plattformübergreifenden Programmierung abträglich ist, braucht eigentlich nicht besonders erwähnt zu werden. Glücklicherweise hält sich ADO.NET (bzw. das implementierte SQL) im Wesentlichen an diesen Standard. Allerdings müssen wir eine wichtige Einschränkung berücksichtigen: ADO.NET unterscheidet zwischen verschiedenen SQL-Dialekten!

SQL-Dialekte

Die Sprache SQL wird im Allgemeinen dazu verwendet, Daten von einem SQL-Server abzufragen. Dieser Server definiert die Syntax der SQL-Anweisungen. Bei Access bzw. Access-Datenbanken handelt es sich jedoch nicht um einen SQL-Server, ADO.NET muss also selbst die entsprechenden Befehle über die jeweiligen OLEDB-Treiber bereitstellen. Diese Befehle werden teilweise als »Jet-SQL« bezeichnet und sind gegenüber den SQL-Server-Befehlen in Art und Anzahl eingeschränkt. Beispielsweise können Sie keine Access-Datenbank mittels SQL (CREATE DATABASE) erzeugen.

Bei der weiteren Arbeit müssen Sie immer unterscheiden, ob Sie mit einem SQL-Server (z.B. Microsoft SQL Server oder MySQL) arbeiten oder nur mit einer lokalen Datenbank (Access, dBASE, Paradox).

---

[1] *Structured Query Language*

Kategorien von SQL-Anweisungen

SQL-Befehle werden in folgende (mehr oder weniger sinnvolle) Gruppen eingeteilt:

- Datendefinition (DDL)
- Datenabfrage (DQL)
- Datenmanipulation (DML)
- Zugriffskontrolle

Sie sollten jedoch diese Trennung nicht allzu ernst nehmen, teilweise sind Datenmanipulationsbefehle nur im Zusammenhang mit einer vorhergehenden Datenabfrage möglich.

Datendefinition

Mit DDL-Anweisungen (*Data Definition Language*) können Sie die diversen Datenbankobjekte erzeugen und verändern. So erstellen Sie beispielsweise Datenbanken, Tabellen, Indizes oder auch Abfragen (Views).

Gleichzeitig sind auch Möglichkeiten zum nachträglichen Verändern (z.B. Hinzufügen von Spalten) und zum Löschen der erstellten Objekte vorhanden.

BEISPIEL

Diverse DDL-Befehle

```
CREATE DATABASE ...
CREATE TABLE ...
CREATE INDEX ...
CREATE VIEW ...
ALTER TABLE ...
DROP TABLE ...
```

Datenabfrage

Der wohl wichtigste Teil der SQL-Anweisungen ist die DQL (*Data Query Language*), bei der aus einer Menge von Tabellen und Datensätzen eine Ergebnismenge gebildet wird. Dabei lassen sich zum einen Zusammenhänge zwischen einzelnen Tabellen herstellen, zum anderen kann das Ergebnis auch in Art und Anzahl eingeschränkt werden. Sie können weiterhin auch Berechnungen in Datenmengen durchführen.

Alle diese Aufgaben übernimmt die SELECT-Anweisung, die jedoch mit einer Unmenge an Parametern und Optionen ausgestattet ist.

BEISPIEL

Ein kleiner Vorgeschmack, wie komplex[1] eine einzige SELECT-Anweisung sein kann.

```
SELECT
   Bestellungen.Empfaenger, Bestellungen.Strasse, Bestellungen.Ort,
   Bestellungen.PLZ, Bestellungen.KundenCode, Bestellungen.BestellNr, Bestellungen.Bestelldatum,
   Kunden.Firma, Kunden.Strasse, Kunden.Ort, Kunden.PLZ,
   Bestelldetails.ArtikelNr, Bestelldetails.Einzelpreis, Bestelldetails.Anzahl, Artikel.Artikelname
FROM Kunden
```

[1] Es handelt sich um ein relativ einfaches Beispiel.

```
INNER JOIN (Bestellungen
    INNER JOIN (Artikel
        INNER JOIN Bestelldetails
        ON Artikel.ArtikelNr = Bestelldetails.ArtikelNr)
    ON Bestellungen.BestellNr = Bestelldetails.BestellNr)
ON Kunden.KundenCode = Bestellungen.KundenCode
```

HINWEIS Im vorliegenden Kapitel haben wir aus Gründen der Übersichtlichkeit und besseren Lesbarkeit die SQL-Anweisung wie im vorhergehenden Beispiel strukturiert. Zeilenumbrüche und Leerzeichen werden vom SQL-Parser ignoriert und haben keinen Einfluss auf die Ausführbarkeit.

Datenmanipulation

Über DML-Befehle (*Data Manipulation Language*) lassen sich Datensätze löschen, verändern, anfügen etc. Auswahlabfragen liefern dazu die Datenmenge aus einer oder mehreren Tabellen, die unter bestimmten Voraussetzungen bearbeitet werden kann.

BEISPIEL

DML-Befehle

```
UPDATE ...
INSERT ...
SELECT INTO ...
```

Zugriffskontrolle

Schließlich stehen Ihnen in SQL natürlich auch Anweisungen für die Zugriffskontrolle innerhalb der Datenbank zur Verfügung. Angefangen beim Erstellen von Nutzern und Gruppen können Sie diesen auch Rechte an einzelnen Datenbankobjekten zuweisen bzw. entziehen.

BEISPIEL

Befehle für die Zugriffskontrolle

```
CREATE USER ...
ALTER PASSWORD ...
GRAND ...
REVOKE ...
```

Testprogramm und Beispieldatenbank

Damit Sie für die folgenden SQL-Beispiele nicht jedes Mal ein neues Programm schreiben müssen, ist der Buch-CD ein kleines SQL-Abfrage-Tool beigefügt, mit dem Sie alle Beispiele in diesem Kapitel nachvollziehen können.

HINWEIS Die Programmierung dieses Tools wird im PB7.1 »Ein einfaches SQL-Abfrageprogramm erstellen« behandelt.

Hinweise zur Bedienung

Das Programm selbst ist mit wenigen Worten beschrieben: Unmittelbar nach Programmstart wird eine Connection zur Access-Datenbank *Daten.mdb* geöffnet und Sie können damit beginnen, SQL-Anweisungen in die obere Textbox einzugeben. Ein Klick auf die Schaltfläche »Ausführen« arbeitet die SQL-Anweisung ab.

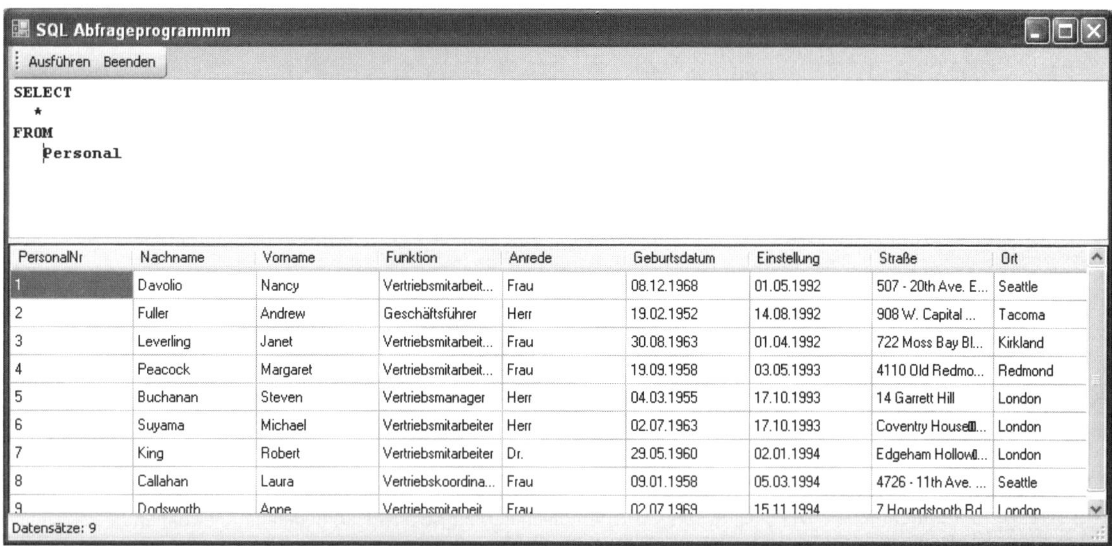

Abbildung 7.1 Laufzeitansicht des SQL-Abfrageprogramms

Liefert die SQL-Anweisung keine Datensätze, werden in einer *MessageBox* und in der Statuszeile die Anzahl der betroffenen Datensätze angezeigt.

HINWEIS Fast alle im Folgenden abgedruckten Beispiele sind sowohl für Access- als auch Microsoft SQL-Server-Datenbanken geeignet. Soweit Unterschiede (z.B. Datumsformat) bestehen, werden Sie entsprechend darauf hingewiesen.

Die Beispieldatenbank im Überblick

CD-ROM Für alle folgenden Beispiele benutzen wir die Datenbank *Daten.mdb*, eine abgerüstete und angepasste Version der *Nordwind.mdb*-Datenbank, die Sie auf der Buch-CD finden.

Um die ungeliebten und irritierenden eckigen Klammern in den SQL-Befehlen zu umgehen, wurden in der Datenbank alle Spalten, in deren Namen ein Bindestrich (-) vorkommt (*Kunden-Code*, *Personal-Nr*, ...) umbenannt (*KundenCode*, *PersonalNr*, ...). Außerdem wurde der Spaltenbezeichner *Position* geändert in *Funktion*, um Verwechslungen mit dem gleichnamigen SQL-Wort auszuschließen.

HINWEIS Eine komplette Übersicht mit Datentypen und Feldnamen finden Sie im Anhang C.

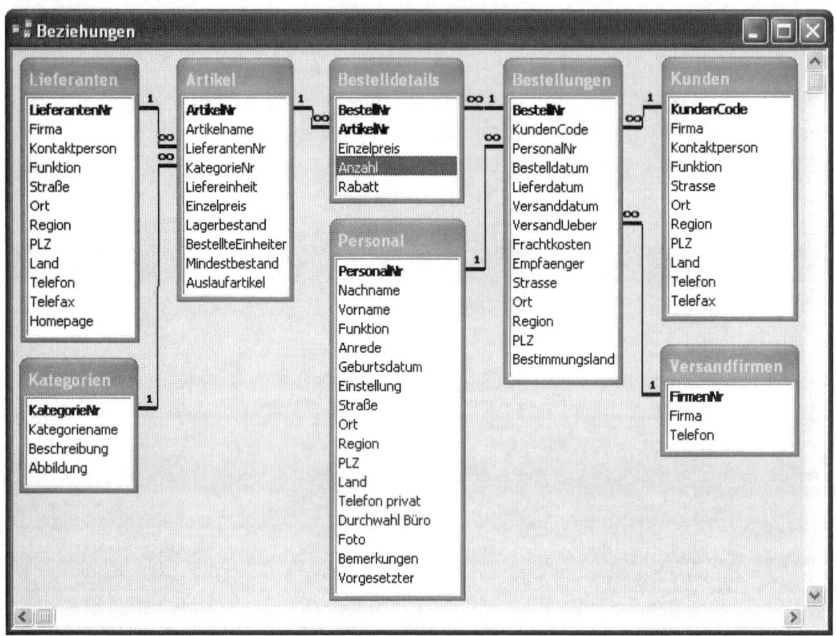

Abbildung 7.2 Die Struktur der Beispieldatenbank

HINWEIS Für Performance-Tests, die gerade im Zusammenhang mit ADO.NET an Bedeutung gewonnen haben, stehen Ihnen mit den Tabellen *TestDaten1* (ca. 40.000 Records) und *TestDaten2* (ca. 92.000 Records) zusätzlich ausreichend Datensätze zur Verfügung, um den Arbeitsspeicher zu füllen[1].

Alternative Varianten für die SQL-Abfrage

Natürlich wollen wir es nicht versäumen, Sie auch auf alternative Möglichkeiten zum Testen von SQL-Anwendungen hinzuweisen.

Visual Studio 2005

Unter Microsoft Visual Studio 2005 steht Ihnen ein komfortables Datenbankabfragetool zur Verfügung. Neben dem Server-Explorer, mit dem Sie unter anderem Datenbankverbindungen herstellen, Datenbanken, Tabellen, Abfragen, Gespeicherte Prozeduren und Datenbankdiagramme erzeugen und darstellen können, ist für uns der Abfragedesigner/Abfragegenerator besonders interessant. Mittels grafischer Oberfläche können Sie damit SQL-Abfragen generieren.

HINWEIS Beachten Sie, dass auf diese Weise nur Anweisungen zum Abrufen von Daten (SELECT) verarbeitet werden können.

[1] Die Daten in der Tabelle *TestDaten2* sind aus rechtlichen Gründen verwürfelt, d.h., ein Zusammenhang zwischen den Spalten *Wort* und *Beschreibung* ist nicht mehr gegeben.

Microsoft Access

Verfügen Sie über Microsoft Access, können Sie den dortigen Abfrage-Editor mit integriertem Query Builder verwenden.

HINWEIS Beachten Sie jedoch, dass Sie gegebenenfalls die ANSI-Kompatibilität unter *Extras/Optionen/Tabellen/Abfragen* einstellen müssen (siehe folgende Abbildung).

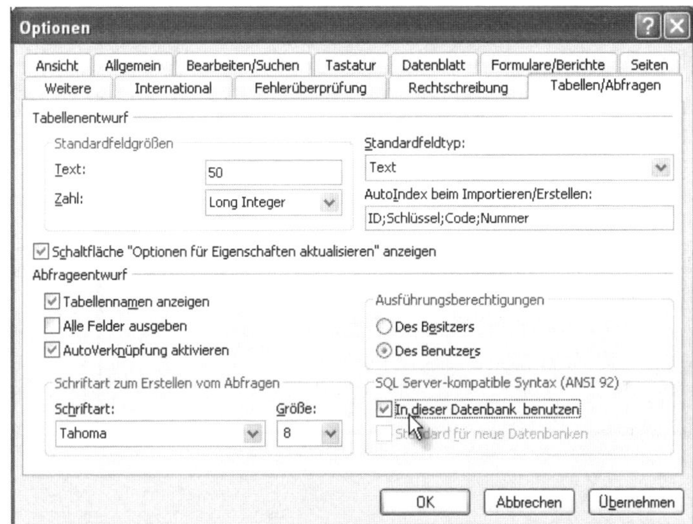

Abbildung 7.3 ANSI-Kompatibilität einstellen

ADO Query

Wer ein einfach zu installierendes Abfrageprogramm sucht, wird auf unserer Buch-CD ebenfalls fündig. Direkt von CD (*\SQL\AdoQuery.exe*) können Sie *ADOQuery* starten, auch wenn kein .NET-Framework oder Microsoft Visual Studio installiert ist. Voraussetzung ist lediglich eine aktuelle MDAC-Installation (ab Version 2.6) und natürlich Windows.

HINWEIS Ganz nebenbei werden Sie bemerken, dass das Programm in vielen Bereichen wesentlich schneller als ein ADO.NET-Programm ist[1].

Unmittelbar nach Programmstart erscheint ein »Öffnen«-Dialog, mit welchem Sie die gewünschte Access-Datenbank herbeiklicken können.

Wenn Sie einen anderen Datenbanktyp wünschen, so wählen Sie »Abbrechen«. Es erscheint die Oberfläche des Programms, und Sie klicken auf die »Connect«-Schaltfläche oben links. Wählen Sie den passenden Provider aus und tragen Sie danach den Namen der Datenbank ein. Einen speziellen Anmeldenamen benötigen Sie nicht, belassen Sie einfach die Voreinstellungen.

Nach dem erfolgreichen Öffnen der Datenbank werden Ihnen im Programm alle verfügbaren Tabellen und Abfragen angezeigt (TreeView links).

[1] z.B. ADO.NET 2.0: 14 Sekunden für alle Datensätze aus Tabelle *Testdaten1* gegen 16 ms mit *ADOQuery*.

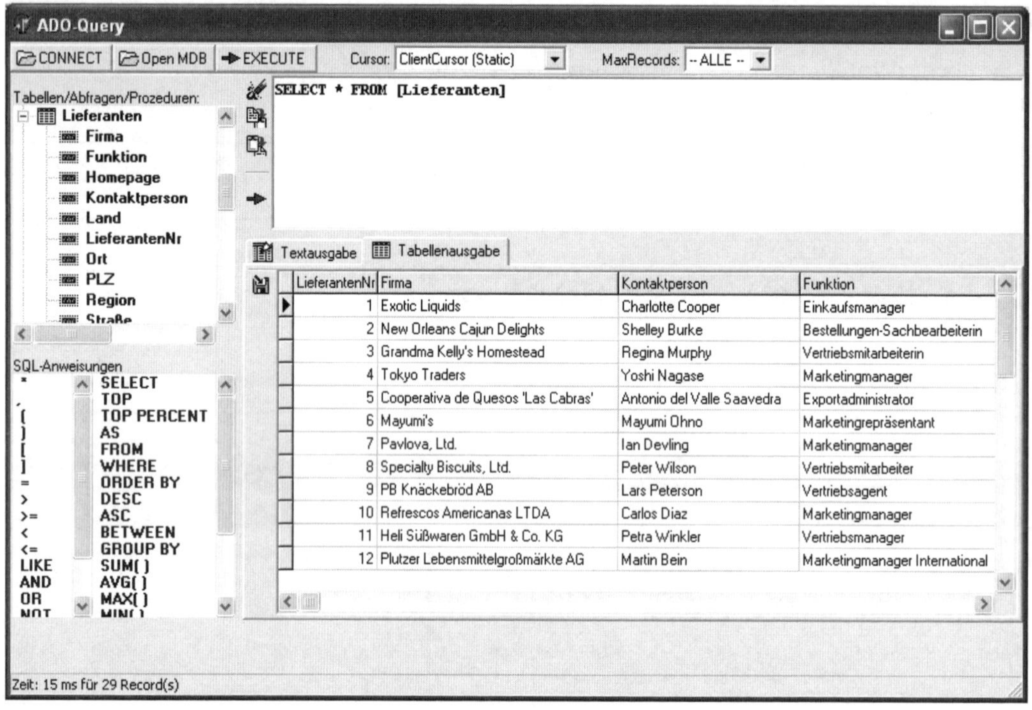

Abbildung 7.4 ADOQuery in Aktion

Einige Funktionen:

- Wählen Sie einen Tabellennamen aus bzw. öffnen Sie den Baumzweig, können Sie sich auch die zugehörigen Spaltennamen anzeigen lassen.
- Ziehen Sie einen Tabellennamen per Drag & Drop in das Editierfeld (rechts oben), wird automatisch eine entsprechende SQL-SELECT-Abfrage erzeugt und ausgeführt.
- Ziehen Sie einen Spaltennamen per Drag & Drop in das Editierfeld, wird der Bezeichner an der gewünschten Stelle eingefügt.
- Klicken Sie doppelt auf Einträge in den beiden ListBoxen am linken unteren Rand, werden die Bezeichner an der aktuellen Cursorposition an das Editierfeld eingefügt.
- Über die ComboBoxen am oberen Fensterrand können Sie zum einen den Typ des Cursors einstellen (es handelt sich hier um ein ADO, kein ADO.NET-Programm). Zum anderen können Sie die Anzahl der zurückgegebenen Datensätze einschränken (Achtung: funktioniert nicht mit Access-Datenbanken!).
- Neben der Ausgabe der Abfrageergebnisse in einer Tabelle können Sie diese auch in einem Memofeld anzeigen. Wechseln Sie einfach die Ansicht und führen Sie die Abfrage erneut aus.

Bemerkungen

Sie werden sehen, dass sich bereits mit wenigen SQL-Anweisungen sehr komplexe Vorgänge bearbeiten lassen. Ein entsprechendes Programm ohne SQL-Befehle wäre, wenn überhaupt realisierbar, bedeutend umfangreicher und entsprechend langsam.

Noch eine kurze Bemerkung zur Schreibweise in diesem Kapitel:

- Wir werden uns im Weiteren mit der **Microsoft JET-SQL-Syntax** beschäftigen (OLEDB-Treiber). Auf einige Abweichungen in Bezug auf Server-SQL wird im Kapitel 11 gesondert eingegangen.
- Die SQL-Befehlswörter werden sowohl im Text als auch in den Beispielen grundsätzlich groß geschrieben. Tabellennamen und Feldbezeichner erscheinen in Kleinbuchstaben, wobei ein Tabellenname mit einem Großbuchstaben beginnt. Diese Konventionen werden durch SQL zwar nicht zwingend vorgeschrieben, erhöhen aber die Übersicht.
- Zwischen den Elementen eingefügte Zeilenumbrüche und zusätzliche Leerzeichen sind ohne Bedeutung.
- Anders verhält es sich mit Leer- oder Sonderzeichen in Tabellen bzw. Abfragenamen. Ist dies der Fall, müssen Sie den Objektnamen in eckige Klammern einfassen.

Daten abfragen

Das wichtigste Kriterium für eine Datenabfrage ist, dass diese Datensätze zurückliefert, die sich auch anzeigen lassen. Dass im Extremfall kein einziger Datensatz zurückgeliefert wird, weil bestimmte Bedingungen nicht eingehalten werden, widerspricht durchaus nicht obiger Aussage. In diesem Fall bleibt die Tabelle auf dem Bildschirm eben leer[1]. Das Ergebnis einer Datendefinitionsabfrage kann hingegen nur mit einer nachfolgenden Datenabfrage angezeigt werden.

Stellen Sie sich eine Datenabfrage als Beantwortung der folgenden Fragen vor:

- Was soll dargestellt werden? (SELECT)
- Wie sollen die Werte angezeigt werden? (AS, Format ...)
- Woher kommen die Daten? (FROM)
- Unter welchen Bedingungen werden die Daten ausgewählt? (WHERE)
- Welcher Zusammenhang besteht zwischen den Daten? (JOIN)
- In welcher Reihenfolge sollen die Ergebnisse angezeigt werden? (ORDER BY)
- Handelt es sich um eine Gruppierung? (GROUP BY)

Für jede dieser Fragen findet sich eine passende SQL-Lösung, die wir Ihnen in den folgenden Abschnitten vorstellen möchten.

Abfragen mit SELECT

Grundlage jeder Abfrage ist der SELECT-Befehl. Mit SELECT wählen Sie Datenfelder, die bestimmten Bedingungen genügen, aus einer oder auch mehreren Tabellen aus.

```
SELECT [Prädikat] { * | Tabelle.* | [Tabelle.]Feld1
   [, [Tabelle.]Feld2.[, ...]]}
   [AS Alias1 [, Alias2 [, ...]]]
FROM Tabellenausdruck [, ...] [IN ExterneDatenbank]
  [WHERE... ]
```

[1] Die angeforderten Spalten mit den entsprechenden Datentypen werden jedoch zurückgegeben.

```
[GROUP BY... ]
[HAVING... ]
[ORDER BY... ]
[WITH OWNERACCESS OPTION]
```

Was auf den ersten Blick mehr verwirren als erleuchten mag, soll lediglich die Komplexität einer SELECT-Anweisung verdeutlichen[1]. Wir werden im Folgenden alle Optionen an ausführlichen Einzelbeispielen demonstrieren.

Alle Spalten auswählen

Wenn Sie **alle** Spalten einer Tabelle selektieren möchten, verwenden Sie einen Stern (*) als Platzhalter für alle Spaltenbezeichner. Nach der FROM-Klausel folgt der Tabellenname.

Diese wohl einfachste SELECT-Anweisung verdeutlicht das folgende Beispiel.

BEISPIEL

Abfrage aller Mitarbeiter

```
SELECT  *  FROM Artikel
```

ArtikelNr	Artikelname	LieferantenNr	KategorieNr	Liefereinheit	Einzelpreis	MWSt	Lagerbestand	BestellteEinheiten	Mindestbestand
1	Chai	1	1	10 Kartons x 20 Beutel	18	0,07	18	0	10
2	Chang	1	1	24 x 12-oz-Flaschen	19	0,07	17	40	25
3	Aniseed Syrup	1	2	12 x 550-ml-Flaschen	10	0,07	13	70	25
4	Chef Anton's Cajun Seasoning	2	2	48 x 6-oz-Gläser	22	0,07	53	0	0
5	Chef Anton's Gumbo Mix	2	2	36 Kartons	21,35	0,07	0	0	0
6	Grandma's Boysenberry Spread	3	2	12 x 8-oz-Gläser	25	0,07	120	0	25
7	Uncle Bob's Organic Dried Pears	3	7	12 x 1-lb-Packungen	30	0,07	15	0	10
8	Northwoods Cranberry Sauce	3	2	12 x 12-oz-Gläser	40	0,07	6	0	0
9	Mishi Kobe Niku	4	6	18 x 500-g-Packungen	97	0,07	29	0	0

Datensätze: 81 (0,031 s)

Abbildung 7.5 Abfrageergebnis des Beispiels

HINWEIS Markieren Sie die Tabellenzellen in einem *DataGridView*, können Sie diese mit *Strg+C* in die Zwischenablage kopieren, um sie zum Beispiel in anderen Programmen weiterzubearbeiten. Die Daten werden unter anderem im HTML-Format abgelegt.

BEISPIEL

Kopierte Daten

```
1 Chai  1 1 10 Kartons x 20 Beutel
2 Chang1 1 24 x 12-oz-Flaschen
3 Aniseed Syrup 1 2 12 x 550-ml-Flaschen
4 Chef Anton's Cajun Seasoning  2       2       48 x 6-oz-Gläser
```

[1] Je nach SQL-Dialekt kann diese Anweisung noch wesentlich komplexer ausfallen.

HINWEIS Auch im Abfrageprogramm *ADOQuery* haben Sie die Möglichkeit, die Ergebnisse formatiert in einem Memofeld auszugeben. Über die Zwischenablage lassen sich diese dann bequem in andere Anwendungen einfügen.

Auswahl der Spalten

Wie Ihnen sicher schon aufgefallen ist, besteht die angezeigte Menge an Datensätzen aus **allen** Einträgen der Tabelle. Dies bezieht sich sowohl auf die Spalten als auch auf die Zeilen. Durch die gezielte Angabe von Spaltennamen können Sie sowohl die Reihenfolge als auch die Anzahl der Spalten bestimmen.

BEISPIEL

Mit der folgenden SELECT-Anweisung wählen Sie nur die Spalten *Vorname* und *Nachname* aus der Tabelle *Personal*

```
SELECT
   Vorname, Nachname
FROM
   Personal
```

Vorname	Nachname
Nancy	Davolio
Andrew	Fuller
Janet	Leverling
Margaret	Peacock
Steven	Buchanan
Michael	Suyama
Robert	King
Laura	Callahan
Anne	Dodsworth

Datensätze: 9 (0,453 s)

Abbildung 7.6 Abfrageergebnis des Beispiels

Verwenden Sie mehrere Tabellen in einer SELECT-Anweisung, müssen Sie in der Liste der Feldbezeichner zusätzlich auch den Tabellennamen angeben.

BEISPIEL

Auswahl von Feldern aus den Tabellen *Kunden* und *Bestellungen*

```
SELECT
   Kunden.Kontaktperson,
   Bestellungen.Bestelldatum
FROM
   Kunden, Bestellungen
```

Sind viele einzelne Felder zu selektieren, ist es recht mühsam, jedes Mal den vollen Tabellennamen in die SQL-Anweisung einzusetzen. Zu diesem Zweck sollten Sie Alias-Namen verwenden.

BEISPIEL

Die folgenden SQL-Zeilen entsprechen der obigen Anweisung:

```
SELECT
   k.Kontaktperson,
   b.rBestelldatum
FROM
   Kunden k,
   Bestellungen b
```

Sollten Sie Feldnamen mit Leerzeichen oder Satzzeichen verwenden, müssen Sie die Feldbezeichner grundsätzlich in eckige Klammern einschließen.

BEISPIEL

Die Syntax bei Sonderzeichen

```
SELECT
   [Kunden-Code],
   Kontaktperson
FROM
   Kunden
```

Filtern

Sollen nur bestimmte Datensätze ausgewählt werden, ist der SELECT-Anweisung eine WHERE-Klausel hinzuzufügen. Dabei handelt es sich um eine logische Bedingung, mit der für jeden Datensatz geprüft wird, ob er zur Ergebnismenge gehört (TRUE) oder nicht (FALSE). Aus einer Vielzahl von Kombinationsmöglichkeiten wollen wir Ihnen einige Beispiele vorstellen:

BEISPIEL

Es sollen alle Kunden aus London ermittelt werden

```
SELECT *
FROM
  Kunden
WHERE
  Ort = 'London'
```

KundenCode	Firma	Kontaktperson	Funktion	Strasse	Ort	Region	PLZ	Land
AROUT	Londoner Kunde	Thomas Hardy	Vertriebsmitarbeiter	120 Hanover Sq.	London		WA1 1DP	Großbritannien
BSBEV	Londoner Kunde	Victoria Ashworth	Vertriebsmitarbeit...	Fauntleroy Circus	London		EC2 5NT	Großbritannien
CONSH	Londoner Kunde	Elizabeth Brown	Vertriebsmitarbeit...	Berkeley Gardens 12 Brewery	London		WX1 6LT	Großbritannien
EASTC	Londoner Kunde	Ann Devon	Vertriebsagent	35 King George	London		WX3 6FW	Großbritannien
NORTS	Londoner Kunde	Simon Crowther	Vertriebsassistent	South House 300 Queensbridge	London		SW7 1RZ	Großbritannien
SEVES	Londoner Kunde	Hari Kumar	Vertriebsmanager	90 Wadhurst Rd.	London		OX15 4NB	Großbritannien

Datensätze: 6 (0,015 s)

Abbildung 7.7 Abfrageergebnis des Beispiels

Möchten Sie mehr als eine Bedingung angeben, müssen/sollten Sie die Einzelbedingungen in Klammern () setzen, mögliche Verknüpfungsoperatoren sind AND, OR und NOT.

BEISPIEL

Alle (weiblichen) Kunden aus London, die Vertriebsmitarbeiterinnen sind.

```
SELECT *
FROM
  Kunden
WHERE
  (Ort = 'London') AND (Funktion = 'Vertriebsmitarbeiterin')
```

KundenCode	Firma	Kontaktperson	Funktion	Strasse	Ort	Region	PLZ	Land
BSBEV	Londoner Kunde	Victoria Ashworth	Vertriebsmitarbeit...	Fauntleroy Circus	London		EC2 5NT	Großbritannien
CONSH	Londoner Kunde	Elizabeth Brown	Vertriebsmitarbeit...	Berkeley Garden...	London		WX1 6LT	Großbritannien

Datensätze: 2 (0,016 s)

Abbildung 7.8 Abfrageergebnis des Beispiels

Suche in einem Bereich

Für die Auswahl von Elementen, die in einem bestimmten Bereich liegen, stehen zwei grundsätzliche Möglichkeiten zur Verfügung:

- Beschreibung des Intervalls mit <, >, >=, <= sowie deren UND-Verknüpfung
- Beschreibung des Intervalls mit dem BETWEEN-Ausdruck

BEISPIEL

Auswahl aller Artikel, die zwischen 10 Euro und 13 Euro kosten.

Lösung 1: Eingrenzen des Intervalls mit AND

```
SELECT
  Artikelname, Liefereinheit,
  Einzelpreis,
  Lagerbestand, Mindestbestand
FROM
  Artikel
WHERE
  (Einzelpreis >= 10) AND (Einzelpreis <= 13)
```

Lösung 2: Beschreibung des Intervalls mit dem BETWEEN-Ausdruck

```
SELECT
  Artikelname, Liefereinheit,
  Einzelpreis,
  Lagerbestand, Mindestbestand
FROM
  Artikel
WHERE
  Einzelpreis BETWEEN 10 AND 13
```

Artikelname	Liefereinheit	Einzelpreis	Lagerbestand	Mindestbestand
Aniseed Syrup	12 x 550-ml-Flaschen	10	13	25
Sir Rodney's Scones	24 Packungen x 4 Stück	10	3	5
Gorgonzola Telino	12 x 100-g-Packungen	12,5	0	20
Spegesild	4 x 450-g-Gläser	12	95	0
Chocolade	10 Packungen	12,75	15	25
Scottish Longbreads	10 Kartons x 8 Stück	12,5	6	15
Longlife Tofu	5-kg-Paket	10	4	5
Original Frankfurter grüne Soße	12 Kartons	13	32	15

Datensätze: 9 (0,015 s)

Abbildung 7.9 Abfrageergebnis des Beispiels

BEISPIEL

Mit einer einfachen Negation der obigen Bedingung können Sie auch alle Artikel auflisten, die weniger als 10 und mehr als 13 Euro kosten. Beachten Sie aber, dass sowohl 10 als auch 13 mit zum Intervall gehören!

```
...
  NOT (Einzelpreis BETWEEN 10 AND 13)
```

Suche nach Zeichenfolgen

Für die Suche nach bestimmten Zeichenfolgen können Sie mehrere Operatoren verwenden. Sowohl das Gleichheitszeichen (=) als auch der LIKE-Ausdruck liefern dasselbe Ergebnis.

HINWEIS Beachten Sie die Groß-/Kleinschreibung, diese wird je nach SQL-Dialekt teilweise berücksichtigt. Bei Access-Datenbanken erfolgt keine Unterscheidung.

BEISPIEL

Sie geben mehrere Namen mit OR-Verknüpfung an:

```
SELECT
  *
FROM
  Kunden
WHERE
  (Kontaktperson = 'Maria Andersson')
  OR (Kontaktperson = 'Antonio Moreno')
```

KundenCode	Firma	Kontaktperson	Funktion	Strasse	Ort	Region	PLZ	Land
ALFKI	Alfreds Futterkast...	Maria Andersson	Vertriebsboss	Obere Str. 57	Berlin		12209	Deutschland
ANTON	Antonio Moreno ...	Antonio Moreno	Inhaber	Mataderos 2312	México D.F.		05023	Mexiko

Datensätze: 2 (0,015 s)

Abbildung 7.10 Abfrageergebnis des Beispiels

BEISPIEL

Sie verwenden Platzhalter in Verbindung mit LIKE:

```
SELECT
  *
FROM
  Kunden
WHERE
  Kontaktperson LIKE 'Maria%'
```

KundenCode	Firma	Kontaktperson	Funktion	Strasse	Ort	Region	PLZ	Land
ALFKI	Alfreds Futterkast...	Maria Andersson	Vertriebsboss	Obere Str. 57	Berlin		12209	Deutschland
FOLKO	Folk och fä HB	Maria Larsson	Inhaberin	Åkergatan 24	Bräcke		S-844 67	Schweden

Datensätze: 2 (0,015 s)

Abbildung 7.11 Abfrageergebnis des Beispiels

HINWEIS Innerhalb der SQL-Anweisung sind Strings mit einfachen Hochkommas (') oder Anführungszeichen (") zu begrenzen!

Jet-SQL unterstützt verschiedene Arten von Platzhaltern. Für ein einzelnes Zeichen können Sie den Unterstrich (_) verwenden, das Prozentzeichen (%) steht für eine beliebige Anzahl von Zeichen. Zusätzlich können Sie auch mit Zeichenlisten arbeiten:

Beispiel	Beschreibung
'abc%'	Findet alle Einträge, die mit »abc« beginnen
'%abc'	Findet alle Einträge, die mit »abc« enden.
'%ab%'	Findet jedes Vorkommen von »ab«, auch wenn es nur ein Wortteil ist
'a_c'	Findet »aac«, »abc«, »acc« etc., auch »a2c« oder »aTc« etc
'a[bcg]z'	Findet nur »abz«, »acz«, »agz«
'a[b-k]z'	Findet nur »abz«, »acz« bis »akz«
'a[^bcg]z'	Findet alles außer »abz«, »acz«, »agz«

Tabelle 7.1 Platzhalterzeichen

Arbeiten Sie auch mit Microsoft Access, werden Sie sicher mit den Platzhalterzeichen (*, ? und #) Bekanntschaft geschlossen haben. Diese Zeichen entsprechen dem alten ANSI-SQL-Standard ANSI-89, die o.g. Zeichen dem Standard ANSI-92.

Datumsvergleich

Bei diesem Thema werden gern Fehler gemacht. Grundsätzlich hat ein Datum in Jet-SQL-Anweisungen folgendes Format (US):

```
#<Monat><Monat>/<Tag><Tag>/<Jahr><Jahr><Jahr><Jahr>#
```

Der Monat steht also vor Tag und Jahr!

BEISPIEL

Alle Bestellungen zwischen dem 15. und dem 16.1.1998.

```
SELECT  *
FROM
  Bestellungen
WHERE
  Bestelldatum BETWEEN  #1/15/1998# AND #1/16/1998#
```

BestellNr	KundenCode	PersonalNr	Bestelldatum	Lieferdatum	Versanddatum	VersandUeber	Frachtkosten	Empfaenger
10833	OTTIK	6	15.01.1998	12.02.1998	23.01.1998	2	71,49	Ottilies Käseladen
10834	TRADH	1	15.01.1998	12.02.1998	19.01.1998	3	29,78	Tradição Hiperm...
10835	ALFKI	1	15.01.1998	12.02.1998	21.01.1998	3	69,53	Alfred's Futterkiste
10836	ERNSH	7	16.01.1998	13.02.1998	21.01.1998	1	411,88	Ernst Handel
10837	BERGS	9	16.01.1998	13.02.1998	23.01.1998	3	13,32	Berglunds snabb...

Datensätze: 5 (0,016 s)

Abbildung 7.12 Abfrageergebnis des Beispiels

HINWEIS Mehr zur Datumseingabe siehe Seite 504!

Probleme mit Datums-/Uhrzeitvergleichen

An dieser Stelle möchten wir Sie auf ein weiteres Problem aufmerksam machen. Es handelt sich um den Vergleich von Datumswerten als Bedingung in der WHERE-Klausel. Auf dem Microsoft SQL Server steht als Datentyp für Datums- und Zeitwerte lediglich die Kombination *DateTime* zur Verfügung[1]. Vergleichen Sie ein *DateTime*-Feld inklusive Zeitanteil mit einem reinen Datumswert muss auch der Zeitanteil übereinstimmen.

Der Vergleich von »22.01.2003 16:48« mit »22.01.2003« wird als Ergebnis *False* liefern.

Um einen Vergleich von Datums-Zeitwerten zu ermöglichen, ist es günstig, diese in ein definiertes Format (Zeichenfolge) zu überführen.

BEISPIEL

Vergleich zweier Datums-Zeitwerte (Datumsanteil) auf dem Microsoft SQL Server.

```
SELECT *
FROM
   Mitarbeiter
WHERE
   CONVERT(char(10), Geburtstag, 104) = '13.06.1978'
```

Bei Access-Datenbanken können Sie auch folgende Variante verwenden:

```
SELECT *
FROM
```

[1] Ist in einem derartigen Feld lediglich ein Datum gespeichert, wird automatisch der Zeitanteil auf 0 Uhr festgelegt.

```
  Mitarbeiter
WHERE
  CDate(Int(geburtstag)) = #13/6/1978#
```

HINWEIS In diesem Fall wird einfach der Nachkomma-Anteil (Uhrzeit) abgeschnitten.

IN-Klausel

Eine weitere Möglichkeit, Kriterien vorzugeben, bietet die IN-Klausel.

BEISPIEL

Alle Kunden aus London, Paris oder Berlin anzeigen.

```
SELECT *
FROM
  Kunden
WHERE
  Ort IN ('London','Paris','Berlin')
ORDER BY Ort
```

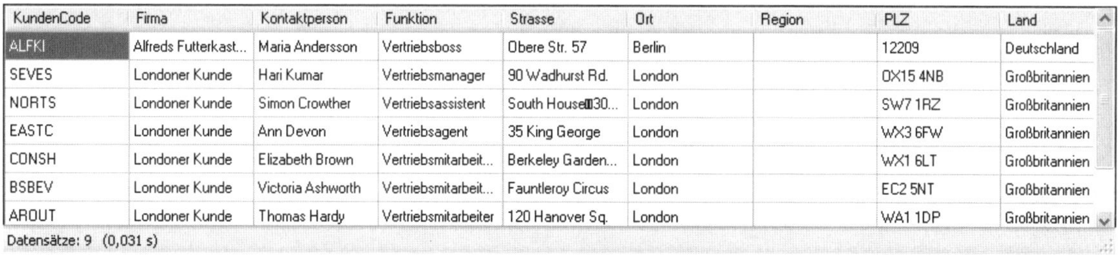

KundenCode	Firma	Kontaktperson	Funktion	Strasse	Ort	Region	PLZ	Land
ALFKI	Alfreds Futterkast...	Maria Andersson	Vertriebsboss	Obere Str. 57	Berlin		12209	Deutschland
SEVES	Londoner Kunde	Hari Kumar	Vertriebsmanager	90 Wadhurst Rd.	London		OX15 4NB	Großbritannien
NORTS	Londoner Kunde	Simon Crowther	Vertriebsassistent	South House30...	London		SW7 1RZ	Großbritannien
EASTC	Londoner Kunde	Ann Devon	Vertriebsagent	35 King George	London		WX3 6FW	Großbritannien
CONSH	Londoner Kunde	Elizabeth Brown	Vertriebsmitarbeit...	Berkeley Garden...	London		WX1 6LT	Großbritannien
BSBEV	Londoner Kunde	Victoria Ashworth	Vertriebsmitarbeit...	Fauntleroy Circus	London		EC2 5NT	Großbritannien
AROUT	Londoner Kunde	Thomas Hardy	Vertriebsmitarbeiter	120 Hanover Sq.	London		WA1 1DP	Großbritannien

Datensätze: 9 (0,031 s)

Abbildung 7.13 Abfrageergebnis des Beispiels

Prinzipiell könnte obige SQL-Anweisung auch als OR-Verknüpfung realisiert werden, der Schreibaufwand ist jedoch bedeutend höher:

```
SELECT *
FROM
  Kunden
WHERE
  (Ort = 'London')OR(Ort='Paris')OR(Ort='Berlin')
ORDER BY Ort
```

BEISPIEL

Natürlich können Sie auch alle Kunden suchen, die nicht in den oben genannten Orten zu finden sind.

```
SELECT *
FROM
  Kunden
WHERE
  NOT(Ort IN ('London','Paris','Berlin'))
```

HINWEIS Je nach SQL-Dialekt müssen Sie statt der runden Klammern teilweise eckige Klammern verwenden.

HINWEIS Verwechseln Sie die IN-Klausel nicht mit der IN-Option zur Einbindung externer Datenbanken!

Wie bereits in mehreren Beispielen gezeigt, lassen sich Bedingungen mit den logischen Operatoren AND, OR und NOT miteinander verknüpfen. Zusätzlich können Sie Klammern verwenden, um die Bearbeitungsreihenfolge festzulegen.

Auf der Suche nach dem Nichts

Neben den bisherigen Möglichkeiten, nach etwas Bestimmtem zu suchen, kann man auch nach »nichts« suchen. »Nichts« wird in diesem Fall mit einem NULL-Wert übersetzt, d.h., IS NOT NULL bzw. IS NULL werden verwendet.

BEISPIEL

Gesucht werden die Kunden, die kein Telefax haben.

```
SELECT
  Firma, Kontaktperson, Telefon, Telefax
FROM
  Kunden
WHERE
  Telefax IS NULL
```

Firma	Kontaktperson	Telefon	Telefax
Antonio Moreno Taquería	Antonio Moreno	(5) 555-3932	
Londoner Kunde	Victoria Ashworth	(71) 555-1212	
Chop-suey Chinese	Yang Wang	0452-076545	
Comércio Mineiro	Pedro Afonso	(11) 555-7647	
Familia Arquibaldo	Aria Cruz	(11) 555-9857	
Folk och fä HB	Maria Larsson	0695-34 67 21	
Godos Cocina Típica	José Pedro Freyre	(95) 555 82 82	
Gourmet Lanchonetes	André Fonseca	(11) 555-9482	
Great Lakes Food Market	Howard Snyder	(503) 555-7555	
Island Trading	Helen Bennett	(24) 555-8888	

Datensätze: 23 (0,031 s)

Abbildung 7.14 Abfrageergebnis des Beispiels

Beschränken der Ergebnismenge

Sie haben mit einer Flut von Datensätzen zu kämpfen, die trotz umfangreicher Auswahlkriterien über Sie hereinbricht, und Sie suchen nach einer Möglichkeit, um die Anzahl der angezeigten Datensätze zu begrenzen.

Mit der TOP- bzw. TOP ... PERCENT-Option können Sie die Anzahl der vom SELECT-Befehl gelieferten Datensätze beschränken.

HINWEIS Besonders unter den Bedingungen verteilter Umgebungen ist die Begrenzung der von einem Server herunterzuladenden Datensätze von unmittelbarem Einfluss auf Performance und Netzwerkbelastung!

BEISPIEL

Die zehn teuersten Artikel ermitteln.

```
SELECT
  TOP 10 ArtikelNr, Artikelname, Liefereinheit, Einzelpreis
FROM
  Artikel
ORDER BY
  Einzelpreis DESC
```

ArtikelNr	Artikelname	Liefereinheit	Einzelpreis
38	Côte de Blaye	12 x 75-cl-Flaschen	263,5
29	Thüringer Rostbratwurst	50 Beutel x 30 Würstchen	123,79
105	Affenfleisch	1 Kiste a 20kg	98,5
104	Affenfleisch	1 Kiste a 20kg	98,5
103	Affenfleisch	1 Kiste a 20kg	98,5
9	Mishi Kobe Niku	18 x 500-g-Packungen	97
20	Sir Rodney's Marmalade	30 Geschenkkartons	81
18	Carnarvon Tigers	16-kg-Paket	62,5
59	Raclette Courdavault	5-kg-Packung	55
51	Manjimup Dried Apples	50 x 300-g-Packungen	53

Datensätze: 10 (0,016 s)

Abbildung 7.15 Abfrageergebnis des Beispiels

HINWEIS Im Beispiel sind die Datensätze in umgekehrter Reihenfolge sortiert (DESC), damit die teuersten Artikel am Tabellenanfang stehen.

BEISPIEL

5 Prozent aller Kunden anzeigen.

```
SELECT
  TOP 5 PERCENT *
FROM
  Kunden
```

KundenCode	Firma	Kontaktperson	Funktion	Strasse	Ort	Region	PLZ	Land
ALFKI	Alfreds Futterkast...	Maria Andersson	Vertriebsboss	Obere Str. 57	Berlin		12209	Deutschland
ANATR	Ana Trujillo Empa...	Ana Trujillo	Inhaberin	Avda. de la Cons...	México D.F.	1	05021	Mexiko
ANTON	Antonio Moreno ...	Antonio Moreno	Inhaber	Mataderos 2312	México D.F.		05023	Mexiko
AROUT	Londoner Kunde	Thomas Hardy	Vertriebsmitarbeiter	120 Hanover Sq.	London		WA1 1DP	Großbritannien
BERGS	Berglunds snabb...	Christina Berglund	Einkaufsleitung	Berguvsvägen 8	Luleå		S-958 22	Schweden

Datensätze: 5 (0,015 s)

Abbildung 7.16 Abfrageergebnis des Beispiels

Eindeutige Records/doppelte Datensätze

Ein Problem beim Selektieren bestimmter Datensätze (z.B. Auswahl von Orten aus einer großen Tabelle) sind »doppelte« Datensätze. Um dieser Redundanz zu begegnen, verwenden Sie die optionalen Parameter DISTINCT bzw. DISTINCTROW. Während sich DISTINCT nur auf gleich lautende Felder bezieht, entfernt DISTINCTROW gleiche Datensätze **aus der Abfrage**.

HINWEIS Die Datensätze verbleiben auf jeden Fall in der Tabelle, das Filtern beschränkt sich auf die Abfrage.

BEISPIEL

Eine Liste mit den Orten der Kunden.

```
SELECT
 DISTINCT ORT
FROM
  Kunden
```

ORT
Aachen
Albuquerque
Anchorage
Århus
Barcelona
Barquisimeto
Bergamo
Berlin
Bern

Datensätze: 70 (0,015 s)

Abbildung 7.17 Abfrageergebnis des Beispiels

Die vorhergehend gezeigte Anweisung liefert z.B. nur einmal den Ort »Buenos Aires«, obwohl mehrere Einträge in der Tabelle abgespeichert sind. Die Datenbasis ist schreibgeschützt.

BEISPIEL

Im Gegensatz dazu werden bei

```
SELECT
  DISTINCTROW Ort
FROM
  Kunden
```

nur die mehrfach auftretenden Datensätze unterdrückt, d.h. diejenigen, bei denen alle Feldinhalte übereinstimmen. Im Fall einer Kundentabelle wären dies, was höchst unwahrscheinlich ist, alle Einträge, bei denen auch noch Firma, Kontaktperson, Funktion etc. identisch sind. Die Abfrage kann editiert werden. Von Bedeutung ist DISTINCTROW vor allem bei Abfragen über mehrere Tabellen.

Tabellen verknüpfen

Geht es um das Verknüpfen von Tabellen und deren Realisierung in SQL, stehen Ihnen zwei Varianten zur Verfügung. Zum einen bietet sich die WHERE-Klausel an, zum anderen können Sie die JOIN-Operatoren verwenden.

BEISPIEL

Suchen aller Artikel, die Ihnen eine gewisse Petra Winkler »verhökert« hat.

```
SELECT
  ArtikelNr, Artikelname, Firma, Liefereinheit, Einzelpreis
FROM
  Artikel, Lieferanten
WHERE
  (Artikel.LieferantenNr = Lieferanten.LieferantenNr) AND
  (Lieferanten.Kontaktperson= 'Petra Winkler')
```

ArtikelNr	Firma	Artikelname	Liefereinheit	Einzelpreis
25	Heli Süßwaren GmbH & Co. KG	NuNuCa Nuß-Nougat-Creme	20 x 450-g-Gläser	14
26	Heli Süßwaren GmbH & Co. KG	Gumbär Gummibärchen	100 x 250-g-Beutel	31,23
27	Heli Süßwaren GmbH & Co. KG	Schoggi Schokolade	100 x 100-g-Stück	43,9

Datensätze: 3 (0,046 s)

Abbildung 7.18 Abfrageergebnis des Beispiels

Nehmen wir die SQL-Anweisung einmal »auseinander«. Gesucht wird die Kontaktperson »Petra Winkler«. Das Ergebnis dieser Suche ist ein einzelner Datensatz mit der Lieferantennummer 11. Dieses Ergebnis wird mit der Bedingung *(Artikel.LieferantenNr = Lieferanten.LieferantenNr)* UND-verknüpft (AND).

BEISPIEL

Sie möchten **alle** Artikel und (falls vorhanden) die dazugehörigen Bestellungen ausgeben. Mit der Anweisung

```
SELECT
  Artikel.Artikelname,
  Bestelldetails.Anzahl
FROM
  Artikel, Bestelldetails
WHERE
  Artikel.ArtikelNr = Bestelldetails.ArtikelNr;
```

werden jedoch nur die Artikel angezeigt, zu denen auch Bestellungen existieren.

Eine Lösungsmöglichkeit ist der LEFT-/RIGHT-JOIN.

Verknüpfen mit LEFT-JOIN/RIGHT-JOIN

Befinden sich in der »linken« Tabelle Datensätze, zu denen kein Datensatz in der »rechten« Tabelle gehört, werden die Datensätze trotzdem angezeigt. Die »leeren« Felder werden mit NULL-Werten aufgefüllt.

BEISPIEL

Abfrage mit LEFT-JOIN

```
SELECT
    Artikel.Artikelname, Bestelldetails.Anzahl
FROM Artikel
    LEFT JOIN Bestelldetails ON Artikel.ArtikelNr = Bestelldetails.ArtikelNr;
```

Artikelname	Anzahl
Quark	
Affenfleisch	
Affenfleisch	
Affenfleisch	
Chef Anton's Cajun Seasoning	1
Grandma's Boysenberry Spread	1
Uncle Bob's Organic Dried Pears	1

Datensätze: 2159 (0,25 s)

Abbildung 7.19 Abfrageergebnis des Beispiels

Verknüpfen mit INNER-JOIN

Als direkte Alternative zur Verknüpfung mittels WHERE bietet sich auch ein INNER-JOIN an.

BEISPIEL

Statt

```
SELECT
  ArtikelNr, Artikelname, Firma, Liefereinheit, Einzelpreis
FROM
  Artikel, Lieferanten
WHERE
  (Artikel.LieferantenNr = Lieferanten.LieferantenNr) AND
  (Lieferanten.Kontaktperson= 'Petra Winkler')
```

können Sie auch

```
SELECT
  ArtikelNr, Artikelname, Firma, Liefereinheit, Einzelpreis
FROM
  Artikel
INNER JOIN
  Lieferanten
ON
 Artikel.LieferantenNr = Lieferanten.LieferantenNr
WHERE
  (Lieferanten.Kontaktperson= 'Petra Winkler')
```

verwenden. Allerdings ist der Schreibaufwand etwas höher.

Natürlich lassen sich auch mehr als zwei Tabellen zueinander in Beziehung setzen.

BEISPIEL

Sie suchen alle Bestelldetails für den Kunden »Island Trading«. Dazu müssen vier Tabellen zueinander in Beziehung gebracht werden.

```
SELECT
   Kunden.Firma,
   Artikel.Artikelname,
   Bestelldetails.BestellNr, Bestelldetails.Anzahl
FROM
   Kunden INNER JOIN
       (Bestellungen INNER JOIN
           (Artikel INNER JOIN Bestelldetails
            ON Artikel.ArtikelNr = Bestelldetails.ArtikelNr)
        ON Bestellungen.BestellNr = Bestelldetails.BestellNr)
   ON Kunden.KundenCode = Bestellungen.KundenCode
WHERE
   Kunden.Firma="Island Trading";
```

Artikelname	Anzahl	Firma	BestellNr
Sasquatch Ale	14	Island Trading	10315
Outback Lager	30	Island Trading	10315
Jack's New England Clam Chowder	20	Island Trading	10318
Lakkalikööri	6	Island Trading	10318
Steeleye Stout	10	Island Trading	10321
Geitostler	12	Island Trading	10473
Fløtemysost	12	Island Trading	10473

Datensätze: 23 (0,015 s)

Abbildung 7.20 Abfrageergebnis des Beispiels

Auto-JOIN

Möchten Sie Tabellen »aus sich selbst« abbilden, stellt dies in SQL auch kein Problem dar. Auch hier arbeiten Sie entweder mit dem LEFT-/RIGHT-JOIN oder dem INNER-JOIN.

BEISPIEL

Anzeige der Mitarbeiter und Ihrer jeweiligen Vorgesetzten.

```
SELECT
  p1.Nachname,  p2.Nachname
FROM
  Personal AS p1
LEFT JOIN
  Personal AS p2
ON
  p1.Vorgesetzter=p2.Personalnr
```

Wie Sie sehen, führen wir für ein und dieselbe Tabelle zwei Alias-Namen ein. Mit diesen können Sie nachfolgend so arbeiten, als wenn es sich um zwei gänzlich unterschiedliche Tabellen handeln würde. Bei einem Test werden Sie feststellen, dass einige »Mitarbeiter« keinen Vorgesetzten haben:

p1.Nachname	p2.Nachname
Davolio	Fuller
Fuller	Callahan
Leverling	Callahan
Peacock	

Datensätze: 9 (0,016 s)

Abbildung 7.21 Abfrageergebnis

Möchten Sie im Interesse der besseren Lesbarkeit die Spaltennamen ändern, ist dies mit Hilfe der AS-Klausel kein Problem:

```
SELECT
  p1.Nachname AS [Nachname], p2.Nachname AS [Vorgesetzter]
FROM ...
```

Nachname	Vorgesetzter
Davolio	Fuller
Fuller	Callahan
Leverling	Callahan
Peacock	

Datensätze: 9 (0,016 s)

Abbildung 7.22 Abfrageergebnis des Beispiels

Tabellen vereinigen

Bei der UNION-Anweisung handelt es sich um die direkte Umsetzung der Vereinigung zweier Tabellen bzw. Abfragen. Voraussetzung für einen UNION ist die identische Struktur beider Abfrageergebnisse (die Tabellenstruktur kann sich unterscheiden).

BEISPIEL

Sie haben zwei Tabellen (*Personal*, *Kunden*) und möchten daraus ein gemeinsames Telefonverzeichnis erstellen.

```
SELECT
  Personal.Vorname + ' ' + Personal.Nachname,
  Personal.[Durchwahl Büro]
FROM
  Personal

UNION

SELECT
  Kunden.Kontaktperson, Kunden.Telefon
FROM
  Kunden;
```

HINWEIS Beachten Sie, dass hier auch Mitarbeiter bzw. Lieferanten ohne Telefon ausgegeben werden!

Expr1000	Durchwahl Büro
Alejandra Camino	(91) 745 6200
Alexander der Große	0342-023176
Ana Trujillo	(5) 555-4729
Anabela Domingues	(11) 555-2167
André Fonseca	(11) 555-9482
Andrew Fuller	3457

Datensätze: 101 (0,031 s)

Abbildung 7.23 Abfrageergebnis des Beispiels

Datensätze sortieren

In den bisherigen Abfragen haben wir die Daten ausschließlich in ungeordneter Folge ausgegeben. Mit einer ORDER BY-Klausel können Sie den Sortierbegriff (z.B. Vorname, Nachname, Gehalt etc.) sowie die Sortierfolge (auf-/absteigend) festlegen.

```
SELECT ... FROM ...
ORDER BY <feld>,<feld> [ASC]|[DESC]
```

Die Angabe mehrerer Sortierbegriffe wäre z.B. dann sinnvoll, wenn Sie Personennamen sortieren und als zweiten Sortierbegriff den Vornamen angeben.

BEISPIEL

Sortieren der Mitarbeiter in aufsteigender Reihenfolge nach Nachname und Vorname.

```
SELECT
   Personal.Vorname,
   Personal.Nachname
FROM
   Personal
ORDER BY
  Nachname, Vorname
```

Vorname	Nachname
Steven	Buchanan
Laura	Callahan
Nancy	Davolio
Anne	Dodsworth
Andrew	Fuller
Robert	King

Datensätze: 9 (0,016 s)

Abbildung 7.24 Abfrageergebnis des Beispiels

HINWEIS Entscheidend für die Ausführungsgeschwindigkeit ist die Indizierung der entsprechenden Felder.

Datensätze gruppieren

Im Zusammenhang mit Berechnungsfunktionen oder mit Listenausgaben tritt häufig das Problem auf, bestimmte Gruppen innerhalb einer Tabelle zu bilden.

BEISPIEL

Um die Anzahl der Artikel, die von den einzelnen Lieferanten stammen, zu ermitteln, könnten Sie zunächst folgende Möglichkeit nutzen:

```
SELECT 1, COUNT(*) FROM Artikel WHERE LieferantenNr = 1
UNION
SELECT 2, COUNT(*) FROM Artikel WHERE LieferantenNr = 2
UNION
SELECT 3, COUNT(*) FROM Artikel WHERE LieferantenNr = 3
```

Expr1000	Expr1001
1	3
2	4
3	3

Datensätze: 3 (0,015 s)

Abbildung 7.25 Abfrageergebnis des Beispiels

Mit jeder Anweisung erhalten Sie die Anzahl der Artikel des jeweiligen Lieferanten. Allerdings müssen Sie wissen, welche Lieferanten überhaupt vorhanden sind und wie deren *LieferantenNr* lautet. Dass dieses Vorgehen recht umständlich und aufwändig ist, dürfte offensichtlich sein. Das gleiche Problem lässt sich mit der GROUP BY-Anweisung deutlich eleganter lösen.

BEISPIEL

Eine verbesserte Lösung des Vorgängerbeispiels.

```
SELECT
  LieferantenNr,
  COUNT(*) AS [Anzahl Artikel]
FROM
  Artikel
GROUP BY
  LieferantenNr
```

LieferantenNr	Anzahl Artikel
	4
1	3
2	4
3	3
4	3
5	2

Datensätze: 30 (0 s)

Abbildung 7.26 Abfrageergebnis des Beispiels

Die Bearbeitung des obigen Befehls können Sie sich wie folgt vorstellen:

- Auswahl aller Artikel *(... FROM Artikel ...)*
- Gruppieren der Datensätze nach Lieferantennummer *(... GROUP BY LieferantenNr)*
- Zählen der Datensätze innerhalb der gebildeten Gruppen *(COUNT(*))*

Die HAVING-Klausel

Mit der zusätzlichen Klausel HAVING können Sie **innerhalb der Gruppe** Selektionen vornehmen. Die WHERE-Klausel wirkt sich hingegen auf die **gesamte** Tabelle bzw. Abfrage aus.

BEISPIEL

Es sollen alle Lieferanten angezeigt werden, die mehr als drei Artikel liefern.

```
SELECT
  Lieferanten.Firma,
  COUNT(*) As [Anzahl Artikel]
FROM
  Artikel, Lieferanten
WHERE
  Artikel.LieferantenNr = Lieferanten.LieferantenNr
GROUP BY
  Lieferanten.Firma
HAVING
  Count(*) > 3
```

Firma	Anzahl Artikel
New Orleans Cajun Delights	4
Pavlova, Ltd.	5
Plutzer Lebensmittelgroßmärkte AG	5
Specialty Biscuits, Ltd.	4

Datensätze: 4 (0,015 s)

Abbildung 7.27 Abfrageergebnis des Beispiels

Unterabfragen

Als Bedingung innerhalb der WHERE-Klausel haben wir bereits den IN-Operator kennen gelernt.

BEISPIEL

IN-Klausel

```
SELECT *
FROM
   Kunden
WHERE
   Ort IN ('Berlin','London')
```

Der Nachteil dieser Vorgehensweise: Die Vergleichswerte müssen bereits zur Entwurfszeit bekannt sein. Wollen Sie Werte aus einer anderen Tabelle verwenden, ist eine Subquery (Unterabfrage) unumgänglich.

Eine Subquery ist eine SELECT-Abfrage, die der Hauptabfrage ein Array von Werten zur Verfügung stellt. Jet-SQL unterstützt (im Unterschied zu verschiedenen anderen Datenbanksystemen) nur Subqueries, die eine Tabellenspalte zurückgeben (Ausnahme EXISTS). Wo und vor allem wie Sie Unterabfragen einsetzen können, zeigen die folgenden Abschnitte.

Das Ergebnis einer Query ist Bedingung (WHERE) einer anderen Query

BEISPIEL

Es werden alle Bestellungen gesucht, die von Kunden aus London stammen. Mit den bisherigen Mitteln könnten Sie über

```
SELECT
   Kundencode
FROM
   Kunden
WHERE
   Ort = 'London'
```

zunächst die Primärschlüssel bestimmen. Danach können Sie sich mit:

```
SELECT
   Bestellnr,
   Bestelldatum
FROM
   Bestellungen
WHERE
   KundenCode IN ('AROUT','BSBEV','CONSH' ...)
```

die Daten ausgeben lassen. Viel sinnvoller als obiges Vorgehen ist aber die Verwendung einer Unterabfrage zur Bestimmung der Kundencodes.

```
SELECT
   Bestellnr, Bestelldatum
FROM
   Bestellungen
WHERE
   KundenCode IN
      (SELECT Kundencode FROM Kunden WHERE Ort = 'London')
```

Bestellnr	Bestelldatum
10289	26.08.1996
10355	15.11.1996
10359	21.11.1996
10364	26.11.1996
10377	09.12.1996
10383	16.12.1996
10388	19.12.1996
10400	01.01.1997
10435	04.02.1997

Datensätze: 46 (0 s)

Abbildung 7.28 Abfrageergebnis des Beispiels

Das Ergebnis ist das gleiche, es wird jedoch nur eine einzige SQL-Anweisung ausgeführt.

HINWEIS Auch die Subquery kann wiederum auf weiteren Subquerys aufbauen, bzw. mehrere Subqueries können Bedingungen für eine Abfrage sein.

Liefert die Subquery eine Menge von Werten, müssen Sie mit ANY/ALL einen dieser Werte auswählen.

BEISPIEL

Alle Artikel, die mehr kosten als ein beliebiger Artikel der Kategorie »Süßwaren« (3).

```
SELECT
   *
FROM
   Artikel
WHERE
   Einzelpreis > ANY
      (SELECT Einzelpreis FROM Artikel WHERE KategorieNr = 3)
```

ArtikelNr	Artikelname	LieferantenNr	KategorieNr	Liefereinheit	Einzelpreis	MWSt	Lagerbestand	BestellteEinheit
1	Chai	1	1	10 Kartons x 20 ...	18	0,07	18	0
2	Chang	1	1	24 x 12-oz-Flasch...	19	0,07	17	40
3	Aniseed Syrup	1	2	12 x 550-ml-Flasc...	10	0,07	13	70
4	Chef Anton's Caj...	2	2	48 x 6-oz-Gläser	22	0,07	53	0
5	Chef Anton's Gu...	2	2	36 Kartons	21,35	0,07	0	0
6	Grandma's Boyse...	3	2	12 x 8-oz-Gläser	25	0,07	120	0
7	Uncle Bob's Orga...	3	7	12 x 1-lb-Packun...	30	0,07	15	0
8	Northwoods Cran...	3	2	12 x 12-oz-Gläser	40	0,07	6	0
9	Mishi Kobe Niku	4	6	18 x 500-g-Pack	97	0,07	29	0

Datensätze: 73 (0,031 s)

Abbildung 7.29 Abfrageergebnis des Beispiels

»=ANY« kann durch »IN« ersetzt werden (»<>ALL« entspricht »NOT IN«)

BEISPIEL

Gesucht werden alle Artikel, die genausoviel kosten wie ein beliebiger Artikel der Kategorie 3.

```
SELECT *
FROM
   Artikel
WHERE
   Einzelpreis = ANY (SELECT Einzelpreis FROM Artikel WHERE KategorieNr = 3)
```

Allerdings werden alle Artikel der Kategorie 3 ebenfalls angezeigt, besser wäre es, wenn eine zusätzliche Bedingung eingeführt wird.

```
SELECT *
FROM
   Artikel
WHERE
   (Einzelpreis IN (SELECT Einzelpreis FROM Artikel WHERE KategorieNr = 3))
   AND (KategorieNr <> 3)
```

ArtikelNr	Artikelname	LieferantenNr	KategorieNr	Liefereinheit	Einzelpreis	MWSt	Lagerbestand	BestellteEinheiten
3	Aniseed Syrup	1	2	12 x 550-ml-Flasc...	10	0,07	13	70
31	Gorgonzola Telino	14	4	12 x 100-g-Pack...	12,5	0,07	0	70
34	Sasquatch Ale	16	1	24 x 12-oz-Flasch...	14	0,07	111	0
42	Singaporean Hok...	20	5	32 x 1-kg-Packu...	14	0,07	26	0
45	Røgede sild	21	8	1-kg-Paket	9,5	0,07	5	70
63	Vegie-spread	7	2	15 x 625-g-Gläser	43,9	0,07	24	0
67	Laughing Lumber...	16	1	24 x 12-oz-Flasch...	14	0,07	52	0
74	Longlife Tofu	4	7	5-kg-Paket	10	0,07	4	20

Datensätze: 8 (0,016 s)

Abbildung 7.30 Abfrageergebnis des Beispiels

Eine WHERE-Klausel kann mehrere Subqueries enthalten

BEISPIEL

Gesucht werden alle Bestellungen, bei denen mehr als 50 Artikel einer Sorte und Artikel mit einem Preis über 200 Euro bestellt wurden.

```
SELECT
   *
FROM
   Bestellungen
WHERE
   BestellNr IN (SELECT DISTINCT BestellNr FROM Bestelldetails WHERE Anzahl > 50) AND
   BestellNr IN (SELECT DISTINCT BestellNr FROM Bestelldetails WHERE Einzelpreis > 200)
```

BestellNr	KundenCode	PersonalNr	Bestelldatum	Lieferdatum	Versanddatum	VersandUeber	Frachtkosten	Empfaenger
10351	ERNSH	1	11.11.1996	09.12.1996	20.11.1996	1	162,33	Ernst Handel
10372	QUEEN	5	04.12.1996	01.01.1997	09.12.1996	2	890,78	Queen Cozinha
10424	MEREP	7	23.01.1997	20.02.1997	27.01.1997	2	370,61	Mère Paillarde
10479	RATTC	3	19.03.1997	16.04.1997	21.03.1997	3	708,95	Rattlesnake Can...
10540	QUICK	3	19.05.1997	16.06.1997	13.06.1997	3	1007,64	QUICK-Stop
10817	KOENE	3	06.01.1998	20.01.1998	13.01.1998	2	306,07	Königlich Essen
10865	QUICK	2	02.02.1998	16.02.1998	12.02.1998	1	348,14	QUICK-Stop
10981	HANAR	1	27.03.1998	24.04.1998	02.04.1998	2	193,37	Hanari Carnes

Datensätze: 8 (0,016 s)

Abbildung 7.31 Abfrageergebnis des Beispiels

HINWEIS Selbstverständlich könnten Sie obige Abfragen teilweise auch mit einem JOIN und entsprechenden WHERE-Klauseln realisieren.

Synchronisieren von Unterabfragen mit der Hauptabfrage

Bei den bisherigen Typen von Unterabfragen gab es keine Verbindung (Referenz) nach außen, lediglich das Ergebnis der Unterabfrage wurde für die eigentliche Abfrage verwendet. Mit synchronisierten Unterabfragen können Sie Werte bzw. Feldinhalte aus der übergeordneten Abfrage an die Unterabfrage weitergeben und dort zum Beispiel in einer WHERE-Klausel zum Filtern verwenden.

BEISPIEL

Gesucht werden die Artikel, die mehr kosten als der Durchschnitt in der jeweiligen Kategorie.

```
SELECT
    *
FROM
    Artikel a
WHERE
    a.Einzelpreis > (SELECT
                        AVG(Einzelpreis)
                     FROM
                        Artikel
                     WHERE KategorieNr = a.KategorieNr)
```

ArtikelNr	Artikelname	LieferantenNr	KategorieNr	Liefereinheit	Einzelpreis	MWSt	Lagerbestand	BestellteEinheit
6	Grandma's Boyse...	3	2	12 x 8-oz-Gläser	25	0,07	120	0
8	Northwoods Cran...	3	2	12 x 12-oz-Gläser	40	0,07	6	0
9	Mishi Kobe Niku	4	6	18 x 500-g-Pack...	97	0,07	29	0
10	Ikura	4	8	12 x 200-ml-Gläser	31	0,07	31	0
12	Queso Mancheg...	5	4	10 x 500-g-Pack...	38	0,07	86	0
18	Carnarvon Tigers	7	8	16-kg-Paket	62,5	0,07	42	0
20	Sir Rodney's Mar...	8	3	30 Geschenkkart...	81	0,07	40	0
22	Gustaf's Knäcke...	9	5	24 x 500-g-Pack...	21	0,07	104	0

Datensätze: 27 (0,015 s)

Abbildung 7.32 Abfrageergebnis des Beispiels

In diesem Beispiel wurde die Subquery nicht nur einmal abgearbeitet, sondern mehrmals (einmal pro Kategorie). Dazu musste der Unterabfrage die Kategorienummer des Artikels übergeben werden. Die Subquery kann mit Hilfe der Kategorienummer den Durchschnittspreis ermitteln, das wiederum an die Hauptabfrage zurückgegeben wird.

HINWEIS Wollen Sie lediglich kontrollieren, ob eine Unterabfrage überhaupt Werte liefert, können Sie mit EXISTS bzw. NOT EXISTS auf TRUE oder FALSE prüfen.

Operator	Bedeutung
ANY	Vergleich mit einigen Datensätzen
ALL	Vergleich mit allen Datensätzen
[NOT] IN	Vergleich auf Vorkommen
[NOT] EXISTS	TRUE/FALSE (ob Unterabfrage überhaupt Werte liefert)

Tabelle 7.2 Operatoren

HINWEIS Da hier Abfragen mehrfach ausgeführt werden, kann es schnell zu recht langen Verarbeitungszeiten kommen. Teilweise ist es deshalb günstiger, Daten in temporären Tabellen zwischenzuspeichern und statt einer Unterabfrage zu verwenden.

Daten manipulieren

SQL-Anweisungen zum Manipulieren von Daten werden als DML-Befehle[1] bezeichnet. Auch für Datenmanipulationen, die an Gruppen von Datensätzen durchgeführt werden sollen, empfehlen sich diese Anweisungen. Anstatt, wie früher mit ADO üblich, umständlich mit den Datenbank-Objekten zu arbeiten, lässt sich zum Beispiel die Neuberechnung eines Feldinhalts mit einer einzigen SQL-Anweisung abwickeln.

Grundsätzlich geben die Datenmanipulationsbefehle

- INSERT INTO
- DELETE
- UPDATE

keine Daten zurück. Sie können lediglich feststellen, wie viele Zeilen von der Änderung betroffen sind, indem Sie zum Beispiel den Rückgabewert der *ExecuteNonQuery*-Methode auswerten.

Einfügen einzelner Datensätze

Mit Hilfe der INSERT INTO-Anweisung können Sie Datensätze an eine bestehende Tabelle anhängen. Dazu übergeben Sie zumindest eine Liste von Feldwerten.

```
INSERT INTO <zieltabelle> (<zielfeld1>, <zielfeld2> ...) VALUES (<wert1>, <Wert2> ...)
```

BEISPIEL

Einfügen eines neuen Eintrags in die Tabelle *Personal*.

```
INSERT INTO
   Personal
VALUES (10, 'Gewinnus', 'Thomas', 'Praktikant', 'Herr' ...)
```

Doch da taucht schnell ein Problem auf: Woher nehmen wir die *PersonalNr* (in diesem Fall die zehn)? Normalerweise sorgt ein Zählerfeld für die korrekten Einträge, wir müssten bei jedem Einfügen einen eindeutigen Wert bestimmen, was uns sicher schwer fallen wird.

Der Ausweg: Stimmt die Feldreihenfolge nicht überein oder wollen Sie Felder auslassen bzw. können diese nicht füllen (IDENTITY), können Sie mit Hilfe einer Feldliste die gewünschten Felder und deren Reihenfolge bestimmen. Die SQL-Engine übernimmt dann die korrekte Zuordnung.

BEISPIEL

Einfügen ohne die Spalte *PersonalNr*

```
INSERT INTO
   Personal (Nachname, Vorname, Funktion, Anrede)
VALUES ('Gewinnus', 'Thomas', 'Praktikant', 'Herr')
```

Führen Sie obige Anweisung mehrfach aus und kontrollieren Sie das Ergebnis, dürfte sich Ihnen der folgende Anblick bieten:

[1] *Data Manipulation Language*

PersonalNr	Nachname	Vorname	Funktion	Anrede	Geburtsdatum	Einstellung	Straße	Ort
5	Buchanan	Steven	Vertriebsmanager	Herr	04.03.1955	17.10.1993	14 Garrett Hill	London
6	Suyama	Michael	Vertriebsmitarbeiter	Herr	02.07.1963	17.10.1993	Coventry House...	London
7	King	Robert	Vertriebsmitarbeiter	Dr.	29.05.1960	02.01.1994	Edgeham Hollow...	London
8	Callahan	Laura	Vertriebskoordina...	Frau	09.01.1958	05.03.1994	4726 - 11th Ave. ...	Seattle
9	Dodsworth	Anne	Vertriebsmitarbeit...	Frau	02.07.1969	15.11.1994	7 Houndstooth Rd.	London
10	Gewinnus	Thomas	Praktikant	Herr				
11	Gewinnus	Thomas	Praktikant	Herr				
12	Gewinnus	Thomas	Praktikant	Herr				

Datensätze: 12 (0,016 s)

Abbildung 7.33 Abfrageergebnis des Beispiels

Die *PersonalNr*-Spalte wurde automatisch mit den korrekten Werten gefüllt. Beachten Sie jedoch Folgendes:

- Die Datentypen in der Liste und der Tabelle müssen übereinstimmen.
- Die Feldgröße, insbesondere bei Textfeldern, darf nicht überschritten werden.
- Geben Sie keine Feldliste an, muss die Feldreihenfolge in der VALUES-Liste penibel eingehalten werden. Verwenden Sie deshalb besser immer eine Feldliste, dies schützt Sie auch vor bösen Überraschungen beim späteren Ändern des Tabellenlayouts.

BEISPIEL

Das Resultat der folgenden Anweisung ist mit dem vorhergehenden SQL-Beispiel identisch, die Felder werden korrekt zugeordnet.

```
INSERT INTO
   Personal (Anrede, Vorname, Nachname, Funktion)
VALUES ('Herr', 'Thomas', 'Gewinnus', 'Praktikant')
```

HINWEIS Möchten Sie einer Tabellenspalte gezielt einen NULL-Value zuweisen, übergeben Sie in der VALUES-Liste einfach die Konstante »NULL«.

Einfügen von Abfragedaten

Im vorhergehenden Abschnitt hatten Sie bereits eine Variante der INSERT INTO-Anweisung kennen gelernt. Es dürfte jedoch auf der Hand liegen, dass Sie auf diese Weise kaum Tausende von Datensätzen einfügen bzw. verschieben können. Als Alternative bietet sich das Einfügen ganzer Abfrageergebnisse an.

```
INSERT INTO <zieltabelle>
SELECT <felder-quelltabelle> FROM <quelltabelle>
```

Das Anhängen von Datensätzen an eine bestehende Tabelle wird auch als Anfüge-Abfrage bezeichnet. Die Zieltabelle kann im Fall von JET-SQL auch eine externe Datenbank/Tabelle in den verschiedenen unterstützten Formaten (Access, Excel, dBase, Paradox) sein.

BEISPIEL

Sie stellen fest, dass einige Artikel im Angebot nicht mehr benötigt werden. In der Datenbank finden Sie bereits eine Tabelle *AuslaufArtikel*, die für diese Zwecke vorgesehen ist.

Feldname	Felddatentyp	Beschreibung
ArtikelNr	Zahl	ehemals Artikel-Nr: Zahl, die einem neuen Artikel automatisch zugewiesen wird.
Artikelname	Text	
LieferantenNr	Zahl	ehemals Lieferanten-Nr: Entspricht dem Eintrag in der Tabelle "Lieferanten".
KategorieNr	Zahl	ehenals Kategorie-Nr:
Liefereinheit	Text	(Z.B. Kiste mit 24 Einheiten, 1-Liter-Flasche).
Einzelpreis	Währung	
MWSt	Zahl	Mehrwertsteuer (neu!)
Lagerbestand	Zahl	
BestellteEinheiten	Zahl	
Mindestbestand	Zahl	Mindestbestand, der auf Lager gehalten werden muß.
Auslaufartikel	Ja/Nein	"Ja" bedeutet, daß dieser Artikel nicht mehr verfügbar ist.
AusgelaufenAm	Datum/Uhrzeit	

Abbildung 7.34 Das Tabellenformat von *AuslaufArtikel*

Zusätzlich findet sich in dieser Tabelle ein Feld *AusgelaufenAm*, in dem wir das entsprechende Datum abspeichern werden.

Gesagt, getan: Zuerst bestimmen wir mit einer SQL-Abfrage die zehn am schlechtesten verkauften Artikel:

```
SELECT
   TOP 10 *
FROM
    Bestelldetails
ORDER BY (Einzelpreis*Anzahl)
```

Nach einer kleinen Testabfrage werden Sie feststellen, dass die Abfrage wie erwartet 10 Datensätze zurückgibt. Uns bleibt jetzt noch die Aufgabe, das Tabellenlayout der Abfrage an die Tabelle *Auslaufartikel* anzupassen.

```
SELECT
  ArtikelNr, Artikelname, LieferantenNr, KategorieNr, Liefereinheit,
  Einzelpreis, MWSt, Lagerbestand, BestellteEinheiten, Mindestbestand,
  Auslaufartikel, NOW AS AusgelaufenAm
FROM
   Artikel
WHERE
   ArtikelNr  IN (SELECT TOP 10 Artikelnr FROM Bestelldetails ORDER BY (Einzelpreis*Anzahl))
```

Das Ergebnis ist eine Tabelle mit dem gleichen Layout:

ArtikelNr	Artikelname	Einzelpreis	LieferantenNr	KategorieNr	Liefereinheit	MWSt	Lagerbestand	BestellteEinheiten
13	Konbu	6	6	8	2-kg-Karton	0,07	24	0
19	Teatime Chocolat...	9,2	8	3	10 Kartons x 12 ...	0,07	25	0
24	Guaraná Fantásti...	4,5	10	1	12 x 355-ml-Dosen	0,07	20	0
31	Gorgonzola Telino	12,5	14	4	12 x 100-g-Pack...	0,07	0	70
33	Geitostler	2,5	15	4	500-g-Packung	0,07	112	0
52	Filo Mix	7	24	5	16 x 2-kg-Kartons	0,07	38	0
75	Rhönbräu Kloster...	7,75	12	1	24 x 0,5-l-Flaschen	0,07	125	0

Datensätze: 7 (0,016 s)

Abbildung 7.35 Abfrageergebnis des Beispiels

Doch da findet sich in der SQL-Anweisung eine Funktion NOW(). Der Grund: Den Wert für das Feld *AusgelaufenAm* kann uns auch gleich die SQL-Engine eintragen.

Im letzten Schritt können wir zum Kopieren der Daten schreiten:

```
INSERT INTO AuslaufArtikel
SELECT
  ArtikelNr, Artikelname, LieferantenNr, KategorieNr, Liefereinheit, Einzelpreis, MWSt, Lagerbestand,
  BestellteEinheiten, Mindestbestand, Auslaufartikel, NOW AS AusgelaufenAm
FROM
   Artikel
WHERE
   ArtikelNr IN ( SELECT TOP 10 Artikelnr FROM Bestelldetails ORDER BY (Einzelpreis*Anzahl))
```

Exportieren/Importieren von Abfragedaten

Im Gegensatz zur INSERT INTO-Anweisung können Sie mit SELECT INTO gleich eine komplette neue Tabelle erzeugen.

```
SELECT <felder-quelltabelle> INTO <zieltabelle> FROM <quelltabelle >
```

HINWEIS Die Zieltabelle kann im Fall von JET-SQL auch eine externe Datenbank/Tabelle sein.

Statt vieler Worte dürften wieder einige Beispiele für mehr Klarheit sorgen:

BEISPIEL

Erstellen einer neuen Tabelle *Nachbestellung*, in die alle Artikel eingetragen werden, von denen weniger als 5 im Lager sind.

```
SELECT  *
INTO
   Nachbestellung
FROM
   Artikel
WHERE
   Lagerbestand < 5
```

Ein nachfolgender Blick mittels »SELECT * FROM Nachbestellung« zeigt das gewünschte Ergebnis:

ArtikelNr	Artikelname	Einzelpreis	LieferantenNr	KategorieNr	Liefereinheit	MWSt	Lagerbestand	BestellteEinheil
5	Chef Anton's Gu...	21,35	2	2	36 Kartons	0,07	0	0
17	Alice Mutton	39	7	6	20 x 1-kg-Dosen	0,07	0	0
21	Sir Rodney's Sco...	10	8	3	24 Packungen x ...	0,07	3	40
29	Thüringer Rostbr...	123,79	12	6	50 Beutel x 30 W...	0,07	0	0
31	Gorgonzola Telino	12,5	14	4	12 x 100-g-Pack...	0,07	0	70
53	Perth Pasties	32,8	24	6	48 Stück	0,07	0	0
66	Louisiana Hot Spi...	17	2	2	24 x 8-oz-Gläser	0,07	4	100

Datensätze: 10 (0 s)

Abbildung 7.36 Abfrageergebnis des Beispiels

Anwendungsgebiete für die obigen Funktionen sind der Daten-Import/-Export, das Anlegen von Sicherungskopien bzw. das Erstellen von temporären Tabellen etc.

Speichern in externen Tabellen

Verwenden Sie in o.g. Anweisung zusätzlich die Klausel IN, können Sie die Abfrageergebnisse auch in einer externen Tabelle speichern. Das Datenformat hängt vom verwendeten Aufruf ab.

```
SELECT * INTO <Tabellenname> IN <Pfad|Datenbank> <Datenbanktyp>
```

Als *Datenbanktyp* kommen die folgenden Zeichenfolgen in Frage:

Datenbanktyp	Kennzeichen
Access	"[Datenbank];"
dBASE III	"dBASE III;"
dBASE IV	"dBASE IV;"
dBASE 5	"dBASE 5.0;"
Paradox 3.x	"Paradox 3.x;"
Paradox 4.x	"Paradox 4.x;"
Paradox 5.x	"Paradox 5.x;"
Paradox 7.x	"Paradox 7.x;"
FoxPro 2.0	"FoxPro 2.0;"
FoxPro 2.5	"FoxPro 2.5;"
FoxPro 2.6	"FoxPro 2.6;"
Excel 3.0	"Excel 3.0;"
Excel 4.0	"Excel 4.0;"
Excel 5.0	"Excel 5.0;"
Excel 7.0	"Excel 7.0;"
Excel 95/97/2000/2002	"Excel 8.0;"
HTML-Import	"HTML Import;"
HTML-Export	"HTML Export;"
Text	"Text;"
ODBC	"ODBC; DATABASE=Datenbankname; UID=Benutzer; PWD=Kennwort; DSN=Datenquelle; LOGINTIMEOUT=Sekunden"

Tabelle 7.3 Konstanten für die Datenformate

HINWEIS Achten Sie besonders auf die Schreibweise für das Exportformat! Die Autoren haben mehrere Stunden damit verbracht, einen entsprechenden Fehler zu beseitigen (das fehlende Semikolon war die Ursache!).

BEISPIEL

Export der Tabelle *Artikel* im dBASE IV-Format.

```
SELECT *
INTO Artikel IN 'c:\' 'dBase IV;'
FROM Artikel
```

BEISPIEL

Export der Tabelle *Mitarbeiter* aus Paradox in das Microsoft Access-Format.

```
SELECT * INTO Mitarbeiter
FROM Mitarbeiter IN 'C:\Beispiele' 'Paradox 7.x;'
```

HINWEIS Zumindest eine leere Datenbank muss in diesem Fall bereits vorhanden sein, die Tabelle wird angelegt. Sollte die Tabelle schon existieren, tritt ein Laufzeitfehler auf (3010).

BEISPIEL

Export von *Artikel* im HTML-Format.

```
SELECT *
INTO [Artikel.htm] IN 'c:\' 'HTML Export;'
FROM Artikel
```

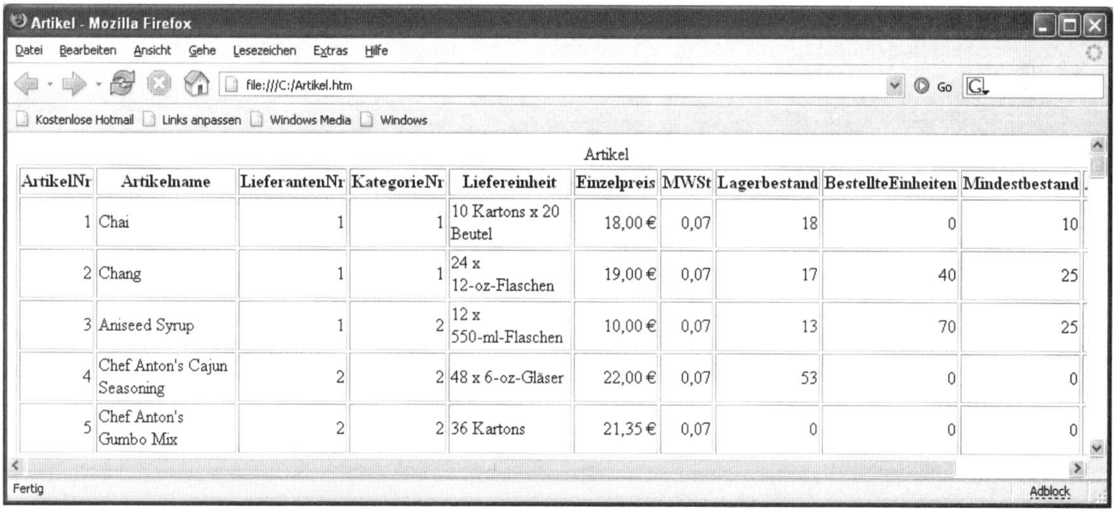

Artikel - Mozilla Firefox

Artikel

ArtikelNr	Artikelname	LieferantenNr	KategorieNr	Liefereinheit	Einzelpreis	MWSt	Lagerbestand	BestellteEinheiten	Mindestbestand
1	Chai	1	1	10 Kartons x 20 Beutel	18,00 €	0,07	18	0	10
2	Chang	1	1	24 x 12-oz-Flaschen	19,00 €	0,07	17	40	25
3	Aniseed Syrup	1	2	12 x 550-ml-Flaschen	10,00 €	0,07	13	70	25
4	Chef Anton's Cajun Seasoning	2	2	48 x 6-oz-Gläser	22,00 €	0,07	53	0	0
5	Chef Anton's Gumbo Mix	2	2	36 Kartons	21,35 €	0,07	0	0	0

Abbildung 7.37 Das Ergebnis im Webbrowser

Die obigen SQL-Anweisungen können Sie entweder in einer Access-Abfrage speichern und diese später aufrufen (eventuell mit Parametern), oder Sie verwenden die *ExecuteNonQuery*-Methode des *OleDbCommand*- bzw. *SQLCommand*-Objekts.

Aktualisieren/Ändern

Eine einfache Möglichkeit zum Aktualisieren bietet sich mit dem UPDATE-Befehl an. In Kombination mit einer WHERE-Klausel lassen sich schnell alle gesuchten Datensätze ändern, ohne dass diese auf den Client übertragen werden müssten. Die Änderung kann sich auf mehrere Felder eines Datensatzes auswirken.

```
UPDATE <Tabellename> SET <Feld> = <Ausdruck> WHERE ...
```

Ähnlich wie die Variablen in einem Programm können Sie auch die Inhalte von Tabellenfeldern (des aktuellen Datensatzes) für eine Neuberechnung verwenden. Dies trifft auch auf das zu bearbeitende Feld zu.

BEISPIEL

Eine 5%ige Preiserhöhung

```
UPDATE Artikel
       SET Einzelpreis = Einzelpreis * 1.05
```

Möchten Sie nur einige Felder verändern, setzen Sie die WHERE-Klausel ein:

BEISPIEL

Nur Artikel, die weniger als 20 Euro kosten, werden verteuert.

```
UPDATE Artikel
       SET Einzelpreis = Einzelpreis * 1.05
       WHERE Einzelpreis < 20
```

Um mehrere Felder gleichzeitig zu ändern, separieren Sie die entsprechenden Ausdrücke durch Kommas.

BEISPIEL

Der Artikel »Chai« wird auf die Hälfte seines Preises gesenkt und zum Auslaufartikel erklärt.

```
UPDATE Artikel
       SET Einzelpreis = Einzelpreis * 0.5, Auslaufartikel = True
       WHERE Artikelname = 'Chai'
```

HINWEIS Sie können auch mehrere Tabellen in die UPDATE-Anweisung einbeziehen und so einzelne Felder zwischen Tabellen kopieren.

Löschen

Für das Löschen von Datensätzen können Sie die SQL-DELETE-Anweisung verwenden.

```
DELETE FROM <Tabellenname> ... WHERE <logischer Ausdruck>
```

HINWEIS Beachten Sie, dass ein »DELETE FROM xyz« ohne Nachfrage den kompletten Tabelleninhalt löscht (lediglich die Struktur bleibt erhalten)!

Zur Auswahl der Datensätze verwenden Sie die gleichen WHERE-Klauseln wie bei der SELECT-Anweisung.

BEISPIEL

Der junge dynamische Chef möchte sich kurz vor der Firmenpleite von allen Mitarbeitern trennen, die älter als 45 Jahre sind.

```
DELETE FROM
   Personal
WHERE
   DateDiff('yyyy', Geburtsdatum, Now) > 45
```

Vielfach werden auch Unterabfragen für die Bildung des logischen Ausdrucks eingesetzt. Auf diese Weise lassen sich zum Beispiel alle Datensätze in einer Tabelle löschen, die bereits in einer anderen Tabelle auftreten.

BEISPIEL

Verwenden von Unterabfragen

```
DELETE FROM
  Artikel
WHERE
ArtikelNr  IN (SELECT TOP 10 Artikelnr FROM Bestelldetails
               ORDER BY (Einzelpreis * Anzahl))
```

Bemerkungen

- Mit der DELETE-Anweisung löschen Sie nur Datensätze und nicht die Tabelle selbst. Zum Löschen der gesamten Tabelle nutzen Sie die Anweisung DROP TABLE.
- DELETE löscht nur komplette Records. Einzelne Tabellenfelder lassen sich auf diese Weise nicht löschen. Verwenden Sie in diesem Fall UPDATE und weisen Sie den gewünschten Spalten NULL-Values zu.
- Das Löschen einzelner Datensätze kann gegen Regeln der *referenziellen Integrität* verstoßen, eine SQL-DELETE-Anweisung kann also auch fehlschlagen (Fehlerbehandlung!).

Erweiterte SQL-Funktionen

Im Folgenden wollen wir Ihnen weitere Möglichkeiten von SQL vorstellen, wie Sie

- Ihre Abfragen in eine optisch ansprechendere Form bringen,
- Berechnungsfunktionen nutzen,
- mit Datums- und Zeitfunktionen arbeiten,
- Kreuztabellenabfragen realisieren und
- wie Sie hierarchische Recordsets abfragen.

Berechnete/Formatierte Spalten

Vielleicht haben Sie bereits bemerkt, dass sich die Schreibweise der Spaltennamen auf die Anzeige in einer Tabelle auswirkt. Mit der AS-Klausel können Sie jeder einzelnen Spalte eine beliebige Bezeichnung zuweisen. Enthält diese ein Leerzeichen, müssen Sie den String in eckige Klammern einschließen.

BEISPIEL

Ändern der Spaltenbezeichner *Nachname* in *Name* und *Geburtsdatum* in *geboren am*

```
SELECT
  Vorname,
  Nachname AS Name,
  Geburtsdatum AS [geboren am]
FROM
  Personal
```

Vorname	Name	geboren am
Nancy	Davolio	08.12.1968
Andrew	Fuller	19.02.1952
Janet	Leverling	30.08.1963
Margaret	Peacock	19.09.1958
Steven	Buchanan	04.03.1955
Michael	Suyama	02.07.1963
Robert	King	29.05.1960

Datensätze: 12 (0 s)

Abbildung 7.38 Abfrageergebnis des Beispiels

Neben der Veränderung der Spaltenbezeichner können Sie auch eine oder mehrere Tabellenspalten in einer neuen Spalte zusammenfassen.

BEISPIEL

Ausgabe des Namens in der Form »Nachname, Vorname«

```
SELECT
    Nachname + ', ' + Vorname AS Name
FROM
    Personal
```

Name
Davolio, Nancy
Fuller, Andrew
Leverling, Janet
Peacock, Margaret
Buchanan, Steven
Suyama, Michael
King, Robert

Datensätze: 12 (0 s)

Abbildung 7.39 Abfrageergebnis des Beispiels

Format-Funktion

Alternativ bietet sich für die Formatierung von Ausgabeergebnissen die recht leistungsfähige *Format*-Funktion an.

```
Format(Ausdruck [,Formatierungsstring])
```

Der Parameter *Ausdruck* ist im einfachsten Fall eine Fest- oder Gleitkommazahl, kann aber auch eine komplette Formel beinhalten.

Das Formatieren ist fast eine Wissenschaft für sich, denn der *Formatierungsstring* gestattet eine (fast unbegrenzte) Vielfalt von Darstellungsmöglichkeiten nicht nur für Zahlen, sondern auch für Währungen, Datums-/Zeitangaben und Strings.

Jet-SQL stellt eine Reihe von vordefinierten Stringkonstanten bereit, die Sie anstelle eines eigenen Formatierungsstrings einsetzen können:

Formatierungsstring	Erklärung (für deutsche Ländereinstellung)
General Number	Normaldarstellung, ohne Tausender-Separator (.)
Fixed	Zeigt mindestens eine Vor- und mindestens zwei Nachkommastellen an
Standard	Darstellung mit Tausender-Separator (.) und mindestens zwei Nachkommastellen
Currency	Währungsformat
Percent	Prozentdarstellung
Scientific	Wissenschaftliche Notation
Yes/No	0 = Nein, sonst Ja
True/False	0 = Falsch, sonst Wahr
On/Off	0 = Aus, sonst Ein

Tabelle 7.4 Formatierungsstrings

BEISPIEL

Verschiedene Formatierungen für Zahlenwerte

```
Format(12345.6789,'General Number')      ---> 12345,6789
Format(12345.6789,'Fixed')               ---> 12345,68
Format(12345.6789,'Standard')            ---> 12.345,6789
Format(12345.6789,'Currency')            ---> 12.345,68 €
Format(12345.6789,'Scientific')          ---> 1,23E+04
Format(0.123456789,'Percent')            ---> 12,35%
```

BEISPIEL

Artikelnamen und Preis (in Euro) aller Artikel

```
SELECT
  Artikelname,  Format(Einzelpreis,'Currency') AS Einzelpreis
FROM
  Artikel
```

Artikelname	Einzelpreis
Chai	18,00 €
Chang	19,00 €
Aniseed Syrup	10,00 €
Chef Anton's Cajun Seasoning	22,00 €
Chef Anton's Gumbo Mix	21,35 €
Grandma's Boysenberry Spread	25,00 €
Uncle Bob's Organic Dried Pears	30,00 €

Datensätze: 79 (0,031 s)

Abbildung 7.40 Abfrageergebnis des Beispiels

Unter Verwendung folgender Zeichen innerhalb des Formatierungsstrings können Sie sich eigene Formatierungen »zusammenbasteln«.

Formatierung	Erklärung (für deutsche Ländereinstellung)
""	Formatierte Zahlenausgabe
0	Platzhalter, zeigt die Ziffer 0 oder ein anderes Zeichen
#	Platzhalter, zeigt nichts oder ein anderes Zeichen
. (Punkt)	Dezimaltrenner, bestimmt Vor- und Nachkommastellen
%	Prozentplatzhalter, multipliziert die Anzeige mit 100
, (Komma)	Tausender-Separator, für Zahlen mit vier und mehr Stellen
E- E+ e- e+	Exponentialschreibweise
- + $ ( ) Leerzeichen	Diese Zeichen werden direkt angezeigt
\	Das nachfolgende Zeichen wird angezeigt

Tabelle 7.5 Zulässige Formatierungen

BEISPIEL

Einfache Formatierungen

```
Format(000234, '###0')              ---> 234
Format(234.7,  '###0.00')           ---> 234,70
Format(234.7,  '#0.00E+00')         ---> 23,47E+01
Format(500000, '##,##.00 Euro')     ---> 50.000,00 Euro
```

HINWEIS Beachten Sie die gegensätzliche Bedeutung von Punkt (.) und Komma (,) im Formatierungsstring!

BEISPIEL

Eine alternative Währungsformatierung zum obigen Beispiel.

```
SELECT
  Artikelname,
  Format(Einzelpreis,'#,##0.00 Euro') AS Verkaufspreis
FROM Artikel
```

Artikelname	Verkaufspreis
Chocolade	12,75 Euro
Maxilaku	20,00 Euro
Valkoinen suklaa	16,25 Euro
Manjimup Dried Apples	53,00 Euro
Filo Mix	7,00 Euro
Perth Pasties	32,80 Euro
Tourtière	7,45 Euro

Datensätze: 79 (0 s)

Abbildung 7.41 Abfrageergebnis des Beispiels

BEISPIEL

Diese Formatierung gestattet das Einfügen von Text.

```
SELECT
  Vorname, Nachname,
  Format(Geburtsdatum, "dddd, \d\e\n dd.mm.yyyy") AS Geburtstag
FROM Personal
```

Vorname	Nachname	Geburtstag
Nancy	Davolio	Sonntag, den 08.12.1968
Andrew	Fuller	Dienstag, den 19.02.1952
Janet	Leverling	Freitag, den 30.08.1963
Margaret	Peacock	Freitag, den 19.09.1958
Steven	Buchanan	Freitag, den 04.03.1955
Michael	Suyama	Dienstag, den 02.07.1963
Robert	King	Sonntag, den 29.05.1960

Datensätze: 12 (0,015 s)

Abbildung 7.42 Abfrageergebnis des Beispiels

BEISPIEL

Selbst eine Datumsangabe im korrekten SQL-Format ist auf diese Weise möglich.

```
SELECT
  Vorname, Nachname, Format(Geburtsdatum, '\#mm\/dd\/yyyy\#') AS Geburtstag
FROM Personal
```

Vorname	Nachname	Geburtstag
Nancy	Davolio	#12/08/1968#
Andrew	Fuller	#02/19/1952#
Janet	Leverling	#08/30/1963#
Margaret	Peacock	#09/19/1958#
Steven	Buchanan	#03/04/1955#
Michael	Suyama	#07/02/1963#
Robert	King	#05/29/1960#

Datensätze: 12 (0 s)

Abbildung 7.43 Abfrageergebnis des Beispiels

Auch die Darstellung von Zeichenketten lässt sich mit *Format* manipulieren:

Zeichen	Bedeutung
@	Platzhalter für Zeichen oder Leerzeichen
&	Platzhalter für Zeichen oder nichts
!	Füllt Platzhalter von links nach rechts auf (sonst umgekehrt)
< >	Darstellung in Klein- bzw. Großbuchstaben

Tabelle 7.6 Formatierung von Zeichenketten

BEISPIEL

Die Namen aller Mitarbeiter werden in Großbuchstaben ausgegeben.

```
SELECT
  Format(Nachname,'>') AS Name
FROM
  Personal
```

Name
DAVOLIO
FULLER
LEVERLING
PEACOCK
BUCHANAN
SUYAMA
KING

Datensätze: 12 (0 s)

Abbildung 7.44 Abfrageergebnis des Beispiels

Berechnungen in Spalten

Innerhalb der SELECT-Anweisung können Sie auch kleinere Berechnungen bzw. Formatierungen mit den Tabellenspalten realisieren.

BEISPIEL

Mit »+« zwei Tabellenspalten verketten.

```
SELECT
  Anrede + ' ' + Vorname + ' ' + Nachname AS [Komplette Anrede]
FROM
  Personal
```

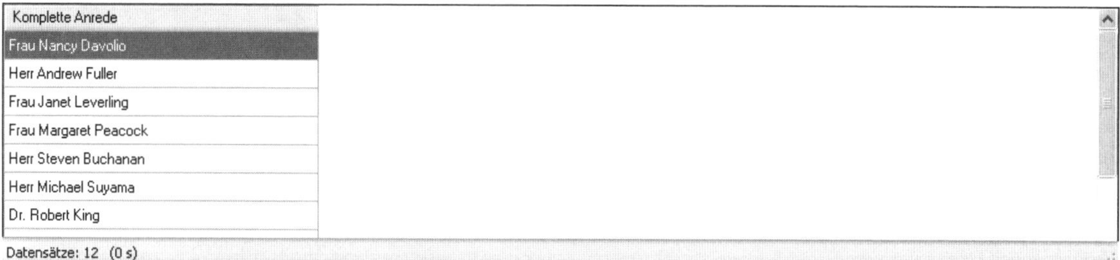

Komplette Anrede
Frau Nancy Davolio
Herr Andrew Fuller
Frau Janet Leverling
Frau Margaret Peacock
Herr Steven Buchanan
Herr Michael Suyama
Dr. Robert King

Datensätze: 12 (0 s)

Abbildung 7.45 Abfrageergebnis des Beispiels

Was wie eine Berechnung aussieht, stellt die Verknüpfung zweier *String*-Felder dar. Auf diese Weise wird der Inhalt der Tabellenfelder in **ein** Feld projiziert.

BEISPIEL

Die Artikelliste wird mit 5% Preisaufschlag ausgegeben. Die Änderung des Einzelpreises hat keine Auswirkung auf die Werte in der Tabelle, lediglich das Recordset enthält diese Werte.

```
SELECT
  Artikelname,
  Format(Einzelpreis,'Currency') AS Einzelpreis,
  Format(Einzelpreis * 1.05, 'Currency') AS [nach der Preiserhöhung]
FROM
  Artikel
```

Artikelname	Einzelpreis	nach der Preiserhöhung
Chai	18,00 €	18,90 €
Chang	19,00 €	19,95 €
Aniseed Syrup	10,00 €	10,50 €
Chef Anton's Cajun Seasoning	22,00 €	23,10 €
Chef Anton's Gumbo Mix	21,35 €	22,42 €
Grandma's Boysenberry Spread	25,00 €	26,25 €
Uncle Bob's Organic Dried Pears	30,00 €	31,50 €

Datensätze: 79 (0,016 s)

Abbildung 7.46 Abfrageergebnis des Beispiels

Neue Spalten erzeugen

Möchten Sie zusätzliche leere Spalten erzeugen, ist auch dies möglich.

BEISPIEL

Eine neue und eine leere Spalte erzeugen.

```
SELECT
  Nachname,
  '    ' AS Neu,
  NULL AS Leer
FROM
  Personal
```

Nachname	Neu	Leer
Davolio		☒
Fuller		☒
Leverling		☒
Peacock		☒
Buchanan		☒
Suyama		☒
King		☒

Datensätze: 12 (0 s)

Abbildung 7.47 Abfrageergebnis des Beispiels

Weitere String-Formatierungsfunktionen

Mit Hilfe der folgenden Stringverarbeitungsfunktionen können Sie zum einen diverse Optionen für die WHERE-Klausel realisieren, zum anderen lässt sich auch das Ausgabeformat beeinflussen.

Funktion	Beschreibung
ASC(zeichen)	Liefert den ASCII-Code des übergebenen Strings
LEN(string)	Ermittelt die Länge des übergebenen Strings
RTRIM(string)	Entfernt alle rechts stehenden Leerzeichen
SPACE(anzahl)	Erzeugt einen String mit *anzahl* Leerzeichen
LTRIM(string)	Entfernt alle links stehenden Leerzeichen
MID(string, start, anzahl)	Liefert *anzahl* von Zeichen ab *start*
LCASE(string)	Wandelt einen String in Kleinbuchstaben um
RIGHT(string, anzahl)	Liefert die rechten *anzahl* Zeichen aus *string*
UCASE(string)	Wandelt einen String in Großbuchstaben um
LEFT(string, anzahl)	Liefert die linken *anzahl* Zeichen aus *string*
INSTR(string, teilstring)	Liefert die Position von *teilstring* in *string*
STRING(anzahl, zeichen)	Liefert einen String, der aus *anzahl zeichen* besteht

Tabelle 7.7 Stringformatierungsfunktionen

BEISPIEL

Anzeige der Initiale (bestehend aus Vorname und Nachname) für alle Datensätze aus der Tabelle *Personal.*

```
SELECT
  nachname,
  vorname,
  Left(vorname,1) + '.' + Left(nachname,1) + '.'
FROM
  Personal
```

Nachname	vorname	Expr1002
Davolio	Nancy	N.D.
Fuller	Andrew	A.F.
Leverling	Janet	J.L.
Peacock	Margaret	M.P.
Buchanan	Steven	S.B.
Suyama	Michael	M.S.
King	Robert	R.K.

Datensätze: 12 (0 s)

Abbildung 7.48 Abfrageergebnis des Beispiels

BEISPIEL

Sortieren der Artikel nach Länge der Bezeichnung und Alphabet.

```
SELECT
  Artikelname,
  Len(Artikelname) As Länge
FROM
  Artikel
ORDER BY
  Len(Artikelname), Artikelname
```

Artikelname	Länge
Chai	4
Tofu	4
Chang	5
Ikura	5
Konbu	5
Quark	5
Pavlova	7

Datensätze: 79 (0 s)

Abbildung 7.49 Abfrageergebnis des Beispiels

Berechnungsfunktionen

Dass Sie direkt in SQL-Anweisungen auch rechnen können, ist Ihnen bei einigen der vorhergehenden Beispiele sicher schon aufgefallen. SQL unterstützt dies durch eine Reihe von einfachen mathematischen Operatoren, so genannte *Aggregatfunktionen*:

- Summenbildung (*SUM*)
- Mittelwert (*AVG*)
- Erster Datensatz (*FIRST*)
- Letzter Datensatz (*LAST*)
- Minimum (*MIN*)
- Maximum (*MAX*)

- Zählen (*COUNT*)
- Standardabweichung (*STDEV/STDEVP*)
- Varianz (*VAR/VARP*)

BEISPIEL

Durchschnittspreis, Minimum, Maximum und Summe der Einzelpreise aller Artikel berechnen.

```
SELECT
  AVG(Einzelpreis) AS Durchschnitt,
  MAX(Einzelpreis) AS Maximum,
  MIN(Einzelpreis) AS Minimum,
  SUM(Einzelpreis) AS Summe
FROM
  Artikel
```

Durchschnitt	Maximum	Minimum	Summe
29,5406	263,5	2,5	2333,71

Datensätze: 1 (0 s)

Abbildung 7.50 Abfrageergebnis des Beispiels

BEISPIEL

Alle Artikel ermitteln, die mehr als der Durchschnitt kosten.

```
SELECT
  Artikelname, Einzelpreis
FROM
  Artikel
WHERE
  Einzelpreis > (SELECT AVG(Einzelpreis) FROM Artikel)
ORDER BY
  Einzelpreis DESC
```

Artikelname	Einzelpreis
Côte de Blaye	263,5
Thüringer Rostbratwurst	123,79
Affenfleisch	98,5
Mishi Kobe Niku	97
Sir Rodney's Marmalade	81
Carnarvon Tigers	62,5
Raclette Courdavault	55
Manjimup Dried Apples	53

Datensätze: 26 (0,015 s)

Abbildung 7.51 Abfrageergebnis des Beispiels

HINWEIS Möchten Sie bei Berechnungen doppelte Einträge nicht berücksichtigen, können Sie die Abfrage mit DISTINCT kombinieren.

NULL-Werte

An dieser Stelle ein kleiner Exkurs zum Thema »NULL-Values«, da diese bei Berechnungen oft stiefmütterlich behandelt werden bzw. teilweise zu Missverständnissen führen können.

Mit NULL-Werten werden undefinierte Feldeinträge bezeichnet, z.B. wenn nichts eingetragen wurde.

HINWEIS Verwechseln Sie NULL-Werte niemals mit der numerischen Null (0) bzw. einem Leerstring ('')!

Ein NULL-Wert wäre beispielsweise eine fehlende Faxnummer in einem Adressbuch, denn nicht jeder hat ein Faxgerät, bzw. die Faxnummer könnte unbekannt sein.

HINWEIS In Feldern, die Sie als *Primary Index* verwenden, sind NULL-Werte unzulässig. Sollen trotzdem NULL-Werte erlaubt sein, verwenden Sie einen eindeutigen Index.

Die Anwendung von NULL-Werten ist nicht immer ganz unproblematisch.

BEISPIEL

In der Beispieldatenbank finden Sie eine Tabelle *Gewicht*, die aus den Spalten *ID* und *Wert* besteht. Der zweite der drei Datensätze weist einen NULL-Value auf:

ID	Wert
1	10
2	
3	20

Datensätze: 3 (0,016 s)

Abbildung 7.52 Die Tabelle *Gewicht*

Ermitteln Sie nun das Durchschnittsgewicht mit

```
SELECT
 SUM(Wert)/COUNT(*) AS Durchschnitt
FROM Gewicht
```

so erhalten Sie das offensichtlich falsche Resultat 30/3 = 10, da auch der Datensatz mit NULL-Wert in die Berechnung einbezogen wurde. Ermitteln Sie aber den Wert mit

```
SELECT
  SUM(Wert)/COUNT(wert)
FROM Gewicht
```

so ist das Resultat 30/2 = 15 offensichtlich richtig. Auch die Abfrage

```
SELECT
  AVG(wert)
FROM Gewicht
```

liefert als Ergebnis 15, da NULL-Values korrekterweise nicht in die Berechnung einbezogen werden.

Wie sich NULL-Werte auf logische Operationen auswirken, zeigen die beiden folgenden Tabellen.

	True	False	NULL
True	True	False	NULL
False	False	False	False
NULL	NULL	False	NULL

Tabelle 7.8 UND-Verknüpfungen

	True	False	NULL
True	True	True	True
False	True	False	NULL
NULL	True	NULL	NULL

Tabelle 7.9 ODER-Verknüpfungen

HINWEIS In einigen Spezialfällen (Expertensysteme etc.) bietet sich anstatt der NULL-Werte die Einführung von Wahrscheinlichkeitsfaktoren für die Bestimmung einer Aussage an.

In diesem Zusammenhang sei noch auf die *Required*-Eigenschaft (Eingabe erforderlich) von Tabellenfeldern hingewiesen, mit der Sie die Eingabe von NULL-Werten kategorisch unterbinden können. Bei numerischen Feldern bietet sich unter bestimmten Umständen auch die Vergabe eines Default-Wertes (0) an.

Datum und Zeit in SQL-Abfragen

Häufig ist es erforderlich, Datumswerte bzw. Teile von Datumswerten (Jahre, Monate, Tage) in WHERE-Klauseln einzubauen. Jet-SQL stellt zu diesem Zweck eine Reihe von Funktionen bereit:

Funktion	Bemerkung
NOW	Liefert das aktuelle Datum und die Zeit
DATE	Liefert das aktuelle Datum
TIME	Liefert die aktuelle Zeit
HOUR	Extrahiert die Stunden aus einem Zeitwert
MINUTE	Extrahiert die Minuten aus einem Zeitwert
SECOND	Extrahiert die Sekunden aus einem Zeitwert
MONTH	Extrahiert den Monat aus einem Datumswert
YEAR	Extrahiert das Jahr aus einem Datumswert
WEEKDAY	Extrahiert den Wochentag aus einem Datumswert

Tabelle 7.10 Datums- und Zeitfunktionen

BEISPIEL

Die Verwendung der o.g. Funktionen

```
SELECT
  DATE() AS [Date()],
  NOW() AS [Now()],
  TIME() AS [Time()]
```

Date()	Now()	Time()
28.04.2006	28.04.2006 11:11	30.12.1899 11:11

Datensätze: 1 (0 s)

Abbildung 7.53 Abfrageergebnis des Beispiels

BEISPIEL

Verwendung von YEAR (alle Bestellungen ermitteln, die im Jahr 1998 aufgegeben wurden):

```
SELECT
  *
FROM
  Bestellungen
WHERE
  YEAR(Bestelldatum) = 1998
```

BestellNr	KundenCode	PersonalNr	Bestelldatum	Lieferdatum	Versanddatum	VersandUeber	Frachtkosten	Empfaenger	S
10808	OLDWO	2	01.01.1998	29.01.1998	09.01.1998	3	45,53	Old World Delicat...	2
10809	WELLI	7	01.01.1998	29.01.1998	07.01.1998	1	4,87	Wellington Import...	R
10810	LAUGB	2	01.01.1998	29.01.1998	07.01.1998	3	4,33	Laughing Bacch...	2
10811	LINOD	8	02.01.1998	30.01.1998	08.01.1998	1	31,22	LINO-Delicateses	A
10812	REGGC	5	02.01.1998	30.01.1998	12.01.1998	1	59,78	Reggiani Caseifici	S
10813	RICAR	1	05.01.1998	02.02.1998	09.01.1998	1	47,38	Ricardo Adocica...	A
10814	VICTE	3	05.01.1998	02.02.1998	14.01.1998	3	130,94	Victuailles en stock	2,

Datensätze: 270 (0,031 s)

Abbildung 7.54 Abfrageergebnis des Beispiels

HINWEIS Sie können die o.g. Funktion auch im Zusammenhang mit der ORDER BY- bzw. GROUP BY-Klausel verwenden.

Datumsberechnungen

Neben den einfachen Datums- und Zeitfunktionen bieten sich mit DATEDIFF, DATEADD und DATE-PART recht komplexe Funktionen für die Berechnung bzw. Verarbeitung von Datums- und Zeitwerten an.

Mit der Funktion DATEDIFF können Sie Differenzen zwischen Datumswerten berechnen. Auf welches Intervall (Tage, Jahre etc.) sich diese Differenz bezieht, legen Sie selbst fest.

```
DATEDIFF(interval, datum1, datum2)
```

Intervall	Beschreibung
yyyy	Jahre
q	Quartale
m	Monate
y	Tag des Jahres
d	Tage
w	Wochentage
ww	Wochen
h	Stunden
n	Minuten
s	Sekunden

Tabelle 7.11 Mögliche Werte für den Parameter *interval*

BEISPIEL

Berechnung des Alters eines Mitarbeiters in Tagen, Monaten und Jahren.

```
SELECT
  Nachname,
  Vorname,
  Geburtsdatum,
  DATEDIFF('d', Geburtsdatum, Now) AS [Tage],
  DATEDIFF('m', Geburtsdatum, Now) AS [Monate],
  DATEDIFF('yyyy', Geburtsdatum, Now) AS [Jahre]
FROM Personal
```

Nachname	Vorname	Geburtsdatum	Tage	Monate	Jahre
Davolio	Nancy	08.12.1968	13655	448	38
Fuller	Andrew	19.02.1952	19792	650	54
Leverling	Janet	30.08.1963	15582	512	43
Peacock	Margaret	19.09.1958	17388	571	48
Buchanan	Steven	04.03.1955	18683	613	51
Suyama	Michael	02.07.1963	15641	513	43
King	Robert	29.05.1960	16770	551	46

Datensätze: 12 (0 s)

Abbildung 7.55 Abfrageergebnis des Beispiels

Auf diese Weise lassen sich auch Datensätze selektieren, die bestimmte Kriterien erfüllen.

BEISPIEL

Alle Mitarbeiter, die älter als 50 Jahre sind.

```
SELECT
  Nachname, Vorname, Geburtsdatum
FROM
```

```
  Personal
WHERE
  DATEDIFF('yyyy', Geburtsdatum, Now) > 50
```

Nachname	Vorname	Geburtsdatum
Fuller	Andrew	19.02.1952
Buchanan	Steven	04.03.1955

Datensätze: 2 (0 s)

Abbildung 7.56 Abfrageergebnis des Beispiels

Andererseits bietet sich diese Funktion auch zum Gruppieren von Daten an.

BEISPIEL

Anzahl der Mitarbeiter in den einzelnen Altersgruppen.

```
SELECT
  DATEDIFF('yyyy', Geburtsdatum, Now) AS Jahrgang,
  Count(*) AS Anzahl
FROM
  Personal
GROUP BY
  DATEDIFF('yyyy', Geburtsdatum, Now)
```

Jahrgang	Anzahl
37	1
38	1
43	2
46	1
48	2
51	1
54	1

Datensätze: 7 (0 s)

Abbildung 7.57 Abfrageergebnis des Beispiels

Eine weitere Funktion ermöglicht die Berechnung eines neuen Datums basierend auf einem Ausgangsdatum:

```
DATEADD(intervall, anzahl, datum)
```

Es gelten die gleichen Parameter für die Eigenschaft *intervall* wie bei der DATEDIFF-Funktion.

BEISPIEL

Um die Altersstruktur Ihres Unternehmens zu schönen, machen Sie die Mitarbeiter virtuell um zwei Jahre älter.

```
SELECT
  Nachname, Vorname,
  DATEADD('yyyy', 2, Geburtsdatum) AS [Geburtsdatum Neu],
  Geburtsdatum
```

```
FROM
  Personal
```

Nachname	Vorname	Geburtsdatum Neu	Geburtsdatum
Davolio	Nancy	08.12.1970	08.12.1968
Fuller	Andrew	19.02.1954	19.02.1952
Leverling	Janet	30.08.1965	30.08.1963
Peacock	Margaret	19.09.1960	19.09.1958
Buchanan	Steven	04.03.1957	04.03.1955
Suyama	Michael	02.07.1965	02.07.1963
King	Robert	29.05.1962	29.05.1960

Datensätze: 9 (0,016 s)

Abbildung 7.58 Abfrageergebnis des Beispiels

Geht es darum, aus einem Datumswert Teile zu extrahieren, können Sie auch die Funktion DATEPART einsetzen:

```
DATEPART(datumsteil, datum)
```

Die Parameter im Einzelnen:

Datumsteil	Beschreibung
yyyy	Jahr
q	Quartal
m	Monat
y	Tag des Jahres
d	Tag
w	Wochentag
ww	Woche
h	Stunde
n	Minute
s	Sekunde

Tabelle 7.12 Parameter für DATEPART

BEISPIEL

Verwendung der Funktion DATEPART

```
SELECT
  NOW,
  DATEPART('yyyy', Now()) AS Jahr,
  DATEPART('q', Now()) AS Quartal,
  DATEPART('y', Now()) AS [Tag des Jahres],
  DATEPART('m', Now()) AS Monat,
  DATEPART('d', Now()) AS Tag
```

Expr1000	Jahr	Quartal	Tag des Jahres	Monat	Tag
28.04.2006 11:20	2006	2	118	4	28

Datensätze: 1 (0 s)

Abbildung 7.59 Abfrageergebnis des Beispiels

DateValue

Mit DATEVALUE bietet sich Ihnen die Möglichkeit, aus einem String ein korrektes Datum zu erzeugen. Die Funktion nutzt die unter Microsoft Windows festgelegten Ländereinstellungen, um die Typkonvertierung (String -> Datum) durchzuführen.

BEISPIEL

Verwendung von DATEVALUE

```
SELECT
  DATEVALUE('1.11'),
  DATEVALUE('1.11.78'),
  DATEVALUE('1.11.01'),
  DATEVALUE('1.11.2001'),
  DATEVALUE('1/5/2001')
```

Expr1000	Expr1001	Expr1002	Expr1003	Expr1004
01.11.2006	01.11.1978	01.11.2001	01.11.2001	01.05.2001

Datensätze: 1 (0 s)

Abbildung 7.60 Abfrageergebnis des Beispiels

Ob Sie den Punkt (.), einen Slash (/) oder ein anderes Datumstrennzeichen verwenden, spielt keine Rolle (siehe letzter Ausdruck im obigen Beispiel). Offensichtlich versucht DATEVALUE »auf Teufel komm raus« jeden nur einigermaßen brauchbaren Stringausdruck in ein Datum zu verwandeln, dies aber ist nicht ganz unproblematisch, da dadurch mögliche Eingabefehler verdeckt werden können.

HINWEIS Auch wenn Sie das Datum in US-Schreibweise (*mm/dd/yyyy*) angeben, wird dies zunächst als deutsche Datumsangabe interpretiert. Erst wenn dabei ein unsinniges Datum herauskommen sollte, wird das englische Format genommen (Tag und Monat vertauscht).

BEISPIEL

Alle Ausdrücke werden als US-Datum interpretiert und liefern den *28.11.2001*.

```
SELECT
  DATEVALUE('11.28.2001'),
  DATEVALUE('11 28 2001'),
  DATEVALUE('11/28/2001')
```

Datentypumwandlungen

Möchten Sie Stringverkettungen im Zusammenhang mit numerischen Feldern durchführen, oder möchten Sie Zahlenwerte in Stringfeldern für Berechnungen nutzen, bleibt Ihnen eine Datentyp-Umwandlung nicht erspart. Jet-SQL bietet die folgenden Funktionen an:

Funktion	Beschreibung
CCUR(x)	Umwandeln in Currency-Wert
CDBL(x)	Umwandeln in Double
CINT(x)	Umwandeln in Integer (Runden)
CLNG(x)	Umwandeln in Long
CSNG(x)	Umwandeln in Single
CSTR(x)	Umwandeln in String
CVDATE(x)	Umwandeln in Datumswert

Tabelle 7.13 Funktionen zur Datentypumwandlung

BEISPIEL

Verschiedene Typumwandlungen

```
SELECT
 CCUR(Einzelpreis),
 CINT(Einzelpreis),
 CSTR(Einzelpreis) + ' EURO'
FROM
  Artikel
```

Expr1000	Expr1001	Expr1002
18	18	18 EURO
19	19	19 EURO
10	10	10 EURO
22	22	22 EURO
21,35	21	21,35 EURO
25	25	25 EURO

Datensätze: 79 (0,016 s)

Abbildung 7.61 Abfrageergebnis des Beispiels

BEISPIEL

Umrechnung eines DM-Wertes in einen EURO-Wert

```
SELECT
  Einzelpreis AS DM,
  CCUR(Einzelpreis/1.95583) AS [Euro ungerundet],
  FORMAT(Einzelpreis/1.95583, 'Currency') AS [EURO]
```

```
FROM
  Artikel
```

DM	Euro ungerundet	EURO
18	9,2033	9,20 €
19	9,7145	9,71 €
10	5,1129	5,11 €
22	11,2484	11,25 €
21,35	10,9161	10,92 €
25	12,7823	12,78 €

Datensätze: 79 (0 s)

Abbildung 7.62 Abfrageergebnis des Beispiels

HINWEIS Beachten Sie die kaufmännische Rundung für die dritte Nachkommastelle!

Kreuztabellenabfragen

Wer mit den bisherigen Berechnungs- und Abfragefunktionen von Jet-SQL noch nicht ganz zufrieden ist, der findet vielleicht mit einer Kreuztabellenabfrage eine Lösung für sein Problem.

Die Syntax bzw. den Verwendungszweck soll eine Skizze verdeutlichen:

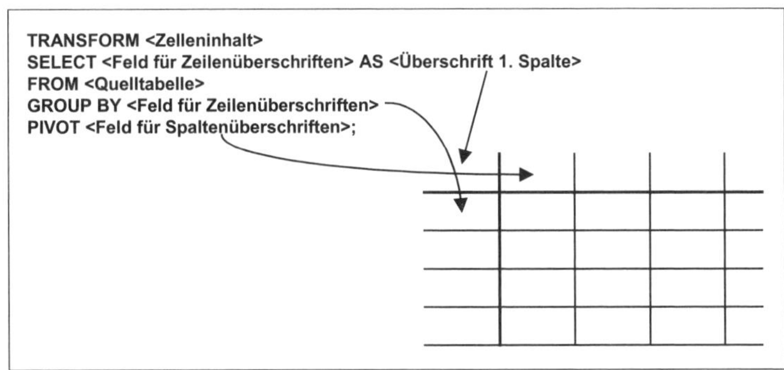
TRANSFORM <Zelleninhalt>
SELECT <Feld für Zeilenüberschriften> AS <Überschrift 1. Spalte>
FROM <Quelltabelle>
GROUP BY <Feld für Zeilenüberschriften>
PIVOT <Feld für Spaltenüberschriften>;

Abbildung 7.63 Syntax Kreuztabellenabfrage

Der Zelleninhalt ist das Ergebnis einer Aggregatfunktion (z.B. SUM, COUNT, AVG etc.). Die Abarbeitung können Sie sich wie folgt vorstellen:

- Gruppieren der Daten nach <Feld für Zeilenüberschriften>.
- Berechnung der Spalteninhalte mit der Funktion <Zelleninhalt>, indem nur die Daten in die Berechnung einbezogen werden, die <Feld für Spaltenüberschriften> entsprechen.
- Wiederholte Abarbeitung von Schritt 2 für alle in Schritt 1 gebildeten Gruppen.

Natürlich können Sie auch noch eine WHERE-Klausel einbauen oder die Daten mit ORDER BY sortieren.

Aufbauend auf einer Tabelle *Personen* soll eine Alterspyramide erstellt werden, die nach Frauen und Männern getrennt ist. Die Trennung dürfte kein Problem sein, da die Anrede in der Datenbank gespeichert ist. Damit steht auch schon der Wert für die Spaltenüberschriften fest: das Feld *Anrede*. Die Zeilenüberschriften können wir aus dem Geburtsdatum ermitteln, gruppiert wird nach dem Geburtsjahr. Welches Feld wir für die Berechnung nehmen, ist vollkommen unerheblich, wichtig ist nur, dass wir die COUNT-Funktion verwenden.

BEISPIEL

Ein erster Entwurf könnte wie folgt aussehen:

```
TRANSFORM
  COUNT(*)
SELECT
  Year(Geburtstag) AS Jahr FROM Personen
GROUP BY
  Year(Geburtstag)
PIVOT
  Anrede
```

Jahr	Frau	Herr
1974	13	1
1975	13	
1976	14	2
1977	13	2
1978	18	4
1979	10	3
1980	1	
1981	3	1
1982	2	

Datensätze: 50 (0,016 s)

Abbildung 7.64 Abfrageergebnis des Beispiels

Um statt des Geburtsjahres das Alter auszugeben, berechnen wir die Differenz zum Tagesdatum:

```
TRANSFORM
  Count(*)
SELECT
  DateDiff('yyyy',Geburtstag, Now) AS [Alter]
FROM
  Personen
GROUP BY
  DateDiff('yyyy', Geburtstag, Now)
PIVOT  Anrede
```

Alter	Frau	Herr
24	2	
25	3	1
26	1	
27	10	3
28	18	4
29	13	2

Datensätze: 50 (0,015 s)

Abbildung 7.65 Abfrageergebnis des Beispiels

Für die grafische Anzeige bietet sich eine *Chart*-Komponente an, wie Sie sie allerdings unter Visual Studio vergeblich suchen werden.

HINWEIS Eine Lösung zeigt Ihnen das PB6.13 »Daten als Diagramm darstellen«.

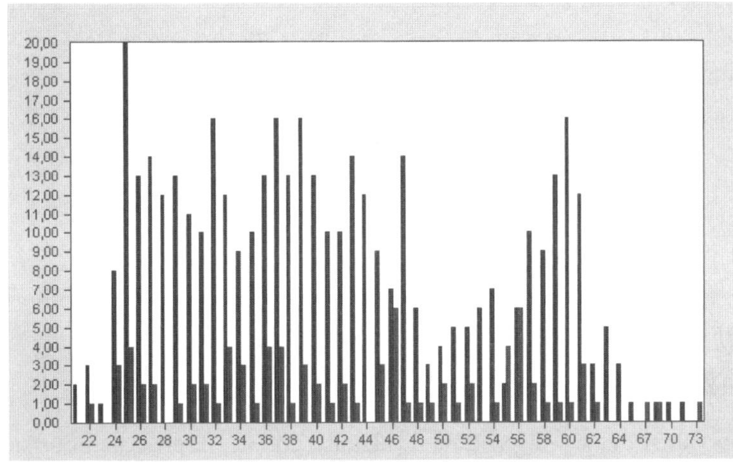

Abbildung 7.66 Grafische Ausgabe der SQL-Abfrage

Weitere Möglichkeiten der grafischen Anzeige bieten beispielsweise *Crystal Report* oder *Microsoft Reporting Services* (siehe Kapitel 8 und 9).

Wie Sie sehen, können mit Kreuztabellenabfragen umfangreiche Daten in sehr übersichtlicher Form aufbereitet werden. Wem es am Anfang schwer fällt, eigene Abfragen zu erstellen, der sollte zunächst einmal hemmungslos den Access-Assistenten benutzen (Microsoft Access muss natürlich vorhanden sein!) und sich danach den erzeugten SQL-Code zu Gemüte führen.

Datenbankverwaltung mit SQL (DDL)

Nachdem in den vorhergehenden Abschnitten mit bereits bestehenden Tabellen gearbeitet wurde, wollen wir uns nun um die Aspekte der Datenbankverwaltung kümmern. SQL-Anweisungen dieser Kategorie werden unter dem Begriff DDL, das heißt *Data Definition Language* oder Datendefinitionssprache, zusammengefasst.

Mit Hilfe von DDL-Befehlen können Sie:

- Datenbanken erstellen, ändern und löschen
- Tabellen, Sichten und Prozeduren erstellen und löschen
- Indizes und Schlüssel definieren und ändern
- Nutzer und Gruppen mit den zugehörigen Rechten verwalten

HINWEIS Alle im Folgenden vorgestellten SQL-Anweisungen sind stark vom jeweiligen Datenbank-Treiber (Jet-SQL, Server SQL etc.) abhängig.

Datenbanken

Jet-SQL stellt keine Funktion für das Erzeugen einer Access-Datenbank zur Verfügung. Andere Formate, wie Paradox, dBase etc., verfügen über kein Datenbank-Objekt, es handelt sich lediglich um ein Unterverzeichnis. Wie Sie dennoch leere Access-Datenbanken erzeugen, zeigt Ihnen das Kapitel 10 (Verwaltung von Access-Datenbanken).

Im Gegensatz zu Jet-SQL finden Sie beim Microsoft SQL-Server auch eine CREATE DATABASE-Anweisung, deren Syntax und Verwendung in Kapitel 11 näher erläutert wird.

Tabellen

Zum Erstellen neuer Tabellen verwenden Sie in SQL die Anweisung CREATE TABLE:

```
CREATE TABLE Tabellenname (
         Feld1 Typ [(Größe)] [NOT NULL] [WITH COMPRESSION | WITH COMP] [Index1]
         [, Feld2 Typ [(Größe)] [NOT NULL] [Index2]
         [, ...]]
         [, CONSTRAINT Mehrfelderindex [, ...]])
```

Für den Tabellen- und die Feldnamen gelten die jeweiligen Datenbankkonventionen: Leerzeichen dürfen enthalten sein. Beachten Sie jedoch, dass in diesem Fall der Name in eckige Klammern einzuschließen ist (z.B. *[Abschlussbilanz 2006]*).

Die SQL-Datentypen weichen in ihrer Bezeichnung von den bekannten Access-Feldtypen ab. Allerdings ist der Jet-SQL-Interpreter nicht allzu genau, für ein und denselben Datentyp sind meist mehrere Bezeichner erlaubt (TEXT/VARCHAR oder CURRENCY/MONEY). Welche Änderungen Sie beachten müssen, können Sie der folgenden Tabelle entnehmen:

SQL-Typ	Beschreibung
COUNTER	Zählerfeld
IDENTITY(Start, Inkrement)	Zählerfeld mit beliebigem Startwert und beliebigem Inkrement
CURRENCY/MONEY	Währung
DATETIME	Datum/Uhrzeit
SINGLE	Single
DOUBLE	Double
SHORT	Integer
LONG	Long
LONGTEXT	Memo
LONGBINARY	Binärfeld
TEXT/VARCHAR	Textfeld
BIT	Boolean

Tabelle 7.14 SQL-Datentypen für Access-Datenbanken

HINWEIS Die Feldgröße ist nur bei Textfeldern interessant, in allen anderen Fällen können Sie diesen Parameter weglassen.

Der Parameter WITH COMPRESSION ist nur im Zusammenhang mit Text- bzw. Memofeldern von Bedeutung. Im Wesentlichen geht es darum, derartige Spalten zu komprimieren. Hintergrund ist der Unicode-Zeichensatz, der statt einem zwei Bytes pro Zeichen verwendet.

BEISPIEL

Anlegen einer Tabelle *Personal*.

```
CREATE TABLE Personal(
 name TEXT (30),
 vorname TEXT (20),
 geboren DATETIME,
 gehalt CURRENCY,
 bemerkung LONGTEXT)
```

HINWEIS Sollten Sie versuchen, ein Feld mit der Bezeichnung *Alter* anzulegen, vergessen Sie nicht die eckigen Klammern, denn bei ALTER handelt es sich um ein reserviertes Wort!

Indizes

Dass Sie mit CREATE TABLE auch Indizes anlegen können, zeigen die folgenden Ausführungen. Die Unterscheidung zwischen Hauptindex (*Primary Key*) und eindeutigem Index (*Unique Key*) wird auch bei der Definition über SQL-Anweisungen beibehalten.

CONSTRAINT-Klausel

Erweitern Sie zu diesem Zweck die CREATE TABLE-Anweisung um eine CONSTRAINT-Klausel.

BEISPIEL

Das Feld *nr* wird als Hauptindex festgelegt.

```
CREATE TABLE Personen(
    nr COUNTER CONSTRAINT Primary Key, name TEXT (30))
```

Bei der CONSTRAINT-Klausel müssen Sie zwischen zwei Typen unterscheiden:

```
(Einfacher Index)
          CONSTRAINT Name
          {PRIMARY KEY | UNIQUE | REFERENCES Fremdtabelle [(Fremdfeld)]}

(Mehr-Felder-Index)
     CONSTRAINT Name
     {PRIMARY KEY (Primär1[, Primär2 [, ...]]) |
     UNIQUE (Eindeutig1[, Eindeutig2 [, ...]]) |
     FOREIGN KEY (Ref1[, Ref2 [, ...]])
     REFERENCES Fremdtabelle [(Fremdfeld1 [, Fremdfeld2 [, ...]])]}
```

BEISPIEL

Eindeutiger Index für das Feld *nr*

```
CREATE TABLE Personen(
   nr COUNTER CONSTRAINT [nr] UNIQUE,
   vorname TEXT (30),
   nachname TEXT (25),
   geburtsdatum DATETIME );
```

BEISPIEL

Hauptindex

```
CREATE TABLE Personen(
   nr COUNTER CONSTRAINT [nr] PRIMARY KEY,
   vorname TEXT (30),
   nachname TEXT (25),
   geburtsdatum DATETIME );
```

BEISPIEL

Zusammengesetzter Index (Vorname, Nachname)

```
CREATE TABLE Personen(
   vorname TEXT (30),
   nachname TEXT (25),
   geburtsdatum DATETIME,
   CONSTRAINT index1 (vorname, nachname));
```

Beziehungen festlegen

Mit der CONSTRAINT-Klausel können Sie nicht nur Indizes anlegen, sondern sogar Beziehungen zwischen Tabellen festlegen.

BEISPIEL

Erstellen einer Tabelle *Personal*, die über das Feld *raum* eine Relation mit der Tabelle *Räume* herstellt.

```
CREATE TABLE Personal(
   nr COUNTER CONSTRAINT nr UNIQUE,
   vorname TEXT (30),
   nachname TEXT (25),
   raum LONG,
   CONSTRAINT beziehung1 FOREIGN KEY (raum) REFERENCES [Räume] );
```

oder:

```
CREATE TABLE Personal(
   nr COUNTER CONSTRAINT [nr] UNIQUE,
   vorname TEXT (30),
   nachname TEXT (25),
   raum LONG CONSTRAINT beziehung1 REFERENCES [Räume] );
```

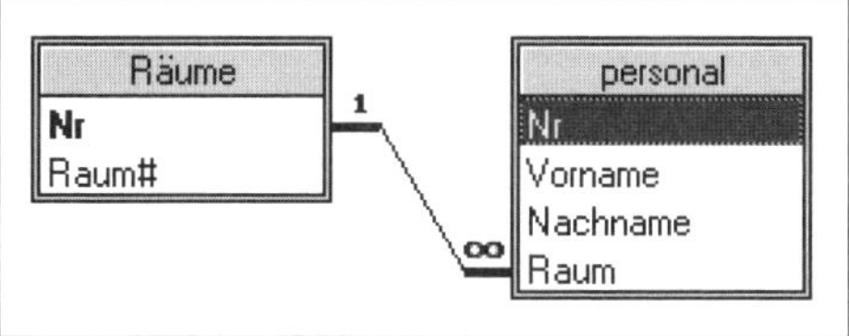

Abbildung 7.67 Die Relation zwischen den beiden Tabellen

Vielleicht haben Sie bisher ein Beispiel für einen einfachen Index vermisst? Der Grund dafür ist, dass dieser nur mit der CREATE INDEX-Anweisung angelegt werden kann.

CREATE INDEX

```
CREATE [UNIQUE] INDEX <Indexname>  ON <Tabellenname>
      (Feld [ASC|DESC][, Feld [ASC|DESC], ...]) [WITH { PRIMARY | DISALLOW NULL | IGNORE NULL }]
```

Wie Sie sehen, ist es mit CREATE INDEX auch möglich, die Sortierreihenfolge zu beeinflussen, was bei CONSTRAINT nicht machbar ist.

BEISPIEL

Indizieren des Feldes *Nachname* in der Tabelle *Personal.*

```
CREATE INDEX Nachname
ON Personal(Nachname)
```

BEISPIEL

Indizieren des Feldes *Nachname* in der Tabelle *Personal* in absteigender Reihenfolge (Z ... A).

```
CREATE INDEX Nachname
ON Personal(Nachname DESC)
```

BEISPIEL

Zusammengesetzter Index über die Felder *Nachname* und *Vorname.*

```
CREATE INDEX Name
ON Personal(Nachname, Vorname)
```

Verwenden Sie die Option UNIQUE, so handelt es sich beim erzeugten Index um einen **eindeutigen** Index, d.h., doppelte Werte in der indizierten Spalte sind unzulässig.

Setzen Sie die IGNORE NULL-Option, so ignoriert die Jet-Engine NULL-Werte und nimmt diese nicht in den Index auf. Soll verhindert werden, dass NULL-Werte in einer Spalte gespeichert werden, müssen Sie die DISALLOW NULL-Option setzen.

BEISPIEL

Index, der keine NULL-Werte zulässt.

```
CREATE INDEX Name
ON Personal(Nachname, Vorname) WITH DISALLOW NULL
```

HINWEIS Jede Tabelle darf nur einen Hauptindex (*Primary* Key) besitzen!

Tabellen/Indizes löschen oder verändern

Ist die Tabelle einmal angelegt, können Sie entweder mit ALTER TABLE deren Struktur ändern, oder Sie löschen die Tabelle und erzeugen eine neue.

```
ALTER TABLE <Tabellenname> {
              ADD{COLUMN Feld Typ[(Größe)] [CONSTRAINT Index]|
              CONSTRAINT Mehrfelderindex} | DROP {COLUMN Feld | CONSTRAINT Indexname } }
```

Mit ALTER TABLE lässt sich nachträglich eine neue Spalte erzeugen oder eine Spalte löschen. Weiterhin können Sie Indizes anlegen bzw. löschen. Das Umbenennen von Spalten, Tabellen oder Indizes ist nicht möglich. Dazu müssen Sie die Daten in eine neue Tabelle kopieren und die alte Tabelle löschen (siehe dazu SELECT INTO).

BEISPIEL

Einfügen einer Tabellenspalte

```
ALTER TABLE
    Personal
ADD COLUMN
   telefon TEXT (30)
```

BEISPIEL

Löschen einer Tabellenspalte

```
ALTER TABLE
     Personal
DROP COLUMN
     nachname
```

Mit DROP TABLE bzw. DROP INDEX lassen sich Tabellen und Indizes löschen. Allerdings sollten Sie die DROP TABLE-Anweisung mit Bedacht einsetzen, denn es wird weder eine Sicherheitsabfrage angezeigt noch kann die Tabelle restauriert werden.

BEISPIEL

Löschen einer Tabelle

```
DROP TABLE Personal
```

HINWEIS Tabellenspalten können erst dann gelöscht werden, wenn sie nicht mehr indiziert sind.

Sichten (Views)

Neben Tabellen und Indizes finden sich in einer Access-Datenbank auch Abfragen. Derartige Datenbank-Objekte lassen sich auch mit SQL-Anweisungen erstellen, allerdings werden Sie vergeblich nach einem CREATE QUERY etc. Ausschau halten. Abfragen werden als »Views« oder »Prozeduren« bezeichnet und auch als solche erstellt.

Der Unterschied zwischen beiden beschränkt sich im Falle einer Access-Datenbank auf den Unterschied zwischen einer Abfrage (keine Parameter/Übergabewerte) und einer Parameterabfrage. Auf einem SQL-Server sieht das schon ganz anders aus, wir kommen in Kapitel 11 darauf zurück.

```
CREATE PROCEDURE (Name Param1 Datentyp[, Param2 Datentyp[, ...]]) AS Auswahlanweisung
```

bzw.

```
CREATE VIEW Name [(Feld1[, Feld2[, ...]])] AS Auswahlanweisung
```

BEISPIEL

Erzeugen einer Abfrage, die alle Frauen der Tabelle *Personal* zurückgibt.

```
CREATE VIEW [Alle Frauen]
AS
  SELECT
    anrede, nachname
  FROM
    Personal
  WHERE anrede = 'Frau'
```

Ein nachfolgendes

```
SELECT * FROM [Alle Frauen]
```

zeigt uns das Resultat der Abfrage (nicht den Inhalt):

anrede	nachname
Frau	Davolio
Frau	Leverling
Frau	Peacock
Frau	Callahan
Frau	Dodsworth

Datensätze: 5 (0,016 s)

Abbildung 7.68 Abfrageergebnis des Beispiels

BEISPIEL

Erzeugen einer Prozedur, die alle Artikel einer bestimmten Kategorie auflistet, die Kategorienummer ist als Parameter zu übergeben.

```
CREATE PROCEDURE MeineArtikel ([KatNr] INT)
AS
```

```
SELECT *
FROM
   Artikel
WHERE
   KategorieNr = [KatNr]
```

Führen Sie die Prozedur jetzt in Access aus, werden Sie nach einem Wert für den Parameter gefragt.

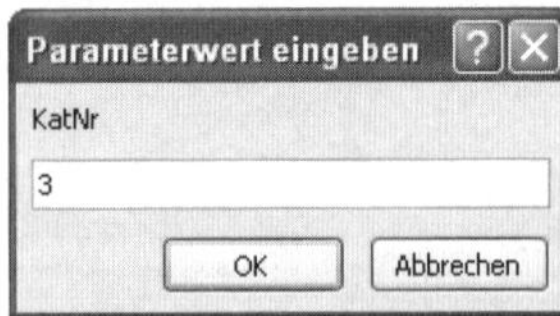

Abbildung 7.69 Eingabedialog des Beispiels

HINWEIS In Ihrem VB.NET-Programm müssen Sie sich selbst um die Übergabe der nötigen Parameter kümmern!

Nutzer- und Rechteverwaltung

Seit Access 2000 sind auch Befehle zum Administrieren von Datenbanken Bestandteil der Jet-Engine. Dazu zählen zunächst Anweisungen zum

- Erzeugen/Bearbeiten von Usern
- Erzeugen/Bearbeiten von Gruppen
- Vergabe von Passwörtern
- Zuordnung von Rechten an Datenbanken und Datenbank-Objekten

Ob Sie in Ihren Programmen SQL oder ADOX (in ADO.NET nicht möglich) für die Vergabe von Rechten einsetzen, bleibt Ihnen selbst überlassen, wer viel mit SQL arbeitet, kommt sicher mit den im Folgenden vorgestellten Lösungen schneller zum Ziel.

Datenbankpasswort ändern

Zum Setzen bzw. Ändern eines Datenbankpassworts nutzen Sie die folgende Anweisung:

```
ALTER DATABASE PASSWORD NeuesKennwort AltesKennwort
```

BEISPIEL

Datenbankpasswort setzen

```
ALTER DATABASE PASSWORD 'geheim' ''
```

User erzeugen/löschen

Beim Erzeugen eines neuen Datenbanknutzers übergeben Sie den Namen, ein Kennwort und gegebenenfalls eine eindeutige PID, über die sich ein gleiches Nutzerkonto noch einmal einrichten lässt.

```
CREATE USER Benutzer Kennwort pid , ...
```

Zum Löschen von Nutzern verwenden Sie

```
DROP USER Benutzer[, Benutzer, …]
```

Sie können mehrere Nutzer gleichzeitig löschen.

BEISPIEL

Zwei neue User erzeugen und Rechte an der Tabelle *Personal* vergeben (Jede SQL-Anweisung ist einzeln auszuführen!).

Nutzer *Werner* erzeugen:

```
CREATE USER Werner 111112
```

Nutzer *Tom* erzeugen:

```
CREATE USER Tom 111113
```

User neues Passwort zuweisen

```
ALTER USER Benutzer PASSWORD NeuesKennwort AltesKennwort
```

BEISPIEL

Nutzerpasswort ändern

```
ALTER USER Werner PASSWORD geheim 1111112
```

Gruppe erzeugen/löschen

Neben Nutzern können Sie auch Gruppen von Nutzern erzeugen bzw. verwalten, doch zunächst muss die Gruppe selbst erzeugt werden:

```
CREATE GROUP Gruppe pid[, Gruppe pid, …]
```

Die Gruppe löschen:

```
DROP GROUP Gruppe[, Gruppe, …]
```

BEISPIEL

Gruppe »Buchhaltung« erzeugen

```
CREATE GROUP Buchhaltung
```

Nutzer zu Gruppe hinzufügen/entfernen

Sind Nutzer und Gruppen vorhanden, können Sie einzelne Nutzer den Gruppen zuordnen:

```
ADD USER Benutzer[, Benutzer, …] TO Gruppe
```

User aus Gruppe entfernen:

```
DROP USER Benutzer[, Benutzer, …] FROM Gruppe
```

BEISPIEL

Werner und Tom der Gruppe »Buchhaltung« zuordnen.

```
ADD USER werner, tom TO buchhaltung
```

Rechte zuweisen/entziehen

Jeder Nutzer bzw. jede Gruppe innerhalb der Datenbank verfügt über bestimmte Rechte. Mit Hilfe von GRAD bzw. REVOKE können Sie diese Rechte vergeben bzw. entziehen:

```
GRANT {Berechtigung[, Berechtigung, …]} ON
      {TABLE Tabelle | OBJECT Objekt | CONTAINER Container }
      TO {Autorisierungsname[, …]}
```

Rechte entziehen:

```
REVOKE {Berechtigung[, Berechtigung, …]} ON
       {TABLE Tabelle | OBJECT Objekt | CONTAINER Container }
        FROM {Autorisierungsname[, …]}
```

Für das Zuweisen der Berechtigungen bei GRAND und REVOKE können Sie die folgenden Bezeichner verwenden:

Berechtigung	Beschreibung
SELECT	Lesen der Daten und des Designs von Tabellen und Objekten
DELETE	Löschen von Daten aus Tabellen und Objekten
INSERT	Einfügen von Daten in Tabellen und Objekte
UPDATE	Aktualisieren von Daten in Tabellen
DROP	Löschen von Tabellen und Objekten
SELECTSECURITY	Anzeigen der Berechtigungen für ein Objekt
UPDATESECURITY	Ändern der Berechtigungen für ein Objekt
UPDATEIDENTITY	Ändern der Autoinkrementwerte in einer Tabelle zulassen
CREATE	Erstellen neuer Tabellen oder anderer Objekte
SELECTSCHEMA	Anzeigen des Design eines Objekts/Tabelle
SCHEMA	Ändern des Designs eines Objekts/Tabelle

Tabelle 7.15 Bezeichner für Rechtevergabe

Berechtigung	Beschreibung
UPDATEOWNER	Ändern des Besitzers eines Objekts
ALL PRIVILEGES	Alle Berechtigungen an einem Objekt zuweisen
CREATEDB	Erstellen einer neuen Datenbank
EXCLUSIVECONNECT	Öffnen einer Datenbank im Exklusivmodus
CONNECT	Öffnen einer Datenbank
ADMINDB	Administrieren einer Datenbank

Tabelle 7.15 Bezeichner für Rechtevergabe *(Fortsetzung)*

BEISPIEL

Rechte für *Braun* vergeben (siehe folgende Abbildung).

```
GRANT
  SELECT, DELETE, INSERT, UPDATE
ON TABLE Personen
TO Braun
```

Rechte für *Müller* vergeben (lediglich Leserechte, *Braun* kann auch löschen/schreiben.):

```
GRANT
  SELECT
ON TABLE Personen
TO [Müller]
```

Die Abbildung zeigt das Ergebnis in Microsoft Access:

Abbildung 7.70 Access-Dialogfeld

Alternativ können Sie Rechte an Datenbankobjekten natürlich auch mit Hilfe der ADOX verwalten. Sie werden jedoch feststellen, dass Sie mit SQL-Anweisungen wesentlich schneller und einfacher zum Ziel kommen. Hier zeigt sich wieder einmal die Diskrepanz zwischen »vorbildlicher objektorientierter Programmierung« mit teilweise groteskem Aufwand und verpönter, weil prozeduraler, Programmierung, die mit wenigen Anweisungen dasselbe erreicht.

Datenbankentwurf optimieren

Wenn man davon ausgeht, dass der Datenbankentwurf der bestimmende Faktor für eine Performance-Steigerung Ihrer Datenbankapplikation ist, dürfte klar sein, dass man mit der Optimierung bereits in diesem Frühstadium beginnen muss.

Indizes

Schon beim Tabellenentwurf bestimmen Sie durch den Einsatz von Indizes die spätere Ausführungsgeschwindigkeit. Prinzipiell gilt:

HINWEIS Alle wichtigen Felder einer Tabelle sollten indiziert sein!

Allerdings hat die Medaille auch ihre Kehrseite: Je mehr Indizes erstellt werden, umso größer ist die Datenbank und umso langsamer wird der Einfügevorgang (bzw. das Löschen), müssen doch mit jedem eingefügten Datensatz auch alle Indextabellen aktualisiert werden. Da aber beim Hinzufügen von Datensätzen selten hohe Ansprüche in Bezug auf die Geschwindigkeit gestellt werden, sollte man diese Nachteile im Interesse einer hohen Abfragegeschwindigkeit in Kauf nehmen[1]. Prinzipiell sollten immer die Felder indiziert werden, nach denen sortiert oder in denen gesucht wird. Weiterhin sollten Sie alle Felder indizieren, die in Verknüpfungen verwendet werden. Allerdings bestehen zwischen den einzelnen Indextypen gewisse Geschwindigkeitsunterschiede. Für die Suche nach einem Datensatz eignet sich ein Primärschlüssel am besten. Fast die gleiche Geschwindigkeit erreichen Sie mit einem eindeutigen Index. In zusammengesetzte Indizes sollten Sie aber nur die unbedingt notwendigen Felder einbeziehen.

Abfrageoptimierung

Hauptziele der Optimierung von Datenbanken sind im Allgemeinen Suchvorgänge und Abfragen.

Das betrifft beispielsweise Vergleiche mit einem der folgenden Operatoren <, >, =, <=, >=, <>, BETWEEN, LIKE, IN, die wiederum mit AND bzw. OR verknüpft sein können. Nicht optimiert wird der Zugriff auf die gesamte Datenbank. Allerdings müssen Sie einige Regeln beachten, damit die Optimierung überhaupt effektiv umgesetzt werden kann.

- Wichtig ist vor allem die Indizierung der Vergleichsfelder.
- Bei Vergleichen mit dem LIKE-Operator sollten Sie keine Platzhalter **vor** dem Suchstring einfügen (z.B. LIKE "*ai"), derartige Abfragen lassen sich nicht optimieren!
- Sollen die Datensätze in einer Ergebnismenge gezählt werden, überlassen Sie am besten der Jet-Engine die Wahl des Feldes[2], indem Sie z.B. statt SELECT COUNT(name) ... einen Platzhalter verwenden: SELECT COUNT(*) ...

[1] Die physische Größe der Datenbank dürfte bei den heutigen Festplattenpreisen wohl kaum mehr eine Rolle spielen.

[2] Ausnahme: Sie möchten gezielt NULL-Values berücksichtigen!

- Haben Sie einen Index mit umgekehrter Sortierfolge erstellt und ist der Vergleichsoperator nicht »=«, dann kann die Abfrage nicht optimiert werden.

Zwei Beispiele für optimierbare Ausdrücke:

BEISPIEL

Der folgende Ausdruck kann dann optimal eingesetzt werden, wenn sowohl das Feld *Name* als auch das Feld *Vorname* indiziert sind. Die Abfrage wird in zwei Einzelabfragen zerlegt, die Ergebnismengen werden mit AND verknüpft.

```
SELECT ...
FROM ...
WHERE Name = 'Mayer' AND Vorname= 'Hans'
```

BEISPIEL

Die Abfrage besteht ebenfalls aus zwei Einzelabfragen, die Ergebnismengen werden jedoch vereinigt, da das Eintreffen einer Bedingung genügt.

```
SELECT ...
FROM ...
WHERE Name = 'Mayer' OR PLZ = '03345'
```

Weitere Möglichkeiten

Neben den oben genannten Faktoren haben Sie noch weitere Einflussmöglichkeiten auf die Leistungsfähigkeit Ihrer Abfrage:

- Ändert sich die Ergebnismenge einer Abfrage selten, so sollten Sie anstatt der Abfrage besser eine Tabelle erstellen. Diese kann schneller und effektiver verarbeitet werden. Nutzen Sie dazu die SELECT INTO oder die INSERT INTO-Anweisung.
- Die Ergebnismenge einer Abfrage sollte nur die Felder enthalten, die unbedingt gebraucht werden (SELECT * FROM ... möglichst vermeiden!).
- Komprimieren Sie ab und zu die Datenbank (Access). Auf diese Weise wird die interne Datenstruktur wieder optimiert.
- Verwenden Sie in Netzwerken die Aktenkoffer-Replikation, so dass nur auf lokale Daten zugegriffen werden muss.
- Verwenden Sie Transaktionen, wenn Sie mehrere Datensätze verändern!
- Nutzen Sie Stored Procedures (externe Daten)!
- Verlagern Sie möglichst viel Funktionalität in den SQL-Server (externe Daten)!
- Verknüpfen Sie Tabellen mit einer Abfrage, anstatt diese direkt zu öffnen (externe Daten)!
- Nicht zuletzt dürfte auch der verfügbare Arbeitsspeicher eine wichtige Rolle spielen. Wie immer unter Windows gilt auch hier: Je mehr, desto besser. Für eine mittlere Access-Datenbank sollten Sie Ihrem Rechner schon mindestens 512 MByte Arbeitsspeicher gönnen.

SQL in der Visual Basic 2005-Praxis

Haben wir uns bisher recht abstrakt mit SQL beschäftigt, wollen wir Ihnen nun die Einsatzgebiete in einer VB.NET-Anwendung demonstrieren.

SQL-Kenntnisse können unter .NET in folgenden Bereichen hilfreiche Dienste leisten:

- Abfragen/Verknüpfen von Daten aus Tabellen als Grundlage für die Bearbeitung in Visual Basic 2005
- Erzeugen und Verwalten von Datenbanken mit den enthaltenen Objekten
- Importieren und Exportieren von Daten

Ausführen oder Abfragen?

Grundsätzlich müssen Sie zwischen zwei Formen von SQL-Anweisungen unterscheiden, da dies Einfluss auf den Aufruf in VB.NET hat. Dies gilt sowohl für ADO.NET- als auch für die ADO-Objekte.

- Variante 1: Die SQL-Anweisung ist eine Abfrage und liefert eine Menge von Datensätzen an das ausführende Programm (SELECT, TRANSFORM, SHAPE).
- Variante 2: Die SQL-Anweisung enthält Befehle zur Manipulation der Datenbank bzw. der enthaltenen Objekte (DELETE, UPDATE, INSERT, CREATE etc.).

Variante 1 erfordert das Öffnen der Datenmenge mit einem *TableAdapter/DataAdapter* bzw. einem *DataReader*.

Eigenschaften

Fill Query

CommandText	**SELECT PersonalNr, Nachname, Vorname, Straße, Ort, Region, PLZ, Land, [Telefon privat], [Durchwahl Büro] FROM Personal**
CommandType	Text
ExecuteMode	**Reader**
FillMethodModifier	Public
FillMethodName	**Fill**
GenerateMethods	Both
GetMethodModifier	Public
GetMethodName	**GetData**
Parameters	(Auflistung)

CommandText
Die gegen diese Datenbank auszuführende Abfrage oder gespeicherte Prozedur

Abbildung 7.71 Beispiel für *CommandText*-Eigenschaft eines *TableAdapters*

In Variante 2 gibt die SQL-Anweisung keine Daten an die aufrufende Komponente zurück, Sie können also die *Command*-Klasse mit der Methode *ExecuteNonQuery* verwenden.

Die eigentliche SQL-Anweisung wird zum Beispiel beim *DataAdapter* in der Eigenschaft *SelectCommand* (*CommandText*) gespeichert, bei anderen Objekten kann der SQL-String z.B. an den Konstruktor übergeben werden.

BEISPIEL

Verwenden des Konstruktors (Abfragen von Daten).

```
Imports System.Data.OleDb
```

```
...
  Dim conn As New OleDbConnection("Provider=Microsoft.Jet.OLEDB.4.0;Data Source=Firma.mdb")
  conn.Open()
  Dim da As New OleDbDataAdapter("SELECT * FROM Mitarbeiter", conn)
  Dim dt As New DataTable()
  da.Fill(dt)
```

BEISPIEL

Arbeiten mit der *CommandText*-Eigenschaft (Ausführen von Anweisungen).

```
Imports System.Data.OleDb
...
  Dim conn As New OleDbConnection("Provider=Microsoft.Jet.OLEDB.4.0;Data Source=Firma.mdb")
  conn.Open()
  Dim cmd As New OleDbCommand()
  cmd.Connection = conn
  cmd.CommandType = CommandType.Text
  cmd.CommandText = "DROP TABLE Test"
  cmd.ExecuteNonQuery()
```

HINWEIS Bei UPDATE-, DELETE- oder INSERT-Anweisungen können Sie über die zurückgegebenen Werte von *ExecuteNonQuery* die Anzahl der betroffenen Datensätze ermitteln.

Einfügen von Strings zur Laufzeit

Das Einfügen von Strings in SQL-Anweisungen zur Laufzeit führt dann zu einer häufigen Fehlerquelle, wenn Sie die entsprechenden SQL-Beispiele dieses Kapitels 1:1 kopieren wollen, denn Sie dürfen nicht vergessen, dass es sich unter Visual Basic um »Strings im (SQL-)String« handelt.

BEISPIEL

Erzeugen einer *DataTable*, die alle Datensätze aus der Tabelle *Mitarbeiter* enthält, die mit »L« anfangen.

```
  Dim conn As OleDbConnection
  Dim da As OleDbDataAdapter
  Dim dt As DataTable
  conn = New OleDbConnection("Provider=Microsoft.Jet.OLEDB.4.0;Data Source=Firma.mdb")
  conn.Open()
  da = New OleDbDataAdapter("SELECT * FROM Mitarbeiter WHERE nachname LIKE 'L%'", conn)
  dt = New DataTable()
  da.Fill(dt)
```

Soll das Kriterium veränderlich sein, muss eine Variable in den SQL-String eingebaut werden:

```
Dim kriterium As String
kriterium = Text1.Text
  da = New OleDbDataAdapter("SELECT * FROM Mitarbeiter WHERE nachname LIKE '" & kriterium & "'", conn)
```

Allerdings sind in diesem Fall einige Besonderheiten in Bezug auf die Anführungszeichen zu beachten. Der gesamte String wird in *doppelte* Anführungszeichen (") eingeschlossen, die Stringaddition nehmen Sie mit dem &-Operator vor:

```
"SELECT * FROM personen WHERE nachname LIKE " & kriterium
```

Da SQL-Anweisungen keine VB.NET-Variablen kennen, muss der *Wert* der Variablen als String in den SQL-Ausdruck »eingebaut« werden. Sollte es erforderlich sein, müssen Sie Variablen vorher in einen String umwandeln.

Das Kriterium für die LIKE-Option ist, wie Sie noch sehen werden, ebenfalls in Anführungszeichen einzuschließen. Zur Unterscheidung werden aber diesmal nur **einfache** Anführungszeichen (') verwendet:

```
"SELECT * FROM personen WHERE nachname LIKE '" & kriterium & "'"
```

Sollte es Probleme bei der Ausführung geben, so fehlen meist die einfachen Anführungszeichen, oder die Stringaddition ist nicht korrekt.

Datumseingabe

In einer SQL-Anweisung sind Datumswerte normalerweise als »englisches« Datumsliteral (zum Beispiel *#11/28/1954#* für den *28.11.1954*) zu notieren.

HINWEIS Es ist nicht empfehlenswert, deutsche Datumsangaben in den SQL-String einzubauen. Verwenden Sie besser das US-Format, dann kann auch bei anderen Systemeinstellungen oder der späteren Migration auf den SQL Server nichts passieren.

```
<Monat><Monat>/<Tag><Tag>/<Jahr><Jahr><Jahr><Jahr>
```

BEISPIEL

```
12/31/1999 ---> 31.12.1999
```

BEISPIEL

Eingabe von »deutschen« Datumsangaben in ein Textfeld. Für die Umwandlung in den »englischen« Datumsstring sorgt die Methode *getDatStr*:

```
Imports System.Globalization
...
   Private Function getDatStr(ByVal dat As DateTime) As String
     Return ("#" & dat.ToString("d", New CultureInfo("en-US")) & "#")
   End Function
```

Die Anwendung:

```
   Dim kriterium As String = getDatStr(Convert.ToDateTime(TextBox1.Text))
```

Der Hintergrund: Wir konvertieren den Eingabestring zunächst in einen *DateTime*-Wert, der wiederum mit der *getDatStr*-Methode in einen US-Datumsstring umgewandelt wird.

HINWEIS Verwenden Sie obige Variante, wenn Sie den SQL-String selbst »zusammenbasteln«!

BEISPIEL

Einfügen eines Datums aus einem Textfeld in die SQL-Anweisung zur Laufzeit.

```
Dim kriterium As String = getDatStr(Convert.ToDateTime(TextBox1.Text))
Dim conn As New OleDbConnection("Provider=Microsoft.Jet.OLEDB.4.0;Data Source=Daten.mdb")
Dim da AS New OleDbDataAdapter("SELECT * FROM Mitarbeiter WHERE geburtstag = " &  kriterium, conn)
```

Wer es gern etwas einfacher hätte, der kann es ja einmal mit DATEVALUE versuchen.

BEISPIEL

Ein äquivalenter SQL-String für das Vorgängerbeispiel.

```
sql  = "SELECT * FROM Mitarbeiter WHERE geburtstag < DATEVALUE('" & TextBox1.Text & "')"
```

Parameterübergabe

Häufig wird ein und dieselbe SQL-Abfrage mit unterschiedlichen Parametern benötigt. Dies können zum Beispiel Bereiche oder unterschiedliche Namen sein.

ADO.NET unterstützt mit Hilfe der *Parameters*-Auflistung bzw. den *Parameter*-Objekten auch dieses Feature. Allerdings können Sie sich darauf einstellen, dass sich die Vorgehensweise bei *OLEDBCommand* gänzlich vom Zugriff mit *SQLCommand* unterscheidet. Während erstere lediglich einfache Platzhalter (ein Fragezeichen) implementiert, die damit auch nur über die Reihenfolge innerhalb der SQL-Anweisung identifiziert werden können, bietet das *SQLCommand*-Objekt die Möglichkeit benannte Parameter (z.B. *@Name*) zu verwenden.

Parameter für OLEDBCommand

Das grundsätzliche Vorgehen für die Verwendung von Parametern ist relativ einfach. Entweder Sie fügen Fragezeichen an der Stelle des SQL-Strings ein, die später durch einen Parameterwert ersetzt werden sollen oder Sie erstellen eine Access-Abfrage, in der Parameter definiert sind.

BEISPIEL

SQL-String mit Parametern

```
SELECT
  *
FROM
  Personal
WHERE
  nachname LIKE ?
```

HINWEIS Eine Unterscheidung der Parameter anhand ihrer Bezeichner findet auch bei gespeicherten Access-Abfragen nicht statt. Auch hier spielt lediglich die Reihenfolge der Definition eine Rolle, obwohl in Access-Abfragen Parameternamen möglich sind.

BEISPIEL

Die folgende Abfrage (*Parameterabfrage*) ist in einer Access-Datenbank gespeichert

```
SELECT Nachname, Vorname
FROM Personal
WHERE (Nachname Like [wert1])and(Vorname Like [wert2])
```

Die Einbindung in ein VB.NET-Programm:

```
    da = New OleDbDataAdapter()
    da.SelectCommand = New OleDbCommand("SELECT * FROM parameterabfrage", conn)
    da.SelectCommand.Parameters.Add("wert2", "K%")        ' Eigentlich als Vorname zugeordnet
    da.SelectCommand.Parameters.Add("wert1", "S%")        ' Eigentlich als Nachname zugeordnet
    dt = New DataTable()
    da.Fill(dt)
    DataGridView1.DataSource = dt
```

Das Resultat, trotz eindeutiger Parameternamen:

	Nachname	Vorname
▶	Kummelt	Simone
	Krebs	Sylvia
	Kölling	Sven
	Kowark	Sabine
	Kniefall	Stefan
*		

Abbildung 7.72 Abfrageergebnis des Beispiels

Dass eine derartige Parameterzuordnung die Fehlerquelle schlechthin ist, dürfte schnell ersichtlich sein. Schon eine kleine Umstellung in der SQL-Abfrage kann zu späteren Problemen führen. Deshalb unsere Empfehlung:

HINWEIS Möchten Sie unbedingt variable Parameter in Access-(OLEDB-)Abfragen einfügen, setzen Sie den String möglichst »von Hand« zusammen.

Parameter für SQLCommand

Im Unterschied zu den bereits besprochenen OLEDB-Parametern, haben wir es hier mit vollwertigen und auch praktikabel einsetzbaren Parametern zu tun.

Parameter für das SQLCommand-Objekt werden grundsätzlich im SQL-String mit einem »@«-Zeichen gekennzeichnet, bei der Definition des Parameters müssen Sie dies natürlich ebenfalls berücksichtigen.

BEISPIEL

SQL-Anweisung mit Parameter und zugehörige Parameterdefinition.

```
SELECT
   Vorname, Nachname
FROM dbo.Mitarbeiter
WHERE
  (vorname LIKE @Vorname)AND(nachname LIKE @Nachname)
```

Das eigentliche Programm zum Abrufen der Daten muss nun natürlich zunächst die Parameter definieren, bevor die Abfrage ausgeführt werden kann:

```
...
da.SelectCommand.Parameters.Add("@Vorname", "K%")
da.SelectCommand.Parameters.Add("@Nachname", "S%")
dt = New DataTable()
da.Fill(dt)
DataGridView1.DataSource = dt
...
```

Alternativ können Sie so auch die Parameter für eine Gespeicherte Prozedur definieren und parametrieren:

BEISPIEL

Parameter für eine Gespeicherte Prozedur

```
CREATE PROCEDURE SP1 (@vorname VARCHAR(10), @nachname VARCHAR(10))
AS SELECT
   Vorname, Nachname
FROM
   dbo.Mitarbeiter
WHERE
   (vorname LIKE @Vorname)AND(nachname LIKE @nachname)
```

Die so definierten Parameter können Sie auf zwei verschiedenen Wegen zuweisen (Aufruf als Stored Procedure oder Aufruf als Text).

BEISPIEL

Aufruf als Stored Procedure

```
da.SelectCommand.CommandType = CommandType.StoredProcedure
da.SelectCommand.Parameters.Add("@vorname", "K%")
da.SelectCommand.Parameters.Add("@nachname", "S%")
```

oder auch

```
da.SelectCommand.Parameters.Add("@vorname", SqlDbType.VarChar, 10)
da.SelectCommand.Parameters("@vorname").Value = "K%"
da.SelectCommand.Parameters.Add("@nachname", SqlDbType.VarChar, 10)
da.SelectCommand.Parameters("@nachname").Value = "S%"
```

BEISPIEL

Aufruf als Text (hier genügt es, wenn Sie beim Aufruf der Stored Procedure die Parameter im Text mit angeben)

```
EXEC SP1 'K%','S%'
```

HINWEIS Hier ist natürlich wieder die Reihenfolge der Parameterangaben von Belang.

Weitere Informationen zur Verwendung von Stored Procedures finden Sie im Kapitel 11.

Tipps & Tricks

Wie kann ich nach einem INSERT das Zählerfeld abfragen?

Haben Sie mit der INSERT-Anweisung einen Datensatz in die Tabelle eingefügt, stehen Sie häufig vor dem Problem, den automatisch erzeugten Primärschlüssel (IDENTITY oder COUNTER) zu bestimmen. Beispielsweise brauchen Sie diesen Wert, wenn Sie Master-Detail-Beziehungen zwischen Daten aufbauen wollen.

In diesem Fall hilft Ihnen eine Systemvariable des SQL-Servers weiter. Rufen Sie folgende Anweisungen auf,

```
INSERT INTO
    Telefone(telefonnr, raumid)
    VALUES('12345678',16)
```

können Sie danach mit

```
SELECT @@IDENTITY
```

den vergebenen Wert bestimmen.

Wie kann ich die Anzahl der Datensätze ermitteln?

Verwenden Sie die SQL-Funktion COUNT.

BEISPIEL

Bestimmen der Anzahl Kunden.

```
SELECT
  Count(*)
FROM
  Kunden
```

HINWEIS Verwenden Sie ein Platzhalterzeichen für den Spaltennamen wählt die SQL-Engine automatisch den schnellsten Weg zum Bestimmen der Anzahl von Einträgen. Verwenden Sie einen Spaltennamen, müssen Sie bedenken, dass nur Einträge ungleich NULL gezählt werden.

Die vorherige SQL-Anweisung liefert 92 als Rückgabewert, die folgende Abfrage lediglich 32, da alle anderen Zeilen mit NULL-Values gefüllt sind.

```
SELECT
  Count(Region)
FROM
  Kunden
```

Wie nutze ich Datumsteile in SQL zur Suche?

Nicht in jedem Fall möchten Sie bei der Suche nach Datumswerten bzw. beim Filtern ein komplettes Datum angeben. Manchmal ist nur ein bestimmtes Jahr gefragt, ein anderes Mal soll es sich um das zweite Quartal etc. handeln.

Mit Hilfe der *Extract*-Funktion können Sie Teile eines Datumsfeldes extrahieren und auswerten. Folgende Varianten stehen zur Auswahl:

- YEAR(<Datumsfeld>)
- MONTH(<Datumsfeld>)
- WEEKDAY(<Datumsfeld>)

BEISPIEL

Alle Angestellten ermitteln, die im Februar geboren wurden.

```
SELECT *
FROM
  Personal
WHERE
  MONTH(Geburtsdatum)  = 2
```

Doch nicht immer kommen Sie mit obiger Funktion weiter. Möchten Sie beispielsweise LIKE und Platzhalter einsetzen, gearaten Sie mit den Datentypen in Konflikt. An dieser Stelle hilft Ihnen die CAST-Funktion weiter. Diese ist in der Lage, einen Datentyp in einen anderen zu transformieren, vorausgesetzt, dies ist überhaupt möglich[1].

Wie kann ich die Groß-/Kleinschreibung berücksichtigen?

Vergleichen Sie in der SQL-Anweisung zwei Strings mit dem Operator »=« oder mit LIKE, wird die Groß-/Kleinschreibung nicht berücksichtigt.

BEISPIEL

Die folgende Anweisung liefert den Datensatz mit »Chai« zurück.

```
SELECT
   *
FROM
   Artikel
WHERE
    Artikelname = 'cHaI'
```

Ist die Unterscheidung der Schreibweise zwingend nötig, können Sie mit Hilfe der STRCOMP-Anweisung auch einen genauen Vergleich realisieren. Übergeben Sie der Funktion die beiden zu vergleichenden Strings sowie den Wert 0 für einen binären Vergleich.

Der Rückgabewert der Funktion gibt Ihnen Auskunft darüber, ob

- *String1* kleiner *String2* (Rückgabewert = –1) ist,

[1] Aus einem *Boolean* werden Sie kein Datum machen können.

- *String1* gleich *String2* (Rückgabewert = 0) ist oder
- *String1* größer *String2* (Rückgabewert = 1) ist.

BEISPIEL

Suchen des Strings »dEterT«.

```
SELECT *
FROM
  Artikel
WHERE
  STRCOMP(Artikelname,'cHaI',0) = 0
```

Die obige Abfrage wird keinen Datensatz zurückgeben.

HINWEIS Die obigen Aussagen gelten ausschließlich für Jet-SQL!

Was bedeutet WITH OWNERACCESS OPTION?

Eine Besonderheit von Jet-SQL bzw. von Access-Datenbanken ist die WITH OWNERACCESS OPTION bei Abfragen. Ist diese Option angegeben, kann ein Nutzer die SQL-Abfrage auf den zugrunde liegenden Tabellen ausführen, auch wenn ihm die Rechte an den Tabellen selbst fehlen. Für die Abfrage werden die Rechte der Person verwendet, die die Abfrage erzeugt hat (der Owner). Wird der Owner der Abfrage gelöscht, kann die Abfrage nicht mehr ausgeführt werden.

BEISPIEL

Müller kann nicht direkt auf die Tabelle *Gehälter* zugreifen. Mit Hilfe einer Abfrage, die die Rechte von *Braun* nutzt, ist es dennoch möglich.

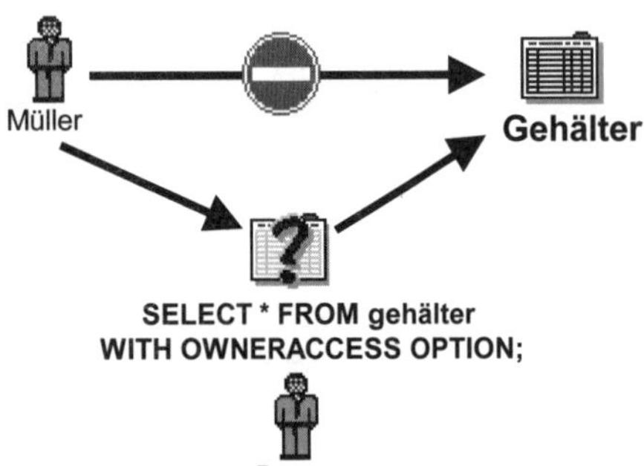

Abbildung 7.73 Prinzip »Owner Access«

Warum erhalte ich zu viele Datensätze beim Verknüpfen?

Vermutlich haben Sie einen häufig vorkommenden Fehler gemacht. Sie haben die WHERE-Klausel bzw. eine JOIN-Anweisung vergessen oder falsch angegeben. Das Resultat ist ein kartesisches Produkt (Cross Join) beider Tabellen, d.h. jeder Datensatz aus *Tabelle1* wird mit jedem Datensatz aus *Tabelle2* kombiniert.

Das bei entsprechend vielen Datensätzen in den Ausgangstabellen die Abfrage schnell zum Desaster werden kann, liegt auf der Hand.

Sie verknüpfen um Beispiel zwei Tabellen *Tabelle1* und *Tabelle2* miteinander, ohne eine Beziehung über die WHERE-Klausel herzustellen.

Die Ausgangstabellen

Tabelle1

Id	Wert
1	AAA
2	BBB
3	CCC
4	DDD

Tabelle2

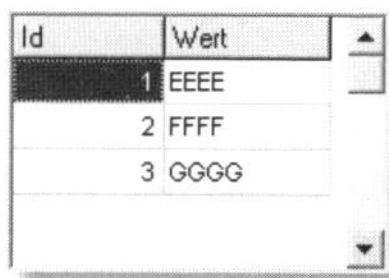

Id	Wert
1	EEEE
2	FFFF
3	GGGG

Mit der Abfrage:

```
SELECT
  *
FROM
  Tabelle1, Tabelle2
```

erhalten Sie folgendes Abfrageergebnis:

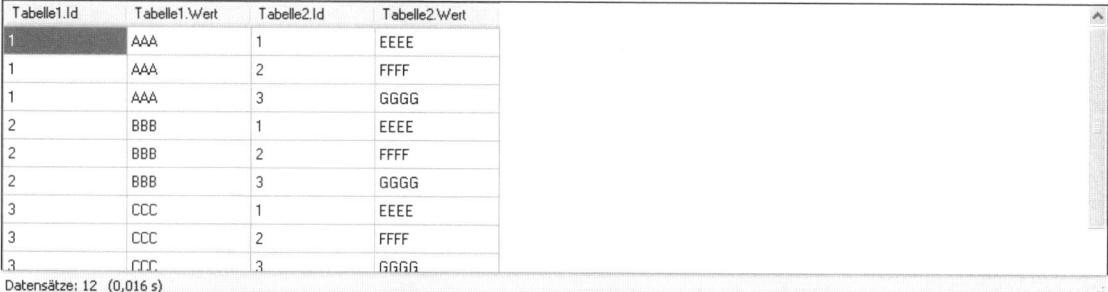

Tabelle1.Id	Tabelle1.Wert	Tabelle2.Id	Tabelle2.Wert
1	AAA	1	EEEE
1	AAA	2	FFFF
1	AAA	3	GGGG
2	BBB	1	EEEE
2	BBB	2	FFFF
2	BBB	3	GGGG
3	CCC	1	EEEE
3	CCC	2	FFFF
3	CCC	3	GGGG

Datensätze: 12 (0,016 s)

Abbildung 7.74 Abfrageergebnis des Beispiels

Also Augen auf beim Erstellen der SQL-Anweisung! Sie können ja einmal mit den beiden Tabellen *Testdaten1* und *Testdaten2* in der Beispieldatenbank etwas experimentieren[1].

[1] Vergessen Sie aber nicht, einen Kaffee bereitzustellen, es kann sehr lange dauern!

Wie lösche ich doppelte Datensätze aus einer Tabelle?

Eigentlich dürfte es nicht zu diesem Zustand kommen, da dies gegen die Grundregeln relationaler Datenbanken verstößt. Jeder Datensatz muss eindeutig identifiziert werden können. Wie wollen Sie mit SELECT xyz den gewünschten Datensatz aufrufen, bzw. warum werden in der Datenbank redundante Informationen gespeichert?

Doch wie immer unterscheiden sich Theorie und Praxis voneinander. Gehen wir also davon aus, dass Sie in der Tabelle *Import* einige doppelte Datensätze vorfinden:

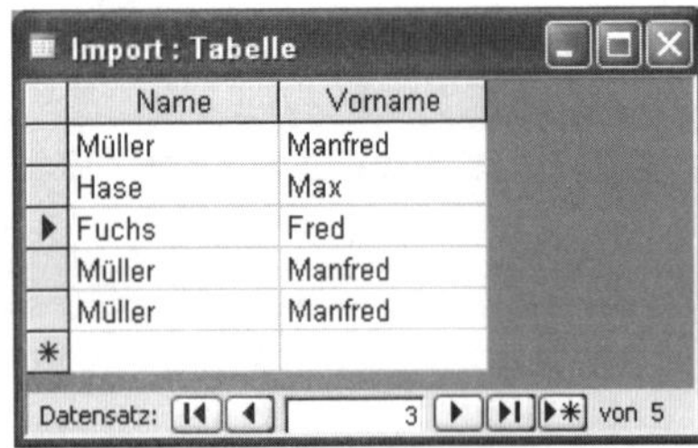

Abbildung 7.75 Tabelleninhalt

Was ist zu tun? Mit

```
DELETE FROM
  Import
WHERE
  name = 'Hase' AND vorname = 'Max'
```

werden Sie kaum weiterkommen, es werden alle betreffenden Datensätze gelöscht, nicht nur die doppelten. Zum korrekten Löschen der Duplikate bieten sich mehrere Weg an, wir wollen Ihnen zwei davon vorstellen.

Temporäre Tabelle

Wir exportieren zunächst eine Liste (ohne Duplikate) der Datensätze in eine temporäre Tabelle, löschen die Ursprungstabelle und benennen die Tabelle um. Dabei handelt es sich um drei einzelne SQL-Anweisungen.

```
SELECT
  DISTINCT *
INTO
  TempImport
FROM
  Import
```

Löschen der Ursprungstabelle:

```
DROP TABLE Import
```

Zurückkopieren der Temporärtabelle (mit Jet-SQL können Sie Tabellen nicht umbenennen):

```
SELECT * INTO Import FROM TempImport
```

Eindeutiges Feld

Die zweite Variante basiert darauf, zunächst ein eindeutiges Feld *Id* (Zählerfeld) der Tabelle hinzuzufügen. Auf diese Weise sind auch einzelne Datensätze für SQL-Anweisungen adressierbar. Nachfolgend werden alle Datensätze gesucht, deren *Id* größer als die kleinste *Id* bei gleichen Datensätzen ist, d.h., von *n* doppelten Datensätzen verbleibt nur der Datensatz mit der kleinsten *Id*.

Ändern des Tabellenlayouts:

```
ALTER TABLE Import
  ADD COLUMN Id COUNTER
```

Löschen der Duplikate:

```
DELETE
FROM
  Import i1
WHERE
  i1.id > (SELECT MIN(i2.id) FROM Import i2
           WHERE (i1.name=i2.name) AND (i1.vorname=i2.vorname))
```

Nachfolgend können Sie das Zählerfeld ja wieder löschen, es ist jedoch empfehlenswert, dieses gleich als Primärschlüssel zu »missbrauchen«.

Wo ist die IFF-Funktion?

Sind Sie hier gelandet, sind Sie sicher ein alter Access-Programmierer, der auch die Basic-Funktion IFF für SQL-Abfragen genutzt hat. Diese Funktion wird in Jet-SQL nicht unterstützt, auf dem SQL-Server können Sie sich mit einer Stored Procedure und der CASE-Anweisung behelfen.

Praxisbeispiele

PB7.1 Ein einfaches SQL-Abfrageprogramm erstellen

OleDbDataAdapter-Objekt; *OleDbCommand*-Objekt: *ExecuteNonQuery*-Methode;

SQL lernt man – wie jede andere Sprache auch – am besten durch das unermüdliche Ausprobieren von Beispielen. Wer schnell in die Geheimnisse von SQL eindringen will und sich dafür sein Werkzeug selbst »basteln« möchte, der ist mit diesem an Einfachheit kaum zu unterbietenden Programmchen bestens bedient.

Oberfläche

Entwerfen Sie eine Oberfläche nach Abbildung 7.76. Unter den Schaltflächen (*ToolStrip* mit ToolStrip-Buttons) befindet sich eine *TextBox*, deren *Multiline*-Eigenschaft auf *True* gesetzt ist. Diese werden wir für die Eingabe der SQL-Anweisungen verwenden. Im unteren Teil des Formulars finden Sie ein *DataGridView*, um dessen Datenbankbindung wir uns erst zur Laufzeit kümmern werden.

Mit einem *StatusStripLabel* am unteren Fensterrand werden wir die Ausführungszeiten anzeigen.

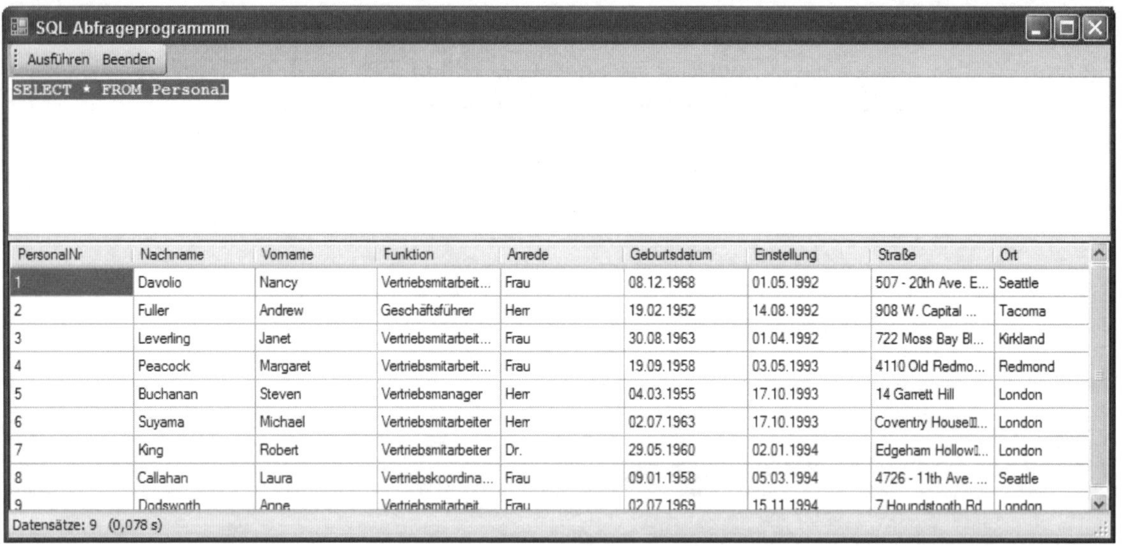

Abbildung A7.76 Laufzeitansicht

Quellcode

Binden Sie zunächst den folgenden Namespace ein:

```
Imports System.Data.OleDb
```

Einige globale Objekte für den Datenbankzugriff (mehr dazu in Kapitel 4):

```
Public Class Form1
    Private conn As OleDbConnection
    Private da As OleDbDataAdapter
    Private dt As DataTable
```

Mit dem Laden des Formulars öffnen wir die Connection zur Access-Datenbank, die sich im gleichen Verzeichnis wie die Anwendung befinden sollte. Anderenfalls müssen Sie hier die Pfadangabe anpassen oder ein Datei-Dialogfeld verwenden.

```
    Private Sub Form1_Load(ByVal sender As System.Object, ByVal e As System.EventArgs) _
                      Handles MyBase.Load
        conn = New OleDbConnection("Provider=Microsoft.Jet.OLEDB.4.0;Data Source=daten.mdb")
        conn.Open()
        ToolStripStatusLabel1.Text = conn.ConnectionString
    End Sub
```

HINWEIS Eigentlich sollte die Connection nur kurz für das Einlesen der Daten geöffnet und dann auch schon wieder geschlossen werden. Wir haben uns in diesem Fall einmal nicht an die »reine Lehre« gehalten, es handelt sich ohnehin nur um eine lokale Datenbank.

Mit dem Klick auf die Schaltfläche beginnt auch schon die Arbeit:

```
Private Sub ToolStripButton1_Click(ByVal sender As System.Object, ByVal e As System.EventArgs) _
                            Handles ToolStripButton1.Click
    Dim von As Double = System.Environment.TickCount
```

Formatieren der Eingabewerte (Leerzeichen entfernen und in Großbuchstaben umwandeln):

```
    Dim s As String = TextBox1.Text.ToUpper()
    s.Trim()
```

Im Folgenden müssen wir entscheiden, ob es sich um eine Auswahlabfrage (deren Ergebnis können wir im *DataGridView* anzeigen) oder nur eine Aktionsabfrage handelt:

```
    If (s.StartsWith("SELECT") And (s.IndexOf("INTO") < 0)) Or (s.StartsWith("TRANSFORM")) _
            Or (s.StartsWith("SHAPE")) Then
        Try
```

Erzeugen eines *OleDbDataAdapters* und einer *DataTable*, die wir nachfolgend an das *DataGridView* binden:

```
            da = New OleDbDataAdapter(TextBox1.Text.Trim(), conn)
            dt = New DataTable()
            da.Fill(dt)
            DataGridView1.DataSource = dt
            Dim bis As Double = System.Environment.TickCount
            ToolStripStatusLabel1.Text = "Datensätze: " & dt.Rows.Count.ToString & _
                                       "    (" + ((bis - von) / 1000).ToString & " s)"
        Catch ex As Exception
            MessageBox.Show(ex.Message)
        End Try
    Else
```

Sollte es sich um eine Aktionsabfrage handeln, geben wir lediglich die Anzahl der betroffenen Datensätze zurück:

```
        Dim cmd As OleDbCommand = New OleDbCommand(TextBox1.Text, conn)
        Try
            Dim i As Integer = cmd.ExecuteNonQuery()
            ToolStripStatusLabel1.Text = "Betroffene Datensätze: " & i.ToString
            MessageBox.Show("Betroffene Datensätze: " + i.ToString)
        Catch ex As Exception
            MessageBox.Show(ex.Message)
        End Try
    End If
End Sub
```

HINWEIS Ganz nebenbei berechnen wir noch die Ausführungszeiten der einzelnen Anweisungen, so können Sie auch gleich den Einfluss bestimmter Parameter auf das Ausführungsverhalten testen.

Test

Nach dem Programmstart tragen Sie in die Textbox einen gültigen SQL-Befehl ein und lassen sich vom Ergebnis überraschen.

PB7.2 Aggregatfunktionen auswerten

Command-Objekt: *ExecuteScalar*-Methode; SQL-Befehle: AVG

Nicht immer braucht man den Aufwand mit *DataAdapter* und *DataSet* zu treiben, z.B. wenn nur einfache Abfragen gegen die Datenquelle auszuführen sind. Die *ExecuteScalar*-Methode des *Command*-Objekts eignet sich gut zur Rückgabe einzelner Werte aus SELECT-Anweisungen, wie sie z.B. zum Ausführen von Berechnungen in SQL (Aggregatfunktionen) dienen.

Das vorliegende Praxisbeispiel berechnet den durchschnittlichen Artikelpreis aus der *Nordwind*-Beispieldatenbank unter Verwendung der *AVG*-Aggregatfunktion.

Oberfläche

Das Ergebnis soll in *Label1* angezeigt werden. Lediglich zur Information ist im oberen *Label* der SQL-String fest eingegeben.

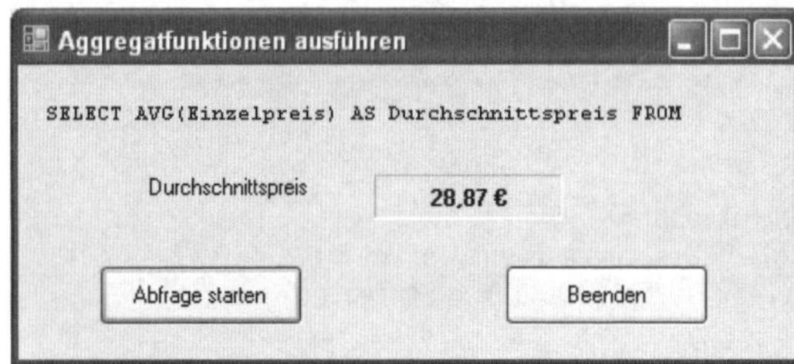

Abbildung 7.77 Laufzeitansicht

Quellcode (OleDb)

```
Imports System.Data.OleDb
...
Public Class Form1

    Private Sub Button1_Click(ByVal sender As System.Object, ByVal e As System.EventArgs) _
                          Handles Button1.Click
        Dim conn As New OleDbConnection("Provider=Microsoft.Jet.OLEDB.4.0; Data Source=Nordwind.mdb;")
        Dim cmd As New OleDbCommand()
        cmd.Connection = conn
        cmd.CommandText = "SELECT AVG(Einzelpreis) AS Durchschnittspreis FROM Artikel"
        cmd.Connection.Open()
        Dim avg As Decimal = Convert.ToDecimal(cmd.ExecuteScalar())
        Label1.Text = avg.ToString("C")
        cmd.Connection.Close()
    End Sub
...
```

Quellcode (SqlClient)

Um Alternativen zu verdeutlichen, verwenden wir einen Konstruktor zum Erzeugen des *Command*-Objekts. Eine Besonderheit gibt es auch bezüglich der Formatierung des Durchschnittspreises, den wir uns diesmal in Dollar anzeigen lassen wollen.

```
    Imports System.Data.SqlClient

    Public Class Form1
    ...
      Private Sub Button1_Click(ByVal sender As System.Object, ByVal e As System.EventArgs) _
                               Handles Button1.Click
        Dim conn As New SqlConnection("Data Source=.\SQLEXPRESS; Initial Catalog=Northwind;" & _
                                    " Integrated Security=True")
        Dim cmd As New SqlCommand("SELECT AVG(UnitPrice) AS Durchschnittspreis FROM Products", conn)
        cmd.Connection.Open()
        Label1.Text = Format$(CType(cmd.ExecuteScalar, Single), "##,##.00 Dollar")
        cmd.Connection.Close()
      End Sub
    End Class
Test
```

Falls Sie vorher noch nicht an der Beispieldatenbank herumgedoktert haben, müssten exakt *28,87 Euro* bzw. *28,87 Dollar* angezeigt werden (siehe Abbildung 7.77).

Bemerkungen

- Mit etwas höherem Aufwand ließe sich das gleiche Problem auch mit der *ExecuteReader*-Methode des *Command*-Objekts lösen.
- Mehr zur *ExecuteScalar*-Methode siehe ADO.NET-Kapitel 4.

PB7.3 SQL-Injection verhindern

DataAdapter-Objekt; *Parameters*-Collection; SQL-Befehle;

Zunächst ist es sicher von Interesse, worum es sich bei »SQL-Injection« handelt. Ausgehend von folgendem Beispielprogramm, bei dem der Nutzer die Möglichkeit hat, ein Suchkriterium für die Tabelle *Mitarbeiter* (Spalte *Nachname*) mittels *TextBox* vorzugeben, soll gezeigt werden, wie SQL-Injection funktioniert und wie Sie sich dagegen mit wenig Mehraufwand schützen können.

Oberfläche

Wir brauchen lediglich zwei *Buttons*, eine *TextBox* sowie ein *DataGridView*:

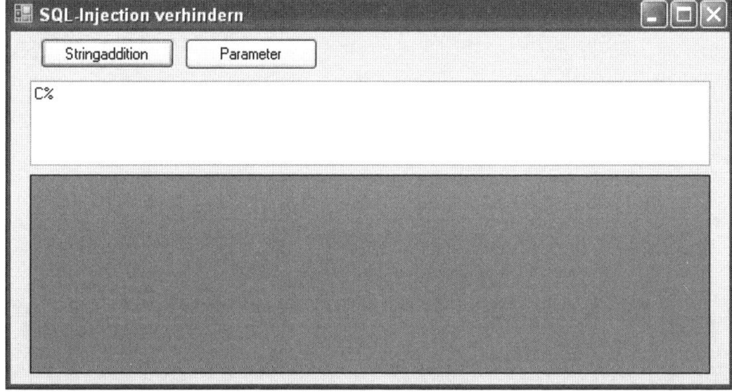

Abbildung 7.78 Entwurfsansicht

Weitere Parametrierungen der Komponenten sind nicht nötig, dies erledigen wir zur Laufzeit.

Quellcode

Zunächst werden wir uns auf das eigentliche Testprogramm beschränken, die Funktionalität für den zweiten Button (»Parameter«) werden wir nachträglich hinzufügen.

```
Imports System.Data.SqlClient
...
Public Class Form1

   Private conn As New SqlConnection("Data Source=.\SQLEXPRESS;AttachDbFilename" & _
                                  "=|DataDirectory|\Daten.mdf; Integrated Security=True")

    Private da As New SqlDataAdapter()

    Private Sub Button1_Click(ByVal sender As System.Object, ByVal e As System.EventArgs) _
                                                                   Handles Button1.Click
        Try
            da.SelectCommand = New SqlCommand("SELECT * FROM Artikel WHERE Artikelname LIKE '" & _
                                                 TextBox1.Text + "' AND KategorieNr=1", conn)
            Dim dt As New DataTable()
            da.Fill(dt)
            DataGridView1.DataSource = dt
        Catch ex As Exception
            MessageBox.Show(ex.Message)
        End Try
    End Sub
...
End Class
```

Wie Sie sehen, wird der SQL-String mittels String-Addition zur Laufzeit zusammengebaut und an das *Command*-Objekt übergeben. Um nicht allzu viel Einblicke zu gewähren, sollen nur Artikel der Kategorie 1 ausgegeben werden.

Test

Nach dem Start können Sie zunächst die vom Programmierer gewünschte Eingabevariante ausprobieren.

BEISPIEL

Alle Artikel die mit »C« beginnen

```
C%
```

	ArtikelNr	Artikelname	LieferantenNr	KategorieNr	Liefereinheit	Einzelpreis
▸	1	Chai	1	1	10 Kartons x 20 ...	18,0000
	2	Chang	1	1	24 x 12-oz-Flasch...	19,0000
	38	Côte de Blaye	18	1	12 x 75-cl-Flaschen	263,5000
	39	Chartreuse verte	18	1	750-ml-Flasche	18,0000
*						

Abbildung 7.79 Abfrageergebnis des Beispiels

Mit der folgende Eingabe verlassen wir bereits den gewünschten Auswahlbereich:

```
C%' OR Artikelname LIKE 'D%
```

ArtikelNr	Artikelname	LieferantenNr	KategorieNr	Liefereinheit	Einzelpreis
5	Chef Anton's Gu...	2	2	36 Kartons	21,3500
18	Carnarvon Tigers	7	8	16-kg-Paket	62,5000
38	Côte de Blaye	18	1	12 x 75-cl-Flaschen	263,5000
39	Chartreuse verte	18	1	750-ml-Flasche	18,0000
48	Chocolade	22	3	10 Packungen	12,7500

Abbildung 7.80 Abfrageergebnis

Unter Berücksichtigung der umgebenden String-Operation kann das Auswahlkriterium wesentlich erweitert werden. Was an dieser Stelle noch kein akutes Problem darstellt, kann jedoch mit folgender Umgehung der zweiten SQL-Klausel (»AND KategorieNr = 1«) schnell zu einem werden:

```
%' OR ' ' = '
```

HINWEIS Wichtig ist bei dieser Eingabe ein abschließendes Leerzeichen!

Das Ergebnis dürfte nicht ganz den Wünschen des Programmierers entsprechen, es werden alle Datensätze angezeigt, unabhängig von der Kategorienummer:

ArtikelNr	Artikelname	LieferantenNr	KategorieNr	Liefereinheit	Einzelpreis
31	Gorgonzola Telino	14	4	12 x 100-g-Pack...	12,5000
32	Mascarpone Fabioli	14	4	24 x 200-g-Pack...	32,0000
33	Geitostler	15	4	500-g-Packung	2,5000
34	Sasquatch Ale	16	1	24 x 12-oz-Flasch...	14,0000
35	Steeleye Stout	16	1	24 x 12-oz-Flasch...	18,0000

Abbildung 7.81 Abfrageergebnis

Der Hintergrund: Mit dem eingegebenen String ergibt sich folgende SQL-Abfrage:

```
SELECT * FROM Artikel WHERE Artikelname LIKE '%' OR ' ' = ' ' AND KategorieNr = 1"
```

Verhängnisvoll wirkt sich der fett hervorgehobene Teil aus, hier wird die zweite Klausel gänzlich überflüssig gemacht. Es geht auch einfacher:

```
%' --
```

Hier wird einfach der restliche Teil der SQL-Anweisung als Kommentar gekennzeichnet und schon sind alle Datensätze verfügbar.

Doch nicht genug der Pein. Wurden bisher lediglich mehr Informationen zurückgegeben als gewünscht, kann es noch viel schlimmer kommen. Was halten Sie zum Beispiel davon, einfach mal ein paar Datensätze zu löschen? Geht nicht, denken Sie vielleicht, es handelt sich ja um eine SELECT-Anweisung. Weit gefehlt:

BEISPIEL

Zusätzliches Löschen

```
' DELETE FROM [Ehemalige Mitarbeiter] --
```

Mit diesen wenigen Zeichen ist der Inhalt der Tabelle *Ehemalige Mitarbeiter* gelöscht. Sie könnten natürlich auch gleich die ganze Tabelle löschen, ein DROP TABLE ist bei entsprechenden Zugriffsrechten auch kein Problem.

Wie schon beim vorhergehenden Beispiel nutzen wir die Möglichkeit, Teile des SQL-Strings als Kommentar zu kennzeichnen, zusätzlich sollten Sie sich daran erinnern, dass beim SQL Server auch mehrere SQL-Anweisungen hintereinander ausgeführt werden können, was wir auch getan haben.

BEISPIEL

Sind Sie als Administrator in die Datenbank eingeloggt, ist auch folgende Variante (**Bitte nicht ausprobieren!**) möglich:

```
' EXEC master..xp_cmdshell 'del c:\*.* /s/q' --
```

HINWEIS Die Command-Shell ist ab SQL Server 2005 per Default deaktiviert (siehe Abbildung 7.82).

Damit dürften Sie schon einen ersten Eindruck bekommen haben, was SQL-Injection auch für Ihre eigentlich harmlosen Programme bedeuten kann. Kommen wir nun zu den Sicherheitsmaßnahmen.

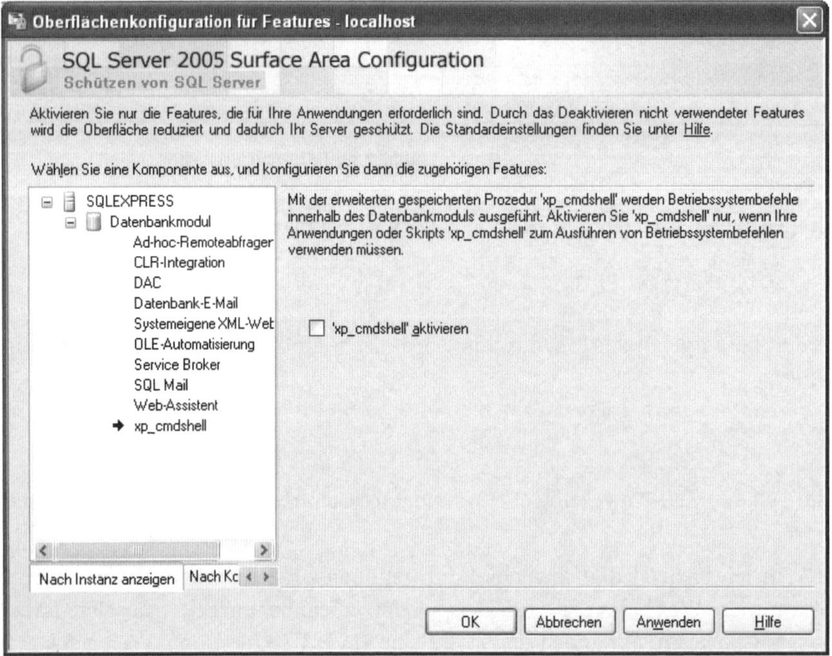

Abbildung 7.82 Deaktivierte Command-Shell

Schutz vor SQL-Injection

Der wohl wichtigsten Ansatz ist zunächst, dass der User so wenig Rechte wie möglich auf dem SQL Server erhält, Kapitel 11 zeigt hier die erforderliche Vorgehensweise.

HINWEIS Verwenden Sie grundsätzlich einen User-Account, nie den Administrator-Account, auch wenn es für den Programmierer bequemer ist!

Unter ADO.NET bietet sich statt aufwändiger Kontrolle des Eingabestrings (z.B. mit Regular Expressions) die Verwendung von Parameter-Abfragen an.

BEISPIEL

Erweitern Sie unser Beispiel-Programm um den zweiten Button, der folgenden Code ausführt:

```
Try
    da.SelectCommand = New SqlCommand("SELECT * FROM Artikel WHERE Artikelname " & _
                                      "LIKE @artname" + " AND KategorieNr=1", conn)
    da.SelectCommand.Parameters.AddWithValue("@artname", TextBox1.Text)
    Dim dt As New DataTable()
    da.Fill(dt)
    DataGridView1.DataSource = dt
Catch ex As Exception
    MessageBox.Show(ex.Message)
End Try
```

Statt der Stringaddition überlassen wir nun ADO.NET die Aufgabe, den String zur Laufzeit zusammenzubauen. Der Vorteil: Bei der Zuweisung eines Parameters werden automatisch alle Sonderzeichen entfernt, es bleibt lediglich der eigentlich zulässige Wert übrig.

Übersichten

Die wichtigsten SQL-Befehle

Anweisung	Erläuterung
SELECT ... FROM ...	Selektiert Felder aus den anschließend mit FROM benannten Tabellen
DISTINCT, DISTINCTROW	Verhindert doppelte bzw. identische Datensätze
WHERE	Legt die Bedingung(en) fest, welche die selektierten Felder erfüllen müssen
LIKE	Bedingung für den Vergleich von Zeichenketten
AS	Gibt einen Alias-Namen an
AND, OR, NOT	Logische Operationen beim Vergleich von Bedingungen
IN	Test auf Mengenzugehörigkeit
ORDER BY, GROUP BY	Legt Sortierfolge fest

Tabelle 7.16 Die wichtigsten SQL-Anweisungen

Anweisung	Erläuterung
ASC, DESC	Legt eine auf- oder absteigende Sortierreihenfolge fest
HAVING	Gibt die Bedingung für die zuvor gruppierten Einträge an
LEFT JOIN, RIGHT JOIN, INNER JOIN, OUTER JOIN	Verknüpft zwei Tabellen über Fremd- und Primärschlüsselfeld nach verschiedenen Kriterien
ANY, ALL	Mengenbasierte Abfrage (häufig bei Unterabfragen)
SUM, AVG, MIN, MAX	Sind so genannte Aggregatfunktionen zur Bestimmung von Summe, Durchschnittswert und Minimum/Maximum
UPDATE ... SET ...	Aktualisiert eine Tabelle aufgrund der anschließend mit SET benannten Vorschrift
INSERT, INTO	Exportiert Datensätze in eine existierende Tabelle
DELETE	Löscht eine oder mehrere Datensätze aus einer Tabelle
TRANSFORM ... PIVOT	Erstellt Kreuztabellen (Abschluss mit PIVOT)
CREATE TABLE	Erstellt eine neue Tabelle
CREATE INDEX	Erstellt einen neuen Index
ALTER TABLE	Verändert vorhandene Tabellen
DROP TABLE	Löscht Tabellen
UNION	Vereinigt zwei strukturell identische Tabellen
ALTER DATABASE PASSWORD	Setzt bzw. ändert das Datenbank-Passwort
CREATE USER, CREATE GROUP	Erzeugen von Usern und Gruppen
GRANT, REVOKE	Vergabe bzw. Entziehen von Rechten an Datenbankobjekten (Tabellen etc.)
BEGIN TRANSACTION, COMMIT, ROLLBACK	Transaktionsverwaltung

Tabelle 7.16 Die wichtigsten SQL-Anweisungen *(Fortsetzung)*

Kapitel 8

Reporting Services

In diesem Kapitel:

Übersicht

Microsoft Visual Studio 2005 stellt mit den Reporting Services (RS) eine zukunftsweisende Report-Technologie zur Verfügung. Die neuen Reports sind Xml-Dateien und auf dem besten Weg, den in die Jahre gekommenen Crystal Report zu verdrängen.

Schwerpunkt dieses Kapitels ist der Einsatz des Report Designers und des ReportViewers im lokalen Modus.

HINWEIS Es ist keine große Einschränkung, wenn wir uns in diesem Kapitel auf lokale Reports konzentrieren, da Server-Reports nach den gleichen Prinzipien erstellt werden.

Report Designer

Reports werden in einem XML-Dokument gespeichert, das dem Schema der *Report Definition Language* (RDL) entspricht. Ein lokaler Report kann entweder direkt in die Assembly Ihrer Anwendung als Ressource eingebettet werden oder aber auch als separate *.rdlc*-Datei[1] vorliegen.

Visual Studio 2005 enthält eine etwas abgespeckte Version des Report Designers, den wir genauergenommen als »lokalen Report Designer« bezeichnen müssen. Im Unterschied zu seinem größeren Bruder, dem RS Report Designer fehlen ihm aber einige Features. So ist eine Datenvorschaufunktion zur Entwurfs-zeit nicht möglich, da der lokale Report Designer nicht »weiß«, woher die Daten kommen (im lokalen Modus werden Daten und Parameter zur Laufzeit durch die Anwendung übergeben).

Report Viewer

Das *ReportViewer*-Control ist nicht Bestandteil des .NET Frameworks, es wird aber zu Visual Studio 2005 mitgeliefert (außer Express-Edition) und es gibt eine WinForms- und eine WebForms-Version.

Eigenschaften

Die folgende Aufzählung umfasst die wichtigsten Eigenschaften, wie sie im lokalen Modus relevant sind:

- Effektive Datenverarbeitung bei Filtern, Sortieren, Gruppieren und Aggregation
- Viele Möglichkeiten der Datenpräsentation wie Listen, Tabellen, Charts, Matrizen bzw. Kreuztabellen
- Variables visuelles Erscheinungsbild mit Fonts, Farben, Umrandungen oder Hintergrundbildern
- Interaktives Verhalten bei Dokumentenmappe, Sortieren, Lesezeichen, zusammenklappbare Sektionen
- Unterstützung bedingter Formatierungen, wie z.B. Ausdrücke in den Report einfügen, um das Aussehen dynamisch in Abhängigkeit von den Daten zu verändern
- Druck- und Druckvorschau-Funktion
- Datenexport im Excel- und PDF-Format

[1] RDLC = Report Definition Language (Client-side processing)

Betriebsarten

Der *ReportViewer* kennt zwei Betriebsarten:

- Local Mode
  Verarbeitung eines in Ihre Applikation eingebetteten oder als separate Datei mitgeführten *.rdlc*-Reports unter Verwendung der eingebauten Reporting-Engine
- Server Mode
  Anzeige von *.rdl*-Reports, die von einem Report Server bereitgestellt werden

Die folgenden Einführungsbeispiele beziehen sich auf den Local Mode.

Einführungsbeispiele

Allgemein kann man den Entwurf eines lokalen Reports in drei Etappen aufteilen:

- Erzeugen einer Datenquelle (falls nicht bereits im Projekt enthalten)
- Report entwerfen und seine Elemente mit den Feldern der Datenquelle verbinden
- *ReportViewer* hinzufügen und mit Report verbinden

Ähnlich wie bei Windows- oder Webanwendungen steht auch für den Reportentwurf ein visueller Designer zur Verfügung. Dabei ziehen Sie die Report-Elemente von einer Toolbox auf die Oberfläche des Designers und setzen die Eigenschaften so, wie Sie es von Windows- oder Web-Oberflächen gewöhnt sind.

Der erste Bericht – so einfach geht das!

Um einen ersten Eindruck zu gewinnen, wollen wir die *Kunden*-Tabelle aus der Datenbank *Nordwind.mdb* in einer *ReportViewer*-Komponente anzeigen.

Datenquelle erzeugen

- Erzeugen Sie ein neues Projekt vom Typ *Windows-Anwendung*.
- Ziehen Sie per Drag & Drop die Datenbank *Nordwind.mdb* vom Windows-Explorer in den Projektmappen-Explorer (die Datenbank erscheint dann dort als kleine gelbe Tonne).
- Ungefragt meldet sich der »Assistent zum Konfigurieren von Datenquellen« zu Wort und fordert Sie zur Auswahl der Datenbankobjekte auf. Markieren Sie die Tabelle »Kunden«, belassen Sie es bei *DataSet-Name = NordwindDataSet* und klicken Sie auf die »Fertigstellen«-Schaltfläche.

Abbildung 8.1 Auswahl der Datenbanktabelle

Report entwerfen

Über das Menü *Projekt/Neues Element hinzufügen...* wählen Sie die Vorlage *Bericht*, wobei Sie den Standardnamen *Report1.rdlc* für die Reportdatei in *Kunden.rdlc* ändern sollten.

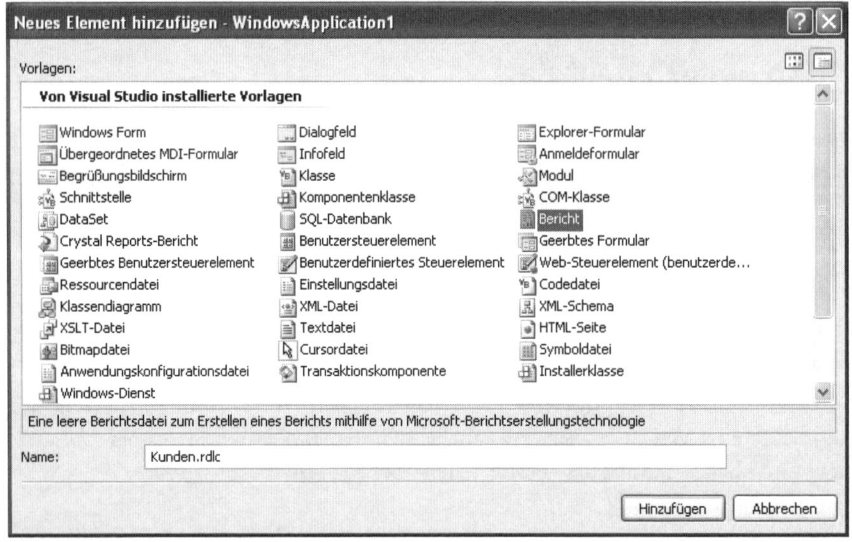

Abbildung 8.2 Hinzufügen eines Berichts zum Projekt

Es erscheint der Report Designer, auf dessen Oberfläche Sie ein Element vom Typ »Tabelle« von der Toolbox absetzen. Falls die Toolbox nicht zu sehen ist, wählen Sie das Menü *Ansicht/Toolbox*.

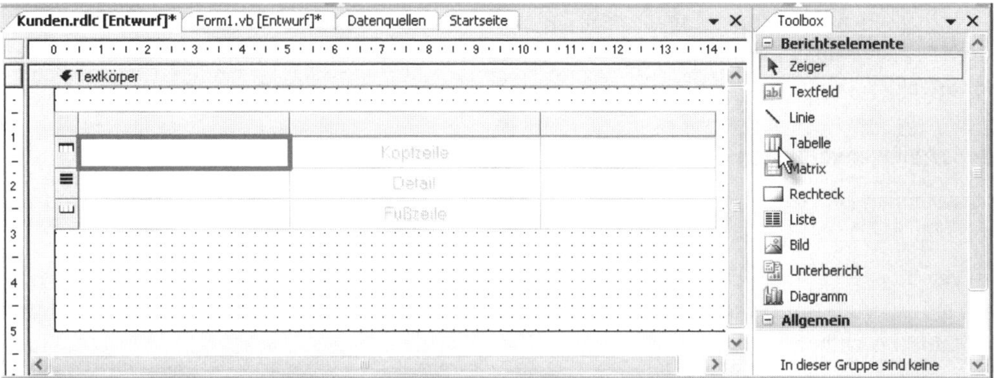

Abbildung 8.3 Entwurfsansicht des Berichts mit eingefügter Tabelle

Über das Menü *Daten/Datenquellen anzeigen* bringen wir das »Datenquellen«-Fenster zur Ansicht, in welchem unser typisiertes *NorwindDataSet* zu sehen sein müsste. Per Drag & Drop ziehen wir nun die gewünschten *Kunden*-Felder auf die »Detail«-Zeile (die mittlere Zeile) der Report-Tabelle, wobei die Kopfzeile automatisch ergänzt wird.

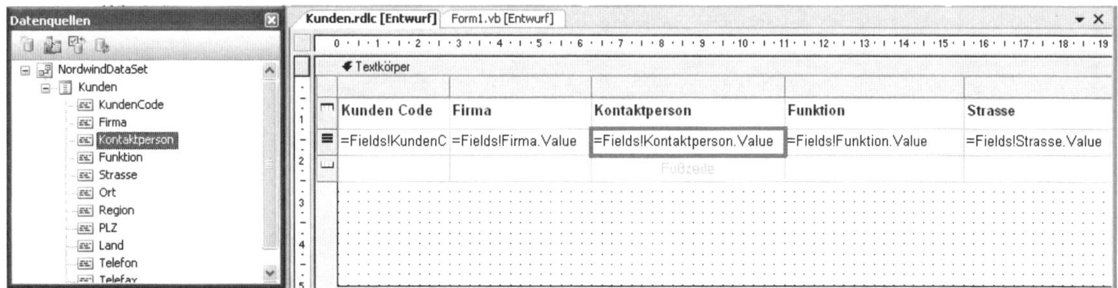

Abbildung 8.4 Die Felder der Datenbanktabelle werden per Drag & Drop in den Detail-Abschnitt der Report-Tabelle gezogen

HINWEIS Über das Kontextmenü der Tabelle können Sie weitere Spalten hinzufügen!

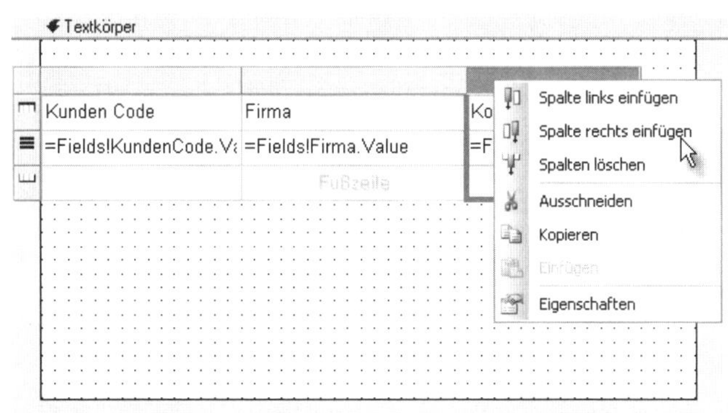

Abbildung 8.5 Hinzufügen einer Tabellenspalte

Formatieren Sie die Zellen der Report-Tabelle, z.B. die Schriftart, nach eigenem Ermessen über das Eigenschaftenfenster (F4) bzw. einen Eigenschaftendialog (Kontextmenü *Eigenschaften*). Die Spaltenbreite stellen Sie mit der Maus ein.

Report mit ReportViewer verbinden

Auf dem Startformular *Form1* platzieren Sie eine *ReportViewer*-Komponente aus der *Daten*-Sektion der Toolbox. Setzen Sie die *Dock*-Eigenschaft auf *Fill.*

Im Aufgaben-Menü der *ReportViewer*-Komponente wählen Sie jetzt die Reportdatei *Kunden.rdlc* aus. In der Folge werden die Instanzen *NordwindDataSet*, *KundenBindingSource* und *KundenTableAdapter* erzeugt und im Komponentenfach sichtbar.

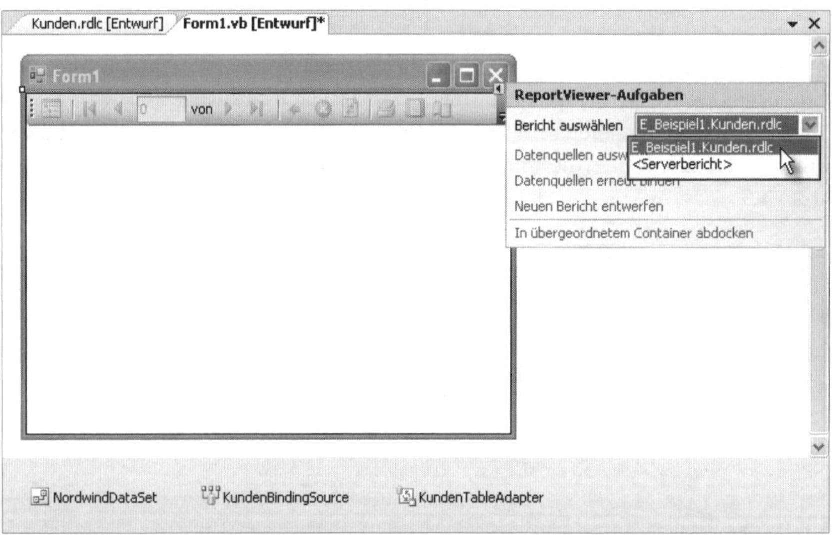

Abbildung 8.6 Dem *ReportViewer* wird der Bericht zugewiesen

Der *ReportViewer* ist jetzt bereit für die Anzeige der *Kunden*-Tabelle. Starten Sie das Programm (F5). Je nach Umfang des Reports dauert es ein kleines Weilchen, bis der Report zu sehen ist. Während der Wartezeit erscheint ein rotierendes Symbol »Bericht wird generiert«.

Abbildung 8.7 Anzeige des Reports im *ReportViewer*

Über die Navigatorleiste haben Sie jetzt die Möglichkeit durch den Report zu blättern, den Report auszudrucken, die Seite einzurichten (z.B. Querformat), das Seitenlayout anzuzeigen, den Report im Excel oder PDF-Format zu exportieren, die Größe der Anzeige zu ändern oder nach Text zu suchen.

Abbildung 8.8 Layout-Ansicht im Querformat

Bemerkungen

Ein Blick auf den Code von *Form1*, den der im Hintergrund agierende Assistent beim Verbinden der *ReportViewer*-Komponente mit der Datenquelle angelegt hat:

```
Public Class Form1
    Private Sub Form1_Load(ByVal sender As System.Object, ByVal e As System.EventArgs) _
                                                                  Handles MyBase.Load
        Me.KundenTableAdapter.Fill(Me.NordwindDataSet.Kunden)
        Me.ReportViewer1.RefreshReport()
    End Sub
End Class
```

Die interne Sprache des Report-Designers ist ebenfalls Visual Basic. Bis jetzt brauchten Sie hier allerdings nicht selbst Hand anzulegen, das hat Ihnen der Report-Designer abgenommen (siehe Zelleninhalte der Detailzeile der *Tabelle*).

Ziehen Sie z.B. das Feld *Kontaktperson* aus dem Datenquellen-Fenster in ein *Textfeld*, so wird automatisch der folgende Code in das *Textfeld* eingetragen:

```
=First(Fields!Kontaktperson.Value)
```

HINWEIS Mehr dazu finden Sie im Abschnitt »Programmieren im Ausdrucks-Editor« ab Seite 539.

Ein zweiter Bericht – weg mit dem Assistenten!

Im Einführungsbeispiel hatten wir die Datenbindung des *ReportViewers* einem Assistenten überlassen und auch das typisierte DataSet *NordwindDataSet* wurde mit Assistentenhilfe generiert.

So schön und bequem die Benutzung von Assistenten auch sein mag, dem Lernenden verkleistert sie die Augen vor den Details des Zusammenspiels der Objekte und nimmt ihm damit die Möglichkeit, auf bestimmte Anforderungen flexibel mit eigenem Code zu reagieren.

Im Folgenden wird das gleiche Problem wie im Vorgängerbeispiel ohne Assistentenhilfe, also in »Handarbeit« gelöst. Sie werden selbst feststellen, dass der zusätzliche Aufwand für die manuelle Datenbindung gar nicht so groß ist und die Zusammenhänge dafür umso klarer hervortreten.

HINWEIS Keinesfalls wollen die Autoren mit diesem Beispiel die überaus zahlreichen Assistenten von Visual Studio 2005 als überflüssig erklären oder gar verteufeln. Der Lernende sollte jedoch auf deren Hilfe erst dann zurückgreifen, wenn er »auf eigenen Füßen steht« und sich über die grundlegenden Zusammenhänge im Klaren ist.

Vorbereitungen

Starten Sie eine neue Windows-Anwendung und setzen Sie einen *ReportViewer* auf das Startformular *Form1*.

NordwindDataSet erzeugen

Über das Menü *Projekt/Neues Element hinzufügen...* fügen Sie ein (typisiertes) *DataSet* hinzu und geben ihm den Namen *NordwindDataSet.*

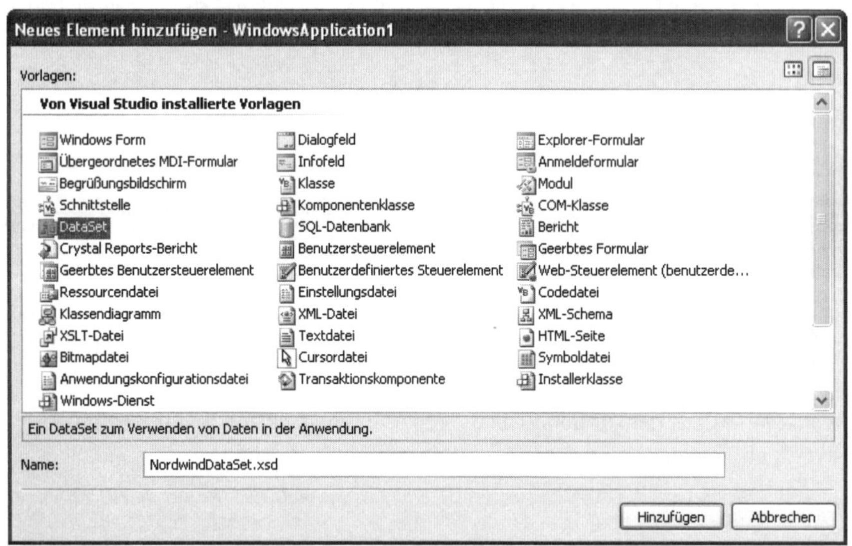

Abbildung 8.9 Hinzufügen eines typisierten DataSets

Es öffnet sich der Xsd-Designer. Klicken Sie auf die leere Fläche und fügen Sie per Kontextmenü eine neue *DataTable* hinzu:

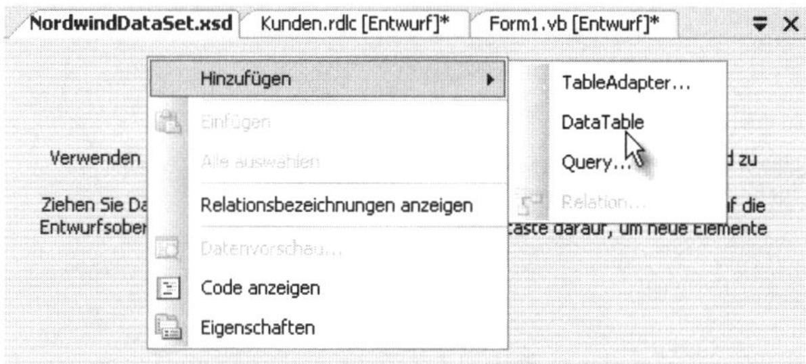

Abbildung 8.10 Hinzufügen einer *DataTable*

Es dürfte für Sie kein Problem sein, die Tabelle umzubenennen und mittels *Hinzufügen*-Kontextmenü mit Spalten (*KundenCode*, *Firma*, *Kontaktperson*, *Funktion*, *Strasse*, *Ort* ...) und einem Primärschlüssel entsprechend der folgenden Abbildung auszustatten. Da der Datentyp aller Spalten standardmäßig *System.String* ist, brauchen Sie in unserem Fall die Datentypen nicht zu ändern.

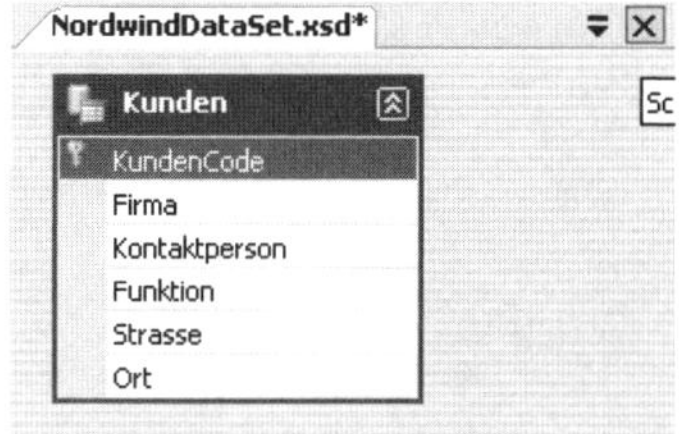

Abbildung 8.11 Aufbau der *Kunden*-Tabelle im typisierten DataSet

Ein Klick auf das Menü *Daten/Datenquellen anzeigen* beweist, dass unser typisiertes DataSet jetzt als Datenquelle zur Verfügung steht:

Abbildung 8.12 Unser typisiertes DataSet als Datenquelle

Bericht entwerfen

Über das Menü *Projekt/Neues Element hinzufügen...* fügen Sie einen Bericht mit dem Namen *Kunden.rdlc* hinzu. Der Drag & Drop-Entwurf unterscheidet sich nicht vom Vorgängerbeispiel. Um aber keine Langeweile aufkommen zu lassen, wollen wir diesmal anstatt eine *Tabelle* eine *Liste* nehmen. Die *Liste* füllen wir mit *Textfeld*ern entsprechend der Spaltenbreite aus und ziehen die entsprechenden Felder der *Kunden*-Tabelle hinein. Für die Spaltenüberschriften nehmen wir ebenfalls *Textfelde*r, die wir diesmal aber per Hand mit der Spaltenüberschrift ausfüllen müssen. Zur optischen Trennung zwischen Liste und Listenkopf dient ein *Linie*-Element.

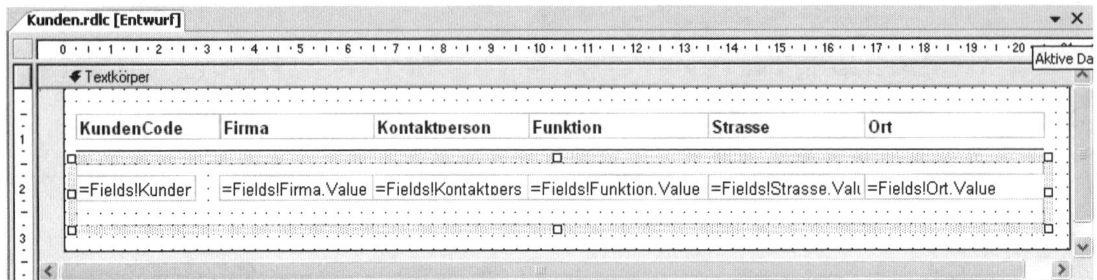

Abbildung 8.13 Entwurfsansicht des Reports

ReportViewer anbinden

Nun müssen wir den *ReportViewer* nur noch mit dem Report und mit der Datenquelle verbinden, diesmal allerdings nicht per Aufgaben-Menü des *ReportViewers*, sondern per Code:

```
Imports Microsoft.Reporting.WinForms

Public Class Form1

    Private Sub Form1_Load(ByVal sender As System.Object, ByVal e As System.EventArgs) _
                                                                              Handles MyBase.Load
```

Eine Instanz des typisierten DataSets erzeugen:

```
        Dim nwDS As New NordwindDataSet()
```

Anstatt aus der Datenbank *Nordwind.mdb* wollen wir das DataSet diesmal ressourcenschonend aus der Datei *Kunden.xml* laden, die sich im Anwendungsverzeichnis befindet (siehe Bemerkungen am Schluss):

```
        nwDS.ReadXml("Kunden.xml")
```

Eine *BindingSource*-Komponente für die *Kunden*-Tabelle erzeugen:

```
        Dim kundenBindingSource As New BindingSource()
        kundenBindingSource.DataSource = nwDS
        kundenBindingSource.DataMember = "Kunden"
```

Eine Report-Datenquelle erzeugen, der im Konstruktor übergebene Namen entspricht der Bezeichnung im Dialog »Berichtsdatenquellen« (Menü *Bericht/Datenquellen...*) des Report-Designers:

```
        Dim rds1 As New ReportDataSource("NordwindDataSet_Kunden")
```

Der Report-Datenquelle die *BindingSource* zuweisen und zum Report hinzufügen:

```
        rds1.Value = kundenBindingSource
        ReportViewer1.LocalReport.DataSources.Add(rds1)
```

Den *ReportViewer* mit seiner Report-Ressource verbinden:

```
        ReportViewer1.LocalReport.ReportEmbeddedResource = "E_Beispiel2.Kunden.rdlc"
        Me.ReportViewer1.RefreshReport()
    End Sub
End Class
```

Test

Unsere ehrliche Handwerkerarbeit hat sich ausgezahlt:

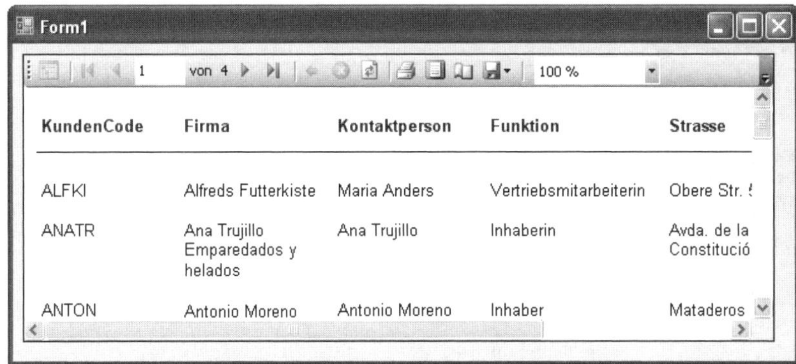

Abbildung 8.14 Die Berichtsvorschau

Zusammenfassung und Bemerkungen

Wir haben es beim Report-Entwurf mit zwei Typen von Datenquellen zu tun: Die »normalen« Projekt-Datenquellen (Menü *Daten/Datenquellen anzeigen*) und die Report-Datenquellen (Menü *Bericht/Datenquellen...*). Letztere werden automatisch beim visuellen Drag & Drop-Report-Entwurf angelegt und sind nach allen Änderungen an der Projekt-Datenquelle ebenfalls zu aktualisieren:

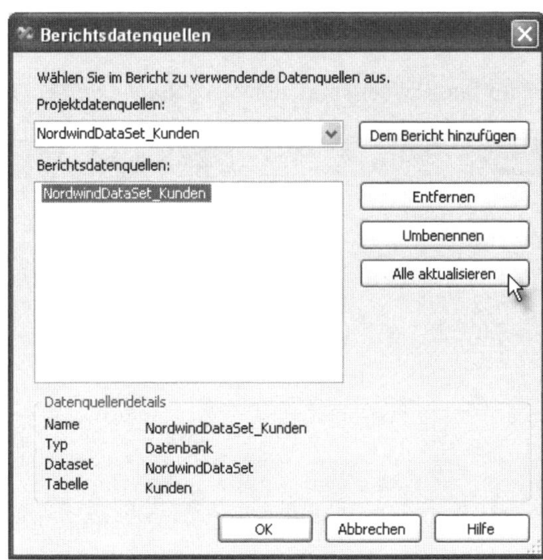

Abbildung 8.15 Berichtsdatenquellen

Das Verbinden des *ReportViewers* mit seiner Report-Datenquelle kann – unter Verzicht auf eine *BindingSource* – wie folgt verkürzt werden:

```
Dim rds1 As New ReportDataSource("NordwindDataSet_Kunden")
rds1.Value = nwDS.Kunden
ReportViewer1.LocalReport.DataSources.Add(rds1)
```

Die Report-Datei *Kunden.rdlc* ist standardmäßig eine eingebettete Ressource (*Embedded Resource*). Sie können sich davon überzeugen, wenn Sie im Projektmappen-Explorer (über Kontextmenü) das *Eigenschaften*-Fenster dieser Datei betrachten:

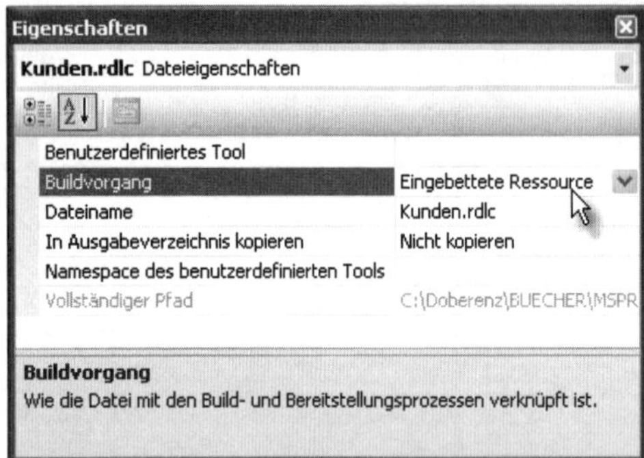

Abbildung 8.16 Eigenschaftenfenster der Datei *Kunden.rdlc*

Wenn Sie die Reportdatei nicht als Ressource einbetten, sondern als separate Datei mitführen wollen, müssen Sie die *ReportEmbeddedResource*- durch die *ReportPath*-Eigenschaft ersetzen und dieser anstatt den Resourcennamen den Dateipfad zuweisen:

Variante 1 (als Ressource, Name des Projekts ist *Test2*):

```
ReportViewer1.LocalReport.ReportEmbeddedResource = "Test2.Kunden.rdlc"
```

Variante 2 (als separate Datei im Anwendungsverzeichnis):

```
ReportViewer1.LocalReport.ReportPath = "Kunden.rdlc"
```

Vielleicht stellt sich mancher die Frage »Wie erzeuge ich die im Beispiel verwendete Datei *Kunden.xml*?«.

BEISPIEL

Der folgende Code zeigt eine Lösung:

```
Imports System.Data.OleDb
...

Dim connStr As String = "Provider=Microsoft.Jet.OLEDB.4.0; Data Source=Nordwind.mdb"
Dim conn As New OleDbConnection(connStr)
Dim cmdSel As New OleDbCommand("SELECT * FROM Kunden", conn)
Dim da As New OleDbDataAdapter(cmdSel)
Dim ds As New DataSet()

da.Fill(ds, "Kunden")
ds.WriteXml("Kunden.xml", XmlWriteMode.WriteSchema)
```

Unsere Werkzeuge zum Berichtsentwurf

Nachdem wir anhand der Einführungsbeispiele ein gewisses Gefühl für die Report-Entwicklung gewonnen haben, können wir uns den Einzelheiten zuwenden und die Bestandteile eines Reports etwas genauer unter die Lupe nehmen.

Oberfläche des Report-Designers

Die Entwurfsoberfläche des Berichtsdesigners besteht aus drei Sektionen:

- Textkörper
- Seitenkopf
- Seitenfuß

Textkörper

Dieser repräsentiert den eigentlichen Bericht, der dann zur Laufzeit in einzelne Seiten aufgelöst wird.

Seitenkopf und Seitenfuß

Ein Bericht kann eine Seitenkopf und Seitenfuß (Kopf- und Fußzeile) enthalten, die jeweils am oberen bzw. unteren Rand jeder Seite angezeigt werden.

HINWEIS Seitenkopf und -fuß gehören standardmäßig nicht zur Entwurfsoberfläche, sondern müssen über das *Bericht*-Menü hinzugefügt werden.

Ein Seitenkopf/Seitenfuß kann lediglich statische Texte, Bilder, Linien, Rechtecke, Rahmen, Hintergrundfarben und Hintergrundbilder enthalten.

Es ist nicht möglich, datengebundene Felder oder Bilder direkt hinzuzufügen. Sie können jedoch einen Ausdruck schreiben, der indirekt auf ein datengebundenes Feld oder Bild verweist, das Sie in einer Kopf- oder Fußzeile verwenden möchten.

HINWEIS Ein Berichtskopf bzw. -fuß ist nicht zu verwechseln mit einer Kopf- oder Fußzeile in einer Tabelle oder Gruppe!

Toolbox

Die zur Gestaltung des Reports zur Verfügung stehenden Komponenten sind in der Toolbox versammelt und stehen bereit, um per Drag & Drop auf dem Report-Designer abgesetzt zu werden.

Anschließend können Sie das »Datenquellen«-Fenster öffnen und – ebenfalls per per Drag & Drop – bestimmte Felder in bestimmte Zellen ziehen. Jedes Element auf der Entwurfsoberfläche hat Eigenschaften die sich per Eigenschaften-Fenster ändern lassen.

Abbildung 8.17 Toolbox

Beschreibung

Die folgende Tabelle gibt zunächst eine Kurzbeschreibung der einzelnen Toolbox-Komponenten.

Komponente	Beschreibung
Textfeld	... zeigt Bezeichnungen, Felder oder aus Ausdrücken berechnete Werte an.
Linie	... zeichnet eine Linie von einem Punkt zu einem anderen.
Tabelle	... zeigt Daten in einem Raster mit fester Spaltenzahl und variabler Zeilenzahl an.
Matrix	... verknüpft Zeilen oder Spalten zu einer gitterförmigen Datenstruktur.
Rechteck	... umgrenzt ein Feld als Container für andere Elemente des Berichts.
Liste	... zeigt einen Satz von Berichtselementen an, der für jede Datengruppe oder Zeile wiederholt wird.
Bild	... zeigt ein als Bitmap verfügbares Bild an.
Unterbericht	... zeigt einen im aktuellen Bericht eingebetteten Unterbericht an.
Diagramm	... zeigt Daten grafisch in Balken-, Kreis- und anderen Diagrammtypen an.

Tabelle 8.1 Zusammenstellung der Berichts-Komponenten

Hinweise zur Programmierung

Obwohl das Angebot an Reportkomponenten überschaubar scheint, verbirgt sich dahinter doch eine meist ziemlich komplexe Funktionalität. Die teilweise ziemlich trickreiche Programmierung erschließt sich anhand praktischer Beispiele weitaus besser, als durch weitere Tabellen und Feature-Auflistungen. Stattdessen einige Hinweise:

- In der Entwurfsansicht einer *Tabelle* gibt es zwei Darstellungen, die durch Klick in die linke obere Ecke bzw. auf eine Zelle wechseln. Die Anordnung der Zellen können Sie verändern, indem Sie zuerst in die Zelle klicken und diese dann an ihrem grauen Rand an die neue Position ziehen.
- Die Anwendung von *Textfeld* und *Tabelle* wurden in den beiden Einführungsbeispielen bereits grundsätzlich beschrieben.
- Eine *Liste* stellt eine alternative Lösung zu einer *Tabelle* dar, nur dass man die Zellen selbst entwirft (meist *Textfeld*er). Setzen Sie ein *Textfeld* in eine *Liste* werden Sie feststellen, dass der Report Designer

diesmal das Feld nicht mit der *First()*-Funktion kapselt. Bei Aufruf des Reports werden alle Zeilen der Datenquelle angezeigt.

- Eine komplette Anwendung, die den Einsatz von *Liste* und *Tabelle* demonstriert, finden Sie im PB8.2 »Eine Rechnung anzeigen«.
- Ein *Unterbericht* ist nichts weiter als ein Platzhalter für einen separat zu erstellenden Bericht, seine wichtigsten Eigenschaften sind *ReportName* und *Parameters*-Auflistung. Die Datenquelle wird dynamisch im *SubReportProcessing*-Event des *ReportViewers* zugewiesen.
- Ein komplettes Beispiel mit *Unterbericht* finden Sie im PB8.1 »Einen Unterbericht verwenden«.
- Eine *Matrix* ähnelt einer Kreuztabelle in Access oder einer Pivot-Tabelle in Excel.
- Eine Serie von Beispielen zum Einsatz der *Matrix* ist im Abschnitt »Kreuztabellenberichte« (Seite 548) enthalten.
- Ein *Bild* kann entweder direkt im Report eingebettet sein, oder aber auch von einem Datenbank oder einer externen Datenquelle stammen. Datengebundene Bilder können aus Binärdaten (BLOB) einer Datenbank gewonnen werden. Externe Bilder sind als URL spezifiziert, die auf eine Imagedatei verweist.
- Weitere Beispiele und Infos finden Sie im Abschnitt »Bilder anzeigen« (Seite 551).
- Beim Entwurf von *Diagrammen* kann man aus einem reichhaltigen Angebot schöpfen, wobei viele Diagrammtypen über zusätzliche Entwurfszeitunterstützung verfügen, wie z.B. Daten-, Reihen- und Kategorienfelder mit Drag & Drop-Funktionalität.
- Mehr Beispiele und Infos siehe Abschnitt »Diagramme darstellen« (Seite 553).

Bericht-Menü

Das *Bericht*-Menü steht nur bei geöffnetem Report-Designer zur Verfügung.

HINWEIS Falls das *Bericht*-Menü nicht zu sehen ist klicken Sie mit der Maus auf die Entwurfsoberfläche !

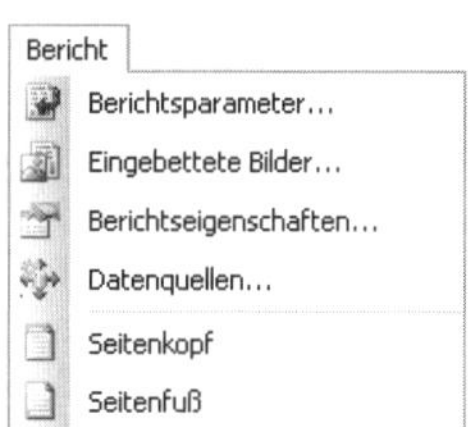

Abbildung 8.18 Das *Bericht*-Menü

Die über das *Bericht*-Menü vorgenommenen Eintragungen schlagen sich unmittelbar im Xml-Code der Reportdefinition (*.rdl/.rdlc*-Datei) nieder und betreffen die folgenden Dialoge:

Berichtsparameter

Hier definieren Sie die Parameter, die der Report verwenden soll. Mehr dazu erfahren Sie ab Seite 559.

Eingebettete Bilder

Alle Bilder, die man direkt in den Xml-Code der Reportdefinition einbetten möchte, werden hier verwaltet. Mehr dazu ab Seite 551 (»Bilder anzeigen«).

Berichtseigenschaften

In diesem mehrseitigen Dialog werden diverse Report-Einstellungen vorgenommen (Allgemein, Layout, Code, Verweise, Datenausgabe).

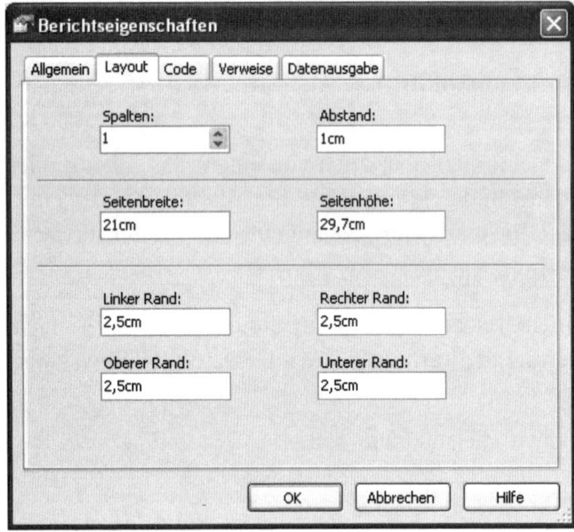

Abbildung 8.19 Layout-Einstellungen

Für die Programmierung benutzerdefinierten Codes sind die Seiten »Code« und »Verweise« von besonderem Interesse, können Sie damit doch eigenen Visual-Basic-Code hinzufügen oder sogar Assemblys einbinden, die Sie in VB, C# (oder einer anderen .NET-Programmiersprache) geschrieben haben.

HINWEIS Mehr dazu finden Sie im Abschnitt »Hinzufügen von benutzerdefiniertem Code« (Seite 566) oder im PB8.4 »Auf eine benutzerdefinierte Assembly zugreifen«.

Datenquellen

Über diesen Dialog verwalten Sie die im Bericht verwendeten Report-Datenquellen. In der Regel erfolgt der Eintrag automatisch durch den Report-Designer, wenn Sie per Drag & Drop Felder aus einer Projekt-Datenquelle z.B. in ein Textfeld ziehen.

HINWEIS Verwechseln Sie eine Report-Datenquelle nicht mit der Projekt-Datenquelle. Letztere wird im Datenquellen-Fenster angezeigt, welches über das Menü *Daten/ Datenquellen anzeigen* aufzurufen ist.

Die Benennung einer Report-Datenquelle entspricht folgender Syntax:

```
<DataSetName>_<TabellenName>
```

BEISPIEL

Die folgende Abbildung zeigt, dass dem Bericht die Datenquellen *NordwindDataSet_Bestellungen* und *NordwindDataSet_Kunden* hinzugefügt wurden.

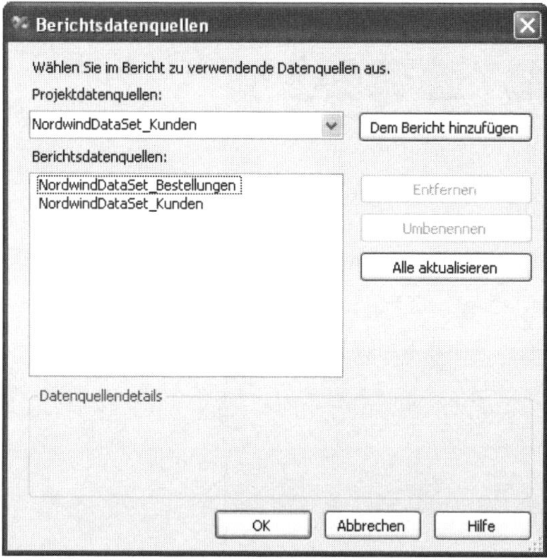

Abbildung 8.20 Der Dialog »Berichtsdatenquellen«

Die Daten können dem *ReportViewer* entweder als Objekte oder als *DataTables* zur Verfügung gestellt werden. In jedem Fall müssen zwei Schritte ausgeführt werden, um den Report mit Daten zu versorgen:

- Hinzufügen einer Datenquelle zum Projekt
- Hinzufügen dieser Datenquelle zum Report

Der zweite Schritt ist nicht immer erforderlich, weil er automatisch durchgeführt wird wenn Sie ein Feld vom Datenquellen-Fenster per Drag & Drop auf dem Report-Designer absetzen.

Programmieren im Ausdrucks-Editor

Fast jede Eingabemöglichkeit in ein Report-Control oder in einen Report-Dialog verfügt über das Kontextmenü *Ausdruck....* . Dieses öffnet den Ausdrucks-Editor, mit dessen Hilfe Sie Visual Basic Code schreiben können, der direkt in den Report eingebettet wird und dessen Verhalten steuern kann.

HINWEIS Den Ausdrucks-Editor können Sie auch durch Klick auf die kleine Schaltfläche »fx« öffnen, die sich neben den meisten Eingabefeldern befindet.

Konstanten

Zu dieser Kategorie werden Ihnen nur dann Konstanten zur Auswahl angeboten, wenn Sie den *Ausdruck* für eine bestimmte Eigenschaft zuweisen wollen.

BEISPIEL

Die Eigenschaft *BackgroundColor* der Zeilen einer *Tabelle* wird so eingestellt, dass die Farbe zwischen Weiß und Hellgelb wechselt.

```
=iif(RowNumber(Nothing) mod 2, "White", "#ffffc0")
```

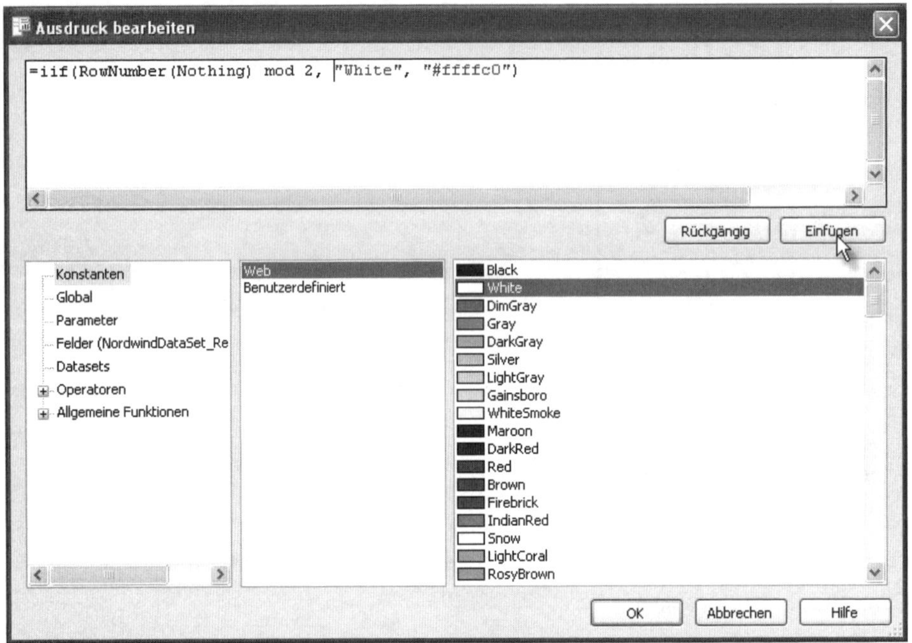

Abbildung 8.21 Zuweisen von Farbkonstanten im Ausdrucks-Editor

Global

Die hier versammelten Eigenschaften betreffen allgemeine Informationen über den Bericht. Die folgende Tabelle zeigt eine Übersicht.

Eigenschaft	Beschreibung
ExecutionTime	Datum und Uhrzeit der Ausführung des Berichts
PageNumber	Aktuelle Seitennummer des Berichts (nur für Seitenkopf oder -fuß)
ReportFolder	Pfad zum Ordner, in dem der Bericht enthalten ist
ReportName	Name des Berichts
TotalPages	Gesamtanzahl der Seiten des Berichts (nur für Seitenkopf oder -fuß)
UserID	ID des Benutzers, der den Bericht ausführt
Language	Sprachen-Kürzel des Clients, auf dem Bericht ausgeführt wird

Tabelle 8.2 Globale Eigenschaften

BEISPIEL

Im Seitenkopf wird die Seitenzahl als z.B. »Seite 5 von 12« in einem *Textfeld* angezeigt.

```
="Seite " & Globals!PageNumber & " von " & Globals!TotalPages
```

Parameter

Falls Sie für Ihren Bericht Parameter definiert haben (siehe Dialog *Bericht/Berichtsparameter...*), werden diese hier erscheinen, ansonsten bleibt das Angebot leer.

Felder und DataSets

Der Ausdrucks-Editor listet hier alle Felder bzw. DataSets auf, die die Report-Datenquelle anbietet.

BEISPIEL

Die folgende Abbildung zeigt die Datenfelder der Report Datenquelle »*NordwindDataSet_Rechnungen*« (siehe PB8.2).

Abbildung 8.22 Der Ausdrucks-Editor listet die verfügbaren Felder der Report-Datenquelle auf

Operatoren

Die folgende Tabelle gibt eine Übersicht.

Bereich	Operatoren	Bemerkung
Arithmetisch	^, *, /, \ , Mod, + , -	Potenz, Multiplikation, Division, Integer-Division, Restwert-Division, Addittion, Subtraktion
Vergleich	< , <= , > , >= , = , <>, Like, Is	kleiner , kleiner als , ... Zeichenfolgenvergleich, Objektvergleich
Verkettung	&, +	Zeichenfolgenaddition
Logisch/Bitweise	And, Not, Or, Xor, AndAlso, OrElse	... , verkürzte logische Konjunktion/Disjunktion
Bitverschiebung	<< , >>	bitweise Links- bzw. Rechtsverschiebung

Tabelle 8.3 Die im Ausdrucks-Editor verfügbaren Operatoren

Allgemeine Funktionen

Hier stehen zahlreiche Visual Basic-Funktionen zu den Bereichen *Text* (Stringverarbeitung), *Datum und Uhrzeit*, *Mathematik*, *Überprüfung*, *Programmfluss*, *Aggregat*, *Finanzen*, *Konvertierung*, *Sonstiges* zur Verfügung, die wir hier nicht weiter erläutern wollen bzw. können.

Die meisten dieser Funktionen sind selbsterklärend. Eine Kurzbeschreibung der jeweiligen Funktion wird im Ausdrucks-Editors angezeigt (rechts daneben). Ansonsten sei auf die Online Hilfe zu Visual Basic verwiesen.

Häufig haben Sie bis jetzt bereits von den Funktionen *First* und *Sum* aus dem Bereich *Aggregat* Gebrauch machen, welche den ersten Datensatz bzw. die Summe der Werte aller Datensätze ermitteln.

BEISPIEL

Die folgende Abbildung zeigt Anwendungen der *First*-Funktion.

```
=First(Fields!Kunden_PLZ.Value) & " " & First(Fields!Kunden_Ort.Value)
```

Abbildung 8.23 Anzeige von Postleitzahl und Wohnort in einem *Textfeld*

HINWEIS Wie Sie umfangreichen Code in Visual Basic oder auch in C# schreiben können, auf den der Report zur Laufzeit zugreifen kann, wird ab Seite 566 im Abschnitt »Hinzufügen von benutzerdefiniertem Code« erläutert.

Sortieren, Gruppieren und Filtern von Datensätzen

Der Report Designer bietet umfangreiche Möglichkeiten zum Sortieren, Gruppieren und Filtern von Datensätzen, die wir anhand eines lebendigen Beispiels (»Fleißige Autoverkäufer«) erkunden wollen.

Allgemeines

Die Beispiele dieses Abschnitts werden von einer Datenquelle gespeist, wie Sie im PB6.1 (»Mit einer Objekt-Datenquelle arbeiten«) ausführlich beschrieben ist. Natürlich könnte auch jede andere Datenquelle (Datenbank, Webdienst) Verwendung finden.

Das Objekt vom Typ *CVerkauf* widerspiegelt einen einzelnen Verkaufsvorgang (Transaktion) und hat die Eigenschaften *Datum*, *Preis*, *Produkt* und *Verkäufer*.

Abbildung 8.24 Die verwendete Objekt-Datenquelle

Zugang zu den Sortier- und Gruppier-Dialogen erhalten Sie nicht über das Eigenschaften-Fenster (F4), sondern über das *Eigenschaften*-Kontextmenü der entsprechenden Reportkomponente (*Tabelle*, *Liste*, *Matrix*). Markieren Sie die Komponente und klicken Sie mit der rechten Maustaste auf den breiten grauen Rand.

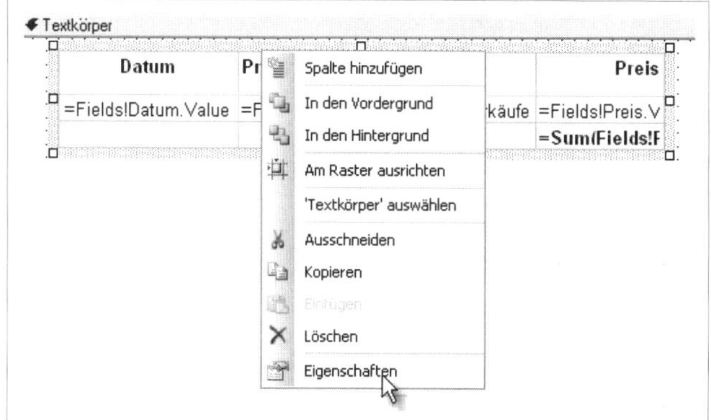

Abbildung 8.25 Eigenschaften-Kontextmenü einer Tabelle

Es öffnet sich der Dialog »Tabelleneigenschaften«, welcher unter anderem auch Seiten für das Sortieren, Gruppieren und Filtern anbietet.

Abbildung 8.26 Tabelleneigenschaften-Dialog

Sortieren

Sie haben die Möglichkeit, mehrere Sortierausdrücke einzugeben und die Sortierrichtung (aufsteigend/absteigend) festzulegen. Im einfachsten Fall stellen Sie als Sortierausdruck den Bezeichner einer bestimmten Spalte ein, wobei die möglichen Alternativen in einer Klappbox angeboten werden. Sie können aber auch mit dem Ausdrucks-Editor ein Sortierkriterium frei bestimmen.

Gemäß der folgenden Abbildung wird nach den Werten der Spalte »Preis« in absteigender Reihenfolge (größter Wert zuerst) sortiert.

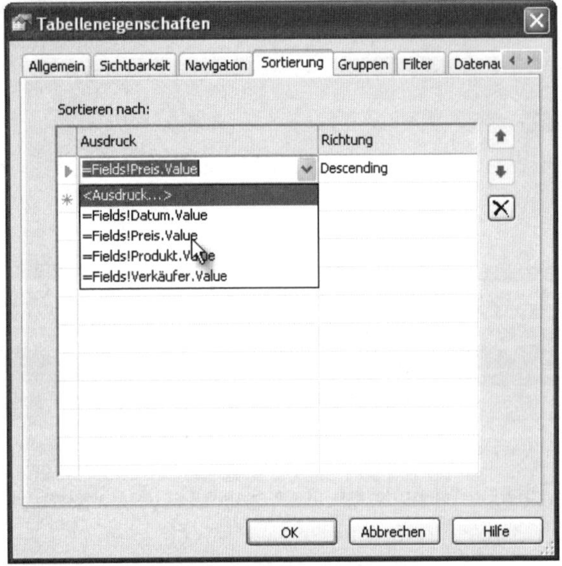

Abbildung 8.27 Sortier-Dialog der Tabelle (siehe Beispiel)

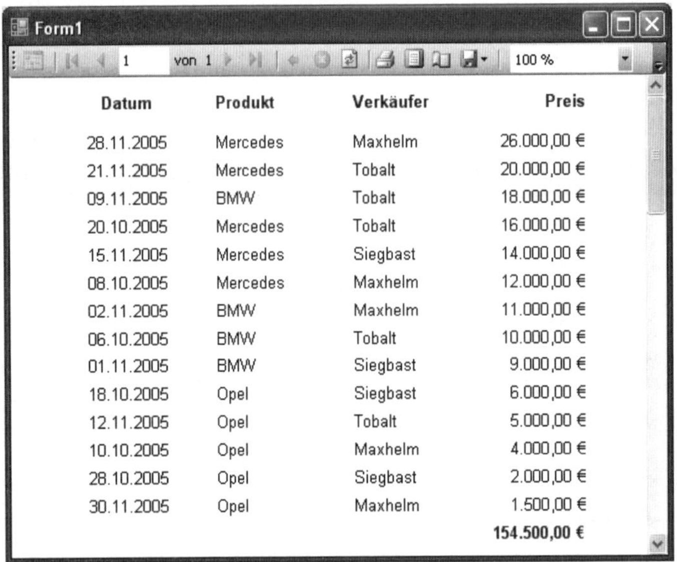

Datum	Produkt	Verkäufer	Preis
28.11.2005	Mercedes	Maxhelm	26.000,00 €
21.11.2005	Mercedes	Tobalt	20.000,00 €
09.11.2005	BMW	Tobalt	18.000,00 €
20.10.2005	Mercedes	Tobalt	16.000,00 €
15.11.2005	Mercedes	Siegbast	14.000,00 €
08.10.2005	Mercedes	Maxhelm	12.000,00 €
02.11.2005	BMW	Maxhelm	11.000,00 €
06.10.2005	BMW	Tobalt	10.000,00 €
01.11.2005	BMW	Siegbast	9.000,00 €
18.10.2005	Opel	Siegbast	6.000,00 €
12.11.2005	Opel	Tobalt	5.000,00 €
10.10.2005	Opel	Maxhelm	4.000,00 €
28.10.2005	Opel	Siegbast	2.000,00 €
30.11.2005	Opel	Maxhelm	1.500,00 €
			154.500,00 €

Abbildung 8.28 Nach dem Preis sortierter Verkaufsbericht (siehe Beispiel)

Gruppieren

Ein Bericht wie in obiger Abbildung ist nicht sehr übersichtlich. Ein Gruppieren der Datensätze nach dem Verkäufer oder nach dem Produkt würde die Aussagekraft deutlich steigern und deshalb soll unser Beispielbericht nach dem Verkäufer gruppiert werden:

Zunächst fügen Sie auf der Seite »Gruppe« im Dialog »Tabelleneigenschaften« eine neue Gruppierung hinzu.

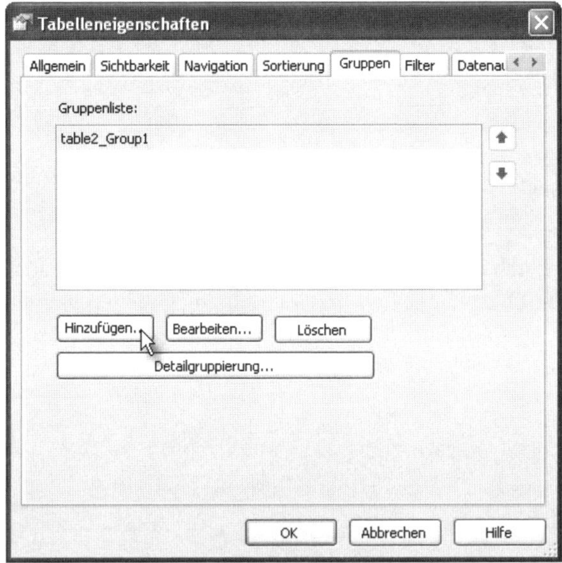

Abbildung 8.29 Hinzufügen einer neuen Gruppierung

Anschließend klicken Sie die »Bearbeiten«-Schaltfläche um die Gruppierungs- und Sortierungseigenschaften einzustellen. Über die Klappbox wählen Sie den gewünschte Ausdruck (*=Fields!Verkäufer.Value*), nach welchem gruppiert werden soll.

Setzen Sie die Häkchen bei »Gruppenkopf einschließen« und »Gruppenfuß einschließen«. Tragen Sie die Ausdrücke für die Gruppen- und die Gesamtsumme in die Tabelle ein: *=Sum(Fields!Preis.Value)*.

Abbildung 8.30 Gruppier-Ausdruck wählen

HINWEIS Um Einzelzellen zu vereinigen markieren Sie diese (bei gedrückter *Strg*-Taste) und wählen dann im Kontextmenü den Eintrag *Zellen zusammenführen*.

	Datum	Produkt	Verkäufer	Preis
	=Fields!Datum.Value	=Fields!Produkt.Va	=Fields!Verkäufe	=Fields!Preis.V
	="Summe von " & Fields!Verkäufer.Value & ":"			=Sum(Fields!F
			Gesamtsumme:	=Sum(Fields!F

Abbildung 8.31 Entwurfsansicht der Tabelle mit den Zeilen für Gruppenkopf und -fuß.

Damit innerhalb der Gruppe der Name des Verkäufers sich nicht ständig wiederholt, setzen Sie im Eigenschaftenfenster des entsprechenden Textfeldes die Eigenschaft *HideDuplicates* auf den angebotenen Namen der Gruppe.

Datum	Produkt	Verkäufer	Preis
28.11.2005	Mercedes	Maxhelm	26.000,00 €
08.10.2005	Mercedes		12.000,00 €
02.11.2005	BMW		11.000,00 €
10.10.2005	Opel		4.000,00 €
30.11.2005	Opel		1.500,00 €
		Summe von Maxhelm:	**54.500,00 €**
21.11.2005	Mercedes	Tobalt	20.000,00 €
09.11.2005	BMW		18.000,00 €
20.10.2005	Mercedes		16.000,00 €
06.10.2005	BMW		10.000,00 €
12.11.2005	Opel		5.000,00 €
		Summe von Tobalt:	**69.000,00 €**
15.11.2005	Mercedes	Siegbast	14.000,00 €
01.11.2005	BMW		9.000,00 €
18.10.2005	Opel		6.000,00 €
28.10.2005	Opel		2.000,00 €
		Summe von Siegbast:	**31.000,00 €**
		Gesamtsumme:	**154.500,00 €**

Abbildung 8.32 Der nach Verkäufern gruppierte Verkaufsbericht

Auf zum Vorgängerbeispiel völlig analoge Weise kann der Bericht natürlich auch nach dem Produkt gruppiert werden:

Datum	Produkt	Verkäufer	Preis
09.11.2005	BMW	Tobalt	18.000,00 €
02.11.2005		Maxhelm	11.000,00 €
06.10.2005		Tobalt	10.000,00 €
01.11.2005		Siegbast	9.000,00 €
		Summe von BMW:	**48.000,00 €**

Abbildung 8.33 Der nach Produkten gruppierte Verkaufsbericht

Filtern

Wollen Sie die Anzeige bestimmter Datensätze in Abhängigkeit von einer bestimmten Bedingung unterdrücken, so verwenden Sie einen Filterausdruck.

In unserem Beispiel sollen nur die Datensätze angezeigt werden, deren Preis oberhalb 10.000 Euro liegt:

Öffnen Sie die Seite »Filter« im Dialog »Tabelleneigenschaften« und tragen Sie die folgende Bedingung in die Filterliste ein:

- Ausdruck: *=Fields!Preis.Value*
- Operator: >
- Wert: *=10000*

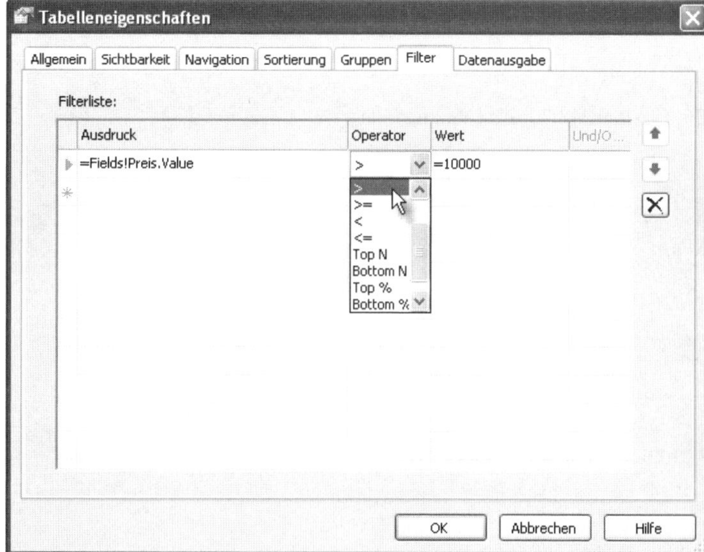

Abbildung 8.34 Eintragen der Filterbedingung

Datum	Produkt	Verkäufer	Preis
28.11.2005	Mercedes	Maxhelm	26.000,00 €
21.11.2005		Tobalt	20.000,00 €
20.10.2005		Tobalt	16.000,00 €
15.11.2005		Siegbast	14.000,00 €
08.10.2005		Maxhelm	12.000,00 €
		Summe von Mercedes:	**88.000,00 €**
09.11.2005	BMW	Tobalt	18.000,00 €
02.11.2005		Maxhelm	11.000,00 €
		Summe von BMW:	**29.000,00 €**
		Gesamtsumme:	**117.000,00 €**

Abbildung 8.35 Der Verkaufsbericht berücksichtigt nur Produkte mit einem Preis höher als 10.000 Euro

CD-ROM Den kompletten Code finden Sie auf der Buch-CD!

Kreuztabellenberichte

Um unseren Verkaufsbericht einmal nach dem Verkäufer und ein anderes Mal nach dem Produkt zu gruppieren, haben wir bislang zwei verschiedene Berichte gebraucht, was ziemlich aufwändig und auch nicht besonders bequem war. Als Lösung des Problems bietet sich ein so genannter Kreuztabellenbericht an, der sich im Report Designer relativ leicht mittels einer *Matrix*-Komponente realisieren lässt.

Einfache Matrix

Ziehen Sie von der Toolbox eine *Matrix* auf den Report-Designer.

Abbildung 8.36 Eine leere Matrix in der Entwurfsansicht

Öffnen Sie das »Datenquellen«-Fenster und ziehen Sie das Feld *Verkäufer* in die »Zeilen«-Zelle, das Feld *Produkt* in die »Spalten«-Zelle und das Feld *Preis* in die »Daten«-Zelle. Nehmen Sie die notwendigen Formatierungen (*BackgroundColor*, *Format*, *Font*, *TextAlign* ...) über das Eigenschaftenfenster vor.

	=Fields!Produkt.Value
=Fields!Verkäufer.Value	=Sum(Fields!Preis.Value)

Abbildung 8.37 Anbinden der Matrix an die Felder der Datenquelle

Das Ergebnis zeigt, dass Zeilen und Spalten zu Daten verknüpft wurden:

	BMW	Mercedes	Opel
Tobalt	28.000,00 €	36.000,00 €	5.000,00 €
Maxhelm	11.000,00 €	38.000,00 €	5.500,00 €
Siegbast	9.000,00 €	14.000,00 €	8.000,00 €

Abbildung 8.38 Laufzeitansicht des einfachen Kreuztabellen-Reports

Zeilen- und Spaltensummen anzeigen

Obwohl die einfache Kreuztabelle alle Informationen bereits in komprimierter Form darstellt – so richtig zufrieden ist der Chef damit noch nicht, will er doch den »besten Verkäufer« und das »meistverkaufte Auto« auf einen Blick erfassen. Eine Lösung ist die Anzeige von Gesamtwerten bzw. Teilergebnissen.

Um Gesamtwerte für Zeilen und Spalten anzuzeigen, klicken Sie mit der rechten Maustaste auf die Zelle »Zeilen« oder »Spalten« und wählen den Eintrag *Teilergebnis* vom Kontextmenü.

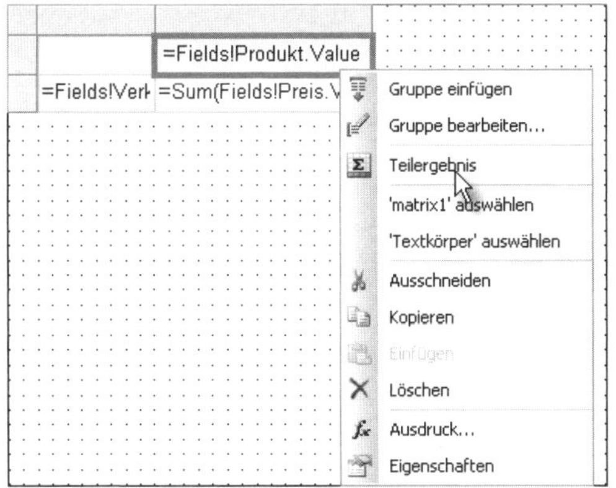

Abbildung 8.39 Hinzufügen einer Spalte für ein Teilergebnis

Im Ergebnis entsteht ein zusätzlicher und mit »Gesamt« beschrifteter Zeilen- bzw. Spaltenkopf:

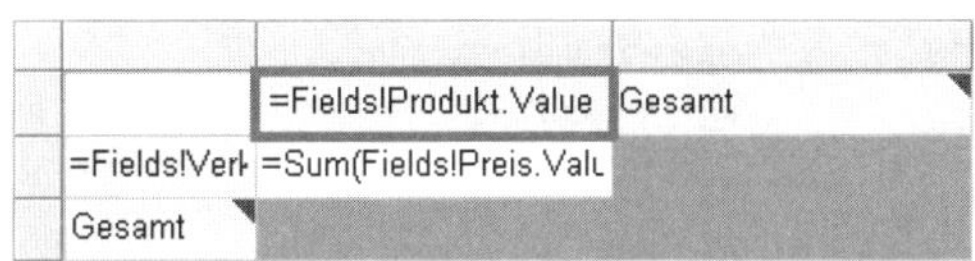

Abbildung 8.40 Entwurfsansicht der Matrix mit Zeilen- und Spaltensumme

HINWEIS Die kleinen grünen Dreiecke in der rechten oberen Ecke der »Gesamt«-Textfelder werden für das Formatieren der numerischen Werte gebraucht, denn wenn Sie direkt auf die Felder klicken, können Sie (über F4) lediglich die Eigenschaften des Zeilen- bzw. Spaltenkopfs ändern, nicht aber die Eigenschaften der anzuzeigenden Euro-Werte. Ein Klick auf das kleine grüne Dreieck macht es möglich, dass anschließend das Eigenschaften-Fenster *Subtotal* geöffnet werden kann, um z.B. Fettschrift einzustellen.

	BMW	Mercedes	Opel	**Gesamt**
Tobalt	28.000,00 €	36.000,00 €	5.000,00 €	**69.000,00 €**
Maxhelm	11.000,00 €	38.000,00 €	5.500,00 €	**54.500,00 €**
Siegbast	9.000,00 €	14.000,00 €	8.000,00 €	**31.000,00 €**
Gesamt	**48.000,00 €**	**88.000,00 €**	**18.500,00 €**	**154.500,00 €**

Abbildung 8.41 Laufzeitansicht des Reports

Zusätzliche berechnete Spalten einfügen

Wäre es nicht schön, wenn unsere Matrix nicht nur die Preise anzeigen würde, sondern auch noch die Anzahl der von Maxhelm, Siegbast und Tobalt verkauften Autos? Auch das ist kein Problem.

Im Kontextmenü der »Daten«-Zelle wählen wir den Eintrag *Spalte hinzufügen*. Dadurch wird eine weitere »Daten«-Zelle hinzugefügt in welche wir den Ausdruck *=CountRows()* eingeben müssen. Damit ermitteln wir, wieviel Autos jeder Verkäufer pro Typ verkauft hat.

Den Kopf der neuen Zelle beschriften wir mit »Anzahl«:

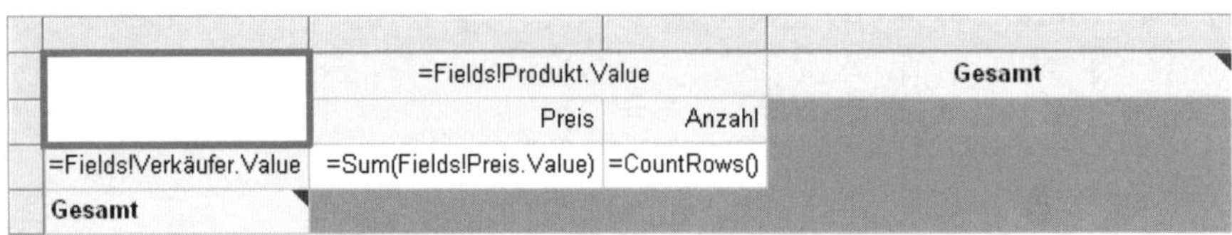

Abbildung 8.42 Entwurfsansicht der erweiterten Matrix

Auch dieses Ergebnis kann sich sehen lassen:

	BMW		Mercedes		Opel		**Gesamt**	
	Preis	Anzahl	Preis	Anzahl	Preis	Anzahl	Preis	Anzahl
Tobalt	28.000,00 €	2	36.000,00 €	2	5.000,00 €	1	**69.000,00 €**	**5**
Maxhelm	11.000,00 €	1	38.000,00 €	2	5.500,00 €	2	**54.500,00 €**	**5**
Siegbast	9.000,00 €	1	14.000,00 €	1	8.000,00 €	2	**31.000,00 €**	**4**
Gesamt	**48.000,00 €**	**4**	**88.000,00 €**	**5**	**18.500,00 €**	**5**	**154.500,00 €**	**14**

Abbildung 8.43 Laufzeitansicht des Reports mit zusätzlichen berechneten Feldern

Matrix mit zwei Zeilengruppen

Eine Matrix ist nicht nur auf die eindimensionale Verknüpfung von Zeilen und Spalten beschränkt. So können wir in unserem Beispiel die Daten zusätzlich auch noch monatsweise gruppieren.

Wählen Sie im Kontextmenü der »Zeilen«-Zelle (das ist links die zweite von unten) den Eintrag *Gruppe einfügen*. Der Dialog »Gruppierungs- und Sortierungseigenschaften« erscheint, in welchen Sie den Ausdruck *=Fields!Datum.Value.Month* eintragen.

Abbildung 8.44 Kontextmenü zum Einfügen einer Gruppe, die nach Monaten gruppiert

Das Ergebnis ist eine neue »Zeilen«-Zelle, die Sie an die linke Randposition verschieben (einfach mit der Maus am grauen Rand anfassen). Im Kontextmenü dieser Zelle wählen Sie den Eintrag *Teilergebnis*, wonach automatisch die Beschriftung »Gesamt« erscheint.

Wollen Sie dass die Gruppe mit den Monatsnamen beschriftet wird, tragen Sie in die neue Zelle den folgenden Ausdruck ein: *=MonthName(Fields!Datum.Value.Month, true)*.

Das Erscheinungsbild lässt sich verbessern, wenn Sie die *BorderStyle*-Eigenschaft aller Textfelder auf z.B. *Solid* setzen.

		=Fields!Produkt.Value		Gesamt
		Preis	Anzahl	
=MonthName(Fields!Datum.Value.Month, true)	=Fields!Verkäufer.Value	=Sum(Fields!Preis.Value)	=CountRows()	
Gesamt	Gesamt			

Abbildung 8.45 Entwurfsansicht der Matrix nach dem Hinzufügen einer neuen Zeilengruppe

Nun liegt ein bezüglich Inhalt und Optik doch schon recht anspruchsvoller Bericht vor:

Verkaufsbericht Okt/Nov 2005		BMW		Mercedes		Opel		Gesamt	
		Preis	Anzahl	Preis	Anzahl	Preis	Anzahl	Preis	Anzahl
Okt	Tobalt	10.000,00 €	1	16.000,00 €	1		0	26.000,00 €	2
	Maxhelm		0	12.000,00 €	1	4.000,00 €	1	16.000,00 €	2
	Siegbast		0		0	8.000,00 €	2	8.000,00 €	2
	Gesamt	**10.000,00 €**	**1**	**28.000,00 €**	**2**	**12.000,00 €**	**3**	**50.000,00 €**	**6**
Nov	Siegbast	9.000,00 €	1	14.000,00 €	1		0	23.000,00 €	2
	Maxhelm	11.000,00 €	1	26.000,00 €	1	1.500,00 €	1	38.500,00 €	3
	Tobalt	18.000,00 €	1	20.000,00 €	1	5.000,00 €	1	43.000,00 €	3
	Gesamt	**38.000,00 €**	**3**	**60.000,00 €**	**3**	**6.500,00 €**	**2**	**104.500,00 €**	**8**
Gesamt		**48.000,00 €**	**4**	**88.000,00 €**	**5**	**18.500,00 €**	**5**	**154.500,00 €**	**14**

Abbildung 8.46 Laufzeitansicht des mit zwei Zeilengruppen ausgestatteten Reports

Bilder anzeigen

Bilder eines lokalen Reports werden meistens in den Report eingebettet und dann referenziert. Das Speichern der Bilddaten erfolgt dann immer innerhalb der Reportdefinition (*.rdlc*-Datei) und nicht als separate Bilddatei.

Solche eingebetteten Bilder sind zwar immer für den Report verfügbar, aber sie können nicht gemeinsam von mehreren Reportdefinitionen benutzt werden und blähen so die *.rdlc*-Datei unnötig auf. Haben Sie ein Bild eingebettet, wird der Report Designer eine MIME[1]-Kodierung des Bilds durchführen und es dann als Text in die Reportdefinition einlagern.

HINWEIS Sie können keine Bilddateien benutzen die einfach zum Projekt hinzugefügt wurden.

[1] *Multipurpose Internet Mail Extensions* = Standard für Medientypen wie Grafiken, Audio- und Videodaten, ...

Ein Bild in den Bericht einbetten

Öffnen Sie den Dialog »Eingebettete Bilder« (Menü *Bericht/Eingebettete Bilder...*) und fügen Sie alle Bilder hinzu, die Sie im Report benötigen.

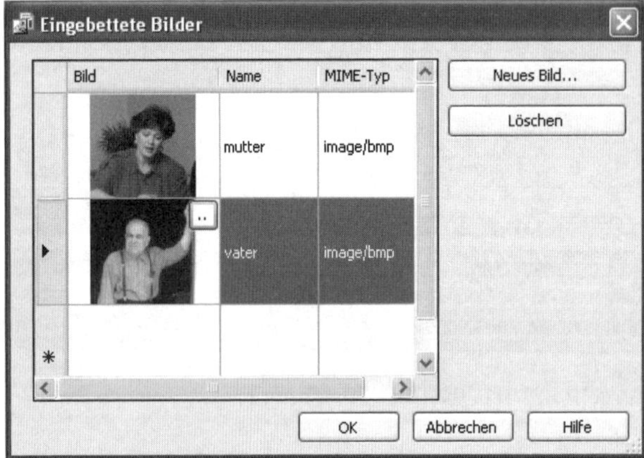

Abbildung 8.47 Der Dialog »Eingebettete Bilder«

Ziehen Sie eine *Bild*-Komponente von der Toolbox auf die Oberfläche des Report-Designers und öffnen Sie das Eigenschaften-Fenster der *Bild*-Komponente (F4). Setzen Sie nachfolgend die *Source*-Eigenschaft auf *Embedded.*

Öffnen Sie die *Value*-Eigenschaft (Klappbox), so wird Ihnen die Liste aller eingebetteten Bilder angezeigt, wählen Sie hier das Bild aus.

Bilder von einer Datenbank

Wenn die *Source*-Eigenschaft der *Bild*-Komponente auf *Database* gesetzt ist, muss die *Value*-Eigenschaft auf das Feld verweisen, welches die binären Bilddaten enthält. Solange es sich dabei um die MIME-Typen JPG, PNG oder BMP handelt dürfte das kein größeres Problem sein. Falls aber das Bild als Binärobjekt (BLOB) vorliegt, müssen Sie selbst einen Ausdruck schreiben der das Bild in den geforderten Typ konvertiert.

HINWEIS Die *MIMEType*-Eigenschaft ist nur dann von Bedeutung, wenn die *Source*-Eigenschaft auf *Database* gesetzt ist, in den anderen Fällen (*External* oder *Embedded*) wird der Wert von *MIMEType* ignoriert.

Externe Bilder

Die Verwendung externer Bilder in einem *ReportViewer*-Report ist standardmäßig nicht möglich. Sie müssen erst die *EnableExternalImages* Eigenschaft von *ReportViewer.LocalReport* im Code auf *True* setzen. In Abhängigkeit von der Netzwerkkonfiguration könnte es aber trotzdem passieren, dass Sie die Proxy-Settings umgehen müssen um das externe Bild nicht zu blocken.

HINWEIS Nähere Informationen entnehmen Sie bitte der Online-Dokumentation.

Hintergrundbilder

Hintergrundbilder können Sie für den Textkörper, den Seitenkopf oder den Seitenfuß verwenden, außerdem in den Komponenten *Textfeld*, *Rechteck*, *Liste*, *Matrix* oder *Tabelle*. Ein Hintergrundbild hat dieselben Eigenschaften wie ein normales Bild, zusätzlich können Sie spezifizieren, wie sich das Bild wiederholen soll um den Hintergrund zu füllen (*Repeat*, *NoRepeat*, *RepeatX*, *RepeatY*, benutzerdefiniert).

Diagramme darstellen

Das *Diagramm*-Steuerelement bietet eine fast schon erdrückende Vielfalt von Möglichkeiten zur grafischen Präsentation von Daten.

Diagrammtypen

Nachdem Sie ein *Diagramm* von der Toolbox auf die Oberfläche des Report-Designers gezogen haben, müssen Sie zunächst über das Kontextmenü den gewünschten Diagrammtyp festlegen.

Eine Übersicht über die verfügbaren Diagrammtypen liefert die folgende Tabelle.

Diagramm	Diagrammtypen		
Säule	Einfache Säule 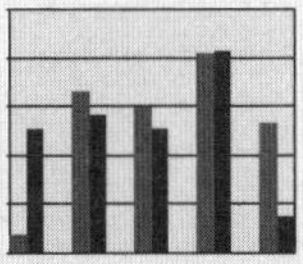	Gestapelte Säule 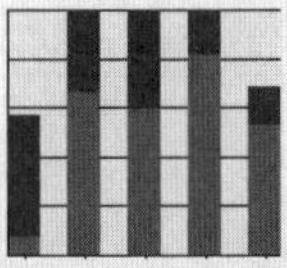	Gestapelte Säule (100%) 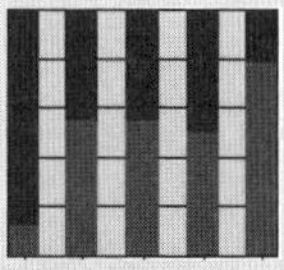
Balken	Einfacher Balken 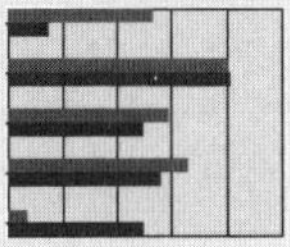	Gestapelter Balken 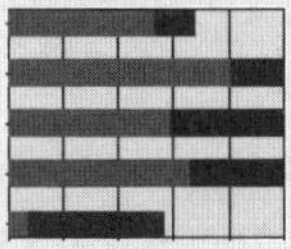	Gestapelter Balken (100%) 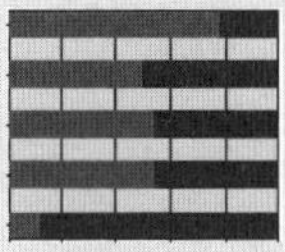
Fläche	Einfache Fläche 	Gestapelte Fläche 	Gestapelte Fläche (100%) 
Linie	Einfache Linie 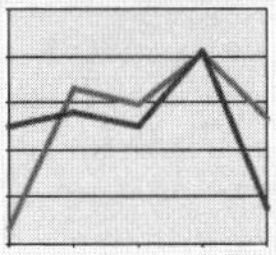	Geglättete Linie 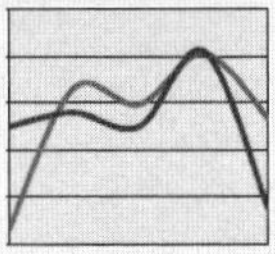	

Tabelle 8.4 Zusammenstellung der verfügbaren Diagrammtypen

Diagramm	Diagrammtypen		
Kreis	Einfacher Kreis 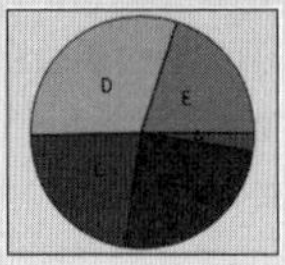	Explodierter Kreis 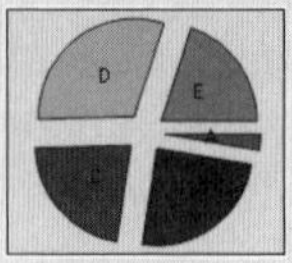	
Ring	Einfacher Ring 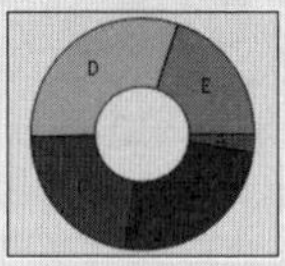	Explodierter Ring 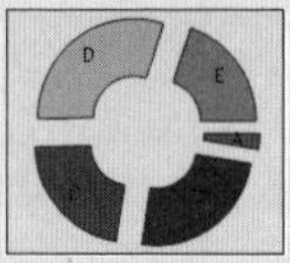	
Punkt	Einfache Punkte 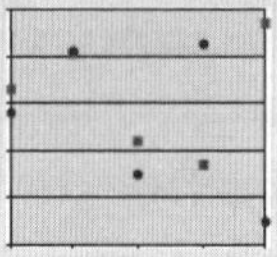	Punkte/Linien 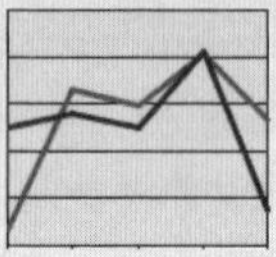	Punkte/Geglättete Linien 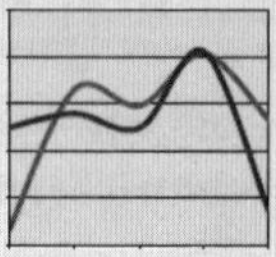
Blase	Blase 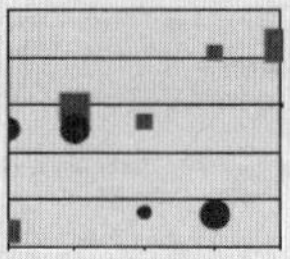		
Kurs	Höchst-/Tiefst- und Schlusskurs 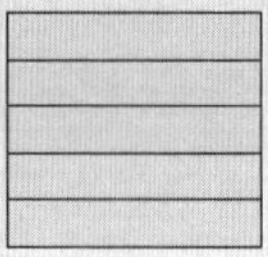	Eröffnungs-/Höchst-/Tiefst- und Schlusskurs 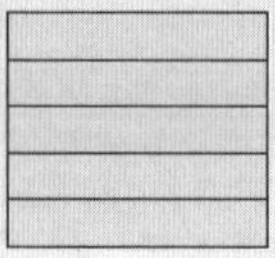	Kerze 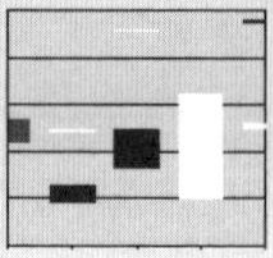

Tabelle 8.4 Zusammenstellung der verfügbaren Diagrammtypen *(Fortsetzung)*

Säulendiagramm

Jedes Diagramm verfügt über seinen eigenen kleinen Designer, wie es die folgende Abbildung am Beispiel des Typs »Einfache Säule« zeigt.

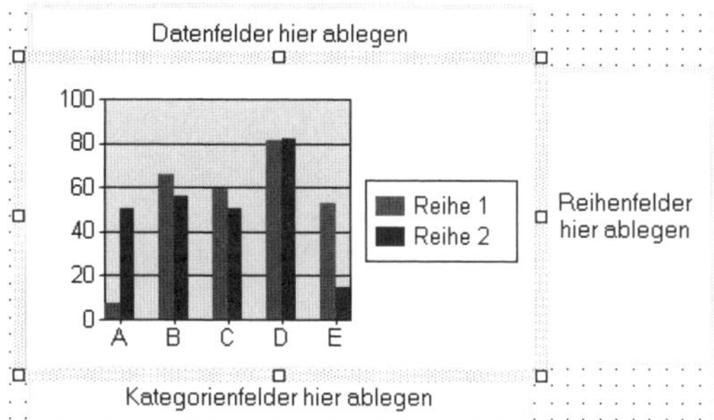

Abbildung 8.48 Entwurfsansicht des einfachen Säulendiagramms

Wie bei den meisten anderen Diagrammtypen auch, sind in der Entwurfsansicht um das Control herum drei Bereiche angeordnet:

- »Datenfelder«
- »Kategorienfelder«
- »Reihenfelder«

HINWEIS Falls diese drei Bereiche einmal nicht sichtbar sein sollten, holen Sie sie per Doppelklick auf die Oberfläche des Controls wieder herbei.

Die Bedeutung der einzelnen Bereiche wird am Beispiel unserer drei glorreichen Autoverkäufer am ehesten deutlich.

Nachdem Sie das Datenquellen-Fenster geöffnet haben ziehen Sie einfach per Drag & Drop die angegebenen Felder (hier Objektdatenquelle *CVerkauf*) in die entsprechenden Bereiche:

- *Preis* => »Datenfeld«
- *Verkäufer* => »Kategorienfeld«
- *Produkt* => »Reihenfeld«

und schon ist (bis auf kosmetische Korrekturen) das Diagramm funktionsfähig!

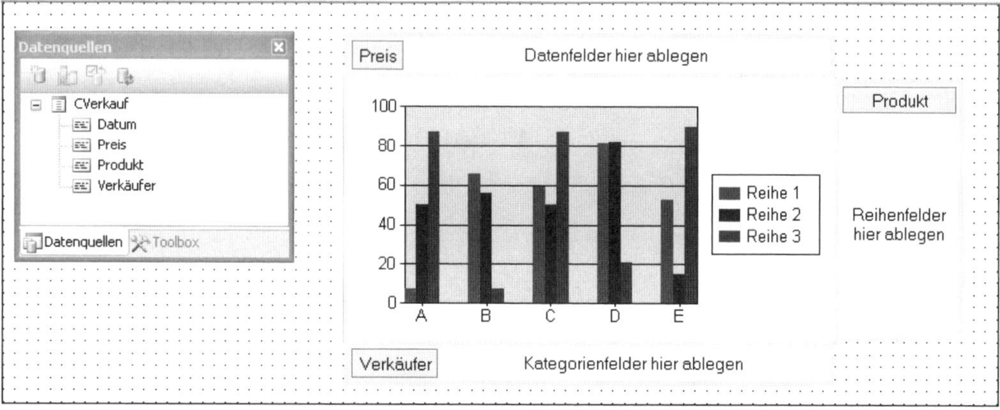

Abbildung 8.49 Entwurfsansicht des einfachen Säulendiagramms

Um die y-Achse in Euro zu beschriften und zu skalieren benutzen Sie die Seite »Y-Achse« des umfangreichen *Diagrammeigenschaften*-Dialogs, wie er über das *Eigenschaften*-Kontextmenü zu öffnen ist:

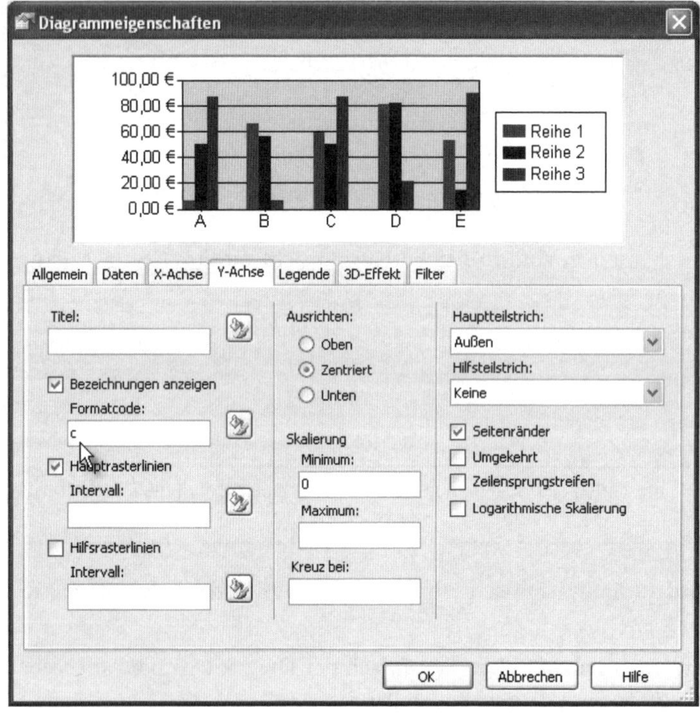

Abbildung 8.50 Eintragen des Formatcodes für die Y-Achse

Das Ergebnis zur Laufzeit zeigt, welche Preise die drei Verkäufer insgesamt pro Autotyp erzielt haben:

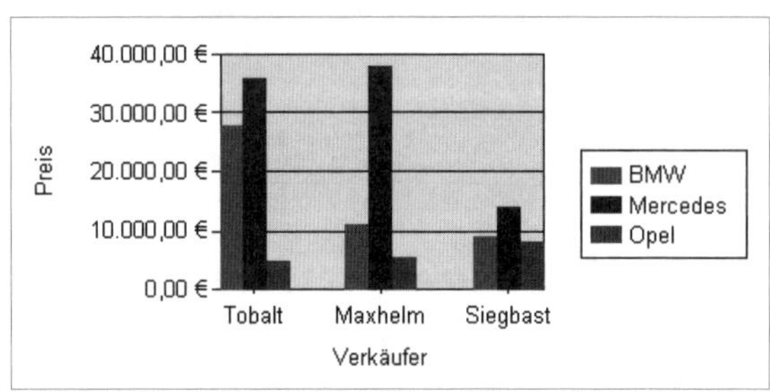

Abbildung 8.51 Laufzeitansicht des einfachen Säulendiagramms

Weitere Gruppen hinzufügen

Um auch den Verkaufsmonat im Diagramm auszuwerten, ziehen Sie das Feld *Datum* aus dem Datenquellenfenster in den Bereich »Kategorienfelder«.

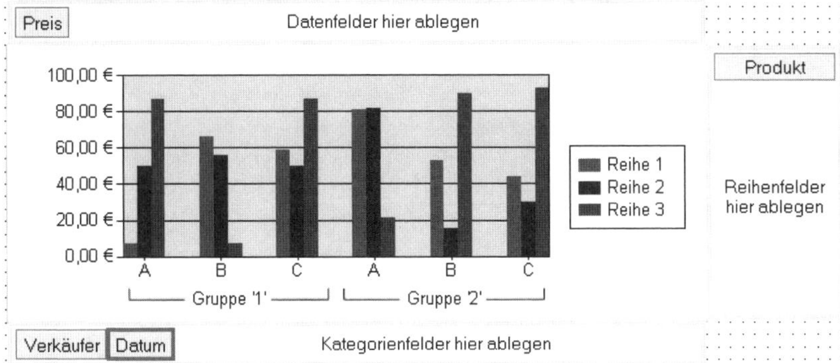

Abbildung 8.52 Entwurfsansicht des Diagramms mit zusätzlicher Kategorie »Datum«

Nach Doppelklick auf die »Datum«-Schaltfläche erscheint der Dialog »Gruppierungs- und Sortierungseigenschaften« in welchem Sie die Bezeichnung *=Fields!Datum.Value* löschen und den Gruppierungs-Ausdruck *=MonthName(Fields!Datum.Value.Month, true)* eingeben, um das Datum nach Monaten zu gruppieren (der Parameter *true* bedeutet, dass die kurze Schreibweise für den Monatsnamen anzuwenden ist).

Abbildung 8.53 Gruppierung nach dem Verkaufsmonat

Das Ergebnis zeigt anschaulich, dass z.B. unser Siegbast im Oktober nicht besonders gut drauf war.

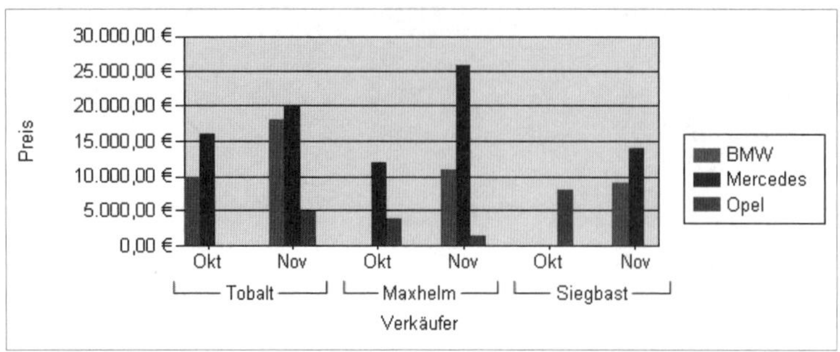

Abbildung 8.54 Laufzeitansicht mit zwei Kategoriengruppen

Weitere Diagramme

Jeder, der das Säulendiagramm einigermaßen beherrscht, wird keine Schwierigkeiten bei der Verwendung der anderen Diagrammtypen haben, sodass auf weitere Erklärungen verzichtet werden kann. Beispielsweise entsteht das folgende Diagramm vom Typ »Explodierter Kreis« einfach dadurch, indem aus der Datenquelle die Felder *Preis* und *Verkäufer* in die Bereiche »Datenfelder« und »Kategorien« gezogen werden.

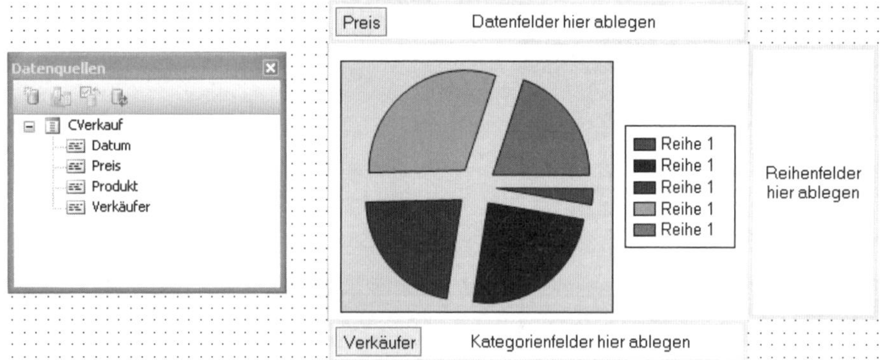

Abbildung 8.55 Datenquellen-Fenster und Report-Entwurfsansicht

Da in unserem konkreten Fall der Bereich »Reihenfelder« leer geblieben ist, zeigt die Laufzeitansicht des Diagramms nur den Anteil der drei Verkäufer am Gesamterlös.

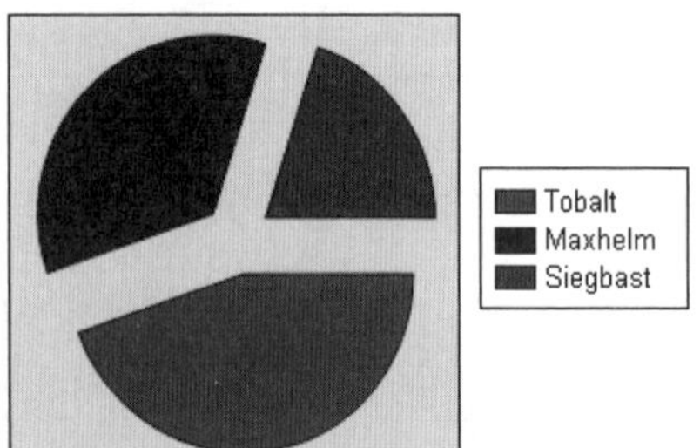

Abbildung 8.56 Laufzeitansicht des Kreisdiagramms

CD-ROM Alle Diagramm-Beispiele sind auf der Buch-CD enthalten!

Parameter anwenden

Mit Parametern können Sie Ihren Bericht zur Laufzeit flexibel gestalten. Nach der Übergabe an den Report lassen sich diese dann in bestimmte Ausdrücke einbauen oder zum Filtern der Datenmenge benutzen.

Da – im Unterschied zum Server Report – ein lokaler Report über keine eigene Eingabemöglichkeit für Parameter verfügt, müssen Sie eine Schnittstelle in Ihre Anwendung einbauen, die die Parameterwerte vom Benutzer entgegennimmt. Andererseits lassen sich Parameterwerte auch per Programmcode zuweisen.

Um einen Parameter einzubinden sind folgende Schritte auszuführen:

- Definition des Parameters (Name, Datentyp)
- Einbau des Parameters in den Berichtsentwurf
- Übergabe des Parameterwertes von der Anwendung an den Bericht

Während die ersten beiden Schritte im Report-Designer durchzuführen sind, wird der letzte Schritt im Programm, welches den Report aufruft, erledigt.

Im Folgenden wollen wir dies an einem konkreten Beispiel, basierend auf *Nordwind.mdb,* erläutern. Ein Bericht soll die von einem bestimmten *Kunden* aufgegebenen *Bestellungen* anzeigen, wobei vorher der *KundenCode* vom Anwender abzufragen ist.

Parameterdefinition

Zur Definition von Parametern dient der »Berichtsparameter«-Dialog, den Sie über das Menü *Bericht/-Berichtsparameter...* öffnen.

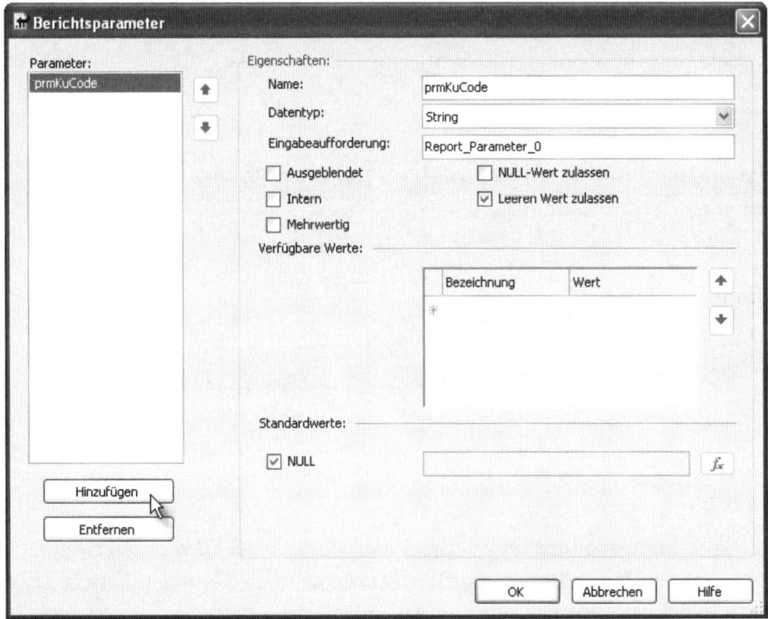

Abbildung 8.57 Der »Berichtsparameter«-Dialog mit dem Parameter *prmKuCode*

HINWEIS Das *Bericht*-Menü steht nur bei geöffnetem Report-Designer zur Verfügung. Falls es dennoch fehlt, klicken Sie einfach auf die Oberfläche des Report-Designers.

Hier eine kurze Erklärung der wichtigsten Elemente des Dialogs »Berichtsparameter«:

Parameter

Diese Liste ermöglicht einen Überblick über alle Parameter der aktuellen Berichtsdefinition. Mittels der »Up« und »Down«-Schaltflächen können Sie die Position eines Parameters innerhalb der Liste verändern. Über die »Hinzufügen« bzw. »Entfernen«-Schaltflächen lassen sich neue Parameter erzeugen bzw. wieder löschen.

Eigenschaften

Hier stellen Sie die Eigenschaften des ausgewählten Paramters ein, wobei *Name* und *Datentyp* von besonderer Wichtigkeit sind. Wie die Abbildung 8.1 zeigt, haben wir für unser Beispiel den Parameter *prmKuCode* mit dem Datentyp *String* eingetragen.

Die übrigen Eigenschaften dürften selbsterklärend sein und können meistens bei ihren Standardwerten verbleiben. Die Einstellungen für *Eingabeaufforderung* und *Ausgeblendet* haben im Fall eines lokalen Reports ohnehin keine Bedeutung.

Von Interesse dürfte in manchen Fällen noch die Liste *Verfügbare Werte* sein. Hier können Sie statische Werte oder aber auch Ausdrücke vordefinieren, die dann als Name-Wert-Paare zur Auswahl bereitstehen.

Einbau von Parametern in den Berichtsentwurf

Der Zugriff auf einen bestimmten Parameter erfolgt über die *Parameters*-Auflistung des Berichts, wobei – analog zur *Fields*-Auflistung – die berichtsinterne Visual Basic-Syntax zu verwenden ist.

Parameter direkt eintragen

Um z.B. unseren oben definierten Parameter direkt zu verwenden, tragen Sie den folgenden Ausdruck ein: *=Parameters!prmKuCode.Value.*

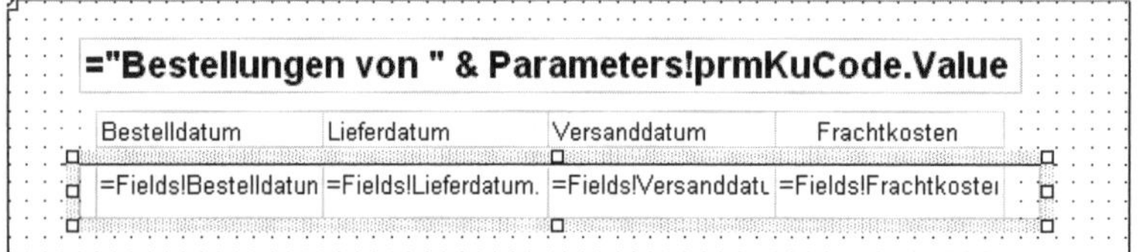

Abbildung 8.58 Berichtsentwurf unter Verwendung eines Parameter-Ausdrucks

Parameter mit Ausdruck-Editor zuweisen

Wir wollen, entsprechend der obigen Abbildung, in unserem Beispiel eine *Liste* mit *Textfeld*ern verwenden, um die Bestellungen eines Kunden anzuzeigen (wir hätten auch eine *Tabelle* nehmen können). Unsere *Liste* benötigt einen Ausdruck, welcher den Parameter *prmKuCode* benutzt, um nur die Bestellungen des betreffenden Kunden herauszufiltern.

Auf der »Filter«-Seite des Eigenschaften-Dialogs ist der folgende Filterausdruck einzustellen:

```
Ausdruck:   =Fields!KundenCode.Value
Operator:   =
Wert:       =Parameters!prmKuCode.Value
```

Die rechte Seite (»Wert«) dieser Zuweisung kann mit Hilfe des Ausdrucks-Editors erstellt werden, welcher sich über den <*Ausdruck...*>-Eintrag der kleinen Combobox öffnen lässt.

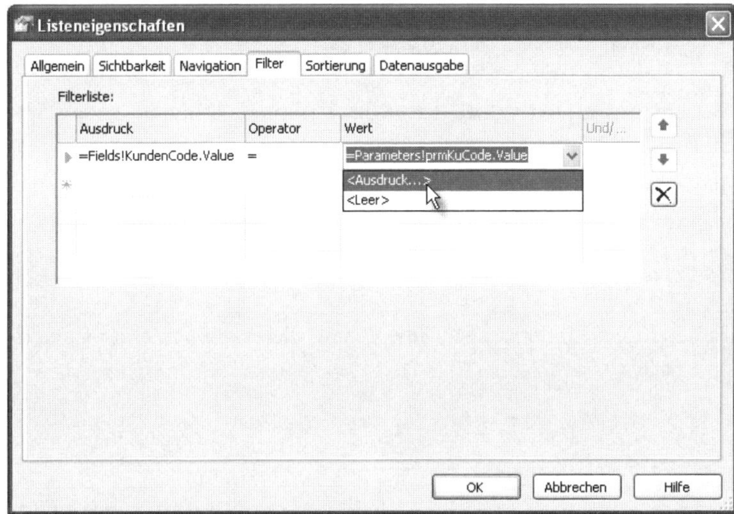

Abbildung 8.59 Einstellen der Filterbedingung

Im Ausdrucks-Editor klicken Sie im linken Baum auf »Parameter«, um dann in der rechten Liste den gewünschten Parameter auszuwählen und in den Ausdruck einzufügen.

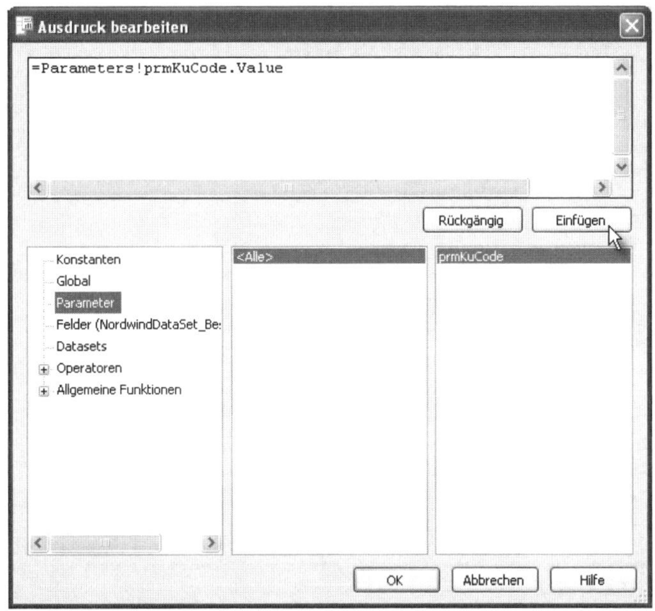

Abbildung 8.60 Auswahl eines Parameters im Ausdrucks-Editor

Parameterwerte an Bericht übergeben

Wir gehen davon aus, dass im Hauptprogramm bereits eine *ReportViewer*-Instanz vorhanden ist.

Allgemeine Syntax

Zunächst ist ein Array vom Typ *ReportParameter* (Namespace *Microsoft.Reporting.WinForms* einbinden!) zu erstellen und mit den Name-Wert-Paaren der zu übergebenden Parameter zu instanziieren:

```
Dim prms() As ReportParameter = {New ReportParameter("ParameterName1", Wert),
                                 New ReportParameter("ParameterName2", Wert),  ...}
```

Nachdem ein *ReportViewer* mit dem Bericht verbunden wurde, kann das Paramter-Array an dessen *SetParameters*-Methode übergeben werden:

```
reportViewer.LocalReport.SetParameters(prms)
```

Parameterübergabe

In unserem Beispiel ist als einziger Parameter der Kundencode zu übergeben, dieser wird in einer *ComboBox* ausgewählt:

```
Imports Microsoft.Reporting.WinForms
...
Private Sub comboBox1_SelectedValueChanged(ByVal sender As Object, ByVal e As EventArgs) _
                                                   Handles ComboBox1.SelectedValueChanged
    Dim prms() As ReportParameter = {New ReportParameter("prmKuCode", ComboBox1.Text)}
    ReportViewer1.LocalReport.SetParameters(prms)
    ReportViewer1.RefreshReport()
End Sub
```

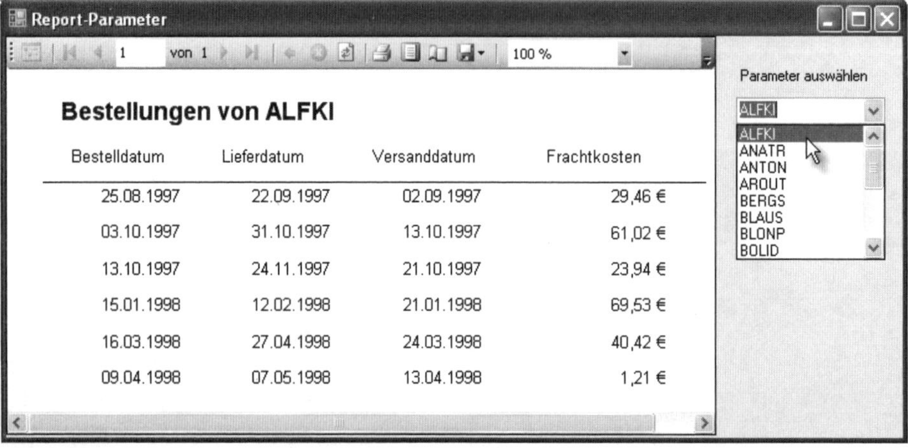

Abbildung 8.61 Laufzeitansicht im ReportViewer

CD-ROM Das komplette Beispiel finden Sie auf der Buch-CD!

Master-Detail-Reports

Es gibt zwei Möglichkeiten für die Anzeige von Master-Detail-Berichten:

- *Subreports*
  Dies ist die einzige (und leider relativ umständliche) Möglichkeit, wenn Master- und Detaildatensätze nicht in einem einzigen DataSet zusammengefasst werden können.
- *Eingebettete Datenregionen*
  Falls Master- und Detaildatensätze in einem einzigen DataSet vereint werden können, bietet diese Lösung die bessere Performance.

Subreports

Wenn Sie Master-Detail-Datensätze unter Benutzung von Subreports anzeigen wollen, verwenden Sie eine *Liste* für die Masterzeilen. Ein in die *Liste* eingefügter *Unterbericht* zeigt die Detailzeilen an.

Da der *Unterbericht* in der *Liste* enthalten ist, wird auch der Unterbericht für jede Masterzeile neu ausgegeben. Der Primärschlüssel der Masterzeile wird an den Unterbericht als Reportparameter übergeben. Der Unterbericht filtert dann nur die die Detailzeilen heraus, die mit dem übergebenen Primärschlüssel übereinstimmen.

HINWEIS Ein ausführliches Beispiel finden Sie unter PB8.1 »Einen Unterbericht verwenden«.

Eingebettete Datenregionen

Diese Variante ist deutlich schneller als die Verwendung von Unterberichten. Um sie aber nutzen zu können, müssen zuerst Master- und Detaildatensätze in ein gemeinsames DataSet zusammengeführt werden. Falls dies auf einfache Weise nicht möglich ist (z.B. wenn die Daten nicht von einer SQL Datenbank kommen) dann benutzen Sie besser Unterberichte.

Eine *Liste* wird benutzt, um die Masterzeilen anzuzeigen. Dann wird eine andere Datenregion, z.B. *Tabelle* oder *Liste*, in die Master-*Liste* eingebettet um die Detailzeilen anzuzeigen.

HINWEIS Ein ausführliches Beispiel finden Sie unter PB8.2 »Eine Rechnung anzeigen«.

Noch mehr Reporting

Im beschränkten Rahmen dieses Kapitels konnten wir leider nicht auf alle Aspekte des Report-Entwurfs eingehen. Vieles was an theoretischem Background noch fehlt wird in den abschließenden Praxisbeispielen dieses Kapitels quasi en passant vermittelt.

Auf weitere, unserer Meinung nach besonders interessante, Features und Informationen wollen wir aber im Folgenden noch kurz eingehen.

Hyperlinks realisieren

Um von einem *Textfeld* oder von einem *Bild* aus zu einer Webseite zu springen müssen Sie über das Kontextmenü *Eigenschaften* die Seite »Navigation« öffnen und dort die Hyperlinkaktion »Zu URL springen:« aktivieren. Darunter muss eine gültige URL eingetragen werden (oder ein Ausdruck, der eine URL zurückgibt).

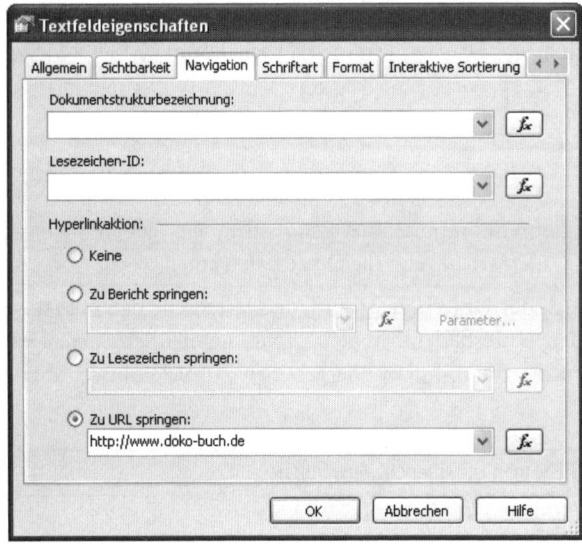

Abbildung 8.62 Eintragen eines Hyperlinks zu einer URL

Zusätzlich ist die *EnableHyperlinks*-Eigenschaft des *ReportViewers* im Eigenschaftenfenster oder per Code zu aktivieren.

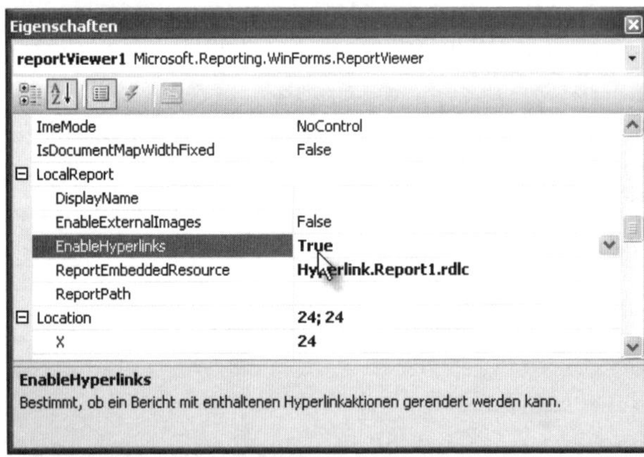

Abbildung 8.63 Aktivieren der *EnableHyperlinks*-Eigenschaft

BEISPIEL

Für die Hyperlinkaktion eines *Textfeldes* wird die URL *http://www.doko-buch.de* eingetragen. Nach Ergänzen der fettgedruckten Codezeile kann zur Laufzeit auf die Webseite zugegriffen werden.

```
Private Sub Form1_Load(ByVal sender As System.Object, ByVal e As System.EventArgs) _
                                                                     Handles MyBase.Load
    ReportViewer1.LocalReport.EnableHyperlinks = True
    ReportViewer1.RefreshReport()
End Sub
```

HINWEIS Vergessen Sie bei der Angabe der URL nicht das Protokoll (*http://...*)!

Benutzen von ReportViewer-Ereignissen

Der *ReportViewer* stellt eine Anzahl von Ereignissen zur Verfügung, die zur Laufzeit behandelt werden können. Besonders nützlich sind die folgenden zwei Ereignisse:

- *Drillthrough*
- *Hyperlink*

Beide Ereignisse treten im Zusammenhang mit einer »Hyperlinkaktion« auf, wie Sie im Eigenschaftendialog eines *Textfeldes* oder eines *Bildes* auf der Seite »Navigation« eingestellt werden kann (siehe oben).

Drillthrough-Event

Dieses Ereignis feuert dann, wenn der Benutzer auf eine *Textfeld* oder *Bild* klickt für welches die Option »Zu Bericht springen:« eingestellt wurde. Das *Drillthrough*-Ereignis wird häufig dann benötigt, wenn Sie in einem Master-Report auf ein bestimmtes Feld klicken wollen und sich daraufhin ein anderer Report öffnen soll, der die dazugehörigen Detaildaten anzeigt. In diesem Kontext dürfte auch der martialische Bezeichner »Drillthrough« verständlich sein, denn man meint damit das »Durchbohren« von einem Master- zu einem Detailreport.

BEISPIEL

Nach Klick auf den *KundenCode* in einem Bericht *Kunden.rdlc* wird der Detailbericht *Bestellungen.rdlc* aufgerufen, welcher die Bestellungen des Kunden anzeigt.

```
Imports Microsoft.Reporting.WinForms
...
Dim nwDS As New NordwindDataSet()

Private Sub ReportViewer1_Drillthrough(ByVal sender As System.Object, _
                              ByVal e As DrillthroughEventArgs) Handles ReportViewer1.Drillthrough
        Dim locRep As LocalReport = CType(e.Report, LocalReport)
        locRep.DataSources.Add(New ReportDataSource("NordwindDataSet_Bestellungen", nwDS.Bestellungen))
End Sub
```

HINWEIS Den kompletten Code finden Sie im PB8.3 »Das Drillthrough-Event behandeln«.

Hyperlink-Event

Das Ereignis wird beim Klicken auf eine *Textfeld* oder *Bild* dann ausgelöst, wenn für dieses Control im Dialog »Textfeldeigenschaften« die Hyperlinkaktion »Zu URL springen:« eingestellt wurde.

Zum Aufruf einer Webseite wird das *Hyperlink*-Ereignis in der Regel nicht benötigt (siehe obiges Beispiel zum Hyperlink). Man kann es aber »zweckentfremdet« auch dazu benutzen, um den Bericht mit interaktivem Verhalten auszustatten, sodass nach Klick auf ein *Bild* oder *Textfeld* kein Aufruf einer Webseite erfolgt, sondern stattdessen irgendeine andere Aktion ausgeführt wird.

BEISPIEL

In einem Bericht *Rechnung.rdlc* wollen Sie auf einen bestimmten Artikelnamen klicken und es soll ein Meldungsfenster erscheinen, welches den Einzelpreis des Artikels anzeigt.

Zunächst stellen Sie für das *Textfeld*, welches den Artikelnamen im Detailbereich der Report-Tabelle anzeigt, die Hyperlinkaktion »Zu URL springen:« mit folgender URL ein:

```
="Einzelpreis:" & Fields!Einzelpreis.Value
```

Vergessen Sie nicht, vorher im Eigenschaftenfenster des *ReportViewers* die *LocalReport.EnableHyperlinks*-Eigenschaft auf *True* zu setzen.

```
Imports Microsoft.Reporting.WinForms
...
```

Der Handler für das *Hyperlink*-Event des *ReportViewers*:

```
Private Sub ReportViewer1_Hyperlink(ByVal sender As System.Object, _
        ByVal e As HyperlinkEventArgs) Handles ReportViewer1.Hyperlink
```

Die aktuelle URL herausfiltern:

```
    Dim mUri As New Uri(e.Hyperlink)
    If mUri.Scheme = "einzelpreis" Then
        e.Cancel = True
```

Einzelpreis anzeigen, der Teil der URL ist:

```
        MessageBox.Show("Einzelpreis = " & mUri.Segments(0))
```

Das Auffrischen des Reports ist nur dann erforderlich, wenn auch die Datenquelle geändert wurde:

```
        ' Dim rv As ReportViewer = CType(sender, ReportViewer)
        ' rv.RefreshReport()
    End If
End Sub
```

CD-ROM Das komplette Beispiel finden Sie auf der Buch-CD!

Hinzufügen von benutzerdefiniertem Code

Beim Kompilieren des Projekts wird auf folgende Assemblys automatisch verwiesen:

- *Microsoft.VisualBasic*
- *System.Convert*
- *System.Math*

Reicht Ihnen dieses Angebot nicht aus, so können Sie eigenen Code hinzufügen. Hierfür gibt es prinzipiell zwei Möglichkeiten:

- Einbetten eigener Visual Basic-Funktionen in den Bericht
- Verweis auf Methoden in einer benutzerdefinierten Assembly

Die erste Variante ist dann von Interesse, wenn in einem Bericht Methoden, Variablen oder Konstanten global zur Verfügung stehen sollen. Auf die zweite Variante greifen Sie dann zurück, wenn Sie umfangreicheren Code in Visual Basic oder z.B. auch C# erstellen wollen. Außerdem hat eine benutzerdefinierte Assembly den Vorteil, dass von mehreren Berichten des Projekts darauf zugegriffen werden kann.

Variante 1: Eingebetteter Visual Basic Code

Wählen Sie das Menü *Bericht/Berichtseigenschaften...* und tragen Sie den Code auf der Seite »Code« ein. Die Methoden werden dem Report über ein global definiertes *Code*-Element zur Verfügung gestellt.

BEISPIEL

Wir schreiben eine Funktion, die das Alter einer Person ermittelt, wobei als Parameter das Geburtsdatum und das aktuelle Datum übergeben werden. Die einfache Differenzbildung der Jahreszahlen reicht nicht aus, denn sie führt nur dann zum richtigen Ergebnis, wenn die Person im aktuellen Jahr bereits Geburtstag hatte, ansonsten würde ein Jahr zuviel berechnet werden.

Der folgende Visual Basic Code löst das Problem und kann so wie er ist (also auch mit Kommentaren!) in die »Code«-Seite kopiert werden:

```
Function berechneAlter(gebTag As DateTime, heute As DateTime) As Integer

    Dim gebTagDJ As DateTime                              ' diesjähriges Geburtstagsdatum
    Dim alter As Integer = heute.Year - gebTag.Year       ' grobe Altersbestimmung
```

Das Datum des diesjährigen Geburtstags wird aus »Einzelteilen« zusammengesetzt:

```
    gebTagDJ = Convert.ToDateTime(gebTag.Day.ToString & "." & gebTag.Month.ToString & "." & _
                                                             heute.Year.ToString)
```

Alter korrigieren, falls Person in diesem Jahr noch nicht Geburtstag hatte:

```
    If gebTagDJ > heute Then alter = alter - 1

    Return alter

End Function
```

Die Funktion *berechneAlter* verwenden wir in einem Bericht, welcher neben den Feldern *Vorname*, *Nachname* und *Geburtsdatum* auch das *Alter* aus der Tabelle *Personal* von *Nordwind.mdb* anzeigt. Der für die Spalte *Alter* einzutragende Ausdruck ist:

```
=Code.berechneAlter(Fields!Geburtsdatum.Value, Today)
```

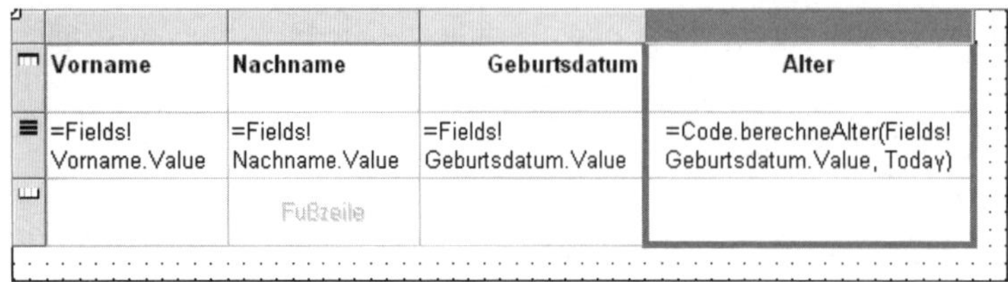

Abbildung 8.64 Verwendung einer benutzerdefinierten Funktion in einem Ausdruck

Die Laufzeitansicht des Reports:

17.04.2006

Vorname	Nachname	Geburtsdatum	Alter
Nancy	Davolio	08.12.1968	37
Andrew	Fuller	19.02.1952	54
Janet	Leverling	30.08.1963	42

Abbildung 8.65 Report (siehe Beispiel)

CD-ROM Das komplette Beispiel finden Sie auf der Buch-CD!

Variante 2: Benutzerdefinierte Assembly

Eine benutzerdefinierte Assembly wird meist als separate Klassenbibliothek (*.dll*) erstellt, die Sprache (VB, C#) ist natürlich egal. Anschließend fügen Sie im Bericht einen Verweis auf die Assembly hinzu, indem Sie das Menü *Bericht/Berichtseigenschaften...* und dort die Seite »Verweise« aufrufen.

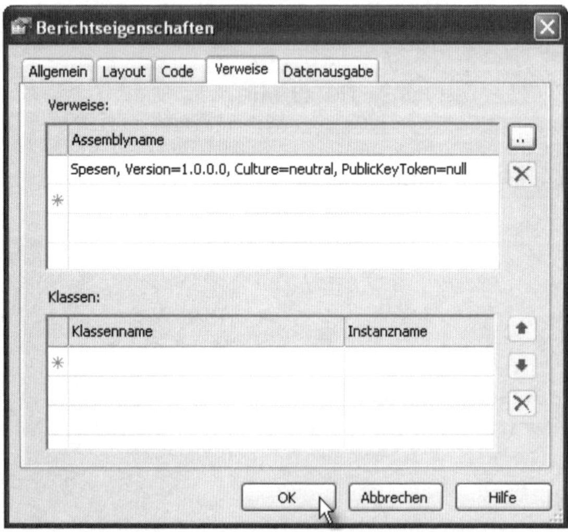

Abbildung 8.66 Die Seite »Verweise« mit einer eingetragenen benutzerdefinierten Assembly

Falls es sich um statische Klassen bzw. Methoden handelt, genügt der Eintrag des Assemblynamens, die untere Liste »Klassen:« bleibt leer (siehe obige Abbildung).

Auf statische Methoden können Sie in Ausdrücken über den Namespace, die Klasse und den Methodennamen zugreifen, während für instanzbasierte Methoden – ähnlich wie bei eingebettetem Visual Basic Code – ein globales *Code*-Objekt zur Verfügung steht.

HINWEIS Um dem Report den Zugriff auf eine benutzerdefinierte Assembly zu erlauben, muss die *AddTrustedCodeModuleInCurentAppDomain*-Methode des *ReportViewer*s aufgerufen werden!

BEISPIEL

Zum Projekt gehört eine Klassenbibliothek *Spesen.dll*, die zum Report hinzugefügt wurde (siehe obige Abbildung). Die DLL exportiert eine statische Klasse *CSpesen* mit einer Methode *getSpesen*, welche die Spesenberechnung übernimmt, wobei als Parameter der Beginn und das Ende der Reise übergeben werden.

Der Aufruf im Report:

```
=Spesen.CSpesen.getSpesen(Fields!Beginn.Value, Fields!Ende.Value)
```

Erlaubnis für den Zugriff auf die Assembly erteilen:

```
ReportViewer1.LocalReport.AddTrustedCodeModuleInCurrentAppDomain( _
                "Spesen, Version=1.0.0.0, Culture=neutral, PublicKeyToken=null")
```

HINWEIS Die komplette Anwendung finden Sie im PB8.4 »Auf eine benutzerdefinierte Assembly zugreifen«.

Wollen Sie instanziierbare Klassen bzw. Methoden verwenden, so geben Sie in der unteren Liste der Seite »Verweise« einen Klassen- und einen Instanznamen ein. Zum Zugriff auf die Methoden verweisen Sie auf das *Code*-Element, die Instanz und den Methodennamen.

BEISPIEL

Falls die Methode *getSpesen* des obigen Beispiels nicht als statische, sondern als als Instanzmethode zur Verfügung stehen würde, könnte der Aufruf wie folgt aussehen:

```
=Code.SpesenBerechnung.getSpesen(Fields!Beginn.Value, Fields!Ende.Value)
```

Ergänzungen zum ReportViewer

Der *ReportViewer* ist die zentrale Komponente zum Anzeigen von Berichten, egal ob diese von einem Report-Server oder aus einer lokalen Datenquelle kommen. Allerdings haben wir uns in diesem Kapitel ausschließlich auf den lokalen Modus (Local Mode) des *ReportViewer*s beschränkt, sodass es an der Zeit ist, beide Betriebsarten einem Vergleich zu unterziehen.

Local Mode versus Server Mode

Im lokalen Modus verwandelt sich der *ReportViewer* in einen Mini-Report Server. In dieser Konfiguration führt er die Verarbeitung und Darstellung des Reports aus, nicht der Report Server. Wenn Sie ausschließlich den Local Mode verwenden wollen, brauchen Sie überhaupt keine *Reporting Services* (weder zur Entwurfs- noch zur Laufzeit), weil das *ReportViewer* Control in keiner Weise vom Report Server abhängig ist.

Der Local Mode bietet die folgenden Vorzüge:

- Einfache Verteilung der Reports
  Sie können die Reportdateien zusammen mit Ihrer Anwendung vertreiben, ohne dass der Benutzer des Programms einen Report Server installieren müsste.
- Flexible Szenarien der Datenbindung
  Ihre Applikation kann den lokalen Report an ein ADO.NET-Dataset oder an ein Geschäftsobjekt binden. Demgegenüber ist das direkte Binden von DataSets an Server Reports nicht möglich und erfordert zusätzlichen Aufwand.

Bevor Sie aber bereits jetzt darüber jubeln, dass Sie weder Report Server noch SQL Server 2005 Lizenz benötigen, sollten Sie Local und Server Mode etwas genauer unter die Lupe nehmen. Dann kommen Sie nämlich zu der Erkenntnis, dass Sie den lokalen Modus des *ReportViewers* leider nicht als vollwertigen Ersatz für den Report Server betrachten können, da dieser Vergleich nur bezüglich Verarbeitung und Darstellung der Reports gilt.

In Ermanglung eines Report Servers muss der *ReportViewer* die Daten von der Anwendung holen. Im lokalen Modus ist deshalb Ihre Anwendung für die Bereitstellung des notwendigen Report-Inputs zuständig, denn der *ReportViewer* bietet keinerlei Eingabemöglichkeiten von Parametern für lokale Reports. Parameter und Daten sind aus Sicht des *ReportViewers* extern. Auch gibt es im Local Mode weder Report Catalog noch Caching, keine abonnierte Verteilung, keine Sicherheitseinstellungen etc.. Die Export-Formate sind auf PDF und Excel beschränkt.

RDL versus RDLC Format

Beide Formate haben dasselbe XML-Schema. In RDLC Dateien können z.B. einige Ausdrücke leer sein, d.h., sie sind nicht sofort bereit um von einem Report Server verarbeitet zu werden. Die fehlenden Werte können beim Öffnen der Datei mittels der SQL Server 2005 Version des Report Designers übergeben werden (vorher *.rdlc* zu *.rdl* umbenennen).

HINWEIS RDL Dateien werden von der SQL Server 2005 Version des Report Designers erzeugt, RDLC Dateien hingegen von der Visual Studio 2005 Version des Report Designers.

Durch das Ausgliedern der Logik für das Anbinden an eine Datenbank oder zum Ausführen von Abfragen ist der *ReportViewer* kompatibel zu allen Datenquellen, also nicht nur zu Datenbanken. Dies hat zur Konsequenz, dass bei Benutzung einer RDL Datei durch den *ReportViewer* die SQL bezogenen Infos der RDL Datei einfach ignoriert werden. Es ist Sache der Anwendung, sich mit der Datenbank zu verbinden, Abfragen auszuführen und dem *ReportViewer* die Daten zu übergeben.

Praxisbeispiele

PB8.1 Einen Unterbericht verwenden

Report Designer: *Liste, Tabelle, SubReport; ReportViewer*-Control: *ReportDataSource*-Objekt, *ReportEmbeddedResource*-Eigenschaft, *RefreshReport*-Methode, *SubreportProcessing*-Ereignis; *TableAdapter*-Control: *Fill*-Methode; Parameterübergabe, Gruppieren und Filtern

Master-Detail-Beziehungen lassen sich mit einem im Hauptbericht eingebetteten Unterbericht darstellen. Wir wollen das am Beispiel der Kunden der Datenbank *Nordwind.mdb* demonstrieren. Zu jedem Kunden sollen die dazugehörigen Bestellungen (ohne Artikeldetails) in einem Unterbericht aufgelistet werden.

Datenquelle erstellen

Ein typisiertes DataSet dient als Datenquelle für den Report. Um ein solches DataSet zu erstellen und mit den Datenbankinhalten zu füllen gibt es verschiedene Möglichkeiten (siehe Einführungsbeispiele dieses Kapitels bzw. DataSet-Kapitel 5), wir entscheiden uns für den Einsatz von *TableAdaptern*. Das hat den Vorteil, dass flexible SQL-Anweisungen für die Datenbankabfrage möglich sind und dass automatisch Methoden zum Füllen der Tabellen generiert werden.

- Öffnen Sie eine neue Windows-Anwendung mit dem Namen *SubReport.*
- Über das Menü *Projekt/Neues Element hinzufügen...* erzeugen Sie eine Vorlage für ein (typisiertes) *DataSet* unter dem Dateinamen *NordwindDataSet.xsd.*
- Im DataSet-Designer fügen Sie einen *TableAdapter* hinzu.
- *Im TableAdapter-Konfigurations-Assistenten* stellen Sie zunächst eine Datenverbindung zu einer vorhandenen *Nordwind.mdb*-Datenbank her.
- Lassen Sie es zu, dass der *NordwindConnectionString* in der Anwendungskonfigurationsdatei gespeichert wird (OK-Button des Dialogs).
- Tragen Sie die folgende SQL Anweisung ein: *SELECT * FROM Kunden.* Es steht Ihnen aber frei, die Auswahl der Felder zu beschränken.
- Als zu generierende Methode wird nur die *Fill*-Methode gebraucht (bei den anderen Methoden Häkchen entfernen).
- Nach Klick auf die Schaltfläche »Fertigstellen« erscheint das *NordwindDataSet* mit der Tabelle *Kunden* im Datenquellen-Fenster.
- Fügen Sie im DataSet-Designer auf völlig analoge Weise einen weiteren *TableAdapter* für die Tabelle *Bestellungen* hinzu (*SELECT * FROM Bestellungen* etc.).
- Schließlich sollten Datenquellen-Fenster und DataSet-Designer den folgenden Anblick bieten (falls im DataSet-Designer zwischen beiden Tabellen eine Verbindungslinie/Relation zu sehen ist, können Sie diese löschen):

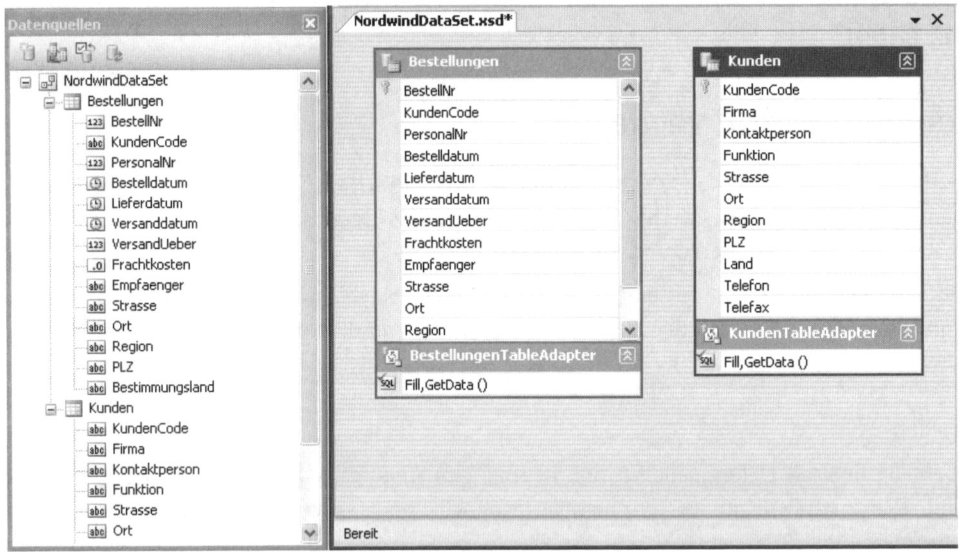

Abbildung 8.67 Datenquellen-Fenster und DataSet-Designer nach Fertigstellen der Datenquelle

Unterbericht entwerfen

Über den Menüpunkt *Projekt/Neues Element hinzufügen...* fügen Sie die Vorlage für einen *Bericht* mit dem Dateinamen *Bestellungen.rdlc* hinzu und ziehen von der Toolbox eine *Tabelle* auf die Oberfläche des Report-Designers.

Per Drag & Drop ziehen Sie die Felder *Bestelldatum*, *Versanddatum*, *Lieferdatum* und *Frachtkosten* in die mittlere Zeile der *Tabelle* und tragen in die Fußzeile den Ausdruck für die Frachtkostensumme ein.

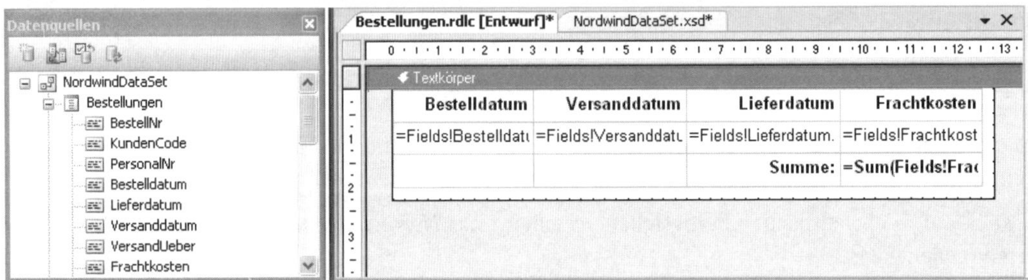

Abbildung 8.68 Entwurfsansicht des Unterberichts

Um eine formatierte Anzeige von Datum und Währung zu erreichen, setzen Sie im Eigenschaftenfenster (F4) die *Format*-Eigenschaft der drei Datumsfelder auf *d* und die der Währungsfelder auf *c*.

Parameter und Filter zum Unterbericht hinzufügen

Dem Unterbericht muss vom Hauptbericht als Parameter der *KundenCode* übergeben werden, damit dieser als Filterbedingung für die anzuzeigenden Bestellungen dienen kann. Über das Menü *Bericht/Berichtspara-*

meter... öffnen Sie den entsprechenden Dialog, klicken auf die »Hinzufügen«-Schaltfläche und tragen den Namen (*KundenCode*) des Parameters und den Datentyp (*String*) ein.

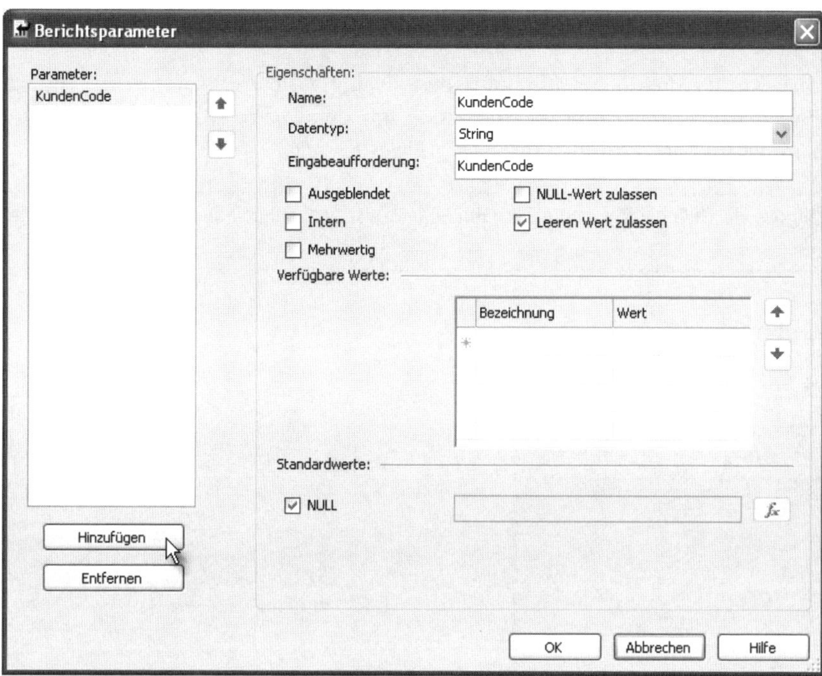

Abbildung 8.69 Der Parameter *KundenCode* wird hinzugefügt

Über das Eigenschaftenfenster der Tabelle (F4) öffnen Sie den *Filter*-Dialog. Die ComboBox hilft Ihnen beim Einstellen des links stehenden Ausdrucks (*Fields!KundenCode.Value*), während Sie den rechts stehenden Wert (*=Parameters!KundenCode.Value*) selbst eintragen müssen.

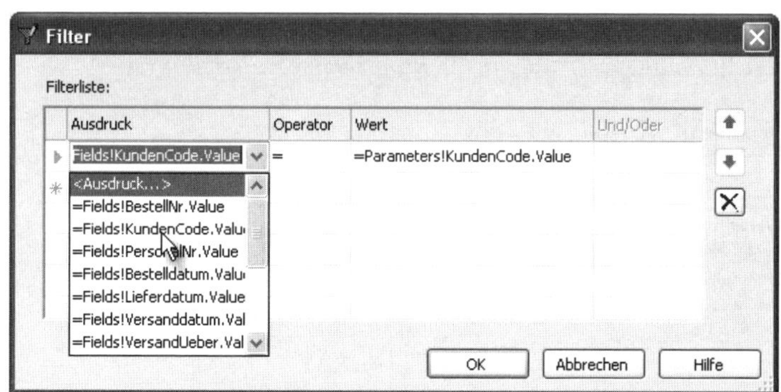

Abbildung 8.70 Einstellen der Filterbedingung für den Unterbericht

Hauptbericht entwerfen

Über das Menü *Projekt/Neues Element hinzufügen...* fügen Sie die Vorlage für einen weiteren *Bericht* mit dem Dateinamen *Kunden.rdlc* hinzu und ziehen von der Toolbox eine *Liste* auf die Oberfläche des Report-Designers. In der *Liste* platzieren Sie drei *Textfelder* und einen *Unterbericht*.

Benutzen Sie das *Eigenschaften*-Kontextmenü der *Liste* um den Dialog *Listeneigenschaften* zu öffnen. Klicken Sie hier auf die Schaltfläche »Detailgruppe bearbeiten...« um den Dialog »Gruppierungs- und Sortierungseigenschaften« zu öffnen und den Gruppierausdruck *=Fields!KundenCode.Value* einzugeben.

HINWEIS Vergessen Sie nicht, das Häkchen bei »Seitenumbruch am Ende« zu setzen, damit jede Gruppierung auf einer neuen Seite beginnen kann.

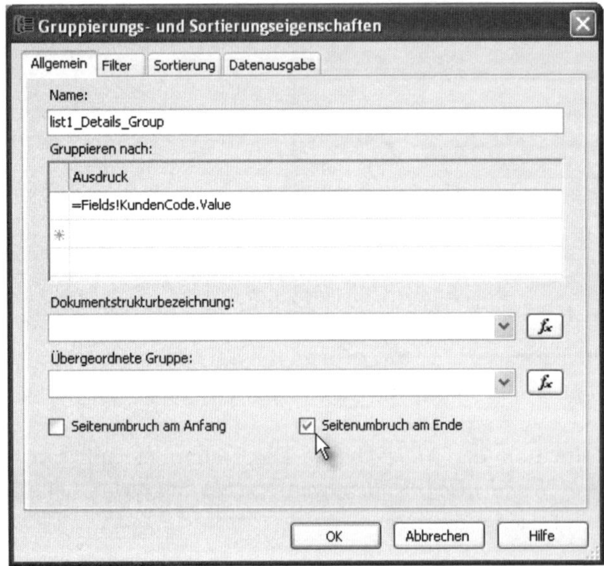

Abbildung 8.71 Einstellen der Gruppierungseigenschaften

Im Eigenschaftenfenster (F4) des Unterberichts *subReport1* wählen Sie *ReportName = Bestellungen.*

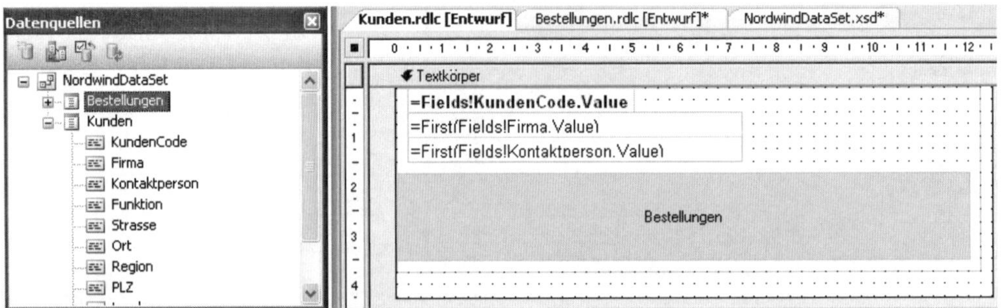

Abbildung 8.72 Entwurfsansicht des Hauptberichts mit eingebettetem Unterbericht

Bis jetzt »weiß« der Unterbericht *subReport1*noch nicht, für welchen Kunden er denn die Bestellungen anzeigen soll. Dazu muss ihm der aktuelle *KundenCode* als Parameter übermittelt (d.h. zu seiner *Parameters*-Auflistung hinzugefügt) werden.

Klicken Sie auf *Parameters* im Eigenschaftenfenster (F4). Im zugehörigen Dialog tragen Sie den Parameternamen(*KundenCode*) und den Parameterwert(*=Fields!KundenCode.Value*) ein.

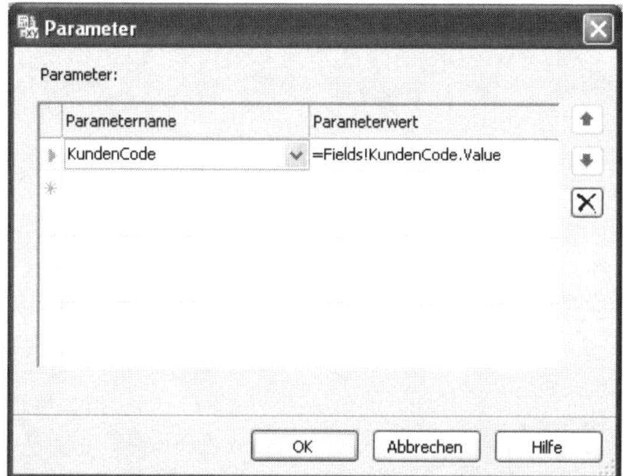

Abbildung 8.73 Dialog zur Übergabe der Parameterliste an den Unterbericht

ReportViewer anbinden

Bis jetzt sind wir ohne eine einzige Codezeile ausgekommen. Das ändert sich aber, nachdem wir eine *ReportViewer*-Komponente auf das Startformular *Form1* gesetzt haben. Aus gutem Grunde fassen wir diesmal das Aufgaben-Menü des *ReportViewers* nicht an, denn die automatisch generierten Komponenten zur Datenbindung wären einerseits unvollständig und würden andererseits nur für Verwirrung sorgen. Stattdessen werden wir den *ReportViewer* komplett per Handarbeit anbinden.

Der Code von *Form1*:

```
...
Imports Microsoft.Reporting.WinForms
```

Der Zugriff auf die automatisch generierten *TableAdapter*-Klassen ist nur über deren eigenen Namespace möglich:

```
Imports NordwindDataSetTableAdapters

Public Class Form1
```

Eine globale Instanz unseres typisierten DataSets erzeugen, die allerdings noch leer ist:

```
    Private nwDS As New NordwindDataSet()
```

Beim Laden von *Form1* gibt es allerhand zu tun:

```
    Private Sub Form1_Load(ByVal sender As System.Object, ByVal e As System.EventArgs) _
                                                                Handles MyBase.Load
```

Anmelden eines Eventhandlers für das *SubReportProcessing*-Ereignis, in welchem die Report-Datenquelle für den Unterbericht dynamisch zugewiesen wird:

```
        AddHandler ReportViewer1.LocalReport.SubreportProcessing, _
                                                  AddressOf LocalReport_SubreportProcessing
```

Beide *TableAdapter* instanziieren und Tabellen des typ. DataSets aus der Datenbank füllen:

```
        Dim kta As New NordwindDataSetTableAdapters.KundenTableAdapter()
        kta.Fill(nwDS.Kunden)
        Dim bta As New NordwindDataSetTableAdapters.BestellungenTableAdapter()
        bta.Fill(nwDS.Bestellungen)
```

ReportViewer mit Reportdatenquelle und Reportressource verbinden:

```
        ReportViewer1.LocalReport.DataSources.Add( _
                                  New ReportDataSource("NordwindDataSet_Kunden", nwDS.Kunden))
        ReportViewer1.LocalReport.ReportEmbeddedResource = "SubReport.Kunden.rdlc"
        ReportViewer1.RefreshReport()
    End Sub
```

Der Eventhandler für das Zuweisen der Datenquelle des Unterberichts:

```
    Private Sub LocalReport_SubreportProcessing(ByVal sender As Object, _
                                                      ByVal e As SubreportProcessingEventArgs)
        e.DataSources.Add(New ReportDataSource("NordwindDataSet_Bestellungen", nwDS.Bestellungen))
    End Sub
End Class
```

Test

Beim Durchblättern der Kunden erscheinen im Unterbericht alle vom Kunden aufgegebenen Bestellungen sowie die Frachtkosten.

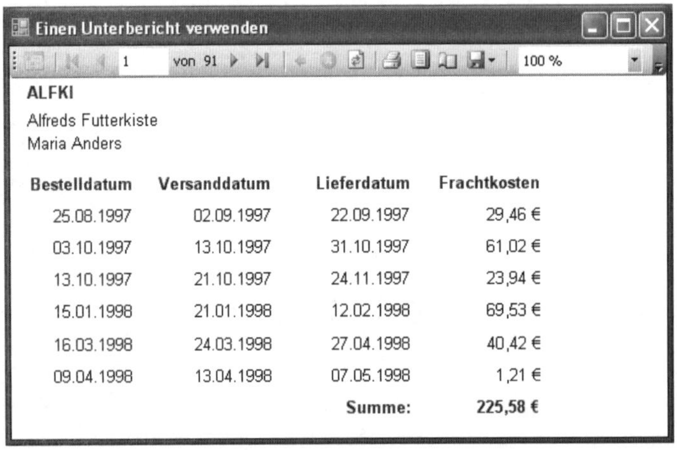

Einen Unterbericht verwenden

1 von 91 100 %

ALFKI

Alfreds Futterkiste

Maria Anders

Bestelldatum	Versanddatum	Lieferdatum	Frachtkosten
25.08.1997	02.09.1997	22.09.1997	29,46 €
03.10.1997	13.10.1997	31.10.1997	61,02 €
13.10.1997	21.10.1997	24.11.1997	23,94 €
15.01.1998	21.01.1998	12.02.1998	69,53 €
16.03.1998	24.03.1998	27.04.1998	40,42 €
09.04.1998	13.04.1998	07.05.1998	1,21 €
		Summe:	**225,58 €**

Abbildung 8.74 Der Report mit Unterbericht zur Laufzeit

PB8.2 Eine Rechnung anzeigen

ReportViewer-Control: *LocalReport.DataSources*-Auflistung, *RefreshReport*-Methode; Report-Designer: *Liste, Tabelle; TableAdapter*-Control: *Fill*-Methode; SQL: INNER JOIN

Die Ausgabe von Rechnungen gehört mit zu den häufigsten Aufgaben, die ein Report erfüllen muss. Wir wollen dies an einer abgespeckten Version der Datenbank *Nordwind.mdb* demonstrieren.

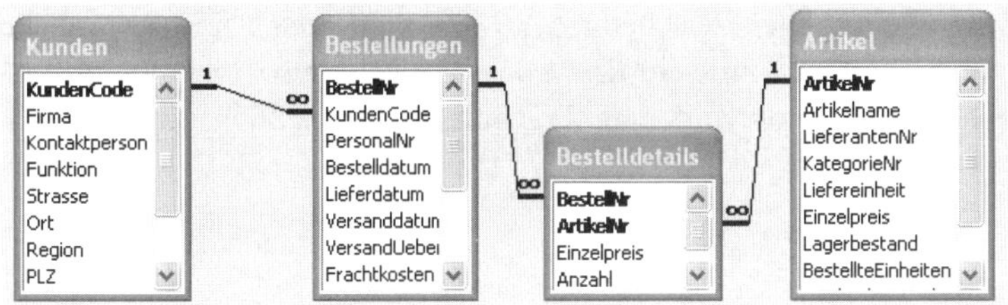

Abbildung 8.75 Datenbankstruktur

Wie die Abbildung zeigt, sind an unserem Report vier Tabellen beteiligt, denn auf der Rechnung sollen die Anschrift des Kunden, BestellNr und Bestelldatum sowie die Bestelldetails (Artikelname, Einzelpreis, ...) erscheinen.

Die naheliegende Idee, es wie im Vorgängerbeispiel mit einem Unterbericht zu versuchen, scheitert an der miserablen Performance dieser Lösung, denn es dauerte einfach viel zu lange, bis ein solcher Report »zu Stuhle« kommt, da jede Menge interner Datenverarbeitung durchzuführen ist (Verknüpfen von vier Tabellen!).

Also versuchen wir es mit einer eingebetteten Datenregion, die auf ein einziges DataSet zugreift, wobei wir die Datenselektion durch eine SQL-Anweisung bereits im Vorfeld erledigen, sodass sich der Report auf seine eigentliche Aufgabe, die Anzeige der Daten, beschränken kann.

Datenquelle erstellen

Nicht nur hier werden Sie feststellen, dass es viele Analogien zum Vorgängerbeispiel gibt. Allerdings arbeiten wir nicht mit zwei, sondern nur mit einer Tabelle nebst zugehörigem *TableAdapter*.

- Öffnen Sie ein neues Projekt *Rechnung* vom Typ Windows-Anwendung und fügen Sie über *Projekt/ Neues Element hinzufügen...* ein *DataSet* unter dem Dateinamen *NordwindDataSet.xsd* hinzu.
- Im DataSet-Designer fügen Sie einen *TableAdapter* mit dem Namen *Rechnungen* hinzu.
- *Im TableAdapter-Konfigurations-Assistenten* stellen Sie zunächst eine Datenverbindung zu einer vorhandenen *Nordwind.mdb*-Datenbank her.
- Tragen Sie die folgende SQL Anweisung ein (für das Verständnis sind die Kenntnisse des Kapitels 7 unabdingbar, denn diese mit INNER JOINs gespickte Abfrage erstreckt sich über vier Tabellen!):

```
SELECT
  Bestellungen.Empfaenger, Bestellungen.Strasse, Bestellungen.Ort, Bestellungen.PLZ,
  Bestellungen.KundenCode, Bestellungen.BestellNr, Bestellungen.Bestelldatum,
  Kunden.Firma, Kunden.Strasse, Kunden.Ort, Kunden.PLZ,
  Bestelldetails.ArtikelNr, Bestelldetails.Einzelpreis, Bestelldetails.Anzahl,
  Artikel.Artikelname
...
```

```
...
FROM Kunden INNER JOIN (Bestellungen INNER JOIN
     (Artikel INNER JOIN
         Bestelldetails ON Artikel.ArtikelNr = Bestelldetails.ArtikelNr) ON Bestellungen.BestellNr
         = Bestelldetails.BestellNr) ON Kunden.KundenCode = Bestellungen.KundenCode
```

- Als zu generierende Methode brauchen wir nur die *Fill*-Methode (bei den anderen Methoden Häkchen entfernen).
- Nach dem Klick auf die Schaltfläche »Fertigstellen« erscheint das *NordwindDataSet* mit der Tabelle *Rechnungen* im Datenquellen-Fenster, außerdem wurde ein *RechnungenTableAdapter* (inkl. *Fill*-Methode) erzeugt der bereit ist, die Tabelle *Rechnungen* mit dem Ergebnis der zugrundeliegenden SQL-Datenbankabfrage zu füllen.

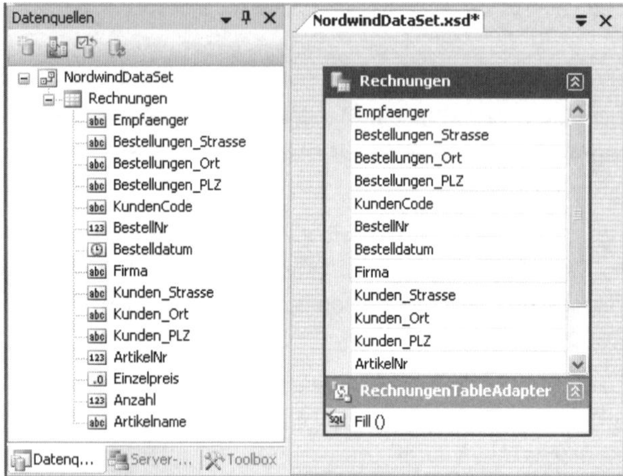

Abbildung 8.76 Datenquellen-Fenster und DataSet-Designer

Report entwerfen

Über das Menü *Projekt/Neues Element hinzufügen...* erzeugen Sie eine *Bericht*-Vorlage mit dem Dateinamen *Rechnung.rdlc*.

Setzen Sie eine *Liste* auf den Report. Wählen Sie das Kontextmenü *Eigenschaften* und klicken Sie im Dialogfeld »Listeneigenschaften« auf die Schaltfläche »Detailgruppe bearbeiten...«.

Im Dialog »Gruppierungs- und Sortierungseigenschaften« tragen Sie den folgenden Ausdruck ein: *Fields!BestellNr.Value*.

HINWEIS Vergessen Sie auch nicht, das Häkchen für »Seitenumbruch am Ende« zu setzen!

Abbildung 8.77 Der Dialog *Sortierungs- und Gruppierungseigenschaften*

Im oberen Teil der *Liste* ist Platz für *Textfeld*er mit der Überschrift (»Rechnung«) und dem aktuellen Datum (Kontextmenü *Ausdruck.../ Allgemeine Funktionen / Datum und Uhrzeit*). Damit die lästigen Sekunden verschwinden, setzen Sie die *Format*-Eigenschaft des betreffenden Textfeldes auf »*d*«.

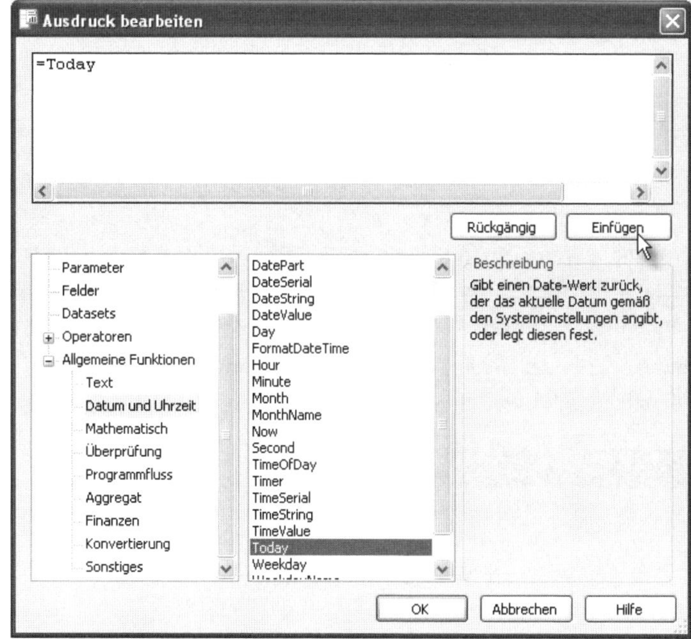

Abbildung 8.78 Im Ausdruckseditor wird das aktuelle Datum zugewiesen

Darunter finden mehrere gebundene *Textfeld*er ihren Platz. Öffnen Sie das Datenquellenfenster (Menü *Daten/Datenquellen anzeigen*) und ziehen Sie per Drag & Drop die benötigten Kundeninformationen aus den Feldern *Firma* und *Kunden_Strasse* der *Rechnungen*-Tabelle in die entsprechenden Textfelder. Ergänzen Sie ggf. die *First*-Funktion per Hand.

Den Inhalt des Textfelds für *Kunden_PLZ* und *Kunden_Ort* können Sie direkt per Hand oder aber mit Hilfe des Ausdrucks-Editors eintragen. Die erforderliche Syntax bedarf wohl keiner weiteren Erklärungen. Die im mittleren Teil befindlichen Textfelder für *BestellNr* und *Bestelldatum* werden auf analoge Weise besetzt.

Platzieren Sie im unteren Teil der *Liste* eine *Tabelle*, welche als Datenregion für die Bestelldetails fungiert und ziehen Sie aus dem Datenquellen-Fenster die Felder *Artikelname*, *Einzelpreis* und *Anzahl* auf die mittlere Zeile.

Fügen Sie über das Kontextmenü der Tabelle eine weitere Spalte »Preis« hinzu und belegen Sie das Detailfeld mit dem Ausdruck »*=Fields!Einzelpreis.Value * Fields!Anzahl.Value*«. Dem Summenfeld in der Fußzeile weisen Sie den Ausdruck »*=Sum(Fields!Einzelpreis.Value * Fields!Anzahl.Value)*« zu.

Formatieren Sie die Tabellenzeilen nach Bedarf (*Font-* und *BackgroundColor*-Eigenschaft. Eine *Euro*-Anzeige der Währungsfelder erreichen Sie durch Zuweisen der Formateigenschaft »*c*«.

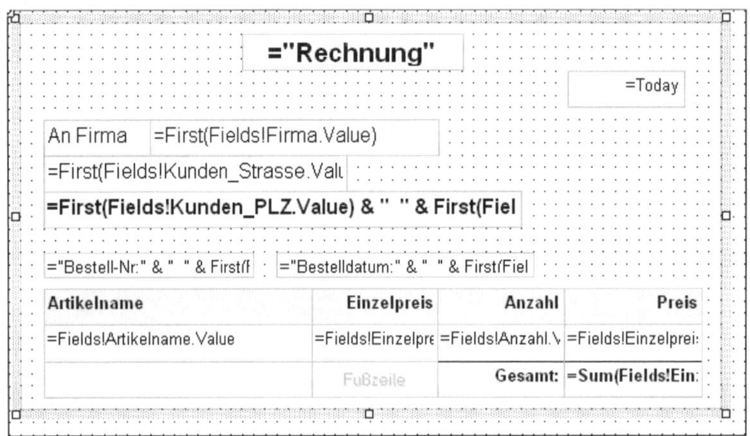

Abbildung 8.79 Entwurfsansicht des in eine *Liste* eingebetteten Reports

Wir öffnen das Startformular *Form1* in der Entwurfsansicht und setzen eine *ReportViewer*-Komponente (»Daten«-Seite der Toolbox) auf das Formular. Über den Smart Tag (*ReportViewer-Aufgaben*) wählen wir den Bericht aus (*Rechnung.Rechnung.rdlc*) und lassen den *ReportViewer* an das Formular andocken.

Jetzt dürfen wir uns entspannt zurücklehnen, denn der *ReportViewer* erledigt automatisch alle für die Datenbindung erforderlichen Restaufgaben (siehe Komponentenfach).

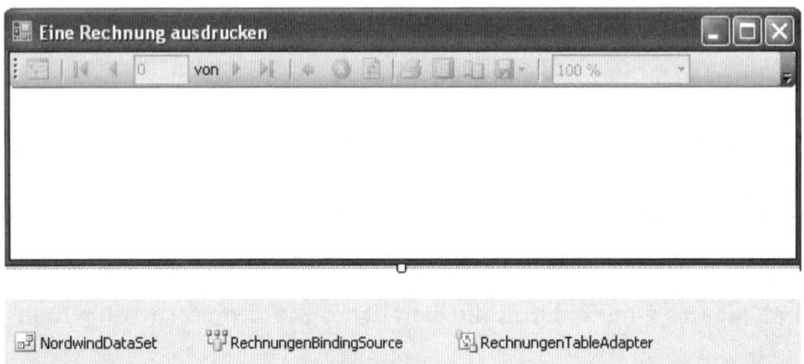

Abbildung 8.80 Entwurfsansicht des *ReportViewers* mit den automatisch generierten Komponenten

Test

Ohne dass wir eine einzige Zeile Visual Basic-Quellcode geschrieben haben liegt bereits eine fertige Anwendung vor die in der Lage ist, die Rechnungen für alle Kunden von *Nordwind.mdb* anzuzeigen und ggf. auszudrucken.

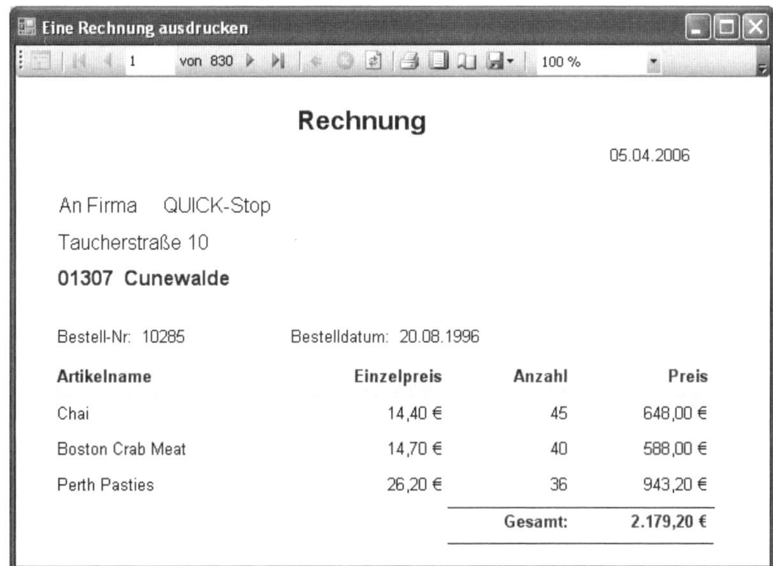

Abbildung 8.81 Laufzeitansicht des Reports

Bemerkungen

- Um den Preis einer ziemlich aufwändigen SQL-Abfrage haben wir den Report-Entwurf gegenüber der Verwendung eines *Unterberichts* deutlich vereinfacht und die Geschwindigkeit des Reportaufbaus drastisch gesteigert.
- Um die Übersichtlichkeit nicht zu gefährden, haben wir die Funktionalität des Reports auf ein Minimum beschränkt. Sinnvoll wäre z.B. die Einführung von Parametern in der SQL-Anweisung, welche die Nummer oder den Zeitraum der Rechnungen einschränken.
- Anstatt einer *Tabelle* als eingebettete Datenregion hätten wir auch eine zweite *Liste* nehmen können, was allerdings wegen der vielen einzeln hinzuzufügenden *Textfelder* deutlich mehr Aufwand erfordert hätte.
- Würden wir die Datenbindung nicht über das Aufgaben-Menü des *ReportViewers* erledigen lassen sondern komplett selbst in die Hand nehmen, hielte sich der zusätzliche Aufwand in Grenzen und hätte darüber hinaus den Vorteil der Transparenz:

```
Imports Microsoft.Reporting.WinForms

Public Class Form1

    Dim nwDS As New NordwindDataSet()

    Private Sub Form1_Load(ByVal sender As Object, ByVal e As EventArgs) Handles MyBase.Load
        Dim rta As New NordwindDataSetTableAdapters.RechnungenTableAdapter()
        rta.Fill(nwDS.Rechnungen)
```

```
        ReportViewer1.LocalReport.DataSources.Add( _
                    New ReportDataSource("NordwindDataSet_Rechnungen", nwDS.Rechnungen))
        ReportViewer1.LocalReport.ReportEmbeddedResource = "Rechnung.Rechnung.rdlc"
        ReportViewer1.RefreshReport()
    End Sub
End Class
```

PB8.3 Das Drillthrough-Event behandeln

ReportViewer-Control: *ReportDataSource*-Objekt, *Drillthrough*-Ereignis; Master-/Detail-Report; Reportparameter

Um Master- und Detail-Report mit Drillthrough-Funktionalität auszustatten, sind folgende Schritte erforderlich:

- Vorbereitung des Detail-Reports (Übergabeparameter definieren und einbauen)
- Vorbereitung des Master-Reports (Hyperlinkaktion einbauen, Parameter übergeben)
- *ReportViewer* mit Master-Report verbinden (Report-Datei und Report-Datenquelle zuweisen)
- *Drillthrough*-Event des *ReportViewers* auswerten (Datenquelle für Detail-Report zuweisen)

Wir wollen diese Schritte anhand eines Beispielprojekts erklären, welches die lokalen Reports *Kunden.rdlc* und *Bestellungen.rdlc* enthält. Beim Klick auf den Kundencode im *Kunden*-Bericht soll sich automatisch der *Bestellungen*-Bericht öffnen und die Bestellungen des Kunden anzeigen.

HINWEIS Datenbasis dieses Beispiels ist eine aus *Nordwind.mdb* gespeiste Datenquelle *NordwindDataSet* mit den Tabellen *Kunden* und *Bestellungen,* deren Erzeugung keine Besonderheiten bietet und auf die wir deshalb hier nicht näher eingehen wollen (siehe PB8.1 »Einen Unterbericht verwenden«).

Detail-Report vorbereiten

Der Detail-Report wird unabhängig vom Master-Report entworfen, wobei meistens ein oder mehrere Parameter einzubauen sind, die beim Aufruf vom Master-Report übergeben werden. In unserem Beispiel ist *Bestellungen.rdlc* der Detail-Report, der über einen Parameter *prmKuCode* verfügt. Der Parameter wird für die Überschrift und zum Filtern der Datenmenge verwendet (siehe »Einbau von Parametern in den Berichtsentwurf« Seite 560).

="Bestellungen für " & Parameters!prmKuCode.Value

Bestelldatum	Lieferdatum	Versanddatum	Frachtkosten
=Fields!Bestelldatu	=Fields!Lieferdatum	=Fields!Versanddat	=Fields!Frachtkoste
		Gesamte Frachtkosten:	=Sum(Fields!Frac

Abbildung 8.82 Detail-Report mit einem Parameter (Entwurfsansicht)

Master-Report vorbereiten

Damit ein Feld im Master-Report für Mausklicks sensibilisiert werden kann, muss eine so genannte *Hyperlinkaktion* eingefügt werden. Öffnen Sie dazu über das *Eigenschaften*-Kontextmenü den Dialog »Textfeldeigenschaften«.

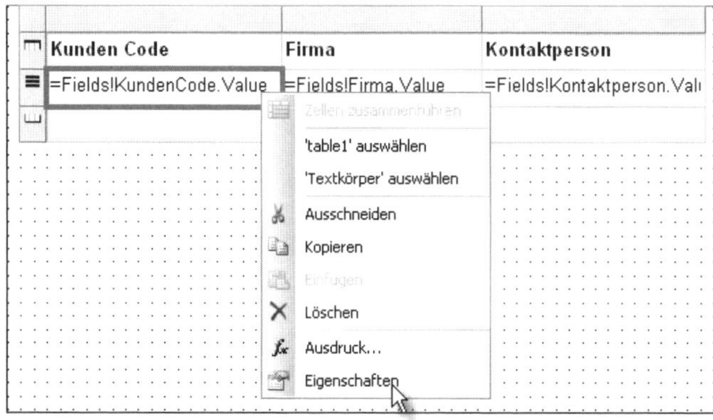

Abbildung 8.83 Entwurfsansicht des Master-Reports und Aufruf des Eigenschaftendialogs für das Hyperlink-Feld

Wählen Sie die Registerseite »Navigation« und setzen Sie die Option »Zu Bericht springen«. Selektieren Sie über die Klappbox das Sprungziel, in unserem Fall ist das natürlich der Bericht *Bestellungen*.

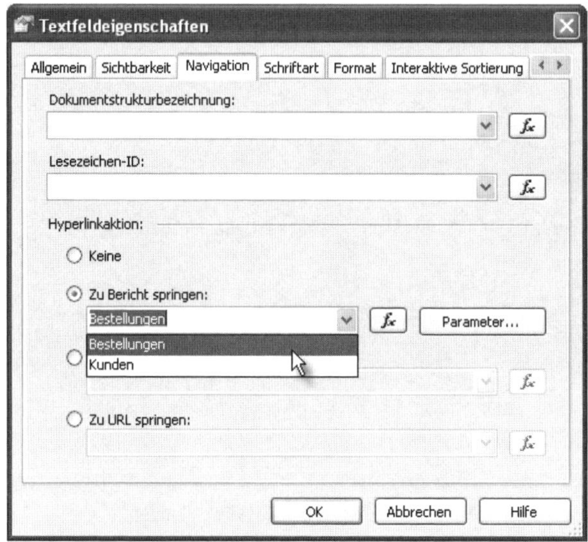

Abbildung 8.84 Auswahl des Detailberichts

Klicken Sie anschließend die Schaltfläche »Parameter...«, um aus dem Angebot der Klappbox den oder die Parameter und deren Wert(e) auszuwählen, die an den Detailreport zu übergeben sind. In unserem Beispiel verfügt der Bericht *Bestellungen* nur über den Parameter *prmKuCode* dem der Wert *Fields!KundenCode.-Value* des *Kunden*-Berichts zugewiesen wird.

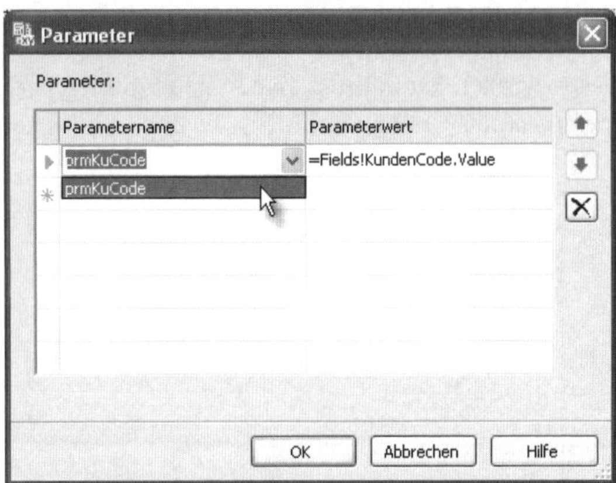

Abbildung 8.85 Parameter für den Detailbericht zuweisen

ReportViewer mit Master-Report verbinden

Die Verbindung des *ReportViewer*-Controls mit dem Master-Report unterscheidet sich nicht von der herkömmlichen Verfahrensweise (siehe fettgedruckte Passagen im folgenden Code).

HINWEIS Der Code verzichtet auf Assistentendienste (das Aufgaben-Menü des *ReportViewers* bleibt unangetastet)!

```
Imports Microsoft.Reporting.WinForms
Imports NordwindDataSetTableAdapters

Public Class Form1
```

Datenquelle instanziieren:

```
    Private nwDS As New NordwindDataSet()
    Private Sub Form1_Load(ByVal sender As Object, ByVal e As EventArgs) Handles MyBase.Load
```

DataSet aus Datenbank befüllen:

```
        Dim kta As New KundenTableAdapter()
        kta.Fill(nwDS.Kunden)
        Dim bta As New BestellungenTableAdapter()
        bta.Fill(nwDS.Bestellungen)
```

Master-Report mit *ReportViewer* verbinden und anzeigen:

```
        ReportViewer1.LocalReport.DataSources.Add(New ReportDataSource("NordwindDataSet_Kunden", _
                                                                        nwDS.Kunden))
        ReportViewer1.LocalReport.ReportEmbeddedResource = "WindowsApplication1.Kunden.rdlc"
        ReportViewer1.RefreshReport()
    End Sub
```

HINWEIS Das Befüllen der Datenquelle *nwDS* (Instanz des typisierten DataSets *NordwindDataSet*) mit den Inhalten aus *Nordwind.mdb* ist im Kontext dieses Beispiels von untergeordneter Bedeutung und wurde mit zwei *TableAdapter*-Komponenten realisiert.

Drillthrough-Event auswerten

Erst jetzt – also ganz zum Schluss – kommen wir zur Auswertung des *Drillthrough*-Events. Über die Ereignisliste des *ReportViewer*-Controls lassen wir uns den Rahmencode erzeugen. Der Zielreport wird im *DrillthroughEventArgs*-Argument übergeben.

```
    Private Sub ReportViewer1_Drillthrough(ByVal sender As System.Object, ByVal e As _
            Microsoft.Reporting.WinForms.DrillthroughEventArgs) Handles ReportViewer1.Drillthrough
        Dim locRep As LocalReport = CType(e.Report, LocalReport)
        locRep.DataSources.Add(New ReportDataSource("NordwindDataSet_Bestellungen", nwDS.Bestellungen))
    End Sub

End Class
```

Test

Nach dem Programmstart erscheint zunächst nur der Master-Bericht. Fahren Sie mit der Maus über den Report, so ändert sich die Gestalt des Mauszeigers, sobald er sich über einem *KundenCode*-Feld befindet.

Nach Klick auf einen bestimmten *KundenCode* erscheint der Detailbericht im *ReportViewer*.

HINWEIS Die Rückkehr zum übergeordneten Report ist durch Klick auf den kleinen blauen Pfeil in der Mitte der Navigatorleiste des *ReportViewers* möglich!

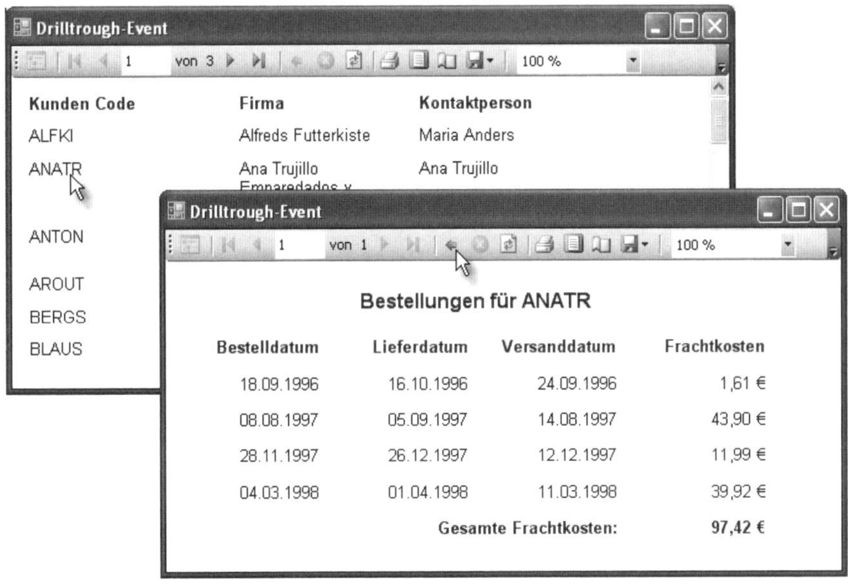

Abbildung 8.86 Laufzeitansichten der mittels Drillthrough verbundenen Master- und Detail-Reports

CD-ROM Den kompletten Code finden Sie auf der Buch-CD!

PB8.4 Auf eine benutzerdefinierte Assembly zugreifen

ReportViewer-Control: *LocalReport.ReportPath*-Eigenschaft, *TrustedCodeModuleInCurrentAppDomain*-Methode; *DateTime*-Klasse: *AddDays*-Methode; *TableAdapter*-Objekt: *Fill*-Methode; Berichtseigenschaften-Dialog; Assembly

Normalerweise schreiben Sie den Code, der in Berichtsausdrücken verwendet wird, im Ausdrucks-Editor oder im winzigen »Code«-Fenster des Report Designers (Menü *Bericht/Berichtseigenschaften/Code*, siehe auch Seite Abschnitt »Hinzufügen von benutzerdefiniertem Code« Seite 566). Wollen Sie aber umfangreichere Funktionen programmieren, so sehnen Sie sich nach dem vertrauten Komfort von Visual Studio zurück.

Als Lösung empfiehlt sich das Auslagern des Codes in eine benutzerdefinierte Assembly, welche nicht nur in Visual Basic, sondern auch in C# (oder in jeder anderen .NET-Programmiersprache) erstellt werden kann. Im Bericht wird dann ein Verweis auf diese Assembly eingerichtet, sodass in Ausdrücken direkt darauf zugegriffen werden kann. In diesem Beispiel wollen wir das anhand der Berechnung von Reisespesen (Verpflegungspauschale) demonstrieren.

Datenbank und Datenquelle

Als Datenbasis dient eine auf das Notwendigste reduzierte Tabelle *Reisen* einer Access-Datenbank *Freiberufler.mdb,* in welche wir einige Beispieldatensätze eintragen.

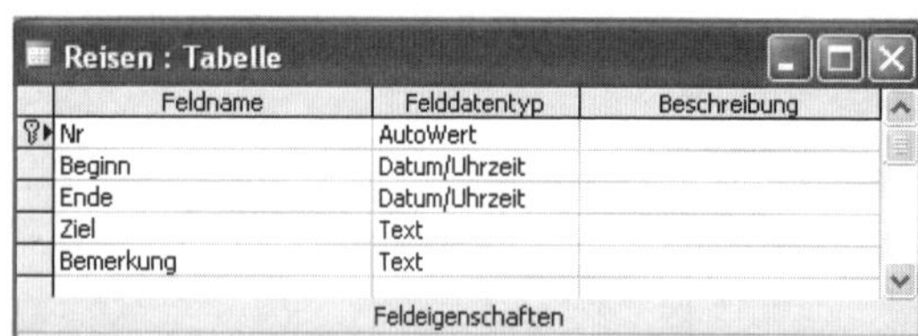

Abbildung 8.87 Tabellenstruktur

Öffnen Sie eine neue Windows-Anwendung unter dem Namen *SpesenDemo* und fügen Sie über das Menü *Projekt/Neues Element hinzufügen...* ein *DataSet* unter dem Namen *FreiberDataSet* hinzu.

Im DataSet-Designer erzeugen Sie mit Assistentenhilfe einen *TableAdapter* nebst *Fill*-Methode, den Sie mit der Tabelle *Reisen* verbinden (erlauben Sie es auch diesmal, dass *Freiberufler.mdb* in das Anwendungsverzeichnis kopiert wird, das kann nie schaden).

Abbildung 8.88 Die Datenquelle des Beispiels

Assembly anfertigen

Fügen Sie über das Menü *Datei/Hinzufügen/Neues Projekt...* eine Klassenbibliothek (DLL) mit dem Namen *Spesen* hinzu.

Die unserem Beispiel zugrunde liegende Spesentabelle erhebt keinen Anspruch auf 100%-ige Übereinstimmung mit den aktuellen gesetzlichen Bestimmungen:

Reisedauer pro Tag	Spesen
>= 8 Stunden und < 14 Stunden	6 Euro
>= 14 Stunden und < 24 Stunden	12 Euro
24 Stunden	24 Euro

Tabelle 8.5 Spesentabelle

Die DLL exportiert eine einzige statische Klasse *CSpesen* mit der einzigen Methode *getSpesen*. Übergabeparameter für die Methode sind Beginn und Ende der Reise. Rückgabewert ist der Spesenbetrag entsprechend der oben abgebildeten Spesentabelle.

```
Public Class CSpesen
```

Hilfsprozedur für Verpflegungspauschale für An- oder Abreisetag lt. Spesentabelle (*dat1* und *dat2* sind DatumZeit-Werte vom gleichen Tag):

```
    Private Shared Function oneDay(ByVal dat1 As DateTime, ByVal dat2 As DateTime) As Double
        Dim betrag As Double = 0
        Dim stunden As Integer = (dat2 - dat1).Hours       ' abgerundete Stunden aus Datumsdifferenz
        If stunden >= 8 Then betrag += 6.0                 ' 6 Euro ab  8 Stunden
        If stunden >= 14 Then betrag += 6.0                ' 12 Euro ab 14 Stunden
        Return betrag
    End Function
```

Hauptprozedur für Verpflegungspauschale (übergeben werden Beginn und Ende der Reise):

```
    Public Shared Function getSpesen(ByVal beginn As DateTime, ByVal ende As DateTime) As Double
        Dim vp As Double = 0                             ' V-Pauschale
        ' Hilfsvariablen d1 und d2 sind ohne Zeitanteil:
        Dim sd1 As String = beginn.ToShortDateString()
        Dim d1 As DateTime = Convert.ToDateTime(sd1)     ' 0-Uhr am Anreisetag
        Dim sd2 As String = ende.ToShortDateString()
        Dim d2 As DateTime = Convert.ToDateTime(sd2)     ' ........ Abreisetag

        Dim tage As Integer = (d2 - d1).Days + 1         ' Reisedauer in Tagen
        If tage = 1 Then vp += oneDay(beginn, ende)      ' eintägige Reise
        If tage > 1 Then
            Dim d1E As DateTime = d1.AddDays(1)      ' Ende des Anreisetags (0-Uhr am zweiten Tag)
            vp += oneDay(beginn, d1E)                ' Spesen für Anreisetag
            vp += oneDay(d2, ende)                   ' ......     Abreisetag
        End If
        If tage > 2 Then vp += 24.0 * (tage - 2)     ' 24 Euro für vollen Tag
        Return (vp)
    End Function
End Class
```

Die internen Details der Programmierung der Klasse *CSpesen* sind für unser Beispiel ohne Bedeutung.

Über das Menü *Erstellen* (Shift + F6) kompilieren Sie den Code in die Datei *Spesen.dll*.

Assemblyverweis einrichten

Über das *Projekt*-Menü fügen Sie eine Berichtsvorlage mit dem Namen *Reisen.rdlc* hinzu. Öffnen Sie die Seite »Verweise« des *Berichtseigenschaften*-Dialogs (Menü *Bericht/Berichtseigenschaften...*).

HINWEIS Falls das Menü *Bericht* nicht zu sehen ist, klicken Sie auf die Designer-Oberfläche!

Richten Sie einen Verweis auf die Assembly *Spesen.dll* ein, indem Sie auf die kleine Schaltfläche (»..«) klicken und dann nach der Assembly suchen.

Im Ergebnis erscheint der komplette Assemblyname in der oberen Liste.

HINWEIS Da unsere Assembly nur eine statische Methode exportiert, bleiben die Einträge in der »Klassen«-Liste leer.

Bericht entwerfen

Auf die Oberfläche des Berichts-Designers setzen Sie ein *Tabellen*-Control und ziehen per Drag & Drop die Felder *Nr*, *Beginn*, *Ende*, *Ziel* und *Bemerkung* auf die entsprechenden Zellen im Detailbereich der Tabelle.

Und jetzt kommt der entscheidende Schritt, in welchem wir unsere Assembly ins Spiel bringen:

Fügen Sie zwischen vorletzter und letzter Spalte eine neue Spalte ein, die Sie mit »Spesen« beschriften. Tragen Sie den folgenden Ausdruck ein, dessen Syntax wohl nicht näher erläutert zu werden braucht:

```
=Spesen.CSpesen.getSpesen(Fields!Beginn.Value, Fields!Ende.Value)
```

Auf die abschließenden Routinearbeiten (Summenfeld hinzufügen, Textausrichtungen, Datums- und Währungsformatierungen) brauchen wir an dieser Stelle wohl nicht weiter einzugehen.

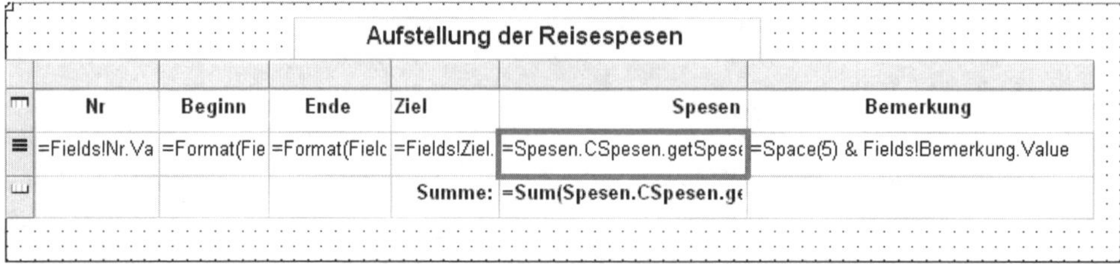

Abbildung 8.89 Entwurfsansicht des Berichts

ReportViewer anbinden

Ziehen Sie eine *ReportViewer*-Komponente von der »Daten«-Seite der Toolbox auf das Startformular *Form1*.

HINWEIS Das Aufgaben-Menü der *ReportViewer*-Komponente bleibt unangetastet, da wir Datenquelle und Report direkt per Code zuweisen werden.

```
Imports Microsoft.Reporting.WinForms

Public Class Form1

    Private fbDS As New FreiberDataSet()

    Private Sub Form1_Load(ByVal sender As System.Object, ByVal e As System.EventArgs) _
                                                                    Handles MyBase.Load
```

DataSet aus Datenbank befüllen:

```
        Dim rta As New FreiberDataSetTableAdapters.ReisenTableAdapter()
        rta.Fill(fbDS.Reisen)
```

ReportViewer mit Datenquelle verbinden:

```
        ReportViewer1.LocalReport.DataSources.Add(New ReportDataSource( _
                                            "FreiberDataSet_Reisen", fbDS.Reisen))
```

ReportViewer mit Report verbinden:

```
        ReportViewer1.LocalReport.ReportPath = "Reisen.rdlc"
```

Erlaubnis für den Zugriff auf die Assembly erteilen:

```
        ReportViewer1.LocalReport.AddTrustedCodeModuleInCurrentAppDomain( _
                     "Spesen, Version=1.0.0.0, Culture=neutral, PublicKeyToken=null")
```

Report anzeigen:

```
        Me.ReportViewer1.RefreshReport()
    End Sub
End Class
```

Einige Besonderheiten

Dem »vorbelasteten« Leser wird nicht entgangen sein, dass wir diesmal den Report nicht, wie sonst üblich, als eingebettete Ressource mitführen

```
ReportViewer1.LocalReport.ReportEmbeddedResource = "SpesenDemo.Reisen.rdlc"
```

sondern als separate Datei:

```
ReportViewer1.LocalReport.ReportPath = "Reisen.rdlc"
```

Wir haben das nicht freiwillig getan, sondern es war für uns das einzige Mittel, um den für uns unerklärlichen Compilerfehler »Assembly nicht gefunden« zu umgehen[1].

Damit auch bei Ihnen alles reibungslos funktioniert, sollten Sie im Projektmappen-Explorer den Eigenschaftendialog der Datei *Reisen.rdlc* öffnen und folgende Optionen setzen:

- *Buildvorgang = Inhalt*
- *In Ausgabeverzeichnis kopieren = Immer kopieren*

[1] Wir vermuten einen (vielleicht inzwischen behobenen) Bug.

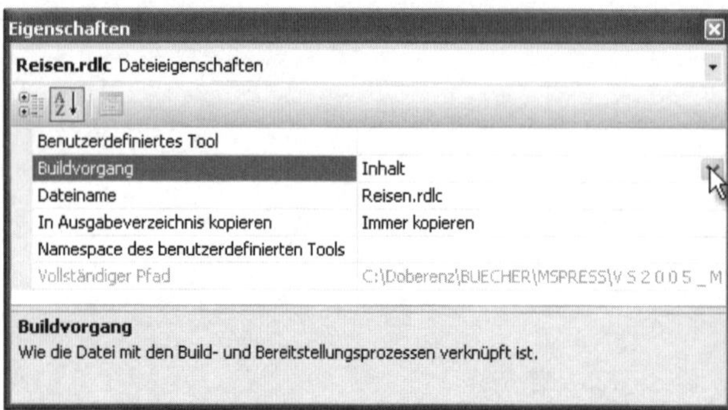

Abbildung 8.90 Geänderte Eigenschaften des Berichts

Test

Jetzt funktioniert alles wunderbar und die Spesen werden richtig berechnet.

Benutzerdefinierte Assembly verwenden

1 von 1 100 % Suchen | Weiter

Aufstellung der Reisespesen

Nr	Beginn	Ende	Ziel	Spesen	Bemerkung
1	02.01.06 07:00	03.01.06 19:15	Berlin	24,00 €	Konferenz
2	23.02.06 10:45	23.02.06 23:45	Bonn	6,00 €	Besprechung
3	05.03.06 10:30	08.03.06 14:30	München	66,00 €	Workshop
4	01.04.06 06:00	01.04.06 23:45	Frankfurt	12,00 €	Besprechung
5	15.04.06 08:00	16.04.06 19:30	Berlin	24,00 €	Workshop
			Summe:	**132,00 €**	

Abbildung 8.91 Laufzeitansicht des Berichts

HINWEIS Die Assembly wird beim Start des Berichts-Designers einmal geladen und erst beim Schließen von Visual Studio wieder freigegeben. Wenn Sie den Bericht anzeigen und dann Korrekturen am Code der Assembly vornehmen, werden diese Änderungen nicht sofort im Bericht sichtbar. Sie müssen Visual Studio schließen und neu öffnen, damit die Änderungen wirksam werden.

Kapitel 9

Crystal Report

In diesem Kapitel:

Meist stiefmütterlich in den Dokumentationen behandelt, findet sich im Lieferumfang von Visual Studio .NET nach wie vor ein sehr leistungsfähiges Werkzeug zur Ausgabe von Datenbankberichten. Die Rede ist vom Crystal Report, der in einer etwas abgemagerten[1], aber trotz allem sehr komfortablen Version vorliegt.

Im Folgenden möchten wir Ihnen den Crystal Report bzw. dessen Integration in Visual Studio vorstellen. Dabei können wir uns jedoch nur auf einen kurzen Überblick beschränken, entsprechend dem Leistungsumfang könnte zum Crystal Report ohne weiteres ein ganzes Buch geschrieben werden.

HINWEIS Alternativ stehen Ihnen die Microsoft Reporting Services (siehe Kapitel 8) mit ähnlicher Funktionalität zur Verfügung. Für welche der beiden Technologien Sie sich entscheiden, müssen Sie vom jeweiligen Einsatz abhängig machen. Am besten Sie arbeiten die beiden Kapitel parallel ab und fällen dann selbst ein Urteil.

Übersicht

Das Haupteinsatzgebiet des Crystal Reports dürfte die Ausgabe von Tabellen- und Abfragedaten in jedweder Form sein. Crystal Report unterstützt dazu unter anderem:

- die einfache Ausgabe von Listen und Tabellen
- das Generieren von Serienbriefen
- das Gestalten von Formularen
- Kreuztabellenberichte
- den Druck von Etiketten
- die Integration von Unterberichten
- Grafische Auswertungen sowie
- den Export in diversen Austauschformaten (z.B. PDF)

Ob Sie die Reports in einer Web- oder Windows-basierten Anwendung anzeigen, hängt von Ihrer Applikation ab. Zusätzlich bietet sich auch die Möglichkeit, fertige Berichte als Berichtswebdienste auf einem Webserver zu veröffentlichen.

Ein einfaches Einstiegsbeispiel

Bevor wir Sie mit unvermeidlicher Theorie und den zahlreichen Konfigurationsmöglichkeiten belästigen, wollen wir mit einem einfachen Beispiel Ihr Interesse wecken.

HINWEIS Wie für alle Beispiele dieses Kapitels, werden wir auch hier eine vereinfachte Version der *Nordwind*-Datenbank verwenden. Sie finden diese als Access-Datenbank auf der Buch-CD[2].

Ob Sie sich im Weiteren für ein Web-Projekt oder ein Windows Forms-Projekt entscheiden ist zunächst egal, der Reportentwurf ist in beiden Fällen gleich. Unterschiede gibt es erst beim späteren Reportviewer, aber noch ist es ja nicht so weit.

---

[1] gegenüber der Version Crystal Reports XI

[2] Nicht jeder hat den SQL Server installiert, mit Access sind wir da auf der sicheren Seite.

Zuerst die Daten im Projekt einbinden

Haben Sie ein neues Projekt erstellt, sollten Sie sich noch vor dem Reportentwurf um die Bindung zur Datenbank kümmern. Zwei grundsätzliche Varianten sind zu unterscheiden:

- Der Report bezieht seine Daten aus einem DataSet Ihrer Anwendungen
- Der Report kümmert sich um alles selbst und wird dazu direkt mit der jeweiligen Datenbank verbunden (per ADO.NET, DAO etc.)

Für den Anfang belassen wir es bei Variante 2. Kopieren Sie dazu die Datenbank *Daten.mdb* von der Buch-CD in das Projektverzeichnis, alternativ können Sie die Datei auch per Drag & Drop in den Projektmappen-Explorer ziehen. In diesem Fall erstellt ein Assistent für Sie gleich noch ein typisiertes DataSet.

Wer sucht, der findet ...

Um in den Genuss der Crystal Report-Features zu kommen, müssen Sie zunächst dem Projekt einen neuen Report hinzufügen. Dies geschieht über den Projektmappen-Explorer (*Hinzufügen/Neues Element hinzufügen*) oder über den Menüpunkt *Projekt/Neues Element hinzufügen*. Im folgenden Assistenten suchen Sie den Eintrag *Crystal Report* und legen im unteren Editierfeld einen Namen für den neuen Report fest.

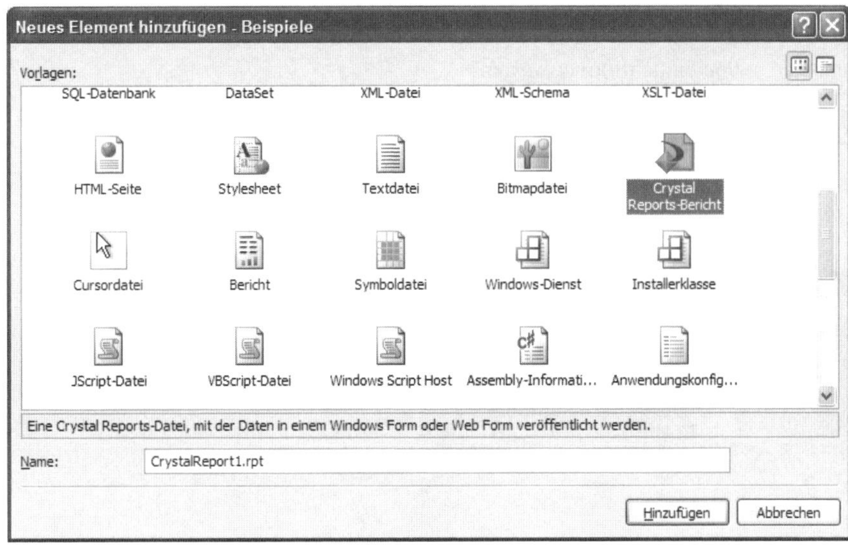

Abbildung 9.1 Neuen Crystal Report erzeugen

Nachfolgend werden Sie bereits vom ersten Crystal Report-Assistenten über Ihre weiteren Wünsche ausgefragt. Zur Wahl stehen entweder der Entwurf von Hand oder eine breite Palette von Assistenten, die Ihnen teilweise recht viel Routinearbeit abnehmen.

An dieser Stelle werden wir uns zunächst für den Assistenten entscheiden.

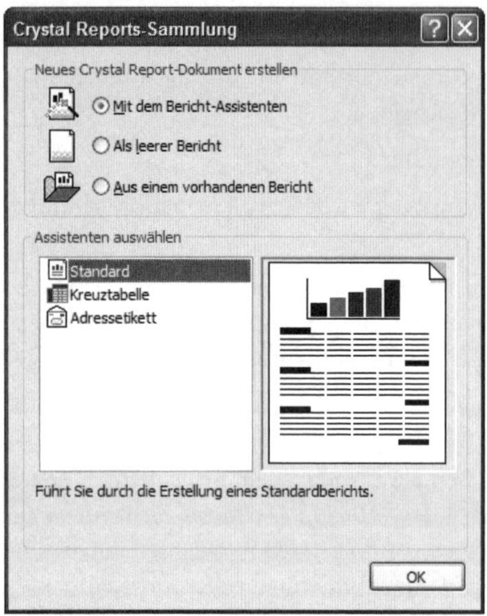

Abbildung 9.2 Berichtsassistent

Was folgt – Sie ahnen es sicher bereits – ist ein weiterer Assistent, der Ihnen die wohl wichtigste Information entlocken will: Welche Daten sollen eingebunden werden?

Verbindung zur Datenbank

Wählen Sie zunächst die Möglichkeit, sich direkt mit der Access-Datenbank zu verbinden (*Neue Verbindung herstellen/Datenbankdateien*):

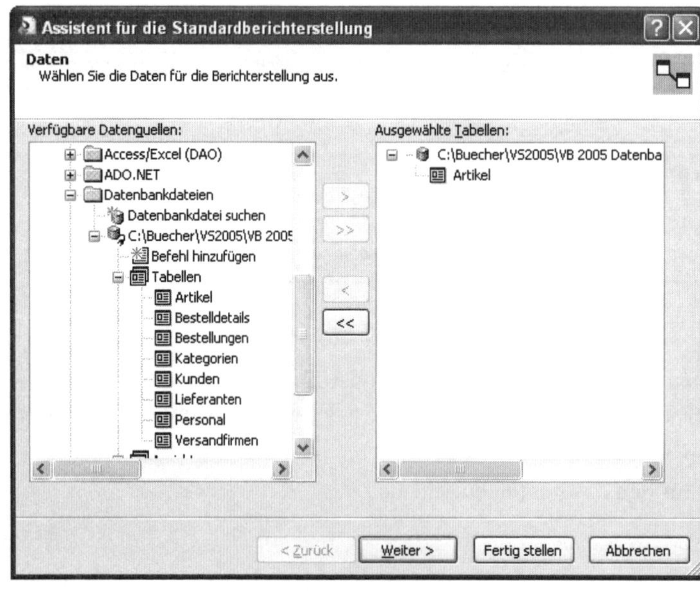

Abbildung 9.3 Auswahl der Datenquelle und der Tabellen

Fügen Sie zunächst nur die Tabelle *Artikel* in den Bericht ein.

Feldauswahl

Mit dem Klick auf die Schaltfläche »Weiter« wechselt der Assistent zur Registerkarte »Felder«, auf der Sie die Felder *Artikelname*, *Einzelpreis* und *Lagerbestand* auswählen (siehe folgende Abbildung).

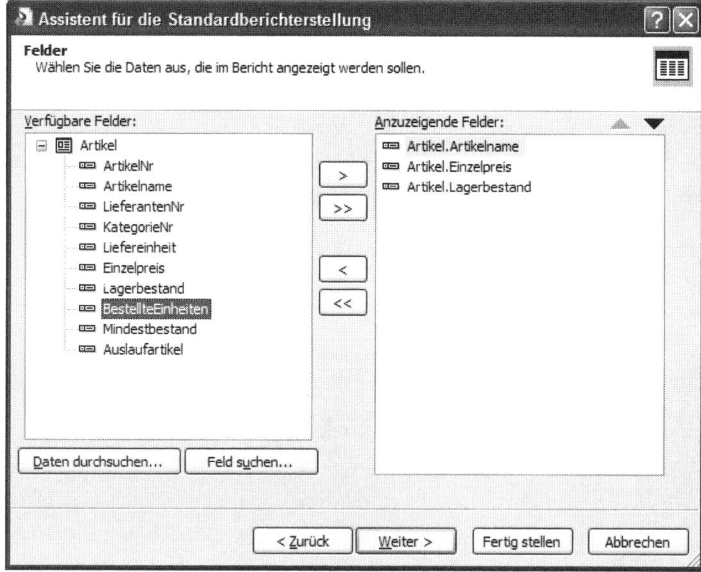

Abbildung 9.4 Feldauswahl per Assistent

Auf den weiteren Tabulator-Seiten des Assistenten können Sie noch Gruppierung, Datensatzauswahl (Filterbedingungen) und das Design auswählen. Wir verzichten vorerst auf die weiteren Dienste des Assistenten und wählen »Fertig stellen«.

Im Designer

Damit sind wir auch schon im Crystal Report-Designer angelangt, die gewählten Felder wurden vom Assistenten bereits in den richtigen Bändern angeordnet:

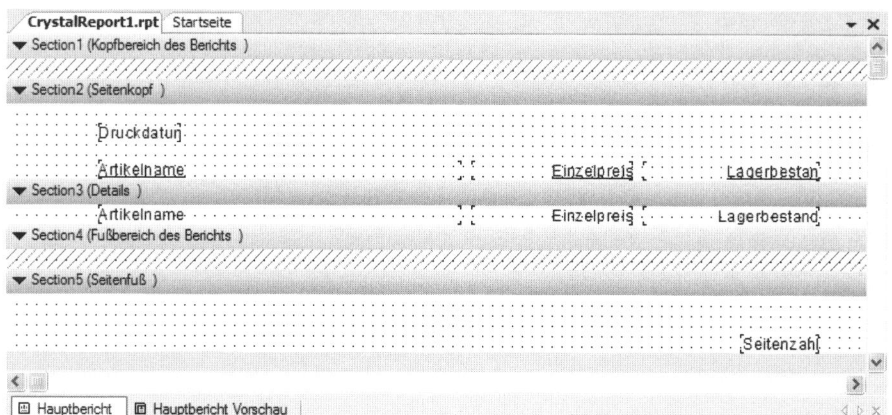

Abbildung 9.5 Im Report Designer

Wie Sie sehen können, fügt der Assistent bereits ein Datums- sowie ein Seitenzahl-Feld ein. Diese beiden Felder werden auf jeder Seite gedruckt.

Hier im Designer haben Sie auch die Möglichkeit, weitere Felder oder Bänder einzufügen sowie die einzelnen Elemente zu konfigurieren. Wir verzichten zunächst darauf und wenden uns der eigentlichen Ausgabe zu.

Erster Test

Wer genau hingeschaut hat, dem dürfte die Schaltfläche »Hauptbericht Vorschau« am unteren Bildrand aufgefallen sein. Dieses Feature wurde im Zusammenhang mit der Visual Studio 2005-Version eingeführt, wer einmal umfangreichere Reports entwerfen musste, wird es schnell zu schätzen wissen:

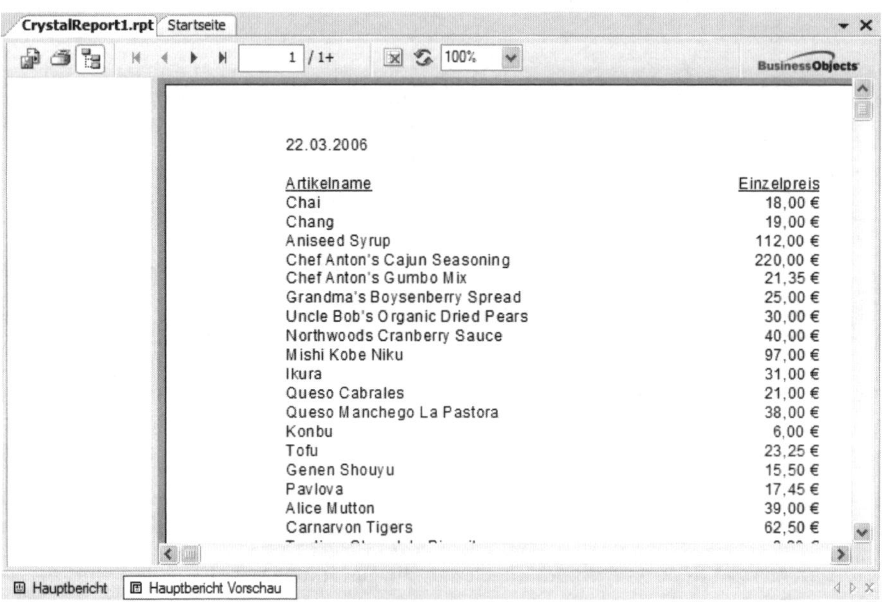

Abbildung 9.6 Eine erste Vorschau auf den künftigen Report

Testen in der Druckvorschau

Da Sie ja dem Endanwender Ihres Berichts kaum Visual Studio mitgeben werden, müssen Sie sich noch um das Erstellen einer Druckvorschau für Ihre Anwendung kümmern.

Fügen Sie dazu in ein leeres Formular die Komponente *CrystalReportViewer* ein, die *Dock*-Eigenschaft wird automatisch mit *Fill* festgelegt. Was bleibt, ist das Zuordnen des Reports zur Komponente. Weisen Sie dazu der *ReportSource*-Eigenschaft den neu erzeugten Report zu.

HINWEIS Im weiteren Verlauf des Kapitels stellen wir Ihnen alternative Methoden zur Report-Auswahl, insbesondere zur Laufzeit, vor.

Nach dem obligaten Drücken der F5-Taste zum Starten des Programms sollte sich Ihnen bereits der folgende Anblick bieten:

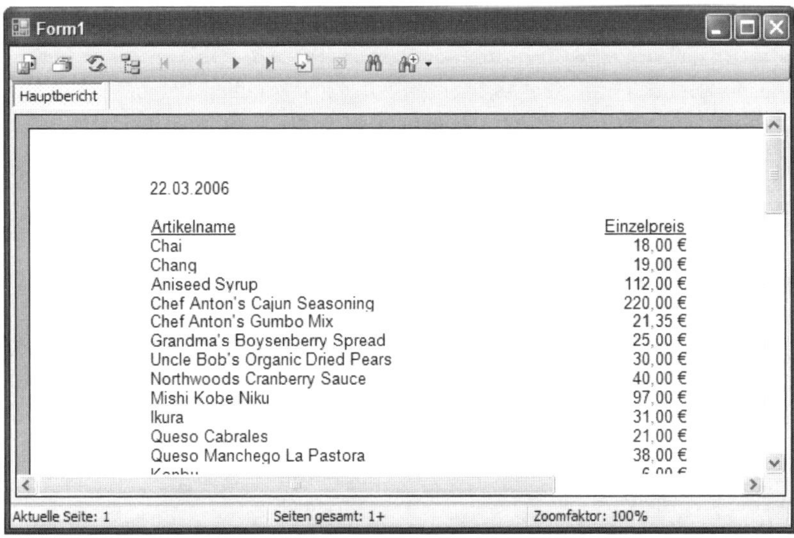

Abbildung 9.7 Laufzeitansicht des Berichts

Wenn das erzielte Resultat nicht ganz Ihren Vorstellungen entspricht, möchten wir Sie bereits an dieser Stelle an den Abschnitt »Tipps & Tricks« verweisen, wo Ihnen in knapper Form Lösungsmöglichkeiten zur Formatierung etc. angeboten werden.

Drucken/Exportieren

Soll der Report nicht nur auf dem Bildschirm zu sehen sein, sondern auch zu Papier gebracht werden, nutzen Sie die Möglichkeit der Druckvorschau, um den Bericht auch auszudrucken bzw. zu exportieren.

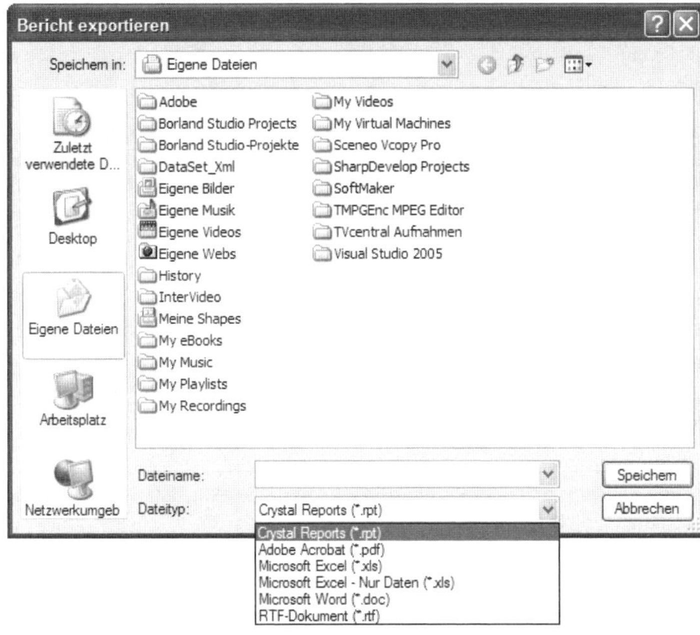

Abbildung 9.8 Export des Berichts

Der Report-Designer

Nachdem wir uns im Einführungsbeispiel nur mit den Assistenten zufrieden gegeben haben, wollen wir jetzt auch einen Blick auf den Report-Designer und seine Möglichkeiten werfen. Öffnen Sie dazu erneut den bereits erzeugten Report.

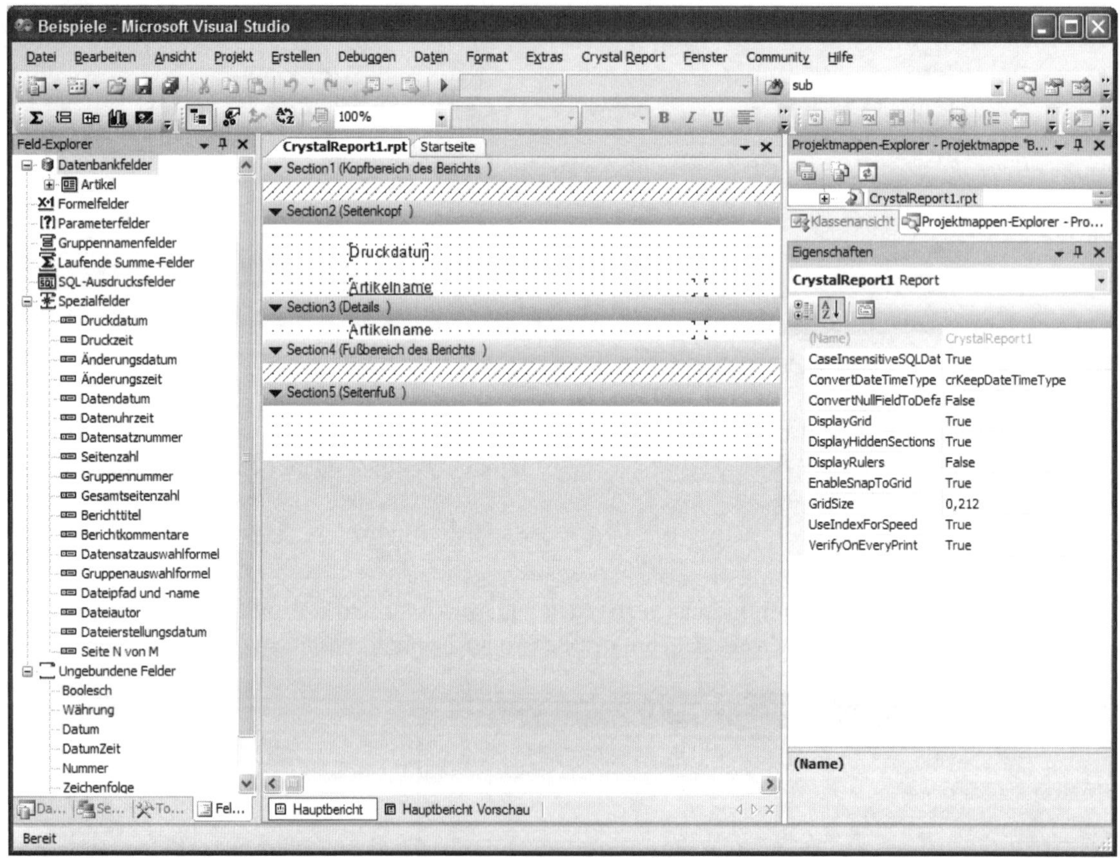

Abbildung 9.9 Die Entwurfsumgebung Ihres Reports

Am linken Rand finden Sie den *Feld Explorer*, der neben allen verfügbaren Tabellen- bzw. Abfragefeldern auch weitere spezielle Felder (Formelfelder, Parameterfelder etc.) enthält. Der eigentliche Arbeitsbereich zeigt bereits die vordefinierten Bänder des Berichts, in die Sie mittels Drag & Drop die gewünschten Felder einfügen können. Am oberen Rand finden sich zwei neue Symbolleisten, mit denen zum einen weitere Elemente (Summen, Gruppen, Unterberichte) eingefügt und zum anderen diverse Optionen und Konfigurationsmöglichkeiten angeboten werden.

HINWEIS Der mit diesem Designer entworfene Bericht kann entweder direkt in die EXE-Datei eingebettet oder auch als externe RPT-Datei weitergegeben bzw. verwendet werden.

Der Reportaufbau

Bei einem neuen Bericht ist der Report-Designer in fünf Berichtsbereiche (Bänder) unterteilt.

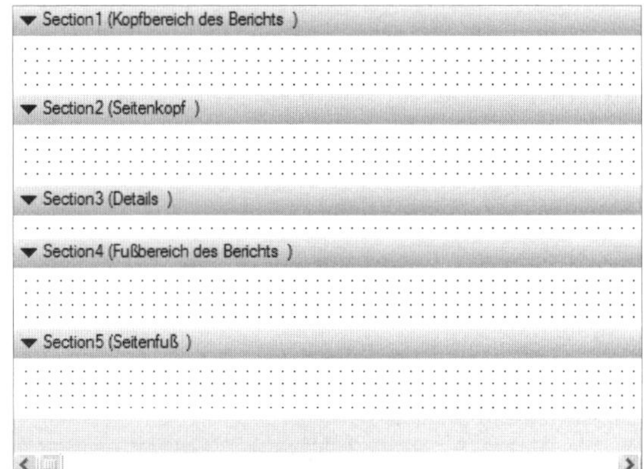

Abbildung 9.10 Die einzelnen Bänder des Reports

HINWEIS Sie können selbst weitere Bereiche (Gruppen) erstellen oder auch einzelne Bereiche gezielt ausblenden.

Die einzelnen Bereiche und deren Bedeutung bzw. Verwendung:

Kopfbereich des Berichts

Dieser enthält den Text, der am Anfang eines Berichts angezeigt wird. Sie können den Bereich auch dazu verwenden, ein Deckblatt zu erzeugen oder zum Beispiel Diagramme auszugeben.

HINWEIS Dieser Abschnitt wird, im Gegensatz zum Seitenkopf, nur einmal durchlaufen!

Seitenkopf

Dieser Bereich wird oben auf **jeder** Berichtsseite angezeigt, eignet sich also für das Einfügen von Logos, Seitenzahlen etc.

Gruppenkopf

Der optionale Gruppenkopf leitet eine neue Gruppe von Datensätzen (z.B. Gruppieren von Artikeln nach Artikelgruppen) ein. Nutzen Sie diesen Bereich, um zum Beispiel den aktuellen Gruppenwert anzuzeigen.

HINWEIS Jeder Gruppenkopf verfügt über einen Gruppenfuß, der optional ein-/ausgeblendet werden kann.

Details

Dieser Abschnitt wird für jeden einzelnen Datensatz zyklisch aufgerufen, bis keine Datensätze mehr vorhanden sind oder eine neue Gruppe beginnt. Die Höhe dieses Bereichs bestimmt den späteren Zeilenabstand zwischen den auszugebenden Datenzeilen.

HINWEIS Dieser Bereich kann, im Gegensatz zu den anderen Bereichen, mehrspaltig sein. Sie legen selbst fest, ob die Spalten in vertikaler oder horizontaler Richtung ausgefüllt werden.

Gruppenfuß

Das Ende einer Gruppe von Datensätzen, dieser Bereich wird häufig für das Bilden von Zwischensummen etc. genutzt.

Fußbereich des Berichts

Dieser Bereich wird nur einmal am Ende des Berichts durchlaufen und kann für das Bilden von Gesamtsummen etc. verwendet werden.

HINWEIS Auch wenn die Bezeichnung »...fuß« lautet, dieser Bereich schließt sich nahtlos an den letzten Gruppenfuß bzw. den Detailbereich an. Der Bereich kann also auch direkt nach dem Seitenkopf gedruckt werden.

Seitenfuß

Dieser Bereich wird unten auf **jeder** Seite angezeigt und kann für die Anzeige von Seitenzahlen etc. verwendet werden.

HINWEIS Da der Detailbereich für jeden Datensatz erneut durchlaufen und damit auch gedruckt wird, sollten Sie genau auf dessen Höhe achten. Insbesondere bei großen Datenmengen kann es sonst schnell vorkommen, dass Sie einen Bericht mit Hunderten von Seiten erhalten, auf denen lediglich wenige Datensätze dargestellt sind. Der gleiche Effekt ist bei falsch gesetzten Seitenumbrüchen zu beobachten.

Die Druckvorschau-Komponente

Neben dem reinen Entwurfswerkzeug bietet der Crystal Report vor allem eine Druckvorschau-Komponente, die in weiten Bereichen konfiguriert werden kann. Neben der Anzeige der Seiten werden auch Funktionen wie Suchen, Exportieren und Navigieren angeboten.

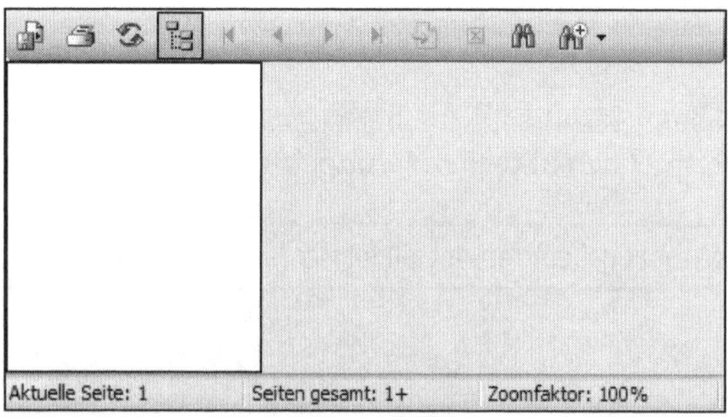

Abbildung 9.11 CrystaReportViewer

Welche Tasten angezeigt werden bzw. ob die Baumansicht auf der linken Seite dargestellt wird, entscheiden Sie als Entwickler. Zusätzlich stehen Ihnen diverse Ereignisse für die Auswertung von Nutzereingaben zur Verfügung.

Wichtige Funktionen im Überblick

Auch wenn es nicht auf den ersten Blick ersichtlich ist, der Funktionsumfang des Designers lässt kaum Wünsche offen. Dafür sorgt zum einen die Integration leistungsstarker Feldtypen (hier ist nicht von den Datenbankfeldern die Rede!), zum anderen das Ereignis-Modell mit integrierter Programmiersprache.

Ein kleiner Überblick wird Ihnen bei der späteren Verwendung sicher von Nutzen sein.

Formelfelder

Neben den eigentlichen Datenbankfeldern lassen sich auch spezielle Formelfelder (Berechnen von Zeilensummen, Formatieren von Zeichenketten, Datumsberechnungen etc.) einbinden. Die nachfolgende Abbildung kann nur einen kleinen Ausschnitt des Funktionsumfangs widerspiegeln:

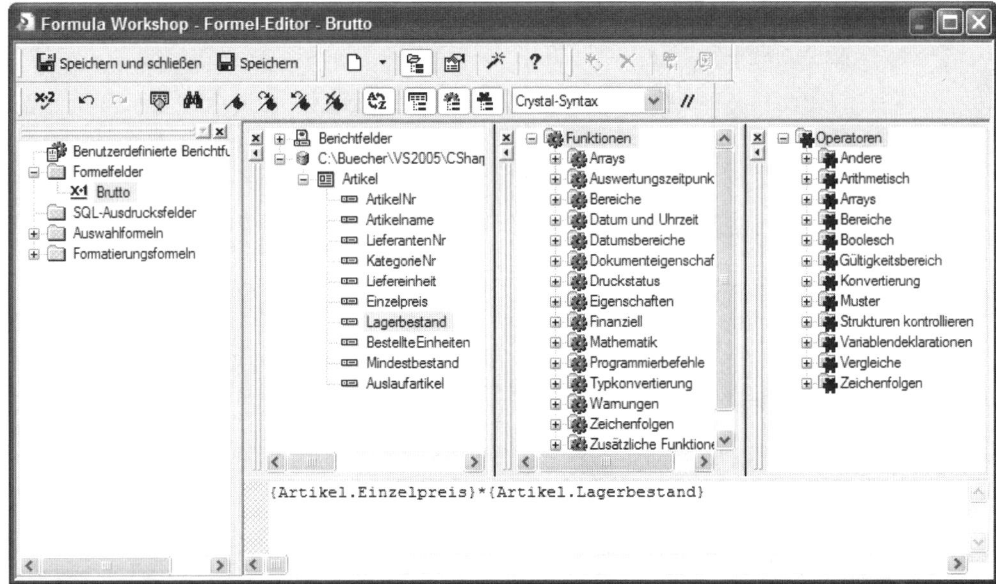

Abbildung 9.12 Der Formeleditor

HINWEIS Sie haben die Möglichkeit, zum einen die Syntax des Crystal Reports zu verwenden, alternativ steht Ihnen aber auch ein Basic-Dialekt zur Verfügung. Beide Sprachen sind gleichwertig, für welche davon Sie sich entscheiden ist eine Frage Ihres persönlichen Geschmacks.

HINWEIS Suchen Sie eine umfassende deutsche Hilfe zu den einzelnen Funktionen und deren Bedeutung, können Sie unter der Adresse *http://support.businessobjects.com/search/* nach der Datei *cr8_formularef.zip* fündig werden.

Parameterfelder

Mit den Parameterfeldern bietet sich die Möglichkeit, zur Laufzeit bestimmte Filterkriterien an den Report zu übergeben.

Beispielsweise lassen sich nur die Artikel aus einer Tabelle anzeigen, die zu einer speziellen Rechnung gehören. Vergleichbar sind diese Kriterien mit dem WHERE-Abschnitt einer SQL-Anweisung, in die variable Werte eingefügt sind (wie bei den Parameterabfragen).

Abbildung 9.13 Parameterfeld erstellen

Neben einfachen Parametern können Sie auch Bereiche oder Auswahllisten bereitstellen, um den Endanwender die Qual der Wahl zu erleichtern[1].

Das erzeugte Parameterfeld können Sie nachfolgend als Auswahlformel für den Bericht festlegen (Menüpunkt *Bericht/Auswahlformel/Datensatz*):

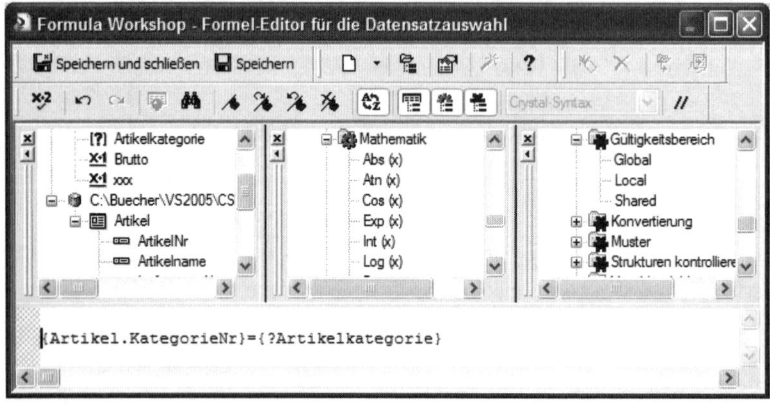

Abbildung 9.14 Verwendung des Parameterfeldes zur Datensatzauswahl

Beim Start bzw. Aufruf des Reports wird der Wert entweder über ein (ziemlich hässliches) Dialogfeld abgefragt, oder Sie weisen den Wert aus dem Programm heraus zu. Danach schränkt der Report automatisch die Ergebnismenge auf die betreffenden Datensätze ein.

[1] Günstiger, weil wesentlich flexibler, ist die Abfrage der Parameter per Visual Basic-Anwendung .

Gruppennamenfelder

Das Gruppieren innerhalb des Reports übernehmen so genannte Gruppennamenfelder, wir kommen später noch einmal darauf zurück.

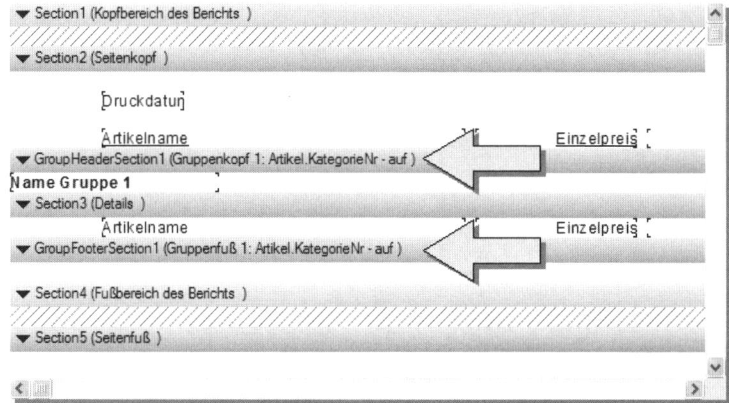

Abbildung 9.15 Zusätzliche Gruppe nach dem Einfügen eines neuen Gruppennamenfeldes

Spezialfelder

Die letzte Gruppe sind die Spezialfelder. Darunter finden sich Funktionen wie Druckdatum, Seitenzahl, aktuelle Seite, Datensatznummer, Titel etc. Auch das beliebte *Seite x von y* ist als fertige Feldfunktion verfügbar, bei einigen anderen Reportgeneratoren muss man dafür immensen Aufwand betreiben oder die Funktionalität ist garnicht erst vorhanden.

Abbildung 9.16 Die verfügbaren Spezialfelder

SQL-Ausdrucksfelder

Ähnlich wie Formelfelder können Sie auch hier logische Ausdrücke für die Datensatzauswahl mit einem eigenen Formelgenerator erzeugen.

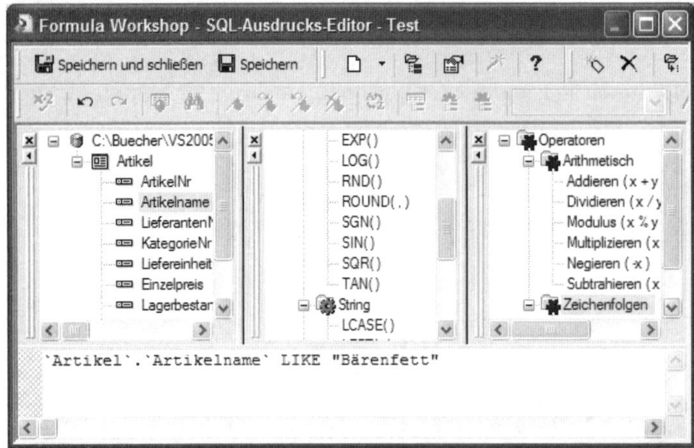

Abbildung 9.17 SQL-Ausdruck bearbeiten

HINWEIS Die Syntax ist in diesem Fall SQL, was im Zusammenhang mit der Abfrage von Serverdaten zu einer Performance-Steigerung führen kann, da die SQL-Ausdrücke auf dem Server abgearbeitet werden können.

Laufende Summe-Felder

Mit derartigen Feldern können Sie **laufende** Berechnungen (Summen, Mittelwerte, Maxima, Minima, Anzahl) durchführen. Das heißt, diese Berechnungen werden nicht erst am Ende einer Gruppe oder einer Seite durchgeführt, sondern nach jedem einzelnen Datensatz. So könnten Sie beispielsweise eine einfache Datensatznummerierung ausführen, indem Sie als Art des Gruppenergebnisses »Anzahl« auswählen.

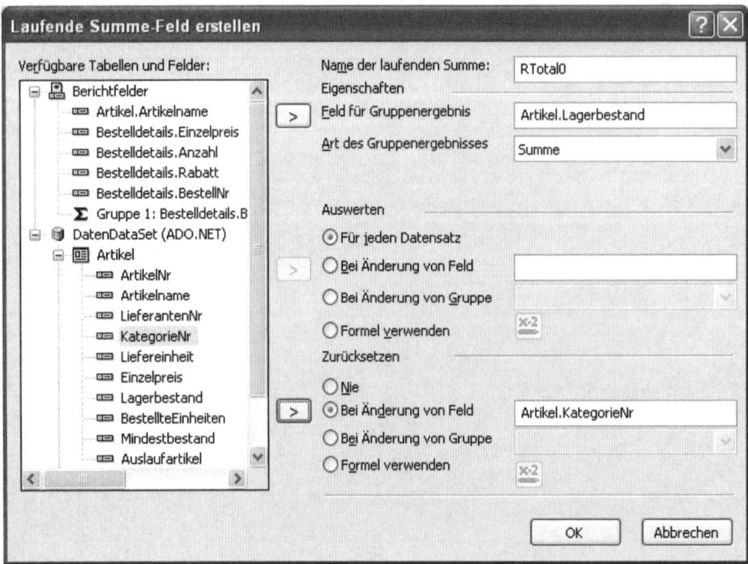

Abbildung 9.18 Laufende Summe berechnen

Die Berechnung kann unter bestimmten Bedingungen (siehe in der Abbildung den Bereich »Auswerten«) durchgeführt werden. Der Wert selbst lässt sich ebenfalls unter bestimmten Bedingungen (das kann auch eine Formel sein) zurück setzen.

Unterberichte

Über die Werkzeugleiste erreichen Sie ein weiteres leistungsfähiges Tool: die Unterberichte.

Unterberichte ermöglichen es Ihnen, verschiedene Reports zu einem einzigen Bericht (aus Sicht des Anwenders) zusammenzufassen. So können Sie Informationen darstellen, die in keinem direkten Zusammenhang stehen oder gleiche Daten mehrfach mit verschiedenen Auswertungen in einen Bericht einfügen.

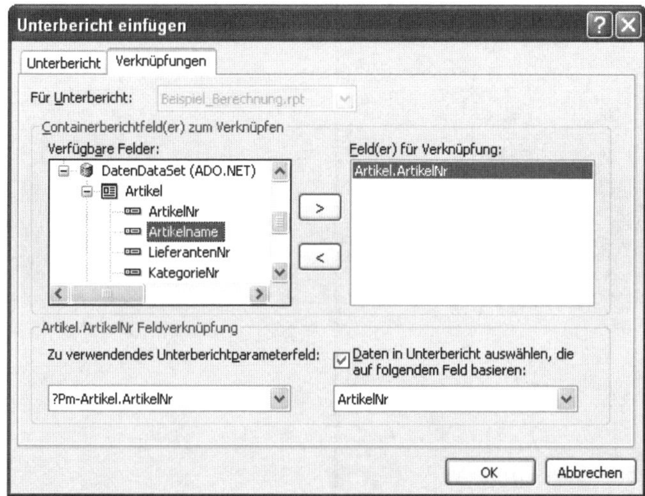

Abbildung 9.19 Verknüpfung zwischen Bericht und Unterbericht

Alternativ bieten die Unterberichte auch die Möglichkeit, große Datenmengen wesentlich übersichtlicher darzustellen. Weniger relevante Daten lassen sich in einen Unterbericht ausgliedern und erst nach dem Klick auf einen eingebetteten Hyperlink im Vorschaufenster anzeigen.

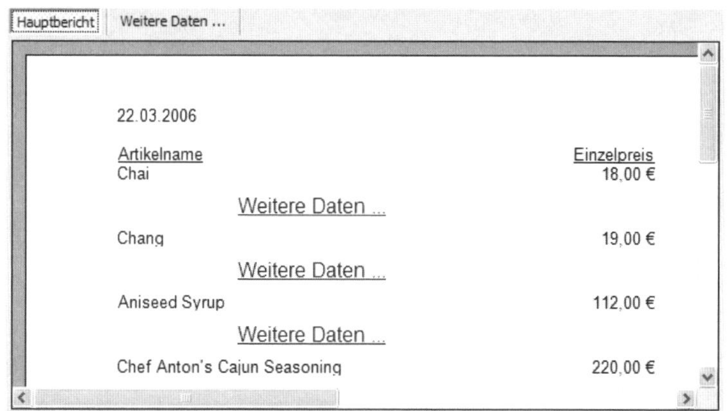

Abbildung 9.20 Aufruf von Unterberichten als Hyperlink

Diagramme und Bilder

Weitere wichtige Gestaltungsmittel sind Diagramme und Bilder. Während die Diagramme dynamisch aus den zugrunde liegenden Daten erzeugt werden, müssen die Bilder (z.B. Unterschriften, Logos) bereits zur Entwurfszeit fix und fertig eingefügt werden. Allerdings bestehen auch hier wieder Möglichkeiten, das Aussehen und die Funktionalität (z.B. als Hyperlinkfeld) zur Laufzeit mittels Formelausdruck anzupassen.

Dass bei den Diagrammen für jeden Geschmack etwas dabei ist, zeigt bereits ein erster Blick auf den Diagramm-Assistenten:

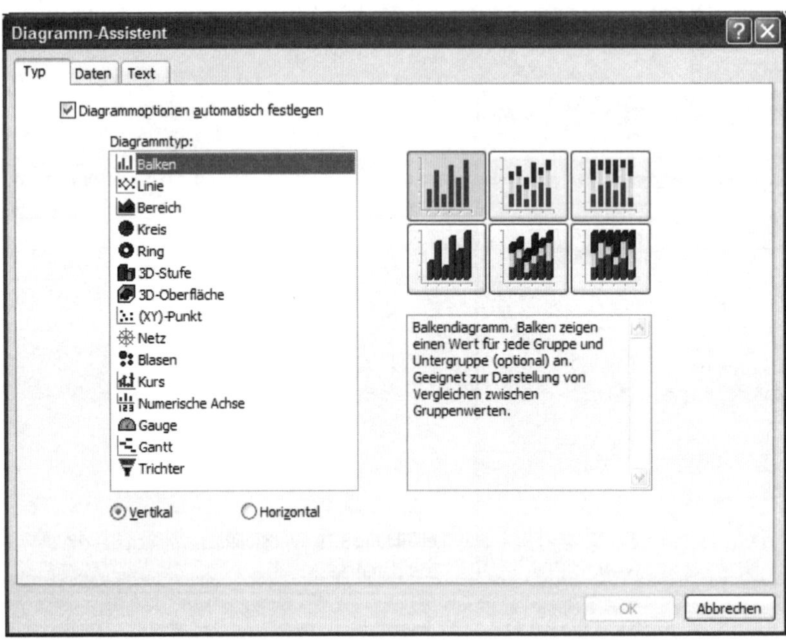

Abbildung 9.21 Diagramm-Assistent

Weitere Komponenten

Wem das alles bisher noch nicht gereicht hat, der findet in der Toolbox weitere Elemente, die für die optische Verschönerung von Reports eingesetzt werden können.

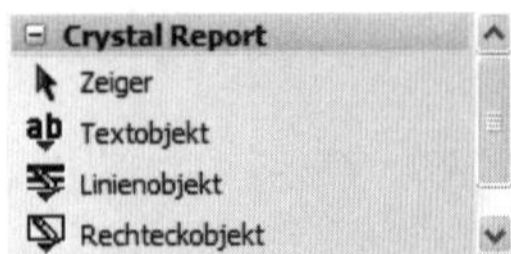

Abbildung 9.22 Einfache Controls für den Reportentwurf

Was Sie mit Textobjekten (einfache Label), Linien- bzw. Rechteck-Objekten anfangen können, brauchen wir Ihnen sicher nicht erst zu erklären.

Zusätzlich bietet das Kontextmenü auch die Möglichkeit, die guten alten OLE-Objekte in einen Report einzufügen.

Das Ereignis-Modell

Was meinen die Autoren wohl mit Ereignissen im Zusammenhang mit Berichten? Klicken Sie auf den Report oder eines der Bänder, finden Sie keinerlei Ereignisse vor, wie Sie es vielleicht von Microsoft Access her gewöhnt sind. Der Ansatz ist in diesem Fall etwas anders gewählt worden. Für die Formatierung bzw. das Verhalten von Bereichen, Elementen etc. sind jeweils »Formeln« zuständig, die Sie über entsprechende Assistenten eingeben können.

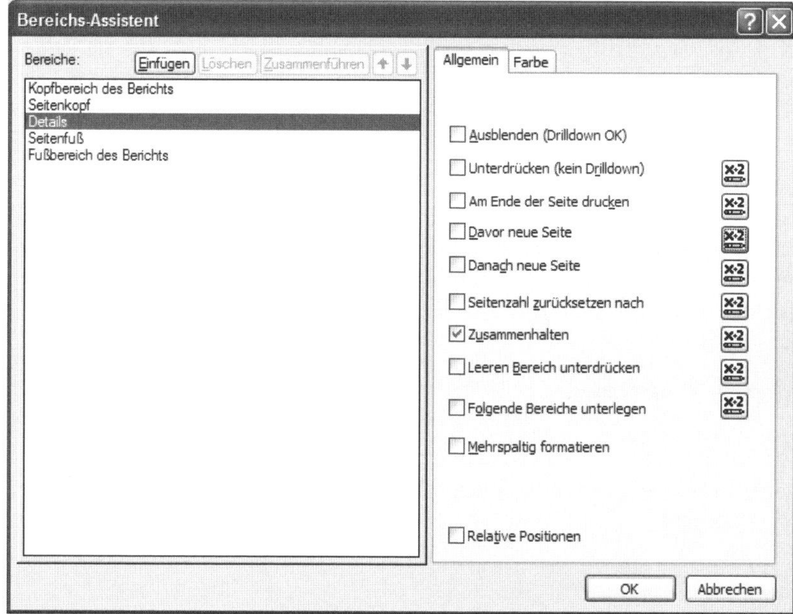

Abbildung 9.23 Assistent für das Zuordnen von Formeln

Diese Formeln selbst stellen jedoch nichts anderes als Ereignisroutinen dar, die zum entsprechenden Zeitpunkt ausgeführt und abgefragt werden. In diesen Formeln können Sie neben diversen Zuständen (Seitenzahl, Datum etc.) auch normale Konstrukte wie zum Beispiel Schleifen und *If...Then ... Else*-Abfragen verwenden. Das Ergebnis der Formeln ist ein Ja/Nein-Wert, der zum Beispiel über die Sichtbarkeit eines Elements entscheidet oder über einen Seitenumbruch.

Folgende Anwendungsbereiche für Formeln (Ereignisse) finden sich in den Reports:

Formeltyp	Beschreibung/Verwendung
Berichtsformeln	Sind Formeln, die als Formelfelder einem Bericht hinzugefügt werden können (z.B. Berechnung einer Verpflegungspauschale oder einer Mehrwertsteuer)
Formeln für bedingte Formatierungen	Sind einzelnen Elementen (Bänder, Textelemente, Datenbankfelder, Grafiken etc.) zugeordnet und entscheiden über Aussehen und Formatierung
Auswahlformeln	Schränken die in einem Bericht angezeigten Datensätze und Gruppen ein (meist geben Sie diese Formeln nicht direkt ein, sondern verwenden dazu den Auswahl-Assistenten)

Tabelle 9.1 Verwendung von Formeln

Formeltyp	Beschreibung/Verwendung
Suchformeln	Dienen dazu, in einem Bericht enthaltene Daten zu finden. Auch diese Formeln werden meist mit dem Suchen-Assistenten generiert

Tabelle 9.1 Verwendung von Formeln *(Fortsetzung)*

Der Vorteil dieser Vorgehensweise: Die Ereignisse sind nicht sprachspezifisch, der Report (die RPT-Datei) kann in beliebigen Programmierumgebungen (z.B. auch C# oder Borland Delphi) ausgeführt werden ohne Anpassungen vorzunehmen.

Der Nachteil: Neben VB, SQL, XML usw. wird Ihnen noch eine weitere Syntax zugemutet, was Sie jedoch vor nicht allzu große Probleme stellen wird.

Reports entwerfen

Nach dem kurzen Überblick über die wichtigsten Möglichkeiten des Crystal Reports kommen wir jetzt zur Praxis. Gemäß dem Motto »eine Schneise durch den Urwald schlagen« wollen wir Ihnen anhand einiger Fallbeispiele die Verwendung des Crystal Reports demonstrieren.

Verbindung zur Datenbank herstellen

Im Einführungsbeispiel hatten wir Sie ja bereits mit einer Form der Datenbindung für den Crystal Report bekannt gemacht. Alternativ bietet Crystal Report momentan folgende Datenzugriffsmöglichkeiten, ein Assistent unterstützt Sie bei der Einbindung:

- ADO.NET-Datasets
- Datenbanken mit OLEDB-Provider
- Datenbanken mit ODBC-Treiber
- direkter Zugriff auf Access, Paradox, dBase-Datenbanken sowie Excel-Arbeitsmappen

Die Einbindung dürfte Sie im Weiteren wohl kaum vor größere Schwierigkeiten stellen, ganz anders sieht es allerdings aus, wenn Ihre Anwendung sowie der Report beim Kunden installiert werden sollen.

Zwei Möglichkeiten müssen Sie in diesem Fall unterscheiden:

- Sie binden den Report in Ihre Assembly ein
- Sie speichern den Report als externe Datei (RPT)

Variante 1 besitzt den Vorteil, dass Sie über die bereits im Projekt vorhandene Klasse direkt eine Instanz bilden und mit dieser Instanz arbeiten können.

BEISPIEL

Integrierten Report instanziieren und verwenden

```
Private Sub Form1_Load(ByVal sender As System.Object, ByVal e As System.EventArgs) Handles MyBase.Load
    Dim rp As New CrystalReport1()
    CrystalReportViewer1.ReportSource = rp
End Sub
```

Variante 2 erschwert zwar das Erzeugen einer Instanz, dafür ist es kein Problem, zum Beispiel den Report einfach durch einen anderen Report auszutauschen, ohne gleich die ganze Anwendung neu kompilieren zu müssen.

BEISPIEL

Externen Report laden und verwenden

```
Private Sub Form1_Load(ByVal sender As System.Object, ByVal e As System.EventArgs) _
                                                        Handles MyBase.Load
    Dim rp As New ReportDocument()
    rp.Load(Application.StartupPath & "\" & "CrystalReport1.rpt")
    CrystalReportViewer1.ReportSource = rp
End Sub
```

Ändern des Datenbankpfades zur Laufzeit

In den seltensten Fällen wird der Datenbankpfad zur Laufzeit mit den Einstellungen zur Entwurfszeit übereinstimmen. Die Folge dürfte folgende Meldung sein, die Ihnen aber auch nicht weiterhilft, da Sie zwar merken, dass der Pfad zur Datenbank nicht stimmt, Sie aber auch keinen neuen Pfad angeben können.

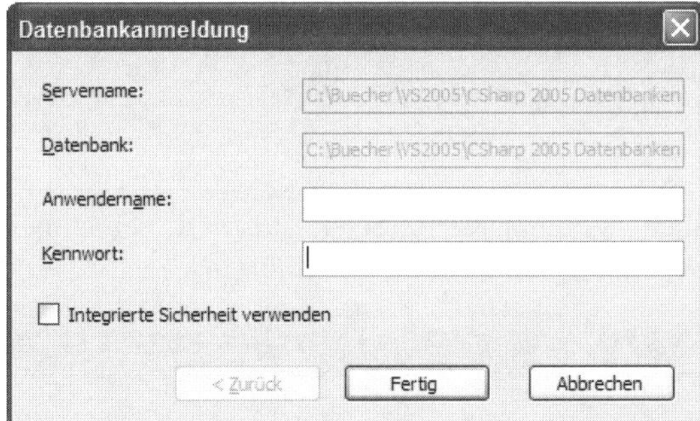

Abbildung 9.24 Dialog bei fehlerhaftem Datenbankpfad

In diesem Fall kommen Sie nicht um eine dynamische Anpassung zur Laufzeit herum. Ansatzpunkt ist ein *LogOnInfo*-Objekt, das Sie für **jede** im Report enthaltene Tabelle anpassen müssen.

BEISPIEL

Direkte Datenbankanbindung (Access)

```
Imports CrystalDecisions.Shared
...

Private Sub Button1_Click(ByVal sender As System.Object, ByVal e As System.EventArgs) _
                                                  Handles Button1.Click
    Dim rp As New ReportDocument()

    rp.Load(Application.StartupPath & "\" & "CrystalReport1.rpt")
```

Neues *TableLogOnInfo*-Objekt erstellen:

```
    Dim logonInfo As New TableLogOnInfo()
```

Für alle Tabellen:

```
    For Each table As Table In rp.Database.Tables
```

Bisherige Verbindungsdaten abrufen:

```
      logonInfo = table.LogOnInfo
```

Neuen Pfad setzen:

```
      logonInfo.ConnectionInfo.ServerName = Application.StartupPath & "\" & "Daten.mdb"
      logonInfo.ConnectionInfo.DatabaseName = Application.StartupPath & "\" & "Daten.mdb"
```

Eventuell auch noch geänderte Nutzerinformationen übergeben (diese können zum Beispiel aus einem Anmeldedialog stammen):

```
      ' logonInfo.ConnectionInfo.UserID = ID
      ' logonInfo.ConnectionInfo.Password = password
```

Die Daten wieder übergeben:

```
      table.ApplyLogOnInfo(logonInfo)
    Next
```

Jetzt können Sie den Report zum Beispiel in der Druckvorschau anzeigen:

```
    CrystalReportViewer1.ReportSource = rp
End Sub
```

Die gleiche Vorgehensweise müssen Sie zum Beispiel auch bei einer Verbindung zum SQL Server per OLEDB verwenden. Allerdings ist hier zwischen *DatabaseName* und *ServerName* zu unterscheiden.

BEISPIEL

DataSet als Datenquelle

```
Imports CrystalDecisions.Shared
...
Public Class Form1
    Private myDS As New DatenDataSet()
...
    Private Sub Form1_Load(ByVal sender As System.Object, ByVal e As System.EventArgs) _
                                                                   Handles MyBase.Load
        Dim rp As New Beispiel_Gruppieren()
```

TableAdapter erzeugen:

```
        Dim taArtikel As DatenDataSetTableAdapters.ArtikelTableAdapter = _
                           New DatenDataSetTableAdapters.ArtikelTableAdapter()
```

DataTable im DataSet füllen:

```
        taArtikel.Fill(myDS.Artikel)
```

Datenquelle zuweisen:

```
        rp.SetDataSource(myDS)
```

Report anzeigen:

```
        CrystalReportViewer1.ReportSource = rp
    End Sub

End Class
```

Wie Sie die Daten letztendlich in das DataSet bekommen, wird ausführlich in Kapitel 4 beschrieben, an dieser Stelle wollen wir uns dazu nicht weiter auslassen.

Sortieren und Gruppieren

Wenden wir uns jetzt einer der häufigsten Gestaltungsoptionen eines Reports zu, dem Sortieren und Gruppieren. Als Beispiel soll ein Report erstellt werden, in welchem die Mitarbeiter nach Räumen gruppiert sind. Wir möchten Ihnen im Folgenden sowohl die einfache Variante mit Hilfe des Assistenten als auch die konventionelle Variante mit Hilfe des Designers vorstellen.

Sortieren/Gruppieren mit Hilfe des Assistenten

Gehen Sie dazu wie im Eingangs-Beispiel vor, binden Sie jedoch die Tabelle *Artikel* und die Tabelle *Kategorien* in den Bericht ein.

Danach müssen Sie dem Report-Generator zunächst den Zusammenhang zwischen den beiden Tabellen (*Artikel.KategorieNr = Kategorien.KategorieNr*) in irgendeiner Form »begreiflich« machen. An dieser Stelle kommt der Verknüpfungsassistent ins Spiel.

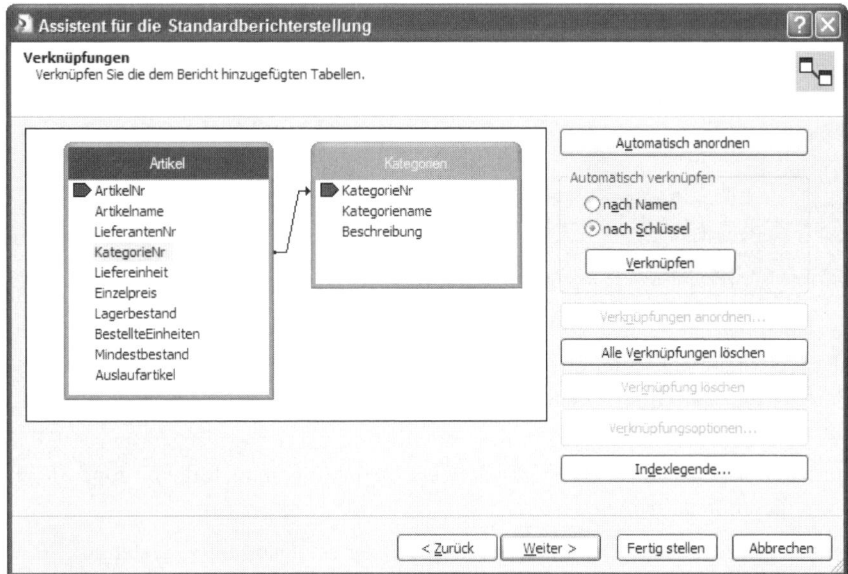

Abbildung 9.25 Verknüpfung zwischen den beiden Tabellen herstellen

HINWEIS Wenn die Relation fehlt, zeichnen Sie diese einfach zwischen beiden Tabellen per Drag & Drop ein.

Im nächsten Schritt wählen Sie die gewünschten Felder aus:

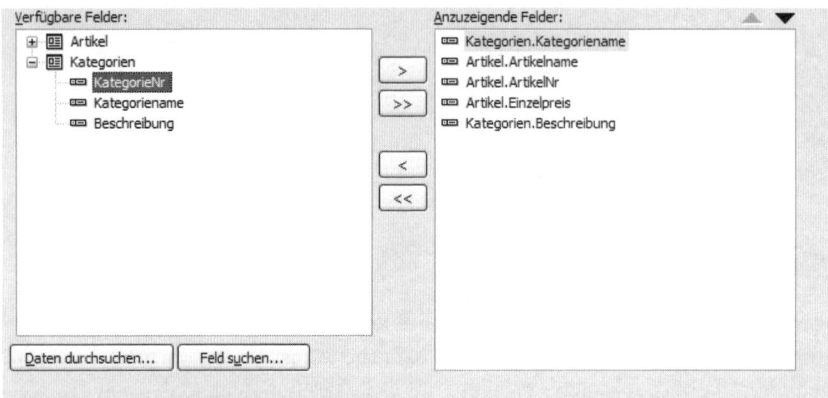

Abbildung 9.26 Feldauswahl

Basierend auf diesen Feldern können Sie bereits jetzt die gewünschte Gruppierung sowie die zugehörige Sortierfolge festlegen:

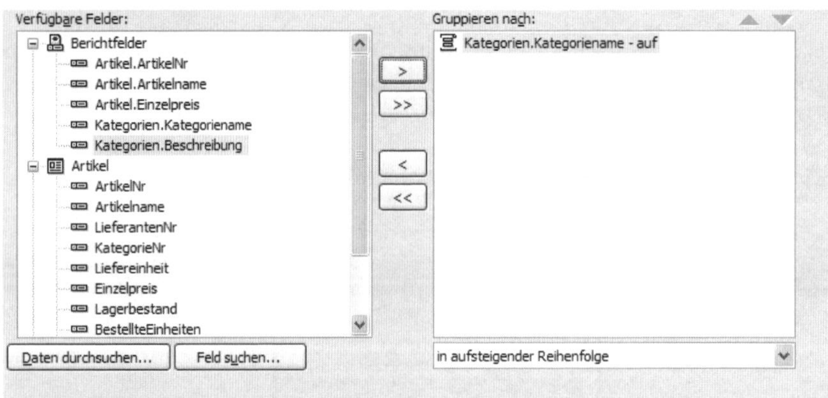

Abbildung 9.27 Wir gruppieren nach dem Kategorie-Namen in aufsteigender Reihenfolge

Im Folgeschritt können Sie sich noch dafür entscheiden, ob und wenn ja welche Summen innerhalb der Gruppen gebildet werden. Der Assistent war leider etwas voreilig, die Summe der Artikelnummern interessiert uns nicht. Auch die Summe der Einzelpreise scheint recht sinnlos zu sein, dürfte aber gleich zeigen, was Sie mit den Gruppensummen anfangen können.

Doch nicht genug der Pein, der Assistent will es jetzt wirklich wissen, Sie können auch die Gruppen noch sortieren lassen, blättern Sie an dieser Stelle schnell weiter.

Das gilt auch für die folgenden Schritte des Assistenten (Frage nach einem Diagramm, Datensatz- und Layout-Auswahl).

Endlich ist es geschafft und dem nervigen Assistenten sind die Fragen ausgegangen. Klicken Sie auf die Schaltfläche »Fertig stellen« und Sie sind erlöst, d.h. der Bericht ist erstellt.

Section1 (Kopfbereich des Berichts)
Section2 (Seitenkopf)
Druckdatum
Kategorienam Artikelname ArtikelNr Einzelpreis Beschreibun
GroupHeaderSection1 (Gruppenkopf 1: Kategorien.Kategoriename - auf)
Name Gruppe 1
Section3 (Details)
Kategoriename Artikelname ArtikelNr Einzelpreis Beschreibung
GroupFooterSection1 (Gruppenfuß 1: Kategorien.Kategoriename - auf)
Name Gruppe 1 Einzelpreis
Section4 (Fußbereich des Berichts)
Gesamtergebnis: inzelpreis
Section5 (Seitenfuß)
Seitenzahl

Abbildung 9.28 Der erstellte Bericht im Designer

Die Summenfelder im Gruppen- sowie im Berichtsfuß wurden bereits automatisch eingefügt. Doch kein Problem, wen es stört, der kann ja die Felder einfach löschen.

Beim Testen des neu erstellten Reports zeigt sich auch die Bedeutung der Treeview-Ansicht am linken Rand der Druckvorschau. Problemlos können Sie mit einem Klick in die gewünschte Gruppe (in diesem Fall eine Kategorie) wechseln:

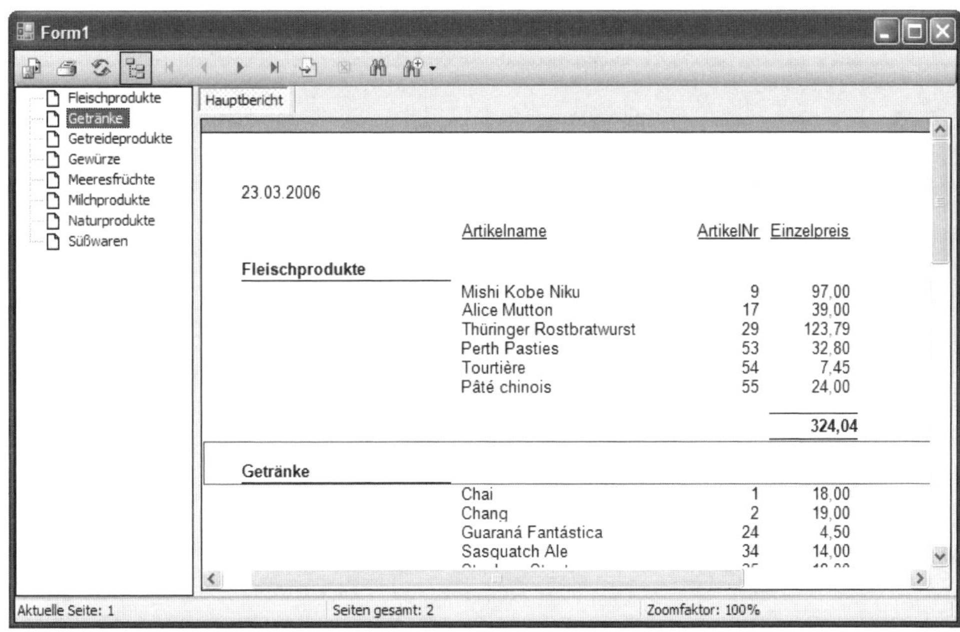

Abbildung 9.29 Der Report in der Druckvorschau

Sortieren/Gruppieren mit dem Designer

Alternativ zur bisherigen Vorgehensweise mittels Assistenten stellen wir Ihnen nun die »umständlichere« Alternative »per Hand« vor. Der Vorteil: Insbesondere bei mehrfach gruppierten Daten ist ein direktes Verständnis für die Vorgehensweise beim Crystal Report angebracht.

Nach den üblichen Vorarbeiten (Report hinzufügen) brechen Sie den Assistenten einfach ab. Im Feld-Explorer am linken Rand des Designers fügen Sie zunächst die Datenquelle (*DatenDataset*) hinzu.

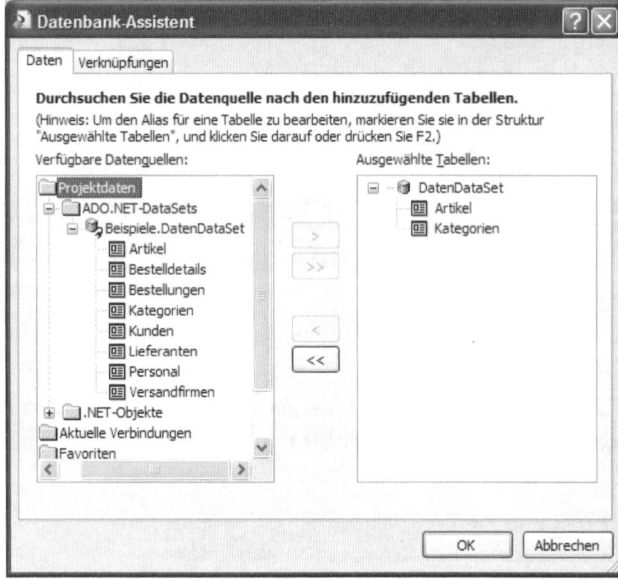

Abbildung 9.30 Auswahl des DataSets

Nächster Schritt ist das Erzeugen eines »Gruppennamenfeldes«, d.h. einer neuen Gruppierung, über das Kontextmenü des Report-Designers (siehe folgende Abbildung). Wählen Sie das Feld *Kategorie.Kategoriename* aus und bestimmen Sie die Sortierfolge.

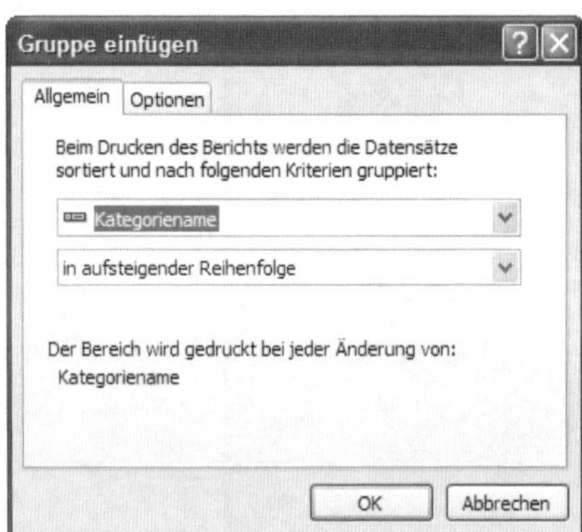

Abbildung 9.31 Gruppennamenfeld erzeugen

Zusätzlich lässt sich auch bestimmen, ob die Gruppe zusammengehalten bzw. ob der Gruppenkopf auf jeder Seite erneut gedruckt werden soll.

In welche Report-Bereiche die einzelnen Felder aus dem Feld-Explorer zu kopieren sind zeigt die folgende Abbildung (alle anderen Bereiche wurden zur besseren Übersicht verkleinert):

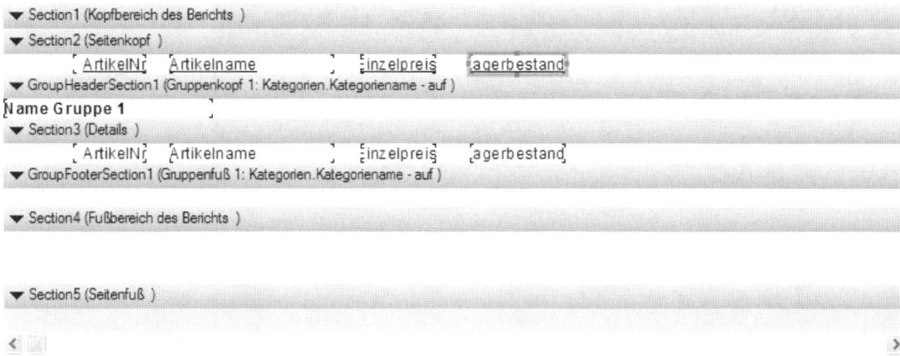

Abbildung 9.32 Entwurfsansicht Report

HINWEIS Im Gruppenkopf haben die Detaildaten (Artikeldaten) nichts verloren. Ausnahme: Sie wollen z.B. Bereiche angeben (von A bis G) oder Ähnliches.

Verwenden von Parameterfeldern

Wie schon in der Übersicht kurz angedeutet, bieten Parameterfelder die Möglichkeit, zur Laufzeit bestimmte Filterkriterien an den Report zu übergeben. Wir wollen, aufbauend auf dem vorhergehenden Beispiel, die Anzeige der Artikel dahingehend einschränken, dass nur Artikel mit einem bestimmten Anfangsbuchstaben ausgegeben werden.

Erzeugen Sie dazu über das Kontextmenü des Feld-Explorers ein neues Parameterfeld. Im folgenden Dialogfeld können Sie einen Aufforderungstext angeben, der später beim Drucken bzw. bei der Anzeige der Druckvorschau mit angezeigt wird.

Abbildung 9.33 Parameterfeld erstellen

Die eigentliche Zuordnung des Parameters erfolgt über den Kontextmenüpunkt *Bericht/Auswahlformel/Datensatz*. Die folgende Abbildung zeigt die verwendete Formel im Editor:

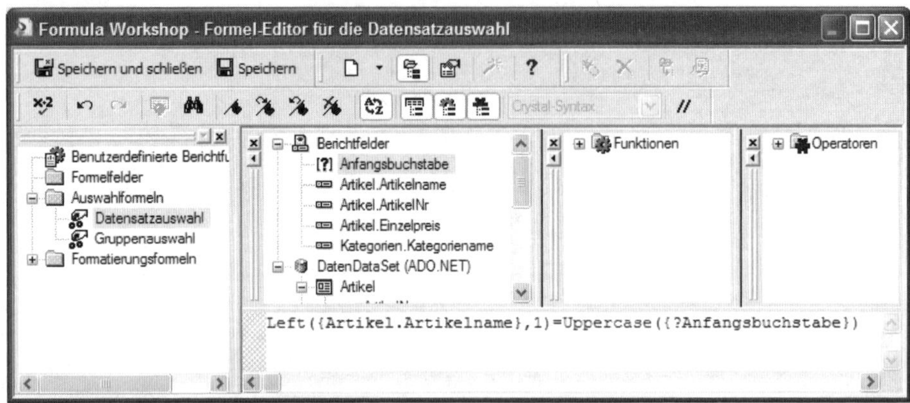

Abbildung 9.34 Auswahlformel bearbeiten

Der Aufbau der Formel folgt in diesem Fall den Regeln des Crystal Reports. Die *Left*-Funktion extrahiert den ersten Buchstaben des Feldes *Artikelname*, das Funktionsergebnis wird mit dem in Großbuchstaben umgewandelten Eingabewert (Parameterfeld) verglichen. Das war's auch schon, zur Sicherheit können Sie noch die Syntax überprüfen lassen.

Nach dem Start des Programms bzw. der Druckvorschau werden Sie mit einem »hübschen« Dialogfeld zur Eingabe des Parameters aufgefordert.

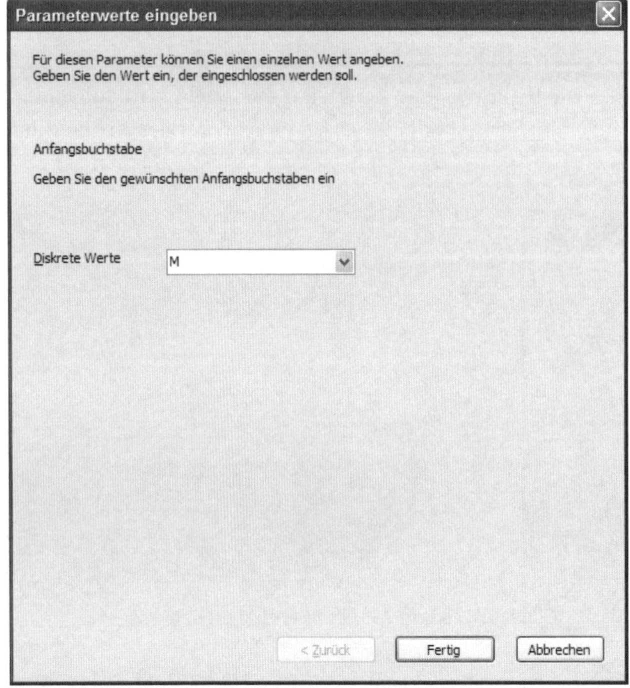

Abbildung 9.35 Abfrage der Parameterwerte durch den Crystal Report

Dieses Dialogfeld ist an Hässlichkeit wohl kaum noch zu übertreffen, deshalb möchten wir Ihnen auch eine Alternative anbieten.

Verwendung von eigenen Dialogfeldern

Das Verwenden eigener Dialogfelder setzt zunächst die Möglichkeit voraus, zur Laufzeit die Werte an den Report bzw. die Druckvorschau zu übergeben. Mit Hilfe des *ParameterFieldInfo*-Objekts können Sie diese Aufgabe lösen.

Doch zunächst erzeugen Sie ein weiteres Formular, mit dem Sie den oder die Parameter eingeben können:

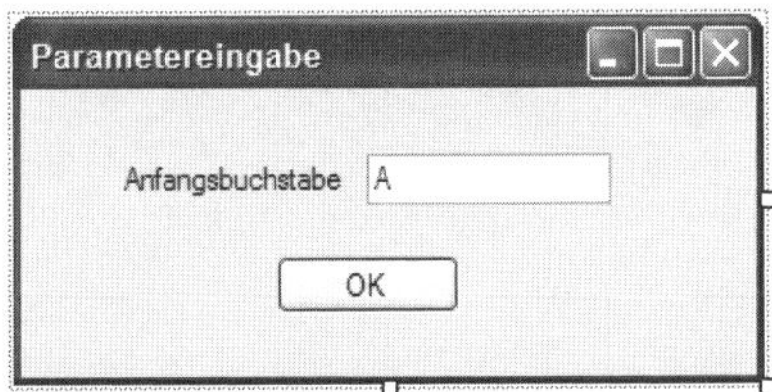

Abbildung 9.36 Unser Eingabeformular

Im Formular mit der Druckvorschau fügen Sie als Erstes die folgende *Imports*-Anweisung ein, um die volle Unterstützung für die Crystal Report-Objekte zu erhalten:

```
Imports CrystalDecisions.Shared
```

Die Deklaration eines neuen Report-Objekts, basierend auf *Report3.rpt*:

```
    Private Sub Button4_Click(ByVal sender As System.Object, ByVal e As System.EventArgs) _
                                                                  Handles Button4.Click
        Dim rp As New Beispiel_Parameterfeld()
```

DataSet mit Daten füllen:

```
        Dim taArtikel As New DatenDataSetTableAdapters.ArtikelTableAdapter()
        Dim taKategorien As New DatenDataSetTableAdapters.KategorienTableAdapter()
        taArtikel.Fill(myDS.Artikel)
        taKategorien.Fill(myDS.Kategorien)
```

DataSet dem Report zuweisen:

```
        rp.SetDataSource(myDS)
```

Dialogfenster erstellen und anzeigen:

```
        Dim f2 As New Form2()
        f2.ShowDialog()
```

Den Parameter an den Report übergeben:

```
        rp.ParameterFields("Anfangsbuchstabe").CurrentValues.AddValue(f2.TextBox1.Text)
        CrystalReportViewer1.ReportSource = rp
    End Sub
```

Doch was, wenn der Nutzer im ReportViewer auf »Refresh« klickt? In diesem Fall reagieren wir per Ereignis:

BEISPIEL

Reaktion auf den »Refresh«-Button der Druckvorschau

```
Private Sub CrystalReportViewer1_ReportRefresh(ByVal source As System.Object, _
                                    ByVal e As CrystalDecisions.Windows.Forms.ViewerEventArgs) _
                                                                Handles CrystalReportViewer1.ReportRefresh
    Dim rp As New Beispiel_Parameterfeld()
    rp.SetDataSource(myDS)
    Dim f2 As New Form2()
    f2.ShowDialog()
    rp.ParameterFields("Anfangsbuchstabe").CurrentValues.AddValue(f2.TextBox1.Text)
    CrystalReportViewer1.ReportSource = rp
    e.Handled = True
End Sub
```

Einfach Report und Parameter neu zuweisen und damit sind Programmierer und Anwender glücklich.

Berechnungen im Report

Hier sind wir beim wohl komplexesten Thema des Crystal Reports angekommen. Mehrere Varianten und Einsatzgebiete bieten sich an:

- SQL-Berechnungen, innerhalb von Datensatz-Zeilen
- Berechnungen über Gruppen oder den gesamten Bericht
- Berechnungen komplexer Ausdrücke, die mit SQL nicht mehr realisierbar sind (beispielsweise eine Fahrkostenabrechnung nach deutschem Steuerrecht[1])
- Formatierung von Textfeldern (Verketten, Berechnen von Rechnungsnummern etc.)
- Berechnungen mit Datumsfeldern

HINWEIS Die Empfehlung kann trotz aller tollen Features nur lauten: Verwenden Sie – wann immer es geht – zum Berechnen SQL-Anweisungen, schneller geht es meist nicht, und die Arbeit wird vom SQL Server und nicht vom lokalen PC übernommen.

An dieser Stelle wollen wir uns auf ein simples Beispiel beschränken, da das Grundprinzip in allen Fällen gleich ist.

Wir erstellen einen Bericht, in dem neben den Bestelldetails in den einzelnen Bestellungen auch die Gesamtzahl der Artikel pro Bestellung berechnet wird.

Generieren Sie dazu zunächst per Assistent einen Bericht mit den in der Abbildung 9.37 gezeigten Tabellen. Fügen Sie die folgenden Felder in den Bericht ein.

- *Bestellungen.BestellNr*
- *Artikel.Artikelname*
- *Bestelldetails.Einzelpreis*, *Bestelldetails.Anzahl*, *Bestelldetails.Rabatt*

Der Bericht wird nach *Bestellungen.BestellNr* gruppiert.

[1] Eine echte Herausforderung ...

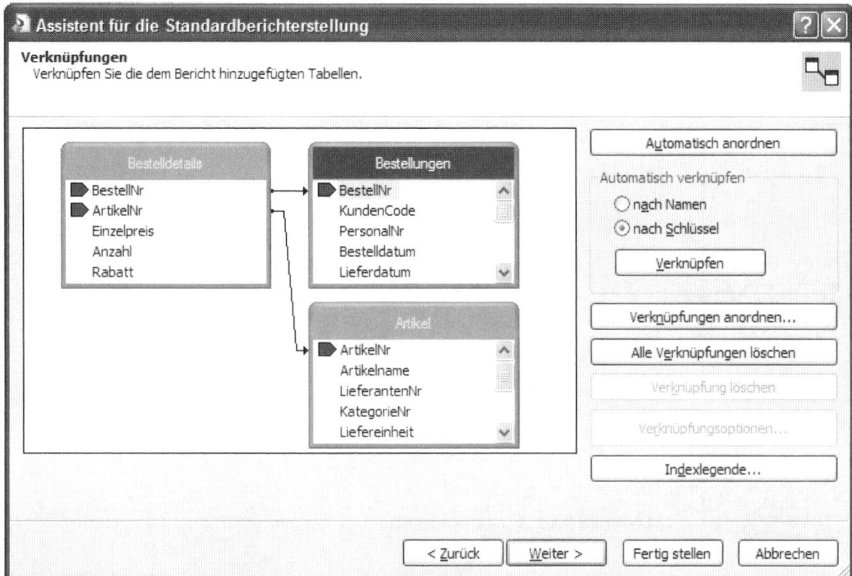

Abbildung 9.37 Die Tabellen für den Bericht

Die Anordnung der Felder:

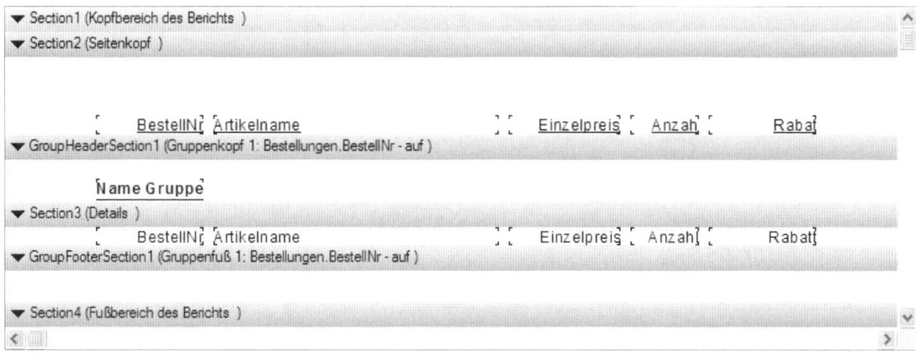

Abbildung 9.38 Verteilung der Felder in den einzelnen Bändern

HINWEIS In den Gruppenkopf kopieren Sie das Gruppennamenfeld, das der Assistent erzeugt hat.

Um die Summe der Artikel pro Bestellung zu ermitteln, markieren Sie einfach das Feld *Anzahl* (im Band *Details*) und klicken Sie in der Werkzeugleiste auf den Button mit dem Summenzeichen. Das nachfolgende Dialogfeld stellt verschiedene Berechnungsmöglichkeiten zur Verfügung, wir entscheiden uns für die Summe (siehe Abbildung 9.39).

HINWEIS Achten Sie darauf, dass der »Gruppenergebnisort« unsere Gruppe und nicht der Fußbereich des Berichts ist!

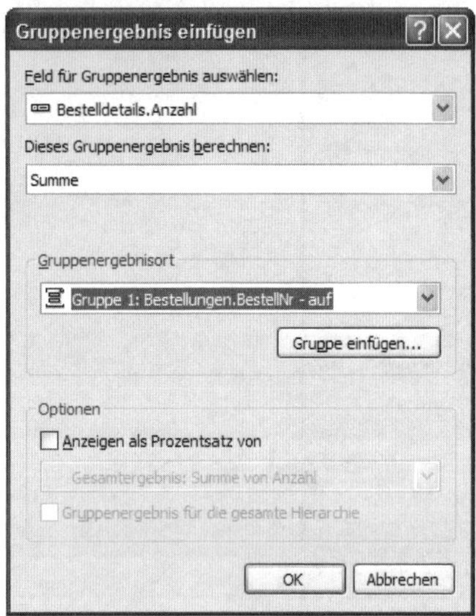

Abbildung 9.39 Erzeugen einer Gruppensumme

Nach dem Schließen des Dialogfeldes finden Sie bereits das fertige Feld vor. Es steht, wie sollte es auch anders sein, im Gruppenfuß.

Hauptbericht

	Artikelname	Einzelpreis	Anzahl
10.248			
	Queso Cabrales	14,00	12
	Singaporean Hokkien Fried Mee	9,80	10
	Mozzarella di Giovanni	24,30	5
			27,00
10.249			
	Tofu	18,60	9
	Manjimup Dried Apples	42,40	40
			49,00
10.250			
	Jack's New England Clam Chowder	7,70	10
	Manjimup Dried Apples	42,40	35
	Louisiana Fiery Hot Pepper Sauce	16,80	15
			60,00
10.251			
	Gustaf's Knäckebröd	16,80	6
	Ravioli Angelo	15,60	15
	Louisiana Fiery Hot Pepper Sauce	16,80	20
			41,00
10.252			

Abbildung 9.40 Laufzeitansicht des Berichts

Beim Ausprobieren des Beispiels müssen Sie viel Geduld aufbringen, ist es doch, basierend auf DataSets, langsam wie eine Schnecke. Das gleiche Beispiel per OLEDB-Zugriff ist 10 mal schneller. Noch schneller ist der Direktzugriff auf die Datenbankdatei. Und dabei hat unser Bericht nur 56 Seiten!

Wer wirklich schnell sein will, der kommt um etwas Mehraufwand nicht herum. Erzeugen Sie einfach eine kleine Abfrage, welche die Beziehungen zwischen den drei Tabellen berücksichtigt und die gewünschten Felder zurückgibt.

BEISPIEL

SQL-Abfrage für obige Aufgabenstellung

```
SELECT
    Bestellungen.BestellNr AS Bestellungen_BestellNr,
    Artikel.Artikelname,
    Bestelldetails.BestellNr AS Bestelldetails_BestellNr,
    Bestelldetails.Einzelpreis, Bestelldetails.Anzahl
FROM
    Bestellungen INNER JOIN
        (Artikel INNER JOIN Bestelldetails ON Artikel.ArtikelNr = Bestelldetails.ArtikelNr) ON
        Bestellungen.BestellNr = Bestelldetails.BestellNr
ORDER BY
    Bestellungen.BestellNr
```

Nutzen Sie diese Abfrage als Datenbasis (Direkter Dateizugriff) und Sie werden mit den Programmlaufzeiten zufrieden sein[1].

Zeilensumme

Fügen Sie ein SQL-Ausdrucksfeld unter dem Namen *Zeilensumme* hinzu, und verwenden Sie folgende »Formel«:

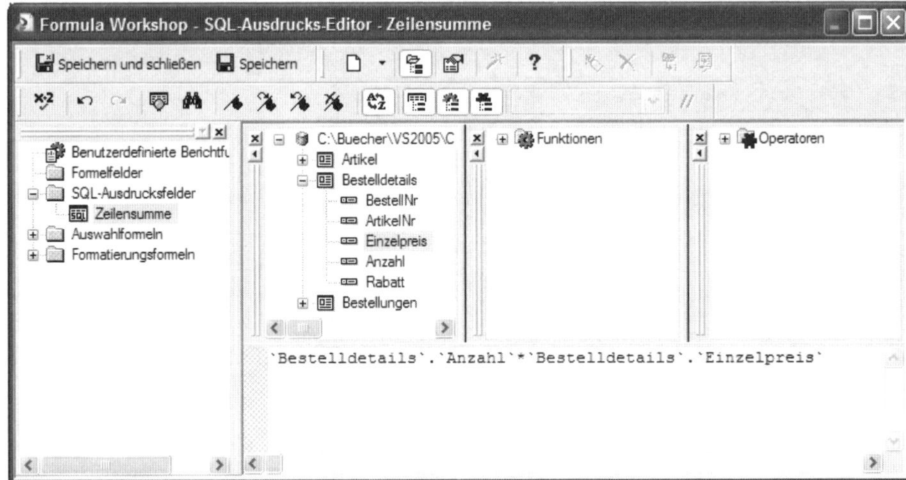

Abbildung 9.41 Berechnen der Zeilensumme

Das erzeugte SQL-Ausdrucksfeld können Sie in den Detailbereich einfügen.

	Artikelname	Einzelpreis	Anzah	Zeilensumme
10.248				
	Queso Cabrales	14,00 €	12	168,00 €
	Singaporean Hokkien F	9,80 €	10	98,00 €
	Mozzarella di Giovanni	24,30 €	5	121,50 €

Abbildung 9.42 Beispielausgabe

[1] Manchmal erzielt man mit Quick and Dirty eben die besseren Ergebnisse.

HINWEIS Auch für das Feld *Zeilensumme* können Sie nach obigem Muster eine Gruppen- oder Gesamtsumme bilden.

Neben derart einfachen Berechnungen können Sie mit Hilfe des Formeleditors auch recht komplexe Formeln erstellen, die neben den Datenbankfeldern auf einen reichen Fundus von String-, Array-, Datums- und mathematische Funktionen zurückgreifen können.

BEISPIEL

```
If (Average([{file.MON1}, {file.MON2}, {file.MON3}]) - {file.CURRENTMON})> 0 Then
 Minimum([.25*((Average([{file.MON1}, {file.MON2}, {file.MON3}) - {file.CURRENTMON}]), 10000])
Else  0
```

Leider können wir an dieser Stelle nicht weiter auf dieses interessante Thema eingehen, dazu fehlt einfach der Platz.

Gestalten mit bedingter Formatierung

Bedingte Formatierungen werden mit Hilfe von Formeln realisiert. Möchten Sie beispielsweise die Anzeige eines Bereichs auf bestimmten Seiten unterdrücken ist das kein Problem. Über das Kontextmenü des betreffenden Bereichs wählen Sie den Menüpunkt *Bereichs-Assistent*. Im nachfolgend angezeigten Dialogfeld klicken Sie neben dem Kontrollkästchen »Unterdrücken« auf die Schaltfläche, um eine logische Bedingung einzugeben.

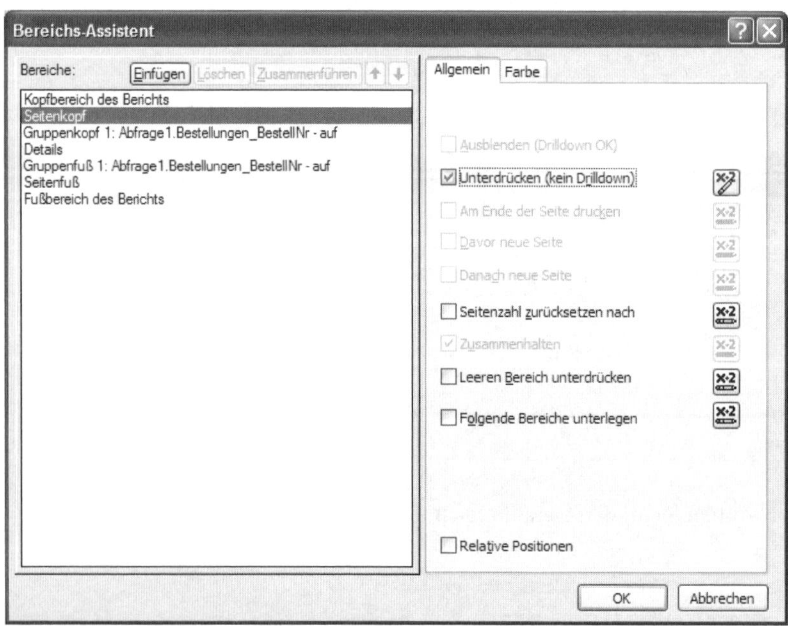

Abbildung 9.43 Festlegen der Formatierung (Unterdrücken)

Im vorliegenden Beispiel fällt die Formel recht kurz aus:

```
PageNumber = 1
```

Der Rückgabewert dieser Formel ist ein boolescher Ausdruck, der die beiden Zustände *True* und *False* annehmen kann, also die Bedingung für die Anzeige des Bereichs.

Farbliche Gestaltung

Gleiches trifft auch auf die anderen Formatierungsmöglichkeiten zu. So lässt sich mit

```
if {BestellDetails.Einzelpreis} > 20 then
  crRed
else
  crBlack
```

im Dialog »Objekt formatieren«

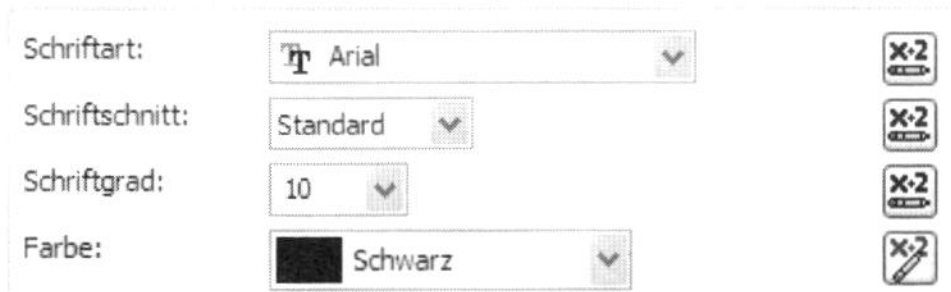

Abbildung 9.44 Ausschnitt Dialog »Objekt formatieren«

die Farbe des Preises ändern, wenn dieser über 20 liegt.

10.248				
	Queso Cabrales	10.248	12	14,00 €
	Singaporean Hokkien F	10.248	10	9,80 €
	Mozzarella di Giovanni	10.248	5	24,30 €
			27,00	
10.249				
	Manjimup Dried Apple:	10.249	40	42,40 €
	Tofu	10.249	9	18,60 €
			49,00	

Abbildung 9.45 Laufzeitansicht

BEISPIEL

So lässt sich beispielsweise auch Code schreiben, um die Hintergrundfarbe von Zeilen zu ändern. Wählen Sie dazu *Bereichs-Assistent/Farbe* und geben Sie folgende Formel an:

```
if RecordNumber mod 2 = 0 then
  crWhite
else
  Color (210, 210, 210)
```

10.248				
	Queso Cabrales	10.248	12	14,00 €
	Singaporean Hokkien F	10.248	10	9,80 €
	Mozzarella di Giovanni	10.248	5	24,30 €
			27,00	

Abbildung 9.46 Laufzeitansicht

HINWEIS Über die *Color*-Funktion können Sie beliebige Farbabstufungen erzeugen.

HINWEIS Verwenden Sie möglichst nur kurze Codefragmente, umfangreiche Berechnungen können die Ausführungsgeschwindigkeit des Reports stark beeinflussen.

An dieser Stelle könnten noch Dutzende weiterer Beispiele stehen, fast jede Eigenschaft der einzelnen Report-Elemente (Bereiche, Felder etc.) lässt sich über die bedingte Formatierung verändern.

Kreuztabellenberichte

Ein weiteres Feature des Crystal Reports sind die Kreuztabellenberichte, mit denen Sie große Datenmengen optisch sinnvoll gruppieren und auswerten (Anzahl, Summen, Mittelwerte etc.) können.

Gleich ein wichtiger Hinweis vorweg:

HINWEIS Unterstützt der dem Bericht zugrunde liegende Datenprovider SQL-Kreuztabellenabfragen, sollten Sie besser die SQL-Variante wählen und im Crystal Report die Daten als Standardbericht anzeigen. Dieser Weg ist schneller und ermöglicht Ihnen wesentlich bessere Darstellungs- und Formatierungsmöglichkeiten im Crystal Report.

Auswahl der Daten

Als Beispielanwendung für Kreuztabellen wollen wir uns die Umsätze der einzelnen Mitarbeiter nach Jahren ausgeben lassen.

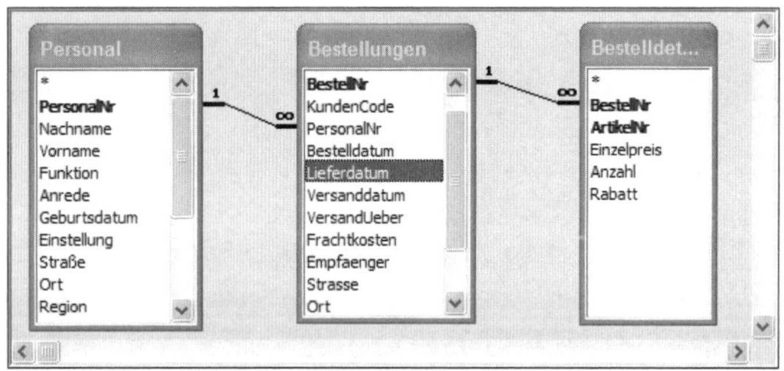

Abbildung 9.47 Die Tabellen für den Kreuztabellenbericht und deren Abhängigkeiten

Erster Schritt: Wir »komprimieren« zunächst die Daten mittels einer Abfrage:

```
SELECT
    Bestelldetails.Einzelpreis * Bestelldetails.Anzahl AS Summe,
    Personal.Nachname + ", " + Personal.Vorname AS Mitarbeiter,
    Year(Bestellungen.Bestelldatum) AS Jahr
FROM
    Personal INNER JOIN (Bestellungen INNER JOIN Bestelldetails
    ON Bestellungen.BestellNr = Bestelldetails.BestellNr)
    ON Personal.PersonalNr = Bestellungen.PersonalNr
```

Das Ergebnis der Abfrage: Die Summe pro Bestellzeile, der Name des Mitarbeiters und das Bestelljahr. Mit diesen Werten können wir wesentlich besser eine Kreuztabelle erstellen als mit einer Komplettabfrage über die drei Tabellen.

Kreuztabellen-Assistent

Die Vorgehensweise entspricht zunächst dem gewohnten Ablauf, wählen Sie jedoch im Berichtsassistenten die Kreuztabelle als Vorlage aus. Im folgenden Dialogfeld müssen Sie eine Datenbank- und Datensatzauswahl treffen. Hier wählen Sie die gerade erstellte Abfrage.

Der folgende Schritt entscheidet über das Aussehen der Kreuztabelle:

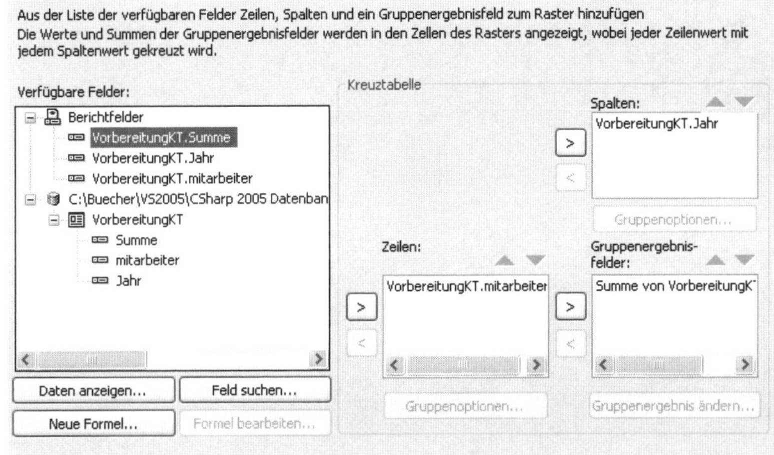

Abbildung 9.48 Zuordnen der Felder

Ziehen Sie einfach die Ergebnisfelder der SQL-Abfrage per Drag & Drop in die Zeilen bzw. Spaltenfelder, Gleiches gilt auch für das Gruppenergebnisfeld.

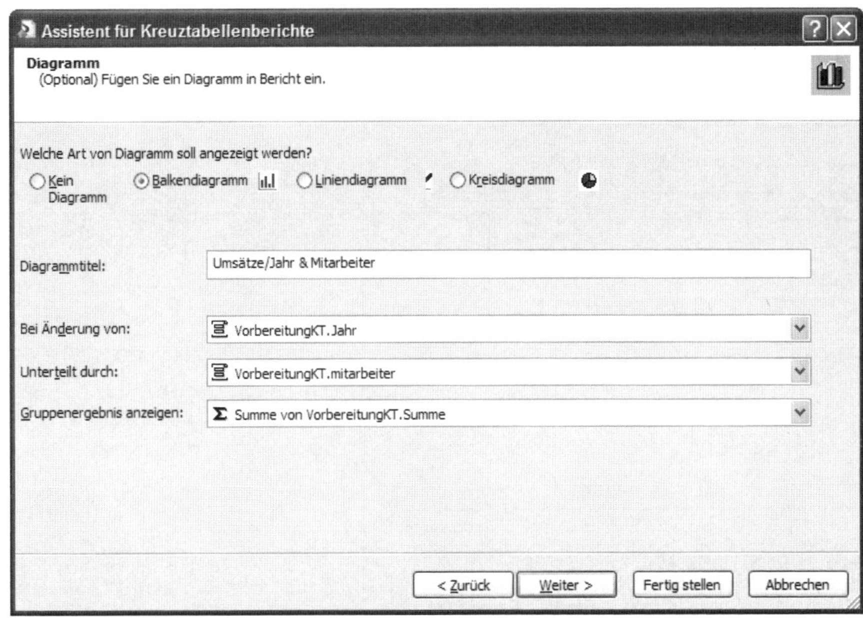

Abbildung 9.49 Zum Abschluss noch ein Diagramm einfügen

Nach dem Fertigstellen des Assistenten finden Sie folgenden Bericht im Designer vor:

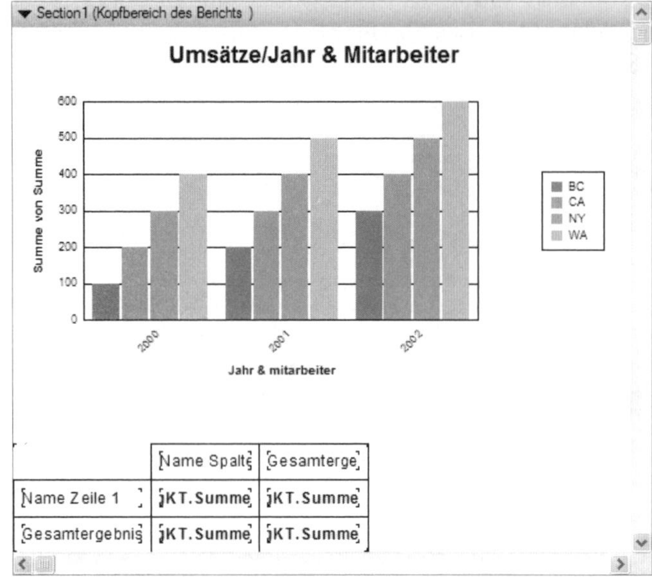

Abbildung 9.50 Entwurfsansicht

HINWEIS Die Kreuztabelle selbst ist ein eigenes Objekt, das Sie leider nur in begrenztem Maß (Rahmen, Schatten, Farben) jeweils mit eigenen Formeln konfigurieren können.

Der resultierende Bericht in der Druckvorschau:

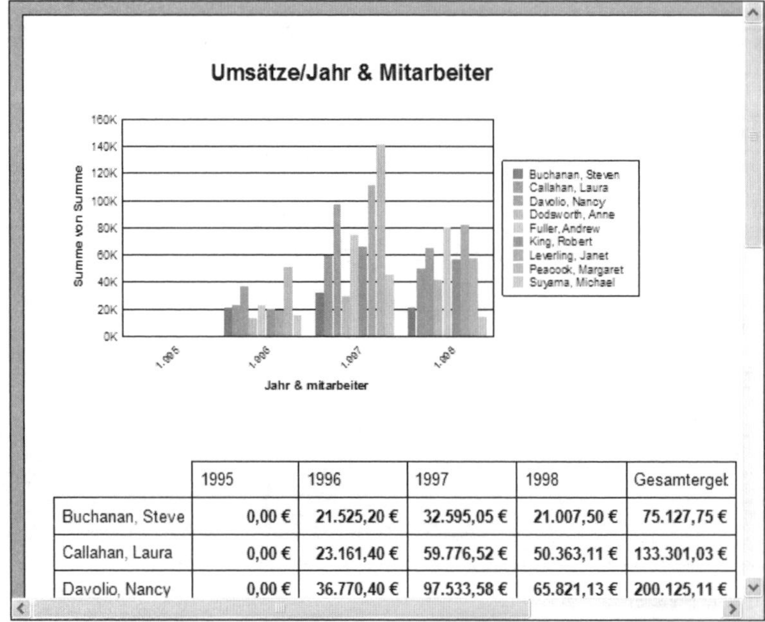

	1995	1996	1997	1998	Gesamtergel
Buchanan, Steve	0,00 €	21.525,20 €	32.595,05 €	21.007,50 €	75.127,75 €
Callahan, Laura	0,00 €	23.161,40 €	59.776,52 €	50.363,11 €	133.301,03 €
Davolio, Nancy	0,00 €	36.770,40 €	97.533,58 €	65.821,13 €	200.125,11 €

Abbildung 9.51 Laufzeitansicht

Unterberichte

Last but not least wollen wir noch einen Blick auf die Unterberichte werfen, mit denen Sie selbst umfangreichste Datenmengen sinnvoll gliedern und aufbereiten können.

Grundproblem vieler Reports ist die Darstellung komplexer Zusammenhänge. Nicht jede Abhängigkeit zwischen Tabellen lässt sich mit einem Report (einer Abfrage) und der darin enthaltenen Bänder-Struktur inklusive Gruppierungen abbilden. Genau für diesen Zweck wurden die Unterberichte entwickelt. Es handelt sich dabei im Grunde genommen um eigenständige Berichte, die über eine Beziehung zum Hauptreport verfügen können (aber nicht müssen). Ein Unterbericht wird in den Hauptbericht integriert, wobei sich zwei Varianten anbieten:

- Anzeige als reiner Hyperlink (der Unterbericht wird später als extra Bericht in einem eigenen Fenster angezeigt)
- Anzeige im Hauptbericht, die weiteren Bänder/Details des Hauptberichts werden um die Höhe des Unterberichts nach unten verschoben. Zusätzlich kann der Unterbericht auch per Hyperlink aufgerufen werden.

Eine Beispielanwendung soll das Grundprinzip verdeutlichen: Basierend auf einer Liste von Bestellungen (Hauptbericht) sollen jeweils die Bestelldetails (Unterbericht) angezeigt werden. Die erforderlichen Beziehungen zwischen den Tabellen stellt die folgende Abbildung noch einmal dar.

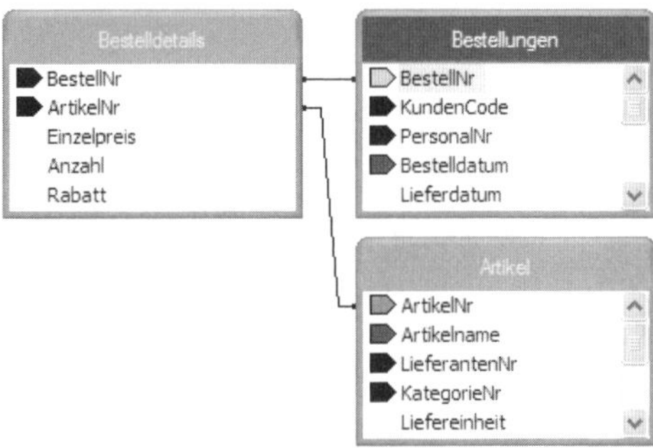

Abbildung 9.52 Datenbankdiagramm (relevanter Ausschnitt)

Hauptbericht entwerfen

Erstellen Sie zunächst den Hauptbericht wie es im vorhergehenden Abschnitt demonstriert wurde. Sie benötigen dazu lediglich die Tabelle *Bestellungen*.

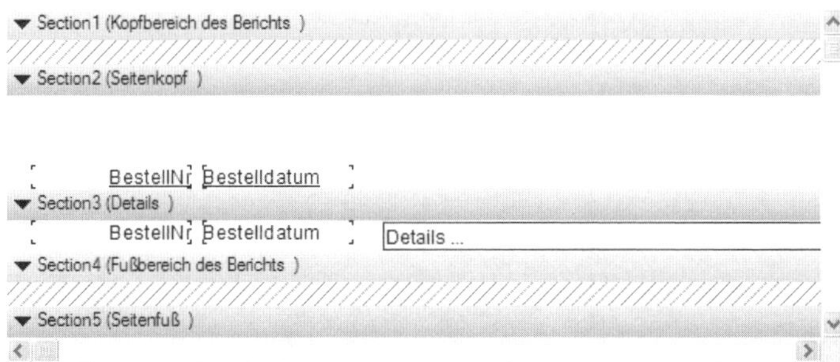

Abbildung 9.53 Hauptbericht mit bereits eingefügtem Unterbericht

Unterbericht

Ist der Hauptbericht erstellt, können Sie über das Kontextmenü oder die Crystal Report Symbolleiste einen Unterbericht erzeugen und in das gewünschte Band (in unserem Fall das Detailband) einfügen.

Drei Varianten bieten sich Ihnen nachfolgend im Assistenten an:

- Auswahl eines vorhanden Berichts aus dem Projekt
- Auswahl einer Reportdatei
- Erstellen eines neuen Reports per Berichts-Assistent

Wir entscheiden uns für die letztgenannte Möglichkeit (siehe folgende Abbildung).

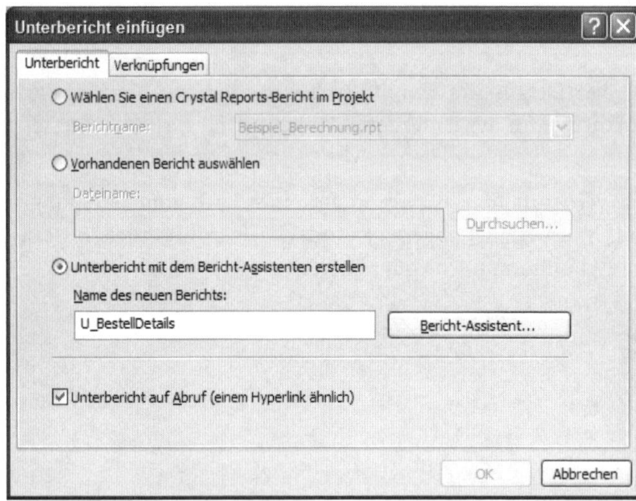

Abbildung 9.54 Einfügen eines Unterberichts

Schon beim Einfügen des Unterberichts können Sie auch die Verknüpfung zwischen beiden Berichten herstellen, indem Sie ein Feld des Hauptberichts mit einem Parameterfeld des Unterberichts verknüpfen:

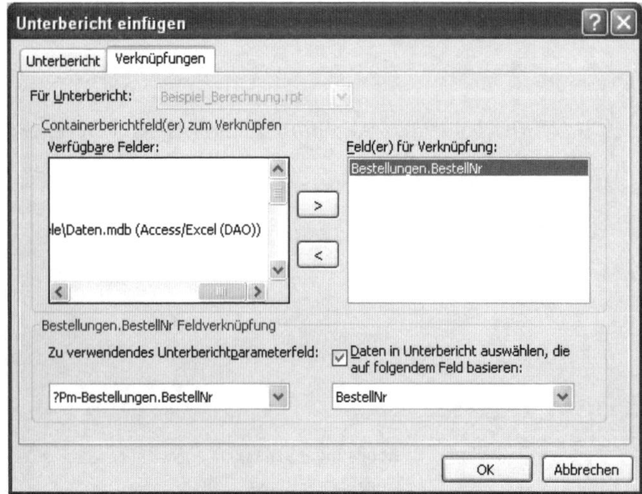

Abbildung 9.55 Den Zusammenhang zwischen Bericht und Unterbericht herstellen

Das Layout des Unterberichts dürfte Sie vor nicht allzu große Schwierigkeiten stellen:

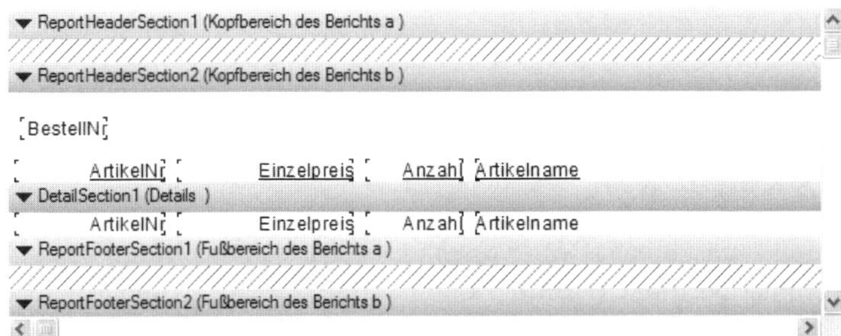

Abbildung 9.56 Der Unterbericht

Der *Artikelname* wird aus der Tabelle *Artikel* entnommen, die restlichen Informationen stammen aus der Tabelle *Bestelldetails.* Um den Zusammenhang zwischen Haupt- und Unterbericht brauchen Sie sich nicht weiter zu kümmern, dieser wurde bereits vom Unterberichts-Assistenten erzeugt.

Ob es sich beim Unterbericht um einen Hyperlink handelt, entscheiden Sie über die Option *Unterbericht auf Abruf* (Objekt formatieren).

Abbildung 9.57 Unterberichtsart festlegen

Die folgende Abbildung zeigt die Laufzeitansicht unseres Reports. Der Unterbericht wird direkt im Hauptbericht angezeigt, gleichzeitig kann per Hyperlink der Unterbericht als eigenes Fenster aufgerufen und zum Beispiel gedruckt werden.

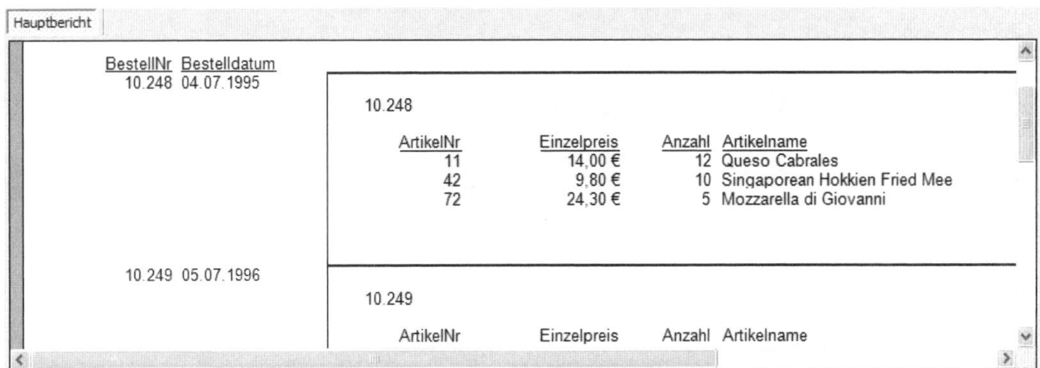

Abbildung 9.58 Der Report zur Laufzeit

Programmieren der Druckvorschau

Im Folgenden wollen wir uns zunächst der Präsentation der Berichte am Bildschirm zuwenden, bevor wir im folgenden Abschnitt endlich das Ganze auch zu Papier bringen.

Der CrystalReportViewer im Überblick

Im Entwurfsmodus präsentiert sich Ihnen die vollständige Druckvorschau als eigenständige Komponente, die wie jedes andere Steuerelement im Formular positioniert werden kann.

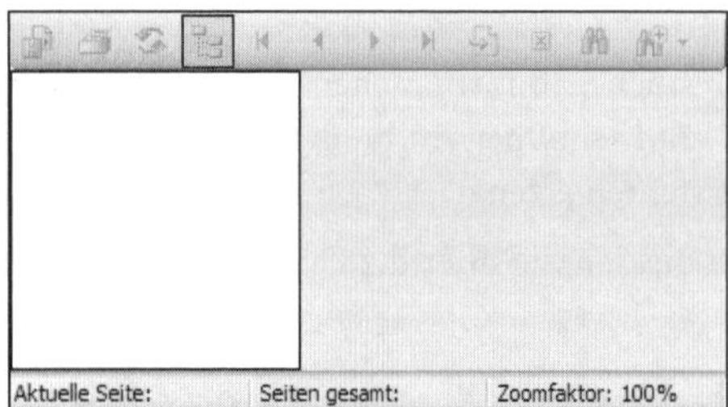

Abbildung 9.59 Der CrystalReportViewer zur Entwurfszeit

Vier wesentliche Bereiche lassen sich innerhalb der Komponente unterscheiden:

- *Toolbar* (Navigationstasten zwischen den Seiten, Drucken, Suchen, Exportieren etc.)
- *Statusbar* (Anzeige Seite/Seiten, Zoomfaktor)
- *GroupTree* (eine Baumansicht für die einfache Navigation in gruppierten Berichten)
- *Preview*-Bereich (die eigentliche Fläche für die Druckvorschau)

Je nach Wunsch können einzelne Elemente ausgeblendet oder durch eigene Komponenten ersetzt werden.

HINWEIS Möchten Sie die Komponente automatisch im gesamten Formular ausrichten, setzen Sie einfach die *Dock*-Eigenschaft auf *Fill*.

Wichtige Eigenschaften, Methoden und Ereignisse

Die folgende Tabelle listet die wichtigsten Eigenschaften der Druckvorschau auf:

Eigenschaft	Beschreibung
DisplayGroupTree	Anzeige des GroupTree (*True/False*)
DisplayToolbar	Anzeige der Symbolleiste (*True/False*)
EnableDrillDown	Zulassen eines Drilldowns im Bericht (*True/False*)
LogOnInfo	Lesen/Schreiben der *TableLogOnInfos*-Collection (mit dieser Eigenschaft können Sie zur Laufzeit Anmeldeinformationen (Name, Passwort, Datenbankpfad) an die neuen Gegebenheiten anpassen)
ParameterFieldInfo	Lesen/Schreiben der *Parameterfeld*-Collection

Tabelle 9.2 Wichtige Eigenschaften der *CrystalReportViewer*-Komponente

Eigenschaft	Beschreibung
ReportSource	Legt den darzustellenden Bericht fest (Sie können entweder einen Dateinamen oder auch ein instanziiertes *CrystalReport*-Objekt übergeben, siehe folgende Beispiele)
SelectionFormula	Lesen/Schreiben der Datensatzauswahlformel
ShowCloseButton *ShowExportButton* *ShowGotoPageButton* *ShowGroupTreeButton* *ShowPrintButton* *ShowRefreshButton* *ShowTextSearchButton* *ShowZoomButton*	Anzeige des jeweiligen Buttons in der Symbolleiste (*True/False*)

Tabelle 9.2 Wichtige Eigenschaften der *CrystalReportViewer*-Komponente *(Fortsetzung)*

BEISPIEL

Zuweisen eines Reports über den Dateinamen

```
CrystalReportViewer1.ReportSource = "C:\CrystalReport9.rpt"
```

BEISPIEL

Zuweisen eines Reports über ein eigenes Objekt

```
CrystalReportViewer1.ReportSource = New CrystalReport3()
```

Die meisten bereitgestellten Methoden entsprechen der Funktionalität der Toolbar:

Methode	Beschreibung
CloseView	Schließt eine Vorschauregisterkarte (siehe auch Unterberichte)
DrillDownOnGroup	Führt einen Gruppen-Drilldown aus
ExportReport	Exportiert den aktuellen Report
PrintReport	Druckt den aktuellen Report
RefreshReport	Aktualisiert den Report
GetCurrentPageNumber	Gibt die aktuelle Seitenzahl zurück
SearchForText	Sucht nach Text innerhalb des Reports ab der aktuellen Position. Sie können die Methode also auch mehrfach mit den gleichen Parametern aufrufen
ShowFirstPage, ShowLastPage *ShowNextPage,* *ShowPreviousPage* *ShowNthPage*	Navigieren zwischen den einzelnen Seiten
ShowGroupTree	Einblenden der Baumansicht
Zoom	Einstellen des Zoomfaktors

Tabelle 9.3 Wichtige Methoden der Druckvorschau-Komponente

Die Ereignisse der Druckvorschau dienen überwiegend als Rückmeldung für Nutzerereignisse (*Refresh*, *Navigate* etc.). Wir verzichten deshalb an dieser Stelle auf eine ausführliche Darstellung.

BEISPIEL

Suche nach »Müller«

```
Private Sub Button1_Click(ByVal sender As System.Object, ByVal e As System.EventArgs) _
                                                            Handles Button1.Click
   If Not CrystalReportViewer1.SearchForText("Müller") Then
      MessageBox.Show(Me, "Müller nicht gefunden", "Hinweis", MessageBoxButtons.OK, _
                                                       MessageBoxIcon.Exclamation)
   End If
End Sub
```

Direkte Ausgabe auf dem Drucker

Nach all den bisherigen Vorarbeiten sind wir endlich bei der eigentlichen Druckausgabe angekommen. Alle hier aufgeführten Verfahren lassen sich natürlich auch auf die Druckvorschau-Komponente anwenden, wenn es um den finalen Ausdruck geht. In beiden Fällen handelt es sich um das gleiche zugrunde liegende Objekt.

Die Lizenz zum Drucken

Dreh- und Angelpunkt ist die Methode *PrintToPrinter*, der Sie neben der Anzahl der Kopien auch die Sortierfolge sowie die Nummer der ersten und der letzten Seite übergeben müssen.

Die Syntax:

```
PrintToPrinter (ByVal nCopies As Integer, ByVal collated As Boolean, _
                                      ByVal startPageN As Integer, ByVal endPageN As Integer)
```

HINWEIS Legen Sie die Parameter *startPageN* und *endPageN* auf Null fest, um **alle** Seiten des Berichts zu drucken.

BEISPIEL

Drucken des Reports *Beispiel_Kreuztabelle* aus einem Visual Basic-Projekt.

```
Dim rp As New Beispiel_Kreuztabelle()
rp.PrintToPrinter(0, True, 0, 0)
```

Alternativ lösen Sie den Druckvorgang in der Druckvorschau über die Methode *PrintReport* aus:

```
CrystalReportViewer1.PrintReport()
```

Doch was wird eigentlich wohin gedruckt? Der folgende Abschnitt soll Klarheit schaffen.

Druckerauswahl und Konfiguration

Geht es um die Konfiguration und Auswahl des Druckers, ist das *PrintOptions*-Objekt die richtige Schaltstelle:

Eigenschaft	Beschreibung
PageMargins	Gibt die aktuell gesetzten Seitenränder zurück (siehe folgendes Beispiel)
PaperOrientation	Abfragen/Setzen der Seitenausrichtung (*DefaultPaperOrientation*, *Landscape*, *Portrait*)
PaperSize	Abfragen/Setzen der Papiergröße
PaperSource	Abfragen/Setzen der Papierquelle (Druckerschacht)
PrinterDuplex	Abfragen/Setzen der Optionen für Duplexdruck
PrinterName	Abfragen/Setzen des Druckernamens (wie Sie eine Liste der Drucker erzeugen und verwenden, zeigt das folgende Beispiel)

Tabelle 9.4 Wichtige Eigenschaften des *PrintOptions*-Objekts

BEISPIEL

Setzen der Seitenränder zur Laufzeit

```
Dim rep As New CrystalReport1()
Dim pm As PageMargins = rep.PrintOptions.PageMargins
With pm
   .bottomMargin = 350
   .leftMargin = 350
   .rightMargin = 350
   .topMargin = 350
End With
rep.PrintOptions.ApplyPageMargins(pm)
```

BEISPIEL

Druckerauswahl über eine *ComboBox* mit nachfolgendem Druck

```
Imports System.Drawing.Printing
...

Private Sub Form1_Load(ByVal sender As Object, ByVal e As System.EventArgs) Handles MyBase.Load
  Dim PrinterName As String
  Dim doc As New Drawing.Printing.PrintDocument()
```

Füllen der *ComboBox*:

```
  For Each Printername In Drawing.Printing.PrinterSettings.InstalledPrinters
     ComboBox1.Items.Add(PrinterName)
  Next
```

Auswahl des aktiven Druckers:

```
  ComboBox1.Text = doc.PrinterSettings.PrinterName
End Sub
```

Die Auswahl des Druckers:

```
Private Sub Button1_Click(ByVal sender As System.Object, ByVal e As System.EventArgs) _
                                                                Handles Button1.Click
  Dim rep As New CrystalReport1()
  rep.PrintOptions.PrinterName = ComboBox1.Text
  rep.PrintToPrinter(0, True, 0, 0)
End Sub
```

Drucken mit Druckerdialog

Möchten Sie den Standard-Druckdialog zur Druckerauswahl verwenden, fügen Sie einfach eine entsprechende Komponente in das Formular ein. Die Komponente benötigt jedoch in diesem Fall ein initialisiertes *PrinterSettings*-Objekt:

BEISPIEL

Verwendung des Druckdialogs

```
Imports System.Drawing.Printing
...
  Dim rep As New CrystalReport9()
  Dim ps As New PrinterSettings()
  ps.PrinterName = rep.PrintOptions.PrinterName
  PrintDialog1.PrinterSettings = ps
  If PrintDialog1.ShowDialog() = Windows.Forms.DialogResult.OK Then
     rep.PrintOptions.PrinterName = PrintDialog1.PrinterSettings.PrinterName
     rep.PrintToPrinter(0, True, 0, 0)
  End If
```

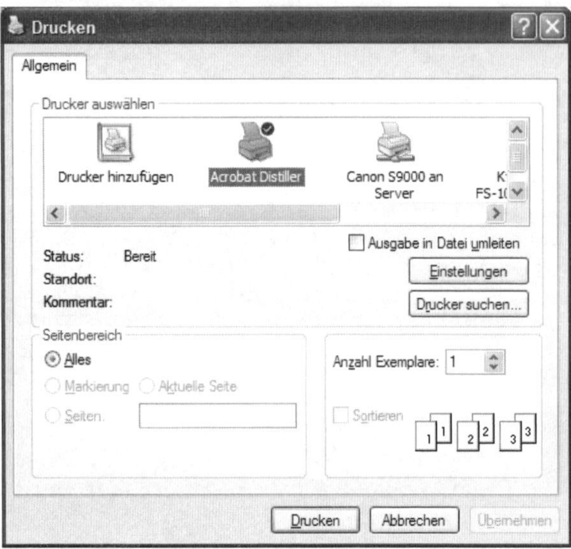

Abbildung 9.60 Der angezeigte Dialog

Exportieren von Reports

Dass Sie neben der reinen Druckausgabe auf Papier auch Daten exportieren können, dürfte Ihnen sicher nicht verborgen geblieben sein. Die eigentliche Ausgabe mit der Methode *Export* ist recht einfach, zumal die Methode keinerlei Parameter erwartet.

Doch halt! Wie lege ich eigentlich fest, was wohin und in welchem Format exportiert wird? Die Antwort findet sich im *ExportOptions*-Objekt, mit dem alle Parameter vorgegeben werden können.

Bestimmen des Exportformats

Das *ReportObjects*-Objekt kann direkt über das *ReportDefinition*-Objekt abgerufen werden, die einzelnen Eigenschaften dieses Objekts lassen sich der folgenden Tabelle entnehmen:

Eigenschaft	Beschreibung
ExportFormatType	Legt das Exportformat fest. Mögliche Werte: **Konstante** – **Beschreibung** *Excel* – Microsoft Excel-Datei *HTML32* – HTML-Datei im Format 3.2 *HTML40* – HTML-Datei im Format 4.0 *PortableDocFormat* – Adobe Acrobat PDF-Datei *RichText* – Rich Text Format (RTF)-Datei *WordForWindows* – Microsoft Word-Datei
ExportDestinationType	Legt das grundsätzliche Exportziel fest: **Konstante** – **Beschreibung** *DiskFile* – Speichern als Datei *ExchangeFolder* – Speichern in Exchange-Ordner *MicrosoftMail* – Speichern als Microsoft Mail (MAPI)
DestinationOptions	Legt die eigentlichen Exportoptionen abhängig von *ExportDestinationType* fest (mehr dazu in der folgenden Tabelle)
FormatOptions	Je nach *ExportFormatType* können hier spezielle Formatoptionen angegeben werden

Tabelle 9.5 Eigenschaften des *ReportObjects*

Wie Sie sehen, gestaltet sich der Export doch etwas aufwändiger als zunächst gedacht, was auch auf die Verschiedenartigkeit der jeweiligen Exportziele zurückzuführen ist. So müssen Sie der *ExportDestinationType*-Eigenschaft unter anderem eines der folgenden Objekte übergeben.

Objekt	Eigenschaften
DiskFileDestinationOptions	*DiskFileName*
ExchangeFolderDestinationOptions	*DestinationType, FolderPath, Password, Profile*
MicrosoftMailDestinationOptions	*MailCCList, MailMessage, MailSubject, MailToList, Password, UserName*

Tabelle 9.6 Objekte für den Export

Bevor Sie jetzt verzweifeln, sollen einige Beispiele für mehr Klarheit sorgen.

Export als Datei

BEISPIEL

Exportieren eines Berichts im RTF-Format in die Datei *c:\test.rtf*

```
Imports CrystalDecisions.Shared
...

Dim rep As New CrystalReport1()
Dim Options As New DiskFileDestinationOptions()

  Options.DiskFileName = "c:\test.rtf"
  With rep.ExportOptions
     .ExportFormatType = ExportFormatType.RichText
     .ExportDestinationType = ExportDestinationType.DiskFile
     .DestinationOptions = Options
  End With
  rep.Export()
```

Was läuft hier ab?

- Zunächst instanziieren wir den gewünschten Bericht.
- Anschließend erzeugen wir ein neues *DiskFileDestinationOptions*-Objekt, das für die Optionen beim Datei-Export zuständig ist. Einzige Eigenschaft dieses Objekts ist *DiskFileName*, d.h. das Ausgabeziel.
- Im dritten Schritt legen wir das Exportformat (RTF) sowie den Exporttyp (Datei) fest und weisen das *DiskFileDestinationOptions*-Objekt zu. Zum Schluss bleibt nur noch der Aufruf der Methode *Export*.

Das Resultat (in Microsoft Word angezeigt, die Texte werden mit Positionsrahmen ausgerichtet):

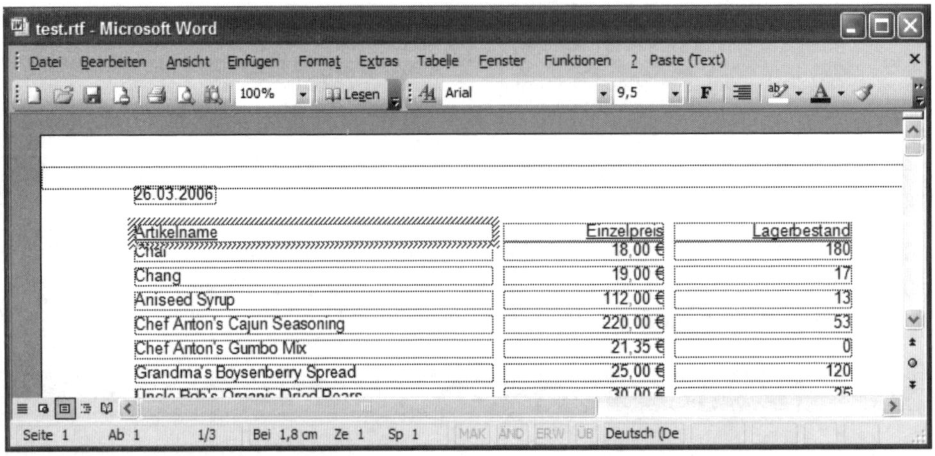

Abbildung 9.61 Exportierter Report in Microsoft Word

Export als E-Mail

Auch bei einem Export als E-Mail handelt es sich zunächst um einen Dateiexport, da der eigentliche Bericht lediglich als Mail-Anhang fungiert.

BEISPIEL

Export im PDF-Format über Microsoft Outlook

```
Imports CrystalDecisions.Shared
...
Dim rep As New CrystalReport1()
Dim Options As New MicrosoftMailDestinationOptions()
```

Zunächst alle Einstellungen (Adressat, Betreffzeile, Mailinhalt) für die E-Mail selbst setzen:

```
Options.MailToList = "autoren@doko-buch.de"
Options.MailMessage = "Hallo," & Chr(10) & "anbei die neuesten Umsatzdaten!"
Options.MailSubject = "Aktuelle Umsatzdaten"
```

Jetzt das Exportformat (PDF) und das Exportziel bestimmen:

```
With rep.ExportOptions
    .ExportFormatType = ExportFormatType.PortableDocFormat
    .ExportDestinationType = ExportDestinationType.MicrosoftMail
    .DestinationOptions = Options
End With
rep.Export()
```

Nach einer Sicherheitsabfrage von Outlook …

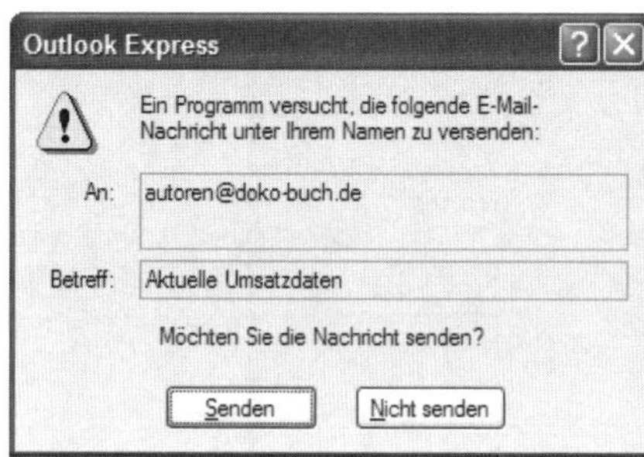

Abbildung 9.62 Sicherheitsabfrage von Outlook

… wird die Mail automatisch verschickt:

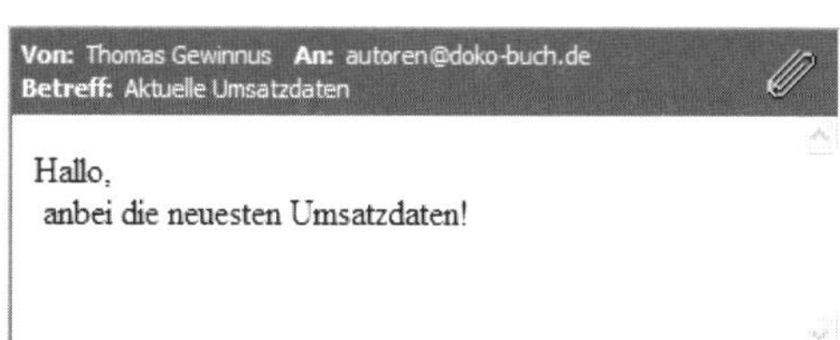

Abbildung 9.63 Report als Anhang der E-Mail

Praxisbeispiel – Rechnung mit Crystal Report drucken

Nachdem wir im vorliegenden Kapitel lang und breit über das Erstellen von Berichten schwadroniert haben, wollen wir das Ganze auch einmal in der Praxis testen. Was liegt bei unserer bisher verwendeten Datenbank näher als der Versuch, eine komplette Rechnung zu drucken?

Datenbasis anpassen

Als Datenquelle für den Report verwenden wir nicht die Direktverbindung zur Datenbank (über OleDb-Treiber), obwohl dies der einfachste und schnellste Weg wäre.

Ganz im Sinn der .NET-Philosophie wollen wir den Report an ein typisiertes *DataSet* »anklemmen«. Der Vorteil: Woher die Daten aus dem *DataSet* stammen kann uns hier egal sein, auch ein Webdienst könnte diese per Methodenaufruf liefern.

Wer jetzt der abwegigen Idee verfällt, die Datenbankstruktur im DataSet abzubilden und die aus vier Tabellen bestehenden Rechnungsdaten (*Artikel*, *Bestellungen*, *Bestelldetails*, *Kunden*) im Report zu verwenden, der sollte dieses Szenario unter den realen Bedingungen einer Firma (Tausende Datensätze je Tabelle!) noch einmal überdenken. Schon mit den mitgelieferten Datensätzen der Beispieldatenbank dauert das Anzeigen eines so erstellten Berichts zirka 4-5 Minuten, ein Wert, der wohl niemals praxistauglich sein wird.

Was liegt also näher, als schon vor dem DataSet die Daten auf ein praxistaugliches Maß zu reduzieren? Für unsere Access-Datenbank bedeutet dies eine Abfrage, auf dem SQL Server nutzen Sie eine View oder eine Stored Procedure.

Erstellen Sie also zunächst unter Microsoft Access eine neue Abfrage gemäß folgender Abbildung:

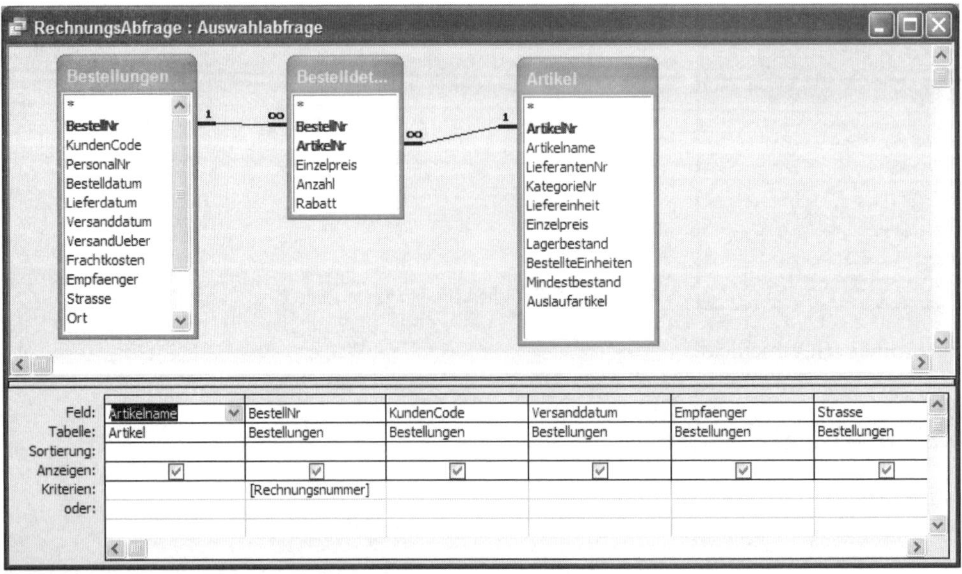

Abbildung 9.64 Abfrage in Access erzeugen

Die zugehörige SQL-Anweisung zeigt noch einmal das Auswahlkriterium:

```
SELECT
   Artikel.Artikelname,
   Bestellungen.BestellNr,
   Bestellungen.KundenCode,
   Bestellungen.Versanddatum,
   Bestellungen.Empfaenger,
   Bestellungen.Strasse,
   Bestellungen.Ort,
   Bestellungen.PLZ,
   Bestelldetails.ArtikelNr,
   Bestelldetails.Einzelpreis,
   Bestelldetails.Anzahl
FROM
   Bestellungen INNER JOIN (Artikel INNER JOIN Bestelldetails
       ON Artikel.ArtikelNr = Bestelldetails.ArtikelNr)
       ON Bestellungen.BestellNr = Bestelldetails.BestellNr
WHERE
   Bestellungen.BestellNr=[Rechnungsnummer]
```

HINWEIS Parameter für obige Abfrage ist die zu druckende Rechnung (*BestellNr*).

In Ihrem Visual Studio-Projekt können Sie jetzt eine neue Datenverbindung zur Access-Datenbank erstellen. Fügen Sie ein DataSet in Ihr Projekt ein und kopieren Sie die Abfrage aus der Datenbank per Drag & Drop in das DataSet. Automatisch werden eine entsprechende *DataTable* und ein dazugehöriger *TableAdapter* erzeugt:

Abbildung 9.65 Das neu erstellte DataSet

Wie Sie sehen verfügt die *Fill*-Methode des *TableAdapters* bereits über einen Parameter, es handelt sich um die Nummer der zu druckenden Rechnung.

Neben dieser Information werden Sie zur Laufzeit auch noch die Liste der verfügbaren Bestellnummern benötigen. Nichts liegt also näher, als diese ebenfalls im DataSet abzulegen (*Einfügen/TableAdapter*):

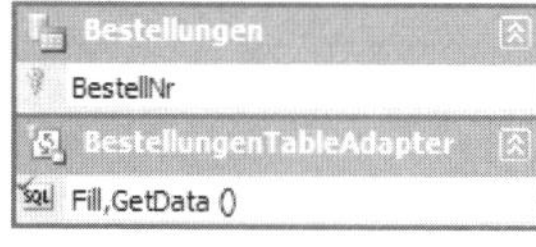

Abbildung 9.66 Zusätzliche *DataTable* mit den Bestellnummern

HINWEIS Alternativ können Sie auch einen *TableAdapter* in das *DataSet* einfügen und die SQL-Abfrage für die Auswahl der Datensätze von diesem verarbeiten lassen. Zwar sind Sie auf diese Weise etwas flexibler, der Nachteil ist aber eine Manipulationsmöglichkeit auf Seiten des Clients. Wird hingegen nur eine Abfrage/View eingebunden, kann per Rechteverwaltung der direkte Zugriff auf die Tabellen gesperrt werden.

Report erzeugen

Über den Menübefehl *Projekt/Neues Element hinzufügen* fügen Sie dem Projekt einen *Crystal Report* hinzu. Nachfolgend können Sie sich – wie bereits im vorliegenden Kapitel beschrieben – mit dem Assistenten herumschlagen oder Sie wählen gleich die manuelle Variante, da der Assistent mit unserer Abfrage kaum einen sinnvollen Bericht erstellen wird.

Festlegen der Datenquelle

Im ersten Schritt wählen Sie die Datenquelle für Ihren neuen Report über den Feld-Explorer (Datenbankfelder/Datenbank-Assistent). Wir binden die Daten direkt an unser bereits bestehendes typisiertes DataSet, die Auswahl der richtigen *DataTable* wird Ihnen bei nur zwei enthaltenen *DataTable*s wohl nicht schwerfallen:

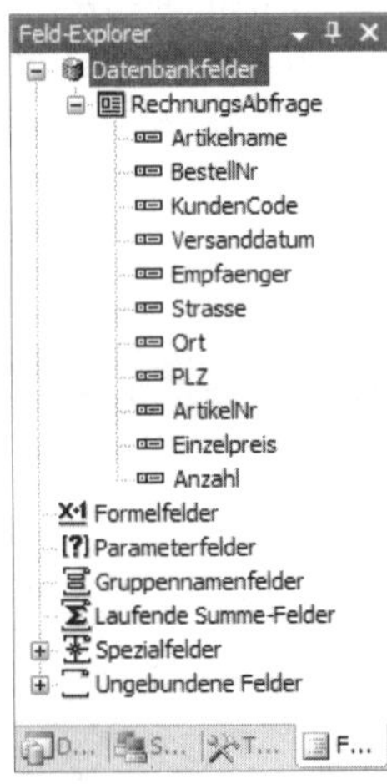

Abbildung 9.67 Die eingebundene Abfrage/DataTable

Um das Anpassen von Relationen etc. brauchen wir uns nicht mehr kümmern, die gute Vorarbeit bei der Datensatzauswahl nimmt uns hier die Arbeit ab.

Berechnungen im Report durchführen

Für unsere Rechnung benötigen wir neben den von der Abfrage gelieferten Daten noch eine Zeilensumme, die Gesamtnettosumme sowie die finale Bruttosumme, d.h. den eigentlichen Rechnungsbetrag.

HINWEIS Aus Vereinfachungsgründen gehen wir davon aus, dass es sich bei allen Rechnungspositionen um Nettowerte handelt und eine einheitliche Mehrwertsteuer von 7% (Lebensmittel) anfällt.

Zeilensumme

Die Berechnung der Zeilensumme erfolgt mit Hilfe eines neu zu erstellenden Formelfeldes und folgender Formel:

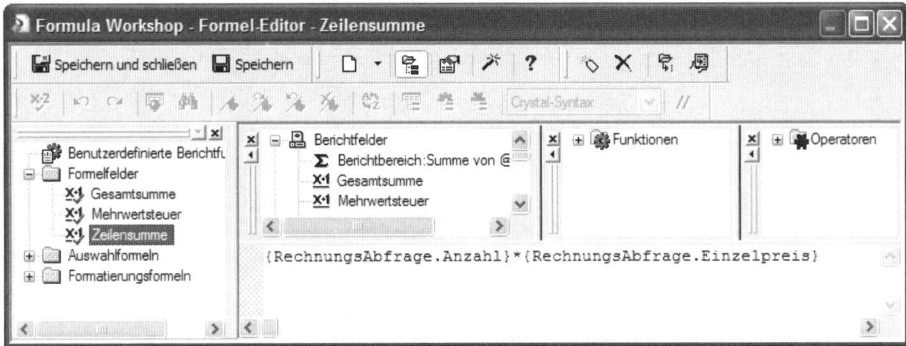

Abbildung 9.68 Berechnung der Zeilensumme

Nettosumme

Zur Berechnung der Nettosumme/Mehrwertsteuer/Bruttosumme nutzen wir ebenfalls Formelfelder:

Nettosumme:

```
Sum({@Zeilensumme})
```

Mehrwertsteuer:

```
Sum ({@Zeilensumme}) * 0.07
```

Bruttosumme:

```
Sum ({@Zeilensumme}) * 1.07
```

Auswahl der gewünschten Datensätze

Da unser *DataSet* nur noch die Datensätze für eine Bestellnummer (das ist der Parameter beim *Fill*) enthält, brauchen wir uns um eine Datensatzauswahl an dieser Stelle nicht mehr zu kümmern, die Parameterübergabe an den Report war ja auch nicht unbedingt optimal gelöst.

Reportdesign

Welche Felder in welche Bereiche des Reports eingefügt werden müssen, zeigt die folgende Abbildung. Beachten Sie, dass Sie zunächst den Berichtskopf sowie den Berichtsfuß für die Anzeige aktivieren müssen (Kontextmenü, Befehl *Bereichs-Assistent*, Häkchen bei *Unterdrücken* entfernen).

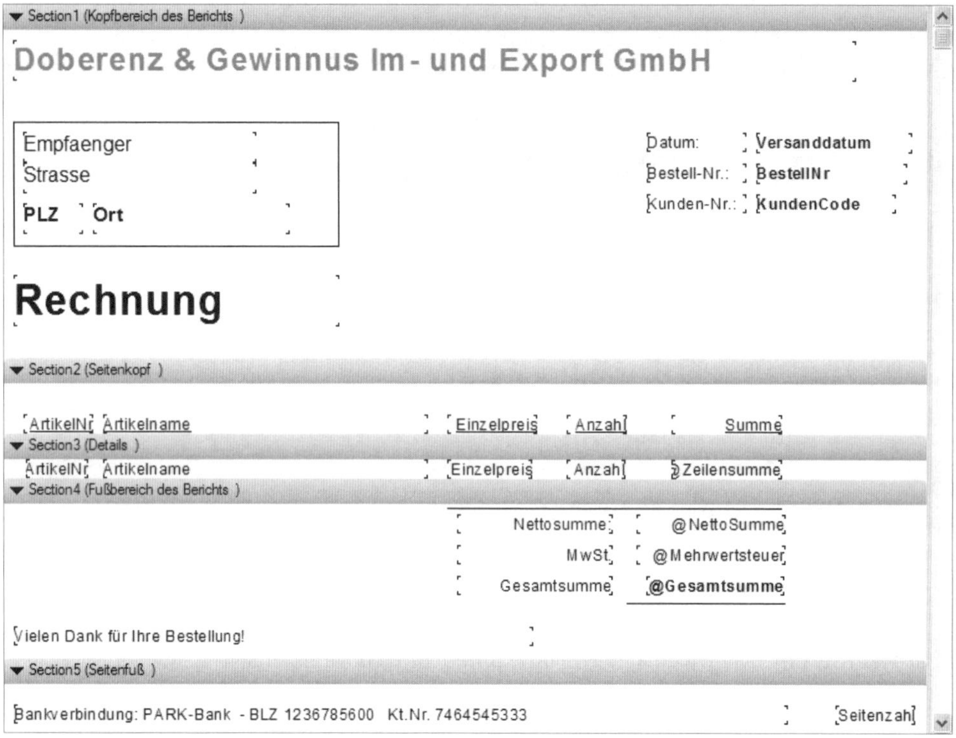

Abbildung 9.69 Entwurfsansicht

Alle Daten, die nur auf der ersten Seite erscheinen sollen, platzieren Sie bitte im Kopfbereich des Berichts. Dies betrifft in unserem Fall die gesamte Anschrift, das Versanddatum, die Kundennummer und die Bestellnummer.

HINWEIS Für die reinen Beschriftungen im Kopfbereich bzw. im Seitenfuß nutzen Sie Textobjekte aus der Toolbox (Rubrik »Crystal Reports«). Gleiches trifft auf die verwendeten Linien zu.

Formatieren der Anzeigedaten

Neben der Ausrichtung der Daten (links-/rechtsbündig), die Sie über die Symbolleiste vornehmen können, müssen wir uns noch um zwei Problemfälle kümmern:

- Datumsfelder
- Währungsfelder

Das Anpassen der Währungsfelder erfolgt über das Kontextmenü der jeweiligen Felder. Über den Menübefehl *Objekt formatieren* aktivieren Sie auf der Registerkarte *Zahl* die Anzeige des Währungssymbols und wählen den benutzerdefinierten Stil. Hier können Sie die Position des Währungszeichens sowie die Zahlformatierung frei festlegen.

Gleiches trifft auf das Datumsfeld zu, nur dass Sie jetzt eine sinnvolle Datumsformatierung aus der angebotenen Liste auswählen (siehe folgende Abbildung).

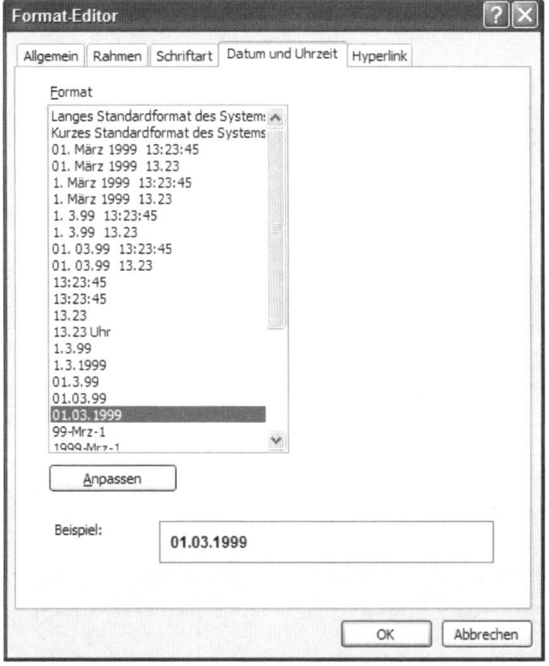

Abbildung 9.70 Formatierung Datumsfeld

Druckvorschaufenster entwerfen

Erzeugen Sie ein neues Formular und platzieren Sie darin eine *CrystalReportViewer*-Komponente zwecks Druckvorschau. Zusätzlich fügen Sie noch ein *ToolStrip*-Control ein, dem Sie eine *ToolStripComboBox* spendieren. Über diese *ComboBox* wollen wir später die verfügbaren Bestellnummern anzeigen und damit die zu druckende Rechnung auswählen.

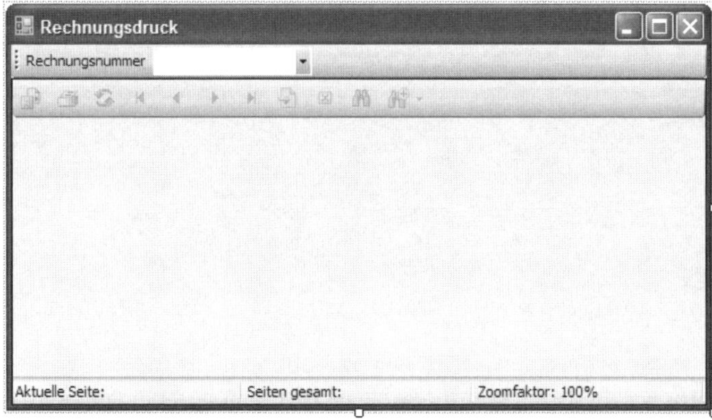

Abbildung 9.71 Anzeigeformular in der Entwurfsansicht

Richten Sie den *CrystalReportViewer* mit Hilfe der *Dock*-Eigenschaft im Formular aus. Die standardmäßig angezeigte Baumansicht auf der linken Seite können Sie über die Eigenschaft *DisplayGroupTree* ausblenden (*False*).

Zuweisen der Daten und Übergabe der Parameter

Für das Formular definieren wir uns zunächst einige Objekte:

```
Public Class Rechnungsdruck
```

Instanz des *DataSets*:

```
    Private myFirma As New Daten2()
```

Instanz des Reports (dieser ist eingelagert):

```
    Private rp As New RechnungV2()
```

Instanzen der *TableAdapter*:

```
    Private taRech As Daten2TableAdapters.RechnungsAbfrageTableAdapter
    Private taBestellungen As Daten2TableAdapters.BestellungenTableAdapter
```

Mit dem Öffnen des Formulars beginnt die Arbeit:

```
    Private Sub Rechnungsdruck_Load(ByVal sender As System.Object, ByVal e As System.EventArgs) _
                                                                        Handles MyBase.Load
```

TableAdapter erzeugen und *DataSet* füllen:

```
        taRech = New Daten2TableAdapters.RechnungsAbfrageTableAdapter()
        taBestellungen = New Daten2TableAdapters.BestellungenTableAdapter()
        taBestellungen.Fill(myFirma.Bestellungen)
```

Die *ToolStripComboBox* an die Table *Bestellungen* binden:

```
        ToolStripComboBox1.ComboBox.DataSource = myFirma.Bestellungen
        ToolStripComboBox1.ComboBox.DisplayMember = "Bestellnr"
```

Die ersten Rechnungsdaten abrufen:

```
        taRech.Fill(myFirma.RechnungsAbfrage, CType(ToolStripComboBox1.SelectedItem, _
                                                                 DataRowView).Row(0))
```

Report mit seiner Datenquelle verbinden:

```
        rp.SetDataSource(myFirma)
```

Dem Reportviewer den Report zuordnen:

```
        CrystalReportViewer1.ReportSource = rp
    End Sub
```

Nach diesen Anweisungen ist bereits der erste Report geladen. Doch wir müssen noch auf die Auswahl in der *ToolStripComboBox* reagieren. Dazu nutzen wir das *SelectedIndexChanged*-Ereignis. Hier genügt es, wenn wir das DataSet mit neuen Daten füllen und den ReportViewer zu einer Aktualisierung ermutigen.

```
    Private Sub ToolStripComboBox1_SelectedIndexChanged(ByVal sender As Object, _
                            ByVal e As EventArgs) Handles ToolStripComboBox1.SelectedIndexChanged
```

```
        taRech.Fill(myFirma.RechnungsAbfrage, CType(ToolStripComboBox1.SelectedItem, _
                                                                     DataRowView).Row(0))
        CrystalReportViewer1.RefreshReport()
    End Sub
End Class
```

Die fertige Rechnung

Das Endergebnis dürfte Sie für alle Mühen entschädigen:

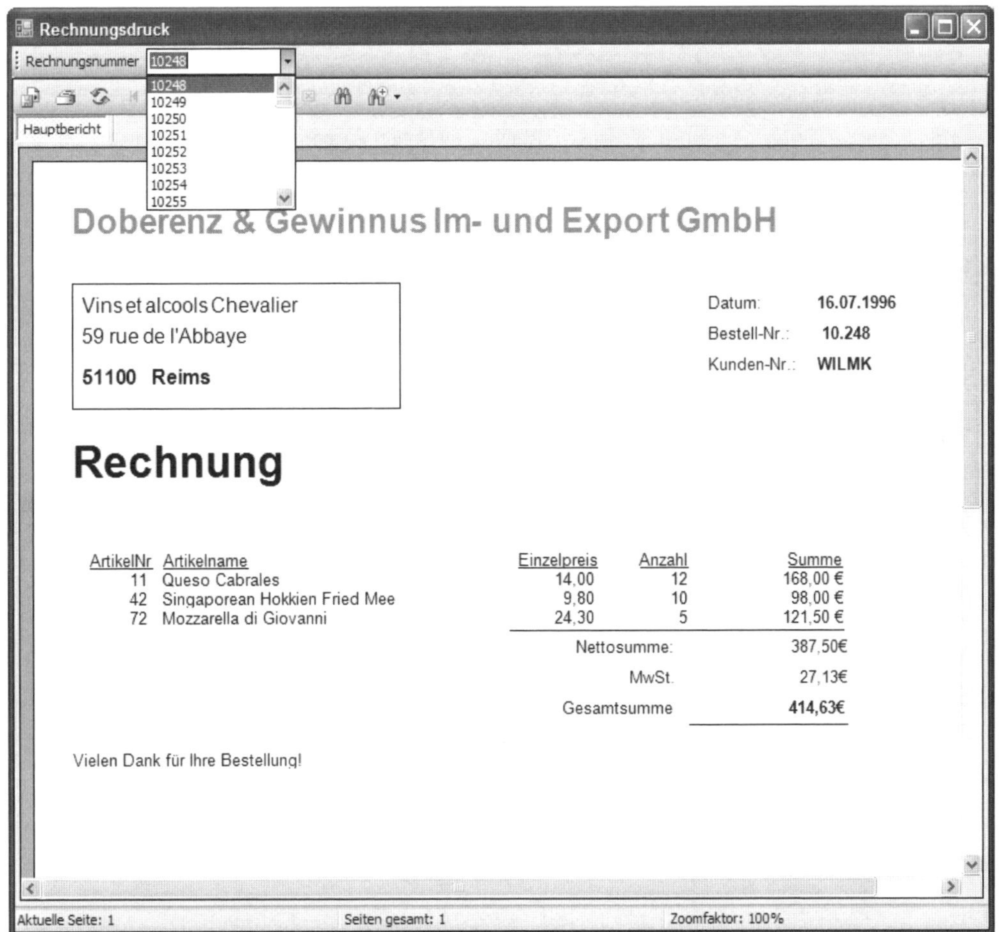

Abbildung 9.72 Laufzeitansicht des Reports

Tipps & Tricks

Ein Deckblatt erzeugen

Setzen Sie dazu die Berichtskopf-Eigenschaft *NewPageAfter* auf *True*.

HINWEIS Sie müssen auf den Kopf des Bereichs klicken, danach können Sie die Eigenschaften über das Eigenschaften-Fenster editieren. Über das Kontextmenü *Bereich formatieren* steht die Eigenschaft *NewPageAfter* nicht zur Verfügung.

Auf diese Weise wird auf dem ersten Blatt des Reports lediglich der Inhalt des Berichtskopfs wiedergegeben. Die Seite 2 fängt regulär mit dem Seitenkopf an. Gegebenenfalls können Sie auch die Seitenzahl mit der Eigenschaft *ResetPageNumberAfter* zurücksetzen.

HINWEIS Alternativ können Sie auch über den Bereichs-Assistenten die Option »Danach neue Seite« aktivieren. Optional lässt sich jetzt auch eine Formel zuweisen, d.h., Sie können den Seitenvorschub mit Bedingungen versehen.

Seitenzahlen, Druckdatum etc. einblenden

Verwenden Sie die Spezialfelder des Berichts:

- Seitenzahl-Feld
- Gesamtseitenanzahl-Feld
- Datensatznummer-Feld
- Gruppennummer-Feld
- Druckdatum-Feld
- Druckzeit-Feld
- Datendatum-Feld
- Datenzeit-Feld
- Datum der letzten Änderung
- Uhrzeit der letzten Änderung
- Berichtstitel
- Berichtkommentar

Spaltensatz oder Etiketten

Auch dieses Feature ist mit dem Crystal Report kein Problem, erstellen Sie einfach einen neuen Report und wählen Sie den Assistenten für Etiketten:

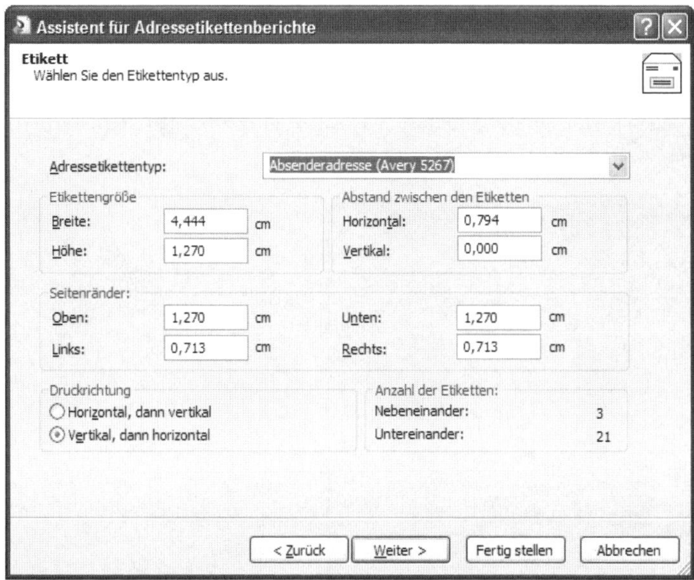

Abbildung 9.73 Report für Etiketten

Die Seitenränder festlegen

Verwenden Sie das Designer-Kontextmenü: *Entwurf/Seite einrichten*. Im folgenden Dialogfeld lassen sich alle Seitenränder in Zentimetern festlegen:

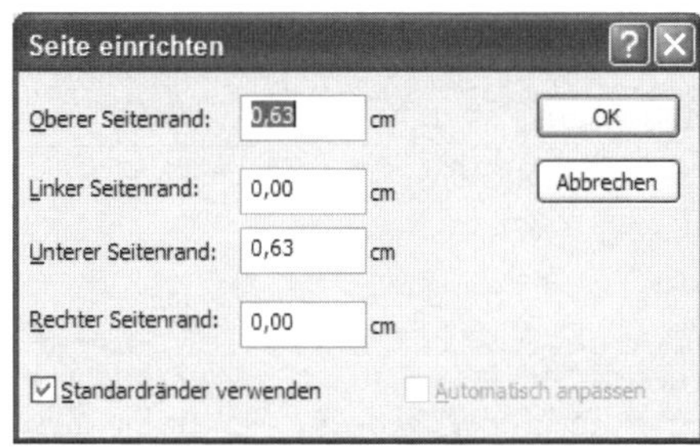

Abbildung 9.74 Seitenränder festlegen

BEISPIEL

Alternativ können Sie die Seitenränder auch zur Laufzeit festlegen

```
Dim rep As New CrystalReport1()
Dim pm As PageMargins = rep.PrintOptions.PageMargins
With pm
    .BottomMargin = 350
    .LeftMargin = 350
    .RightMargin = 350
    .TopMargin = 350
End With
rep.PrintOptions.ApplyPageMargins(pm)
```

Mehrspaltige Reports

Öffnen Sie den Bereichs-Assistenten und wählen Sie in der linken Liste den Detail-Bereich aus. Unter *Allgemein* können Sie jetzt die Option »Mehrspaltig formatieren« aktivieren. Das neu eingeblendete Registerblatt »Anlage« bietet Ihnen die Möglichkeit, die Spaltenbreite festzulegen.

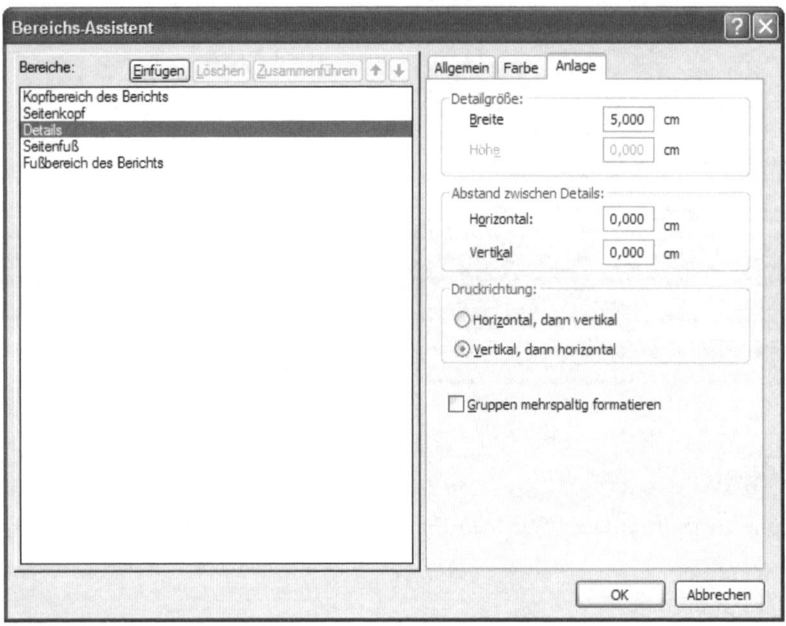

Abbildung 9.75 Festlegen der Spaltenbreite im Bereichs-Assistenten

Zusätzlich lässt sich auch die Druckrichtung bestimmen.

Einen Seitenumbruch erzwingen

Alle Berichtsabschnitte verfügen über die Eigenschaften *NewPageAfter* und *NewPageBefore*. Setzen Sie diese je nach Bedarf auf *True* oder *False*.

Seitenumbrüche bieten sich insbesondere bei Gruppierungen an, wo jede Gruppe auf einer eigenen Seite platziert werden soll.

HINWEIS Beachten Sie, dass nicht jede Option in jedem Abschnitt sinnvoll ist. Ein Seitenumbruch nach dem Seitenkopf würde ein Dokument mit unendlich vielen Seiten erzeugen!

Die Position und Größe der Druckvorschau vorgeben

Im Einklang mit der Philosophie der *CrystalReportViewer*-Komponente handelt es sich bei der Vorschau um ein ganz normales Visual Basic-Formular, das Sie bequem über *Location* positionieren können.

Einbetten des Reports in die Applikation

Irgendwann kommt der Tag, an dem Sie sich als Entwickler von Ihren Reports bzw. Ihrer Anwendung trennen müssen. Sinnvollerweise möchten Sie natürlich auch die Reports mitgeben, doch wo müssen Sie diese beim Kunden platzieren bzw. welche weiteren Dateien werden benötigt?

Bevor Sie jetzt lange darüber nachgrübeln, wie Sie zur Laufzeit die Pfade zu den Report-Dateien anpassen, sollten Sie einen Blick auf die Eigenschaften des Reports werfen (siehe folgende Abbildung).

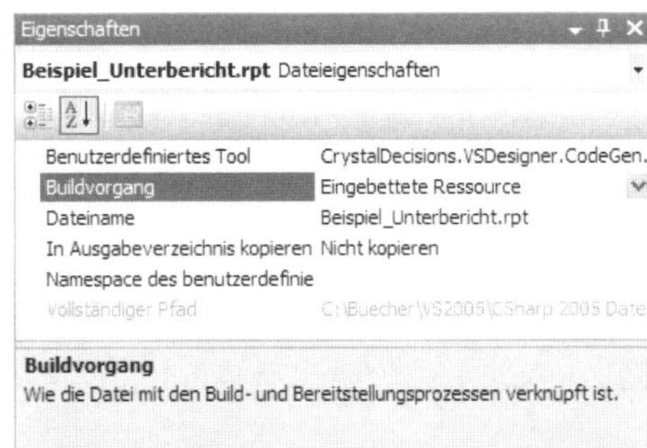

Abbildung 9.76 Report-Eigenschaften

Ganz nebenbei finden Sie dort auch die Eigenschaft *Buildaktion*, die darüber entscheidet, ob ein Report in die EXE-Datei eingebettet (Default) oder als externe Datei verwaltet wird. Im ersten Fall brauchen Sie die RPT-Datei nicht in das Setup aufzunehmen, müssen jedoch beim Verwenden des Reports den Weg über eine Instanz der Report-Klasse gehen.

BEISPIEL

Anzeige eines eingebetteten Reports in der Druckvorschau

```
Dim rep As New CrystalReport1()
CrystalReportViewer1.ReportSource = rep
```

Sollte es sich um eine externe Datei handeln, müssen Sie der Eigenschaft *ReportSource* den vollständigen Dateinamen übergeben, der sich beim Kunden natürlich auch ändern kann.

```
CrystalReportViewer1.ReportSource = "c:\Testanwendung\Report1.rpt"
```

Querdruck auswählen

Verwenden Sie das Designer-Kontextmenü: *Entwurf/Druckereinrichtung*, um die Papierausrichtung festzulegen.

Ausgabe von RTF-/HTML-Text

Über das Kontextmenü *Objekt formatieren* von Memo- oder Textfeldern erhalten Sie Zugriff auf das folgende Dialogfeld, über das Sie die Interpretation des enthaltenen Textes bzw. der Formatanweisungen durch die Report-Engine steuern können:

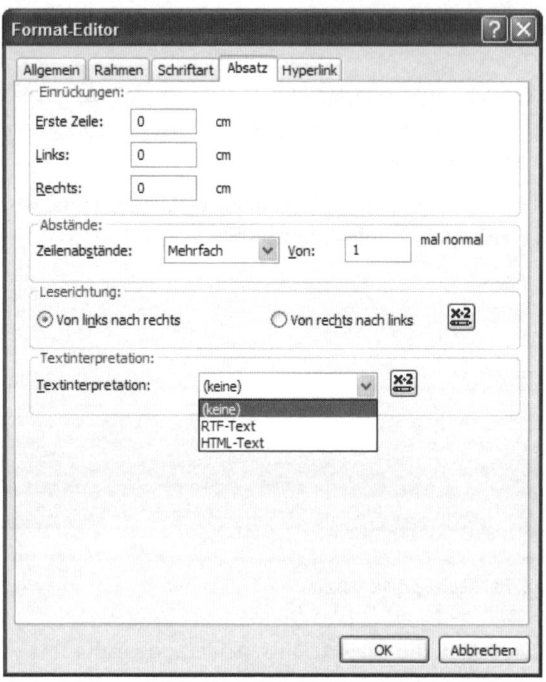

Abbildung 9.77 Optionen für die Ausgabe von Memofeldern

Reportauswahl zur Laufzeit

BEISPIEL

Möchten Sie einen Report (RPT-Datei) zur Laufzeit mittels Dateidialog laden, können Sie wie folgt vorgehen:

```
Private Sub Button2_Click(ByVal sender As System.Object, ByVal e As System.EventArgs) _
                                                                        Handles Button2.Click

        Dim fdlg As New OpenFileDialog()
        fdlg.Title = "Wählen Sie einen Bericht ..."
        fdlg.Filter = "Berichte (*.rpt)|*.rpt"
        fdlg.InitialDirectory = "C:\"
        If fdlg.ShowDialog() = Windows.Forms.DialogResult.OK Then
            Me.Cursor = Cursors.WaitCursor
            CrystalReportViewer1.ReportSource = fdlg.FileName
            Me.Cursor = Cursors.Default
        End If
End Sub
```

Summe, Anzahl, Mittelwerte etc. berechnen

Grundsätzlich müssen Sie zwei Fälle unterscheiden:

- Berechnungen über mehrere Datensätze (Berechnungen in Spalten)
- Berechnungen innerhalb eines Datensatzes (Berechnungen in Zeilen)

Variante 1 (Berechnungen in Spalten)

Markieren Sie den gewünschten Datensatz und klicken Sie auf das Summensymbol in der Symbolleiste. Im folgenden Dialogfeld müssen Sie nur noch die Berechnungsfunktion auswählen, das Ergebnisfeld wird dann in den Gruppen-/Seitenfuß eingefügt.

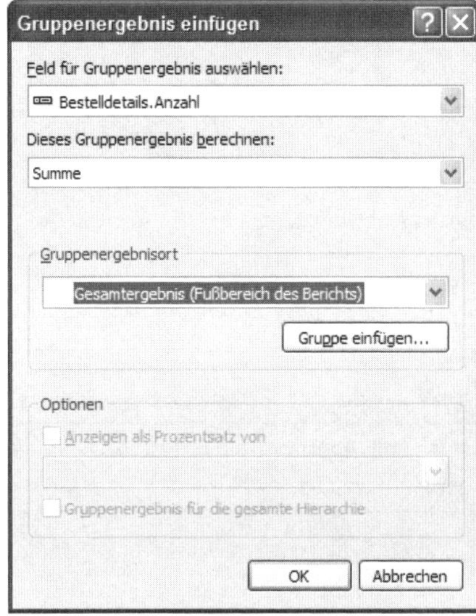

Abbildung 9.78 Dialogfeld für Gruppenergebnis

Variante 2 (Zeilensummen)

Möchten Sie Berechnungen innerhalb eines Datensatzes durchführen, erzeugen Sie ein neues Formelfeld (Feld-Explorer), das Sie dann im gewünschten Bereich einfügen können.

Farbliche und optische Formatierungen

Hier müssen wir zwischen zwei verschiedenen Varianten unterscheiden:

- Formatierung zur Entwurfszeit
- Formatierung zur Laufzeit

Während erstere in ihrer Umsetzung nicht allzu schwierig sein dürfte (Kontextmenü des jeweiligen Elements), stellt die zweite Möglichkeit dem Programmierer ein mächtiges Werkzeug zur Verfügung: die bedingte Formatierung auf der Grundlage einer »Formel«, d.h. eines Skripts.

Alternativ können Sie zur Laufzeit auch über das Objektmodell des Reports mit Visual Basic auf alle Elemente zugreifen.

BEISPIEL

Farbänderung zur Laufzeit mit Visual Basic-Anweisungen.

```
Dim rep As New CrystalReport1()
CType(rep.Section3.ReportObjects("Field1"), FieldObject).Color = Color.Aqua
CrystalReportViewer1.ReportSource = rep
```

Datenbankpfad zur Laufzeit anpassen

BEISPIEL

Möchten Sie zur Laufzeit den Datenbankpfad anpassen, müssen Sie für alle im Bericht enthaltenen Tabellen die *ServerName*-Eigenschaft anpassen

```
Imports CrystalDecisions.Shared
...
Dim rep As New CrystalReport1()
Dim myTable As CrystalDecisions.CrystalReports.Engine.Table

For Each myTable In rep.Database.Tables
   Dim logOnInfo As New TableLogOnInfo()
   logOnInfo = myTable.LogOnInfo
   logOnInfo.ConnectionInfo.ServerName = Application.StartupPath & "\Firma.mdb"
   myTable.ApplyLogOnInfo(logOnInfo)
Next
```

HINWEIS Wichtig ist die abschließende Übernahme der neuen Einstellungen mit *ApplyLogOnInfo*. Erst nach diesen Anpassungen kann der Report zum Beispiel einer Druckvorschau-Komponente zugewiesen werden.

Ändern der Login-Informationen zur Laufzeit

Wie schon im vorhergehenden Tipp wird auch in diesem Fall mit der *LogOnInfo*-Strukur gearbeitet:

```
Imports CrystalDecisions.Shared
...

Dim rep As New CrystalReport1()
Dim loginfo As New TableLogOnInfo()

loginfo = rep.Database.Tables("Kunden").LogOnInfo
With loginfo
  .ConnectionInfo.UserID = "Administrator"
  .ConnectionInfo.Password = "geheim"
End With
rep.Database.Tables("Kunden").ApplyLogOnInfo(loginfo)
...
```

Crystal Report in ASP.NET-Anwendungen verwenden

Siehe dazu Kapitel 12.

Kapitel 10

Verwalten von Access-Datenbanken

In diesem Kapitel:

In diesem Kapitel wollen wir uns ausschließlich mit dem Zusammenspiel von Visual Basic und Microsoft Access-Datenbanken beschäftigen – angefangen bei den datenbankspezifischen Eigenheiten/Einschränkungen über das Erstellen und Verwalten bis hin zu speziellen Tipps.

Im Mittelpunkt steht die Verwendung der *Active Data Objects* Extensions (ADOX) sowie die Arbeit mit den Schema-Informationen des Datenproviders.

HINWEIS Bevor Sie mit diesem Kapitel arbeiten, sollten Sie bereits mit der Verwendung der ADO.NET-Objekte vertraut sein, andernfalls finden Sie im Kapitel 4 einen guten Einstieg in die Thematik.

Ein erster Blick auf Microsoft Access-Datenbanken

Bevor wir uns mit den Zugriffsmöglichkeiten von Visual Basic nach Access beschäftigen gilt es, einige grundlegende Access-Features zu beleuchten.

Warum Access?

Die Wahl ist uns relativ leicht gefallen. Alle aktuellen Windows-Plattformen[1] (Windows XP, Me, 2000) bringen bereits die volle Unterstützung für ADO/ADOX und damit auch für Access-Datenbanken mit (MDAC-Installation). Ihre Applikation muss nicht erst umständlich eine weitere Datenbankengine (MSDE etc.) oder andere Datenbanktreiber installieren, was die Distribution wesentlich vereinfacht.

Bei Access-Datenbanken handelt es sich um reine Desktop-Datenbanken, bei denen alle Informationen in **einer** Datei (*.MDB) gespeichert sind. Sie müssen also nicht, wie bei Paradox oder dBase-Datenbanken üblich, mehrere Dateien (Daten, Index, Binärdaten) einzeln pflegen und eventuell weitergeben.

Access-Datenbanken verfügen, im Gegensatz zu dBase-Datenbanken, über ein umfangreiches Sicherheitssystem, angefangen bei der Verschlüsselung über die Vergabe von Datenbank-Passwörtern bis hin zu einer kompletten Nutzerverwaltung ist alles möglich.[2]

Ein weiteres wichtiges Feature von Access-Datenbanken sind die *eingebundenen Tabellen*, d.h., in der Datenbank ist lediglich ein Verweis auf die Originaldatenquelle gespeichert, die eigentlichen Daten können sich auch in einer ODBC-Datenquelle (z.B. SQL-Server) oder einer weiteren Datenbank (SQL Server, dBase, Paradox, TXT, CSV etc.) befinden. Mit Hilfe dieser eingebundenen Tabellen können Sie problemlos Abfragen über verschiedene Datenbanktypen realisieren, ohne dass Ihre Visual Basic-Applikation diese Datenbank direkt unterstützen bzw. einbinden muss.

Die Nörgeleien einiger Access-Datenbank-Gegner: »Access ist an die Microsoft-Plattform gebunden«, kann beim derzeitigen Anteil am Betriebssystem-Markt wohl kaum noch als relevant betrachtet werden. Wer damit dennoch Probleme hat, kann mit wenigen Anweisungen die Daten im universellen XML-Format exportieren.

---

[1] Für ältere Betriebssysteme finden Sie auf der Microsoft-Homepage die aktuellen MDAC-Versionen zum freien Download.

[2] Das soll jedoch nicht heißen, dass die Access-Lösung absolut perfekt ist (insbesondere die Verwendung der Systemdatenbanken ist nicht unbedingt »das Gelbe vom Ei«).

Access-Datentypen

Die folgende Tabelle zeigt die in Access-Datenbanken möglichen Datentypen und deren Verwendung bzw. Platzbedarf.

Datentyp	Beschreibung	Größe
Text	Entspricht String (maximal 255 Zeichen, die Länge muss gesondert festgelegt werden)	1 ... 255 Byte
Memo	Entspricht String (maximal 65.535 Zeichen)	1 ... 65.535 Byte
Zahl	Speichert numerische Daten, der genaue Datentyp wird über die Feldgröße definiert (siehe folgende Tabelle)	Je nach Feldgröße zwischen 1 und 16 Byte
Datum/Uhrzeit	Datums- und Zeitwerte, im Unterschied zu Delphi wird hier ein anderes internes Format gewählt (die Jahre 100 bis 9999 lassen sich darstellen)	8 Byte
Währung	... ein auf vier Nachkommastellen genauer Währungswert	8 Byte
AutoWert	Ein eindeutiges Feld, das entweder einen Zählerwert oder einen eindeutigen Zufallswert enthält (schreibgeschütztes Feld)	4 Byte bzw. 16 Byte, falls es sich um einen Zufallswert handelt
Ja/Nein	Boolean-Wert (*True/False*)	1 Bit
OLE-Objekt	Eigentlich ein Binärfeld, in dem auch OLE-Daten gespeichert werden können	Bis zu 1 Gigabyte
Hyperlink	Eigentlich ein Memofeld, in dem sich alle Informationen eines Hyperlinks (Anzeigetext, Adresse, Unteradresse, Quickinfo) speichern lassen	Maximal 4 mal 2.048 Zeichen

Tabelle 10.1 Datentypen

Die speziellen Feldgrößen für den Datentyp *Zahl* zeigt die folgende Tabelle:

Einstellung	Beschreibung	Größe
Byte	Ganzzahlige Werte im Bereich von 0 bis 255	1 Byte
Dezimal	Werte im Bereich von –1028–1 bis 1028–1	12 Byte
Integer	Ganzzahlige Werte im Bereich von –32.768 bis 32.767	2 Bytes
Long Integer	Ganzzahlige Werte im Bereich von –2.147.483.648 bis 2.147.483.647	4 Bytes
Single	Zahlen im Bereich von –3.402823*1038 bis –1.401298*10–45 für negative Werte und von 1.401298*10–45 bis 3.402823*1038 für positive Werte.	4 Bytes
Double	Zahlen von –1.79769313486231*10308 bis -4.94065645841247*10–324 für negative Werte und von 4.94065645841247*10–324 bis 1.79769313486231*10308 für positive Werte	8 Bytes
Replikations-ID	Eine GUID	16 Bytes

Tabelle 10.2 Feldgrößen für den Datentyp *Zahl*

Beschränkungen

Wie auch bei allen anderen Datenbankformaten unterliegen Access-Datenbanken gewissen Einschränkungen, die Sie als Programmierer kennen sollten. Andernfalls kann es schnell passieren, dass Sie vergeblich nach einem Fehler in Ihrem Programm suchen, denn leider ist Access für seine manchmal ziemlich diffusen Fehlermeldungen bekannt.

Die wichtigsten Datenbankparameter auf einen Blick:

- maximale Dateigröße 2 Gigabyte
- maximal 32.768 interne Objekte (Tabellen, Sichten etc.)
- maximal 64 Zeichen für Objektnamen (Tabellen, Sichten)
- maximal 64 Zeichen für Feldnamen (Leerzeichen zulässig)
- maximal 32 Indizes pro Tabelle
- maximal 10 Felder pro Index
- maximal 255 Felder pro Tabelle[1]
- maximal 2.000 Zeichen pro Record (ohne Memo-/OLE-Felder)
- maximale Tabellengröße 2 Gigabyte (gleichzeitig maximale Datenbankgröße)
- maximal 32 Tabellen pro Abfrage (Sicht)
- bei Kennwortschutz: Passwort maximal 14 Zeichen
- maximal 20 Zeichen für Nutzernamen
- maximal 255 gleichzeitige Benutzer[2]

Beachten Sie bitte auch folgende Hinweise:

HINWEIS Sollten Sie Abfragen mit der Microsoft Access-Oberfläche erstellt haben und nutzen diese Abfragen vordefinierte oder selbst geschriebene **Basic**-Funktionen, können Sie die Abfrage nicht aus Visual Basic aufrufen.

HINWEIS Feldnamen, die Leerzeichen enthalten, müssen Sie bei SQL-Anweisungen in eckige Klammern einschließen.

Diverse weitere Einschränkungen, die hier nicht aufgelistet sind, finden Sie in der Access-Online-Hilfe.

Zugriff aus Visual Basic

Nachdem wir bereits am Kapitelanfang angekündigt haben, uns im Wesentlichen auf die Verwendung der ADOX zu beschränken, wird der eine oder andere sicher einwenden, dass es auch noch andere Wege von Visual Basic nach Access gibt.

[1] Wem das nicht reicht: verwenden Sie einfach eine 1:1-Beziehung.

[2] Das ist ein theoretischer Wert. Aus praktischer Sicht sollten Sie sich auf maximal 10 bis 20 Nutzer beschränken (je nach Anwendung).

Warum nicht nur ADO.NET?

Die Frage ist natürlich berechtigt, bieten sich doch vordergründig die ADO.NET-Objekte an.

Doch wer sich etwas eingehender mit der Materie beschäftigt oder bereits mit ADO gearbeitet hat, wird einige wesentliche Funktionen vermissen:

- Keine Möglichkeit, Access-Datenbanken zur Laufzeit zu erstellen.
- Keine Möglichkeit, Access-Datenbanken zu administrieren[1].
- Keine Unterstützung für Access typische Funktionalitäten.
- Keine Reparatur-, Replikations- und Kompressions-Funktionen.

Um all diese Aufgaben kümmern/kümmerten sich die ADOX sowie die JRO (*Jet Replication Objects*). Trotz COM-Interface werden wir uns weiterhin mit diesen Objekten abmühen müssen, wollen wir nicht auf deren Funktionen verzichten.

Einzige Ausnahme: Über die *GetSchema*-Methode des *OleDbConnection*-Objekts können Sie zumindest die Access-Datenbank analysieren, wir kommen an geeigneter Stelle darauf zurück.

HINWEIS Wenn wir in diesem Kapitel von ADO sprechen, so ist das »alte« ADO (also nicht ADO.NET) gemeint!

Die ADOX-Library

Hinter der Bezeichnung *Active Data Objects Extensions for Data Definition Language and Security* (kurz ADOX) verbirgt sich lediglich eine Erweiterung der ADO-Objekte (nicht ADO.NET), d.h., haben wir es »nur« mit einer zusätzlichen Bibliothek zu tun.

Die zwei wesentlichen Aufgaben dieser Bibliothek:

- Bereitstellen einer objektorientierten Schnittstelle für alle sicherheitsrelevanten Aufgaben (User-, Gruppen- und Rechteverwaltung) innerhalb einer Datenbank, unabhängig vom jeweiligen Datenbanktyp (Provider).
- Bereitstellen von zusätzlichen Objekten zum Erstellen, Verändern und Löschen von Schemaobjekten, wie z.B. Tabellen, Indizes, Abfragen und Prozeduren.

HINWEIS Beachten Sie, dass nicht jeder OLEDB-Provider alle ADOX-Funktionen unterstützt. Gegebenenfalls sollten Sie vor der Verwendung einer Funktion prüfen, ob der Provider die Funktionalität bereitstellt.

Die wichtigsten Objekte auf einen Blick

Die folgende Abbildung zeigt in einer Übersicht alle wichtigen Objekte/Collections, die von der ADOX-Bibliothek zur Verfügung gestellt werden.

HINWEIS Auf die spezielle Verwendung der ADOX-Objekte kommen wir im Laufe des Kapitels am praktischen Beispiel zurück.

[1] Von einigen SQL-Funktionen abgesehen.

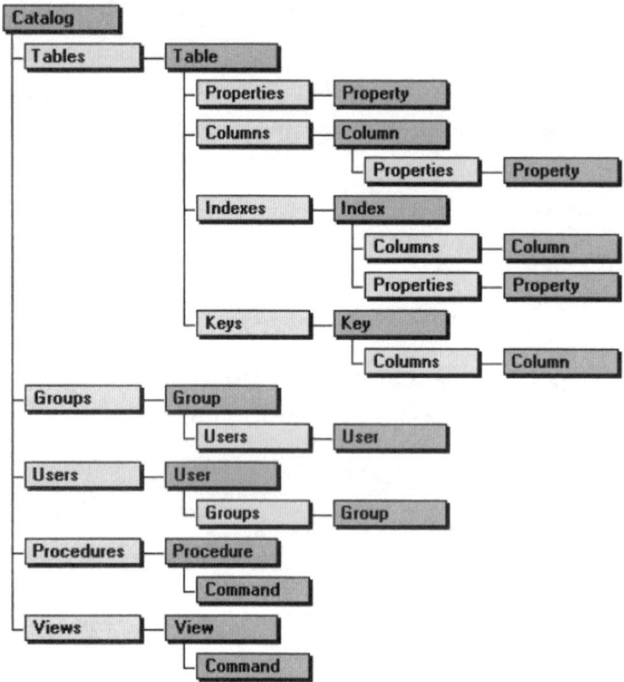

Abbildung 10.1 Objektstruktur von ADOX

Die JRO-Library

Wie auch bei den ADOX handelt es sich bei JRO um eine zusätzliche Bibliothek der ADO. JRO ist die Abkürzung für *Jet and Replication Objects*. Der Name deutet es bereits an: damit können Sie sich primär um die Replikation von Datenbanken kümmern. Unter anderem finden sich aber auch Methoden zum Packen und Verschlüsseln von Access-Datenbanken.

HINWEIS Auf die Verwendung der JRO kommen wir im Abschnitt *Access-Datenbanken reparieren/komprimieren* zurück

ADO MD

Nicht genug der Libraries, auch an die »Datenauswerter« unter den Programmierern hat Microsoft gedacht. Mit den *Microsoft ActiveX Data Objects Multidimensional*, kurz *ADO MD*, bieten sich mächtige Objekte für den Zugriff auf mehrdimensionale Datenstukturen an.

Ein Beispiel soll den Hintergrund der mehrdimensionalen Datenmengen verdeutlichen.

BEISPIEL

Sie möchten Ihre Firmendatenbank auswerten (siehe Kapitel 7, SQL). Für jeden Raum sollen das Maximal-, Minimal- und das Durchschnittsgehalt ermittelt werden.

Mit dem Wissen aus Kapitel 7 werden Sie jetzt sicher auch folgende SQL-Anweisung für die Auswahl der Daten verwenden:

```
SELECT
  RaumId AS Raum,
  MAX(gehalt) As Maximalgehalt,
  MIN(gehalt) As Minimalgehalt,
  AVG(gehalt) As Durchschnittsgehalt
FROM
  Mitarbeiter
GROUP BY
  RaumId
```

Das Resultat:

Raum	Maximalgehalt	Minimalgehalt	Durchschnittsgehalt
5	2271,49	2271,49	2271,49
9	3897,59	3897,59	3897,59
10	1848,3	1848,3	1848,3
18	4300,58	1930,11	3115,345
19	2496,72	2496,72	2496,72
20	5015,66	5015,66	5015,66
23	2620,95	1536,21	2078,58
27	3731,95	1234,22	2483,085

Abbildung 10.2 Abfrageergebnis

Was machen Sie aber, wenn Sie die Daten zusätzlich nach den einzelnen Jahrgängen auswerten möchten? Sicher könnten Sie mehrere Abfragen starten, bei denen jeweils die folgende WHERE-Klausel angehängt ist:

```
...
FROM
  Mitarbeiter
WHERE
  YEAR(geburtstag) = 1960
...
```

Das Ergebnis dieser Abfragen wären *n* Tabellen nach obigem Vorbild.

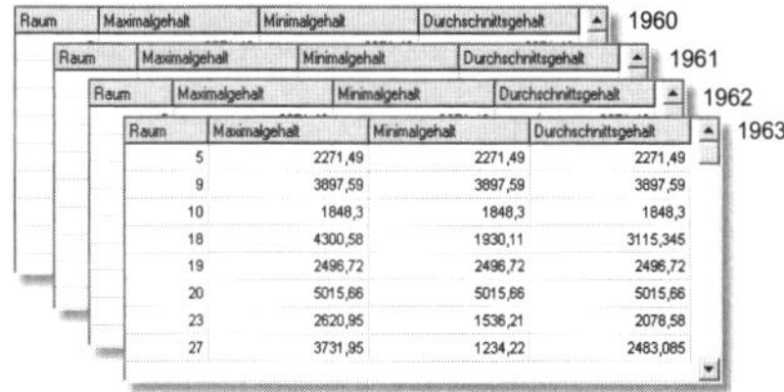

Raum	Maximalgehalt	Minimalgehalt	Durchschnittsgehalt
5	2271,49	2271,49	2271,49
9	3897,59	3897,59	3897,59
10	1848,3	1848,3	1848,3
18	4300,58	1930,11	3115,345
19	2496,72	2496,72	2496,72
20	5015,66	5015,66	5015,66
23	2620,95	1536,21	2078,58
27	3731,95	1234,22	2483,085

Abbildung 10.3 Abfrageergebnis

In einem dreidimensionalen Diagramm könnten Sie die Daten problemlos darstellen. Doch wer soll sich all die Arbeit machen, geschweige denn, Sie wollen noch einige zusätzliche Auswertungen nach Geschlecht, Qualifikation etc. realisieren? Schnell erhalten Sie Datenmengen mit mehreren Dimensionen und Tausenden von Einzeldatensätzen.

Mit Hilfe von OLAP (*OnLine Analytical Processing*) können derartige Analysen auf dem Server (z.B. *Microsoft SQL Server OLAP Services*) ausgeführt werden. ADO MD ist dafür verantwortlich, diese Daten auf dem

Client in einem objektorientierten Modell abzubilden. Die folgende Abbildung gibt einen kurzen Überblick:

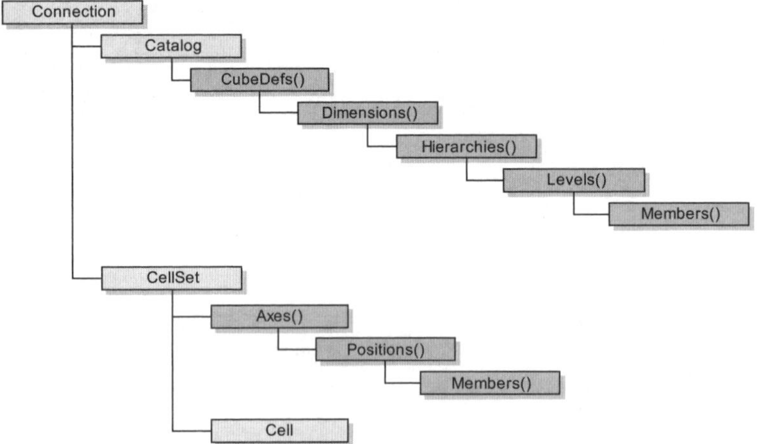

Abbildung 10.4 Objektstruktur von ADO MD

In den jeweiligen Collections, wie zum Beispiel *CubeDefs()*, befinden sich die jeweiligen Objekte, im Beispiel *CubeDef*. Wir haben im Interesse der Übersicht auf eine ausführliche Darstellung verzichtet.

Einbinden von ADOX und JRO in Visual Basic

Da es sich bei den ADOX und JRO um COM-Objekte handelt, bleibt Ihnen nichts anderes übrig, als zunächst einen Verweis auf die entsprechende COM-Library in das Projekt aufzunehmen.

Wählen Sie dazu in Visual Studio den Menüpunkt *Projekt/Verweis hinzufügen*. Auf der Registerkarte *COM* suchen Sie die »Microsoft ADO Ext. 2.8 for DDL and Security« sowie die »Microsoft Jet and Replication Objects 2.6 Library«

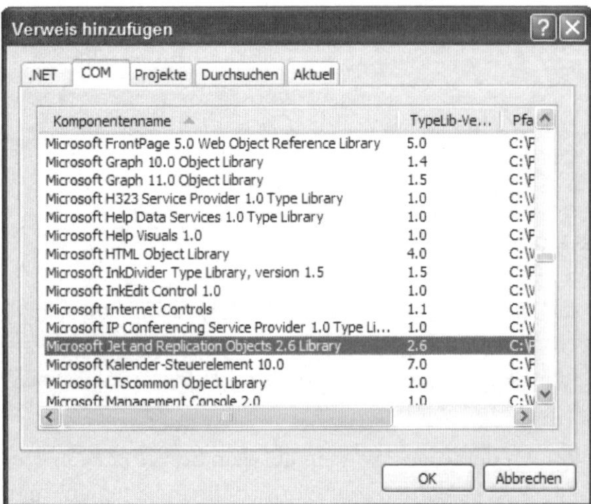

Abbildung 10.5 Einbinden der Libraries

Im Projektmappen-Explorer sollten jetzt unter »Verweise« entsprechende Einträge zu finden sein:

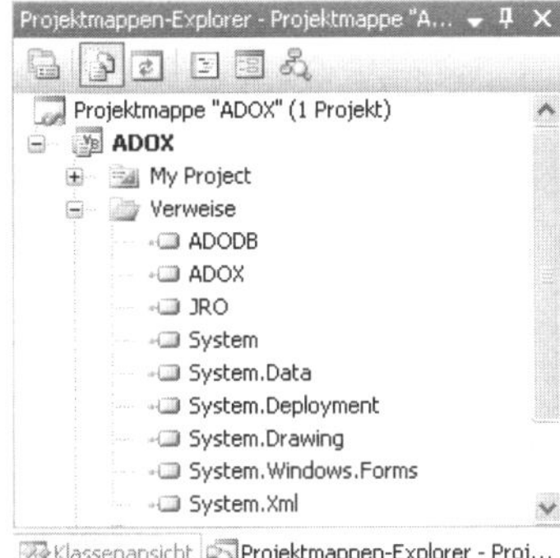

Abbildung 10.6 Verweise auf die Interop-Assemblies

HINWEIS Wundern Sie sich nicht, wenn gleichzeitig die ADO-Library (Version 2.8) eingebunden wird.

Parameter für ADO.NET-Connectionstrings

Grundsätzlich sollten Sie für den Datenzugriff auf Access-Datenbanken die OLEDB-Komponenten verwenden. Nutzen Sie den »Microsoft Jet 4.0 OLE DB Provider«, wenn Sie den *ConnectionString* der *OleDb-Connection*-Komponente festlegen.

Der gleiche Treiber und damit die selben Parameter werden auch bei den ADOX-Komponenten zum Aufbau der Verbindung verwendet.

Beim Erstellen der Verbindung müssen Sie lediglich den Pfad bzw. den Dateinamen der Access-Datenbank angeben, weitere Einstellungen sind optional (wir kommen in den folgenden Abschnitten darauf zurück)

BEISPIEL

ConnectionString für den Zugriff auf eine ungeschützte Access-Datenbank

```
Provider=Microsoft.Jet.OLEDB.4.0;Data Source=c:\test.mdb
```

Access-Datenbankpasswort

Schwierigkeiten bekommen Sie meist, wenn die Access-Datenbank über ein Datenbankpasswort verfügt (in Access der Menüpunkt *Extras/Sicherheit/Datenbankkennwort vorgeben*). Beim Verbindungstest erscheint folgende Fehlermeldung:

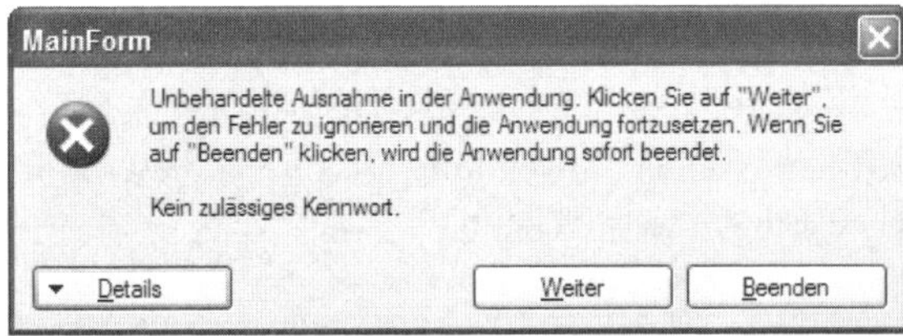

Abbildung 10.7 Fehlermeldung des Treibers

Die Ursache ist in diesem Fall die nicht zugewiesene Eigenschaft »Jet OLEDB:Database Password«, die Sie unter *Erweiterte Eigenschaften* vorfinden.

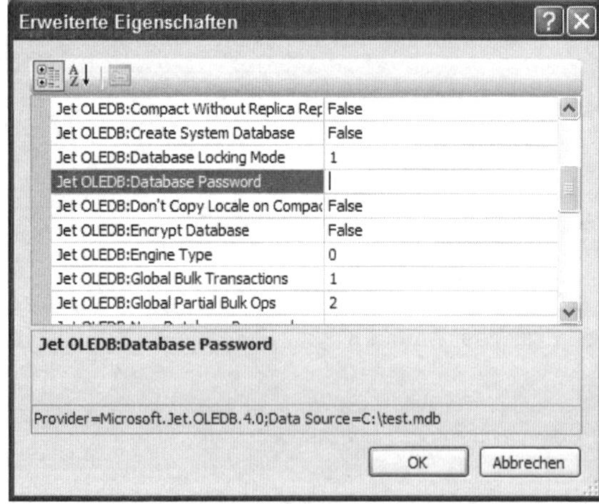

Abbildung 10.8 Passwort vorgeben

Lassen Sie die Standardwerte für Benutzername und Kennwort auf der Registerkarte *Verbindung* einfach leer.

BEISPIEL

ConnectionString für passwortgeschützte Access-Datenbank (Login mit Datenbankpasswort).

```
Provider=Microsoft.Jet.OLEDB.4.0; Data Source=c:\test.mdb;Jet OLEDB:Database Password=geheim
```

Alternativ können Sie die Eigenschaft »Jet OLEDB:Database Password« sowie deren Wert zur Laufzeit auch mittels Stringaddition an den Connection-String anfügen:

```
OleDbConnection1.ConnectionString += ";Jet OLEDB:Database Password=tom"
OleDbConnection1.Open()
```

HINWEIS Die Vergabe eines Passworts verhindert nicht den Blick in die Datei. Dazu müssen Sie zusätzlich auch noch die Verschlüsselung aktivieren.

Access-Datenbanksicherheit (Benutzer-/Gruppenebene)

Im Gegensatz zu dem im vorhergehenden Abschnitt beschriebenen Verfahren geht es bei der Sicherheit auf Benutzer-/Gruppenebene darum, neben einem Benutzernamen auch das zugehörige Nutzerpasswort zu übergeben. Diese beiden Werte entsprechen auch den Parametern *Benutzername* und *Kennwort* auf der Registerkarte *Verbindung* (Dialogfeld *Verbindungseigenschaften*).

Sie können diese beiden Werte natürlich bereits zur Entwurfszeit mit Hilfe des Dialogfeldes bzw. des ConnectionStrings zuweisen, dies ist jedoch nur in der Testphase der Anwendung ratsam, da diese Information mit einem einfachen Editor aus Ihrer EXE-Datei ausgelesen werden kann.

BEISPIEL

ConnectionString für passwortgeschützte Access-Tabelle (Login mit Name und Passwort unter Angabe der zugehörigen Systemdatenbank)

```
Provider=Microsoft.Jet.OLEDB.4.0;Data Source=c:\test.mdb;JET OLEDB:System Database=.\SYSTEM.MDW;User
Id=Chef;Password=pwChef;
```

Wie Sie sehen, ist im ConnectionString auch die Access-System-Datenbank enthalten. In dieser Datei speichert Access sowohl die Nutzer- als auch die Gruppeninformationen in verschlüsselter Form ab.

HINWEIS Da die Datenbank nicht automatisch gefunden wird, bzw. auch mehrfach vorhanden sein kann, müssen Sie den Pfad zu dieser Datei ebenfalls mit angeben.

Damit haben wir die wichtigsten Techniken beim Öffnen einer Verbindung abgehandelt, es bleibt lediglich noch ein Spezialfall übrig:

Datenbankzugriff auf schreibgeschützte Medien (CD, DVD)

Geben Sie Ihre Applikation mit einer fertigen Datenbank zum Beispiel auf einer CD weiter, können Sie diese Anwendung direkt von der CD starten, ohne vorher Daten auf die Festplatte zu kopieren, vorausgesetzt natürlich, dass keine Schreibzugriffe auf die Datenbank nötig sind (die nötigen Libraries und das .NET-Framework sind bereits installiert).

Da die Datenbank jedoch standardmäßig mit Schreib-/Lesezugriff geöffnet wird, müssen Sie den ConnectionString entsprechend anpassen.

BEISPIEL

Öffnen einer Datenbank auf schreibgeschütztem Medium

```
Provider=Microsoft.Jet.OLEDB.4.0;Data Source=test2.mdb;Mode=ShareExclusive
```

HINWEIS In diesem Fall wird keine temporäre Lock-Datei (LDB) erzeugt, was auf einer CD auch schwer fallen würde.

Datenbanken erstellen

Ausgangspunkt für das Erstellen einer neuen Datenbank ist ein ADOX-*Catalog*-Objekt. Um welchen Datenbanktyp (Access, dBase, Paradox) es sich handelt, ist zu diesem Zeitpunkt unerheblich. Es muss lediglich ein entsprechender OLEDB-Provider, d.h. in unserem Fall »Microsoft Jet 4.0«, vorliegen, der diese Funktionen auch unterstützt.

HINWEIS Vergessen Sie nicht, einen Verweis auf die ADOX-Type-Library in Ihr Programm einzufügen!

Die Create-Methode

Mit einem einzigen Methodenaufruf (*Create*) ist die komplette Datenbank erstellt.

BEISPIEL

Erstellen einer Access-Datenbank.

```
Private Sub Button1_Click(ByVal sender As System.Object, ByVal e As System.EventArgs) _
                        Handles Button1.Click
  Dim catalog As New ADOX.Catalog()
  catalog.Create("Provider=Microsoft.Jet.OLEDB.4.0;Data Source=c:\testdb.mdb")
End Sub
```

Weitere Parameter

Was auf den ersten Blick nicht gleich ersichtlich ist, mit den Parametern der *Create*-Methode können Sie noch weitere Optionen an den OLEDB-Provider übergeben. So können Sie beispielsweise bei Access-Datenbanken zusätzlich Folgendes vorgeben:

- die Systemdatenbank
- einen Username und ein Passwort (der neue Besitzer der Datenbank) oder
- ein Datenbankpasswort

BEISPIEL

Datenbankpasswort vorgeben

```
  Dim catalog As New ADOX.Catalog()
  catalog.Create("Provider=Microsoft.Jet.OLEDB.4.0;Data Source = c:\new.mdb;"+ _
                 "Jet OLEDB:Database Password=geheim;")
```

Wie Sie sehen, werden zusätzliche Eigenschaften/Optionen einfach an den bestehenden String angehängt (Semikolon nicht vergessen).

Jet-spezifische Optionen

Die folgende Tabelle listet alle relevanten Optionen auf:

Option	Beschreibung
User ID, Password	Mit diesen beiden Optionen können Sie Anmeldename und Passwort vorgeben. Dieser Nutzer wird zum Besitzer der neuen Datenbank. Meist müssen Sie diese beiden Werte zusammen mit der Angabe der Systemdatenbank (siehe folgende Option) einsetzen
Jet OLEDB:System Database	Gibt den Standort der Systemdatenbank vor
Locale Identifier	Gibt Sortierfolge, Zeichensatz für die neue Datenbank vor (diesen Wert können Sie weglassen)

Tabelle 10.3 Optionen für das Erstellen von Datenbanken

Option	Beschreibung
Extended Properties	Durch die Zuweisung eines Wertes können Sie Datenbanken in Fremdformaten (dBase etc.) erstellen
Jet OLEDB:Database Password	Setzt ein Datenbank-Passwort (bitte nicht mit der Userverwaltung verwechseln)
Jet OLEDB:Registry Path	Gibt einen Registry-Eintrag an, in dem alternative Jet-Optionen gespeichert sind
Jet OLEDB:Create System Database	Erzeugt eine neue Systemdatenbank (true/false)
Jet OLEDB:Engine Type	Erzeugt Datenbanken in bestimmten Formaten: **Typ** **Wert** Microsoft Jet 1.0 1 Microsoft Jet 1.1 2 Microsoft Jet 2.0 3 Microsoft Jet 3.x 4 Microsoft Jet 4.x 5 dBASE 3 10 dBASE 4 11 dBASE 5 12 Excel 3.0 20 Excel 4.0 21 Excel 5.0 22 Excel 8.0 23 Excel 9.0 24 Exchange 4 30 Lotus WK1 40 Lotus WK3 41 Lotus WK4 42 Paradox 3.x 50 Paradox 4.x 51 Paradox 5.x 52 Paradox 7.x 53 Text 1.x 60 Html 1.x 70

Tabelle 10.3 Optionen für das Erstellen von Datenbanken *(Fortsetzung)*

BEISPIEL

Erstellen einer Access 95-Datenbank.

```
Dim catalog As New ADOX.Catalog()
catalog.Create("Provider=Microsoft.Jet.OLEDB.4.0;Data Source=c:\testdb.mdb;Jet OLEDB:Engine Type=4")
```

HINWEIS Um die Datenbank zu verschlüsseln, müssen Sie nach dem Erstellen der Datenbank zusätzlich die JRO-Objekte bemühen!

Tabellen/Indizes erstellen/verwalten

Eines der wichtigsten Einsatzgebiete der ADOX findet sich beim Erstellen und Verwalten von Tabellen mit den zugehörigen Indizes.

Dreh- und Angelpunkt ist – wie wohl nicht anders zu erwarten – ein **initialisiertes** ADOX *Catalog*-Objekt.

Zwei Varianten bieten sich an:

- Erstellen einer neuen Datenbank mit nachfolgender Verwendung des *Catalog*-Objekts.
- Initialisieren des *Catalog*-Objekts mit der *ActiveConnection*-Eigenschaft.

Die erste Variante wurde bereits im vorhergehenden Abschnitt beschrieben, die zweite Variante stellt den Visual Basic-Programmierer zunächst vor das Problem, dass diese Eigenschaft zwar vorhanden ist, aber nicht zusammen mit einer *OLEDBConnection*-Komponente verwendet werden kann.

Der Ausweg: Da ohnehin bereits ein Verweis auf die alten (!) ADO-Librarys eingebunden ist, nutzen wir das dortige Connection-Objekt, um die Datenverbindung zu öffnen und die Connection dem Catalog-Objekt zuzuordnen.

BEISPIEL

Initialisieren eines *Catalog*-Objektes per ADO-Connection.

```
    Dim catalog As New ADOX.Catalog()
    Dim conn As New ADODB.Connection()
    conn.ConnectionString = "Provider=Microsoft.Jet.OLEDB.4.0;Data Source=c:\testdb.mdb;"
    conn.Open()
    catalog.ActiveConnection = conn
...
```

HINWEIS Für den *ConnectionString* gelten alle Ausführungen, die auch für die ADO.NET-Komponenten gelten.

Tabellendefinition

Für die Tabellendefinition brauchen Sie neben dem schon erwähnten *Catalog*-Objekt, das die Datenbank repräsentiert, noch ein *Table*-Objekt.

BEISPIEL

Tabellendefinition:

```
    Dim catalog As New ADOX.Catalog()
    Dim conn As New ADODB.Connection()
    Dim table As New ADOX.Table()

    conn.ConnectionString = "Provider=Microsoft.Jet.OLEDB.4.0;Data Source=c:\testdb.mdb;"
    conn.Open()
    catalog.ActiveConnection = conn
```

Das bereits mit *Create* erzeugte *Table*-Objekt hat weder einen Namen, noch ist in der Datenbank eine Tabelle angelegt worden. Kümmern wir uns also zuerst um den Tabellenbezeichner:

```
table.Name = "Kundenstammdaten"
```

Für die Tabellennamen gelten die Konventionen des Access-Datenbankformats, d.h., Sie können auch Leerzeichen verwenden.

Als Nächstes können wir uns mit den Tabellenspalten beschäftigen. Verwenden Sie die *Append*-Methode der *Columns*-Auflistung, um neue Tabellenspalten einzufügen.

```
table.Columns.Append("Nachname", DataTypeEnum.adVarWChar, 50)
table.Columns.Append("Vorname", DataTypeEnum.adVarWChar, 50)
```

Die drei wichtigsten Eigenschaften – Spaltenname, Datentyp und Feldgröße – können Sie bereits an dieser Stelle festlegen. Abschließend muss das neue *Table*-Objekt auch dem Catalog, d.h. der Datenbank, hinzugefügt werden:

```
catalog.Tables.Append(table)
```

Die folgende Tabelle zeigt die für Access-Tabellen sinnvollen Datentypen:

Konstante	Beschreibung
adSmallInt	2 Byte Ganzzahl
adInteger	4 Byte Ganzzahl
adUnsignedTinyInt	1 Byte Ganzzahl ohne Vorzeichen
adSingle	Gleitkommawert mit 4 Bytes (–3,402823E38 bis –1,401298E–45 für negative Werte; 1,401298E–45 bis 3,402823E38 für positive Werte.)
adDouble	Gleitkommawert mit 8 Bytes (–1,79769313486232E308 bis –4,94065645841247E-324 für negative, 4,94065645841247E–324 bis 1,79769313486232E308 für positive Werte)
adCurrency	Währungswert, eine Festkommazahl mit vier Stellen hinter dem Komma, wird als 8-Byte-Ganzzahl mit Vorzeichen, skaliert mit 10.000, gespeichert
adNumeric	Numerischer Typ
adBoolean	Boolescher Variant-Typ. 0 ist *False* und <> 0 ist *True*
adGUID	Globaler eindeutiger Bezeichner (Globally Unique Identifier, GUID)
adDate	Automatisierungsdatum, das als Wert vom Typ *Double* gespeichert wird. Der Ganzzahlanteil stellt die Anzahl der Tage seit dem 30. Dezember 1899 dar, der Nachkommateil die Stunden, Minuten und Sekunden
adDBTimeStamp	Struktur des Datenbank-Zeitstempels
adVarChar	Zeichenfolge mit variabler Länge
adLongVarChar	Zeichenfolge mit Long-variabler Länge
adVarWChar	(Standard-)Zeichenfolge mit Wide-variabler Länge
adLongVarWChar	Zeichenfolge mit Long-/Wide-variabler Länge
adVarBinary	Binärdaten mit variabler Länge

Tabelle 10.4 Datentypen

Wie Sie sehen, finden Sie für jeden Access-Datentyp auch eine Entsprechung bei den ADOX-Datentypen. Natürlich gibt es noch weitere Datentypen, die jedoch im Zusammenhang mit Access nicht von Bedeutung sind.

HINWEIS Möchten Sie den Datentyp einer Tabellenspalte erfahren, nutzen Sie einfach die *Type*-Eigenschaft des jeweiligen *Column*-Objekts.

BEISPIEL

Ermitteln des Datentyps

```
Dim catalog As New ADOX.Catalog()
Dim conn As New ADODB.Connection()
Dim table As New ADOX.Table()

conn.ConnectionString = "Provider=Microsoft.Jet.OLEDB.4.0;Data Source=c:\testdb.mdb;"
conn.Open()
catalog.ActiveConnection = conn
table = catalog.Tables("Kundenstammdaten")
MessageBox.Show(table.Columns("Nachname").Type)
```

Das Ergebnis ist in diesem Fall 202, d.h., es handelt sich um einen *adVarWChar*-Wert.

HINWEIS Die *Type*-Eigenschaft ist nach dem Anhängen an eine Auflistung schreibgeschützt.

Die bisher vorgestellten Möglichkeiten können jedoch bei weitem nicht überzeugen. Weitere Möglichkeiten, die Eigenschaften von Tabellenspalten zu beeinflussen, scheinen auf den ersten Blick nicht zu existieren. Doch halt, da war doch noch die *Properties*-Auflistung, die jedem *Column*-Objekt zugeordnet ist.

Eigenschaft	Bedeutung
Autoincrement	Zählerfeld
Default	Der Defaultwert für diese Spalte
Description	Kurzbeschreibung
Nullable	Nullwerte zulässig
Fixed Length	Feld mit fester Länge
Seed	Startwert für Zähler
Increment	Inkrement für Zähler
Jet OLEDB:Column Validation Text	Jet: Fehlermeldung bei Verletzung der Regel
Jet OLEDB:Column Validation Rule	Jet: Eingaberegel
Jet OLEDB:AutoGenerate	Jet: GUID-Werte
Jet OLEDB:Compressed UNICODE Strings	Jet: Unicode-Zeichen werden komprimiert

Tabelle 10.5 Weitere Access-spezifische Eigenschaften

Eigenschaft	Bedeutung
Jet OLEDB:Allow Zero Length	Jet: Leerstring ist zulässig
Jet OLEDB:Hyperlink	Jet: Feld enthält Hyperlink-Informationen

Tabelle 10.5 Weitere Access-spezifische Eigenschaften *(Fortsetzung)*

BEISPIEL

Das folgende **nachträgliche** Erzeugen eines Zählerfeldes.

```
Dim catalog As New ADOX.Catalog()
Dim conn As New ADODB.Connection()
Dim table As New ADOX.Table()

conn.ConnectionString = "Provider=Microsoft.Jet.OLEDB.4.0;Data Source=c:\testdb.mdb;"
conn.Open()

catalog.ActiveConnection = conn
table = catalog.Tables("Kundenstammdaten")
table.Columns.Append("Id", DataTypeEnum.adInteger, 0)
table.Columns("Id").Properties("AutoIncrement").Value = True
```

... wird fehlschlagen. Der Grund ist recht einfach: Zu diesem Zeitpunkt besteht keinerlei Verbindung zwischen Tabellendefinition und Datenbank (bzw. dem Datenbanktyp *Access*). Mit Hilfe der *ParentCatalog*-Eigenschaft werden *Catalog* und *Table* miteinander verbunden, damit sind auch die Properties zugänglich:

```
Dim catalog As New ADOX.Catalog()
Dim conn As New ADODB.Connection()
Dim table As New ADOX.Table()
Dim column As ADOX.Column

conn.ConnectionString = "Provider=Microsoft.Jet.OLEDB.4.0;Data Source=c:\testdb.mdb;"
conn.Open()
catalog.ActiveConnection = conn
table = catalog.Tables("Kundenstammdaten")

Column = New ADOX.Column()
With column
  .ParentCatalog = catalog
  .Name = "Id"
  .Type = DataTypeEnum.adInteger
  .Properties("Nullable").Value = False
  .Properties("Jet OLEDB:Allow Zero Length").Value = False
  .Properties("AutoIncrement").Value = True
End With
table.Columns.Append(column, , )
```

Weitere Spaltenoptionen für die Tabelle können Sie über die *Attributes*-Eigenschaft festlegen:

Konstante	Beschreibung
adColFixed	Die Tabellenspalte hat eine feste Länge
adColNullable	Die Tabellenspalte kann Null-Werte enthalten

Tabelle 10.6 Spaltenoptionen

HINWEIS Sie können beide Konstanten miteinander kombinieren.

BEISPIEL

Eine Tabellenspalte erzeugen, die auch NULL-Werte enthalten darf

```
...
    table.Columns.Append("Vorname", DataTypeEnum.adVarWChar, 50)
    table.Columns("Vorname").Attributes = ColumnAttributesEnum.adColNullable
...
```

BEISPIEL

Nachträglich ein Datumsfeld erstellen (Standardwert: Tagesdatum, das Datum muss zwischen 1.1.2000 und 1.1.2010 liegen, sonst erscheint eine Fehlermeldung).

```
    Dim catalog As New ADOX.Catalog()
    Dim conn As New ADODB.Connection()
    Dim table As New ADOX.Table()
    Dim column As ADOX.Column

    conn.ConnectionString = "Provider=Microsoft.Jet.OLEDB.4.0;Data Source=c:\testdb.mdb;"
    conn.Open()
    catalog.ActiveConnection = conn
    table = catalog.Tables("Kundenstammdaten")

    column = New ADOX.Column()
    With column
      .ParentCatalog = catalog
      .Name = "Datum"
      .Type = DataTypeEnum.adDate
      .Properties("Jet OLEDB:Column Validation Rule").Value = "Between #1/1/1996# and #1/1/2002#"
      .Properties("Jet OLEDB:Column Validation Text").Value = "Falsches Datum"
      .Properties("Default").Value = "=Date()"
    End With
    table.Columns.Append(column, , )
...
```

HINWEIS Sie müssen erst die Tabelle an das *Catalog*-Objekt »binden«, bevor Sie auf die spezifischen Properties zugreifen können!

Das Resultat in Microsoft Access bei der Eingabe eines falschen Datums:

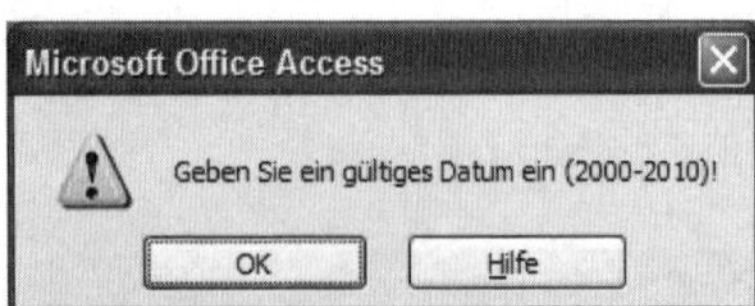

Abbildung 10.9 Dialogfeld in Microsoft Access

Die Sortierfolge einer Tabellenspalte legen Sie mit der *SortOrder*-Eigenschaft fest (siehe Tabelle 10.7).

Konstante	Beschreibung
adSortAscending	(Standard) Der Index wird in aufsteigender Reihenfolge sortiert (1, 2, 3 ...)
adSortDescending	Die Sortierreihenfolge des Index wird umgekehrt (9, 8, 7 ...)

Tabelle 10.7 Konstanten für Sortierfolge

BEISPIEL

Umkehren der Sortierfolge

```
...
    With column
      .ParentCatalog = catalog
      .Name = "Id"
      .Type = DataTypeEnum.adInteger
      .Properties("AutoIncrement").Value = True
      .SortOrder = SortOrderEnum.adSortDescending
    End With
```

Indexdefinition

Neben der reinen Felddefinition sind auch die Indizes von Bedeutung. Grundsätzlich müssen Sie den Index an ein bestehendes und initialisiertes *Table*-Objekt anhängen. Dazu verwenden Sie die *Indexes*-Auflistung.

BEISPIEL

Indexdefinition für das Feld *Nachname*

```
    Dim catalog As New ADOX.Catalog()
    Dim conn As New ADODB.Connection()
    Dim table As New ADOX.Table()
    Dim index As New ADOX.Index()

    conn.ConnectionString = "Provider=Microsoft.Jet.OLEDB.4.0;Data Source=c:\testdb.mdb;"
    conn.Open()
    catalog.ActiveConnection = conn
    table = catalog.Tables("Kundenstammdaten")

    index.Name = "Nachname"
    index.Columns.Append("Nachname", table.Columns("Nachname").Type, _
                         table.Columns("Nachname").DefinedSize)
    table.Indexes.Append(index, )
    ...
```

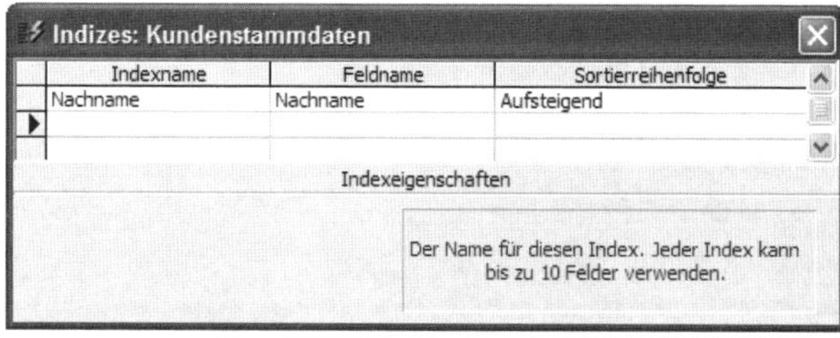

Abbildung 10.10 Kontrolle in Microsoft Access

Mit der *Type*-Eigenschaft beeinflussen Sie die Art des Index:

Konstante	Beschreibung
adKeyPrimary	Primärschlüssel (Hauptschlüssel)
adKeyForeign	Fremdschlüssel
adKeyUnique	Der Schlüssel schließt doppelte Werte aus.

Tabelle 10.8 Konstanten für den Indextyp

BEISPIEL

Erzeugen eines Primärindex

```
Dim catalog As New ADOX.Catalog()
Dim conn As New ADODB.Connection()
Dim table As New ADOX.Table()
Dim column As ADOX.Column
Dim index As ADOX.Index
conn.ConnectionString = "Provider=Microsoft.Jet.OLEDB.4.0;Data Source=c:\testdb.mdb;"
conn.Open()
catalog.ActiveConnection = conn
table = catalog.Tables("Kundenstammdaten")
Column = New ADOX.Column()
With column
  .ParentCatalog = catalog
  .Name = "Id"
  .Type = DataTypeEnum.adInteger
  .Properties("Nullable").Value = False
  .Properties("Jet OLEDB:Allow Zero Length").Value = False
  .Properties("AutoIncrement").Value = True
End With
table.Columns.Append(column, , )
index = New ADOX.Index()
index.Name = "PrimaryKey"
index.PrimaryKey = True
index.Columns.Append("Id", table.Columns("Id").Type, table.Columns("Id").DefinedSize)
table.Indexes.Append(index, )
```

BEISPIEL

Erzeugen eines eindeutigen zusammengesetzten Index

```
    Dim table As New ADOX.Table()
    Dim column As ADOX.Column
    Dim index As ADOX.Index
    index = New ADOX.Index()
    index.Name = "NachnameVorname"
    index.Unique = True
    index.Columns.Append("Nachname", table.Columns("Nachname").Type, _
                        table.Columns("nachname").DefinedSize)
    index.Columns.Append("Vorname", table.Columns("Vorname").Type, _
                         table.Columns("Vorname").DefinedSize)
    table.Indexes.Append(index)
...
```

Mit der Eigenschaft *IndexNulls* beeinflussen Sie die Art, wie sich die Indizes in Bezug auf NULL-Werte in den Tabellen verhalten:

Konstante	Beschreibung
adIndexNullsDisallow	(Standard) NULL-Werte in Indexspalten sind nicht zulässig und werden mit einem Fehler quittiert
adIndexNullsIgnore	Datensätze, die NULL-Werte in Indexspalten enthalten, werden nicht in den Index aufgenommen. Eine Fehlermeldung wird nicht ausgelöst
adIndexNullsIgnoreAny	Wie *adIndexNullsIgnore*, allerdings gilt diese Option auch für mehrspaltige Indizes

Tabelle 10.9 Konstanten für die Eigenschaft *IndexNulls*

HINWEIS Diese Eigenschaft können Sie nur ändern, **bevor** Sie das *Index*-Objekt an eine Auflistung anhängen.

Erstellen von Prozeduren und Sichten

Der Begriff »Prozedur« dürfte bei einigen Programmierern für etwas Verwirrung sorgen. Gemeint sind hier nicht etwa die Code-Module einer Access-Datenbank, sondern »nur« die altbekannten Microsoft Access-Abfragen (Parameterabfragen).

Derartige Prozeduren können verschiedene Aufgaben realisieren:

- Rückgabe von Datenbankabfragen (DQL)
- Ausführen von Lösch- oder Änderungsabfragen (DML)
- Erzeugen von Datenbankobjekten (Datenerstellungsabfragen, DDL)

Unter Sichten, auch als *Views* bezeichnet, sind nichts anderes als Abfragen über eine oder auch mehrere Tabellen zu verstehen, deren Definition in der Datenbank gespeichert wird. Die eigentlichen Daten werden erst beim Öffnen der Abfrage ermittelt.

BEISPIEL

Erzeugen einer Sicht (keine Parameter)

```
Private Sub Button7_Click(ByVal sender As Object, ByVal e As System.EventArgs) _
      Handles Button7.Click
    Dim catalog As ADOX.Catalog = New ADOX.Catalog()
    Dim conn As ADODB.Connection = New ADODB.Connection()
    Dim cmd As ADODB.Command = New ADODB.Command()
    conn.ConnectionString = "Provider=Microsoft.Jet.OLEDB.4.0;Data Source=c:\testdb.mdb"
    conn.Open(Nothing, Nothing, Nothing, 0)
    catalog.ActiveConnection = conn
    cmd.CommandText = "SELECT * FROM Kundenstammdaten;"
    cmd.CommandType = ADODB.CommandTypeEnum.adCmdText
    catalog.Views.Append("Abfrage_Test_1", cmd)
End Sub
```

BEISPIEL

Erstellen einer Prozedur mit Parameter

```
Dim catalog As New ADOX.Catalog()
Dim conn As New ADODB.Connection()
Dim cmd As ADODB.Command

conn.ConnectionString = "Provider=Microsoft.Jet.OLEDB.4.0;Data Source=c:\testdb.mdb;"
conn.Open()
catalog.ActiveConnection = conn

cmd = New ADODB.Command()
cmd.CommandText = "PARAMETERS [name] Text; SELECT * FROM Kundenstammdaten WHERE nachname = [name];"
cmd.CommandType = ADODB.CommandTypeEnum.adCmdText
catalog.Procedures.Append("Abfrage_Test_2", cmd)
```

Tabellen verknüpfen (Relationen)

Durch das Verknüpfen von Tabellen mit Hilfe von Relationen bietet sich die Möglichkeit, der Access Datenbank-Engine mitzuteilen, welche Beziehungen zwischen den einzelnen Tabellen bestehen. Damit wird die Datenbank-Engine in die Lage versetzt, Löschweitergaben und Integritätsprüfungen zu realisieren.

Als Einstiegsbeispiel wollen wir eine Beziehung zwischen einer Tabelle *Personen* und einer Tabelle *Raeume* herstellen. Die folgende Abbildung zeigt das gewünschte Ergebnis.

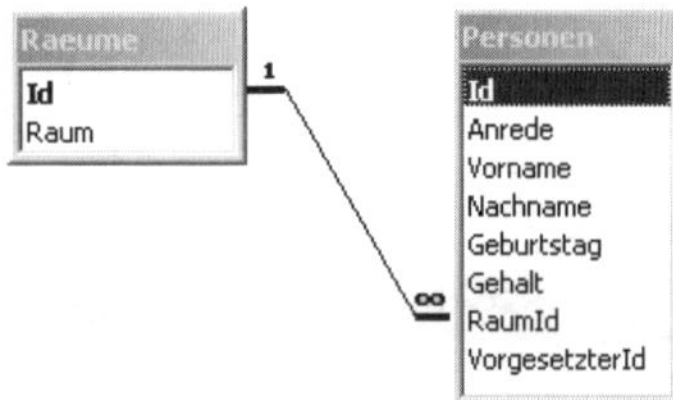

Abbildung 10.11 Relation zwischen den Tabellen

Jedem Raum sind *n* Mitarbeiter zugeordnet.

BEISPIEL

Mit Hilfe der ADOX wird ein neuer Schlüssel (Key) für die Tabelle *Personen* erzeugt. Dieser Fremdschlüssel (*ForeignKey*) zeigt auf den Primärindex der Tabelle *Raeume*:

```
Dim catalog As New ADOX.Catalog()
Dim conn As New ADODB.Connection()
Dim cmd As ADODB.Command
Dim key As ADOX.Key
conn.ConnectionString = "Provider=Microsoft.Jet.OLEDB.4.0;Data Source=c:\testdb.mdb;"
conn.Open()
catalog.ActiveConnection = conn
key = New ADOX.Key()
key.Name = "RaumPerson"
key.Type = KeyTypeEnum.adKeyForeign
key.RelatedTable = "Raeume"
key.Columns.Append("RaumID", catalog.Tables("Personen").Columns("RaumID").Type, _
                   catalog.Tables("Personen").Columns("RaumID").DefinedSize)
```

```
    key.Columns("RaumId").RelatedColumn = "Id"
    key.DeleteRule = RuleEnum.adRICascade
    catalog.Tables("Personen").Keys.Append(key, , , , )
...
```

HINWEIS Die beiden Tabellen müssen vorher erzeugt worden sein!

Das Resultat in Microsoft Access:

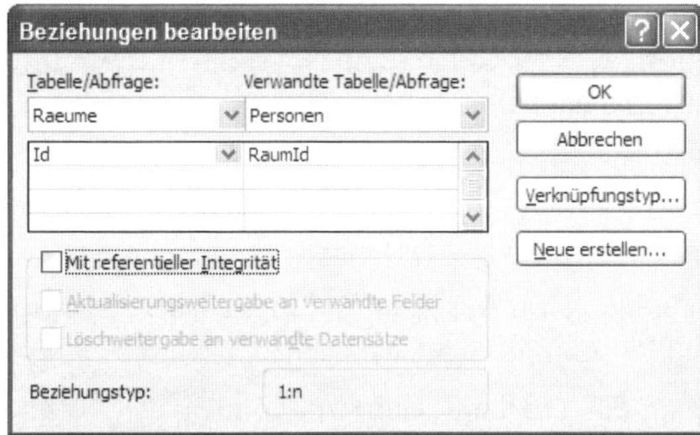

Abbildung 10.12 Beziehungen in Microsoft Access

Die nachfolgende Tabelle zeigt die möglichen Werte für Löschweitergaben bzw. Änderungen, die über die Eigenschaften *UpdateRule* und *DeleteRule* gesteuert werden.

Konstante	Beschreibung
adRINone	(Standard) Keine Aktion
adRICascade	Ändert die Kaskadierung
adRISetNull	Setzt den unbekannten Schlüsselwert auf null
adRISetDefault	Setzt den unbekannten Schlüsselwert auf den Standardwert

Tabelle 10.10 Konstanten für die Eigenschaften *UpdateRule* und *DeleteRule*

Damit dürften die wichtigsten Funktionen der ADOX im Zusammenhang mit dem Erstellen von Datenbanken aufgezeigt sein. In den folgenden Abschnitten werden noch einige Spezialthemen (Sicherheit, Verknüpfungen etc.) behandelt.

Zugriffsschutz in Access-Datenbanken

Die einfachste Möglichkeit, Datenbanken zu schützen, haben Sie bereits kennen gelernt. Hintergrund ist das Zuweisen eines Datenbank-Passwortes, die gleiche Funktion, die Sie auch über den Access-Menübefehl *Extras/Sicherheit/Datenbankkennwort zuweisen* realisieren können. Das verwendete Verfahren scheint zwar relativ sicher, hat aber den Nachteil, nicht flexibel genug zu sein. Entweder kann der Nutzer auf die gesamte Datenbank zugreifen, oder er kann es nicht. Der folgende Abschnitt zeigt weitere Verfahren und deren Realisierung mit den ADOX.

Grundlagen

Das von Access verwendete Sicherheitsmodell bietet neben dem Datenbankpasswort auch Zugriffsschutz auf Benutzerebene. Einzelne Nutzer können wiederum in Gruppen erfasst werden, was die Verwaltung wesentlich vereinfacht.

Vordefiniert ist lediglich der Nutzer »Administrator«, kurz »Admin«. Weiterhin gibt es in jeder Access-Datenbank zwei Nutzergruppen: *Administratoren* und *Benutzer*. Solange Sie kein Administratoren-Passwort zugewiesen haben, merken Sie nichts vom internen Sicherheitsmodell. Das heißt jedoch noch lange nicht, dass es deaktiviert ist.

In diesem Zusammenhang werden Sie sicher über den Begriff »Owner« oder »Besitzer« stolpern. Damit ist der Nutzer gemeint, der die zu sichernden Datenbankobjekte erstellt hat.

Informationen über die vorhandenen Nutzer und Nutzergruppen sowie deren Passwörter werden in der Systemdatenbank *System.mdw* abgelegt. Welche Rechte die Nutzer an einzelnen Datenbank-Objekten haben, wird verständlicherweise in der eigentlichen Datenbank (nicht in der Systemdatenbank!) abgelegt.

Die eigentliche Vergabe von Rechten sieht komplizierter aus als sie ist. Auf jeden Fall muss dabei zwischen den Rechten einer Gruppe und den Rechten einer einzelnen Person unterschieden werden.

Weisen Sie der Gruppe »Buchhalter« die Berechtigungen an der Tabelle *Gehälter* zu, können alle Nutzer, die dieser Gruppe zugeordnet sind, auf diese Tabelle zugreifen, auch wenn die einzelne Person diese Rechte nicht hat. Die folgende Abbildung soll dies verdeutlichen.

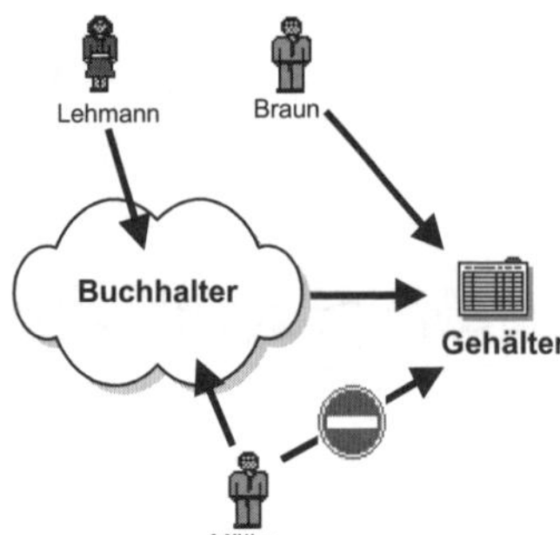

Abbildung 10.13 Berechtigungen in der Beispieldatenbank

Lehmann und Müller sind beide der Gruppe »Buchhalter« zugeordnet und können dadurch auf die Tabelle *Gehälter* zugreifen. Müller als einfacher Nutzer hat keinen Zugriff (dieser Fall tritt auf, wenn er aus »Buchhalter« entfernt wird). Etwas anders sieht es mit Braun aus, der zwar nicht Mitglied der Gruppe ist, dafür aber Nutzerrechte hat, die den Zugriff auf die Tabelle *Gehälter* erlauben.

HINWEIS In diesem Zusammenhang sei noch einmal an die Thematik »Abfragen« erinnert. Eine Option der Access SQL-Abfrage war WITH OWNERACCESS OPTION. Ist diese Option angegeben, kann ein Nutzer die SQL-Abfrage auf den zugrunde liegenden Tabellen ausführen, auch wenn ihm die Rechte an den Tabellen selbst fehlen. Für die Abfrage werden die Rechte der Person verwendet, die die Abfrage erzeugt hat (der Owner). Wird der Owner der Abfrage gelöscht, kann die Abfrage nicht mehr ausgeführt werden.

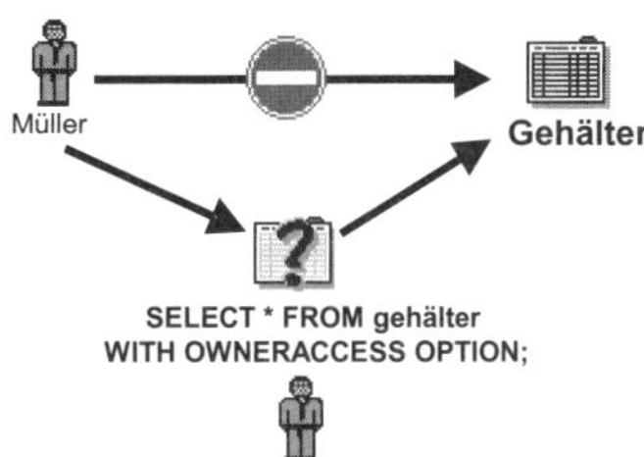

Abbildung 10.14 Berechtigungen in der Beispieldatenbank

Nun wollen wir uns der eigentlichen Programmierung zuwenden, die alle noch offenen Fragen hoffentlich beantworten wird.

Sichern auf Datenbankebene

An dieser Stelle möchten wir Ihnen noch einmal kurz die Zuweisung eines Datenbankpasswortes demonstrieren.

BEISPIEL

Neue Datenbank mit Passwortschutz erzeugen

```
Dim catalog As New ADOX.Catalog()
catalog.Create("Provider=Microsoft.Jet.OLEDB.4.0;Data Source=c:\test.mdb;" & _
               "JET OLEDB:System Database=.\SYSTEM.MDW;Jet OLEDB:Database Password=geheim")
```

BEISPIEL

Öffnen der geschützten Datenbank (*ConnectionString*)

```
Provider=Microsoft.Jet.OLEDB.4.0; Data Source=c:\Test.mdb;Jet OLEDB:Database Password=geheim
```

Erstellen neuer Benutzer und Gruppen

Auch das Erstellen von Benutzern und Gruppen ist mit den ADOX problemlos möglich. Die folgende Abbildung zeigt noch einmal die relevanten Objekte.

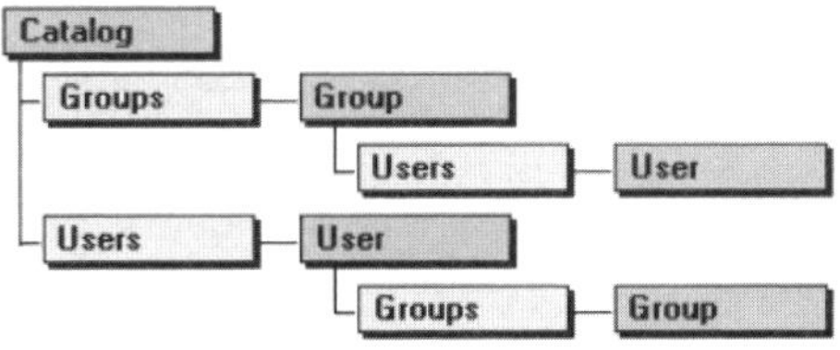

Abbildung 10.15 Übersicht der Klassen

BEISPIEL

Hinzufügen einer Gruppe »Buchhalter«

```
Dim catalog As New ADOX.Catalog()
```

```
Dim conn As New ADODB.Connection()
Dim cmd As ADODB.Command
Dim key As ADOX.Key
conn.ConnectionString = "Provider=Microsoft.Jet.OLEDB.4.0;Data Source=c:\test.mdb;" & _
                        "Jet OLEDB:System database=C:\SYSTEM.MDW"
conn.Open()
With catalog
    .ActiveConnection = conn
    .Groups.Append("Buchhalter")
```

Hinzufügen der Personen »Müller«, »Braun« und »Chef« sowie Festlegen eines Kennworts für den Chef:

```
    .Users.Append("Müller", "")
    .Users.Append("Braun", "")
    .Users.Append("Chef", "")
    .Users("Chef").ChangePassword("", "pwChef")
End With
```

HINWEIS Wer aufmerksam die Dokumentation der ADOX studiert hat, wird einwenden, dass mit dem zweiten Parameter der Methode *Append* bereits ein Passwort zugewiesen werden kann. Soweit die Theorie, in der Praxis zeigt sich jedoch, dass Sie das Passwort erst mit der Methode *ChangePassword* richtig setzen können.

BEISPIEL

Zuordnen der Nutzer in Gruppen.

```
Dim catalog As New ADOX.Catalog()
Dim conn As New ADODB.Connection()
Dim cmd As ADODB.Command
Dim key As ADOX.Key
conn.ConnectionString = "Provider=Microsoft.Jet.OLEDB.4.0;Data Source=c:\test.mdb;" + _
                        "Jet OLEDB:System database=C:\SYSTEM.MDW"
conn.Open()
catalog.ActiveConnection = conn
catalog.Groups("Buchhalter").Users.Append("Müller", "")
catalog.Groups("Buchhalter").Users.Append("Braun", "")
```

HINWEIS Die obigen Beispiele dürften recht eindrucksvoll zeigen, wie intuitiv das Erzeugen von Usern und Gruppen mit Hilfe der ADOX ist.

BEISPIEL

Nachträgliches Ändern des Passworts von »Braun«.

```
...
  catalog.Users("Braun").ChangePassword("pwBraun", "geheim")
```

BEISPIEL

Entfernen von »Braun« aus der Gruppe »Administratoren«.

```
...
  catalog.Groups("Admins").Users.Delete("Braun")
```

Vergabe von Rechten

Das Zuordnen von Rechten an Datenbankobjekten verläuft auch bei den ADOX nach dem Prinzip, dass für einen Nutzer bzw. eine Gruppe Rechte an einzelnen Objekten gewährt bzw. entzogen werden.

Syntax:

```
Group|User.SetPermissions(ObjektName, ObjectType, Action, Rights, Inherit, ObjectTypeId)
```

- Mit *ObjectName* ist der Bezeichner des jeweiligen Datenbankobjekts (Tabellenname oder Abfragename etc.) gemeint.
- *ObjectType* spezifiziert die Art des Datenbankobjekts (z.B. *adPermObjTable, adPermObjDatabase, adPermObjView, adPermObjProcedure*).

Der Parameter *Action* kann folgende Werte annehmen:

Konstante	Beschreibung
adAccessGrant	Die Gruppe oder der Benutzer erhält mindestens die angeforderten Berechtigungen
adAccessSet	Die Gruppe oder der Benutzer erhält genau die angeforderten Berechtigungen
adAccessDeny	Der Gruppe oder dem Benutzer werden die angegebenen Berechtigungen verweigert bzw. entzogen
adAccessRevoke	Alle der Gruppe oder dem Benutzer ausdrücklich gewährten Zugriffsrechte werden widerrufen

Tabelle 10.11 Konstanten für Action

Die folgende Tabelle zeigt die Rechte (Parameter *Rights*) im Einzelnen:

Konstante	Beschreibung
adRightExecute	Berechtigung, das Objekt auszuführen (Abfrage)
adRightRead	Berechtigung, das Objekt zu lesen/öffnen (Datenbank, Tabelle)
adRightUpdate	Berechtigung, das Objekt zu aktualisieren/ändern (z.B. Tabelle)
adRightInsert	Berechtigung, in das Objekt Daten einzufügen (z.B. Records)
adRightDelete	Berechtigung, Daten im Objekt zu löschen (z.B. Records)
adRightReference	Berechtigung, auf das Objekt zu verweisen
adRightCreate	Berechtigung, das jeweilige Objekt zu erstellen
adRightWithGrant	Berechtigung, das Objekt zu verwalten
adRightReadDesign	Berechtigung, die Struktur des Objekts zu lesen
adRightWriteDesign	Berechtigung, die Struktur des Objekts zu schreiben
adRightFull	Summe aller o.g. Rechte
adRightNone	Keine Rechte
adRightDrop	Berechtigung, das Objekt zu löschen

Tabelle 10.12 Konstanten für *Rights*

Konstante	Beschreibung
adRightExclusiv	Berechtigung, auf das Objekt exklusiv zuzugreifen (z.B. Datenbank)
adRightReadPermissions	Berechtigung, die Zugriffsrechte des Objekts zu lesen
adRightWritePermissions	Berechtigung, die Zugriffsrechte des Objekts zu schreiben
adRightWriteOwner	Berechtigung, den Owner des Objekts zu ändern

Tabelle 10.12 Konstanten für *Rights* (Fortsetzung)

Die folgenden Beispiele zeigen Ihnen den praktischen Einsatz.

BEISPIEL

Herrn Braun werden alle Rechte an der Tabelle *Gehälter* zugewiesen.

```
Dim catalog As New ADOX.Catalog()
Dim conn As New ADODB.Connection()

conn.ConnectionString = "Provider=Microsoft.Jet.OLEDB.4.0;Data Source=c:\test.mdb;" & _
                        "Jet OLEDB:System database=C:\SYSTEM.MDW" & _
                        ";User Id=Chef;Password=pwChef;"
conn.Open()
catalog.ActiveConnection = conn
catalog.Users("Braun").SetPermissions("Gehälter", ObjectTypeEnum.adPermObjTable, _
      ActionEnum.adAccessSet, RightsEnum.adRightFull, InheritTypeEnum.adInheritNone, )
```

BEISPIEL

Der Gruppe »Buchhalter« werden die Leserechte an der Tabelle *Gehälter* erteilt.

```
Dim catalog As New ADOX.Catalog()
Dim conn As New ADODB.Connection()

conn.ConnectionString = "Provider=Microsoft.Jet.OLEDB.4.0;Data Source=c:\Test.mdb;" & _
                        "Jet OLEDB:System Database=C:\SYSTEM.MDW" & _
                        ";User Id=Chef;Password=pwChef;"
conn.Open()
catalog.ActiveConnection = conn
catalog.Groups("Buchhalter").SetPermissions("Gehälter", ObjectTypeEnum.adPermObjTable, _
          ActionEnum.adAccessSet, RightsEnum.adRightRead, InheritTypeEnum.adInheritNone, )
```

HINWEIS Möchten Sie Rechte an allen Objekten eines Typs (z.B. alle Tabellen) vergeben, lassen Sie den Objektnamen einfach weg (Leerstring). Über den *ObjectType*-Parameter wird der Objekttyp eindeutig bestimmt.

HINWEIS Bei der Vergabe von Rechten sollten Sie nicht zu kleinlich verfahren. Einige Berechtigungen müssen zugewiesen werden, ansonsten kann Microsoft Access (bzw. Ihre Visual Basic-Applikation) die Datenbank nicht korrekt öffnen. Dies trifft zum Beispiel auf die Systemtabellen zu. Am einfachsten ist es, wenn Sie jeden Nutzer zusätzlich zur Gruppe »Benutzer« hinzufügen.

BEISPIEL

Für alle, die mit den logischen Operatoren noch nicht klar kommen:

```
Entziehen eines Rechts:  Permissions = Permissions And Not <Recht>
Bewilligen eines Rechts: Permissions = Permissions Or <Recht>
```

Verschlüsseln von Datenbanken

Alle bisher vorgestellten Verfahren haben einen wesentlichen Nachteil: Man kann zwar innerhalb der Datenbank verschiedene Sicherheitsstufen einführen, die physische Datei bleibt jedoch vollkommen ungeschützt. Ist ein ungebetener Gast an Informationen interessiert, kann er sich mit einem simplen Editor tiefe Einblicke verschaffen[1].

```
Daten.mdb - Editor
Datei  Bearbeiten  Format  Ansicht  ?
ÿþHILAAÿþHILARIÓN-AbastosÿþCarrera 22 con Ave. Carlos Soublette #8-35ÿþSan
CristóbalÿþTáchiraÿþ5022ÿþVenezuela¦ ' < , s G 5 . • ÿ?• ß*  •       à,á@     `^á@     _á@•
•ì•     ÿþBOTTMÿþBottom-Dollar Marketsÿþ23 Tsawassen Blvd.ÿþTsawassenB C ÿþT2F 8M4ÿþKanada• x o
k ` L 5 . • ÿ?• þ*  •       à,á@     †á@     †á@•    @ú•     ÿþSPLIRÿþSplit Rail Beer &
AleÿþP.O. Box 555ÿþLanderW Y ÿþ82520ÿþUSAr m f b Z L 5 . • ÿ?• Ý*  •       À,á@     @^á@
_á@•   "P•     ÿþLACORÿþLa corne d'abondanceÿþ67, avenue de
l'EuropeÿþVersaillesÿþ78000ÿþFrankreich, v o o c K 5 . • ÿ7• Ü*  •       À,á@     @^á@     _á@•
 È        ÿþLACORÿþLa corne d'abondanceÿþ67, avenue de l'EuropeÿþVersaillesÿþ78000ÿþFrankreich,
v o o c K 5 . • ÿ7• Û*  •       À,á@     @^á@     à_á@•    ˜-•     ÿþFRANRÿþFrance
restaurationÿþ54, rue RoyaleÿþNantesÿþ44000ÿþFrankreichu i b b Z J 5 . • ÿ7• Ú*
À,á@    •†á@     ^á@•    @w•     ÿþBOLIDÿþBólido Comidas preparadasÿþC/ Araquil,
67ÿþMadridÿþ28023ÿþSpanienx o h h ` P 5 . • ÿ7• Ù*  •       ,á@     ^á@     •_á@•    4•
ÿþCOMMIÿþComércio MineiroÿþAv. dos Lusíadas, 23ÿþSão PauloS P ÿþ05432-043ÿþBrasilien, w l h ] G
5 . • ÿ?• Ø*  •       ,á@     ^á@     À_á@•    •b•     ÿþERNSHÿþErnst HandelÿþKirchgasse
```

Abbildung 10.16 Unverschlüsselte Datenbank

Wer sich an dieser Schwachstelle stört, der kann die Datenbank ja verschlüsseln. Bevor Sie damit aber beginnen, sollten Sie bedenken, dass jede Verschlüsselung zu Performance-Einbußen führt, denn bevor die Daten gelesen oder geschrieben werden können, muss die Engine erst eine entsprechende Konvertierung vornehmen.

HINWEIS Für alle, die eine geschützte Datenbank weitergeben wollen, ergibt sich ein zusätzliches Problem: Verschlüsselte Datenbanken lassen sich nicht mit den konventionellen Packprogrammen (ZIP, ARJ, RAR etc.) komprimieren. Ursache ist die Verwürfelung der Daten, die das Erkennen redundanter Informationen ausschließt.

An dieser Stelle werden Sie vielleicht überrascht sein, mit JRO schon wieder eine neue Klassenbibliothek kennen zu lernen. Hierbei handelt es sich um die *Jet and Replication Objects*. Der Name deutet es zwar nicht direkt an, aber diese Objekte bieten geeignete Methoden, um unter anderem auch Access-Datenbanken zu verschlüsseln. Haupteinsatzgebiet ist allerdings die Replikation von Datenbanken, wir kommen in einem der folgenden Abschnitte darauf zurück.

---

[1] Die Struktur ist zwar nicht so einfach wie der Aufbau von dBase-Dateien, es lassen sich jedoch genügend Einzelheiten erkennen.

HINWEIS Binden Sie einen Verweis auf »Microsoft Jet and Replication Objects 2.6« ein.

BEISPIEL

Verschlüsseln der Datenbank *Test.mdb*

```
Imports System.IO
...
    Dim JE As New JRO.JetEngine()

    If File.Exists("c:\Test_BCK.mdb") Then File.Delete("c:\Test_BCK.mdb")
    JE.CompactDatabase("Data Source=c:\Test.mdb;Jet OLEDB:Database Password=test", _
                       "Data Source=c:\Test_BCK.mdb;Jet OLEDB:Encrypt Database=True;" & _
                       "Jet OLEDB:Database Password=test")
    If File.Exists("c:\test_BCK.mdb") Then File.Delete("c:\Test.mdb")
    File.Copy("c:\test_BCK.mdb", "c:\test.mdb")
    If File.Exists("c:\Test.mdb") Then File.Delete("c:\Test_BCK.mdb")
```

Da wir die Datei nicht einfach umbenennen können, müssen wir etwas mehr Aufwand treiben: Nach dem Löschen der eventuell noch vorhandenen Backup-Datei wird mit Hilfe der Methode *CompactDatabase* die Datenbank verschlüsselt. Nachfolgend kann dann die neue Datei umbenannt werden.

Der notorische Schnüffler dürfte jetzt seine böse Überraschung erleben:

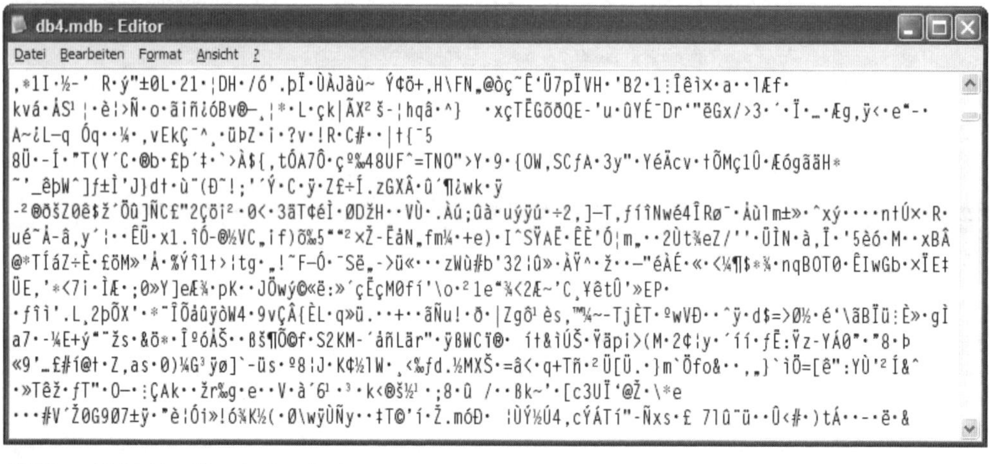

Abbildung 10.17 Verschlüsselte Datenbank

Einbinden externer Tabellen

Access-Datenbanken bieten mit dem Einbinden von externen Datenquellen ein besonderes Feature, um dem Desktop-Programmierer die Arbeit zu erleichtern. Diese Art des Datenzugriffs unterscheidet sich grundsätzlich vom reinen Import. Die Daten bleiben in ihrem bestehenden Datenformat, lediglich aus der Sicht des Programmierers handelt es sich um eine Access-Tabelle (mit einigen Einschränkungen), die für die weitere Bearbeitung zur Verfügung steht.

Grundsätzlich bieten sich zwei Varianten an, jedoch nur letztere kann empfohlen werden:

- Direktes Öffnen der externen Tabelle
- Einbinden der externen Tabelle

Die erste Variante ist zwar flexibler, dafür dauert der Verbindungsaufbau aber etwas länger, da die Datenbank-Engine beim Einbinden einer Tabelle einige Zusatzinformationen speichert, die einen späteren Verbindungsaufbau beschleunigen sollen. Gespeichert werden diese Informationen in der Access-Datenbank, über die auch alle weiteren Zugriffe laufen (Öffnen der Tabelle, Einfügen, Löschen, Suchen etc.).

Erstellen einer Verbindung

Zum Erstellen einer Verbindung mit Hilfe der ADOX erzeugen Sie zunächst die entsprechende Verknüpfung. Nachfolgend können Sie eine Verbindung erzeugen.

BEISPIEL

Verknüpfen einer dBase-Tabelle

```
Dim catalog As New ADOX.Catalog()
Dim conn As New ADODB.Connection()
Dim table As New ADOX.Table()

conn.ConnectionString = "Provider=Microsoft.Jet.OLEDB.4.0;Data Source=C:\testdb.mdb;"
conn.Open()
catalog.ActiveConnection = conn

table.Name = "ExterneDBASETabelle"
With table
    .ParentCatalog = catalog
    .Properties("Jet OLEDB:Create Link").Value = True
    .Properties("Jet OLEDB:Link Provider String").Value = "dBase 5.0;"
    .Properties("Jet OLEDB:Link Datasource").Value = "C:\TEMP"
    .Properties("Jet OLEDB:Remote Table Name").Value = "Personen.dbf"
End With
catalog.Tables.Append(table)
```

Der Blick in die Access-Datenbank zeigt das gewünschte Resultat:

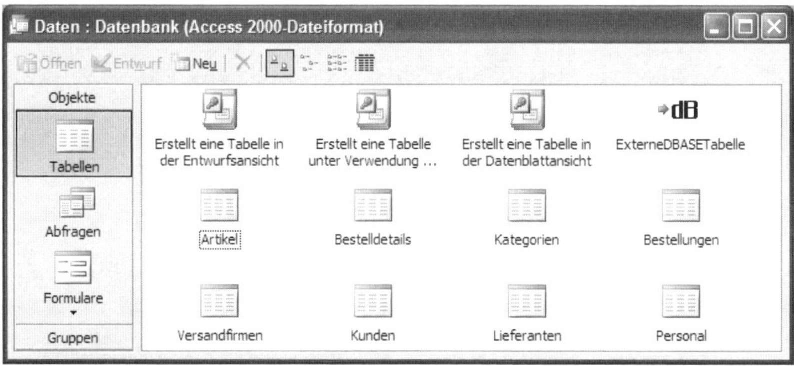

Abbildung 10.18 Externe dBase-Tabelle

Wie Sie sehen, kommen Sie nicht um die Verwendung von speziellen Eigenschaften herum, auch wenn der Ablauf dem normalen Erstellen einer Tabelle gleicht. Die folgende Tabelle zeigt die Bedeutung.

Eigenschaft	Beschreibung
Jet OLEDB:Create Link	Setzen Sie diesen Wert auf *True*, um eine Verknüpfung zu erzeugen
Jet OLEDB:Exclusive Link	Setzen Sie diesen Wert auf *True*, wenn Sie exklusiven Zugriff auf die Datenquelle wünschen
Jet OLEDB:Link Datasource	Datenbankname (meist der Verzeichnisname)
Jet OLEDB:Link Provider String	Der eigentliche Connection-String, mit dem Sie auch den Datentyp spezifizieren (z.B. "Excel 8.0;")
Jet OLEDB:Remote Table Name	Tabellenname
Jet OLEDB:Cache Link Name/Password	Setzen Sie diesen Wert auf *True*, wenn Sie gegebenenfalls Anmeldenamen und -passwort in der Access-Datenbank speichern möchten

Tabelle 10.13 Spezifische Eigenschaften

HINWEIS Bevor Sie am Connection-String verzweifeln, machen Sie es sich doch einfach: Erstellen Sie mit Access die gewünschte Verknüpfung, öffnen Sie diese im Entwurfsmodus und wählen Sie danach *Eigenschaften*. Unter *Beschreibung* finden Sie die gewünschten Einträge:

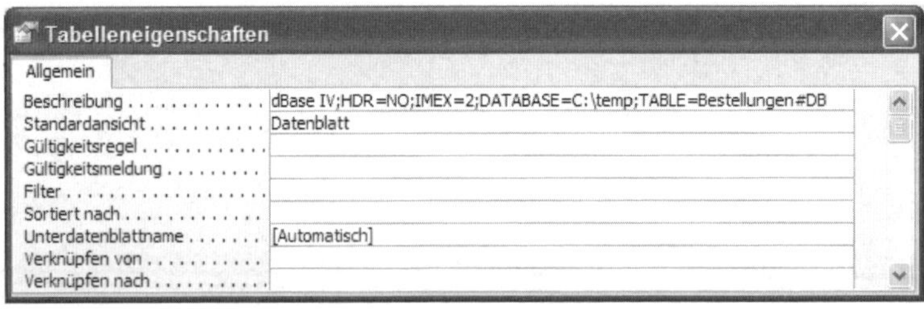

Abbildung 10.19 Tabelleneigenschaften

Aktualisieren einer Verbindung

Die Verbindung aktualisieren Sie, indem Sie sowohl die Eigenschaft *Jet OLEDB:Link Datasource* als auch *Jet OLEDB:Create Link* erneut setzen.

BEISPIEL

Aktualisieren einer Verbindung

```
Dim catalog As New ADOX.Catalog()
Dim conn As New ADODB.Connection()

conn.ConnectionString = "Provider=Microsoft.Jet.OLEDB.4.0;Data Source=c:\testdb.mdb;"
conn.Open()
catalog.ActiveConnection = conn

catalog.Tables("ExterneDBASETabelle").Properties("Jet OLEDB:Create Link").Value = True
catalog.Tables("ExterneDBASETabelle").Properties("Jet OLEDB:Link Datasource").Value = "C:\TEMP2"
```

Löschen einer Verbindung

Erwartungsgemäß genügt ein Löschen der entsprechenden Tabelle (in der Access-Datenbank) um die Verbindung zu lösen.

BEISPIEL

Löschen einer Verbindung.

```
Dim catalog As New ADOX.Catalog()
Dim conn As New ADODB.Connection()

conn.ConnectionString = "Provider=Microsoft.Jet.OLEDB.4.0;Data Source=c:\testdb.mdb;"
conn.Open()
catalog.ActiveConnection = conn
catalog.Tables.Delete("ExterneDBASETabelle")
```

Replizieren von Datenbanken

Mit Hilfe der Aktenkoffer-Replikation können Sie mehrere Kopien einer Datenbank auf verschiedenen Rechnern erzeugen. Die Bezeichnung »Kopie« trifft eigentlich nicht den Kern, werden doch die erzeugten Duplikate bei Bedarf synchronisiert, d.h., es erfolgt ein Datenabgleich, sodass alle Versionen auf dem gleichen Stand sind.

Ein Außendienstmitarbeiter möchte die Artikel-Stammdaten auf seinem Laptop speichern, gleichzeitig aber soll in der Firma mit den Daten gearbeitet werden. In diesem Fall bietet sich eine Aktenkoffer-Replikation an. Ist der Mitarbeiter von seiner Dienstreise zurückgekehrt, kann er in der Firma die Daten auf seinem Laptop auf den aktuellen Stand bringen. Außerdem werden die von ihm vorgenommenen Änderungen in der Originaldatei gespeichert.

Begriffe

Im Zusammenhang mit der Replikation von Datenbanken sind drei Begriffe interessant:

Designmaster
: Das »Original«. Diese Datenbank bestimmt das Layout aller Replikate, Änderungen an der Datenbankstruktur sind nur im Designmaster zulässig. Da es nur ein »Original« geben kann, kann auch nur eine Datenbank in der Replikatgruppe der Designmaster sein.

  Bei der Umwandlung der Originaldatenbank in den Master werden strukturelle Änderungen vorgenommen. Dies betrifft beispielsweise Zählerfelder, die in Felder mit eindeutigen Zufallswerten[1] umgewandelt werden. Weiterhin werden drei neue Systemtabellen angelegt.

Replikat
: Eine »Kopie« der Originaldatenbank. Es kann lediglich die Datenbasis verändert werden, die Struktur bestimmt der Designmaster.

Replikatgruppe
: Alle Replikate, die von einem Designmaster abgeleitet wurden, sowie die Master-Datenbank.

[1] Die Verwendung von Zufallswerten ist nötig, um Überschneidungen beim Synchronisieren zu vermeiden.

HINWEIS Sowohl Designmaster als auch die Replikate können Objekte (Tabellen, Formulare etc.) enthalten, die **nicht** in die Synchronisierung einbezogen werden (lokale Daten).

Aufbau einer Replikatgruppe

Um eine funktionierende Replikatgruppe aufzubauen, können Sie eine der folgenden Möglichkeiten nutzen:

- Microsoft Access, über den Menübefehl *Extras/Replikation*[1]
- Aktenkoffer-Replikation, über das entsprechende Desktop-Symbol
- Microsoft Replication Manager, in der Microsoft ODE enthalten
- Programmierung mit Hilfe der DAOs
- Programmierung mit Hilfe der JROs.

Wer bereits früher mit Replikationen gearbeitet hat, wird eine wesentliche Änderung vorfinden: Im Unterschied zu früheren Versionen (vor Access 2000) ist es nun auch möglich, nicht nur Änderungen auf Satzebene abzugleichen, sondern auch Änderungen auf Spaltenebene.

Probleme bei Replikationen

Neben den Vorteilen der Replikation müssen Sie auch einige Nachteile in Kauf nehmen:

- Sollen zwei Datenbanken abgeglichen werden, in denen hauptsächlich Änderungen (Updates) vorgenommen wurden, kann es leicht zu Konflikten kommen. Wird beispielsweise ein und derselbe Datensatz in der Master- und in der Replikatdatenbank geändert, muss der auftretende Konflikt manuell (mit Eingabemaske) beseitigt werden. Sie können sich vorstellen, zu welcher Sisyphusarbeit dies bei mehreren hundert Datensätzen ausartet.
- Ein weiteres Problem ist die Gewährleistung der Datenkonsistenz. So kann sich beispielsweise ein Vertreter nach längerer Abwesenheit nicht mehr darauf verlassen, dass die Anzahl der Artikel in seiner Replikatdatenbank mit der tatsächlichen Anzahl (Masterdatenbank) übereinstimmt. Das Replikat stellt lediglich einen »Schnappschuss« des letzten Abgleichs dar.
- Sind mehrere Replikate von einer Datenbank erstellt worden, müssen diese regelmäßig untereinander abgeglichen werden, um die Datenkonsistenz zu gewährleisten. Dies kann zu einem recht aufwändigen Prozess ausarten, da jedes Replikat mit jedem anderen Replikat verglichen werden muss. Sollen beispielsweise drei Datenbanken A, B, C synchronisiert werden, ist es notwendig, A mit B, B mit C und zuletzt B mit A abzugleichen. In diesem Zusammenhang werden verschiedene Topologien eingesetzt (Stern, Ring ...).

HINWEIS An dieser Stelle wollen wir lediglich auf einige Probleme und Besonderheiten im Zusammenhang mit der Datenreplikation eingehen. Für eine vollständige Darstellung des Themas fehlt an dieser Stelle einfach der Platz.

[1] Vorausgesetzt, Sie verfügen über Microsoft Access!

Nach den bisherigen theoretischen Abhandlungen wollen wir uns nun endlich der praktischen Umsetzung mit Hilfe der JROs zuwenden.

Vorbereitungen zur praktischen Umsetzung

Der erste Schritt zum Replizieren einer Datenbank ist das Hinzufügen der Eigenschaft *Replicable* (eine nutzerdefinierte Property). Allerdings muss dazu die Datenbank exklusiv geöffnet sein. Ist das nicht der Fall, wird zwar die Eigenschaft angelegt, die Datenbank aber nicht für die Replikation vorbereitet (die Eigenschaft hat einen Wert ungleich »T«).

Die JRO beschränken sich auf den simplen Aufruf der Methode *MakeReplicable*. Der Methode übergeben Sie neben dem Namen der gewünschten Datenbank (diese muss sich exklusiv öffnen lassen) noch einen zusätzlichen Parameter, der bestimmt, ob Änderungen auf Spalten- (*True*) oder Recordebene (*False*) verfolgt werden.

BEISPIEL

Erzeugen eines Designmasters

```
Dim Rep As New JRO.Replica()
Rep.MakeReplicable("c:\test.mdb", False)
```

Danach dürfte das Tabellenlayout Ihrer Datenbank etwas anders ausschauen:

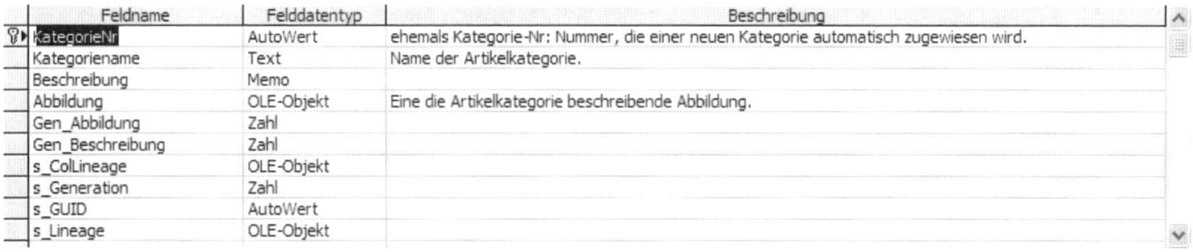

Feldname	Felddatentyp	Beschreibung
KategorieNr	AutoWert	ehemals Kategorie-Nr: Nummer, die einer neuen Kategorie automatisch zugewiesen wird.
Kategoriename	Text	Name der Artikelkategorie.
Beschreibung	Memo	
Abbildung	OLE-Objekt	Eine die Artikelkategorie beschreibende Abbildung.
Gen_Abbildung	Zahl	
Gen_Beschreibung	Zahl	
s_ColLineage	OLE-Objekt	
s_Generation	Zahl	
s_GUID	AutoWert	
s_Lineage	OLE-Objekt	

Abbildung 10.20 Geändertes Tabellenlayout

Hinzugekommen sind vier neue Felder, die zur internen Verwaltung der Replikation verwendet werden. *s_GUID* stellt einen eindeutigen Wert dar, mit dem jeder Zeile eine eindeutige ID zugeordnet werden kann. Dies gilt, im Unterschied zu einem Zählerfeld, auch für zwei getrennte Datenbanken. *s_Generation* gibt die Anzahl der Änderungen innerhalb des Datensatzes an. Mit *s_ColLineage* verwaltet Access Änderungen auf Feldebene, mit *s_Lineage* auf Satzebene.

HINWEIS Ganz nebenbei wird der Designmaster um einige neue Systemtabellen bereichert.

Replikat erstellen

Nachdem alle Vorarbeiten erledigt sind, können wir die ersten Replikate erstellen. Verantwortlich dafür ist die Methode *CreateReplica:*

```
Replica.CreateReplica(ReplicaName, Description, ReplicaType, Visibility, Priority, Updatability)
```

Übergeben Sie zunächst den Namen der neuen Datenbank und eine kurze Beschreibung. Der Parameter *ReplicaType* kann folgende Werte annehmen: *jrRepTypeFull* (vollständige Replikation, alle Datenbankobjekte werden repliziert) und *jrRepTypePartial* (es werden nur einige Objekte repliziert). Über *Visibility* stellen Sie den Grad der Sichtbarkeit ein (Global, Lokal, Anonym).

BEISPIEL

Erstellen eines Replikats der Datenbank *Test.mdb*:

```
Dim Rep As New JRO.Replica()
Dim conn As New ADODB.Connection()

conn.ConnectionString = "Provider=Microsoft.Jet.OLEDB.4.0;Data Source=C:\Test.mdb"
conn.Open()
Rep.ActiveConnection = conn

Rep.CreateReplica("C:\Beispiel_rep.mdb", "Kopie für den Vertreter", _
                  JRO.ReplicaTypeEnum.jrRepTypeFull, _
                  JRO.VisibilityEnum.jrRepVisibilityGlobal, -1, JRO.UpdatabilityEnum.jrRepUpdFull)
```

Möchten Sie nur ein Teilreplikat erstellen, müssen Sie vor dem Replizieren definieren, welche Tabellen/-Objekte nur lokal verwaltet werden sollen. Dazu steht die Methode *SetObjectReplicability* zur Verfügung. Übergeben Sie neben dem Namen des Objektes auch den Datentyp (z.B. *Tables*) und einen booleschen Wert (*True* = replizierbar).

BEISPIEL

Die Tabelle *Kunden* wird von der Replikation ausgeschlossen.

```
Dim Rep As New JRO.Replica()
Dim conn As New ADODB.Connection()

conn.ConnectionString = "Provider=Microsoft.Jet.OLEDB.4.0;Data Source=C:\Test.mdb"
conn.Open()
Rep.ActiveConnection = conn

Rep.SetObjectReplicability("Kunden", "Tables", False)
```

Abgleich von Kopie und Original

Beim Synchronisieren müssen Sie zwischen mehreren Varianten unterscheiden:

Konstante	Beschreibung
jrSyncTypeExport	Änderungen (Daten und Struktur) werden in das Replikat übertragen (der Master ist aktiv)
jrSyncTypeImport	Änderungen (nur Daten) werden in den Master übernommen (der Master ist aktiv)
jrSyncTypeImpExp	Änderungen werden in beiden Datenbanken übernommen

Tabelle 10.14 Konstanten für *Synchronize*

BEISPIEL

Vollständiger Abgleich zwischen Kopie und Original.

```
Dim Rep As New JRO.Replica()
Dim conn As New ADODB.Connection()
conn.ConnectionString = "Provider=Microsoft.Jet.OLEDB.4.0;Data Source=C:\Test.mdb"
conn.Open()
Rep.ActiveConnection = conn

Rep.Synchronize("c:\beispiel_rep.mdb", JRO.SyncTypeEnum.jrSyncTypeImpExp, _
                                        JRO.SyncModeEnum.jrSyncModeDirect)
```

Datenbankanalyse

Haben Sie es mit unbekannten Datenbanken zu tun, stehen Sie zunächst vor dem Problem, die Grundstruktur der Datenbank zu analysieren, angefangen bei den Tabellen über die Abfragen bis hin zu speziellen Eigenschaften. Ihr wichtigster Verbündeter ist in diesem Fall ADO bzw. ADOX. Zusätzlich bietet sich mittlerweile auch die *GetSchema*-Methode des *OleDbConnection*-Objekts an.

Verwendung von GetSchema

Diese Variante der Datenbankanalyse basiert voll und ganz auf ADO.NET-Technologien, Sie müssen also keine zusätzlichen Interop-Assemblies einbinden. Das Grundprinzip ist recht simpel gehalten:

1. Sie erzeugen zunächst ein *OleDBConnection*-Objekt[1].
2. Sie rufen die Methode *GetSchema* auf. Hier können Sie zum einen die Art der abzurufenden Informationen bestimmen, zum anderen lassen sich auch Bedingungen angeben, um die Informationsflut etwas einzudämmen.
3. Der Rückgabewert der Methode ist eine *DataTable*, die Sie in Ihrem Programm auswerten oder auch an ein Control binden können.
4. Alternativ kann die *DataTable* auch in das XML-Format umgewandelt werden, damit stehen weitere Möglichkeiten der Verarbeitung offen.

Welche Informationen können abgerufen werden?

Folgende Informationen können Sie abrufen:

- MetaDataCollections
- DataSourceInformation
- DataTypes
- Restrictions
- ReservedWords

---

[1] Das gleiche Verfahren ist auch für alle anderen Datenprovider realisierbar, hier steht jedoch der Zugriff auf Access-Datenbanken im Mittelpunkt.

- Columns
- Indexes
- Procedures
- Tables
- Views

Ein kleines Beispiel zeigt die Vorgehensweise:

BEISPIEL

Anzeige aller Tabellen einer Access-Datenbank in einem *DataGridView*

```
Dim conn As New OleDbConnection("Provider=Microsoft.Jet.OLEDB.4.0;" & _
                                "Data Source=C:\Testdb.mdb")
Dim dt As DataTable = Nothing

Try
    conn.Open()
    dt = conn.GetSchema("Tables")
Catch ex As Exception
    MessageBox.Show("Fehler: " & ex.Message)
    Return
Finally
    conn.Close()
End Try

DataGridView1.DataSource = dt
```

Die Ausgabe im *DataGridView*:

TABLE_CATALOG	TABLE_SCHEMA	TABLE_NAME	TABLE_TYPE	DESCRIPTION	DATE_CREATED	DATE_MODIFIED
		Abfrage1	VIEW		23.03.2006 21:40	23.03.2006 21:41
		Artikel	TABLE	Artikelnamen, Lieferant...	26.11.2004 08:38	28.03.2006 19:19
		Bestelldetails	TABLE	Details zu Artikeln, Anz...	26.11.2004 08:38	28.03.2006 19:19
		Bestellungen	TABLE	Kundenname, Bestelld...	26.11.2004 08:38	28.03.2006 19:19
		Kategorien	TABLE	Kategorien von Nordwi...	26.11.2004 08:38	28.03.2006 19:19
		Kunden	TABLE	Namen, Adressen und ...	26.11.2004 08:38	28.03.2006 19:19
		Kunden Abfrage	VIEW		23.03.2006 22:09	23.03.2006 22:19
		Lieferanten	TABLE	Namen, Adressen,Tele...	26.11.2004 08:38	28.03.2006 19:19
		MSysAccessObje...	ACCESS TABLE		19.01.2005 14:07	28.03.2006 19:19
		MSysAccessXML	ACCESS TABLE		01.12.2004 09:00	01.12.2004 09:00
		MSysACEs	SYSTEM TABLE		19.10.2004 10:56	19.10.2004 10:56

Abbildung 10.21 Die ermittelten Daten

Neben den eigentlichen Tabellen (Artikel, Bestelldetails etc.) werden auch Abfragen (Views) und die Systemtabellen angezeigt. Dass dürfte bei umfangreichen Datenbanken schnell zu Unübersichtlichkeit bei der Verarbeitung führen. Abhilfe schaffen die so genannten Einschränkungen, mit denen Sie die Daten filtern können.

Welche Einschränkungen können verwendet werden?

Die Art der jeweils möglichen Einschränkungen ist von den abzurufenden Informationen abhängig. Einschränkungen werden als String-Array unterschiedlicher Länge an die Methode *GetSchema* übergeben. Die folgende Tabelle zeigt eine Übersicht:

Collection	Mögliche Einschränkungen
MetaDataCollections, DataSourceInformation, DataTypes, Restrictions, ReservedWords	Keine
Tables	{TABLE_CATALOG, TABLE_SCHEMA, TABLE_NAME, TABLE_TYPE}
Procedures	{PROCEDURE_CATALOG, PROCEDURE_SCHEMA, PROCEDURE_NAME, PROCEDURE_TYPE}
Views	{TABLE_CATALOG, TABLE_SCHEMA, TABLE_NAME}
Columns	{TABLE_CATALOG, TABLE_SCHEMA, TABLE_NAME, COLUMN_NAME}
Indexes	{TABLE_CATALOG, TABLE_SCHEMA, INDEX_NAME, TYPE}

Tabelle 10.15 Mögliche Einschränkungen für die Collection-Auswahl

Ein Beispiel zeigt die Verwendung:

BEISPIEL

Nur die Spalten der Tabelle Kundenstammdaten sollen ermittelt werden

```
Dim conn As New OleDbConnection("Provider=Microsoft.Jet.OLEDB.4.0;" & _
                                "Data Source=C:\Testdb.mdb")
Dim dt As DataTable = Nothing
```

Die Einschränkung definieren:

```
Dim resValues As String() = New String(3) {}
resValues(2) = "Kundenstammdaten"
Try
   conn.Open()
   dt = conn.GetSchema("Columns", resValues)
Catch ex As Exception
   MessageBox.Show("Fehler: " & ex.Message)
   Return
Finally
   conn.Close()
End Try
DataGridView1.DataSource = dt
```

Die Ausgabe im *DataGridView*:

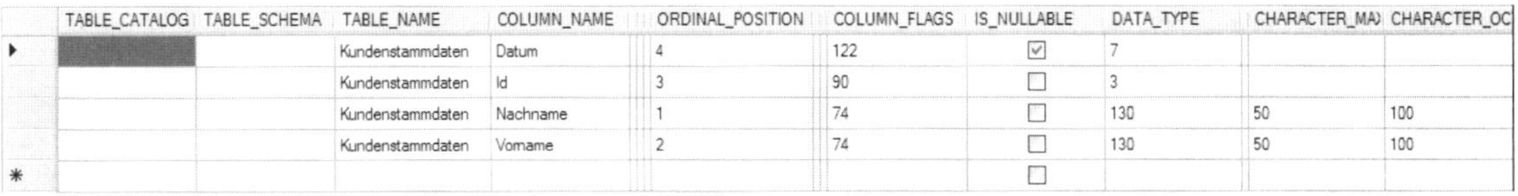

	TABLE_CATALOG	TABLE_SCHEMA	TABLE_NAME	COLUMN_NAME	ORDINAL_POSITION	COLUMN_FLAGS	IS_NULLABLE	DATA_TYPE	CHARACTER_MA)	CHARACTER_OC
▸			Kundenstammdaten	Datum	4	122	☑	7		
			Kundenstammdaten	Id	3	90	☐	3		
			Kundenstammdaten	Nachname	1	74	☐	130	50	100
			Kundenstammdaten	Vorname	2	74	☐	130	50	100
*							☐			

Abbildung 10.22 Abfrageergebnis

So schön die Verwendung von *GetSchema* auf den ersten Blick ist, so werden Sie doch recht schnell feststellen, dass Sie im Zusammenhang mit Access-Datenbanken auf diesem Weg nicht alle gewünschten Informationen ermitteln können. So werden Sie früher oder später doch wieder mit den ADOX arbeiten, weshalb wir Ihnen diese trotz der Möglichkeiten von *GetSchema* noch einmal vorstellen möchten.

Datenbankeigenschaften mit ADOX ermitteln

Alle relevanten Datenbank-Eigenschaften können Sie, wie fast schon vermutet, über die *Properties*-Collection einer *ADODB.Connection*-Komponente abfragen.

BEISPIEL

Anzeige aller Eigenschaften sowie deren Werte.

```
Dim conn As New ADODB.Connection()
conn.ConnectionString = "Provider=Microsoft.Jet.OLEDB.4.0;Data Source=C:\Test.mdb;"
conn.Open()
ListBox1.Items.Clear()
For i As Integer = 0 To conn.Properties.Count - 1
  Try
    ListBox1.Items.Add(conn.Properties(i).Name & ": " & conn.Properties(i).Value.ToString)
  Catch
  End Try
Next
```

Das Beispiel liefert die folgenden Eigenschaften (auszugsweise):

```
Active Sessions: 128
Asynchable Commit: False
Catalog Location: 1
Catalog Term: Database
Column Definition: 1
NULL Concatenation Behavior: 2
Data Source Name: C:\Test.mdb
Read-Only Data Source: False
DBMS Name: MS Jet
DBMS Version: 04.00.0000
GROUP BY Support: 4
Heterogeneous Table Support: 2
Identifier Case Sensitivity: 8
Maximum Index Size: 255
Maximum Row Size: 4049
Maximum Tables in SELECT: 0
Multiple Storage Objects: False
Multi-Table Update: True
NULL Collation Order: 4
OLE Object Support: 1
ORDER BY Columns in Select List: False
Prepare Abort Behavior: 1
Prepare Commit Behavior: 2
Provider Name: MSJETOLEDB40.DLL
OLE DB Version: 02.10
...
```

Tabellen mit ADOX bestimmen

Zur Datenbankanalyse zählen in jedem Fall auch die Ermittlung aller Tabellen sowie deren Spalten und Eigenschaften. Ansatzpunkt ist ein initialisiertes ADOX *Catalog*-Objekt.

HINWEIS Nutzen Sie die Collection *Tables*, um zunächst alle Tabellen zu ermitteln!

In der *Tables*-Collection werden auch die internen Access-Tabellen zurück gegeben, über die *Type*-Eigenschaft können Sie zwischen den folgenden Tabellentypen unterscheiden:

Typ	Beschreibung
ACCESS TABLE	Eine Microsoft Access-Systemtabelle
LINK	Eine gelinkte Nicht-ODBC-Tabelle
PASS-THROUGH	Eine gelinkte ODBC-Tabelle
SYSTEM TABLE	Eine Microsoft Jet-Systemtabelle
TABLE	Eine »normale« Access-Tabelle
VIEW	Eine Abfrage ohne Parameter

Tabelle 10.16 Tabellentypen in Access-Datenbanken

Für die weitere Auswertung sind vor allem die Collections *Properties*, *Columns*, *Keys* und *Indexes* interessant.

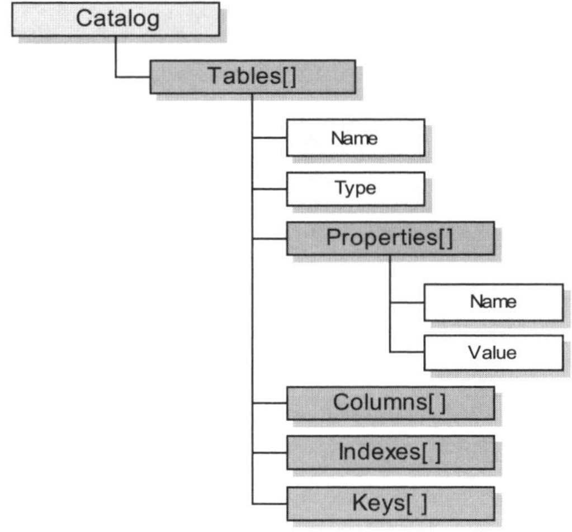

Abbildung 10.23 Objektstruktur

Ein etwas umfangreicheres Beispiel demonstriert die Verwendung.

BEISPIEL

Wir wollen alle Tabellen der Datenbank *Test.mdb* und deren wichtigste Eigenschaften in einem Listenfeld darstellen.

```
Dim conn As New ADODB.Connection()
Dim catalog As New ADOX.Catalog()

conn.ConnectionString = "Provider=Microsoft.Jet.OLEDB.4.0;Data Source=C:\Test.mdb"
conn.Open()
TextBox1.Clear()
catalog.ActiveConnection = conn
```

Alle Tabellen auflisten:

```
For i As Long = 0 To catalog.Tables.Count - 1
  TextBox1.AppendText(catalog.Tables(i).Name & Environment.NewLine)
```

Direkte Tabellen-Eigenschaften bestimmen:

```
  TextBox1.AppendText("    Typ        : " & catalog.Tables(i).Type & Environment.NewLine)
  TextBox1.AppendText("    Erstellt am: " & catalog.Tables(i).DateCreated & Environment.NewLine)
  TextBox1.AppendText("    Änderung am: " & catalog.Tables(i).DateModified & Environment.NewLine)
```

Die Properties-Auflistung darstellen:

```
  TextBox1.AppendText("    Properties : " & Environment.NewLine)
  For j As Long = 0 To catalog.Tables(i).Properties.Count - 1
    Try
      TextBox1.AppendText("        " & catalog.Tables(i).Properties(j).Name & ": " & _
                              catalog.Tables(i).Properties(j).Value & Environment.NewLine)
    Catch
    End Try
  Next
```

Die Spalten anzeigen (über die Eigenschaft Type können Sie den Datentyp ermitteln):

```
  TextBox1.AppendText("    Spalten : " & Environment.NewLine)
  For j As Long = 0 To catalog.Tables(i).Columns.Count - 1
    TextBox1.AppendText("        " & catalog.Tables(i).Columns(j).Name & Environment.NewLine)
  Next
```

Die Indizes auslesen (in Klammern werden die zugehörigen Spalten angezeigt):

```
  TextBox1.AppendText("    Indizes : " & Environment.NewLine)
  For j As Long = 0 To catalog.Tables(i).Indexes.Count - 1
    Dim s As String = String.Empty
    For k As Long = 0 To catalog.Tables(i).Indexes(j).Columns.Count - 1
      s &= catalog.Tables(i).Indexes(j).Columns(k).Name + " "
    Next
    TextBox1.AppendText("        " & catalog.Tables(i).Indexes(j).Name & _
                        " -> [" & s.Trim & "]" + Environment.NewLine)
  Next
```

Die Tabellenschlüssel bestimmen:

```
  TextBox1.AppendText("    Schlüssel: " & Environment.NewLine)
  For j As Long = 0 To catalog.Tables(i).Keys.Count - 1
    Dim s = String.Empty
```

```
        For k As Long = 0 To catalog.Tables(i).Keys(j).Columns.Count - 1
          s &= catalog.Tables(i).Keys(j).Columns(k).Name & " "
        Next
        TextBox1.AppendText("        " & catalog.Tables(i).Keys(j).Name & _
                            " -> [" & s.Trim + "]" & Environment.NewLine)
      Next
    Next
```

Die vom obigen Beispiel erzeugte Ausgabe (auszugsweise, nur Tabelle *Mitarbeiter*):

```
Mitarbeiter
    Typ        : TABLE
    Erstellt am: 11.04.2003 14:26:53
    Änderung am: 11.04.2003 14:26:54
    Properties :
        Jet OLEDB:Table Validation Text:
        Jet OLEDB:Link Provider String:
        Jet OLEDB:Link Datasource:
    Spalten :
        Anrede
        Geburtstag
        Gehalt
        Nachname
        Nr
        RaumId
        Telefon
        TelefonId
        Vorgesetzter
        Vorname
    Indizes :
        PrimaryKey -> [Nr]
        Anrede -> [Anrede]
        Nachname -> [Nachname]
        RaumId -> [RaumId]
        TelefonId -> [TelefonId]
        Vorgesetzter -> [Vorgesetzter]
        Vorname -> [Vorname]
    Schlüssel:
        PrimaryKey -> [Nr]
```

Sichten/Abfragen mit ADOX bestimmen

Haben Sie sich bereits mit Access-Datenbanken beschäftigt, wissen Sie auch, dass in der Access-Datenbank Abfragen gespeichert werden können. Beim Blick in die ADOX-Hilfe werden Sie allerdings feststellen, dass Ihnen das *Catalog*-Objekt sowohl eine *Views* als auch eine *Procedures*-Collection anbietet. Die Aussage »Abfragen mit Parametern werden in die *Procedures*-Collection aufgenommen« ist zwar richtig, der Umkehrschluss ist allerdings nicht erlaubt. Sie sollten deshalb immer **beide** Collections abfragen, bei der *Procedures*-Collection können Sie zusätzlich die *Parameters*-Auflistung abfragen.

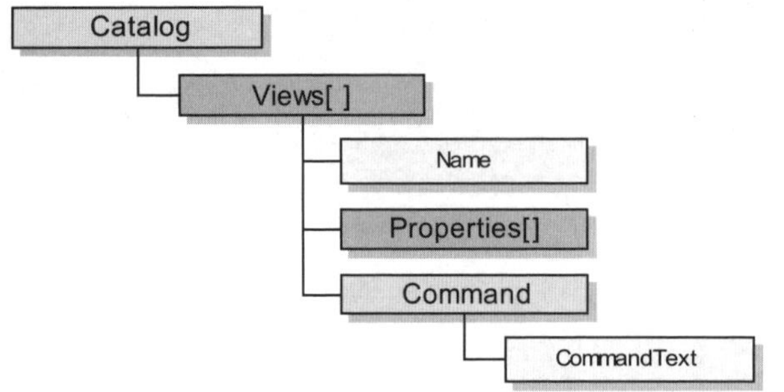

Abbildung 10.24 Objektstruktur

BEISPIEL

Abfrage aller *View*-Objekte (normalerweise alle Abfragen ohne Parameter und ohne Verknüpfungen/Berechnungen).

```
Dim conn As New ADODB.Connection()
Dim catalog As New ADOX.Catalog()

conn.ConnectionString = "Provider=Microsoft.Jet.OLEDB.4.0;Data Source=c:\test.mdb"
conn.Open()
TextBox1.Clear()
catalog.ActiveConnection = conn
```

Leider wird das untergeordnete *Command*-Objekt nur per Methode als *object* zurückgegeben. Sie können jedoch auf alle Methoden und Eigenschaften, wie in der ADOX-Hilfe angegeben, zugreifen.

```
For i As Integer = 0 To catalog.Views.Count - 1
  TextBox1.AppendText(catalog.Views(i).Name + Environment.NewLine)
  TextBox1.AppendText("    Erstellt am: " & catalog.Views(i).DateCreated & Environment.NewLine)
  TextBox1.AppendText("    Änderung am: " & catalog.Views(i).DateModified & Environment.NewLine)
  TextBox1.AppendText("    SQL        : " & catalog.Views(i).Command.CommandText & _
                                                                 Environment.NewLine)
  For j As Integer = 0 To catalog.Views(i).Command.Properties.Count - 1
    Try
      TextBox1.AppendText("      Property (" & _
                  catalog.Views(i).Command.Properties(j).name & ") : " & _
                  catalog.Views(i).Command.Properties(j).Value.ToString & Environment.NewLine)
    Catch
    End Try
  Next
Next
```

Das Ausgabeergebnis (in Auszügen):

```
Alle Frauen
    Erstellt am: 11.04.2003 15:39:05
    Änderung am: 11.04.2003 15:39:05
    SQL        : SELECT anrede, nachname
FROM Mitarbeiter
WHERE anrede = 'Frau';

      Property (Preserve on Abort) : False
      Property (Blocking Storage Objects) : True
```

```
        Property (Use Bookmarks) : False
        Property (Skip Deleted Bookmarks) : False
        Property (Bookmark Type) : 1
        Property (Cache Deferred Columns) : False
        Property (Fetch Backwards) : False
        Property (Hold Rows) : False
        Property (Scroll Backwards) : False
        Property (Jet OLEDB:Pass Through Query Connect String) :
...
```

Parameterabfragen (Procedures)

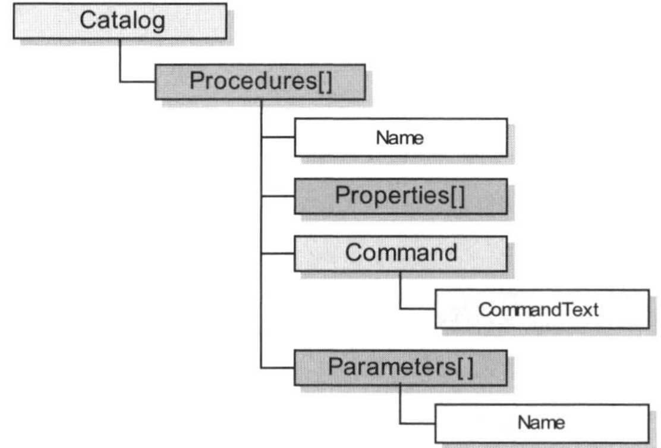

Abbildung 10.25 Objektstruktur

BEISPIEL

Ausgabe der Parameter-Abfragen.

```
Dim conn As New ADODB.Connection()
Dim catalog As New ADOX.Catalog()

conn.ConnectionString = "Provider=Microsoft.Jet.OLEDB.4.0;Data Source=C:\Test.mdb"
conn.Open()
TextBox1.Clear()
catalog.ActiveConnection = conn

For i As Integer = 0 To catalog.Procedures.Count - 1
  TextBox1.AppendText(catalog.Procedures(i).Name & Environment.NewLine)
  TextBox1.AppendText("    Erstellt am: " & catalog.Procedures(i).DateCreated & _
                                                               Environment.NewLine)
  TextBox1.AppendText("    Änderung am: " & catalog.Procedures(i).DateModified & _
                                                               Environment.NewLine)
  TextBox1.AppendText("    Properties : " & Environment.NewLine)
  TextBox1.AppendText("    SQL        : " & catalog.Procedures(i).Command.CommandText & _
                                                               Environment.NewLine)
  For j As Integer = 0 To catalog.Procedures(i).Command.Properties.Count - 1
    Try
      TextBox1.AppendText("      Property (" & _
      catalog.Procedures(i).Command.Properties(j).name & ") : " & _
      catalog.Procedures(i).Command.Properties(j).Value.ToString & Environment.NewLine)
    Catch
```

```
        End Try
      Next

      For j As Integer = 0 To catalog.Procedures(i).Command.Parameters.Count - 1
        Try
          TextBox1.AppendText("       Parameter (" & _
                             catalog.Procedures(i).Command.Parameters(j).name & ") : " & _
                             catalog.Procedures(i).Command.Parameters(j).Value.ToString & _
                                                                           Environment.NewLine)
        Catch
        End Try
      Next
    Next
```

Die zurückgegebenen Werte (in Auszügen):

```
Abfrage1
    Erstellt am: 11.04.2003 15:39:05
    Änderung am: 11.04.2003 15:39:05
    Properties :
    SQL        : CREATE TABLE Test (ab INT)
      Property (Preserve on Abort) : False
      Property (Blocking Storage Objects) : True
      Property (Use Bookmarks) : False
      Property (Skip Deleted Bookmarks) : False
      Property (Bookmark Type) : 1
      Property (Cache Deferred Columns) : False
      Property (Fetch Backwards) : False
      Property (Hold Rows) : False
      Property (Scroll Backwards) : False
      Property (Column Privileges) : True
      Property (Preserve on Commit) : True
      Property (Defer Column) : True
      Property (Delay Storage Object Updates) : True
      Property (Immobile Rows) : False
```

Nutzer und Nutzergruppen auslesen

Geht es um die Rechteverteilung in bzw. an der Datenbank, müssen Sie sich entscheiden, ob Sie (ausgehend von der Gruppe) die zugehörigen Mitglieder auflisten wollen oder (ausgehend vom Nutzer) die zugehörigen Gruppen. Entsprechend beginnen Sie mit der Analyse bei der *Group*-Collection bzw. mit der *Users*-Collection eines initialisierten ADOX-*Catalog*-Objekts.

HINWEIS Sie müssen in den *ConnectionString* die Position der Systemdatenbank mit aufnehmen. Andernfalls können weder Nutzer noch Gruppen abgefragt werden (die Definitionen befinden sich in der Systemdatenbank).

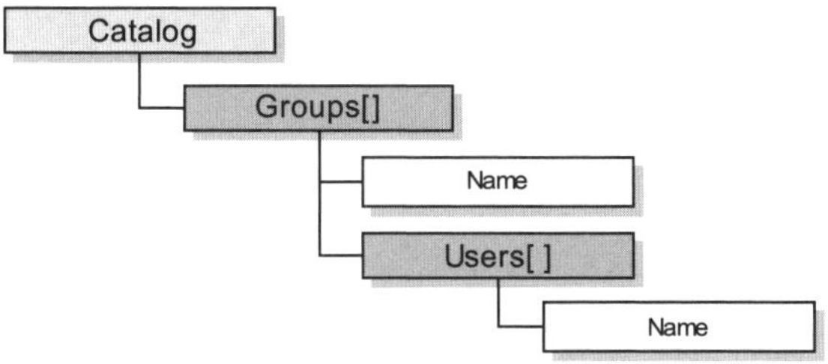

Abbildung 10.26 Objektstruktur ausgehend von *Groups*

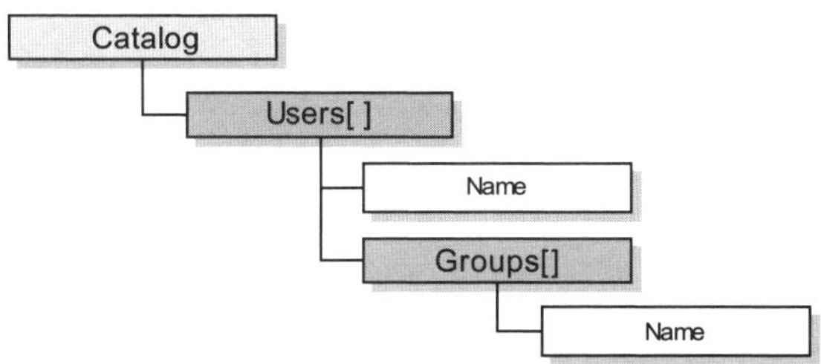

Abbildung 10.27 Objektstruktur ausgehend von *Users*

BEISPIEL

Anzeige aller Nutzer sowie deren Gruppenzugehörigkeit.

```
Dim conn As New ADODB.Connection()
Dim catalog As New ADOX.Catalog()

conn.ConnectionString = "Provider=Microsoft.Jet.OLEDB.4.0;Data Source=C:\Test.mdb;" & _
                                                        "JET OLEDB:System Database=C:\SYSTEM.MDW"
conn.Open()
TextBox1.Clear()
catalog.ActiveConnection = conn
For i As Integer = 0 To catalog.Users.Count - 1
  TextBox1.AppendText(catalog.Users(i).Name & Environment.NewLine)
  For j As Integer = 0 To catalog.Users(i).Groups.Count - 1
    TextBox1.AppendText(" --> " & catalog.Users(i).Groups(j).Name & Environment.NewLine)
  Next
  TextBox1.AppendText(Environment.NewLine)
Next
```

Das Ergebnis für unsere Testdatenbank:

```
admin
 --> Admins
 --> Users
Braun
 --> Buchhalter
Chef
Creator
Engine
Müller
 --> Buchhalter
```

BEISPIEL

Anzeige aller Gruppen und deren zugeordnete Nutzer.

```
Dim conn As New ADODB.Connection()
Dim catalog As New ADOX.Catalog()
conn.ConnectionString = "Provider=Microsoft.Jet.OLEDB.4.0;Data Source=C:\Test.mdb;" & _
                        "JET OLEDB:System Database=C:\SYSTEM.MDW"
conn.Open()
TextBox1.Clear()
catalog.ActiveConnection = conn
For i As Integer = 0 To catalog.Groups.Count - 1
  TextBox1.AppendText(catalog.Groups(i).Name & Environment.NewLine)
  For j As Integer = 0 To catalog.Groups(i).Users.Count - 1
    TextBox1.AppendText(" --> " & catalog.Groups(i).Users(j).Name & Environment.NewLine)
  Next
  TextBox1.AppendText(Environment.NewLine)
Next
```

Das Ergebnis für unsere Testdatenbank:

```
Admins
 --> admin

Buchhalter
 --> Müller
 --> Braun

Users
 --> admin
```

Nutzer- und Gruppenberechtigungen ermitteln

Was Sie in Microsoft Access über den Menüpunkt *Extras/Sicherheit/Benutzer und Gruppenberechtigungen* an Informationen in Erfahrung bringen können, stellt auch für Ihr Programm kein Problem dar.

Abbildung 10.28 Nutzer- und Gruppenberechtigungen in Microsoft Access

Ansatzpunkt ist ein initialisiertes *ADOX Catalog*-Objekt sowie die Methode *GetPermissions*. Dieser übergeben Sie neben dem Objektnamen (Tabellen/Abfragename) den Objekttyp (Tabelle, Abfrage, Prozedur). Zurückgegeben wird ein Wert, dessen einzelne Bits Aufschluss über bestimmte Rechte geben.

BEISPIEL

Anzeige der Berechtigungen von *Admin* bzw. der Gruppe *Admins* an der Tabelle *Personen* (auszugsweise).

```
Dim rights As ADOX.RightsEnum

Dim conn As New ADODB.Connection()
Dim catalog As New ADOX.Catalog()

conn.ConnectionString = "Provider=Microsoft.Jet.OLEDB.4.0;Data Source=C:\Test.mdb;" & _
                        "JET OLEDB:System Database=C:\SYSTEM.MDW"
conn.Open()
TextBox1.Clear()
catalog.ActiveConnection = conn
TextBox1.AppendText("Admin" & Environment.NewLine)
rights = catalog.Users("Admin").GetPermissions("Mitarbeiter", ObjectTypeEnum.adPermObjTable, )
TextBox1.AppendText("    adRightReadDesign: " & ((rights And RightsEnum.adRightReadDesign) = _
                  RightsEnum.adRightReadDesign).ToString & Environment.NewLine)
TextBox1.AppendText("    adRightWriteDesign: " & ((rights And RightsEnum.adRightWriteDesign) = _
                  RightsEnum.adRightWriteDesign).ToString & Environment.NewLine)
TextBox1.AppendText("    adRightCreate: " & ((rights And RightsEnum.adRightCreate) = _
                  RightsEnum.adRightCreate).ToString & Environment.NewLine)
TextBox1.AppendText("    adRightDelete: " & ((rights And RightsEnum.adRightDelete) = _
                  RightsEnum.adRightDelete).ToString & Environment.NewLine)
TextBox1.AppendText("    adRightInsert: " & ((rights And RightsEnum.adRightInsert) = _
                  RightsEnum.adRightInsert).ToString & Environment.NewLine)
TextBox1.AppendText(Environment.NewLine)

TextBox1.AppendText("Admins" & Environment.NewLine)
rights = catalog.Groups("Admins").GetPermissions("Mitarbeiter", ObjectTypeEnum.adPermObjTable)
TextBox1.AppendText("    adRightReadDesign: " & ((rights And RightsEnum.adRightReadDesign) = _
                  RightsEnum.adRightReadDesign).ToString & Environment.NewLine)
TextBox1.AppendText("    adRightWriteDesign: " & ((rights And RightsEnum.adRightWriteDesign) = _
                  RightsEnum.adRightWriteDesign).ToString & Environment.NewLine)
TextBox1.AppendText("    adRightCreate: " & ((rights And RightsEnum.adRightCreate) = _
                  RightsEnum.adRightCreate).ToString & Environment.NewLine)
TextBox1.AppendText("    adRightDelete: " & ((rights And RightsEnum.adRightDelete) = _
                  RightsEnum.adRightDelete).ToString & Environment.NewLine)
TextBox1.AppendText("    adRightInsert: " & ((rights And RightsEnum.adRightInsert) = _
                  RightsEnum.adRightInsert).ToString & Environment.NewLine)
TextBox1.AppendText(Environment.NewLine)
```

Die Ausgabe:

```
Admin
   adRightReadDesign: True
   adRightWriteDesign: True
   adRightCreate: True
   adRightDelete: True
   adRightInsert: True
Admins
   adRightReadDesign: True
   adRightWriteDesign: True
```

```
adRightCreate: True
adRightDelete: True
adRightInsert: True
```

HINWEIS Für die weiteren Rechte verwenden Sie nach gleichem Muster die Konstanten von *RightsEnum*.

Weitere Aufgabenstellungen

Access-Datenbanken reparieren/komprimieren

Sollten Sie diesen Abschnitt mit gesteigertem Interesse lesen, so sind Sie wahrscheinlich schon Opfer eines Datenverlustes geworden, d.h. »das Kind ist bereits in den Brunnen gefallen«. Ursachen für Datenverluste sind z.B. Stromausfälle (Daten wurden unvollständig in die Datei geschrieben) oder ein instabiles Betriebssystem[1]. Im extremsten Fall wird die gesamte Datenbank gelöscht.

HINWEIS Lässt sich eine Access-Datei nicht mehr öffnen oder reparieren, versuchen Sie es doch einmal mit der Importfunktion von Access. Den Autoren ist sie in dankbarer Erinnerung, denn sie konnten auf diese Weise in einigen Fällen das Schlimmste verhüten und die wichtigsten Tabellen und Formulare restaurieren.

Bei einer »einfachen« Beschädigung sollten Sie die in Access eingebauten Funktionen zum Reparieren einer Datenbank dem Backup vorziehen.

HINWEIS Es gibt allerdings keine Garantie dafür, dass sich die Daten immer restaurieren lassen!

Microsoft Access selbst bietet über das Untermenü *Extras/Datenbank-Dienstprogramme* eine Möglichkeit, defekte Datenbanken zu reparieren. Die gleiche Funktion kann auch per JRO-Code bereitgestellt werden. Diese Aufgabe übernimmt die Methode *CompactDatabase*.

BEISPIEL

Reparieren und Packen einer Access-Datenbank.

```
Sub RepairAndCompact(ByVal name As String)
    Dim JetEngine As New JRO.JetEngine()
    If File.Exists(name & ".BAK") Then File.Delete(name & ".BAK")
    JetEngine.CompactDatabase("Data Source=" & name, "Data Source=" & name & ".BAK")
    If File.Exists(name & ".BAK") Then File.Delete(name)
    File.Move(name & ".BAK", name)
End Sub
```

HINWEIS Neben dem Reparieren und Defragmentieren bietet die *CompactDatabase*-Methode auch die Möglichkeit, ein Datenbank-Passwort zu setzen, die Datenbank zu ver-/entschlüsseln oder in eine neuere Version zu konvertieren.

[1] Ein Schelm, wer Böses dabei denkt ...

Distribution von Access-Datenbanken

Nach all den Mühen mit dem Entwurf und der Umsetzung Ihrer Anwendung möchten Sie diese sicher auch weitergeben. Dabei stellt sich natürlich auch die Frage, welche Dateien Sie neben Ihrem eigentlichen Programm noch installieren bzw. weitergeben müssen.

Haben Sie sich, was nach der Lektüre dieses Kapitels hoffentlich der Fall ist, mit ADOX bzw. den JRO und dem Access-Format angefreundet, genügt für die meisten Zielplattformen (Windows XP, 2000, ME, 98) die nackte Anwendung und gegebenenfalls die Access-Datenbank[1].

Allerdings kann es Ihnen auf einigen Uralt-Computern passieren, dass Sie keine oder nur eine alte Version der ADOs vorfinden. In diesem Fall müssen/sollten Sie die jeweils aktuelle ADO-Version installieren.

Zum Zeitpunkt der Drucklegung dieses Buches war die MDAC-Version 2.8 SP1[2] aktuell. Die jeweils aktuelle MDAC-Version erhalten Sie auf der Microsoft-Homepage unter der Adresse

http://www.microsoft.com/data

HINWEIS Weitere Informationen zur Weitergabe von Access-Anwendungen bzw. der MDAC-Installation finden Sie in den Tipps & Tricks des vorliegenden Kapitels.

Tipps & Tricks

Wie prüft man die ADO-Versionsnummer?

Mit dem folgenden Code können Sie zum einen die Versionsnummer, zum anderen damit natürlich auch die Existenz von ADO auf dem Zielrechner überprüfen:

```
Dim ado As New ADODB.Connection()
MessageBox.Show(ado.Version.ToString)
```

Wo findet man die neuesten ADO-Versionen?

Die aktuellen ADO-Versionen bzw. die aktuelle MDAC-Installation finden Sie unter:

- *http://www.microsoft.com/data*
- *http://www.microsoft.com/data/download.htm*

Wie installiere ich ADO?

Laden Sie zunächst die aktuelle MDAC-Version von der Microsoft-Homepage herunter. Danach müssen Sie je nach installiertem Betriebssystem verschiedene Wege gehen:

---

[1] Das .NET-Framework muss bei einer .NET-Anwendung natürlich auch installiert sein.

[2] Sehen Sie vor lauter Service Packs noch durch?

Windows NT

Unter Windows NT benötigen Sie Administratorenrechte für die Installation sowie den nachfolgenden Neustart.

Windows 95

Unter Windows 95 installieren Sie zunächst DCOM95, bevor Sie die aktuelle MDAC-Version installieren.

HINWEIS Eine Installation des Internet Explorers ab 5.x enthält bereits die aktuelle DCOM 95-Version.

Windows 2000/XP

Unter den genannten Betriebssystemen ist MDAC bereits installiert, Aktualisierungen werden mit Hilfe der Service-Packs vorgenommen. So entspricht die MDAC-Version 2.8 SP1 der durch das Windows XP Service Pack 2 installierten Version.

Access-Datenbanken exklusiv öffnen

Fügen Sie einfach in den ConnectionString die Optionen *Share Deny Read* und *Share Deny Write* ein.

BEISPIEL

Exklusives Öffnen der Access-Datenbank

```
Provider=Microsoft.Jet.OLEDB.4.0;Data Source=C:\Lexikon.mdb;Mode=Share Deny Read|Share Deny
Write;Persist Security Info=False
```

Zugriffsgeschwindigkeit auf Access-Datenbanken erhöhen

Verwenden Sie den *Microsoft Jet 4.0 OLE DB-Provider* für den Zugriff auf eine Access 97-Datenbank werden Sie von der Zugriffsgeschwindigkeit enttäuscht sein. Der Grund dafür ist in der Inkompatibilität von Access 97 und OLE DB-Provider zu suchen. Alle Zugriffe werden intern über einen ISAM-Treiber abgewickelt, zusätzlich ist noch eine zeitaufwändige ANSI-UNICODE- bzw. UNICODE-ANSI-Konvertierung nötig. Konvertieren Sie aus diesem Grund Ihre alten Access-Datenbanken in das neuere Access 2000- bzw. 2002-Format.

Access-Datenbanken im Netzwerk

HINWEIS Grundsätzlich sollten Sie bedenken, dass es sich bei Access-Datenbanken um **Desktop**-Datenbanken handelt, d.h., die Datenbanken sollten sich auf dem gleichen System wie die Anwendung befinden.

Wollen Sie dennoch Ihre Access-Datenbank »netzwerktauglich« machen, können Sie die Datenbank auf einem File-Server ablegen, das Verzeichnis freigeben und den ConnectionString der Anwendung dahingehend anpassen, dass Sie statt eines lokalen Pfads einen Netzwerkpfad angeben. Dies kann auch ein UNC-Name sein.

BEISPIEL

ConnectionString für eine im Netzwerk freigegebene Access-Datenbank.

```
Provider=Microsoft.Jet.OLEDB.4.0;Data Source=\\P4\C$\test.mdb
```

Alle aktiven Verbindungen zur Datenbank auflisten

Sicher sind Sie auch schon auf das Problem gestoßen, dass Sie eine Datenbank sperren wollten, aber gleichzeitig einige Nutzer mit der Datenbank gearbeitet haben. Der schnellste Weg dies festzustellen führt über die Schemas.

Mit Hilfe der Methode *OpenSchema* können Sie treiberabhängige Informationen in Tabellenform (Dataset) abrufen. In unserem Fall nutzen wir das Schema JET_SCHEMA_USERROSTER, das uns eine Tabelle mit den aktiven Nutzern, deren Login-Namen sowie den jeweiligen Computer-Namen zurück gibt.

BEISPIEL

Anzeige der aktiven Nutzer.

```
Dim rs As ADODB.Recordset
Dim conn As New ADODB.Connection()

conn.ConnectionString = "Provider=Microsoft.Jet.OLEDB.4.0;Data Source=C:\Test.mdb"
conn.Open()
rs = conn.OpenSchema(ADODB.SchemaEnum.adSchemaProviderSpecific, , _
                                        "{947bb102-5d43-11d1-bdbf-00c04fb92675}")
While Not rs.EOF
  Try
    TextBox2.AppendText("Computer: " & rs.Fields("COMPUTER_NAME").Value.ToString)
    TextBox2.AppendText("  Login: " & rs.Fields("LOGIN_NAME").Value.ToString & Environment.NewLine)
  Catch
  End Try
  rs.MoveNext()
End While
```

Die Anzeige:

```
Computer: P400   Login: Admin
Computer: Pentium4   Login: Admin
```

Spalte mit eindeutigen Zufallswerten erzeugen

Möchten Sie statt eines Zählerfeldes besser einen eindeutigen Zufallswert verwenden, können Sie dafür in Access ein GUID-Feld nehmen. Allerdings müssen Sie über die Jet-spezifischen Eigenschaften noch den Wert *Jet OLEDB:AutoGenerate* auf *True* setzen.

BEISPIEL

Nachträgliches Erzeugen eines GUID-Feldes mit eindeutigen Zufallswerten

```
Dim catalog As New ADOX.Catalog()
Dim conn As New ADODB.Connection()
```

```
    Dim table As New ADOX.Table()
    Dim column As ADOX.Column
    Dim index As ADOX.Index

    conn.ConnectionString = "Provider=Microsoft.Jet.OLEDB.4.0;Data Source=C:\Test.mdb"
    conn.Open()
    catalog.ActiveConnection = conn
    table = catalog.Tables("Kundenstammdaten")

    column = New ADOX.Column()
    With column
      .ParentCatalog = catalog
      .Name = "GUIDId"
      .Type = DataTypeEnum.adGUID
      .Properties("Jet OLEDB:AutoGenerate").Value = True
    End With
    table.Columns.Append(column, , )
```

Datenbank-Kennwort ändern

Grundsätzlich müssen Sie zwischen Datenbank- und Nutzerkennwort unterscheiden.

Datenbankpasswort

Binden Sie einen Verweis auf die JRO-Library ein und verwenden Sie die folgende Funktion:

```
Sub SetNewDatabasePwd(ByVal dbname As String, ByVal oldpwd As String, ByVal newpwd As String)
    Dim JE As New JRO.JetEngine()

    If File.Exists(dbname + ".BAK") Then File.Delete(dbname + ".BAK")
    JE.CompactDatabase("Data Source=" & dbname & ";Jet OLEDB:Database Password=" & oldpwd, _
                       "Data Source=" & dbname & ".BAK; Jet OLEDB:Database Password=" & newpwd)
    If File.Exists(dbname & ".BAK") Then File.Delete(dbname)
    File.Move(dbname & ".BAK", dbname)
End Sub
```

Verwendung der obigen Funktion:

```
SetNewDatabasePwd("C:\Test.mdb", "geheim", "strenggeheim")
```

Nutzerpasswort

Verwenden Sie z.B. folgenden Code (entsprechende Rechte vorausgesetzt):

```
    Dim catalog As New ADOX.Catalog()
    Dim conn As New ADODB.Connection()

    conn.ConnectionString = "Provider=Microsoft.Jet.OLEDB.4.0;Data Source=C:\Test.mdb" & _
                                                  "JET OLEDB:System Database=C:\SYSTEM.MDW"
    conn.Open()
    catalog.ActiveConnection = conn
    catalog.Users("Admin").ChangePassword("altesPWD", "neuesPWD")
```

HINWEIS Vergessen Sie nicht, die Systemdatenbank (Pfad anpassen) anzugeben!

Abfragen über mehrere Datenbanken realisieren

Nutzen Sie die Möglichkeit, Tabellen aus verschiedenen Datenquellen einzubinden. Die Abfrage können Sie entweder zur Laufzeit erzeugen oder bereits in der Access-Datenbank speichern.

Weitere Informationen siehe Abschnitt »Einbinden externer Tabellen«.

Beschreibung von Datenbankfeldern abrufen

In Access haben Sie die Möglichkeit, jedem Tabellenfeld eine Beschreibung zuzuordnen. Beim *Column*-Objekt finden Sie keine entsprechende Eigenschaft, da es sich um eine treiberspezifische Eigenschaft handelt. Sie müssen also die *Properties*-Collection bemühen.

BEISPIEL

Anzeige der Tabellenfeld-Beschreibung in einer Messagebox

```
Dim catalog As New ADOX.Catalog()
Dim conn As New ADODB.Connection()

conn.ConnectionString = "Provider=Microsoft.Jet.OLEDB.4.0;Data Source=C:\Test.mdb"
conn.Open()
catalog.ActiveConnection = conn
MessageBox.Show(catalog.Tables("Mitarbeiter").Columns("Gehalt").Properties( _
                                                           "Description").Value.ToString)
```

Kapitel 11

Microsoft SQL Server

In diesem Kapitel:

Schwerpunkt dieses Kapitels ist das Zusammenspiel von Microsoft SQL Server 2005[1] und .NET-Front-End-Anwendungen. Dass auch ADO.NET dabei eine wichtige Rolle spielt, können Sie sich denken. Zusätzlich werden Sie die Verwendung von T-SQL und DMO kennen lernen.

Übersicht

Zusammen mit Visual Studio .NET 2005 wird auch eine Variante des Microsoft SQL Servers vertrieben, die als SQL Server Express Edition bezeichnet wird[2]. Da es einige Unterschiede zwischen der Vollversion und der Express Edition gibt, die auch für Sie als .NET-Programmierer relevant sind, möchten wir zunächst auf die Unterschiede und Einschränkungen eingehen.

Was ist die Express Edition?

Bei der SQL Server Express Edition, so der korrekte Name, handelt es sich um eine »abgespeckte« SQL Server 2005 Datenbank-Engine, die mit den Microsoft Visual Studio-Versionen vertrieben wird und unter allen aktuellen Windows-Betriebssystemen lauffähig ist.

Im Normalfall werden die SQL Server-Applikationen aus der Visual Studio-Oberfläche heraus entwickelt, ohne dafür weitere Tools verwenden zu müssen. Neben dem Erstellen von Datenbanken, Tabellen, Views und Datenbankdiagrammen können Sie auch Stored Procedures aus Visual Studio .NET heraus erzeugen. Aufgaben wie das Verwalten und Administrieren müssen Sie jedoch nach wie vor mit dem SQL Server Management Studio oder Ihren eigenen Programmen realisieren.

Als echte Client/Server-Datenbank-Engine bietet sich die Desktop Engine als Alternative zu den üblichen Desktop/Fileserver-Datenbanken an. Allerdings sollten Sie beachten, dass es sich beim Client/Server-Prinzip um einen etwas anderen Ansatz als bisher handelt, mit dem einfachen Portieren Ihrer Anwendung auf den SQL Server ist es meist nicht getan.

Unterschiede Express Edition/MS SQL Server/Jet-Engine

Trotz weitgehender Kompatibilität von Express Edition und SQL Server 2005 bestehen auch Unterschiede zwischen beiden Versionen. Während der SQL Server als eigenständiges Produkt vertrieben wird, finden Sie die Express Edition als reine Datenbank-Engine ohne eigene Administrationsoberfläche vor (es gibt lediglich einige Programme zum Konfigurieren des Netzwerkprotokolls/der Dienste sowie ein einfaches Abfragetool).

Unterschiede zwischen Express Edition und SQL Server:

- Einer der wichtigsten Unterschiede ist die Beschränkung von Express Edition-Datenbanken auf 4 GByte. Dieses Volumen ist für viele Anwendungen völlig ausreichend. Sollte das Datenaufkommen dieses Limit überschreiten, spricht nichts gegen eine Umstellung auf den eigentlichen SQL Server, Änderungen sind nicht erforderlich. Diese Beschränkung gilt allerdings nur auf Datenbankebene (eine Express Edition kann mehrere Datenbanken verwalten).
- Die Express Edition ist für den Desktop-Einsatz optimiert, d.h., es wird nur eine CPU unterstützt.

[1] Viele Ausführungen lassen sich auf den SQL Server 2000 verallgemeinern, Sie müssen also nicht gleich umsteigen.

[2] In Foren teilweise auch als *SSX* bezeichnet. Im Buch verwenden wir den Begriff *Express Edition*.

- Die Express Edition unterstützt weder die Notification Services noch die Analysis Services.
- Bei Verwendung der Express Edition sind die Replikationsfunktionen eingeschränkt.
- Die Express Edition kann als »silent install« gut in eigene Installationspakete integriert werden, auch die Weitergabe von Datenbankdateien ist per »XCopy«-Fähigkeit recht einfach gelöst.
- Last but not least ist die Express Edition kostenlos, was wohl in vielen Fällen der wichtigste Grund für ihren Einsatz sein wird.

HINWEIS Wer in obiger Liste Einschränkungen hinsichtlich Reporting Services, Volltextsuche und Administrationsoberfläche vermisst, hat vermutlich nur die mit Visual Studio 2005 gelieferte SQL-Server Version installiert. Seit April wird eine erweiterte Express Edition auf der Microsoft Webseite zum Download angeboten, die einen wesentlich größeren Funktionsumfang aufweist.

Trotz diverser Einschränkungen dürfte die Express Edition für den Workgroup-Einsatz in kleineren Netzen die ideale Plattform sein, da sie im Gegensatz zu Access-Datenbanken einige wesentliche Vorteile bietet:

- Echte Client/Server-Datenbank-Engine.
- Dynamische Sperren sind möglich (auf Satz-, Seiten-, Tabellenebene), diese werden durch die Engine automatisch verwaltet.
- Die Express Edition bietet eine echte Transaktionsverwaltung, die im Fehlerfall eine konsistente Wiederherstellung der Datenbank ermöglicht.
- Höhere Sicherheit, da kein direkter Zugriff auf die Datenbank möglich ist (zwei getrennte PCs vorausgesetzt).
- Bessere Unterstützung für XML-Daten.
- Spätere Migration auf den SQL Server ist problemlos möglich.

Die oben genannten Vorteile bedeuten jedoch nicht, dass Sie gänzlich auf Access-Datenbanken verzichten sollen. Im Desktop-Bereich mit wenigen Nutzern und geringeren Systemressourcen sind diese Datenbanken nach wie vor die bessere Wahl. Auch was Bedienbarkeit und Kompatibilität zu früheren Anwendungen anbelangt ist eine Access-Datenbank wesentlich effizienter, auch wenn hier der SQL Server langsam aber sicher aufholt.

Die wichtigsten Tools des SQL Servers

Im Folgenden möchten wir Ihnen kurz die wichtigsten Tools, die mit dem Microsoft SQL Server ausgeliefert werden, vorstellen.

SQL Server Management Studio

Das wohl wichtigste Programm für den angehenden Datenbank-Administrator ist das *SQL Server Management Studio*. Angefangen mit dem Starten und Beenden von Serverdiensten über das Erstellen und Verwalten von Datenbanken und Nutzern bis hin zum Backup bzw. Restore, fast alle wesentlichen Aufgaben lassen sich mit diesem Tool realisieren.

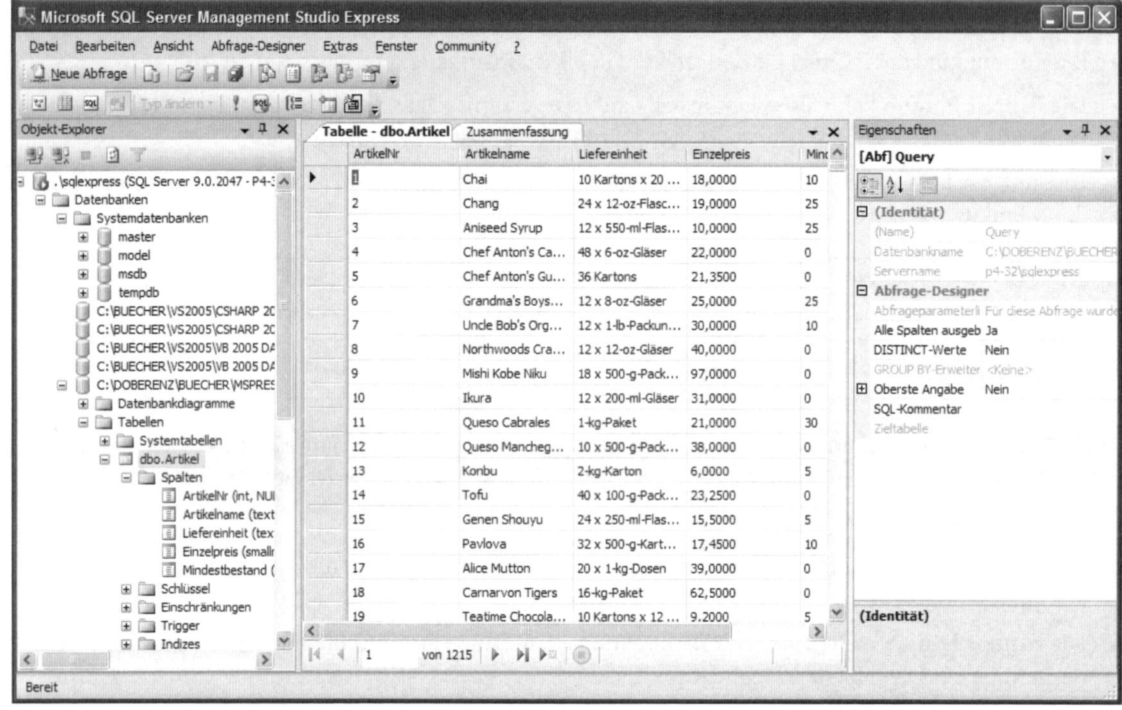

Abbildung 11.1 SQL Server Management Studio

HINWEIS Im Rahmen dieses Kapitels werden wir mehrfach das SQL Server Management Studio als Alternative zur T-SQL-Programmierung vorstellen.

SQLCMD

Auch das gibt es noch, ein Kommandozeilentool wie in der DOS-Steinzeit[1]! Neben dem Configuration-Manager ist SQLCMD das einzige Hilfsmittel der Express Edition[2]. Doch für einen kurzen Test von Verbindungen oder das schnelle Abfragen einiger Statusinformationen mit Hilfe von Stored Procedures reicht das Programm vollkommen aus.

Wechseln Sie also ganz untypisch zur Eingabeaufforderung *(Start/Alle Programme/Zubehör/Eingabeaufforderung)* und starten Sie SQLCMD mit folgenden Parametern:

```
SQLCMD.EXE -S <Servername> -U <Username> -P <Passwort>
```

Nach dem erfolgreichen Login wählen Sie mit dem SQL-Kommando *USE <datenbankname>* eine Datenbank aus.

HINWEIS SQL-Befehle werden erst mit dem GO-Kommando gestartet.

[1] Der Nachfolger für das berühmt berüchtigte OSQL.

[2] Die *Advanced Version* besitzt ein umfangreiches Konfigurationsprogramm

Die folgende Abbildung zeigt das Programm in Aktion:

```
SQLCMD

        2 Frau        Heidemarie                Obst                         1951-05-04
00:00:00.000               3351.1800            23              NULL         33 423424

        3 Frau        Renate                    Behn                         1956-05-16
00:00:00.000               2179.5800            16              NULL         33 NULL

(3 Zeilen betroffen)
1> use firmasql
2> go
Der Datenbankkontext wurde auf 'FirmaSQL' geändert.
1> SELECT TOP(3) * FROM mitarbeiter
2> go
Nr          Anrede     Vorname                  Nachname                   Geburtstag               Gehalt               Raum
Id        TelefonId  Vorgesetzter Telefon
----------- ---------- -------------------- ------------------------- ------------------------ --------------------- ----
------- ----------- ------------ ----------

        1 Frau        Gabriele                  Detert                     1964-03-01 00:00:00.000         3165.3400
     15          18         451 NULL
        2 Frau        Heidemarie                Obst                       1951-05-04 00:00:00.000         3351.1800
     23        NULL          33 423424
        3 Frau        Renate                    Behn                       1956-05-16 00:00:00.000         2179.5800
     16        NULL          33 NULL

(3 Zeilen betroffen)
1>
```

Abbildung 11.2 Kommandozeilentool SQLCMD

Query Analyzer (SQL Server Management Studio)

Mit der Version 2005 wurde auch das Abfrage- und Analysetool *Query Analyzer* in das SQL Server Management Studio integriert. Neben der Funktion als recht komfortables Abfragetool ist das Optimieren von Abfragen/Datenbanklayouts eines der Haupteinsatzgebiete des Server Query Analyzer.

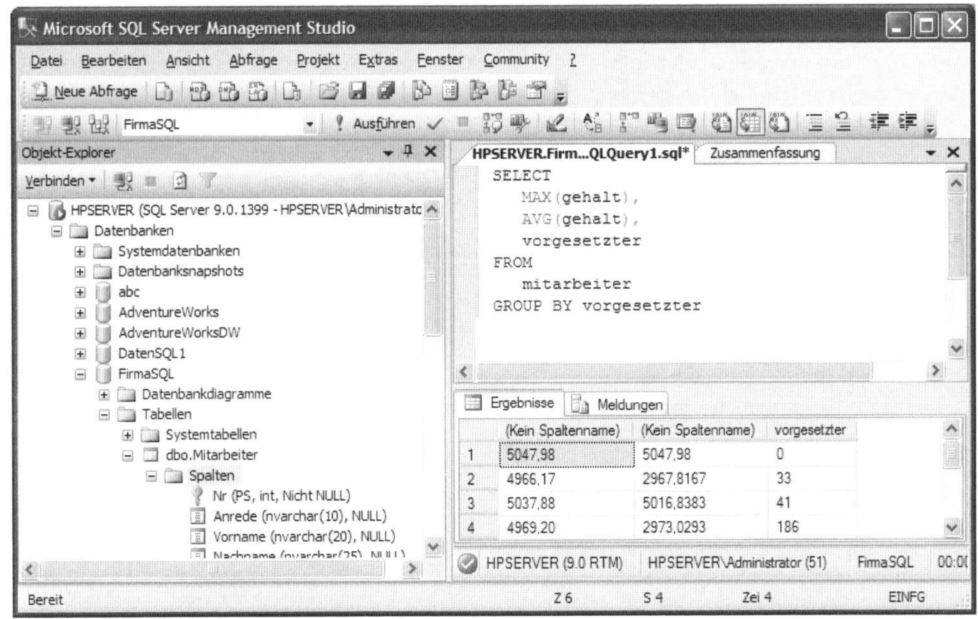

Abbildung 11.3 Der »neue« Query Analyzer

Geben Sie eine SQL-Anweisung ein, können Sie sich einen »Ausführungsplan« erstellen lassen, der detailliert Auskunft darüber gibt, welche Einzeloperation wie viel Zeit benötigt bzw. in welcher Reihenfolge die Operationen ausgeführt werden.

BEISPIEL

Es wird eine GROUP BY-Abfrage in der Tabelle *Mitarbeiter* ausgeführt. Deutlich ist die Verteilung der Rechenzeit zwischen den einzelnen Operationen zu erkennen. Der wesentlichste Teil kommt dem Sortieren der Tabelle (70%) zu.

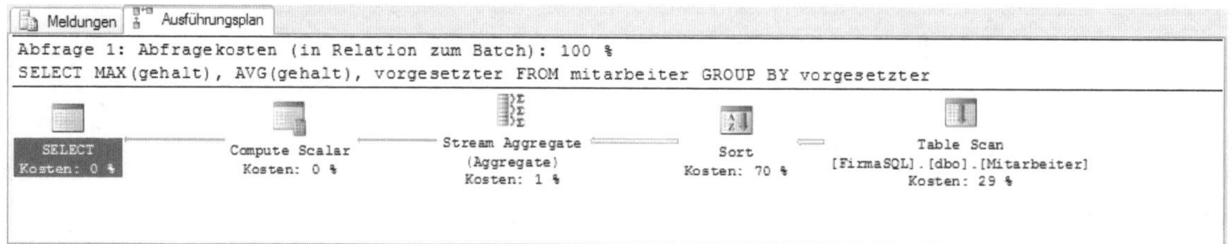

Abbildung 11.4 Ergebnis der Abfrage

SQL Server Profiler

Mit dem SQL Profiler kann der Administrator einzelne Ereignisse auf dem SQL Server überwachen und in eine Log-Datei schreiben. Zum Beispiel lässt sich auf diese Weise die Nutzungsfrequenz einzelner Objekte (Prozeduren, Trigger) aufzeichnen und für eine Optimierung auswerten.

Weiterhin lassen sich auf diese Weise Fehler in Stored Procedures bzw. Triggern recht gut lokalisieren, da alle Einzelschritte im Logfile aufgezeichnet werden:

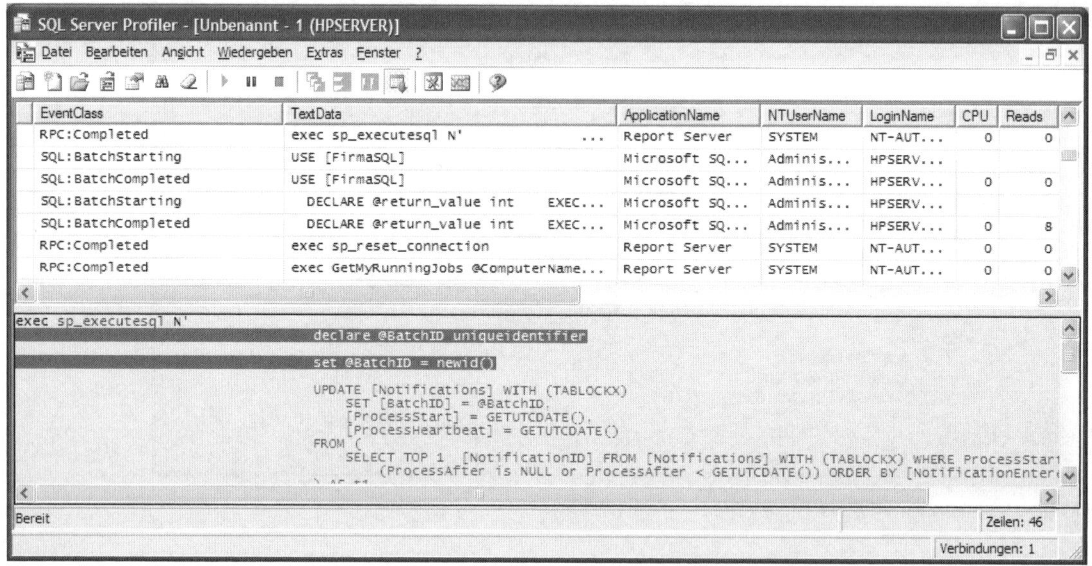

Abbildung 11.5 SQL Profiler im Einsatz

Vordefinierte Datenbanken

Nach der Installation des SQL Servers stehen Ihnen einige vordefinierte Datenbanken zur Verfügung. Welche Bedeutung diese haben, zeigt die folgende Tabelle:

Datenbank	Beschreibung
master	Enthält diverse Systemtabellen (z.B. *sysdatabases*) und Systemprozeduren (z.B. *sp_addrole*), in der Datenbank werden alle Anmeldekonten und alle Systemkonfigurationseinstellungen verwaltet
model	Ist eine Standarddatenbank, die beim Erzeugen neuer Datenbanken als Vorlage dient
msdb	Wird vom SQL Server-Agent verwendet, um Termine für Warnungen und Aufträge zu planen und Operatoren aufzuzeichnen
Northwind	Beispieldatenbank (kann gegebenenfalls gelöscht werden)
AdventureWorks	Beispieldatenbank (kann gegebenenfalls gelöscht werden)
tempdb	Verwaltet diverse temporäre Objekte, die während des Betriebs erzeugt werden. Das Medium, auf dem diese Datenbank (Datei) abgelegt ist, sollte nicht zu knapp dimensioniert sein, da die Datenbank teilweise recht groß werden kann (Datenbank wird bei jedem Start vom SQL Server neu erstellt).

Tabelle 11.1 Die vordefinierten Datenbanken

Einschränkungen

Die folgende Tabelle zeigt Ihnen die wichtigsten Einschränkungen beim SQL Server (teilweise versionsabhängig), obwohl man bei den meisten Werten kaum von Einschränkung reden kann. Meist setzt die verfügbare Plattenkapazität den Träumen des Entwicklers die Grenzen.

Einschränkung	SQL Server 2005
Bytes pro Spalte (kurze Zeichenfolgen)	8.000
Bytes pro Spalte (*text*, *ntext* oder *image*)	2 Gigabyte
Bytes pro Zeile	8.060
Spalten pro Index	16
Spalten pro Tabelle	1.024
Spalten pro SELECT-Anweisung	4.096
Spalten pro INSERT-Anweisung	1.024
Datenbankgröße	1.048.516 Terabyte
Datenbanken pro SQL Server-Instanz	32.767
Bezeichnerlänge (in Zeichen)	128
Schachtelungsebenen gespeicherter Prozeduren	32

Tabelle 11.2 Datenbankeinschränkungen

Einschränkung	SQL Server 2005
Geschachtelte Unterabfragen	32
Schachtelungsebenen für Trigger	32
Nicht gruppierte Indizes pro Tabelle	249
Zeilen pro Tabelle	Begrenzt durch verfügbaren Speicherplatz
Tabellen pro Datenbank	Begrenzt durch Anzahl der Objekte in einer Datenbank
Tabellen pro SELECT-Anweisung	256
Trigger pro Tabelle	Begrenzt durch Anzahl der Objekte in einer Datenbank
UNIQUE-Indizes oder -Einschränkungen pro Tabelle	249 nicht gruppierte und 1 gruppierter

Tabelle 11.2 Datenbankeinschränkungen *(Fortsetzung)*

Zugriff aus Visual Basic

Aus Visual Basic heraus bieten sich zunächst vier relevante Varianten an, wie Sie mit einem Microsoft SQL Server Kontakt aufnehmen können:

1. .NET Framework-Datenanbieter für SQL Server
2. .NET Framework-Datenanbieter für OLE DB
3. SMO (*SQL Management Objects*)
4. SQLDMO (*SQL Distributed Management Objects*)

Während die erste Variante zu bevorzugen ist, stellt Variante 2 für den Umsteiger ein Hilfsmittel dar, das jedoch nicht unbedingt empfehlenswert ist. Zum einen leidet die Performance, zum anderen arbeiten Sie wieder mit den COM-Objekten, die jedoch nur über eine Kompatibilitäts-Schicht angesprochen werden können.

Variante 3 ist mit dem SQL Server 2005 neu eingeführt worden. Es handelt sich um managed Code-Libraries, mit denen Administration und Analyse des SQL-Servers realisiert werden können.

Variante 4 ist aus Kompatibilitätsgründen noch enthalten, es handelt sich um den Vorgänger der SMOs, die jedoch als COM-Objekte implementiert waren[1].

HINWEIS Sollten Sie also nicht unbedingt ein Uralt-Projekt pflegen, steigen Sie auf die ADO.NET-Objekte um, zumal die Autoren den Schwerpunkt dieses Buches ohnehin auf eben diese Technologie gelegt haben. ODBC-Datenquellen etc. haben in neueren Anwendungen nichts mehr zu suchen, auch wenn Ihnen dieser Weg nach wie vor offen steht.

Einrichten der Anbindung (Assistent)

Für die Verbindung zum SQL Server mittels ADO.NET erzeugen Sie zunächst eine neue Datenverbindung (Server-Explorer). Über die Eigenschaft *Datenquelle* bestimmen Sie mittels Assistent den jeweiligen Provider. Wählen Sie den »Microsoft SQL Server (SqlClient)«. Nachfolgend müssen Sie den Namen des Servers bestimmen:

[1] Alternativ bieten sich noch SQL-Befehle (GRAND, REVOKE) für das Administrieren an.

Abbildung 11.6 Verbindungs-Assistent

Danach entscheiden Sie, auf welche Art und Weise Sie sich auf dem Server anmelden wollen. Die integrierte Sicherheit verwendet Ihren aktuellen Windows-Account, die spezifische Sicherheit nutzt den eingegebenen Benutzernamen und das Passwort. Welche der beiden Varianten auf Sie zutrifft hängt davon ab, welche Sicherheit für den SQL Server bei der Installation ausgewählt wurde.

Im letzten Schritt wählen Sie eine Datenbank aus, die nach Öffnen der Verbindung aktiviert werden soll.

HINWEIS Sie können in einer geöffneten Verbindung jederzeit mit dem SQL-USE-Befehl die aktive Datenbank wechseln. Folgende SQL-Befehle beziehen sich dann auf diese Datenbank.

Nachfolgend steht Ihnen diese Datenverbindung zum Beispiel für das Erstellen eines typisierten DataSets in Visual Studio zur Verfügung.

Einrichten der Verbindung (Quellcode)

Beim Öffnen einer Verbindung aus dem Programm heraus müssen Sie sich mit den einzelnen Optionen des ConnectionStrings beschäftigen. Folgende Optionen sind für den Verbindungsaufbau wichtig:

```
Data Source=HPSERVER;
Persist Security Info=True;
User ID=sa;
Password=tom;
Initial Catalog=FirmaSQL;
```

Data Source definiert den SQL Server. Mit *Persist Security Info* bestimmen Sie, ob nach dem Verbindungsaufbau das Passwort aus der Verbindungszeichenfolge entfernt wird (nur wenn keine integrierte Sicherheit). *User Id* und *Password* dürften selbsterklärend sein, werden jedoch nur angegeben, wenn es sich um spezifische Sicherheit handelt. *Initial Catalog* bestimmt die auszuwählende Datenbank.

BEISPIEL

Integrierte Sicherheit

```
Integrated Security=SSPI;Persist Security Info=False; Initial Catalog=FirmaSQL;Data Source=HPSERVER
```

BEISPIEL

Spezifische Sicherheit

```
Password=tom;Persist Security Info=True;User ID=sa;Initial Catalog=FirmaSQL;Data Source=HPSERVER
```

BEISPIEL

Öffnen einer Verbindung zur *FirmaSQL*-Beispieldatenbank auf dem lokalen PC

```
Imports System.Data.SqlClient
...

    Dim conn As New SqlConnection("Server=.\SQLEXPRESS;Initial Catalog=FirmaSQL;" & _
                                  "Integrated Security=True")
    conn.Open()
    ' ...
    ' Hier können Sie die Verbindung nutzen
    '...
    conn.Close()
```

Transact-SQL – Die Sprache des SQL Servers

Noch eine neue Programmiersprache? Leider ja[1]! Dennoch brauchen Sie nicht alles was Sie bereits wissen über den Haufen zu werfen: Transact-SQL (kurz T-SQL) ist die logische Weiterentwicklung der Sprache SQL für den Microsoft SQL Server.

Haben Sie eine Abneigung gegen das Erlernen neuer Sprachen, müssen Sie an zwei wichtigen Stellen darauf verzichten, auch wenn es seit der Version 2005 möglich ist, CLR-Code auf dem Server auszuführen:

- Erstellen von Triggern
- Erstellen von Stored Procedures

Beide Objekte werden direkt auf dem SQL Server ausgeführt.

Alle, die sich mit der neuen Sprache anfreunden können, werden feststellen, dass man mit T-SQL meist sehr schnell zum Ziel kommt. Sei es, dass ein User eingerichtet wird oder eine kleine Änderung auf dem Server durchzuführen ist – T-SQL ist die universelle Lösung.

---

[1] Eigentlich kann von »leider« nicht die Rede sein. Mit relativ wenigen, dafür aber sehr effizienten Anweisungen lässt sich der SQL Server sehr schnell administrieren.

Leider hat die Sprache auch ihre Schattenseiten, einige Sprachkonstrukte sind zum einen sehr gewöhnungsbedürftig, zum anderen handelt es sich nicht um eine objektorientierte, sondern um eine prozedurale Programmiersprache. D.h., Sie dürfen wieder endlose Befehlslisten auswendig lernen und zwischen einer *Table* und einer *Database* besteht keinerlei logische Verknüpfung. Aus diesem Grund finden Sie in diesem Kapitel neben der T-SQL-Lösung meist auch eine SMO- oder ADO.NET-Lösung.

Doch zunächst wollen wir Ihnen noch die wichtigsten Grundregeln der Sprache erläutern.

Schreibweise

Wie auch einfache SQL-Anweisungen unterscheiden T-SQL-Anweisungen nicht zwischen Groß-/Kleinschreibung von Schlüsselwörtern, Variablen oder Prozeduren. Sie sollten dennoch davon Gebrauch machen um die Übersicht zu erhöhen (Anweisungen groß schreiben, Bezeichner, Variablen etc. klein).

Kommentare

Wer seine Programme übersichtlich gestaltet spart auch nicht mit Kommentaren, damit er auch in einem halben Jahr noch weiß, was eine bestimmte Anweisung bezwecken soll. T-SQL stellt zwei Varianten zur Verfügung:

- Zeilenkommentare, die Sie auch aus anderen Programmiersprachen kennen, werden durch zwei Bindestriche eingeleitet.
- Mehrzeilige Kommentare beginnen mit »/*« und enden mit »*/« (die Programmiersprache C lässt an dieser Stelle grüßen).

BEISPIEL

Kommentare in einer Stored Procedure

```
CREATE PROCEDURE GespeicherteProzedur1
/* Hier kann
   ein mehrzeiliger
   Kommentar stehen */
As
   DECLARE @datum datetime
-- Ein einzeiliger Kommentar
   SET @datum = GetDate()
return
```

Deklaration/Verwendung von Variablen

Variablen werden in T-SQL durch ein vorangestelltes @-Zeichen gekennzeichnet. Sie finden zwar in der Hilfe auch Variablen die mit zwei @-Zeichen beginnen, dabei handelt es sich jedoch um System-Variablen, die über bestimmte innere Zustände des SQL Servers Auskunft geben (z.B. @@VERSION).

Die eigentliche Deklaration (in einer Stored Procedure oder einem Trigger) erfolgt durch Voranstellen der Anweisung DECLARE, des Variablennamens und des Datentyps.

BEISPIEL

Deklaration einer Datums-Variablen

```
CREATE PROCEDURE GespeicherteProzedur1
As
   DECLARE @datum datetime
return
```

BEISPIEL

Deklaration mehrerer Variablen

```
DECLARE @Nachname NVARCHAR(30), @Vorname NVARCHAR(20), @PLZ NCHAR(5)
```

Die Verwendung der Variablen selbst ist allerdings etwas gewöhnungsbedürftig. So dürfen Variablen nicht direkt zugewiesen werden, Sie müssen das Schlüsselwort SET benutzen.

BEISPIEL

Zuweisen eines Wertes

```
CREATE PROCEDURE GespeicherteProzedur1
As
   DECLARE @datum datetime
   SET @datum = GetDate()
return
```

Wer es gern umständlicher mag oder sich über manche Beispiele wundert – mit der folgenden Anweisung erreichen Sie den gleichen Effekt:

```
CREATE PROCEDURE GespeicherteProzedur1
As
   DECLARE @datum datetime
   SELECT @datum = GetDate()
return
```

Im weiteren Verlauf können Sie die Variablen zum Beispiel auch in eine SELECT-Anweisung einschließen, um diese in einem Dataset zurückzugeben.

Selbstverständlich können Sie Variablen auch die Ergebnisse von Abfragen zuweisen.

BEISPIEL

Zuweisen eines Abfrageergebnisses (die Abfrage darf nur einen Datensatz liefern)

```
DECLARE @MitarbeiterAnzahl INT
SELECT @MitarbeiterAnzahl = Count(*) FROM Personen
```

Bedingungen mit IF/ELSE auswerten

Zu jeder Programmiersprache gehören auch Anweisungen, mit denen man Bedingungen (*True/False*) auswerten kann. Auch T-SQL bietet mit der IF/ELSE-Anweisung ein entsprechendes Konstrukt.

```
IF Boolean_Ausdruck {SQL_Anweisung | Anweisungsblock}   [ELSE  { SQL_Anweisung | Anweisungsblock }]
```

Für Sie als Programmierer nichts Neues: Anweisungsblöcke müssen auch in T-SQL gekennzeichnet werden, in diesem Fall mit BEGIN und END.

BEISPIEL

Einfache IF-Bedingung

```
Alter Procedure GespeicherteProzedur1
As
  IF (SELECT COUNT(*) FROM personen) > 400 RAISERROR('Mitarbeiter entlassen !!!', 16, 1)
return
```

BEISPIEL

IF/ELSE-Bedingung

```
Alter Procedure GespeicherteProzedur1
As
IF (SELECT COUNT(*) FROM personen) > 800
    RAISERROR('Mitarbeiter entlassen !!!', 16, 1)
ELSE
    RAISERROR('Mitarbeiter einstellen !!!', 16, 1)
return
```

BEISPIEL

Anweisungsblöcke

```
Alter Procedure "GespeicherteProzedur1" As
DECLARE @msg VARCHAR(30)
IF (SELECT COUNT(*) FROM personen) > 400 BEGIN
    SET @msg = 'Mindestens 10 Mitarbeiter entlassen !!!'
    RAISERROR(@msg, 16, 1)
END ELSE BEGIN
    SET @msg = 'Mitarbeiter einstellen !!!'
    RAISERROR(@msg, 16, 1)
END
return
```

Verwenden von CASE

Genügen Ihnen die Möglichkeiten von IF/ELSE nicht, weil Sie zum Beispiel nach mehreren Kriterien auswerten müssen, bedienen Sie sich einfach der CASE-Anweisung. Diese ist in der Lage, eine Tabellenspalte oder einen Ausdruck auszuwerten und das Ergebnis an das Dataset zu liefern.

```
CASE Ausdruck
      WHEN bedingung THEN Ausdruck
        [...n]
      [ELSE Ausdruck]
      END
```

BEISPIEL

Eine Stored Procedure, die das Maximum zweier Integerwerte ermittelt (nur zur Verdeutlichung, es geht auch einfacher).

```
ALTER PROCEDURE Test2 ( @A INT, @B INT)
AS
   DECLARE @MAXIMUM INT

SELECT
   @MAXIMUM  =  CASE
     WHEN @A > @B THEN  @A
     WHEN @A < @B THEN  @B
   ELSE
     @A
   END
RETURN @MAXIMUM
```

Verwenden von WHILE...BREAK/CONTINUE

Wie auch in Visual Basic wiederholt eine WHILE-Schleife Anweisungen, solange eine bestimmte Bedingung erfüllt ist. In Verbindung mit WHILE werden in der Regel zwei weitere Anweisungen verwendet: BREAK und CONTINUE. Mit der BREAK-Anweisung brechen Sie die Bearbeitung der Schleife ab, mit der Anweisung CONTINUE wird die WHILE-Schleife neu gestartet.

Derartige Schleifen werden meist im Zusammenhang mit der zeilenweisen Bearbeitung von Datensätzen auf dem Server eingesetzt (Cursor-Programmierung).

BEISPIEL

Erzeugen eines Cursors und Durchlaufen aller Datensätze der Tabelle *Personen*

```
Alter Procedure "GespeicherteProzedur1" As
DECLARE @nachname VARCHAR(50)
DECLARE myCursor CURSOR FOR SELECT * FROM Personen
OPEN myCursor
FETCH NEXT FROM myCursor
FETCH NEXT FROM myCursor INTO @nachname
WHILE (@@FETCH_STATUS = 0) BEGIN
-- Hier sind weitere Anweisungen möglich
     FETCH NEXT FROM myCursor INTO @nachname
END
CLOSE myCursor
DEALLOCATE myCursor
return
```

Sie können auch das Ergebnis einer SQL-Anweisung auswerten:

```
WHILE EXISTS(SELECT nachname FROM Personen WHERE nachname = 'Müller')
...
```

Verwenden von GOTO

Hurra, wir haben Sie wieder, die gute alte GOTO-Anweisung! Alte Programmier-Hasen werden sich in die Anfänge der Programmierung zurück versetzt fühlen. Doch gilt auch hier: Weniger ist mehr!

BEISPIEL

Verwenden von GOTO

```
IF @gehalt > 5000
    GOTO entlassung
ELSE
    GOTO
...
return
entlassung:
    -- Hier können Sie die nötigen Formalitäten einleiten.
...
return
```

Fehlerbehandlung

Mit dem Thema Fehlerbehandlung werden wir uns erst ab Seite 752 eingehend beschäftigen, an dieser Stelle nur so viel: Fehler können über die @@ERROR-Systemfunktion ausgewertet und entsprechend behandelt werden (ab SQL Server 2005 können Sie auch TRY...CATCH-Konstrukte einsetzen).

Datenbanken verwalten mit DMO

Für das Verwalten des Microsoft SQL Servers stellt Microsoft eine eigene Library zur Verfügung. Seit der Version 6.0 des Microsoft SQL Servers werden so genannte *SQL Distributed Management Objects* (kurz SQLDMO) ausgeliefert. Über diese Objekte ist es auch Ihnen als Programmierer möglich, den SQL Server aus dem VB-Programm heraus zu administrieren.

HINWEIS Verwenden Sie den SQL Server 2005, so sollten Sie besser die dort bereitgestellten *SQL Server Management Objects* (SMOs) benutzen, auf die wir im folgende Abschnitt zu sprechen kommen.

Installation/Einbindung

Da es sich bei den SQLDMO um COM-Objekte handelt, bleibt Ihnen nichts anderes übrig, als zunächst einen Verweis auf die entsprechende COM-Library in das Projekt aufzunehmen:

- Wählen Sie dazu den Menüpunkt *Projekt/Verweis hinzufügen.*
- Auf der Registerkarte »COM« suchen Sie den Eintrag »Microsoft SQLDMO Object Library«.
- Klicken Sie auf die Schaltfläche »Auswählen« und nachfolgend auf »OK«.

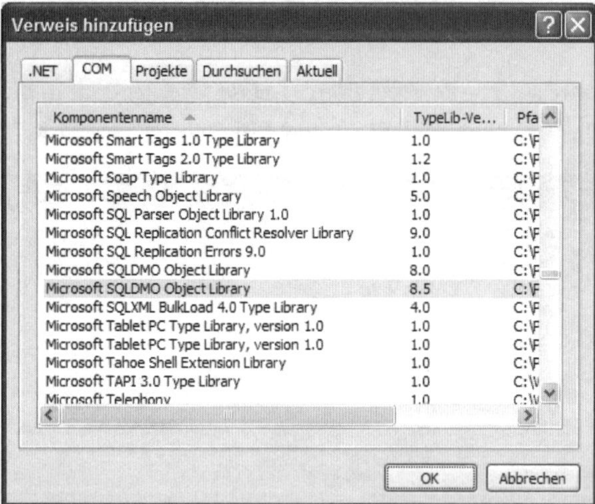

Abbildung 11.7 Verweis einbinden

Im Projektmappen-Explorer sollte jetzt unter »Verweise« ein entsprechender Eintrag zu finden sein.

Einführungsbeispiel

BEISPIEL

Im Folgenden wird gezeigt, wie Sie sich in einen SQL Server einloggen und wie Sie Informationen über die vorhandenen Datenbanken mit den enthaltenen Tabellen abfragen und in einer *ListBox* ausgeben.

```
Dim serv As New SQLDMO.SQLServer()
```

Der Ablauf ist recht einfach zu verstehen: Nach dem Öffnen einer Verbindung (Sie müssen sich gegebenenfalls mit Name und Passwort anmelden) können wir die *Databases*-Collection durchlaufen.

```
serv.LoginSecure = True
serv.LoginTimeout = 8
serv.Connect(combobox1.Text, "sa", "")
ListBox1.Items.Add("Datenbanken auf dem Server")
ListBox1.Items.Add("-------------------------------------------")
For i As Integer = 1 To serv.Databases.Count
```

Zu jeder Datenbank auf dem SQL Server findet sich ein entsprechendes *Database*-Objekt mit seinen Eigenschaften und, last but not least, auch die enthaltenen Tabellen, die über eine *Tables*-Collection verwaltet werden. Was bleibt ist noch die Unterscheidung zwischen System- und Anwendertabellen (Eigenschaft *SystemObject*), um nicht unnötig viele Tabellen anzuzeigen.

```
    ListBox1.Items.Add(serv.Databases.Item(i).Name)
    ListBox1.Items.Add("---------")
    For j As Integer = 1 To serv.Databases.Item(i).Tables.Count
        If Not serv.Databases.Item(i).Tables.Item(j).SystemObject Then _
          ListBox1.Items.Add("     " & serv.Databases.Item(i).Tables.Item(j).Name)
    Next
    ListBox1.Items.Add("")
Next
serv.DisConnect()
```

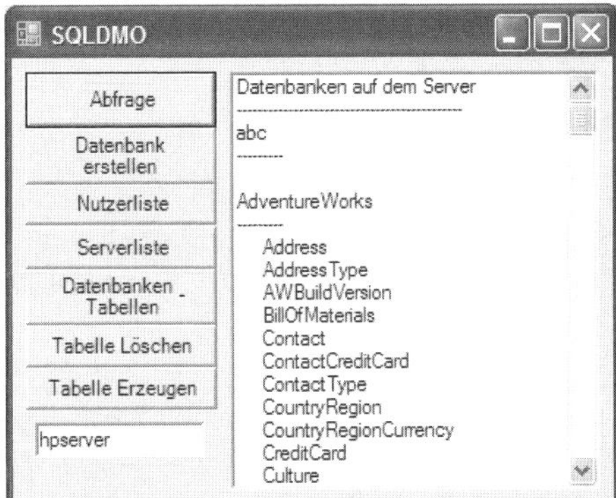

Abbildung 11.8 Das Beispielprogramm in Aktion

CD-ROM Das komplette Programm finden Sie auf der Buch-CD.

Die folgende Abbildung lässt erahnen, welche Möglichkeiten sich mit den SQL-DMOs ergeben:

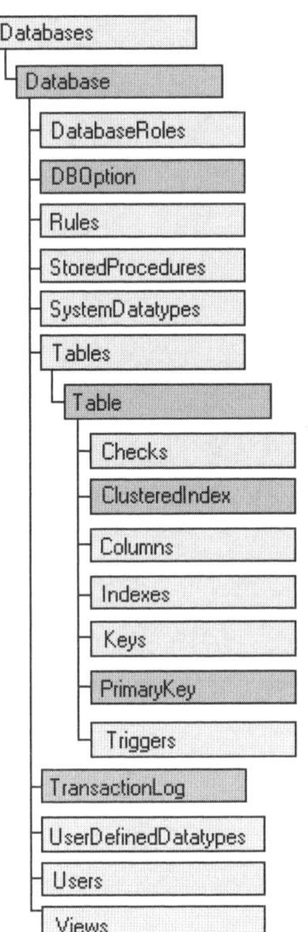

Abbildung 11.9 Objektstruktur der SQLDMO

Bevor wir Sie jetzt durch Dutzende von Seiten mit endlosen Listen von Eigenschaften und Methoden quälen ist es sicher sinnvoller, die Verwendung anhand praktischer Beispielen zu demonstrieren (siehe folgende Abschnitte).

SQL Server Management Objects (SMO)

Mit dem SQL Server 2005 hat Microsoft auch eine Library für die Administration des SQL Servers eingeführt. Das Ganze fungiert unter dem Namen *SQL Server Management Objects*, kurz SMO.

Die Namensverwandtschaft zu den schon bekannten DMOs ist sicher nicht ganz zufällig, soll doch damit das gleiche Aufgabengebiet abgedeckt werden. Der wesentliche Unterschied zwischen DMOs und SMOs ist der, dass es sich bei letzteren um eine reine .NET 2.0 Klassenbibliothek handelt.

HINWEIS Wem jetzt schon graue Haare wachsen weil er befürchtet, seine mit DMO-Code realisierten Programme umstellen zu müssen, sei beruhigt. Auch hier hat Microsoft sein »großes Herz« für die Programmierer unter Beweis gestellt: die DMOs werden nach wie vor unterstützt, was allerdings nicht auf die SQL Server 2005 spezifischen Features zutrifft.

Einbindung

Dank der Realisierung als .NET-Assemblies müssen wir uns nicht mehr mit COM-Objekten herumärgern (im Zusammenspiel mit den Interop-Libraries gab es teilweise Probleme), binden Sie einfach die beiden Libraries

- *Microsoft.SqlServer.ConnectionInfo* und
- *Microsoft.SqlServer.Smo*

in Ihre Anwendung ein (*Projekt/Verweis hinzufügen/.NET*).

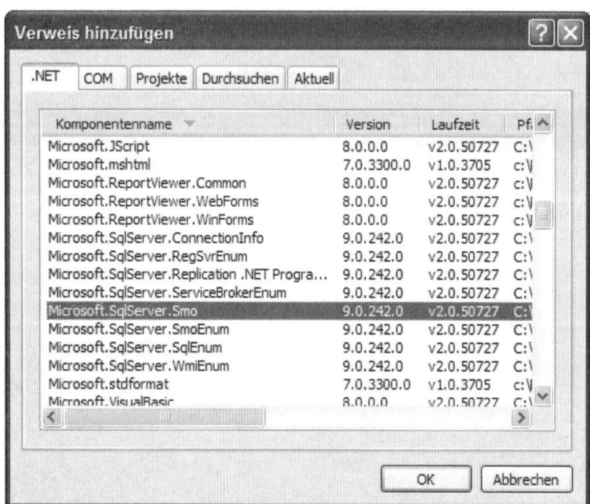

Abbildung 11.10 Einfügen der Verweise

Mit diesen beiden Assemblies können Sie bereits eine Verbindung zu einem SQL Server herstellen und die verfügbaren Datenbanken abrufen.

HINWEIS Die SMOs sind mit dem SQL Server Version 7.0, 2000 und 2005 kompatibel, so können Sie auch versionsübergreifende Projekte realisieren.

Einführungsbeispiel

Wie auch bei den DMOs wollen wir mit einem kleinen Einstiegsbeispiel die grundsätzliche Vorgehensweise beschreiben.

BEISPIEL

Auflisten aller Datenbanken/Tabellen eines gewählten SQL Servers

```
...
Imports Microsoft.SqlServer.Management.Smo
...
    Private Sub Button1_Click(ByVal sender As System.Object, ByVal e As System.EventArgs) _
                                                               Handles Button1.Click
        ListBox1.Items.Clear()
        Dim serv As New Server(TextBox1.Text)
```

Für alle Datenbanken:

```
        For Each db As Database In serv.Databases
            If db.IsSystemObject Then
                ListBox1.Items.Add("(System) " & db.Name)
            Else
                ListBox1.Items.Add(db.Name & "--------------------")
                Try
```

Für alle Tabellen:

```
                    For Each t As Table In db.Tables
                        ListBox1.Items.Add("    " & t.Name)
                    Next
                Catch generatedExceptionName As Exception
                End Try
            End If
        Next
    End Sub
```

CD-ROM Das vollständige Beispielprogramm finden Sie auf der Buch-CD.

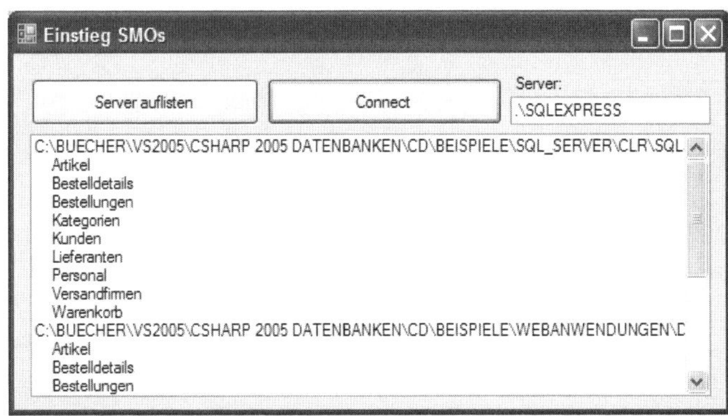

Abbildung 11.11 Das Einstiegsbeispiel in Aktion

HINWEIS Wie Sie sehen, werden bei obiger SQL Express-Installation auch die dynamisch eingebundenen Datenbank-Files mit angezeigt.

Im Vergleich mit der DMO-Variante des Beispiels fällt sicher auf, dass ein wesentlich einfacherer und intuitiverer Zugriff auf die einzelnen Objekte und Collections möglich ist – sicher ein guter Grund, die bisherigen DMO-Codes langfristig auf SMO umzustellen.

BEISPIEL

Ausgabe der SQL Server Version

```
...
        Dim svr As New Server(".\SQLEXPRESS")
        MessageBox.Show(svr.Information.VersionString)
...
```

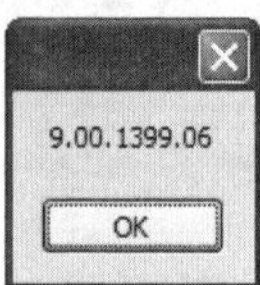

Abbildung 11.12 Ausgabe des Beispiels

Anmelden am Server

Etwas schwieriger gestaltet sich dann schon die Anmeldung per SQL Server-Sicherheit, hier erzeugen Sie vor dem Instanziieren des *Server*-Objekts ein *ServerConnection*-Objekt, dem Sie die nötigen Informationen übergeben können.

BEISPIEL

Verbinden bei SQL Server Sicherheit

```
Imports Microsoft.SqlServer.Management.Common
Imports Microsoft.SqlServer.Management.Smo
...
            Dim sc As New ServerConnection()
            sc.LoginSecure = False
            sc.Login = "Admin5"
            sc.ConnectTimeout = 2
            sc.Password = "534343"
            Dim svr As New Server(sc)
            MessageBox.Show(svr.Information.VersionString)
...
```

Weitere Beispiele für die Verwendung der SMOs finden Sie an mehreren Stellen dieses Kapitels im Zusammenhang mit praktischen Lösungen, für eine komplette und umfassende Darstellung fehlt hier leider der Platz.

Praktisches Arbeiten mit dem SQL Server

In diesem Abschnitt wollen wir uns der SQL Server-Programmierung von ihrer praktischen Seite nähern. Im Mittelpunkt stehen Realisierungsmöglichkeiten mit den ADO.NET-Objekten, den DMO/SMO sowie T-SQL-Anweisungen. Für welche Variante Sie sich letztlich entscheiden hängt auch vom Einsatzfall ab.

Erstellen von SQL Server-Datenbanken

Der erste Schritt zu einer Client/Server-Anwendung ist das Erzeugen der Datenbank auf dem SQL Server. Einen fertig installierten SQL Server bzw. eine installierte Express Edition setzen wir an dieser Stelle natürlich voraus.

Wie Sie mit Hilfe der SQL Server Management Studio-Oberfläche oder dem Visual Studio Server Explorer die Datenbank erstellen und konfigurieren, möchten wir an dieser Stelle nicht weiter ausführen. Für uns ist lediglich interessant, wie aus unserem Programm heraus eine neue Datenbank erzeugt werden kann.

Mit SQLDMO/SMO und T-SQL bieten sich drei verschiedene Varianten an. Für die folgenden Beispiele müssen Sie zum einen den Namen des SQL Servers wissen, zum anderen brauchen Sie auch die nötigen Rechte für den Zugriff auf den Server.

Verwenden von SQLDMO

Ausgangspunkt für das Erstellen neuer Datenbanken auf dem SQL Server ist zunächst eine geöffnete Verbindung. Dafür ist die Methode *Connect* eines *SQLServer*-Objekts verantwortlich. Übergeben Sie dieser Methode neben dem Servernamen Ihren Anmeldenamen und das Passwort. Nachfolgend können Sie der *Databases*-Collection ein neues *Database*-Objekt hinzufügen. Im einfachsten Falle belassen Sie es bei den Standardeinstellungen bezüglich Protokolldatei, Datenbankgröße etc.

BEISPIEL

Erzeugen der Datenbank »Buchhaltung« auf dem Server »HPSERVER«

```
Private Sub Button2_Click(ByVal sender As System.Object, ByVal e As System.EventArgs) _
                                                                Handles Button2.Click

    Dim serv As New SQLDMO.SQLServer()
    Dim db As New SQLDMO.Database()

    serv.LoginSecure = True
    serv.LoginTimeout = 8
    serv.Connect("HPSERVER", "", "")
    db.Name = "Buchhaltung"
    serv.Databases.Add(db)
    serv.DisConnect()
End Sub
```

Etwas aufwändiger wird es, wenn Sie auch eine Maximalgröße für die Datenbank angeben wollen. Dies entspricht den Einstellungen, die Sie auch mit Hilfe des SQL Server Management Studios vornehmen können (siehe folgende Abbildung).

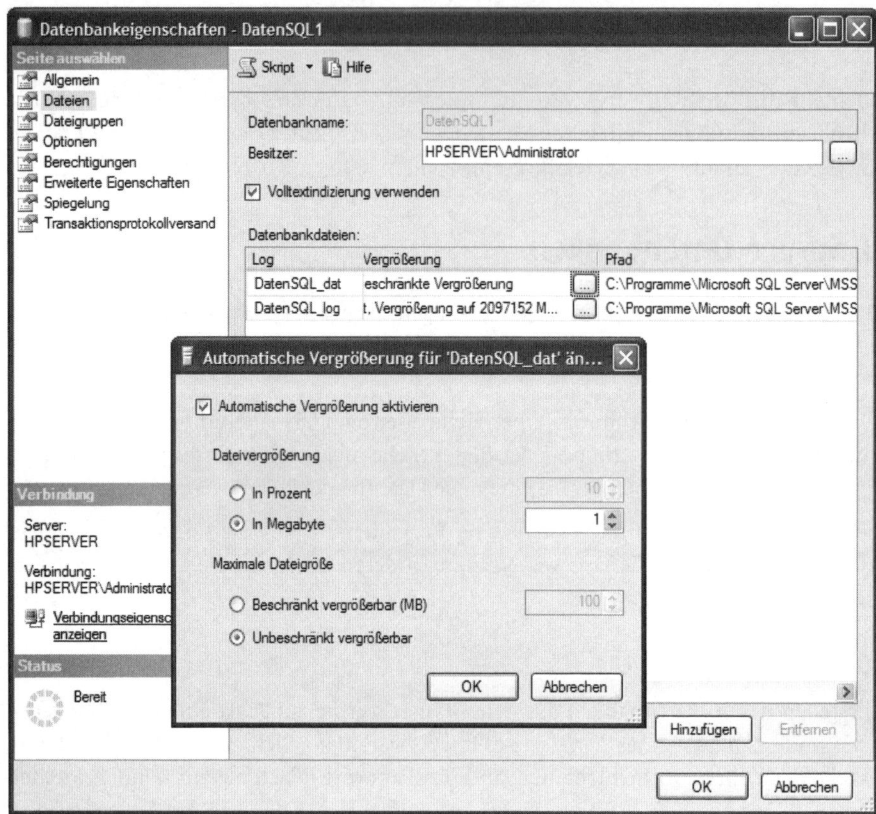

Abbildung 11.13 Datenbank-Eigenschaften im SQL Server Management Studio

In diesem Fall müssen Sie ein neues *DBFile*-Objekt erstellen, mit dem Sie neben der maximalen Dateigröße auch diverse Einstellungen für den Speicherort (Dateien/Medien) vornehmen können.

Über die *DBOption*-Eigenschaft des jeweiligen *Database*-Objekts haben Sie Zugriff auf eine ganze Reihe von Eigenschaften, die Sie auch mit dem SQL Server Management Studio bearbeiten können:

Von Bedeutung sind insbesondere die Eigenschaften:

- *ReadOnly* (Schreibgeschützt),
- *SelectIntoBulkCopy* (Massenkopieren),
- *SingleUser* (Einzelbenutzermodus) und
- *DBOUseOnly* (Nur für DBO).

Verwenden der SMO

Die Vorgehensweise bei der SMO-Variante entspricht im Wesentlichen dem vorhergehenden DMO-Beispiel. Ein *Server*-Objekt und ein *Database*-Objekt werden erzeugt und verknüpft, zum Abschluss wird die Datenbank mit *Create* erzeugt.

HINWEIS Sie brauchen eventuell den Namespace *Microsoft.SqlServer.SqlEnum*.

BEISPIEL

Erstellen einer Datenbank

```
Imports Microsoft.SqlServer.Management.Common
Imports Microsoft.SqlServer.Management.Smo
...
        Dim serv As New Server("HPSERVER")
        Dim db As New Database(serv, "BuchBeispiel")
        db.Create()
```

BEISPIEL

Mit Vorgaben für die Datenbankdatei:

```
        Dim serv As New Server(TextBox1.Text)
        Dim db As New Database(serv, "BuchBeispiel")
```

FileGroup erzeugen:

```
        Dim fg As New FileGroup(db, "PRIMARY")
```

DataFile erzeugen:

```
        Dim df As New DataFile(fg, "BuchBeispiel_Data", "C:\BuchBeispiel_Data.mdf")
```

Parametrieren:

```
        df.GrowthType = FileGrowthType.Percent
        df.Growth = 10
        df.Size = 4000
        fg.Files.Add(df)
        db.FileGroups.Add(fg)
```

Datenbank erzeugen:

```
        db.Create()
```

Verwenden von T-SQL

Für den SQL-Profi wenig überraschend, verwenden wir die CREATE DATABASE-Anweisung zum Erzeugen neuer Datenbanken.

```
CREATE DATABASE <datenbankname>
      [ ON [PRIMARY][ <filespec> [,...n] ] ]
      <filespec> ::=
      ( [ NAME = logical_file_name, ]
      FILENAME = 'os_file_name'
      [, SIZE = size]
      [, MAXSIZE = { max_size | UNLIMITED } ]
      [, FILEGROWTH = growth_increment] ) [,…n]
```

Bevor Sie vor der Vielfalt der Optionen zurückschrecken seien Sie beruhigt, mit

```
CREATE DATABASE abc
```

haben Sie bereits eine Datenbank auf dem Server erzeugt. Die automatisch eingestellten Optionen: 1 MByte Größe, 10 % automatische Vergrößerung, unbeschränkte Dateigröße.

BEISPIEL

Aufruf aus einem Visual Basic-Programm (ADO.NET) heraus

```
Imports System.Data.SqlClient
...
    conn.Open()
    Dim cmd As New SqlCommand("CREATE DATABASE abc", conn)
    Try
      cmd.ExecuteNonQuery()
    Catch Ex As SqlException
      MessageBox.Show(Ex.Message)
    End Try
    conn.Close()
...
```

BEISPIEL

Erzeugen einer Datenbank, mit einer Anfangsgröße von 14 MByte, einer Maximalgröße von 100 MByte und einer automatischen Vergrößerung um jeweils 1 MByte. Der Speicherort wird explizit vorgegeben.

```
CREATE DATABASE Test2
ON
( NAME = buch_dat,
  FILENAME = 'e:\mssql7\data\buch.mdf',
  SIZE = 14,
  MAXSIZE = 100,
  FILEGROWTH = 1 )
```

Erzeugen und Verwalten von Tabellen

Nach dem Erstellen der Datenbank können wir die gewünschten Tabellen erzeugen oder aus anderen Datenquellen importieren.

Visual Studio 2005

Erzeugen Sie mit dem Server-Explorer eine Datenverbindung zur gewünschten SQL Server-Datenbank. In der Rubrik »Tabellen« können Sie über das Kontextmenü eine neue Tabelle erzeugen (siehe Abbildung 11.14).

Legen Sie zunächst wie gewohnt den Namen der Spalte fest. Bei den Datentypen werden Sie sicher zum ersten Mal stutzig, müssen Sie doch teilweise neben der Größe auch die Genauigkeit und die Dezimalstellen angeben. Sollten Sie den Datentyp *AutoWert* vermissen, gedulden Sie sich bitte noch etwas.

Die Option *NULL zulassen* ist Ihnen sicher auch bekannt. Spätestens beim *Standardwert* werden Sie jedoch erstmals mit dem Client/Server-Prinzip Bekanntschaft machen. So können Sie zwar auch hier Standardwerte für Tabellenspalten vorgeben, diese werden jedoch erst **nach** dem Speichern eingetragen. Der Hintergrund: Da der Standardwert auf dem SQL Server gespeichert ist, kann auch erst der Server die Werte eintragen. Neben einfachen Ausdrücken können Sie hier auch Funktionen wie *GetDate* oder *suser_sname* aufrufen, um zum Beispiel den Benutzer eintragen zu lassen, der den Datensatz erzeugt hat.

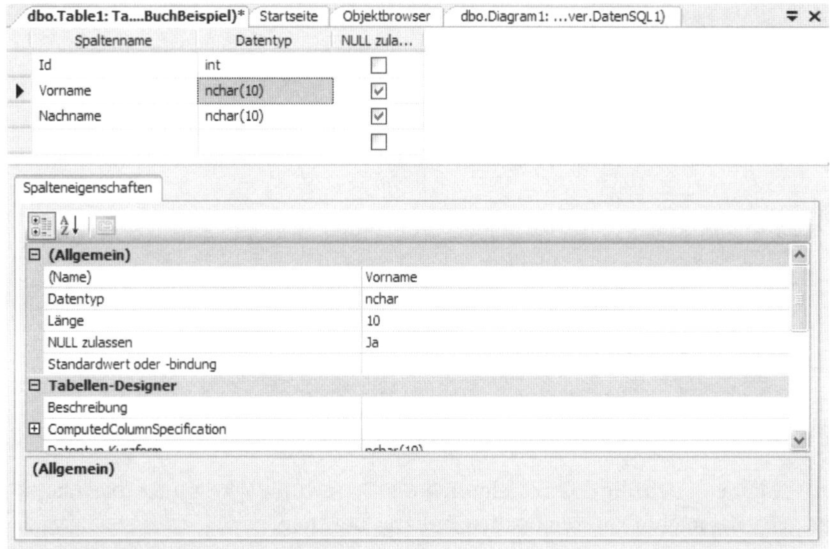

Abbildung 11.14 Neue Tabelle in Visual Studio erstellen

Mit *Identität* oder auch *Identity* haben Sie das Pendant für die Zählerfelder gefunden. Basierend auf dem Datentyp *Integer* (32-Bit-Wert) bietet auch der SQL Server die Möglichkeit, Spalten mit eindeutigen IDs zu erzeugen. Für den Zähler können Sie hier zusätzlich den Startwert und das Inkrement angeben.

Die Option *Ist RowGuid* ist im Zusammenhang mit der Replikation von Bedeutung und ermöglicht eine schnellere Bearbeitung.

HINWEIS Vergessen Sie nicht einen Primärschlüssel festzulegen, diesen brauchen Sie im Zusammenhang mit einem Client-Programm in jedem Fall!

Ebenfalls über die rechte Maustaste können Sie die Tabellen-Eigenschaften anzeigen bzw. bearbeiten. Dazu zählen neben Einschränkungen auch Beziehungen und weitere Indizes.

Mit den Einschränkungen steht Ihnen als Programmierer ein wichtiges Werkzeug zur Sicherung der Datenintegrität zur Verfügung. So können Sie hier sicherstellen, dass nur Datensätze in der Tabelle stehen bzw. eingetragen werden, die diese Kriterien erfüllen.

Allerdings ist die Art und Weise, wie Sie später bei einem Verstoß gegen diese Einschränkung benachrichtigt werden, nicht gerade motivierend, es tritt ein Laufzeitfehler auf, den Sie erst umständlich auswerten müssen. Wir werden uns mit diesem Thema an anderer Stelle noch eingehender beschäftigen.

An dieser Stelle nur so viel:

HINWEIS Betrachten Sie die Einschränkungen als letztes Mittel zum Sichern der Datenintegrität, verwenden Sie besser einen Trigger bzw. eine gespeicherte Prozedur, um Gültigkeitsprüfungen vorzunehmen.

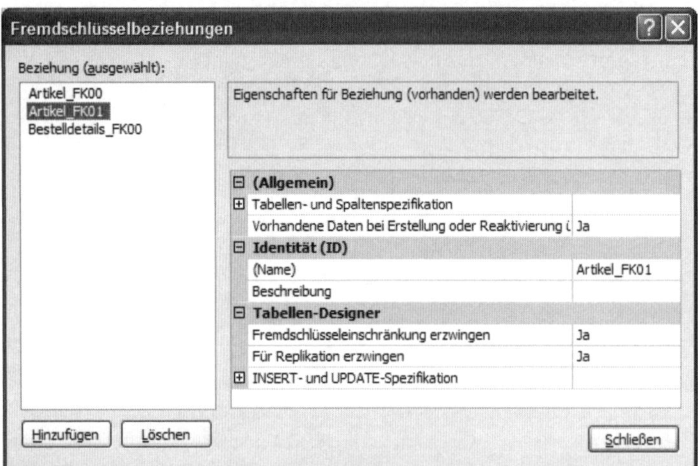

Abbildung 11.15 Beziehungen zwischen den Tabellen

Indizes

Neben den Einschränkungen verdienen auch die Indizes eine nähere Betrachtung. Wie auch bei Access-Datenbanken lassen sich einzelnen oder auch mehreren Spalten Indizes zuordnen.

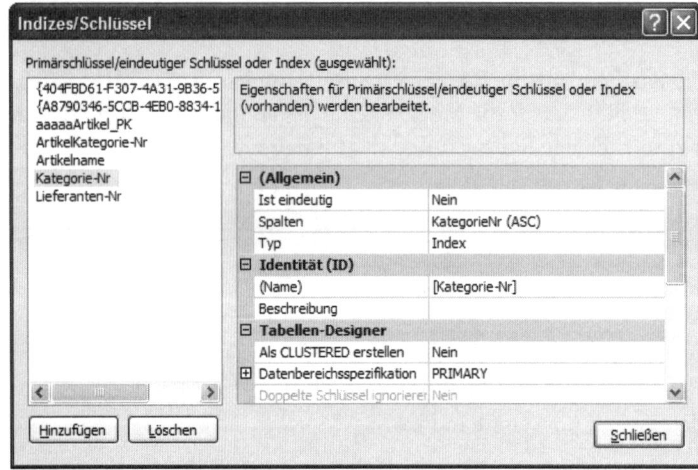

Abbildung 11.16 Indexdefinition

Gänzlich neu für den Desktop-Programmierer dürften die Begriffe *Füllfaktor* und *Clustered* sein. Mit dem Füllfaktor geben Sie an, zu wie viel Prozent eine Indexseite belegt wird. Ist eine Indexseite gefüllt und muss ein neuer Eintrag eingefügt werden, ist dieser Vorgang recht aufwändig. Günstiger (aber nicht so platzsparend) ist es, wenn freier Platz für das Einfügen weiterer Einträge gelassen wird.

HINWEIS Handelt es sich um schreibgeschützte Daten, können Sie den Füllfaktor mit 100% angeben.

Die Option *Clustered* erstellt einen gruppierten Index, bei dem die physikalische Reihenfolge der Zeilen in der Tabelle gleich der logischen (indizierten) Reihenfolge der Schlüsselwerte ist. Logischerweise kann es nur einen derartigen Schlüssel pro Tabelle geben. Insbesondere UPDATE- und DELETE-Anweisungen werden durch einen solchen Index beschleunigt, da bei diesen Vorgängen meist große Datenmengen gelesen werden müssen.

Tabellen erzeugen/verwalten mit T-SQL

An dieser Stelle möchten wir Ihnen nur einige Ergänzungen und Beispiele vorstellen. Wie Sie Tabellen und Indizes mit Hilfe von SQL-Anweisungen erstellen, wurde bereits ausführlich in Kapitel 7 besprochen.

BEISPIEL

Erstellen einer Tabelle *Kunden* mit diversen Einschränkungen und einem Defaultwert für das Feld *Status*

```
CREATE TABLE Kunden
(id         int IDENTITY(1,1) PRIMARY KEY CLUSTERED,
 Nachname   varchar(50)  NOT NULL,
 Vorname    varchar(50)  NOT NULL,
 Status     varchar(10), DEFAULT 'Aktiv',
 Datum      datetime NOT NULL DEFAULT (getdate()))
```

BEISPIEL

Mögliche Ausdrücke für *Check*

```
CHECK (PLZ IN ('12345', '23456', '34567')
CHECK  ID LIKE '99999[0-9][0-9]')
CHECK (gehalt > 2000)AND(gehalt < 6000)
```

BEISPIEL

Mögliche Ausdrücke für *Default*

```
Kennziffer  int  NOT NULL DEFAULT 1
Datum       datetime NOT NULL DEFAULT (getdate())
Land        varchar(30) NULL DEFAULT('Deutschland')
```

BEISPIEL

Erzeugen einer berechneten Spalte

```
CREATE TABLE Buchungen
(   netto money,
    brutto money,
    mwst AS (brutto-netto) )
```

Temporäre Tabellen

Ein besonderes Feature des SQL Servers ist das Erzeugen von temporären Tabellen. Sie können sowohl lokale als auch globale temporäre Tabellen erstellen. Lokale temporäre Tabellen sind nur während der aktuellen Sitzung sichtbar, globale temporäre Tabellen sind von allen Sitzungen aus sichtbar.

Stellen Sie lokalen temporären Tabellennamen ein einzelnes Nummernzeichen (#) und globalen temporären Tabellennamen ein doppeltes Nummernzeichen voran (##).

Es ist auch kein Problem, wenn zwei Nutzer gleichzeitig dieselbe temporäre Tabelle erstellen wollen. Der SQL Server hängt intern einen numerischen Suffix an den temporären Tabellennamen an, so bleiben die Tabellen immer eindeutig.

Temporäre Tabellen brauchen Sie nicht explizit zu löschen, da sie ohnehin automatisch entfernt werden. In einigen Fällen sollten Sie dennoch nicht darauf verzichten (siehe folgende Beispiele), insbesondere wenn ein und dieselbe Tabelle häufig erzeugt und gelöscht werden soll. Verwenden Sie einfach die DROP TABLE-Anweisung.

BEISPIEL

Erzeugen und Verwenden einer temporären Tabelle

```
Imports System.Data.SqlClient
...
conn.Open()
```

Erzeugen:

```
Dim cmd As New SqlCommand("CREATE TABLE #test " & _
                          "(nachname VARCHAR(30) NOT NULL Primary KEY)", conn)
cmd.ExecuteNonQuery()
```

Verwenden:

```
cmd = New SqlCommand("INSERT INTO #test VALUES ('Mayer')", conn)
cmd.ExecuteNonQuery()
cmd.ExecuteNonQuery()
conn.Close()
```

HINWEIS Der zweite Aufruf von *ExecuteNonQuery* führt zu einem Fehler, da die Tabelle immer noch existiert! Der Grund für dieses Verhalten: Die Tabelle wird erst mit dem Schließen der Connection gelöscht.

Tabellen mit SMO erzeugen

Dass auch mit den SMO das Erstellen nicht »unmöglich« ist, zeigt das folgende Beispiel:

BEISPIEL

Tabelle erzeugen

```
Imports Microsoft.SqlServer.Management.Common
Imports Microsoft.SqlServer.Management.Smo
...
```

Server verbinden:

```
Dim serv As New Server("HPSERVER")
```

Datenbank erstellen (Sie können auch eine Datenbank aus der *DataBases*-Collection abrufen):

```
Dim db As New Database(serv, "BuchBeispiel")
db.Create()
```

Table-Objekt erstellen (die Datenbanktabelle ist noch nicht erzeugt):

```
Dim tb As New Table(db, "ErsteTabelle")
```

Erste Spalte erzeugen (Integer, Zählerfeld):

```
Dim col As New Column(tb, "Id")
col.DataType = DataType.Int
col.Nullable = False
col.Identity = True
col.IdentitySeed = 1
col.IdentityIncrement = 1
tb.Columns.Add(col)
```

Zweite Spalte erzeugen (*VarChar*):

```
col = New Column(tb, "Nachname")
col.DataType = DataType.VarChar(50)
col.Nullable = False
tb.Columns.Add(col)
```

Primärschlüssel erzeugen:

```
Dim idx As Index = New Index(tb, "PK_ErsteTabelle")
idx.IndexKeyType = IndexKeyType.DriPrimaryKey
idx.IndexedColumns.Add(New IndexedColumn(idx, "Id"))
tb.Indexes.Add(idx)
```

Tabelle mit allen obigen Einstellungen auf dem Server erzeugen:

```
tb.Create()
```

Ein Blick in den Objekt-Explorer des SQL Server Management Studios zeigt den Erfolg:

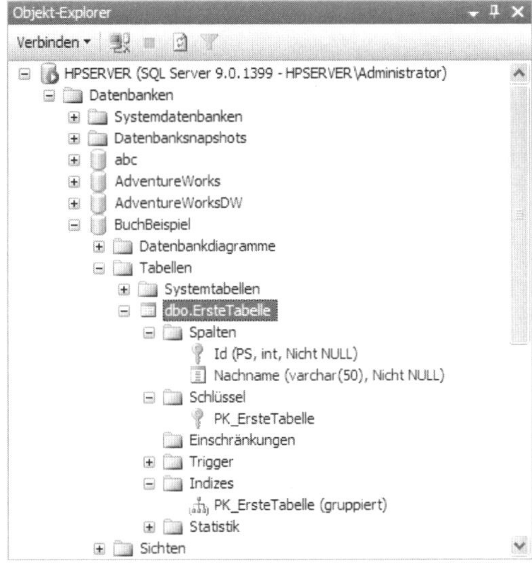

Abbildung 11.17 Die neu erzeugte Tabelle

Datenbankdiagramme

Je umfangreicher Ihre Datenbanken werden, desto mehr Augenmerk sollten Sie auf die Verwaltung richten. Ein wichtiges Hilfsmittel in diesem Zusammenhang sind die Datenbankdiagramme, die in ihrer Funktionalität den Access-Beziehungen gleichen.

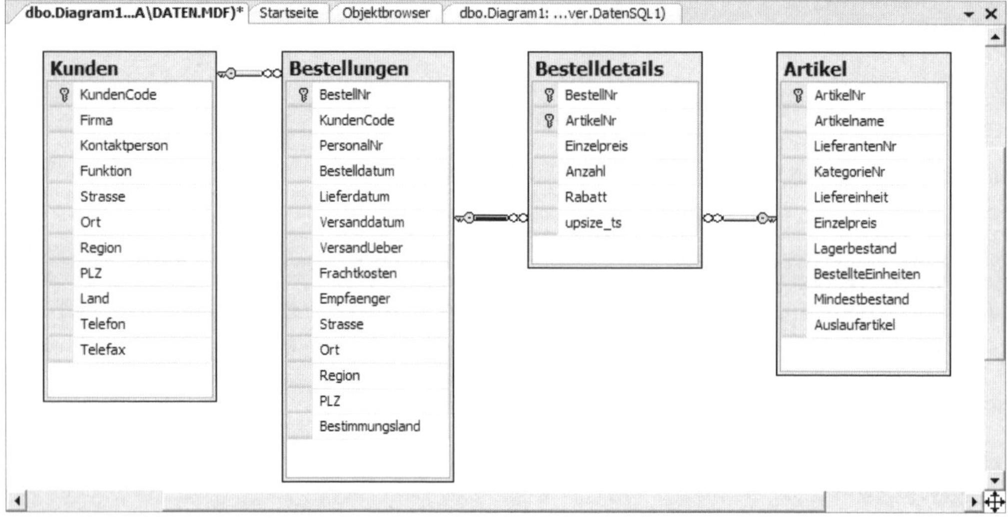

Abbildung 11.18 Datenbankdiagramm in Visual Studio 2005

Zu einem fertigen Datenbankdiagramm gelangen Sie auf zwei Wegen:

- Sie definieren alle Tabellen mit den jeweiligen Abhängigkeiten und rufen dann den Diagramm-Designer im Visual Studio auf. Ziehen Sie jetzt nur noch die gewünschten Tabellen in den Designer (oder nutzen Sie den Assistenten), die Verbindungen werden automatisch angezeigt.
- Sie verwenden den Designer von Anfang an als Entwurfsmittel für die gesamte Datenbank. In diesem Fall können Sie hier sowohl die Tabellen als auch die Beziehungen zwischen den Tabellen erstellen.

Abbildung 11.19 Beziehungen definieren

Folgende Operationen können Sie im Designer ausführen:

- Tabellen erzeugen/hinzufügen
- Tabellen löschen
- Beziehungen zwischen Tabellen aufbauen/löschen
- Eigenschaften von Tabellen bearbeiten
- Indizes verwalten
- Übersichten drucken
- Kommentare einfügen

HINWEIS Nutzen Sie das Datenbankdiagramm als übersichtliches Hilfsmittel zur Verwaltung der SQL Server-Datenbank. Teilen Sie die Diagramme auf, wenn ein Diagramm nicht genügend Übersicht bietet.

Erzeugen und Verwenden von Sichten (Views)

Mit den Sichten, auch als Views bezeichnet, bietet sich dem Programmierer die Möglichkeit, Daten aufzubereiten (Verknüpfungen) oder vor dem Nutzer zu verstecken. Hintergrund ist in jedem Fall eine SQL-SELECT-Abfrage, die eine Menge von Datensätzen zurückgibt. Dabei ist es unerheblich, ob die Daten aus einer oder auch aus mehreren Tabellen stammen.

Verwenden von T-SQL

Der einfachste Weg, aus einem Programm heraus eine View zu erzeugen, bietet sich mit T-SQL an. Haben Sie die nötigen Zugriffsrechte, genügt ein einziger Befehl, um die View auf dem SQL Server zu erstellen.

```
CREATE VIEW view_name [(column [,...n])]
      [WITH ENCRYPTION]
      AS
        select_statement
      [WITH CHECK OPTION]
```

Übergeben Sie der Anweisung neben dem View-Namen gegebenenfalls auch die Namen der einzelnen Spalten. Dies ist jedoch nur nötig, wenn es sich um berechnete Spalten oder gleiche Spaltennamen (bei Verknüpfungen) handelt.

Mit dem zusätzlichen Schlüsselwort WITH ENCRYPTION verschlüsseln Sie die View auf dem Server, d.h., die View-Definition kann nicht mehr gelesen/geändert werden.

BEISPIEL

Die folgende View ist verschlüsselt[1]

```
CREATE VIEW Sonderaktion WITH ENCRYPTION
AS
  SELECT
     Artikelname,
```

[1] Wahrscheinlich soll der Betrug bei den Preisen nicht entdeckt werden.

```
    Einzelpreis * 1.5 AS Aktionspreis
FROM
   Artikel
```

BEISPIEL

Aus einem Visual Basic-Programm können Sie die View wie folgt erstellen:

```
Imports System.Data.SqlClient
...
conn.Open()
Dim cmd As New SqlCommand("CREATE VIEW Sonderaktion WITH ENCRYPTION AS " & _
                "SELECT Artikelname, Einzelpreis * 1.5 As Aktionspreis FROM Artikel", conn)
cmd.ExecuteNonQuery()
conn.Close()
```

HINWEIS Sie können zwar auch die DMO zum Erstellen der Sicht nehmen, die Verwendung ist allerdings umständlicher als bei den T-SQL-Anweisungen, da Sie trotz allem T-SQL benutzen müssen.

Verwendung von gespeicherten Prozeduren

Mit den gespeicherten Prozeduren wenden wir uns einem der interessantesten SQL Server-Objekte zu. Bisher wurden diese in T-SQL programmiert und auf dem Server gespeichert und ausgeführt (über eine API-Schnittstelle konnten auch Prozeduren mit Compiler-Sprachen, wie C oder Delphi, programmiert werden). Das hat sich mit dem SQL Server 2005 grundlegend geändert. Auch VB.NET- und C#-Programmierer sind jetzt in die Lage versetzt, Stored Procedures als managed Code für den SQL Server zu programmieren. Mehr dazu in einem eigenen Abschnitt ab Seite 758, der auf den Grundlagen dieses Abschnitts aufbaut.

Das wichtigste Aufgabengebiet der Stored Procedures: Auslagern von Aufgaben auf den Server, das Netzwerk als Flaschenhals entfällt.

Daneben bieten sich gespeicherte Prozeduren auch als zusätzliche Programmebene an, zum Beispiel kann ein Satz von Prozeduren Geschäftsprozesse zentral auf dem Server realisieren. Die Programmlogik wird aus der einzelnen Client-Anwendung auf den Server verlagert. Damit lassen sich Anpassungen wesentlich einfacher und schneller realisieren als wenn Sie jede einzelne Client-Anwendung neu erstellen. Der Vorteil bei der Entwicklung im Team: Nicht jeder muss alle Tabellen auf dem Server kennen, es genügen die Schnittstellen, die mit Hilfe der gespeicherten Prozeduren geschaffen wurden:

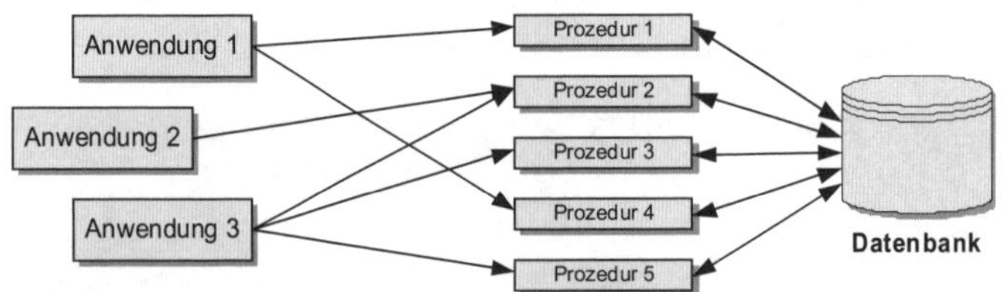

Abbildung 11.20 Grundprinzip der gespeicherten Prozeduren

Neben den bereits vordefinierten Systemprozeduren (diese beginnen mit *sp_*), die den direkten Zugriff auf die Systemtabellen verhindern, können Sie eigene Prozeduren definieren, die Daten auf vier verschiedenen Wegen mit Ihrem Visual Basic-Programm austauschen können:

- Verwenden von Ausgabeparametern, die entweder Daten (z.B. eine Ganzzahl oder einen Zeichenwert) oder eine Cursor-Variable zurückgeben können.
- Rückgabecodes, die immer einen ganzzahligen Wert beinhalten (wie bei Funktionen).
- Ein *DataTable* für jede SELECT-Anweisung, die von der gespeicherten Prozedur aufgerufen wird.
- Globaler Cursor, der auch außerhalb der gespeicherten Prozedur referenziert werden kann.

HINWEIS Auch für Prozeduren gilt: Lassen Sie die Daten da wo sie sind: auf dem SQL Server. Was immer Sie auch mit den Daten anfangen wollen, überlegen Sie dreimal, bevor Sie diese zum Client herunterladen und bearbeiten, denn dafür ist T-SQL auf dem Server da.

HINWEIS Wie Views können Sie auch Stored Procedures verschlüsseln, um deren Definition vor neugierigen Blicken zu schützen.

Verwenden von Parametern

Wie jede Prozedur in Visual Basic lassen sich auch gespeicherte Prozeduren mit Parametern aufrufen. Diese können sowohl zur Übergabe als auch zur Rückgabe von Werten dienen. Innerhalb der Prozedur können Sie den Parameter wie eine Variable verwenden.

Einen Parameter deklarieren Sie mit Name, Datentyp und gegebenenfalls mit einem Defaultwert.

BEISPIEL

Prozedur mit zwei Parametern (Integer und String)

```
CREATE PROCEDURE Test @Parameter1 int, @Parameter2 VARCHAR(50)
AS SELECT
    @Parameter1 AS 'Parameter1',
    @Parameter2 AS 'Parameter2'
return
```

Rufen Sie die obige Prozedur aus Visual Basic auf, müssen Sie vorher die Parameter festlegen. Verwenden Sie dazu die *Parameters*-Auflistung.

BEISPIEL

Definieren und Parametrieren zur Laufzeit

```
Imports System.Data.SqlClient
...

da.SelectCommand.CommandType = CommandType.StoredProcedure
da.SelectCommand.Parameters.Add("@Parameter1", "K%")
da.SelectCommand.Parameters.Add("@Parameter2", "S%")
Dim dt As New DataTable()
da.Fill(dt)
DataGridView1.DataSource = dt
...
```

Alternativ können Sie die Werte zur Entwurfszeit auch über einen Assistenten eingeben:

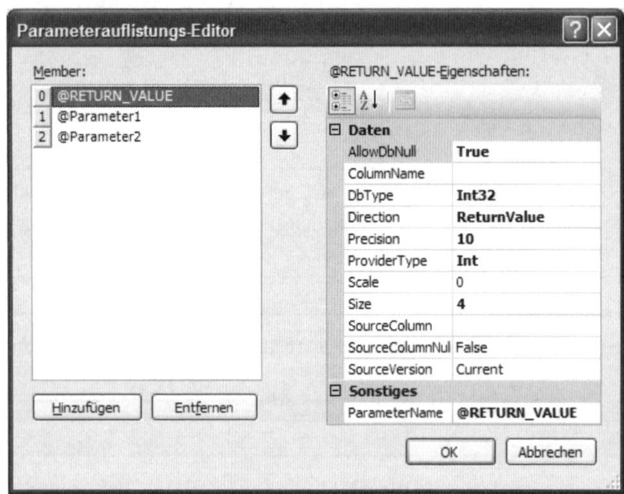

Abbildung 11.21 Parameter definieren

Resultsets als Rückgabewerte

Vielleicht haben Sie sich schon gefragt, wie Sie die Rückgabewerte der Prozedur (in unserem Fall ein Resultset) auswerten können. Die Lösung ist in ADO.NET recht einfach, Sie führen die Prozedur statt mit *ExecuteNonQuery* mittels *SelectCommand*-Objekt aus.

BEISPIEL

Gespeicherte Prozedur, die eine Tabelle abfragt

```
CREATE PROCEDURE TestSP @Nachname VARCHAR(50)
AS SELECT *
   FROM mitarbeiter
   WHERE
      nachname LIKE @nachname
return
```

Das zugehörige ADO.NET-Programm zur Anzeige der *DataTable* (die Prozedur wurde mittels Assistent zugewiesen und parametriert):

```
Imports System.Data.SqlClient
...
da.SelectCommand.Parameters("@Nachname").Value = "K%"
Dim dt As New DataTable()
da.Fill(dt)
DataGridView1.DataSource = dt
```

Output-Parameter

Sie können Parameter nicht nur für den Hinweg, sondern auch für den Rückweg benutzen, d.h., die Prozedur gibt über die Parameter Werte zurück. In diesem Fall müssen bei der Definition der Prozedur die Parameter als OUTPUT deklariert werden:

BEISPIEL

Prozedur mit OUTPUT-Parametern

```
Create Procedure Testsp @Parameter1 int OUTPUT, @Parameter2 VARCHAR(50) OUTPUT
As
   Set   @Parameter1 = 12
   Set   @Parameter2 = 'abcedfg'
return
```

BEISPIEL

Der Aufruf aus dem Programm

```
    conn.Open()
    SqlCommand1.ExecuteNonQuery()
    MessageBox.Show(SqlCommand1.Parameters("@Parameter1").Value.ToString)
    MessageBox.Show(SqlCommand1.Parameters("@Parameter2").Value.ToString)
```

HINWEIS Achten Sie darauf, dass die *Parameters*-Collection die richtigen Datentypen und *Direction*-Werte enthält. Dies ist insbesondere für den Rückgabewert wichtig.

Verwenden des Rückgabewertes

Neben den beiden bereits gezeigten Varianten bietet sich auch der bisher vernachlässigte *Return*-Wert jeder gespeicherten Prozedur an. Damit lassen sich einfache Integer-Werte an das aufrufende Programm zurückgeben.

BEISPIEL

Verwenden von *Return*

```
Alter Procedure TestSP @Nachname VARCHAR(50)
As
DECLARE @anzahl int

SELECT
    @anzahl = Count(*)
 FROM mitarbeiter
 WHERE nachname LIKE @nachname
return @anzahl
```

Der Aufruf aus dem Programm:

```
    conn.Open()
    SqlCommand1.Parameters("@Nachname").Value = "K%"
    Try
      SqlCommand1.ExecuteNonQuery()
    Catch Ex As SqlException
      MessageBox.Show(Ex.Message)
    End Try
    MessageBox.Show(SqlCommand1.Parameters("@RETURN_VALUE").Value.ToString)
```

HINWEIS Meist wird der Rückgabewert im Zusammenhang mit der Fehlerbehandlung verwendet. Rückgabewerte kleiner Null werden als Error-Codes interpretiert.

Programmierung/Verwendung von Triggern

Als VB-Programmierer sind Sie es gewohnt, mit Event-Prozeduren auf bestimmte Ereignisse zu reagieren. Einen ähnlichen Mechanismus stellen die Trigger dar. Ein Trigger wird gestartet, wenn Daten in Tabellen geändert, d.h. wenn die Anweisungen INSERT, UPDATE oder DELETE aufgerufen werden.

Trigger werden wie Stored Procedures auf dem SQL Server gespeichert und ausgeführt. Innerhalb eines Triggers, der in T-SQL oder per CLR-Assembly programmiert ist, können Sie zum Beispiel andere Tabellen bearbeiten, Daten auf Einhaltung bestimmter Regeln überprüfen oder Aktionen rückgängig machen. Die gesamte Routine läuft in einer eigenen Transaktion ab, auftretende Fehler führen automatisch zu einem Rollback.

Kommen wir nun zu den Einzelheiten.

DDL-Trigger

Neu mit dem SQL Server 2005 eingeführt wurden die DDL-Trigger, die bei Verwendung von DDL-Anweisungen (CREATE ...) ausgelöst werden. An dieser Stelle wollen wir nicht weiter auf dieses Thema eingehen, da es sich um rein administrative Möglichkeiten der Überwachung handelt, die im Zusammenhang mit Visual Basic wohl kaum zum Einsatz kommen.

Trigger-Arten (DML-Trigger)

Wie schon erwähnt, können Sie Trigger für drei verschiedene Ereignistypen einsetzen:

- *Update*
- *Insert*
- *Delete*

Worauf Sie mit Ihrem Trigger reagieren, entscheiden Sie **innerhalb** der Trigger-Routine durch die Angabe der entsprechenden Schlüsselwörter.

Beim Erstellen eines Triggers müssen Sie Folgendes angeben:

- Einen Namen
- Den Namen der Tabelle, für die der Trigger definiert wird
- Die Anweisungen, die den Trigger aktivieren (INSERT, UPDATE oder DELETE)
- Die eigentliche Programmlogik

```
CREATE TRIGGER <Triggername>
       ON <Tabellenname>
       [WITH ENCRYPTION]
       {     {FOR { [DELETE] [,] [INSERT] [,] [UPDATE] }
             [WITH APPEND]
             [NOT FOR REPLICATION]
       AS    <Anweisungen>     }
```

BEISPIEL

Langsam haben Sie es satt, dass Sie als Systemadministrator weniger verdienen als die meisten anderen Mitarbeiter. Aus diesem Grund legen Sie eine maximale Gehaltsgrenze für alle Mitarbeiter fest. Dazu brauchen Sie nicht unbedingt die ganzen Client-Anwendungen anzupassen. Es genügt, wenn Sie auf dem Server einen Einfüge- bzw. Update-Trigger bereitstellen.

```
CREATE Trigger Personen_Trigger1
On dbo.Personen
FOR INSERT, UPDATE
AS
DECLARE @neuesgehalt money

SELECT @neuesgehalt = i.gehalt
FROM inserted I
IF (@neuesgehalt > 5000)
BEGIN
   RAISERROR ('Sind Sie sicher? Schade um das Geld!',16,-1)
   ROLLBACK TRANSACTION
END
```

Gezielte Datensatzauswertung

Vielleicht haben Sie sich schon gefragt, wie man feststellen kann, welche Datensätze von einem UPDATE, INSERT oder DELETE betroffen sind. Zu diesem Zweck stellt der SQL Server innerhalb der Trigger-Routine zwei zusätzliche temporäre Tabellen zur Verfügung:

- Tabelle *inserted*
- Tabelle *deleted*

Diese Tabellen weisen das gleiche Layout auf wie die Tabelle, die den Trigger auslöst. Der Inhalt hängt von der jeweiligen Operation ab:

Operation	Tabelleninhalt
INSERT	Die Tabelle *inserted* enthält die neuen Datensätze, die Tabelle *deleted* ist nicht definiert
UPDATE	Die Tabelle *deleted* enthält die Datensätze, die überschrieben werden sollen (alte Werte), die Tabelle *inserted* die neuen Werte
DELETE	Die Tabelle *deleted* enthält alle zu löschenden Datensätze, die Tabelle *inserted* ist nicht definiert

Tabelle 11.3 Inhalt der virtuellen Tabellen

HINWEIS Beachten Sie, dass Trigger nur einmal pro T-SQL-Anweisung aufgerufen werden, d.h., die Tabellen *inserted* und *deleted* können mehr als einen Datensatz enthalten. Müssen Sie spezifische Auswertungen realisieren, kommen Sie um eine Cursor-Programmierung (T-SQL) auf dem Server nicht herum. Arbeiten Sie mit CLR-Assemblies müssen Sie ebenfalls alle Datensätze z.B. mit einem *DataReader* verarbeiten.

BEISPIEL

Als misstrauischer Administrator möchten Sie verhindern, dass Datensätze endgültig gelöscht werden. Dazu erstellen Sie zunächst eine Tabelle mit dem gleichen Layout wie die Ursprungstabelle. Nachfolgend erzeugen

Sie einen DELETE-Trigger, der die zu löschenden Datensätze in die zweite (Backup-)Tabelle kopiert (entfernen Sie Indizes, Identitäten und TimeStamp-Felder aus der Backup-Tabelle).

```
ALTER TRIGGER tr_Backup
On dbo.Personen
FOR DELETE
AS
INSERT INTO PersonenBackup
       SELECT Nr, Anrede, Vorname, Nachname, Geburtstag, Gehalt,
    Raum, Telefon, Vorgesetzter
       FROM deleted
```

Geht Ihr Misstrauen noch weiter und möchten Sie zusätzlich den Usernamen und das Löschdatum speichern, verwenden Sie den folgenden Trigger:

```
ALTER TRIGGER "tr_Backup" On dbo.Personen
FOR DELETE
AS
INSERT INTO PersonenBackup
       SELECT Nr, Anrede,
              Vorname, Nachname,
              Geburtstag, Gehalt,
              Raum, Telefon,
              Vorgesetzter,
              SYSTEM_User, GetDate()
       FROM deleted
```

HINWEIS Vergessen Sie nicht, der Backup-Tabelle vorher zwei neue Spalten hinzuzufügen (*Nutzer, Datum*).

Mit einem Trigger können Sie auch die Löschweitergabe bei verknüpften Tabellen realisieren.

BEISPIEL

Erstellen Sie für die Haupttabelle der Beziehung einen DELETE-Trigger mit folgendem Inhalt:

```
CREATE TRIGGER deleteroom ON Raum
FOR DELETE
AS DELETE FROM Personen
  WHERE
    Raum = deleted.nr
```

Nach dem Test werden Sie feststellen, dass dieser Trigger nicht ganz Ihren Erwartungen entspricht. Löschen Sie mehr als einen Datensatz in der Haupttabelle, bleiben bei den Details Datensätze übrig. Die Ursache haben wir bereits angesprochen: Der Trigger wird nur einmal ausgelöst, in der *Deleted*-Tabelle befindet sich mehr als ein Datensatz. Damit kann auch die WHERE-Klausel nicht funktionieren. Eine kleine Änderung löst das Problem:

```
CREATE TRIGGER deleteroom ON raum
FOR DELETE
AS DELETE FROM
      personen
   WHERE
      raum IN (SELECT nr FROM deleted)
```

Allerdings wird diese Abfrage relativ langsam ausgeführt wenn Sie nur einen Datensatz ändern. Mit Hilfe der Systemfunktion @@ROWCOUNT können Sie unterscheiden, ob es sich um mehr als einen Datensatz handelt:

```
CREATE TRIGGER deleteroom
ON Raum
FOR DELETE AS
IF @@ROWCOUNT = 1
  DELETE FROM
     Personen
  WHERE
     Raum = deleted.nr
ELSE
  DELETE FROM
    Personen
  WHERE
    Raum IN (SELECT nr FROM deleted)
```

Auswertung von Spaltenänderungen

Innerhalb eines Triggers können Sie nicht nur feststellen welche Datensätze von Änderungen betroffen sind, sondern auch in welcher Spalte die Änderungen vorgenommen wurden. Diese Auswertung ist sinnvollerweise nur bei UPDATE-Triggern möglich, ein INSERT- oder ein DELETE-Trigger ändert bzw. löscht ja immer einen ganzen Record.

BEISPIEL

Mit einem Trigger wird eine Änderung in der Spalte »Nachname« verhindert:

```
Alter Trigger "Personen_Trigger1" On dbo.Personen FOR  UPDATE
AS
IF UPDATE (nachname)
BEGIN
   RAISERROR ('Der Nachname darf nicht geändert werden!',16,-1)
   ROLLBACK TRANSACTION
END
```

Diese Einschränkung könnten Sie auch mit der Auswertung des aktuellen Nutzers oder mit einer Abfrage in einer Referenztabelle verbinden.

Volltextabfragen

Mit dem zunehmenden Einsatz von Datenbanken zur Verwaltung von Texten oder Dokumenten haben sich auch die Anforderungen an die Server-Software verändert. Informationen werden nicht mehr nur in einzelnen Tabellenspalten verwaltet (Nachname, Vorname etc.), sondern auch in bis zu 2 GByte großen Memofeldern[1]. Doch wie sollen die Daten in diesen Feldern gefunden werden? Das bisher gebräuchliche

```
SELECT * FROM xyz WHERE memofeld LIKE '%Suchausdruck%'
```

ist viel zu langsam und unflexibel.

---

[1] Bei Unicode nur 1 GByte, was aber auch reichen dürfte.

Die Lösung ist eine Volltextindizierung von beliebigen Tabellenspalten und -inhalten, d.h., in einem separaten Index wird für jedes eindeutige Wort gespeichert, in welcher Zeile bzw. in welcher Spalte es sich befindet. Bei der späteren Suche nach dem Wort genügt der Index, um alle Fundstellen des Wortes zu ermitteln.

Seit der Version 7 des SQL Servers hat auch Microsoft eine derartige Funktion integriert, die in der vorliegenden Version 2005 im Performance-Bereich wesentlich verbessert wurde. Allerdings sollten Sie bei Verwendung der Volltextsuche mit Arbeitsspeicher nicht zu sehr geizen.

HINWEIS Möchten Sie dieses Feature auch mit der Express Edition nutzen, müssen Sie sich die aktualisierte *SQL Server 2005 Express Edition* ***with Advanced Services*** von der Microsoft-Homepage herunterladen oder Sie nutzen die Version von der Buch-CD.

Für die Administration der Volltextsuchfunktionen verwenden Sie entweder T-SQL-Befehle oder das SQL Server Management Studio. Die eigentlichen Abfragen werden wie gewohnt mit SQL ausgeführt, dazu stehen mit CONTAINS und FREETEXT zwei komplexe Befehle bereit. Im Gegensatz zur LIKE-Anweisung sind die beiden genannten Befehle nicht nur wesentlich schneller, sondern auch leistungsfähiger. Neben der reinen linguistischen Suche nach Wörtern und Ausdrücken lassen sich auch Abfragebegriffe wichten, d.h., es kann eine unscharfe Suche realisiert werden. Zusätzlich sind auch Angaben wie NEAR möglich, d.h. ein Wort befindet sich »in der Nähe« des anderen Wortes.

Allgemeine Voraussetzungen

Bevor Sie eine Tabelle mit einem Volltextindex versehen, müssen Sie sich einige Gedanken über das Layout machen.

Die zu indizierende Tabelle sollte über einen möglichst kurzen Primärschlüssel verfügen. Dies kann zum Beispiel eine *Identity*-Spalte (Integer, 4 Byte) sein. Je länger der Schlüssel, desto mehr Informationen müssen in den Volltextindex aufgenommen werden (über den Schlüssel wird die Position eines Wortes bestimmt). Ein wie auch immer gestalteter Primärindex ist jedoch Voraussetzung für eine Indizierung.

Nehmen Sie nur die Spalten in den Index auf, die Sie unbedingt benötigen, da sowohl die Indexerstellung als auch Verwaltung sehr ressourcenintensiv ist.

Bedenken Sie, dass nur textbasierte Spalten indiziert werden können (TEXT, VARCHAR, NVARCHAR etc.).

HINWEIS Seit der Version 2005 entfällt die sonst nötige Installation der Volltextsuchfunktion auf dem SQL Server, diese wird automatisch mit installiert. Auch den Volltextkatalog müssen Sie nicht gleich anlegen, dies können Sie während der Definition des Volltextindex erledigen.

Haben Sie diese Vorbereitungen abgeschlossen, können Sie über das SQL Server Management Studio die gewünschten Tabellen für die Volltextsuche anmelden:

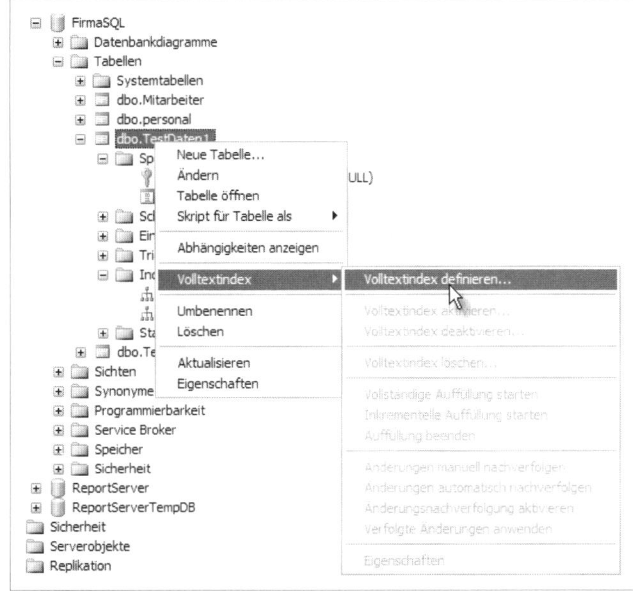

Abbildung 11.22 Anmelden der Tabellen für die Volltextsuche

Nach dem Festlegen des Primärschlüssels und der Auswahl der zu indizierenden Spalten brauchen Sie nur noch einen Volltextkatalog zuzuweisen.

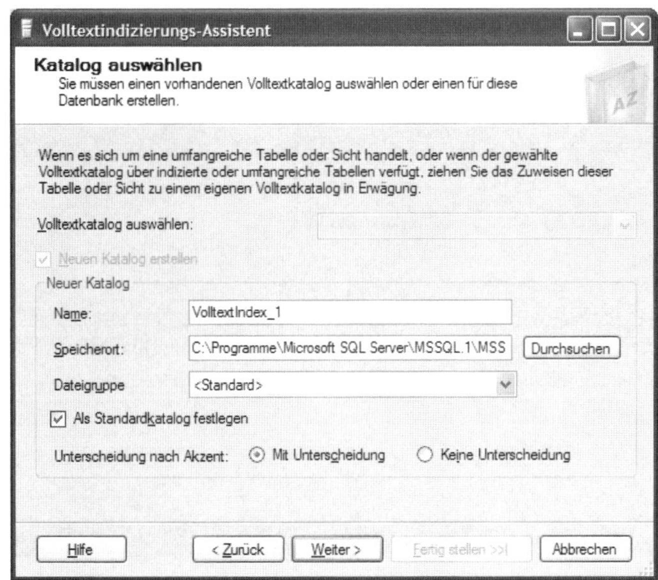

Abbildung 11.23 Volltext-Katalog zuordnen

Erzeugen Sie diesen jetzt (siehe obige Abbildung) oder wählen Sie einen vorhandenen aus. Dazu müssen Sie neben einem Namen auch den Speicherort (die Daten werden **nicht** in der Datenbank gespeichert) angeben. Weiterhin lassen sich über den Katalog die Zeiten bestimmt, zu denen der Index aktualisiert bzw. neu aufgebaut wird.

Der Hintergrund für diese Zeitplan-Steuerung: Nicht in jedem Fall ist es sinnvoll, mit dem Einfügen, Löschen oder Ändern von zugrundeliegenden Tabellendaten auch den Index zu aktualisieren (hohe Serverlast). Parametrieren Sie die Volltextindizierung in diesen Fällen. Mit Hilfe eines Zeitplans können Sie nun bestimmen, zu welchen Zeiten (möglichst nachts bei geringer Serverlast) der Index gänzlich oder nur inkrementell neu aufgebaut werden soll.

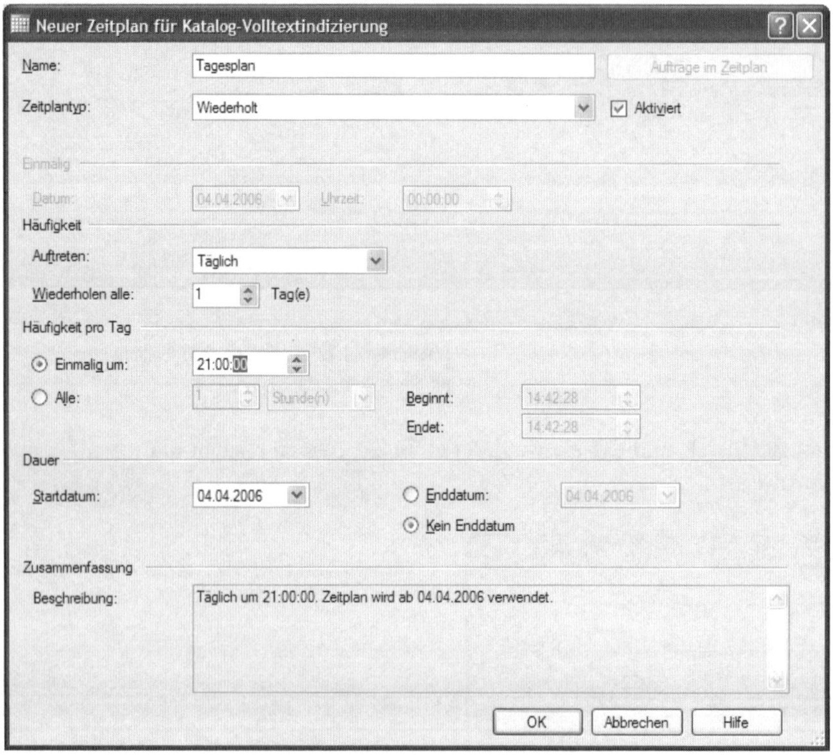

Abbildung 11.24 Zeitplan für das Auffüllen des Volltext-Index

HINWEIS Vergessen Sie nicht, dass kurz nach dem Erstellen zwar ein Volltextindex existiert, dieser jedoch in keinem Fall aktuell ist. Je nach Größe des Datenbestandes dauert es einige Minuten (Stunden?), bis alle Stichworte verarbeitet sind.

Erstellen mit T-SQL

BEISPIEL

Auch mit TSQL können Sie einen Volltextindex erzeugen

```
USE TestDB;

CREATE FULLTEXT CATALOG myCatalog AS DEFAULT;

CREATE FULLTEXT INDEX
      ON Lexikon(Beschreibung) KEY INDEX PK_Lexikon;
```

Abfragen von Daten

Damit können wir uns dem eigentlichen Ziel unserer Bemühungen zuwenden: der Abfrage von Informationen.

Wie schon erwähnt, bietet T-SQL in diesem Zusammenhang mit CONTAINS und FREETEXT zwei neue Anweisungen. Während CONTAINS sowohl für genaue als auch unscharfe Suche verwendet werden kann, bietet FREETEXT die Möglichkeit, auch ungenaue Ausdrücke suchen zu lassen (Gewichtung).

Die Syntax:

```
SELECT <feldliste>
      FROM <tabellenname>
      CONTAINS
         ( {spalte | *}, '<Suchausdruck>' )

SELECT <feldliste>
      FROM <tabellenname>
      FREETEXT
         ( {spalte | *}, '<Suchausdruck>' )
```

BEISPIEL

Suche aller Einträge in einem Online-Lexikon, welche die Begriffe »Lehrbuch«, »Kinderbuch«, »Buch« enthalten.

```
SELECT *
FROM lexikon
WHERE
    FREETEXT(*,'Lehrbuch Kinderbuch Buch')
```

Der Stern bei FREETEXT gibt an, dass alle Spalten durchsucht werden sollen. Sie können auch explizit die zu durchsuchenden Spalten angeben.

HINWEIS Das Ergebnis aus 95.000 Datensätzen lag nach 0,5 Sekunden vor.

BEISPIEL

Gesucht werden alle bekannten Maler.

```
SELECT
    wort, beschreibung
FROM Lexikon
WHERE
    CONTAINS(*, '"Maler"')
```

BEISPIEL

Gesucht werden alle bekannten Maler, die keine Bildhauer waren.

```
SELECT wort, beschreibung
FROM Lexikon
WHERE
    CONTAINS(*, '"Maler" AND NOT "Bildhauer"')
```

BEISPIEL

Gesucht werden alle bekannten Maler, die sich auch als Architekt betätigt haben. Das Wort »Architekt« sollte im Zusammenhang mit dem Begriff »Maler« auftauchen.

```
SELECT wort, beschreibung
FROM Lexikon
WHERE
    CONTAINS(*, 'Maler NEAR Architekt')
```

	beschreibung
1	['dÑu:-] * um 1499, † 1546, ital. Maler u. Architekt; Schüler u. Mitarbeiter ðRaffaels; Hptw.: Plan u. Ausmalung ...
2	Francesco, * 1657, † 1747, ital. Maler u. Architekt; entwickelte einen großzügigen, farbig reizvollen Dekoration...
3	Karl Friedrich, * 1781, † 1841, dt. Architekt u. Maler; Hauptvertreter des Berliner Klassizismus; Werke: Neue ...
4	Baldassare, * 1481, † 1536, ital. Architekt u. Maler; Mitarbeiter Bramantes bei den Entwürfen für St. Peter, in R...
5	Max, * 22.12.1908, schweiz. Architekt, Bildhauer u. Maler; 1927–29 als Architekt am Bauhaus; baute u. a. die ...
6	El (Eliezer), * 1890, † 1941 (?), russ. Maler u. Architekt; vom Konstruktivismus ausgehend.
7	Leon Battista, * 1404, † 1472, ital. Architekt, Maler, Bildhauer, Kunstschriftst. u. Philosoph; führender Theoretik...
8	[py'Ñe] Pierre, * 1622, † 1694, frz. Maler, Bildhauer u. Architekt; schuf insbes. Marmorgruppen von extrem natu...
9	in Abhängigkeit von der um vieles älteren chin. Kunst entstanden, geriet im Lauf der Geschichte immer wieder ...
10	Joseph Maria, * 1867, † 1908, östr. Architekt u. Maler; Mitgr. der Wiener Sezession, als Architekt Vertreter des ...

Abbildung 11.25 Ausgabeergebnis

BEISPIEL

Die Suche nach Teilbegriffen realisieren Sie mit Platzhaltern (*).

```
SELECT wort, beschreibung
FROM Lexikon
WHERE
    CONTAINS(*, '"Funk*"')
```

Auf gewichtete Suchen mit ISABOUT bzw. WEIGHT können wir an dieser Stelle leider nicht weiter eingehen, der erste Ausblick dürfte jedoch schon die Vielfalt der Möglichkeiten erahnen lassen.

Fehlerbehandlung

Nach Vorstellung der wichtigsten SQL Server-Objekte und -Funktionen möchten wir noch auf ein gern vernachlässigtes Thema eingehen. Sie ahnen es sicher, es geht um die leidige Behandlung von Fehlern, die im Zusammenhang mit der Ausführung von Triggern oder gespeicherten Prozeduren auf dem Server auftreten.

Das Fehlermodell des SQL Servers

Grundsätzlich sollten Sie zwischen zwei Teilen der Fehlerbehandlung unterscheiden:

- Fehlerbehandlung auf dem Server, nachdem ein Fehler in einer gespeicherten Prozedur oder einem Trigger aufgetreten ist.
- Fehlerbehandlung auf dem Client, nachdem der Server einen Fehler zurückgegeben hat.

Dass sich die Fehlerbehandlung auf dem Server nicht auf die Anzeige eines einfachen Dialogfeldes beschränken kann, dürfte auf der Hand liegen. Deshalb werden Ereignisse im SQL Server-Fehlerprotokoll, im Windows-Anwendungsprotokoll oder in beiden protokolliert:

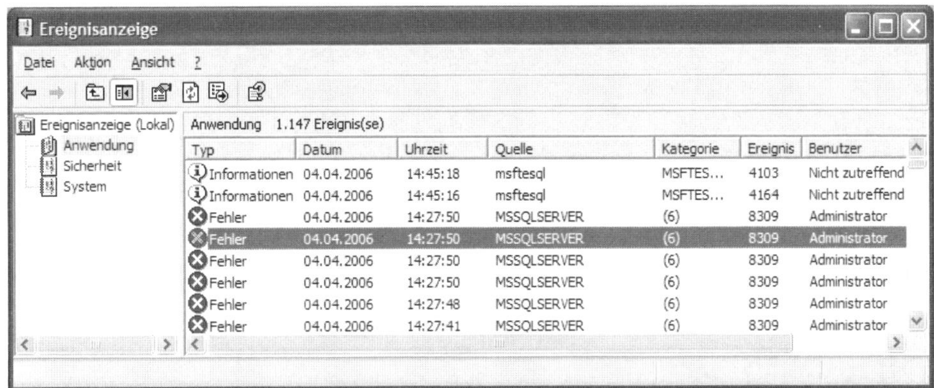

Abbildung 11.26 Fehlerprotokoll in der Ereignisanzeige

Der SQL Server unterscheidet, im Gegensatz zu Visual Basic, die Fehler nach bestimmten Schweregraden:

- Bei Fehlern mit einem Schweregrad von 10 handelt es sich um Informationsmeldungen, die durch Fehler in den eingegebenen Informationen hervorgerufen wurden.
- Schweregrade von 11 bis 16 werden vom Benutzer erzeugt und können auch durch diesen behoben werden. Selbst definierte Fehlermeldungen sollten in diesem Bereich liegen.
- Software- oder Hardwarefehler haben die Schweregrade 17 bis 25. Der Fehler muss durch den Systemadministrator behoben werden. Liegt der Schweregrad zwischen 17 und 19, können Sie Ihre Arbeit dennoch fortsetzen, auch wenn möglicherweise eine bestimmte Anweisung nicht ausführbar ist.

Verwenden von @@ERROR

Möchten Sie Fehler innerhalb einer gespeicherten Prozedur oder eines Triggers behandeln, können Sie die Variable @@ERROR auswerten. Diese gibt 0 zurück, wenn die letzte Anweisung erfolgreich ausgeführt werden konnte, andernfalls die Fehlernummer. In der Prozedur selbst steht Ihnen weder der Schweregrad noch der Status der Meldungstexte zur Verfügung, dieser kann ausschließlich in der Frontend-Anwendung (in diesem Fall Ihr Visual Basic-Programm) ausgewertet werden.

Zwei Varianten bieten sich für die Auswertung von @@ERROR an:

- Sofortiges Testen oder Verwenden von @@ERROR nach der Anweisung.
- Speichern von @@ERROR in einer ganzzahligen Variablen, sofort nachdem die *TransactSQL*-Anweisung abgeschlossen ist. Der Wert der Variablen kann später verwendet oder über *Return* zurückgegeben werden.

BEISPIEL

Verwenden von @@ERROR

```
CREATE PROCEDURE test
```

```
@Id int,
@nachname varchar(40),
@vorname varchar(20)
AS
INSERT INTO Personen VALUES(@id,@nachname,@vorname)
IF @@ERROR <> 0
   RETURN(101)
ELSE
   RETURN(0)
```

Das aufrufende Programm kann den Error-Code über die Parameter abfragen.

HINWEIS Sie sollten @@ERROR grundsätzlich in einer Variablen speichern, da mit der Ausführung weiterer SQL-Anweisungen der Wert von @@ERROR zurückgesetzt wird (ein gern gemachter Fehler).

Verwenden von RAISEERROR

Mit der RAISEERROR-Anweisung lösen Sie aus der T-SQL-Routine heraus einen Fehler aus, dessen Meldung Sie in Ihrem Programm auswerten und/oder anzeigen können. Zusätzlich können die Meldungen auch im SQL Server-Fehlerprotokoll und im Microsoft Windows NT-Anwendungsprotokoll erscheinen.

Die Syntax:

```
RAISEERROR ({Message_id | Message_String}
           {, Schweregrad, Status} [, Argumente[,...n]] )
           [WITH option[,...n]]
```

Beim Aufruf können Sie entweder direkt einen Meldungstext übergeben, oder Sie rufen eine benutzerdefinierte Fehlermeldung über deren ID auf. Zusätzlich übergeben Sie noch den Schweregrad (z.B. 16) und den Status (ein Wert zwischen 1 und 127).

Option kann folgende Werte annehmen:

- LOG: Der Fehler wird in das Fehler- und Anwendungsprotokoll des Servers eingetragen. Im Server-Fehlerprotokoll enthaltene Fehler sind auf maximal 440 Byte beschränkt.
- NOWAIT: Sendet Meldungen sofort an den Client.
- SETERROR: Legt den @@ERROR-Wert auf *msg_id* oder 50.000 fest, unabhängig vom Schweregrad.

BEISPIEL

Aufruf einer Meldung

```
...
IF (@neuesgehalt > 5000)
BEGIN
   RAISERROR ('Sind Sie sicher? Schade um das Geld!',16,-1)
   ROLLBACK TRANSACTION
END
...
```

Fehlerbehandlung mit TRY...CATCH

Endlich wurde auch für T-SQL eine moderne Fehlerbehandlung eingeführt, die nicht mehr aus dem Programmiermittelalter stammt. Als Visual Basic-Programmierer werden Sie sich schnell zu Hause fühlen, handelt es sich doch um ein ganz bekanntes Konstrukt:

```
BEGIN TRY
     { SQL-Anweisungen }
END TRY
BEGIN CATCH
     { SQL-Anweisungen }
END CATCH
```

HINWEIS TRY...CATCH fängt nur Fehler mit einem Schweregrad größer 10 ab, niedrigere Schweregrade werden als Warnungen interpretiert! Fehler mit einem Schweregrad größer 20 werden nur abgefangen, solange die Datenbank-Engine die Verbindung nicht trennt.

Neben obigem Konstrukt stehen Ihnen auch noch folgende Funktionen zur Verfügung:

Funktion	Beschreibung/Rückgabewert
ERROR_NUMBER	Fehlernummer
ERROR_MESSAGE	Fehlerbeschreibung
ERROR_SEVERITY	Schweregrad
ERROR_STATE	Fehlerstatusnummer (Gleiche Fehlernummern können unterschiedliche Ursachen aufweisen, zur Unterscheidung gibt es die Fehlerstatusnummer)
ERROR_LINE	Zeilennummer
ERROR_PROCEDURE	Name der Prozedur, des Triggers oder der Funktion in dem der Fehler aufgetreten ist

Tabelle 11.4 Funktionen zur Abfrage der Fehlerursache

Last but not least gibt es noch eine Anweisung, die im Zusammenhang mit der Fehlerbehandlung nutzbar ist, das berüchtigte GOTO, mit dem Sie einen TRY- oder CATCH-Block »fluchtartig« verlassen können.

HINWEIS Wie Sie sehen, handelt es sich bei T-SQL nach wie vor um eine prozedurale Sprache, Kapselungen in Objekten (z.B. *Error*) sind noch Zukunftsmusik (zumindest auf der Server-Seite).

Doch jetzt wollen wir uns der Praxis zuwenden.

BEISPIEL

Einfache Stored Procedure, die einen recht vorhersehbaren Fehler auslöst

```
CREATE PROCEDURE Test
AS
     SELECT 10/0
return 0
```

Ergebnisse | Meldungen

```
Meldung 8134, Ebene 16, Status 1, Prozedur Test, Zeile 6
Fehler aufgrund einer Division durch Null.

(1 Zeile(n) betroffen)
```

Abbildung 11.27 Der zu erwartende Fehler

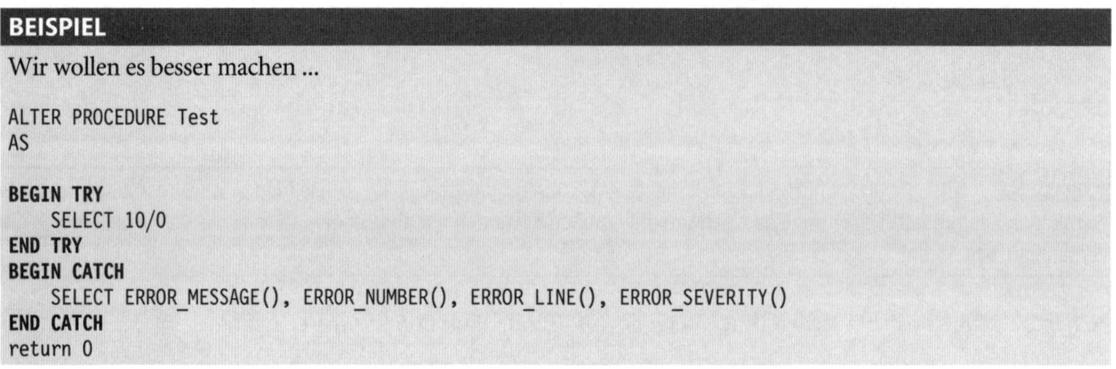

BEISPIEL

Wir wollen es besser machen ...

```
ALTER PROCEDURE Test
AS

BEGIN TRY
    SELECT 10/0
END TRY
BEGIN CATCH
    SELECT ERROR_MESSAGE(), ERROR_NUMBER(), ERROR_LINE(), ERROR_SEVERITY()
END CATCH
return 0
```

Ergebnisse | Meldungen

	(Kein Spaltenname)

	(Kein Spaltenname)	(Kein Spaltenname)	(Kein Spaltenname)	(Kein Spaltenname)
1	Fehler aufgrund einer Division durch Null.	8134	6	16

	Return Value
1	0

Abbildung 11.28 Die Rückgabe der Prozedur

Sie können natürlich auch einen Fehler auswerten und einen »neuen« mit RAISERROR generieren.

BEISPIEL

Fehler erneut auslösen

```
ALTER PROCEDURE Test
AS

BEGIN TRY
   SELECT 10/0
END TRY
BEGIN CATCH
    SELECT ERROR_MESSAGE(), ERROR_NUMBER(), ERROR_LINE(), ERROR_SEVERITY()
    RAISERROR('Wer programmiert so einen Mi...?',16, -1)
END CATCH
return 0
```

Wenden wir uns jetzt der Client-Seite zu.

Fehlerbehandlung mit ADO.NET

Ausgehend von den vorhergehenden Beispielen möchten wir Ihnen die Möglichkeiten der Fehlerbehandlung im Clientprogramm vorstellen. Anders als beim Vorgänger von ADO.NET brauchen wir hier nicht die Fehler über die *Errors*-Collection des *Connection*-Objekts auszuwerten. Ein Fehler wird einfach mit *Try-Catch* abgefangen und über ein zugehöriges Fehlerobjekt (*SqlException*) ausgewertet.

HINWEIS Den Begriff »Fehler« sollten Sie in diesem Zusammenhang nicht zu wörtlich nehmen. Es kann sich auch um die Meldung eines Triggers handeln, dass ein Datensatz nicht eingefügt werden kann. Die RAISERROR-Anweisung stellt somit ein wesentliches Werkzeug zur Kommunikation zwischen Server und Client dar.

BEISPIEL

Das zum vorhergehenden Beispiel gehörende Client-Programm.

```
...
    Dim conn As New SqlConnection("Data Source=hpserver;Initial Catalog=BuchBeispiel;" & _
                                  "Integrated Security=True")
    Dim cmd As New SqlCommand("EXEC Test Gewinnus", conn)
    conn.Open()
    Try
      cmd.ExecuteNonQuery()
    Catch Ex As SqlException
      If Ex.Number = 50000 Then
        MessageBox.Show(Ex.Message, "Frage", MessageBoxButtons.YesNo, MessageBoxIcon.Question)
      Else
        MessageBox.Show(Ex.Message, "Fehler", MessageBoxButtons.OK, MessageBoxIcon.Stop)
      End If
    End Try
```

Handelt es sich um unsere Fehlermeldung, wird diese als Dialogfeld angezeigt, andernfalls wird ein Standard-Fehlerdialog geöffnet.

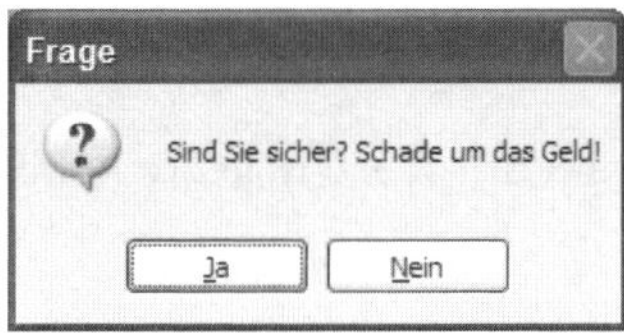

Abbildung 11.29 Meldung auf dem Client

Mit Hilfe von Argumenten lassen sich Detaildaten auf einfache Weise im Messagetext platzieren. Sie müssen nicht lange Stringadditionen und Typumwandlungen vornehmen.

```
CREATE PROCEDURE "Test" @nachname VARCHAR(30)
AS
   ...
   RAISERROR (' %s kann nicht in die Datenbank eingefügt werden!',16,-1,@nachname)
```

CLR-Integration im SQL Server 2005

Zu den aus der Sicht eines Visual Basic-Programmierers wichtigsten Neuerungen beim SQL Server 2005 gehört zweifelsohne die CLR Integration, d.h. die Möglichkeit

- Funktionen,
- Stored Procedures,
- Trigger,
- neue Aggregat-Funktionen
- und neue Datentypen

als managed Code zu realisieren.

HINWEIS Bevor Sie jetzt im Eifer des Gefechts gleich Ihre ganzen Anwendungen umstellen oder dies befürchten, vergessen Sie es gleich wieder. Die Einbindung von managed Code ist **eine Möglichkeit** für die SQL Server-Programmierung, die den bisherigen Funktionsumfang erweitert. Sie ist nicht als Ersatz zu betrachten.

Grundsätzlicher Ablauf

Was Sie mit Visual Basic oder C# für den SQL Server programmieren können, wurde bereits oben angesprochen. Während Sie die ersten drei Objektarten auch mit T-SQL erstellen konnten/können, sind Aggregat-Funktionen (SUM, MAX etc.) und neue Datentypen den managed Code-Anwendungen vorbehalten.

Die Frage ist, wie Sie Ihren managed Code mit der unmanged Welt des SQL Servers zusammenbringen.

Der Ablauf in Stichpunkten, die Einzelheiten folgen später:

1. Aktivieren Sie zunächst die CLR-Unterstützung des SQL Servers
2. Erstellen Sie eine Assembly mit statischen Methoden und speziellen Attributen
3. Registrieren Sie die Assembly mit CREATE ASSEMBLY auf dem SQL Server
4. Registrieren Sie die einzelnen statischen Methoden als Function/Stored Procedure oder Trigger (z.B. mit CREATE FUNCTION)
5. Verwenden Sie die neu definierten Objekte wie die entsprechenden T-SQL-Objekte

Wer jetzt befürchtet, sich wieder in T-SQL-Anweisungen zu verstricken um die Registrierung zu realisieren, der sei beruhigt. Alle diese Aufgaben können Sie bequem aus Visual Studio 2005 heraus durchführen, ohne sich mit allzuviel SQL herumschlagen zu müssen.

HINWEIS Das heißt jedoch nicht, dass Sie keinerlei SQL-Kenntnisse mehr brauchen. Spätestens beim Testen Ihrer neu erstellten Funktionen und Prozeduren in Visual Studio müssen Sie zumindest den Aufruf und die Parametrierung per SQL beherrschen.

Wir gehen deshalb im Weiteren davon aus, dass Sie die Registrierung auch aus Visual Studio heraus vornehmen.

CLR-Unterstützung aktivieren

Ein neu installierter SQL Server unterstützt aus Sicherheitsgründen noch keine Ausführung von CLR-Code, dies müssen Sie zunächst aktivieren.

Entweder Sie nutzen dazu die Möglichkeiten der »Oberflächenkonfiguration für Features«[1], wie in der folgenden Abbildung gezeigt, oder Sie aktivieren das Feature per T-SQL-Anweisung.

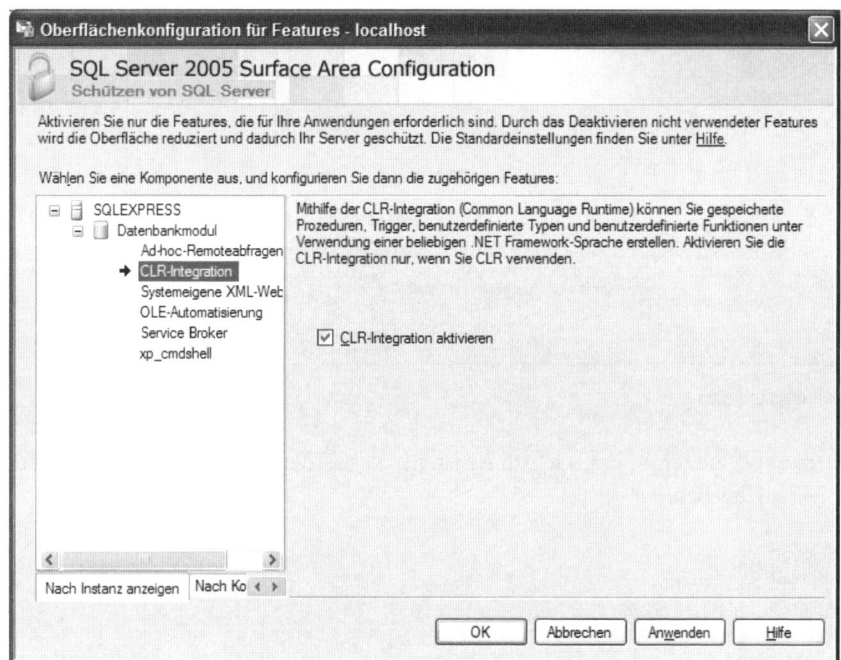

Abbildung 11.30 CLR-Unterstützung für den SQL Server aktivieren

Die T-SQL-Alternative

```
EXEC sp_configure @configname = 'clr enabled', @configvalue = 1 RECONFIGURE WITH OVERRIDE GO
```

können Sie beispielsweise über den Query Analyzer oder das SQL Server 2005 Management Studio ausführen.

Assembly erstellen

Ist die CLR-Unterstützung aktiviert und der SQL Server gestartet, können Sie sich schon an einem ersten Projekt versuchen. Erstellen Sie mit Visual Studio 2005 ein neues SQL Server-Projekt. Dieses finden Sie unter der jeweiligen Sprache in der Rubrik *Datenbank* (siehe Abbildung 11.31).

---

[1] *Start/Programme/SQL Server 2005/Konfigurationstools/SQL Server-Oberflächenkonfiguration*

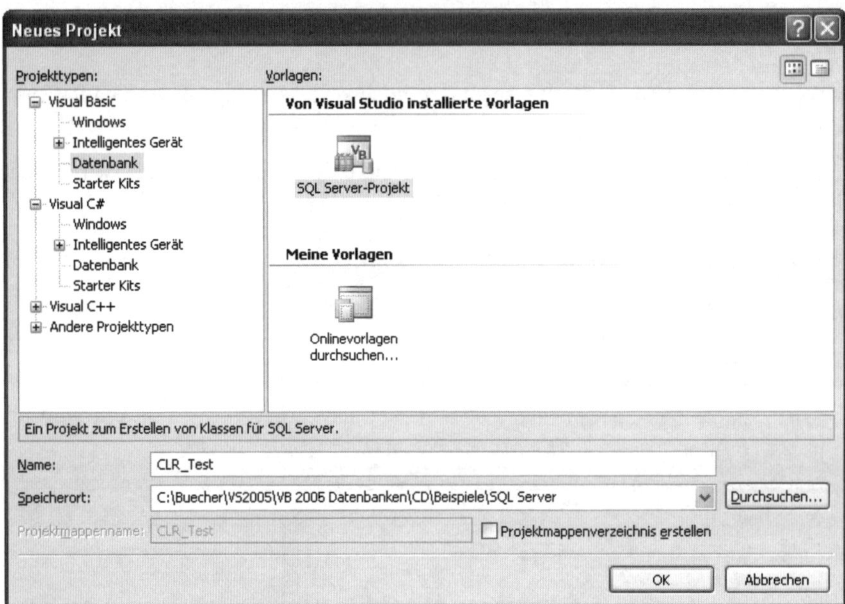

Abbildung 11.31 Neues SQL Server-Projekt erstellen

Bevor das Projekt erstellt wird, nervt Sie schon der nächste Assistent, Sie werden aufgefordert, eine Datenbankverbindung für das Projekt anzugeben:

Abbildung 11.32 Auswahl der Datenbankverbindung

Keine Sorge, diese Verbindung können Sie über den Menüpunkt *Projekt/Eigenschaften/Datenbank* jederzeit wieder ändern, Visual Studio nutzt diese Information lediglich, um die erstellte Assembly und die enthaltenen Methoden zu veröffentlichen (registrieren). Einer späteren Umsetzung des Projekts auf einen anderen Server steht also nichts im Wege.

HINWEIS Die Distribution Ihrer Assembly auf dem Produktiv-System werden Sie später sicher per SQL-Skript realisieren, nicht immer und überall ist auch Visual Studio vorhanden.

Nach dem Erstellen des Projekts finden Sie lediglich ein SQL-Skript (*Test.sql*) in Ihrem Projekt vor. Die gewünschten Funktionen stehen über den Kontextmenüpunkt *Hinzufügen* zur Verfügung:

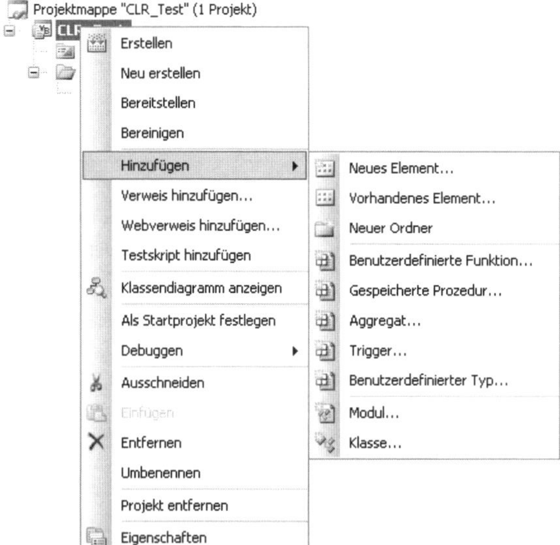

Abbildung 11.33 Hinzufügen der CLR-Funktionen

HINWEIS Zunächst werden die Funktionen im Visual Studio-Projekt gespeichert. Erst nach dem *Erstellen und Bereitstellen*[1] wird die Assembly auch auf den SQL Server kopiert und registriert.

Ein erstes Beispiel

Erstellen Sie über obiges Kontextmenü eine *Benutzerdefinierte Funktion* und Sie erhalten folgenden Klassen-Rumpf:

```
Imports System
Imports System.Data
Imports System.Data.SqlClient
Imports System.Data.SqlTypes
Imports Microsoft.SqlServer.Server

Partial Public Class UserDefinedFunctions

    <Microsoft.SqlServer.Server.SqlFunction()> _
    Public Shared Function MeineErsteFunktion() As SqlString
        ' Fügen Sie hier Ihren Code hinzu
        Return New SqlString("Hello")
    End Function

End Class
```

[1] Eine nicht ganz glückliche Übersetzung für *Deploy* ...

Die drei wichtigsten Neuerungen haben wir bereits fett hervorgehoben:

1. Der neue Namespace *Microsoft.SqlServer.Server* für die Unterstützung der SQL Server-Funktionalität wird eingebunden.
2. Mit einem Attribut (in diesem Fall *Microsoft.SqlServer.Server.SqlFunction*) wird die neue Funktion in der Assembly entsprechend gekennzeichnet.
3. Die Funktion hat einen Rückgabewert vom Typ *SqlString*.

HINWEIS Die SQL Server-Datentypen werden mit *Sql...* gekennzeichnet und sollten auch im Zusammenhang mit dem Erstellen von Stored Procedures und Funktionen verwendet werden, auch wenn Sie mit dem Typisieren später noch viel Freude haben werden. Auf diese Weise werden jedoch Probleme mit Null etc. bei Aufruf und Verarbeitung der Funktionen vermieden.

Nicht neu, aber dafür auch wichtig: Die Funktion wird als *Shared* gekennzeichnet, wer sollte später auch eine Instanz der Klasse erstellen?

Klicken Sie jetzt auf *F5*, wird die Assembly erzeugt und auf dem zugeordneten SQL Server registriert. Gleichzeitig werden auch alle Funktionen und Prozeduren registriert, Sie können sich davon im Server-Explorer überzeugen:

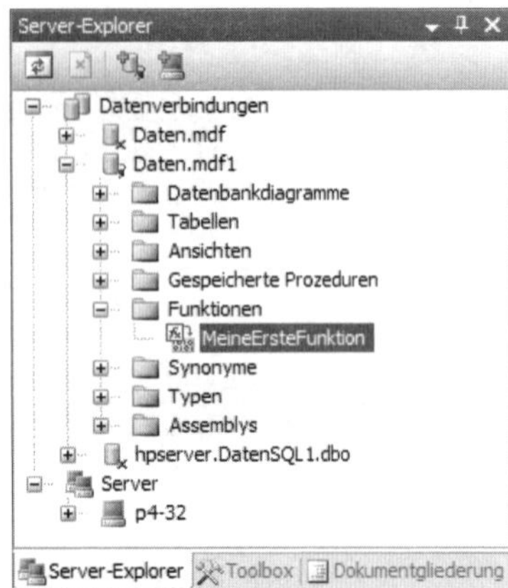

Abbildung 11.34 Die neu erzeugte Funktion ist bereits registriert

HINWEIS Die Assembly selbst finden Sie unter dem Knoten *Assemblys*.

Doch noch passiert nichts Interessantes, dazu müssen Sie schon das Test-Skript Ihres Visual Studio-Projekts bearbeiten. Öffnen Sie also diese Datei und fügen Sie die folgende Anweisung ein:

```
SELECT dbo.MeineErsteFunktion()
```

Starten Sie jetzt erneut das Projekt (F5) und im Ausgabefenster erscheint die gewünschte Meldung:

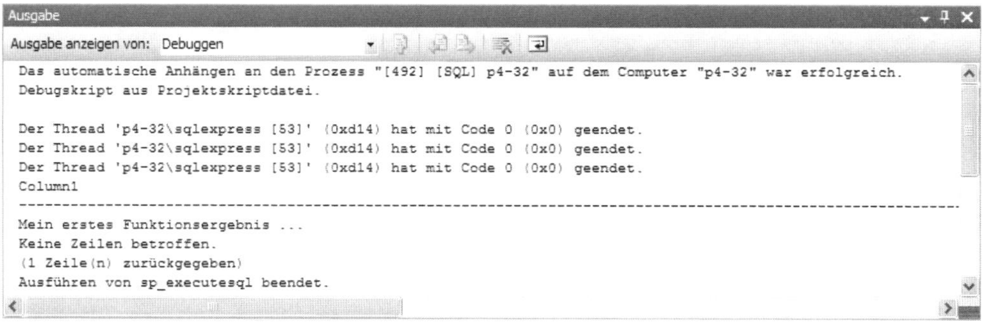

```
Ausgabe
Ausgabe anzeigen von: Debuggen
Das automatische Anhängen an den Prozess "[492] [SQL] p4-32" auf dem Computer "p4-32" war erfolgreich.
Debugskript aus Projektskriptdatei.

Der Thread 'p4-32\sqlexpress [53]' (0xd14) hat mit Code 0 (0x0) geendet.
Der Thread 'p4-32\sqlexpress [53]' (0xd14) hat mit Code 0 (0x0) geendet.
Der Thread 'p4-32\sqlexpress [53]' (0xd14) hat mit Code 0 (0x0) geendet.
Column1
-----------------------------------------------------------------------------------------------------------
Mein erstes Funktionsergebnis ...
Keine Zeilen betroffen.
(1 Zeile(n) zurückgegeben)
Ausführen von sp_executesql beendet.
```

Abbildung 11.35 Ausgabefenster

HINWEIS Die Assembly ist ab sofort in der SQL Server-Datenbank gespeichert, es handelt sich nicht um eine Referenz auf die externe Datei. Damit können auch alle per .NET erzeugten Objekte in ein SQL Server-Backup eingeschlossen werden.

Sehen wir uns im Folgenden die einzelnen Objektarten genauer an.

Benutzerdefinierte Funktionen (UDF)

Ein erstes recht einfach gehaltenes Beispiel für eine benutzerdefinierte Funktion (*User Defined Functions = UDF*) haben wir Ihnen ja bereits im vorhergehenden Abschnitt vorgestellt. Ein weiteres Beispiel zeigt, wie Sie Parameter definieren und verwenden können.

BEISPIEL

UDF mit Parametern

```
<Microsoft.SqlServer.Server.SqlFunction()> _
 Public Shared Function MeineZweiteFunktion(ByVal a As SqlInt32, ByVal b As SqlInt32) As SqlString
```

Wie Sie sehen, nehmen wir eine Typisierung[1] vor, andernfalls würde VB diese implizit vornehmen:

```
    Dim c As Int32
    c = CType(a, Int32) + CType(b, Int32)
    Return New SqlString("Mein zweites Funktionsergebnis: " & c.ToString())
 End Function
```

Das TestSkript für die neue Funktion:

```
SELECT dbo.MeineZweiteFunktion(10,20);
```

Die Ausgabe:

```
...
Mein zweites Funktionsergebnis: 30
Keine Zeilen betroffen.
(1 Zeile(n) zurückgegeben)
...
```

[1] Das ist der Nachteil der SQL Server-Datentypen.

BEISPIEL

Dass die neue Funktion auch mit ganz »normalen« SQL-Abfragen zusammenarbeitet, zeigt das folgende Test-Skript:

```
SELECT
    Artikel.Artikelname,
    dbo.MeineZweiteFunktion(Artikel.Lagerbestand,5)
FROM
    Artikel
```

Die Ausgabe:

```
...

Artikelname                         Column1
--------------------------------------------------------------------
Chai                                Mein zweites Funktionsergebnis: 23
Chang                               Mein zweites Funktionsergebnis: 22
Aniseed Syrup                       Mein zweites Funktionsergebnis: 18
Chef Anton's Cajun Seasoning        Mein zweites Funktionsergebnis: 58
Chef Anton's Gumbo Mix              Mein zweites Funktionsergebnis: 5
Grandma's Boysenberry Spread        Mein zweites Funktionsergebnis: 125
Uncle Bob's Organic Dried Pears     Mein zweites Funktionsergebnis: 20
Northwoods Cranberry Sauce          Mein zweites Funktionsergebnis: 11
Mishi Kobe Niku                     Mein zweites Funktionsergebnis: 34
...
```

Damit dürfte auch schon das Haupteinsatzgebiet der UDFs klar erkennbar sein. Aufwändige Berechnungen, Prüfungen (z.B. Regular Expressions) und Konvertierungen (XML) können mit dem kompilierten Code einer CLR-Funktion wesentlich besser und schneller ausgeführt werden als in T-SQL.

Stored Procedures

Nachdem wir uns mit der Integration von CLR-Funktionen vertraut gemacht haben, erwartet Sie bei den Stored Procedures zunächst nichts Neues. Diese werden ebenfalls als statische Methoden implementiert, lediglich das verwendete Attribut unterscheidet sich zunächst.

BEISPIEL

Vordefinierte Stored Procedure

```
Imports Microsoft.SqlServer.Server

Partial Public Class StoredProcedures
    <Microsoft.SqlServer.Server.SqlProcedure()> _
    Public Shared Sub StoredProcedure2 ()
        ' Fügen Sie hier Ihren Code hinzu
    End Sub
End Class
```

HINWEIS Als Rückgabewerte sind alternativ *SqlInt32 oder Int32* zulässig.

Parameter/Rückgabewerte

Mit einem kleinen Beispiel wollen wir Ihnen zunächst die Verwendung der Parameter demonstrieren. Dies ist insofern von Bedeutung, da Stored Procedures auch Werte über die Parameter zurückgeben können (OUTPUT-Parameter).

BEISPIEL

Stored Procedure zur Berechnung der Summe zweier Werte, über den dritten Parameter wird das Ergebnis zurückgegeben

```
Imports System
Imports System.Data
Imports System.Data.SqlClient
Imports System.Data.SqlTypes
Imports Microsoft.SqlServer.Server


Partial Public Class StoredProcedures
    <Microsoft.SqlServer.Server.SqlProcedure()> _
```

OUTPUT-Parameter werden als *ref* deklariert:

```
    Public Shared Function Test_SP(ByVal a As SqlInt16, ByVal b As SqlInt16, _
                                   ByRef c As SqlInt16) As SqlInt32
        Dim ret As SqlInt32 = c
```

OUTPUT-Parameter berechnen:

```
        c = a + b
```

Funktionsergebnis festlegen:

```
        Test_SP = ret
    End Function
End Class
```

Das Test-Skript fällt diesmal etwas umfangreicher aus, da wir dies Beispiel gleich noch für das Debugging nutzen wollen:

Variablendeklaration in T-SQL:

```
DECLARE @a int;
DECLARE @b int;
DECLARE @c int;
DECLARE @d int;
```

Werte festlegen:

```
SET @a = 10;
SET @b = 20;
SET @c = 100;
```

Funktionsaufruf (beachten Sie die OUTPUT-Deklaration):

```
EXEC @d = dbo.Test_SP1 @a, @b, @c OUTPUT;
```

```
Anzeige von Parameter und Funktionsergebnis:

SELECT @c;
SELECT @d;
```

Die Ausgabe unseres T-SQL-Skripts:

```
...
Column1
-----------
30
Keine Zeilen betroffen.
(1 Zeile(n) zurückgegeben)
Column1
-----------
100
Keine Zeilen betroffen.
(1 Zeile(n) zurückgegeben)
...
```

Um die Debugging-Fähigkeiten zu testen, setzen Sie einfach einen Breakpoint in das T-SQL-Testskript und starten erneut mit F5:

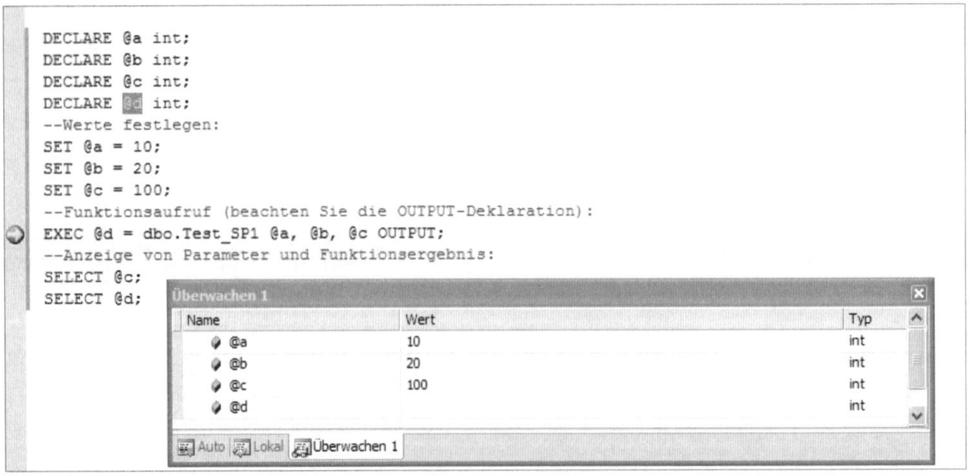

```
DECLARE @a int;
DECLARE @b int;
DECLARE @c int;
DECLARE @d int;
--Werte festlegen:
SET @a = 10;
SET @b = 20;
SET @c = 100;
--Funktionsaufruf (beachten Sie die OUTPUT-Deklaration):
EXEC @d = dbo.Test_SP1 @a, @b, @c OUTPUT;
--Anzeige von Parameter und Funktionsergebnis:
SELECT @c;
SELECT @d;
```

Überwachen 1

Name	Wert	Typ
@a	10	int
@b	20	int
@c	100	int
@d		int

Auto | Lokal | Überwachen 1

Abbildung 11.36 Der Debugger in Aktion (T-SQL-Skript)

Wie Sie sehen, können Sie problemlos die Werte im T-SQL-Script auslesen. Auch das Debugging in die eigentliche CLR-Prozedur hinein ist kein Problem, am einfachsten funktioniert es, wenn Sie dort ebenfalls einen Breakpoint setzen.

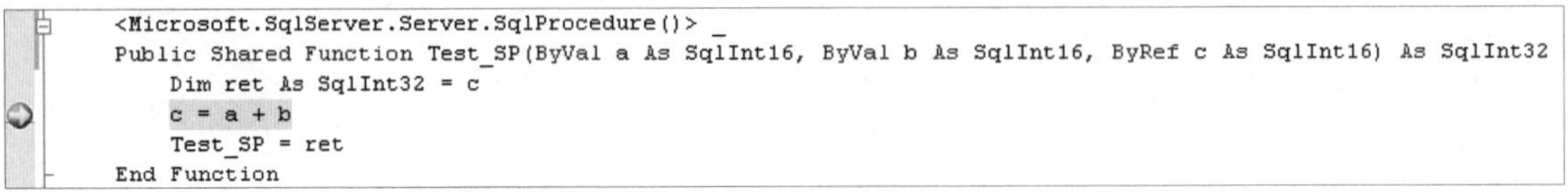

```
<Microsoft.SqlServer.Server.SqlProcedure()> _
Public Shared Function Test_SP(ByVal a As SqlInt16, ByVal b As SqlInt16, ByRef c As SqlInt16) As SqlInt32
    Dim ret As SqlInt32 = c
    c = a + b
    Test_SP = ret
End Function
```

Abbildung 11.37 Breakpoint in der Stored Procedure

Die aktuelle Verbindung für den Datenzugriff nutzen

Nach diesem recht einfachen Beispiel wollen wir uns auch mit dem eigentlichen Einsatzgebiet der Stored Procedures beschäftigen, dem Zugriff auf die Daten von Abfragen. Wer jetzt ein revolutionär neues Konzept erwartet, der dürfte zunächst enttäuscht sein wenn es wie immer heißt:

```
<Microsoft.SqlServer.Server.SqlProcedure()> _
Public Shared Sub Test_SP2()
    Dim conn As New SqlConnection()
    conn.ConnectionString = ...
```

Das sieht ja wie in meinen normalen Visual Basic-Programm aus, wird sicher der eine oder andere denken. Das ist korrekt und auch beabsichtigt, soll doch die Codeumstellung von einer .NET-Anwendung zu einer .NET-Stored Procedure möglichst einfach sein (z.B. beim Verlagern der Business-Logik vom Client auf den SQL Server). Doch spätestens beim Zuweisen der *ConnectionString*-Eigenschaft kommt der kleine aber feine Unterschied ins Spiel:

```
...
    Dim conn As New SqlConnection()
    conn.ConnectionString = "context connection = true"
```

Statt eines kompletten ConnectionString übergeben Sie obige Zeichenfolge, und es wird die bereits existierende Connection verwendet.

Gleich der nächste Knackpunkt ist das folgende *Open*, obwohl die Verbindung schon geöffnet ist:

```
    conn.Open()
```

Doch auch hier gilt: der Code soll möglichst mit einem normalen Clientprogramm vergleichbar sein, deshalb bleibt es beim *Open*, auch wenn damit keine neue Verbindung geöffnet wird.

Die folgende Anweisung dürfte für Sie nichts Neues sein, wir erzeugen ein *Command*-Objekt, das auf der aktuellen Connection basiert:

```
    Dim cmd As New SqlCommand("SELECT * FROM Artikel", conn)
```

Für die Rückgabe der Daten an den Client wird das *SqlContext.Pipe*-Objekt verwendet[1]. An die *Send*-Methode des *Pipe*-Objekts können Sie neben einfachen Meldung (*String*) auch einen *SqlDataRecord* oder, wie hier gezeigt, einen *SQLDataReader* übergeben:

```
    SqlContext.Pipe.Send(cmd.ExecuteReader())
End Sub
```

Damit werden alle Datensätze des *SqlCommand* an den Client gesendet, wir können uns mit einem Test-Skript davon überzeugen:

```
EXEC dbo.Test_SP2;
```

[1] Fast wie *Response* bei ASP.NET-Anwendungen ...

Die Ausgabe verhält sich wie bei einer normalen T-SQL-Stored Procedure mit dem Unterschied, dass die Daten von einer **managed** Stored Procedure erzeugt wurden:

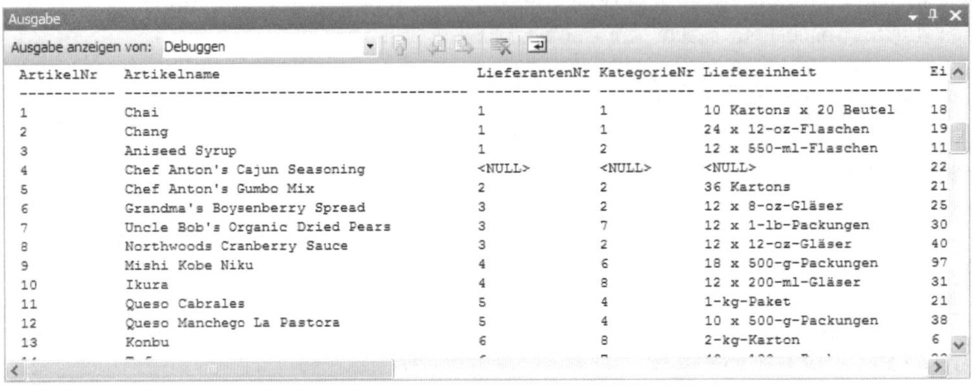

Ausgabe

Ausgabe anzeigen von: Debuggen

ArtikelNr	Artikelname	LieferantenNr	KategorieNr	Liefereinheit	Ei
1	Chai	1	1	10 Kartons x 20 Beutel	18
2	Chang	1	1	24 x 12-oz-Flaschen	19
3	Aniseed Syrup	1	2	12 x 550-ml-Flaschen	11
4	Chef Anton's Cajun Seasoning	<NULL>	<NULL>	<NULL>	22
5	Chef Anton's Gumbo Mix	2	2	36 Kartons	21
6	Grandma's Boysenberry Spread	3	2	12 x 8-oz-Gläser	25
7	Uncle Bob's Organic Dried Pears	3	7	12 x 1-lb-Packungen	30
8	Northwoods Cranberry Sauce	3	2	12 x 12-oz-Gläser	40
9	Mishi Kobe Niku	4	6	18 x 500-g-Packungen	97
10	Ikura	4	8	12 x 200-ml-Gläser	31
11	Queso Cabrales	5	4	1-kg-Paket	21
12	Queso Manchego La Pastora	5	4	10 x 500-g-Packungen	38
13	Konbu	6	8	2-kg-Karton	6

Abbildung 11.38 Die von der Stored Procedure zurückgegebenen Daten

HINWEIS Natürlich ist es an dieser Stelle sinnfrei, mit der Stored Procedure nur eine Tabelle abzufragen, das geht mit T-SQL schneller und vor allem einfacher. Aber hier geht es um den Zugriff auf die aktuelle Connection und die Rückgabe von Tabellendaten.

Auch wenn im obigen Beispiel die aktuelle Connection genutzt wird, Sie können aus einer solchen Stored Procedure heraus jederzeit eine gänzlich andere Connection auch auf anderen Servern öffnen und abfragen. Ebenfalls möglich ist der Zugriff auf das Dateisystem des Servers, um zum Beispiel Binärdaten zu lesen oder zu schreiben (z.B. Grafiken). Allerdings müssen Sie in diesem Fall die Berechtigungsebene für Ihre Assembly anpassen, wir kommen später darauf zurück.

Eigenes Resultset erzeugen

Einer der Vorteile der .NET-Stored Procedures gegenüber Ihren T-SQL-Pendants ist die Möglichkeit, ohne temporäre Tabellen direkt neue Resultsets zu erzeugen. Ein Beispiel soll dies demonstrieren.

BEISPIEL

Stored Procedure, die für einen gegebenen Betrag und Zeitraum den Zinseszins als Resultset zurückgibt

```
<Microsoft.SqlServer.Server.SqlProcedure()> _
Public Shared Sub ZinsesZins(ByVal Betrag As SqlSingle, ByVal Startjahr As SqlInt16, _
                             ByVal Laufzeit As SqlInt16, ByVal Zins As SqlSingle)
```

Zunächst müssen Sie die Beschreibung (Tabellenkopf) für das Resultset erzeugen:

```
    Dim p As SqlPipe = SqlContext.Pipe
    Dim dr As New SqlDataRecord(New SqlMetaData() _
          {New SqlMetaData("Jahr", SqlDbType.Int), New SqlMetaData("Betrag", SqlDbType.Float)})
```

Daten senden:

```
    p.SendResultsStart(dr)
```

Für die gewählten Jahre:

```
        Dim jahr As Integer = CType(Startjahr, Int16)
        For j As Integer = 0 To CType(Laufzeit, Int16)
```

Jahr ausgeben:

```
            dr.SetInt32(0, jahr)
```

Zinseszins bestimmen:

```
            dr.SetSqlDouble(1, CType(Betrag, Double) * Math.Pow(1 + CType(Zins, Double) / 100, j))
            jahr += 1
```

Zeile senden:

```
            p.SendResultsRow(dr)
        Next
```

Wir sind fertig:

```
        p.SendResultsEnd()
    End Sub
```

Das Test-Skript:

```
EXEC dbo.ZinsesZins 1000, 2000, 10, 5;
```

Die Ausgabe:

```
Jahr        Betrag
----------- ------------------------
2000        1000
2001        1050
2002        1102,5
2003        1157,625
2004        1215,50625
2005        1276,2815625
2006        1340,095640625
2007        1407,10042265625
2008        1477,45544378906
2009        1551,32821597852
2010        1628,89462677744
Keine Zeilen betroffen.
(11 Zeile(n) zurückgegeben)
...
```

Aggregat-Funktionen

Genügen die bereits verfügbaren T-SQL-Aggregat-Funktionen nicht Ihren Ansprüchen, können Sie diese auch um zusätzliche .NET-Aggregat-Funktionen bereichern. Allerdings ist die Umsetzung in diesem Fall nicht ganz so trivial, wie zum Beispiel bei einer einfachen Funktion.

Folgendes Grundgerüst müssen Sie mit Leben erfüllen:

```
Imports System
Imports System.Data
Imports System.Data.SqlClient
Imports System.Data.SqlTypes
Imports Microsoft.SqlServer.Server


<Serializable()> _
<Microsoft.SqlServer.Server.SqlUserDefinedAggregate(Format.Native)> _
Public Structure Spezialsumme
```

Eine private Variable, die für die Berechnung des Endergebnisses genutzt wird:

```
    Private var1 As Integer
```

Mit *Init* initalisieren Sie die private Variable, das ist erforderlich, weil es sich hier nur um eine *Struct* handelt:

```
    Public Sub Init()
        ' Fügen Sie hier Ihren Code ein.
    End Sub
```

Die Methode *Accumulate* wird für jede zu verarbeitende Zeile aufgerufen:

```
    Public Sub Accumulate(ByVal value As SqlString)
        ' Fügen Sie hier Ihren Code ein.
    End Sub
```

Merge ermöglicht die parallele Verarbeitung (der Server muss nicht alle Zeilen sequenziell durchlaufen, sondern kann die Arbeit in mehreren Happen/Threads bewältigen). Sie müssen hier die Einzelergebnisse verarbeiten:

```
    Public Sub Merge(ByVal value as Spezialsumme)
        ' Fügen Sie hier Ihren Code ein.
    End Sub
```

Mit *Terminate* wird schließlich das Ergebnis als *SqlString* zurückgegeben:

```
    Public Function Terminate() As SqlString
        ' Fügen Sie hier Ihren Code ein.
        Return New SqlString("")
    End Function

End Structure
```

Genug der Theorie, ein Beispiel sorgt für mehr Klarheit.

BEISPIEL

Wir realisieren die SUM-Funktion zum zweiten Mal[1]

```
<Serializable()> _
<Microsoft.SqlServer.Server.SqlUserDefinedAggregate(Format.Native)> _
```

[1] Das ist zwar sinnlos, so können wir aber das Beispiel einfach und überschaubar halten und Sie können zum Schluss auch noch vergleichen, ob wir richtig gerechnet haben.

```
Public Structure Spezialsumme
```

Unsere spätere Endsumme:

```
    Private _meineSumme As SqlDouble
```

Wert initalisieren:

```
    Public Sub Init()
        _meineSumme = 0
    End Sub
```

Für jeden Datensatz:

```
    Public Sub Accumulate(ByVal value As SqlDouble)
        _meineSumme += value
    End Sub
```

Für die parallele Ausführung:

```
    Public Sub Merge(ByVal value as Spezialsumme)
        _meineSumme += value._meineSumme
    End Sub
```

Alle Datensätze verarbeitet:

```
    Public Function Terminate() As SqlString
        Return New SqlString(_meineSumme.ToString)
    End Function

End Structure
```

Ein Skript für die Verwendung:

```
SELECT
   sum(artikel.Einzelpreis) As "Summe",
   dbo.Spezialsumme(artikel.Einzelpreis) As "Spezialsumme"
FROM Artikel
```

Test:

```
Summe            Spezialsumme
---------------- --------------------------------------------------
2522,71          2522,71
Keine Zeilen betroffen.
(1 Zeile(n) zurückgegeben)
...
```

Die beiden Ergebnisse stimmen auffallend überein, ein gutes Zeichen, wir haben wohl alles richtig gemacht.

Damit können wir uns dem nächsten Thema zuwenden.

Trigger in .NET realisieren

Auch hier gilt, wie für die T-SQL-Trigger:

HINWEIS Weniger ist mehr! Verzichten Sie, wann immer es geht, auf die Verwendung von Triggern, da diese weder der Übersichtlichkeit Ihrer Anwendung noch der Performance zuträglich sind.

Doch gänzlich werden Sie wahrscheinlich nicht ohne Trigger auskommen können oder wollen, ein kleines Beispiel zeigt Ihnen deshalb die Herangehensweise.

BEISPIEL

Ein Insert-Trigger, der einen Preis über 100 Euro verhindern soll[1]

```
Imports System
Imports System.Data
Imports System.Data.SqlClient
Imports System.Data.SqlTypes
Imports Microsoft.SqlServer.Server
```

Für die Transaktionsunterstützung:

```
Imports System.Transactions

Partial Public Class Triggers
```

Dem *Microsoft.SqlServer.Server.SqlTrigger*-Attribut übergeben Sie den Namen, die Zieltabelle sowie das Ereignis für den Trigger:

```
    <Microsoft.SqlServer.Server.SqlTrigger(Name:="InsWarenkorb", Target:="Warenkorb", _
         Event:="FOR INSERT")> _
    Public Shared Sub Trigger1()
        Dim conn As SqlConnection = New SqlConnection("context connection = true")
        conn.Open()
```

Wie auch bei den T-SQL-Triggern können Sie über die Tabelle *Inserted* die einzufügenden Datensätze abrufen:

```
        Dim cmd As SqlCommand = New SqlCommand("SELECT * FROM Inserted", conn)
        Dim dr As SqlDataReader = cmd.ExecuteReader()
```

Alle Zeilen durchlaufen:

```
        While dr.Read()
            Try
```

Ist der Preis zu hoch, wird die Transaktion abgebrochen:

```
                If DirectCast(dr("Preis"), Double) > 100 Then
                    Transaction.Current.Rollback()
                End If
            Catch generatedExceptionName As Exception
            End Try
        End While
```

[1] Ja, diese Aufgabenstellung kann mit einer Einschränkung besser gelöst werden!

```
        dr.Close()
        conn.Close()
    End Sub
End Class
```

Die obige Transaktionsverwaltung ist sicher nicht der Weisheit letzter Schluss, aber es wird ja bestimmt auch noch ein .NET 3.x geben.

Mehr Sicherheit bitte

Wie schon kurz im Zusammenhang mit dem Dateizugriff angedeutet, wird die .NET-Assembly vom Server auf einer der drei folgenden Berechtigungsebenen ausgeführt:

Berechtigungsebene	Beschreibung
Safe	(Standard) Freier Zugriff auf die lokalen Daten des aktuelle Kontext. Nur managed Code kann ausgeführt werden.
External_access	Zugriff auf externe Ressourcen (Dateien, Registry, Netzwerk) ist möglich und wird nur durch die Rechte des Aufrufers beschränkt.
Unsafe	Der Aufruf von unmanaged Code ist möglich, voller Zugriff auf die Ressourcen, keine Einschränkungen.

Tabelle 11.5 Mögliche Berechtigungen für den erstellten .NET-Code

Die Berechtigungsebene können Sie entweder direkt in Ihrem Visual Studio-Projekt über den Menüpunkt *Projekt/Eigenschaften/Datenbank* festlegen (siehe folgende Abbildung)

Abbildung 11.39 Einstellen der Berechtigungsebene

oder Sie nutzen T-SQL zum Registrieren der Assembly:

```
CREATE ASSEMBLY Test
FROM 'c:\Test.dll'
WITH PERMISSION_SET = SAFE;
```

Fazit

Wann sollten Sie die CLR-Unterstützung nutzen? Die Antwort kann weder pauschal noch schnell gegeben werden, dies hängt immer vom Einzelfall ab.

Zunächst gilt:

HINWEIS Die CLR-Integration ist kein Ersatz für die Programmierung in T-SQL!

Ebenfalls sollten Sie immer im Hinterkopf behalten:

HINWEIS Verwenden Sie .NET-Code, muss zunächst aus der unmanaged Code-Umgebung des SQL Servers per PInvoke auf den managed Code Ihrer .NET-Funktion/Procedure etc. zugegriffen werden (Marshalling). Performance-Verluste in bestimmten Fällen sind damit vorprogrammiert.

Verwenden Sie CLR-Code wenn:

- ... komplexe mathematische oder String-basierte Operationen durch die Funktion/Prozedur realisiert werden. Hier können Sie auf den reichhaltigen Fundus an Klassenbibliotheken (z.B. RegularExpressions) in .NET zugreifen.
- ... wenn Sie umfangreiche logische Abläufe (z.B. Business Logik) implementieren wollen.
- ... wenn T-SQL die gewünschte Funktionalität nicht bereitstellt (z.B. Webservice-Aufrufe).
- ... Sie mit neuen Datentypen arbeiten wollen.

Verwenden Sie in jedem Fall T-SQL wenn:

- ... Sie mit umfangreichen Datenmengen arbeiten.

Datensicherheit auf dem Microsoft SQL Server

Im Folgenden stellen wir Ihnen nach einem kleinen Überblick zwei Varianten zum Administrieren des SQL Servers zur Verfügung. Neben dem SQL Server Management Studio kommen T-SQL-Anweisungen zum Einsatz. Auf die Darstellung der DMO/SMO verzichten wir an dieser Stelle, da dies den Rahmen des Kapitels sprengen würde, andererseits ist die Verwendung von T-SQL an dieser Stelle wesentlich intuitiver als der endlose Aufruf von Objekten und Methoden.

HINWEIS Vergessen Sie nach der Installation des SQL Servers[1] nicht, dem auf jedem Microsoft SQL Server vorhandenen Systemadministrator *sa* ein Kennwort zuzuweisen. Unterlassen Sie dies, kann jeder die Verwaltung der Datenbank übernehmen. Damit ist es möglich, Sie vom Datenbankzugriff auszuschließen – ein Szenario, das Sie sicher nicht verantworten möchten.

- Doppelklicken Sie im SQL Server Management Studio im Konsolenstamm *Sicherheit/Anmeldung* auf *sa*. Im folgenden Dialogfeld vergeben Sie ein neues Passwort, das Sie gut aufheben sollten.

[1] Das gilt mittlerweile nur noch für »ältere« Exemplare, in den neueren Versionen hat Microsoft dazu gelernt und vergibt für den Systemadministrator automatisch ein Zufallspasswort (bei integrierter Sicherheit), das Sie später ändern können.

Überblick

Die Datenbanksicherheit eines SQL Servers stellt sich wesentlich komplexer dar als zum Beispiel bei einer lokalen Access-Datenbank. Zunächst gilt es zu unterscheiden zwischen

- SQL Server-Sicherheit und
- Windows-Sicherheit.

Während die erste Variante auf den User-Konten des SQL Servers beruht und auch nur dort verwaltet wird, verwendet die zweite Variante das Windows-Sicherheitsmodell und übernimmt die User des Betriebssystems für die Anmeldung am SQL Server. Meist wird jedoch eine Vermischung von SQL Server- und NT-Sicherheit stattfinden, Sie sollten also dieses Modell verwenden. Mit Hilfe des SQL Server Management Studios können Sie das gewünschte Sicherheitsmodell festlegen.

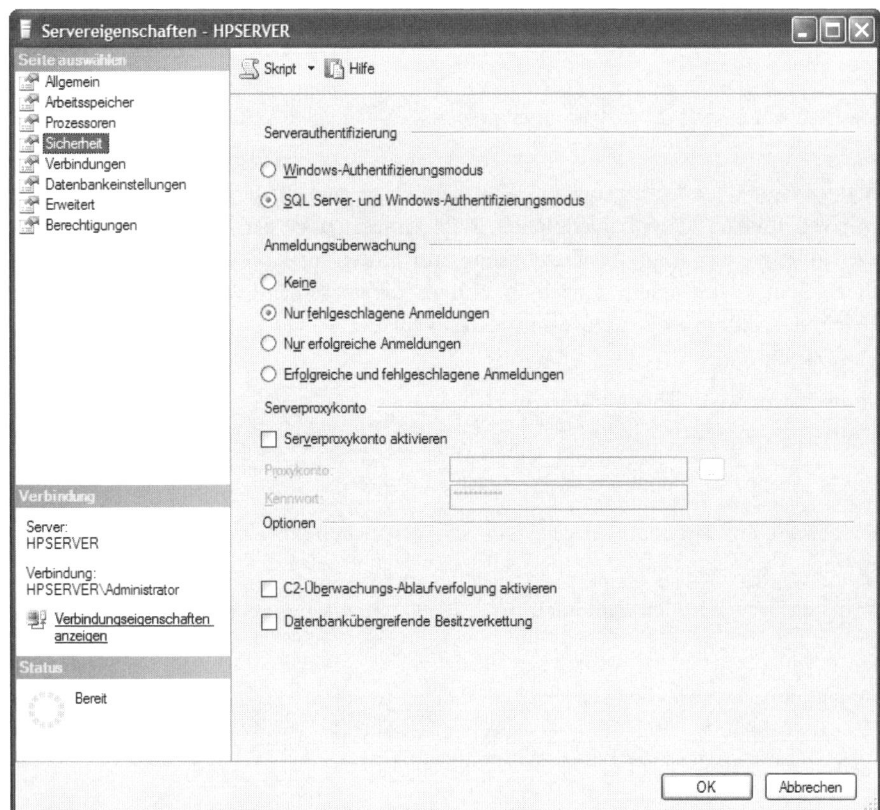

Abbildung 11.40 Einstellen des Sicherheitsmodells

Der Vorteil dieser Variante: Die User brauchen sich im Allgemeinen nur einmal anzumelden (System-Login), für die Verbindung zum SQL Server wird in diesem Fall eine *Trusted Connection* aufgebaut. Sie kennen diese Form auch von den ADO-Connectionstrings.

Die Verbindungszeichenfolge enthält keinerlei Konteninformationen (Name, Passwort). Diese werden intern an den SQL Server übermittelt.

BEISPIEL

Connectionstring für eine Verbindung mit integrierter Sicherheit

```
Integrated Security=SSPI;Persist Security Info=False;Initial Catalog=Beispieldatenbank;Data Source=P200
```

Andererseits können Sie reine SQL Server-Konten erstellen, die zum Beispiel von Ihren Programmen zur internen Verwaltung genutzt werden können, ohne dass es ein entsprechendes Windows-Konto gibt. Insbesondere für Internet-Verbindungen bietet sich diese Variante an, der Client sendet seine Login-Id sowie sein Passwort an den Server und erhält gegebenenfalls die Zugriffsrechte an der Datenbank bzw. bestimmten Tabellen.

BEISPIEL

Connectionstring für eine Verbindung mit SQL Server-Sicherheit

```
Persist Security Info=True;User ID=Gewinnus; Password=geheim;Initial Catalog=Beispieldatenbank;Data
Source=P200
```

Rollen (Gruppen)

Vielleicht ist Ihnen schon der Begriff *Rolle* aufgefallen, dabei handelt es sich im Grunde genommen um Gruppen, wie Sie sie auch von lokalen Datenbanksystemen (z.B. Access) oder der Windows-Systemverwaltung kennen. Derartige Rollen vereinfachen die Zuweisung von Rechten für User mit einheitlichen Anforderungen. Sie brauchen nicht mehr jedem einzelnen Nutzer diverse Rechte an unterschiedlichen Datenbankobjekten zuzuweisen, sondern es genügt, wenn Sie dies für die Rolle tun. Nachfolgend können Sie beliebige Nutzer in die Rolle einfügen.

Grundsätzlich müssen Sie zwei Typen von Rollen unterscheiden:

- Server-Rollen
- Datenbank-Rollen

Während Erstere für alle verwalteten Datenbanken gelten, lassen sich Datenbank-Rollen nur einer spezifischen Datenbank zuordnen.

Neben den bereits vorhandenen Server-Rollen sind auch für jede Datenbank bereits einige Rollen vordefiniert.

Rolle	Bedeutung
dbcreator	Darf Datenbanken erstellen und verwalten
diskadmin	Darf Festplattendateien verwalten
processadmin	Darf SQL Server-Prozesse verwalten
securityadmin	Darf SQL-Benutzernamen verwalten
serveradmin	Darf SQL Server-Einstellungen konfigurieren
setupadmin	Darf erweiterte gespeicherte Prozeduren verwalten
sysadmin	Darf SQL Server-Installation durchführen

Tabelle 11.6 Die vordefinierten Server-Rollen

Rolle	Bedeutung
db_owner	Darf alle Aufgaben innerhalb der Datenbank wahrnehmen (inkl. Wartungs- und Konfigurationsaktivitäten)
db_accessadmin	Darf Benutzer und Gruppen der Datenbank hinzufügen
db_datareader	Darf Daten aus Tabellen abrufen (lesen)
db_datawriter	Darf Daten lesen und schreiben bzw. löschen
db_ddladmin	Darf Datenbankobjekte erzeugen und verwalten (DDL-Befehle)
db_securityadmin	Darf Anweisungs- und Objektberechtigungen in der Datenbank vergeben
db_backupoperator	Darf die Datenbank sichern
db_denydatareader	Darf keine Daten in der Datenbank anzeigen
db_denydatawriter	Darf keine Daten in der Datenbank ändern

Tabelle 11.7 Die vordefinierten Datenbank-Rollen

Erstellen Sie in Ihrer Datenbank neue Konten (Nutzerlogins), können Sie diese den o.g. Rollen zuordnen. Damit sind auch die entsprechenden Rechte an die User vergeben.

HINWEIS Sollten Sie weitere Rollen benötigen, können Sie auch *nutzerdefinierte Rollen* erzeugen. In diesem Fall müssen Sie der Rolle jedoch noch entsprechende Rechte an den Datenbankobjekten einräumen, bevor Sie Nutzer in diese Rolle eintragen.

Rechte

Dass die Rechtevergabe recht differenziert für die unterschiedlichen Objekte sein kann, zeigt die folgende Tabelle:

Recht	Recht
ALTER DATABASE	DENY für Objekte
ALTER PROCEDURE	DROP
ALTER TABLE	EXECUTE
ALTER TRIGGER	GRANT
ALTER VIEW	GRANT für Objekt
BACKUP	INSERT
CHECKPOINT	READTEXT
CREATE DEFAULT	REFERENCES
CREATE INDEX	RESTORE
CREATE PROCEDURE	REVOKE
CREATE RULE	REVOKE für Objekt

Tabelle 11.8 Mögliche Rechte

Recht	Recht
CREATE SCHEMA	SELECT
CREATE TABLE	SETUSER
CREATE TRIGGER	TRUNCATE TABLE
CREATE VIEW	UPDATE
DBCC	UPDATE STATISTICS
DELETE	UPDATETEXT
DENY	WRITETEXT

Tabelle 11.8 Mögliche Rechte *(Fortsetzung)*

Wie die Vergabe im Einzelnen realisiert wird, erfahren Sie in den folgenden Abschnitten.

Verwalten mit dem SQL Server Management Studio

Bevor wir zur eigentlichen Programmierung kommen, wollen wir Ihnen zeigen, wie Sie mit Hilfe des SQL Server Management Studios die Sicherheit auf SQL Server-Datenbanken verwalten können.

Wie bereits erwähnt, sollte Ihre erste »Amtshandlung« das Definieren eines Passwortes für den Systemadministrator sein.

Erstellen von Usern

Neue Nutzer erstellen Sie über den Konsolenstamm *Sicherheit/Anmeldungen*. Über das Kontextmenü können Sie einen neuen Nutzer hinzufügen. Im folgenden Dialogfeld geben Sie den Nutzernamen ein. Gleichzeitig müssen Sie entscheiden, ob das Nutzerkonto auf dem SQL Server oder unter NT verwaltet werden soll.

HINWEIS Verwenden Sie die NT-Sicherheit, muss der Nutzer unter Windows NT/2000/XP bereits existieren.

Gleichzeitig können Sie in diesem Dialogfeld auch die Standarddatenbank des neuen Kontos festlegen.

Erstellen von Rollen

Nach dem Erstellen neuer Nutzer können Sie sich der Definition von Gruppen (Rollen) zuwenden. Das entsprechende Dialogfeld rufen Sie ebenfalls über den Konsolenstamm *Datenbanken/XYZ/Sicherheit/Rollen* auf. Tragen Sie einen Namen für die Rolle ein und fügen Sie die gewünschten Nutzer der Rolle hinzu (siehe Abbildung 11.41).

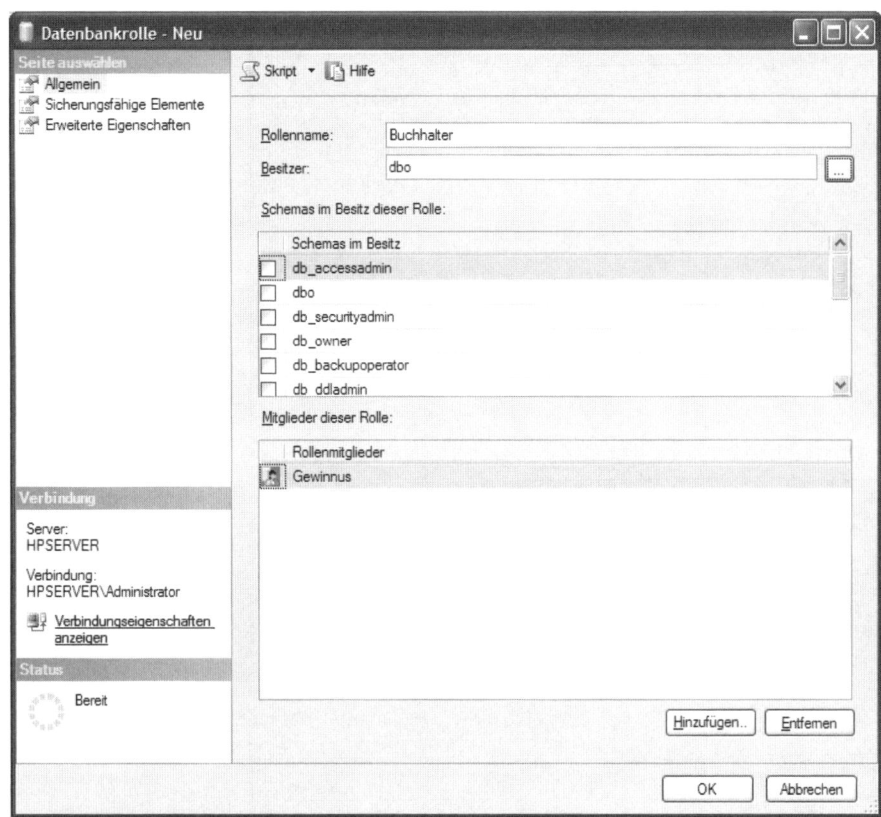

Abbildung 11.41 Neue Rolle erstellen

Verwalten von Rechten

Auf dem gleichen Weg wie beim Erstellen von Nutzern oder Rollen können Sie auch das Dialogfeld zur Vergabe der Rechte aufrufen. Entsprechend der Vorgehensweise in geschützten Access-Datenbanken werden jetzt den Nutzern bzw. den Gruppen bestimmte Rechte an den einzelnen Datenbankobjekten eingeräumt bzw. wieder entzogen.

Zunächst müssen Sie jedoch dem einzelnen Nutzer auch den Zugriff auf die Datenbank überhaupt erlauben. Wählen Sie dazu in der Rubrik *Sicherheit/Anmeldung* den entsprechenden Nutzer und danach *Eigenschaften*. Im folgenden Dialogfeld aktivieren Sie die Rubrik *Benutzerzuordnung* (siehe Abbildung 11.42).

Legen Sie hier die Berechtigung für die gewünschten Datenbanken fest.

Nach diesen Vorarbeiten können wir uns der eigentlichen Rechtevergabe **innerhalb** der Datenbank zuwenden. Schließen Sie das Dialogfeld und wählen Sie die Eigenschaften der gewünschten Datenbank. Im nachfolgenden Dialogfeld können Sie jedem einzelnen Nutzer die gewünschten Rechte zuweisen. Die gleiche Vorgehensweise ist auch für die Datenbank-Rollen möglich.

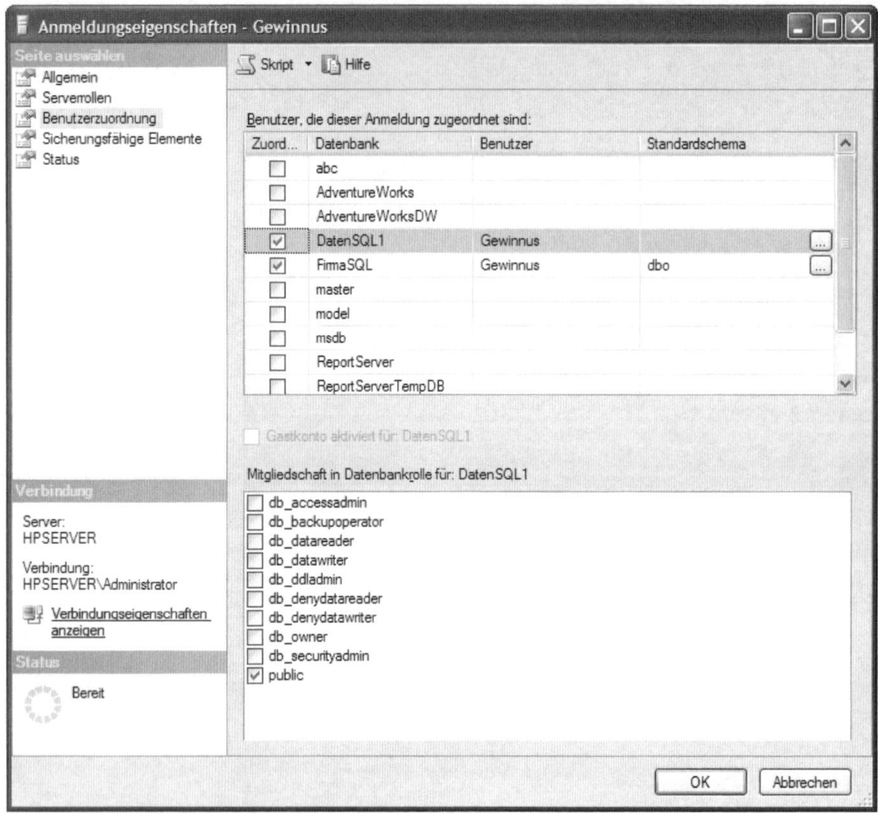

Abbildung 11.42 Rechte für die Datenbank zuordnen

Damit steht das Grundgerüst.

HINWEIS Loggen Sie sich unter verschiedenen Namen in die Datenbank ein und testen Sie, ob die gewünschten Rechte richtig realisiert wurden.

Nach diesen Ausführungen dürfte es für Sie etwas einfacher sein, die Administration per T-SQL-Anweisungen im folgenden Abschnitt zu verstehen.

Verwalten mit T-SQL

Diese Variante sollten Sie verwenden, wenn Sie ohnehin viel mit SQL-Anweisungen arbeiten (z.B. SQL-Skripte). Gerade für Visual Basic-Programmierer bietet sich diese Möglichkeit an, da Sie diverse Hilfe-Texte und Microsoft-Quellen ohne Probleme übernehmen können.

HINWEIS Der folgende Abschnitt erhebt nicht den Anspruch auf Vollständigkeit. Optionen und Parameter werden nur so weit besprochen, wie es unbedingt notwendig ist.

Überblick

Die folgende Tabelle zeigt die wichtigsten T-SQL-Anweisungen zum Administrieren von SQL Server-Datenbanken.

Anweisung	Beschreibung
sp_addlogin	Erstellt ein neues Nutzerkonto auf dem SQL Server
sp_password	Ändert das Kennwort eines Nutzers
sp_droplogin	Entfernt ein Nutzerkonto
sp_grantlogin	Erlaubt den Zugriff von NT-Konten auf den SQL Server
sp_revokelogin	Verhindert dauerhaft den Zugriff von NT-Konten auf den SQL Server
sp_denylogin	Verhindert den Zugriff von NT-Konten auf den SQL Server
sp_grantdbaccess	Fügt der aktuellen Datenbank ein Nutzerkonto hinzu
sp_addrole	Fügt der aktuellen Datenbank eine Rolle hinzu
sp_addrolemember	Fügt der Rolle ein neues Benutzerkonto hinzu
GRANT	Zuweisen von Rechten an Nutzer/Gruppen
REVOKE	Entziehen von Rechten.

Tabelle 11.9 T-SQL-Anweisungen zum Administrieren

Der Aufruf der T-SQL-Anweisungen gestaltet sich mit der *ExecuteNonQuery*-Methode des *Command*-Objektes absolut einfach.

BEISPIEL

Aufruf einer T-SQL-Anweisung

```
Imports System.Data.SqlClient
    ...
    conn.Open()
    Dim cmd As New SqlCommand("EXECUTE sp_addlogin 'Gewinnus', " & _
                                              "'geheim','Beispieldatenbank'", conn)
    cmd.ExecuteNonQuery()
```

Voraussetzung für obiges Beispiel sind entsprechende Rechte innerhalb der Datenbank. Auf die Anweisung EXECUTE können Sie eigentlich verzichten. Aus Gründen der besseren Lesbarkeit (es handelt sich ja um einen Prozeduraufruf) sollten Sie es dennoch tun.

Erstellen eines neuen Users

Geht es darum, einen neuen Nutzer zu erzeugen, genügt der einfache Aufruf der Prozedur *sp_addlogin:*

```
sp_addlogin '<Loginname>'[,'<Password>'][,'<Datenbank>'][,'<Sprache>']
```

Übergeben Sie neben dem Nutzernamen noch das Passwort und den Namen der Standarddatenbank.

BEISPIEL

Erzeugen des neuen Kontos *Müller*

```
EXECUTE sp_addlogin "Müller", "geheim","Beispieldatenbank"
```

Löschen eines Benutzers

Vorhandene User/Konten löschen Sie mit der Prozedur *sp_droplogin*.

BEISPIEL

Löschen des Kontos *Müller*

```
EXECUTE sp_droplogin "Müller"
```

Erstellen einer neuen Rolle

Eine neue Rolle erzeugen Sie mit der Prozedur *sp_addrole*.

BEISPIEL

Erzeugen der Rolle *Verwaltung*

```
sp_addrole "Verwaltung"
```

Hinzufügen von Usern zu einer Rolle

Ein Konto bzw. einen User fügen Sie mit *sp_addrolemember* in eine bestehende Rolle ein.

BEISPIEL

Einfügen von *Müller* in die Rolle *Verwaltung*

```
EXECUTE sp_addrolemember "Verwaltung", "Müller"
```

Mit *sp_droprolemember* können Sie diesen User wieder entfernen.

Verwaltung von Rechten

Wie schon bei der Verwaltung mit dem SQL Server Management Studio müssen wir zunächst einen Zugriff auf die Datenbank ermöglichen. Dazu nutzen wir die Prozedur *sp_grantdbaccess*.

HINWEIS Da sich die Prozedur *sp_grantdbaccess* nur auf die aktuelle Datenbank bezieht, müssen Sie gegebenenfalls mit *USE* die Datenbank wechseln. Es ist kein Problem, zwei SQL-Anweisungen mit einem Aufruf von *Execute* auszuführen. Trennen Sie beide Anweisungen einfach mit einem Semikolon.

BEISPIEL

User *Müller* erhält die Zugriffsrechte auf die Datenbank *Verleger*.

```
USE Verleger; EXECUTE sp_grantdbaccess 'Müller'
```

Das eigentliche Zuweisen von Rechten innerhalb der Datenbank erfolgt mit dem Befehl GRANT (es handelt sich nicht um eine Prozedur!).

```
GRANT {ALL | Recht[,...n]} TO User|Rolle [, User|Rolle] ...
```

Folgende Rechte können Sie vergeben (die Bezeichner dürften für sich sprechen):

- CREATE DATABASE
- CREATE DEFAULT
- CREATE PROCEDURE
- CREATE RULE
- CREATE TABLE
- CREATE VIEW

BEISPIEL

Der User *Müller* erhält das Recht, Tabellen und Views zu erzeugen (der Aufruf bezieht sich auf die momentan aktive Datenbank).

```
GRANT CREATE TABLE, CREATE VIEW TO Müller
```

Möchten Sie Rechte an speziellen Objekten vergeben, müssen Sie eine erweiterte Form des GRANT-Befehls nutzen.

```
GRANT {ALL | Recht[,...n]}
      {  [(Spalte[,...n])] ON {Tabelle | View}
           | ON {Tabelle | View}[(Spalte[,...n])]
           | ON {StoredProcedure }
      } TO User|Rolle [,...n]
```

Für Tabellen und Views können Sie die folgenden Rechte vergeben:

- SELECT
- UPDATE
- INSERT
- REFERENCES
- DELETE

BEISPIEL

Die User *Müller* und *Gewinnus* erhalten Lese-/Schreibrechte an der Tabelle *Personen.*

```
GRANT INSERT, UPDATE ON Personen TO Müller, Gewinnus
```

XML-Unterstützung

Nachdem die Autoren bereits ein ganzes Kapitel dem Thema »XML« gewidmet haben, waren Sie sicher guter Hoffnung, im Weiteren damit nicht mehr belästigt zu werden. Doch da haben Sie sich gründlich getäuscht[1]...

Zu den wesentlichsten Neuerungen des SQL Servers 2005 gehört neben der schon erwähnten CLR-Integration vor allem die umfangreiche XML-Unterstützung:

- XML-Datentyp
- XML-Abfragen und Modifikationen
- Indizierung von XML
- Verarbeitung von XML Schemas

Wir greifen uns aus der Masse der Neuerungen einige für den Visual Basic-Programmierer besonders interessante Features heraus, eine komplette Übersicht würde den Rahmen dieses Kapitels sprengen.

Der XML-Datentyp

Im Gegensatz zu den Vorgängerversionen, bei denen Sie eine rudimentäre XML-Unterstützung nachinstallieren konnten, ist XML von Anfang an in die aktuelle Server-Version integriert. »Von Anfang an« bedeutet nun mal, es gibt auch einen entsprechenden Datentyp, was der Fall ist.

BEISPIEL

Tabelle mit XML-Spalte erzeugen

```
CREATE TABLE  XMLDokumente(
    id int IDENTITY(1,1) NOT NULL,
    Beschreibung nchar(50) COLLATE Latin1_General_CI_AS NOT NULL,
    Daten xml NULL
) ON [PRIMARY]
```

Wie kommen nun die Daten in diese Tabelle bzw. Spalte?

BEISPIEL

Direkte Zuweisung der XML-Daten per INSERT INTO

```
INSERT INTO
    XmlDokumente (Beschreibung, Daten)
VALUES
    ('Erster Eintrag', '<Daten><Person>Müller</Person><Person>Mayer</Person></Daten>');
```

Im obigen Beispiel verwenden wir ein wohlgeformtes XML-Dokument für die Übergabe, Sie können jedoch auch die Root des Dokuments weglassen (XML-Fragment). Allerdings gibt es Ärger, wenn Sie sich nicht an die XML-Regeln halten und zum Beispiel Elemente vergessen oder sich Elemente überschneiden. Hier prüft der interne XML-Parser was zulässig ist und was nicht, wie folgende Abbildung 11.43 beweist.

[1] Wir versuchen uns kurz zu fassen!

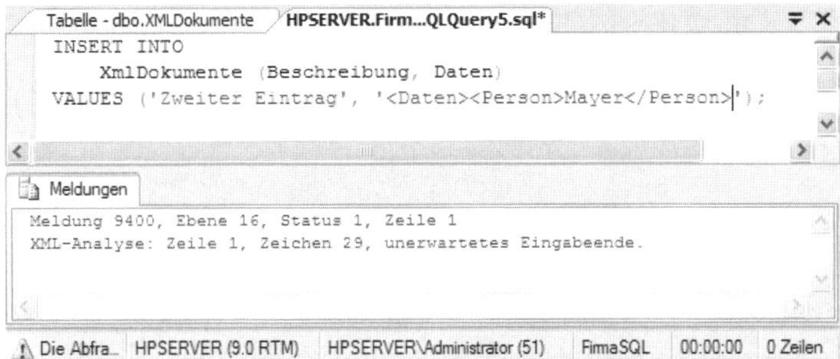

Abbildung 11.43 Fehler bei nicht wohlgeformten XML-Daten

Alternativ können Sie jetzt auch Variablen für das Zwischenspeichern von XML-Daten verwenden:

BEISPIEL

Speichern von XML in einer Variablen

```
DECLARE @doc xml
```

Aus einer Abfrage werden XML-Daten in der Variablen gespeichert (wir kommen später darauf zurück):

```
SET @doc = (SELECT * FROM mitarbeiter FOR XML AUTO, ELEMENTS, XMLDATA, TYPE)
```

Wir speichern die Variable in einer XML-Tabellenspalte:

```
INSERT INTO
    XmlDokumente (Beschreibung, Daten)
VALUES
    ('Dritter', @doc)
```

Fragen Sie jetzt die Tabellendaten ab, erhalten Sie folgende Anzeige im Microsoft SQL Server Management Studio:

Tabelle - dbo.XMLDokumente | HPSERVER.Firm...QLQuery5.sql* | HPSERVER.abc - SQLQuery4.sql

	id	Beschreibung		Daten
	3	Erster Eintrag	...	<mitarbeiter Nr="1" Anrede="Frau" Vorname="Gabriele" Nachname="Detert...
	4	Dritter	...	<mitarbeiter Nr="1" Anrede="Frau" Vorname="Gabriele" Nachname="Detert...
	5	Dritter	...	<mitarbeiter><Nr>1</Nr><Anrede>Frau</Anrede><Vorname>Gabriele<...
	6	Dritter	...	<Schema xmlns="urn:schemas-microsoft-com:xml-data" xmlns:dt="urn:sche...
▸*	NULL	NULL		NULL

6 von 6 Die Zelle ist schreibgeschützt.

Abbildung 11.44 Anzeige von XML-Daten im Management Studio

Neben Variablen können Sie den Datentyp *XML* auch als Parameter zum Beispiel bei einer Stored Procedure verwenden. In diesem Fall muss das aufrufende Programm auch den entsprechenden Datentyp unterstützen, was bei einem VB 2005-Programm (.NET 2.0) der Fall ist.

XML-Daten mit SELECT erzeugen

Bevor wir uns jetzt den eigentlichen XML-Abfragen zuwenden, wollen wir uns noch kurz mit der Möglichkeit beschäftigen, aus relationalen Daten XML-Daten zu generieren.

Der SQL Server bietet zu diesem Zweck mit »FOR XML« eine Erweiterung der SELECT-Anweisung an.

BEISPIEL

Abfrage der *Artikel*-Tabelle im XML-Format

```
SELECT *
FROM
    Artikel
FOR XML AUTO
```

Das Ergebnis:

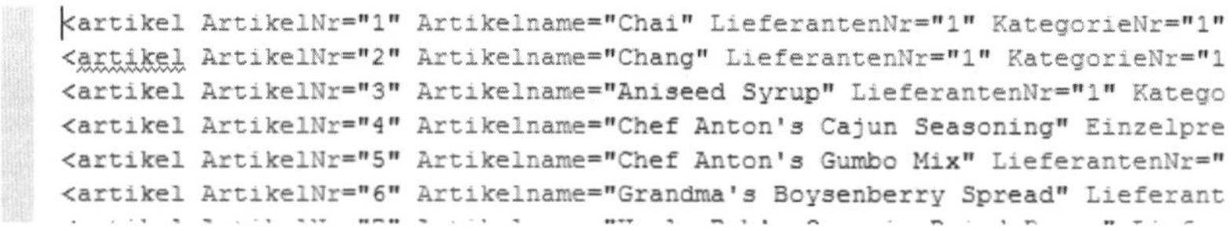

```
<artikel ArtikelNr="1" Artikelname="Chai" LieferantenNr="1" KategorieNr="1"
<artikel ArtikelNr="2" Artikelname="Chang" LieferantenNr="1" KategorieNr="1
<artikel ArtikelNr="3" Artikelname="Aniseed Syrup" LieferantenNr="1" Katego
<artikel ArtikelNr="4" Artikelname="Chef Anton's Cajun Seasoning" Einzelpre
<artikel ArtikelNr="5" Artikelname="Chef Anton's Gumbo Mix" LieferantenNr="
<artikel ArtikelNr="6" Artikelname="Grandma's Boysenberry Spread" Lieferant
```

Abbildung 11.45 Abfrageergebnis

Doch nicht jeder wird mit obigen Daten glücklich, versuchen Sie zum Beispiel derartige Daten im Internet-Explorer anzuzeigen, wird Sie eine Fehlermeldung erfreuen (»XML-Dokument muss ein Element der obersten Ebene enthalten ...«).

ROOT erzeugen

Ein Blick in die Handbücher des SQL Servers verrät die Ursache: Die obige Anweisung gibt kein komplettes XML-Dokument zurück. Das Root-Element fehlt, und damit handelt es sich für den Internet Explorer bzw. das DOM um ein ungültiges XML-Dokument.

Mit der zusätzlichen Option »ROOT« weisen Sie den SQL Server an, ein Stamm-Element mit dem gewünschten Namen zu generieren.

BEISPIEL

Root-Element *MeineArtikelliste* erzeugen

```
SELECT *
FROM
   Artikel
FOR XML AUTO, ROOT('MeineArtikelliste')
```

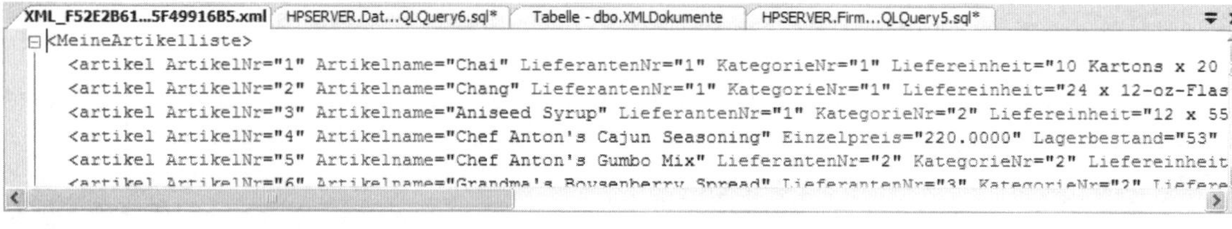

XML_F52E2B61...5F49916B5.xml | HPSERVER.Dat...QLQuery6.sql* | Tabelle - dbo.XMLDokumente | HPSERVER.Firm...QLQuery5.sql*

```
<MeineArtikelliste>
  <artikel ArtikelNr="1" Artikelname="Chai" LieferantenNr="1" KategorieNr="1" Liefereinheit="10 Kartons x 20
  <artikel ArtikelNr="2" Artikelname="Chang" LieferantenNr="1" KategorieNr="1" Liefereinheit="24 x 12-oz-Flas
  <artikel ArtikelNr="3" Artikelname="Aniseed Syrup" LieferantenNr="1" KategorieNr="2" Liefereinheit="12 x 55
  <artikel ArtikelNr="4" Artikelname="Chef Anton's Cajun Seasoning" Einzelpreis="220.0000" Lagerbestand="53"
  <artikel ArtikelNr="5" Artikelname="Chef Anton's Gumbo Mix" LieferantenNr="2" KategorieNr="2" Liefereinheit
```

Abbildung 11.46 Die zurückgegebenen Daten

Bisher wurde der Elementname für die einzelnen Zeilen der Abfrage aus dem Tabellennamen gebildet. Wer hier eingreifen möchte, der kann die PATH-Option verwenden.

PATH

BEISPIEL

Neuen Element-Namen festlegen

```
SELECT *
FROM
   Artikel
FOR XML PATH('ARTICLE')
```

Statt »Artikel« wird jetzt »ARTICLE« für jedes Element in der Liste ausgegeben.

```
XML_F52E2B61...5F49916B8.xml   XML_F52E2B61...5F49916B7.xml
<ARTICLE>
  <ArtikelNr>1</ArtikelNr>
  <Artikelname>Chai</Artikelname>
  <LieferantenNr>1</LieferantenNr>
  <KategorieNr>1</KategorieNr>
  <Liefereinheit>10 Kartons x 20 Beutel</Liefereinheit>
  <Einzelpreis>18.0000</Einzelpreis>
  <Lagerbestand>18</Lagerbestand>
  <BestellteEinheiten>0</BestellteEinheiten>
  <Mindestbestand>10</Mindestbestand>
  <Auslaufartikel>0</Auslaufartikel>
</ARTICLE>
<ARTICLE>
  <ArtikelNr>2</ArtikelNr>
```

Abbildung 11.47 Abfrageergebnis

ELEMENTS

Über den Vor- oder Nachteil, Detaildaten als Elemente oder als Attribute zu speichern, kann man sicher streiten, durch Verwendung der ELEMENTS-Option können Sie statt der standardmäßig erzeugten Attribute einzelne Elemente ausgeben lassen.

BEISPIEL

Elemente erzeugen

```
SELECT *
FROM Artikel
FOR XML AUTO, ELEMENTS
```

```
XML_F52E2B61...5F49916B6.xml   XML_F52E2B61...5F49916B5.xml
<MeineArtikelliste>
  <artikel>
    <ArtikelNr>1</ArtikelNr>
    <Artikelname>Chai</Artikelname>
    <LieferantenNr>1</LieferantenNr>
    <KategorieNr>1</KategorieNr>
    <Liefereinheit>10 Kartons x 20 Beutel</Liefereinheit>
    <Einzelpreis>18.0000</Einzelpreis>
    <Lagerbestand>18</Lagerbestand>
    <BestellteEinheiten>0</BestellteEinheiten>
    <Mindestbestand>10</Mindestbestand>
    <Auslaufartikel>0</Auslaufartikel>
  </artikel>
  <artikel>
```

Abbildung 11.48 Abfrageergebnis

Hierarchische Daten abfragen

Gibt Ihre SQL-SELECT-Abfrage einen Join zurück, werden die Daten nicht wie gewohnt in einer zweidimensionalen Datenmenge (Zeilen/Spalten), sondern in hierarchischer Form zurückgegeben. Dass sich gerade XML für diese Form der Darstellung eignet, dürfte Ihnen nach der Lektüre des Kapitels 3 sicher nicht verborgen geblieben sein.

BEISPIEL

```
SELECT *
FROM
    Bestellungen, Bestelldetails
WHERE
    Bestellungen.bestellnr=bestelldetails.bestellnr
```

	BestellNr	KundenCode	PersonalNr	Bestelldatum	Lieferdatum	Versanddatum	VersandUeber	Frachtkosten	Empfaenger
1	10248	WILMK	6	1995-07-04 00:00:00.000	1996-08-01 00:00:00.000	1996-07-16 00:00:00.000	3	32,38	Vins et alcool
2	10248	WILMK	6	1995-07-04 00:00:00.000	1996-08-01 00:00:00.000	1996-07-16 00:00:00.000	3	32,38	Vins et alcool
3	10248	WILMK	6	1995-07-04 00:00:00.000	1996-08-01 00:00:00.000	1996-07-16 00:00:00.000	3	32,38	Vins et alcool
4	10249	TRADH	7	1996-07-05 00:00:00.000	1996-08-16 00:00:00.000	1996-07-10 00:00:00.000	1	11,61	Toms Speziali
5	10249	TRADH	7	1996-07-05 00:00:00.000	1996-08-16 00:00:00.000	1996-07-10 00:00:00.000	1	11,61	Toms Speziali
6	10250	HANAR	4	1997-07-08 00:00:00.000	1996-08-05 00:00:00.000	1996-07-12 00:00:00.000	2	65,83	Hanari Carnes
7	10250	HANAR	4	1997-07-08 00:00:00.000	1996-08-05 00:00:00.000	1996-07-12 00:00:00.000	2	65,83	Hanari Carnes
8	10250	HANAR	4	1997-07-08 00:00:00.000	1996-08-05 00:00:00.000	1996-07-12 00:00:00.000	2	65,83	Hanari Carnes
9	10251	VICTE	3	1996-07-08 00:00:00.000	1996-08-05 00:00:00.000	1996-07-15 00:00:00.000	1	41.34	Victuailles en

Abbildung 11.49 Relationale Daten

BEISPIEL

```
SELECT *
FROM
    Bestellungen, Bestelldetails
WHERE
    Bestellungen.bestellnr=bestelldetails.bestellnr
FOR XML AUTO
```

XML_F52E2B61...5F49916B2.xml | HPSERVER.Dat...QLQuery6.sql* | Tabelle - dbo.XMLDokumente | HPSERVER.Firm...QLQuery5.sql*

```
<bestellungen BestellNr="10248" KundenCode="WILMK" PersonalNr="6" Bestelldatum="1995-07-04T00:00:00" Lieferda
  <Bestelldetails BestellNr="10248" ArtikelNr="11" Einzelpreis="14.0000" Anzahl="12" Rabatt="0.0000000e+000"
  <Bestelldetails BestellNr="10248" ArtikelNr="42" Einzelpreis="9.8000" Anzahl="10" Rabatt="0.0000000e+000" u
  <Bestelldetails BestellNr="10248" ArtikelNr="72" Einzelpreis="24.3000" Anzahl="5" Rabatt="0.0000000e+000" u
</bestellungen>
<bestellungen BestellNr="10249" KundenCode="TRADH" PersonalNr="7" Bestelldatum="1996-07-05T00:00:00" Lieferda
  <Bestelldetails BestellNr="10249" ArtikelNr="14" Einzelpreis="18.6000" Anzahl="9" Rabatt="0.0000000e+000" u
```

Abbildung 11.50 Relationale Daten in XML-Darstellung

Schema erzeugen

Nicht zuletzt gibt es auch die Möglichkeit, gleich noch ein Schema in die zurückgegebenen Daten einzubetten. Verwenden Sie dazu die Option XMLDATA.

BEISPIEL

Verwendung von XMLDATA

```
SELECT *
FROM
    Artikel
FOR XML AUTO, ELEMENTS, XMLDATA
```

```
<Schema name="Schema1" xmlns="urn:schemas-microsoft-com:xml-data" xmlns:dt="urn:schem
  <ElementType name="artikel" content="eltOnly" model="closed" order="many">
    <element type="ArtikelNr" />
    <element type="Artikelname" />
    <element type="LieferantenNr" />
    <element type="KategorieNr" />
    <element type="Liefereinheit" />
    <element type="Einzelpreis" />
    <element type="Lagerbestand" />
    <element type="BestellteEinheiten" />
    <element type="Mindestbestand" />
    <element type="Auslaufartikel" />
  </ElementType>
  <ElementType name="ArtikelNr" content="textOnly" model="closed" dt:type="i4" />
  <ElementType name="Artikelname" content="textOnly" model="closed" dt:type="string"
  <ElementType name="LieferantenNr" content="textOnly" model="closed" dt:type="i4" />
  <ElementType name="KategorieNr" content="textOnly" model="closed" dt:type="i4" />
  <ElementType name="Liefereinheit" content="textOnly" model="closed" dt:type="string
  <ElementType name="Einzelpreis" content="textOnly" model="closed" dt:type="fixed.14
  <ElementType name="Lagerbestand" content="textOnly" model="closed" dt:type="i2" />
  <ElementType name="BestellteEinheiten" content="textOnly" model="closed" dt:type="i
  <ElementType name="Mindestbestand" content="textOnly" model="closed" dt:type="i2" /
  <ElementType name="Auslaufartikel" content="textOnly" model="closed" dt:type="boole
</Schema>
<artikel xmlns="x-schema:#Schema1">
  <ArtikelNr>1</ArtikelNr>
```

Abbildung 11.51 Das eingebettete Schema

XML-Abfragen

Die bisherigen Abfragen bezogen sich lediglich darauf, XML-Daten aus relationalen Daten zu erzeugen. Doch ist es sicher auch interessant, auf den Inhalt eines XML-Feldes zuzugreifen, um zum Beispiel Werte zu ermitteln oder Daten zu filtern. Dass wir hier nicht mit WHERE etc. arbeiten können, haben Sie sich vielleicht schon gedacht. XPATH heißt die Devise, und wer damit nichts anfangen kann, den schicken wir zurück ins Kapitel 3.

Für die Verarbeitung und Abfrage der eigentlichen XML-Daten stellt uns der SQL Server einige Methoden zur Verfügung[1]:

- *query*,
- *value*,
- *exist*,
- *nodes* und
- *modify*.

[1] Ja, Sie haben richtig gelesen, es sind Methoden!

Query

Mit der *query*-Methode extrahieren Sie Teile des ursprünglichen XML-Dokuments. Übergeben wird lediglich ein entsprechender XPath-Ausdruck.

BEISPIEL

Abfrage des Mitarbeiters mit der Nummer 1

```
SELECT
   id, daten.query('/mitarbeiter[@Nr = 1]')
FROM
   XMLDokumente
```

HINWEIS Nur die XML-Dokumente der Datensätze 3 und 4 enthalten überhaupt ein entsprechendes XML-Dokument.

	id	(Kein Spaltenname)
1	1	
2	3	<mitarbeiter Nr="1" Anrede="Frau" Vorname="Gabriele" Nachname="Detert" Ge...
3	4	<mitarbeiter Nr="1" Anrede="Frau" Vorname="Gabriele" Nachname="Detert" Ge...
4	5	
5	6	

Abbildung 11.52 Abfragergebnis

BEISPIEL

Filtern der Dokumente, es sollen nur die Frauen ausgegeben werden

```
SELECT
    id, daten.query('/mitarbeiter[@Anrede = "Frau"]')
FROM
    XMLDokumente
```

Rückgabe:

```
<mitarbeiter Nr="1" Anrede="Frau" Vorname="Gabriele" Nachname="Detert" Geburtsta
<mitarbeiter Nr="2" Anrede="Frau" Vorname="Heidemarie" Nachname="Obst" Geburtsta
<mitarbeiter Nr="3" Anrede="Frau" Vorname="Renate" Nachname="Behn" Geburtstag="1
<mitarbeiter Nr="5" Anrede="Frau" Vorname="Carola" Nachname="Braun" Geburtstag="
<mitarbeiter Nr="6" Anrede="Frau" Vorname="Simone" Nachname="Schmidt" Geburtstag
<mitarbeiter Nr="7" Anrede="Frau" Vorname="Christine" Nachname="Kamenz" Geburtst
<mitarbeiter Nr="9" Anrede="Frau" Vorname="Marion" Nachname="Adamski" Geburtstag
<mitarbeiter Nr="11" Anrede="Frau" Vorname="Hannelore" Nachname="Große" Geburtst
<mitarbeiter Nr="12" Anrede="Frau" Vorname="Brigitte" Nachname="Heil" Geburtstag
<mitarbeiter Nr="13" Anrede="Frau" Vorname="Dana" Nachname="Hilgenfeld" Geburtst
<mitarbeiter Nr="15" Anrede="Frau" Vorname="Gisela" Nachname="Vorwerk" Geburtsta
<mitarbeiter Nr="17" Anrede="Frau" Vorname="Karin" Nachname="Schulze" Geburtstag
<mitarbeiter Nr="18" Anrede="Frau" Vorname="Martina" Nachname="Berg" Geburtstag=
<mitarbeiter Nr="19" Anrede="Frau" Vorname="Friedegard" Nachname="Warnke" Geburt
```

Abbildung 11.53 Abfrageergebnis (Auszug)

Exist

Wie Sie in den vorhergehenden Beispielen gesehen haben, werden bei nichtzutreffenden XPath-Ausdrücken leere Felder zurückgegeben. Diese können Sie per *exist*-Methode herausfiltern.

BEISPIEL

Alle Datensätze herausfiltern, bei denen ein enthaltenes XML-Dokument das Element *mitarbeiter* mit dem Attribut *Anrede=Frau* aufweist.

```
SELECT
    id, daten.query('/mitarbeiter[@Anrede = "Frau"]')
FROM
    XMLDokumente
WHERE
    daten.exist('/mitarbeiter[@Anrede = "Frau"]')=1
```

Value

Mit der *value*-Methode können Sie einen einzelnen (skalaren) Wert per XPath-Ausdruck abrufen und in einen SQL-Datentyp umwandeln.

BEISPIEL

Der Nachname des Mitarbeiters mit der Nummer 5 soll abgerufen werden

```
SELECT
    id, daten.value('(/mitarbeiter[@Nr=5]/@Nachname)[1]', 'nvarchar(max)')
FROM
XMLDokumente
```

HINWEIS Nur die XML-Dokumente der Datensätze 3 und 4 enthalten überhaupt ein entsprechendes XML-Dokument, in allen anderen Fällen wird NULL zurückgegeben.

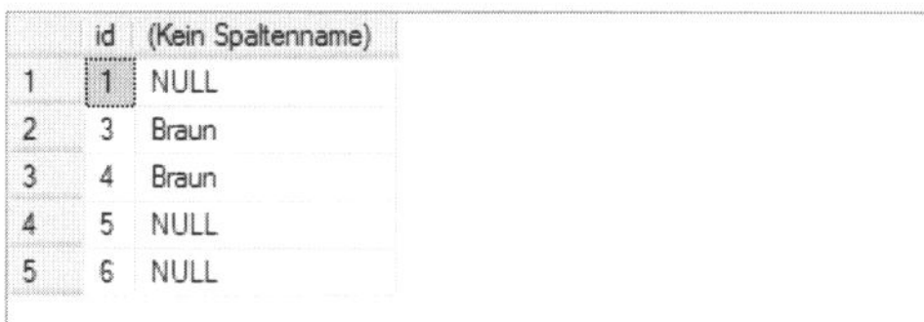

	id	(Kein Spaltenname)
1	1	NULL
2	3	Braun
3	4	Braun
4	5	NULL
5	6	NULL

Abbildung 11.54 Abfrageergebnis

Der Clientzugriff auf die XML-Daten

Nachdem wir uns um die Unterstützung für den XML-Datentyp auf der Serverseite gekümmert haben, ist sicher auch die Clientseite von Interesse. Allerdings werden wir uns an dieser Stelle nur um das reine Abrufen bzw. Speichern der Daten auf dem Server kümmern, die XML-Verarbeitung selbst wurde ja bereits im Kapitel 3 hinreichend dargestellt.

BEISPIEL

Zugriff auf eine XML-Datenspalte

```
Imports System.Data.SqlClient
Imports System.Data.SqlTypes
Imports System.Xml
...
```

```
        Dim conn As New SqlConnection("Data Source=hpserver;Initial Catalog=" & _
                                      "FirmaSQL;Integrated Security=True")
        conn.Open()
```

Wir selektieren per SQL-WHERE den Datensatz mit der Nummer 3 und per XPath-Ausdruck den Mitarbeiter mit der Nummer 1 aus dem XML-Dokument:

```
        Dim cmd As New SqlCommand("SELECT daten.query('/mitarbeiter[@Nr = 1]') " & _
                                  "FROM XMLDokumente WHERE id = 3", conn)
```

Einlesen der Daten:

```
        Dim r As SqlDataReader = cmd.ExecuteReader()
        r.Read()
```

Und hier können wir die Daten an den *SqlXml*-Datentyp übergeben:

```
        Dim xml As SqlXml = r.GetSqlXml(0)
```

Wir speichern die Daten (hier könnte eine beliebige Verarbeitung stehen):

```
        Dim xtw As New XmlTextWriter("C:\Test2.xml", System.Text.Encoding.UTF8)
        xtw.WriteNode(xml.CreateReader(), True)
        xtw.Flush()
        xtw.Close()
```

Die Daten in der Datei *Test2.xml*:

Abbildung 11.55 Abfrageergebnis

BEISPIEL

Aktualisieren von XML-Daten auf dem Server

```
Imports System.Data.SqlClient
Imports System.Data.SqlTypes
Imports System.Xml
...
        Dim conn As New SqlConnection("Data Source=hpserver;Initial Catalog=" & _
                                      "FirmaSQL;Integrated Security=True")
        conn.Open()
```

Eine Update-Command zusammenbauen (die Spalte *Daten* ist vom Typ *XML*):

```
        Dim cmd As New SqlCommand("UPDATE XMLDokumente SET daten=@xml WHERE id=1", conn)
```

Parameter festlegen:

```
        Dim p As SqlParameter = cmd.Parameters.Add("@xml", SqlDbType.Xml)
```

Wert festlegen (wir lesen einfach die Datei aus dem Vorgängerbeispiel wieder ein):

```
         p.Value  = New SqlXml(New XmlTextReader("C:\Test2.xml"))
```

Abfrage starten:

```
         cmd.ExecuteNonQuery()
         conn.Close()
```

HINWEIS Auf dem gleichen Weg können Sie natürlich auch Datensätze einfügen, Sie müssen das SQL-Statement lediglich mit INSERT anpassen.

BEISPIEL

Zugriff auf XML-Ergebnisse von FOR XML-Abfragen:

```
Imports System.Data.SqlClient
Imports System.Data.SqlTypes
Imports System.Xml
...
        Dim conn As New SqlConnection("Data Source=hpserver;Initial Catalog=" & _
                                      "FirmaSQL;Integrated Security=True")
        conn.Open()
```

Aus relationalen Daten erezugen wir ein XML-Dokument:

```
        Dim cmd As New SqlCommand("SELECT * FROM Artikel FOR XML AUTO, TYPE," & _
                                       " ROOT('Artikelliste')", conn)
```

Einlesen der Daten:

```
        Dim r As SqlDataReader = cmd.ExecuteReader()
        r.Read()
```

Und hier haben wir wieder den neuen Datentyp:

```
        Dim xml As SqlXml = r.GetSqlXml(0)
```

Speichern der Abfrageergebnisse in einer Datei:

```
        Dim xtw As New XmlTextWriter("C:\Test2.xml", System.Text.Encoding.UTF8)
        xtw.WriteNode(xml.CreateReader(), True)
        xtw.Flush()
        xtw.Close()
```

HINWEIS Beachten Sie, dass für die Anzeige der Xml-Datei im Internet-Explorer ein Root-Knoten vorhanden sein muss.

```
- <Artikelliste>
    <Artikel ArtikelNr="1" Artikelname="Chai" LieferantenNr="1"
      KategorieNr="1" Liefereinheit="10 Kartons x 20 Beutel"
      Einzelpreis="18.0000" Lagerbestand="18" BestellteEinheiten="0"
      Mindestbestand="10" Auslaufartikel="0" />
    <Artikel ArtikelNr="2" Artikelname="Chang" LieferantenNr="1"
      KategorieNr="1" Liefereinheit="24 x 12-oz-Flaschen"
      Einzelpreis="19.0000" Lagerbestand="17" BestellteEinheiten="40"
      Mindestbestand="25" Auslaufartikel="0" />
    <Artikel ArtikelNr="3" Artikelname="Aniseed Syrup" LieferantenNr="1"
      KategorieNr="2" Liefereinheit="12 x 550-ml-Flaschen"
      Einzelpreis="112.0000" Lagerbestand="13" BestellteEinheiten="70"
      Mindestbestand="25" Auslaufartikel="0" />
```

Abbildung 11.56 Die gespeicherten Daten

Natürlich können Sie auch ganz ohne XML-Datentyp auskommen.

BEISPIEL

Anzeige des erzeugten XML-DataSets in einem *DataGridView*

```
Dim conn As New SqlConnection("Data Source=hpserver;" & _
                              "Initial Catalog=Datensql1;Integrated Security=True")

Dim cmd As New SqlCommand("SELECT * FROM Artikel FOR XML AUTO, XMLDATA, ELEMENTS", conn)
conn.Open()

Dim myXML As XmlReader = cmd.ExecuteXmlReader()
Dim ds As New DataSet()
ds.ReadXml(myXML, XmlReadMode.Fragment)
conn.Close()

DataGridView1.DataSource = ds.Tables(0)
```

Webservices über den SQL Server 2005 bereitstellen

Neu im SQL Server 2005 ist die Möglichkeit, ohne Hilfe des IIS direkt Webservices aus dem SQL Server heraus anzubieten.

HINWEIS Läuft auf dem gleichen Server der IIS kommt es zu Problemen, da beide versuchen, über den Port 80 ihre Dienste anzubieten.

Im Wesentlichen erfordert das Bereitstellen eines Webservice nur zwei relativ einfache Schritte:

- Erzeugen Sie Stored Procedures oder Functions, die als Interface zu den gewünschten Daten dienen. Dazu können Sie entweder T-SQL oder auch CLR-Assemblies einsetzen. Die Parameter und Rückgabewerte der Funktionen werden später für die Web-Methoden genutzt.
- Erzeugen Sie mittels T-SQL oder SMO auf dem Server so genannte HTTP-Endpoints. Diese verhalten sich nach dem Start wie normale Webdienste (siehe Kapitel 13).

Dass wir an dieser Stelle nicht in epischer Länge auf alle Features des SQL Servers eingehen können dürfte verständlich sein. Deshalb werden wir es im Weiteren dabei belassen, zwei Webmethoden von einem Webservice bereitzustellen und diese in ein Visual Basic-Programm einzubinden.

Erstellen der Stored Procedures/Functions

Auf das Programmieren von Stored Procedures sind wir im vorliegenden Kapitel bereits ausführlich eingegangen, wir belassen es beim unkommentierten Abdruck.

BEISPIEL

Stored Procedure zum Abrufen einer Artikelliste (Rückgabewert *DataSet*)

```
CREATE PROCEDURE GetArtikel
AS
   SELECT * FROM Artikel
```

BEISPIEL

Function zur Bestimmung der Artikelanzahl (Rückgabewert *Integer*)

```
CREATE FUNCTION GetArtikelAnzahl()

RETURNS int
AS
BEGIN
   RETURN (SELECT COUNT(*) FROM Artikel)
END
```

HINWEIS Selbstverständlich können Sie sowohl bei der Function als auch bei der Stored Procedure Parameter übergeben. Auf die Verwendung von OUTPUT-Parametern sollten Sie aber im Interesse der Übersichtlichkeit verzichten.

Erzeugen des HTTP-Endpoints

Verwenden Sie das SQL Server Management Studio oder SQLCMD um folgendes SQL-Statement auszuführen:

```
CREATE ENDPOINT StammdatenVerwaltung
    STATE = STARTED
AS HTTP (
    PATH = '/Stammdaten',
    AUTHENTICATION =(INTEGRATED),
    PORTS=(CLEAR),
    SITE='*')

FOR SOAP (
    WEBMETHOD 'GetArtikel' (NAME='DatenSQL1.dbo.GetArtikel'),
    WEBMETHOD 'GetArtikelanzahl' (NAME='DatenSQL1.dbo.GetArtikelAnzahl'),
    BATCHES=DISABLED,
    WSDL=DEFAULT,
    DATABASE='DatenSQL1',
    NAMESPACE=DEFAULT)
```

HINWEIS Fall Sie den IIS noch nicht beendet haben, dürfte Sie eine Fehlermeldung beim Erstellen des Endpunkts darauf aufmerksam machen.

Die Erklärung zu den Parametern in Kürze:

Parameter	Beschreibung
STATE	... spezifiziert den Status des Dienstes/Endpunkts (STARTED, STOPPED, DISABLED) . Änderung sind mit ALTER ... möglich.
AS HTTP	... spezifiziert das verwendete Protokoll (auch TCP ist möglich).
PATH	... zusammen mit SITE bestimmt PATH den URL für den Webdienst.
AUTHENTICATION	... bestimmt die Art der erforderlichen Anmeldung (BASIC, INTEGRATED, ...)
PORTS	... über welche PORTs ist der Service erreichbar (CLEAR = 80)
SITE	... der Hostname des Computers (* = alle verfügbaren Adressen)
FOR SOAP	... aktiviert SOAP-Unterstützung (Alternativen sind hier Service Broker oder Datenbankspiegelungen)
WEBMETHOD	... die freigegebenen Webmethoden
BATCHES	... DISABLED verhindert, dass beliebige SQL Statements ausgeführt werden können
WSDL	... WSDL-Unterstützung aktivieren
DATABASE	... die Datenbank mit den Stored Procedures/Functions
NAMESPACE	... der XML-Namespace

Tabelle 11.9 Die wichtigsten Parameter für CREATE ENDPOINT *(Fortsetzung)*

Ob der Endpunkt auch wirklich erzeugt wurde bzw. welche Endpunkte der SQL Server bereitstellt und welchen Status diese haben, können Sie über das SQL Server Management Studio in Erfahrung bringen:

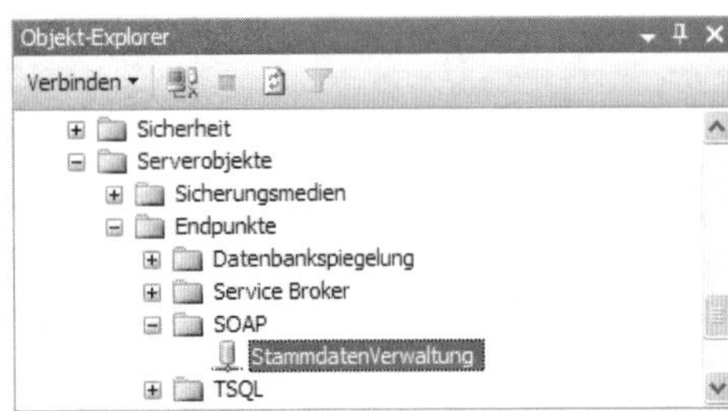

Abbildung 11.57 Die aktiven Endpunkte anzeigen

Auch wenn Sie nicht über das SQL Server Management Studio verfügen, können Sie per SQL-Abfragen die nötigen Informationen abrufen:

```
SELECT *
FROM
   sys.http_endpoints
```

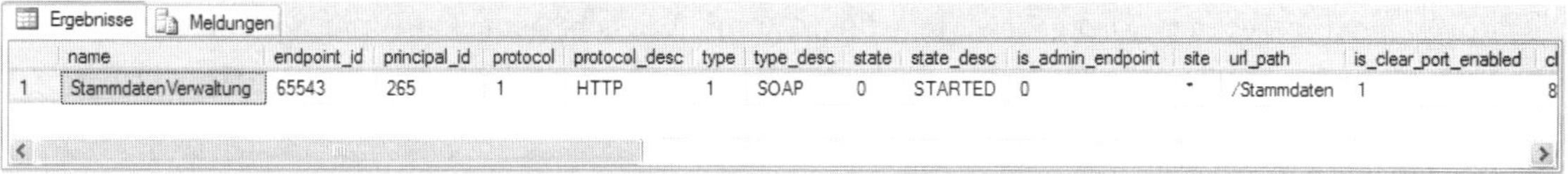

	name	endpoint_id	principal_id	protocol	protocol_desc	type	type_desc	state	state_desc	is_admin_endpoint	site	url_path	is_clear_port_enabled	cl
1	StammdatenVerwaltung	65543	265	1	HTTP	1	SOAP	0	STARTED	0	*	/Stammdaten	1	8

Abbildung 11.58 Abfrageergebnis

Oder mit

```
SELECT * FROM sys.endpoint_webmethods;
```

	endpoint_id	namespace	method_alias	object_name	result_schema	result_schema_desc	result_format	result_format_desc
1	65543	NULL	GetArtikel	[DatenSQL1].[dbo].[GetArtikel]	2	DEFAULT	1	ALL_RESULTS
2	65543	NULL	GetArtikelanzahl	[DatenSQL1].[dbo].[GetArtikelAnzahl]	2	DEFAULT	1	ALL_RESULTS

Abbildung 11.59 Abfrageergebnis

Einbindung des Webdienstes in Visual Studio

Nach Aufruf der CREATE ENDPOINT-Anweisung können Sie auf diesen Webservice wie auf jeden anderen Webservice zugreifen.

Allerdings werden Sie feststellen, dass der Komfort gegenüber den Visual Studio-Webdiensten etwas zu wünschen übrig lässt. Das beginnt bereits beim Versuch der Verbindungsaufnahme, geben Sie den URL beim Erzeugen eines Webverweises an, müssen Sie den »?WSDL«-Parameter an den URL anhängen:

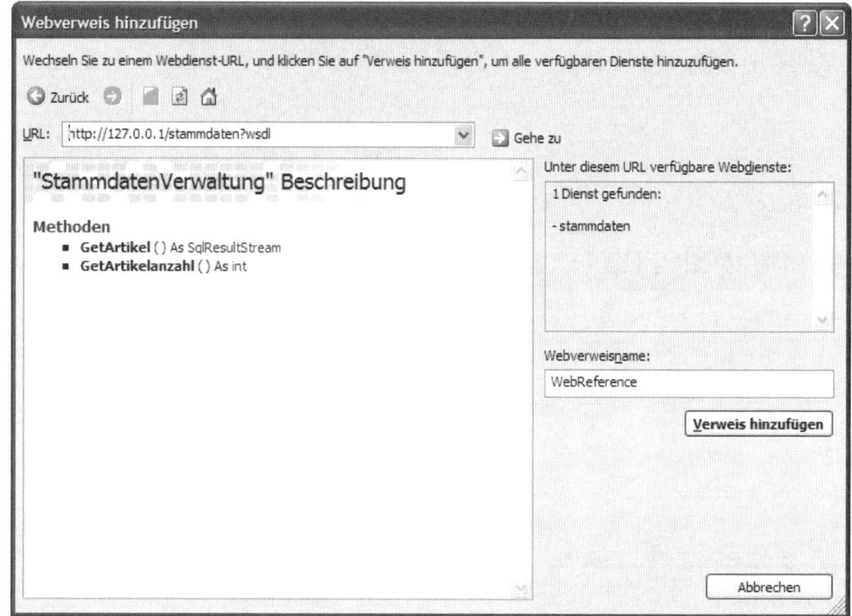

Abbildung 11.60 Webverweis in Visual Studio einrichten

Auch die oben angegebenen Rückgabewerte sollten Sie mit Vorsicht genießen. Vom *SqlResultStream* werden Sie beim Proxy nichts mehr vorfinden, die Methode *GetArtikel* liefert uns ein Objekt-Array zurück. Wie wir damit verfahren, zeigt das folgende Beispiel.

BEISPIEL

Anzeige der Artikelliste in einem *DataGridView* und Anzeige der Artikelanzahl in einem *Label*

```
Private Sub Form1_Load(ByVal sender As System.Object, ByVal e As System.EventArgs) Handles MyBase.Load
        Dim ws As New WebReference.StammdatenVerwaltung()
```

Anmelden am SQL Server

```
        ws.Credentials = New System.Net.NetworkCredential("Administrator", "tom")
```

oder so (aktuelle Systemanmeldung):

```
        ws.Credentials = System.Net.CredentialCache.DefaultCredentials
```

Ausgabe der Artikelanzahl:

```
        Label1.Text = "Artikelanzahl: " & ws.GetArtikelanzahl().ToString
```

Ausgabe der *DataTable*:

```
        DataGridView1.DataSource = CType(ws.GetArtikel()(0), DataSet).Tables(0)
    End Sub
```

Wird die Prozedur erfolgreich aufgerufen, befindet sich im ersten Objekt des Objektarrays ein *DataSet* mit der gewünschten *DataTable*. Sie müssen sich darum kümmern, die Daten entsprechend herauszulesen, was im Gegensatz zu den gut typisierten Webdiensten (siehe Kapitel 13) etwas mühsam und fehlerträchtig ist. Zur Sicherheit können Sie auch prüfen, ob sich im ersten Objekt auch wirklich ein *DataSet* befindet:

```
Dim Artikel As Object() = ws.GetArtikel()
If Artikel(0).ToString() = "System.Data.DataSet" Then
    ...
End If
```

Der Test für unser Webservice-Beispiel:

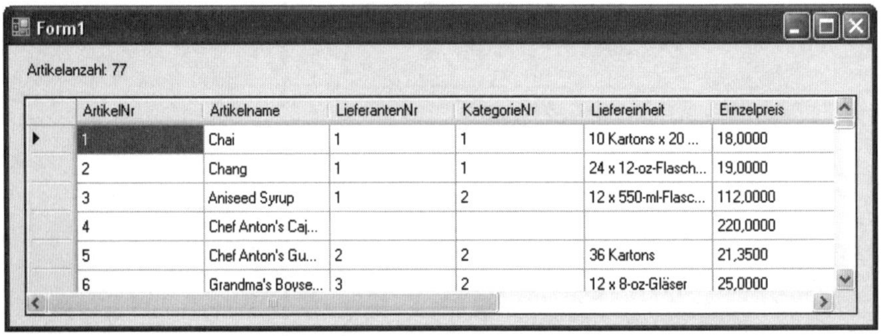

Form1

Artikelanzahl: 77

	ArtikelNr	Artikelname	LieferantenNr	KategorieNr	Liefereinheit	Einzelpreis
▶	1	Chai	1	1	10 Kartons x 20 ...	18,0000
	2	Chang	1	1	24 x 12-oz-Flasch...	19,0000
	3	Aniseed Syrup	1	2	12 x 550-ml-Flasc...	112,0000
	4	Chef Anton's Caj...				220,0000
	5	Chef Anton's Gu...	2	2	36 Kartons	21,3500
	6	Grandma's Boyse...	3	2	12 x 8-oz-Gläser	25,0000

Abbildung 11.61 Laufzeitansicht des Clients

Tipps & Tricks

Netzwerkzugriff auf den SQL Server Express realisieren

Aus Sicherheitsgründen ist bei einem »frisch installierten« SQL Server Express die Unterstützung für Netzwerkzugriffe deaktiviert.

Aktivieren können Sie diese Funktion über *Start/Programme/Microsoft SQL Server 2005/Konfigurationstools/Oberflächenkonfiguration für Dienste und Verbindungen* (siehe folgende Abbildung):

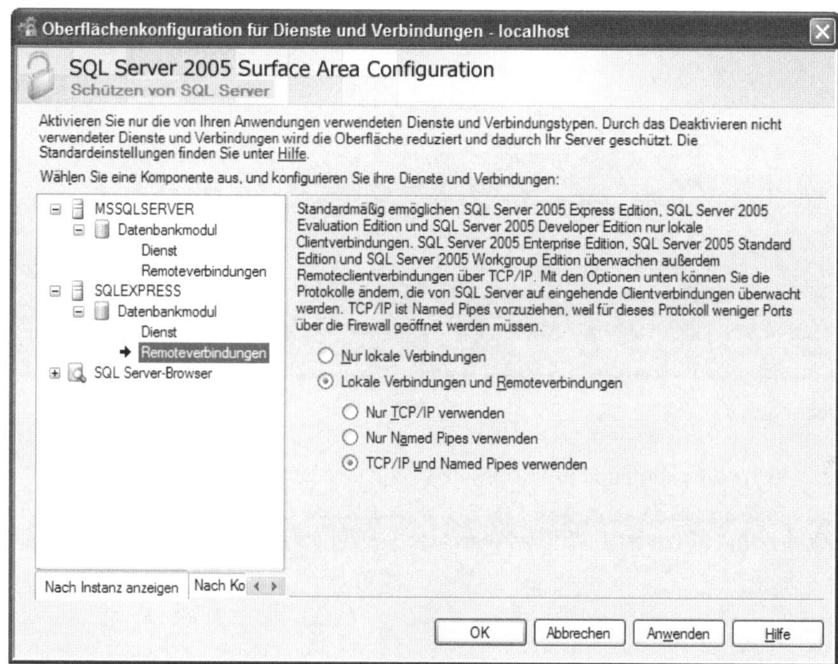

Abbildung 11.62 Aktivieren der Netzwerkunterstützung

HINWEIS Der Server muss nach einer Änderung erneut gestartet werden.

Die SQL Server Express Edition administrieren

Da Sie sich für die »Light Variante« entschieden haben, müssen Sie auf den Komfort praktischer Tools zunächst verzichten.

Sollten Sie gleichzeitig im Besitz einer Visual Studio 2005-Lizenz sein, können Sie mit Hilfe des Server-Explorers Ihre SQL Server-Datenbank rudimentär verwalten. Alternativ bietet sich ein Tool namens »Microsoft SQL Server Management Studio Express« von der Microsoft-Homepage an:

```
http://msdn.microsoft.com/vstudio/express/sql/
```

Fast wie der große Bruder, doch ohne die Features der Vollversionen:

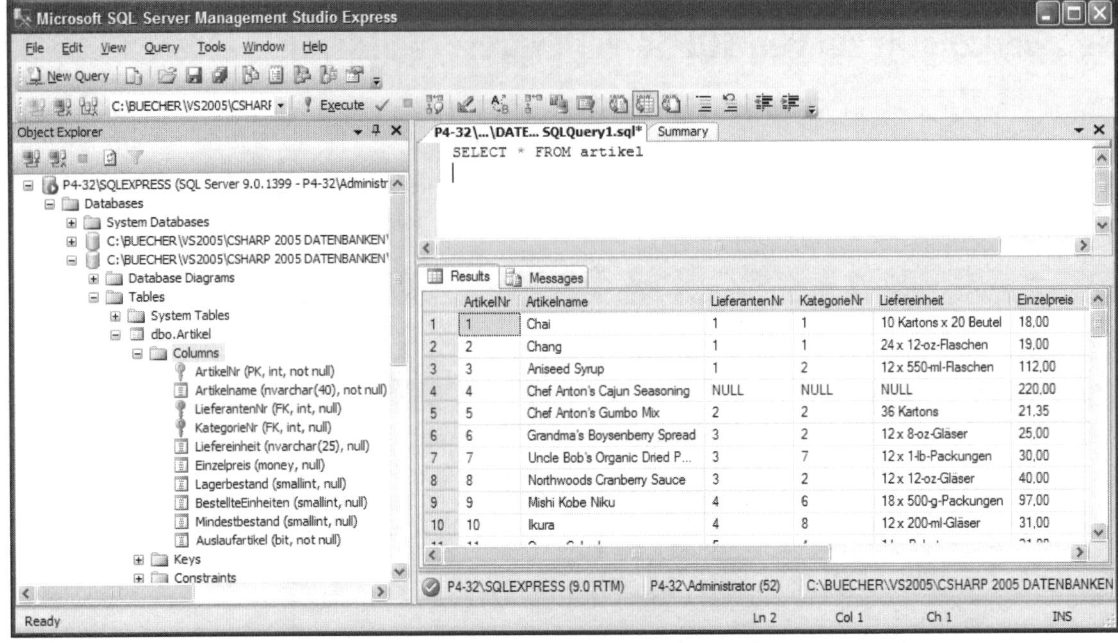

Abbildung 11.63 SQL Server Management Studio Express

Für den Gelegenheitsanwender dürfte die gebotene Funktionspalette voll und ganz genügen.

HINWEIS Haben Sie die *SQL Server 2005 Express Edition with Advanced Services* installiert, ist das obige Programm bereits auf Ihrer Festplatte.

Die SQL Server Express Edition erkennen

Möchten Sie aus dem Programm heraus feststellen, ob es sich beim aktuellen Server um eine Express-Edition handelt, können Sie mit Hilfe der SMOs wie folgt vorgehen:

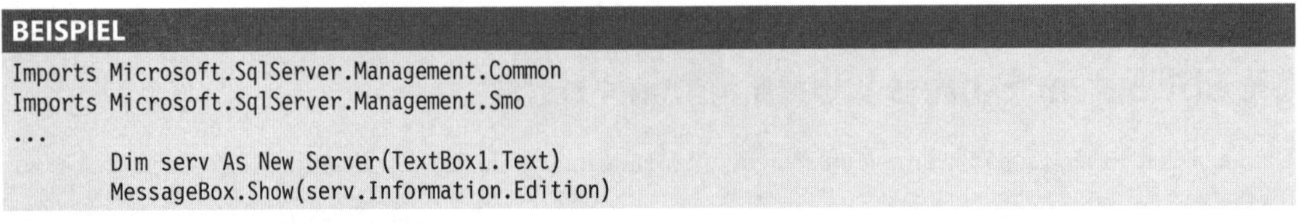

BEISPIEL

```
Imports Microsoft.SqlServer.Management.Common
Imports Microsoft.SqlServer.Management.Smo
...
        Dim serv As New Server(TextBox1.Text)
        MessageBox.Show(serv.Information.Edition)
```

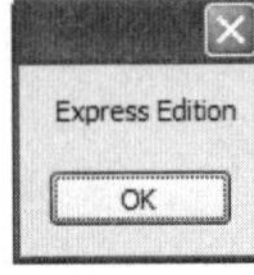

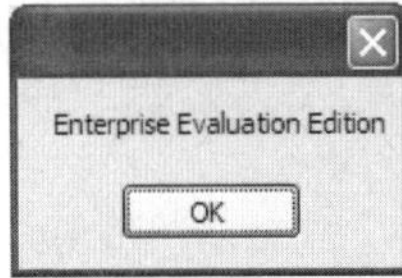

Abbildung 11.64 Mögliche Ausgabewerte

Kann ich mit der Express Edition die Volltextsuche nutzen?

Kurze Antwort: Ja, wenn Sie die *SQL Server 2005 Express Edition* ***with Advanced Services*** verwenden.

Mit der Express Edition ein Backup/Restore realisieren

Vier Varianten bieten sich an:

- das Microsoft SQL Server Management Studio Express
- T-SQL
- DMO oder SMOs
- oder Sie kopieren einfach das Datenfile auf Ihr Backup-Medium

T-SQL

BEISPIEL

Sichern der Datenbank *FirmaSQL* als Datei

```
BACKUP DATABASE FirmaSQL
   TO DISK = 'C:\Mitarbeiter.bak'
```

Später können Sie zum Beispiel auf einem anderen PC die Datenbank folgendermaßen wiederherstellen:

```
RESTORE DATABASE FirmaSQL
   FROM DISK = 'C:\Mitarbeiter.bak'
```

Ganz so einfach wie in den oben gezeigten Beispielen ist es aber im Normalfall nicht. Meist müssen Sie damit kämpfen, dass noch einige User in der Datenbank eingeloggt sind. Auch das komplette Wiederherstellen der Datenbank ist sicher nicht der Regelfall.

Mehr über die Anweisungen BACKUP und RESTORE finden Sie in der SQL Server-Online-Hilfe, der folgende Auszug bietet einen ersten Vorgeschmack:

```
BACKUP DATABASE { database_name | @database_name_var }
       < file_or_filegroup > [ ,...n ]
      TO < backup_device > [ ,...n ]
      [ WITH
       [ BLOCKSIZE = { blocksize | @blocksize_variable } ]
       [  [ , ] DESCRIPTION = { 'text' | @text_variable } ]
       [ [ , ] EXPIREDATE = { date | @date_var }
            | RETAINDAYS = { days | @days_var } ]
       [ [ , ] PASSWORD = { password | @password_variable } ]
       [ [ , ] FORMAT | NOFORMAT ]
       [ [ , ] { INIT | NOINIT } ]
       [ [ , ] MEDIADESCRIPTION = { 'text' | @text_variable } ]
       [ [ , ] MEDIANAME = { media_name | @media_name_variable } ]
       [ [ , ] MEDIAPASSWORD = { mediapassword | @mediapassword_variable } ]
       [ [ , ] NAME = { backup_set_name | @backup_set_name_var } ]
       [ [ , ] { NOSKIP | SKIP } ]
       [ [ , ] { NOREWIND | REWIND } ]
       [ [ , ] { NOUNLOAD | UNLOAD } ]
```

```
[ [ , ] RESTART ]
[ [ , ] STATS [ = percentage ] ] ]
```

HINWEIS Nutzen Sie die ADO.NET-Objekte sollten Sie damit rechnen, dass ein Timeout auftritt, da das Wiederherstellen der Datenbank auch seine Zeit dauert. Prüfen Sie also, ob es sich um einen »normalen« Fehler oder lediglich eine Zeitüberschreitung handelt. Gegebenenfalls sollten Sie über die *Connection*-Komponente die Timeout-Zeiten anpassen.

Backup mit den SMO

BEISPIEL

Datenbanksicherung per SMO

```
Imports Microsoft.SqlServer.Management.Smo

...
        Dim svr As New Server()
        Dim bck = New Backup()
        bck.Action = BackupActionType.Database
        bck.Database = "FirmaSQL"
        bck.DeviceType = DeviceType.File
        bck.Devices.Add("F:\Sicherung.bak")
        bck.SqlBackup(svr)
```

SQLDMO 2005 installieren

Geben Sie Ihre Applikationen mit DMO-Unterstützung weiter, brauchen Sie auch die nötigen Librarys. Am einfachsten, Sie installieren die *Microsoft SQL Server 2005 Backward Compatibility Components*, die Sie unter folgender Adresse finden:

```
http://www.microsoft.com/downloads/details.aspx?FamilyID=ae94bb12-c839-4b4f-a71b-
412fb3a0500e&DisplayLang=en
```

Alle Nutzer einer Datenbank ermitteln

BEISPIEL

Mit Hilfe der DMO können Sie eine Liste aller vordefinierten Nutzer einer Datenbank ermitteln.

```
    Dim serv As New SQLDMO.SQLServer()
    Dim db As New SQLDMO.Database()

    serv.LoginSecure = True
    serv.LoginTimeout = 8
```

Verbinden mit dem Server:

```
    serv.Connect("HPSERVER", "", "")
```

Auswahl der Datenbank:

```
db = serv.Databases.Item("FirmaSQL")
ListBox1.Items.Clear()
```

Abfrage der Nutzernamen:

```
For i As Integer = 1 To db.Users.Count
  ListBox1.Items.Add(db.Users.Item(i).Name)
Next
serv.DisConnect()
```

HINWEIS Sie müssen die entsprechenden Rechte in der Datenbank besitzen!

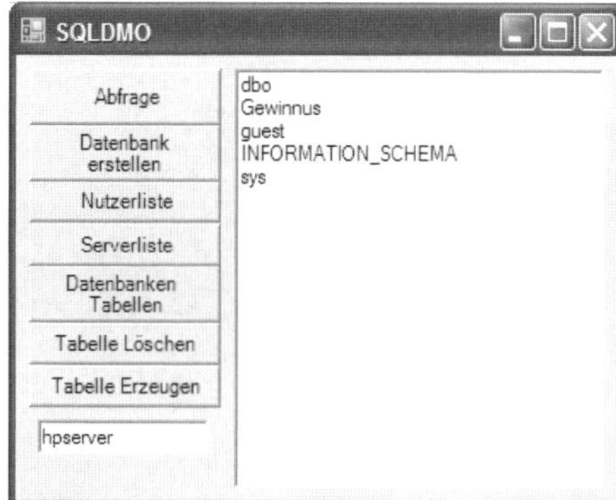

Abbildung 11.65 Beispiel für Abfrageergebnis

Alle registrierten Microsoft SQL Server ermitteln

Auch hier helfen die DMO weiter:

```
Dim app As New SQLDMO.Application()

ListBox1.Items.Clear()
```

Zunächst die Servergruppen:

```
For i As Integer = 1 To app.ServerGroups.Count
  ListBox1.Items.Add(app.ServerGroups.Item(i).Name)
```

Dann die einzelnen Server:

```
  For j As Integer = 1 To app.ServerGroups.Item(i).RegisteredServers.Count
    ListBox1.Items.Add("       Server: " _
             & app.ServerGroups.Item(i).RegisteredServers.Item(j).Name)
  Next
Next
```

Alle Datenbanken und deren Tabellen ermitteln

Möchten Sie den Inhalt des Servers näher analysieren, können Sie sich über die *Databases-* bzw. die *Tables-*Collection der DMO tiefere Einblicke verschaffen:

BEISPIEL

Realisierung mit DMO

```
Dim serv As New SQLDMO.SQLServer()
Dim db As New SQLDMO.Database()
Dim tb As New SQLDMO.Table()
```

Verbindung öffnen:

```
serv.LoginSecure = True
serv.LoginTimeout = 8
serv.Connect("HPSERVER", "sa", "")
ListBox1.Items.Clear()
```

Alle Datenbanken abfragen:

```
For i As Integer = 1 To serv.Databases.Count
  db = serv.Databases.Item(i, )
  ListBox1.Items.Add(db.Name)
```

Alle zugehörigen Tabellen abfragen:

```
  For j As Integer = 1 To db.Tables.Count
    tb = db.Tables.Item(j, )
    ListBox1.Items.Add("    > " & tb.Name)
  Next
Next
serv.DisConnect()
```

Die Ausgabe (Auszug):

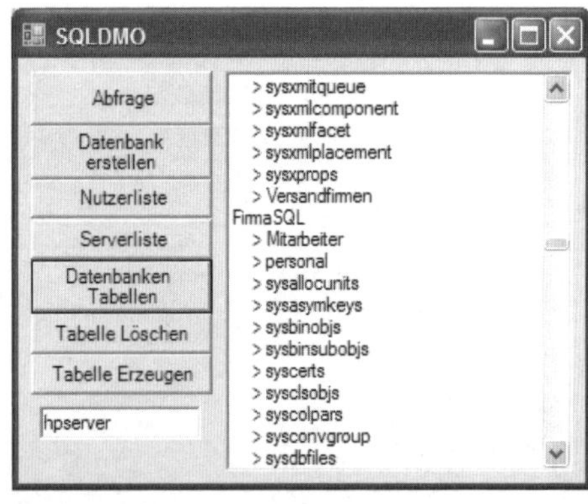

Abbildung 11.66 Abfrageergebnis

Alternativ können Sie sich auch mit T-SQL behelfen.

BEISPIEL

Auflisten aller Tabellen in der geöffneten Datenbank.

```
SELECT *
FROM
   Information_Schema.Tables
```

Das Ergebnis:

	TABLE_CATALOG	TABLE_SCHEMA	TABLE_NAME	TABLE_TYPE
1	C:\BUECHER\VS2005...	dbo	Lieferanten	BASE TABLE
2	C:\BUECHER\VS2005...	dbo	Kunden	BASE TABLE
3	C:\BUECHER\VS2005...	dbo	Kategorien	BASE TABLE
4	C:\BUECHER\VS2005...	dbo	Bestellungen	BASE TABLE
5	C:\BUECHER\VS2005...	dbo	Bestelldetails	BASE TABLE
6	C:\BUECHER\VS2005...	dbo	Artikel	BASE TABLE

Abbildung 11.67 Abfrageergebnis

Eine Tabelle löschen

BEISPIEL

Mit SQL

```
DROP TABLE Mitarbeiter
```

BEISPIEL

Mit den SMO

```
Imports Microsoft.SqlServer.Management.Common
Imports Microsoft.SqlServer.Management.Smo
...
      Dim serv As New Server("HPSERVER")
      Dim db As Database = serv.Databases("BuchBeispiel")
      db.Tables("ErsteTabelle").Drop()
```

BEISPIEL

Mit den DMO

```
    Dim serv As New SQLDMO.SQLServer()
    Dim db As New SQLDMO.Database()

    serv.LoginSecure = True
    serv.LoginTimeout = 8
    serv.Connect(ComboBox1.Text, "sa", "")

    db = serv.Databases.Item("Mitarbeiter", )
    db.Tables.Remove("Kunden", )
    serv.DisConnect()
```

Eine Tabelle mit den DMO erzeugen

An dieser Stelle wollen wir es bei einem Beispiel belassen. Mit T-SQL kommen Sie wesentlich schneller ans Ziel.

BEISPIEL

Erstellen einer einfachen Tabelle mit einer Spalte.

```
Dim serv As New SQLDMO.SQLServer()
Dim db As New SQLDMO.Database()
Dim tb As New SQLDMO.Table()
Dim col As New SQLDMO.Column()

serv.LoginSecure = True
serv.LoginTimeout = 8
serv.Connect("HPSERVER", "sa", "")
col.Name = "Nachnamen"
col.Datatype = "varchar"
col.Length = 25
tb.Name = "TestTable"
tb.Columns.Add(col)

serv.Databases.Item("firmasql", ).Tables.Add(tb)
```

BEISPIEL

Dasselbe in SQL mit wesentlich weniger Aufwand

```
USE FirmaSQL;
CREATE TABLE TestTable (Nachname VARCHAR(25))
```

Anzahl der Datensätze beschränken

Zwei Varianten bieten sich an:

Variante 1 (TOP)

Wie auch in Jet-SQL können Sie die TOP-Klausel für die Einschränkung der Datensätze verwenden.

BEISPIEL

Maximal fünf Mitarbeiter anzeigen

```
SELECT
  TOP 5 *
FROM Mitarbeiter
```

Variante 2 (SET ROWCOUNT)

Mit Hilfe der Option SET ROWCOUNT können Sie für alle folgenden SQL-Anweisungen die maximale Anzahl der zurückgegebenen Datensätze bestimmen.

BEISPIEL

Maximal zehn Datensätze sollen zurückgegeben werden

```
SET ROWCOUNT 10
go
SELECT * FROM Mitarbeiter
go
```

HINWEIS Mit »SET ROWCOUNT 0« schalten Sie die Beschränkung wieder aus!

Platzhalterzeichen in T-SQL

Für beliebige Zeichen verwenden Sie das Prozentzeichen (%), für einzelne Zeichen den Unterstrich (_).

BEISPIEL

Alle Mitarbeiter deren Nachname mit »Mül« beginnt

```
SELECT *
FROM
  Mitarbeiter
WHERE
  Nachname LIKE 'Mül%'
```

Teilstrings erzeugen

Statt der von Jet-SQL bekannten MID-Funktion verwenden Sie SUBSTRING.

```
SUBSTRING (stringausdruck, start, length)
```

BEISPIEL

Es soll die Anzahl der Mitarbeiter bestimmt werden, deren Name mit einem bestimmten Buchstaben beginnt.

```
SELECT
   SUBSTRING(nachname,1,1), Count(*)
FROM
   Mitarbeiter
GROUP BY
   SUBSTRING(nachname,1,1)
```

	(No column name)	(No column name)
1	B	1
2	C	1
3	D	2
4	F	1
5	K	1
6	L	1

Abbildung 11.68 Abfrageergebnis

Leerzeichen entfernen

Im Gegensatz zu Jet-SQL finden Sie auf dem Microsoft SQL Server keine TRIM-Funktion. Es stehen lediglich die Funktionen RTRIM (rechte Leerzeichen entfernen) und LTRIM (linke Leerzeichen entfernen) zur Verfügung. Sie können natürlich beide Funktionen gleichzeitig aufrufen.

BEISPIEL

Entfernen von Leerzeichen

```
SELECT *
FROM
  Mitarbeiter
WHERE
  Nachname = LTRIM(RTRIM(@eingabewert))
```

Lässt sich mit DROP INDEX jeder Index löschen?

Es ist wie verhext: Sie wollen einen Index löschen, aber es funktioniert nicht. Das Problem: Vermutlich handelt es sich um eine Constraint (Einschränkung). Diesen Index müssen Sie mit

```
ALTER TABLE <Tabellenname> DROP CONSTRAINT <Constraintname>
```

löschen.

Warum wird @@ERROR nicht korrekt verarbeitet?

Wahrscheinlich haben Sie vergessen, den Wert von @@ERROR in einer lokalen *Integer*-Variablen zu speichern. Führen Sie jetzt weitere SQL-Anweisungen aus, wird @@ERROR automatisch auf null zurückgesetzt, weitere Abfragen des Wertes oder die Rückgabe mit RETURN sind also sinnlos.

BEISPIEL

Fehlerauswertung

```
...
DECLARE @myError INT
...
SELECT @myError  = @@ERROR
...
IF @myError <> 0
   ...
```

Die Anzahl der Datensätze einer Abfrage bestimmen

Führen Sie eine SELECT-Anweisung aus, steht Ihnen nach der Verarbeitung in der Variablen @@ROWCOUNT die Anzahl der Datensätze zur Verfügung.

Kann man IFF ersetzen?

Sollten Sie bisher mit JET-SQL programmiert haben, werden Sie die IFF-Anweisung vermissen. T-SQL bietet aber auch hier mit CASE eine sinnvolle Alternative.

BEISPIEL

Statt der Feldinhalte »Herr« bzw. »Frau« sollen die Werte »0« und »1« in der neuen Spalte »Geschlecht« zurückgegeben werden.

```
SELECT
    CASE Anrede
         WHEN 'Herr' THEN 0
         WHEN 'Frau' THEN 1
   END AS Geschlecht,
   Vorname
FROM
   Mitarbeiter
```

	Geschlecht	Vorname
1	1	Gabriele
2	1	Heidemarie
3	1	Renate
4	0	Walter
5	1	Carola
6	1	Simone

Abbildung 11.69 Abfrageergebnis

Alternativ können Sie auch von der ELSE-Option Gebrauch machen:

```
SELECT
   CASE
     WHEN Anrede = 'Herr' THEN 0
   ELSE 1
   END AS Geschlecht,
   Vorname
FROM
   Mitarbeiter
```

Mit Bedingungen Feldinhalte formatieren

Geht es um das Formatieren und Auswerten von Feldinhalten, ist das Verwenden von Funktionen und Bedingungen häufig sinnvoll.

Auch hier hilft uns die T-SQL-CASE-Anweisung weiter.

BEISPIEL

Verwendung von CASE

```
SELECT
   CASE
      WHEN Gehalt IS NULL THEN 'Vergessen worden ...'
      WHEN Gehalt < 1000  THEN 'Armer Kerl ...'
```

```
      WHEN Gehalt >= 1000 AND Gehalt < 3000 THEN 'Na ja'
      ELSE 'Ganz gut'
   END AS "Gehaltsbeurteilung",
   Nachname
FROM
   Mitarbeiter
```

	Gehaltsbeurteilung	nachname
1	Ganz gut	Detert
2	Ganz gut	Obst
3	Na ja	Behn
4	Na ja	Riester
5	Ganz gut	Braun
6	Na ja	Schmidt

Abbildung 11.70 Abfrageergebnis

Warum sind Abfragen mit Platzhaltern so langsam?

Vermutlich sind Sie nach endlosem Warten auf das Ergebnis einer Abfrage endlich bei diesem Tipp angelangt. Die wahrscheinliche Ursache für Ihre Pein: Sie verwenden eine LIKE-Klausel mit Platzhalterzeichen am Beginn des Suchstrings.

BEISPIEL

```
SELECT *
FROM
   Mitarbeiter
WHERE
  Nachname LIKE '%aye%'
```

Das Problem: Durch die Verwendung des Platzhalterzeichens am Beginn des Suchstrings kann der eventuell vorhandene Index nicht zur Suche genutzt werden. Es werden alle Datensätze durchlaufen, was je nach Tabellengröße eben seine Zeit dauert.

Groß-/Kleinschreibung berücksichtigen

Ist bei einem Vergleich von zwei Strings die Groß-/Kleinschreibung von Bedeutung, bleibt Ihnen nichts anderes übrig, als beide Strings in den BINARY-Datentyp umzuwandeln und so zu vergleichen.

BEISPIEL

Vergleich

```
SELECT *
FROM
   Mitarbeiter
WHERE
   CONVERT(VARBINARY, Nachname) = CONVERT(VARBINARY, 'MAYER')
```

Das Ergebnis einer Stored Procedure speichern

Dass eine Stored Procedure ein Dataset zurückgeben kann, dürfte Ihnen nach der Lektüre des bisherigen Kapitels nicht unbekannt sein. Was aber, wenn Sie die Daten gar nicht zum Client senden möchten, sondern gleich auf dem Server, d.h. in einer Tabelle, sichern wollen?

Die Antwort findet sich in der INSERT INTO-Anweisung.

BEISPIEL

Die Stored Procedure

```
CREATE PROCEDURE Test @Nachname VARCHAR(50)
As
SELECT * FROM Mitarbeiter
WHERE Nachname LIKE @Nachname
return
```

Der entsprechende Aufruf zum Sichern der Daten:

```
INSERT INTO
  SaveTable EXEC test 'Müller'
```

Eine Datenbank umbenennen

Mit Hilfe von T-SQL ist es (fast) kein Problem, eine bestehende Datenbank umzubenennen. Über das Wörtchen »fast« sollten Sie in jedem Fall stolpern, muss doch für diesen Vorgang die Datenbank in den Einzelbenutzermodus geschaltet werden.

Dazu rufen Sie ALTER DATABASE auf:

```
ALTER DATABASE FirmaSQL
SET SINGLE_USER
```

Ist die Ausführung erfolgreich, können Sie nachfolgend mit ALTER DATABASE die Datenbank umbenennen.

HINWEIS Die bisher verwendete Stored Procedure sollten Sie laut Microsoft nicht mehr benutzen!

```
ALTER DATABASE FirmaSQL
MODIFY NAME=FIRMA22
```

HINWEIS Vergessen Sie nicht, die Datenbank wieder in den Normalmodus zurückzuschalten!

```
ALTER DATABASE Firma22
SET MULTI_USER;
```

Sind jedoch weitere User angemeldet, haben Sie schlechte Karten.

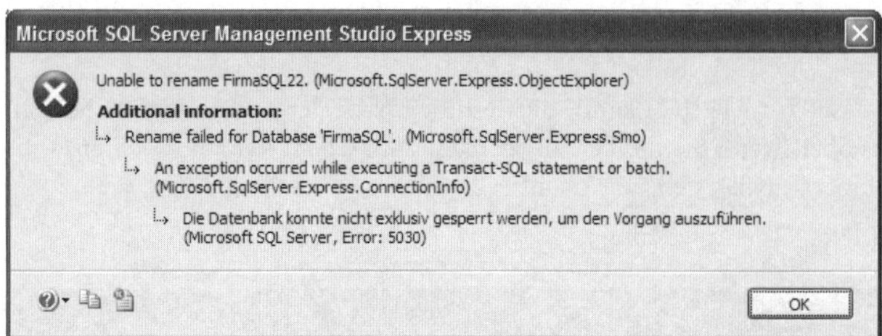

Abbildung 11.71 Fehler beim Umbenennen

Eine Datenbank zwischen Servern verschieben

Möchten Sie die bereits erstellte Datenbank auf einem neuen System wiederverwenden, bietet sich die folgende Vorgehensweise an:

Trennen Sie zunächst auf dem Ausgangs-PC die Datenbank vom SQL Server. Dazu verwenden Sie die Prozedur *sp_detach_db*.

BEISPIEL

```
EXEC sp_detach_db 'Firmasql', 'true'
```

Danach ist die Datenbank vom Server getrennt und Sie können die beiden zugehörigen Dateien *(*.mdf, *.ldf)* kopieren.

Auf dem neuen Server kopieren Sie die Daten in das *\MSSQL\Data*-Verzeichnis und rufen die Prozedur *sp_attach_db* auf.

BEISPIEL

```
EXEC sp_attach_db @dbname = 'FirmaSQL',
   @filename1 = 'c:\Programme\Microsoft SQL Server\MSSQL\Data\Firmasql.mdf',
   @filename2 = 'c:\Programme\Microsoft SQL Server\MSSQL\Data\Firmasql.ldf'
```

Danach können Sie die Datenbank auf dem neuen Server wie gewohnt nutzen.

Nach dem Löschen IDENTITY auf 0 setzen

Löschen Sie alle Datensätze einer Tabelle (z.B. *DELETE FROM Mitarbeiter*) und fügen Sie einen neuen Datensatz ein, wird ein Identity-Feld statt mit Null mit dem nächstfolgenden Wert gefüllt.

Abhilfe schafft die Funktion DBCC CHECKIDENT, mit der Sie den Zählerwert wieder zurücksetzen können.

BEISPIEL

Zurücksetzen des Zählerwertes

```
DBCC CHECKIDENT (Mitarbeiter, RESEED, 0)
```

HINWEIS Sind in der Tabelle keine Fremdschlüssel enthalten, können Sie auch die Anweisung TRUNCATE TABLE nutzen. Beachten Sie jedoch, dass TRUNCATE TABLE keine Trigger aktiviert.

Datenbankstruktur kopieren

Ein ziemlich häufiges Problem: Sie haben auf Ihrem PC eine SQL Server-Datenbank entwickelt und getestet und möchten nun diese Datenbank bzw. deren Struktur beim Kunden installieren.

Auf die Idee, die Struktur mit Hilfe des SQL Server Management Studios beim Kunden zu erstellen, werden Sie hoffentlich nicht kommen. Doch das Management Studio ist schon das richtige Tool.

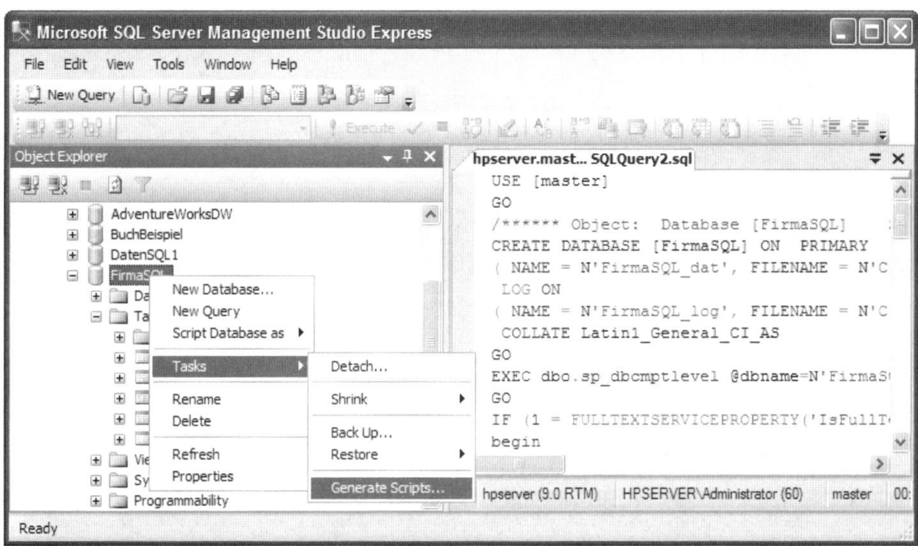

Abbildung 11.72 Erzeugen eines SQL-Skripts mit dem SQL Server Management Studio

Wählen Sie Ihre Datenbank im Baum aus und klicken Sie mit der rechten Maustaste darauf. Über den Menüpunkt *Tasks/Generate Scripts* erreichen Sie einen Assistenten, der Ihnen alle wesentlichen Schritte beim Erzeugen eines SQL-Skripts erleichtert. Dieses Skript ist eine normale Textdatei, die auf dem Zielrechner mit dem Query Analyzer wieder eingespielt werden kann.

BEISPIEL

Auszug aus einem SQL-Skript

```
IF NOT EXISTS (SELECT * FROM sys.database_principals WHERE name = N'Gewinnus')
CREATE USER [Gewinnus] FOR LOGIN [Gewinnus] WITH DEFAULT_SCHEMA=[dbo]
GO
SET ANSI_NULLS ON
GO
SET QUOTED_IDENTIFIER ON
GO
IF NOT EXISTS (SELECT * FROM sys.objects WHERE object_id = OBJECT_ID(N'[dbo].[personal]') AND type in
(N'U'))
BEGIN
```

```
CREATE TABLE [dbo].[personal](
 [Name] [nvarchar](30) NULL,
 [Vorname] [nvarchar](20) NULL,
 [Geboren] [datetime] NULL,
 [Gehalt] [money] NULL,
 [Bemerkung] [ntext] NULL
) ON [PRIMARY] TEXTIMAGE_ON [PRIMARY]
END
GO
...
```

Eine Tabellenspalte umbenennen

Mit Hilfe von T-SQL ist es kein Problem, auch Tabellenspalten umzubenennen. Rufen Sie die Systemprozedur *sp_rename* mit folgender Syntax auf:

```
sp_rename '<Tabelle.Spalte>', '<Tabelle.NeuerName>', 'COLUMN'
```

BEISPIEL

```
EXEC sp_rename 'Mitarbeiter.geburtstag', '[geboren am]', 'COLUMN'
```

Aktualisierungs- und Löschweitergaben realisieren

Eine Aktualisierungs- und Löschweitergabe kann auf dem SQL Server mit Hilfe von Triggern realisiert werden.

BEISPIEL

Wird in der Tabelle *Mitarbeiter* eine Person gelöscht, zu der untergeordnete Mitarbeiter vorhanden sind, werden diese ebenfalls gelöscht. Im schlimmsten Fall werden alle Mitarbeiter gelöscht, wenn Sie den Chef aus der Tabelle entfernen, da der Trigger für alle Ebenen (Chef, Abteilungsleiter, Mitarbeiter) erneut ausgelöst wird.

```
CREATE TRIGGER myDelete
ON Mitarbeiter
FOR DELETE
AS
   DELETE FROM Mitarbeiter
   WHERE Mitarbeiter.vorgesetzter = deleted.id
```

Kein ORDER BY in Views?

Wahrscheinlich verwenden Sie noch den SQL Server 7.0, bei dem es tatsächlich nicht möglich ist, eine ORDER BY-Klausel in Views zu verwenden. Abhilfe schafft in diesem Fall eine Stored Procedure, die ein DataSet zurückgibt.

HINWEIS Verwenden Sie den SQL Server ab Version 2000, können Sie wie gewohnt die Views sortieren lassen.

Änderungen in Tabellen protokollieren

Möchten Sie Änderungen an Tabelleninhalten automatisch protokollieren, verwenden Sie am besten einen Trigger, der die jeweiligen Änderungen in einer zweiten LOG-Tabelle (gleiches Layout) speichert. Über die Funktionen *SYSTEM_User* und *GetDate* können Sie zusätzlich speichern wer wann die Änderung vorgenommen hat.

BEISPIEL

Änderungen in der Tabelle *Mitarbeiter* haben zur Folge, dass die Änderungen mittels Trigger in die Tabelle *mitarbeiter_LOG* geschrieben werden.

```
Create Trigger "tr_log" On dbo.Mitarbeiter
FOR UPDATE
AS
INSERT INTO Mitarbeiter_LOG
       SELECT Nr, Anrede,
              Vorname, Nachname,
              Geburtstag, Gehalt,
              Raum, Telefon,
              Vorgesetzter,
              SYSTEM_User,
              GetDate()
       FROM inserted
```

HINWEIS Da der Trigger direkt auf dem Server ausgeführt wird, ist es irrelevant, mit welcher Client-Anwendung die Daten verändert werden.

Die Unterschiede zwischen temporären Tabellen

Zunächst gibt es natürlich einen Unterschied bei der Vergabe des Namens. Während bei einer lokalen Tabelle lediglich ein Nummernzeichen (#) vorangestellt wird, müssen es bei einer globalen Tabelle schon zwei Nummernzeichen sein.

Globale Tabellen werden in der Datenbank *TempDB* erzeugt, Besitzer ist in diesem Fall *dbo*. Die Tabelle wird erst gelöscht, wenn kein Benutzer die Tabelle verwendet.

Lokale Tabellen nutzt man lediglich für das kurzzeitige Speichern von Daten, werden diese Tabellen innerhalb von Prozeduren erzeugt, werden diese mit dem Ende der Prozedur wieder gelöscht.

SQL-Anweisungen debuggen

Zwei Varianten bieten sich an:

- Visual Studion 2005
- SQL Profiler (nicht Express Edition)

Debugging im Visual Studio 2005

Öffnen Sie über den Server-Explorer die zu untersuchende Stored Procedure/Function und setzen Sie in der Editoransicht wie gewohnt einen Breakpoint (F9).

Starten Sie nun über das Kontextmenü die gewünschte Prozedur mit *Einzelschritt in gespeicherter Prozedur*. Zunächst müssen Sie die Parameter für die Prozedur festlegen:

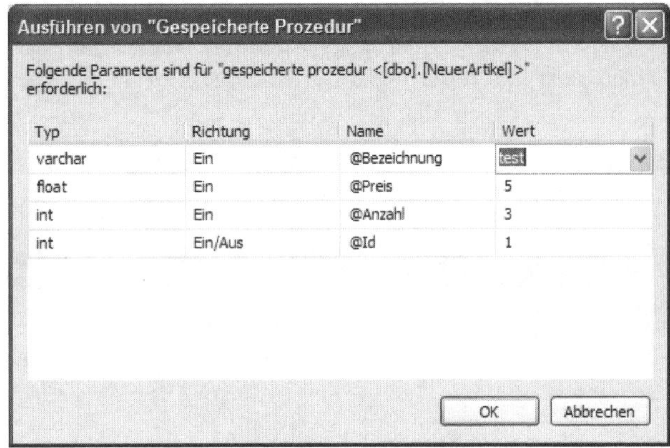

Abbildung 11.73 Parameter festlegen

Nachfolgend wird die Prozedur im Editorfenster geöffnet:

```
ALTER PROCEDURE dbo.NeuerArtikel
    (
    @Bezeichnung varchar(50),
    @Preis float,
    @Anzahl int,
    @Id int OUTPUT
    )
AS
    INSERT INTO [Warenkorb]
    ([Bezeichnung], [Preis], [Anzahl]) VALUES (@Bezeichnung, @Preis, @Anzahl);

    Set @Id = @@Identity


    RETURN 10
```

Abbildung 11.74 Stored Procedure im Debug-Modus

Sie können die Prozedur jetzt zeilenweise durchlaufen und auch Werte von Variablen abfragen (einfach die Maus über die entsprechende Variable bewegen).

SQL Profiler

Starten Sie auf dem SQL Server den *SQL Profiler*. Über den Menüpunkt *Datei/Neu/Ablaufverfolgung* können Sie eine eigene Ablaufverfolgung konfigurieren. Dazu wählen Sie die gewünschten Ereignisse sowie Datenspalten aus und setzen gegebenenfalls Filter, um die Ausgabe gezielt auf einzelne Anwendungen, Datenbanken oder auch Arbeitsstationen einzuschränken:

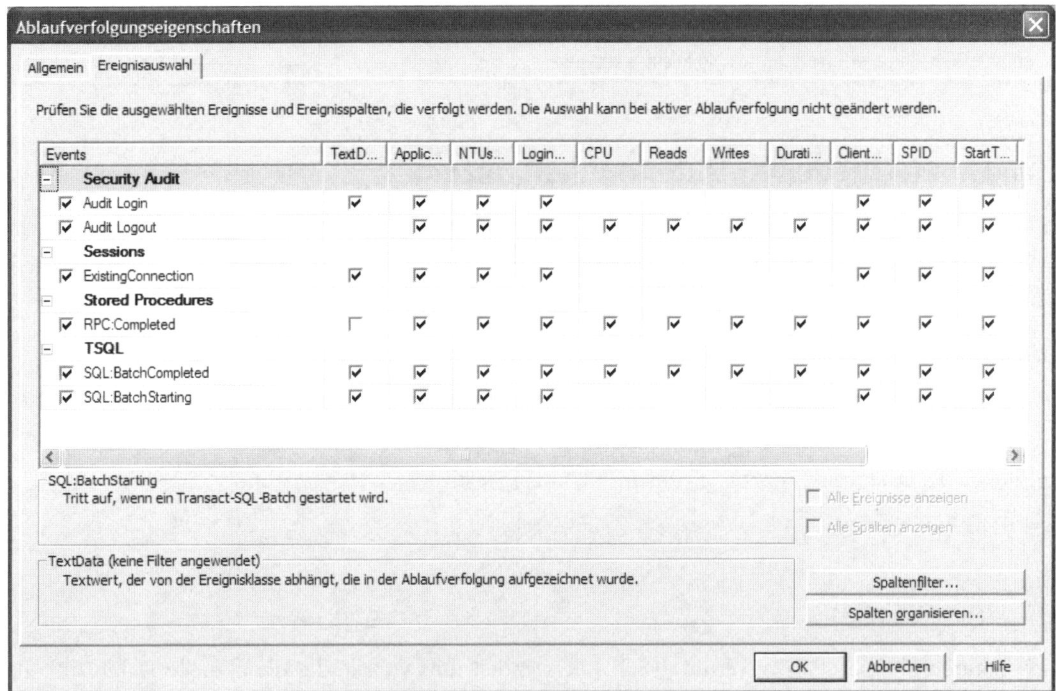

Abbildung 11.75 Eigenschaften für das Debugging setzen

Weiterhin können Sie auch eine LOG-Datei bestimmen, in der die einzelnen Schritte abgelegt werden. Danach können Sie im Profiler-Fenster die Ausführung der einzelnen SQL-Befehle verfolgen:

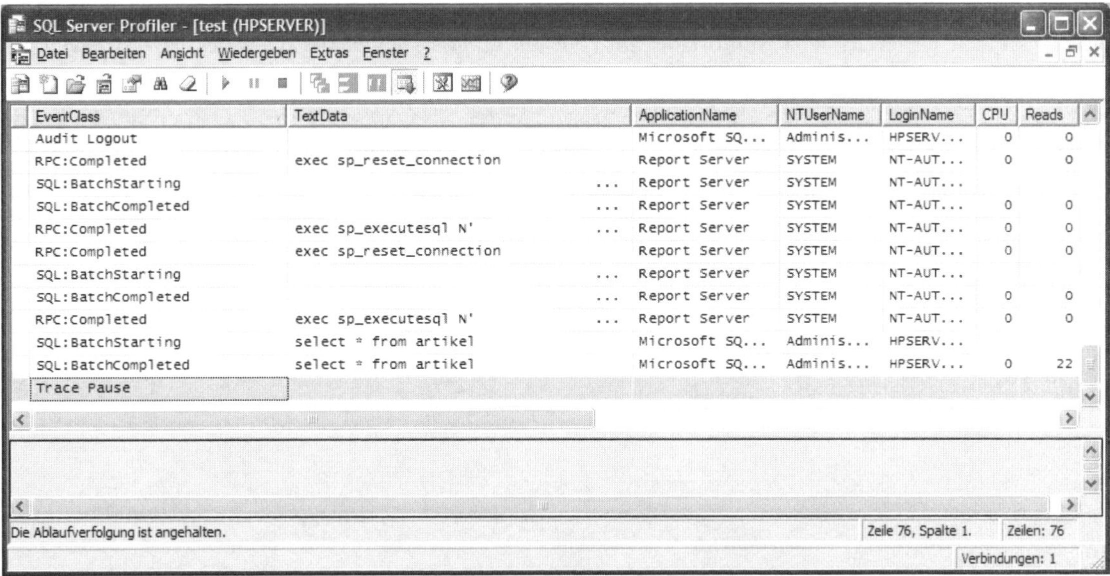

Abbildung 11.76 Debug-Protokoll

HINWEIS Interessant ist, was von der SQL-Anweisung auch wirklich im Server ankommt. Probleme mit Datentypumwandlungen und Währungswerten lassen sich so leicht erkennen.

Daten aus verschiedenen Datenbanken anzeigen

Handelt es sich um die gleiche Verbindung und verfügen Sie über entsprechende Zugriffsrechte, sollte es kein Problem sein, Daten aus einer weiteren Datenbank zu lesen. Sie müssen in diesem Fall lediglich den vollständigen Tabellennamen angeben.

```
<Datenbankname>.<Username>.>Tabellenname>
```

BEISPIEL

Obwohl aktuell die Datenbank *TestSQL* geöffnet ist, können Sie die folgende SQL-Abfrage ausführen:

```
SELECT
   *
FROM
   northwind.dbo.customers
```

Alternativ können Sie die USE-Anweisung (SQL) verwenden, um vollständig die aktuelle Datenbank zu wechseln.

Kann man die PRINT-Anweisung in Visual Basic anzeigen?

Im Gegensatz zur Vorgängerversion von ADO.NET brauchen Sie sich um die Anzeige von SQL-PRINT-Ausgaben keine Sorgen machen. Derartige Nachrichten, die aus einer Stored Procedure heraus gesendet werden können, lassen sich jetzt komfortabel mit Hilfe des *InfoMessage*-Events auswerten bzw. anzeigen.

BEISPIEL

Anzeige der Nachricht in einer Messagebox

```
Private Sub conn_InfoMessage(ByVal sender As Object, _
                  ByVal e As System.Data.SqlClient.SqlInfoMessageEventArgs) Handles conn.InfoMessage
    MessageBox.Show(e.Message)
End Sub
```

Übersichten

Datentypen

Datentyp	Bedeutung/Bemerkung
bit	Daten mit einem Wert von 0 oder 1
integer, int	4 Byte-Datentyp, der Zahlen von –2.147.483.648 bis 2.147.483.647 speichert
smallint	2 Byte-Datentyp, der Zahlen von –32.768 bis 32.767 speichert
tinyint	1 Byte-Datentyp, der Zahlen von 0 bis 255 speichert
decimal, *numeric*	Numerische Daten mit fester Genauigkeit und Dezimalstellenanzahl von –10^38–1 bis 10^38–1. Sie müssen die Genauigkeit (Anzahl der Ziffern) und die Anzahl der Dezimalstellen festlegen
float	Fließkommazahlen zwischen –1,79E+308 und 1,79E+308. Verwenden Sie derartige Werte nicht in WHERE-Klauseln, da es zu Rundungsfehlern kommen kann
real	Fließkommazahlen zwischen –3,40E+38 und 3,40E+38. Verwenden Sie derartige Werte nicht in WHERE-Klauseln, da es zu Rundungsfehlern kommen kann
money	Währungsdatenwerte zwischen –922.337.203.685.477,5808 und 922.337.203.685.477,5807 mit der Genauigkeit eines Zehntausendstels der Währungseinheit
smallmoney	Währungsdatenwerte von –214.748,3648 bis 214.748,3647 mit der Genauigkeit eines Zehntausendstels der Währungseinheit
datetime	Datums- und Zeitdaten zwischen dem 1. Januar 1753 und dem 31. Dezember 9999 mit einer Genauigkeit von 300stel-Sekunden, also 3,33 Millisekunden
smalldatetime	Datums- und Zeitdaten zwischen dem 1. Januar 1900 und dem 6. Juni 2079 mit einer Genauigkeit von einer Minute
cursor	Ein Verweis auf einen Cursor
uniqueidentifier	Ein global eindeutiger Bezeichner (GUID, Globally Unique Identifier), verwenden Sie besser einen Identity-Wert
char	Nicht-Unicode-Zeichendaten fester Länge mit max. 8.000 Zeichen
varchar	Nicht-Unicode-Daten variabler Länge mit max. 8.000 Zeichen
text	Nicht-Unicode-Daten variabler Länge mit max. 2.147.483.647 Zeichen
nchar	Unicode-Daten fester Länge mit max. 4.000 Zeichen
nvarchar	Unicode-Daten variabler Länge mit max. 4.000 Zeichen
ntext	Unicode-Daten variabler Länge mit max. 1.073.741.823 Zeichen
binary	Binärdaten fester Länge mit max. 8.000 Byte
varbinary	Binärdaten variabler Länge mit max. 8.000 Byte
image	Binärdaten variabler Länge mit max. 2.147.483.647 Byte
xml	XML-Daten variabler Länge mit max. 2.147.483.647 Zeichen

Tabelle 11.10 Datentypen

Unterschiede zwischen Access- und SQL Server-Datentypen

SQL Server	Access
char	Text
nchar	Text
varchar	Text
nvarchar	Text
text	Memo
ntext	Memo
image	OLE-Objekt
binary	Zahl:Byte
datetime	Datum/Zeit
smalldatetime	Datum/Zeit
decimal	Zahl:Decimal
numeric	Zahl:Decimal
real	Zahl:Single
float	Zahl:Double
int	Autowert, Zahl:LongInteger
smallint	Zahl:Integer
tinyint	Zahl:Byte
money	Zahl:Währung
smallmoney	Zahl:Währung
bit	Ja/Nein
timestamp	
uniqueidentifier	Replikations-ID

Tabelle 11.11 Unterschied Access-/SQL-Serverdatentypen

HINWEIS Der Feldtyp HYPERLINK wird vom SQL Server nicht unterstützt!

Kapitel 12

Datenbindung in ASP.NET-Anwendungen

In diesem Kapitel:

Das vorliegende Kapitel widmet sich ausschließlich der Integration von Datenbanken in Ihre Webprojekte. Dabei setzen wir Grundkenntnisse der Web-Programmierung bzw. der Programmierung von einfachen ASP.NET-Anwendungen voraus[1].

- Für einen ersten Kontakt mit der Programmierung datengebundener ASP.NET-Anwendungen verweisen wir auf das Einsteigerbeispiel in Kapitel 1.
- Das Spezialthema »Webdienste« haben wir in das Kapitel 13 ausgelagert.
- Als themenübergreifende Zusammenfassung und praktisches Komplexbeispiel bietet sich die Webshop-Anwendung im Kapitel 14 an.

An den Anfang dieses Kapitels stellen wir eine kurze Einführung in die Neuerungen von ASP.NET 2.0, bevor wir uns der praktischen Verwendung der zahlreichen neuen Server-Controls widmen.

Übersicht Datenbindung in ASP.NET 2.0

Der kleine Ausflug in die Praxis (siehe PB1.3 »ASP.NET-Webanwendung«) hat Sie ganz sicher von den Vorzügen der neuen ASP.NET-Version 2.0 überzeugt. Während Sie in ASP.NET 1.x noch selbst reichlich Hand anlegen mussten um die Daten auch in die Steuerelemente zu laden (von Sortieren, Paging etc. ganz zu schweigen), ersparen Ihnen die neuen Datensteuerelemente derartige Routineaufgaben (fast) völlig.

Von den neuen *DataSource*-Controls werden die folgenden Aufgaben übernommen:

- Auswahl und Anzeige der Daten,
- Editieren, Hinzufügen und Löschen von Datensätzen,
- Sortieren, Filtern und Paging,
- Unterstützung bei Master-Detail-Darstellungen,
- Caching.

Die grundsätzliche Vorgehensweise in ASP.NET 2.0 können Sie der folgenden Abbildung entnehmen:

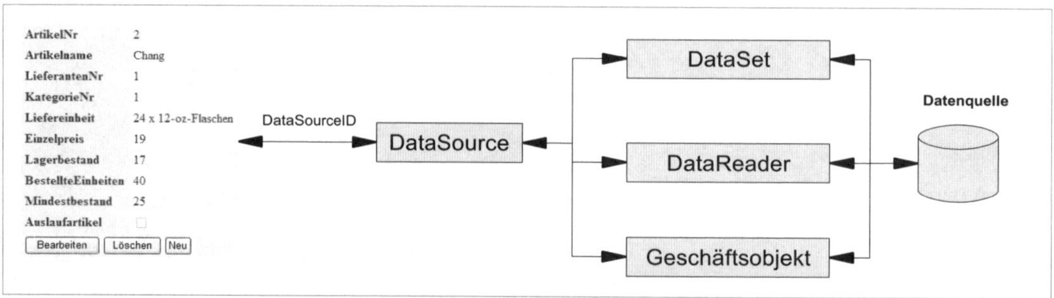

Abbildung 12.1 Grundprinzip der Datenbindung in ASP.NET 2.0

DataSource und datengebundene Steuerelemente (*GridView* etc.) verbinden Sie über die neu eingeführte Eigenschaft *DataSourceId* miteinander.

[1] Siehe dazu auch unser Visual Basic 2005-Profibuch.

Grundkonzept

Außer mit den bereits genannten *DataSource*-Steuerelementen haben Sie es in ASP.NET 2.0 im Wesentlichen noch mit den folgenden visuellen Steuerelementen zu tun:

- *GridView* (tabellarische Ansicht),
- *DetailsView* (einfache formularbasierte Ansicht eines Datensatzes),
- *FormView* (formularbasierte Ansicht mit Templates),
- *DataList* (tabellarische Ansicht mit Templates).

Auch

- *TreeView*,
- *ListBox*,
- *DropDownList*
- sowie *CheckBoxList* und *RadioButtonList*

lassen sich für die Datenanzeige nutzen.

HINWEIS Das gute alte *DataGrid* ist noch nicht ausgestorben, zwar wurde es von der (standardmäßigen) Toolbox vertrieben, fristet jedoch ein Gnadendasein auf Ihrer Festplatte.

Die grundsätzliche Vorgehensweise bei der Datenbindung reduziert sich auf das Erstellen einer *DataSource* (mit enthaltenen SELECT, INSERT, UPDATE und DELETE-Befehlen) und deren Kopplung mit den visuellen Komponenten über die *DataSourceId.*

Mit *DataSets*, *Connection*-Objekten, *DataReader*n etc. kommen Sie überhaupt nicht mehr in Kontakt[1], es sei denn, Sie verwenden als Datenbasis eigene Geschäftsobjekte oder typisierte DataSets.

HINWEIS Wer will, kann nach wie vor auch die alten Technologien einsetzen, Sie werden feststellen, dass sich damit einige Aufgaben (ohne Datenbindung) übersichtlicher lösen lassen.

Die verschiedenen DataSource-Steuerelemente

Bisher war immer nur von den *DataSource*-Steuerelementen die Rede, ohne im Einzelnen auf die verschiedenen Typen einzugehen.

Abbildung 12.2 Verfügbare DataSource-Controls

DataSource-Steuerelemente sind zur Laufzeit nicht sichtbar, werden jedoch in der Entwicklungsumgebung direkt im Entwurfsbereich der WebForm angezeigt:

[1] Es gibt auch die Eigenschaft *DataSourceMode*, mit der Sie zwischen der Verwendung eines internen *DataSets* und eines *DataReaders* umschalten können.

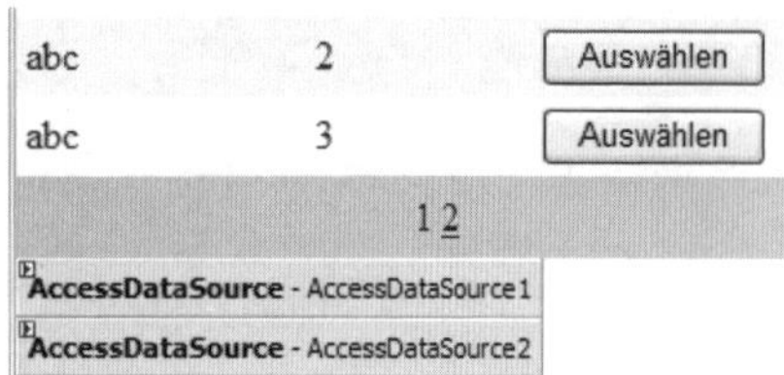

Abbildung 12.3 *AccessDataSource* in der Entwurfsansicht

Hier wäre eine Trennung zwischen visuellen und nicht visuellen Komponenten (wie bei den Windows Forms) sicher sinnvoll.

Folgende Datenquellen sind derzeit verfügbar:

Typ	Bemerkung
SqlDataSource	Zugriff auf ADO.NET-Provider (z.B. MS SQL Server, SQLExpress, OLEDB, ODBC etc.)
ObjectDataSource	Zugriff auf Datenzugriffs-Ebene oder Business Objects
AccessDataSource	Zugriff auf MS Access-Datenbanken
SiteMapDataSource	Zugriff auf Web.SiteMap zum Abrufen der Web-Strukturinformationen
XmlDataSource	Zugriff auf strukturierte XML-Daten

Tabelle 12.1 Verwendung der Datenquellen

Im Folgenden werden wir zunächst die einzelnen Steuerelemente unter die Lupe nehmen, bevor wir uns einigen speziellen Techniken (1:n-Beziehungen, Filtern etc.) zuwenden.

SqlDataSource im Detail

Wie in obiger Tabelle bereits angedeutet, beschränkt sich der Zugriff dieses Steuerelements nicht nur auf den SQL Server, wie es auch die folgende Abbildung zeigt:

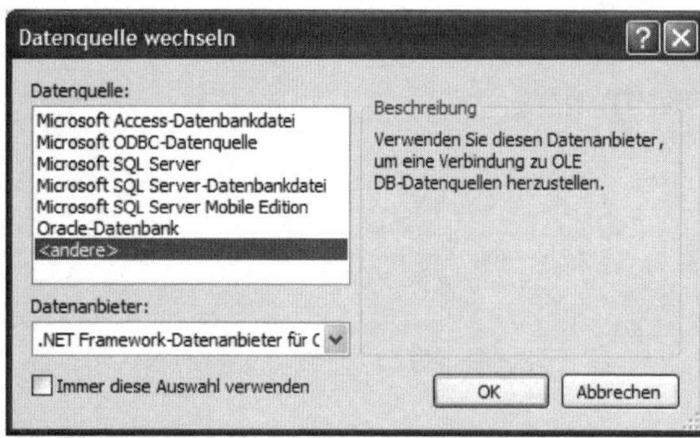

Abbildung 12.4 Einrichten einer *SqlDataSource*

HINWEIS Nutzen Sie für den Zugriff auf Access-Datenbanken besser die dafür vorgesehene *AccessDataSource*.

Fast alle Parameter der *SQLDataSource* lassen sich bequem über das Aufgaben-Menü bzw. den entsprechenden Assistenten setzen.

Nach Auswahl der eigentlichen Datenquelle (siehe obige Abbildung) und dem Konfigurieren der Verbindung (Standard-Connection-Dialog) müssen Sie sich zunächst um die Datenauswahl (SELECT) kümmern. Dabei haben Sie die Wahl zwischen

- Tabellen/Views und
- selbstdefinierten SQL-Abfragen/Prozeduren.

Ein leistungsfähiger Query Builder (Abfrage-Generator) hilft Ihnen über die ersten Hürden der SQL-Programmierung hinweg:

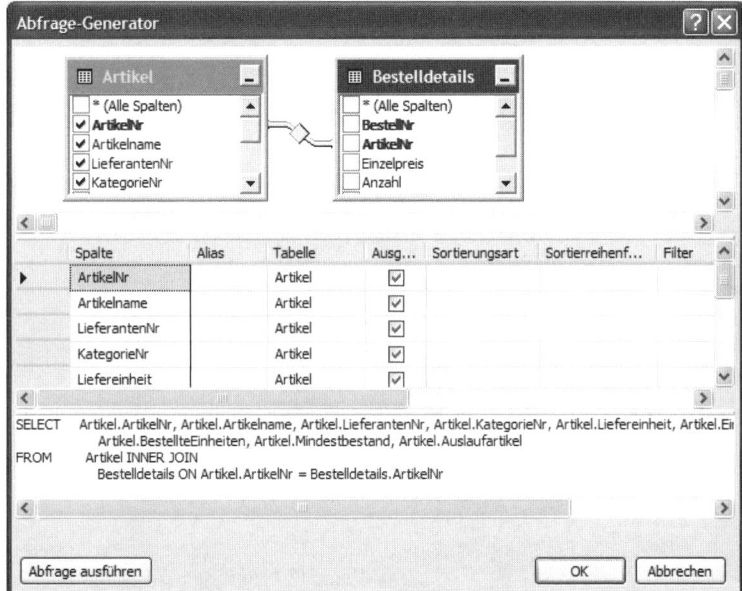

Abbildung 12.5 Zusammenstellen der Abfrage mit Hilfe des Query Builders

HINWEIS Soll die Datenquelle editierbar sein (Einfügen, Ändern, Löschen), müssen Sie INSERT, UPDATE und DELETE-Abfragen definieren. Meist ist es sinnvoll, die automatisch generierten Anweisungen noch etwas zu überarbeiten.

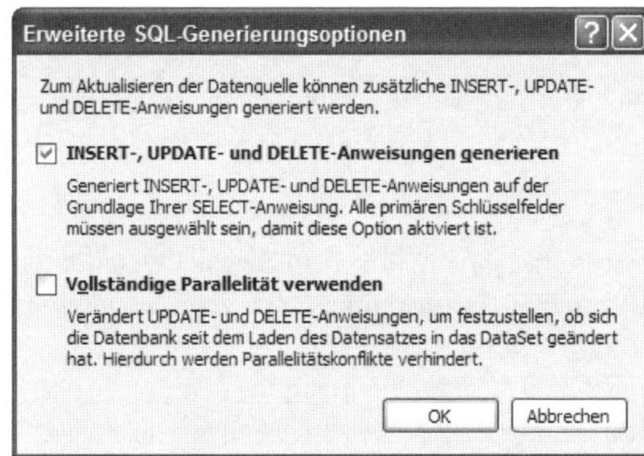

Abbildung 12.6 Automatisches Generieren von INSERT, UPDATE und DELETE-Anweisungen

Datenauswahl mit Parametern

Nicht immer und in jedem Fall möchten Sie alle Daten aus einer Tabelle abrufen. Dass Sie mit Hilfe der WHERE-Klausel und der Verwendung von Parametern diese Aufgabe lösen können, dürfte dem SQL-Kundigen schon lange bekannt sein.

Neu ist jedoch die Möglichkeit, die Werte der Parameter direkt mit anderen Objekten bzw. Steuerelemente-Eigenschaften zu verknüpfen.

Öffnen Sie dazu den Konfigurationsdialog der Datenquelle und klicken Sie auf die Schaltfläche »WHERE«. Es erscheint folgender Dialog, über den Sie die Verbindung zwischen SQL-Parameter und externen Eigenschaften/Parametern vornehmen.

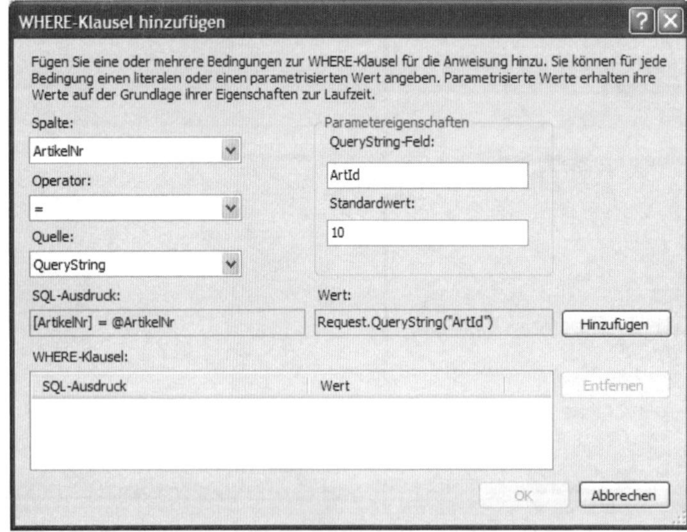

Abbildung 12.7 *QueryString* für die Datenauswahl verwenden

Als Quelle für die Parameter kommen folgende Möglichkeiten in Betracht:

- *Control* (Steuerelement-Id)
- *Cookie* (Name)
- *Form* (Formularfeld)
- *Profile* (Eigenschaftenname)
- *QueryString* (QueryString-Feld)
- *Session* (Sitzungsfeld)

Damit genügt schon ein erneuter Seitenaufruf mit angehängtem QueryString, um zum Beispiel Detaildaten anzuzeigen oder die Anzeige zu beschränken. Und das Beste dabei: Sie brauchen keine einzige Zeile Quellcode zu schreiben!

HINWEIS Praktische Erfahrungen beim Filtern von Daten können Sie mit PB12.1 »Zellen im GridView formatieren« sammeln.

Parameter für INSERT, UPDATE und DELETE

Ähnlich wie beim SELECT funktioniert es auch mit dem Löschen, Einfügen und Ändern. In allen Fällen bietet die jeweilige Eigenschaft auch die Möglichkeit, Parameter über die o.g. Quellen zu setzen.

BEISPIEL

In die Tabelle *Warenkorb* ist per Button-Klick ein neuer Datensatz einzufügen. Die Werte für die Spalten *Bezeichnung*, *Preis* und *Anzahl* sollen direkt aus *TextBox1* ... *TextBox3* ausgelesen werden.

Die Einstellungen für *SqlDataSource.InsertQuery*:

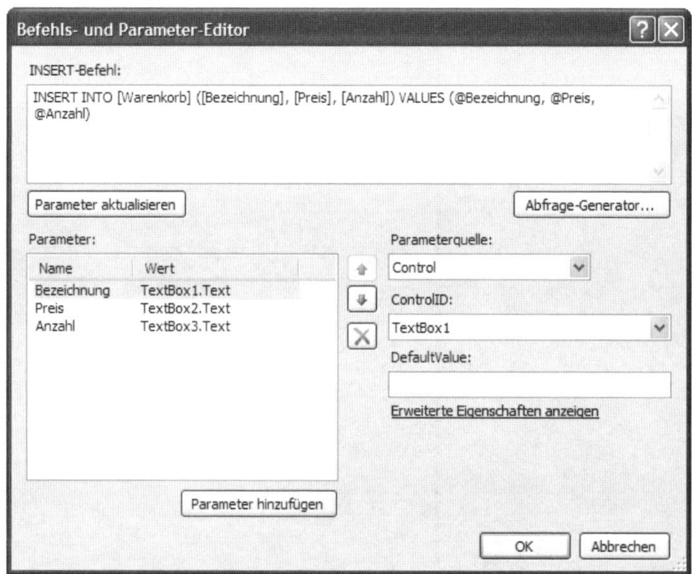

Abbildung 12.8 INSERT-Anweisung mit Parametern verknüpfen

Das eigentliche Einfügen der Daten in die Datenbank ist jetzt kinderleicht:

```
Protected Sub Button1_Click(ByVal sender As Object, ByVal e As System.EventArgs) _
                                                               Handles Button1.Click
    SqlDataSource2.Insert()
End Sub
```

HINWEIS Verwenden Sie Client-Skript-Code oder die Validator-Controls um schon auf dem Client die Eingaben zu prüfen. Zum einen vermeiden Sie eine unnötige Verbindung zum Server, zum anderen werden dem Anwender mögliche Fehler rechtzeitig angezeigt.

Alternativ könnten Sie natürlich auch eine Stored Procedure für das Einfügen oder Löschen von Daten verwenden, in diesem Fall tragen Sie nur den Namen der Prozedur als Befehl ein und klicken nachfolgend auf den Button »Parameter aktualisieren«. Der Assistent ermittelt dann alle definierten Parameter und zeigt diese an, Sie müssen nur noch die Zuordnung vornehmen.

BEISPIEL

Die Stored Procedure

```
CREATE PROCEDURE dbo.NeuerArtikel (
 @Bezeichnung varchar(50),
 @Preis float,
 @Anzahl int,
 @Id int OUTPUT
 )
AS
 INSERT INTO [Warenkorb]
 ([Bezeichnung], [Preis], [Anzahl]) VALUES (@Bezeichnung, @Preis, @Anzahl);
 Set @Id = @@Identity
 RETURN 0
```

Die vom Assistenten abgerufenen Parameter:

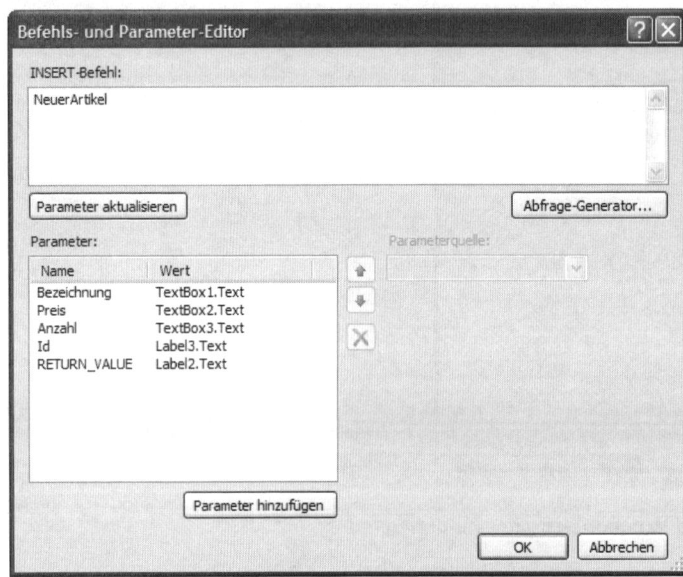

Abbildung 12.9 Zuordnen der Parameter

Natürlich kann es auch vorkommen, dass der gewünschte Parameter nicht über eine der vorgegebenen Quellen verfügbar ist. In diesem Fall können Sie Parameter auch direkt per Code zuweisen:

BEISPIEL

Löschen des Artikels mit der Nummer 87

```
Protected Sub Button1_Click(ByVal sender As Object, ByVal e As System.EventArgs) _
                                                                Handles Button1.Click
    SqlDataSource1.DeleteParameters("Artikelnr").DefaultValue = "87"
    SqlDataSource1.Delete()
End Sub
```

HINWEIS Mögliche Fehler (Zugriffsverletzungen, referenzielle Integrität etc.) müssen Sie an dieser Stelle abfangen, andernfalls wird der Endanwender hier mit recht unschönen Dialogen erschreckt.

FilterExpression

Auch wenn es nicht die glücklichste Lösung ist – mit dem Setzen der Eigenschaft *FilterExpression* können Sie die bereits vorselektierte (SELECT ... WHERE) Datenmenge erneut filtern. Dazu lassen sich Parameter verwenden, die wiederum an Quellen wie Controls etc. gebunden werden können. Allerdings werden hier die Parameter durchnummeriert und nicht benannt.

BEISPIEL

Filtern der Datenmenge aktivieren

```
Protected Sub Button1_Click(ByVal sender As Object, ByVal e As System.EventArgs) _
                                                                        Handles Button1.Click
    SqlDataSource2.FilterExpression = "Bezeichnung LIKE '{0}'"
End Sub
```

Wie Sie sehen, brauchen Sie für die Filterausdrücke nicht gleich eine neue Programmiersprache zu lernen, einige SQL-Kenntnisse (WHERE) sind hingegen ganz hilfreich.

Die zugehörige *FilterParameters*-Eigenschaft setzen Sie mittels Assistent:

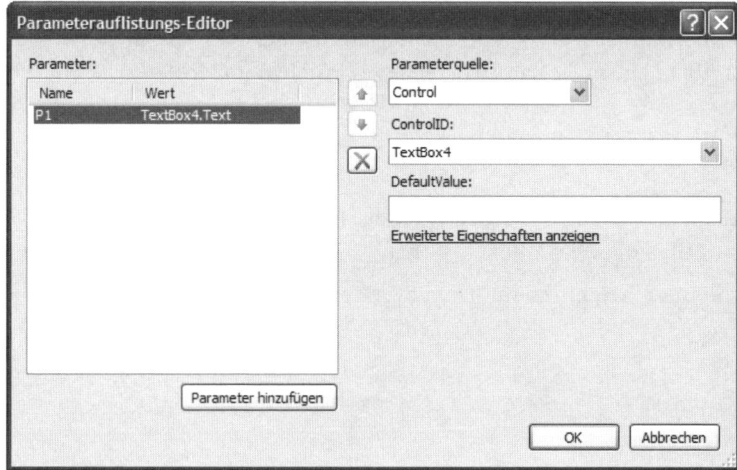

Abbildung 12.10 Filterparameter definieren

Caching

Sinn macht die Verwendung von *FilterExpression* erst bei Verwendung der Caching-Funktionalität der *Sql-DataSource*. Da die Daten komplett im Speicher liegen, muss bei geändertem Filterausdruck kein erneuter Datenbankzugriff vorgenommen werden.

Das Caching aktivieren Sie über die beiden folgenden Eigenschaften:

- *EnableCaching* (*True*/*False*)
- und *CacheDuration* (die Zeitdauer in Sekunden).

Nachfolgende Filterabfragen werden auf diese Weise beschleunigt, der SQL-Server selbst wird entlastet (genügend Speicher vorausgesetzt), die Daten liefert jetzt der IIS.

Weitere Methoden

Ein Blick in die Liste der *SqlDataSource*-Methoden dürfte zunächst für Ernüchterung sorgen, außer dem schon erwähnten *Insert* finden sich lediglich

- *Select*,
- *Delete*,
- *Update*
- und *DataBind*.

Wer jetzt enttäuscht ist sei getröstet – mit diesen wenigen Methoden können Sie alle relevanten Aufgaben lösen!

HINWEIS Wer immer noch verzweifelt nach Navigations-Methoden (*First*, *Next* etc.) Ausschau hält sei daran erinnert, dass wir hier mit Datenmengen arbeiten, ein Datensatzzeiger im althergebrachten Sinn existiert nicht mehr.

Aktualisieren/Refresh mit DataBind

Bei dem einen oder anderen ist sicher auch schon die Frage aufgetaucht, wie auf Datenänderungen per externem SQL-Befehl (z.B. andere Connection) reagiert werden kann. Ein direkter Refresh-Befehl ist zwar nicht vorhanden, mit der Methode *DataBind* haben Sie jedoch auch dieses Problem im Griff.

Ereignisse

Wer schon einen Blick auf die Liste der *SqlDataSource*-Ereignisse gewagt hat, wird sich vielleicht auch gefragt haben, in welchem Zusammenhang man diese eigentlich benötigt.

Grundsätzlich finden sich bei den wichtigsten Ereignissen immer ein Pre- und ein Post-Ereignis:

- *Deleting/Deleted*
- *Inserting/Inserted*
- *Selecting/Selected*
- *Updating/Updated*
- *Filtering*

Doch wofür brauchen Sie eigentlich die Ereignisse? Mehrere Verwendungsszenarien sind denkbar:

BEISPIEL

Abbruch der jeweiligen Aktion unter bestimmten Bedingungen im Pre-Ereignis

```
Protected Sub SqlDataSource1_Deleting(ByVal sender As Object, ByVal e As _
      System.Web.UI.WebControls.SqlDataSourceCommandEventArgs) Handles SqlDataSource1.Deleting

    If e.Command.Parameters("KundenId").Value.ToString = "47" Then
       e.Cancel = True
    End If
End Sub
```

BEISPIEL

Ändern von Parametern vor der eigentlichen Ausführung

```
Protected Sub SqlDataSource1_Filtering(ByVal sender As Object, ByVal e As _
     System.Web.UI.WebControls.SqlDataSourceFilteringEventArgs) Handles SqlDataSource1.Filtering

    If (e.ParameterValues("P1").ToString() = "*") Then e.ParameterValues("P1") = "B*"
End Sub
```

BEISPIEL

Aktivieren der Transaktionsverwaltung (z.B. bei einem Update)

```
Imports System.Data.Common
...
```

Transaktion starten:

```
Protected Sub SqlDataSource1_Updating(ByVal sender As Object, ByVal e As _
       System.Web.UI.WebControls.SqlDataSourceCommandEventArgs) Handles SqlDataSource1.Updating

    e.Command.Connection.Open()
    e.Command.Transaction = e.Command.Connection.BeginTransaction()
End Sub
```

Ist die eigentliche Operation in der Datenbank abgeschlossen können Sie prüfen, ob andere Randbedingungen eingehalten wurden und hier gegebenenfalls die Transaktion wieder rückgängig machen:

```
Protected Sub SqlDataSource1_Updated(ByVal sender As Object, ByVal e As _
        System.Web.UI.WebControls.SqlDataSourceStatusEventArgs) Handles SqlDataSource1.Updated

    If (True) Then  ' hier steht sonst Ihre Auswertung
        e.Command.Transaction.Commit()
    Else
        e.Command.Transaction.Rollback()
    End If
End Sub
```

Damit dürften Sie einige Anregungen erhalten haben, was Sie alles mit den Ereignissen der *SqlDataSource* anfangen können.

AccessDataSource – der Spezialist

Wie der Name schon vermuten lässt kommt dieses Steuerelement beim Zugriff auf Access-Datenbanken zum Einsatz. Nun kann man über die Bedeutung von Access-Datenbanken in Web-Applikationen sicher geteilter Meinung sein, für einige Aufgaben genügt Access jedoch in jedem Fall.

Warum ein eigenes Steuerelement? Diese Frage ist sicher berechtigt, wird doch die komplette Funktionalität der *AccessDataSource* von der *SqlDataSource* zur Verfügung gestellt, was auch nicht weiter verwundert, ist doch die *AccessDataSource* von der *SqlDataSource* abgeleitet. Die wesentlichste Erweiterung ist die neue Eigenschaft *DataFile*, die den Pfad zur Access-Datenbank angibt. Im Gegenzug ist der Zugriff auf den Connectionstring nicht mehr möglich.

Aus diesen Gründen können wir Sie zu allen Fragen – ohne schlechtes Gewissen – auf den vorhergehenden Abschnitt verweisen.

Zugriff auf Geschäftsobjekte mit der ObjectDataSource

»Oh je, noch eine Datenquelle und noch dazu mit Objekten!«, werden sicher einige stöhnen. Doch gerade die Puristen und Verfechter der »reinen Lehre« sollten sich dieses Steuerelement näher ansehen, bietet es doch die Möglichkeit, mit wenig Aufwand Geschäftsobjekte an die neuen Oberflächen-Steuerelemente zu binden, d.h., zwischen Oberfläche und Datenbank wird eine zusätzliche Schicht geschoben, die logische Aufgaben übernimmt und das Frontend von der eigentlichen Datenbasis abschirmt.

Verbindung zwischen Objekt und DataSource

Die Schnittstelle zwischen Geschäftslogik (Objekt) und der *ObjectDataSource* wird durch einige vordefinierte Methoden realisiert:

- SELECT (Rückgabewerte z.B. Objekte, Collections, DataSets),
- UPDATE (Übergabewert z.B. Objekte oder einzelne Parameter),
- INSERT (Übergabewert z.B. Objekte oder einzelne Parameter) und
- DELETE (Übergabewert z.B. Objekte oder einzelne Parameter).

Die Zuordnung kann entweder per Assistent oder über die Eigenschaften *SelectMethod* ... *DeleteMethod* erfolgen. Doch bevor es soweit ist, muss das eigentliche Geschäftsobjekt ausgewählt werden. Dazu ist es wichtig, dass dieses sich im Verzeichnis *App_Code* befindet, andernfalls haben Sie aus anderen Klassen keinen Zugriff auf die Objekte.

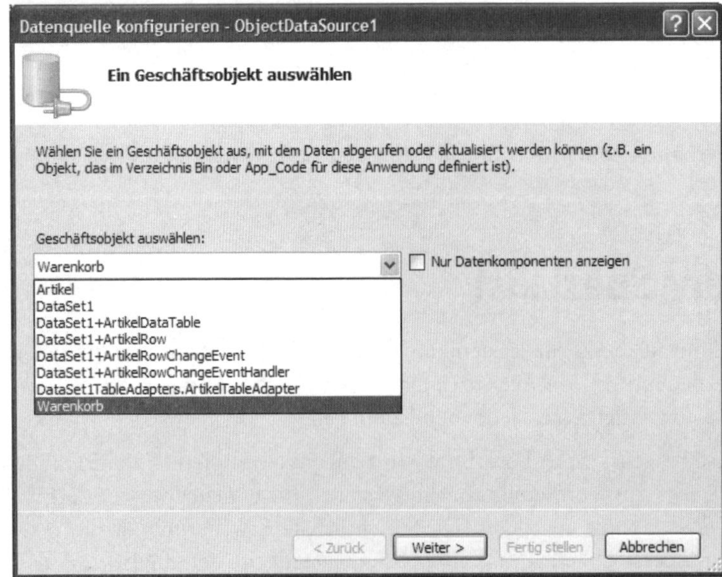

Abbildung 12.11 Geschäftsobjekt auswählen

Im obigen Beispiel wählen wir das Geschäftsobjekt *Warenkorb*, auf die Implementierung kommen wir im Verlauf des Abschnitts zurück.

Im nächsten Schritt können Sie dann die einzelnen Zugriffs-Methoden zuweisen:

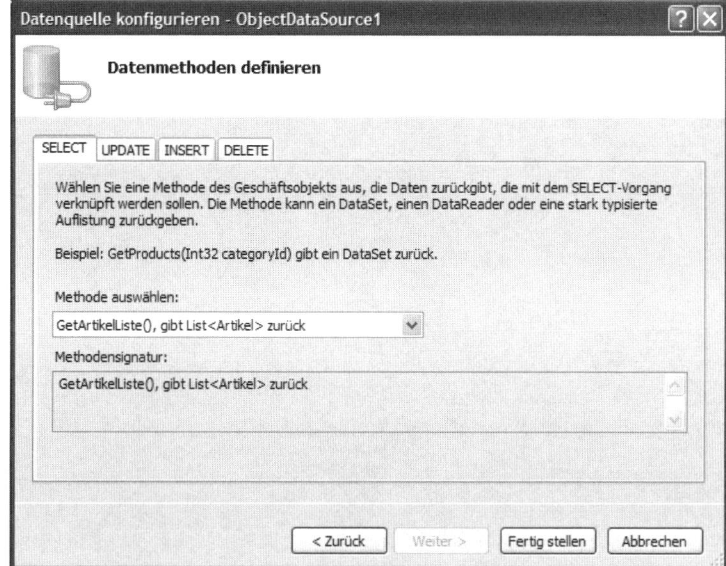

Abbildung 12.12 Zuordnen der Methoden

Ein Beispiel sorgt für Klarheit

Im Folgenden wollen wir über ein Geschäftsobjekt *Warenkorb* Daten in der Tabelle *Warenkorb* bearbeiten. Die Geschäftslogik beschränken wir auf den reinen Datentransfer zwischen Oberfläche und Datenbank, zusätzliche Funktionen wie Rechteverwaltung, Integritäts- und Bestandsprüfungen etc. würden an dieser Stelle nur verwirren.

Das Layout der zu Grunde liegenden SQL-Server-Tabelle entnehmen Sie der folgenden Abbildung:

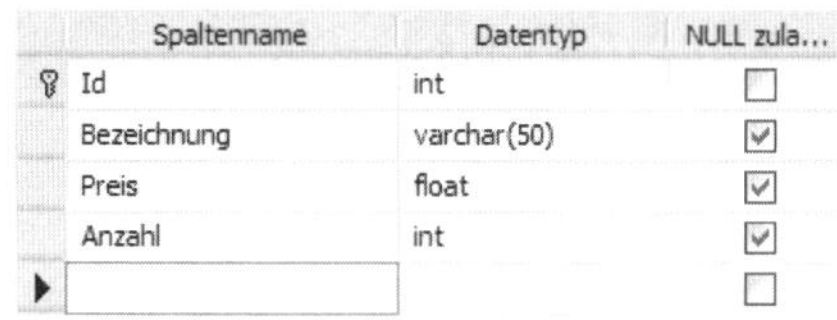

Spaltenname	Datentyp	NULL zula...
Id	int	☐
Bezeichnung	varchar(50)	☑
Preis	float	☑
Anzahl	int	☑
		☐

Abbildung 12.13 Tabellenlayout

Die Basisklasse Artikel

Das Geschäftsobjekt *Warenkorb* soll eine streng typisierte Liste von *Artikel*-Objekten bereitstellen. Die entsprechende Klasse müssen wir zunächst definieren:

```
Public Class Artikel
    Private _Bezeichnung As String
    Private _Preis As Double
```

```
    Private _Anzahl As Integer
    Private _Id As Integer

    Public Sub New()
    End Sub

    Public Sub New(ByVal Bezeichnung As String, ByVal Preis As Double, _
                                            ByVal Anzahl As Integer, ByVal ID As Integer)
        Me._Bezeichnung = Bezeichnung
        Me._Preis = Preis
        Me._Anzahl = Anzahl
        Me._Id = ID
    End Sub

    Public Property Bezeichnung() As String
        Get
            Return Me._Bezeichnung
        End Get
        Set
            Me._Bezeichnung = value
        End Set
    End Property

    Public Property Preis() As Double
        Get
            Return Me._Preis
        End Get
        Set
            Me._Preis = value
        End Set
    End Property

    Public Property Anzahl() As Integer
        Get
            Return Me._Anzahl
        End Get
        Set
            Me._Anzahl = value
        End Set
    End Property

    Public Property Id() As Integer
        Get
            Return Me._Id
        End Get
        Set
            Me._Id = value
        End Set
    End Property
End Class
```

HINWEIS Vergessen Sie nicht, die Klasse im Verzeichnis *App_Code* zu speichern, anderenfalls haben Sie aus anderen Klassen keinen Zugriff darauf.

Das Geschäftsobjekt

Unser Geschäftsobjekt *Warenkorb*:

```
...
Imports System.Collections.Generic
Imports System.Data
Imports System.Data.SqlClient
Imports System.Configuration
Imports System.ComponentModel

<DataObject(True)> _
Public Class Warenkorb
```

Die interne Liste ist typisiert:

```
    Private _ArtikelListe As List(Of Artikel)
```

Im Konstruktor wird zunächst die Liste erzeugt:

```
    Public Sub New()
        _ArtikelListe = New List(Of Artikel)()
    End Sub
```

Die Methode *GetArtikelListe* gibt die Liste von *Artikel*-Objekten zurück (SELECT):

```
    <DataObjectMethod(DataObjectMethodType.[Select])> _
    Public Function GetArtikelListe() As List(Of Artikel)
```

Auslesen aus der Datenbank:

```
        Dim conn As SqlConnection = New SqlConnection( _
                ConfigurationManager.ConnectionStrings("DatenConnectionString2").ConnectionString)
        Dim cmd As SqlCommand = New SqlCommand("SELECT * FROM Warenkorb", conn)
        conn.Open()
        Dim dr As SqlDataReader = cmd.ExecuteReader()
```

Einlesen in die interne Liste:

```
        While dr.Read()
            _ArtikelListe.Add(New Artikel(DirectCast(dr("Bezeichnung"), String), _
                    DirectCast(dr("Preis"), Double), DirectCast(dr("Anzahl"), Integer), _
                            DirectCast(dr("id"), Integer)))
        End While
        dr.Close()
        conn.Close()
        Return _ArtikelListe
    End Function
```

An dieser Stelle ein wichtiger Hinweis:

HINWEIS Das Objekt muss *stateless* programmiert werden, da es mit jedem Methodenaufruf neu erzeugt wird. D.h., insbesondere die Persistenz muss bei DELETE, UPDATE und INSERT **sofort** hergestellt werden.

Der per Parameter übergebene *Artikel* soll aktualisiert werden:

```
    <DataObjectMethod(DataObjectMethodType.Update)> _
    Public Sub UpdateArtikel(ByVal updArtikel As Artikel)
        Dim conn As New SqlConnection(ConfigurationManager.ConnectionStrings( _
                                        "DatenConnectionString2").ConnectionString)
        Dim cmd As New SqlCommand("UPDATE Warenkorb SET" & _
                          " [Bezeichnung]=@bez, [Preis]=@preis, [Anzahl]=@anz WHERE [ID]=@id", conn)
        cmd.Parameters.AddWithValue("@bez", updArtikel.Bezeichnung)
        cmd.Parameters.AddWithValue("@preis", updArtikel.Preis)
        cmd.Parameters.AddWithValue("@anz", updArtikel.Anzahl)
        cmd.Parameters.AddWithValue("@id", updArtikel.Id)
        conn.Open()
        cmd.ExecuteNonQuery()
        conn.Close()
    End Sub
```

Einen Artikel löschen:

```
    <DataObjectMethod(DataObjectMethodType.Delete)> _
    Public Sub DeleteArtikel(ByVal delArtikel As Artikel)
        Dim conn As New SqlConnection(ConfigurationManager.ConnectionStrings( _
                                        "DatenConnectionString2").ConnectionString)
        Dim cmd As New SqlCommand("DELETE FROM Warenkorb WHERE [ID]=@id", conn)
        cmd.Parameters.AddWithValue("@id", delArtikel.Id)
        conn.Open()
        cmd.ExecuteNonQuery()
        conn.Close()
    End Sub
End Class
```

HINWEIS Auch wenn hier ein komplettes Objekt übergeben wird, bei einem späteren Zugriff durch die *ObjectDataSource* ist nur die ID richtig gesetzt, wie die folgende Abbildung zeigt:

Name	Wert	Typ
conn	null	System.Data.SqlClient.SqlConnection
delArtikel	{Artikel}	Artikel
_Anzahl	0	int
_Bezeichnung	null	string
_Id	3	int
_Preis	0.0	double
Anzahl	0	int
Bezeichnung	null	string
Id	3	int
Preis	0.0	double
this	{Warenkorb}	Warenkorb

Abbildung 12.14 Auswertung zur Laufzeit

Nach Zuweisen des Geschäftsobjekts *Warenkorb* an die *ObjectDataSource* und der Zuordnung der einzelnen Methoden (siehe folgende Abbildung),

Abbildung 12.15 Eigenschaften der *ObjectDataSource*

können Sie sich mit einem *GridView* von der Funktionsfähigkeit unseres Geschäftsobjekts überzeugen:

Id	Preis	Anzahl	Bezeichnung	
1	45	5555	lange Hosen	Bearbeiten Löschen Auswählen
3	45	5555	Jacken	Aktualisieren Abbrechen
4	45	5555	lange Hosen	Bearbeiten Löschen Auswählen
5	123	5	Hüte	Bearbeiten Löschen Auswählen
6	333	2	Gurken	Bearbeiten Löschen Auswählen

Abbildung 12.16 Laufzeitansicht

Wie Sie sehen, lässt sich die Datenbank mittels *ObjectDataSource* komplett kapseln, obige Datenpersistenz hätten Sie zum Beispiel auch mit einer XML-Datei oder einer *Session*-Variablen erreicht. Wer es nicht glaubt, sollte sich die folgende Implementierung näher anschauen.

Geschäftsobjekte in einer Session verwalten

Das *Artikel*-Objekt sowie die Schnittstelle von *Warenkorb* aus dem vorhergehenden Beispiel wird beibehalten, statt der SQL Server Datenbank verwenden wir eine *Session*-Variable. Der Nachteil (oder auch Vorteil): Nach einigen Minuten Inaktivität ist alles weg.

Aus Programmierersicht müssen wir rudimentäre Datenbankfunktionen implementieren, was sich aber als nicht allzu schwer herausstellen wird:

```
...
<DataObject(True)> _
Public Class SessionWarenkorb
    Private _ArtikelListe As List(Of Artikel)
```

Der vereinfachte Zugriff auf das *Session*-Objekt:

```
    Private Session As System.Web.SessionState.HttpSessionState = HttpContext.Current.Session
```

Im Konstruktor lesen wir entweder die Session aus,

```
Public Sub New()
    If Session("Warenkorb") IsNot Nothing Then _
        _ArtikelListe = DirectCast(Session("Warenkorb"), List(Of Artikel))
```

oder wir erzeugen eine neue Liste:

```
    Else
        _ArtikelListe = New List(Of Artikel)()
    End If
End Sub
```

Die Auswahl ist jetzt besonders einfach:

```
<DataObjectMethod(DataObjectMethodType.[Select])> _
Public Function GetArtikelListe() As List(Of Artikel)
    Return _ArtikelListe
End Function
```

Ein Update erfordert schon etwas Handarbeit, wir müssen den Eintrag suchen:

```
<DataObjectMethod(DataObjectMethodType.Update)> _
Public Sub UpdateArtikel(ByVal updArtikel As Artikel)
    For Each art As Artikel In _ArtikelListe
        If art.Id = updArtikel.Id Then
            art.Bezeichnung = updArtikel.Bezeichnung
            art.Preis = updArtikel.Preis
            art.Anzahl = updArtikel.Anzahl
            Exit For
        End If
    Next
    Session("Warenkorb") = _ArtikelListe
End Sub
```

Auch beim Delete sind wir auf Kenntnisse der Collection-Programmierung angewiesen:

```
<DataObjectMethod(DataObjectMethodType.Delete)> _
Public Sub DeleteArtikel(ByVal delArtikel As Artikel)
    For i As Integer = 0 To _ArtikelListe.Count - 1
        If _ArtikelListe(i).Id = delArtikel.Id Then
            _ArtikelListe.RemoveAt(i)
            Exit For
        End If
    Next
    Session("Warenkorb") = _ArtikelListe
End Sub
```

Im Unterschied zum Geschäftsobjekt aus dem Vorgängerbeispiel erzeugen wir auch neue Datensätze:

```
<DataObjectMethod(DataObjectMethodType.Insert)> _
Public Sub InsertArtikel(ByVal insArtikel As Artikel)
    Dim Counter As Integer = 0
    For Each art As Artikel In _ArtikelListe
        If art.Id > Counter Then Counter = art.Id
    Next
    Counter += 1
```

```
        _ArtikelListe.Add(New Artikel(insArtikel.Bezeichnung, insArtikel.Preis, _
                                                    insArtikel.Anzahl, Counter))
        Session("Warenkorb") = _ArtikelListe
    End Sub
```

Binden Sie dieses Objekt, wie schon beim letzten Beispiel, an eine *ObjectDataSource* und fügen Sie außer einem *GridView* auch ein *DetailsView* ein (für das Erzeugen neuer Datensätze setzen Sie *DefaultMode= Insert*).

HINWEIS Damit das Löschen auch funktioniert, müssen Sie beim *GridView* die Eigenschaft *DataKeyNames* auf *Id* setzen.

Ein Test zeigt, dass es auch mit einer Session funktioniert:

Bezeichnung
Preis
Anzahl
Einfügen Abbrechen

Id	Bezeichnung	Preis	Anzahl		
1	Schuhe (braun)	55	7	Bearbeiten	Löschen
2	Schuhe (rot)	210	54	Bearbeiten	Löschen
3	Stiefel (grün)	211	5	Bearbeiten	Löschen

Abbildung 12.17 Laufzeitansicht

Typisierte DataSets und ObjectDataSource im Team

Wer sich die Prinzipskizze in Abbildung 12.1 noch einmal in Erinnerung ruft, wird zwar die Verbindung von DataSource und Geschäftsobjekten vorfinden, von typisierten DataSets ist an diese Stelle allerdings nicht die Rede. Dass wollen wir an dieser Stelle ändern. Doch zunächst einen kleinen Ausflug zum Einsatz von typisierten DataSets im Zusammenhang mit ASP.NET-Anwendungen, bevor wir uns der Kombination mit der *ObjectDataSource* zuwenden.

Verwendung von TableAdaptern in ASP.NET-Seiten

Haben Sie mit Hilfe des Assistenten erfolgreich ein neues typisiertes Dataset erzeugt (siehe dazu Kapitel 5), können Sie es in Ihren ASP.NET-Seiten sowohl für den direkten Zugriff als auch für die Datenbindung einsetzen.

Ausgangspunkt für unsere Beispiele ist ein einfaches *DataSet* mit folgendem Aufbau:

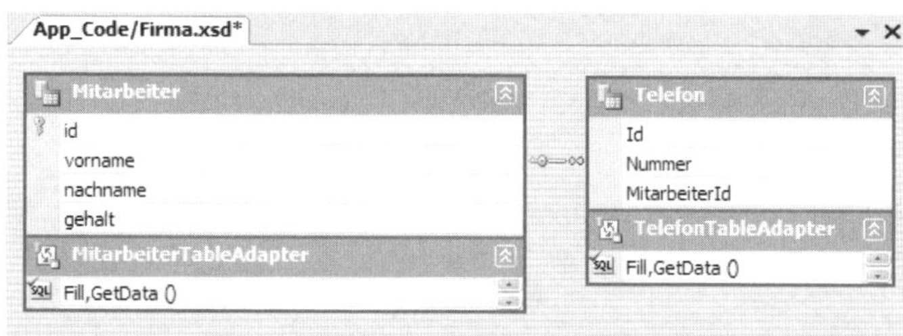

Abbildung 12.18 Ein einfaches DataSet mit *TableAdaptern* für die Tabelle *Mitarbeiter* und die Tabelle *Telefon*

Beide Tabellen besitzen eine klassische 1:n-Beziehung, jedem Mitarbeiter können mehrere Telefone zugeordnet werden.

Eine kleine Applikation (*Firmenverwaltung.aspx*) soll an praktischen Beispielen die Verwendung der beiden *TableAdapter* demonstrieren.

HINWEIS Im folgenden Abschnitt werden wir das Beispiel um zwei *ObjectDataSource*-Controls erweitern, ein Vergleich zwischen beiden Lösungen lohnt sich.

Instanziieren von TableAdaptern und Typisiertem DataSet

Bevor wir mit den *TableAdaptern* praktisch arbeiten können, müssen wir auch entsprechende Instanzen bilden, das Gleiche gilt auch für das typisierte DataSet:

```
...
Public Partial Class Firmenverwaltung
  Inherits System.Web.UI.Page

  Private taMitarbeiter As New FirmaTableAdapters.MitarbeiterTableAdapter()

  Private taTelefone As = New FirmaTableAdapters.TelefonTableAdapter()

  Private myFirma As New Firma()
```

Die oben fett hervorgehoben Objekte sind im Weiteren die Grundlage für alle Beispiele.

Datenauswahl und Anzeige mit TableAdaptern

BEISPIEL

Sowohl die Mitarbeiterdaten als auch die Telefondaten sollen in zwei *GridViews* angezeigt werden.

Eine universelle Anzeigeroutine, die auch beim späteren Aktualisieren etc. zum Einsatz kommt:

```
Protected Sub Refresh()
    taMitarbeiter.Fill(myFirma.Mitarbeiter)
    taTelefone.Fill(myFirma.Telefon)
    GridView1.DataSource = myFirma.Mitarbeiter
    GridView2.DataSource = myFirma.Telefon
    Me.DataBind()
End Sub
```

Mit dem Laden des Formulars wird auch die Anzeige aktualisiert:

```
Protected Sub Page_Load(ByVal sender As Object, ByVal e As EventArgs) Handles Me.Load
    Refresh()
End Sub
```

Nach dem Einfügen zweier *GridView*-Controls in das Webformular können Sie sich an zwei gefüllten Tabellen erfreuen, vorausgesetzt, in der Datenbank sind schon Einträge vorhanden.

Mit obiger Routine wird auf die 1:n-Verknüpfung beider Tabellen noch keine Rücksicht genommen, soll dies der Fall sein, müssen Sie dem *TelefonTableAdapter* eine zusätzliche SELECT-Methode hinzufügen, die als Parameter den gerade ausgewählten Datensatz der Primärtabelle (*Mitarbeiter*) erwartet.

Öffnen Sie dazu erneut den DataSet-Designer und klicken Sie mit der rechten Maustaste auf den *Telefon-TableAdapter* und wählen Sie im Kontextmenü den Eintrag *Abfrage hinzufügen*.

Abbildung 12.19 Neue Auswahl-Methode erzeugen

Im folgenden Dialog entscheiden Sie sich für eine neue *SQL-Anweisung*. Anschließend müssen Sie noch den Typ der Anweisung festlegen:

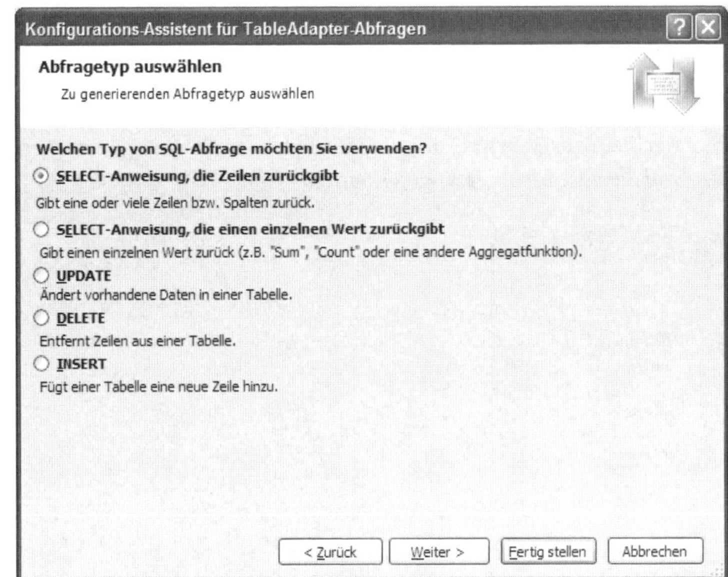

Abbildung 12.20 Wir erzeugen eine neue SELECT-Anweisung, die Daten zurückgibt

Geben Sie im nächsten Fenster diese Abfrage ein:

```
SELECT Id, MitarbeiterId, Nummer FROM Telefon
WHERE (MitarbeiterId = @Mitarbeiter)
```

Im letzten Schritt müssen Sie den beiden neu zu erzeugenden Methoden (*Fill..* und *Get...*) sinnvolle Namen geben, wir entscheiden uns für *FillByMitarbeiter* und *GetDataByMitarbeiter*. Im Eigenschaften-Fenster können Sie sich nach dem Abschluss des Assistenten vom Erfolg überzeugen:

CommandText	**SELECT Id, MitarbeiterId, Nummer FROM Telefon WHERE (MitarbeiterId = @Mitarbeiter)**
CommandType	Text
ExecuteMode	**Reader**
FillMethodModifier	Public
FillMethodName	**FillByMitarbeiter**
GenerateMethods	Both
GetMethodModifier	Public
GetMethodName	**GetDataByMitarbeiter**
Parameters	(Auflistung)

Abbildung 12.21 Die Eigenschaften der neuen *TableAdapter*-Methode

Auch unser »Programm« braucht jetzt eine kleine Änderung:

BEISPIEL

Ist kein Datensatz in der Tabelle *Mitarbeiter* markiert, sollen alle Telefonnummern angezeigt werden, andernfalls nur die zum markierten Datensatz gehörenden.

```
Protected Sub Refresh()
    taMitarbeiter.Fill(myFirma.Mitarbeiter)
    If GridView1.SelectedValue Is Nothing Then
        taTelefone.Fill(myFirma.Telefon)
    Else
        taTelefone.FillByMitarbeiter(myFirma.Telefon, DirectCast(GridView1.SelectedValue, Integer))
    End If
    GridView1.DataSource = myFirma.Mitarbeiter
    GridView2.DataSource = myFirma.Telefon
    Me.DataBind()
End Sub
```

GridView1 (*Mitarbeiter*) muss zu diesem Zweck ein zusätzliches *CommandField* (Button, »Auswählen«) erhalten, das Sie über das Kontextmenü des *GridView*-Controls erzeugen können:

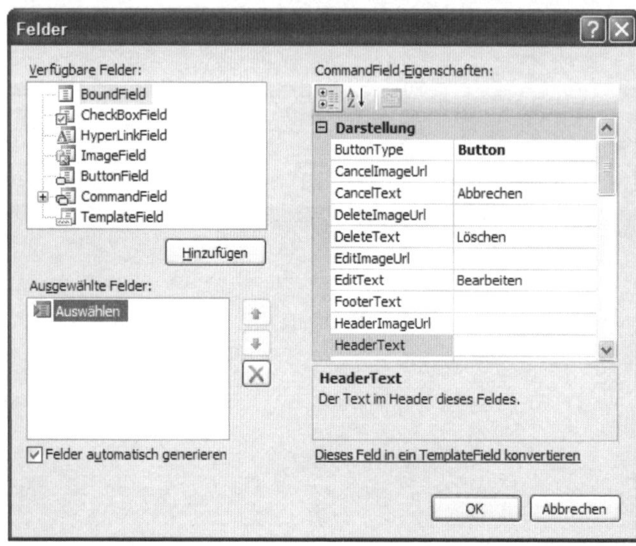

Abbildung 12.22 Schaltfläche einfügen

Vorletzter Schritt ist das Festlegen der *DataKeyNames*-Eigenschaft von *GridView1* auf »id«. Damit liefert ein Aufruf von *GridView1.SelectedValue* den Primärschlüssel der ausgewählten Tabellenzeile.

Der letzte Schritt ist die Aktualisierung der Anzeige beim Klick auf die Schaltfläche »Auswählen«:

```
Protected Sub GridView1_SelectedIndexChanged(ByVal sender As Object, ByVal e As EventArgs)
    Refresh()
End Sub
```

Mitarbeiter

	id	vorname	nachname	gehalt
Auswählen	1	Thomas	Gewinnus	2500,0000
Auswählen	6	Paul	Walter	2332,0000

Telefone

Id	Nummer	MitarbeiterId
1	12345678	1
2	666666	1

Abbildung 12.23 Das Programm in Aktion

Auch die direkte Ausgabe von Werten mit *Response* ist mit Hilfe des typisierten DataSets recht einfach.

BEISPIEL

Mitarbeiterliste ausgeben

```
Protected Sub Button5_Click(ByVal sender As Object, ByVal e As EventArgs) Handles Button5.Click

    For Each row As Firma.MitarbeiterRow In myFirma.Mitarbeiter
        Response.Write("Name " & row.Vorname & " " & row.Nachname & " Gehalt: " & _
                                                  row.Gehalt.ToString("c") & "<br>")
    Next
End Sub
```

Name Thomas Gewinnus Gehalt: 2.500,00 €
Name Paul Walter Gehalt: 2.332,00 €

Abbildung 12.24 Die Ausgabe im Internet Explorer:

Datenmanipulation mit TableAdaptern

Der wesentliche Vorteil der typisierten DataSets erschließt sich jedoch erst, wenn man Daten hinzufügen, löschen oder ändern will. Statt kryptischer Anweisungen haben Sie es jetzt mit intuitiven Methoden zu tun.

BEISPIEL

Einfügen eines neuen Mitarbeiters

```
Protected Sub Button1_Click(ByVal sender As Object, ByVal e As EventArgs) Handles Button1.Click

    myFirma.Mitarbeiter.AddMitarbeiterRow(TextBox1.Text, TextBox2.Text, _
                                          Convert.ToDecimal(TextBox3.Text))
    taMitarbeiter.Update(myFirma.Mitarbeiter)
    Refresh()
End Sub
```

Doch wie sieht es eigentlich mit 1:n-Beziehungen aus? Versuchen wir doch einmal, einen neuen Datensatz in die Tabelle *Telefon* einzutragen (dafür brauchen wir die *MitarbeiterId*).

BEISPIEL

Telefonnummer für markierten Mitarbeiter (*GridView1*) einfügen

```
Protected Sub Button2_Click(ByVal sender As Object, ByVal e As EventArgs) Handles Button2.Click
```

Nur wenn im *GridView1* ein Mitarbeiter markiert ist:

```
    If GridView1.SelectedValue Is Nothing Then Return
```

Neue *Row* erzeugen, parametrieren und an die *Row*-Auflistung anhängen:

```
    Dim tr As Firma.TelefonRow = myFirma.Telefon.NewTelefonRow()
    tr.MitarbeiterId = DirectCast(GridView1.SelectedValue, Integer)
    tr.Nummer = TextBox7.Text
    myFirma.Telefon.AddTelefonRow(tr)
```

Das leidige *Update* für die Persistenz:

```
    taTelefone.Update(myFirma.Telefon)
    Refresh()
End Sub
```

So richtig schön sieht obiges Listing aber nicht aus. Besser funktioniert es mit einer DBDirect-Methode, das ist eine SQL-Anweisung die direkt auf die zugrunde liegende Datenbank wirkt. Dazu genügt es, wenn Sie die Eigenschaft *GenerateDBDirectMethods* des jeweiligen *TableAdapters* auf *True* setzen. Statt mit dem typisierten *DataSet* bzw. den enthaltenen *DataTables* arbeiten Sie jetzt direkt mit dem *TableAdapter*, wie es das folgende Beispiel zeigt.

BEISPIEL

Alternative zum Einfügen einer Telefonnummer

```
Protected Sub Button4_Click(ByVal sender As Object, ByVal e As EventArgs) Handles Button4.Click
    If GridView1.SelectedValue Is Nothing Then Return
```

Eine Zeile Code genügt jetzt:

```
    taTelefone.Insert(TextBox7.Text, DirectCast(GridView1.SelectedValue, Integer))
    Refresh()
End Sub
```

Doch was, wenn Sie die Ungeduld überkommt und Sie beide Einträge (Mitarbeiter und Telefon) gleichzeitig vornehmen wollen? Hier kommen Sie nicht umhin, zunächst den Primärdatensatz zu erzeugen (Mitarbeiter) und mit dessen Primärschlüssel die Detaildaten anzulegen (Telefon).

Auch in diesem Fall sollten Sie Ihre Aufmerksamkeit zunächst dem DataSet widmen. Fügen Sie über das Kontextmenü des *MitarbeiterTableAdapter*s eine neue INSERT-SQL-Anweisung ein:

```
INSERT INTO [Mitarbeiter]
    ([vorname], [nachname], [gehalt])
VALUES
    (@vorname, @nachname, @gehalt);
SELECT @@IDENTITY;
```

HINWEIS Wer genau hinsieht merkt, dass es sich um zwei SQL-Anweisungen handelt. Zunächst der Einfügebefehl (INSERT) und nachfolgend die Selektion des Primärschlüssels (letzter Identity-Wert).

Speichern Sie die Anweisung unter dem Namen *NeuerMitarbeiter* und wenden Sie Ihre Aufmerksamkeit den Eigenschaften dieser neuen Funktion zu. Der *ExecuteMode* muss jetzt auf *Scalar* geändert werden, anderenfalls erhalten wir nicht den gewünschten Primärschlüssel.

Mit der neuen Methode ist das Einfügen von *Mitarbeiter* und *Telefon* ein Kinderspiel:

BEISPIEL

Mitarbeiter und zugehöriges Telefon gleichzeitig eintragen

```
Protected Sub Button3_Click(ByVal sender As Object, ByVal e As EventArgs) Handles Button3.Click
```

Das Typecasting ist nötig, es handelt sich um ein *Object*:

```
    Dim id As Integer = Convert.ToInt32(taMitarbeiter.NeuerMitarbeiter(TextBox5.Text, _
                                                                       TextBox4.Text, 100))
    taTelefone.Insert(TextBox6.Text, id)
    Refresh()
End Sub
```

Zwei Zeilen relevanter, gut lesbarer Code und schon sind zwei verknüpfte Datensätze in einer SQL Serverdatenbank gespeichert, das ist schon nicht schlecht. Doch spätestens beim Editieren im *GridView* bzw. den anderen gebundenen Controls wird der Code schnell unübersichtlich. Wir verzichten deshalb an dieser Stelle darauf, diese Techniken detailliert vorzustellen und wenden uns gleich einer sinnvollen Alternative bzw. Ergänzung zu.

ObjectDataSource und Typisierte DataSets

So schön und logisch die Programmierung mit den typisierten Datasets im Quellcode und beim reinen Anzeigen von Daten auch sein mag, spätestens beim Editieren, Löschen oder Einfügen machen wir uns mehr Arbeit als es von den Microsoft-Entwicklern vorgesehen ist. Viele Aufgaben lassen sich wesentlich einfacher mit Hilfe der DataSource-Controls realisieren.

In unserem Fall brauchen Sie sicher nicht lange darüber nachzudenken, welche DataSource die richtige ist, drängt sich doch die *ObjectDataSource* schon vom Namen her geradezu auf.

Die grundsätzliche Vorgehensweise ist Ihnen ja schon aus dem vorhergehenden Abschnitt bekannt, der wichtigste Unterschied wird zunächst sein, dass wir es jetzt mit der dynamisch erzeugten *DataSet*-Klasse bzw. den erzeugten *TableAdapter*n zu tun haben. Um das Programmieren von Klassen etc. müssen Sie sich nicht kümmern.

Auch in diesem Fall wollen wir Sie mit unserem Trivial-Beispiel (*Mitarbeiter/Telefone*) traktieren[1], wir belassen es sogar beim schon erzeugten DataSet. Die Funktionalität wollen wir in diesem Fall jedoch wesentlich erweitern.

[1] Haben Sie die Programmierung einer 1:n-Beziehung verstanden, können Sie dies problemlos auf mehrfache Abhängigkeiten erweitern. Was nützt uns das komplexeste Beispiel wenn es kein Mensch **richtig** versteht?

1. TableAdapter und ObjectDataSource verknüpfen

Wie schon bei den selbst erstellten Klassen gilt auch hier: pro Klasse (*TableAdapter*) ein *ObjectDataSource-Control.* Über den Konfigurationsassistenten können Sie die Klassen bequem auswählen:

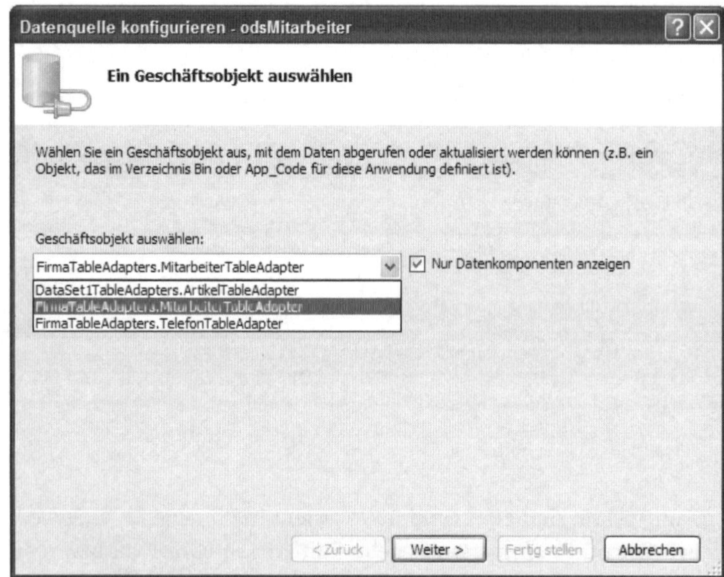

Abbildung 12.25 Auswahl der *TableAdapter*

2. Datenmethoden zuordnen

Weisen Sie nachfolgend die bereits definierten Datenmethoden für die SELECT-, UPDATE-, INSERT- und DELETE-Vorgänge zu.

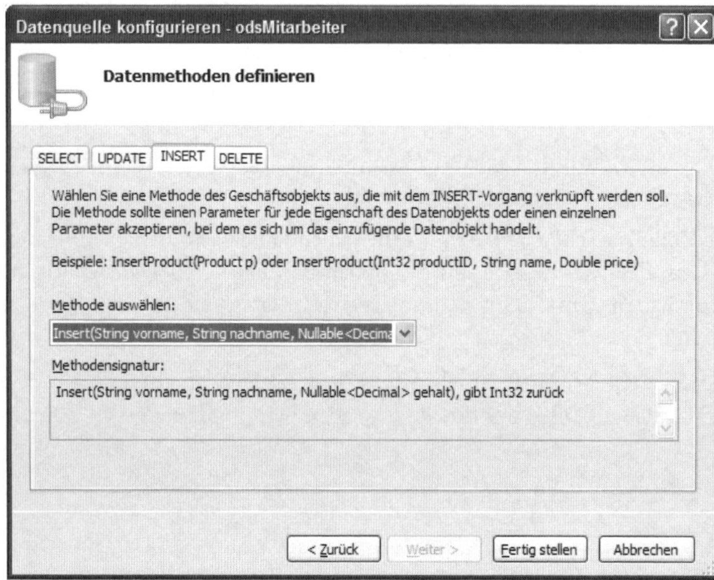

Abbildung 12.26 Zuweisen der Datenmethoden

3. Datenquellen miteinander verknüpfen (1:n-Beziehung)

Soll zwischen den beiden Tabellen eine Abhängigkeit hergestellt werden, müssen wir bei der *ObjectDataSource* für die Telefone statt der *GetData*-Methode die *GetDataByMitarbeiter*-Methode für SELECT verwenden. Diese erfordert als Parameter den Primärschlüssel der Mitarbeiter-Tabelle. Über die *SelectParameters*-Eigenschaft können wir die Zuordnung für diesen Wert setzen:

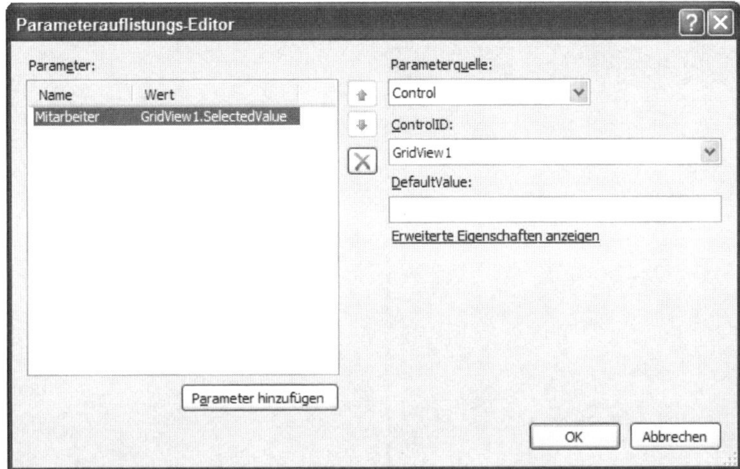

Abbildung 12.27 Der Parameter wird über den markierten *GridView*-Eintrag bestimmt

HINWEIS Vergessen Sie nicht, sowohl beim *GridView1* als auch beim *GridView2* die Eigenschaft *DataKeyNames* jeweils auf »id« festzulegen.

4. GridView-Funktionen aktivieren

Bisher sind die *GridView*-Controls zwar schon in der Lage Daten anzuzeigen, Optik und Funktionalität sind hingegen noch nicht auf dem Stand der Zeit. Über das Aufgabenmenü können Sie die wichtigsten Einstellungen (Paging ...) vornehmen:

Abbildung 12.28 *GridView*-Funktionen aktivieren

Den Feinschliff können Sie über den Menüpunkt *Spalten bearbeiten* vornehmen (Formatierungen, Spaltenüberschriften, Schaltflächen etc.).

5. Parameter der Datenmethoden mit Controls verknüpfen

Möchten Sie neue Datensätze anlegen, ist das *GridView* keine große Hilfe. Besser Sie nutzen ein paar Textboxen oder, wie später gezeigt, eine *DetailsView*. Doch wie kommen die Inhalte der *TextBox*en zu den gewünschten Parametern für INSERT?

Hier hilft die *InsertParameters*-Eigenschaft der *ObjectDataSource* weiter. Einfach die Parameter mit den entsprechenden *TextBox*en verknüpfen:

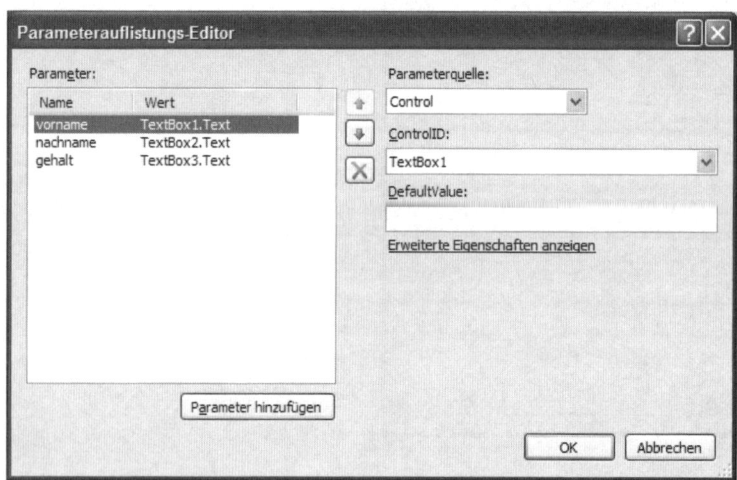

Abbildung 12.29 Parameterzuordnung beim INSERT

6. Unser erster Quellcode

Bisher sind wir ohne eine einzige Zeile Code ausgekommen, das wird sich aber jetzt ändern. Für das Einfügen eines neuen Mitarbeiters müssen wir folgende »umfangreiche Routine« abarbeiten:

```
Protected Sub Button1_Click(ByVal sender As Object, ByVal e As EventArgs) Handles Button1.Click
    odsMitarbeiter.Insert()
End Sub
```

Da schämt man sich als Programmierer fast – nur eine einzige Zeile! Doch trösten Sie sich, im Hintergrund hat der Compiler für unser typisiertes DataSet bereits zirka 1300 Zeilen Code erzeugt.

Genau die gleiche Methode rufen wir auch für die zweite *ObjectDataSource* auf:

```
Protected Sub Button2_Click(ByVal sender As Object, ByVal e As EventArgs) Handles Button2.Click
    odsTelefon.Insert()
End Sub
```

Einem ausgiebigen Test steht jetzt nichts mehr im Weg. Probieren Sie ruhig einmal alle Eventualitäten aus (Einfügen, Bearbeiten und Löschen, siehe Abbildung 12.30).

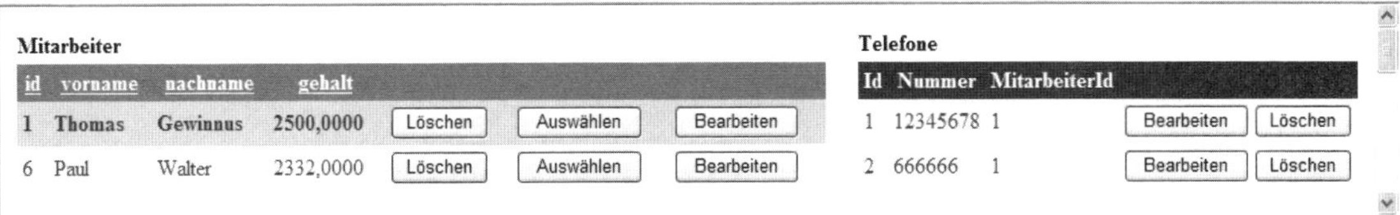

Abbildung 12.30 Das Programm in Aktion

Wer genau aufpasst, wird jedoch über einen unvermeidlichen Fehler beim Löschen stolpern:

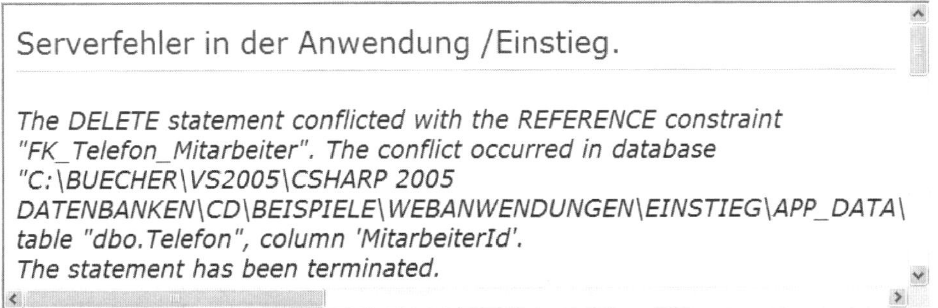

Serverfehler in der Anwendung /Einstieg.
The DELETE statement conflicted with the REFERENCE constraint "FK_Telefon_Mitarbeiter". The conflict occurred in database "C:\BUECHER\VS2005\CSHARP 2005 DATENBANKEN\CD\BEISPIELE\WEBANWENDUNGEN\EINSTIEG\APP_DATA\ table "dbo.Telefon", column 'MitarbeiterId'.
The statement has been terminated.

Abbildung 12.31 Verletzung der referenziellen Integrität beim Löschen des Primärdatensatzes

7. Nachbessern

Jetzt ist guter Rat teuer! Die *ObjectDataSource* hilft Ihnen nur bedingt weiter, beispielsweise könnten Sie das *Deleting*-Ereignis verwenden. Doch der Aufwand ist viel zu hoch und das Ganze sieht auch noch recht dilettantisch aus. Wesentlich effektiver ist ein Eingriff in die Innereien des typisierten DataSets.

Erweitern Sie einfach die *CommandText*-Eigenschaft des *DeleteCommands* (*MitarbeiterTableAdapter*) um die erste Zeile:

```
DELETE FROM [Telefon] WHERE ([MitarbeiterId] = @Original_id);
DELETE FROM [Mitarbeiter] WHERE ([id] = @Original_id)
```

Vor dem Löschen des Mitarbeiters löschen wir einfach alle Detaildatensätze zu diesem Eintrag. Jetzt gibt es auch keine Verletzung der referenziellen Integrität.

7. Und doch wieder TableAdapter

Eine Aufgabenstellung haben wir mit den *ObjectDataSources* allerdings noch nicht umgesetzt: das gleichzeitige Hinzufügen von Mitarbeiter und Telefon. Eine Änderung an der INSERT-SQL-Anweisung bringt uns nicht weiter, wir wollen ja nicht immer einen Telefoneintrag anlegen.

An dieser Stelle schließt sich der Kreis. Die beste Lösung ist hier wieder die Verwendung der *TableAdapter*-Methoden, wie schon beim vorhergehenden Beispiel:

```
    Protected Sub Button3_Click1(ByVal sender As Object, ByVal e As EventArgs) Handles Button3.Click
        Dim taMitarbeiter As New FirmaTableAdapters.MitarbeiterTableAdapter()
```

```
        Dim taTelefone As New FirmaTableAdapters.TelefonTableAdapter()
        Dim id As Integer = Convert.ToInt32(taMitarbeiter.NeuerMitarbeiter(TextBox1.Text, _
                                              TextBox2.Text, Convert.ToDecimal(TextBox3.Text)))
        taTelefone.Insert(TextBox4.Text, id)
        GridView1.DataBind()
    End Sub
```

Mit *GridView1.DataBind()* aktualisieren wir zum Schluss lediglich die Anzeige – *ObjectDataSources* und *TableAdapter* in trauter Eintracht.

8. Etwas Luxus bitte

Sicher sind Sie auch schon über den Fehler gestolpert, einen Datensatz in die Telefon-Tabelle einzufügen obwohl kein Datensatz in *GridView1* (Mitarbeiter) markiert ist. Folgende kleine Routine enthebt uns derartiger Probleme:

```
    Protected Sub Page_PreRender(ByVal sender As Object, ByVal e As EventArgs)
        Button2.Enabled = (GridView1.SelectedValue IsNot Nothing)
    End Sub
```

Warum erst in *Page_PreRender* und nicht gleich in *Page_Load*? Die Antwort lautet in diesem Fall: Im *Page_Load*-Ereignis ist *GridView1.SelectedValue* noch nicht definiert, erst kurz vor dem Rendern der Seite könne wir auf den Wert zugreifen.

Damit endet auch schon unser Ausflug in die Untiefen der Programmierung mit typisierten DataSets und ObjectDataSources.

Weitere Datenquellen

SitemapDataSource

Diese Datenquelle beschränkt sich auf die Anzeige einer hierarchischen Sitemap-Datei (Default *Web.SiteMap*). Über die verfügbaren Eigenschaften können Sie Einfluss auf die Abbildung dieser Datei in den gebundenen Controls nehmen:

- ein *Menu*-Steuerelement, das im Handling fast sein Windows Forms-Pendant erreicht,
- ein *TreeView*-Steuerelement, das sowohl für die Navigation als auch für die Anzeige von XML-Daten oder anderen Datenquellen dient
- und ein *SiteMapPath*-Steuerelement, das dem Nutzer hilft, die Übersicht zu behalten.

HINWEIS Für alle drei Steuerelemente gilt, dass nur im Zusammenhang mit einer Masterpage eine sinnvolle Navigation möglich ist. Andernfalls müssten Sie die Steuerelemente in jeder einzelnen Seite einfügen, was einen riesigen Aufwand bedeuten würde.

Mehr Übersicht mit Web.Sitemap

Diese Datei, die im Web-Projektverzeichnis gespeichert wird, stellt die Zusammenhänge und Gliederungen zwischen den einzelnen Webseiten (ASPX) her. Wie nicht anders zu erwarten, handelt es sich um eine XML-Datei mit dem Root-Element *siteMap*. Diesem ist genau **ein** *siteMapNode*-Element unterzuordnen, es handelt sich um die Startseite Ihrer Webanwendung. Unter diesem *siteMapNode*-Element können Sie hierarchisch weitere Elemente einordnen.

Die Attribute der einzelnen Element beschreiben

- die verknüpfte Seite (*url*),
- den anzuzeigenden Titel (*title*)
- sowie den Tooltip (*description*).

Alternativ können auch Ressourcen- und Security-Informationen in den einzelnen Elementen angelegt werden.

BEISPIEL

Web.SiteMap

```
<?xml version="1.0" encoding="utf-8" ?>
<siteMap xmlns="http://schemas.microsoft.com/AspNet/SiteMap-File-1.0" >
    <siteMapNode url="Seite1.asp" title="Seite 1"  description="">
        <siteMapNode url="Seite2.aspx" title="Seite 2"  description="" />
        <siteMapNode url="Seite3.aspx" title="Seite 3"  description="" />
        <siteMapNode url="Test.aspx" title="Test"  description="">
            <siteMapNode url="TestUnterknoten1.aspx" title="TestUnterknoten1"/>
            <siteMapNode url="TestUnterknoten2.aspx" title="TestUnterknoten1"/>
        </siteMapNode>
    </siteMapNode>
</siteMap>
```

Eine gebundene *TreeView* wird folgende Daten anzeigen:

```
⊟ Seite 1
    Seite 2
    Seite 3
  ⊟ Test
      TestUnterknoten1
      TestUnterknoten1
```

Abbildung 12.32 An *SiteMapDataSource* gebundene *TreeView*

Ändern Sie die Eigenschaft *ShowStartingNode* auf *False*, wird der Root-Knoten nicht mehr angezeigt:

```
  Seite 2
  Seite 3
⊟ Test
    TestUnterknoten1
    TestUnterknoten1
```

Abbildung 12.33 Ausgeblendeter Root-Knoten

Auf weitere Ausführungen zu dieser interessanten Komponente verzichten wir an dieser Stelle, da es sich im eigentlichen Sinne nicht um eine Datenbankbindung handelt.

Verwalten strukturierter Daten mit der XmlDataSource

Als letzte Datenquelle wollen wir uns mit der *XmlDataSource* beschäftigen. Diese bietet den komfortablen Zugriff auf strukturierte XML-Daten, die Sie zum Beispiel im gemeinsamen *App_Data*-Verzeichnis speichern können. Zusätzlich lassen sich diese Daten mittels Transformationsdatei (Eigenschaft *TransformFile* oder *Transform*) konvertieren oder mit einem XPath-Ausdruck filtern (Eigenschaft *XPath*):

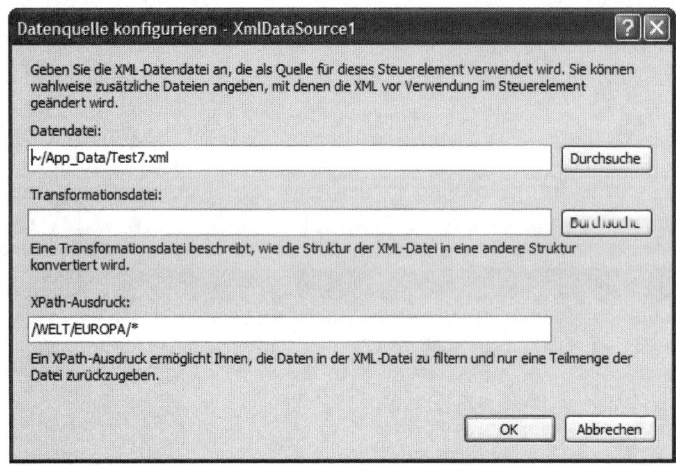

Abbildung 12.34 Konfigurieren der *XmlDataSource*

Aus dem kompletten XML-Baum (linke Abbildung) wird mittels obigem XPath-Ausdruck der Zweig EUROPA herausgefiltert (rechte Abbildung):

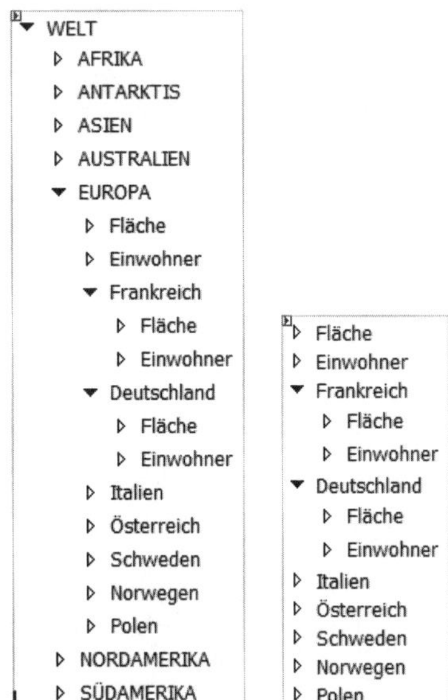

Abbildung 12.35 Filtern mit der *XmlDataSource*

Alternativ bietet sich auch die Eigenschaft *Data* an, der Sie die XML-Daten direkt zuweisen können.

Das GridView-Control im Detail

Hier haben wir es mit dem direkten Nachfolger des berühmt berüchtigten *DataGrid* zu tun. »Berüchtigt« für die doch recht aufwändige Programmierung selbst einfachster Aufgaben (Sortieren, Paging etc.), »berühmt« für die Fortschritte gegenüber der alten ASP-Programmierung.

Vergessen Sie all Ihre schlechten Erfahrungen und lassen Sie sich von der langen Feature-Liste begeistern:

- absolut einfache Bindung an die neuen Datenquellen per *DataSourceId*,
- Funktion zum Auswählen von Zeilen,
- Paging-Funktion,
- Sortier-Funktion,
- Edit-, Update, Delete-Funktion,
- Unterstützung für Bilder (*ImageField*) und bool'sche Werte (*CheckBoxField*),
- Hyperlink-Spalten für Detailanzeigen etc.,
- diverse Formatierungsmöglichkeiten mit Themes und Styles.

Id	Bezeichnung	Preis	Anzahl			
1	lange Hosen	45	5555	Bearbeiten	Löschen	Auswählen
3	Blaue Jacken	45	57	Bearbeiten	Löschen	Auswählen
4	lange Hosen	45	5555	Bearbeiten	Löschen	Auswählen
5	Hüte	123	5	Bearbeiten	Löschen	Auswählen
6	Gurken	333	2	Bearbeiten	Löschen	Auswählen

Abbildung 12.36 Ein *GridView* in Aktion

HINWEIS Die »alte« ASP.NET 1.x-Datenbindung beherrscht das Steuerelement natürlich auch noch.

Einige thematische Einsatzszenarien demonstrieren Ihnen die Verwendung, die endlose Aufzählung von Eigenschaften und Methoden ersparen wir Ihnen besser.

HINWEIS Im Abschnitt über typisierte DataSets haben wird Ihnen ja bereits einige wichtige Features kurz vorgestellt, auch wenn dort das *GridView* nicht im Mittelpunkt stand.

Auswahlfunktion (Zeilenauswahl)

Eine der wichtigsten Funktionen neben der reinen Anzeige von Tabellendaten ist sicher die Auswahl eines Eintrags, um diesen zum Beispiel zu editieren, Detaildaten anzuzeigen oder nur den Primärschlüssel des gewählten Eintrags zu ermitteln.

Die Option *Auswahl aktivieren* realisieren Sie über das Aufgaben-Menü wie es Abbildung 12.37 zeigt.

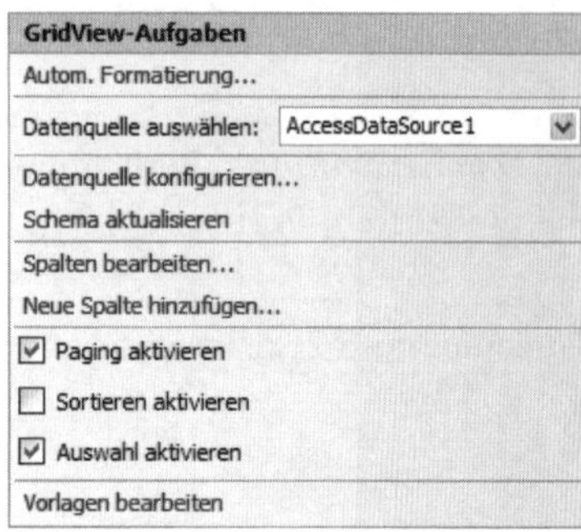

Abbildung 12.37 Aktivieren der Auswahlfunktion

Setzen Sie jetzt noch die Eigenschaft *DataKeyNames* auf den Primärschlüssel der Tabelle und Sie können im Ereignis *SelectedIndexChanged* die gewünschte Information abrufen:

```
Protected Sub GridView1_SelectedIndexChanged(ByVal sender As Object, ByVal e As EventArgs)
    Label1.Text = GridView1.SelectedValue.ToString
End Sub
```

Auswahl mit mehrspaltigem Index realisieren

Sollten Sie mehr als eine Spalte als Primärschlüssel festgelegt haben (Eigenschaft *DataKeyNames* mit kommagetrennter Liste der Spaltennamen),

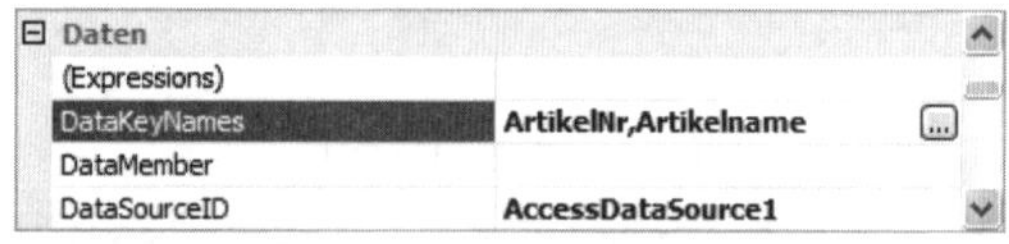

Abbildung 12.38 Mehrspaltigen Index auswerten

... können Sie auch auf jede einzelne Spalte zugreifen:

```
Protected Sub GridView1_SelectedIndexChanged(ByVal sender As Object, ByVal e As EventArgs)
    Label2.Text = GridView1.SelectedDataKey.Value.ToString
    Label3.Text = GridView1.SelectedDataKey.Values(1).ToString
End Sub
```

Hyperlink-Spalte für Detailansicht nutzen

Möchten Sie eine neue Seite mit den Detaildaten der aktuellen Auswahl anzeigen, können Sie, wie im vorhergehenden Abschnitt demonstriert, zunächst den Primärschlüssel ermitteln und diesen dann per *Session* oder *QueryString* an die Detailseite weiterreichen. Doch wozu soviel Arbeit, wenn es auch automatisiert geht?

Fügen Sie in das *GridView* eine zusätzliche Spalte »Details« vom Typ *HyperlinkField* ein. Die Eigenschaft *DataNavigateUrlField* legen Sie auf den Primärindex der Tabelle fest. Über *DataNavigateUrlFormatString* können Sie den Url mit Hilfe von Platzhaltern ({0}, {1} ...) zusammenbauen:

```
<asp:GridView ID="GridView1" runat="server" AllowPaging="True" AutoGenerateColumns="False"
```

```
...
   <asp:HyperLinkField DataNavigateUrlFields="ArtikelNr"
                       DataNavigateUrlFormatString="~/Detaildaten.aspx?Id={0}"
                       Text="Details" />
...
</asp:GridView>
```

Damit ist der Entwurf für das *GridView* abgeschlossen.

Artikelname	ArtikelNr		
Chai	1	Auswählen	Details
Chang	2	Auswählen	Details
Aniseed Syrup	3	Auswählen	Details

Abbildung 12.39 Laufzeitansicht der Hyperlinkspalte

Die Detailseite braucht sich jetzt nur noch um die Auswertung des übergebenen QueryStrings zu kümmern.

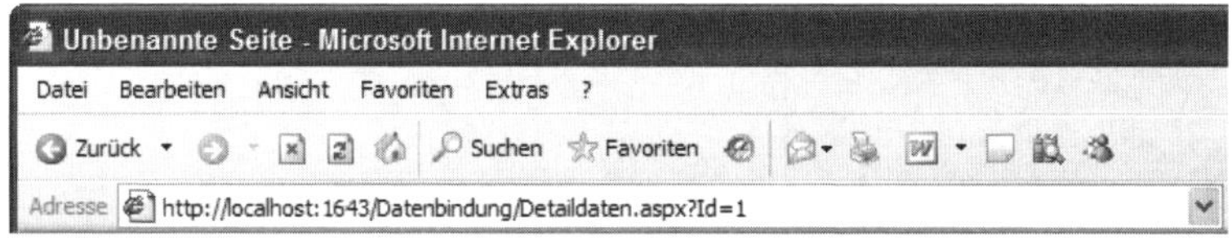

Abbildung 12.40 Der erzeugte QueryString zur Laufzeit

Dies kann entweder per Code erfolgen

```
    Protected Sub Page_Load(ByVal sender As Object, ByVal e As EventArgs)
        Label1.Text = Request.QueryString("Id")
    End Sub
```

oder durch Zuweisen eines WHERE-Parameters für die Detaildatenauswahl:

Abbildung 12.41 QueryString im Detailformular auswerten

Spalten erzeugen/konfigurieren

Neben der bereits kennen gelernten Variante, bei der die Spalten automatisch generiert wurden, können Sie diese auch selbst erzeugen. Nutzen Sie dazu das Aufgaben-Menü (*Spalten bearbeiten* bzw. *Neue Spalte hinzufügen*).

Im folgenden Editor schalten Sie zunächst die Option *Felder automatisch generieren* ab:

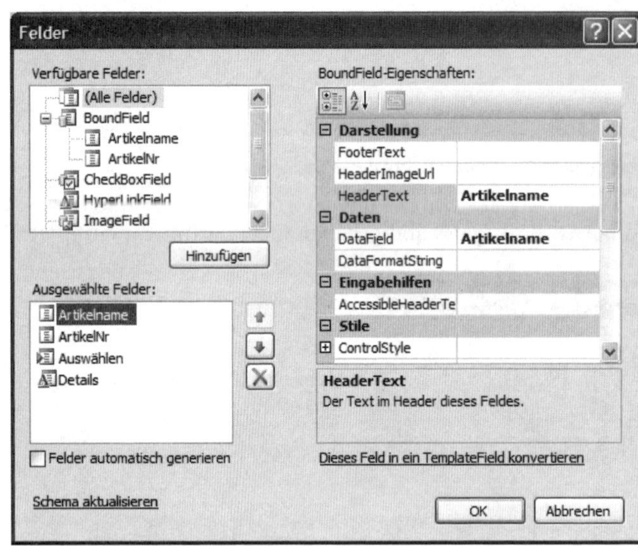

Abbildung 12.42 Tabellenspalten konfigurieren

Wählen Sie einen Feldtyp aus der oberen Liste aus und fügen Sie diesen ein. Die verfügbaren Eigenschaften werden Ihnen nachfolgend in der rechten Liste angezeigt. Die wichtigste Eigenschaft dürfte *DataField* sein, der Name der anzuzeigenden Spalte.

Zu den schon vom *DataGrid* her bekannten Spaltentypen kommen jetzt noch *CheckBox*-Felder (für *True/False*-Werte) und *Image*-Felder hinzu.

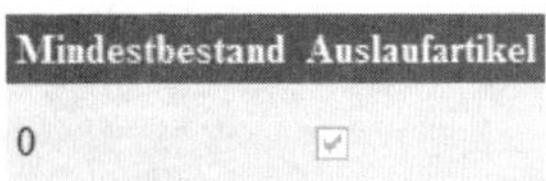

Abbildung 12.43 *CheckBox*-Darstellung im *GridView*

Auch Spalten mit zusätzlichen Schaltflächen (*ButtonField*) sind neben der *CommandField*-Spalte (Edit, Update, Delete etc.) realisierbar. Damit lassen sich beispielsweise per Ereigniscode Markierungen setzen oder Detaildaten anzeigen.

Template-Spalten verwenden

Neben den »normalen« Spaltentypen (*BoundField*, *CheckBoxField* etc.) wird in der Liste der verfügbaren Felder auch ein *TemplateField* angeboten. Was hat es damit auf sich?

Templates bieten dem Programmierer den größtmöglichen Einfluss auf die spätere Formatierung des HTML-Codes. Statt vordefinierter Controls (TextBox/Label) für eine datengebunde Textspalte können Sie eigene Controls oder auch nur Sourcecode verwenden, um die HTML-Ausgaben für die Template-Spalte zu generieren.

Doch wo viel Flexibilität im Spiel ist wird auch der Programmierer mehr gefordert, Sie müssen wesentlich mehr Arbeit investieren. Ein kleines Fallbeispiel zeigt die Möglichkeiten der Template-Felder.

Detaildaten in Zeilenform anzeigen

Fügen Sie zunächst über das Aufgabenmenü ein neues *TemplateField* in das *GridView* ein. Die Ansicht ist zunächst recht unspektakulär, es wird lediglich eine leere Spalte angezeigt.

Um »Leben« in die Spalte zu bringen, wählen Sie im Aufgabenmenü den Eintrag »Vorlagen bearbeiten«. Nachfolgend dürften Sie noch die zu bearbeitende Spalte auswählen:

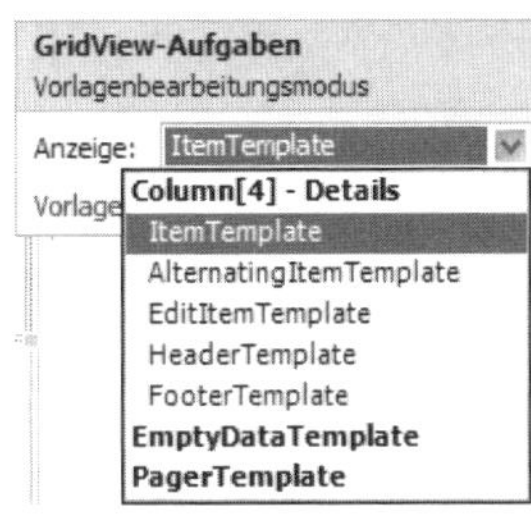

Abbildung 12.44 Auswahl der Tabellenspalte

Nach diesen Vorarbeiten finden Sie sich im eigentlichen Entwurfsmodus für das *TemplateField* wieder:

Abbildung 12.45 Ein leeres *TemplateField*

Die Bedeutung der einzelnen Bereiche dürfte sich schon aus der Bezeichnung ergeben. Während *HeaderTemplate* und *FooterTemplate* für die Gestaltung der Kopf- bzw. Fußzeile des *GridView* verwendet werden, stellt *ItemTemplate* den »Normalzustand« dar, d.h. die Ansicht der Tabellenzelle im Readonly-Zustand.

EditItemTemplate wird verwendet, wenn sich das *GridView* im Editiermodus befindet, *AlternatingItem-Template* ist bei Listen etc. für alternierende Darstellung (wechselnde Hintergrundfarbe etc.) zuständig.

HINWEIS Wird *AlternatingItemTemplate* nicht festgelegt, kommt automatisch *ItemTemplate* zum Einsatz.

Als erstes einfaches Beispiel kopieren Sie ein *Label*-Control in den *ItemTemplate*-Bereich und weisen dessen Datenbindung (Aufgabenmenü) wie folgt zu:

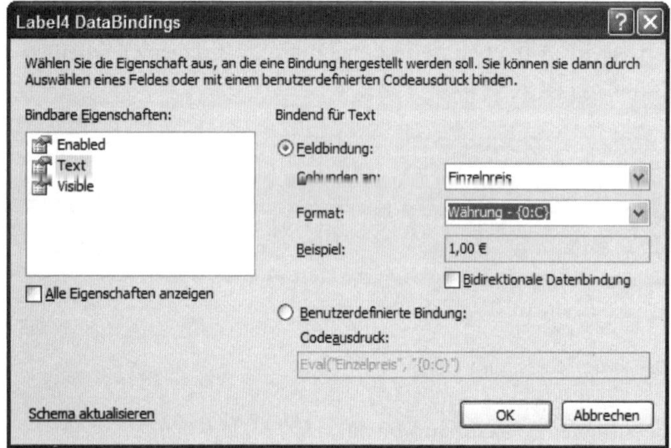

Abbildung 12.46 Datenbindung für das *Label*-Control festlegen

Wer möchte, kann jetzt auch noch zusätzliche Informationen im o.g. Bereich ablegen:

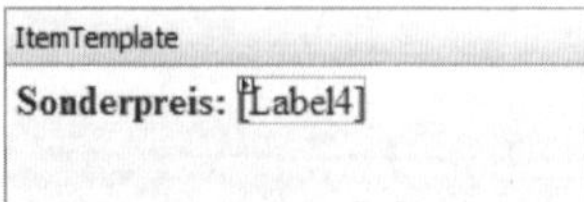

Abbildung 12.47 Beispiel für zusätzliche Formatierung im Template

Die daraus resultierende Laufzeitansicht:

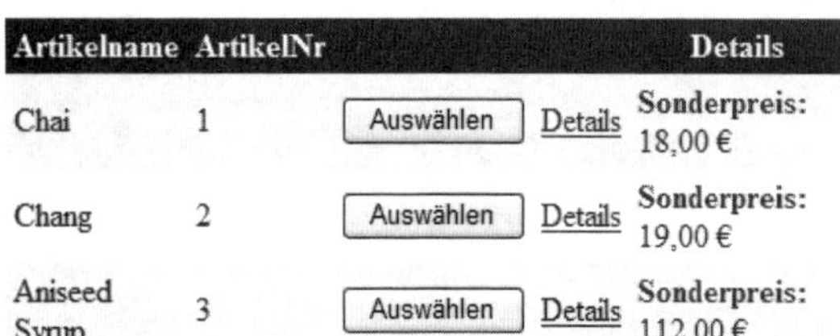

Artikelname	ArtikelNr			Details
Chai	1	Auswählen	Details	Sonderpreis: 18,00 €
Chang	2	Auswählen	Details	Sonderpreis: 19,00 €
Aniseed Syrup	3	Auswählen	Details	Sonderpreis: 112,00 €

Abbildung 12.48 Laufzeitsansicht

HINWEIS Die Breite der Templatespalte bestimmen Sie über die Eigenschaft *ControlStyle.Width* des TemplateFields.

Dass Sie auch mehr als ein Control im jeweiligen Bereich ablegen können, dürfte auf der Hand liegen. Sinnvollerweise organisieren Sie diese in einer HTML-Table, so verrutschen Ihnen die Spalten später nicht.

Die folgende Abbildung zeigt eine mögliche Variante:

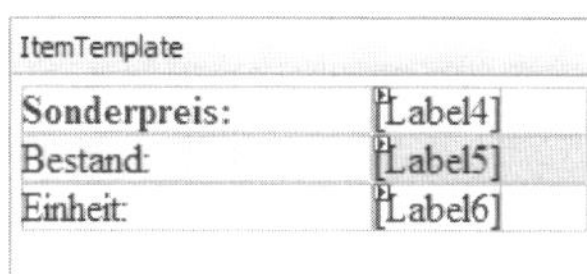

Abbildung 12.49 Entwurfsansicht

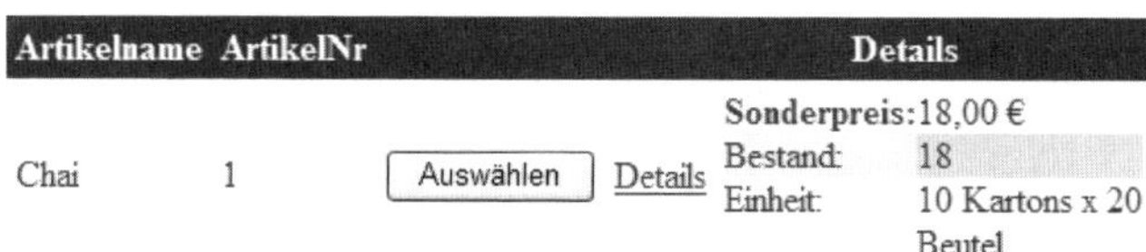

Abbildung 12.50 Laufzeitansicht

Doch was passiert, wenn wir auch im Editiermodus unser Template nutzen wollen? Für diesen Fall ist, wie schon kurz erwähnt, das *EditItemTemplate* vorgesehen. Sollen Daten geschrieben werden, müssen wir statt der *Label*-Controls eine *TextBox* verwenden.

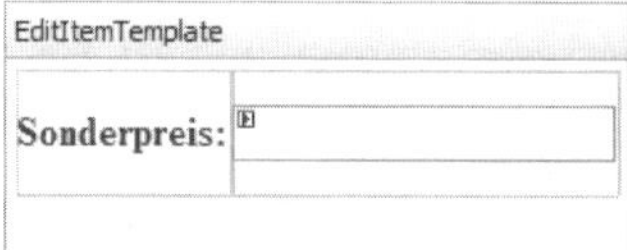

Abbildung 12.51 *EditItemTemplate* mit *TextBox*

Auch die Datenbindung muss jetzt etwas umfangreicher sein, es genügt nicht mehr nur die reine Anzeige, sondern die Daten müssen auch wieder in die *DataSource* zurückgeschrieben werden. Dazu müssen Sie die Option »Bidirektionale Datenbindung« aktivieren:

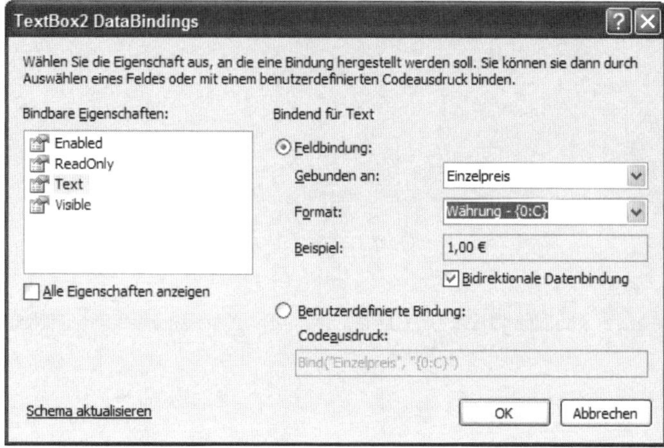

Abbildung 12.52 Datenbindung für die *TextBox*

Jetzt kann zur Laufzeit auch der Edit-Modus in der Template-Spalte genutzt werden.

Weitere mögliche Einsatzfälle für TemplateFelder:

- Anzeige eines *Calendar*-Controls statt eines normalen Textfeldes
- Verwendung von DropDownListen im Editmodus

- Anzeige von Bildern statt einer *CheckBox*
- Verwendung von Clientside-Skripten (Messagebox anzeigen)
- Fehlerbehandlung/Validierung

Paging im GridView realisieren

Grundsätzlich genügt es, wenn Sie die Eigenschaft *AllowPaging* auf *True* setzen, um die komplette Paging-Funktionalität zu aktivieren:

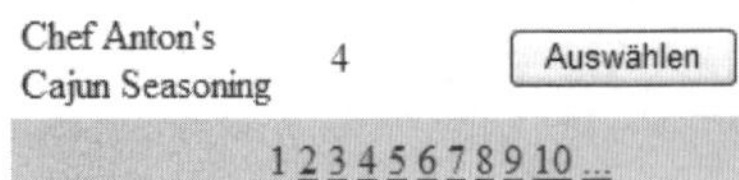

Abbildung 12.53 Paging im *GridView*

Mit *PageSize* steuern Sie die Anzahl der gleichzeitig im *GridView* angezeigten Datensätze.

Statt der Nummernliste können Sie auch Navigationsschaltflächen einblenden (Next, Previous, First, Last).

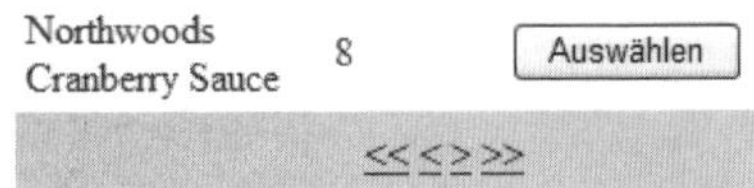

Abbildung 12.54 Anzeige von Navigationsschaltflächen

Ob, und wenn ja welche Schaltflächen angezeigt werden, bestimmt die Eigenschaft *Mode*.

Dem Ästheten sind die textuellen Schaltflächen sicher ein Gräuel. Abhilfe schaffen die *PagerSettings*-Eigenschaften, über die Sie auch eigene Grafiken einblenden können:

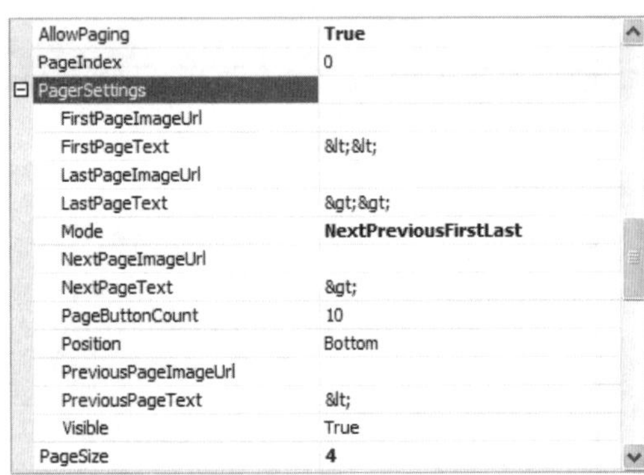

Abbildung 12.55 Zuordnen von Grafiken zu den einzelnen Schaltflächen

Das zugehörige *GridView*:

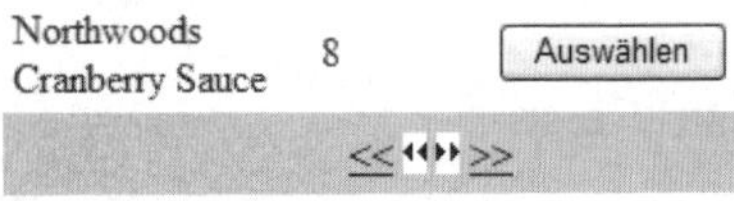

Abbildung 12.56 *NextPageImageUrl* und *PreviousPageImageUrl* wurden festgelegt

HINWEIS Last but not least können Sie mit *Position* festlegen, ob der Pagerbereich oben oder unten angezeigt wird.

Editieren und Löschen im GridView

Sollen nicht nur statische Daten angezeigt werden, muss Ihre Datenquelle sinnvollerweise auch über UPDATE und DELETE-Anweisungen verfügen, anderenfalls dürften Sie sich vergeblich um die entsprechende Funktionalität bemühen.

Die entsprechenden Anweisungen generieren Sie am besten mit dem jeweiligen DataSource-Assistenten, nachdem Sie das entsprechende SELECT-Statement erzeugt haben (siehe folgende Abbildung).

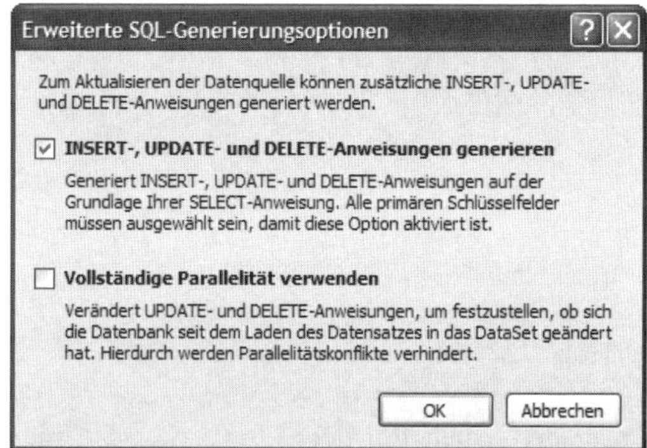

Abbildung 12.57 DataSource-Assistent zum Konfigurieren nutzen

Die entsprechenden Aktionen können Sie zur Laufzeit über die Schaltflächen des *CommandFields* auslösen.

Alternativ kann auch mit der Eigenschaft *EditIndex* die jeweilige *GridView*-Zeile in den Editiermodus versetzt werden, mit *EditIndex = -1* schalten Sie in den normalen Ansichtsmodus zurück.

HINWEIS Hier wird mit *GridView*-Zeilen (0 ... n), nicht mit Tabellenzeilen, gearbeitet!

Analoges gilt für die Auswahl einer angezeigten Zeile: Über *SelectedIndex* aktivieren Sie die gewünschte *GridView*-Zeile.

HINWEIS Das Ereignis *SelectedIndexChanged* wird in diesem Fall nicht ausgelöst!

Einfügen von Datensätzen

Eine direkte Unterstützung für die Insert-Anweisung stellt das *GridView* nicht zur Verfügung. Folgende sinnvolle Alternativen bieten sich an:

- Externer Button mit Aufruf eines Detailformulars (hier wird auch Insert aufgerufen))
- Verwendung einer *DetailsView*

Keine Daten, was tun?

Enthält die zugrunde liegende Tabelle/Abfrage keine Daten, wird das *GridView* nicht angezeigt. Sinnvollerweise sollten Sie für diesen Fall die Eigenschaft *EmptyDataText* festlegen, statt des *GridView* wird dann dieser Text angezeigt.

DetailsView

Im Gegensatz zum *GridView* wird durch das *DetailsView* nur ein Datensatz angezeigt. Auch hier ist das Editieren, Löschen und vor allem auch das Einfügen von Datensätzen möglich, wird doch eine entsprechende Schaltfläche zur Verfügung gestellt.

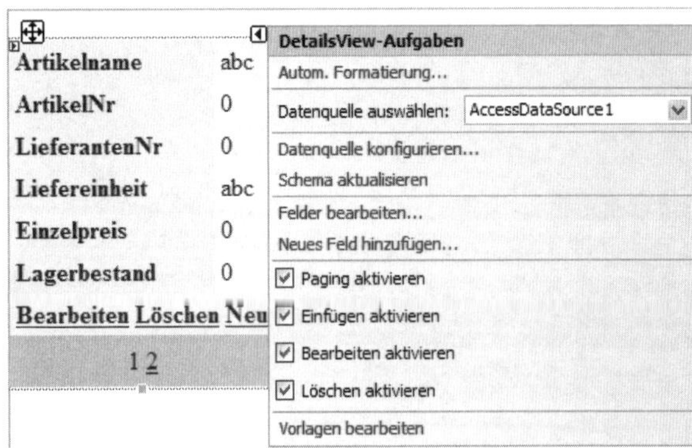

Abbildung 12.58 Entwurfsansicht *DetailsView*

Die grundsätzliche Vorgehensweise entspricht in weiten Teilen der Arbeit mit dem *GridView*, auch hier müssen Sie nach dem Auswählen einer Datenquelle die gewünschten Felder konfigurieren und die Grundfunktionalität bestimmen (siehe obiges Aufgabenmenü).

Einfügen neuer Datensätze

Neben der Anzeige von Detaildaten dürfte vor allem das Einfügen neuer Datensätze zu den Hauptaufgaben des Steuerelements zählen. Dazu muss die zugrunde liegende Datenquelle einen INSERT-Befehl realisieren:

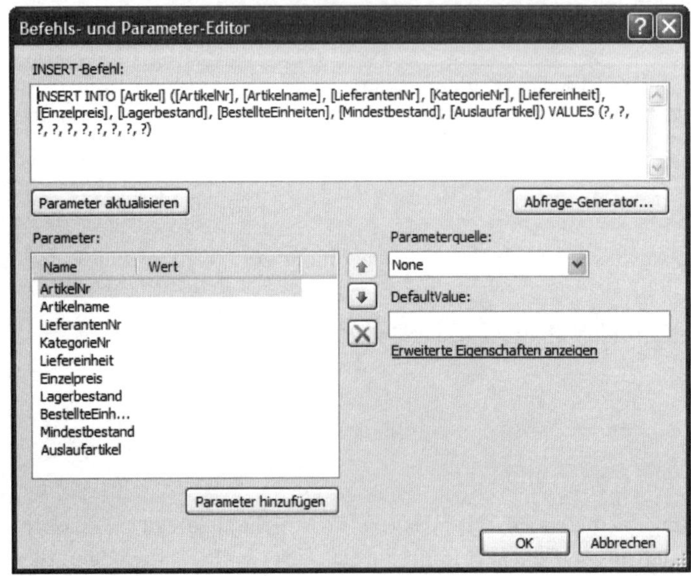

Abbildung 12.59 Parameter für eine Insert-Anweisung definieren/zuweisen

Zusätzlich müssen Sie den Insert-Button über das Aufgaben-Menü einblenden, alternativ können Sie auch die Eigenschaft *AutoGenerateInsertButton* auf *True* setzen.

Welche Spalten editierbar sind, bestimmen Sie mit dem Feldeditor. Nutzen Sie die Eigenschaft *InsertVisible* (*True*/*False*) um Spalten gezielt auszublenden. Über die Eigenschaft *DefaultMode* können Sie zwischen *ReadOnly*, *Edit* und *Insert* wechseln, d.h., beim ersten Aufruf wird das Steuerelement in der gewünschten Ansicht dargestellt. Zur Laufzeit können Sie mit der Methode *ChangeMode* zwischen den verschiedenen Anzeigemodi wechseln.

ArtikelNr	3		
Artikelname	Aniseed Syrup	Artikelname	
LieferantenNr	1	LieferantenNr	
KategorieNr	2	KategorieNr	
Liefereinheit	12 x 550-ml-Flaschen	Liefereinheit	
Einzelpreis	112	Einzelpreis	
Lagerbestand	13	Lagerbestand	
BestellteEinheiten	70	BestellteEinheiten	
Mindestbestand	25	Mindestbestand	
Auslaufartikel	☐	Auslaufartikel	☐
Aktualisieren	Abbrechen	Einfügen	Abbrechen

Abbildung 12.60 Edit- und Insert-Mode

Datensatzauswahl

Sicher hat der eine oder andere schon die guten alten Navigationsschaltflächen für die Auswahl eines Datensatzes vermisst. Diese Funktionalität können Sie bei der *DetailsView* durch einfaches Aktivieren der Paging-Funktion relativ leicht realisieren.

Wem das alles zu schlicht ist, der kann sich auch mit der Eigenschaft *PageIndex* (nullbasiert) einen eigenen Navigator zusammenbasteln:

BEISPIEL

Navigieren zwischen den Datensätzen mittels *PageIndex*

Nächster Datensatz:

```
Protected Sub Button3_Click1(ByVal sender As Object, ByVal e As EventArgs)
    DetailsView2.PageIndex += 1
End Sub
```

Erster Datensatz:

```
Protected Sub Button4_Click3(ByVal sender As Object, ByVal e As EventArgs)
    DetailsView2.PageIndex = 0
End Sub
```

Letzter Datensatz

```
Protected Sub Button9_Click(ByVal sender As Object, ByVal e As EventArgs)
    DetailsView2.PageIndex = DetailsView2.PageCount - 1
End Sub
```

Vorhergehender Datensatz:

```
Protected Sub Button8_Click(ByVal sender As Object, ByVal e As EventArgs)
    DetailsView2.PageIndex -= 1
End Sub
```

HINWEIS Wie Sie die Schaltflächen dann gestalten und anordnen ist jetzt vollkommen Ihnen überlassen. Die Paging-Funktionalität des *DetailsView*-Controls können Sie abschalten.

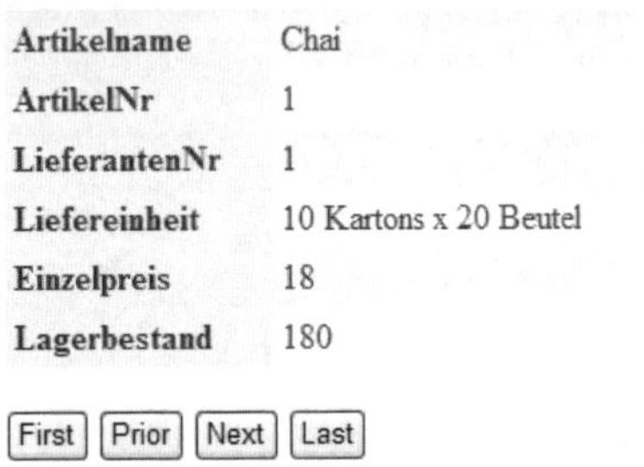

Artikelname	Chai
ArtikelNr	1
LieferantenNr	1
Liefereinheit	10 Kartons x 20 Beutel
Einzelpreis	18
Lagerbestand	180

First Prior Next Last

Abbildung 12.61 Der neue Navigator in Aktion

Die allgemeine Verwendung/Formatierung entspricht weitgehend dem *GridView* (siehe vorhergehender Abschnitt), auch hier können Sie mit Hilfe von Templatefeldern die Funktionalität nach eigenem Belieben frei definieren.

FormView

Wesentlich leistungsfähiger, dafür aber auch aufwändiger zu programmieren als ein *DetailsView*-Control, ist das *FormView*. Es bietet ebenfalls die Möglichkeit, einen Datensatz anzuzeigen bzw. zu editieren, schränkt den Programmierer aber nicht auf ein festes Layout ein, d.h., Sie können den Inhalt des *FormView* mit den zur Verfügung stehenden Server-Controls (*Label*, *TextBox* etc.) frei gestalten, an eine Tabellenansicht sind Sie nicht gebunden.

Bei all diesen Vorzügen zeigt sich das Control zunächst von seiner »grauen« Seite:

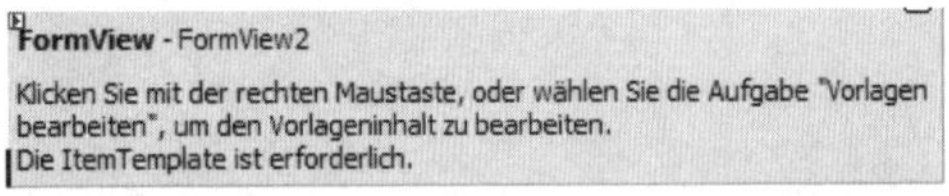

FormView - FormView2
Klicken Sie mit der rechten Maustaste, oder wählen Sie die Aufgabe "Vorlagen bearbeiten", um den Vorlageninhalt zu bearbeiten.
Die ItemTemplate ist erforderlich.

Abbildung 12.62 Entwurfsansicht

Ganz so schnell wie mit den anderen Controls kommen Sie hier nicht ans Ziel, für die Anzeige von Datensätzen müssen Sie zumindest ein *ItemTemplate* erzeugen. Alternativ stehen Ihnen noch folgende Templates zur Verfügung:

Template	Beschreibung
EditItemTemplate	Controls/Aussehen für den Editiermodus
EmptyDataTemplate	Anzeige bei leerer Datenmenge
FooterTemplate	Aussehen des Fuß-Bereichs
HeaderTemplate	Aussehen des Kopf-Bereichs
InsertItemTemplate	Controls/Aussehen für den Einfügemodus
ItemTemplate	Controls/Aussehen für den normalen Anzeigemodus
PagerTemplate	Aussehen des Pager-Bereichs

Tabelle 12.2 Mögliche Templates in einem *FormView*

Die einzelnen Templates können Sie über das Aufgaben-Menü des Controls (*Vorlagen bearbeiten*) editieren:

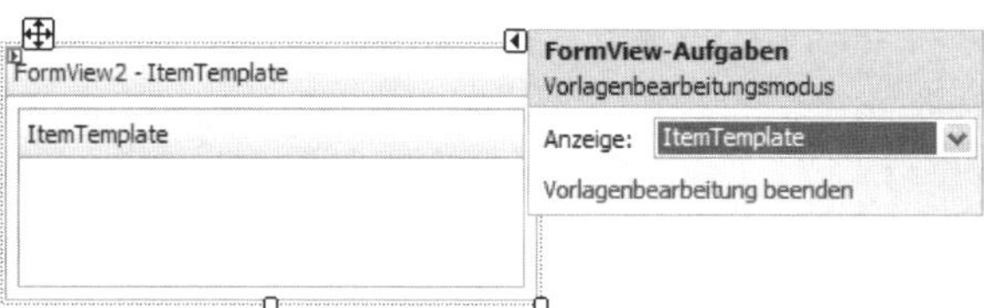

Abbildung 12.63 Auswahl eines Template

Haben Sie vorher die Datenquelle zugewiesen, werden automatisch ein *ItemTemplate*, ein *EditItemTemplate* und ein *InsertItemTemplate* mit allen von der Datenquelle angebotenen Feldern erzeugt:

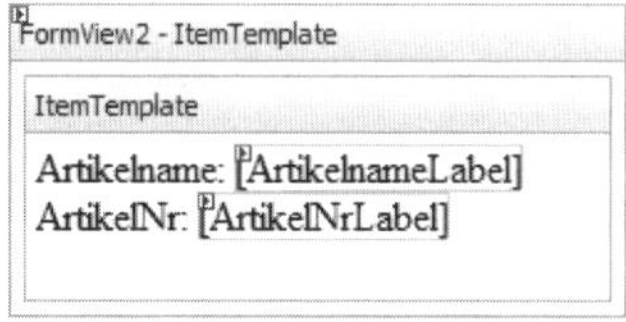

Abbildung 12.64 *ItemTemplate*

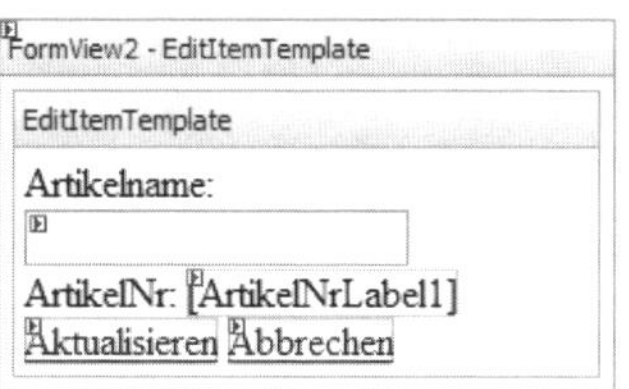

Abbildung 12.65 *EditItemTemplate* (hier ist bidirektionale Datenbindung erforderlich)

In das *InsertItemTemplate* fügen Sie nur Felder ein, die auch editiert werden können:

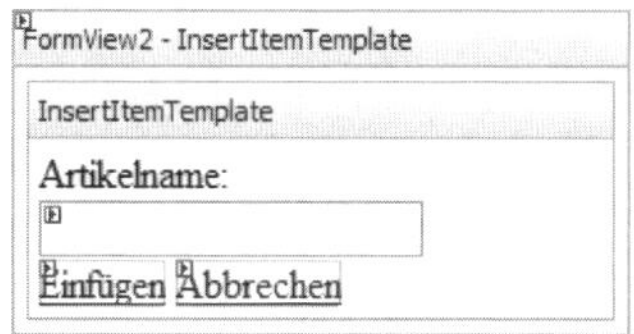

Abbildung 12.66 *InsertItemTemplate*

Jedes diese Templates können und werden Sie aus optischen Gründen an Ihre Bedürfnisse anpassen. Positionieren Sie die einzelnen Steuerelemente am besten mit Hilfe von HTML-Tabellen, wie im Folgenden gezeigt:

Abbildung 12.67 Positionieren der Server-Controls durch HTML-Tabellen

Wem die automatisch erzeugten Schaltflächen nicht gefallen, der kann auch ganz normale Buttons benutzen, allerdings müssen Sie deren *CommandName*-Eigenschaft mit *Insert*, *Edit*, *Update* oder *Cancel* festlegen, um dem Button auch die gewünschte Funktionalität zu geben.

Das grundsätzliche Verhalten des Steuerelements legen Sie, wie auch beim *DetailsView*-Control, mit der Eigenschaft *DefaultMode* (*ReadOnly*, *Edit*, *Insert*) oder zur Laufzeit mit der Methode *ChangeMode* fest.

Datenbindung im FormView

Haben Sie das Kapitel bis hierher aufmerksam studiert, werden Sie sich vielleicht verwundert die Augen reiben, lassen sich doch plötzlich viele Steuerelemente, bei denen das vorher nicht möglich war, an Daten binden. Dies ist in der Tat so, da sich die Controls nun in einem Template befinden.

Sehen wir uns zum Beispiel eine *TextBox* näher an, stellen wir erstaunt fest, dass diese plötzlich auch über ein Aufgabenmenü für Datenbindung verfügt, das unsere Wünsche voll und ganz erfüllen kann:

Abbildung 12.68 Datenbindung einer *TextBox*

Im ASP-Quellcode liest sich das dann so:

```
<asp:FormView ID="FormView1" runat="server" DataKeyNames="ArtikelNr"
          DataSourceID="AccessDataSource2"
```

```
            DefaultMode="Edit" OnPageIndexChanging="FormView1_PageIndexChanging">
  <EditItemTemplate>
...
  <asp:TextBox ID="LagerbestandTextBox" runat="server"
             Text='<%# Bind("Lagerbestand") %>'></asp:TextBox></td>
...
</asp:FormView>
```

Mit *Bind(...)* wird eine Zweiwege-Datenbindung erzeugt (Anzeigen und Schreiben), alternativ kann auch *Eval(...)* zum Einsatz kommen, in diesem Fall beschränkt sich die Funktion auf die pure Anzeige.

Neben der reinen Auswahl eines Tabellenfelds kann an dieser Stelle auch gleich eine Formatierung vorgenommen werden, übergeben Sie dazu der *Eval*- bzw. der *Bind*-Funktion als zweiten Parameter einen Formatierungsstring.

BEISPIEL

Währungsformatierung

```
... Bind("Einzelpreis", "{0:C}") ...
```

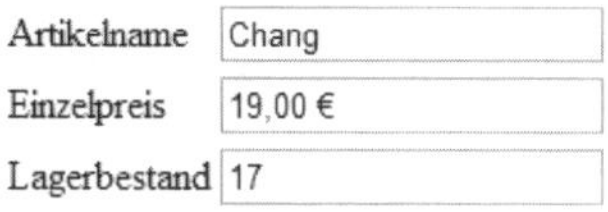

Artikelname	Chang
Einzelpreis	19,00 €
Lagerbestand	17

Abbildung 12.69 Laufzeitansicht

DataList

Auch das *DataList*-Control basiert wie das *FormView* auf Templates, die in diesem Fall jedoch in Listenform für alle Datensätze abgearbeitet werden.

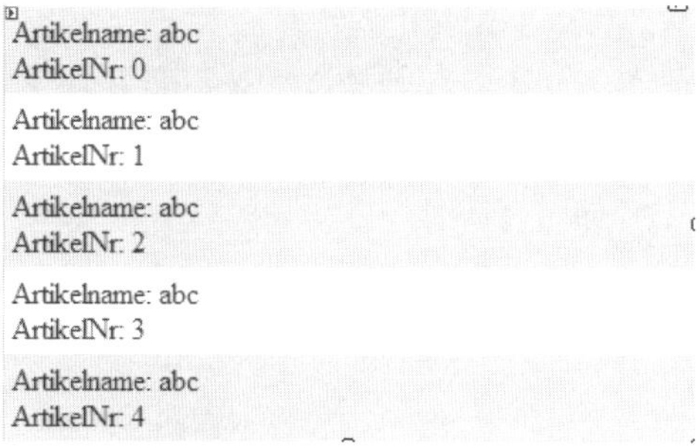

Artikelname: abc
ArtikelNr: 0

Artikelname: abc
ArtikelNr: 1

Artikelname: abc
ArtikelNr: 2

Artikelname: abc
ArtikelNr: 3

Artikelname: abc
ArtikelNr: 4

Abbildung 12.70 *DataList*

HINWEIS Eine Datensatzbeschränkung ist im Interesse des Endanwenders sicher sinnvoll, andernfalls wird die HTML-Seite entsprechend lang und der User wartet ewig auf die Anzeige.

Wie auch beim *GridView* können Sie mit diesem Steuerelement Datensätze selektieren, editieren und löschen. Daraus können Sie nach den bisherigen Erfahrungen schon ableiten, dass es auch in diesem Fall mehrere Templates gibt, die einzeln zu programmieren sind:

Abbildung 12.71 Templateauswahl in der *DataList*

Layout verändern

Sie können zwischen einem *Table*-Layout (linke Abbildung, Verwendung von HTML-Tabellen) und einem *Flow*-Layout (rechte Abbildung) über die Eigenschaft *RepeatLayout* wählen:

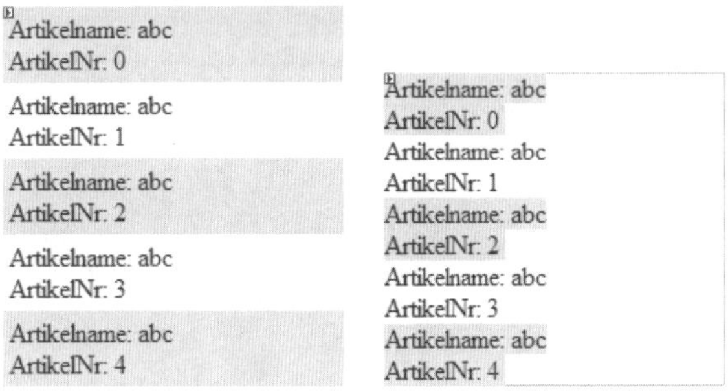

Abbildung 12.72 Layout-Varianten

Mit *RepeatColumns* bestimmen Sie, wie oft das Template in horizontaler Richtung wiederholt wird (Spalten), *RepeatDirection* bestimmt die Reihenfolge in der die Datensätze zugewiesen werden (linke Abbildung *Vertical*, rechte Abbildung *Horizontal*).

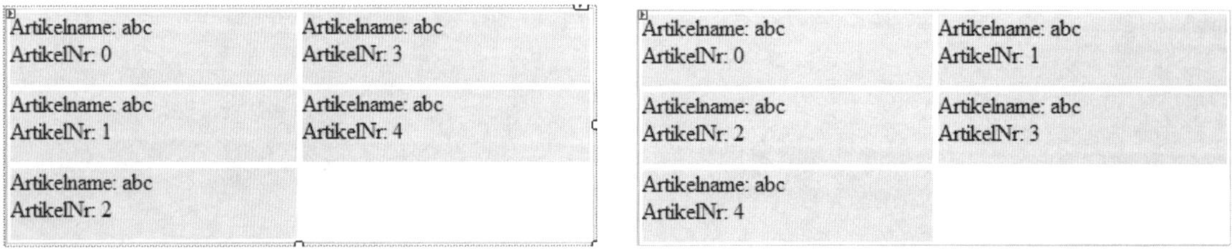

Abbildung 12.73 Auswirkung von *RepeatDirection*

Bearbeitungsfunktionen implementieren

Die Vorgehensweise ist in diesem Fall leider eine Mischung aus alten und neuen Technologien. Zum Ändern des Bearbeitungsmodus müssen Sie in die jeweiligen Templates Schaltflächen einfügen, die je nach Bedarf einen der folgenden Befehle implementieren (*CommandName*-Eigenschaft):

- *edit*
- *update*
- *cancel*
- *delete*
- *select*

HINWEIS Achten Sie darauf, in welches Template Sie welches Command einfügen!

Damit ist es allerdings noch nicht getan, lösen doch diese Zuordnungen »lediglich« die entsprechenden Ereignisse (z.B. *EditCommand* ...) aus. Mit diesen Ereignissen müssen Sie dann die eigentlichen Aktionen anstoßen.

BEISPIEL

Edit-Modus setzen

```
Protected Sub DataList1_EditCommand(ByVal source As Object, _
                              ByVal e As DataListCommandEventArgs) Handles DataList1.EditCommand
    DataList1.EditItemIndex = e.Item.ItemIndex
    DataList1.DataBind()
End Sub
```

BEISPIEL

Cancel auslösen

```
Protected Sub DataList1_CancelCommand(ByVal source As Object, _
                ByVal e As System.Web.UI.WebControls.DataListCommandEventArgs) _
                                                              Handles DataList1.CancelCommand
     DataList1.EditItemIndex = -1
     DataList1.DataBind()
End Sub
```

BEISPIEL

Update auslösen

```
Protected Sub DataList1_UpdateCommand(ByVal source As Object, _
                                ByVal e As DataListCommandEventArgs) _
                                             Handles DataList1.UpdateCommand
    AccessDataSource1.UpdateParameters("Artikelnr").DefaultValue = _
                                   DataList1.DataKeys(e.Item.ItemIndex).ToString()
    AccessDataSource1.UpdateParameters("Artikelname").DefaultValue = _
                  (DirectCast(e.Item.FindControl("TextBox1"), TextBox)).Text
    AccessDataSource1.Update()
    DataList1.EditItemIndex = -1
    DataList1.DataBind()
End Sub
```

HINWEIS Haben Sie die Update-Parameter direkt mit den entsprechenden Eingabe-Controls verbunden, können Sie natürlich auf die obige umständliche Zuweisung verzichten. Gleiches gilt für die Delete-Parameter.

BEISPIEL

Delete auslösen

```
Protected Sub DataList1_DeleteCommand(ByVal source As Object, _
                 ByVal e As DataListCommandEventArgs) Handles DataList1.DeleteCommand
    AccessDataSource1.DeleteParameters("CategoryID").DefaultValue = _
                                    DataList1.DataKeys(e.Item.ItemIndex).ToString
    AccessDataSource1.Delete()
    DataList1.DataBind()
End Sub
```

BEISPIEL

Select auslösen

```
Protected Sub DataList1_SelectedIndexChanged(ByVal sender As Object,
                   ByVal e As EventArgs) Handles DataList1.SelectedIndexChanged
    DataList1.DataBind()
End Sub
```

Möglicherweise überkommen Sie jetzt zwiespältige Erinnerungen an die Programmierung des alten *DataGrid*, aber anders geht es leider nicht.

Repeater

Auch bei diesem Control werden Sie zunächst mit einem der schönen grauen Kästen konfrontiert.

Repeater - Repeater2
Wechselt zur Quellansicht, um die Vorlagen des Steuerelements zu bearbeiten.

Abbildung 12.74 Entwurfsansicht des *Repeater*-Controls

»Zunächst« ist eigentlich falsch ausgedrückt, denn es bleibt im Wesentlichen dabei, eine visuelle Unterstützung haben Sie bei diesen Control, das ein Template für alle vorhandenen Datensätze abarbeitet, leider nicht. Doch keine Sorge, mit einigen HTML-Kenntnissen und dem Wissen des vorhergehenden Kapitels kommen Sie auch hier weiter.

Wechseln Sie also, wie im Control angegeben, in die Quellcode-Ansicht (HTML-Code) und geben Sie folgende Elemente ein, um eine einfache Artikelliste auszugeben:

```
<asp:Repeater ID="Repeater1" runat="server" DataSourceID="AccessDataSource1">
  <ItemTemplate>
    Artikel: <%#Eval("Artikelname")%>
  </ItemTemplate>
</asp:Repeater>
```

Das Resultat ist folgender Datenwust:

Artikel: Chai Artikel: Chang Artikel: Aniseed Syrup Artikel: Chef Anton's Cajun Seasoning Artikel: Chef Anton's Gumbo Mix Artikel: Grandma's Boysenberry Spread Artikel: Uncle Bob's Organic Dried Pears Artikel: Northwoods Cranberry Sauce Artikel: Mishi Kobe Niku Artikel: Ikura Artikel: Queso Cabrales Artikel: Queso Manchego La Pastora Artikel: Konbu Artikel: Tofu Artikel: Genen Shouyu Artikel: Pavlova

Abbildung 12.75 Beispielausgabe

Wie Sie sehen, müssen Sie sich jetzt um alles selbst kümmern, dies betrifft auch Zeilenumbrüche, Textformatierungen etc. Mit etwas gutem Willen können wir aber schnell noch einige Verbesserungen realisieren.

BEISPIEL

Fettschrift, Leerzeichen und Zeilenumbruch

```
<asp:Repeater ID="Repeater1" runat="server" DataSourceID="AccessDataSource1">
   <ItemTemplate>
       <b>Artikel:</b> <%#Eval("Artikelname")%><br/>
   </ItemTemplate>
</asp:Repeater>
```

Und das sollte dabei herauskommen:

Artikel: Chai
Artikel: Chang
Artikel: Aniseed Syrup
Artikel: Chef Anton's Cajun Seasoning
Artikel: Chef Anton's Gumbo Mix
Artikel: Grandma's Boysenberry Spread
Artikel: Uncle Bob's Organic Dried Pears
Artikel: Northwoods Cranberry Sauce
Artikel: Mishi Kobe Niku

Abbildung 12.76 Repeater mit HTML-Formatierungen

An dieser Stelle wollen wir aber unseren Ausflug in die Untiefen der HTML-Programmierung lieber abbrechen und stattdessen auf die zahlreiche Literatur zum Thema verweisen.

Datenbindung mit einfachen Server-Controls

Label/TextBox

Das *Label*, wie auch die *TextBox*, lässt sich mit wenig Aufwand an eine Datenquelle binden. Voraussetzung ist allerdings, dass sich das Label in einer gebundenen *FormView* oder einem der bereits erwähnten Templates befindet.

```
<asp:FormView ID="FormView1" runat="server"
              DataSourceID="AccessDataSource2" DataMember="DefaultView">
    <ItemTemplate>
        <asp:Label ID="Label4" runat="server"
                   Text='<%# Eval("Description") %>'></asp:Label>
    </ItemTemplate>
</asp:FormView>
```

Abbildung 12.77 Bindung an das Feld *Description*, die Datenquelle wird durch das *FormView*-Control bestimmt

Verwenden Sie die *Eval*-Funktion, handelt es sich um einen reinen Lesezugriff, mit *Bind* können Sie auch einen Schreibzugriff realisieren, was sicher nur im Zusammenhang mit der *TextBox* einen Sinn macht. Beide Funktionen sowie weitere Optionen lassen sich über einen Assistenten (Aufgabenmenü) komfortabel zuweisen.

Alternativ können Sie das *Label* zum Beispiel auch an eine Variable binden.

BEISPIEL

Variablendefinition und Aufruf der *Bind*-Methode

```
...
  Public MeineVariable As String = "Hallo User"

    Protected Sub Page_Load(ByVal sender As Object, ByVal e As EventArgs)
        If Not Page.IsPostBack Then
            Label5.DataBind()
        End If
  ...
```

Die *Label*-Eigenschaften:

```
<asp:Label ID="Label5" runat="server" Text="<%# MeineVariable %>"
           Font-Bold="True"></asp:Label>
```

CheckBoxList, BulletList, RadioButtonList, DropDownList, ListBox

Die »großen Brüder« von *CheckBox* und *RadioButton* bieten bereits eine komplett formatierte Liste mit fertiger Gruppierung für die Anzeige logischer Zustände.

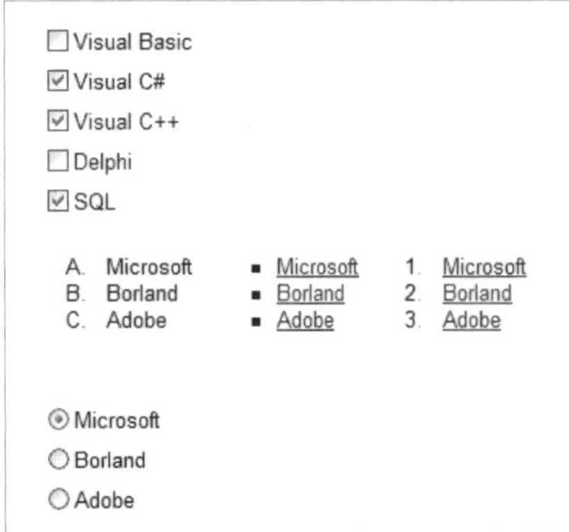

Abbildung 12.78 *CheckBoxList*, *BulletList* und *RadioButtonList*

Obige Abbildung zeigt u.a. einige Formatierungsmöglichkeiten für die *BulletList*. So ist zum Beispiel mittels Datenbindung eine einfache Link-Liste realisierbar, die Zieladresse wird nach einem Klick automatisch angesprungen.

Datenbindung

Im Unterschied zu *TextBox* und *Label* ist die Datenbindung auch ohne die Verwendung einer *FormView* möglich:

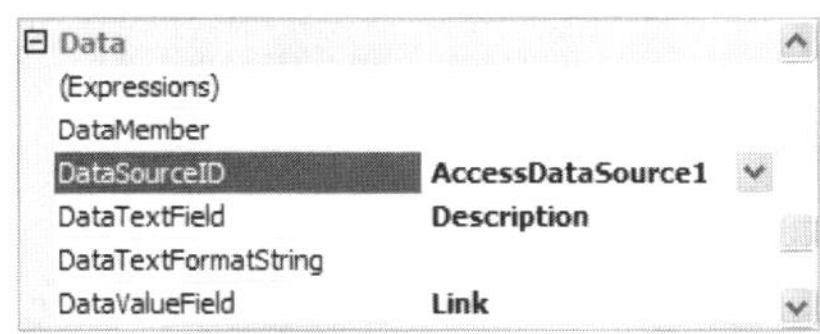

Abbildung 12.79 Zuweisen der Datenbindung über *DataSourceId*, *DataTextField* und *DataValueField*

Dazu verfügen alle drei genannten Controls über die Eigenschaften *DataMember* (welche Tabelle), *DataSourceId* (Id der Datenquelle), *DataTextField* (die Beschriftung), *DataTextFormatString* (Beschriftung formatieren), *DataValueField* (der zurückgegebene Wert).

HINWEIS Wichtig ist in diesem Zusammenhang auch die Eigenschaft *AppendDataBoundItems* (*True/False*), die es ermöglicht, zu schon statisch vorhandenen Einträgen noch zusätzliche Einträge aus der Datenquelle hinzuzufügen. Dies ist recht nützlich, wenn Sie zum Beispiel einen Leerstring zuweisen wollen.

BEISPIEL

Leerstring als zusätzlichen Eintrag zuweisen

Beim ersten Aufruf einen neuen Eintrag einfügen:

```
Protected Sub Page_Load(ByVal sender As Object, ByVal e As EventArgs)
    If Not Me.IsPostBack Then
        DropDownList1.Items.Clear()
        DropDownList1.AppendDataBoundItems = True
        DropDownList1.Items.Add(New ListItem("-Kein-", "", True))
    End If
End Sub
```

Die Anzeige des gewählten Eintrags:

```
Protected Sub DropDownList1_SelectedIndexChanged(ByVal sender As Object, _
                  ByVal e As System.EventArgs) Handles DropDownList1.SelectedIndexChanged
    Response.Write(DropDownList1.SelectedValue)
End Sub
```

Für die Datenbindung sorgen Sie am besten per Aufgabenmenü:

```
<asp:DropDownList ID="DropDownList1" runat="server" AppendDataBoundItems="True"
      DataSourceID="SqlDataSource1" DataTextField="Artikelname" DataValueField="ArtikelNr"
      AutoPostBack="True" OnSelectedIndexChanged="DropDownList1_SelectedIndexChanged">
</asp:DropDownList></div>
```

Die *DropDownList* in Aktion:

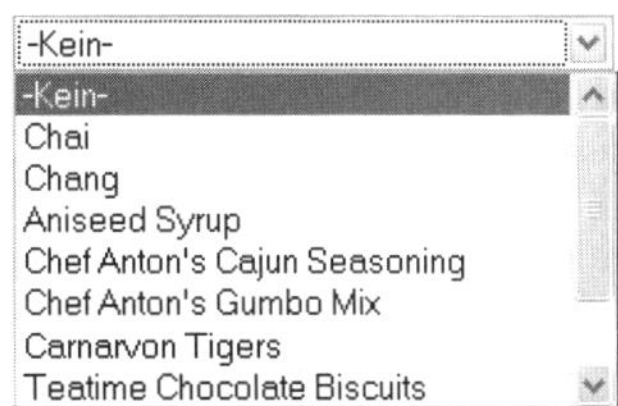

Abbildung 12.80 Laufzeitansicht der *DropDownList*

Auch die gute alte *ListBox* lässt sich ohne Probleme an eine DataSource binden. Einzige Besonderheit ist das Auslesen der Einträge wenn *SelectionMode* auf *Multiple* aktiviert ist. In diesem Fall helfen Ihnen *SelectedValue* oder *SelectedIndex* nicht weiter, beide liefern nur den jeweils ersten markierten Wert.

BEISPIEL

Bestimmen der markierten Einträge

```
Private Sub Button1Click(ByVal sender As Object, ByVal e As System.EventArgs)
```

GetSelectedIndices liefert eine Liste der markierten *ListBox*-Einträge (Index innerhalb der Liste):

```
    Dim sel As Integer() = ListBox1.GetSelectedIndices()
    For Each i As Integer In sel
      Response.Write(i.ToString() & " : " & ListBox1.Items(i).Value & "<br>")
    Next
End Sub
```

Hierarchische Datenanzeige mit dem TreeView-Control

Mit Visual Studio 2005 steht endlich auch ein *TreeView*-Steuerelement zur allgemeinen Verfügung. Nutzer der Vorgängerversion waren noch darauf angewiesen, eine nicht unterstützte Komponente von der Microsoft-Webseite herunterzuladen. Doch zum Schluss wird alles gut und auch die ASP.NET-Programmierer können jetzt von diesem vielfach nachgefragten Control Gebrauch machen.

Über Sinn und Zweck dieses Steuerelements brauchen wir sicher nicht lange zu philosophieren, wesentlichste Aufgabe ist die hierarchische Darstellung von Informationen. Ob Sie das Control zur Navigation zwischen einzelnen Abfragen (QueryString) oder für die reine Programmsteuerung nutzen, bleibt Ihnen überlassen.

Wie auch beim *Menu*-Steuerelement können Sie das Control mit oder ohne Datenbindung betreiben. Geht es beispielsweise um die statische Darstellung der SiteMap, binden Sie das Control einfach an ein *SiteMapDataSource*-Control.

- News
  - Heute
  - Letzte Woche
    - Montag
    - Dienstag
    - Mittwoch
    - Donnerstag
    - Freitag
    - Samstag
    - Sonntag
  - Downloads

Abbildung 12.81 *TreeView* an *SiteMapDataSource*-Control gebunden

Auch hier steht Ihnen automatisch der URL für die Navigation zur Verfügung, eine Programmierung ist nicht erforderlich.

BEISPIEL

Geht es darum, zur Laufzeit Daten aus einer Datenquelle einzufügen, können Sie ebenfalls den bereits gezeigten Weg gehen, sinnvollerweise verwenden Sie zur Datenabfrage einen *DataReader*.

```
If Not IsPostBack Then
    Dim conn As New OleDbConnection(Connstr)
    Dim cmd As New OleDbCommand("SELECT * FROM Artikelgruppen", conn)
    conn.Open()
    Dim dr As OleDbDataReader = cmd.ExecuteReader()
    While dr.Read()
        Dim tn As TreeNode = New TreeNode()
        tn.Text = dr("Name").ToString
        tn.Value = dr("id").ToString
        TreeView1.Nodes(0).ChildNodes.Add(tn)
    End While
    dr.Close()
    conn.Close()
End If
```

Doch wir haben ja mittlerweile auch typisierte DataSets, dann wollen wir diese auch nutzen.

BEISPIEL

Einlesen der *TreeView*-Daten aus einem typisierten DataSet

```
Public Partial Class Beispiel_TreeView
Inherits System.Web.UI.Page

    Private taMitarbeiter As New FirmaTableAdapters.MitarbeiterTableAdapter()

    Private taTelefone As New FirmaTableAdapters.TelefonTableAdapter()

    Private myFirma As New Firma()

    Protected Sub Page_Load(ByVal sender As Object, ByVal e As EventArgs)
        taMitarbeiter.Fill(myFirma.Mitarbeiter)
        taTelefone.Fill(myFirma.Telefon)
    End Sub

    Protected Sub Button1_Click(ByVal sender As Object, ByVal e As EventArgs)
```

Alle Einträge löschen:

```
        TreeView1.Nodes.Clear()
```

Einen Root-Knoten hinzufügen:

```
        TreeView1.Nodes.Add(New TreeNode("Mitarbeiter"))
```

Für alle Mitarbeiter einen Knoten erzeugen:

```
        For Each row As Firma.MitarbeiterRow In myFirma.Mitarbeiter
            Dim tn As TreeNode = New TreeNode()
            tn.Text = row.Vorname & " " & row.Nachname
            tn.Value = row.Id.ToString()
            tn.PopulateOnDemand = True
```

```
            TreeView1.Nodes(0).ChildNodes.Add(tn)
        Next
    End Sub
```

HINWEIS Wer obiges Beispiel gut durchgearbeitet hat, wird sicher auch bemerkt haben, dass wir den Primärschlüssel in der *Value*-Eigenschaft des jeweiligen Knotens gespeichert haben.

Doch nicht in jedem Fall möchte man umfangreiche hierarchische Strukturen gleich komplett in die *TreeView* einlesen (z.B. Verzeichnisse). Dafür bietet sich ein ereignisorientierter Ansatz mit dem Event *TreeNodePopulate* an.

BEISPIEL

Aufbauend auf dem vorhergehenden Beispiel möchten wir für jeden Mitarbeiter die Detaildaten (Telefonnummern) anzeigen. Voraussetzung für das Auslösen des *TreeNodePopulate-Ereignisses* ist, dass die *PopulateOnDemand*-Eigenschaft auf *True gesetzt* wurde.

Der Ereigniscode wird durch das Expandieren des entsprechenden *TreeNode* ausgelöst:

```
Protected Sub TreeView1_TreeNodePopulate(ByVal sender As Object, ByVal e As TreeNodeEventArgs)
    Dim rows As Data.DataRow() = myFirma.Telefon.[Select]("MitarbeiterId=" & e.Node.Value)
    For Each row As Firma.TelefonRow In rows
        Dim tn As TreeNode = New TreeNode()
        tn.Text = "Telefon: " & row.Nummer
        e.Node.ChildNodes.Add(tn)
    Next
End Sub
```

Die Auswahl des Nutzers können Sie über das *SelectedNodeChanged*-Ereignis auswerten:

```
Protected Sub TreeView1_SelectedNodeChanged(ByVal sender As Object, ByVal e As EventArgs)
    Label1.Text = TreeView1.SelectedNode.Text
End Sub
```

Die Ausgabe:

Paul Walter
Mitarbeiter
Thomas Gewinnus
Telefon: 12345678
Telefon: 666666
Paul Walter
Otto Hagel
Heinz Berger
Telefon: 446464
Telefon: 119

Abbildung 12.82 Die Ausgabe unseres Beispiels

Auch dieses Control bietet eine schon fast unüberschaubare Fülle an Eigenschaften, die wir an dieser Stelle beim besten Willen nicht alle vorstellen können.

Eingabeprüfung mit den Validator-Controls

Bei unseren bisherigen Experimenten sind wir vom Idealfall des Webanwenders ausgegangen: ein Nutzer, der immer alle Felder korrekt ausfüllt, keine falschen Werte eingibt und auch logisch alles richtig macht. Leider werden wir im täglichen Programmiererdasein häufig auf DAUs[1] treffen, die mit traumwandlerischer Sicherheit genau die Fehler machen, auf die unsere Anwendung nicht vorbereitet ist.

In weiser Voraussicht haben die MS-Programmierer ein recht wirkungsvolles Werkzeug für die Eingabeprüfung entwickelt: die Validator-Controls.

Übersicht

Mit Hilfe der Validator-Controls bietet sich Ihnen eine einfache und vor allem flexible Möglichkeit, Benutzereingaben zu überprüfen. Neben einfachen Regeln, wie das Vorhandensein eines Eintrags, können Sie auch komplexe Vergleiche oder nutzerdefinierte Regeln realisieren.

Ein Validator-Control wird immer einem Eingabe-Control zugeordnet. Im Gegensatz dazu lassen sich einem Eingabe-Control auch mehrere Validator-Controls zuweisen. Zum Beispiel können Sie zunächst auf das Vorhandensein einer Kreditkartennummer prüfen, nachfolgend können Sie diese logisch prüfen.

Auf der »Validierung«-Seite der Toolbox finden sich folgende Validator-Controls:

Control	Beschreibung
RequiredFieldValidator	Verknüpfen Sie dieses Control mit einer *TextBox*, muss diese einen Inhalt haben, bevor ein Post erfolgt
CompareValidator	Dieses Control ermöglicht den Vergleich (=, >, <, >=, <=, <>) eines Eingabewertes mit einem Vorgabewert, der als Konstante oder Vergleichsfeld vorliegt
RangeValidator	Der Inhalt des Controls muss mit einem vorgegebenen Bereich übereinstimmen
RegularExpressionValidator	Der Inhalt des zu überwachenden Controls wird auf Basis eines regulären Ausdrucks geprüft
CustomValidator	Dieses Control können Sie verwenden, wenn Sie mit den bisher vorgestellten Controls nicht die gewünschte Prüfung vornehmen können. Sie können eine eigene Ereignisbehandlung realisieren.
ValidationSummary	Dieses Control fasst lediglich die Meldungen der o.g. Controls zusammen.

Tabelle 12.3 Übersicht Validator-Controls

Wo findet die Fehlerprüfung statt?

Grundsätzlich erfolgt die Prüfung der eingegebenen Daten auf dem Server und zwar mit den Regeln, die durch die Validator-Controls aufgestellt worden sind.

Je nach Typ des Browsers[2] kann auch eine erste Prüfung auf dem Client erfolgen, um unnötige Datenübertragungen zwischen Client und Server zu vermeiden. Dieses Feature wird mit der Eigenschaft *EnableClientScript* aktiviert, die Überprüfung auf Browsertyp und Browsereignung nehmen die Controls automa-

[1] dümmster anzunehmender User

[2] Wie bei Microsoft nicht anders zu erwarten, natürlich der Internet Explorer.

tisch vor. Da bei diesem Verfahren zunächst keine Abfrage zum Server gesendet wird, ist ein besseres Antwortverhalten zu erwarten.

HINWEIS Beachten Sie jedoch, dass eine endgültige Prüfung in jedem Fall auf dem Server erfolgt, egal ob die Prüfung auf dem Client bereits erfolgreich war[1].

Die Möglichkeit, Prüfungen unabhängig vom Browsertyp und dessen Fähigkeiten durchzuführen, dürfte die Entwicklung robuster Eingabemasken wesentlich vereinfachen.

Verwendung

Alle Validator-Controls sind zur Laufzeit zunächst unsichtbar, tappt der Nutzer jedoch in die von uns aufgestellte Falle und versucht, einen fehlerhaften Eingabewert an den Server zu senden, erscheint die gewünschte Fehlermeldung im Validator-Control (so wie Sie diese zur Entwurfszeit festgelegt haben).

Ein erster Test zeigt die Vorgehensweise: Platzieren Sie ein *RequiredFieldValidator*-Control auf dem Form und verbinden Sie dieses mit einer *TextBox*.

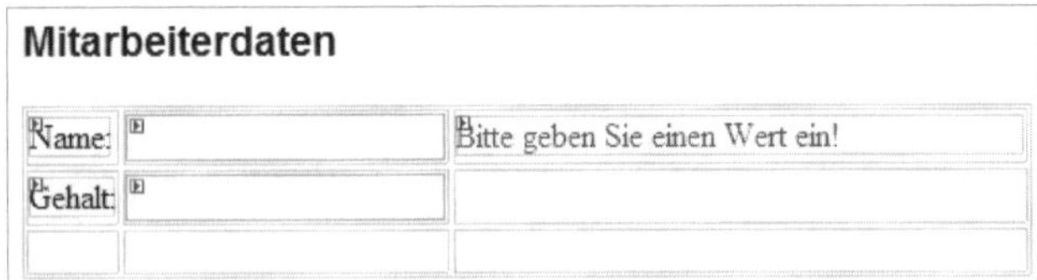

Abbildung 12.83 Entwurfsansicht

Dazu genügt es, wenn Sie die Eigenschaft *ControlToValidate* auf das gewünschte Control festlegen. Wo Sie das Control platzieren ist vollkommen egal, Sie sollten den Fehler jedoch nicht zwanzig Zeilen weiter unten anzeigen, wo der Anwender mit der Mitteilung nichts anzufangen weiß.

Den Fehlertext können Sie mit Hilfe der Eigenschaft *ErrorMessage* festlegen. Weitere Gestaltungsmöglichkeiten bieten sich mit den allgemeinen Eigenschaften wie *Font*, *ForeColor* etc. an.

Starten Sie die Anwendung, um sich von der Funktionstüchtigkeit zu überzeugen. Zunächst ist kein Unterschied festzustellen, versuchen Sie jedoch die Berechnung zu starten bzw. die Formulareingaben zum Server zu senden, wird die vordefinierte Fehlermeldung angezeigt:

Abbildung 12.84 Laufzeitansicht

Geben Sie nun einen Text in die Textbox ein und versuchen Sie erneut Ihr Glück, so verschwindet die Fehlermeldung von allein.

Natürlich vereinfacht die Tatsache, dass Eingabewerte nach einem erneuten Anzeigen der Seite bestehen bleiben, die Programmierung derartiger Prüfungen wesentlich. Wer möchte schon nach dem Ausfüllen von 10 oder 20 Feldern alles noch einmal eingeben, nur weil vielleicht ein einziger Wert falsch ist?

[1] Hiermit sollen clientseitige Manipulationsmöglichkeiten ausgeschlossen werden.

HINWEIS Im Zusammenhang mit der Verwendung von Validator-Controls sollten Sie *AutoPostBack* besser auf *False* stellen!

Auf die Besonderheiten der verschiedenen Controls wird in den folgenden Abschnitten im Detail eingegangen.

RequiredFieldValidator

Diese Komponente haben Sie ja bereits im vorhergehenden Beispiel kennen gelernt. Die Aufgabe des *RequiredFieldValidators* besteht in der Prüfung, ob sich überhaupt ein Wert im zu überwachenden Control (z.B. *TextBox*) befindet. Ist dies nicht der Fall, wird der mit *ErrorMessage* festgelegte Text ausgegeben.

Doch was hat es mit der Eigenschaft *InitialValue* auf sich? Die Antwort findet sich beispielsweise bei einer *DropDownList*, die ja bereits beim Laden der Seite den ersten Wert anzeigt. Möchten Sie dass der Nutzer einen anderen Wert auswählen muss, geben Sie den ersten Wert (Defaultwert) der *DropDownList* als *InitialValue* für den Validator vor.

HINWEIS Hier ist auch ist die Eigenschaft *AppendDataBoundItems* sinnvoll nutzbar, der Defaultwert wird per Code eingefügt, die eigentlichen Einträge kommen aus der Datenbank.

BEISPIEL

Mit einer *DropDownList* soll eine Sprache ausgewählt werden. Zulässig sind nur die drei letzten Auswahlpunkte:

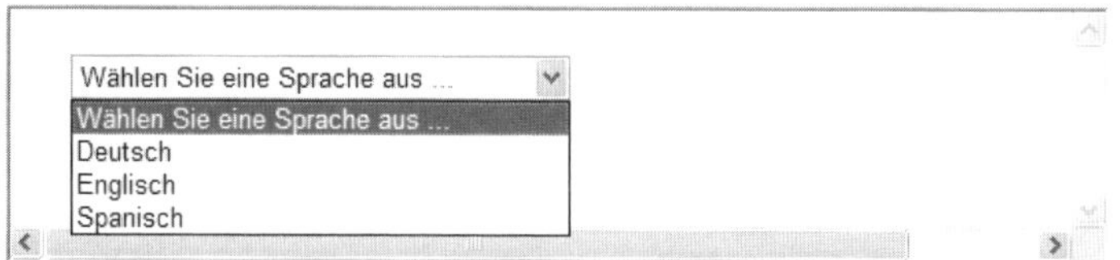

Abbildung 12.85 DropDownList mit *InitialValue*

Wählt der Nutzer keinen anderen Wert aus, tritt das *Validator*-Control in Aktion:

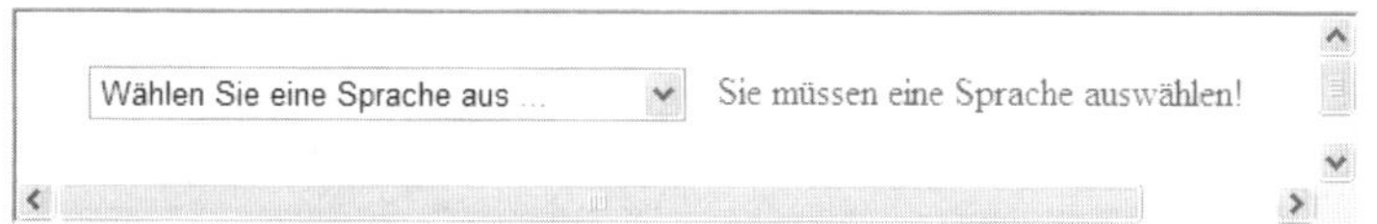

Abbildung 12.86 Fehler bei Auswahl des ersten Eintrags

CompareValidator

Mit dem *CompareValidator* lassen sich bereits wesentlich komplexere Regeln aufstellen. Das Grundprinzip ist hier ein Vergleich mit konstanten Werten, einem anderen Feld oder mit einem Datentyp.

Die wichtigsten Eigenschaften listet die Tabelle 12.1 auf.

Eigenschaft	Beschreibung
ControlToCompare	(optional) ein Control, mit dem der Vergleich erfolgen soll
ControlToValidate	das zu überwachende Control
Operator	der verwendete Vergleichsoperator
Type	(optional) ein vorgegebener Datentyp
ValueToCompare	(optional) ein konstanter Vergleichswert

Tabelle 12.4 Wichtige Eigenschaften

Wert	Beschreibung
Equal	gleich
GreaterThan	größer
GreaterThanEqual	größer gleich
LessThan	kleiner
LessThanEqual	kleiner gleich
NotEqual	ungleich
DataTypeCheck	nur Datentypvergleich (*Integer*, *String*, *Double*, *Currency*, *Date*)

Tabelle 12.5 Über die *Operator*-Eigenschaft können Sie einen der obigen Werte auswählen

BEISPIEL

Sie möchten die Eingabe einer Jahreszahl auf einen Wert größer 2001 festlegen. Platzieren Sie ein *CompareValidator*-Control neben dem Eingabefeld für die Jahreszahl und verknüpfen Sie die beiden Controls über die *ControlToValidate*-Eigenschaft.

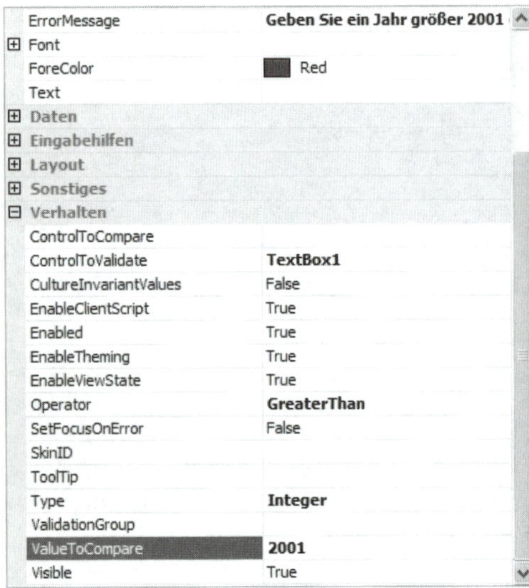

Abbildung 12.87 Die zu setzenden Eigenschaften

Nachfolgend legen Sie die Eigenschaft *Operator* auf *GreaterThan* fest. In der Eigenschaft *ValueToCompare* bringen Sie den Vergleichswert »2001« unter. Was noch bleibt ist das Festlegen einer geeigneten Fehlermeldung mittels *ErrorMessage*.
Ein kurzer Test mit der Eingabe »2001« zeigt das gewünschte Ergebnis:

Abbildung 12.88 Laufzeitansicht des Beispiels

BEISPIEL

Bei der Eingabe im Feld »Betrag« soll es sich in jedem Fall um einen Währungswert handeln. Bisher erfolgt lediglich eine Prüfung, ob überhaupt etwas eingegeben wurde (ein Buchstabe genügt, um die Bedingung zu erfüllen).

Realisierung: Fügen Sie ein weiteres *CompareValidator*-Control ein und verknüpfen Sie dieses mit der gewünschten *TextBox*. Die Eigenschaft *Operator* legen Sie auf *DataTypeCheck* fest. Mit *Type* wählen Sie den Datentyp »Currency« aus.

Der Test mit einer Falscheingabe zeigt das gewünschte Ergebnis (die Bedingung »Eingabe erforderlich« ist zwar erfüllt, aber der Datentyp stimmt nicht):

Abbildung 12.89 Test auf Datentyp

Wie Sie sehen ist es kein Problem, einem Eingabe-Control mehrere Validator-Controls zuzuordnen. Lediglich die Platzierung der Controls auf dem Web-Form dürfte im Laufe der Zeit recht unübersichtlich werden. Abhilfe schafft das *ValidationSummary*-Control, auf das wir noch zu sprechen kommen werden.

RangeValidator

Mit dem *RangeValidator* kann, wie es der Name schon vermuten lässt, ein Eingabewert auf Einhaltung eines bestimmten Wertebereichs geprüft werden.

Legen Sie zunächst den Datentyp mit der *Type*-Eigenschaft fest. Dies ist wichtig, da es natürlich einen Unterschied zwischen *String*- und *Integer*-Bereichen gibt.

Den eigentlichen Bereich stellen Sie mit den Eigenschaften *MinimumValue* und *MaximumValue* ein. Der Eingabewert muss dann größer gleich dem Minimum und kleiner gleich dem Maximum sein.

BEISPIEL

Eine Anwendung soll lediglich die Eingabe von Laufzeiten zwischen 1 und 15 Jahren zulassen. Wie Sie die Eigenschaften festlegen müssen, zeigt die folgende Abbildung:

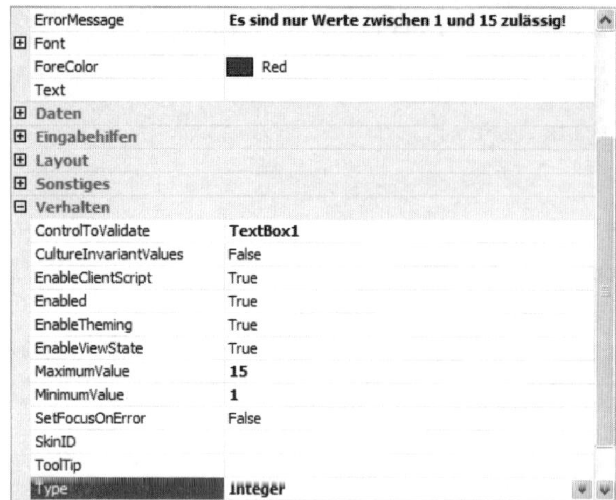

Abbildung 12.90 Festlegen eines Wertebereichs

RegularExpressionValidator

Wem die bisherigen Möglichkeiten der Prüfung von Eingabewerten nicht ausreichen, der findet sicher bei den regulären Ausdrücken das Gewünschte. Mit Hilfe einer Beschreibungssprache (Steuerzeichen, Platzhalter etc.) können quasi Masken für Eingabewerte erstellt werden.

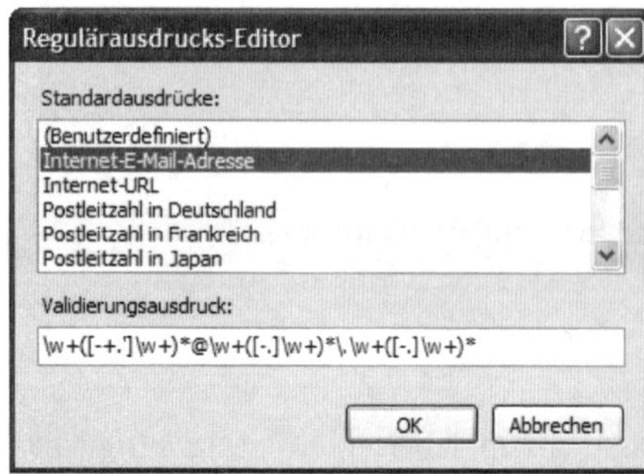

Abbildung 12.91 Vordefinierte Ausdrücke

Prominente Beispiele sind Ihnen sicher schon auf mehreren Webseiten begegnet:

- E-Mail-Adressen
- Web-Adressen
- Kreditkartennummern
- Telefonnummern (mit nationaler bzw. internationaler Vorwahl)
- Postleitzahlen …

Derjenige für den das alles »böhmische Dörfer« sind, sollte sich einmal die Beispiele ansehen, die über den *ValidationExpression*-Eigenschaftseditor bereitgestellt werden.

HINWEIS Mehr zu den Hintergründen und der verwendeten Syntax finden Sie in der MSDN-Library unter dem Stichwort ».NET Framework Regular Expressions«.

CustomValidator

Fehlte Ihnen bisher die Möglichkeit, selbst Hand anzulegen? Wenn ja, sind Sie genau hier richtig.

Der *CustomValidator* bietet Ihnen zwei grundsätzliche Prüfungsmöglichkeiten, die Sie durch eigene Routinen realisieren können:

- serverseitige Validierung
- clientseitige Validierung

Während bei der ersten Variante ein Ereignis auf dem Server ausgelöst wird und Sie wie gewohnt mit Visual Basic programmieren können, lässt die zweite Variante Erinnerungen an alte Zeiten aufkommen. Sie erzeugen ein clientseitiges Skript (VBScript, JavaScript) mit allen Unwägbarkeiten, die damit zusammenhängen.

Clientseitige Validierung

Ihre Client-Validierungsfunktion hat einige Grundanforderungen zu erfüllen. So hat die Funktion zwei Parameter (*source* und *args*) zur Verfügung zu stellen. Zusätzlich muss ein bool'scher Rückgabewert realisiert werden.

BEISPIEL

Testen, ob ein Wert kleiner 10 eingegeben wurde

Die Konfiguration des *CustomValidator*-Controls:

```
...
  <asp:CustomValidator ID="CustomValidator1" runat="server"
                       ClientValidationFunction="AllesOk"
                       ErrorMessage="Zahl kleiner 10 eingeben!"
                       ControlToValidate="TextBox1"></asp:CustomValidator>
```

Die JavaScript-Funktion am Ende der ASPX-Seite:

```
...
</body>
<script language=javascript>
<!--
    function AllesOk(source, args)
    {
      args.IsValid = (parseInt(args.Value) < 10);
    }
// -->
</script>
</html>
```

HINWEIS Ganz nebenbei könnten Sie natürlich per Client-Script auch Dialogboxen einblenden.

Serverseitige Validierung

Wie von einer ereignisgesteuerten Programmierung wohl nicht anders zu erwarten ist, müssen Sie folgenden Eventhandler zur Verfügung stellen:

```
    Protected Sub CustomValidator1_ServerValidate(ByVal source As Object, ByVal args _
                          As System.Web.UI.WebControls.ServerValidateEventArgs) Handles _
                                                 CustomValidator1.ServerValidate
    End Sub
```

Über den Parameter *args* haben Sie zum einen Zugriff auf den Inhalt des zu überwachenden Controls (*args.Value*-Eigenschaft), zum anderen bestimmen Sie mit *args.IsValid*, ob die Prüfung erfolgreich war oder auch nicht.

BEISPIEL

Wir möchten ein Eingabefeld prüfen, es soll sich um einen numerischen Wert handeln, der nicht größer als 10,4 und nicht kleiner als 0,5 ist.

Realisierung: Platzieren Sie einen *CustomValidator* neben dem Eingabefeld für den Zinssatz und verbinden Sie die beiden Controls miteinander über die *ControlToValidate*-Eigenschaft. Nachfolgend klicken Sie doppelt auf das *CustomValidator*-Control, um die Ereignisprozedur zu erstellen:

```
Private Sub CustomValidator1_ServerValidate(ByVal source As System.Object, _
          ByVal args As System.Web.UI.WebControls.ServerValidateEventArgs) _
                                      Handles CustomValidator1.ServerValidate
   Dim n As Single = Nothing
```

Zunächst prüfen wir den Datentyp:

```
     Try
         n = CSng(args.Value)
     Catch
         args.IsValid = False
         Exit Sub
     End Try
```

Danach den Wertebereich:

```
     args.IsValid = (n >= 0.5) And (n <= 10.4)
End Sub
```

HINWEIS Testen Sie das Beispiel wie oben angegeben, passiert nichts bzw. es wird ein Fehler auftreten.

Im Gegensatz zu den anderen Validator-Controls, die bereits auf dem Client die entsprechenden Prüfungen vornehmen, erfolgt die Prüfung auf dem Server. Doch leider funktioniert die *AutoPostBack*-Funktion in diesem Fall nicht wie vorgesehen, die Ereignismethode wird nicht ausgelöst.

Erst mit dem Klick auf den *Button* wird auch das Ereignis ausgelöst, was allerdings etwas spät erfolgt, da wir nun bereits das zweite Formular anzeigen wollen. Deshalb müssen Sie eine weitere Prüfung beim *Button_Click* vornehmen:

```
Private Sub Button2_Click(ByVal sender As System.Object, ByVal e As System.EventArgs) _
                                                           Handles Button2.Click
   If Page.IsValid Then
...
   End If
End Sub
```

Jetzt klappt es auch mit der Prüfung, der Fehlertext wird korrekt angezeigt.

Gleichzeitig haben Sie auch einen weiteren Weg kennen gelernt, wie Sie den Fehlerstatus in Ereignisprozeduren abfragen können.

HINWEIS Ein wichtiges Anwendungsgebiet für das *CustomValidator*-Control dürften Abfragen in Datenbanken oder Verzeichnissen sein (z.B. Passwort/Name etc.).

ValidationSummary

Wem die bisherigen Varianten etwas zu unübersichtlich waren und wer an einer zentralen Anzeige der Eingabefehler interessiert ist, der sollte sich das *ValidationSummary*-Control näher anschauen.

Mit diesem Control werden selbst keinerlei Regeln definiert, Sie müssen das Control noch nicht einmal an die anderen Controls binden. *ValidationSummary* zeigt lediglich die Fehlermeldungen der anderen Validation-Controls in einer übersichtlichen Form an.

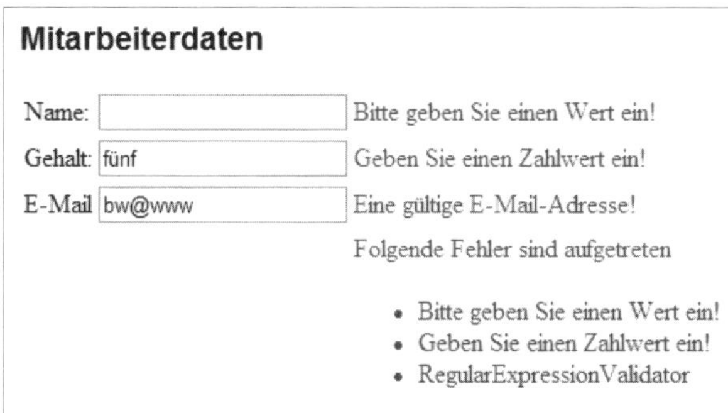

Abbildung 12.92 *ValidationSummary* (rechts unten)

Mit der Eigenschaft DisplayMode steuern Sie, wie die Fehlerliste ausgegeben werden soll. Möglich sind die Werte List, BulletList, SingleParagraph. Weiterhin dürfte HeaderText von Interesse sein, damit legen Sie einen einführenden Text vor den eigentlichen Fehlermeldungen fest.

ShowMessageBox ermöglicht Ihnen die zusätzliche clientseitige Anzeige eines Meldungsfensters:

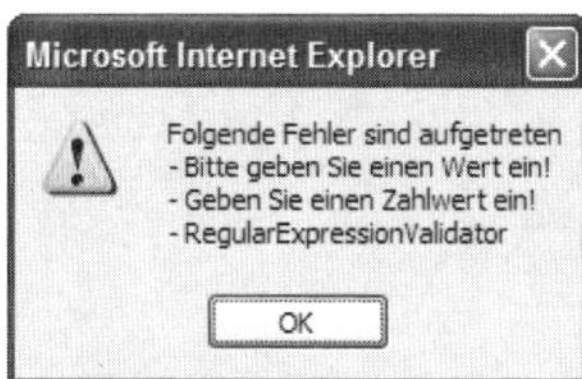

Abbildung 12.93 MessageBox mit den Fehlermeldungen

HINWEIS Reicht Ihnen obige MessageBox, können Sie mit *ShowSummary=False* die eigentliche Anzeige der Fehler verhindern.

Weitere Möglichkeiten der Validation-Controls

Validierung zeitweise verhindern

Leider hat die konsequente Validierung auch ihre Schattenseiten. Stellen Sie sich den Fall vor, bei dem die Eingabe in ein Formular vom Nutzer abgebrochen werden soll. In Windows-Anwendungen fällt Ihnen jetzt sicher spontan der obligate Abbruch- oder Cancel-Button ein. Doch in Webanwendungen stehen Sie vor einem Problem: Jeder Klick auf einen Button hat auch eine Verbindung zum Server zur Folge, und dies wiederum führt unvermeidlich zu einer Fehlerprüfung, die zu diesem Zeitpunkt überflüssig ist.

Aus diesem Grund verfügen alle Controls, die eine automatische Verbindung zum Server auslösen, über die Eigenschaft *CausesValidation* (Default=*True*), mit der die Fehlerprüfung gezielt ein- bzw. ausgeschaltet werden kann.

ValidationGroup bilden

Neu in ASP.NET 2.0 ist die Möglichkeit, mehrere Validation-Controls zu einer logischen Gruppe zusammenzufassen. Es ist naheliegend, dass dabei die Eigenschaft *ValidationGroup* eine zentrale Rolle spielt. Gemeinsames Ausgabe-Control ist ein *ValidationSummary*-Steuerelement.

Eingabefokus setzen

Mit der Eigenschaft *SetFocusOnError* können Sie erreichen, dass nach einer fehlerhaften Eingabe der Fokus auf das betreffende Steuerelement gesetzt wird.

Reports in ASP.NET-Anwendungen verwenden

Neben der Ausgabe in Listenform mit Hilfe der Server-Controls (*GridView*, *Repeater* etc.) bietet sich mit den vorgefertigten Reports noch eine leistungsfähige Alternative an. Folgende Varianten sind denkbar:

- Anzeige eines Reports im *ReportViewer*-Control mit der Möglichkeit, diesen im XLS- oder PDF-Format zu exportieren
- direkte Anzeige von XLS- oder PDF-Dokumenten, die auf dem Server aus einem vorliegenden Report generiert wurden
- Anzeige eines Crystal Reports mit der Möglichkeit zum Export im RPT-, PDF-, DOC-, XLS- oder RTF-Format

Der Microsoft ReportViewer

Der *ReportViewer* ermöglicht das Rendern von Berichten sowohl im »local mode« (RDLC-Datei) als auch die Anzeige von Berichten, die von einem Report Server per »remote mode« geliefert werden.

Wenn von einem »ReportViewer« die Rede ist, sollten Sie dies ernst nehmen. Handelt es sich beim angezeigten Report um eine RDLC-Datei (local mode), ist ein Drucken aus dem Viewer heraus **nicht** möglich.

Auch wenn ein Drucken bei Server-basierten Reports theoretisch möglich ist, wird es wohl kaum in der von Microsoft angedachten Form verwirklicht werden. Der Grund ist die Verwendung eines ActiveX-Controls, dessen Ausführung in der heutigen Zeit wohl kaum noch einem Endanwender zugemutet werden kann, oder was würden Sie als unbedarfter PC-Nutzer bei folgendem Dialogfenster anklicken?

Abbildung 12.94 Warnung bei ActiveX-Installation

Eine Ausnahme dürften hier lediglich Intranets darstellen, in der Sie die Ausführung von ActiveX-Controls pauschal erlauben.

Aus o.g. Gründen betrachten Sie den *ReportViewer* wirklich als »Viewer« und nutzen Sie die angebotenen Exportmöglichkeiten im Excel- bzw. PDF-Format[1]. Drucken Sie dann aus diesen Anwendungen heraus den gewünschten Report.

Das Verbinden des ReportViewers mit der Reportdefinitionsdatei bzw. den eigentlichen Daten ist über das Aufgabenmenü in wenigen Sekunden realisiert, eine *ObjectDataSource* übernimmt bei lokalen Reports alle datenbankrelevanten Aufgaben.

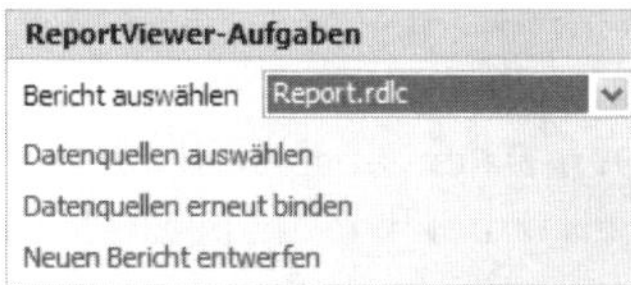

Abbildung 12.95 Auswahl von Report und Datenquellen über das Aufgabenmenü

Alternativ können Sie natürlich auch zur Laufzeit einen Report (*ReportViewer.LocalReport.ReportPath*) und dessen Datenquelle (*ReportViewer.LocalReport.DataSources*) zuordnen.

Handelt es sich um einen Bericht vom Reportserver, müssen Sie dessen Url und den Berichtspfad angeben:

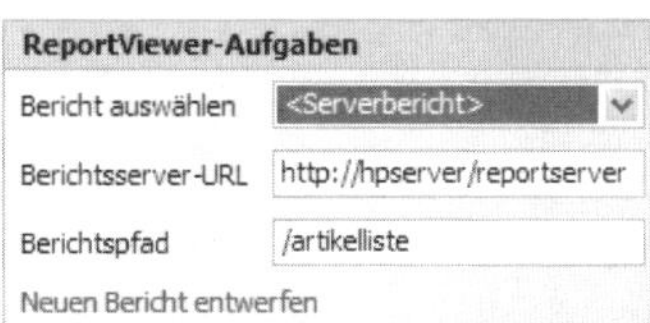

Abbildung 12.96 Aufgabenmenü bei einem Serverbericht

HINWEIS Da die Parameter für beide Reporttypen parallel gespeichert werden, entscheidet die Eigenschaft *ProcessingMode* über die Ausführungsart.

Wer befürchtet, viel Quellcode produzieren zu müssen, der sei beruhigt, im Normalfall ist keine Zeile Code nötig, um den Report auf den Bildschirm zu bringen.

[1] Handelt es sich um einen Reportserver-Bericht, können Sie zusätzlich im XML-, CSV-, TIFF- und MHTML-Format speichern.

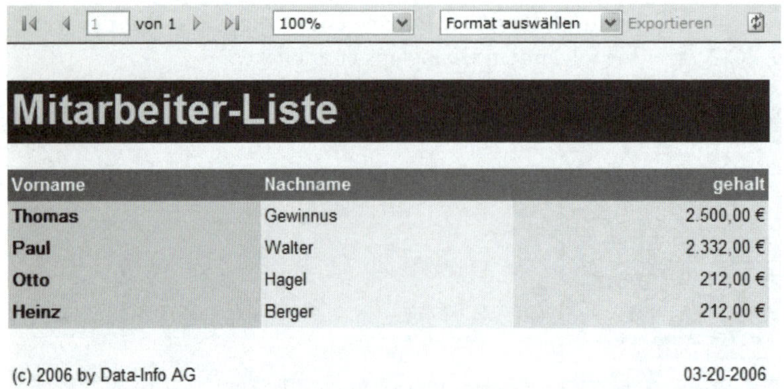

Abbildung 12.97 *ReportViewer* in Aktion

Auf die diversen Formatierungsmöglichkeiten möchten wir an dieser Stelle nicht eingehen, stattdessen wollen wir Ihnen eine Möglichkeit vorstellen, wie Sie mit Hilfe des Reports direkt PDF- oder XLS-Dateien erzeugen können, ohne den *ReportViewer* zu bemühen. Der Nutzen für Sie dürfte größer sein, da Sie die genannten Dateiformate problemlos drucken können.

Direkter Excel-/PDF-Export

Ziel unserer Bemühungen ist das Erzeugen von XLS- bzw. PDF-Daten ohne die Verwendung des ReportViewers. D.h., der Anwender klickt auf einen Hyperlink/eine Schaltfläche und erhält sofort das Dokument im entsprechenden Format zum Download angeboten bzw. das Dokument wird im Internet Explorer dargestellt. Dass wir hier nicht erst temporäre Dateien auf dem Server erstellen, dürfte aus Gründen der Rechteverwaltung und der Übersichtlichkeit (wann löscht man die temporären Daten?) naheliegend sein. Hier kommt uns die Fähigkeit des Reports entgegen, die konvertierten Daten als reines Byte-Array zur Verfügung zu stellen. Mit Hilfe des *Response*-Objekts können wir den Datenstrom gleich an den Anwender weiterreichen, auf dem Server bleibt nichts zurück.

BEISPIEL

Direktes Exportieren im PDF-Format

Einbinden des benötigten Namespaces:

```
Imports Microsoft.Reporting.WebForms
...
Partial Public Class Beispiel_ReportViewer
```

Wir müssen den Report mit Daten füllen:

```
    Private taMitarbeiter As New FirmaTableAdapters.MitarbeiterTableAdapter()

    Private myFirma As New Firma()
```

Die PDF-Daten werden nach einem Klick auf den *Button1* erzeugt:

```
    Protected Sub Button1_Click(ByVal sender As Object, ByVal e As EventArgs)
```

Daten abrufen:

```
        taMitarbeiter.Fill(myFirma.Mitarbeiter)
```

Report instanziieren:

```
        Dim report As New LocalReport()
        report.ReportPath = "Report.rdlc"
```

Dem Report die Datenquelle zuweisen:

```
        report.DataSources.Add(New ReportDataSource("Firma_Mitarbeiter", myFirma.Mitarbeiter))
```

Alternativ könnten Sie auch eine DataSource verwenden:

```
'        report.DataSources.Add(New ReportDataSource("Firma_Mitarbeiter", ObjectDataSource1))
```

Die Definition einiger Variablen (leider nötig für die vielen *out*-Parameter):

```
        Dim result() As Byte
        Dim encoding As String = ""
        Dim mimetype As String = ""
        Dim warnings As Warning()
        Dim streamids As String
        Dim extension As String = ""
```

Hier erzeugen wir das Byte-Array mit den PDF-Daten:

```
        result = report.Render("PDF", "", mimetype, encoding, extension, streamids, warnings)
        Response.ClearContent()
```

Soll die Datei direkt im Browser angezeigt werden, verwenden Sie die folgenden Anweisungen:

```
        Response.AppendHeader("content-length", result.Length.ToString)
        Response.ContentType = "application/pdf"
```

Andernfalls erscheint eine Dateiauswahlbox:

```
        Response.AddHeader("content-disposition", "attachment; filename=mitarbeiter." + extension)
        Response.ContentType = mimetype
```

Daten zum Client senden:

```
        Response.BinaryWrite(result)
        Response.Flush()
        Response.Close()
    End Sub
```

BEISPIEL

Die Excel-Variante:

```
...
        result = report.Render("Excel", "", mimetype, encoding, extension, streamids,  warnings)
...
```

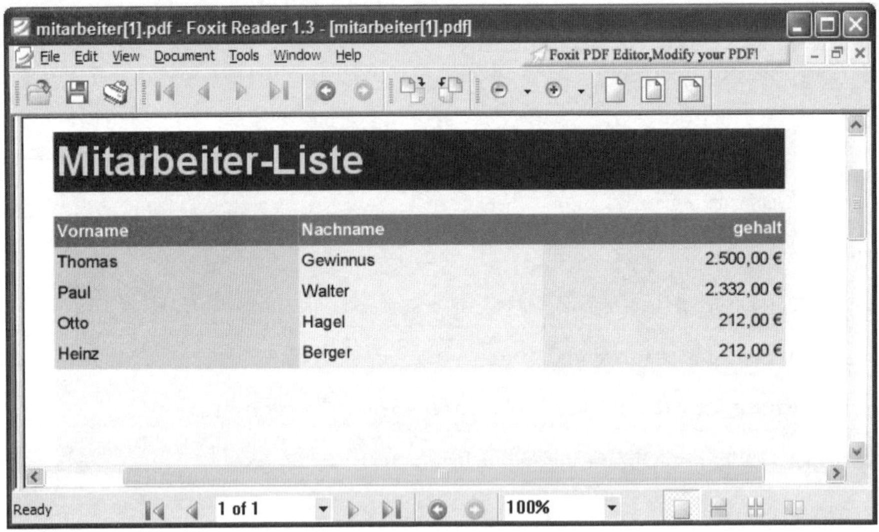

Abbildung 12.98 Der als PDF exportierte Bericht

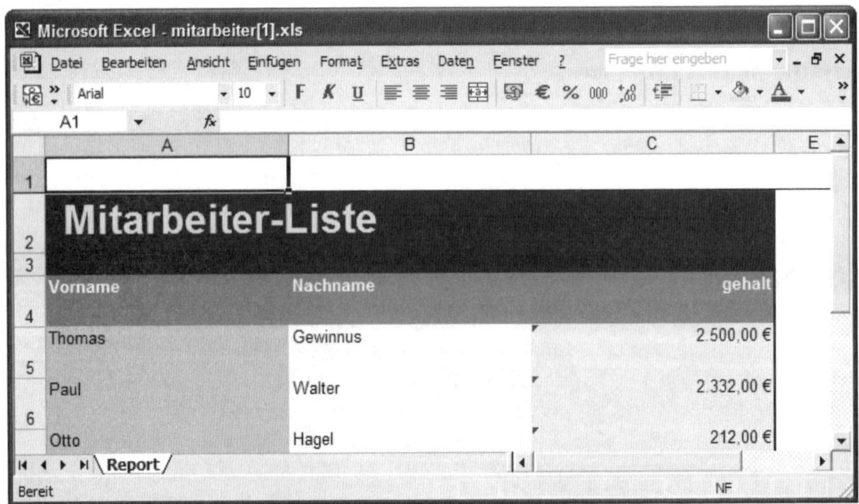

Abbildung 12.99 Der Bericht als Excel-Datei

Parameterübergabe an lokale Reports

In vielen Fällen handelt es sich bei Berichten nicht um rein statische Ausgaben, sondern es fließen auch bestimmte Parameter in die Generierung mit ein. Dies können zum Beispiel Filterbedingungen, Steueranweisungen für die Berichtsgestaltung oder zusätzliche Texte für den Bericht sein.

Handelt es sich um einen lokalen Bericht, müssen Sie die Werte für die einzelnen Parameter vor dem Rendern der HTML-Seite an den Report übergeben, automatische Abfragen sind nicht vorgesehen.

BEISPIEL

Parameterübergabe

Die Eingaben der *TextBox1* werden an den Parameter *Ersteller* übergeben:

```
Protected Sub Page_Load(ByVal sender As Object, ByVal e As EventArgs)
    Dim rp As ReportParameter = New ReportParameter("Ersteller", TextBox1.Text)
    Me.ReportViewer1.LocalReport.SetParameters(New ReportParameter() {rp})
End Sub
```

Crystal Reports anzeigen

Neben den doch recht neuen Microsoft Reports (*MS Reporting Services*, siehe Kapitel 8) werden nach wie vor auch die leistungsfähigen Crystal Reports unterstützt. Auch hier gibt es einen eigenen Viewer, der neben der reinen Anzeige auch diverse Interaktionsmöglichkeiten bietet, auf die wir hier aber nicht weiter eingehen wollen.

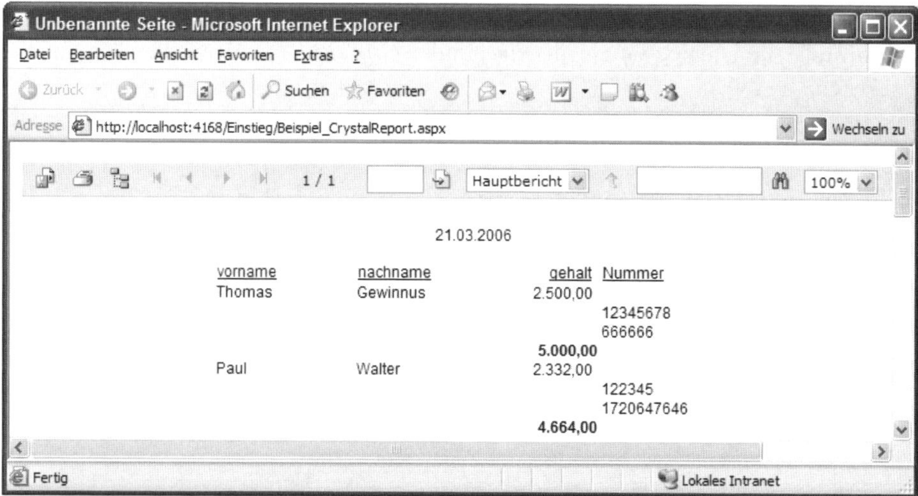

Abbildung 12.100 *CrystalReportViewer*

Wesentlich wichtiger ist das Zuordnen des Reports zum *CrystalReportViewer*, kann es doch hier schnell zu Missverständnissen kommen.

Dem ReportViewer ordnen Sie über das Aufgabemenü zunächst eine *CrystalReportSource* zu. Diese stellt die Verbindung zum eigentlichen Report her. Wer jetzt denkt dass das reicht, hat sich diese Komponente noch nicht richtig angesehen. Über die Eigenschaft *CrystalReportSource.Report.DataSources* müssen Sie jetzt noch dem Bericht die eigentlichen Datenquellen (z.B. *ObjectDataSources* bei Verwendung von typisierten DataSets) zuordnen.

Zusätzlich lassen sich über *CrystalReportSource.Report.Parameters* auch die Berichtsparameter übergeben. Diese können Sie beispielsweise auch direkt mit Controls verknüpfen, wie Sie es zum Beispiel von den DataSource-Parametern gewohnt sind.

Praxisbeispiele

HINWEIS Viele der im Folgenden vorgestellten Lösungen lassen sich nicht nur im *GridView*, sondern auch in der *DetailsView* bzw. der *FormView* anwenden.

PB12.1 Zellen im GridView formatieren

GridView-Control, *RowDataBound*-Ereignis; *Cell*-Objekt

Gehen Ihnen die Formatierungsmöglichkeiten des *GridView*-Controls nicht weit genug und sind Ihre Wünsche auch nicht mit Templates zu realisieren, dann hilft Ihnen das *RowDataBound*-Ereignis weiter.

Hier können Sie nach Herzenslust Änderungen an den Zellen-Formatierungen vornehmen, Ihre Kreativität wird durch nichts mehr eingeschränkt.

Oberfläche

Erzeugen Sie ein Webformular und fügen Sie ein datengebundes *GridView* ein. Verzichten Sie auf die Formatierungsmöglichkeiten.

Quellcode

Alle Formatierungen werden wir per *RowDataBound*-Ereignis in den Zellen vornehmen:

```
...
Imports System.Drawing

Partial Public Class Beispiel_GridView
    Inherits System.Web.UI.Page
```

Eine Zählvariable für die Unterscheidung zwischen geraden und ungeraden Zeilen:

```
    Private zeile As Integer = 0
...
    Protected Sub GridView1_RowDataBound(ByVal sender As Object, ByVal e As GridViewRowEventArgs)
```

Nur wenn es sich um eine Datenzeile handelt (Sie können auch Kopf- und Fußbereich bearbeiten):

```
        If e.Row.RowType = DataControlRowType.DataRow Then
```

Für jede zweite Zeile legen wir eine andere Farbe fest:

```
            If (zeile Mod 2) = 0 Then
                e.Row.BackColor = Color.Azure
            End If
```

Ist in Spalte 7 (nullbasiert!) die Artikelanzahl unter 20 gesunken, wird die Zelle farblich markiert, der Text auf fett gesetzt und eine zusätzliche Schaltfläche eingeblendet, die ein Detailformular anzeigen kann:

```
            If Convert.ToInt32(e.Row.Cells(6).Text) < 20 Then
                e.Row.Cells(6).ForeColor = Color.Red
                e.Row.Cells(6).Font.Bold = True
```

```
            e.Row.Cells(6).BackColor = Color.Yellow
```

Beschriftungstext in einem *Label* speichern:

```
            Dim l As New Label()
            l.Text = e.Row.Cells(6).Text & "  "
```

Den *Button* erzeugen, konfigurieren und in die Zelle einfügen:

```
            Dim b As New Button()
            b.Text = " + "
            b.PostBackUrl = "~/bestellen.aspx?id=" & e.Row.Cells(0).Text
            e.Row.Cells(6).Controls.Add(l)
            e.Row.Cells(6).Controls.Add(b)
        End If
```

Zeilenzähler inkrementieren:

```
        zeile += 1
        summe += Convert.ToDecimal(DataBinder.Eval(e.Row.DataItem, "Einzelpreis"))
      End If
    End Sub

End Class
```

Test

Nach dem Start sollte das *GridView* wie folgt aussehen:

LieferantenNr	KategorieNr	Liefereinheit	Einzelpreis	Lagerbestand
1	1	10 Kartons x 20 Beutel	18,0000	18 [+]
1	1	24 x 12-oz-Flaschen	19,0000	17 [+]
1	2	12 x 550-ml-Flaschen	112,0000	13 [+]
			220,0000	53
2	2	36 Kartons	21,3500	0 [+]
3	2	12 x 8-oz-Gläser	25,0000	120

Abbildung 12.101 Laufzeitansicht des Beispiels

PB12.2 Ein GridView mit Scrollbar realisieren

GridView-, *Panel*-Control; *ScrollBars*-Eigenschaft

Fast immer steht nicht genügend Platz zur Verfügung, das gilt auch und insbesondere für die Browseransichten. Abgesehen von Unwägbarkeiten (wie Größe des Browserfensters etc.) wird durch ein Grid mit beliebiger Länge meist das Layout der Seite endgültig verhunzt.

In der Windows-Welt steht uns für diesen Zweck ein Scrollbar zur Verfügung, das *GridView*-Control bietet diesen Komfort bisher nicht. Doch mit Hilfe des *Panel*-Controls haben Sie auch dieses Problem in wenigen Minuten gemeistert. Kopieren Sie einfach das *GridView* in ein *Panel* und legen Sie dessen Höhe und Breite fest. Jetzt nur noch die Eigenschaft *ScrollBars* auf *Vertical* gesetzt und voilà wir haben ein *GridView* mit Scrollbar:

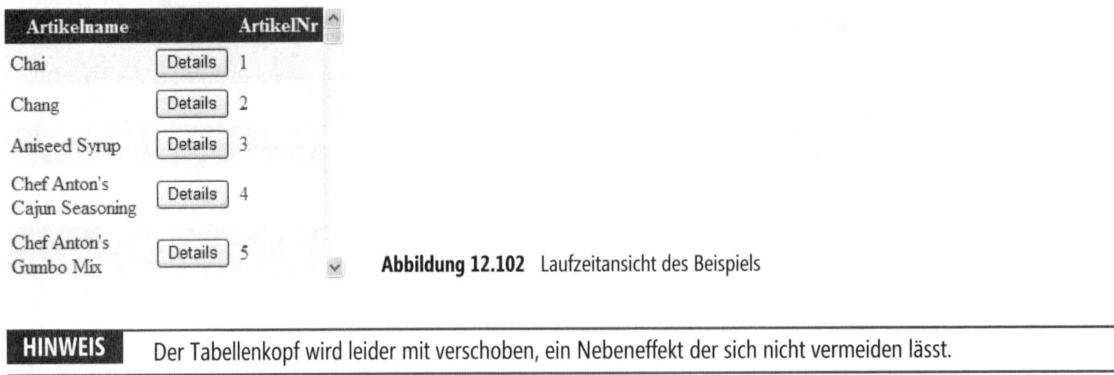

Abbildung 12.102 Laufzeitansicht des Beispiels

> **HINWEIS** Der Tabellenkopf wird leider mit verschoben, ein Nebeneffekt der sich nicht vermeiden lässt.

PB12.3 Ein GridView mit Mouseover-Effekt realisieren

GridView-Control; *RowDataBound*-Ereignis; *Row.Attributes*-Eigenschaft

Zwar bieten die neuen Web-Controls reichlich Formatierungsmöglichkeiten, doch nicht immer und in jedem Fall entspricht die Formatierung Ihren eigenen Wünschen. Gerade bei recht großen Tabellen ist es häufig wünschenswert, dem Anwender die Übersicht durch eine farbliche Hervorhebung der aktuellen Zeile zu erleichtern.

Dies kann zum Beispiel durch die *MouseOver*- und *MouseIn*-Ereignisse der einzelnen Tabellenzeilen erfolgen. Allerdings werden Sie jetzt vergeblich nach derartigen Ereignissen in Visual Studio Ausschau halten, hierbei handelt es sich um reine Client-Ereignisse, die vom Browser und nicht vom Server verarbeitet werden müssen.

Oberfläche

Erzeugen Sie eine datengebundene *GridView* indem Sie einfach eine beliebige Datenbank-Tabelle in die Entwurfsansicht des Webformulars ziehen.

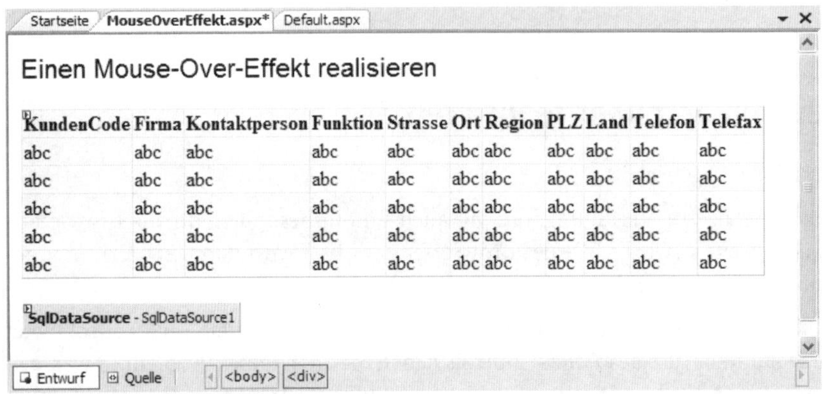

Abbildung 12.103 Beispieloberfläche

Quellcode

Erweitern Sie das Programm um folgende Ereignisbehandlung:

```
Protected Sub GridView1_RowDataBound(ByVal sender As Object, ByVal e As GridViewRowEventArgs)
    If e.Row.RowType = DataControlRowType.DataRow Then
        e.Row.Attributes.Add("OnMouseOver", "this.Style.BackgroundColor='#7fff00'")
        e.Row.Attributes.Add("OnMouseOut", "this.Style.BackgroundColor='#F8F8F8'")
    End If
End Sub
```

Das Ereignis *RowDataBound* wird beim Rendern des *GridView*-Controls für jede einzelne Zeile aufgerufen. Hier haben Sie die Möglichkeit, Formatierungen etc. für die Tabellenzeilen vorzunehmen. In unserem Fall fügen wir Code für die Client-Ereignisse *OnMouseOver* und *OnMouseOut* hinzu.

Test

Nach dem Start des WebForms werden Sie sicher gleich den grünen Balken bemerken, der beim Bewegen der Maus über die Tabelle angezeigt wird:

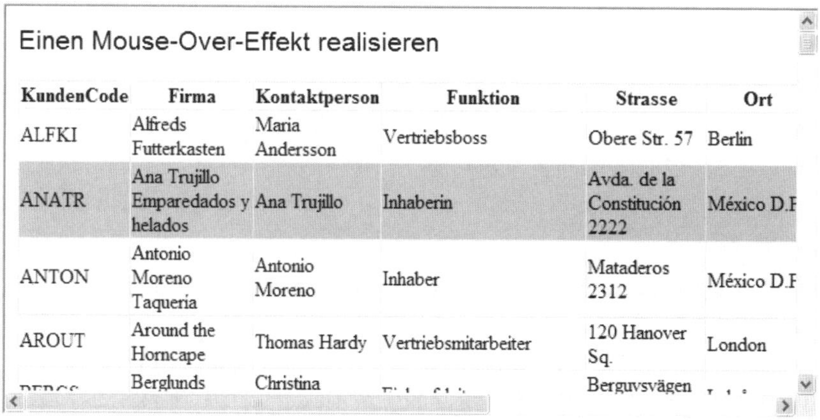

Einen Mouse-Over-Effekt realisieren

KundenCode	Firma	Kontaktperson	Funktion	Strasse	Ort
ALFKI	Alfreds Futterkasten	Maria Andersson	Vertriebsboss	Obere Str. 57	Berlin
ANATR	Ana Trujillo Emparedados y helados	Ana Trujillo	Inhaberin	Avda. de la Constitución 2222	México D.F
ANTON	Antonio Moreno Taquería	Antonio Moreno	Inhaber	Mataderos 2312	México D.F
AROUT	Around the Horncape	Thomas Hardy	Vertriebsmitarbeiter	120 Hanover Sq.	London
	Berglunds	Christina		Berguvsvägen	

Abbildung 12.104 Laufzeitansicht

Sicher fallen Ihnen noch weitere Anwendungsmöglichkeiten in diesem Zusammenhang ein, Sie können auch Schriftarten etc. ändern oder zusätzliche Hints anzeigen.

PB12.4 GridView-Daten im Excel-Format exportieren

GridView-Control; *Response*-Objekt; *StringWriter*, *HtmlTextWriter*, *StringBuilder*

Kaum haben Sie Ihre Daten in ansprechender Form ins Web bzw. auf den Bildschirm gebracht und schon kommt die nächste Forderung nach einem Export im Excel-Format, weil irgend jemand wieder an den Daten herumspielen will. Lassen Sie sich nicht zur Weißglut treiben, mit wenigen Zeilen Quellcode können Sie auch derartige Wünsche befriedigen.

Oberfläche

Erzeugen Sie zunächst eine datengebundene *GridView*, indem Sie einfach eine beliebige Datenbank-Tabelle in die Entwurfsansicht des Webformulars ziehen.

Machen Sie auch von den komfortablen Möglichkeiten der Formatierung des *GridView*-Controls Gebrauch, alle wesentlichen Einstellungen werden später auch in der Excel-Tabelle zu sehen sein.

Setzen Sie die *Visible*-Eigenschaft des *GridView* auf *False* und fügen Sie noch einem *Button* in das Webformular ein, über den wir den Export auslösen werden.

Quellcode

Die Routine für den Export:

```
Protected Sub Button1_Click(ByVal sender As Object, ByVal e As EventArgs)
    Response.Clear()
```

Statt der standardmäßigen HTML-Ausgabe kommen jetzt die Exel-Daten:

```
    Response.AddHeader("content-disposition", "attachment;filename=Kunden.xls")
    Response.Charset = ""
    Response.ContentType = "application/vnd.ms-excel"
```

Einen *StringWriter* und einen *HtmlTextWriter* instanziieren:

```
    Dim sw As System.IO.StringWriter = New System.IO.StringWriter()
    Dim htmw As System.Web.UI.HtmlTextWriter = New System.Web.UI.HtmlTextWriter(sw)
```

Und schon können wir Exceldaten schreiben:

```
    sw.GetStringBuilder().Append("<H2>Kundenliste vom " + _
                     System.DateTime.Now.ToString("dd.mm.yyyy") + "</H2>")
    sw.GetStringBuilder().Append("<br><br>")
```

Hier wird mancher sicher aufmerken, handelt es sich doch um HTML-Fragmente und nicht XLS-Daten. Doch Excel ist so tolerant und kann auch damit etwas Sinnvolles anfangen, wie der spätere Test zeigen wird.

Jetzt blenden wir noch das *GridView* kurzzeitig ein (sonst erhalten wir keine HTML-Ausgabe beim Rendern),

```
    GridView1.Visible = True
```

rendern die *GridView*-Ausgaben in den *HtmlTextWriter* und blenden das *GridView* gleich wieder aus:

```
    GridView1.RenderControl(htmw)
    GridView1.Visible = False
```

Wir übergeben die Daten an das *Response*-Obnket und schließen die Ausgabe:

```
    Response.Write(sw.ToString())
    Response.End()
End Sub
```

So, das war auch schon der ganze Export. Doch sollten Sie jetzt schon versuchen, einen ersten Test zu wagen, wird dieser fehlschlagen:

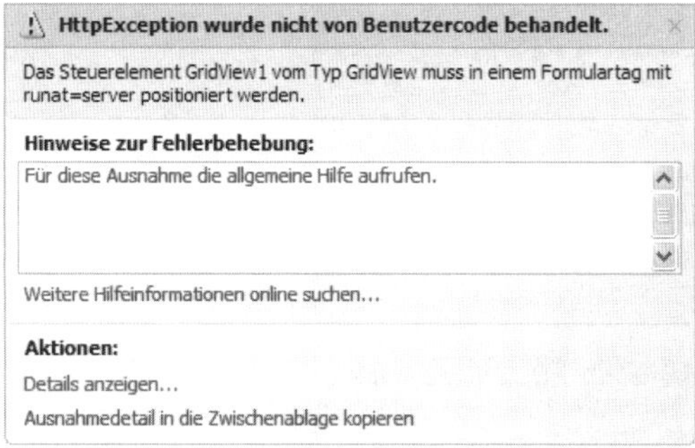

Abbildung 12.105 Fehlermeldung

HINWEIS Das Control versucht zu prüfen, ob es in *<form runat=server>*-Tags eingeschlossen ist. Das ist bei unserer HTML-Ausgabe nicht der Fall, also kommt es zu obiger Fehlermeldung.

Mit einem kleinen Trick können wir die interne Fehlerprüfung des *GridView*-Controls »veralbern«:

```
Public Overloads Overrides Sub VerifyRenderingInServerForm(ByVal control As Control)
End Sub
```

Wir überschreiben einfach die Prüfmethode und verzichten auf eine Prüfung.

Test

Nach all diesen Vorbereitungen können wir einen ersten Export starten. Zunächst erscheint eine kurze Sicherheitsmeldung des Internet Explorers (oder des jeweiligen Webbrowsers):

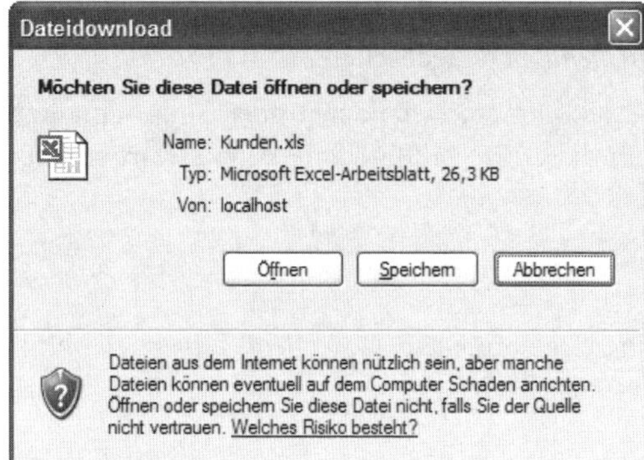

Abbildung 12.106 Sicherheitsabfrage vor dem Download

Nach dem Bestätigen dürfte sich Microsoft Excel öffnen (wir gehen mal davon aus, dass es auch installiert ist) und folgenden Anblick bieten:

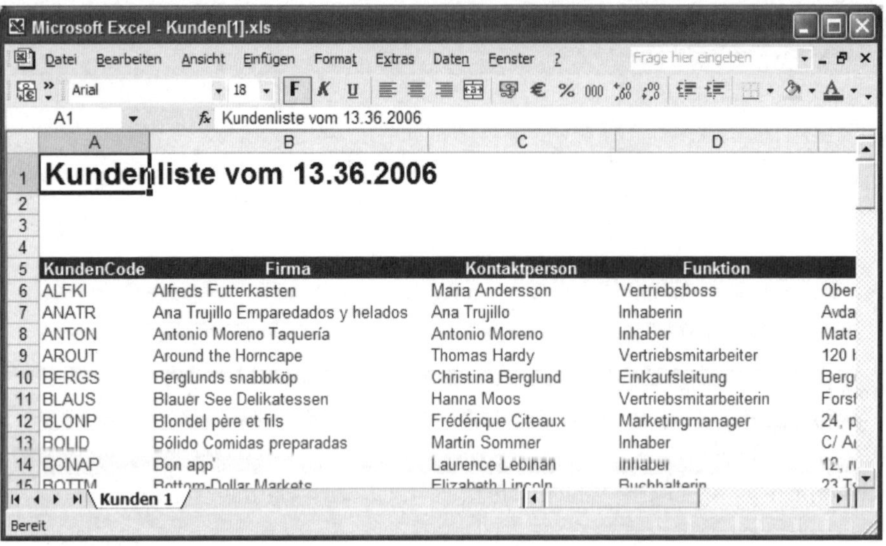

Kundenliste vom 13.36.2006

KundenCode	Firma	Kontaktperson	Funktion	
ALFKI	Alfreds Futterkasten	Maria Andersson	Vertriebsboss	Ober
ANATR	Ana Trujillo Emparedados y helados	Ana Trujillo	Inhaberin	Avda
ANTON	Antonio Moreno Taquería	Antonio Moreno	Inhaber	Mata
AROUT	Around the Horncape	Thomas Hardy	Vertriebsmitarbeiter	120 I
BERGS	Berglunds snabbköp	Christina Berglund	Einkaufsleitung	Berg
BLAUS	Blauer See Delikatessen	Hanna Moos	Vertriebsmitarbeiterin	Forst
BLONP	Blondel père et fils	Frédérique Citeaux	Marketingmanager	24, p
BOLID	Bólido Comidas preparadas	Martín Sommer	Inhaber	C/ A
BONAP	Bon app'	Laurence Lebihan	Inhaber	12, r

Abbildung 12.107 Die in Excel importierten Daten

HINWEIS Arbeiten Sie mit OpenOffice, öffnet sich nicht etwa *Calc*, sondern die Textverarbeitung *Writer*, was eigentlich auch nahe liegend ist, den bis auf die Extension XLS hat unser Export nichts mit einer Kalkulation gemein.

PB12.5 Detaildaten in einem Popup-Fenster anzeigen

Popup-Fenster; JavaScript; Template-Spalte; *ButtonField*; *OnClientClick*-Eigenschaft

Wem ist bei der Web-Programmierung noch nicht die Idee gekommen, Detaildaten oder Eingabemasken als Popup-Dialog einzublenden? Von ASP.NET dürfen Sie in dieser Beziehung keine Hilfe erwarten. Hier ist clientseitige Programmierung mit JavaScript gefragt.

Oberfläche Hauptformular

Entwerfen Sie ein Webformular mit einem *GridView* und einer Datenquelle entsprechend folgender Abbildung. Angezeigt werden lediglich der Artikelname sowie eine Schaltfläche.

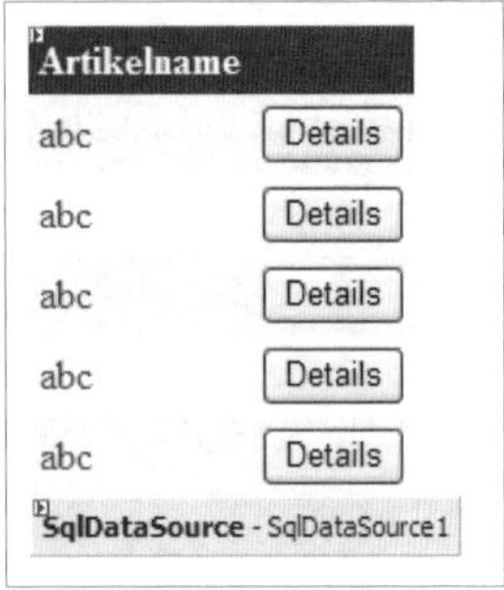

Abbildung 12.108 Entwurfsansicht des Beispiels

Die zweite Spalte mit der Schaltfläche erzeugen Sie zunächst als *Buttonfield* (Aufgabenmenü). Wandeln Sie nachfolgend die Spalte in ein Template um.

Im Template-Editor können Sie jetzt die Schaltfläche an Ihre Bedürfnisse anpassen, wichtig ist der Name des Buttons, diesen brauchen wir später noch.

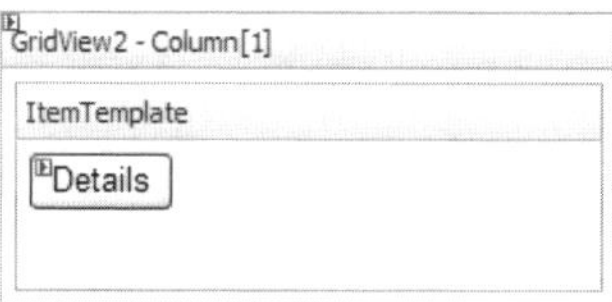

Abbildung 12.109 Im Template-Editor

Oberfläche Detailformular

Erzeugen Sie ein neues Webformular und speichern Sie es unter dem Namen *details.aspx* ab. Der Grundaufbau:

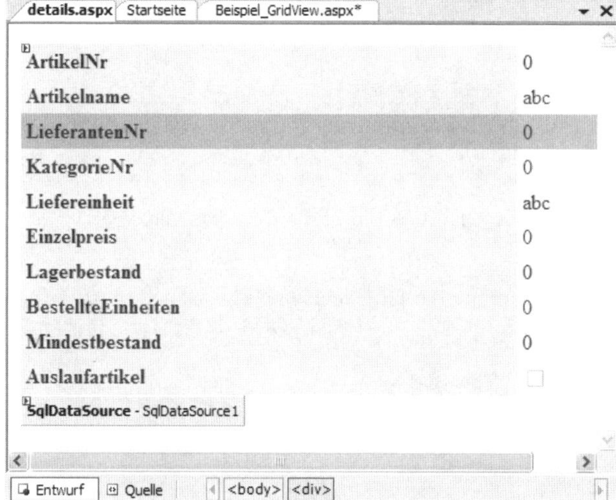

Abbildung 12.110 Detailformular

Dass es sich um ein *DetailView*-Control handelt, haben Sie sicher schon erkannt. Die Breite des Controls legen Sie mit 100% fest, die Spaltenbreiten lassen sich über *ControlStyle* (z.B. 60%) anpassen.

Zusätzlich müssen wir noch die Datenauswahl realisieren. Dazu verwenden wir einen SELECT-Parameter (*Artikelnr*), den wir vom Hauptformular per *QueryString* an das Detailformular weiterreichen.

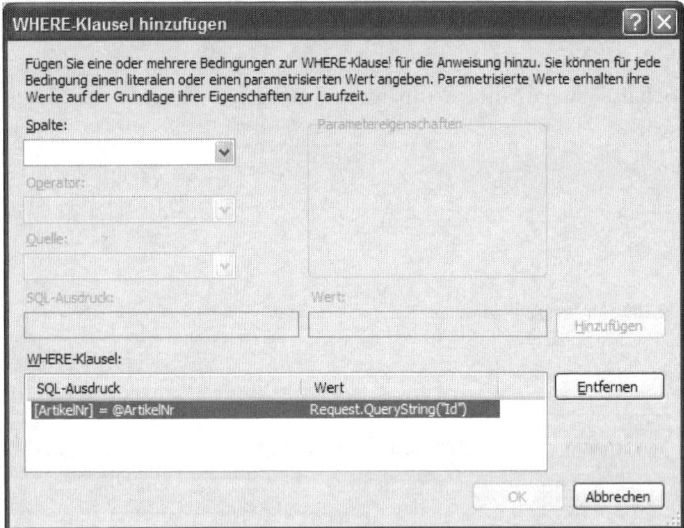

Abbildung 12.111 Zuordnung Parameter/QueryString

Quellcode

Wie schon erwähnt, kommen wir an dieser Stelle mit ASP.NET-Programmierung nicht weiter und müssen uns um die nötigen ClientScripte selbst kümmern:

```
Protected Sub GridView2_RowDataBound(ByVal sender As Object, ByVal e As GridViewRowEventArgs)
    If e.Row.RowType = DataControlRowType.DataRow Then
```

Vor der Rückgabe der HTML-Seite an den Client fügen wir für die *OnClientClick*-Eigenschaft noch etwas Skriptcode ein, der ein modales Browserfenster anzeigt:

```
        Button b = (Button) e.Row.Cells[1].FindControl("Button1");
        Dim b As Button = DirectCast(e.Row.Cells(1).FindControl("Button1"), Button)
        b.OnClientClick = "javascript:window.showModalDialog('details.aspx?id=" + _
```

Hier generieren wir noch den QueryString:

```
                        DataBinder.Eval(e.Row.DataItem, "Artikelnr").ToString() + _
```

Höhe und Breite des Dialogs festlegen:

```
                        "','','dialogwidth:350 px;dialogheight:330 px')"
    End If
End Sub
```

Test

Jetzt naht der Moment der Wahrheit, nach dem Klick auf eine der Schaltflächen sollte der gewünschte Datensatz angezeigt werden:

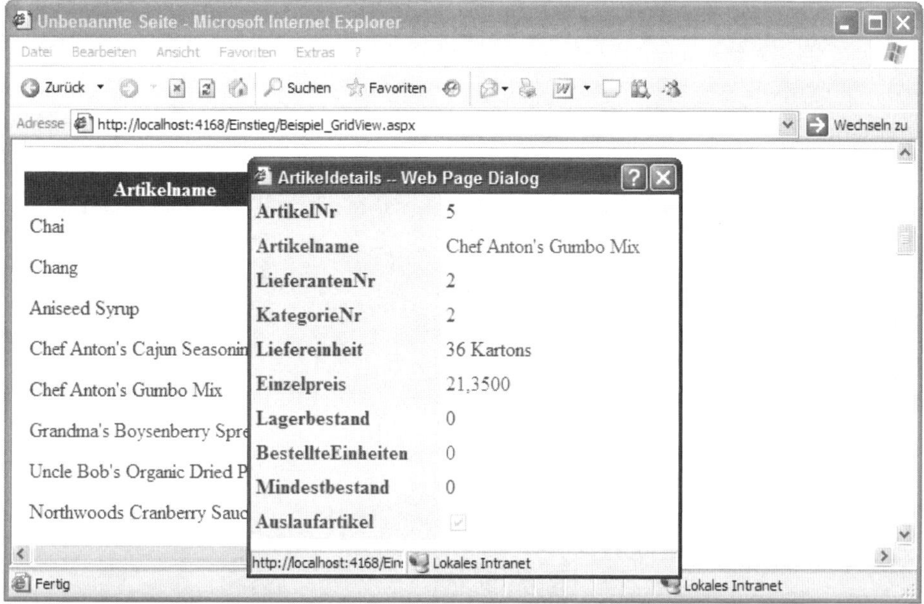

Abbildung 12.112 Laufzeitansicht mit modalem Dialog

PB12.6 Keine Daten vorhanden, was tun?

EmptyDataText-, *EmptyDataRow*-Eigenschaft;

Nicht jede Abfrage liefert auch die gewünschten Ergebnisse und nichts sieht trostloser aus als eine umfangreiche Tabelle oder Detailansicht ohne Daten. Besser wäre es, wenn eine entsprechende Meldung erscheinen würde. Die ASP.NET-Controls unterstützten Sie auch hier nach Kräften, über die Eigenschaft *EmptyDataText* bzw. *EmptyDataRowStyle* können Sie für mehr Klarheit und etwas Optik sorgen:

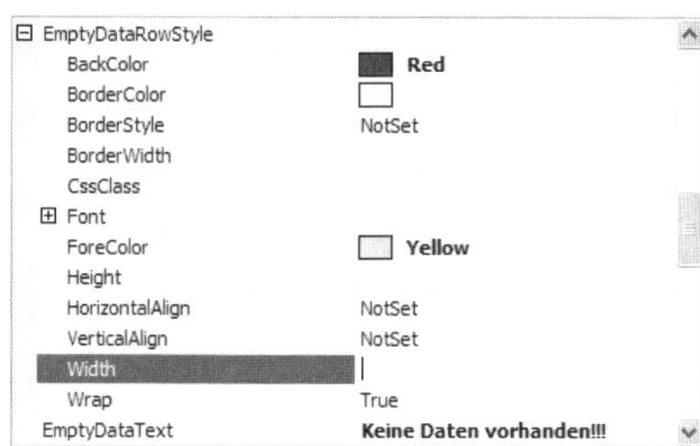

Abbildung 12.113 Eigenschaften festlegen

Abbildung 12.114 Laufzeitansicht des *GridView*

PB12.7 Zeilensumme im GridView berechnen

GridView-Control; SQL-Anweisung; *SelectQuery*-Eigenschaft

Wer in diesem Kapitel unter dieser Überschrift eine Lösung sucht, der ist definitiv falsch! Hier hilft nur SQL, die schnellste, eleganteste und einfachste Lösung.

Wer beispielsweise aus *Artikelanzahl* und *Einzelpreis* einen Gesamtpreis bilden will, der editiert einfach die entsprechende *SelectQuery*-Eigenschaft:

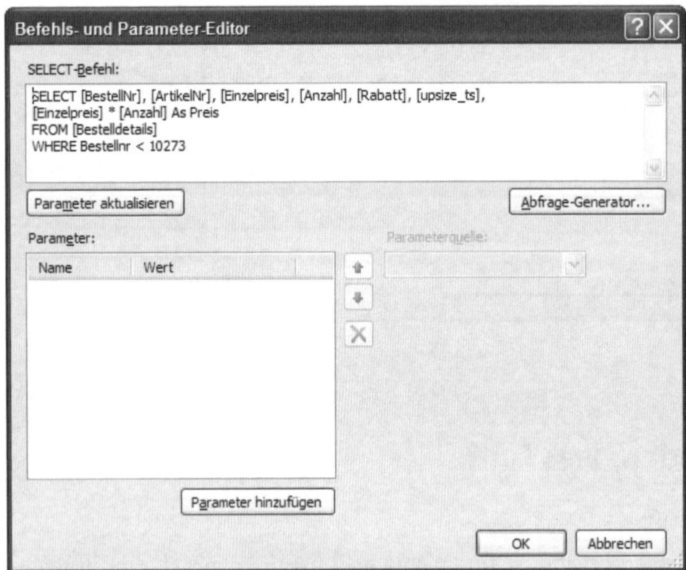

Abbildung 12.115 Neue Spalte *Preis* erzeugen

Fügen Sie jetzt noch die neue Spalte in die *GridView* ein und formatieren Sie diese als Währungswert.

PB12.8 Im GridView eine Spaltensumme berechnen

GridView-Control; *ShowFooter*-Eigenschaft; *RowDataBound*-Ereignis; *DataBinder*; *DataItem*

Für die schnelle Übersicht oder kleinere Rechnungen ist es häufig sinnvoll, in der untersten Zeile des *GridView* eine Spaltensumme anzuzeigen. SQL-Befehle zur Berechnung helfen Ihnen an dieser Stelle nicht weiter, kann doch die Ansicht des *GridView* durch Paging geändert werden. Damit muss sich die Spaltensumme auf die gerade angezeigten Zeilen beziehen.

Oberfläche

- Erzeugen Sie zunächst eine datengebundene *GridView*, indem Sie einfach eine beliebige Datenbank-Tabelle (sinnvollerweise mit Zahlenwerten) in die Entwurfsansicht des Webformulars ziehen.
- Blenden Sie den Fußbereich der *GridView* über die Eigenschaft *ShowFooter* ein.

Quellcode

Mit dem Ereignis *RowDataBound* können wir jede einzeln angezeigte Zeile vor dem endgültigen Rendern der Seite auswerten:

```
Partial Public Class Beispiel_GridView
    Inherits System.Web.UI.Page
```

Eine Variable für die Summe:

```
    Private summe As Decimal = 0

    Protected Sub GridView1_RowDataBound(ByVal sender As Object, ByVal e As GridViewRowEventArgs)
```

Handelt es sich um eine Datenzeile, wird der Wert des Feldes (z.B. *Einzelpreis*) bestimmt und zur Summe hinzugefügt:

```
        If e.Row.RowType = DataControlRowType.DataRow Then
            ...
            summe += Convert.ToDecimal(DataBinder.Eval(e.Row.DataItem, "Einzelpreis"))
        End If
```

Wir sind im Fußbereich angelangt:

```
        If e.Row.RowType = DataControlRowType.Footer Then
```

Beschriftung erzeugen:

```
            e.Row.Cells(4).Text = "Summe:"
            e.Row.Cells(5).HorizontalAlign = HorizontalAlign.Right
            e.Row.Cells(5).Font.Bold = True
            e.Row.Cells(5).BackColor = Color.WhiteSmoke
```

Summe ausgeben:

```
            e.Row.Cells(5).Text = summe.ToString("c")
        End If
    End Sub

End Class
```

Test

ArtikelNr	Artikelname	LieferantenNr	KategorieNr	Liefereinheit	Einzelpreis
1	Chai	1	1	10 Kartons x 20 Beutel	18,0000
2	Chang	1	1	24 x 12-oz-Flaschen	19,0000
3	Aniseed Syrup	1	2	12 x 550-ml-Flaschen	112,0000
4	Chef Anton's Cajun Seasoning				220,0000
5	Chef Anton's Gumbo Mix	2	2	36 Kartons	21,3500
				Summe:	**390,35 €**

1 2 3 4 5 6 7 8 9 10 ...

Abbildung 12.116 Laufzeitansicht des Beispiels

PB12.9 Keine korrekte Anzeige von Währungswerten im GridView

DataGridView-Control; *DataFormatString*; Währungswerte; *HtmlEncode*

Da haben Sie sich bemüht und in der Hilfe gewühlt, trotzdem führen alle Änderungen an der *DataFormat-String*-Eigenschaft Ihrer Tabellenspalte nicht zum Ziel, und es wird immer nur ein normaler Gleitkommawert angezeigt:

BestellNr	ArtikelNr	Einzelpreis	Anzahl	Rabatt	Summe
0	0	0	0	0	0
1	1	0,1	1	0,1	0,1
2	2	0,2	2	0,2	0,2

Abbildung 12.117 *DataFormatString = {0:c}* für die Spalten *Einzelpreis* und *Summe*

Bevor Sie jetzt an sich selbst zweifeln, setzen Sie einfach die Eigenschaft *HtmlEncode* für die betreffenden Spalten auf *False*:

BestellNr	ArtikelNr	Einzelpreis	Anzahl	Rabatt	Summe
0	0	0,00 €	0	0	0,00 €
1	1	0,10 €	1	0,1	0,10 €
2	2	0,20 €	2	0,2	0,20 €

Abbildung 12.118 Nach dem Ändern von *HtmlEncode*

Kleine Ursache, große Wirkung, aber jetzt klappt es wie gewünscht.

PB12.10 Eingabewerte im GridView validieren

GridView-Control; *Validator*-Controls;

Vielleicht ist Ihnen schon häufiger der Gedanke gekommen, das *GridView* zum Editieren von Daten zu verwenden. Doch wie sollen Sie die Eingaben sinnvoll validieren?

Kein Problem, auch hier helfen Ihnen die Validator-Controls weiter, auch wenn Sie zunächst etwas Arbeit investieren müssen.

Oberfläche

- Erzeugen Sie eine datengebundene *GridView*, indem Sie einfach eine beliebige Datenbank-Tabelle in die Entwurfsansicht des Webformulars ziehen.
- Aktivieren Sie die Bearbeitungsfunktion über das Aufgabenmenü.
- Wandeln Sie nachfolgend alle Tabellen-Spalten, die Sie mit den Validator-Controls prüfen wollen, in Templates um
- Öffnen Sie im Template-Editor die jeweiligen *EditItemTemplates* und fügen Sie wie gewohnt die nötigen *Validator*-Controls ein. Verbinden Sie diese mit den bereits enthaltenen *TextBoxen*.
- Legen Sie die *Text*-Eigenschaft der *Validator*-Controls mit »*« fest, den eigentlichen Meldungstext zeigen wir in einem *ValidationSummary*-Control unter dem *GridView* an.

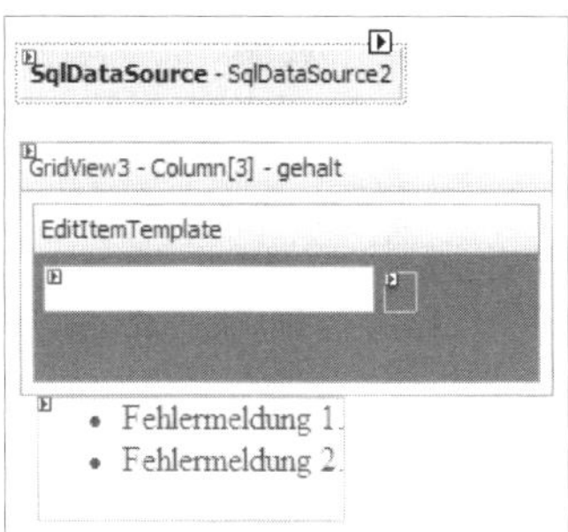

Abbildung 12.119 Beispiel für *EditItemTemplate*

Test

Ein Eingabetest bringt die gewünschten Meldungen auf den Bildschirm:

id	vorname	nachname	gehalt		
1	Thomas		666	Aktualisieren	Abbrechen
6	Paul	Walter	2332,0000	Bearbeiten	
35	Otto	Hagel	212,0000	Bearbeiten	
36	Heinz	Berger	212,0000	Bearbeiten	

- Geben Sie einen Namen an!
- Seien Sie nicht so geizig beim Gehalt!

Abbildung 12.120 Laufzeitansicht des Beispiels

Ein Aktualisieren ist unter obigen Umständen nicht möglich, der Abbruch kann jedoch jederzeit erfolgen.

HINWEIS Arbeiten Sie mit mehreren *GridViews*, sollten Sie die *Validator*-Controls verschiedenen *ValidationGroups* zuordnen, andernfalls erhalten Sie Fehlermeldungen an Stellen wo sie nicht hingehören.

PB12.11 E-Mail-Versand in ASP.NET

Unvermeidlich und kaum wegzudenken aus der heutigen Zeit ist das Versenden von E-Mails, die teilweise zur echten Plage werden können, sodass nur noch ein Wechsel der Mail-Adresse Abhilfe schafft.

Auch in Ihren ASP.NET-Projekten können Sie mit wenigen Zeilen Quellcode zum Beispiel eine Bestellbestätigung, einen E-Mail-Adresstest oder Ähnliches realisieren.

Übersicht

Dreh- und Angelpunkt der weiteren Ausführungen ist die Einbindung des Namespace *System.Net*, der uns mit den Klassen *SmtpClient* und *MailMessage* beglückt:

HINWEIS Wer bereits mit ASP.NET 1.x gearbeitet hat, wird sich noch an den Namespace *System.Web.Mail* erinnern, in dem sich früher (und auch noch jetzt) die betreffenden Klassen befanden.

Über die Klasse *SmtpClient* bzw. deren Methode *Send* erfolgt der eigentliche Versand. Entweder Sie übergeben alle Parameter einzeln oder Sie definieren vorher ein *MailMessage*-Objekt, das Sie an die Methode übergeben.

```
Syntax: Send (from As String, recipients As String, subject As String, body As String )
```

oder

```
Syntax: Send (message As MailMessage)
```

Mail-Server bestimmen

Wie auch bei jedem Brief sind bei einer E-Mail vor allem Empfänger und Absender interessant, aber wo ist das »Postamt« , d.h. in unserem Fall der Mail-Server? Meist handelt es sich um einen weiteren PC im Netzwerk, von dem wir zumindest Adresse und Einwahldaten kennen sollten.

Die Konfiguration Ihres Mailzugangs nehmen Sie am besten in der *Web.config* mit Hilfe des ASP.NET-Konfigurationsprogramms (*Anwendung/SMTP-Einstellungen*) vor:

SMTP-Einstellungen konfigurieren

Servername: server

Serveranschluss: 25

Von:

Authentifizierung:

Keine

Standard
Wählen Sie diese Option aus, wenn Sie beim Senden einer E-Mail explizit einen Benutzernamen und ein Kennwort an den E-Mail-Server übergeben müssen.

Absenderbenutzername: Thomas

Absenderkennwort: ●●●●●●●●●●●●●●●

NTLM (Windows-Authentifizierung)
Wählen Sie diese Option aus, wenn der E-Mail-Server sich in einem LAN befindet und Sie mit Windows-Anmeldeinformationen eine Verbindung zu ihm aufbauen.

Speichern

Abbildung 12.121 ASP.NET-Konfigurationsprogramm

Die Einträge in der *Web.config*:

```
<system.net>
 <mailSettings>
  <smtp from="">
   <network host="server" password="geheim" userName="Thomas" />
  </smtp>
 </mailSettings>
</system.net>
</configuration>
```

Alternativ können Sie die Angaben mit den Eigenschaften des *SmtpClient*-Objekts setzen:

```
        Dim mail As New System.Net.Mail.SmtpClient()
        '...
        mail.Credentials = New NetworkCredential("Thomas", "thomas")
        mail.Host = "server"
...
```

Einfache Text-E-Mails versenden

Probieren wir es zunächst mit einem simplen Beispiel ohne *MailMessage*-Objekt.

BEISPIEL

Textnachricht versenden

Fügen Sie einen *Button* in das Web-Form ein und verwenden Sie dessen *Click*-Ereignis zum Absenden der E-Mail.

```
Imports System.Net
...
    Protected Sub Page_Load(ByVal sender As Object, ByVal e As System.EventArgs) Handles Me.Load
```

Umsteiger von ASP.NET 1.x aufgepasst: das *SmtpClient*-Objekt muss jetzt erst instanziiert werden!

```
        Dim mail As New System.Net.Mail.SmtpClient()
        mail.Host = "localhost"
        mail.Send("th.gewinnus@web.de", "doberenz@doko-buch.de", _
                          "Das Buch ist endlich fertig!", "Na ja, war nur ein Scherz ...")
    End Sub
```

Wie unschwer zu erkennen ist, versendet Thomas Gewinnus eine Mail an Walter Doberenz mit der höchst fragwürdigen Behauptung, dass das Buch endlich fertig sei[1].

Wer es gern übersichtlicher und vor allem objektorientierter mag, der erzeugt zunächst ein *MailMessage*-Objekt, dem die einzelnen Eigenschaften zugewiesen werden können.

BEISPIEL

E-Mail-Versand mit Hilfe des *MailMessage*-Objekts

```
Imports System.Net
...

    Protected Sub Page_Load(ByVal sender As Object, ByVal e As System.EventArgs) Handles Me.Load
```

Die Adressen können Sie schon beim Erzeugen des MailMessage-Objekts angeben:

```
        Dim mail As New System.Net.Mail.SmtpClient()
        Dim msg As New System.Net.Mail.MailMessage( _
                       "Thomas Gewinnus<th.gewinnus@web.de>", "doberenz@doko-buch.de")

        msg.Subject = "E-Mail-Test in ASP.NET"
        msg.Body = "Hallo, anbei die fertigen Buchtexte <g>"
```

[1] Jetzt, wo Sie das Buch endlich in den Händen halten, handelt es sich offensichtlich nicht mehr um einen Scherz.

```
        mail.Host = "localhost"
        mail.Send(msg)
    End Sub
```

E-Mails mit Dateianhang

Neben dem reinen Textversand können Sie mit ASP.NET auch Dateien jeglicher Art[1] verschicken. Die Vorgehensweise ist dieselbe wie im vorhergehenden Abschnitt, lediglich der *Attachments*-Collection müssen Sie mit der Methode *Add* ein neu erzeugtes *MailAttachment*-Objekt übergeben. Im Konstruktor wird der jeweilige Dateiname angegeben.

BEISPIEL

Versand der Datei *buch.doc*

```
Imports System.Net
...
    Protected Sub Page_Load(ByVal sender As Object, ByVal e As System.EventArgs) Handles Me.Load
        Dim mail As New System.Net.Mail.SmtpClient()
```

Die Adressen können Sie schon beim Erzeugen des *MailMessage*-Objekts angeben:

```
        Dim msg As New System.Net.Mail.MailMessage( _
                                    "Thomas Gewinnus<th.gewinnus@web.de>", "doberenz@doko-buch.de")
        msg.Subject = "E-Mail-Test in ASP.NET"
        msg.Body = "Hallo, anbei die fertigen Buchtexte <g>"
        msg.Attachments.Add(New System.Net.Mail.Attachment("C:\Buch.doc"))
        mail.Host = "localhost"
        mail.Send(msg)
    End Sub
```

PB12.12 Export auf den IIS

Nachdem Ihre Anwendung ganz gut funktioniert wollen Sie den letzten Schritt wagen: die Veröffentlichung auf einem »richtigen« Web-Server.

HINWEIS Zur Erinnerung: Bisher haben Sie wahrscheinlich nur mit dem Test-Server von Visual Studio gearbeitet, der schon von einem zweiten PC aus nicht mehr erreichbar ist.

Für den Export unserer Web-Anwendung bietet Visual Studio ein eigenes Tool, das Sie über den *Menüpunkt Website/WebSite kopieren* erreichen:

[1] Leider zählen dazu auch Viren, also Vorsicht!

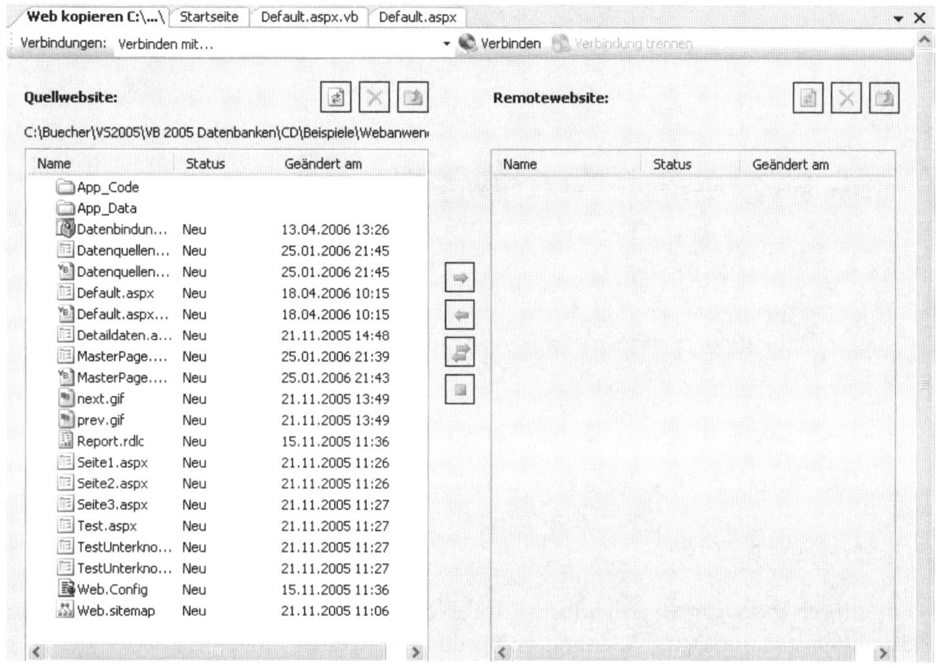

Abbildung 12.122 Tools für den Web-Export

Klicken Sie im Toolbar den Button »Verbinden« und wählen Sie die Zugangsart zu Ihrem Webserver. Wir belassen es beim Export unseres Webs durch den lokalen IIS und erzeugen dort eine neue Webanwendung:

Abbildung 12.123 Neue Webanwendung erzeugen

Nach dem Kopieren können Sie den Internet Explorer aufrufen und den Zugriff auf die Webanwendung testen. Doch welch hübsche Meldung erscheint da auf dem Bildschirm?

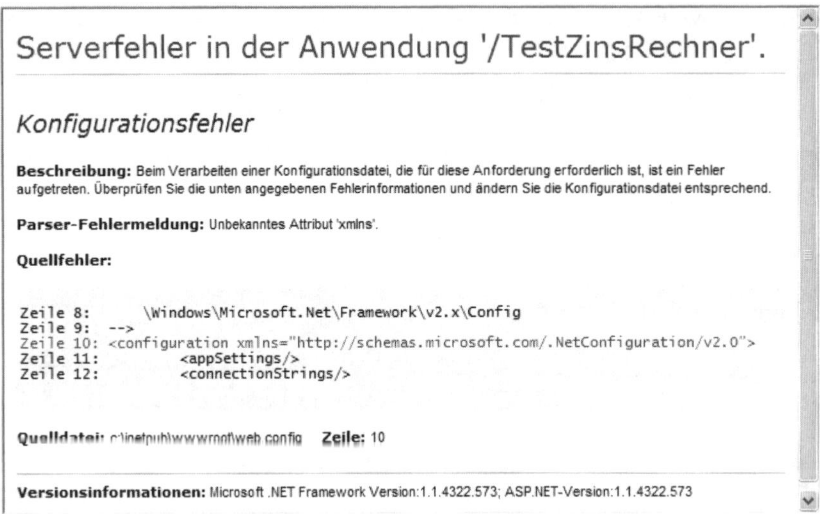

Serverfehler in der Anwendung '/TestZinsRechner'.

Konfigurationsfehler

Beschreibung: Beim Verarbeiten einer Konfigurationsdatei, die für diese Anforderung erforderlich ist, ist ein Fehler aufgetreten. Überprüfen Sie die unten angegebenen Fehlerinformationen und ändern Sie die Konfigurationsdatei entsprechend.

Parser-Fehlermeldung: Unbekanntes Attribut 'xmlns'.

Quellfehler:

```
Zeile 8:      \Windows\Microsoft.Net\Framework\v2.x\Config
Zeile 9:  -->
Zeile 10: <configuration xmlns="http://schemas.microsoft.com/.NetConfiguration/v2.0">
Zeile 11:         <appSettings/>
Zeile 12:         <connectionStrings/>
```

Quelldatei: c:\inetpub\wwwroot\web.config **Zeile:** 10

Versionsinformationen: Microsoft .NET Framework Version:1.1.4322.573; ASP.NET-Version:1.1.4322.573

Abbildung 12.124 Fehlermeldung beim Aufrufen der Anwendung

Bevor Sie jetzt bei den Autoren (oder gar bei sich selbst) den Fehler suchen, vergessen Sie es und rufen den IIS-Manager (über die Systemsteuerung) auf. Hier ändern Sie die voreingestellt ASP.NET-Version von 1.1 auf 2.0 und schon klappt es auch mit dem Aufruf der Anwendung:

Abbildung 12.125 Ändern der ASP.NET-Version

Kapitel 13

Webdienste

In diesem Kapitel:

Im vorliegenden Kapitel kommen wir auf ein weiteres Highlight der .NET-Technologie zu sprechen: die Webservices bzw. Webdienste.

Nach einer kurzen allgemeinen Einführung in die Grundlagen werden anhand einer konkreten Webdienst-Implementierung der innere Aufbau und die Details der Programmierung synchroner und asynchroner Webdienste erklärt.

Betrachtungen zum Aufbau von Webdienstclients und die Erörterung von Zugriffs- und Sicherheitsaspekten runden das Kapitel ab.

Webdienst-Grundlagen

Um einen XML-Web-Service mit Visual Studio zu erstellen sind eigentlich keine detaillierten Kenntnisse der dahinter liegenden Technologien wie SOAP und WSDL erforderlich, trotzdem sollten wir zu Beginn ein paar Begrifflichkeiten klarstellen und dabei auch die zugrunde liegende Technologie näher beleuchten.

HINWEIS Um ein erstes »Webdienst-Feeling« zu entwickeln sollten Sie sich nochmals die Einsteigerbeispiele PB1.4 »ASP.NET-Webdienst« und PB1.5 »Webdienst-Client« anschauen!

Zur Bedeutung von Webdiensten

Ein Webdienst ist keine selbstständig lauffähige Anwendung, sondern lediglich eine Komponente, die ihre Funktionalität diversen Clients – in der Regel über Internet/Intranet – zur Verfügung stellt. Wenn Sie nach Analogien zu DCOM (*Distributed Component Object Model*) suchen, so liegen Sie nicht völlig daneben, denn auch diese (inzwischen veraltete) Technologie dient dazu, Komponenten in Windows-Netzwerken global verfügbar zu machen. Während allerdings das DCOM-Protokoll an ein ganz bestimmtes Objektmodell gebunden ist, benutzen Webdienste ein standardisiertes Protokoll im XML-Format.

In welcher Programmiersprache (VB, C#, Delphi, C++, ...) Sie einen Webdienst erstellen ist dem Client völlig Wurst. Seine Aufgabe ist es lediglich, die Methoden des Webdienstes über Standard-Internetprotokolle aufzurufen, wobei Parameter und Rückgabewerte im XML-Format übergeben bzw. ausgewertet werden.

Auch ein Webdienst selbst kann wiederum Client eines anderen Webdienstes sein. Auf dieser und anderen Überlegungen resultiert die Vision des programmierbaren Webs, wo man komplette Systeme bausteinartig aus unterschiedlichsten Webdiensten zusammensetzen will. In diesem Zusammenhang sind Ihnen vielleicht schon einmal Schlagwörter wie *Business-To-Business-* (B2B) oder *Business-To-Customer*-Anwendungen (B2C) zu Ohren gekommen.

Gegenwärtig werden bereits einige durchaus sinnvolle Webdienste der breiten Allgemeinheit angeboten, z.B. *Microsoft .NET Passport*, der einen zentralen Login-Dienst für zahlreiche Websites bereitstellt.

Kommunikation per SOAP

Ein Webdienst »spricht« SOAP um mit seinen Clients zu kommunizieren. Hinter SOAP (*Simple Object Access Protocol*) verbirgt sich ein plattformübergreifender RPC (*Remote Procedure Call*)-Mechanismus. Üblicherweise wird SOAP in Web-Service-Szenarien für die Zwei-Wege-Kommunikation verwendet, d.h., es ist immer ein Nachrichtenpaar an einer SOAP-Kommunikation beteiligt: für die Anfrage und für die Antwort.

SOAP verwendet zur Übertragung der Daten das XML-Format, welches wiederum auf dem HTTP-Protokoll aufsetzt. Die SOAP-Spezifikation umfasst die Vorschriften zum Übertragen von XML-Nachrichten über ein standardisiertes Transportprotokoll.

Grob kann man SOAP außer mit DCOM auch noch mit RMI, IIOP oder CORBA vergleichen, obwohl der Vergleich etwas hinkt, denn diese Protokolle erledigen weitaus komplexere Aufgaben (Verwalten von Objekten, Objektübergabe per Referenz), SOAP ist hingegen viel allgemeiner und universeller.

Der wohl entscheidendste Vorzug aber ist, dass SOAP auf dem HTTP-Protokoll aufsetzt, wodurch die Übertragung via Internet problemlos möglich wird, da kein Firewall im Wege steht.

HINWEIS Die SOAP-Implementierung findet sich im Namespace *System.Web.Services.Protocols*. Im Unterschied zum .NET-Framework 1.x wird aktuell die SOAP-Version 1.2 unterstützt.

Die Sprache WSDL

Wir wissen, dass ein Webdienst Klassen zur Verfügung stellt, deren Methoden über das Internet zugänglich sind. Ein Webdienstclient »weiß« allerdings nicht, wie eine exakte SOAP-Anfrage an den Web Service auszusehen hat. Woher kennt der Client die Schnittstelle der Klasse, woher weiß er, welche Eigenschaften und Methoden angeboten und welche Parameter übergeben werden?

Um diese Frage zu beantworten wurde die *Web Service Description Language* (WSDL) geschaffen, es handelt sich hierbei um einen speziellen XML-Dialekt, der fehlende aber notwendige Metadaten für Web Services beschreibt.

Auf Anfrage des Clients veröffentlicht der Webdienst seine Klassendefinition in Form einer SOAP-Meldung. Der Client ist nunmehr in der Lage, eine Proxy-Klasse zu erstellen, die Methodenaufrufe in SOAP-Anfragen konvertieren kann.

HINWEIS Auch die aktuelle .NET-Framework-Version 2.0 unterstützt nur WSDL 1.1 und als Transportprotokoll HTTP 1.1.

Das DISCO-Dokument

Das *Web Service Discovery* (DISCO)-Dokument ist eine XML-Datei, die die Adresse (URL) der WSDL-Beschreibung des Webdienstes kapselt. Im Unterschied zum WSDL-Protokoll kann das Discovery-Protokoll zum Suchen und Finden von Webdiensten eingesetzt werden.

Falls ein Client unter Benutzung des Discovery-Protokolls einen bestimmten Webdienst sucht, erhält er die URL des WSDL-Dokuments zurück und kann diese dann zum Abrufen der vollständigen WSDL-Beschreibung verwenden.

Das im .NET-Framework-SDK enthaltene Web Services Discovery-Tool *Disco.exe* ermittelt URLs von XML-Webdiensten, die sich auf einem Webserver befinden, und speichert für jeden XML-Webdienst ein Dokument auf der lokalen Festplatte.

BEISPIEL

Inhalt einer Datei *Service.disco*

```
<?xml version="1.0" encoding="utf-8"?>
<discovery xmlns:xsi="http://www.w3.org/2001/XMLSchema-instance"
xmlns:xsd="http://www.w3.org/2001/XMLSchema" xmlns="http://schemas.xmlsoap.org/disco/">
  <contractRef ref="http://localhost:1054/Service/Service.asmx?wsdl"
docRef="http://localhost:1054/Service/Service.asmx" xmlns="http://schemas.xmlsoap.org/disco/scl/" />
  <soap address="http://localhost:1054/Service/Service.asmx" xmlns:q2="http://tempuri.org/"
binding="q2:MitarbeiterInfoSoap12" xmlns="http://schemas.xmlsoap.org/disco/soap/" />
</discovery>
```

Funktionsprinzip von Webdiensten

Anlegen der Proxy-Klasse

Um überhaupt mit den Eigenschaften und Methoden des Webdienstes arbeiten zu können, muss der Client als erstes eine so genannte Proxy-(Stellvertreter-)Klasse anlegen. Die prinzipielle Vorgehensweise erläutert die folgende Abbildung:

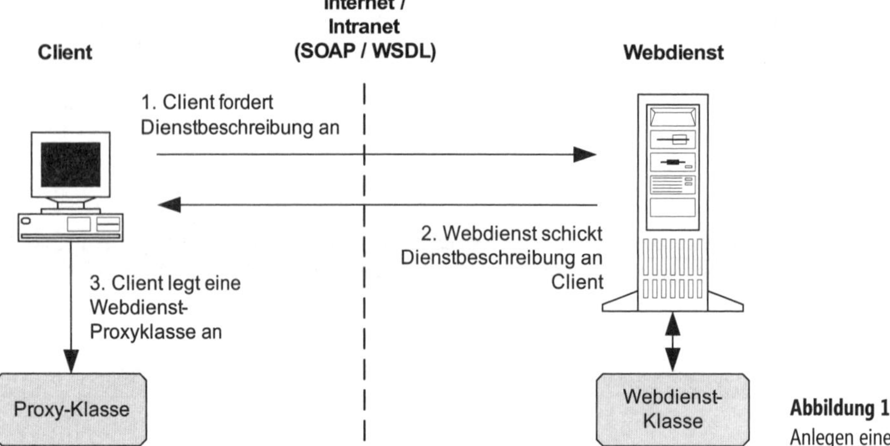

Abbildung 13.1 Der Ablauf beim Anlegen einer Proxy-Klasse

In dieser – der eigentlichen Benutzung des Webdienstes vorgeschalteten – Phase erfolgt die Interaktion zwischen Webdienstclient und Webdienst in folgenden Schritten:

- Der Client ermittelt die URL des Webdienstes und fordert vom Webdienst eine Dienstbeschreibung an.
- Der Webdienst schickt die Klassen- bzw. Schnittstellendefinition als WSDL-Dokument an den Client, wobei zum Übertragen das SOAP-Protokoll verwendet wird.
- Der Client legt eine Proxy-Klasse für den Webdienst an, welche die gleiche Schnittstelle wie der Webdienst hat.

Der Client braucht sich nicht um XML und SOAP zu kümmern, da beides durch den Proxy verborgen wird, er »merkt« nichts vom Proxy, er »denkt", dass es sich um die originale Klasse handelt. In Wirklichkeit stellt die Proxy-Klasse aber nur die Schnittstelle bereit, da sie selbst keinerlei Funktionalität im Sinne der Programmlogik implementiert.

Instanziieren und Benutzen der Proxy-Klasse

Ist die Proxy-Klasse auf dem Client angelegt, kann die Clientanwendung die Eigenschaften und Methoden so benutzen, als ob diese Klasse in einer lokalen Komponente implementiert wäre. Den genaueren Ablauf erläutert die nachfolgende Abbildung.

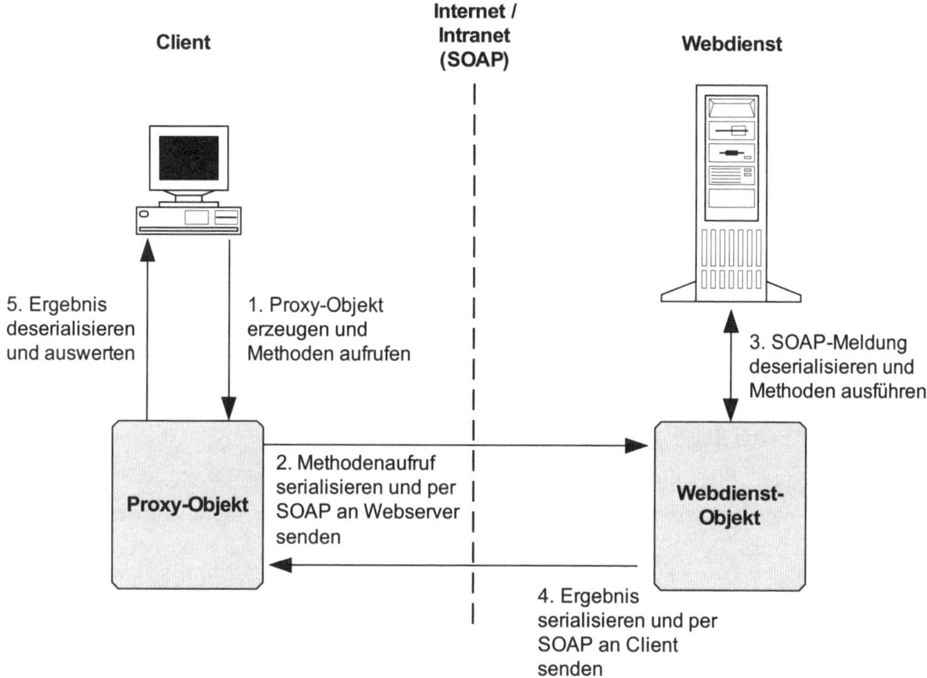

Abbildung 13.2 Der Ablauf beim Aufruf einer Webmethode

Nochmals die einzelnen Schritte im Detail:

1. Die Proxy-Klasse wird vom Client instanziiert, d.h. ein Objekt wird erzeugt, mit dem der Client so arbeiten kann, als ob es sich um ein lokales Objekt handeln würde.
2. Bei Aufruf einer Methode der Proxy-Klasse werden vom Clientrechner die Parameter des Methodenaufrufs in eine SOAP-Meldung serialisiert und an den Webserver geschickt, wobei das im WSDL-Dokument angegebene Format benutzt wird.
3. Während der Client auf die Antwort des Webdienstes wartet, werden im Server die SOAP-Meldung deserialisiert und die angeforderte Webmethode ausgeführt.
4. Das Ergebnis der Webmethode wird wieder serialisiert und per SOAP an den Client zurückgeschickt.
5. Auf Basis des im WSDL-Dokument angegebenen Formats deserialisiert der Client die SOAP-Meldung und kann sie als Rückgabewert vom Proxy-Objekt entgegennehmen.

Sie sehen, dass doch allerhand Overhead notwendig ist, um die Kommunikation zwischen Webdienstclient und Webdienst zu verwalten. Dank der in Visual Studio eingebauten Tools läuft dieser Vorgang aber weitestgehend automatisch ab, sodass Sie als Entwickler von SOAP, WSDL etc. eigentlich gar nichts davon merken.

Anforderungen an eine Webklasse

Für eine Webklasse gelten bestimmte Einschränkungen gegenüber normalen lokalen Klassen. Da sich ein Webdienst nichts »merken« kann, darf die Webklasse auch keine Eigenschaften (Properties) haben. Beim nächsten Aufruf der Webmethode wäre eh alles wieder »vergessen«. Einfache Zustandsvariablen bleiben deshalb wirkungslos, denn bei jedem erneuten Aufruf werden sie wieder mit ihren Anfangswerten initialisiert. Logischerweise hat die Webdienstklasse auch nur einen leeren Konstruktor (also einen ohne Parameter). In der Regel sind alle für die Ausführung der Web-Methode erforderlichen Parameter im Client vorzuhalten und mit jedem Methodenaufruf aufs Neue zu übergeben.

Der Client wiederum sollte nur soviel Intelligenz kapseln, wie es für die Entgegennahme der Benutzereingaben und deren Weiterleitung an den Webdienst-Server unbedingt erforderlich ist. Gleiches gilt umgekehrt für die Darstellung der Serverantwort.

Dies führt letztendlich zum Paradoxon »schlauer aber vergesslicher« Server und »dummer aber merkfähiger Client«, was eine ganze Reihe gravierender Änderungen bzw. Anpassungen nach sich zieht, um bereits funktionierende lokale Klassen »webdiensttauglich« zu machen

Die berühmte Ausnahme von der Regel

Wie sollte es auch anders sein, keine Regel ohne Ausnahmen! So auch hier.

Hinterlistigerweise war im obigen Abschnitt von »Einfachen Zustandsvariablen« die Rede. Wer bereits das Kapitel ASP.NET durchgearbeitet hat, wird sicher ebenfalls mit dem Problem der zustandslosen Programmierung konfrontiert worden sein. Der gleiche Lösungsansatz wie bei ASP.NET ist auch bei Webservices verfügbar. Die Rede ist von den *Session*-Variablen, die ihren Wert über mehrere Aufrufe hinweg behalten können.

Allerdings sind in diesem Fall einige Besonderheiten zu beachten:

- Der Client muss speziell angepasst werden, d.h., die Funktionalität zum Speichern von Cookies ist zu implementieren.
- Die Webmethode muss mit *<WebMethod(EnableSession=True)>* definiert werden.

Schnittstellen-Kompatibilität

Im Unterschied zu einer ASP.NET-Anwendung, bei welcher der Internetbrowser die Rolle des Clients spielt, sollte man an einem Webdienst dann nicht mehr unbekümmert herumdoktern, wenn bereits Clients existieren. Falls Änderungen am Webdienst zu einer inkompatiblen Schnittstelle führen, werden auch die Clients nicht mehr funktionieren und müssten neu programmiert bzw. ausgetauscht werden.

Ein Webdienst im Detail

Das Trockenschwimmen wollen wir nun mit einem konkreten Beispiel beenden und dabei die Innereien eines Webdienstes näher kennen lernen.

Aufgabenstellung

Aus der Tabelle *Bestellungen* der Datenbank *Firma.mdb* sollen für einen bestimmten Kunden und einen bestimmten Zeitraum (bezogen auf das Eingangsdatum) alle Bestellungen ausgegeben werden.

Bei *Firma.mdb* handelt es sich um eine stark abgerüstete Variante von *Nordwind.mdb* mit folgender Struktur:

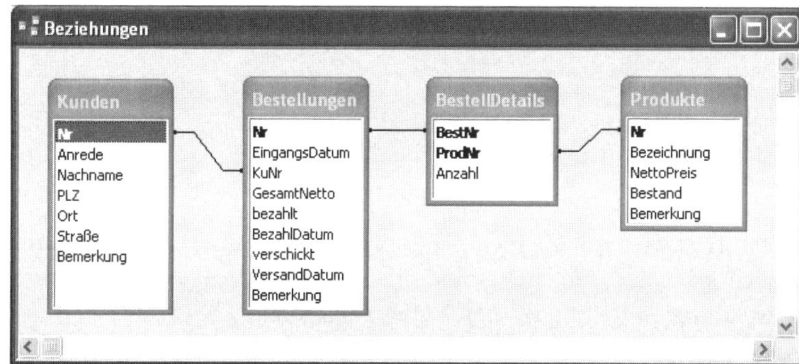

Abbildung 13.3 Datenbankstruktur

Von unserem Webdienst wünschen wir uns zwei Methoden, mit denen wir auf ein *DataSet* lesend bzw. schreibend zugreifen können:

1. Zum Lesen der Datensätze:

```
Function getBestellungen(ByVal kNr As Integer, ByVal von As DateTime, _
                                         ByVal bis As DateTime) As DataSet
```

2. Für das Zurückschreiben von Änderungen in die Datenbank:

```
Sub setBestellungen(ByRef bestDS As DataSet)
```

Webdienst-Projekt eröffnen und Datenbank einfügen

Nach dem Start von Visual Studio 2005 wählen Sie die Option *Datei/Neu/WebSite* und anschließend die Projektvorlage *ASP.NET Web Service*. Belassen Sie es auch bei diesem Beispiel bei der Default-Einstellung »Speicherort=Dateisystem« und warten Sie, bis das Projekt eingerichtet ist.

Die benötigte Datenbank *Firma.mdb* finden Sie auf der Buch-CD. Fügen Sie diese per Drag & Drop in den Projektmappen-Explorer ein (Verzeichnis *App_Data*).

In der *Web.config* nehmen Sie bitte die folgende Erweiterung vor:

```
<?xml version="1.0"?>
<configuration xmlns="http://schemas.microsoft.com/.NetConfiguration/v2.0">
 <connectionStrings>
   <add name="DatenConnectionString" connectionString="Provider=Microsoft.Jet.OLEDB.4.0;Data Source=|
DataDirectory|\Firma.mdb;Persist Security Info=True" providerName="System.Data.OleDb" />
 </connectionStrings>
...
```

HINWEIS Sollte die *Web.config* noch nicht vorhanden sein, starten Sie einfach einen ersten Testlauf (F5) und Sie werden gefragt, ob eine *Web.config* eingefügt werden soll.

Die Projektdateien

Folgende Dateien stehen im engen Zusammenhang mit dem Webdienst:

- *Web.config*
- *Global.asax* (optional)
- *Service1.asmx* und *Service1.vb*

Web.config

Die Konfigurationsdatei des Webdienstes. Hier wird z.B. die Identifizierung eines Benutzers (Benutzername und Passwort) vorgenommen. Zusätzlich können Sie auch Verbindungszeichenfolgen (*connectionStrings*, wir machen davon Gebrauch) und Anwendungseinstellungen (*appSettings*) ablegen.

Das folgende Listing zeigt lediglich einen Auszug:

```
<?xml version="1.0"?>
<!--
    Note: As an alternative to hand editing this file you can use the
    web admin tool to configure settings for your application. Use
    the Website->Asp.Net Configuration option in Visual Studio.
    A full list of settings and comments can be found in
    machine.config.comments usually located in
    \Windows\Microsoft.Net\Framework\v2.x\Config
-->
<configuration xmlns="http://schemas.microsoft.com/.NetConfiguration/v2.0">
 <appSettings/>
 <connectionStrings/>
 <add name="DatenConnectionString" connectionString="Provider=Microsoft.Jet.OLEDB.4.0;Data Source=|
DataDirectory|\Firma.mdb;Persist Security Info=True" providerName="System.Data.OleDb" />
 <system.web>
   <!--
            Set compilation debug="true" to insert debugging
            symbols into the compiled page. Because this
            affects performance, set this value to true only
            during development.
        -->
   <compilation debug="true"/>
   <!--
            The <authentication> section enables configuration
            of the security authentication mode used by
            ASP.NET to identify an incoming user.
        -->
   <authentication mode="Windows"/>
...
 </system.web>
</configuration>
```

Optional Global.asax

Der in dieser Datei enthaltene Code kann dazu verwendet werden, um auf Anwendungsebene auf Ereignisse reagieren zu können. Dies kann zum Beispiel beim Starten der Webservice-Anwendung der Fall sein (Laden statischer Daten aus der Datenbank und Zwischenspeichern in einer *Application*-Variablen, um unnütze Datenbankzugriffe zu vermeiden).

HINWEIS Im Gegensatz zur Vorgängerversion wird diese Datei nicht mehr automatisch erzeugt, Sie müssen sie von Hand hinzufügen (*Website/Neues Element hinzufügen*).

Das folgende Listing zeigt auszugsweise den Inhalt der Datei *Global.asax* mit fünf vorbereiteten Eventhandlern:

```
<%@ Application Language="VB" %>

<script runat="server">

    Sub Application_Start(ByVal sender As Object, ByVal e As EventArgs)
        ' Code, der beim Starten der Anwendung ausgeführt wird.
    End Sub

    Sub Application_End(ByVal sender As Object, ByVal e As EventArgs)
        ' Code, der beim Beenden der Anwendung ausgeführt wird.
    End Sub

    Sub Application_Error(ByVal sender As Object, ByVal e As EventArgs)
        ' Code, der bei einem nicht behandelten Fehler ausgeführt wird.
    End Sub

    Sub Session_Start(ByVal sender As Object, ByVal e As EventArgs)
        ' Code, der beim Starten einer neuen Sitzung ausgeführt wird.
    End Sub

    Sub Session_End(ByVal sender As Object, ByVal e As EventArgs)
        ' Code, der am Ende einer Sitzung ausgeführt wird.
        ' Hinweis: Das Session_End-Ereignis wird nur ausgelöst, wenn der sessionstate-Modus
        ' in der Datei "Web.config" auf InProc festgelegt wird. ...
    End Sub

</script>
```

In unserem Beispiel werden wir den Code dieser Datei allerdings nicht verwenden.

Service.asmx und Service.vb

In diesen beiden eng miteinander verknüpften Dateien ist der eigentliche Webdienst enthalten.

Service.asmx kapselt die Verarbeitungsdirektiven mit dem adressierbaren Einsprungpunkt des Webdienstes und verweist sowohl auf eigenen als auch auf Code im Hintergrund (*Code-Behind*).

BEISPIEL

Service.asmx

```
<%@ WebService Language="VB" CodeBehind="~/App_Code/Service.vb" Class="Service" %>
```

Die damit korrespondierende Datei *Service.vb* ist in der Regel Ihr Hauptbetätigungsfeld als Programmierer, denn hier ist die Code-Behind-Klasse für den Webdienst implementiert. Durch die damit erreichte strikte Trennung von HTML- und VB .NET-Code ergibt sich der Vorteil, dass Sie mit den Ihnen bereits von normalen Windows-Anwendungen her bekannten Techniken auch Webdienste entwickeln können.

Allerdings sollte man sich fragen, ob in vielen Fällen nicht beide Dateien zusammengeführt werden können, da sich der HTML-Code auf eine einzige Zeile beschränkt (Single-File).

BEISPIEL

Single-File-*Variante*

```
<%@ WebService Language="VB" Class="WebService" %>
Imports System.Web
Imports System.Web.Services
Imports System.Web.Services.Protocols

<WebService(Namespace := "http://tempuri.org/")> _
<WebServiceBinding(ConformsTo:=WsiProfiles.BasicProfile1_1)> _
Public Class WebService
    Inherits System.Web.Services.WebService

 <WebMethod()> _
 Public Function HelloWorld() As String
   Return "Hello World"
 End Function

End Class
```

HINWEIS Erstellen Sie nachträglich einen Webservice, können Sie im Dialogfenster zwischen Code-Behind- und Single-File-Variante wählen.

Im Weiteren entscheiden wir uns für die Single-File-Variante, löschen also die bestehenden Dateien *Service.asmx* und *Service.vb* und fügen einen neuen Webservice in das Projekt ein (*Website/Neues Element hinzufügen*).

Namensgebung

Bevor Sie richtig loslegen, sollten Sie dem Webdienst einen aussagekräftigen Namen geben. Relevant ist dabei zum einen die ASMX-Datei und zum anderen der Name der eigentlichen Klasse.

Klicken Sie im Projektmappen-Explorer auf die Datei *Service.asmx* und ändern Sie den Dateinamen in *BestellService.asmx*. Die enthaltene Klasse *WebService* benennen Sie in *BestellService* um.

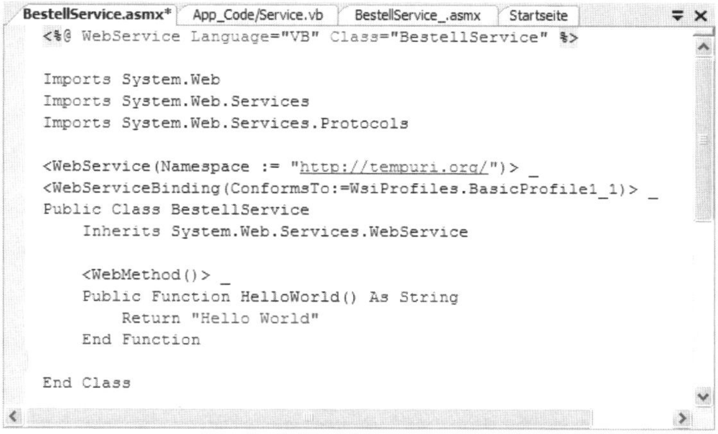

BestellService.asmx* | App_Code/Service.vb | BestellService_.asmx | Startseite

```
<%@ WebService Language="VB" Class="BestellService" %>

Imports System.Web
Imports System.Web.Services
Imports System.Web.Services.Protocols

<WebService(Namespace := "http://tempuri.org/")> _
<WebServiceBinding(ConformsTo:=WsiProfiles.BasicProfile1_1)> _
Public Class BestellService
    Inherits System.Web.Services.WebService

    <WebMethod()> _
    Public Function HelloWorld() As String
        Return "Hello World"
    End Function

End Class
```

Abbildung 13.4 *Class*-Attribut anpassen

HINWEIS Ändern Sie auch das Attribut *Class* in der ersten Zeile und beachten Sie die Groß-/Kleinschreibung!

Ihr Quellcode

Wir wechseln in *BestellService.asmx* und führen am vorhandenen Code-Skelett die folgenden Änderungen durch.

HINWEIS Da wir davon ausgehen, dass Sie mit den grundsätzlichen Techniken des Datenbankzugriffs unter ADO.NET vertraut sind, werden sich die folgenden Erläuterungen auf die für Webdienste relevanten Aussagen beschränken.

Zunächst importieren wir den *OleDb*-Datenprovider. Damit können wir sowohl auf Access-Datenbanken als auch – mit gewissen Performance-Abstrichen – auf den SQL Server zugreifen.

```
<%@ WebService Language="VB" Class="BestellService" %>

Imports System.Web
Imports System.Web.Services
Imports System.Web.Services.Protocols

Imports System.Data
Imports System.Data.OleDb
Imports System.Web.Configuration

<WebService(Namespace := "http://tempuri.org/")> _
<WebServiceBinding(ConformsTo:=WsiProfiles.BasicProfile1_1)> _
Public Class BestellService
    Inherits System.Web.Services.WebService
```

Da Webdienste naturgemäß über keine eigene Oberfläche verfügen, kann der Benutzer die Datenbank nicht über einen Dialog auswählen. Wir werden deshalb den Datenbankpfad zur Laufzeit aus der *Web.config* auslesen und fügen deshalb eine globale Variable ein:

```
    Private connStr As String = WebConfigurationManager.ConnectionStrings( _
                                    "DatenConnectionString").ToString()
```

Wir beginnen mit dem Implementieren der Webmethode *getBestellungen*. Um diese als Methode eines Webdienstes zu definieren, muss das Attribut *<WebMethod>* vorangestellt werden.

```
<WebMethod()> _
Public Function getBestellungen(ByVal kNr As Integer, ByVal von As DateTime, _
                                                ByVal bis As DateTime) As DataSet
```

Die Verbindung zur Datenbank herstellen:

```
    Dim conn As New OleDbConnection(connStr)
```

Command-Objekt erzeugen:

```
    Dim cmd As New OleDbCommand("SELECT * FROM Bestellungen " & _
                        "WHERE KuNr = ? AND EingangsDatum BETWEEN ?  AND ?", conn)
```

Parameter definieren:

```
    cmd.Parameters.Add("@kN", OleDbType.[Integer])
    cmd.Parameters.Add("@zeit1", OleDbType.[Date])
    cmd.Parameters.Add("@zeit2", OleDbType.[Date])
```

Allen Parametern Werte zuweisen:

```
    cmd.Parameters("@kN").Value = kNr
    cmd.Parameters("@zeit1").Value = von
    cmd.Parameters("@zeit2").Value = bis
```

DataAdapter erzeugen:

```
    Dim da As New OleDbDataAdapter(cmd)
    da.MissingSchemaAction = MissingSchemaAction.AddWithKey
```

DataSet füllen:

```
    Dim bestDS As New DataSet("BestellDS")
    conn.Open()
    da.Fill(bestDS, "Bestellungen")
    conn.Close()
    Return bestDS
End Function
```

Die Webmethode *setBestellungen* fällt etwas kürzer aus. Für eine Überraschung sorgt eventuell die *ByRef*-Übergabe des *DataSet*-Parameters an die Methode. Dadurch werden alle Änderungen am *DataSet* auch im *DataSet* der aufrufenden Funktion sichtbar (siehe Bemerkungen):

```
<WebMethod()> _
Public Sub setBestellungen(ByRef bestDS As DataSet)
    Dim conn As New OleDbConnection(connStr)
    Dim da As New OleDbDataAdapter("SELECT * FROM Bestellungen",conn)
```

Die folgende Zuweisung sorgt dafür, dass bei einem Update-Fehler nicht abgebrochen wird, der fehlerhafte Datensatz wird stattdessen im Client markiert:

```
    da.ContinueUpdateOnError = True
```

Das Erstellen eines *UpdateCommand*-Objekts für den *DataAdapter* übernimmt ein *CommandBuilder*:

```
        Dim cb As New OleDbCommandBuilder(da)
```

Das Zurückschreiben der Änderungen am *DataSet* in die Datenbank:

```
        conn.Open()
        da.Update(bestDS.Tables("Bestellungen"))
        conn.Close()
    End Sub
```

Webdienst testen

Nach dem Erstellen des Webdienstes (F5-Taste oder Menü *Debuggen/Debuggen starten*) zeigt Ihnen der Internet Explorer ein automatisch generiertes Testformular, welches Links sowohl zur Dienstbeschreibung des Webdienstes liefert, als auch zu den separaten Testseiten für jede Methode des Webdienstes.

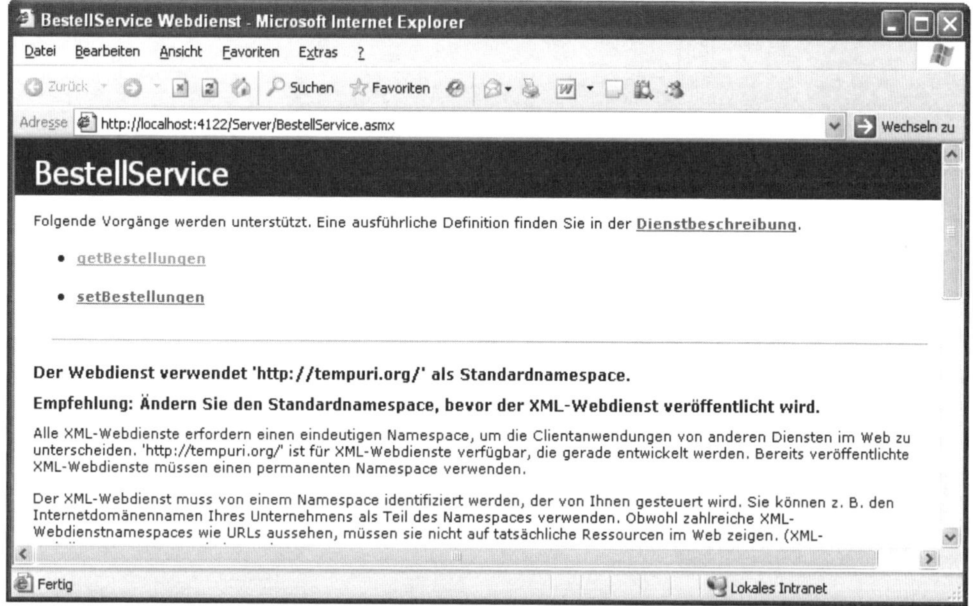

Abbildung 13.5 Webdienstbeschreibung im Internet Explorer

Dienstbeschreibung

Die im WSDL-Format abgefasste Dienstbeschreibung informiert über die vom Webdienst angebotenen Methoden und deren Parameter. Sie wird vom Webdienst an den Client abgeschickt, wenn dieser danach fragt. Dazu braucht an die URL des Webdienstes lediglich die Zeichenfolge *?wsdl* angehängt zu werden.

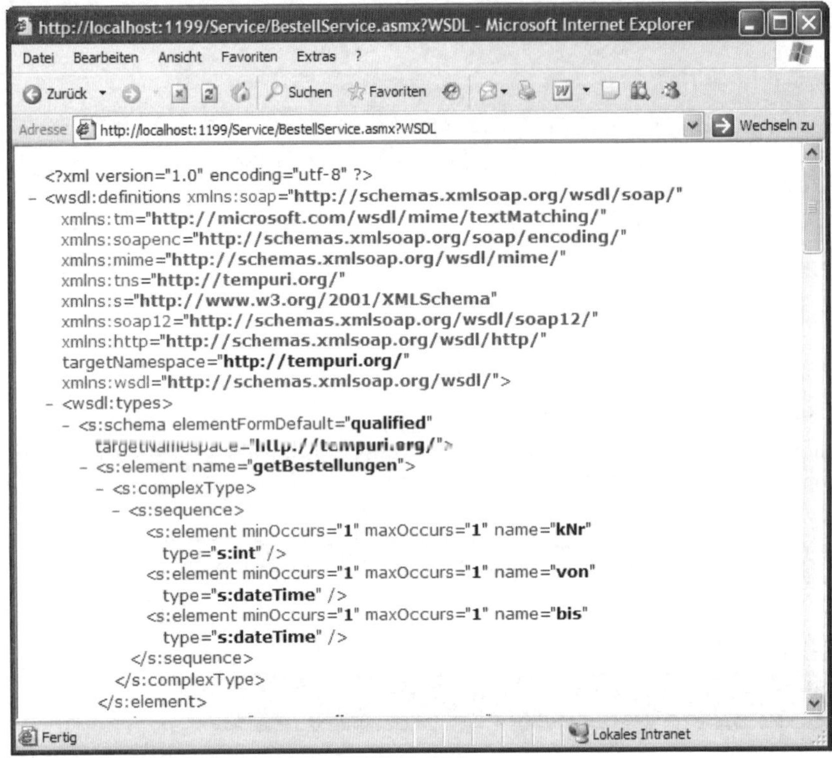


```
<?xml version="1.0" encoding="utf-8" ?>
- <wsdl:definitions xmlns:soap="http://schemas.xmlsoap.org/wsdl/soap/"
    xmlns:tm="http://microsoft.com/wsdl/mime/textMatching/"
    xmlns:soapenc="http://schemas.xmlsoap.org/soap/encoding/"
    xmlns:mime="http://schemas.xmlsoap.org/wsdl/mime/"
    xmlns:tns="http://tempuri.org/"
    xmlns:s="http://www.w3.org/2001/XMLSchema"
    xmlns:soap12="http://schemas.xmlsoap.org/wsdl/soap12/"
    xmlns:http="http://schemas.xmlsoap.org/wsdl/http/"
    targetNamespace="http://tempuri.org/"
    xmlns:wsdl="http://schemas.xmlsoap.org/wsdl/">
  - <wsdl:types>
    - <s:schema elementFormDefault="qualified"
        targetNamespace="http://tempuri.org/">
      - <s:element name="getBestellungen">
        - <s:complexType>
          - <s:sequence>
              <s:element minOccurs="1" maxOccurs="1" name="kNr"
                type="s:int" />
              <s:element minOccurs="1" maxOccurs="1" name="von"
                type="s:dateTime" />
              <s:element minOccurs="1" maxOccurs="1" name="bis"
                type="s:dateTime" />
            </s:sequence>
          </s:complexType>
        </s:element>
```

Abbildung 13.6 Dienstbeschreibung abrufen

Erste Web-Methode testen

Die Testseite für die Methode *getBestellungen* enthält ein Eingabeformular, über welches Sie die erforderlichen Parameter eingeben und die Methode aufrufen können.

Bestellung

Klicken Sie hier, um die vollständige Vorgangsliste anzuzeigen.

getBestellungen

Testen

Klicken Sie auf 'Aufrufen', um den Vorgang mit dem HTTP POST-Protokoll zu testen.

Parameter	Wert
kNr:	1
von:	1.1.2003
bis:	1.2.2003

Aufrufen

Abbildung 13.7 Testen von *getBestellungen*

Als Antwort erhalten Sie keine fertige Tabelle, sondern strukturierte XML-Daten, die ebenfalls im IE angezeigt werden:

```
<?xml version="1.0" encoding="utf-8" ?>
- <DataSet xmlns="http://tempuri.org">
 - <xs:schema id="BestellDS" xmlns="" xmlns:xs="http://www.w3.org/2001/XMLSchema"
     xmlns:msdata="urn:schemas-ms-com:xmlmsdata">
  - <xs:element name="BestellDS" msdata:IsDataSet="true" msdata:Locale="de-DE">
   - <xs:complexType>
    - <xs:choice maxOccurs="unbounded">
     - <xs:element name="Bestellungen">
      - <xs:complexType>
       - <xs:sequence>
           <xs:element name="Nr" msdata:AutoIncrement="true" type="xs:int" />
           <xs:element name="EingangsDatum" type="xs:dateTime" minOccurs="0" />
           <xs:element name="KuNr" type="xs:int" minOccurs="0" />
           <xs:element name="GesamtNetto" type="xs:decimal" minOccurs="0" />
           <xs:element name="bezahlt" type="xs:boolean" minOccurs="0" />
           <xs:element name="BezahlDatum" type="xs:dateTime" minOccurs="0" />
           <xs:element name="verschickt" type="xs:boolean" minOccurs="0" />
           <xs:element name="VersandDatum" type="xs:dateTime" minOccurs="0" />
        - <xs:element name="Bemerkung" minOccurs="0">
         - <xs:simpleType>
          - <xs:restriction base="xs:string">
              <xs:maxLength value="50" />
            </xs:restriction>
          </xs:simpleType>
         </xs:element>
        </xs:sequence>
       </xs:complexType>
      </xs:element>
     </xs:choice>
    </xs:complexType>
   - <xs:unique name="Constraint1" msdata:PrimaryKey="true">
      <xs:selector xpath=".//Bestellungen" />
      <xs:field xpath="Nr" />
    </xs:unique>
   </xs:element>
  </xs:schema>
 - <diffgr:diffgram xmlns:msdata="urn:schemas-microsoft-com:xml-msdata"
    xmlns:diffgr="urn:schemas-ms-com:xml-diffgram- v1">
  - <BestellDS xmlns="">
   - <Bestellungen diffgr:id="Bestellungen1" msdata:rowOrder="0">
       <Nr>1</Nr>
       <EingangsDatum>2003-01-09T00:00:00.0000000+01:00</EingangsDatum>
       <KuNr>1</KuNr>
       <GesamtNetto>60</GesamtNetto>
       <bezahlt>true</bezahlt>
       <BezahlDatum>2003-01-15T00:00:00.0000000+01:00</BezahlDatum>
       <verschickt>true</verschickt>
       <VersandDatum>2003-01-15T00:00:00.0000000+01:00</VersandDatum>
     </Bestellungen>
   - <Bestellungen diffgr:id="Bestellungen2" msdata:rowOrder="1">
       <Nr>2</Nr>
       <EingangsDatum>2003-01-12T00:00:00.0000000+01:00</EingangsDatum>
       <KuNr>1</KuNr>
       <GesamtNetto>73.5</GesamtNetto>
       <bezahlt>false</bezahlt>
```

```
        <verschickt>false</verschickt>
      </Bestellungen>
    - <Bestellungen diffgr:id="Bestellungen3" msdata:rowOrder="2">
        <Nr>3</Nr>
        <EingangsDatum>2003-01-20T00:00:00.0000000+01:00</EingangsDatum>
        <KuNr>1</KuNr>
        <GesamtNetto>5100</GesamtNetto>
        <bezahlt>true</bezahlt>
        <BezahlDatum>2003-01-23T00:00:00.0000000+01:00</BezahlDatum>
        <verschickt>false</verschickt>
      </Bestellungen>
    </BestellDS>
  </diffgr:diffgram>
</DataSet>
```

Wenn Sie genauer hinschauen, so stellen Sie fest, dass die im XML-Listing abgelegten Informationen aus zwei Teilen bestehen:

- die Strukturinformationen, d.h. das vollständige Schema des *DataSets*,
- die in einem so genannten *DiffGramm* abgelegten Daten.

Jeder XML-fähige Client sollte nun in der Lage sein, diese Informationen zu verarbeiten.

Zweite Web-Methode testen

Die Testseite der Methode *setBestellungen* enthält nur die Syntaxbeschreibung, aber kein Testformular – warum? Das Testformular kann nur solche Parameter entgegennehmen, die man aus einem String extrahieren kann. Da unserer Methode aber ein komplettes *DataSet* übergeben werden muss (es enthält alle geänderten Datensätze), kann sie mit dem Testformular nicht getestet werden, und wir müssen uns gedulden, bis die Clientanwendung fertig gestellt ist.

HINWEIS Im Quellcode haben wir auf die Verwendung von *Try-Catch*-Blöcke zunächst verzichtet. Sie sollten diese Technik in Ihrem eigenen Code erst dann verwenden, wenn Sie alle Laufzeitfehler ausgemerzt haben (ansonsten erhalten Sie keine oder nur weniger aussagekräftige Fehlermeldungen).

Ein Webdienstclient im Detail

Zwischen einem Webdienstclient und einer normalen Windows-Anwendung gibt es keine gravierenden Unterschiede. Wir wollen das im Folgenden praktisch beweisen.

Aufgabenstellung

Für den im vorhergehenden Abschnitt erstellten Webdienst *BestellService* soll ein passender Client programmiert werden, der die von der Methode *getBestellungen* gelieferten Datensätze anzeigt. Nachdem die Datensätze im Client beliebig geändert wurden, sollen sie mit der Methode *setBestellungen* wieder in die Datenbank zurück geschrieben werden.

Webdienstclient-Projekt eröffnen

Öffnen Sie ein neues Projekt vom Typ *Windows Anwendung* und stellen Sie die abgebildete Benutzerschnittstelle zusammen. Neben der *TextBox* brauchen Sie noch zwei *DateTimePicker*, ein *DataGridView* und drei *Buttons*.

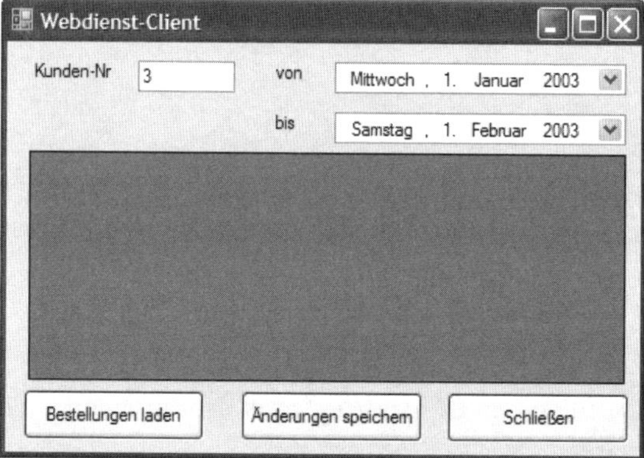

Abbildung 13.8 Entwufsansicht

HINWEIS Es erleichtert den späteren Test, wenn Sie im Eigenschaftenfenster der *Text*-Eigenschaft von *TextBox1* und der *Value*-Eigenschaft von *DateTimePicker1 bzw. DateTimePicker2* bereits jetzt gültige Werte zuweisen.

Webverweis hinzufügen

Jetzt kommt das Wichtigste, nämlich das Herstellen der Verbindung zum Webdienst:

1. Klicken Sie im Projektmappen-Explorer mit der rechten Maustaste auf das Projekt und wählen Sie im Kontextmenü den Eintrag *Webverweis hinzufügen.*
2. Im Dialogfeld *Webreferenz hinzufügen* geben Sie oben die URL des Webdienstes ein:

```
http://localhost:1199/Service/BestellService.asmx
```

3. Es erscheint die Testseite des Webdienstes.
4. Klicken Sie die Schaltfläche »Verweis hinzufügen«.

Die Projektdateien

Ein Blick in den Projektmappen-Explorer zeigt, dass der Webdienst unter dem Knoten *localhost* eingebunden wurde.

Mehrere automatisch generierte Dateien sind hinzu gekommen. Was hat es damit auf sich?

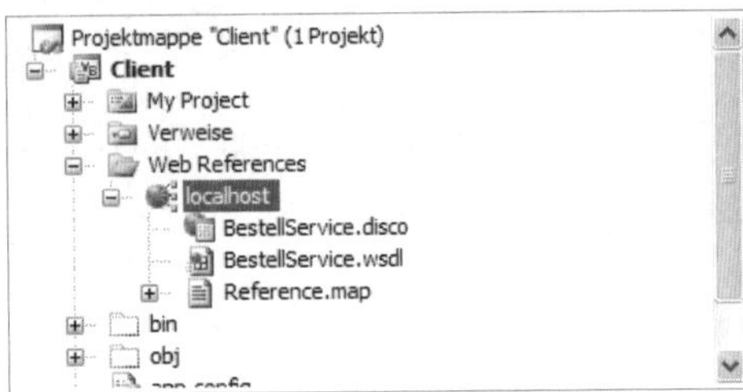

Abbildung 13.9 Eingebundene Webreferenzen

BestellService.disco

Gewissermaßen als Pendant der zum Webdienst gehörenden Datei *BestellService.disco* handelt es sich hier um eine Kopie des DISCO-Dokuments zum Aufsuchen des Webdienstes. Durch Doppelklicken auf den Eintrag können Sie den Inhalt anzeigen.

BestellService.wsdl

Dieses WSDL-Dokument enthält die Beschreibung des Webdienstes. Es handelt sich quasi um eine Kopie der WSDL-Datei, die zum Erstellen des Proxy verwendet wird.

Reference.map

Diese XML-Datei speichert die URLs zu den beiden obigen Dateien und weitere Infos über die DISCO- und WSDL-Verweise, sie wird verwendet, wenn der Webdienst geändert wurde und der Client aktualisiert werden muss.

Reference.vb

Die Datei definiert die Proxyklasse, die für den Client die Methoden des Webdienstes zur Verfügung stellt. Dadurch kann der Webdienst im Programm so angesprochen werden, als würde er von einer lokalen Komponente stammen.

Da der Code – auch in Hinblick auf den asynchronen Methodenaufruf – sehr aufschlussreich ist, soll er hier auszugsweise angegeben werden (selbst auf die Gefahr hin, dass einiges in den Attributen mysteriös und unübersichtlich erscheint):

```
'------------------------------------------------------------------------------
' <auto-generated>
'     Dieser Code wurde von einem Tool generiert.
...
'------------------------------------------------------------------------------

Option Strict Off
Option Explicit On
Imports System
Imports System.ComponentModel
Imports System.Data
Imports System.Diagnostics
Imports System.Web.Services
Imports System.Web.Services.Protocols
Imports System.Xml.Serialization
'
'Der Quellcode wurde automatisch mit Microsoft.VSDesigner generiert. Version 2.0.50727.42.
```

```
'
Namespace localhost
    '''<remarks/>
    <System.CodeDom.Compiler.GeneratedCodeAttribute("System.Web.Services", _
      "2.0.50727.42"), _
     System.Diagnostics.DebuggerStepThroughAttribute(), _
     System.ComponentModel.DesignerCategoryAttribute("code"), _
     System.Web.Services.WebServiceBindingAttribute(Name:="BestellServiceSoap", _
       [Namespace]:="http://tempuri.org/")> _
    Partial Public Class BestellService
        Inherits System.Web.Services.Protocols.SoapHttpClientProtocol

        Private getBestellungenOperationCompleted As System.Threading.SendOrPostCallback
        Private setBestellungenOperationCompleted As System.Threading.SendOrPostCallback
```

Im Konstruktor wird zunächst der Standard-URL zugewiesen:

```
        '''<remarks/>
        Public Sub New()
            MyBase.New
            Me.Url = Global.Client.My.MySettings.Default.Client_localhost_BestellService
            If (Me.IsLocalFileSystemWebService(Me.Url) = True) Then
                Me.UseDefaultCredentials = true
                Me.useDefaultCredentialsSetExplicitly = False
            Else
                Me.useDefaultCredentialsSetExplicitly = True
            End If
        End Sub
```

Über eine Eigenschaft Url kann der URL auch geändert werden:

```
        Public Shadows Property Url() As String
            Get
                Return MyBase.Url
            End Get
            Set
                If (((Me.IsLocalFileSystemWebService(MyBase.Url) = True) _
                            AndAlso (Me.useDefaultCredentialsSetExplicitly = False)) _
                            AndAlso (Me.IsLocalFileSystemWebService(value) = False)) Then
                    MyBase.UseDefaultCredentials = False
                End If
                MyBase.Url = value
            End Set
        End Property
...
```

Die Event-Deklarationen für asynchrone Verarbeitung (wir kommen später darauf zurück):

```
        Public Event getBestellungenCompleted As getBestellungenCompletedEventHandler
        Public Event setBestellungenCompleted As setBestellungenCompletedEventHandler...
```

Die schon bekannte Methode *getBestellungen*:

```
        Public Function getBestellungen(ByVal kNr As Integer, ByVal von As Date, _
                                                ByVal bis As Date) As System.Data.DataSet
            Dim results() As Object = Me.Invoke("getBestellungen", New Object() {kNr, von, bis})
            Return CType(results(0),System.Data.DataSet)
        End Function
```

Die Methode *getBestellungenAsync* (für asynchrone Verarbeitung):

```
        Public Overloads Sub getBestellungenAsync(ByVal kNr As Integer, _
                                                ByVal von As Date, ByVal bis As Date)
            Me.getBestellungenAsync(kNr, von, bis, Nothing)
        End Sub
...
```

Der Methodenaufruf am Ende der asynchronen Verarbeitung zum Auslösen der Ereignisse:

```
        Private Sub OngetBestellungenOperationCompleted(ByVal arg As Object)
            If (Not (Me.getBestellungenCompletedEvent) Is Nothing) Then
                Dim invokeArgs As System.Web.Services.Protocols.InvokeCompletedEventArgs = _
                     CType(arg,System.Web.Services.Protocols.InvokeCompletedEventArgs)
                RaiseEvent getBestellungenCompleted(Me, New _
                     getBestellungenCompletedEventArgs(invokeArgs.Results, _
                         invokeArgs.Error, invokeArgs.Cancelled, invokeArgs.UserState))
            End If
        End Sub
```

Gleiches für *setBestellungen*:

```
        Public Overloads Sub setBestellungenAsync(ByVal bestDS As System.Data.DataSet)
...
        Public Overloads Sub setBestellungenAsync(ByVal bestDS As System.Data.DataSet, _
                                                                  ByVal userState As Object)
...

        Private Sub OnsetBestellungenOperationCompleted(ByVal arg As Object)
            If (Not (Me.setBestellungenCompletedEvent) Is Nothing) Then
                Dim invokeArgs As System.Web.Services.Protocols.InvokeCompletedEventArgs = _
                                   CType(arg,System.Web.Services.Protocols.InvokeCompletedEventArgs)
                RaiseEvent setBestellungenCompleted(Me, New _
                   setBestellungenCompletedEventArgs(invokeArgs.Results, _
                                       invokeArgs.Error, invokeArgs.Cancelled, invokeArgs.UserState))
            End If
        End Sub
```

Abbruch der asynchronen Verarbeitung:

```
        Public Shadows Sub CancelAsync(ByVal userState As Object)
            MyBase.CancelAsync(userState)
        End Sub
...
```

Die Delegates für die Ereignisbehandlung:

```
    Public Delegate Sub getBestellungenCompletedEventHandler(ByVal sender As Object, _
                                            ByVal e As getBestellungenCompletedEventArgs)
...

    Public Delegate Sub setBestellungenCompletedEventHandler(ByVal sender As Object, _
                                            ByVal e As setBestellungenCompletedEventArgs)
...
```

Ihr Quellcode

Nachdem Ihnen Ihr Visual Studio bereits eine ganze Menge Programmierarbeit abgenommen hat, sind Sie jetzt wieder an der Reihe. Öffnen Sie das Codefenster für *Form1*:

```
Public Class Form1
```

Die Proxyklasse des Webdienstes wird auf Basis der in *localhost.Reference.vb* automatisch generierten Proxyklasse *Bestellungen* erzeugt:

```
    Private ws As New localhost.BestellService()
```

Zum Puffern der übergebenen Daten brauchen wir ein *DataSet*:

```
    Private ds1 As New DataSet()
```

Die gewünschten Bestellungen laden:

```
    Private Sub Button1_Click(ByVal sender As System.Object, _
                              ByVal e As System.EventArgs) Handles Button1.Click
        Try
            Dim knr As Integer = Convert.ToInt32(TextBox1.Text)
```

Beim Aufruf der ersten Webdienst-Methode werden die Daten vom Webdienst geladen:

```
            ds1 = ws.getBestellungen(knr, DateTimePicker1.Value, DateTimePicker2.Value)
            DataGridView1.DataSource = ds1.Tables("Bestellungen")
```

Eventuelle Fehler auswerten:

```
        Catch ex As Exception
            MessageBox.Show(ex.Message.ToString())
        End Try
    End Sub
```

Änderungen speichern:

```
    Private Sub Button2_Click(ByVal sender As System.Object, ByVal e As System.EventArgs) _
                                                                    Handles Button2.Click

        Dim ds2 As DataSet          ' lokales DataSet zum Puffern der Änderungen
        Try
```

Nur die Änderungen werden in den Puffer kopiert, was eine deutliche Reduktion der zu übertragenden Datenmenge bedeutet:

```
            ds2 = ds1.GetChanges()
            ' nur wenn etwas geändert wurde ...
            If ds2 IsNot Nothing Then
```

Durch Aufruf der zweiten Webdienst-Methode werden die Änderungen in die Datenbank geschrieben:

```
                ws.setBestellungen(ds2)
```

Die in *ds2* per Referenz zurückgegebenen Daten überschreiben das Original nur dann, wenn sie den gleichen Primärschlüssel haben:

```
                ds1.Merge(ds2)
                MessageBox.Show("Daten erfolgreich gespeichert!")
            End If
        Catch ex As Exception
            MessageBox.Show(ex.Message.ToString)
        End Try
    End Sub
```

Formatieren des DataGridView-Controls

Der folgende Code hat nichts mit der eigentlichen Programmierung des Webclients zu tun, sondern dient lediglich der Formatierung der Anzeige im *DataGridView*. Wir könnten ihn auch weglassen, müssten dann aber z.B. auf das Euro-Symbol verzichten oder würden uns über die überflüssige Sekundenanzeige bei der Ausgabe des Bestelldatums ärgern. Außerdem könnten wir keine Spalten gezielt ausblenden.

Alle Aktivitäten zum Formatieren der Anzeige im *DataGridView* erledigen wir bereits beim Laden des Formulars. Wir beschränken uns dabei auf drei Spalten (*EingangsDatum*, *GesamtNetto* und *Bemerkungen*):

```
    Private Sub Form1_Load(ByVal sender As System.Object, ByVal e As System.EventArgs) _
                                                                        Handles MyBase.Load
        ' DataGridView1
        Me.DataGridView1.AutoGenerateColumns = False
        Me.DataGridView1.AllowUserToAddRows = False
        Me.DataGridView1.Columns.Add(Me.DataGridViewTextBoxColumn1)
        Me.DataGridView1.Columns.Add(Me.DataGridViewTextBoxColumn2)
        Me.DataGridView1.Columns.Add(Me.DataGridViewTextBoxColumn3)

        ' DataGridViewTextBoxColumn1
        Me.DataGridViewTextBoxColumn1.DataPropertyName = "Eingangsdatum"
        Me.DataGridViewTextBoxColumn1.HeaderText = "Datum"
        Me.DataGridViewTextBoxColumn1.Name = "Datum"
        Me.DataGridViewTextBoxColumn1.DefaultCellStyle.Alignment = _
                                DataGridViewContentAlignment.MiddleRight
        Me.DataGridViewTextBoxColumn1.Width = 80

        ' DataGridViewTextBoxColumn2
        Me.DataGridViewTextBoxColumn2.DataPropertyName = "Gesamtnetto"
        Me.DataGridViewTextBoxColumn2.HeaderText = "Nettobetrag"
        Me.DataGridViewTextBoxColumn2.Name = "Nettobetrag"
        Me.DataGridViewTextBoxColumn2.DefaultCellStyle.Format = "c"
        Me.DataGridViewTextBoxColumn2.DefaultCellStyle.Alignment = _
                              DataGridViewContentAlignment.MiddleRight
        Me.DataGridViewTextBoxColumn2.Width = 80

        ' DataGridViewTextBoxColumn3
        Me.DataGridViewTextBoxColumn3.DataPropertyName = "Bemerkung"
        Me.DataGridViewTextBoxColumn3.HeaderText = "Bemerkungen"
        Me.DataGridViewTextBoxColumn3.Name = "Bemerkungen"
        Me.DataGridViewTextBoxColumn3.Width = 170
    End Sub
```

Webdienstclient testen

Nach Eingabe einer gültigen *Kunden-Nr* und der Auswahl eines sinnvollen Anfangs- und Ende-Datums sehen Sie nach kurzer Wartezeit die vom Webdienst gelieferten Datensätze. Sie können nun hemmungslos an den Datensätzen herumdoktern und versuchen, die Änderungen in der Datenbank zu speichern.

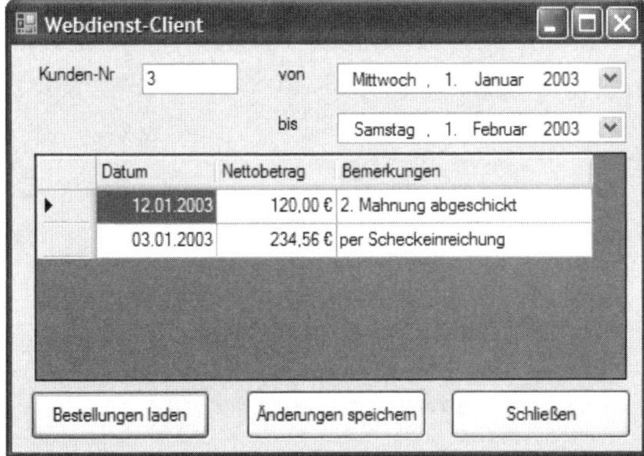

Abbildung 13.10 Laufzeitansicht des Webdienst-Clients

Verbesserungen

- Falls Sie mehr als drei Spalten anzeigen wollen, müssen weitere *DataGridViewTextBoxColumn*-Objekte erzeugt und zur *DataGridView1.Columns*-Collection hinzugefügt werden.
- Erweitern Sie den Webdienst um weitere Methoden, z.B. *getKunden*, um im Client die Namen aller Kunden in einer *ListBox* anzeigen und auswählen zu können!
- Reduzieren Sie die zu übertragende Datenmenge, indem Sie in das SELECT-Statement der SQL-Abfrage nur die gewünschten Spalten einfügen.

Zugriff verweigert (Access denied)

Trotzdem Sie beim Hinzufügen des Webverweises erfolgreich dessen Methoden getestet haben kann es vorkommen, dass der Client nicht funktioniert, z.B. wenn nach Klick auf die Schaltfläche »Bestellungen laden« eine Fehlermeldung erscheint (»*HTTP Code 401, Access denied*« o.ä.).

In einem solchen Fall sollten Sie zunächst prüfen, ob für den im IIS abgelegten Ordner *\BestellService* die Webfreigabe aktiviert ist.

HINWEIS Dieser Fehler tritt nur auf, wenn der Webservice in einer IIS-Umgebung läuft!

Als nächstes sollten Sie über *Systemsteuerung/Verwaltung* den IIS öffnen. Haben wir Glück, so weist ein »Error«-Symbol auf den Übeltäter hin.

Abbildung 13.11 Probleme mit der Verzeichnissicherheit

Über das Kontextmenü von *BestellService* öffnen Sie die Eigenschaftenseite »Verzeichnissicherheit«. Mit der Schaltfläche »Bearbeiten« kommen Sie zum Dialog »Authentifizierungsmethoden«, wo Sie den »Anonymen Zugriff« aktivieren:

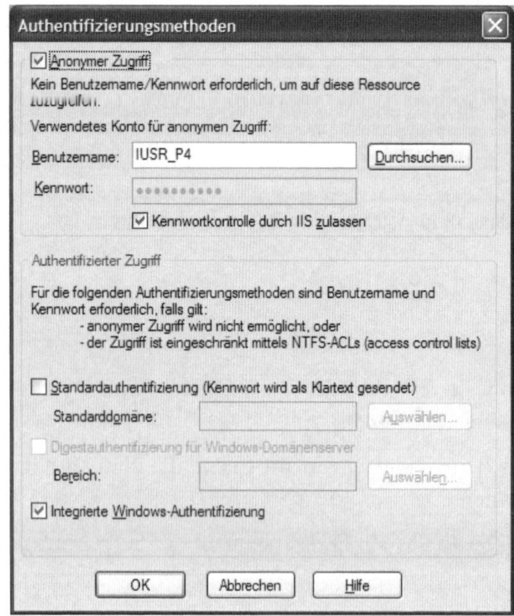

Abbildung 13.12 Ändern der Authentifizierungsmethode

HINWEIS Im späteren praktischen Betrieb des Webdienstes kann der anonyme Zugriff natürlich problematisch werden!

Web-Methoden asynchron abrufen

Wie Sie beim Testen des Webdienstclients bereits festgestellt haben, nimmt der Aufruf einer Webmethode durchaus einige Zeit in Anspruch. Falls aus irgendwelchen Gründen der Webdienst nicht verfügbar ist, kann sogar eine kleine Ewigkeit vergehen, bis Ihre Anwendung durch einen Timeout-Fehler aus dem Tiefschlaf erlöst wird.

Aber auch für dieses Problem bietet .NET einen Ausweg, denn in der erzeugten Proxy-Klasse sind spezielle »asynchrone« Methoden enthalten. Anhand eines Beispiels wolllen wir zeigen wie es geht.

HINWEIS Unser Beispiel verwendet den in den vorhergehenden Abschnitten entwickelten Webdienst »BestellService«. Stellen Sie also sicher, dass dieser gestartet ist (entweder in einer Visual Studio-Instanz oder nach korrekter Installation im IIS).

Synchrone und asynchrone Methoden

Wie ein Blick auf die im Projektverzeichnis des Clients angelegte Datei *Reference.vb* zeigt, sind in unserer Proxy-Klasse *Bestellungen* außer den Methoden *getBestellungen* und *setBestellungen* noch zusätzlich die beiden folgenden Methoden enthalten:

- *getBestellungenAsync*,
- *SetBestellungenAsync*.

HINWEIS Mit der Umstellung auf .NET 2.0 wurde die »alten« Methodenpaare *Begin...*- und *End...* durch die Methode *<Methodenname>Async* abgelöst.

Was bedeuten diese Methoden?

In der Regel besteht der asynchrone Aufruf einer Webmethode aus zwei Schritten:

- Aufruf der *<Methodenname>Async*-Methode durch den Webdienstclient. Hier werden der Methodenaufruf initiiert und die benötigten Parameter übergeben.
- Zuweisen eines Ereignishandlers, über den der Methodenaufruf abgeschlossen und die Antwort vom Webdienst abgeholt wird (Parameter *e*).

Wir wollen den Einsatz der asynchronen Methode *getBestellungenAsync* demonstrieren.

Bedienoberfläche für Testclient

Das Testformular ähnelt dem im vorhergehenden Abschnitt beschriebenen Testclient, nur beschränken wir uns diesmal auf das Lesen der Datensätze, welches asynchron erfolgen soll. Statt der Schaltfläche für das Zurückschreiben der Änderungen in die Datenbank wird eine Schaltfläche zum Löschen der Anzeige des *DataGridView* eingefügt.

Öffnen Sie eine neue Windows Forms-Anwendung mit der abgebildeten Oberfläche.

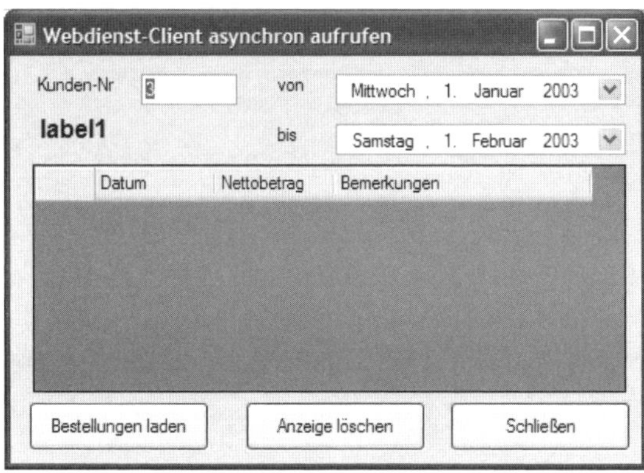

Abbildung 13.13 Entwurfsansicht des Webdienst-Clients für den asynchronen Methodenaufruf

Das fette Label soll die aktuelle Uhrzeit anzeigen, um so zu verdeutlichen, dass während des Aufrufs der Webmethode die Anwendung nicht »steht«. Vergessen Sie deshalb nicht das Hinzufügen eines *Timer*-Steuerelements (*Enabled* = *True*, *Interval* = 1000).

Quellcode für Testclient

Der asynchrone Aufruf des Webdienstes:

```
Private Sub Button1_Click(ByVal sender As System.Object, _
                    ByVal e As System.EventArgs) Handles Button1.Click
    Try
        Dim knr As Integer = Convert.ToInt32(TextBox1.Text)
        AddHandler ws.getBestellungenCompleted, AddressOf ws_getBestellungenCompleted
        ws.getBestellungenAsync(knr, DateTimePicker1.Value, DateTimePicker2.Value)
    Catch ex As Exception
        MessageBox.Show(ex.Message.ToString)
    End Try
End Sub
```

HINWEIS Wer noch unter .NET 1.x asynchrone Aufrufe programmiert hat, wird sich an die umständliche Programmierung einer Callback-Methode erinnern. Obige Variante ist da doch wesentlich eleganter!

Die Ereignisbehandlung:

```
Sub ws_getBestellungenCompleted(ByVal sender As Object, _
                    ByVal e As localhost.getBestellungenCompletedEventArgs)
```

Ein Abbruch ist nicht erfolgt:

```
    If Not e.Cancelled Then
```

DataSet abrufen:

```
        ds1 = e.Result
        DataGridView1.DataSource = ds1.Tables("Bestellungen")
    Else
        Throw New Exception("Methode abgebrochen")
    End If
End Sub
```

Die Anzeige löschen:

```
Private Sub Button2_Click(ByVal sender As System.Object, _
                    ByVal e As System.EventArgs) Handles Button2.Click
    DataGridView1.DataSource = Nothing
End Sub
```

Die Uhr anzeigen:

```
Private Sub Timer1_Tick(ByVal sender As System.Object, _
                    ByVal e As System.EventArgs) Handles timer1.Tick
    Label1.Text = Datetime.Now.ToString("HH:mm:ss")
End Sub
```

Client testen

Während der Proxy instanziiert wird, gibt es zwar eine kleine Pause, aber anschließend läuft die Uhr wieder ruckelfrei und Sie können die verschiedenen Steuerelemente auch dann bedienen, wenn die Antwort des Webdienstes noch nicht vorliegt.

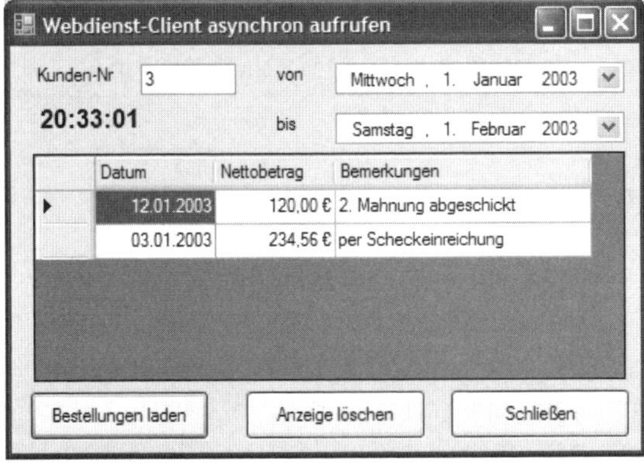

Abbildung 13.14 Laufzeitansicht

Bemerkungen

- In diesem Beispiel ist die Wartezeit zwischen Start und Ende der Webmethode relativ kurz. Je mehr Verarbeitung innerhalb der Webmethode stattfindet, desto deutlicher werden Sie aber den Unterschied zur synchronen Variante bemerken.
- Wenn Sie den IIS vorübergehend stoppen und dann den Webdienst aufrufen, läuft die Uhr dank des asynchronen Methodenaufrufs unbeeindruckt weiter. Nach Verstreichen des Timeouts erscheint lediglich folgende Meldung:

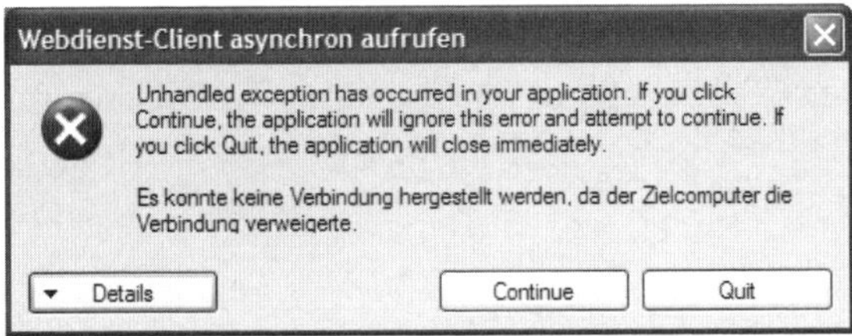

Abbildung 13.15 Fehlermeldung

- Im abgedruckten Listing wurden die Formatierungsanweisungen für das *DataGridView* aus Übersichtlichkeitsgründen weggelassen (siehe Buch-CD).
- Den asynchronen Aufruf können Sie mit *CancelAsync* abbrechen, dafür auch die zusätzliche Prüfung im Ereignishandler (*If Not e. Cancelled Then ...*).
- Über die *TimeOut*-Eigenschaft können Sie festlegen, wie »geduldig« der Webdienstclient ist.
- Die Eigenschaft *Proxy* ermöglicht die Konfiguration bei Verwendung eines Proxyservers:

```
ws.Proxy = New System.Net.WebProxy("192.0.1.016", 1080)
```

Probleme mit Zugriffsrechten

Als Abschluss zum Thema Webservices wollen wir – insbesondere im Hinblick auf das sehr restriktiv ausgelegte Sicherheitssystem von Windows XP – einige Aspekte beleuchten, die ihre Ursache in ungenügenden Zugriffsberechtigungen auf Dateiebene haben.

HINWEIS Probleme mit fehlenden Rechten etc. treten im Allgemeinen nur bei der Ausführung über den IIS auf. Testen Sie also Ihre Anwendung nicht nur per »FileSystem« mit dem in Visual Studio integrierten Server, sondern direkt im IIS.

Fehlende Schreibrechte bei Access-Datenbanken

Obwohl Access-Datenbanken nicht für viele simultane Anwender entwickelt wurden und schlecht skalierbar sind, lassen sie sich sehr einfach erstellen und verwalten und können deshalb – mit gewissen Einschränkungen – auch für Web-Anwendungen durchaus attraktiv sein.

Jeder Einsteiger hat sicher schon einmal die böse Erfahrung gemacht, dass zwar auf dem lokalen PC seine Web- bzw. Webdienst-Anwendungen problemlos funktionieren, aber nach dem Portieren der Access-Datenbank auf den WebServer höchstens nur noch das Lesen geht und er beim Schreib- bzw. Änderungsversuch eine von der Klasse *System.Web.Services.Protocols.SoapException* generierte Meldung erhält, dass der Server die Anforderung nicht verarbeiten konnte.

Die Ursache liegt meist bei der *.ldb*-Sperrdatei (*locking file*), die beim Öffnen einer Access-Datenbank von der Jet-Engine erzeugt wird, um die verschiedenen Sperren zu verfolgen, die die Anwender auf bestimmte Datensätze und Tabellen gesetzt haben. Der Fehler wird deshalb durch fehlende Schreibrechte auf Betriebssystem-Ebene verursacht.

HINWEIS Der Benutzer »ASPNET« benötigt neben den standardmäßig vorbelegten Leserechten zumindest auf das Datenbankverzeichnis auch Schreibrechte!

Es macht also wenig Sinn, hier an den Zugriffsberechtigungen im IIS herumzudoktern, vielmehr müssen Sie über den Windows-Explorer den Benutzer »ASPNET« hinzufügen und ihm alle erforderlichen Rechte erteilen (siehe folgender Abschnitt).

Benutzer ASPNET hinzufügen

Im Windows-Explorer klicken Sie auf den Ordner mit der rechten Maustaste, wählen das Kontextmenü *Eigenschaften*, die Seite *Sicherheit* und klicken die Schaltflächen »Hinzufügen«, »Erweitert« und »Jetzt suchen«. Wählen Sie den Benutzer *ASPNET* aus der Liste und klicken Sie die »OK«-Schaltfläche.

Abbildung 13.16 Änderung der Zugriffsrechte

HINWEIS Falls die Seite *Sicherheit* im Eigenschaften-Dialog des Ordners fehlen sollte (standardmäßig dürfte dies der Fall sein), müssen Sie das Häkchen bei *Einfache Dateifreigabe verwenden* auf der Seite *Ansicht* im Dialog *Extras/Ordneroptionen* entfernen!

Impersonation

Mit so genannter *Impersonation* kann man erreichen, dass die Web-Anwendung ein anderes Benutzerkonto als ASPNET verwendet. Dazu muss die Datei *Web.config*, die Bestandteil der WebServer-Anwendung ist, editiert werden.

Statische Impersonation

In der Datei *Web.config* wird ein fester Benutzeraccount codiert, jedem Besucher wird dieser Account erteilt. Der Nachteil ist, dass das Passwort fest hineingeschrieben werden muss.

Automatische Impersonation

Bei dieser vor allem für das Intranet interessanten Variante hat jeder Besucher einen dem Webserver bekannten Windows-Account, über den der Server-Prozess auf die Systemressourcen zugreift.

Zusätzlich zur Konfiguration der Lese- und Schreibrechte ist nur noch folgende Zeile in der *Web.config* notwendig, und die Verbindung von Datenbank und Formular ist perfekt:

```
<identity impersonate="true"/>
```

Webdienste und Sicherheit

Wen wundert's, dass angesichts der relativ neuen Webdienst-Technologie die kriminelle Hackerszene Morgenluft wittert und ein weites Betätigungsfeld für Hackerangriffe vielfältigster Couleur zu erkennen glaubt? Sowohl für Benutzer als auch für Betreiber eines Webdienstes dürften deshalb vor allem folgende Fragen von Interesse sein:

- Ist der Absender des Webdienstes identisch oder wurde die Nachricht während der Übertragung manipuliert?
- Können die von mir gesendeten Nachrichten von unbefugten Dritten gelesen und mitverfolgt werden?

In der Anfangsphase der Webdienste gab es nahezu keine zufrieden stellenden Antworten auf diese Fragen. Es existierten kaum Möglichkeiten, die über das Netzwerk gesendeten Nachrichten digital zu signieren. Auch das Verschlüsseln des Inhalts erwies sich als schwierig bzw. unmöglich.

Diese Situation hat sich mit den WSE (*Web Services Enhancements*, aktuell 3.0) von Microsoft spürbar entschärft. Diese erweiterungsfähige Technologie ermöglicht eine sichere Übertragung, indem die Webdienst-Aufrufe digital signiert und verschlüsselt werden.

Digitale Signatur von SOAP-Nachrichten

Durch eine digitale Signatur kann der Webdienst feststellen, ob die Nachricht während der Übertragung geändert wurde.

Hier zwei der momentan wichtigsten Möglichkeiten zum digitalen Signieren durch das WSE:

- X.509-Zertifikat
- Signieren mit Benutzername und Passwort

X.509-Zertifikat

Ein solches Zertifikat können Sie z.B. von *VeriSign Inc* erwerben oder Sie installieren Ihren eigenen Zertifikatsserver, wie er in Windows Server (ab Version 2000) bereits standardmäßig enthalten ist.

Der Besitzer eines gültigen Zertifikats kann dann die Klasse *X509CertificateStore* des WSE zum Signieren einer ausgehenden SOAP-Nachricht benutzen. Diese Klasse bietet verschiedene Suchmethoden zur Auswahl eines Zertifikats an, wie z.B. *FindCertificateByHash*, *FindCertificateByKeyIdentifier*, *FindCertificateBySubjectName*, *FindCertificateBySubjectString.*

Ist das gewünschte Zertifikat gefunden, so steht dem Erzeugen eines Sicherheits-Token zum Verschlüsseln der SOAP-Nachricht nichts mehr im Weg.

Signieren mit Benutzername und Passwort

Hierfür benutzen Sie eine Instanz der WSE-Klasse *UsernameToken*. Neben Benutzernamen und Passwort wird dem Konstruktor auch ein Parameter übergeben, der den Übertragungsmodus des Passworts festlegt:

- *SendNone*
  Die SOAP-Nachricht wird mit dem Passwort signiert, das PW selbst wird nicht mit der SOAP-Anfrage gesendet! Anhand des Benutzernamens stellt der Webdienst ein Passwort zum Entschlüsseln und Weiterverarbeiten der SOAP-Nachricht zur Verfügung.

- *SendHashed*
  Bei dieser, mit Abstand sichersten, Übertragungsart wird das Passwort mit einem SHA-1-Hashcode signiert. Der Webdienst stellt dazu eine Klasse mit dem *IPasswordProvider*-Interface zur Verfügung. Deren *GetPassword*-Methode liefert auf Basis des übergebenen Benutzernamens das Passwort zurück. Der daraus erzeugte SHA-1-Hash wird mit dem Hash aus der SOAP-Anfrage verglichen, nur bei Übereinstimmung erfolgt die Weiterverarbeitung.
- *SendPlainText*
  Die Passwort-Übertragung erfolgt als normaler Text. Durch den Webdienst wird ein Hash aus dem Passwort erstellt, das die *GetPassword*-Funktion zurückliefert und aus dem Passwort, welches durch die SOAP-Anfrage übermittelt wurde. Bei Übereinstimmung wird die Anfrage weiterverarbeitet. Sie sollten den *SendPlainText*-Übertragungsmodus nur bei Einsatz von SSL oder eines anderen gleichwertigen Übertragungsprotokolls verwenden!

Verschlüsseln von SOAP-Nachrichten

Werden die SOAP-Nachrichten als Klartext über ein Netzwerk übertragen, so ist es für Dritte kein Problem um festzustellen, welche Webmethoden mit welchen Parametern aufgerufen werden.

Dank WSE können Sie den SOAP-Body so verschlüsseln, dass der Verkehr zwischen Webdienst und seinen Clients nicht mehr mitverfolgt werden kann.

Ähnlich wie beim Signieren gibt es auch beim Verschlüsseln der Nachrichten verschiedene Verfahren, zu den wichtigsten gehören:

- X.509-Zertifikat
- Geheime Bytefolge, die nur dem Client und dem Server bekannt ist

Zum Verschlüsseln eines Webdienst-Aufrufs muss eine Instanz der *EncryptionKey*-Klasse erzeugt werden, die gewissermaßen den Schlüssel zum Verschlüsseln des SOAP-Body darstellt. Durch den Webdienst wird eine Klasse mit dem *IDecryptionKeyProvider*-Interface bereitgestellt, deren *GetDecryptionKey*-Methode eine Instanz der *DecryptionKey*-Klasse zurückgibt.

Der Webdienst versucht nun, den SOAP-Body mittels *Decryption*-Key zu entschlüsseln. Wenn das gelingt, so kann man auch sicher sein, dass die SOAP-Nachricht während ihrer Übertragung nicht verändert wurde.

Falls die Entschlüsselung fehlschlägt, verweigert der Webdienst die Entgegennahme der SOAP-Anfrage und löst eine *SoapException* aus.

HINWEIS Wem das alles für seine einfache Anwendung zu viel Aufwand ist, der sollte sich einmal das Praxisbeispiel PB13.6 näher ansehen. Dort wird eine einfache, aber effiziente Variante zum Packen und Verschlüsseln eines beliebigen DataSets vorgestellt. Sie brauchen Ihr Programm lediglich um zwei Methodenaufrufe zu erweitern.

Tipps & Tricks

Webverweis aktualisieren

Während der Entwicklungsphase von Webdienst-Clients macht sich oft ein mehrfaches Hin und Her zwischen Client- und Server-Projekt erforderlich. Damit der Client die Änderungen am Server auch »mitbekommt«, müssen Sie den Webverweis aktualisieren. Klicken Sie dazu im Projektmappen-Explorer des Webdienstclients mit der rechten Maustaste auf den entsprechenden Webverweis und wählen Sie im Kontextmenü den Eintrag *Webverweis aktualisieren.*

Abbildung 13.17 Webverweis aktualisieren

Die Webdienst-Adresse zur Laufzeit ändern

Möchten Sie zur Laufzeit die Webdienst-Adresse ändern, können Sie wie im folgenden Beispiel vorgehen:

BEISPIEL

Webdienst-Adresse ändern

```
...
ws.Url = "http://localhost/BestellService/BestellService.asmx"
...
```

Praxisbeispiele

PB13.1 Eine einfache Klasse programmieren und anwenden

OOP: Klasse, Konstruktor, Eigenschaften, Zustandsvariablen;

RadioButton-Control: *Checked*-Eigenschaft, *CheckedChanged*-Ereignis;

Das vorliegende Praxisbeispiel lässt sich allgemein dem Thema »OOP« zuordnen und hat zunächst mit dem Thema »Webdienst« direkt nichts zu tun. Es demonstriert anhand einer Klasse *CPreis* die Kapselung von

Funktionalität zur Brutto/Netto-Umrechnung und dient als Vorbereitung des nachfolgenden Praxisbeispiels: PB13.2 »Lokale Klassen in einem Webdienst nutzen«.

Allgemeines

Grundprinzip einer jeden mehrschichtigen objektorientierten Programmierung ist die sinnvolle Entflechtung von Benutzerschnittstelle und Geschäftslogik. Letztere soll möglichst die gesamte »Intelligenz« der Anwendung kapseln, sodass die Benutzerschnittstelle (der Client) möglichst »dumm« bleiben kann und außerdem möglichst unabhängig von eventuell später notwendigen Erweiterungen der Klasse (des Servers).

Für unsere einfache Klasse schlussfolgern wir daraus, dass sie nicht nur die Brutto/Netto-Umrechnungsformeln kapselt, sondern auch die Typumwandlung und Fehlerbehandlung vornimmt, sodass sich der Client um diese lästigen Dinge nicht mehr kümmern muss. Außerdem soll die Klasse die jeweils gültigen Mehrwertsteuersätze zur Verfügung stellen, sodass der Anwender auch von der »Sorge« befreit ist, sich immer wieder nach der aktuellen Gesetzeslage zu »erkundigen«.

Oberfläche

Die wesentlichen Steuerelemente sind zwei *TextBox*en und eine *GroupBox*, in welche wir zwei *RadioButton*s setzen:

Abbildung 13.18 Entwurfsansicht des Beispiels

Quellcode der Klasse CPreis

Fügen Sie dem Projekt eine Klasse *CPreis.vb* zu (Menü *Projekt/Klasse hinzufügen...*).

```
Public Class CPreis
```

Die gültigen Mehrwertsteuersätze (in %) werden hart kodiert:

```
    Private Const _MWStA As Single = 7
    Private Const _MWStB As Single = 16
```

Die folgenden beiden Zustandsvariablen »merken« sich den aktuellen Preis:

```
    Private _mwst As Single    ' aktuelle MWSt (als Gleitkommazahl)
    Private _netto As Single   ' aktueller Nettopreis
```

Der Konstruktor erzeugt und initialisiert ein *Preis*-Objekt:

```
    Public Sub New(ByVal nett As Single)
        _mwst = _MWStB / 100
        _netto = nett
    End Sub
```

Die Methoden zur Abfrage der gültigen Mehrwertsteuersätze:

```
    Public Function MWStA() As Single
        Return _MWStA
    End Function

    Public Function MWStB() As Single
        Return _MWStB
    End Function
```

Die Implementierung der Eigenschaft *MWSt* (nur Schreibzugriff):

```
    Public WriteOnly Property MWSt() As Single
        Set(ByVal Value As Single)
            _mwst = Value / 100
        End Set
    End Property
```

Die Implementierung der Eigenschaft *Netto* (Lese- und Schreibzugriff):

```
    Public Property Netto() As String
        Get
            Return _netto.ToString("#,##0.00")
        End Get
        Set(ByVal Value As String)
            Try
                _netto = CType(Value, Single)
            Catch ex As Exception
            End Try
        End Set
    End Property
```

Analog dazu die Eigenschaft *Brutto*:

```
    Public Property Brutto() As String
        Get
            Return (_netto * (1 + _mwst)).ToString("#,##0.00")
        End Get
        Set(ByVal Value As String)
            Try
                _netto = CType(Value, Single) / (1 + _mwst)
            Catch ex As Exception
            End Try
        End Set
    End Property
End Class
```

Quellcode von Form1

Aufgrund des in der Klasse *CPreis* realisierten Objektmodells gestaltet sich die Programmierung der Benutzerschnittstelle relativ angenehm und transparent:

```
Public Class Form1

    Private preis As CPreis
    Private flag As Boolean = False
```

```
    Private Sub Button1_Click(ByVal sender As System.Object, ByVal e As System.EventArgs) _
                                                                             Handles Button1.Click
        Close()
    End Sub

    Private Sub Form1_Load(ByVal sender As System.Object, ByVal e As System.EventArgs) _
                                                                             Handles MyBase.Load
        preis = New CPreis(100)
        TextBox1.Text = preis.Brutto
        TextBox2.Text = preis.Netto
        RadioButton1.Text = preis.MWStA.ToString & "%"
        RadioButton2.Text = preis.MWStB.ToString & "%"
        flag = True           ' Freigabe für RadioButton-Event
    End Sub

    Private Sub RadioButton1_CheckedChanged(ByVal sender As System.Object, _
                         ByVal e As System.EventArgs) Handles RadioButton1.CheckedChanged

        If flag Then
            If RadioButton1.Checked Then preis.MWSt = preis.MWStA Else preis.MWSt = preis.MWStB
            TextBox1.Text = preis.Brutto
        End If
    End Sub

    Private Sub TextBox1_KeyUp(ByVal sender As System.Object, _
                           ByVal e As System.Windows.Forms.KeyEventArgs) Handles TextBox1.KeyUp

        preis.Brutto = TextBox1.Text
        TextBox2.Text = preis.Netto
    End Sub

    Private Sub TextBox2_KeyUp(ByVal sender As System.Object, _
                           ByVal e As System.Windows.Forms.KeyEventArgs) Handles TextBox2.KeyUp

        preis.Netto = TextBox2.Text
        TextBox1.Text = preis.Brutto
    End Sub
End Class
```

Test

Egal ob Sie Brutto, Netto oder die Mehrwertsteuer ändern – die Ergebnisse werden sofort sichtbar.

Abbildung 13.19 Laufzeitansicht des Beispiels

Bemerkungen

- Die Objektorientierte Programmierung ist für den aus den klassischen prozeduralen Sprachen kommenden Umsteiger stark gewöhnungsbedürftig, gehört aber zum Einmaleins im Umgang mit .NET.
- Natürlich wird durch den Einsatz einer extra Klasse für die gezeigte simple Anwendung »mit Kanonen auf Spatzen geschossen«, aber hier geht es ausschließlich um eine Demonstration des zentralen OOP-Prinzips der Kapselung.

PB13.2 Lokale Klassen in einem Webdienst nutzen?

Webdienst-Proxy-Objekt; *WebMethod*-Attribut; *Try-Catch*-Fehlerbehandlung;

Ausgangsbasis ist das mit einer konventionellen Klasse arbeitende vorhergehende PB13.1»Eine einfache Klasse programmieren und anwenden«. Wir wollen dieses Beispiel so »auseinanderziehen«, dass daraus eine zweischichtige Applikation entsteht:

1. ein Webdienst, der die ehemalige Funktionalität der Klasse *CPreis* bereitstellt,
2. eine Clientanwendung mit unveränderter Bedienoberfläche.

Allgemeines

Webdienste basieren – genauso wie normale Windows-Anwendungen – auf dem Zusammenspiel diverser Klassen. Hat man bereits ein Objektmodell in einer normalen Windows-Anwendung erfolgreich getestet, so möchte man diese Funktionalität nicht nur einem, sondern vielleicht vielen Clients zur Verfügung stellen. Genau für diesen Zweck eignet sich ein Webdienst. Allerdings gelten beim Objektmodell von Webdiensten andere Regeln, die in den meisten Fällen drastische Änderungen an den bereits vorhandenen, konventionell programmierten, Klassen erfordern. An unserem kleinen aber aufschlussreichen Beispiel zur Brutto/Netto-Umrechnung soll die Problematik verdeutlicht und eine Lösung gezeigt werden.

Webdienst programmieren

Öffnen Sie ein neues Projekt vom Typ *ASP.NET-Webdienst* mit dem Namen *BruttoNettoService* und benennen Sie die Klasse *Service1* um in *CPreis*. Der Versuch, den Code der Klasse *CPreis* wiederzuverwenden, geht gründlich daneben. Weder einen Konstruktor noch die privaten Variablen *_mwst* und *_netto* dürfen Sie benutzen, denn ein Webdienst kann sich zwischen den Aufrufen der Webmethoden nichts »merken«, also keine Zustände speichern. Damit entfallen auch die Property-Zugriffsmethoden.

So bleibt uns nichts weiter übrig, als die Funktionalität in mehrere Webmethoden zu verlagern, was ein deutlich »flacheres« Objektmodell zur Folge hat:

```
Public Class CPreis
    Inherits System.Web.Services.WebService
```

Mehrwertsteuersätze (in %):

```
    Private Const _MWStA As Single = 7
    Private Const _MWStB As Single = 16
```

Webmethoden zur Abfrage der gültigen Mehrwertsteuersätze:

```
    <WebMethod()> _
    Public Function MWStA() As Single
        Return _MWStA
    End Function

    <WebMethod()> _
    Public Function MWStB() As Single
        Return _MWStB
    End Function
```

Webmethoden zur Brutto/Netto-Umrechnung:

```
    <WebMethod()> _
    Public Function Brutto(ByVal mws As Single, ByVal nett As String) As String
        Try
            Dim n As Single = CType(nett, Single)
            Return (n * (1 + mws / 100)).ToString("#,##0.00")
        Catch ex As Exception
            Return ex.Message
        End Try
    End Function

    <WebMethod()> _
    Public Function Netto(ByVal mws As Single, ByVal brutt As String) As String
        Try
            Dim b As Single = CType(brutt, Single)
            Return (b / (1 + mws / 100)).ToString("#,##0.00")
        Catch ex As Exception
            Return ex.Message
        End Try
    End Function
End Class
```

Webdienstclient programmieren

Die Bedienoberfläche der Clientanwendung entspricht 100%-ig dem PB 13.1!

Der dahinter liegende Code unterscheidet sich vom Vorgängerbeispiel aber dadurch, dass die Eigenschaften durch Methoden der Klasse *CPreis* ersetzt werden, worunter die Realitätsnähe der Klasse und die Transparenz des Clientcodes etwas leiden.

Fügen Sie einen Webverweis auf die URL des Webdienstes hinzu[1]:

```
http://localhost:3991/BruttoNettoService/CPreis.asmx
```

Der Quellcode von *Form1*:

```
Public Class Form1

    Private preis As localhost.CPreis
    Private flag As Boolean = False
```

[1] Für das Beispiel von der Buch-CD gilt der o.g. URL.

Da das Proxy-Objekt keine Zustände speichern kann (die Eigenschaft *MWSt* gibt es nicht mehr!), ist eine globale Variable für die aktuelle Mehrwertsteuer erforderlich:

```
Private mwst As Single        ' aktuelle MWSt
```

Die Startaktivitäten:

```
Private Sub Form1_Load(ByVal sender As System.Object, ByVal e As System.EventArgs) _
                                                                  Handles MyBase.Load

    preis = New localhost.CPreis
    mwst = preis.MWStB
    TextBox2.Text = "100"
    TextBox1.Text = preis.Brutto(mwst, TextBox2.Text)
    RadioButton1.Text = preis.MWStA.ToString & "%"
    RadioButton2.Text = preis.MWStB.ToString & "%"
    flag = True          ' Freigabe für RadioButton Event
End Sub
```

Brutto ändern:

```
Private Sub TextBox1_KeyUp(ByVal sender As System.Object, _
                     ByVal e As System.Windows.Forms.KeyEventArgs) Handles TextBox1.KeyUp
    TextBox2.Text = preis.Netto(mwst, TextBox1.Text)
End Sub
```

Netto ändern:

```
Private Sub TextBox2_KeyUp(ByVal sender As System.Object, _
                ByVal e As System.Windows.Forms.KeyEventArgs) Handles TextBox2.KeyUp
    TextBox1.Text = preis.Brutto(mwst, TextBox2.Text)
End Sub
```

MWSt ändern:

```
Private Sub RadioButton1_CheckedChanged(ByVal sender As System.Object, _
               ByVal e As System.EventArgs) Handles RadioButton1.CheckedChanged
    If flag Then
        If RadioButton1.Checked Then mwst = preis.MWStA Else mwst = preis.MWStB
        TextBox1.Text = preis.Brutto(mwst, TextBox2.Text)  ' Brutto wird korrigiert, Netto bleibt
    End If
End Sub
```

Test

Außer der etwas verzögerten Startphase des Clients (Verbindungsaufnahme mit dem Webservice, das Proxy-Objekt muss instanziiert werden), sind rein äußerlich keinerlei Unterschiede zum Vorgänger-Praxisbeispiel festzustellen.

Vergleich

Im Vergleich zur lokalen Klasse wird klar, dass das alte Objektmodell fast vollständig über den Haufen geworfen werden musste, denn

- es gibt keinen Konstruktor,
- private Variablen (falls vorhanden) können sich nichts »merken« (keine Zustände möglich),

- es gibt demzufolge auch keine Properties.

Wer also seine Webklassen zunächst lokal entwickeln will mit der Option, diese später in einen Webdienst zu verlagern, der sollte von vornherein auf Zustandsvariablen, Eigenschaften und Konstruktor verzichten.

Stattdessen sind den Webmethoden bei jedem Aufruf alle zu ihrer Ausführung erforderlichen Parameter aufs Neue zu übergeben. Die Verwaltung der Zustände erfolgt in der Regel im Client. Um auch dem Webdienst ein »Gedächtnis« zu geben, kann dieser z.B. auf persistente Daten zugreifen (Datenbank, Datei, Session).

Zentrale Aktualisierung

Gewissermaßen als Nebeneffekt soll unser Brutto/Netto-Beispiel noch einen großen Vorzug von Webdiensten gegenüber lokalen Anwendungen verdeutlichen: Wichtige Informationen – hier die gerade aktuellen Mehrwertsteuersätze – werden an zentraler Stelle verwaltet, sodass sich die Clients darum nicht mehr kümmern müssen. Falls sich die Mehrwertsteuersätze geändert haben, so genügt eine Korrektur des Webdienstes, die Clients bleiben wie sie sind. In unserem Beispiel wird sogar die Beschriftung der Eingabemaske automatisch angepasst (»7%«, »16%«).

PB13.3 Komplexe Objekte mit Webdiensten übertragen?

DataReader-Objekt: *Read*-, *GetString*-Methode; *Command*-Objekt: *ExecuteReader*-Methode; SOAP;

Nicht nur *DataSets*, sondern auch nahezu beliebige andere Objekte können mittels SOAP zwischen Webdienst und Webclient übertragen werden. Um das zu demonstrieren, werden wir in diesem Beispiel einen Webdienst und einen dazu passenden Client programmieren.

Ziel des Webdienstes ist es, aus der Kunden-Tabelle der Datenbank *DOKO.mdb* die Anrede, den Namen und die Anschrift eines bestimmten Kunden bereitzustellen.

Rückgabewert der Webmethode soll ein komplexes Objekt vom Typ *CKunde* sein.

Die Klasse CKunde im Webdienst

Öffnen Sie ein neues *ASP.NET Webdienst*-Projekt, welchem Sie z.B. den Namen *KundenService* geben. Fügen Sie über das Menü Website/*Neues Element hinzufügen* eine neue Klasse mit dem Namen *CKunde* hinzu. Diese Klasse verfügt über keinerlei »Intelligenz«, da sich die Eigenschaften *KuID*, *VolleAnrede* und *Anschrift* über *Get*- und *Set*-Zugriffsaccessoren direkt aus den drei privaten Variablen ableiten:

```
Public Class CKunde
    Private _nr As Integer
    Private _volleAnrede As String
    Private _anschrift As String

    Public Property KuID() As Integer
        Get
            Return Me._nr
        End Get
        Set(ByVal Value As Integer)
            Me._nr = Value
        End Set
    End Property
```

```
    Public Property volleAnrede() As String
        Get
            Return Me._volleAnrede
        End Get
        Set(ByVal Value As String)
            Me._volleAnrede = Value
        End Set
    End Property

    Public Property Anschrift() As String
        Get
            Return Me._anschrift
        End Get
        Set(ByVal Value As String)
            Me._anschrift = Value
        End Set
    End Property

End Class
```

Die WebService-Klasse

Die bereits vorhandene Webklasse belassen wir aus Bequemlichkeitsgründen bei ihrem Standardnamen *Service1*. Hier implementieren wir die Webmethode *getKundenInfo*, deren Rückgabewert ein Objekt vom Typ *CKunde* sein soll. Im Körper der Webmethode wird die Datenbankverbindung hergestellt. Das Auslesen der Datenbank erfolgt mit einem *DataReader*, wobei gleichzeitig das Kunden-Objekt initialisiert wird.

```
...
Imports System.Data.OleDb

<WebService(Namespace:="http://tempuri.org/")> _
<WebServiceBinding(ConformsTo:=WsiProfiles.BasicProfile1_1)> _
<Global.Microsoft.VisualBasic.CompilerServices.DesignerGenerated()> _
Public Class KundenService
     Inherits System.Web.Services.WebService

    Private Const pfad As String = "|DataDirectory|\DOKO.mdb"
    Private conn As OleDbConnection, cmd As OleDbCommand

    <WebMethod()> _
    Public Function getKundenInfo(ByVal id As Integer) As CKunde
        Dim kunde As New CKunde()

        Try
            conn = New OleDbConnection("Provider=Microsoft.Jet.OLEDB.4.0; Data Source=" & pfad)
            cmd = New OleDbCommand("SELECT * FROM Kunden WHERE Nr = " & id.ToString, conn)
            conn.Open()
            Dim dr As OleDbDataReader = cmd.ExecuteReader
            If dr.Read Then
                With kunde
                    .KuID = dr.GetInt32(0)
                    .volleAnrede = dr.GetString(1) & " " & dr.GetString(2)
                    .Anschrift = dr.GetString(3) & " " & dr.GetString(4) & " " & dr.GetString(5)
                End With
            Else
                Throw New Exception("Kunde " & id.ToString & " wurde nicht gefunden!")
```

```
            End If
            dr.Close()
            conn.Close()
            Return kunde
        Catch ex As Exception
            Throw New Exception("Fehler beim Suchen des Kunden: " & ex.Message)
        End Try
    End Function
End Class
```

Webdienst testen

Nach Betätigen der F5-Taste wird für die Webmethode ein Testformular bereitgestellt, in welches Sie eine gültige Kunden-Nummer eingeben.

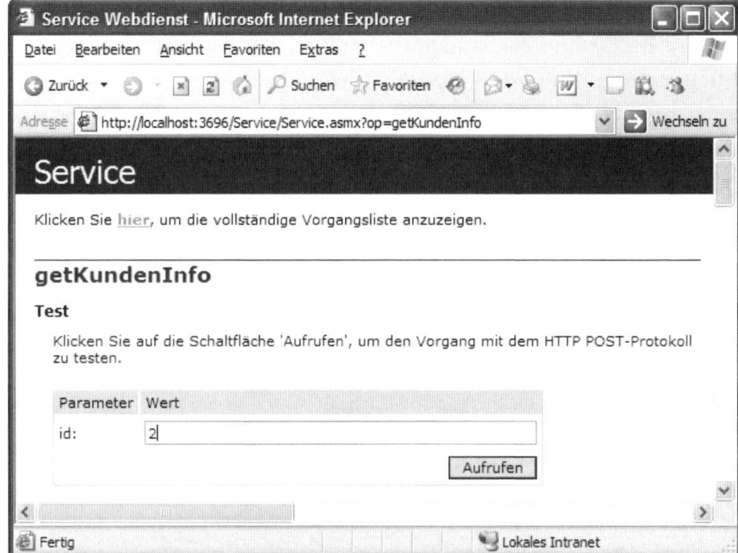

Abbildung 13.20 Testformular für Webdienst

Die Antwort erscheint als XML-Datei.

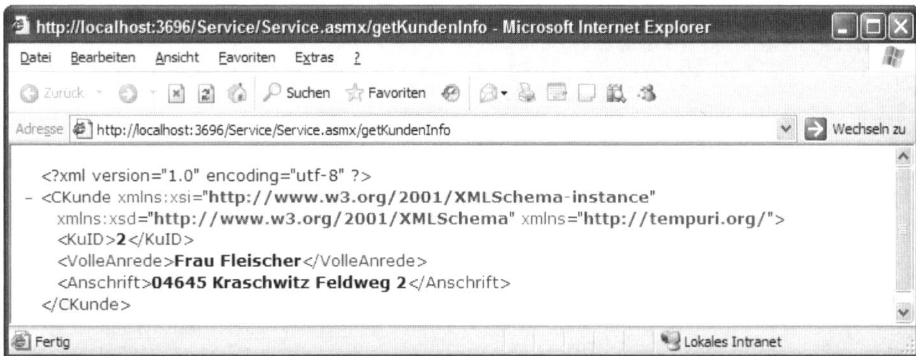

Abbildung 13.21 Testantwort des Webdienstes

Webdienstclient (Oberfläche)

Öffnen Sie ein neues Projekt als normale Windows-Anwendung und stellen Sie die abgebildete Benutzerschnittstelle zusammen.

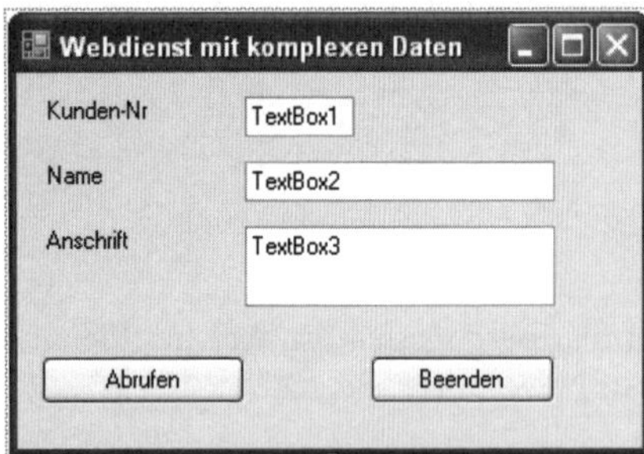

Abbildung 13.22 Entwurfsansicht des Webdienstclients

Fügen Sie nun einen Webverweis hinzu, indem Sie im Projektmappen-Explorer mit der rechten Maustaste auf *Verweise* klicken und den Kontextmenüeintrag *Webverweis hinzufügen* wählen.

Tragen Sie im Dialogfeld die folgende URL ein und betätigen Sie anschließend die *Eingabetaste*:

```
http://localhost:4684/Server/KundenService.asmx
```

Wurde die Verbindung erfolgreich hergestellt, klicken Sie unten auf die Schaltfläche *Webverweis hinzufügen*.

Webdienstclient (Quellcode)

Die Daten abrufen:

```
Public Class Form1

    Private Sub Button1_Click(ByVal sender As System.Object, ByVal e As System.EventArgs) _
                                                                        Handles Button1.Click
        Dim ws As New localhost.KundenService
        Try
            Dim id As Integer = CType(TextBox1.Text, Integer)
            Dim kunde As localhost.CKunde = ws.getKundenInfo(id)
            TextBox2.Text = kunde.volleAnrede
            TextBox3.Text = kunde.Anschrift
        Catch ex As Exception
            MessageBox.Show("Fehler beim Laden der Kundendaten: " & ex.Message, "Fehler", _
                                                  MessageBoxButtons.OK, MessageBoxIcon.Error)
        End Try
    End Sub

    Private Sub Button2_Click(ByVal sender As System.Object, ByVal e As System.EventArgs) _
                                                                       Handles Button2.Click
        Close()
    End Sub

    Private Sub Form1_Load(ByVal sender As System.Object, ByVal e As System.EventArgs) _
                                                                      Handles MyBase.Load
        TextBox1.Text = "1"
    End Sub
End Class
```

Webdienstclient testen

Geben Sie eine gültige Kunden-Nummer ein und klicken Sie auf die Schaltfläche *Abrufen*.

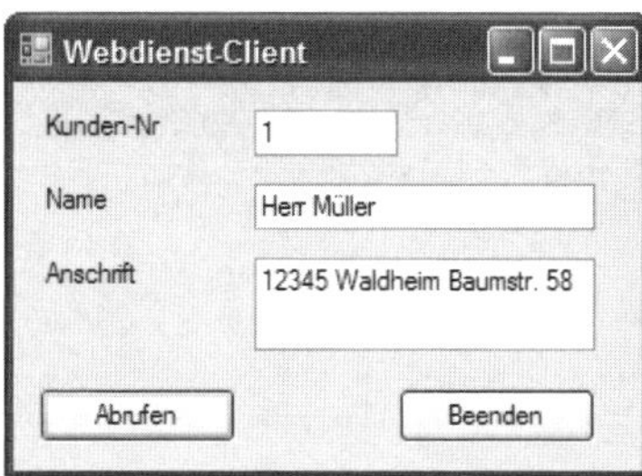

Abbildung 13.23 Unser Webdienstclient ruft ein Kunden-Objekt ab

Was läuft hier ab? Der Client erstellt im Hintergrund den Proxy, dieser serialisiert die Parameter und schickt die Anforderung an den Webdienst. Der Webdienst fragt die Datenbank ab, erstellt ein *CKunde*-Objekt, verpackt dieses in XML und schickt es zurück an den Proxy. Dieser deserialisiert die Daten, erstellt eine Kopie des *CKunde*-Objekts und übergibt dieses an Ihren Code.

Bemerkungen

- Bei Eingabe einer nicht vorhandenen Kunden-Nummer erhält der Client vom Webdienst relativ detaillierte Informationen über die Fehlerursache:

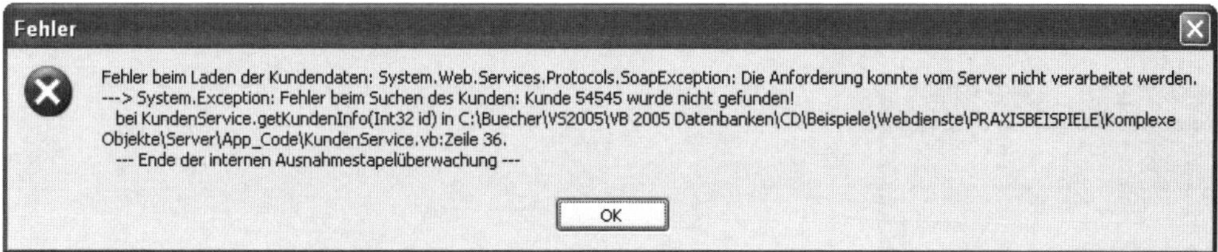

Abbildung 13.24 Fehlermeldung informiert über nicht vorhandenen Kunden

- Um ein Blockieren des Clients während des Abrufs der Webmethode zu vermeiden, können Sie diese auch asynchron aufrufen.

PB13.4 Daten im Webservice zwischenspeichern

Webservice; *CacheDuration*-Attribut; *Cache*

Sicher sind Sie auch schon der Versuchung erlegen, im eigentlich zustandslosen Webservice Daten zwischenzuspeichern. Sei es, dass Sie unnötige Datenbankzugriffe vermeiden wollen, oder Sie wollen umfangreiche Berechnungen bei gleichen Parametern nicht mehrfach ausführen.

Für beide Aufgabenstellungen bieten sich Caching-Lösungen an, die Sie ohne großen Aufwand auch in Ihre Projekte übernehmen können.

WebMethodAttribute.CacheDuration

Die wohl simpelste Lösung bietet sich durch die Verwendung eines zusätzlichen Attributs für die Webmethode an.

BEISPIEL

Der Rückgabewert der Methode *HelloWorld* soll für 60 Sekunden zwischengespeichert werden.

```
<WebMethod(CacheDuration:=60)> _
Public Function HelloWorld() As String
```

Zusätzlich fügen wir die Uhrzeit an den Rückgabestring an:

```
    Return "Hallo Welt, es ist " & DateTime.Now.ToString
End Function
```

Ein Test mit Hilfe der Webdienst-Testseite führt nicht zum gewünschten Ergebnis, es wird immer die aktuelle Uhrzeit ausgegeben. Ein Blick in die Hilfe bringt die Erklärung:

»Die HTTP-Methode der Testseite wurde in ASP.NET 2.0 von GET zu POST geändert. POSTs werden normalerweise jedoch nicht zwischengespeichert. Wenn Sie für die Testseite in einer ASP.NET 2.0-Webdienstanwendung die Verwendung von GET festlegen, funktioniert die Zwischenspeicherung ordnungsgemäß.«

Erzeugen wir also einen kleinen Test-Client, der keine andere Aufgabe hat, als im Sekunden-Intervall das obige Funktionsergebnis in einer *ListBox* auszugeben.

Nach dem Aufruf warten Sie einige Minuten und sehen sich dann die Werte in der *ListBox* an:

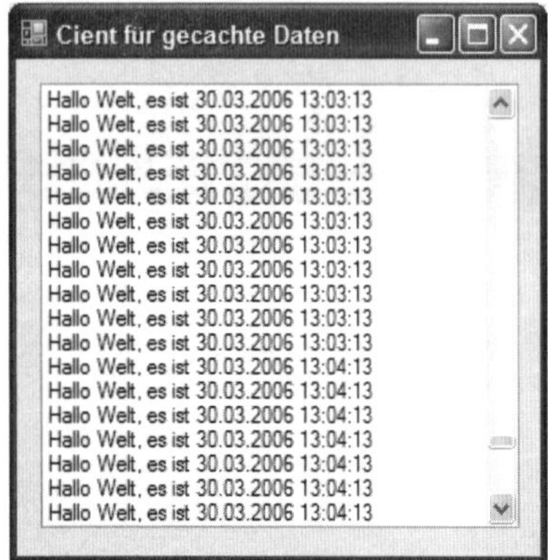

Abbildung 13.25 Auswirkung des Cachings auf die Funktionsergebnisse

Natürlich hat diese Form des Cachings auch ihre Grenzen:

- Wird ein geänderter Parameter übergeben, muss auch die Methode erneut ausgeführt werden.
- Das Caching beschränkt sich auf diesen Methodenaufruf, Sie können Daten nicht zwischen verschiedenen Webmethoden austauschen.
- Sie haben außer der zeitlichen Beschränkung keinen Einfluss auf das Caching.

Deshalb sollten Sie für komplexere Aufgaben besser die im Folgenden vorgestellte Lösung verwenden.

Verwendung der Cache-API

Ähnlich wie bei den *Session-* bzw. *Application*-Variablen von Webanwendungen können Sie mit Hilfe des *Cache*-Objekts beliebige Daten in Ihrem Webservice zwischenspeichern. Dies kann ein *DataSet*, aber auch nur eine einfache *String*-Variable sein.

HINWEIS Beachten Sie jedoch, dass umfangreiche Datenmengen im Arbeitsspeicher des Servers gehalten werden können. Dieser sollte also auch entsprechend ausgerüstet sein.

Zugriff auf das Objekt erhalten Sie per *HttpContext.Current.Cache*, mit *Insert* können Sie neue Einträge hinzufügen.

BEISPIEL

Der erste Zugriff auf den Webservice soll als Uhrzeit abrufbar sein:

```
<WebMethod()> _
Public Function LastAccess() As String
    Dim uhrzeit As String = HttpContext.Current.Cache("STARTZEIT")
```

Ist das Objekt noch nicht vorhanden:

```
    If uhrzeit Is Nothing Then
```

Neuen Eintrag erzeugen:

```
        HttpContext.Current.Cache.Insert("STARTZEIT", DateTime.Now.ToString(), Nothing, _
                                         DateTime.Now.AddSeconds(120), TimeSpan.Zero)
        uhrzeit = HttpContext.Current.Cache("STARTZEIT")
    End If
    Return "Hallo Welt, es ist " & uhrzeit
End Function
```

Übergeben Sie an die Methode den Bezeichner, das zu speichernde Objekt, ein Abhängigkeitsobjekt, die Endzeit oder die Zeitdauer.

- Mit Hilfe des Abhängigkeitsobjekts können Sie auf Änderungen an diesem Objekt (z.B. ein *DataSet*) reagieren, der Cache-Eintrag verfällt.
- Geben Sie eine Zeitspanne an, müssen Sie die Endzeit mit *DateTime.MaxValue* festlegen.

Alternativ stehen Ihnen noch drei andere Überladungen der *Insert*-Methode zur Verfügung:

```
Cache.Insert (String, Object)
Cache.Insert (String, Object, CacheDependency)
Cache.Insert (String, Object, CacheDependency, DateTime, TimeSpan, CacheItemPriority, _
              CacheItemRemovedCallback)
```

So können Sie mit der dritten Variante beispielsweise auch per Callback auf das Entfernen von Cache-Elementen reagieren.

PB13.5 Authentifikation für Webdienste nutzen

Stehen Sie vor der Aufgabe, den Zugriff auf den Webservice auf einen bestimmten Personenkreis zu beschränken, können Sie wie bei einer normalen Webanwendung die Dienste des IIS in Anspruch nehmen. Es genügt, wenn Sie den Zugriff auf das entsprechende Webverzeichnis mit Hilfe des IIS beschränken:

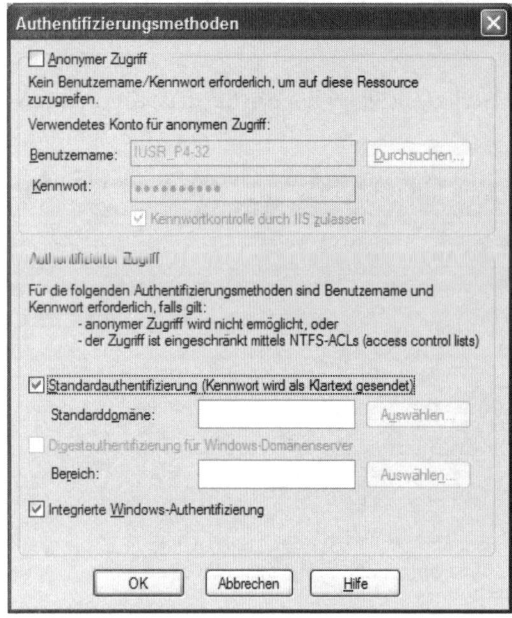

Abbildung 13.26 Kein anonymer Zugriff auf Webservice-Verzeichnis

An Ihrer Anwendung müssen Sie keine Änderungen vornehmen. Rufen Sie jetzt einen so geschützten Webservice auf, erscheint für Ihre Client-Anwendung die folgende Meldung:

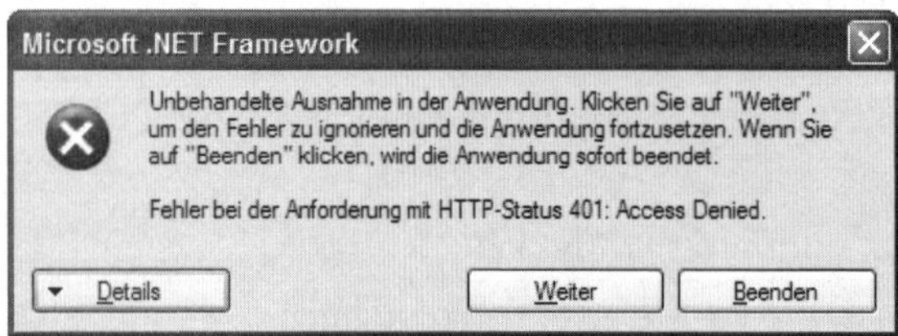

Abbildung 13.27 Fehlermeldung des Clients

Ihrem Webservice fehlen jetzt die nötigen Anmeldeinformationen, diese können Sie wie folgt übergeben:

```
Private Sub Form1_Load(ByVal sender As System.Object, ByVal e As System.EventArgs) _
                                                                  Handles MyBase.Load
    Dim ws As New localhost.Service()
```

Die Credentials festlegen:

```
    ws.Credentials = New System.Net.NetworkCredential("WebUser", "geheim")
    Text = ws.HelloWorld()
End Sub
```

PB13.6 DataSets komprimiert und verschlüsselt übertragen

Sind Sie es auch Leid, umfangreiche Daten über langsame Webverbindungen abzurufen und diese noch dazu im Klartext (XML-Format) zu übermitteln?

Wer das nicht will, kann sich mit den *Web Services Enhancements* (WSE) von Microsoft auseinandersetzen, was jedoch eine recht umfangreiche Einarbeitung erfordert. Wir wollen Ihnen deshalb an dieser Stelle eine Quick and Dirty-Lösung vorstellen, die mit lediglich zwei kleinen Änderungen an Ihrem bisherigen Webservice auskommt. Einzige Voraussetzung: Ihre Webservice-Methode gibt ein *DataSet* zurück. Ob es sich dabei um ein typisiertes oder untypisiertes DataSet handelt ist vollkommen egal.

Als Beispielprojekt »missbrauchen« wir einfach die bereits in diesem Kapitel vorgestellte Applikation, die auf die Datenbank *Firma.mdb* zugreift (siehe ab Seite 916). Wir brauchen uns also nicht weiter um deren Aufbau zu kümmern und setzen die nötigen Details voraus.

Grundprinzip

Unsere Routine wird ein übergebenes *DataSet* wie folgt verarbeiten:

1. Prüfen, ob es sich um ein bereits komprimiertes *DataSet* handelt, wenn ja muss entschlüsselt werden
2. *DataSet* im Binärformat in einen *MemoryStream* serialisieren
3. *MemoryStream* in ein Byte-Array kopieren und dieses komprimieren
4. Beim Komprimieren entsteht ein *MemoryStream*, den wir erneut in ein Byte-Array konvertieren
5. Wir löschen den Inhalt des DataSets (die leeren Tabellen bleiben erhalten)
6. Optional wird das Byte-Array verschlüsselt
7. Das Byte-Array wird für die Übertragung in einen Base64-String umgewandelt und als zusätzlicher Parameter an das jetzt leere *DataSet* angehängt.
8. Das »ausgeweidete« *DataSet* wird von der Routine zurückgegeben

Warum der ganze Aufwand mit dem *DataSet*? Die Antwort ist schnell gegeben, wenn Sie sich die Änderungen an der eigentlichen Webmethode ansehen.

Aus

```
<WebMethod()> _
Public Function getBestellungen(ByVal kNr As Integer, ByVal von As DateTime, _
                                                          ByVal bis As DateTime) As DataSet
    Dim bestDS As New DataSet("BestellDS")
    ...
    Return bestDS
End Function
```

wird

```
    ...
    Return CTools.ConvertDataSet(bestDS, "geheim")
```

Das sind schon alle Änderungen auf der Serverseite, genauso einfach funktioniert es beim Client: keine Änderungen an der Webservice-Definition, keine neue Proxy-Klasse.

Quellcode (Hilfsroutine)

Fügen Sie dem Projekt eine neue Klasse *CTools* hinzu und implementieren Sie die im Folgenden vorgestellte Methode *ConvertDataSet:*

Die nötigen Namespaces einbinden:

```
Imports System
Imports System.Data
Imports System.IO
Imports System.IO.Compression
Imports System.Runtime.Serialization.Formatters.Binary
Imports System.Security.Cryptography

Public Class CTools
```

Die folgende Methode erwartet als Übergabeparameter ein *DataSet* und ein Passwort. Ist der Passwort-String leer, wird auf eine Verschlüsselung verzichtet:

```
    Public Shared Function ConvertDataSet(ByVal ds As DataSet, ByVal password As String) As DataSet
```

Das *DataSet* wird im Binärformat serialisiert:

```
        ds.RemotingFormat = SerializationFormat.Binary
```

Wir prüfen zunächst, ob es sich auch um ein bereits gepacktes *DataSet* handelt, dafür speichern wir eine entsprechende Eigenschaft im *DataSet*:

```
        If ds.ExtendedProperties.ContainsKey("PackedData") Then
```

Eine Puffer-Variable für das Entpacken der Daten:

```
            Dim buffer(4096) As Byte
            Dim read As Integer
```

Aus der Eigenschaft *PackedData* lesen wir den Base64-String aus und wandeln diesen in ein Byte-Array um:

```
            Dim ba() As Byte = Convert.FromBase64String( _
                                     TryCast(ds.ExtendedProperties("PackedData"), String))
            Dim ms As New MemoryStream(ba)
```

Wenn die Daten verschlüsselt sind:

```
            If ds.ExtendedProperties.ContainsKey("Encrypted") Then
```

Kein Passwort zum entschlüsseln, wir zeigen eine Fehlermeldung an:

```
                If password = "" Then Throw (New Exception("Passwort benötigt!"))
```

Wir entschlüsseln mit dem symmetrischen Rijndael-Algorithmus:

```
                Dim RMCrypto As New RijndaelManaged()
                Dim cryptStrm As New CryptoStream(ms, RMCrypto.CreateDecryptor( _
                           CreateKey(password), New Byte(15) {}), CryptoStreamMode.Read)
                Dim ms1 As New MemoryStream()
                Try
                    Do
                        read = cryptStrm.Read(buffer, 0, buffer.Length)
```

```
                ms1.Write(buffer, 0, read)
            Loop While read > 0
        Catch generatedExceptionName As Exception
            Throw (New Exception("Passwort falsch oder Fehler bei der Datenübertragung!"))
        End Try
        cryptStrm.Close()
        ms = ms1
        ms.Seek(0, 0)
    End If
```

Wir entpacken die Daten:

```
    Dim dfs As New DeflateStream(ms, CompressionMode.Decompress, True)
    ds.ExtendedProperties.Clear()
    Dim ms2 As New MemoryStream()
    Do
        read = dfs.Read(buffer, 0, buffer.Length)
        ms2.Write(buffer, 0, read)
    Loop While read > 0
    dfs.Close()
    ms2.Seek(0, 0)
```

Wir deserialisieren und geben das originale *DataSet* wohlbehalten zurück:

```
    Return DirectCast((New BinaryFormatter()).Deserialize(ms2, Nothing), DataSet)
```

Der Gegenpart, das Komprimieren und Verschlüsseln:

```
Else
```

Serialisieren:

```
    Dim bf As New BinaryFormatter()
    Dim ms As New MemoryStream()
    bf.Serialize(ms, ds)
    Dim ba As Byte() = ms.ToArray()
    ms.SetLength(0)
```

Komprimieren:

```
    Dim dfs As New DeflateStream(ms, CompressionMode.Compress)
    dfs.Write(ba, 0, ba.Length)
    dfs.Flush()
    dfs.Close()
    dfs.Dispose()
    ds.Clear()
    ba = ms.ToArray()
```

Verschlüsseln:

```
    If password <> "" Then
        ds.ExtendedProperties.Add("Encrypted", True)
        Dim RMCrypto As RijndaelManaged = New RijndaelManaged()
        ms = New MemoryStream()
        Dim cryptStrm As New CryptoStream(ms, RMCrypto.CreateEncryptor( _
                        CreateKey(password), New Byte(15) {}), CryptoStreamMode.Write)
        cryptStrm.Write(ba, 0, ba.Length)
        cryptStrm.Close()
        ms.Close()
```

```
            ba = ms.ToArray()
        End If
```

Komprimierte Daten als Eigenschaft im *DataSet* speichern:

```
        ds.ExtendedProperties.Add("PackedData", Convert.ToBase64String(ba))
    End If
    Return ds
End Function
```

Diese Hilfroutine erzeugt einen Key aus dem übergebenen Passwort:

```
Private Shared Function CreateKey(ByVal password As String) As Byte()
    Dim pdb As New PasswordDeriveBytes(password, Nothing)
    pdb.HashName = "SHA512"
    Return pdb.GetBytes(16)
End Function

End Class
```

Die Änderungen beim Client

Was beim Server alles zu ändern ist wissen wir nun, doch wie sieht es beim Client aus?

Aus

```
ds1 = ws.getBestellungen(knr, DateTimePicker1.Value, DateTimePicker2.Value)
```

wird

```
ds1 = CTools.ConvertDataSet(ws.getBestellungen(knr, DateTimePicker1.Value, DateTimePicker2.Value), _
                                                                                    TextBox2.Text)
```

Da der Client bereits über eine ordentliche Fehlerbehandlung verfügt, brauchen wir uns auch nicht weiter darum zu kümmern.

Test

Zuallererst wird Sie es sicher interessieren, was nun eigentlich übertragen wird (siehe Abbildung 13.28).

Zwar ist noch die Tabellenstruktur erhalten, aber es werden keine Daten mehr angezeigt. Diese befinden sich im Attribut *msprop:PackedData* als Base64-String.

HINWEIS Wer möchte, kann auch noch alle *DataTable*s aus dem *DataSet* löschen, bevor es versendet wird.

Und jetzt die Gretchenfrage: Lohnt sich der Aufwand, welche Datenmenge wird übertragen?

Ein Beispiel zeigt die Auswirkung: Ein *DataSet* mit 2156 Datensätzen, kommt auf ein Übertragungsvolumen von **4.016.659** Bytes (XML-Daten). Nach dem Packen, Verschlüsseln und Base64-Kodieren sind davon noch **252.295** Bytes übrig! Mehr müssen wir zur Effizienz sicher nicht sagen.

Je umfangreicher und redundanter die Daten sind, desto mehr kann auch gepackt werden. Ein kleines *DataSet* mit drei Datensätzen werden Sie kaum im gleichen Verhältnis »eindampfen« können.

```
<?xml version="1.0" encoding="utf-8" ?>
- <DataSet xmlns="http://tempuri.org/">
  - <xs:schema id="BestellDS" xmlns="" xmlns:xs="http://www.w3.org/2001/XMLSchema"
      xmlns:msdata="urn:schemas-microsoft-com:xml-msdata" xmlns:msprop="urn:schemas-microsoft-com:xml-
      msprop">
    - <xs:element name="BestellDS" msdata:IsDataSet="true" msdata:UseCurrentLocale="true"
        msprop:Encrypted="True"
        msprop:PackedData="+KJrU3X5Jc2DokO39+tleVvag63pssuy/Fae3suSI2Fw7MpqAI1B4RtFlqomTrBXeFieIfNzs9YL6Q
      - <xs:complexType>
        - <xs:choice minOccurs="0" maxOccurs="unbounded">
          - <xs:element name="Bestellungen">
            - <xs:complexType>
              - <xs:sequence>
                  <xs:element name="Nr" msdata:AutoIncrement="true" type="xs:int" />
                  <xs:element name="EingangsDatum" type="xs:dateTime" minOccurs="0" />
                  <xs:element name="KuNr" type="xs:int" minOccurs="0" />
                  <xs:element name="GesamtNetto" type="xs:decimal" minOccurs="0" />
                  <xs:element name="bezahlt" type="xs:boolean" minOccurs="0" />
                  <xs:element name="BezahlDatum" type="xs:dateTime" minOccurs="0" />
                  <xs:element name="verschickt" type="xs:boolean" minOccurs="0" />
                  <xs:element name="VersandDatum" type="xs:dateTime" minOccurs="0" />
                - <xs:element name="Bemerkung" minOccurs="0">
                  - <xs:simpleType>
                    - <xs:restriction base="xs:string">
                        <xs:maxLength value="50" />
                      </xs:restriction>
                    </xs:simpleType>
                  </xs:element>
                </xs:sequence>
```

Abbildung 13.28 Das verschlüsselte und gepackte *DataSet*

Kapitel 14

Komplexbeispiel Webshop

In diesem Kapitel:

In diesem Kapitel möchten wir Ihnen anhand einer etwas komplexeren Anwendung das Zusammenspiel verschiedener Anwendungstypen demonstrieren.

Im Einzelnen werden Sie es mit

- einer ASP.NET-Anwendung,
- einem Webservice,
- einem Windows Forms-Frontend,
- einem Report
- sowie reichlich ADO.NET-Code

zu tun bekommen. Als »Sahnehäubchen« finden Sie auch noch diverse SQL-Anweisungen, es handelt sich also wirklich um ein echtes Komplexbeispiel[1]. Dass eine solche Anwendung nicht als Einstieg in die Datenbankprogrammierung geeignet ist, dürfte auf der Hand liegen. Entsprechendes Grundlagenwissen aus den vorhergehenden Kapiteln werden wir deshalb voraussetzen.

HINWEIS Bitte erwarten Sie in diesem Kapitel keine Webshop-Applikation im Wert von 5000 Euro, die Sie nur noch auf Ihren Server zu kopieren brauchen. Es geht um ein Anwendungskonzept, das überschaubar und leicht verständlich bleiben soll. Insbesondere die Rechnungserstellung und -verwaltung müsste wesentlich komplexer ausfallen. Auch auf Fehlerbehandlung wurde nur in den notwendigsten Fällen zurückgegriffen. Es bleibt also noch viel Freiraum für Ihre Vorstellungen vom »perfekten« Webshop.

Grundkonzept

Wie ein Webshop im Wesentlichen funktioniert dürfte Ihnen aus Käufersicht bereits bekannt sein. Unnötige Kommentare wollen wir uns dehalb an dieser Stelle sparen. Ganz anders stellt sich das Problem jedoch dar, wenn Sie selbst eine derartige Anwendung entwerfen sollen.

Aufgabenstellung

Bevor wir jetzt ziellos an dieses komplexe Thema herangehen, wollen wir zunächst die Aufgabenstellung eingrenzen:

- Erstellen einer Web-Applikation mit der Artikel verschiedener Gruppen (z.B. Bücher, CDs etc.) angeboten werden können[2].
- Artikelgruppen sollen über eine *TreeView* ausgewählt werden können.
- Auswahl der Artikel in einem Warenkorb. Innerhalb des Warenkorbs soll das Hinzufügen und Löschen möglich sein.
- Aufgeben einer Bestellung mit Eingabe der Kundendaten, diese sollen bei einer erneuten Anmeldung im Shop (mit EMail-Adresse und Passwort) wieder zur Verfügung stehen.

---

[1] Ja, bei genauerem Hinsehen werden Sie auch etwas Java-Code finden!

[2] Wir werden uns auf die wichtigsten Artikeleigenschaften (Name, Preis etc.) beschränken. Bilder oder HTML-formatierte Beschreibungen ändern nichts am Grundkonzept, blähen aber das Beispiel unnötig auf.

- Editieren der Kundenstammdaten durch den Kunden selbst.
- Über einen Webservice mit Windows Forms-Frontend sollen sowohl der Inhalt des Shops (Stammdaten) als auch die Liste der Bestellungen zugänglich sein.
- Als Endergebnis all unserer Bemühungen soll eine gedruckte Rechnung für den Kunden vorliegen.

Unterschiedliche Frontends für Kunden und Verkäufer

Haben Sie die Spezifikation aufmerksam gelesen, wird Ihnen sicher aufgefallen sein, dass wir für Kunden und Verkäufer unterschiedliche Frontends verwenden:

- Dass für den Kunden eine ASP.NET-Anwendung entwickelt wird, liegt sicher auf der Hand, da hier der Browser als Frontend fungieren muss (Welcher Kunde installiert erst eine Anwendung?).
- Für die Stammdatenverwaltung könnte sicher auch ein Web-Interface bereitgestellt werden, eine Windows-Anwendung ist aber derzeit sicher noch wesentlich flexibler in der Handhabung. Dies betrifft vor allem das schnelle Editieren in Tabellen, das flexible Ausdrucken von Berichten etc.
- Der Webservice bietet uns die Möglichkeit, Datenbank und Frontend zu entkoppeln und eine einfach realisierbare Verbindung zwischen Client und Server herzustellen.

Für uns hat diese Aufteilung natürlich noch einen weiteren Vorteil: Mit einem Rundumschlag können wir fast alle wichtigen Technologien im Zusammenspiel demonstrieren.

Die Datenbankstruktur

Bevor es ans Programmieren geht werden wir uns zunächst eine sinnvolle Datenbankstruktur ausdenken. Für unser Beispiel soll eine Access-Datenbank genügen, so vermeiden wir unnötige Probleme mit der Anpassung von Pfaden bzw. Connectionstrings. Abgesehen von einigen kleinen Änderungen bei den Datentypen und den Stored Procedures gibt es kaum Unterschiede zu einer ausgewachsenen SQL Server Datenbank, spätere Änderungen beziehen sich im Wesentlichen nur auf den Webservice und die Webanwendung.

HINWEIS Wer jetzt befürchtet, die Umsetzung mit dem SQL Server sei zu aufwändig, wird sich eines Besseren belehren lassen müssen. Bei einigen Aufgabenstellungen (z.B. dem Einfügen neuer Datensätze) lässt sich durch die Verwendung von Stored Procedures viel Arbeit sparen.

Datenbankdiagramm

Werfen wir zunächst einen Blick auf den grundsätzlichen Aufbau unserer zukünftigen Datenbank, bevor wir uns in den Details verstricken:

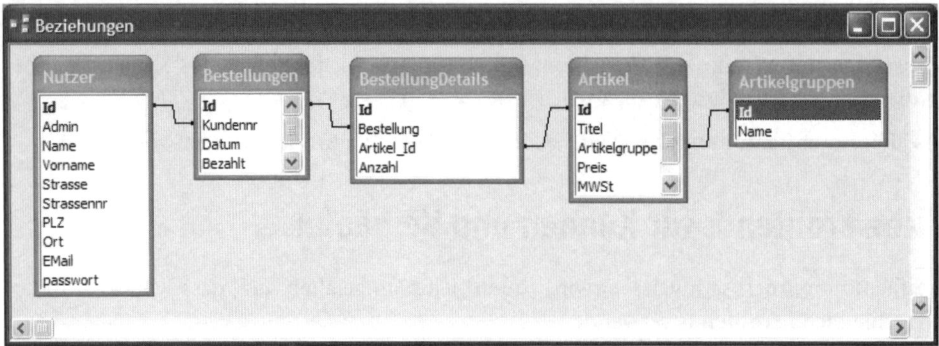

Abbildung 14.1 Beziehungen innerhalb der Datenbank

HINWEIS Wer an dieser Stelle verzweifelt nach dem Warenkorb Ausschau hält, wird enttäuscht. Dieser wird nur temporär im Arbeitsspeicher verwaltet (*DataTable* in einer Session) bis die Bestellung aufgegeben wird (oder auch nicht).

Die Bedeutung der Tabellen *Artikel* und *Artikelgruppen* dürfte aus der Bezeichnung bereits eindeutig erkennbar sein. Beide Tabellen werden durch den Verkäufer gefüllt und gewartet.

Etwas anders verhält es sich mit den Tabellen *Nutzer*, *Bestellungen* und *BestellungDetails* mit ihren jeweiligen Abhängigkeiten. Insbesondere die gegenseitigen Abhängigkeiten der Tabellen werden uns bei der Umsetzung des Web-Frontends noch vor einige kleine Probleme stellen, da Detaildaten erst nach dem Einfügen eines Datensatzes in die Primärtabelle gespeichert werden können. Doch dazu später mehr.

HINWEIS Unter realen Umständen sollten Sie die Kundendaten (Adresse) zusätzlich in der Tabelle *Bestellungen* speichern. Nur so kann auch bei geänderten Kundendaten (diese kann der Kunde editieren) noch eine identische Rechnung mit der ursprünglichen Adresse gedruckt werden. Gleiches trifft auch auf die Artikelstammdaten zu, Preisänderungen sind nicht ausgeschlossen und sollten sich nicht auf laufende Rechnungen auswirken. Wir verzichten aus Übersichtlichkeitsgründen auf diese Änderungen, die entsprechenden Anpassungen können Sie gegebenenfalls selbst vornehmen.

Tabellen

Nachfolgend finden Sie eine Aufstellung der enthaltenen Tabellen mit ihren jeweiligen Feldern und Datentypen.

HINWEIS Die Länge der Textfelder können Sie an Ihre eigenen Bedürfnisse anpassen, auf eine detaillierte Auflistung verzichten wir an dieser Stelle.

Einschränkungen bei Feldinhalten wurden weitgehend vermieden, da Einfügefehler in einer Client-Server-Architektur besser gleich auf dem Client behandelt werden: Was nützt dem Kunden eine kryptische Fehlermeldung wenn er die Bestellung bereits abgeschickt hat? Wer ganz sicher gehen will, kann natürlich Defaultwerte und Einschränkungen verwenden.

Tabelle Artikel

In dieser Tabelle befinden sich die aktuellen Stammdaten des Webshops. Neben einer Kurzbeschreibung (*Titel*) werden ein Verweis auf die Artikelgruppe, der Preis, der Mehrwertsteuersatz (Prozente) sowie eine Beschreibung gespeichert.

	Feldname	Felddatentyp
🔑	Id	AutoWert
	Titel	Text
	Artikelgruppe	Zahl
	Preis	Währung
	MWSt	Zahl
	Beschreibung	Memo

Abbildung 14.2 Tabelle *Artikel*

HINWEIS Beim Preis handelt es sich um eine Bruttoangabe, der Nettowert bzw. der Mehrwertsteueranteil wird erst für die Rechnung ermittelt und gesondert ausgewiesen.

Tabelle Artikelgruppen

Für die Gruppierung der Artikel legen wir die zusätzliche Tabelle *Artikelgruppen* an. Im Webshop selbst werden wir diese Liste in eine *TreeView* laden, um je nach Auswahl eine gefilterte Liste von Artikeln anzuzeigen.

	Feldname	Felddatentyp
🔑	Id	AutoWert
	Name	Text

Abbildung 14.3 Tabelle *Artikelgruppen*

Tabelle Nutzer

Die Kundenstammdaten sowie die Anmeldedaten des Verkäufers werden in der Tabelle *Nutzer* gesichert. Ob ein Schreibzugriff auf die Artikelstammdaten zulässig ist, entscheidet das Feld *Admin*.

	Feldname	Felddatentyp
🔑	Id	AutoWert
	Admin	Ja/Nein
	Name	Text
	Vorname	Text
	Strasse	Text
	Strassennr	Text
	PLZ	Text
	Ort	Text
	EMail	Text
	passwort	Text

Abbildung 14.4 Tabelle *Nutzer*

Die Angaben *EMail* und *Passwort* ermöglichen die eindeutige Identifikation des Nutzers bei erneuter Anmeldung. Damit ist auch die Realisierung einer Funktion »Passwort vergessen« möglich.

Tabelle Bestellungen und BestellungDetails

Jede Bestellung (der Inhalt des Warenkorbs) wird in den Tabellen *Bestellungen* und *BestellungDetails* gespeichert.

	Feldname	Felddatentyp
🔑	Id	AutoWert
	Kundennr	Zahl
	Datum	Datum/Uhrzeit
	Bezahlt	Ja/Nein
	Zahlart	Zahl

Abbildung 14.5 Tabelle *Bestellungen*

	Feldname	Felddatentyp
🔑	Id	AutoWert
	Bestellung	Zahl
	Artikel_Id	Zahl
	Anzahl	Zahl

Abbildung 14.6 Tabelle *BestellungDetails*

Im Warenkorb selbst finden sich lediglich die Daten

- *Artikelnummer* und
- *Anzahl.*

Aus den Anmeldedaten, der aktuellen Zeit und den Artikelstammdaten können wir die Inhalte der beiden Tabellen generieren. Damit ist aber auch klar, dass vor dem Einfügen eines Datensatzes in die Tabelle *Bestellungen* erst eine Anmeldung des Kunden erfolgen muss. Diese Aufgabe hat die Logik des Webshops zu übernehmen. Ist diese Hürde genommen, besteht noch das Problem der 1:n-Beziehung zwischen den beiden obigen Tabellen. Wir können zwar problemlos einen Primärdatensatz erzeugen, für den Fremdschlüssel der Tabelle *BestellungDetails* benötigen wir jedoch den Primärschlüssel des Primärdatensatzes. Hier ist gerade bei Access-Datenbanken etwas Trickserei nötig, während beim SQL Server das Problem elegant mittels Stored Procedure gelöst werden kann. Doch dazu an geeigneter Stelle mehr.

HINWEIS Das Feld *Datum* wird per Defaultwert durch die Datenbank-Engine gesetzt (*Now*).

Abfragen

Abfragen (Access) bzw. Stored Procedures (beim SQL Server) ersparen uns bei der späteren Programmierung unnötigen Aufwand (mühsames Setzen von Parametern etc.) und erhöhen gleichzeitig die Datensicherheit (Verhindern von SQL-Injection). Verwenden Sie deshalb möglichst viel Aufmerksamkeit auf diesen Teil der Programmierung und verlagern Sie so viel Logik wie möglich in die Abfragen.

BestellungNeu

Mit dieser Abfrage wird ein neuer Datensatz in der Tabelle *Bestellungen* erzeugt. Als Parameter genügen Kundennummer und Zahlart (dieser Wert wird vom Kunden bestimmt).

```
INSERT INTO
  Bestellungen (Kundennr, Zahlart)
VALUES
  (Kdnr, Zahlung);
```

HINWEIS Bei einer Stored Procedure könnten Sie gleich den neu erzeugten Primärschlüssel des Datensatzes zurückgeben, da dieser für die Tabelle *BestellungDetails* benötigt wird. Unter Access müssen wir mit »SELECT @@Identity« und einer erneuten Abfrage diesen Wert erst mühsam ermitteln.

BestellungDetailsNeu

Die Funktion zum Einfügen eines Detaildatensatzes:

```
INSERT INTO
  BestellungDetails (Bestellung, Artikel_id, Anzahl )
```

```
VALUES
  (BestellID, ArtikelID, ArtikelAnzahl);
```

CurrentUser

Bei einer erneuten Anmeldung des Nutzers können die bisher gespeicherten Daten abgerufen werden.

```
SELECT
  Nutzer.Id,
  Nutzer.Admin,
  Nutzer.Name,
  Nutzer.Vorname,
  Nutzer.Strasse,
  Nutzer.Strassennr,
  Nutzer.PLZ,
  Nutzer.Ort,
  Nutzer.EMail,
  Nutzer.passwort
FROM
  Nutzer
WHERE
  (Nutzer.EMail=[_login]) AND (Nutzer.passwort=[_passwort]);
```

HINWEIS Liefert die Abfrage keinen Wert zurück ist entweder der Nutzer nicht vorhanden oder EMail und/oder Passwort sind falsch übergeben worden.

UserNeu

Wir erzeugen einen neuen Nutzer:

```
INSERT INTO
  Nutzer ( Name, Vorname, Strasse, Strassennr, PLZ, Ort, EMail, passwort )
VALUES
  (Name, Vorname, Strasse, Strassennr, PLZ, Ort, EMail, passwort);
```

HINWEIS Ein direkter Zugriff auf das Feld *Admin* ist per SQL-Injection oder durch andere Manipulationen am Client nicht möglich.

Bestellliste

Für die Anzeige von Bestellungen in der Admin-Oberfläche benötigen wir eine Liste aller Rechnungsnummern. Diese generieren wir per SQL:

```
SELECT
  Bestellungen.Id,
  Format(Id,'\R\E\.0000')+ Format(Datum,'\.yyyy') AS Rechnung
FROM
  Bestellungen
ORDER BY
  Bestellungen.Datum DESC;
```

Und so sieht eine Beispielabfrage bzw. eine Liste der Rechnungsnummern aus:

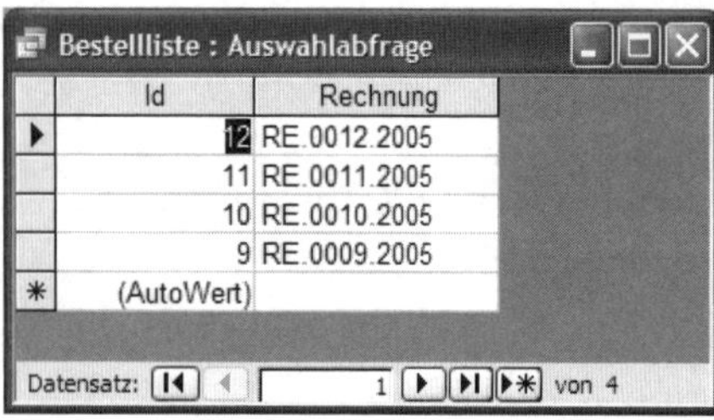

Bestellliste : Auswahlabfrage

Id	Rechnung
12	RE.0012.2005
11	RE.0011.2005
10	RE.0010.2005
9	RE.0009.2005
(AutoWert)	

Datensatz: 1 von 4

Abbildung 14.7 Beispielabfrage

Rechnungsdaten

Für den Datenbank-Theoretiker und Verfechter der »reinen Lehre« kommt jetzt sicher ein absoluter Tiefpunkt (Gnade für die Autoren!). Doch nicht immer ist auch schön was praktisch sinnvoll ist, und so verpacken wir die gesamten Rechnungsdaten in einer View, ohne dabei auf Datenredundanz Rücksicht zu nehmen.

```
SELECT
   Format(Bestellungen.Id,'"RE."0000')+Format(Bestellungen.Datum,'\.yyyy') AS ID,
   Bestellungen.Datum,
   Bestellungen.Zahlart,
   Nutzer.Name,
   Nutzer.Vorname,
   Nutzer.Strasse,
   Nutzer.Strassennr,
   Nutzer.PLZ,
   Nutzer.Ort,
   Artikel.Titel,
   BestellungDetails.Anzahl,
   Artikel.Preis,
   IIF(Artikel.MWSt=16, Artikel.Preis*BestellungDetails.Anzahl*(1-1/1.16),0) AS MwSt16,
   IIF(Artikel.MWSt=7, Artikel.Preis*BestellungDetails.Anzahl*(1-1/1.07),0) AS MwSt7
FROM
  ((Bestellungen INNER JOIN BestellungDetails ON Bestellungen.Id=BestellungDetails.Bestellung)
        INNER JOIN Nutzer ON Bestellungen.Kundennr=Nutzer.Id)
        INNER JOIN Artikel ON BestellungDetails.Artikel_Id=Artikel.Id
WHERE
   Bestellungen.Id=[Bestellnummer];
```

Ein Blick in eine Beispielabfrage lässt erahnen, wo die Redundanz steckt:

Rechnungsdaten : Auswahlabfrage

ID	Datum	Zahlart	Name	Vorname	Strasse	Strassennr	PLZ	Ort	Titel	Anzahl	Preis	MwSt16	MwSt7
RE.0010.2005	23.09.2005 12:55:20	1	Gewinnus	Thomas	Karl-Marx-Str.	22333	15295	Brieskow-	Eckschrank	1	4.500,00 €	620,68965517	0
RE.0010.2005	23.09.2005 12:55:20	1	Gewinnus	Thomas	Karl-Marx-Str.	22333	15295	Brieskow-	Vase	1	2.450,00 €	337,93103448	0
RE.0010.2005	23.09.2005 12:55:20	1	Gewinnus	Thomas	Karl-Marx-Str.	22333	15295	Brieskow-	Hund	5	160,00 €	0	52,336448598

Datensatz: 3 von 3

Abbildung 14.8 Beispiel für Abfrageergebnis

Der Vorteil für uns: Der Bericht lässt sich problemlos aus obigen Daten generieren ohne weitere Tabellen zu verknüpfen oder Unterberichte zu bemühen.

Stammdatenverwaltung mit Webservice

Leider müssen wir Sie weiter mit lästigen Vorarbeiten peinigen, denn bevor wir zur eigentlichen Programmierung des Web-Interfaces kommen, müssen wir uns auch noch um die administrative Seite des Shops kümmern (Wo sollen sonst die Stammdaten herkommen?).

Dreh- und Angelpunkt ist ein Webservice, der uns alle relevanten Daten zur Verfügung stellt und auch für den Datenabgleich nach einer Aktualisierung durch den Admin-Client zuständig ist. Der Vorteil dieser Zwischenschicht: Wir müssen uns beim Client weder um den Standort, noch um den Typ der Datenbank Gedanken machen. Die gesamte Datenbanklogik wird durch den Webservice gekapselt, für uns sind nur noch die reinen Daten (*DataSets* mit enthaltenen *DataTables*) relevant.

Das Interface

Eine grobe Übersicht der Webservice-Funktionalität zeigt der Ausschnitt aus dem Klassendiagramm:

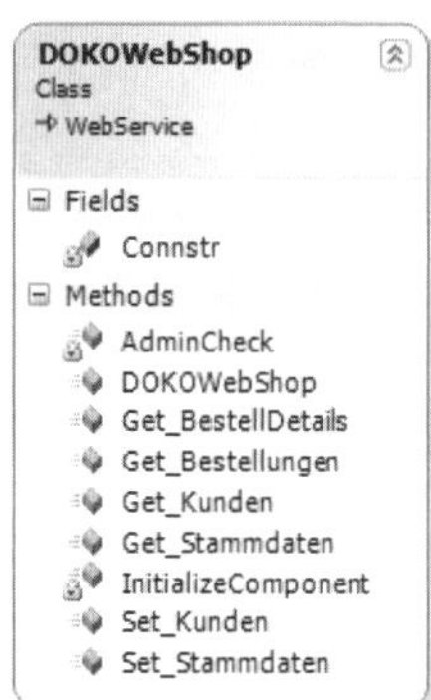

Abbildung 14.9 Klassendiagramm

Für den Client sind lediglich die *Get_* und *Set_*-Methoden relevant, die Methode *AdminCheck* wird intern verwendet. Welch grundsätzliche Bedeutung die Methoden haben dürfte aus der Bezeichnung bereits hervorgehen, mehr dazu bei den Umsetzungen.

Entwurf

Erzeugen Sie zunächst ein neues Webservice-Projekt über den Menüpunkt *Datei/Neu/Website*. Wählen Sie für *Speicherort* die Option *Dateisystem*. Als *Sprache* legen Sie natürlich *Visual Basic* fest.

Den Namen des Service können Sie im Eigenschaftenfenster eintragen:

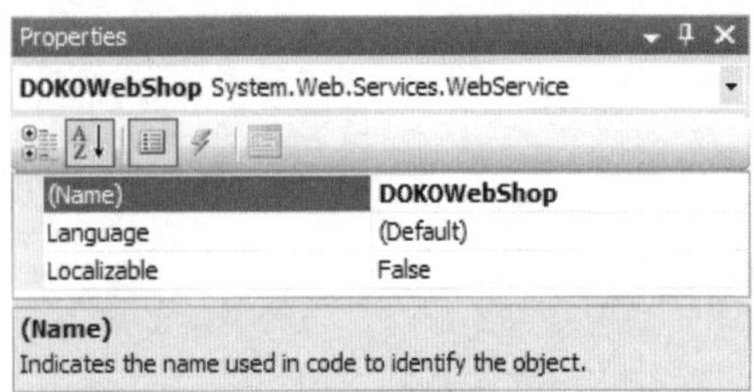

Abbildung 14.10 Namen festlegen

Die bereits im vorhergehenden Abschnitt definierte Access-Datenbank fügen Sie bitte in das neue Webservice-Projekt ein. Dies geschieht am einfachsten, indem Sie eine neue Datenverbindung erzeugen. Während der Einbindung empfiehlt Ihnen der Assistent, die Datenbank in das *App_Data*-Verzeichnis zu kopieren, so kann in der späteren Anwendung ein relativer Pfad verwendet werden, was die Anpassung an eine andere Umgebung erleichtert.

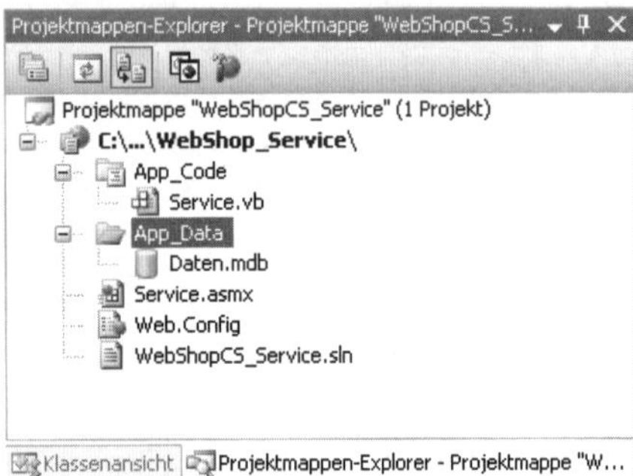

Abbildung 14.11 Projekt mit eingefügter Datenbank

Der Neugierige kann bereits zu diesem Zeitpunkt einen ersten Start wagen, die IDE fragt in diesem Fall, ob Sie eine *Web.Config* erzeugen wollen, was Sie in jedem Fall tun sollten, da hier auch der ConnectionString gespeichert wird:

```
...
<configuration xmlns="http://schemas.microsoft.com/.NetConfiguration/v2.0">
   <appSettings/>
     <connectionStrings>
       <add name="DatenConnectionString" connectionString="Provider=Microsoft.Jet.OLEDB.4.0;
                   DataSource=|DataDirectory|\Daten.mdb;Persist Security Info=True"
                   providerName="System.Data.OleDb" />
     </connectionStrings>
...
```

Das war's bereits zum Thema »Oberfläche«, wenden wir uns nun den »inneren Werten« zu ...

Die Methoden im Einzelnen

Binden Sie zunächst die fett hervorgehobenen Namespaces ein:

```
Imports System.Web
Imports System.Web.Services
Imports System.Web.Services.Protocols
Imports System.Data
```

```
Imports System.Data.OleDb
Imports System.Web.Configuration

<WebService(Namespace:="http://tempuri.org/")> _
<WebServiceBinding(ConformsTo:=WsiProfiles.BasicProfile1_1)> _
<Global.Microsoft.VisualBasic.CompilerServices.DesignerGenerated()> _
```

Der eigentliche Service wird abgeleitet:

```
Public Class DOKOWebShop
    Inherits System.Web.Services.WebService
```

Hier lesen wir aus der *Web.Config* den Connectionstring aus, Anpassungen des Datenbankpfads brauchen bei einem späteren Export des Projekts also nur in der *Web.Config* vorgenommen zu werden.

```
Private Connstr As String = WebConfigurationManager.ConnectionStrings( _
                                                "DatenConnectionString").ToString
```

Methode Get_Stammdaten

Eine der ersten Aufgaben wird sicher das Füllen der Datenbank mit den Stammdaten sein. Dazu muss der Client jedoch erst einmal den aktuellen Bestand auslesen, bevor er neue Daten hinzufügen kann.

Rückgabewert unserer Methode ist ein DataSet *Stammdaten* mit den beiden enthaltenen DataTables *Artikel* und *Artikelgruppen*:

```
    <WebMethod()> _
    Public Function Get_Stammdaten() As DataSet
```

Verbindung zur Datenbank herstellen:

```
        Dim conn As New OleDbConnection(Connstr)
```

Daten auswählen:

```
        Dim da1 As New OleDbDataAdapter("SELECT * FROM Artikel", conn)
        Dim da2 As New OleDbDataAdapter("SELECT * FROM Artikelgruppen", conn)
        da1.MissingSchemaAction = MissingSchemaAction.AddWithKey
        da2.MissingSchemaAction = MissingSchemaAction.AddWithKey
```

DataSet erzeugen:

```
        Dim ds As New DataSet("Stammdaten")
        conn.Open()
```

Die beiden *DataTables* füllen:

```
        da1.Fill(ds, "Artikel")
        da2.Fill(ds, "Artikelgruppen")
```

Zwischen beiden Tabellen besteht eine Beziehung, die wir im *DataSet* jedoch erneut definieren müssen. Verzichten wir darauf, bekommen wir immer dann Schwierigkeiten auf dem Client, wenn Primärdatensätze aus der *Artikelgruppen*-Tabelle gelöscht werden.

```
        ds.Relations.Add("Stammdaten", ds.Tables("Artikelgruppen").Columns("Id"), _
                                       ds.Tables("Artikel").Columns("Artikelgruppe"))
```

```
        conn.Close()
        Return ds
    End Function
```

Einem ersten Test der Methode steht nun nichts mehr entgegen, wenn Ihnen die Anzeige eines XML-Dokuments im Webbrowser genügt:

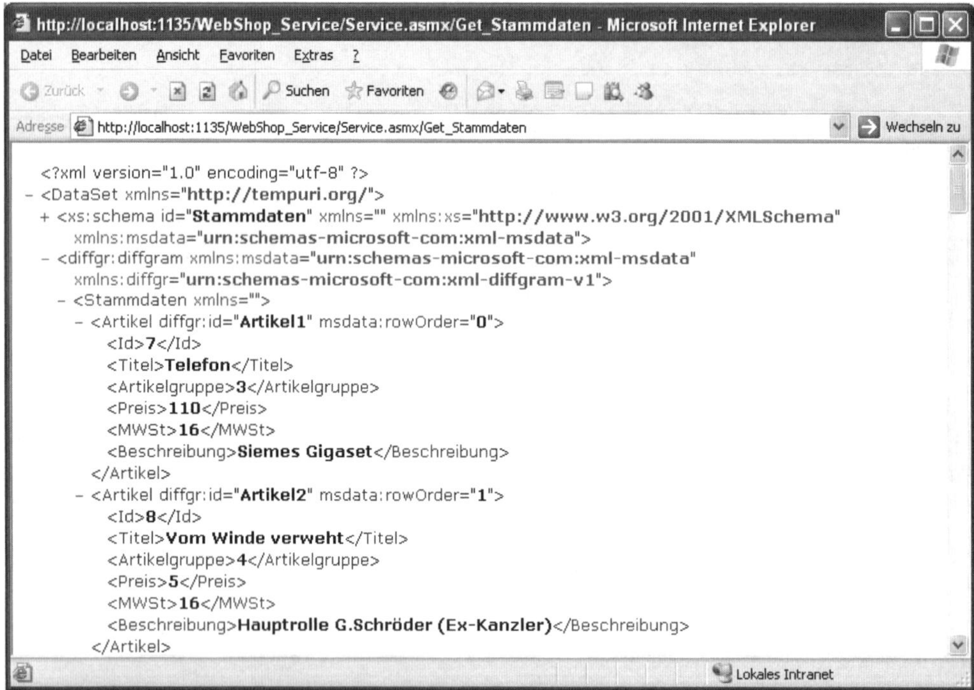

Abbildung 14.12 Test des Webservice im Browser

HINWEIS Im obigen Beispiel wurden bereits Daten in die Tabelle geschrieben, anderenfalls dürfte lediglich die strukturelle Beschreibung (Schema) angezeigt werden.

Methode Set_Stammdaten

Wurden die Tabellen durch den Client bearbeitet, müssen sich die Änderungen auch in der Datenbank niederschlagen. Diese Aufgabe übernimmt die Methode *Set_Stammdaten*, der per Referenz die Änderungen als *DataSet* übermittelt werden. Der Vorteil der referenziellen Übergabe: Wir können die endgültigen Änderungen aus der Datenbank gleich wieder zum Client zurückgeben, ohne erneut *Get_Stammdaten* aufrufen zu müssen.

```
    <WebMethod()> _
    Public Function Set_Stammdaten(ByRef dsStammdaten As DataSet, ByVal email As String, _
                                               ByVal passwort As String) As Boolean
```

Testen ob Schreibberechtigung besteht (wir kommen später darauf zurück):

```
        If AdminCheck(email, passwort) Then
```

Verbindung öffnen und die benötigten *DataAdapter* erzeugen:

```
            Dim conn As New OleDbConnection(Connstr)
            Dim da1 As  New OleDbDataAdapter("SELECT * FROM Artikel", conn)
            Dim da2 As  New OleDbDataAdapter("SELECT * FROM Artikelgruppen", conn)
```

Aktualisierungsfehler sollen nicht gleich zum Abbruch führen:

```
            da1.ContinueUpdateOnError = True
            da2.ContinueUpdateOnError = True
```

Um Aktualisierungen durchführen zu können, müssen wir den *CommandBuilder* bemühen:

```
            Dim cb1 As New OleDbCommandBuilder(da1)
            Dim cb2 As New OleDbCommandBuilder(da2)
            conn.Open()
```

Beide Tabellen aktualisieren:

```
            da1.Update(dsStammdaten.Tables("Artikel"))
            da2.Update(dsStammdaten.Tables("Artikelgruppen"))
            conn.Close()
            Return True
        Else
            Return False
        End If
    End Function
```

Methoden Get_Kunden/Set_Kunden

Die Vorgehensweise entspricht den bereits vorgestellten Methoden: Abrufen eines *DataSets* (in diesem Fall nur eine Tabelle) ...

```
    <WebMethod()> _
    Public Function Get_Kunden() As DataSet
        Dim conn As New OleDbConnection(Connstr)
        Dim da As New OleDbDataAdapter("SELECT * FROM Nutzer", conn)
        da.MissingSchemaAction = MissingSchemaAction.AddWithKey
        Dim ds As New DataSet("Nutzer")
        conn.Open()
        da.Fill(ds, "Nutzer")
        conn.Close()
        Return ds
    End Function
```

... und später der Versuch, die Daten in der zugrundeliegenden Datenbank zu aktualisieren:

```
    <WebMethod()> _
    Public Function Set_Kunden(ByRef dsStammdaten As DataSet, ByVal email As String, _
                               ByVal passwort As String) As Boolean
        If AdminCheck(email, passwort) Then
            Dim conn As New OleDbConnection(Connstr)
            Dim da As New OleDbDataAdapter("SELECT * FROM Nutzer", conn)
```

```
            da.ContinueUpdateOnError = True
            Dim cb As New OleDbCommandBuilder(da)
            conn.Open()
            da.Update(dsStammdaten.Tables("Nutzer"))
            conn.Close()
            Return True
        Else
            Return False
        End If
    End Function
```

Methode Get_Bestellungen

Diese Methode gibt lediglich eine Liste der aktuell vorliegenden Rechnungsnummern zurück (wir werden eine *ComboBox* damit füllen):

```
    <WebMethod()> _
    Public Function Get_Bestellungen() As DataSet
        Dim conn As New OleDbConnection(Connstr)
        Dim cmd As New OleDbCommand("SELECT * FROM Bestellliste", conn)
        Dim da As New OleDbDataAdapter(cmd)
        Dim ds As New DataSet("Bestellungen")
        conn.Open()
        da.Fill(ds, "Bestellungen")
        conn.Close()
        Return ds
    End Function
```

Methode Get_BestellDetails

Diese Methode erwartet die Übergabe einer Rechnungsnummer und gibt sämtliche Rechnungsdaten für den Ausdruck der Rechnung in einer Tabelle zurück (Sie erinnern sich an die recht komplexe Abfrage mit den vielen redundanten Daten):

```
    <WebMethod()> _
    Public Function Get_BestellDetails(ByVal BestellId As Int32) As DataSet
        Dim conn As New OleDbConnection(Connstr)
        Dim cmd As New OleDbCommand("SELECT * FROM Rechnungsdaten", conn)
```

Übergabe des Parameters:

```
        cmd.Parameters.AddWithValue("Bestellnummer", BestellId)
        Dim da As New OleDbDataAdapter(cmd)
        Dim ds As New DataSet("Bestellung")
        conn.Open()
        da.Fill(ds, "Bestellung")
        conn.Close()
        Return ds
    End Function
```

Methode AdminCheck

Sicherheit muss sein, und so sorgt die folgende private Methode dafür, dass nur berechtigte Nutzer Daten aktualisieren können:

```
    Private Function AdminCheck(ByVal email As String, ByVal passwort As String) As Boolean
        Dim Admin As Boolean = False
        Dim conn As New OleDbConnection(Connstr)
        Dim cmd As New OleDbCommand("SELECT * FROM CurrentUser", conn)
```

Übergabe der Parameter[1]:

```
        cmd.Parameters.AddWithValue("_login", email)
        cmd.Parameters.AddWithValue("_passwort", passwort)
        conn.Open()
```

Da wir nur einen Datensatz abrufen genügt uns ein *DataReader*:

```
        If dr.Read() Then Admin = DirectCast(dr("Admin"), Boolean)
        conn.Close()
        Return Admin
    End Function
```

Damit ist die gesamte Logik des Webservice definiert und wir können uns dem Client zuwenden. Doch damit Sie diesen auch testen können, müssen Sie den Webservice zunächst starten und eine neue Instanz von Visual Studio für den Windows Forms-Client öffnen.

Windows-Verwaltungsfrontend

Was wäre unser Webservice ohne den entsprechenden Client? Und so wenden wir uns vor dem Programmieren des Shops noch dem Verwaltungsfrontend zu.

Entwurf

Erzeugen Sie zunächst eine neue Windows Anwendung (Windows Forms) mit dem Namen *WebShop-Admin.*

Die Aufgaben der Applikation:

- Editieren der Stammdaten (Artikel und Artikelgruppen),
- Anzeigen der Rechnungsliste und Drucken einer Rechnung sowie
- Editieren der Kundendaten.

Diese Aufgaben werden wir mit einem Dialogfenster realisieren, in das wir ein *TabControl* mit drei Seiten einfügen. Alle Daten werden in *DataGridViews* angezeigt, wer Einzeldialoge/Assistenten vorzieht, kann sich diese Funktionalität mit wenig Aufwand selbst programmieren.

Auf Fehlerbehandlungen bei nicht verfügbarem Webservice sowie auf diverse Eingabeprüfungen verzichten wir zugunsten der Übersicht, auch die Anmeldedaten für den Schreibzugriff auf den Webservice werden wir direkt in den Quellcode einfügen.

---

[1] Achtung: Die Reihenfolge der Parameter muss in Access-Abfragen unbedingt entsprechend der Abfragedefinition eingehalten werden, die Namen sind nicht relevant!

Verbindung zum Webservice herstellen

Bevor Sie mit einem Webservice arbeiten können, muss dem Client eine entsprechende Proxy-Klasse zur Verfügung gestellt werden.

Haben Sie den Webservice gestartet, taucht auf Ihrem Desktop ein zusätzliches Browserfenster mit der Webservice-Beschreibung auf. Der Inhalt interessiert uns an dieser Stelle weniger, es geht uns nur um die Adresszeile des Browsers. Kopieren Sie die Adresse zunächst in die Zwischenablage.

Wählen Sie nun in Visual Studio den Menüpunkt *Projekt/Webverweis hinzufügen* und fügen Sie die Webservice-Adresse aus der Zwischenablage in den sich öffnenden Assistenten ein. Ein Klick auf *Gehe zu* und die Webservice-Beschreibung sollte angezeigt werden.

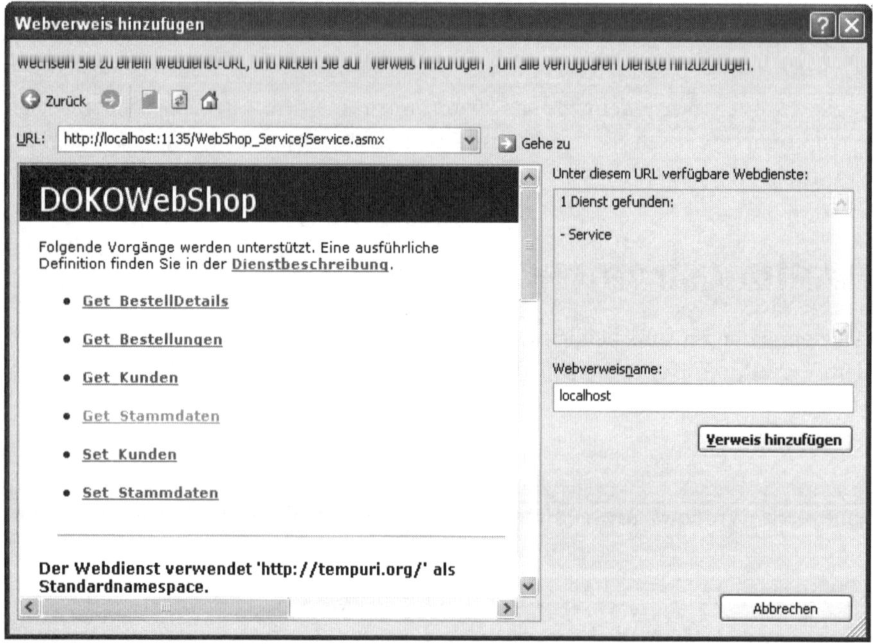

Abbildung 14.13 Webverweis erzeugen

Fügen Sie jetzt die Referenz durch Klick auf die Schaltfläche »Verweis hinzufügen« in Ihr Projekt ein, um die entsprechenden Proxy-Klassen zu erzeugen.

HINWEIS Sollten Sie zwischenzeitlich Änderungen am Webservice vornehmen, müssen Sie den Webverweis per Kontextmenü aktualisieren.

Nach diesen Vorarbeiten kann von Ihrer Anwendung problemlos eine Instanz des Webservice erzeugt werden.

Oberflächengestaltung

Wie schon erwähnt, werden wir uns auf ein Formular beschränken. Fügen Sie also in *Form1* ein *TabControl* ein und setzen Sie dessen *Dock*-Eigenschaft auf *Fill*.

Tabseite 1

Auf Seite 1 des *TabControls* platzieren Sie zwei *DataGridView*-Controls (für *Artikelgruppen* und *Artikel*) entsprechend folgender Abbildung:

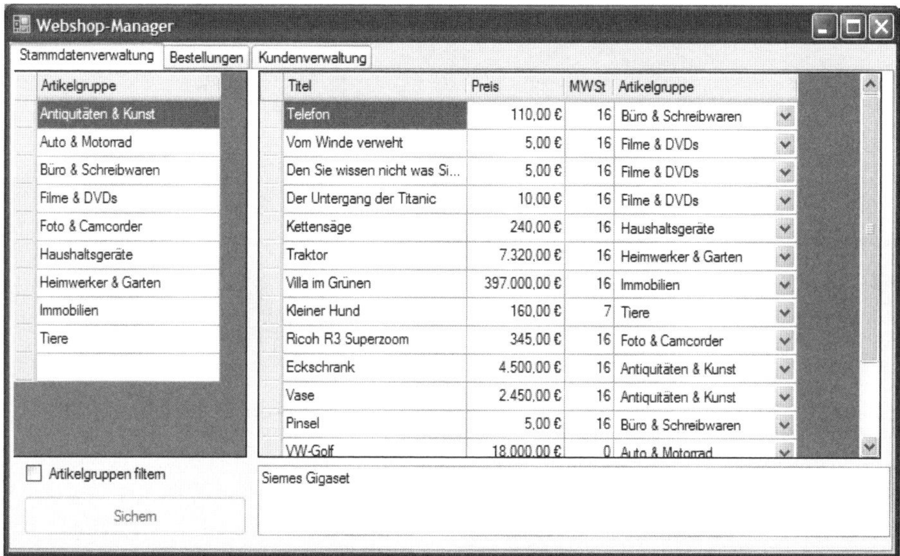

Abbildung 14.14 Laufzeitansicht Tabseite 1

Zusätzlich werden noch eine *CheckBox*, eine *TextBox* und ein *Button* benötigt. Die einzigen Eigenschaften, die Sie in der IDE festlegen müssen, sind *MultiLine=True* für die *TextBox* und *Enabled=False* für den *Button*. Um das Füllen, Formatieren und Zuordnen der datengebundenen Komponenten kümmern wir uns erst zur Laufzeit, was zwar etwas mehr Arbeit bedeutet, Ihnen jedoch gleich noch wichtige Techniken im Zusammenhang mit dem *DataGridView*-Control demonstriert.

Die mehrzeilige *TextBox* wird uns den einfachen Zugriff auf das Memofeld in der Tabelle *Artikel* ermöglichen, über die *CheckBox* realisieren wir eine optionale Filterfunktion in Abhängigkeit von der aktuell gewählten Artikelgruppe.

Tabseite 2

Die zweite Tabseite (siehe Abbildung 14.15) stellt sicher keine große Herausforderung dar, neben einer *ComboBox* (*DropDownStyle=DropDownList*) finden Sie lediglich einen *ReportViewer*, in dem wir zur Laufzeit die gewünschte Rechnung anzeigen lassen.

HINWEIS Auch hier werden wir auf das Setzen von Eigenschaften im Entwurfsmodus verzichten!

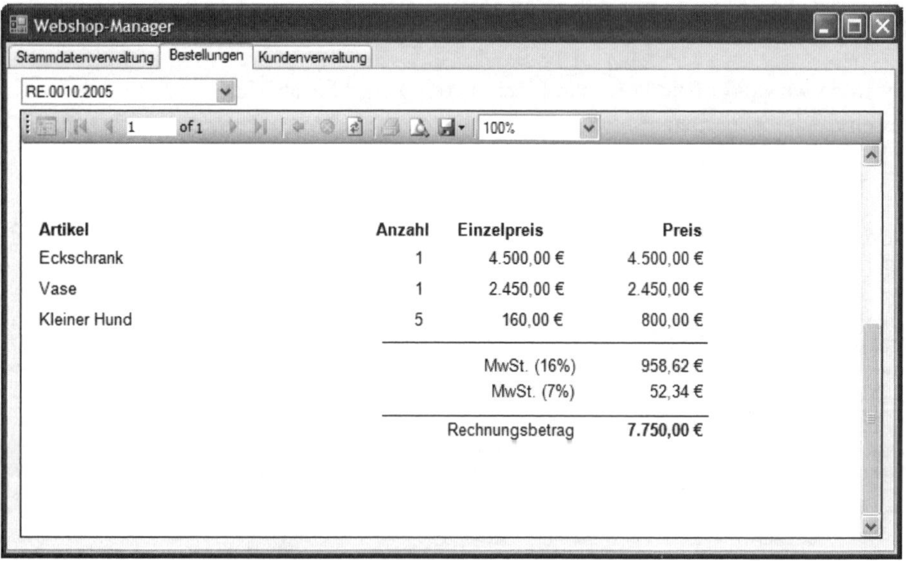

Abbildung 14.15 Laufzeitansicht *Tabseite 2*

Tabseite 3

Platzieren Sie ein *DataGridView*-Control sowie einen *Button* (Sichern der Änderungen) auf die dritte Tabseite.

Implementierung Stammdatenverwaltung

Fügen Sie zunächst den folgenden Namespace in *Form1* ein:

```
Imports Microsoft.Reporting.WinForms
```

Da wir die Verbindung zum Webservice bereits hergestellt haben, können wir jetzt auch eine Instanz der zugehörigen Proxy-Klasse erzeugen:

```
Public Class Form1

    Private ws As New localhost.DOKOWebShop()
```

In den folgenden *DataSets* verwalten wir die vom Webservice gelieferten Daten und stellen diese für die Steuerelemente zur Verfügung.

Artikeltabelle **und** Artikelgruppen:

```
    Private dsStammdaten As New DataSet()
```

Die formatierte Liste der Rechnungsnummern für die Anzeige in der *ComboBox*:

```
    Private dsBestellungen As New DataSet()
```

Eine komplette Rechnung:

```
Private dsRechnung As New DataSet()
```

Die Nutzertabelle:

```
Private dsKunden As New DataSet()
```

Wie nicht anders zu erwarten (nicht jede Anwendung kann »zusammengeklickt« werden), müssen wir reichlich Code produzieren, um die Daten vom Server abzurufen (noch die kleinste Übung) und in optisch ansprechender Form auf den Bildschirm zu bringen.

```
Private Sub Form1_Load(ByVal sender As Object, ByVal e As EventArgs) Handles MyBase.Load
```

Erstkontakt mit dem Webservice:

```
    dsStammdaten = ws.Get_Stammdaten()
```

Wir rufen die Liste aller Artikel und Artikelgruppen vom Server ab. Auf Fehlerbehandlungen etc. verzichten wir hier, dass eine fehlende Verbindung zu einem Laufzeitfehler führen kann, dürfte für Sie sicher ein alter Hut sein.

Nachfolgend können wir uns um die Datenbindung kümmern:

```
    DataGridView1.DataSource = dsStammdaten.Tables("Artikelgruppen")
```

Da die Tabellenspalte *Id* für den Endanwender der Applikation nicht von Bedeutung ist, blenden wir diese einfach aus:

```
    DataGridView1.Columns.Remove("Id")
```

Jetzt noch schnell den Spaltenkopf geändert und formatiert und schon könnten die Daten aus der Tabelle *Artikelgruppen* angezeigt werden:

```
    DataGridView1.Columns("Name").HeaderText = "Artikelgruppe"
    DataGridView1.Columns("Name").Width = 150
```

DataGridView2 stellt da schon mehr Ansprüche:

Datenbindung herstellen:

```
    DataGridView2.DataSource = dsStammdaten.Tables("Artikel")
```

Einige Spalten entfernen (keine Sorge, für Ersatz ist gesorgt):

```
    DataGridView2.Columns.Remove("Id")
    DataGridView2.Columns.Remove("Artikelgruppe")
    DataGridView2.Columns.Remove("Beschreibung")
```

Diverse Formatierungen im Grid realisieren (u.a. Währungsanzeige, Textausrichtung):

```
    DataGridView2.Columns("Titel").Width = 150
    DataGridView2.Columns("Preis").Width = 80
    DataGridView2.Columns("Preis").DefaultCellStyle.Format = "c"
    DataGridView2.Columns("Preis").DefaultCellStyle.Alignment = _
                                DataGridViewContentAlignment.MiddleRight
    DataGridView2.Columns("MwSt").Width = 40
```

```
        DataGridView2.Columns("MwSt").DefaultCellStyle.Alignment = _
                                DataGridViewContentAlignment.MiddleRight
```

Jetzt wird es aufwändig, wir brauchen eine Spalte für die Zuordnung der Artikelgruppe. Was bietet sich dafür besser an als eine *ComboBox*, die ihre Daten wiederum aus der *Artikelgruppen*-Tabelle bezieht?

```
        Dim cbc1 As New DataGridViewComboBoxColumn()
        cbc1.DataSource = dsStammdaten.Tables("Artikelgruppen")
        cbc1.DataPropertyName = "Artikelgruppe"
        cbc1.ValueMember = "Id"
        cbc1.DisplayMember = "Name"
```

Detailanzeige :

```
        cbc1.HeaderText = "Artikelgruppe"
        cbc1.Width = 150
        cbc1.SortMode = DataGridViewColumnSortMode.Automatic
```

Einfügen der neuen Spalte in das *DataGridView*:

```
        DataGridView2.Columns.Add(cbc1)
```

Das Editieren von Memofeldern ist mit einer *TextBox* sicher einfacher zu realisieren, binden wir also das entsprechende Feld einfach an die *TextBox1*:

```
        TextBox1.DataBindings.Add("Text", dsStammdaten.Tables("Artikel"), "Beschreibung")
```

Irgend wann kommt die Stunde der Wahrheit, und wir müssen/wollen die Daten auch wieder zum Server zurückschicken. Der dafür zuständige *Button* soll jedoch nur freigeben werden, wenn auch wirklich Änderungen in den Daten vorgenommen wurden. Die Überwachung der Nutzeraktivitäten können wir einem Event überlassen (Deklaration folgt):

```
        AddHandler dsStammdaten.Tables("Artikel").RowChanged, AddressOf MyDataChange
        AddHandler dsStammdaten.Tables("Artikelgruppen").RowChanged, AddressOf MyDataChange
```

An dieser Stelle müssen wir etwas vorgreifen, wir füllen auch noch die *ComboBox* mit der Liste aller verfügbaren Rechnungen:

```
        dsBestellungen = ws.Get_Bestellungen()
        ComboBox1.DataSource = dsBestellungen.Tables("Bestellungen")
        ComboBox1.DisplayMember = "Rechnung"
        ComboBox1.ValueMember = "Id"
    End Sub
```

Die versprochene Überwachung der Nutzeraktivitäten per Event:

```
    Private Sub MyDataChange(ByVal sender As Object, ByVal e As DataRowChangeEventArgs)
        Button1.Enabled = dsStammdaten.HasChanges()
    End Sub
```

Bevor Sie einen ersten Test durchführen können fügen Sie noch schnell die Aktivitäten für das Sichern der Änderungen ein:

```
    Private Sub Button1_Click(ByVal sender As Object, ByVal e As EventArgs) Handles Button1.Click
```

Wurde wirklich etwas geändert?

```
        If (dsStammdaten IsNot Nothing) And (dsStammdaten.HasChanges()) Then
```

Nur die Änderungen in ein neues *DataSet* schreiben (Diffgramm):

```
            Dim dsHelp As DataSet = dsStammdaten.GetChanges()
```

Versuch, den Webservice zur Übernahme unserer Daten zu überreden (Beachten Sie die Übergabe per Referenz):

```
            If ws.Set_Stammdaten(dsHelp, "gewinnus@doko-buch.de", "geheim") Then
```

HINWEIS Dass Login und Passwort in diesem Fall direkt im Code stehen soll nur ein schlechtes Beispiel sein, was nicht zur Nachahmung empfohlen werden kann.

Im Erfolgsfall stehen im DataSet *dsHelp* die vom Server vorgenommenen Änderungen, die wir wiederum mit den aktuellen Anzeigedaten abgleichen:

```
                dsStammdaten.Merge(dsHelp)
                dsStammdaten.AcceptChanges()
                Button1.Enabled = False
                MessageBox.Show("Daten erfolgreich aktualisiert!")
            Else
```

Es muss nicht immer gleich alles funktionieren, deshalb leisten wir uns eine einfache Fehlerbehandlung:

```
                dsStammdaten.RejectChanges()
                MessageBox.Show("Schreibzugriff nicht möglich! " & _
                               "Wahrscheinlich haben Sie nicht die dazu erforderlichen Rechte.")
            End If
        End If
    End Sub
```

Test Stammdatenverwaltung

Nach dem Start der Anwendung sollten bereits erste Ergebnisse auf dem Bildschirm zu sehen sein, vorausgesetzt, Sie haben in vorauseilendem Gehorsam schon einige Einträge in die Access-Datenbank aufgenommen. Andernfalls sollten Sie dies jetzt schnell nachholen.

HINWEIS Beachten Sie, dass zunächst Datensätze in die Tabelle *Artikelgruppen* einzutragen sind, da Sie anderenfalls keine Gruppenzuordnung bei den Artikeln vornehmen können.

Probieren Sie ruhig auch einmal aus was passiert, wenn Sie eine Artikelgruppe löschen. Da im *DataSet* bereits durch den Webservice eine Relation erzeugt wurde, werden in diesem Fall auch alle relevanten Detaildatensätze gelöscht.

HINWEIS Vergessen Sie nicht, nach dem Hinzufügen von Datensätzen diese auch zum Server zu schicken!

Ein typisiertes DataSet für den Report

Bevor wir uns dem eigentlichen Reportentwurf zuwenden können, müssen wir uns noch mit einigen Vorarbeiten herumplagen. Grundvoraussetzung ist in jedem Fall ein typisiertes DataSet, nur so können Sie sinnvoll den Reportdesigner verwenden. Ob Sie später typisierte oder nichttypisierte Datenmengen an den Report binden ist egal, wichtig ist nur, dass die *DataSet*-Struktur übereinstimmt.

Doch genug der Worte, erzeugen Sie über den Menüpunkt *Projekt/Neues Element hinzufügen* ein neues typisiertes *DataSet*. Legen Sie den Namen mit *dstypRechnungsdaten* fest.

Ziel ist es, ein Abbild der Abfrage *Rechnungsdaten* zu erzeugen. Fügen Sie dazu eine *DataTable Rechnungsdaten* in das *DataSet* ein. Die einzufügenden Spalten zeigt Ihnen die folgende Abbildung:

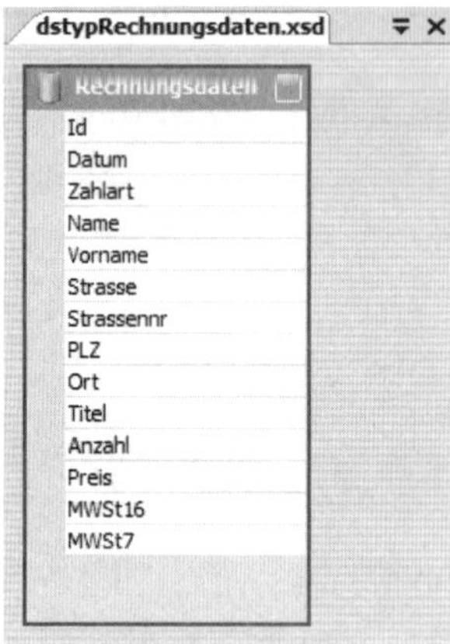

Abbildung 14.16 Das *DataSet* im Designer

HINWEIS Die Datentypen bzw. die Länge der Stringfelder können Sie der Tabellendefinition in der Access-Datenbank entnehmen.

Speichern Sie Ihren Entwurf ab, bevor Sie sich dem eigentlichen Reportentwurf zuwenden.

Der Reportentwurf

Über den Menüpunkt *Projekt/Neues Element hinzufügen* fügen Sie dem Projekt einen neuen *Report*[1] hinzu. Dieser besteht zunächst nur aus einer leeren Arbeitsfläche.

Wichtigstes Utensil ist im Weiteren die Liste der verfügbaren DataSources mit den enthaltenen DataTables. Spätestens jetzt werden Sie verstehen, warum wir zunächst eine typisiertes DataSet erzeugt haben, washätten Sie sonst in den Report einfügen wollen?

HINWEIS Weitere Informationen und Grundlagen zu den *Microsoft Reporting Services* finden Sie im Kapitel 8.

[1] Hierbei handelt es sich um einen Report auf Basis der relativ neuen *Microsoft Reporting Services*-Technologie, also **nicht** um den bekannten Crystal Report!

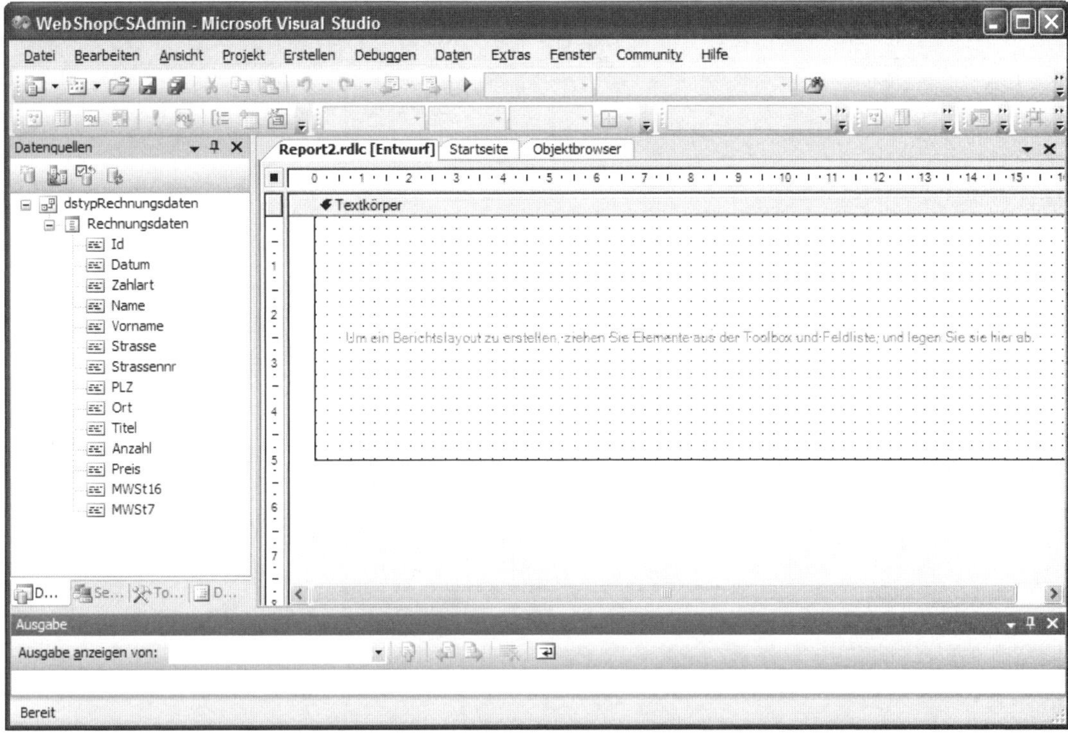

Abbildung 14.17 Reportdesigner

Im Folgenden müssen wir uns um die grundsätzliche Gestaltung des Reports Gedanken machen. Unsere *DataTable* enthält alle gewünschten Daten, sodass wir auf einen *Subreport* verzichten können. Das wird uns jedoch nicht von der Aufgabe entbinden, die Detaildaten in einer extra Liste (in Access handelt es sich um den Detailbereich) auszugeben. Andernfalls wird lediglich der erste Datensatz in der Tabelle angezeigt.

Zwei Varianten bieten sich an. Entweder Sie verwenden für den Detailbereich das *Tabelle*-Control und fügen in die jeweiligen Spalten (Sie können auch weitere hinzufügen) per Drag & Drop die gewünschten Felder hinzu:

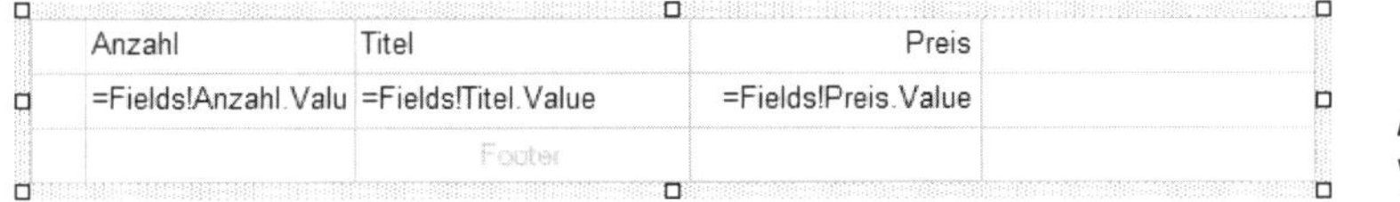

Abbildung 14.18 Beispiel für die Verwendung einer *Tabelle*

Oder Sie verwenden wie die Autoren im vorliegenden Beispiel ein *Liste*-Control. Allerdings müssen Sie sich in diesem Fall auch um die Kopfzeilen der Detailliste selbst kümmern:

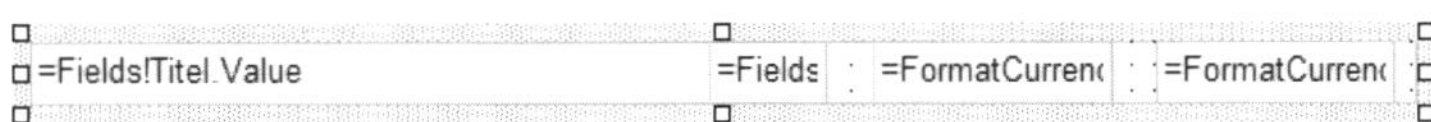

Abbildung 14.19 Verwendung eines *Liste*-Controls

Einen Überblick, welche Felder wohin zu kopieren sind, zeigt die folgende Abbildung:

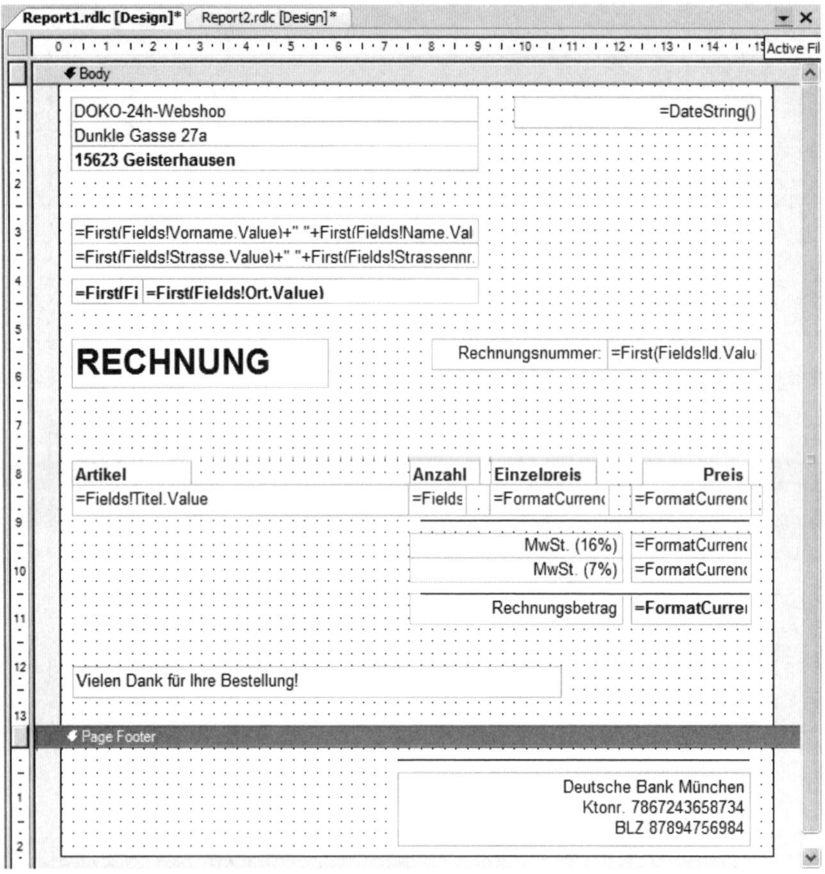

Abbildung 14.20 Der komplette Report in der Entwurfsansicht

HINWEIS Den Seitenfuß können Sie über den *Menüpunkt Bericht/Seitenfuss* einblenden.

Da *Name/Vorname* und *Straße/Straßennummer* des Kunden in getrennten Feldern gespeichert sind, müssen wir diese für den Report zusammenführen. Dies könnte auch gleich per SQL in der Datenbankabfrage realisiert werden, doch wir bevorzugen die nachträgliche Stringaddition im Report.

Die Zeilensumme (*Einzelpreis * Anzahl*) bilden Sie mit folgendem Ausdruck, der auch gleich die Formatierung als Währungswert realisiert:

```
=FormatCurrency(Fields!Preis.Value*Fields!Anzahl.Value)
```

HINWEIS Beachten Sie, dass alle Detaildaten auch wirklich in das *Liste*-Control eingefügt werden und nicht darüber/darunter liegen.

Die Berechnung der Mehrwertsteuer:

```
=FormatCurrency(Sum(Fields!MWSt16.Value))
```

Die Berechnung des Gesamtbetrags erfolgt mit folgendem Ausdruck:

```
=FormatCurrency(Sum(Fields!Preis.Value*Fields!Anzahl.Value, "dstypRechnungsdaten_Rechnungsdaten"))
```

Da wir bereits in der Abfrage reichlich Vorarbeiten geleistet haben, fällt der Report auch entsprechend einfach aus.

Speichern Sie den Report ab und wenden Sie sich noch kurz *Form1* zu, wo wir der Druckvorschau noch klarmachen müssen, welcher Bericht denn angezeigt werden soll:

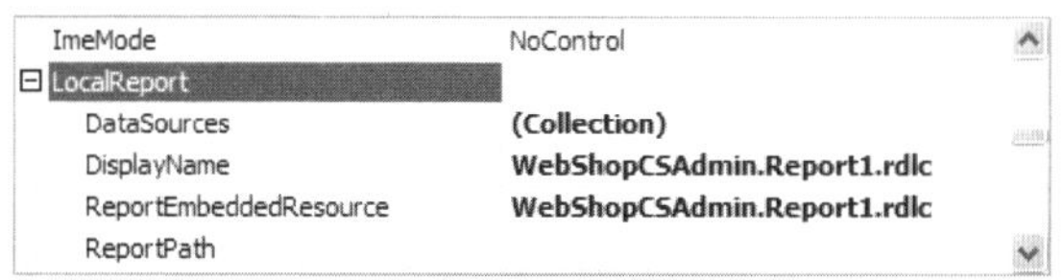

Abbildung 14.21 Reportviewer-Eigenschaften

Implementierung Reporteinbindung

Bevor Sie sich an einem ersten Test versuchen, müssen wir uns noch um die eigentlichen Daten kümmern. Zum einen müssen diese über den Webservice abgerufen werden, zum anderen muss der Report mit den Daten auch »gefüttert« werden. Welcher Report generiert werden soll, bestimmt die *ComboBox* mit den bereits enthaltenen Rechnungsnummern:

```
Private Sub ComboBox1_SelectedIndexChanged(ByVal sender As Object, ByVal e As EventArgs) _
                                            Handles ComboBox1.SelectedIndexChanged
    Try
```

Abrufen:

```
        dsRechnung = ws.Get_BestellDetails(DirectCast(ComboBox1.SelectedValue, Int32))
```

Bisherige Datenquellen löschen und das neu geladene *DataSet* zuordnen:

```
        ReportViewer1.LocalReport.DataSources.Clear()
        ReportViewer1.LocalReport.DataSources.Add( _
                   New ReportDataSource("dstypRechnungsdaten_Rechnungsdaten", _
                                  New BindingSource(dsRechnung, "Bestellung")))
```

Übergabewerte ist ein *ReportDataSource*-Objekt, dessen Konstruktor wiederum den korrekten Namen und eine initialisierte *BindingSource* erwartet. Noch ein Refresh auslösen und nach einigen Sekunden wird der neue Report auch angezeigt:

```
        ReportViewer1.RefreshReport()
    Catch
    End Try
End Sub
```

HINWEIS Auf einen realen Test werden wir noch etwas warten müssen, dazu brauchen wir erst entsprechende Daten, die wir noch per ASP.NET-Anwendung erzeugen müssen.

Was Sie erwartet, zeigt die folgende Abbildung:

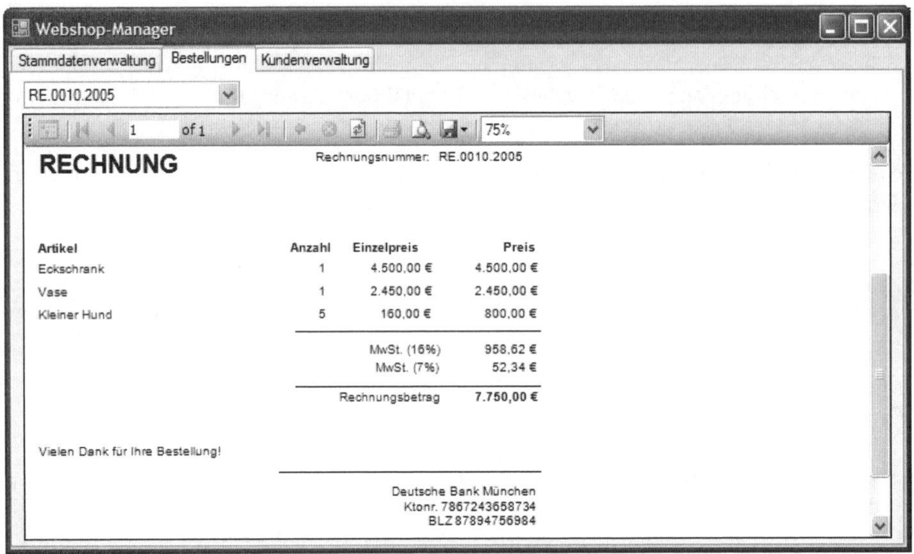

Abbildung 14.22 Rechnungsbeispiel

Filtern der Artikelgruppen

Sicher ist es Ihnen bereits aufgefallen, dass bisher alle Artikel angezeigt werden, egal welche Artikelgruppe in der linken Liste aktiv ist. Dies mag bei wenigen Artikeln noch praktikabel sein, bei einigen hundert Einträgen hört die Übersicht dann aber schnell auf.

Abhilfe schafft eine kleine Filterfunktion, die je nach ausgewählter *Artikelgruppe* die *DefaultView* des *DataGridView*-Controls anpasst:

```
Private Sub DataGridView1_SelectionChanged_1(ByVal sender As Object, ByVal e As EventArgs) _
                                                      Handles DataGridView1.SelectionChanged
    If CheckBox1.Checked Then
        Dim gridTable As DataTable = DirectCast(DataGridView2.DataSource, DataTable)
        gridTable.DefaultView.RowFilter = "Artikelgruppe = " & _
            (DirectCast(DataGridView1.CurrentRow.DataBoundItem, DataRowView)).Row(0).ToString
    End If
End Sub
```

Das Ermitteln des Primärindex der *Artikelgruppen*-Tabelle ist etwas umständlich, da er nicht mit angezeigt wird.

Wird die *CheckBox* aktiviert, soll der Filter ein-/ausgeschaltet werden:

```
Private Sub CheckBox1_CheckedChanged(ByVal sender As Object, ByVal e As EventArgs) _
                                                          Handles CheckBox1.CheckedChanged
    If CheckBox1.Checked Then
        Dim gridTable As DataTable = DirectCast(DataGridView2.DataSource, DataTable)
        gridTable.DefaultView.RowFilter = "Artikelgruppe = " & _
             (DirectCast(DataGridView1.CurrentRow.DataBoundItem, DataRowView)).Row(0).ToString
    Else
        Dim gridTable As DataTable = DirectCast(DataGridView2.DataSource, DataTable)
        gridTable.DefaultView.RowFilter = ""
    End If
End Sub
```

Kunden

Nach den bisherigen Ausführungen dürfte es jetzt zu keinen Überraschungen mehr kommen, wenn wir uns zu guter Letzt noch um die Kundentabelle kümmern. Diese wird erst geladen, wenn auch die entsprechende Tabulatorseite geöffnet wird:

```
Private Sub TabControl1_SelectedIndexChanged(ByVal sender As Object, ByVal e As EventArgs) _
                                                       Handles TabControl1.SelectedIndexChanged
    If TabControl1.SelectedIndex = 2 Then
        dsKunden = ws.Get_Kunden()
        DataGridView3.DataSource = dsKunden.Tables("Nutzer")
        DataGridView3.Columns.Remove("Id")
        DataGridView3.Columns("Admin").Width = 50
    End If
End Sub
```

Das Aktualisieren entspricht unserer bisherigen Vorgehensweise bei den anderen DataSets:

```
Private Sub toolStripButton1_Click(ByVal sender As Object, ByVal e As EventArgs) _
                                                          Handles toolStripButton1.Click
    If (dsKunden IsNot Nothing) AndAlso (dsKunden.HasChanges()) Then
        Dim dsHelp As DataSet = dsKunden.GetChanges()
        If ws.Set_Kunden(dsHelp, "w.doberenz@doko-buch.de", "geheim") Then
            dsKunden.Merge(dsHelp)
            dsKunden.AcceptChanges()
            MessageBox.Show("Daten erfolgreich aktualisiert!")
        Else
            dsKunden.RejectChanges()
            MessageBox.Show("Schreibzugriff nicht möglich!" & _
                         " Wahrscheinlich haben Sie nicht die dazu erforderlichen Rechte.")
        End If
    End If
End Sub
```

Testen Sie den Client ausgiebig und füllen Sie die Datenbank mit einigen Artikeln, damit Sie in der finalen Phase auch etwas für die Anzeige haben.

ASP.NET-Kundeninterface

Das Beste zum Schluss, mit einem Webshop hatte unser Beispiel ja bisher noch recht wenig zu tun. Das wollen wir nun nachholen und das nicht zu knapp, den spätestens wenn man Programmierer und nicht Kunde eines derartigen »Krämerladens« ist, wird man zu schätzen wissen, welcher Aufwand selbst hinter scheinbar simplen Abläufen und Dialogen steckt.

Übersicht

Bevor wir lange um den »heißen Brei« herumreden, sollen Sie erst einmal einen Blick auf das Endergebnis werfen können:

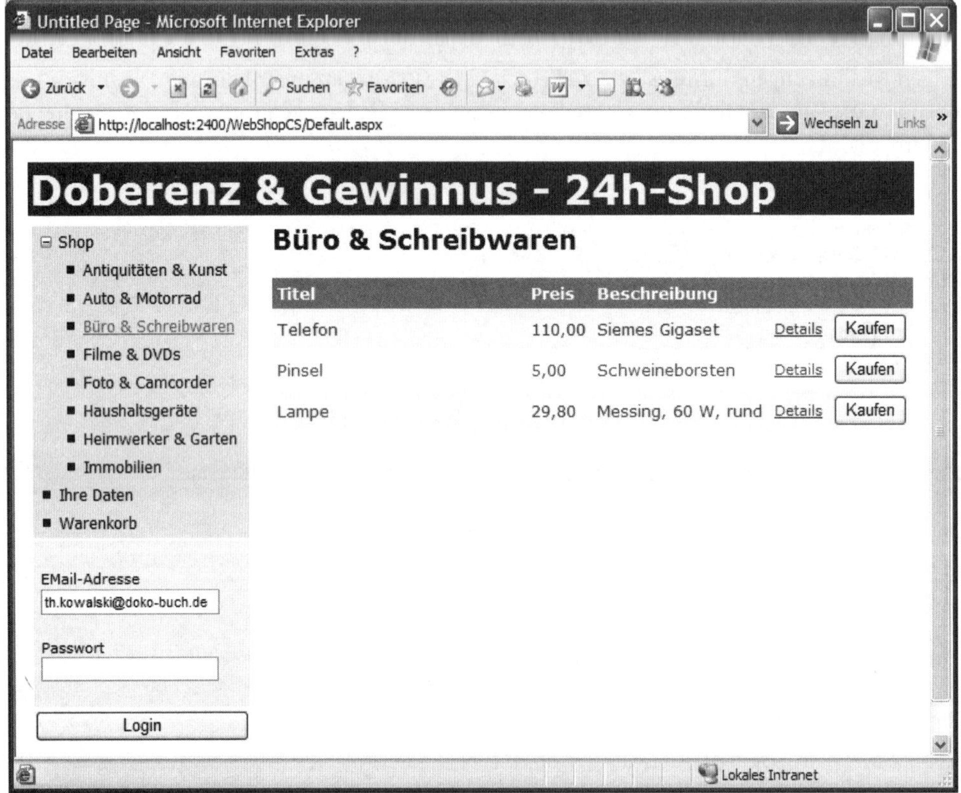

Abbildung 14.23 Der WebShop in Aktion

Passionierte Layouter und Ästheten werden möglicherweise die Nase rümpfen, aber im Mittelpunkt unseres Interesses stehen nicht äußere sondern innere Werte!

Je nach Auswahl in der *TreeView* am linken Rand sollen rechts Artikel, die Kundenstammdaten oder der Inhalt des Warenkorbs erscheinen. Der eigentliche Bestellvorgang inklusive der erforderlichen Anmeldung soll erst über einen gefüllten Warenkorb möglich sein. Die Anmeldung des Nutzers über die links unten befindlichen Controls erspart die erneute Eingabe der Adresse.

Alle Shop-Dialoge werden wir auf einer ASPX-Seite realisieren. Dies ist sicher Ansichtssache, erspart uns aber die mühevolle Datenübergabe zwischen den einzelnen Seiten, auch wenn diese mit .NET 2.0 wesentlich vereinfacht wurde. Die berühmte Ausnahme von der Regel: eine Anzeige von Detaildaten zu den einzelnen Artikeln.

Endergebnis nach einem erfolgreichem Bestellvorgang ist ein neuer Datensatz in der Tabelle *Bestellungen* sowie mehr oder weniger viele Datensätze in der Tabelle *BestellungDetails*.

Entwurf

Erzeugen Sie ein neues ASP.NET-Projekt über den Menüpunkt *Datei/Neu/WebSite*.

HINWEIS Speichern Sie das Projekt zunächst in einem eigenen Verzeichnis ab und nicht, wie vielleicht vermutet, im Verzeichnis unseres Webdienstes. Die beiden Projekte können wir später immer noch zusammenführen, einziger Berührungspunkt ist lediglich die Datenbank und diese kopieren wir für den Entwurf einfach in unser neues Projektverzeichnis.

Geben Sie dem Projekt den Namen *WebShop* und fügen Sie eine neue Dataenverbindung in das Projekt ein (im *Server Explorer*). Dass wir die Datenbank des Webservice auswählen, dürfte sich von selbst verstehen, die Nachfrage, ob die Datei kopiert werden soll, bejahen Sie in diesem Fall.

Ein erster Start kann jetzt nicht schaden, die Frage, ob eine *Web.Config* erzeugt werden soll, können Sie mit *Ja* beantworten. Der Grund für dieses voreilige Testen: Automatisch wurde in der *Web.Config* auch gleich ein Eintrag für unsere Datenverbindung vorgenommen, den wir im Weiteren noch ausgiebig nutzen werden:

```
<configuration xmlns="http://schemas.microsoft.com/.NetConfiguration/v2.0">
 <appSettings/>
 <connectionStrings>
     <add name="DatenConnectionString" connectionString="Provider=Microsoft.Jet.OLEDB.4.0;
               Data Source=|DataDirectory|\Daten.mdb;Persist Security Info=True"
               providerName="System.Data.OleDb" />
  </connectionStrings>
...
```

HINWEIS In der Entwurfsphase des Formulars sollten Sie reichlich Backups erzeugen. Teilweise kommt der HTML-Designer durcheinander und es fehlen plötzlich Elemente innerhalb der Seitenbeschreibung. Gerade bei einer so komplexen Seite kann es dann schon recht ärgerlich sein, wenn sich diese partout nicht mehr laden lässt. Doch nicht verzweifeln, ein Blick in den chaotischen XML-Quellcode und etwas Intuition hilft dabei, die fehlenden Elemente einfach wieder einzutragen. Wenn alles nichts hilft: Sie haben ja hoffentlich noch das Backup.

Oberflächengestaltung

Im Mittelpunkt unseres Interesses steht zunächst, d.h. die nächsten Stunden, *Default.aspx*. Alle Seitenelemente werden wir in einer riesigen Tabelle positionieren. In diesem Fall verwenden wir eine normale HTML-Table, die Sie über den Menüpunkt *Layout/Tabelle einfügen* erzeugen können.

Der grundsätzliche Aufbau:

- eine übergreifende Kopfzeile
- darunter eine Trennzeile (leer)
- dreispaltiges Design (Navigation/Login, Leerspalte, Detailanzeige)

Legen Sie über den *Stil-Generator* die Tabellenbreite mit 100% fest. Der Vorteil der Tabelle ist eine nahtlose Anpassung des Layouts an unterschiedliche Browserbreiten.

Sollten Sie trotz Style Builder Schwierigkeiten haben die Tabelle auf 100% Seitenbreite zu bringen, können Sie auch in die XML-Ansicht wechseln und die Attribute direkt editieren:

```
...
   <table style="width: 100%">
```

HINWEIS Das bisher übliche absolute Positionieren hat sich als nicht praktikabel erwiesen, Microsoft verzichtet per Defaulteinstellung darauf. Über *Layout/Position* können Sie Einfluss auf dieses Verhalten nehmen und wieder zur absoluten Positionierung wechseln. Die Autoren empfehlen jedoch, es bei der Defaulteinstellung zu belassen und Tabellen zur Formatierung zu verwenden.

Im Weiteren werden wir Ihnen Schritt für Schritt den Entwurf der einzelnen Seitenelemente aufzeigen.

Kopf- und Navigationsbereich

In die oberste Zeile der Tabelle können Sie ein Logo oder ähnliches, wie in der folgenden Abbildung gezeigt, einfügen. Die folgende Zeile können Sie nutzen, um einen Abstand zwischen Kopf und Detailbereich zu erzeugen.

Abbildung 14.24 Kopf- und Navigationsbereich der Seite

In der folgenden Zeile fügen Sie in die linke Spalte bitte eine weitere *HTML-Table* ein, mit dieser können wir die farbliche Markierung des Navigationsbereichs (Artikelgruppen, Stammdaten, Warenkorb) und des Login-Bereichs realisieren. In der obersten Zeile dieser Tabelle positionieren Sie ein *TreeView*-Control, dessen Breite Sie ebenfalls mit 100 % angeben.

Über den *TreeView Node Editor* fügen Sie lediglich die drei oben sichtbaren Root-Elemente in die Baumanzeige ein.

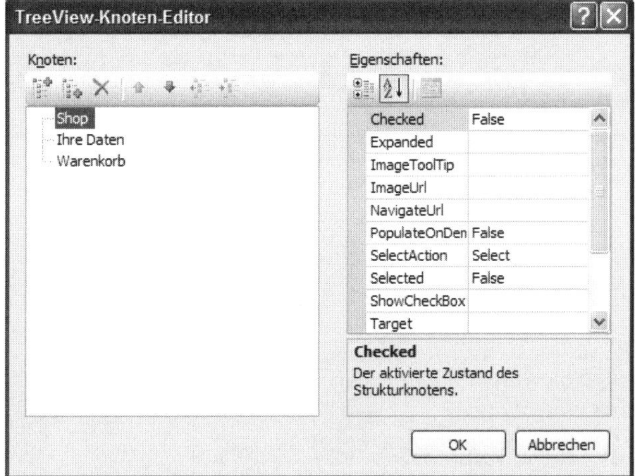

Abbildung 14.25 TreeView Knoten Editor

Die restlichen Untereinträge werden erst zur Laufzeit aus den Datenbankinhalten bzw. dem Inhalt des Warenkorbs generiert.

Die Textboxen und Label des Loginbereichs befinden sich in einem *Panel*, dieses können wir später bei erfolgreichem Login ausblenden. Die *TextBox* zur Eingabe des Passworts soll lediglich eine verdeckte Eingabe ermöglichen, setzen Sie also die Eigenschaft *TextMode* auf *Password*.

Das *Label* mit der Beschriftung »Name/Passwort falsch« blenden wir bereits zur Entwurfszeit aus, es wird erst über die Ereignisse zur Laufzeit sichtbar gemacht.

Detailbereich (View1)

In den Detailbereich unseres Formulars fügen Sie ein *MultiView*-Control ein. Legen Sie auch hier die Breite mit 100 % fest, um eine Anpassung an die Seitenbreite zu erreichen. Gleiches trifft auch auf alle *GridView*-Komponenten zu, die wir im Weiteren verwenden werden.

Das *MultiView*-Control ermöglicht zur Laufzeit ein schnelles Umschalten zwischen einzelnen Ansichten, ohne dass wir es mit unterschiedlichen Formularen, und der dann nötigen Datenübergabe, zu tun haben.

Ein Nachteil wird Ihnen jedoch nicht verborgen bleiben: mit der Anzahl der untergeordneten Views (diese sind per Drag & Drop in die *MultiView* zu ziehen) wird die Übersicht nicht besser.

View1 als erste Begrüßungsseite dürfte die geringsten Anforderungen an Ihre layouterischen Fähigkeiten stellen (lediglich einfacher HTML-Text):

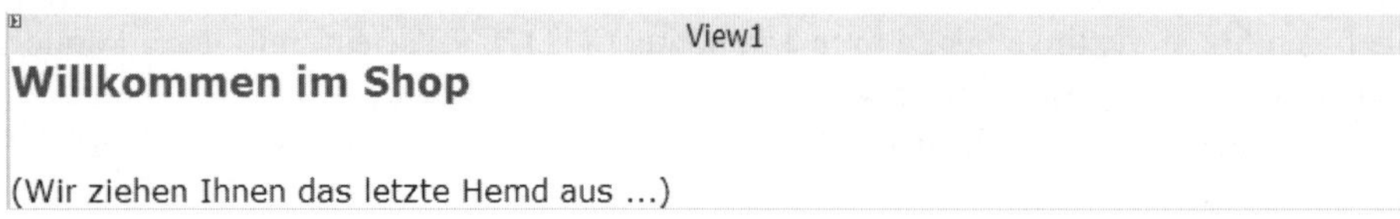
View1
Willkommen im Shop
(Wir ziehen Ihnen das letzte Hemd aus ...)

Abbildung 14.26 Entwurfsansicht View1

Natürlich könnten Sie auch hier schon mit der Werbung beginnen und zum Beispiel die letzten hinzugefügten Artikel der Datenbank als absolute News zum Super-Sonderpreis anbieten.

HINWEIS Beachten Sie, dass bei der Anzeige zur Laufzeit die Zählung bei 0 beginnt, der Inhalt von *View1* entspricht also der Auswahl *MultiView1.ActiveViewIndex=0.*

Detailbereich (View2)

In Abhängigkeit von der Auswahl in der *TreeView* soll eine **gefilterte** Artikelliste im Detailbereich angezeigt werden. Fügen Sie ein *GridView* und eine *AccessDataSource* in *View2* ein.

View2

Shop

Titel	Preis	Beschreibung		
Databound	Databound	Databound	Details	Kaufen
Databound	Databound	Databound	Details	Kaufen
Databound	Databound	Databound	Details	Kaufen
Databound	Databound	Databound	Details	Kaufen
Databound	Databound	Databound	Details	Kaufen

AccessDataSource - AccessDataSource1

Abbildung 14.27 Entwurfsansicht *View2*

Parametrieren Sie *AccessDataSource1* für den SELECT-Zugriff auf die Tabelle *Artikel* der Beispieldatenbank (*SELECT * FROM [Artikel]*). Eine Filterbedingung geben wir zu diesem Zeitpunkt noch nicht ein, dies überlassen wir der Auswahl in der *TreeView.*

Verbinden Sie beide Komponenten über die *DataSourceId* und legen Sie *DataKeyNames* mit *Id* fest (brauchen wir für den Warenkorb und die Anzeige der Detaildaten):

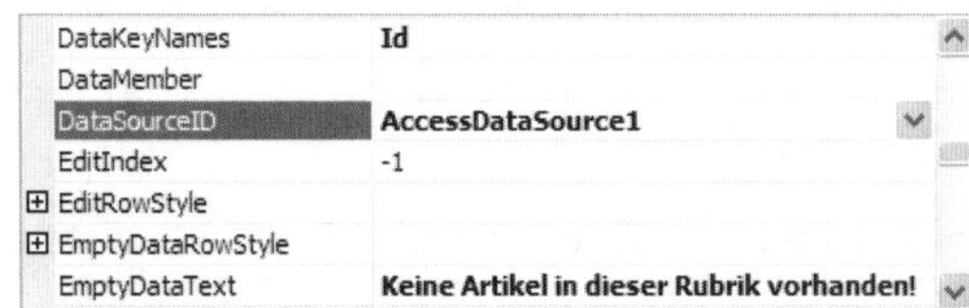

DataKeyNames	**Id**
DataMember	
DataSourceID	**AccessDataSource1**
EditIndex	-1
⊞ EditRowStyle	
⊞ EmptyDataRowStyle	
EmptyDataText	**Keine Artikel in dieser Rubrik vorhanden!**

Abbildung 14.28 Eigenschaften *GridView1*

In der *GridView* blenden Sie die nicht erwünschten Spalten über den Feld-Editor aus, gleichzeitig können Sie auch die beiden neuen Spalten für *Details* und den *Kaufen*-Button hinzufügen (*ButtonFields*).

Für die korrekte Formatierung der Spalte *Preis* müssen wir noch etwas Arbeit investieren: legen Sie über den Feldeditor die Eigenschaft *DataFormatString* mit *{0:n}* fest.

HINWEIS Die restlichen Formatierungen (Ausrichtung/Farbe etc.) sind lediglich unter ästhetischen Gesichtspunkten von Bedeutung, hier können Sie sich später noch austoben.

Detailbereich (View3)

Die Anzeige des Warenkorbs stellt den Programmierer zunächst einmal vor eine kleine Herausforderung, denn es gibt zu diesem Zeitpunkt noch gar keine Tabelle/Abfrage, welche die gewünschten Daten und damit auch das Layout (Spalten/Datentypen) enthält

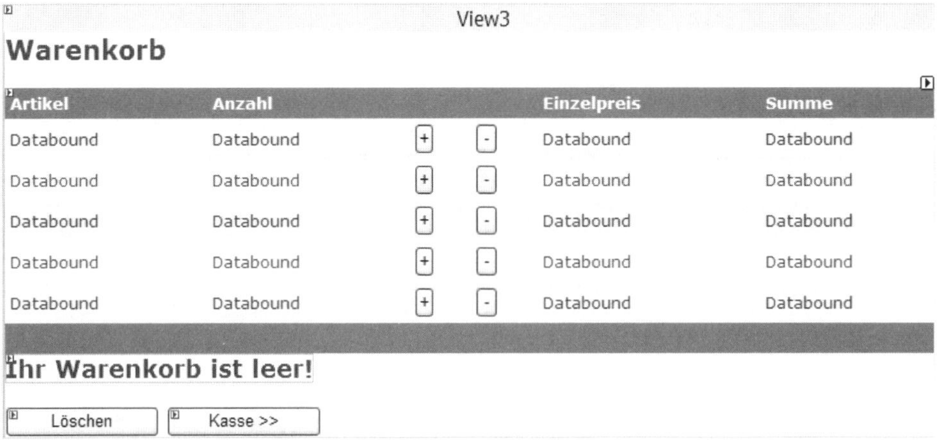

Abbildung 14.29 Entwurfsansicht *View3*

Fügen Sie dennoch ein *GridView*-Control ein und öffnen Sie den Feld-Editor. Erzeugen Sie die oben sichtbaren Spalten (*BoundFields* und *ButtonFields*) und weisen Sie den Textfeldern die folgenden *DataField*-Werte zu:

- *Name*
- *Anzahl*
- *ePreis* (*DataFormatString={0:n}*)
- *gPreis* (*DataFormatString={0:n}*)

Die Werte werden wir zur Laufzeit einer *DataTable* (*dtWarenkorb*) entnehmen, die innerhalb der Session verwaltet wird.

Mit den Schaltflächen in der Tabelle werden wir es dem Nutzer ermöglichen, die Artikelanzahl zwischen 10 und 0 zu ändern. Ist ein Wert 0, wird auch der Artikel gelöscht.

Die Bedeutung des Buttons »Löschen« dürfte auf den ersten Blick ersichtlich sein, allerdings hält diese Schaltfläche eine Besonderheit parat. Im Gegensatz zur Grundaussage, dass ASP.NET-Ereignisse auf dem Server verarbeitet werden, wollen wir in diesem Fall schon auf dem Client eine Sicherheitsabfrage einblenden.

Allerdings müssen Sie hier Visual Basic über Bord werfen, denn es kommt Java zum Einsatz und auch nicht über die echten Ereignisse, sondern über die **Eigenschaft** *OnClientClick*:

```
JScript:return confirm('Warenkorb wirklich löschen?');
```

Der Rückgabewert der enthaltenen Funktion entscheidet darüber, ob das echte Click-Ereignis auf dem Server abgearbeitet wird (Mehr Komfort für den Anwender – mehr Arbeit für den Programmierer).

Detailbereich (View4)

Hat der Kunde in *View3* auf die Schaltfläche »Kasse« geklickt, und ist er noch nicht angemeldet, werden wir *View4* mit dem folgenden Inhalt einblenden:

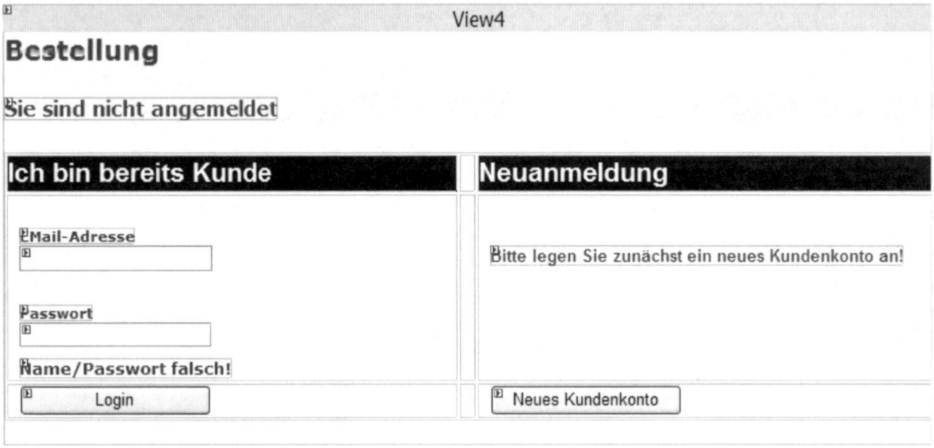

Abbildung 14.30 Entwurfsansicht *View4*

Hier handelt es sich hauptsächlich um Logik zur Nutzerverwaltung, die Datenbank wird nur im Hintergrund abgefragt.

Die linke Seite mit dem »Login«-Button läuft solange in einer Endlosschleife, bis das korrekte Passwort/der Name eingegeben wurden.

HINWEIS Hier könnten Sie mit Hilfe einer Session-Variablen nach drei Versuchen abbrechen, um das Austesten von Passwörtern zu verhindern.

Über die Schaltfläche »Neues Kundenkonto« wechseln wir direkt zur Ansicht *View8*.

Detailbereich (View5)

War der Kunde bereits angemeldet oder hat er erfolgreich den Login-Vorgang in *View4* gemeistert, findet er sich in *View5* wieder.

Der hier praktizierte Ablauf:

- Eingabe/Bestätigung der Adressdaten,
- Auswahl der Zahlungsbedingungen,

- Zustimmung zu den AGBs,
- und Abschluss der Bestellung

findet sich so oder in ähnlicher Form in fast jedem Shop.

ASP.NET 2.0 unterstützt den Entwickler mit einem speziellen *Wizard*-Control bei der Programmierung dieser Aufgabe. Ohne dass Sie sich um das Einblenden von »Weiter/Zurück«-Schaltflächen, Status-Tabs etc. sorgen müssen, wird die gesamte Funktionalität bereitgestellt. Und das Beste daran, fast alles funktioniert bereits zur Entwurfszeit!

Abbildung 14.31 *View5* in der Entwurfsansicht

Die Adressfelder in obiger Ansicht werden erst zur Laufzeit mit den Kundenstammdaten aus der Datenbank gefüllt. Einige Validator-Controls könnten an dieser Stelle sicher nicht schaden, wir verzichten aber aus Gründen der Übersichtlichkeit darauf. Wer Interesse hat: in *View8* finden Sie die gleichen Felder und die entsprechenden Prüfungen mit den Validator-Controls.

HINWEIS Hier könnten auch noch die Daten einer eventuell anderen Lieferadresse abgefragt werden, diese müssten dann auch in der Tabelle *Bestellungen* gesichert werden.

Bei den Zahlungsbedingungen beschränken wir uns auf die Auswahl

- Überweisung,
- Rechnung,
- Nachnamen

mittels *DropdownList*. Geben Sie die Werte schon zur Entwurfszeit ein. Der vom Kunden gewählte Wert (*SelectedIndex*) wird beim Abschluss der Bestellung in *Bestellungen.Zahlart* gespeichert.

Die Anzeige der AGBs ist sicher nur insofern interessant, als dass in der enthaltenen *CheckBox* vom Kunden unbedingt ein Häkchen hinterlassen werden muss. Dieses werden wir später über das *ActiveStepChanged*-Ereignis sicherstellen.

Der abschließende Schritt *Fertig* mit der Schaltfläche »Bestellung abschließen« hat die Übernahme des Warenkorbs in die Datenbank zur Folge. Hier müssen wir uns dann auch mit den Tücken der Programmierung von 1:n-Beziehungen (*Bestellungen* und *BestellungDetails*) auseinandersetzen.

Final wird der Nutzer nach Abschluss der Bestellung auf die Seite *View6* weitergeleitet, wo wir noch einmal lobende Worte für seine Großzügigkeit finden müssen (bevor der Ärger mit dem Kunden beginnt ...).

Detailbereich (View1)

Ohne große Worte:

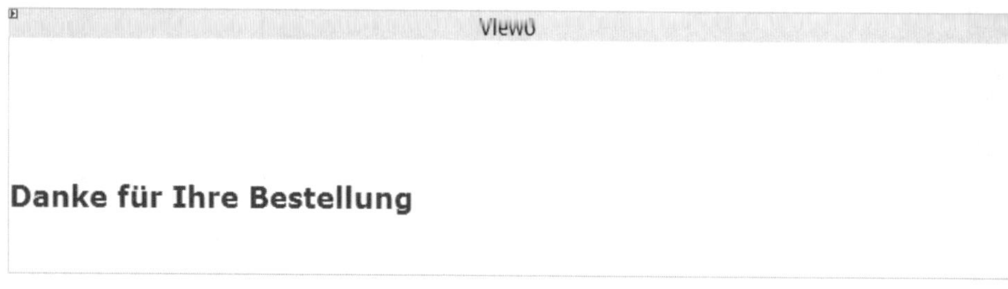

Abbildung 14.32 *View6* in der Entwurfsansicht

HINWEIS Optional könnten Sie hier noch einmal den Warenkorb in Kurzform ausgeben.

Detailbereich (View7)

War der Kunde bereits einmal angemeldet und hat er sich eingeloggt, kann er über den Eintrag *Ihre Daten* in der *TreeView* auf die folgende Seite gelangen:

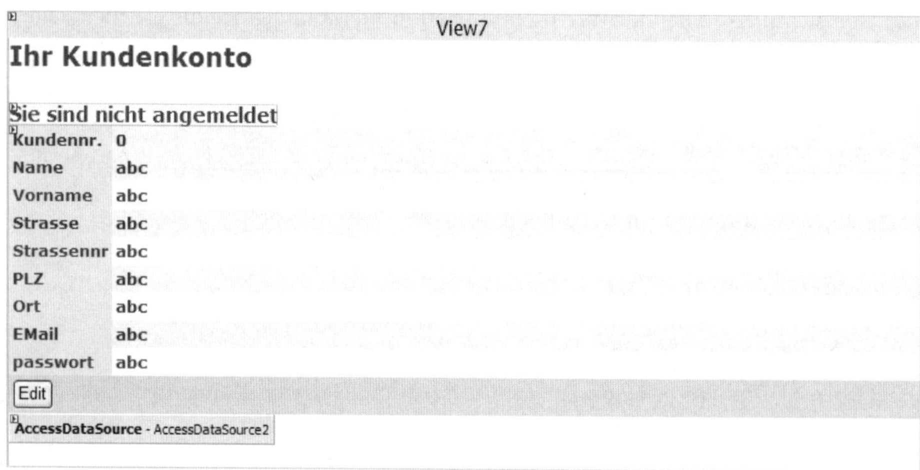

Abbildung 14.33 Entwurfsansicht *View7*

Die Autoren haben es sich, wie gewohnt, einfach gemacht und gleich ein *DetailsView*-Control verwendet. So sparen wir uns die nötige Bindung von TextBoxen etc. und bekommen mit wenigen Handgriffen/Mausklicks eine übersichtliche Darstellung.

Allerdings sollen nicht irgendwelche Daten angezeigt werden, sondern die Stammdaten des aktuellen Nutzers. Ob ein Nutzer angemeldet ist und wenn ja welcher, wird von unserer Anwendung in einer *Session*-Variablen *User* verwaltet. Ist der Wert 0, ist keine Anmeldung erfolgt, andernfalls enthält die Variable die *Id* aus der Tabelle *Nutzer*.

Mit diesem Vorabwissen können wir auch zur Konfiguration von *AccessDataSource2* schreiten:

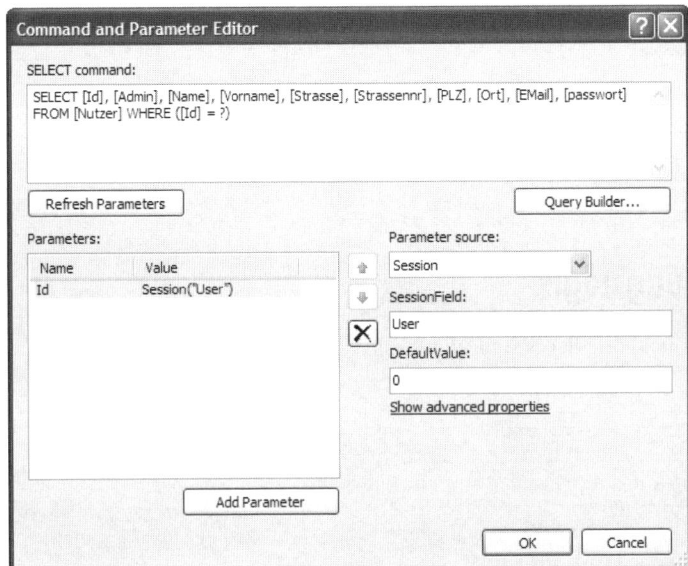

Abbildung 14.34 *AccessDataSource2* konfigurieren

Wie Sie sehen, wird die Auswahl des Datensatzes vom Wert der Session-Variablen abhängig gemacht. Das Versprechen, wesentlich weniger Code als in ASP.NET 1.1 zu benötigen, ist also erfüllt worden: ohne eine Zeile Code können wir einen Datensatz editieren.

Detailbereich (View8)

War der Kunde noch nie angemeldet, landet er unweigerlich auf *View8* (siehe Abbildung 14.35).

Hier ist die codelose Programmierung recht schnell vorbei, wir tauchen tief in die ADO.NET-Programmierung ein. Doch bevor es soweit ist, prüfen wir mit Hilfe von Validator-Controls, ob der Nutzer auch Werte eingegeben hat bzw. ob es sich um eine EMail-Adresse handelt.

HINWEIS Nach erfolgreicher Neuanmeldung wird automatisch die Bestellung fortgesetzt (*View5*).

Damit schließt sich der Kreis, wir haben Ihnen alle möglichen Seitenansichten vorgestellt. Jetzt muss unserer Anwendung noch etwas Leben eingehaucht werden. Erwarten Sie aber nicht, dass wir dabei ganz ohne Quellcode auskommen.

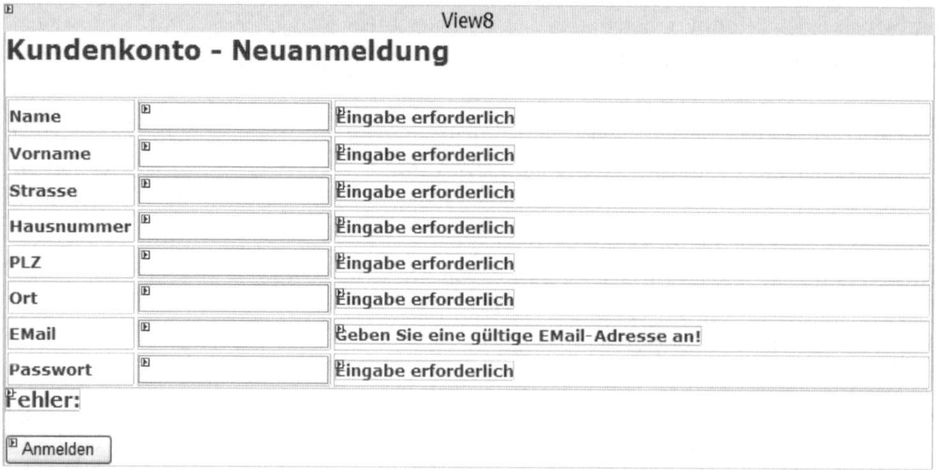

View8

Kundenkonto - Neuanmeldung

Name		Eingabe erforderlich
Vorname		Eingabe erforderlich
Strasse		Eingabe erforderlich
Hausnummer		Eingabe erforderlich
PLZ		Eingabe erforderlich
Ort		Eingabe erforderlich
EMail		Geben Sie eine gültige EMail-Adresse an!
Passwort		Eingabe erforderlich

Fehler:

Anmelden

Abbildung 14.35 *View8* zur Entwurfszeit

Programmieren der Anwendungslogik

Im Folgenden finden Sie den kompletten Quellcode der Seite *Default.aspx*.

Die Einbindung der erforderlichen Namespaces:

```
Imports System.Web.Configuration
Imports System.Data
Imports System.Data.OleDb

Public Partial Class _Default
Inherits System.Web.UI.Page
```

Für das Datenhandling benötigen wir eine *DataTable* sowie einen Connectionstring:

```
    Private dtWarenkorb As New System.Data.DataTable()
    Private Connstr As String = ""
```

Mit dem Laden der Seite beginnen die hektischen Aktivitäten auf dem Server:

```
    Protected Sub Page_Load(ByVal sender As Object, ByVal e As EventArgs)
```

Bestimmen des ConnectionStrings aus der *Web.Config*:

```
        Connstr = WebConfigurationManager.ConnectionStrings("DatenConnectionString").ToString()
```

TreeView füllen

Beim Erststart (nicht bei erneutem Seitenabruf):

```
        If Not IsPostBack Then
```

Wir füllen die *TreeView* mit den Artikelgruppen:

```
Dim conn As New OleDbConnection(Connstr)
Dim cmd As New OleDbCommand("SELECT * FROM artikelgruppen", conn)
conn.Open()
Dim dr As OleDbDataReader = cmd.ExecuteReader()
While dr.Read()
    Dim tn As TreeNode = New TreeNode()
    tn.Text = dr("Name").ToString()
    tn.Value = dr("id").ToString()
    TreeView1.Nodes(0).ChildNodes.Add(tn)
End While
dr.Close()
conn.Close()
```

Wie Sie sehen, verwenden wir einen schnöden *DataReader* um die Beschriftungen aus der Tabelle abzurufen.

HINWEIS Im *Value*-Wert der *TreeNodes* speichern wir den Primärschlüssel der Artikelgruppen. So können wir später die Artikel besser filtern.

Der übergeordnete *TreeNode* (*Shop*) für unsere Einträge ist schnell gefunden, es handelt sich um den ersten Eintrag der Auflistung (*TreeView1.Nodes[0]*).

Warenkorb erzeugen

Bisher war zwar schon häufig vom Warenkorb die Rede, aber noch ist nichts davon zu sehen. Dies soll sich nun ändern:

```
dtWarenkorb.Columns.Add("Id", GetType(System.Int16))
dtWarenkorb.Columns.Add("Name", GetType(System.String))
dtWarenkorb.Columns.Add("Anzahl", GetType(System.Int16))
dtWarenkorb.Columns.Add("EPreis", GetType(System.Decimal))
dtWarenkorb.Columns.Add("GPreis", GetType(System.Decimal))
dtWarenkorb.Columns.Add("MWSt", GetType(System.Int16))
Session.Add("Warenkorb", dtWarenkorb)
```

Die DataTable *dtWarenkorb* speichern wir in der aktuellen Session, so brauchen wir uns um die Datenübergabe zwischen mehreren Seitenaufrufen keine Sorgen zu machen und wenn der Kunde einfach woanders hin surft ist das auch kein Problem, die Session verfällt automatisch.

Nutzerverwaltung

Natürlich wollen wir auch wissen, ob der Nutzer bereits angemeldet ist bzw. wenn ja, um wen es sich handelt:

```
Session.Add("User", 0)
Session.Add("Admin", False)
```

Auch hier leistet eine *Session*-Variable gute Dienste. Die Variable *Admin* können Sie optional dafür nutzen, Seiteninhalte automatisch editierbar zu machen (einfach den Add-/Edit-Button in der *GridView* einblenden wenn ein Administrator angemeldet ist. So können beispielsweise schnell Tippfehler editiert werden. In der vorliegenden Programmversion haben wir jedoch darauf verzichtet.

Hat der Nutzer bei der letzten Session einen Cookie akzeptiert (muss im Browser freigegeben sein), tragen wir den Login-Namen (Emailadresse) in den Anmeldedialog ein:

```
            If Request.Cookies("Username") IsNot Nothing Then
                TextBox1.Text = Request.Cookies("Username").Value
            End If
        End If
    End Sub
```

Berechnungen im Warenkorb

Da der Quellcode in chronologischer und nicht logischer Reihenfolge abgedruckt wird, müssen wir an dieser Stelle einen kleinen Sprung machen.

Beim Ändern der Artikelanzahl (*View3*-Warenkorb) muss für die korrekte Anzeige auch der Gesamtpreis bzw. die Summe aller Artikel neu gebildet werden. Dafür ist die folgende Methode zuständig:

```
    Protected Sub BerechneSumme()
        Dim sum As Decimal = 0
        Dim cnt As Int16 = 0
```

Für alle Einträge in der *DataTable*:

```
        If dtWarenkorb.Rows.Count > 0 Then
            For Each row As DataRow In dtWarenkorb.Rows
                sum += DirectCast(row("GPreis"), Decimal)
                cnt += DirectCast(row("Anzahl"), Int16)
            Next
```

Anzeige der Gesamtsumme im Warenkorb:

```
            GridView2.FooterRow.Cells(5).Text = sum.ToString("c")
            GridView2.FooterRow.Cells(4).Text = "Summe"
```

Die Schaltflächen »Löschen« und »Kasse« werden nur angezeigt, wenn auch Artikel im Warenkorb liegen:

```
            Button4.Visible = True
            Button5.Visible = True
            Label2.Visible = False
        Else
            Button4.Visible = False
            Button5.Visible = False
            Label2.Visible = True
        End If
```

In der *TreeView* wird die Anzahl der Artikel aktualisiert:

```
        TreeView1.Nodes(2).Text = "Warenkorb [" + cnt.ToString() + "]"
    End Sub
```

Auswahl in der TreeView

Klickt der Nutzer auf einen *TreeView*-Eintrag, müssen wir die gewünschte View im Detailbereich anzeigen:

```
Protected Sub TreeView1_SelectedNodeChanged1(ByVal sender As Object, ByVal e As EventArgs)
```

Es wird direkt auf den Eintrag *Warenkorb* geklickt:

```
        If TreeView1.SelectedNode.Text.Contains("Warenkorb") Then
            MultiView1.ActiveViewIndex = 2
```

Abrufen der *DataTable* aus der Session-Variablen:

```
            dtWarenkorb = CType(Session("Warenkorb"), DataTable)
```

Gegebenenfalls Datenbindung herstellen:

```
            If dtWarenkorb.Rows.Count <> 0 Then GridView2.DataSource = dtWarenkorb
            DataBind()
```

GridView (Footer) aktualisieren:

```
            BerechneSumme()
        End If
```

Kundenstammdaten editieren:

```
        If TreeView1.SelectedNode.Text.Contains("Ihre Daten") Then
            MultiView1.ActiveViewIndex = 6
```

Ist kein Nutzer angemeldet, blenden wir eine Fehlermeldung ein:

```
            If CType(Session("User"), Integer) = 0 Then
                Label13.Visible = True
            Else
                Label13.Visible = False
            End If
```

Es handelt sich um einen Untereintrag:

```
        If TreeView1.SelectedNode.Parent IsNot Nothing Then
```

Es wurde auf einen Eintrag im Warenkorb geklickt, d.h., wir blenden den Warenkorb ein:

```
            If TreeView1.SelectedNode.Parent.Text.Contains("Warenkorb") Then
                MultiView1.ActiveViewIndex = 2
                dtWarenkorb = CType(Session("Warenkorb"), DataTable)
                If dtWarenkorb.Rows.Count <> 0 Then
                    GridView2.DataSource = dtWarenkorb
                End If
                DataBind()
                BerechneSumme()
            End If
```

Es wurde auf eine Artikelgruppe geklickt:

```
            If TreeView1.SelectedNode.Parent.Text = "Shop" Then
                Label1.Text = TreeView1.SelectedNode.Text
```

Die gefilterte Artikelliste anzeigen:

```
                MultiView1.ActiveViewIndex = 1
                AccessDataSource1.FilterExpression = "Artikelgruppe = " & TreeView1.SelectedNode.Value
            End If
        End If
    End Sub
```

Schaltfläche Kaufen/Details (Artikelansicht)

Wurde in *GridView1* (Artikelliste) auf eine Schaltfläche geklickt, wird die folgende Ereignisprozedur abgearbeitet:

```
    Protected Sub GridView1_RowCommand(ByVal sender As Object, ByVal e As GridViewCommandEventArgs)
```

Der »Kaufen«-Button:

```
        If e.CommandName = "Kaufen" Then
```

Warenkorb reaktivieren:

```
            dtWarenkorb = DirectCast(Session("Warenkorb"), DataTable)
```

Artikelnummer für die aktuelle Zeile bestimmen:

```
            Dim index As Int32 = Convert.ToInt32(GridView1.DataKeys( _
                                 Convert.ToInt32(e.CommandArgument)).Value)
```

Warenkorb erweitern und Daten aus der Datenbank (Tabelle *Artikel*) hinzufügen:

```
            Dim row As DataRow = dtWarenkorb.NewRow()
            Dim conn As New OleDbConnection(Connstr)
            Dim cmd As New OleDbCommand( _
                        "SELECT * FROM Artikel WHERE id =" + index.ToString, conn)
            conn.Open()
            Dim dr As OleDbDataReader = cmd.ExecuteReader()
            dr.Read()
            row("Id") = dr("Id")
            row("Name") = dr("Titel")
            row("EPreis") = dr("Preis")
            row("GPreis") = dr("Preis")
            row("MWSt") = dr("MWSt")
            row("Anzahl") = 1
            dr.Close()
            conn.Close()
            dtWarenkorb.Rows.Add(row)
```

Warenkorb sichern:

```
            Session.Add("Warenkorb", dtWarenkorb)
```

Zusätzlichen Eintrag unter dem TreeNode *Warenkorb* erzeugen:

```
            Dim tn As New TreeNode()
            tn.Text = row("Name").ToString
            TreeView1.Nodes(2).ChildNodes.Add(tn)
```

```
            TreeView1.Nodes(2).Text = "Warenkorb [" & _
                                                TreeView1.Nodes(2).ChildNodes.Count.ToString & "]"
        End If
```

Details zum aktuell gewählten Artikel in einer neuen Seite anzeigen (wir kommen später darauf zurück):

```
        If e.CommandName = "Details" Then
```

Die Datenübergabe erfolgt über die Session-Variable *ArtikelId*:

```
            Session.Add("ArtikelId", Convert.ToInt32(GridView1.DataKeys( _
                                     Convert.ToInt32(e.CommandArgument)).Value))
            Response.Redirect("Details.aspx")
        End If
    End Sub
```

Login (links unten)

```
    Protected Sub Button1_Click(ByVal sender As Object, ByVal e As EventArgs)
```

Ausloggen:

```
        If Button1.Text = "Logout" Then
            Button1.Text = "Login"
            Session("User") = 0
            ' undefinierter User
            Session("Admin") = False
            ' keine Rechte
            Panel1.Visible = True
        Else
```

Einloggen bzw. der Versuch dieses zu tun:

```
            Dim conn As New OleDbConnection(Connstr)
            Dim cmd As New OleDbCommand("SELECT * FROM CurrentUser", conn)
            cmd.Parameters.AddWithValue("_login", TextBox1.Text)
            cmd.Parameters.AddWithValue("_passwort", TextBox2.Text)

            conn.Open()

            Dim dr As OleDbDataReader = cmd.ExecuteReader()
            If dr.Read() Then
                Session("User") = dr("Id")
                Session("Admin") = dr("Admin")
                Button1.Text = "Logout"
                Label5.Visible = False
```

Kleiner Service für den Kunden (wenn dieser es zu schätzen weiß und Cookies erlaubt hat), wir speichern die E-Mail-Adresse für die erneute Anmeldung ab:

```
                Dim cookie As New HttpCookie("UserName", TextBox1.Text)
                cookie.Expires = DateTime.Now.AddDays(30)         ' 30 Tage gültig
                Response.Cookies.Add(cookie)
                Panel1.Visible = False
            Else
```

Fehlschlag beim Anmelden:

```
                Button1.Text = "Login"
                Label5.Visible = True
            End If
        End If
        Label13.Visible = (DirectCast(Session("User"), Integer) = 0)
    End Sub
```

Warenkorb bearbeiten

Über die Warenkorbansicht ist es möglich, die Anzahl der einzelnen Artikel zu verändern oder Artikel ganz zu löschen:

```
    Protected Sub GridView2_RowCommand(ByVal sender As Object, ByVal e As GridViewCommandEventArgs)
        Dim anzahl As Int16
```

Warenkorb abrufen:

```
        dtWarenkorb = DirectCast(Session("Warenkorb"), DataTable)
```

Aktuelle Warenkorbzeile bestimmen:

```
        anzahl = DirectCast(dtWarenkorb.Rows(Convert.ToInt16(e.CommandArgument))("Anzahl"), Int16)
```

Anzahl erhöhen:

```
        If e.CommandName = "+" Then
            If anzahl < 10 Then
                anzahl += 1
            End If
            dtWarenkorb.Rows(Convert.ToInt16(e.CommandArgument))("Anzahl") = anzahl
            dtWarenkorb.Rows(Convert.ToInt16(e.CommandArgument))("GPreis") = anzahl * _
             DirectCast(dtWarenkorb.Rows(Convert.ToInt16(e.CommandArgument))("EPreis"), Decimal)
        End If
```

Anzahl reduzieren:

```
        If e.CommandName = "-" Then
            If anzahl > 0 Then anzahl -= 1
            dtWarenkorb.Rows(Convert.ToInt16(e.CommandArgument))("Anzahl") = anzahl
            dtWarenkorb.Rows(Convert.ToInt16(e.CommandArgument))("GPreis") = anzahl * _
              DirectCast(dtWarenkorb.Rows(Convert.ToInt16(e.CommandArgument))("EPreis"), Decimal)
```

Anzahl 0 bedeutet das Löschen dieses Artikels:

```
            If anzahl = 0 Then
                dtWarenkorb.Rows(Convert.ToInt16(e.CommandArgument)).Delete()
            End If
            Label2.Visible = (dtWarenkorb.Rows.Count = 0)
        End If
```

Aktuellen Warenkorb in *GridView2* anzeigen:

```
        GridView2.DataSource = dtWarenkorb
        DataBind()
        Session("Warenkorb") = dtWarenkorb
```

```
        BerechneSumme()
    End Sub
```

Warenkorb löschen

Beim Löschen des gesamten Warenkorbs sind wir nicht zimperlich, alle Zeilen werden aus der *DataTable* entfernt und die Ansicht aktualisiert (*GridView* und *TreeView*).

```
    Protected Sub Button5_Click(ByVal sender As Object, ByVal e As EventArgs)
        dtWarenkorb = DirectCast(Session("Warenkorb"), DataTable)
        dtWarenkorb.Rows.Clear()
        GridView2.DataSource = dtWarenkorb
        DataBind()
        TreeView1.Nodes(2).ChildNodes.Clear()
        TreeView1.Nodes(2).Text = "Warenkorb"
        Session("Warenkorb") = dtWarenkorb
        BerechneSumme()
    End Sub
```

HINWEIS Wer jetzt Bedenken ob des forschen Vorgehens hat: Erinnern Sie sich noch an die Client-Sicherheitsabfrage vor dem Löschen mittels Java-Code?

Der Gang zur Kasse beginnt

Ist der Nutzer noch nicht angemeldet, wird er zur Eingabe der Nutzerdaten oder zur Neuanmeldung aufgefordert:

```
    Protected Sub Button4_Click(ByVal sender As Object, ByVal e As EventArgs)
        If DirectCast(Session("User"), Integer) = 0 Then
            MultiView1.ActiveViewIndex = 3
            If Request.Cookies("Username") IsNot Nothing Then
                TextBox3.Text = Request.Cookies("Username").Value
            End If
```

Andernfalls geht es gleich zur Abwicklung des Kaufs:

```
        Else  ' Bereits angemeldet
            MultiView1.ActiveViewIndex = 4
        End If
    End Sub
```

Anmeldeversuche in View4

Endlospüfung, ob sich der Nutzer anmelden kann:

```
    Protected Sub Button6_Click(ByVal sender As Object, ByVal e As EventArgs)
        Dim conn As New OleDbConnection(Connstr)
        Dim cmd As New OleDbCommand("SELECT * FROM CurrentUser", conn)
        cmd.Parameters.AddWithValue("_login", TextBox3.Text)
        cmd.Parameters.AddWithValue("_passwort", TextBox4.Text)
        conn.Open()
        Dim dr As OleDbDataReader = cmd.ExecuteReader()
        If dr.Read() Then
```

```
            Session.Add("User", dr("Id"))
            Session.Add("Admin", dr("Admin"))
            Button1.Text = "Logout"
            Label5.Visible = False
            Label10.Visible = False
            Dim cookie As New HttpCookie("UserName", TextBox1.Text)
            cookie.Expires = DateTime.Now.AddDays(30)             ' 30 Tage gültig
            Response.Cookies.Add(cookie)
            Panel1.Visible = False
        Else
            Label10.Visible = True
```

Im Erfolgsfall geht es zur Kaufabwicklung:

```
        If DirectCast(Session("User"), Integer) <> 0 Then       ' erfolgreiche Anmeldung
            MultiView1.ActiveViewIndex = 4
        End If
    End Sub
```

Kaufabwicklung (Bestellansicht)

Die in der Datenbank gespeicherten Kundendaten werden zur Bestätigung angezeigt:

```
    Protected Sub View5_Activate(ByVal sender As Object, ByVal e As EventArgs)
        Dim conn As New OleDbConnection(Connstr)
        Dim cmd As New OleDbCommand("SELECT * FROM nutzer WHERE id=" & _
                                                  Session("User").ToString, conn)
        conn.Open()
        Dim dr As OleDbDataReader = cmd.ExecuteReader()
        If dr.Read() Then
            TextBox6.Text = dr("Name").ToString()
            TextBox7.Text = dr("Vorname").ToString()
            TextBox8.Text = dr("Strasse").ToString()
            TextBox9.Text = dr("Strassennr").ToString()
            TextBox10.Text = dr("PLZ").ToString()
            TextBox11.Text = dr("Ort").ToString()
        End If
```

Die erste Seite des Wizards (Kundendaten) wird aktiviert:

```
        Wizard1.ActiveStepIndex = 0       ' Adresse
    End Sub
```

Prüfung auf AGB-Zustimmung

Möchte der Nutzer die AGBs nicht anerkennen (Häkchen in der Checkbox fehlt) soll er erneut diese Seite vorgesetzt bekommen, sonst gibt es keinen Abschluss der Bestellung:

```
    Protected Sub Wizard1_ActiveStepChanged(ByVal sender As Object, ByVal e As EventArgs)
        If (Wizard1.ActiveStepIndex = 3) And (Not CheckBox1.Checked) Then
            Wizard1.ActiveStepIndex = 2
        End If
    End Sub
```

Bestellung abschließen

Wir sind am Ziel unserer Wünsche angelangt, dem Abschluss der Bestellung:

```
Protected Sub Wizard1_FinishButtonClick(ByVal sender As Object, _
                                         ByVal e As WizardNavigationEventArgs)
    Dim conn As New OleDbConnection(Connstr)
    conn.Open()
```

Eine neue Bestellung erzeugen (per Abfrage):

```
    Dim cmd As New OleDbCommand("EXEC BestellungNEU", conn)
    cmd.Parameters.AddWithValue("Kdnr", DirectCast(Session("User"), Integer))
    cmd.Parameters.AddWithValue("Zahlung", DropDownList1.SelectedIndex)
    cmd.ExecuteNonQuery()
```

Für das Sichern der Bestelldetails müssen wir den Primärschlüssel des zuletzt erzeugten Datensatzes ermitteln. Dies erfolgt mit der SQL-Funktion SELECT @@Identity:

```
    cmd.CommandText = "SELECT @@Identity"
    Dim BestellId As Integer = DirectCast(cmd.ExecuteScalar(), Integer)
```

Jetzt können die eigentlichen Bestelldetails gesichert werden:

```
    dtWarenkorb = DirectCast(Session("Warenkorb"), DataTable)
    cmd.CommandText = "EXEC BestellDetailsNEU"
    cmd.Parameters.Clear()
    cmd.Parameters.AddWithValue("BestellId", Nothing)
    cmd.Parameters.AddWithValue("ArtikelId", Nothing)
    cmd.Parameters.AddWithValue("Artikelanzahl", Nothing)
```

Jede Zeile wird einzeln übergeben:

```
    For Each row As DataRow In dtWarenkorb.Rows
        cmd.Parameters("BestellId").Value = BestellId
        cmd.Parameters("ArtikelId").Value = row("Id")
        cmd.Parameters("Artikelanzahl").Value = row("Anzahl")
        cmd.ExecuteNonQuery()
    Next
    conn.Close()
```

Das war's, Katze im Sack bzw. Bestellung in der Datenbank. Wir müssen nur noch den Kunden für seine Großzügigkeit loben:

```
    MultiView1.ActiveViewIndex = 5
End Sub
```

Neuanmeldung eines Kunden

Wechsel in die entsprechende Ansicht:

```
Protected Sub Button7_Click(ByVal sender As Object, ByVal e As EventArgs)
    MultiView1.ActiveViewIndex = 7
End Sub
```

Das Sichern der bereits verifizierten Nutzerdaten (Validation-Controls):

```
    Protected Sub Button2_Click(ByVal sender As Object, ByVal e As EventArgs)
        Label15.Visible = False
        Dim conn As New OleDbConnection(Connstr)
        conn.Open()
```

Neuen Nutzer erzeugen:

```
        Dim cmd As New OleDbCommand("EXEC UserNeu", conn)
        cmd.Parameters.AddWithValue("Name", TextBox12.Text)
        cmd.Parameters.AddWithValue("Vorname", TextBox13.Text)
        cmd.Parameters.AddWithValue("Strasse", TextBox14.Text)
        cmd.Parameters.AddWithValue("Strassennr", TextBox15.Text)
        cmd.Parameters.AddWithValue("PLZ", TextBox16.Text)
        cmd.Parameters.AddWithValue("Ort", TextBox17.Text)
        cmd.Parameters.AddWithValue("EMail", TextBox18.Text)
        cmd.Parameters.AddWithValue("Passwort", TextBox19.Text)
        Try
            cmd.ExecuteNonQuery()
```

Auch hier lesen wir die *Id* des zuletzt erzeugten Datensatzes ein, um auch gleich die Anmeldung für den Shop zu realisieren:

```
            cmd.CommandText = "SELECT @@Identity"
            Session("User") = DirectCast(cmd.ExecuteScalar(), Integer)
            Button1.Text = "Logout"
            Label5.Visible = False
            Dim cookie As New HttpCookie("UserName", TextBox18.Text)
            TextBox1.Text = TextBox18.Text
            cookie.Expires = DateTime.Now.AddDays(30)
            ' 30 Tage gültig
            Response.Cookies.Add(cookie)
            DetailsView1.DataBind()
            Panel1.Visible = False
            MultiView1.ActiveViewIndex = 4
        Catch generatedExceptionName As Exception
```

Falls es zum Einfügefehler kommt, ist der Nutzer höchst wahrscheinlich bereits vorhanden:

```
            Label15.Visible = True
            Label15.Text = "Unter dieser EMail-Adresse ist bereits ein Nutzer registriert!"
        End Try
        conn.Close()
    End Sub
End Class
```

Damit sind fast alle Funktionen realisiert, was noch fehlt ist die Detailansicht in einer extra Seite:

Detailansicht

Wir wollen es in der Detailansicht bei den schon in der Tabelle aufgeführten Datenfeldern belassen. Sie können hier jedoch noch wesentlich mehr Informationen ausgeben und zum Beispiel auch formatierten HTML-Code im Bemerkungsfeld anzeigen lassen.

Erzeugen Sie zunächst über den Menüpunkt *WebSite/Neues Element hinzufügen* eine neue Seite (WebForm) und speichern Sie diese unter dem Namen *Details.aspx*. Fügen Sie ein zwei *Label*s sowie eine mehrzeilige *TextBox* entsprechend folgender Abbildung ein:

Abbildung 14.36 Entwurfsansicht *Details.aspx*

Der Code zur Anzeige der gewünschten Detaildaten:

```
Imports System.Web.Configuration
Imports System.Data.OleDb

Public Partial Class Default2
Inherits System.Web.UI.Page

    Private Connstr As String = ""

    Protected Sub Page_Load(ByVal sender As Object, ByVal e As EventArgs)
        If Not IsPostBack Then
            Connstr = WebConfigurationManager.ConnectionStrings("DatenConnectionString").ToString
            Dim conn As New OleDbConnection(Connstr)
            Dim cmd As New OleDbCommand("SELECT * FROM Artikel WHERE Id = [artID]", conn)
```

Über die Session-Variable *ArtikelId* wissen wir, welcher Datensatz anzuzeigen ist:

```
            cmd.Parameters.AddWithValue("artId", DirectCast(Session("ArtikelId"), Int32))
            conn.Open()
            Dim dr As OleDbDataReader = cmd.ExecuteReader()
            While dr.Read()
                Label4.Text = dr("Titel").ToString
                Label1.Text = (DirectCast(dr("Preis"), Decimal)).ToString("c")
                TextBox1.Text = dr("Beschreibung").ToString
            End While
            dr.Close()
            conn.Close()
        End If
    End Sub
End Class
```

Damit ist die Entwurfsphase abgeschlossen, und wir können uns dem Testen und lautstarken Diskutieren zuwenden.

Abschlusstest und Bemerkungen

Den Webshop in der vorliegenden Form können Sie zunächst unabhängig vom Webservice und der Admin-Oberfläche testen.

Test

Fügen Sie reichlich Artikel in den Warenkorb ein und testen Sie, ob Sie die Artikelanzahl im Warenkorb verändern können. Kontrollieren Sie, ob auch die Zeilen- und Spaltensummen korrekt sind und ob die Anmeldung richtig funktioniert.

Klicken Sie während des eigentlichen Bestellvorgangs auch mal auf gänzlich andere Menüpunkte und testen Sie die Reaktion der Anwendung. Ziel muss es sein, den Anwender immer wieder in die richtigen, gewünschten Bahnen zu lenken.

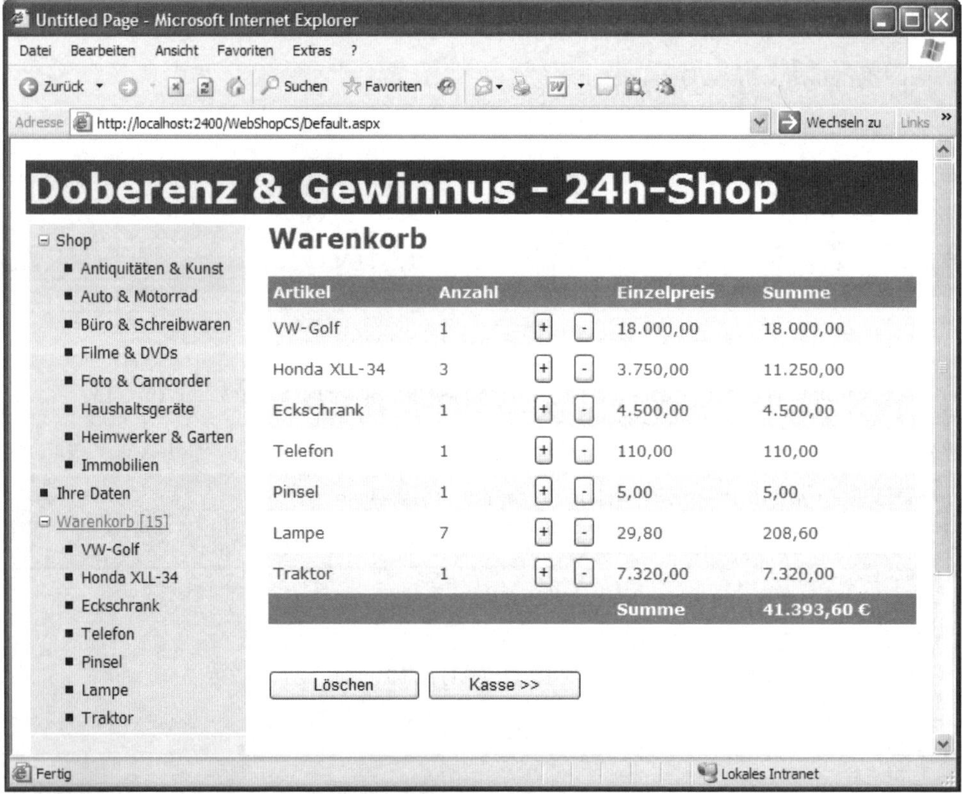

Abbildung 14.37 So wünschen wir uns den Warenkorb: prall gefüllt

Last but not least sollen die Ergebnisse unseres Shops aber auch vom Webservice und damit von der Admin-Oberfläche verarbeitet werden. Dazu bedarf es noch einer kleinen, aber wesentlichen Anpassung, denn bisher handelt es sich um zwei physisch getrennte Datenbanken, die zwar gleiche Struktur aber unterschiedliche Inhalte aufweisen. Dem können Sie abhelfen, indem Sie entweder das Webservice-Projekt in das Verzeichnis des Webshops kopieren, oder Sie passen den Connectionstring eines der beiden Projekte in der *Web.Config* an.

Schlussbemerkungen

Sicher ist auch Ihnen aufgefallen, dass unser Shop absolut perfekt ist und keiner weiteren Ergänzungen mehr bedarf. Wir möchten Sie dennoch darauf hinweisen, was man eventuell besser machen könnte:

- **Umstieg auf einen SQL Server**, für einen realen Webshop wird die Performance unserer Access-Datenbank kaum ausreichen. Weder ist diese vernünftig skalierbar, noch sind sinnvolle Backup-/ Restore-Möglichkeiten vorgesehen. Von Volltextsuche, Zugriffsproblemen etc. ganz zu schweigen.
- Senden Sie am Ende des Bestellvorgangs eine **Bestätigungsmail**.
- Implementieren Sie eine ***Passwort vergessen*-Funktion**, indem Sie an die aus der Datenbank bekannte Adresse ein neues Passwort senden. Das Passwort selbst können Sie per Zufallsgenerator erzeugen.
- Wollen Sie Probleme mit Cookies vermeiden, steigen Sie auf den **cookieless-Betrieb** um.
- Verwenden Sie **Masterpages** und teilen Sie die Anwendung auf mehrere Formulare auf (z.B. den Bestellvorgang abtrennen). In diesem Fall müssen Sie sich allerdings auch um die Datenübergabe zwischen den einzelnen Seiten kümmern.
- Speichern Sie zu den einzelnen Artikeln **Grafiken** (*jpg*, *png* oder *gif*), um diese zum Beispiel in der Artikel-Detailansicht anzuzeigen.
- Ermöglichen Sie **HTML-Formatierungen** für das Memofeld. Doch hier ist dann auch schon Vorsicht angebracht, eventuell filtern Sie unzulässige Elemente aus dem HTML-Quellcode heraus.
- Ergänzen Sie die **Eingabeprüfung** wesentlich, um spätere Probleme mit Wertebereichen, Stringlängen etc. zu vermeiden.
- Der Admin-Client kann problemlos um Funktionen zur **Zahlungsabwicklung** erweitert werden.
- Reagieren Sie auf den **Ablauf der Session** wenn der Nutzer zu langsam ist oder erweitern Sie die Session-Timeout-Zeit.
- **Fehlerbehandlung**, Fehlerbehandlung, Fehlerbehandlung ...

HINWEIS Für weitere Vorschläge, Lösungen und Verbesserungen sind die Autoren jederzeit dankbar.

Anhang A

Glossar

Begriff	Bedeutung	Bemerkung
ACE	Access Control Entries	Einträge in einer ACL
ACL	Access Control List	Zugangskontrollliste, dient der Rechteverwaltung
ADO	ActiveX Data Objects	ältere Datenzugriffstechnologie von Microsoft
ADO.NET		neue Datenzugriffstechnologie von Microsoft für .NET
ADS	Active Directory Service	Verzeichnisdienst
ANSI	American National Standard Institute	US-amerikanische Standardisierungsbehörde
API	Application Programming Interface	allgemeine Schnittstelle für den Anwendungsprogrammierer
ASCII	American Standard Code for Information Interchange	klassisches Textformat
ASP	Active Server Pages	Webseiten mit serverseitig ausgeführten Skripten
BLOB	Binary Large Object	binäres Objekt, z.B. Grafik
BO	Business Object	Geschäftsobjekt
CAO	Client Activated Objects	vom Client aktiviertes Objekt (.NET Remoting)
CGI	Common Gateway Interface	Möglichkeit für die Verarbeitung von Anfragen auf einem Webserver
CLI	Common Language Infrastructure	Standard für alle .NET-Programmiersprachen
CLR	Common Language Runtime	virtuelle Umgebung von .NET
COD	Click Once Deployment	neue Distributionsmöglichkeit in .NET 2.0
COM	Common Object Model	allgemeines Objektmodell von Microsoft
CSV	Comma Separated Variables	durch bestimmte Zeichen getrennte Daten (meist Komma)
CTS	Common Type System	Datentypen, die von .NET unterstützt werden
DAO	Data Access Objects	klassische Datenzugriffsobjekte
DAU		dümmster anzunehmender User
DC	Device Context	Gerätekontext
DCOM	Distributed Component Object Model	auf mehrere Rechner verteiltes COM
DES	Data Encryption Standard	Standard für die Verschlüsselung von Daten
DISCO	WebService Discovery	XML-Protokoll zum Aufsuchen von Webdiensten
DLL	Dynamic Link Library	Laufzeitbibliothek, die von mehreren Programmen benutzt werden kann
DQL	Data Query Language	Untermenge von SQL zur Datenabfrage
DDL	Data Definition Language	Untermenge von SQL zur Datendefinition
DML	Data Manipulation Language	Untermenge von SQL zur Datenmanipulation
DMO	Distributed Management Objects	Objekte z.B SQLDMO zum Administrieren des SQL Servers
DNS	Domain Name Service	Umwandlung von Domain-Namen in IP-Adresse
DOM	Document Object Model	objektorientiertes Modell für den Zugriff auf strukturierte Dokumente
DSN	Data Source Name	Name einer Datenquelle
DTD	Document Type Definition	Definition der Xml-Dokumentenstruktur
DTS	Data Transformation Services	SQL-Server-Dienst, zum Transformieren von Daten
FCL	Framework Class Library	.NET-Klassenbibliothek
FSM	Finite State Machine	Endlicher Zustandsautomat
FTP	File Transfer Protocol	Internet-Protokoll für Dateitransfer
FQDN	Full Qualified Domain Name	Host-Name des Servers in URL
FSO	File System Objects	Objektmodell für Zugriff auf Laufwerke, Verzeichnisse und Dateien

Begriff	Bedeutung	Bemerkung
GAC	Global Assembly Cache	allgemein zugänglicher Speicherbereich für Assemblies
GC	Garbage Collection	"Müllsammlung" (Freigabe von Objekten)
GDI	Graphical Device Interface	Grafikfunktionen der Windows API
GDI+		Grafikklassenbibliothek von .NET
GLS	Gleichungssystem	Begriff der numerischen Mathematik
GUI	Graphical User Interface	grafische Benutzerschnittstelle
GUID	Global Unique Identifier	eindeutiger Zufallswert (128 Bit) zur Kennzeichnung von Klassen
HTML	Hypertext Markup Language	Sprache zur Gestaltung statischer Webseiten
HTTP	Hypertext Transfer Protocol	Protokoll für Hypertextdokumente
ICMP	Internet Control Message Protocol	Nachrichtenprotokoll im Internet
ID	Identifier	Identifikationsschlüssel
IDC	Internet Database Connector	... enthält Infos zum Herstellen einer Verbindung bzw. Ausführen von SQL
IDE	Integrated Development Environment	Integrierte Entwicklungsumgebung
IE	Internet Explorer	... oder Internet Browser
IIS	Internet Information Server	... oder Internet Information Services
IL	Intermediate Language	Zwischencode von .NET
ISAM	Indexed Sequence Access Method	indexsequenzielle Zugriffsmethode
ISAPI	Internet Server API Interface	Web-Anwendung (DLL) für IIS und IE
Jet	Joint Engineers Technology	lokales Datenbanksystem von Microsoft
JIT	Just In Time	Compilieren zur Laufzeit
LAN	Local Area Network	lokales Rechnernetzwerk
MARS	Multiple Active Results Sets	Mehrfachverwendung einer Connection (SQL Server 2005)
MDA	Model Driven Architecture	Anwendungsentwicklung auf Basis von Modellen
MDAC	Microsoft Data Access Components	Datenzugriffskomponenten (ab Version 2.6), müssen auf Zielcomputer installiert sein
MIME	Multipurpose Internet Mail Extensions	standardisierte Dateitypen für Internet-Nachrichten
MMC	Microsoft Management Console	Rahmenanwendung für administrative Aufgaben
MS	Microsoft	Software-Gigant
MSDE	Microsoft Data Engine	abgerüstete SQL Server-Datenbank-Engine
MSDN	Microsoft Developers Network	eine (fast) unerschöpfliche Informationsquelle für den Windows-Programmierer
MSIL	Microsoft Intermediate Language	Zwischencode für .NET
MSXML	Microsoft XML Core Services	
ODBC	Open Database Connectivity	allgemeine Datenbankschnittstelle
OLAP	On-Line Analytical Processing	
OLE	Object Linking and Embedding	Microsoft-Technologie zum Verknüpfen und Einbetten von Objekten
OLE DB		Schnittstelle für den universellen Datenzugriff
OOP	Object Oriented Programming	Objektorientierte Programmierung
PAP	Programmablaufplan	
POP3	Post Office Protocol Version 3	Posteingangsserver
PWS	Personal Web Server	abgerüstete Version des IIS
RAD	Rapid Application Development	schnelle Anwendungsentwicklung

Begriff	Bedeutung	Bemerkung
RDBMS	Relational Database Management System	Relationales Datenbank-Management-System
RDL	Report Definition Language	Xml-basierte Beschreibungssprache für Microsoft Reporting Services
RDS	Remote Data Services	Objektmodell für Datenverkehr mit Remote Server
RPC	Remote Procedure Call	Aufruf einer entfernten Methode
RTL	Runtime Library	Laufzeitbibliothek
SAO	Server Activated Object	vom Server aktiviertes Objekt (.NET Remoting)
SDK	Software Development Kit	Entwickler-Tools
SGML	Standard Generalized Markup Language	Regelwerk zur Definition von Auszeichnungssprachen für Dokumente
SMO	SQL Management Objects	managed Code-Libraries zur Verwaltung und Analyse des SQL Servers
SMTP	Simple Mail Transport Protocol	TCP/IP-Protokoll für die Übertragung von Nachrichten zwischen einzelnen Computern
SOAP	Simple Object Access Protocol	Protokoll zum XML-basierten Zugriff auf Objekte
SOM	Schema Object Model	zusätzliche APIs für den Zugriff auf XML Schema-Dokumente
SQL	Structured Query Language	Abfragesprache für Datenbanken
SQLDMO	SQL Distributed Management Objects	Library für Verwaltung des MS SQL Servers
SSL	Secure Socket Layer	Sicherheitsprotokoll für Datenübertragung
SSPI	Security Service Provider Interface	API für Authentifizierung und Vergabe von Zugriffsberechtigungen
TCP/IP	Transmission Control Protocol/Internet Protocol	Netzwerkprotokoll zum Datentransfer, IP-Adresse ist 32-Bit-Zahl
UDDI	Universal Description, Discovery and Integration	Technologie zum Durchsuchen nach Webdiensten
UDF	User Defined Function	benutzerdefinierte Funktion (SQL Server)
UDL	Unified Data Link	standardisierte Datenverbindung
UDP	Unified Data Protocol	standardisiertes Datenprotokoll
UI	User Interface	Benutzerschnittstelle
UML	Unified Modelling Language	Sprache zur Beschreibung von Objektmodellen
UNC	Uniform Naming Convention	System zur Benennung von Dateien in vernetzten Umgebungen
URL	Uniform Resource Locator	Web-Adresse
WMI	Windows Management Instrumentation	Klassen zur Windows-Administration
WSDL	Web Services Description Language	XML-basierte Beschreibungssprache für Webdienste
WSE	Webservice Enhancements	Webdienst-Erweiterungen von Microsoft
W3C	Consortium	Standard
WWW	World Wide Web	Teil des Internets
XAML	eXtensible Application Markup Language	XML-Beschreibung für Windows-Oberflächen
XML	Extensible Markup Language	universelle textbasierte Beschreibungssprache
XSD	XML Schema Definition Language	XML-Dialekt zur Beschreibung von Datenstrukturen
XSLT	Extensible Stylesheet Language Transformations	Technologie zum Transformieren der Struktur von XML-Dokumenten

Anhang B

Wichtige Datei-Extensions

Extension	Beschreibung
.ascx	Web-Benutzersteuerelemente
.asp	Active Server Pages
.aspx	Webform
.aspx.vb	VB-Quellcode für Webform
.cd	vom Klassen Designer angelegte Datei
.config	Konfigurationsdatei der Anwendung
.vbproj	VB-Projektdatei
.css	StyleSheet
.deploy	Dateien für Click Once Deployment
.disco	Static Discovery File
.dll	Assembly (Klassenbibliothek)
.exe	Assembly (ausführbare Datei)
.htm	HTML-Datei
.manifest	Deployment Manifest
.mdf	SQL Server-Datenbankdatei
.pdb	Debug-Infos (Program Debug Database)
.resources	Ressourcen-Datei
.resx	Ressourcen-Datei (Xml)
.rdl	Xml-Report (Reporting Services)
.rdlc	lokaler Xml-Report
.rpt	Crystal Report
.settings	Anwendungseinstellungen (Visual Studio Settings)
.sln	Visual Studio Projektmappe
.suo	Benutzereinstellungen Visual Studio
.vb	VB-Quellcodedatei
.vshost.exe	Visual Studio Host zum Laden der Assembly
.wsf	Script für Windows Scripting Host
.xsd	XML Schema für XML-Dokumente
.xslt	XML-Transformationsdatei
default.aspx	Standardseite für Web
global.asax	Globale Ereignisse für die Webanwendung
web.config	WEB-Konfiguration
web.sitemap	Inhaltsverzeichnis des Webs für die Navigation

Anhang C

Northwind versus Nordwind

Die folgende Gegenüberstellung vergleicht die Strukturen der *Northwind*-Datenbank des Microsoft SQL Servers mit der im Buch hauptsächlich verwendeten *Nordwind*-Datenbank von Microsoft Access.

HINWEIS Die kursiv hervorgehobenen Spaltenbezeichner der Datenbank *Nordwind.mdb* wurden gegenüber der Originalversion geringfügig geändert, um Probleme mit gleichnamigen SQL-Befehlswörtern (*POSITION*), Sonderzeichen und Umlauten zu vermeiden bzw. um den SQL-Code überschaubarer zu machen.

Customers (Northwind)		Kunden (Nordwind)	
CustomerID	nchar(5)	*KundenCode*	Text(5)
CompanyName	nvarchar(40)	Firma	Text(40)
ContactName	nvarchar(30)	Kontaktperson	Text(30)
ContactTitle	nvarchar(30)	*Funktion*	Text(30)
Address	nvarchar(60)	*Strasse*	Text(60)
City	nvarchar(15)	Ort	Text(15)
Region	nvarchar(15)	Region	Text(15)
PostalCode	nvarchar(10)	PLZ	Text(10)
Country	nvarchar(15)	Land	Text(15)
Phone	nvarchar(24)	Telefon	Text(24)
Fax	nvarchar(24)	Telefax	Text(24)

Orders (Northwind)		Bestellungen (Nordwind)	
OrderID	int(4)	*BestellNr*	AutoWert
CustomerID	nchar(5)	*KundenCode*	Text(5)
EmployeeID	int(4)	*PersonalNr*	Zahl(Long Int)
OrderDate	datetime	Bestelldatum	Datum/Uhrzeit
RequiredDate	datetime	Lieferdatum	Datum/Uhrzeit
ShippedDate	datetime	Versanddatum	Datum/Uhrzeit
ShipVia	int(4)	*VersandUeber*	Zahl(Long Int)
Freight	money(8)	Frachtkosten	Währung
ShipName	nvarchar(40)	*Empfaenger*	Text(40)
ShipAddress	nvarchar(60)	*Strasse*	Text(60)
ShipCity	nvarchar(15)	Ort	Text(15)
ShipRegion	nvarchar(15)	Region	Text(15)
ShipPostalCode	nvarchar(10)	PLZ	Text(10)
ShipCountry	nvarchar(15)	Bestimmungsland	Text(15)

OrderDetails (Northwind)		Bestelldetails (Nordwind)	
OrderID	int(4)	*BestellNr*	Zahl (Long Int)
ProductID	int(4)	*ArtikelNr*	Zahl (Long Int)
UnitPrice	money(8)	Einzelpreis	Währung
Quantity	smallint(2)	Anzahl	Zahl (Int)
Discount	real(4)	Rabatt	Single

Products (Northwind)		Artikel (Nordwind)	
ProductID	int (4)	*ArtikelNr*	AutoWert
ProductName	nvarchar (40)	Artikelname	Text (40)
SupplierID	int (4)	*LieferantenNr*	Zahl (Long Int)
CategorieID	int (4)	*KategorieNr*	Zahl (Long Int)
QuantityPerUnit	nvarchar (20)	Liefereinheit	Text (25)
UnitPrice	money (8)	Einzelpreis	Währung
UnitsInStock	smallint	Lagerbestand	Zahl (Int)
UnitsOnOrder	smallint	BestellteEinheiten	Zahl (Int)
ReorderLevel	smallint	Mindestbestand	Zahl (Int)
Discontinued	bit	Auslaufartikel	Ja/Nein

Categories (Northwind)		Kategorien (Nordwind)	
CategorieID	int(4)	*KategorieNr*	AutoWert
CategorieName	nvarchar(15)	Kategoriename	Text(20)
Description	ntext	Beschreibung	Memo
Picture	image	Abbildung	OLE-Objekt

Suppliers (Northwind)		Lieferanten (Nordwind)	
SupplierID	int(4)	*LieferantenNr*	AutoWert
CompanyName	nvarchar(40)	Firma	Text(40)
ContactName	nvarchar(30)	Kontaktperson	Text(30)
ContactTitle	nvarchar(30)	*Funktion*	Text(30)
Address	nvarchar(60)	*Strasse*	Text(60)
City	nvarchar(15)	Ort	Text(15)
Region	nvarchar(15)	Region	Text(15)
PostalCode	nvarchar(10)	PLZ	Text(10)

Suppliers (Northwind)		Lieferanten (Nordwind)	
Country	nvarchar(15)	Land	Text(15)
Phone	nvarchar(24)	Telefon	Text(24)
Fax	nvarchar(24)	Telefax	Text(24)
HomePage	ntext	Homepage	Hyperlink

Employees (Northwind)		Personal (Nordwind)	
EmployeeID	int(4)	*PersonalNr*	AutoWert
LastName	nvarchar(20)	Nachname	Text(20)
FirstName	nvarchar(10)	Vorname	Text(10)
Title	nvarchar(30)	*Funktion*	Text(30)
TitleOfCourtesy	nvarchar(25)	Anrede	Text(25)
BirthDate	datetime	Geburtsdatum	Datum/Uhrzeit
HireDate	datetime	Einstellung	Datum/Uhrzeit
Address	nvarchar(60)	*Strasse*	Text(60)
City	nvarchar(15)	Ort	Text(15)
Region	nvarchar(15)	Region	Text(15)
PostalCode	nvarchar(10)	PLZ	Text(10)
Country	nvarchar(15)	Land	Text(15)
HomePhone	nvarchar(24)	*TelefonPrivat*	Text(24)
Extension	nvarchar(4)	*DurchwahlBuero*	Text(4)
PhotoPath	nvarchar(255)	Foto	Text(255)
Notes	ntext	Bemerkungen	Memo
ReportsTo	int(4)	*Vorgesetzter*	Zahl (Long Int)

Shippers (Northwind)		Versandfirmen (Nordwind)	
ShipperID	int(4)	*FirmenNr*	AutoWert
CompanyName	nvarchar(40)	Firma	Text(40)
Phone	nvarchar(24)	Telefon	Text(24)

Stichwortverzeichnis

A

B

C

D

E

F

G

H

I

J

K

L

M

N

S

T

U

V

W

X

Z